restons EN VIGNE

www.restonsenvigne.fr

VIGNERONS,

Vous voulez vendre vos vins sur internet au prix domaine ?

Conserver toute votre marge ?

Ne plus perdre de temps à gérer les commandes par tél/email ?

RESTEZ DANS VOS VIGNES, ON S'OCCUPE DE TOUT !

Gardez votre indépendance

Développez votre chiffre d'affaires

Augmentez vos marges

SERVICE ET ACCOMPAGNEMENT NUMÉRIQUE COMPLET POUR GÉRER VOTRE BOUTIQUE EN LIGNE ET FIDÉLISER VOS CLIENTS, À PARTIR DE 49€/MOIS

CE QUE LE MONDE ENTIER NOUS ENVIE

Le Guide des meilleurs vins de France 2020 n'a qu'un seul but : aider les amoureux du vin à rencontrer les vins dont ils tomberont amoureux. Ses auteurs ont dégusté cette année 6258 échantillons, de la côte Vermeille à la montagne de Reims, de l'Alsace au Pays basque, à l'affût des vibrations ultimes, des terroirs renaissants et des nouveaux talents vignerons. Chaque auteur avec sa sensibilité, son parcours et sa culture du vin ; tous unis par l'amour immodéré de cet insaisissable, de cet inépuisable breuvage.

Partons donc fouiner ensemble ! Anticipons la prochaine frénésie ! Dans le Sud-Ouest, en Touraine ou en Savoie, en Alsace, dans le Beaujolais, dans les coteaux languedociens, champenois ou bordelais... Que les régions soient surexposées ou méconnues, là sont les vignobles millénaires, les lieux-dits délimités et baptisés par l'homme, la saveur du sol, des toponymes et des générations : tout ce qu'il est impossible de s'offrir avec un plan de communication et que le monde entier nous envie. Là réside le génie paysan de l'Ancien Monde, imbibé de romanité et de christianisme, qui a fait de nos terroirs des livres d'heures.

Pierre Citerne

www.larvf.com
La Revue du vin de France
@LaRVF_mag
larvf_mag

Nouvelle Garantie
de 3 ans sur
les climatiseurs connectés
FRIAX
INDUSTRIE
Climatiseurs et équipements de la cave
Armoires à vin sur mesure
Climatiseurs de cave à
vin connectés...
12.3°C
friax.com
WineSupervisor.club
WineSupervisor
La cave, partout.

SOMMAIRE

RÉDACTION
Les auteurs : Olivier Poussier, Pierre Citerne, Olivier Poels, Guillaume Baroin, Caroline Furstoss, Alexis Goujard, Christian Martray, Roberto Petronio, Jean-Emmanuel Simond, Karine Valentin, Pierre Vila Palleja.

Rédacteur en chef : Olivier Poels
Conseiller éditorial : Pierre Citerne

Chef d'édition : Raphaël Czarny
Première secrétaire de rédaction : Justine Knapp
Saisie des données et relecture : Nathalie Souksamrane, avec Clémence Lorne et Frédéric Peylet
Organisation des dégustations : Anthéa Martinenghi et Paul Cambon
Couverture et maquette : Gilles Grman
Photo de quatrième de couverture : Régis Grman
Portrait des dégustateurs : Fabrice Leseigneur et Régis Grman
Cartographie : Romuald Belzacq – Légendes Cartographie
Mise en page : Didier Naulevade – NRS

DIRECTION ET ÉDITION
Directeur général délégué Groupe Marie-Claire : Amalric Poncet
Éditeur délégué : Thomas Herson
Directeur de la rédaction : Denis Saverot

FABRICATION
Directeur de la fabrication : Benoît Carlier
Chef de fabrication adjoint : Catherine Bricout
Impression et façonnage : NIIAG

DIFFUSION
Responsable marketing-diffusion-abonnement : Ingrid Cambour
Diffusion : Interforum Editis et NAP Investissement

INTERNET ET DIGITAL
Chef de projet fonctionnel : Fabienne Dujardin
Développeur analyse de données : Ludovic Sallet

PUBLICITÉ
Directrice de la publicité : Audrey Aubinel-Balague
Directeurs de clientèle : Tristan B. de Crisnay et Raffaello Torricelli
Chef de publicité : Aurélia Chauvin
Coordination technique : Marie-Hélène Dargouge

Le Guide des meilleurs vins de France est édité par la Société d'information et de créations (SIC) :
RCS Nanterre, 302 114 509 – SARL au capital de 3 822 000 euros –
10, boulevard des Frères-Voisin – 92130 Issy-les-Moulineaux
Tél. : 01 41 46 88 88

ISBN : 979-10-323-0481-5
N° éditeur : 38369
Imprimé en Italie
Dépôt légal : 3e trimestre 2019

Président du Groupe Marie-Claire et directeur de la publication : Arnaud de Contades

NOTRE MÉTHODE

Notre objectif : présenter à nos lecteurs le palmarès le plus exhaustif possible de l'élite de la viticulture française. Tous les vins notés et commentés dans ce guide ont été dégustés par les auteurs (lire pages 12 et 13) entre les mois de mars et de juin 2019, dans les locaux de La Revue du vin de France. Les vins nous ont été fournis par les producteurs. Toutefois, certains domaines n'ayant pas souhaité nous adresser d'échantillons, les auteurs ont intégré dans ce guide des notes de vins dégustés par eux-mêmes dans d'autres circonstances, lors de dégustations privées ou de visites dans le vignoble pour La RVF.

ENGAGEMENT ET INDÉPENDANCE

LA NOTATION DES DOMAINES

Tous les domaines de ce guide sont classés de 0 à 3 étoiles. Ce classement tient compte du potentiel de terroir, de la faculté qu'a le vigneron à l'exploiter et de l'homogénéité de sa production sur les derniers millésimes.

Ces critères sont valables pour toutes les régions. Une étoile a donc la même valeur en Alsace, dans la Loire ou à Bordeaux.

Nous rappelons que ce guide est un palmarès et qu'à ce titre, tous les domaines qui y figurent, même sans étoile, représentent, à nos yeux, l'excellence de la production française.

LA NOTATION DES VINS

Tous les vins sont notés sur une échelle de 20 points. Cette notation établit une hiérarchie au sein d'une appellation et d'un millésime.

Il faut cependant comprendre qu'il n'est pas possible de comparer un sylvaner sec d'Alsace 2015 et un liquoreux de Bordeaux 2008.

Seuls les vins ayant obtenu une note supérieure ou égale à 12/20 figurent dans ce guide.

LES PRIX

Dans la mesure du possible, nous publions les prix que nous ont fournis les domaines. Il s'agit de prix TTC départ domaine.

De nombreux vignerons ne vendant pas de vin en direct, nous leur avons demandé de nous fournir un prix indicatif constaté chez les cavistes ou sur les sites internet de ventes de vins.

Pour les grands crus de Bordeaux, nous publions des prix généralement constatés auprès du négoce spécialisé.

Tous les prix mentionnés sont évidemment susceptibles de varier en fonction des circuits de distribution.

COMMENT LIRE CE GUIDE ?

LES DOMAINES ÉTOILÉS

★★★
Ils représentent l'excellence du vignoble français. Les meilleurs terroirs exploités par les plus grands vignerons. Déguster leur vin est toujours un moment magique.

★★
Ces très grands domaines, souvent dotés de terroirs fabuleux, sont des incontournables qui, par leur régularité et l'excellence de leur production, se doivent de figurer dans la cave des amateurs.

★
Stars en devenir ou vignerons de qualité à la production de bon niveau, vous ne serez pas déçus en dégustant les vins de ces domaines.

LE BARÈME DE NOTATION

19,5 à 20 : vin exceptionnel
18 à 19 : grand vin
16 à 17,5 : très bon vin
14 à 15,5 : bon vin
12 à 13,5 : vin correct

LES SIGNES ET ABRÉVIATIONS

vin rouge
vin rosé
vin blanc
labellisé bio
labellisé biodynamique

VDN : vin doux naturel
VT : vendanges tardives
SGN : sélection des grains nobles
IGP : indication géographique protégée
VDF : vin de France

LES TARIFS

10 € : le prix TTC départ propriété de ce vin est égal à 10 €, sauf mention (c).
N.C. : prix non communiqué.
(c) : prix relevé auprès de cavistes.
Les circuits de distribution étant très nombreux (domaine, caviste, restaurant, enchères, vente en ligne, etc.), les prix mentionnés le sont à titre indicatif. La plupart du temps, il s'agit de prix de vente TTC en direct au domaine pour les particuliers. Ils peuvent donc être plus élevés chez les cavistes ou auprès des distributeurs.

NOTRE CHARTE

COMMENT LIRE

❶ ★★★↗

❷ **LE CHÂTEAU DE MA MÈRE**

❸ Cette belle propriété provençale, édifiée sous le Second Empire par un bourgeois de Marseille au pied du Garlaban, produit des mourvèdres et surtout des rolles qui chantent dans le verre tels une compagnie de bartavelles ! Le fameux écrivain phocéen Marcel Pagnol ne s'y est pas trompé. Tombé sous le charme du lieu et de ses vins lors de vacances en famille, il a racheté le domaine et ses 30 ha en 1932, recruté une équipe de professionnels réputés (Orane Demazis à la direction et l'œnologue Lili des Bellons comme chef de cave) et entrepris de révolutionner les vinifications. Les vins, certifiés bio, sont élevés en fûts de cade, dans une petite grotte lovée sous le Taoumé, gite favori des hiboux grands-ducs. Nous attribuons cette année au domaine une troisième étoile bien méritée.

❹ **Les vins :** grâce à l'accent mis sur le travail parcellaire, à l'usage de levures indigènes et à des élevages au cordeau, les vins de la propriété livrent une interprétation somptueuse de ce terroir calcaire brûlé par le soleil. La cuvée Aubagne, le lieu-dit le plus important en hectares, est un rouge plein et puissant, qui fera merveille sur des côtelettes au feu de bois. Plus fin, longiligne et tendu, le blanc Fanny sera prêt dans cinq ans : mariez-le à une belle brochette de grives chassées à la glue. Escaouprès est à boire sur son fruit gorgé de soleil, avec un pâté de lièvre. Précatori vieillira encore trois ans.

❺	VDF Aubagne 2017	De 32 à 40 € (c)	16,5
	VDF Taoumé 2016	45 €	17
	VDF Escaouprès 2017	25 €	15,5

❻ **Le coup de ♥**

VDF Précatori 2016	65 €	19

❼ **Rouge :** 25 hectares.
Mourvèdre 50 %, Grenache noir 50 %
Blanc : 3 hectares.
Rolle 70 %, Grenache blanc 30 %

❽ **Production moyenne :** 110 000 bt/an

❾ **LE CHÂTEAU DE MA MÈRE** ♣

❿ 56, traverse de la Buzine, 13011 Marseille
• marcel.lhermitte@marius.fr •

⓫ Vente et visites : au domaine sur rendez-vous.
De 16h à 19h.

⓬ **Propriétaire :** Marcel Pagnol
Directrice : Orane Demazis
Maître de chai : Jules Muraire
Œnologue : Lili des Bellons

NOTRE CHARTE

UN COMMENTAIRE

❶ **Classement 2019.**
Les domaines sont classés en quatre familles : sans étoile, avec une étoile, deux étoiles ou trois étoiles. La flèche ascendante signifie le gain d'une étoile.

❷ **Le nom du producteur ou de la propriété.**
Il peut s'agir d'un domaine, d'une cave coopérative ou d'une maison de négoce produisant un ou plusieurs vins différents chaque année.

❸ **Notre commentaire sur le domaine, la maison de négoce ou la cave coopérative.**
Nous présentons le domaine, son histoire, ses propriétaires, le style et le caractère de la production et nous donnons notre avis.

❹ **Les vins sélectionnés et commentés.**
Les vins présentés ici sont les meilleurs vins disponibles soit à la propriété, soit dans le commerce. Pour certains crus majeurs, nous présentons des millésimes antérieurs, que l'amateur peut posséder dans sa cave. Prix en euros et notes sur 20.

❺ **La couleur du vin, la cuvée, le prix et notre notation.**
Le prix : prix indicatif à la propriété communiqué par le producteur, sauf mention (c) qui indique des prix moyens relevés auprès de cavistes. S'il n'est pas communiqué (« N.C. »), c'est que le vin n'est plus disponible, ou que son prix n'est pas encore fixé.
La disponibilité : si le prix est suivi de la mention « épuisé », ce vin n'est plus disponible chez le producteur. On peut le trouver dans le commerce de détail.

❻ **Le coup de cœur de l'année.**
Ce coup de cœur attribué à un vin représente pour nous la plus belle illustration du savoir-faire de chaque vigneron.

❼ **La surface et l'encépagement de son vignoble.**
Nous donnons le nombre d'hectares en production et les variétés de cépages plantées pour les vins rouges et les vins blancs.

❽ **Le nombre total de bouteilles produites.**
Il s'agit d'une moyenne annuelle correspondant à tous les vins produits par le domaine.

❾ **Domaine bio ou en biodynamie.**
Ce logo indique si le domaine pratique une viticulture propre. Le trèfle ♣ identifie les domaines certifiés bio ; la lune ☾ identifie les domaines certifiés en biodynamie.

❿ **L'adresse du producteur, son numéro de téléphone, son adresse mail et/ou son site internet.**

⓫ **Les horaires de visite.**
Attention : il est toujours préférable de prendre rendez-vous au préalable avec le producteur. Lorsque celui-ci ne peut pas recevoir de visiteurs, nous l'indiquons.

⓬ **Le nom du propriétaire ou du responsable avec qui vous pouvez entrer en contact.**
Il peut s'agir du propriétaire, du directeur d'exploitation ou du responsable de la production, selon les domaines.

LES AUTEURS

OLIVIER POUSSIER

Vallée du Rhône nord et sud

Millésime 1964. Meilleur sommelier du monde, sacré à Montréal en 2000. Dégustateur universel par excellence. Parisien, formé à La Tour d'Argent puis en Angleterre, il a consacré sa vie à explorer la diversité viticole de la planète. Capable de s'enthousiasmer pour un fief vendéen, un bordeaux classé ou un assyrtiko du Péloponnèse, il se distingue par sa discipline et son intégrité.

OLIVIER POELS

Médoc - Graves - Champagne (maisons)

Millésime 1971. Né à Bruxelles, il a découvert enfant les caves bourguignonnes, sur la route des vacances vers la Méditerranée, son père n'omettant jamais de s'arrêter entre Nuits-Saint-Georges et Beaune. Amoureux de la Côte-d'Or, il a aussi le goût des grands bordeaux, des vins de Champagne et d'Alsace. Fine fourchette, Olivier anime des chroniques sur Europe 1 et LCI.

PIERRE CITERNE

Saint-Émilion - Pomerol - Jura - Savoie

Millésime 1973. Tous les dégustateurs qui l'ont affronté lors de concours de dégustation à l'aveugle savent à quel point cet universitaire, spécialiste des peintures rupestres préhistoriques, possède un palais redoutable. Établi au pied des Pyrénées, ce passionné de littérature consacre l'essentiel de sa vie à déguster, voyager et découvrir ce monde du vin qui le fascine.

JEAN-EMMANUEL SIMOND

Chablis - Côte de Nuits - Corse

Millésime 1971. Fils et petit-fils de montagnards à Chamonix, diplômé de Sciences Po Paris où il enseigne, Jean-Emmanuel s'est très tôt passionné pour les grands vins français, mais aussi d'ailleurs. Gueule d'acteur et palais subtil, il a créé sa société d'importation de vins fins et sillonne les vignobles de l'Italie, de la Bourgogne, de la vallée de la Loire mais aussi du Jura et de la Savoie.

GUILLAUME BAROIN

Beaujolais

Millésime 1971. Cet enfant de Chalon-sur-Saône voue une passion sans borne à la grande Bourgogne, qu'il sillonne 365 jours par an, au volant de sa Ford, dans le cadre de ses activités (agent commercial pour une tonnellerie notamment). Dégustateur enthousiaste, il n'a pas son pareil pour évoquer dans une langue poétique les meilleurs gamays du gouleyant Beaujolais.

ALEXIS GOUJARD

Champagne (vignerons) - Provence - Loire

Millésime 1987. Né à Rouen, Alexis se passionne pour le vin dès l'âge de 18 ans. Titulaire d'un master en commerce international du vin décroché à Avignon, il intègre La Revue du vin de France au très stratégique poste de caviste en 2010. Intéressé par la révolution bio et allergique aux vins trop boisés, il a gagné sa place au sein du Comité de dégustation.

DU GUIDE VERT

ROBERTO PETRONIO

Sauternes - Côte de Beaune

Millésime 1963. Un tempérament volcanique. Issu d'une famille d'origine sicilienne, élevé dans le sud de Paris, passionné de musique et de photographie, il a la fougue de Mario Cavaradossi, le peintre amant de Tosca. Les vins, il les aborde guidé par son instinct et sa passion, toujours épris de liberté. Ses jugements sans concession sont recherchés par les propriétaires.

CAROLINE FURSTOSS

Alsace - Languedoc

Millésime 1982. Née à Colmar, Caroline a grandi dans le village de Mittelwihr, au milieu des vignes. L'odeur des raisins fraîchement coupés, des premiers jus qui fermentent a bercé sa jeunesse. Devenue sommelière, elle a enchaîné les postes prestigieux en restauration : Auberge de l'Ill, Hameau Albert Ier, Méridien Dubaï, Apicius, Shangri-La ou encore Jean-François Piège.

CHRISTIAN MARTRAY

Côte chalonnaise - Mâconnais

Millésime 1968. Élevé en Beaujolais, il a conquis dans les caves l'affectueux surnom de « petit tonneau ». Sommelier à 19 ans, Christian franchit la Saône et débute à Vonnas, chez Georges Blanc, puis s'envole vers Orlando (Floride), chez Paul Bocuse. Après la Suisse et dix ans au Hameau Albert Ier à Chamonix, il traque aujourd'hui les bonnes affaires pour le site ventealapropriété.com.

KARINE VALENTIN

Sud-Ouest

Millésime 1963. Une vigneronne journaliste, le profil est rare. Élevée au sein d'une famille de producteurs de Cogolin, Karine rêve d'une autre vie : Paris ! Ses débuts dans la banque l'ennuient : elle renoue avec le vignoble en rejoignant Cuisine et Vins de France puis La RVF, pour lesquels elle déniche des vins à l'écart des codes de la mondialisation. L'autre passion de cette cavalière née sous le signe du scorpion ? Fashion Victim, sa jument !

PIERRE VILA PALLEJA

Bordeaux et Côtes de Bordeaux

Millésime 1987. Sommelier et restaurateur, il a fait du restaurant de ses parents, Le Petit Sommelier, face à la gare Montparnasse, l'une des adresses du vin à Paris. Ambitieux et méthodique, passé par le Ritz, le Crillon et Lasserre, Pierre a une solide connaissance des vins étrangers et aime aussi la Bourgogne, le Rhône et les bordeaux qui sortent des sentiers battus.

Les auteurs de ce guide collaborent à La Revue du vin de France.

Notre cave idéale

Champagnes millésimés, rosés de gastronomie, rouges ou blancs à petit prix : notre comité de dégustation livre ici les cuvées à demander à son caviste, pour la cave ou à déboucher sans attendre.

Shutterstock

15 rouges canons à prix doux

Beaujolais, Sud-Ouest, Languedoc, Bourgogne… Foncez les yeux fermés et remplissez votre cave sans faire mal à votre portefeuille.

Domaine Aurélien Revillot *bourgueil Les Aubuis 2015*

Infusé et extrait tout en douceur, magnifique ampleur du millésime. Un cabernet franc sans aucune austérité. 17 €

Coume Del Mas *banyuls Galateo 2017*

Ce beau rouge méditerranéen bénéficie d'une intensité de matière et de saveur rares. Gourmand et fin. 16 €

Domaine Laurent Martray *côte-de-brouilly Les Feuillées 2017*

Le temps sera l'allié de ce côte-de-brouilly au relief de prune fraîche, à la mâche encore brute. 16 €

Château Plaisance *fronton Tot Çò Que Cal 2016*

Fruit, fleur, épices, terre, sous-bois, chacun trouve l'arôme de la négrette à sa mesure ; en bouche, tanin régulier et matière pulpeuse. 19,40 €

Château La Tour de Mons *margaux 2016*

Une cuvée très classique du millésime 2016, avec du fond et une ampleur remarquable pour le cru, qui gagne en densité. 23 € (c.)

Shutterstock

Et aussi…

- Domaine du Cellier des Cray, *mondeuse Marie Clothilde 2017.* 26 €
- Domaine Louis Claude Desvignes, *morgon Javernières 2017.* 20 €
- Domaine Pascal et Annick Quenard, *mondeuse Lunatique 2017.* 21 €
- Domaine Marcel Richaud, *rasteau 2017.* 16 €
- Château Rollan de By, *médoc 2015.* 12 €
- Le Jonc-Blanc, *VDF Racine 2016.* 14 €
- Domaine Navarre, *VDF ribeyrenc 2017.* 11 €
- Domaine Stéphane Guion, *bourgueil Cuvée des Deux Monts 2014.* 20 €
- Mas Mudigliza, *maury Grenat 2016.* 16 €
- Domaine des Marnes Blanches, *côtes-du-jura trousseau 2017.* 8,50 €

15 blancs accessibles et rafraîchissants

Promis, ces chenins, chardonnays ou sauvignons vont vous faire craquer !

D.R.

Domaine Ilarria
irouléguy 2016

Une jolie complexité en bouche pour ce millésime tendu qui se précise en finale sur l'éclat du petit manseng, adossé à de beaux amers. 18 €

Domaine Gavoty
côtes-de-provence Cuvée Clarendon 2016

Amers élégants et nuances anisées, ce rolle commence à se minéraliser. Son caractère sudiste se révélera dans quinze ans. 21,50 €

Domaine de la Taille aux Loups
montlouis-sur-loire Les Hauts de Husseau 2017

Une incroyable et salivante sève cisèle ce beau chenin ligérien. Son allonge est traçante et revigorante. 22 €

Château de Chantegrive
graves Caroline 2017

Tendre et gourmande, cette cuvée mêlant sauvignon et sémillon affiche un côté déjà très ouvert et exotique. Charmante. 16 €

Domaine Olivier Morin
bourgogne Chitry Olympe 2017

Nuancé et expressif, ce chardonnay possède une douceur de texture et une maturité de fruit idéale, contenue et salivante. 15 €

Et aussi...

- **Domaine Sébastien Brunet,** ***vouvray Les Pentes de la Folie 2017.*** **20 €**
- **Domaine Bonnet-Huteau,** ***muscadet-sèvre-et-maine Goulaine 2014.*** **18 €**
- **Domaine Jacques Saumaize,** ***pouilly-fuissé Sur la Roche 2017.*** **20 €**
- **Yves Leccia,** ***IGP île-de-beauté L'Altru Biancu 2016.*** **16 €**
- **Domaine Bruno Cormerais,** ***muscadet-sèvre-et-maine-sur-lie Prestige 2015.*** **8 €**
- **Clos Saint-Fiacre,** ***orléans Excellence 2016.*** **17 €**
- **Les Vignes de Paradis,** ***IGP vin-des-allobroges savagnin 2017.*** **18 €**
- **Domaine Oudin,** ***chablis premier cru Vaugiraut 2017.*** **18,20 €**
- **Domaine Éric et Joël Durand,** ***saint-péray 2017.*** **18 €**
- **Domaine François Crochet,** ***sancerre Les Amoureuses 2017.*** **22 € (c.)**

Goûtez ces rosés : ils sont grands !

Voici 15 flacons qui peuvent être bus toute l'année et se bonifier en cave.

Château Simone *palette 2017*

Le relief caillouteux signe une structure proche de celle d'un rouge. Le respect qu'il témoigne à son terroir se révélera avec le temps. 23 €

Yves Leccia *patrimonio E Croce 2018*

Porté par une trame énergique, son volume gourmand, sa précision et son allonge en font un des meilleurs rosés de Corse. 14 €

Laherte Frères *champagne extra-brut Les Beaudiers 2014*

Son goût très mûr évoque la cerise, le kirsch, la framboise avec une pulpe structurée. Un rosé de saignée lumineux. 50 € (c.)

Domaine Les Terres Promises *coteaux-varois-en-provence L'Apostrophe 2018*

Un délicieux vin juteux et croquant, tout en suavité de fruit. Beaucoup de sincérité et de gourmandise. 13 €

Domaine Pascal et Nicolas Reverdy *sancerre Terre de Maimbray 2018*

Un rosé puissant de pinot noir, qui conserve une grande franchise d'arôme et une belle tenue en bouche. 9,50 €

Shutterstock

Et aussi...

- **Domaine Patrice Colin,** ***coteaux-du-vendômois Gris 2018.*** **7,35 €**
- **Château Pradeaux,** ***bandol 2018.*** **16 €**
- **Clos Saint-Vincent,** ***bellet Le Clos 2018.*** **20 €**
- **Les Terres d'Ocre,** ***saint-pourçain Instan T 2018.*** **7 €**
- **Clos Cibonne,** ***côtes-de-provence tibouren Prestige Caroline 2017.*** **22 €**
- **Château Sainte-Anne,** ***bandol 2018.*** **17 €**
- **Veuve Fourny et Fils,** ***champagne extra-brut premier cru Vinothèque 2012.*** **49 €**
- **Domaine Nicolas Gonin,** ***IGP isère-balmes-dauphinoises 2018.*** **9,50 €**
- **Clos Canarelli,** ***corse figari 2018.*** **11,50 €**
- **Domaine de Vaccelli,** ***ajaccio Vaccelli 2017.*** **23 €**

15 crus nés sur des coteaux légendaires

Clos des Goisses, Hermitage, Cabassaou, Monts Damnés : faites couler ces pentes vertigineuses dans votre verre.

Domaine Gérard Boulay ***sancerre Clos de Beaujeu 2017***

Un impressionnant volume caillouteux se dégage de ce sauvignon de Chavignol. Une grande émotion et une allonge remarquable. 25 €

Domaine Jamet ***côte-rôtie 2016***

Une côte-rôtie magistrale d'une définition complexe, mature, évoquant les fruits noirs, les épices, la suie ou le bacon. 90 € (c.)

Château Beauséjour Héritiers Duffau-Lagarrosse ***saint-émilion grand cru 2016***

Les arômes évoquent la craie mouillée et le poivre blanc. D'une intensité impressionnante, la matière semble sculptée dans le calcaire. Grand vin de garde. 130 à 160 € (c.)

Philipponnat ***champagne extra-brut Clos des Goisses 2009***

Pinot noir et chardonnay s'allient avec harmonie, sans excès de richesse, pour un assemblage savoureux et presque tannique en finale. À mettre en cave. 185 €

Domaine Jean-Louis Chave ***hermitage blanc 2016***

La cuvée atteint les sommets : quelle plénitude ! Ce blanc à la fois raffiné et profond entre dans la légende. 200 €

D.R.

Et aussi…

- **Domaine Albert Boxler, *alsace riesling grand cru Brand K 2017.* 49 à 58 € (c.)**
- **Camin Larredya, *jurançon sec Côte Blanche 2018.* 58 €**
- **Domaine Tempier, *bandol Cabassaou rouge 2017.* 80 € (c.)**
- **Domaine Kirrenbourg, *alsace riesling grand cru Schlossberg 2017.* 40 €**
- **Domaine des Ardoisières, *IGP vin-des-allobroges blanc Quartz 2017.* 72 €**
- **Domaine Ganevat, *côtes-du-jura savagnin Les Vignes de Mon Père 2008.* N. C.**
- **Domaine Gauby, *IGP côtes-catalanes blanc Vieilles Vignes 2017.* 33 €**
- **Domaine Franck Balthazar, *cornas Chaillot 2017.* 40 €**
- **Domaine Ostertag, *alsace riesling grand cru Muenchberg 2017.* 47 €**
- **Château La Gaffelière, *saint-émilion grand cru 2016.* N.C.**

Pour les 20 ans du petit !

Réservez maintenant les flacons qui feront de vous des parents enviés dans vingt ans.

Domaine André et Mireille Tissot
arbois vin jaune Les Bruyères 2012

La saveur profonde et épicée de ce savagnin lui apporte de l'élégance malgré la concentration. 80 € (c.)

Domaine de l'Arlot
nuits-saint-georges premier cru Clos des Forêts Saint-Georges 2017

La finesse de texture et l'expression sincère de ce grand pinot noir s'avèrent captivantes. Il irradie en finale. 75 €

Bollinger
champagne brut La Grande Année 2008

D'une vinosité et d'une énergie incroyable, c'est probablement le vin le plus abouti produit par la maison. Il fait déjà date. 115 €

Clos Triguedina
cahors Probus 2017

Le vin le plus profond du domaine, mais ce malbec aura besoin de cinq à six ans en cave. 40 € (c.)

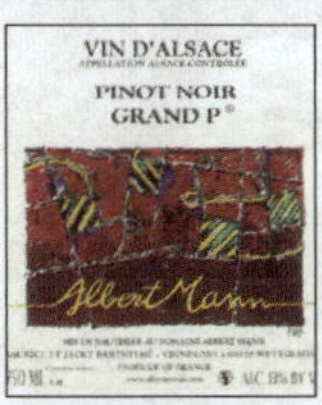

Albert Mann
pinot noir Grand P 2017

Subtil équilibre de cerise, d'amande et une touche fumée. D'une grande concentration, la bouche est aussi fraîche et le grain de tanin fin. 50 €

D.R.

Et aussi…

- **Château Haut-Bailly,** ***pessac-léognan rouge 2016.*** **110 € (c.)**
- **Château Climens,** ***barsac 2016.*** **75 € (c.)**
- **Domaine Michel Bouzereau et fils,** ***meursault premier cru Perrières 2017.*** **110 € (c.)**
- **Domaine Arlaud,** ***morey-saint-denis premier cru Les Ruchots 2017.*** **75 € (c.)**
- **Clos Fourtet,** ***saint-émilion grand cru 2015.*** **115 à 140 € (c.)**
- **Château Branaire-Ducru,** ***saint-julien 2016.*** **65 €**
- **Château Meyney,** ***saint-estèphe 2016.*** **38 € (c.)**
- **Domaine du Vieux Donjon,** ***châteauneuf-du-pape rouge 2017.*** **36 € (c.)**
- **Château de Coulaine,** ***chinon Les Picasses 2016.*** **18 €**
- **Domaine Marc Sorrel,** ***hermitage rouge Le Gréal 2017.*** **110 €**

15 vignerons sur lesquels nous parions

Ils ne sont pas encore très connus, mais faites-nous confiance : ce sont les cracks de demain.

Aurélien Suenen

D.R.

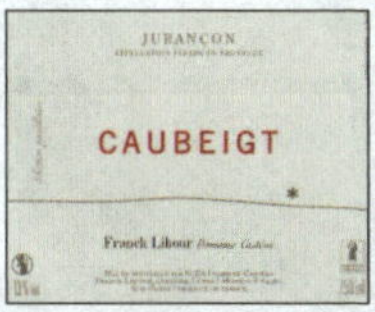

Domaine Castéra
jurançon Caubeigt 2016

Des notes de pomélos et d'écorces de citron, un confit délicat animent une allonge tenue par un boisé flatteur qui doit se caler. 19,20 €

Suenen
champagne extra-brut grand cru blanc de blancs Oiry

Un blanc de blancs champenois dans toute sa splendeur, avec une mâche confortable et une fine patine. 37 € (c.)

Domaine du Bienheureux
châteauneuf-du-pape rouge 2018

Cette cuvée nous égaye de son jus poudré, sans excès de matière, pulpeux, harmonieux, avec une belle allonge de bouche. 23 €

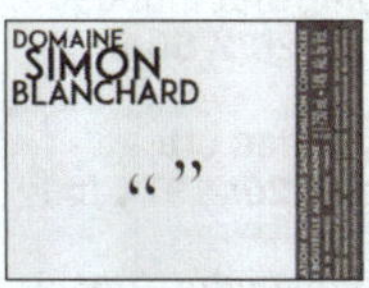

Domaine Simon Blanchard
montagne-saint-émilion Guitard 2016

Le cabernet franc, rare pour l'appellation, interpelle par sa subtilité, son fruit posé et son élégance. Un rouge de grande garde. 28 €

Domaine du Pré Semelé
sancerre Zeste 2017

Un sauvignon moderne, bien façonné. La trame minérale du terroir lui donne beaucoup de persistance. 22 €

Et aussi…

- **La Croix Gratiot, *picpoul-de-pinet Bréchallune.* 11 €**
- **Combel-La-Serre, *cahors Les Peyres Levades 2016.* 30 €**
- **Les Poëte, *reuilly blanc Toison d'Or 2016.* 25 €**
- **Domaine Baravéou, *bandol rouge 2017.* 25 €**
- **Domaine Paul Prieur et Fils, *sancerre blanc 2017.* 13,50 €**
- **Oiseau Rebelle, *VDF blanc BRMTH 2015.* 33 €**
- **Domaine des Bérioles, *VDF rouge La Chabanne 2017.* 19 €**
- **Domaine de la Pirolette, *saint-amour La Poulette 2017.* 20 €**
- **Domaine Jolivet, *saint-joseph blanc Clef de Sol 2017.* 25 €**
- **Ruppert-Leroy, *brut Nature 11, 12, 13… .* 45 €**

Champagne : les millésimés

Tous les millésimes ne se valent pas : nous avons choisi les valeurs sûres pour votre cave.

Louis Roederer *brut Vintage 2013*

Un millésime tardif mené avec brio dans cette cuvée vibrante, épurée, saline, que l'on dégustera sans se presser. 68 € (c.)

Laurent-Perrier *brut 2008*

Belle dynamique dans cette cuvée qui bénéficie de la précision de ce grand millésime. Tendue, elle reste néanmoins charnue et ronde. 55 € (c.)

Pol Roger *brut vintage 2012*

Un éclat magnifique, une dimension de bouche propre au millésime et une grande allonge qui fait saliver en finale. Il vieillira à merveille dans les trente ans. 65 €

Palmer & Co *brut Vintage 2012*

Ce vin subtilement accompli dévoile une belle complexité, avec une superbe finale sur une petite note grillée. 45 € (c.)

Huré Frères *extra-brut blanc de blancs L'Inattendue 2014*

Une jolie patine donne une complexité finement torréfiée à ce blanc de blancs très tendu, à l'allonge saline et serrée. 35 €

D.R.

Et aussi…

- **Égly-Ouriet, *brut grand cru 2009.* 120 € (c.)**
- **AR Lenoble, *extra-brut grand cru blanc de blancs Chouilly 2008.* 52,50 €**
- **Deutz, *brut 2014.* 59 €**
- **Delamotte, *brut blanc de blancs 2008.* 52 € (c.)**
- **Drappier, *brut blanc de blancs 2012.* 50 €**
- **Mailly Grand Cru *extra-brut 2012.* 37 € (c.)**
- **Yann Alexandre, *brut blanc de blancs 2011.* 37 €**
- **Veuve Clicquot Ponsardin *brut Vintage 2012.* 50 €**
- **Pierre Gimonnet & Fils, *extra-brut Spécial Club Grands Terroirs de Chardonnay 2012.* 48,90 €**
- **J-M Sélèque, *extra-brut Soliste Meunier 2014.* 55 € (c.)**

15 expressions pures de la biodynamie

Les grands vins biodynamiques ont quelque chose en plus. Découvrez quoi en dégustant cette sélection qui rayonne.

Domaine Chaume-Arnaud *vinsobres 2016*

Ce rouge rhodanien offre un jus de grande classe, d'une belle énergie, pulpeux et velouté. La matière passe comme une lettre à la poste. 12 €

Domaine Genoux - Château de Mérande *vin-de-Savoie arbin mondeuse Le Comte Rouge 2016*

C'est une mondeuse ambitieuse, à la fois dense et typée (poivre gris). Sa finale sanguine est éclatante. 17 €

Clos Puy Arnaud *castillon-côtes-de-bordeaux 2016*

Ce rouge bordelais étonne par son intensité, son éclat et sa sapidité. À garder au moins cinq ans. 42 €

Larmandier-Bernier *brut nature premier cru blanc de blancs Terre de Vertus 2013*

Une sève incroyable pour ce blanc de blancs. Son sillon de saveurs d'agrumes mûrs trace une fraîcheur remarquable. 51 €

Mas d'Espanet, *languedoc blanc Camille 2016*

Pourtant sudiste, ce blanc prend une tournure délicatement aromatique, avec une tenue suave et une texture fine. 24 €

Et aussi…

- **Clos de l'Élu, *VDF blanc Ephata Terre de l'Elu 2017.* 43 €**
- **Domaine de Belle-Vue, *muscadet Gaïa 2018.* 26 €**
- **Domaine de l'Oratoire Saint-Martin, *cairanne rouge Haut-Coustias 2016.* 20 €**
- **Marguet, *extra-brut grand cru Shaman 15.* 32 €**
- **Domaine Olivier Pithon, *IGP côtes-catalanes blanc La D18 2017.* 35 €**
- **Domaine Ostertag, *riesling grand cru Muenchberg.* 47 €**
- **Domaine Valentin Zusslin, *crémant d'alsace Clos Liebenberg.* 34,50 €**
- **Château Gombaude Guillot, *pomerol Pom n'Roll 2017.* 35 €**
- **Camin Larredya, *jurançon sec Côte Blanche 2017.* 55 €**
- **Domaine Ganevat, *côtes-du-jura vin jaune 2009.* N. C.**

15 liquoreux majestueux

Il n'y pas que Sauternes dans la vie d'un amateur de douceur. Ces jurançons, banyuls et vendanges tardives en témoignent.

Château Nairac *barsac 2015*

Un parfum pur d'ananas frais se révélera dans ce liquoreux de grande richesse. On le dégustera frais. 36 € (c.)

Clos Joliette *VDF blanc Édition Limitée n°1 Casier n°2 2002*

L'orange sanguine donne à ce petit manseng une gourmandise de jeunesse. Minéralité, amers sublimes et tension sont de mise. N. C.

Château Tirecul la Gravière *monbazillac Madame SGN 2014*

Expressif, l'équilibre entre le moelleux et l'acidité de cette sélection de grains nobles respecte le palais avec une tension parfaite. 85 €

Château Gilette *sauternes 1997*

Un liquoreux radieux d'une belle persistance sur une note de citron confit. Derrière cette richesse, il développe une grande vitalité. Superbe. De 140 à 160 € (c.)

Domaine Weinbach *alsace riesling grand cru Schlossberg SGN 2017*

D'une vibration intense, délicieux, ce blanc rappelle le citron confit. Attention, en édition très limitée. 210 €

D.R.

Et aussi…

- **Domaine Plageoles,** ***gaillac doux Ondenc 2016.*** **11,50 €**
- **Château de Fargues,** ***sauternes 2015.*** **222 €**
- **Château Caillou,** ***sauternes 2016.*** **38 €**
- **Mas Amiel,** ***maury blanc Vintage 2018.*** **18 €**
- **Les Jardins de Babylone,** ***jurançon moelleux 2008.*** **100 à 120 € (c.)**
- **Domaine Delesvaux,** ***coteaux-du-layon SGN 2010.*** **32 €**
- **Domaine du Clos Naudin,** ***vouvray moelleux Réserve 2018.*** **49 €**
- **Domaine Puig-Parahÿ,** ***rivesaltes rouge 1982.*** **102 €**
- **Clos Nicrosi,** ***muscat du cap-corse Muscatellu 2017.*** **21 €**
- **Domaine Bott-Geyl,** ***riesling grand cru Schoenenbourg VT 2015.*** **39 €**

Ces vins qui chantent la Méditerranée

En blanc comme en rouge, de Corse ou du Roussillon, ces vins sont une boîte à parfums.

Domaine Hauvette
IGP alpilles rouge Améthyste 2017

D'un superbe éclat floral, ce rouge à dominante de cinsault évoque les baies rouges et les fruits des bois. Il avance tout en finesse. 51 €

Château de Roquefort
côtes-de-provence rouge Les Mûres 2015

Grande concentration menée avec fraîcheur. Les tanins sont civilisés, sans perdre le caractère provençal sanguin. Mettez-le en cave. 15 €

Mas des Chimères
terrasses-du-larzac rouge Nuit Grave 2016

Une très belle cuvée qui naît sur les basaltes. Un vin intensément poivré et juteux, avec une signature fraîche et concentrée. 13,20 €

Domaine Gardiés
côtes-du-roussillon-villages rouge La Torre 2016

Très belle expression du mourvèdre (70 %), qui développe de captivantes notes de poivre, d'encre de Chine, de havane. 40 €

Domaine Leccia
patrimonio rouge Pettale 2016

Les tanins vifs mais sapides apportent au vin une superbe finesse et une allonge charnue. Il vieillira avec bonheur. 30 €

D.R.

Et aussi…

- **Domaine de Terrebrune,** ***bandol rouge 2016. 28 €***
- **Domaine Olivier Pithon,** ***IGP côtes-catalanes rouge Le Pilou 2016. 35 €***
- **Domaine Ray-Jane,** ***bandol rouge Cuvée du Falun 2015. 28 €***
- **Mas Haut-Buis,** ***terrasses-du-larzac rouge Costa Caoude 2017. 31 €***
- **Clos Maïa,** ***terrasses-du-larzac rouge 2017. 25 €***
- **Domaine du Pas de l'Escalette,** ***terrasses-du-larzac rouge Les Frieys 2017. 40 €***
- **Domaine Canet Valette,** ***saint-chinian rouge Maghani 2016. 26,50 €***
- **Domaine d'Aupilhac,** ***VDF rouge Le Carignan 2017. 21,10 €***
- **Clos Nicrosi,** ***coteaux-du-cap-corse blanc Stecaja 2018. 11 €***
- **Clos du Rouge-Gorge,** ***IGP côtes-catalanes rouge 2017. 24 €***

NOS CAVISTES COUPS DE CŒUR DE L'ANNÉE

Pouvoir compter sur son caviste, voilà le Graal de tout amateur. Chaque automne, le guide de La RVF facilite cette quête en recensant les meilleures adresses, présentées ici par département.

100 CAVISTES À SUIVRE DE PRÈS

AIN

LA VINOTHÈQUE DU LÉMAN

ZA de la Poterie,
01210 Ferney-Voltaire.
04 50 40 76 44
3 000 étiquettes. De nombreux millésimes anciens s'exposent dans cette cave de l'Ain, mais aussi 500 références de whiskies et 90 de rhums.

AISNE

LA FONTAINE DES SENS

27, rue Carnot,
02400 Château-Thierry.
03 23 69 82 40
300 étiquettes. Un sérieux penchant pour les vins bio et biodynamiques, et un large choix de produits d'épicerie fine.

ALLIER

LES CAVES NAUDOT

7, avenue Jean-Jaurès,
03800 Gannat.
04 70 90 24 93
750 étiquettes. De nombreux évènements animent cette cave, dont des dégustations hebdomadaires.

ALPES-MARITIMES

LA PART DES ANGES

17, rue Gubernatis,
06000 Nice.
04 93 62 69 80
300 étiquettes. Produits solides remarquables et foule d'excellents vins bio-naturels dans cette adresse niçoise.

ARDENNES

AU FIN DÉGUSTATEUR

29, rue de Belleville,
08400 Toges. 03 24 71 89 51
700 étiquettes. Cours de dégustation, sélection rigoureuse de vins identitaires, et beau choix de spiritueux.

ARIÈGE

GRANDES HALLES ST-VOLUSIEN

12, rue du 19-Mars-1962,
09000 Foix.
05 34 09 85 23
1 200 étiquettes. Les vins d'Ariège, du Languedoc et du Sud-Ouest sont mis à l'honneur. On admire aussi la belle sélection de fruits et légumes.

AUBE

AUX CRIEURS DE VINS

4-6, place Jean-Jaurès,
10000 Troyes.
03 25 40 01 01
500 étiquettes. Bistrot-cave ultra-convivial. On se régale de la cuisine et des vins bio-naturels.

AUDE

EN CATIMINI

16, place de la République,
11200 Ferrals-les-Corbières.
04 68 41 62 53
300 étiquettes. Une maison familiale, avec 90 % de vins provenant du Languedoc-Roussillon. Du bio et des assiettes généreuses.

COMPTOIR DE CÉLESTIN

3, place Lamourguier,
11100 Narbonne.
04 68 27 55 78
350 étiquettes. Une cuisine pleine d'esprit, d'impeccables flacons nature et une terrasse pour en profiter à fond !

AVEYRON

LA CAVE DU MONT LE VIAUR

33, allée Aristide-Briand,
12200 Villefranche-de-Rouergue.
05 65 45 44 64
800 étiquettes. Ex-sommelier de tables étoilées, le patron sait y faire. On y déguste les saveurs de l'Aveyron.

BAS-RHIN

LA VINOTEK

9, rue Vauban,
67450 Mundolsheim.
03 88 48 20 41
800 étiquettes. Cuvées de terroirs, sélection pointue, et quelques échappées en Italie.

BOUCHES-DU-RHÔNE

LA CAVE MAZARIN

18, rue Italie,
13100 Aix-en-Provence.
06 50 37 25 36
1 000 étiquettes. Allocations bourguignonnes, flacons prestigieux du Rhône. Soirée mensuelle avec des vignerons.

LA CAVE DES PAPILLES

84-86, rue de Grignan,
13001 Marseille.
04 86 26 50 16
500 étiquettes. On goûte ici au meilleurs des bio-nature.

CALVADOS

TERROIR DIT VIN

12, rue du 9e arrondissement-de-Paris, 14700 Falaise.
02 31 20 38 14
300 étiquettes. La sélection en mouvement penche du côté des vins d'artisans.

G. Prenveille

À Falaise, Terroir Dit Vin est tenu par Emmanuel Ménard et Vincent André.

C. Remondière

À Brochon, Didier Petitcolas préside aux destinées de Grands Bourgognes.

LES METS CHAI
26, rue des Jacobins,
14000 Caen.
02 31 23 20 34
300 étiquettes. Des ténors et des espoirs. La cuisine est basée sur des produits bio.

CHARENTE-MARITIME

AUX TOURS DES VINS
13, rue du Pas-du-Minage,
17000 La Rochelle.
05 46 28 64 68
650 étiquettes. Des crus de toute la France et une sélection de grands vins de Porto.

CORRÈZE

LA CAVE DU PIC VERT
9, rue de l'Hôtel-de-Ville,
19100 Brive-la-Gaillarde.
05 55 74 33 05
350 étiquettes. Languedoc, Roussillon, Loire, Sud-Ouest, voici les tropismes de la cave.

CÔTE D'OR

GRANDS BOURGOGNES
Chemin de Saule,
ZAA Le Saule, 21220 Brochon.
03 80 79 29 90
1 800 étiquettes. Sélection 60 % bourguignonne. Portes ouvertes annuelles avec des vignerons.

DINGOVINO
29, rue Jeannin,
21000 Dijon.
03 80 28 50 88
600 étiquettes. Une cave amoureuse des vins bio et authentiques.

CÔTES D'ARMOR

LE CELLIER DU GOËLO
2, rue de l'Église,
22500 Paimpol.
02 96 20 48 27
700 étiquettes. De 4,50 € aux grands crus, la cave brille par son éclectisme.

LA CAVE DES JACOBINS
3, rue Sainte-Claire,
22100 Dinan.
02 96 39 03 82
300 étiquettes. La cave mise sur le bio et la biodynamie.

DORDOGNE

VIN BLANC ROUGE
3, avenue de la Préhistoire,
24620 Les Eyzies-de-Tayac.
05 53 35 17 41
2 000 étiquettes. Sélection large de France et d'ailleurs.

DOUBS

SAS VIN ART & PLAISIR
1, rue de la Ranconnière,
25370 Métabief.
09 61 66 92 20
150 étiquettes. Conviction bio et biodynamie. Jura, Sud-Ouest, Languedoc-Roussillon en avant.

TERRA VINEA
1, rue de la Gare,
25500 Morteau.
03 81 67 52 88
500 étiquettes. Cette cave s'occupe du bien boire : 100 % naturel ! Bar le vendredi soir.

DRÔME

CAVE VINO
6, rue du Théâtre,
26000 Valence.
06 14 32 86 72
600 étiquettes. Bio, biodynamie, jeunes vignerons, bouteilles d'exception, vieux millésimes : tout pour plaire !

ESSONNE

CAVE D'ORSAY
5, rue du Docteur-Ernest-Lauriat,
91400 Orsay.
01 69 07 24 96
500 étiquettes. De grands noms, des espoirs, des spiritueux choisis avec exigence, et de nombreux cours.

EURE-ET-LOIR

LA CAVE DU MARCHÉ
13, rue des Changes,
28000 Chartres.
02 37 21 43 10
1 500 étiquettes. Large sélection de grands vins. On y trouve aussi de séduisants vieux millésimes.

FINISTÈRE

LE VINOGRAPHE
25, rue Ange-de-Guernisac,
29600 Morlaix.
06 47 59 79 06
260 étiquettes. Jolie cambuse morlaisienne à la fois cave et bar à vins. Ici, on boit bio et naturel !

GARD

LE CAVEAU DE BACCHUS
24, place Henri-Barbusse,
30100 Alès.
04 66 52 85 78
300 étiquettes. Le terroir cévenol est mis en avant dans cette cave alésienne, en compagnie de fins spiritueux.

GERS

LE BAR DU MARCHÉ
2, boulevard du Général-Ballon,
32800 Eauze.
06 19 98 20 77
150 étiquettes. 75 % de quilles biodynamiques, de France, d'Italie, des Canaries et même de Géorgie. L'adresse vaut le détour.

GIRONDE

VINS SENS
5, place du 14-Juillet,
33130 Bègles.
05 56 85 13 27
300 étiquettes. La cave privilégie la découverte aux allocations prestigieuses. Bières artisanales, rhums, whiskies et épicerie fine.

AUTRES CHÂTEAUX
29, cours Portal,
33000 Bordeaux.
05 57 30 92 24
1 000 étiquettes. Dans le quartier des Chartrons, une sélection acérée de vins d'artisans. 180 spiritueux.

HAUT-RHIN

NATURE EN CAVE
105, rue des Trois-Épis,
68230 Katzenthal.
07 61 85 54 12
100 étiquettes. Cette cave revendique son appétence pour les vins naturels.

HAUTE-GARONNE

CAVE LE PETIT GRAIN
4, place des Marchands,
31370 Rieumes.
05 61 91 58 40
300 étiquettes. Des faveurs pour le Languedoc et le Sud-Ouest, une vrai attention au bio et à la biodynamie.

LE TEMPS DES VENDANGES
9, place de l'Estrapade,
31300 Toulouse.
05 61 42 94 66
400 étiquettes. Sélection de vins naturels et biodynamiques.

HAUTE-LOIRE

CAVE MARCON LE PUY
Place du Marché-Couvert,
43000 Le Puy-en-Velay.
07 88 43 48 72
1 000 étiquettes. La gastronomie est aussi notable que les vins.

HAUTE-SAVOIE

LE CAVEAU DU VIGNERON
1172, route d'Annecy,
74540 Saint-Félix.
04 50 60 91 86
600 étiquettes. Une cave fournie en vins de Savoie, du Rhône, du Languedoc, récoltés chez les vignerons-amis.

LES CAVES DU TOUR'BILLON
Z.I. Baronnie,
7330 Le Pont-de-Beauvoisin.
04 76 32 71 50
500 étiquettes. Les vins de Savoie à l'honneur, et un beau choix de digestifs locaux.

HAUTES-ALPES

VINO MELODY
12, place de la République,
05400 Veynes.
04 92 46 68 80
300 étiquettes. Le caviste expose des vins naturels d'artisans, et vend des épices.

HAUTES-PYRÉNÉES

CAVE DE L'ARSENAL
Quartier de l'Arsenal,
21, avenue des Forges,
65000 Tarbes.
05 62 93 49 21
250 étiquettes. En plus des vins, on trouve whiskies, rhums, et bières artisanales. Des soirées-dégustations sont organisées.

HAUTS-DE-SEINE

LE CHEMIN DES VIGNES
113 bis, avenue de Verdun,
92130 Issy-les-Moulineaux.
01 46 38 90 51
650 étiquettes. Un bistrot-cave en surplomb d'une parcelle de vignes en terrasse.

HÉRAULT

LA TERRASSE DU MIMOSA
23, place de l'Horloge,
34150 Montpeyroux.
04 67 44 49 80
350 étiquettes. Un bistrot-cave doté d'une sélection de vins très profonde sur la région. La terrasse vous séduira.

V. MARCHAND DE VINS
53, rue de l'Aven,
34980 Saint-Gély-du-Fesc.
04 67 07 96 59
500 étiquettes. Depuis 2004, le trio à sa tête ne cesse d'affirmer ses convictions. Cave de l'année 2019 de La RVF.

ILLE-ET-VILAINE

HISTOIRES DE VINS
47, rue Vasselot,
35000 Rennes.
02 99 79 18 19
700 étiquettes. Une sélection ultra-précise et pleine de convictions. Les prix y sont plus qu'abordables.

TOUS À LA CAVE !
17, rue Jacques-Blouet,
35580 Guichen.
02 99 52 02 75
400 étiquettes. Des vins identitaires, mais aussi des bières de microbrasseries bretonnes. Bar à vins du jeudi au samedi, avec du fromage au lait cru à la coupe.

INDRE-ET-LOIRE

LE VIN EN CAVE
15 bis, place du 11-Novembre,
37510 Ballan-Miré.
09 83 91 21 49
800 étiquettes. On y retrouve les vins ligériens, issus de petites propriétés, mais aussi de belles cuvées venues d'ailleurs.

ISÈRE

GRAMENON & COMPAGNIE
15 bis, rue Lakanal,
38000 Grenoble.
04 76 43 28 11
150 étiquettes. Du naturel, les flacons de la famille et les cuvées des copains. Il y a aussi un coin épicerie, et des bijoux (créations maison). Fréquentes rencontres et dégustations.

L'ÉCHANSON FROMAGES ET VINS
24, avenue des Tirignons,
38570 Goncelin.
04 76 45 79 05
1 800 étiquettes. Du fromage, des cours d'œnologie… Une maison complète !

JURA

EPICUREA
5 place des Déportés,
39800 Poligny.
03 84 37 16 05
500 étiquettes. Les amateurs de fromages seront ravis et feront le plein de cuvées pour les accompagner à Poligny !

D. R.

En Haute-Savoie, Claire Clairet est à la tête du Caveau du Vigneron.

D.R.
À Saint-Étienne, Piermic Fatet dirige la cave Cuiz'in sur Cours.

LOIRE

CUIZ'IN SUR COURS
1, place Grenette,
42000 Saint-Étienne.
04 77 32 26 82
600 étiquettes. Nombreux évènements : quatre cours d'œnologie par semaine, la venue d'un vigneron le samedi…

LOIRE-ATLANTIQUE

LA CAVE EN VOYAGE
40, rue de la Croix-Sourdeau,
44000 Saint-Sébastien-sur-Loire.
07 81 07 21 03
100 étiquettes. Des vins d'artisans, qui sont également vendus dans un Wine Truck promené dans sept marchés nantais. Animations œnologiques dans une version bar à vins.

LE GARAGE À VINS
20, boulevard de l'Atlantique,
44510 Le Pouliguen.
02 40 70 49 85
600 étiquettes. Un drôle de décor de garage pour une sélection orientée nature et Loire. On peut aussi y acheter des fûts de bière.

LOIRET

LES BECS À VINS
8, place du Châtelet,
45000 Orléans.
09 65 16 64 09
300 étiquettes. Bistrot à vins et cave bourrée de charme, les bouteilles du Val de Loire aux premières loges.

LOT

PLAISIRS DU VIN
548, avenue Anatole-de-Monzie,
46000 Cahors.
04 65 21 75 12
1 500 étiquettes. La cave d'une excellente enseigne très présente dans le Sud-Ouest.

LOT-ET-GARONNE

VINISSIM'O
66, avenue Michel-Ricard,
47520 Le Passage.
05 53 68 64 54
800 étiquettes. Une maison familiale, où l'on repère de nouveaux talents.

LOZÈRE

ALBARET & FILS
Place du Portal,
48500 La Canourgue.
06 88 65 64 15
80 étiquettes. Un havre pour les crus du Languedoc-Roussillon.

MAINE-ET-LOIRE

AUX SAVEURS DE LA TONNELLE
4, rue de la Tonnelle,
49400 Saumur.
02 41 52 86 62
1 000 étiquettes. Excellente sélection et belle ambiance.

MANCHE

LE BALLON ROUGE
9, rue du Port,
50100 Cherbourg-Octeville.
02 33 94 34 06
120 étiquettes. Galerie d'art, cave, bar à vins où l'on boit bon.

MARNE

AU BON MANGER
7, rue Courmeaux,
51100 Reims.
03 26 03 45 29
600 étiquettes. De superbes petites productions artisanales.

520 CHAMPAGNES ET VINS D'AUTEUR
1, avenue Paul-Chandon,
51200 Épernay.
03 26 54 36 36
1 150 étiquettes. Une sélection formidable de champagnes.

MAYENNE

MES TERROIRS DU SUD
Le Grand Busson,
53410 Le Bourgneuf- la-Forêt.
06 25 50 27 45
150 étiquettes. Le patron adore le vin naturel. À goûter aussi, les bières d'une brasserie locale. Dégustation avec des vignerons tous les trois mois.

MEURTHE-ET-MOSELLE

VINDIOU
1, rue Saint-Michel,
54000 Nancy.
09 86 17 34 24
100 étiquettes. Vins bio, biodynamiques, nature. Bières du coin dans les frigos. Carte des vins au verre renouvelée chaque semaine.

MORBIHAN

CAVE PUR JUS
8, impasse Forbin,
56270 Ploemeur.
09 67 45 97 34
650 étiquettes. Brillant casting, avec quelques échappées vers l'Espagne, l'Australie, le Chili.

MOSELLE

BOIRE & MANGER
47, avenue de Nancy,
57000 Metz.
03 87 50 58 06
250 étiquettes. Belle cave à manger qui offre l'occasion de goûter des vins de Moselle.

NORD

CAVES CARPENTIER
277, route de Landrecies,
59330 Hautmont.
03 27 66 80 38
250 étiquettes. De 3,95 € à plus de 600 € pour les grands crus bordelais, la sélection se révèle très éclectique.

OISE

DE LA VIGNE À LA TABLE
47, place de la Halle,
60300 Senlis.
03 60 02 40 77
500 étiquettes. Sélection très soignée, avec de bons spiritueux et d'impeccables produits d'épicerie fine.

ORNE

LA VIE EN ROUGE
31, rue Sainte-Croix,
61400 Mortagne-au-Perche.
09 66 13 88 20
120 étiquettes. La cave fait ses provisions auprès des meilleurs vignerons en biodynamie.

PARIS

LA GARDE-ROBE
41, rue de l'Arbre-Sec,
75001 Paris.
01 49 26 90 60
100 étiquettes. Les cuvées naturelles de choix tarissent la soif sur place. À emporter sous le bras sans hésiter.

CAVES LEGRAND FILLES ET FILS
1, rue de la Banque,
75002 Paris.
01 42 60 07 12
3 000 étiquettes. L'une des plus vieilles caves de Paris organise de nombreuses dégustions.

CAVES BOSSETTI
34, rue des Archives,
75004 Paris.
01 48 04 07 77
800 étiquettes. Beaucoup de bourgognes au générique, et de très belles chartreuses.

CAVE UNIVERRE
4, rue de Tournon,
75006 Paris.
01 43 29 75 95
400 étiquettes. Du bio, de la biodynamie, un peu de vins naturels et d'autres grands canons d'Espagne, d'Italie, d'Allemagne et de Hongrie.

LA CAVE DE LA GRANDE ÉPICERIE
38, rue de Sèvres,
75007 Paris.
01 44 39 81 00
2 400 étiquettes. L'une des caves les plus complètes de France.

LE VERRE VOLÉ
67, rue de Lancry,
75010 Paris.
01 48 03 17 34.
400 étiquettes. Toutes régions. Du vin naturel, à accompagner de la cuisine du jour.

LA CAVE DE DARON
140, avenue Parmentier,
75011 Paris.
01 48 06 26 81
200 étiquettes. Quelques allocations bourguignonnes très recherchées, orientées bio. Belle sélection de *craft beers*, et des assiettes à grignoter au comptoir.

CAVE BALTHAZAR
16, rue Jules-Guesde,
75014 Paris.
01 43 22 24 45
1 000 étiquettes. Des vins d'excellents domaines, connus ou moins, dans chaque vignoble. Dégustations organisées deux fois par semaine.

LA CAVE DES PAPILLES
35, rue Daguerre,
75014 Paris.
01 43 20 05 74
1200 étiquettes. Spécialité : les vins libres, vivants, non conventionnels, sans intrants chimiques, naturels... Un ou deux samedis par mois, dégustation avec un vigneron.

L'ACCORD PARFAIT D'ALESS ET DIM
64, rue des Entrepreneurs,
75015 Paris.
09 86 46 46 76
200 étiquettes. Deux amis passionnés toujours à la recherche de découvertes, ont investi la rue la plus sympathique du quartier.

PAS DE CALAIS

LES CANAILLES
73, rue de Paris,
62520 Le Touquet-Paris-Plage.
03 21 05 03 03
100 étiquettes. Épatante pause gastronomique, du côté de la table comme des quilles, à emporter sur la plage.

PUY-DE-DÔME

AU PETIT BERCY
31, rue Ballainvilliers,
63000 Clermont-Ferrand.
04 73 90 59 84
500 étiquettes. Tous les grands vignobles sont présents, avec quelques zooms sur le Jura, Cahors, l'Auvergne.

PYRÉNÉES-ATLANTIQUES

CHÉRI BIBI — LA CONSERVERIE
50, rue d'Espagne,
64200 Biarritz.
05 59 41 24 75
60 étiquettes. Cave, bistrot à vins, épicerie fine... Vins bio-naturels et produits d'artisans.

PYRÉNÉES-ORIENTALES

EL XADIC DEL MAR
11, avenue du Puig-del-Mas,
66650 Banyuls.
04 68 88 89 20
50 étiquettes. Cave à manger à deux pages de la plage. Une sélection de vins naturels très pertinente et des bouteilles d'ailleurs.

RHÔNE

VERCOQUIN
33, rue de la Thibaudière,
69007 Lyon.
04 78 69 43 87
300 étiquettes. Une référence en vins bio et naturels. Cette institution lyonnaise devient un bar à vins les vendredis et samedis soirs.

SAÔNE-ET-LOIRE

CELLIER DE L'ABBAYE
13, rue Municipale,
71250 Cluny.
03 85 59 04 00
900 étiquettes. Gamme fouillée. Nombreux vins bio ou biodynamiques.

R. Larsen

Aline Serva vous régale dans sa cave Au Bon Manger, à Reims.

SARTHE

LA GOUTTE DE VIN
11, rue Courthardy,
72000 Le Mans.
09 73 21 55 73
300 étiquettes. Une tendresse pour le Rhône et le Languedoc, et des vignerons très verts.

SAVOIE

LES 400 CRUS
11, place de l'Hôtel-de-Ville,
73000 Chambéry.
04 79 85 61 65
420 étiquettes. La cave milite pour les vins naturels.

SEINE ET MARNE

LE CLOS MICHEL
132-134, rue Saint-Denis,
77400 Lagny-sur-Marne.
01 64 12 23 98
300 étiquettes. La cave se sert directement dans le vignoble.

SEINE-MARITIME

LA CAVE DE BACCHUS
41, rue Armand-Carrel,
76000 Rouen.
09 50 70 59 98
450 étiquettes. La cave balaie toutes les régions de France et quelques territoires étrangers.

FEUILLE DE VIGNE
31-33, rue Georges-Braque.
76600 Le Havre.
02 35 49 83 91
800 étiquettes. Un lieu dédié aux vins biodynamiques, avec un coin épicerie.

SEINE-SAINT-DENIS

LA P'TITE CAVE
76, allée de Montfermeil,
93340 Le Raincy.
09 83 79 93 48
400 étiquettes. Un choix de vins unique dans le 93, et de très grands noms au programme.

CAVE DE L'ÉPICERIE DE LONGUEIL
28, avenue de Longueil,
78600 Maisons-Laffitte.
01 39 62 00 50
1500 étiquettes. Une institution fondée en 1880, à la gamme assez éclectique.

VAL-DE-MARNE

CAVE D'IVRY
40, rue Marat,
94200 Ivry-sur-Seine.
01 46 58 33 28
700 étiquettes. Sélection majuscule de vins en bio, biodynamie et naturels.

VAL-D'OISE

CAVE POUTEAU
55, rue de la Station,
95130 Franconville.
01 34 14 63 02
500 étiquettes. Aux manettes : Jean-Luc Pouteau, Meilleur sommelier de France 1976 et du monde en 1983. Huit cours à thèmes par an.

VAR

DA VINI CODE
4 bis, avenue Augustin-Grangeon,
83990 Saint-Tropez.
04 94 56 27 90
2 500 étiquettes. Parmi le choix immense de bouteilles, on retrouve une foule de grands vins prestigieux.

LA DÉGUST'
375, boulevard Bazeilles,
83000 Toulon.
06 15 87 91 98
180 étiquettes. Une cave à manger où le patron est à l'écoute des amateurs. Très bon plateau et sélection itou.

VAUCLUSE

L'AMPELOS
11, rue du Vieux-Sextier,
84000 Avignon.
09 84 27 57 97
300 étiquettes. La cave fait aussi bar à vins du jeudi au samedi soir. Côté spiritueux, gamme pointue dont d'excellents gins.

VENDÉE

LA CAVE SE REBIFFE
45, promenade Clemenceau,
85100 Les Sables-d'Olanne.
09 54 16 38 50
350 étiquettes. Belle gamme de vins en bio et biodynamie, travaillée "au plus près du raisin". En face de la mer.

VOSGES

LE PETIT FRANÇAIS
13, rue Lormont,
88000 Épinal.
03 54 04 30 88
900 étiquettes. La maison milite pour le bio, la biodynamie ou le vin naturel, avec quelques références du genre.

YONNE

CAVES DE LA HALLE
6, rue de la Halle,
89200 Avallon.
03 86 34 44 06
250 étiquettes. La Bourgogne est en bonne place évidemment ! Des propositions de cadeaux sur-mesure, pour tous les budgets.

YVELINES

LA CAVE DE MAREIL
17, place du Vieux Pressoir,
78124 Mareil-sur-Mauldre.
01 30 90 66 88
250 étiquettes. Un large choix dans le Languedoc, le Rhône ou la Loire, et de nombreuses bouteilles à moins de 10 €.

L'ATELIER BOUTEILLE
26, rue de Paris,
78490 Montfort-l'Amaury
01 34 86 19 64
80 étiquettes. Cave à vins et galerie d'art où les bouteilles, les peintures et les sculptures se confondent. On en débat autour d'un verre, attablés entre amis.

D.R.

À Épinal, Alexandre Guillou expose 900 références au Petit Français.

VENTE EN LIGNE : LES MEILLEURS SITES

Les Français achètent toujours plus de vin sur Internet, et les sites de vente pullulent sur le web. Comment s'y retrouver ? À qui faire confiance ? Voici les sites marchands français distingués lors de nos dernières enquêtes.

VENTE EN LIGNE : LES MEILLEURS SITES

La RVF a passé au crible dans son numéro 625 les dix sites de vente de vins en ligne les plus importants en matière de chiffre d'affaires. Nous avons évalué la diversité et la qualité des vins proposés, la qualité de la livraison, la qualité de l'expérience client et leur présence sur Internet et sur les réseaux sociaux. Voici notre verdict.

WINEANDCO

Clair, facile à prendre en main et doté d'une offre de qualité, Wineandco (5 000 références à son catalogue) fait mouche sur tous nos critères. Le prix moyen du flacon y est de 20 euros : des bouteilles à prix doux, souvent prêtes à boire. Côté prise en main, l'acte d'achat est bien guidé grâce à de nombreux filtres qui permettent à l'utilisateur d'affiner sa recherche. Wineandco propose de la vente en direct ou en primeur, de la vente privée et des foires aux vins.

iDEALWINE

Après s'être imposé comme LE site d'enchères en ligne, iDealWine joue depuis une dizaine d'années les cavistes sur la Toile (plus de 7 500 références en ligne). Le prix moyen d'une bouteille achetée en ligne est de 93 euros. La force du site ? La grande diversité de l'offre, permise par ce double rôle : des vins prestigieux aux enchères et de jolies références, notamment en bio et biodynamie, dans la partie caviste en ligne.

LAVINIA

Le caviste de luxe parisien se diversifie avec succès sur Internet (environ 5 000 références), où ses grandes étiquettes sont un atout, comme la livraison ultra-rapide en Île-de-France. Outre les références prestigieuses et les millésimes anciens, on y trouve une rafraîchissante sélection de domaines émergents, souvent en bio et en biodynamie. Ce qui explique un prix moyen constaté de 30 euros. Les sommeliers de la cave parisienne peuvent vous conseiller au téléphone.

MILLÉSIMA

Ce spécialiste des grands crus (en vente directe et en primeur) fait la différence grâce au stock et à l'origine des vins, achetés directement au domaine. 60 % de bordeaux, mais aussi des bouteilles champenoises, rhodaniennes et bourguignonnes, souvent en grands formats, dans de nombreux millésimes : au total, ce sont 12 000 références que l'on trouve en ligne sur un site simple d'utilisation, avec de nombreux onglets. Le prix moyen d'une bouteille y est de 42 euros.

1 JOUR 1 VIN

Ce site de vente privée très simple d'utilisation, coloré et agréable, présente 2 000 références de toutes les régions, bon nombre de références bio, biodynamiques et de vin naturel : l'offre est à la pointe des nouvelles tendances. L'on y dénichera des classiques à prix doux (prix moyen d'une bouteille 14 euros), et des étiquettes plus confidentielles, qui permettent de découvrir les valeurs montantes du vignoble. Le site livre dans onze pays européens, et il est traduit en anglais.

VINATIS

Très dynamique, Vinatis est très bien référencé en ligne et visible sur les réseaux sociaux. Un avantage non négligeable pour ce spécialiste des vins à petits prix, qui pratique à la fois la vente directe, la vente par abonnement (box) et la vente aux enchères. Les vins les plus vendus proviennent d'abord de la Champagne, du Rhône et du Languedoc (3 000 références). Très fort sur les vins de milieu de gamme (le prix moyen d'une bouteille est de 10 euros), Vinatis cherche à proposer davantage de grands crus. En ligne, pour s'y retrouver dans le site foisonnant, une aide à la sélection (goûts, récompenses, couleurs) permet à l'acheteur de s'y retrouver. On peut aussi y acheter des spiritueux et des bières.

VENTE À LA PROPRIÉTÉ

Du haut de ses 10 000 références, sélectionnées avec soin par deux sommeliers bien connus des lecteurs du Guide vert, Olivier Poussier et Christian Martray, le site mise surtout sur les ventes privées, même s'il propose également des ventes directes et en primeur, ainsi que trois formules d'abonnement (sous forme de box). On y trouve de grands négociants, des domaines pointus et une section "vins du monde" bien fournie : un éclectisme à prix doux, puisque le prix moyen d'une bouteille est de 15 euros.

MILLÉSIMES

À la recherche de belles étiquettes et de millésimes anciens ? Misez sur ce caviste des Bouches-du-Rhône, qui revendique plus de 3 500 références, et se spécialise dans les grands crus et les millésimes anciens, provenant parfois de caves particulières (20 % des ventes). Le site propose des ventes directes et en primeur, des ventes privées, et organise des foires aux vins aux réductions alléchantes. Mais attention, il est impossible d'acheter pour moins de 120 euros de vins (ou de spiritueux).

CDISCOUNT

Avec Vente-privée, CDiscount fait partie des deux sites internet qui vendent le plus de vins en France. La marque annonce plus de 6000 références, de l'entrée de gamme à deux euros, jusqu'aux plus prestigieuses étiquettes à plusieurs milliers d'euros, vendues en direct et en primeur. Ce qui retient surtout l'attention, ce sont les vins "milieu de gamme" vendus à prix doux (prix moyen d'une bouteille de 10 euros). La bonne idée : en partenariat avec la start-up lyonnaise Vinovae, Cdiscount propose des fioles de 2 cl pour les clients qui souhaitent déguster les vins avant de les acheter (six euros les trois fioles, ce qui donne droit à un bon d'achat de 9 euros).

Dans les Bouches-du-Rhône, l'équipe de Millésimes sur le qui-vive.

VENTE-PRIVÉE

Ce site généraliste est propice aux achats "coups de cœur" : dépourvu de site de stockage, les vins proviennent en direct des domaines. Conséquence, la qualité de l'offre varie fortement selon les ventes en cours. Le prix moyen de la bouteille s'élève à 10 euros. Le site est clair et simple d'utilisation. Le plus ? L'offre mensuelle Le Petit Ballon (qui appartient depuis 2017 à la marque fondée par Jacques-Antoine Grajon), qui donne accès à une sélection plus pointue. Livraison offerte pour la première commande !

ET AUSSI

On recense plus de 400 sites de vente de vins en ligne en France. Voici une sélection de quinze sites auxquels vous pouvez faire confiance.

chateaunet.com et chateauprimeur.com

Les deux sites du négociant bordelais Duclot sont de véritables références pour les achats en primeur et pour les grands crus bordelais. Ils restent simples d'utilisation.

enviedechamp.com

Que des bulles ! Plus de 1 200 références de champagne

VINIFERA
LA GRANDE HISTOIRE DE LA VIGNE ET DU VIN
EN BANDE DESSINÉE
CHAMPAGNE CONTRE TOKAY
1855 LE CLASSEMENT DES VINS DE BORDEAUX
LES MOINES DE BOURGOGNE
LE VIN DES PAPES
LES VINS D'ORIENT
LES AMPHORES DE POMPEI
6 albums disponibles
La vigne est un mystère
qui se cultive
depuis la nuit des temps.
© Editions Glénat 2019
RETROUVEZ NOS CATALOGUES SUR www.glenat.com
50 ans d'édition Glénat
LA REVUE DU VIN DE FRANCE

sont à l'honneur. Les prix restent des plus compétitifs. Envie de Champagne propose des séries limitées et des étiquettes rares.

vinsgrandscrus.fr

Ce site vend des cuvées produites par les domaines les plus prestigieux (2 500 références) et propose aussi de racheter les vins des particuliers.

vin-malin.fr

Vin-malin affiche plus de 800 références. Les livraisons, promises sous 48 heures, se font à domicile ou au bureau, en France mais aussi au Benelux et en Allemagne.

vinsetmillésimes.com

Plus de 3 500 étiquettes se retrouvent en stock chez ce spécialiste des grands vins à maturité. On y trouve de nombreux vins à leur apogée ainsi que des millésimes anciens. Le site revendique une expédition sous 72 heures maximum.

hometsvins.fr

Tourné vers les accords mets-vins, ce site lyonnais permet de trouver le vin à servir avec un plat, et inversement. Le client peut récupérer sa bouteille chez un caviste partenaire ou à domicile.

laroutedesblancs.com

Ce site de ventes privées se consacre exclusivement aux vins blancs et aux champagnes. Valeurs sûres, étoiles montantes, personnalités : tout ce qu'on aime.

lepetitballon.com

Le site propose deux bouteilles de vin chaque mois, accompagnées d'une fiche de dégustation et de conseils. En 2017, Vente-privee est devenu l'actionnaire majoritaire de l'entreprise, qui garde néanmoins son autonomie.

Créé en 2011 par Martin Ohanessian et Jean-Michel Duluc, Le Petit Ballon a été l'un des premiers sites à vendre du vin sur abonnement.

lecarredesvins.com

Un site confidentiel et haut de gamme. On aime la livraison rapide et la sélection de grands noms et de découvertes. Mais attention, les quantités sont très limitées.

samedivin.com

Créé en 2013, SamediVin propose chaque samedi en vente privée des vins de qualité. Les membres du site y dégoteront de beaux flacons à prix alléchants... D'autant que 5 % du montant de la commande est versé par le site dans une cagnotte, que le membre peut utiliser dès sa commande suivante. Un programme fort intéressant !

vitis-epicuria.com

Le site est spécialisé dans l'offre de vins et de services haut de gamme à destination d'une clientèle française et étrangère.

cavissima.com

Ce site propose d'acheter des vins, mais aussi de gérer sa cave à distance, de se faire livrer ou de revendre ses bouteilles en quelques clics. Multicarte !

lacaveduchateau.com

La boutique du grand hôtel parisien Dillon se décline sur Internet depuis deux ans. On y trouve près de 2500 références, dont de très nombreux grands formats. La navigation est particulièrement aisée sur le site, qui s'avère à la fois sobre et élégant.

lacavedumarche28.com

Présentant 900 références de vins fins et de grands crus, La Cave du Marché se distingue avec sa catégorie perles rares. Le plus ? Le catalogue est en ligne, en format Excel et PDF.

caveulysse.com

La version online de la Cave d'Ulysse, sise à Margaux, se spécialise notamment dans la vente en ligne de vieux millésimes. On y trouve également des accessoires, des spiritueux et même des eaux du monde.

LES COUPS DE CŒUR 2020 DE NOS DÉGUSTATEURS

Chaque année, une poignée de vignerons émérites émeut notre comité de dégustation. Ces quinze coups de cœur dont nous tirons le portrait partagent une même vertu : l'attention. Tous prêtent un soin particulier à la vigne et redoublent d'application pendant la vinification. Ces hommes et ces femmes parviennent ainsi à traduire leurs terroirs, à en porter loin l'expression, si bien que sonne comme une évidence un second dénominateur commun, l'intention. Celle de provoquer l'émotion à travers de grands vins. Fidèles de notre guide ou nouveaux entrants, leurs cuvées détonnent au fond des verres et dynamisent leurs vignobles respectifs. Le fruit d'un travail acharné et d'une passion à toute épreuve, y compris climatique.

Le coup de cœur de Caroline Furstoss :

MÉLANIE PFISTER

DOMAINE MÉLANIE PFISTER

D. R.

MENEUSE D'UNE DIVINE VITICULTURE

Millésime 81, Mélanie fêtera ses 40 ans au même moment que la certification en agriculture biologique du domaine. Celui-ci fut l'un des premiers de la région à rejoindre Fair'N Green, label défendant une vision environnementale plus globale. Simple question de formalité, son père ayant été précurseur des engrais verts dans la région alors que Mélanie et ses sœurs étaient hautes comme trois pommes. Dans la fratrie, la cadette est la seule qui montrait dès son plus jeune âge un intérêt pour les vignes, aux abords du village de Dahlenheim. Un terrain de jeu autour du grand cru calcaire olithique Engelberg qu'elle est parvenue à apprivoiser depuis son retour au bercail, il y a une dizaine d'années. Grâce à son expérience dans le domaine bourguignon Méo-Camuzet, elle a apporté une finesse de tanin dans ses rouges et continue de vinifier des blancs éclatants. Dès 2011, elle a construit un nouveau chai dans la cour du domaine : un outil de travail remarquable, optimisé par les astuces de son père. Son esprit d'équipe de basketteuse de niveau professionnel ne l'a jamais quittée. Elle est à l'origine des Divines d'Alsace, regroupant les femmes du vin de la région autour d'événements publics et professionnels. Cette vigneronne de talent, installée à vingt minutes de Strasbourg, est l'une de nos étoiles montantes de l'année ! **C. F.**

Le coup de cœur de Guillaume Baroin:

LOUIS-BENOÎT ET CLAUDE-EMMANUELLE DESVIGNES

DOMAINE LOUIS-CLAUDE DESVIGNES

D. R.

LE MORGON DANS LE SANG

Déjà l'an passé, la gamme des 2016 nous avait emballés par l'alchimie entre terroirs et cépages. Claude-Emmanuelle et Louis-Benoît, les enfants de Louis-Claude, ne s'appellent pas Desvignes par hasard. Ils ont rallié tous les suffrages de nos auteurs qui leur ont décerné la troisième étoile pour la qualité de leurs 2017. La première de l'histoire du Guide pour le Beaujolais, un signal fort envoyé à la communauté des œnophiles (et même un doublé par ce coup de cœur qui enfonce le cep !). Avec cette véritable famille de "vignerons-paysans", les différents climats du cru Morgon sont autant de miroirs de la diversité des sols que de fidèles reflets du millésime. Fait rare, tous leurs vins peuvent être appréciés jeunes comme très âgés et soutiennent facilement à l'aveugle la comparaison avec d'autres grands rouges français. Même si le duo est adepte d'un beaujolais traditionnel vinifié en grappes entières et longuement élevé en cuve béton, les Desvignes aiment toutes les facettes du gamay. Ils le défendent avec d'autres au sein de l'association Bien Boire en Beaujolais qui organise chaque année un carnaval de dégustations regroupant toutes les tendances du vignoble local. À travers eux, c'est l'ensemble de leur génération qui a fait rentrer le Beaujolais dans un nouvel âge d'or. **G. B.**

Le coup de cœur de Pierre Vila Palleja:

ÉDITH ET GABRIEL BARRE

VIGNOBLES PAUL BARRE

D.R.

DES FRONSADAIS DE HAUTE VOLÉE

Depuis 1974, Paul Barre avait à cœur de mettre en valeur les nuances de Fronsac et de Canon-Fronsac grâce à sa viticulture engagée. Il fut longtemps considéré comme l'un des pionniers de la biodynamie dans le Bordelais, dès 1990. Aujourd'hui, le domaine est tenu par sa belle-fille Édith et son fils Gabriel. La propriété a connu des temps plus incertains à cause de certaines expérimentations risquées, amenant à écarter certains vins. Il est évident qu'un vent nouveau souffle désormais sur les domaines Paul Barre : si leur production conserve le même ADN, la qualité est devenue très régulière. Ce coup de cœur vient donc récompenser une maison qui a su garder son identité et délivrer des vins harmonieux même dans un millésime compliqué comme 2017. Il est aussi important de mettre en lumière les appellations Fronsac et Canon-Fronsac, qui brillent aujourd'hui par un niveau de qualité très élevé. La superbe maturité des raisins (en raison d'un réchauffement climatique constaté), combinée à des terroirs calcaires singuliers, permettent de produire des vins à la fois pleins et frais. L'avenir de Bordeaux réside peut-être dans ces appellations trop longtemps déconsidérées à cause de la dureté de leurs cuvées, lesquelles se révèlent savoureuses aujourd'hui, et offrent de superbes rapports prix-plaisir. **P. V. P.**

Le coup de cœur de Jean-Emmanuel Simond :

JEANNE, LAETITIA ET BERTRAND DUGAT

DOMAINE CLAUDE DUGAT

Marie-George Stavelot

L'ÉMOTION CULTIVÉE SUR 6 HECTARES

Bertrand, Jeanne et Laetitia sont les enfants de Claude. Le premier est revenu après ses études en 2000 travailler sur le domaine familial de Gevrey-Chambertin, où il a été rejoint par ses sœurs. Ce petit domaine (6 hectares de vignes, dont la moitié en propriété) plébiscité par des amateurs inconditionnels n'est pas une création récente : Claude Dugat, et avant lui son père, Maurice, y ont produit en leurs temps des vins de grande qualité. La reconnaissance mondiale est arrivée dans les années 1990, grâce à des vins solides et très mûrs, concentrés, densifiés par des élevages généreux. À la reprise du domaine, en 2013, le trio s'efforce par petites touches de récolter un peu plus tôt, d'apporter davantage de précision et d'affiner les élevages. Aussi humbles que leur père, ces jeunes vignerons inquiets ont été secoués par les difficultés du millésime 2016, mais les ont surmontées brillamment. Extrêmement consciencieux et déterminés, ils ont prouvé leur talent : depuis 2015, les vins sont absolument sensationnels, d'une transparence de saveurs et d'une justesse d'expression vraiment émouvantes. La difficulté consiste à les trouver : 600 bouteilles par an de griotte-chambertin, encore moins de chapelle... Le simple gevrey-chambertin est relativement plus disponible. **J.-E. S.**

Le coup de cœur d'Alexis Goujard :

SÉVERINE ET YANN ALEXANDRE

CHAMPAGNE YANN ALEXANDRE

D. R.

LE TEMPS AU SERVICE DE LA BULLE

Nous suivons le parcours de Yann Alexandre depuis plusieurs années et c'est avec un grand enthousiasme que nous saluons les progrès accomplis. Ce domaine de Courmas, en Montagne de Reims, se distinguait déjà dans le peloton de tête de notre Guide rouge des bonnes affaires, tout comme dans les pages de La Revue du vin de France. Son travail rigoureux menait sans aucun doute à des champagnes précis, mais un peu académiques. Aujourd'hui, Yann Alexandre a franchi un cap indiscutable en affirmant leur expression. Solidement épaulé par son épouse Séverine, le vigneron méticuleux continue à élaborer avec un grand soin ses champagnes dominés par des meuniers, qui offrent une douce alchimie entre une bulle impeccable et un équilibre serein : la combinaison d'un raisin mûr, nourri tranquillement par cinq à sept ans sur lattes, et d'un dosage très modéré... Cette quiétude découlant du vieillissement en cave leur permet de se distinguer de nombreux champagnes commercialisés trop jeunes et vifs. La gamme est désormais sans faute, à commencer par le blanc de blancs 2011, brillamment exécuté dans ce millésime où la plupart des vins accusent arômes végétaux et dureté, sans oublier l'excellent coteaux-champenois, façonné avec une grande délicatesse. **A. G.**

Le coup de cœur de Jean-Emmanuel Simond :

YVES CANARELLI

CLOS CANARELLI

D. R.

TALENT INSULAIRE ET GÉNÉRATIONNEL

C'est en 1992 qu'Yves Canarelli a repris les dix hectares de vignes familiales. Situé sur le secteur de Figari, le vignoble actuel de 32 hectares a été peu à peu agrandi. Yves a commencé par arracher cinsault, alicante et carignan pour replanter les cépages insulaires niellucciu et sciaccarellu. En véritable tête chercheuse, il est parmi les premiers à replanter des cépages oubliés, comme le carcaghjolu neru, le minustellu ou le morescone. Passage en bio en 2002, en biodynamie en 2006, essais de vinifications en amphores, reprise en 2009 de la parcelle de vignes pré-phylloxériques de Tarra d'Orasi : l'homme est entreprenant, innovant, passionné et convaincu de la noblesse de ses terroirs. A-t-il trouvé le graal avec Tarra di Sognu ? Associé à Patrick Fioramonti, directeur et sommelier du Grand Hôtel de Cala Rossa, Yves a replanté à partir de 2010 sur trois hectares le premier clos de Bonifacio, sur un plateau en surplomb de la ville, riche d'un calcaire rare sur l'île. Les premiers vins (un blanc et un rouge) qui voient le jour à partir de 2015 imposent leur énergie et leur pureté de saveurs, et plaident pour la révélation d'un terroir exceptionnel. La vaste gamme est aujourd'hui irréprochable et permet à Yves Canarelli de s'affirmer comme un des vignerons les plus doués de Corse et de sa génération. **J.-E. S.**

Le coup de cœur de Pierre Citerne :

GÉRAUD ET PAULINE FROMONT

DOMAINE DES MARNES BLANCHES

D. R.

JEUNES VIGNERONS PRODIGIEUX

En mars 2019 les dégustations "primeur" au château Pécaud à Arbois avaient fait ressortir toutes leurs cuvées. C'en était presque inquiétant de constance, dans la qualité, mais aussi dans l'inspiration... Deux mois plus tard, la gamme envoyée pour le Guide vert enfonce le clou ! Une telle maîtrise dans des typologies aussi différentes à de quoi laisser rêveur : vins blancs ouillés d'une intensité et d'une fraîcheur éblouissantes, tous uniques, du chardonnay En Levrette à l'incomparable savagnin muscaté En Jensillard ; rouges "infusés" d'une insigne délicatesse, crémant réjouissant (c'est si rare), vins élevés sous voile prenants, envoûtants... Et de si jeunes vignerons, qui ont repris le domaine à la fin de leurs études, il y a à peine plus de dix ans ! Comme si ces prouesses ne suffisaient pas, le Bisontin Géraud Fromont supervise la résurrection du vignoble autrefois prestigieux de la ville de Besançon, sur les bords du Doubs, implanté dans le quartier de Velotte dont il est originaire. Mais concentrons nous pour l'heure sur le Sud-Revermont viticole, qui indubitablement connaît une renaissance. Et quelle renaissance ! Jean-François Ganevat, Julien Labet, Kenjiro Kagami... Sur si peu d'hectares, les stars sont déjà nombreuses ; en voici d'autres, l'avenir : Pauline et Géraud Fromont.

P. Ci

Le coup de cœur de Caroline Furstoss :

JOHN ET NICOLE BOJANOWSKI

CLOS DES GRAVILLAS

D. R.

L'EXPRESSION VIVANTE DE L'OCCITANIE

Il suffit de visiter les parcelles, dont les premières plantations remontent à l'an 2000, pour comprendre l'amour inconditionnel qui unit ces vignerons à leurs terroirs et à leur vingtaine de cépages. Nicole, la Narbonnaise à l'accent chantant et à la bonne humeur communicative, n'a pas eu de mal à convaincre John, originaire du Kentucky, à s'installer dans ce petit village sur le causse blanc. Juché sur leur plateau de Cazelles, à Saint-Jean-de-Minervois, ce couple franco-américain s'est passionné pour les vieux cépages occitans. Ils ont donc misé sur des variétés telles que le carignan blanc, le piquepoul gris ou le terret, avec un contenant adapté pour chacun lors de l'élevage. Mais les vins vivants et expressifs de ce domaine attachant du Minervois ne sont pas que le résultat de jeunes vignes. De vieilles parcelles de carignan, datant de 1911, signent des rouges délicieux. La nouvelle cave bâtie en 2018, accolée à l'ancienne, permet maintenant une vinification et un vieillissement tranquille en demi-muids ou en jarres. On trouve beaucoup de relief et de personnalité aux blancs, une belle expression dans les rouges issus des calcaires bruts locaux, mais aussi du fun au pétillant naturel, et de l'équilibre et de l'éclat dans le beau muscat Saint-Jean-de-Minervois ! L'étoile s'avère bien méritée pour ce couple si attachant. **C. F.**

Le coup de cœur d'Alexis Goujard :

JÉRÔME BRETAUDEAU

DOMAINE DE BELLE-VUE

D. R.

LA PURETÉ DES BLANCS OCÉANIQUES

Il y avait eu le travail titanesque accompli dans les années 1990 par Guy Bossard au domaine de l'Écu, Jo Landron, Marie et Pierre Luneau ou Marc Ollivier au domaine de la Pépière. Il faut désormais compter avec Jérôme Bretaudeau pour faire entrer le muscadet dans le cœur des amateurs de grands vins blancs. Depuis son installation au domaine de Belle-Vue, à Gétigné, en 2001, ce vigneron curieux met tout en œuvre pour insuffler une nouvelle approche de blancs du Pays nantais, qu'ils soient rattachés à l'appellation Muscadet ou étiquetés de manière originale Vin de France. Le melon de Bourgogne constitue naturellement la majorité de l'encépagement du vignoble, mais Jérôme tient à étudier la réaction de dix autres variétés au climat, parmi lesquelles sauvignon gris, chardonnay, savagnin, pinot gris, cabernet franc et merlot. Autant d'expressions océaniques menées avec élan par une viticulture biodynamique et un laboratoire passionnant de contenants de vinification et d'élevage (cuves inox, œufs en béton, barriques et foudres). Jérôme a cette faculté rare à maîtriser la technique pour capter le fruit le plus vibrant et le plus éclatant que nous connaissions dans la région. La deuxième étoile que nous lui attribuons cette année est une évidence. **A. G.**

Le coup de cœur d'Alexis Goujard :

CLAUDE, BRIGITTE ET OLIVIER DEFORGES

CLOS CIBONNE

D. R.

LE TIBOUREN EN FAMILLE

Au milieu d'un océan de rosés technologiques ayant fait la loi du marché, des merveilles authentiques naissent en Provence. Au Clos Cibonne, on perpétue la culture du tibouren, un vieux cépage que les Romains auraient rapporté d'Asie Mineure et généreusement planté en Provence. Il avait quasiment disparu de la région au moment de la crise du phylloxéra. Dans les années trente, André Roux, alors propriétaire de ce domaine du Pradet, sauvegarda et développa son vignoble avec des pieds dudit cépage. Aujourd'hui, ses petits-enfants, Brigitte et Claude Deforges, et leur fils, Olivier, perpétuent la production de rosés parmi les plus singuliers et racés de Provence. La cuvée des Vignettes, issue de tibourens de plus de soixante ans passés en foudres, ou la cuvée Prestige Caroline, élevée en barriques, restent ensuite un an en bouteille. Cet affinage très particulier donne naissance à des rosés à la couleur tuilée, au parfum terrien d'épices d'Orient, d'orange sanguine, de marmelade, à la structure vineuse profonde qui les fait évoluer avec une salinité affirmée. En témoigne un rayonnant 2000 récemment dégusté avec des pâtes à la poutargue. Cette approche si précieuse du rosé de Provence mérite sa première étoile dans notre guide. **A. G.**

Le coup de cœur d'Olivier Poussier :

MARC ET GUILLAUME SORREL

DOMAINE MARC SORREL

D. R.

LE TERROIR DE PÈRE EN FILS

Leurs vins sont très clivants, mais nous les aimons parce qu' ils manifestent, au-delà du style qui les caractérise, toute la dimension du terroir. Blancs comme rouges, ils sont d'une formidable complexité, loin de tout stéréotype et élevage caricatural. 2018 marque un tournant dans l'histoire des lieux : Marc Sorrel signe sa dernière vendange. Guillaume, son fils, qui travaille depuis quelques années au domaine, prend le relais. Nous tenions à saluer le travail de ce vigneron qui passe le flambeau. Quel chemin parcouru depuis 1982, année où il a repris en main les vins du domaine, dont il n'a jamais changé le style. Côté dégustation, le millésime 2017 fut solaire : les blancs affichent une trame de bouche large et vineuse, mais les amers recentrent les textures. À signaler aussi, la grande qualité du crozes-hermitage blanc qui pourrait chatouiller plus d'un hermitage blanc. Les Rocoules est dotée d'une classe incroyable et d'une belle persistance. En rouge, les années de sécheresse engendrent du stress hydrique et peuvent marquer les tanins, mais sans rusticité. Les pourcentages de vendange entière varient selon les cuvées, mais il est évident que ces 2017 seront à laisser en cave. Seule la garde vous permettra de profiter pleinement de la patte Sorrel. **O. P.**

Le coup de cœur d'Olivier Poussier :

THIBAUD, VALÉRIE ET PHILIPPE CHAUME-ARNAUD

DOMAINE CHAUME-ARNAUD

Christophe Grilhé.

UN MODÈLE D'ÉCLAT BIODYNAMIQUE

Certains se demandent ce qu'apporte la viticulture en biodynamie au vin. Eh bien, nous leur conseillons de déguster les différentes cuvées de ce domaine, qui possèdent une énergie et une finesse que seul ce type de culture est capable d'apporter lorsque les vins sont bien soignés en cave. Philippe, Valérie et leur fils Thibaud Chaume-Arnaud ont obtenu la certification en biodynamie en 2009. Au chai, pas d'élevage en barrique, afin de préserver la pureté du fruit. Résultat, la cohérence de la gamme nous a séduits et nous sommes attentifs à la gestion des différents styles. Les vignes sont plantées sur de très beaux coteaux argilo-calcaires, très caillouteux, et des plateaux de galets roulés dont l'altitude atteint 400 mètres. Ici, les vins de soif et de plaisir immédiat comme Petit Coquet ou les côtes-du-rhône rouges et blancs sont scintillants. Les fruits s'avèrent précis et dotés d'une très belle gourmandise. Des cuvées plus marquées par le terroir retranscrivent leurs différentes facettes. Le vinsobres possède un fruit juteux et une matière d'une grande finesse propre à cette parcelle d'altitude. Le saint-maurice est plus méditerranéen dans sa définition mais reste homogène. Nous avons attribué une étoile au domaine cette année. **O. P.**

Le coup de cœur de Pierre Citerne :

MÉLANIE ET GUIDO HUBE

OISEAU REBELLE

D. R.

LIBÉRATEURS DU PAYSAGE ET DU GOÛT

Ils sont arrivés à Banyuls en 2014, avec trois enfants en bas âge et la ferme intention de faire du vin selon leurs idées. Si nous avons choisi de mettre en avant une aventure aussi jeune, aussi marginale diront certains, c'est qu'elle nous semble témoigner d'une volonté humaine élémentaire, physique, primordiale, qui seule sauvera le paysage viticole de la côte Vermeille, chef-d'œuvre de *land art*. S'adaptant à la topographie tourmentée de cet endroit où les Pyrénées plongent abruptement dans la mer, le vignoble a été créé au fil des générations, terrasse après terrasse, murette après murette. Les logiques de l'agro-industrie mécanisée ne peuvent y être appliquées. Elles ne peuvent que le tuer. Ici, le travail offre une frappante juxtaposition de minimalisme (tout est fait à la main, au pied) et de volontarisme, avec des protocoles de vinification pouvant paraître complexes. Et les vins ? S'ils n'avaient été que simplement bons, nous n'aurions pas fait de leurs auteurs nos vignerons de l'année. Ils vont bien au-delà. Jamais nous n'avions senti une évocation aussi puissante de l'hélichryse que dans leur blanc 2014. Quant à leurs vendanges tardives, elles nous rappellent avec force ce que pouvaient être les vins doux de Banyuls avant le confort du mutage. Une leçon d'histoire du goût formidablement prospective ! **P. Ci**

Le coup de cœur de Pierre Citerne :

JEAN-CLAUDE MASSON

DOMAINE MASSON

D. R.

LE TRUCHEMENT DE LA JACQUÈRE

Il a fait connaître la jacquère aux quatre coins du monde et a réussi à la faire accepter comme un grand cépage, capable de se bonifier, de transcrire à l'image d'un chardonnay ou d'un riesling la spécificité d'un lieu. Le pari n'était pas aisé. Pour beaucoup la jacquère n'était que le petit vin de comptoir des Chambériens, pétillant et aigrelet, avant qu'elle ne devienne l'ordinaire du touriste hivernal tentant de déglutir sa fondue. En se basant sur des principes simples (enherbement, taille courte, vendanges d'un raisin bien mûr, levures indigènes), Jean-Claude Masson s'est fait le truchement de ce cépage mal aimé et mal compris. Cuvée Lisa et Cuvée Nicolas (ses enfants), La Déchirée, Collection Jean Masson (son père), Dames Bise (les célèbres restauratrices de Talloires), Cœur d'Apremont, La Centenaire, La Renversée, Mé Kouilles : les étiquettes partent dans tous les sens… Il faut les avoir passées en revue en compagnie de Jean-Claude, millésime après millésime, au Reposoir, là où le temps s'arrête, pour comprendre l'essence et la diversité de ce terroir d'Apremont. Et l'on se souviendra en sortant du caveau, face au massif des Bauges, un peu ébloui par la lumière, qu'ici au pied du mont Granier, la montagne il y a huit siècles a décidé d'ensevelir la volonté paysanne pour qu'une autre renaisse. **P. Ci**

Le coup de cœur de Karine Valentin :

SOPHIE ET JULIEN ILBERT

COMBEL-LA-SERRE

D. R.

LA NOUVELLE VAGUE

Il l'a toujours su... Julien Ilbert n'a jamais eu aucun doute sur ce qu'il ferait de sa vie. Depuis le début, il savait qu'il serait vigneron, sur les terres familiales : deux lopins plantés de malbecs sur le plateau du Causse, où les sols calcaires invitent la vigne à dépasser ses limites. Depuis une quinzaine d'années, depuis que les raisins sont sortis de la cave coopérative, Julien, puis Sophie, mi-Andalouse mi-Française, inventent l'avenir de Cahors. Les premières années se déroulent sous la bienveillance tutélaire de Matthieu Cosse, du domaine Cosse-Maisonneuve. Aujourd'hui, le couple imagine un cahors glorieux, un vin différent, jusqu'à planter une parcelle de vermentino pour faire du blanc. Julien et Sophie s'affranchissent des coutumes et des frontières pour inventer l'avenir de leur vignoble converti en bio. Libre-penseurs du vin, ils choisissent un flacon bourguignon, comme pour s'émanciper du Bordelais, et cisèlent des étiquettes qui mettent en avant l'identité des parcelles : Au Cerisier, Les Peyres Levades et Le Lac aux Cochons, disposées entre les deux entités du domaine, La Serre et Combel, où les nuits rafraîchies par les 320 mètres d'altitude affinent le fruit du raisin. Devenus un modèle pour une pépinière de jeunes talents, conquis par cette contrée qui se réinvente, ils méritent la deuxième étoile. **K. V.**

TABLEAU DES MILLÉSIMES

LES VINS À BOIRE OU À GARDER

Quand devez-vous ouvrir vos belles bouteilles ? Réponse ci-dessous !

	2018	2017	2016	2015	2014	2013	2012	2011
Alsace	À garder plus de 10 ans	À garder plus de 10 ans	À garder de 5 à 10 ans	À garder plus de 10 ans	À garder de 5 à 10 ans	À garder de 5 à 10 ans	À garder de 5 à 10 ans	À boire dans les 5 ans
Beaujolais	À garder de 5 à 10 ans	À garder plus de 10 ans	À garder plus de 10 ans	À garder plus de 10 ans	À boire dans les 5 ans	À boire dans les 5 ans	À boire dans les 5 ans	À garder plus de 10 ans
Bordeaux rouge	À garder plus de 10 ans	À garder plus de 10 ans	À garder plus de 10 ans	À garder plus de 10 ans	À garder de 5 à 10 ans	À garder de 5 à 10 ans	À garder de 5 à 10 ans	À garder de 5 à 10 ans
Bordeaux blanc	À garder de 5 à 10 ans	À garder de 5 à 10 ans	À garder de 5 à 10 ans	À garder de 5 à 10 ans	À boire dans les 5 ans	À boire dans les 5 ans	À boire dans les 5 ans	À boire dans les 5 ans
Bourgogne rouge	À garder plus de 10 ans	À garder de 5 à 10 ans	À garder plus de 10 ans	À garder plus de 10 ans	À garder de 5 à 10 ans	À garder de 5 à 10 ans	À garder plus de 10 ans	À boire dans les 5 ans
Bourgogne blanc	À garder plus de 10 ans	À garder plus de 10 ans	À garder de 5 à 10 ans	À garder plus de 10 ans	À garder de 5 à 10 ans	À boire dans les 5 ans	À garder de 5 à 10 ans	À boire dans les 5 ans
Champagne				À garder de 5 à 10 ans	À garder de 5 à 10 ans	À garder de 5 à 10 ans	À garder plus de 10 ans	À boire dans les 5 ans
Corse	À boire dans les 5 ans	À garder de 5 à 10 ans	À garder de 5 à 10 ans	À boire dans les 5 ans	À boire dans les 5 ans	À boire dans les 5 ans	À boire dans les 5 ans	À boire dans les 5 ans
Jura	À garder de 5 à 10 ans	À garder de 5 à 10 ans	À garder plus de 10 ans	À garder plus de 10 ans	À garder de 5 à 10 ans	À garder de 5 à 10 ans	À boire dans les 5 ans	À boire dans les 5 ans
Languedoc	À garder de 5 à 10 ans	À garder plus de 10 ans	À garder de 5 à 10 ans	À garder de 5 à 10 ans	À boire dans les 5 ans	À boire dans les 5 ans	À boire dans les 5 ans	À garder de 5 à 10 ans
Loire rouge	À garder plus de 10 ans	À garder plus de 10 ans	À garder plus de 10 ans	À garder plus de 10 ans	À garder plus de 10 ans	À garder de 5 à 10 ans	À garder plus de 10 ans	À boire dans les 5 ans
Loire blanc	À garder de 5 à 10 ans	À garder plus de 10 ans	À garder plus de 10 ans	À garder de 5 à 10 ans	À garder plus de 10 ans	À garder de 5 à 10 ans	À garder plus de 10 ans	À boire dans les 5 ans
Provence	À garder de 5 à 10 ans	À garder de 5 à 10 ans	À garder plus de 10 ans	À garder plus de 10 ans	À boire dans les 5 ans	À garder de 5 à 10 ans	À garder de 5 à 10 ans	À garder plus de 10 ans
Rhône nord	À garder plus de 10 ans	À garder plus de 10 ans	À garder plus de 10 ans	À garder de 5 à 10 ans	À boire dans les 5 ans	À garder de 5 à 10 ans	À garder de 5 à 10 ans	À garder de 5 à 10 ans
Rhône sud	À garder de 5 à 10 ans	À garder de 5 à 10 ans	À garder plus de 10 ans	À garder de 5 à 10 ans	À garder de 5 à 10 ans	À garder de 5 à 10 ans	À garder de 5 à 10 ans	À garder plus de 10 ans
Roussillon	À garder de 5 à 10 ans	À garder de 5 à 10 ans	À garder de 5 à 10 ans	À garder de 5 à 10 ans	À boire dans les 5 ans	À garder de 5 à 10 ans	À boire dans les 5 ans	À boire dans les 5 ans
Savoie	À garder de 5 à 10 ans	À garder de 5 à 10 ans	À boire dans les 5 ans	À garder plus de 10 ans	À boire dans les 5 ans	À boire dans les 5 ans	À boire dans les 5 ans	À boire dans les 5 ans
Sud-Ouest	À garder plus de 10 ans	À garder plus de 10 ans	À garder plus de 10 ans	À garder plus de 10 ans	À garder plus de 10 ans	À boire dans les 5 ans	À boire dans les 5 ans	À boire dans les 5 ans

À garder plus de 10 ans — À garder de 5 à 10 ans — À boire dans les 5 ans

ILS ENTRENT DANS LE GUIDE CETTE ANNÉE

Félicitations aux nouveaux lauréats !
Tous ces domaines ont particulièrement bien travaillé ces dernières années et sont ici récompensés.

ALSACE

BEAUJOLAIS

BORDEAUX

BOURGOGNE

CHAMPAGNE

CORSE

JURA

LANGUEDOC

PROVENCE

RHÔNE NORD

RHÔNE SUD

ROUSSILLON

SAVOIE

SUD-OUEST

VALLÉE DE LA LOIRE ET CENTRE

LES DOMAINES QUI PROGRESSENT CETTE ANNÉE

La régularité et la qualité de la production de ces domaines leur permettent de gagner une étoile supplémentaire.

LES ★★★

Beaujolais, **Domaine Louis Claude Desvignes**
Bordeaux, **Château Tertre Rotebœuf**
Bordeaux, **Clos Fourtet**
Bourgogne, **Domaine de l'Arlot**
Bourgogne, **Domaine Michel Bouzereau et Fils**
Jura, **Maison Pierre Overnoy**
Loire, **Domaine du Collier**
Provence, **Domaine de Terrebrune**
Rhône Nord, **Château-Grillet**
Rhône Nord, **Domaine Georges Vernay**

LES ★★

Beaujolais, **Domaine Jean-Marc Burgaud**
Beaujolais, **Domaine des Terres Dorées**
Bordeaux, **Château d'Issan**
Bordeaux, **Château Haut-Marbuzet**
Bordeaux, **Château La Clotte**
Bordeaux, **Clos Saint-Martin**
Bourgogne, **Domaine Barraud**
Bourgogne, **Domaine Jean-Claude et Romain Bessin**
Bourgogne, **Domaine Billaud-Simon**
Bourgogne, **Domaine Henri Gouges**
Bourgogne, **Alain Hudelot-Noëllat**
Bourgogne, **Domaine Michel Lafarge**
Bourgogne, **Domaine Laroche**
Bourgogne, **Domaine Lorenzon**
Bourgogne, **Domaine Matrot**
Bourgogne, **Maison Philippe Pacalet**
Bourgogne, **Laurent Ponsot**
Champagne, **Éric Rodez**
Corse, **Domaine Giudicelli**
Jura, **Domaine Pignier**
Languedoc, **Mas d'Alezon**
Languedoc, **Mas Cal Demoura**
Loire, **Domaine de Belle-Vue**
Loire, **Domaine Yannick Amirault**
Rhône Nord, **Domaine du Coulet**
Rhône Sud, **Maison Tardieu-Laurent**
Savoie, **Domaine Partagé Gilles Berlioz**
Sud-Ouest, **Domaine Dominique Andiran**

LES ★

Alsace, **Mélanie Pfister**
Alsace, **Schœnheitz**
Beaujolais, **Famille Chasselay**
Beaujolais, **Domaine de la Grand'Cour**
Beaujolais, **Julien Sunier**
Bordeaux, **Vignobles Paul Barre**
Bordeaux, **Famille Berrouet**
Bordeaux, **Château Falfas**
Bordeaux, **Château Guadet**
Bordeaux, **Château Gombaude Guillot**
Bordeaux, **Clos des Lunes**
Bordeaux, **Château Moutte Blanc**
Bourgogne, **Domaine Arnoux-Lachaux**
Bourgogne, **Domaine Berthaud-Gerbet**
Bourgogne, **Château de Béru**
Bourgogne, **Domaine Chevrot et Fils**
Bourgogne, **Domaine Sylvain Pataille**
Bourgogne, **Domaine Thibert Père et Fils**
Champagne, **Yann Alexandre**
Champagne, **Doyard**
Champagne, **Pierre Gimonnet et Fils**
Champagne, **Alfred Gratien**
Champagne, **Laherte Frères**
Corse, **Clos Venturi**
Jura, **Domaine Philippe Chatillon**
Jura, **Domaine des Marnes Blanches**
Languedoc, **Clos du Gravillas**
Languedoc, **Domaine de Cébène**
Languedoc, **Domaine Les Hautes Terres**
Languedoc, **Les Vignes Oubliées**
Loire, **Clos de l'Ecotard**
Loire, **Domaine de la Garrelière**
Loire, **Domaine Grosbois**
Loire, **Les Poëte**
Loire, **Domaine Antoine Sauzay**
Provence, **Clos Cibonne**
Provence, **Domaine Lafran-Veyrolles**
Rhône Nord, **Christophe Curtat**
Rhône Nord, **Domaine Lionnet**
Rhône Sud, **Domaine Chaume-Arnaud**
Rhône Sud, **Château de la Font du Loup**
Rhône Sud, **Le Clos des Grillons**
Rhône Sud, **Domaine du Père Benoit**
Rhône Sud, **Domaine Pique-Basse**
Roussillon, **Domaine Les Enfants Sauvages**
Sud-Ouest, **Combel-la-Serre**
Sud-Ouest, **Domaine Belmont**

★★★

DOMAINES 3 ÉTOILES

L'Olympe des vins français

★★

DOMAINES 2 ÉTOILES

Les grands domaines de référence

★

DOMAINES 1 ÉTOILE

Allez-y les yeux fermés

ALSACE

BEAUJOLAIS

BORDEAUX

LA REVUE DU VIN DE FRANCE :

4 supports pour rester informé

12 NUMÉROS PAR AN AVEC
+ d'actus, + de dégustations, + de conseils

UN ESPACE RÉSERVÉ AUX ABONNÉS AVEC

- des articles en exclusivité
- un accès au numéro en cours
- un accès à plus de 40 ans d'archives
- les guides de la RVF en consultation illimitée

NOUVEAU : L'APPLICATION

110 000 VINS notés et commentés dans VOTRE POCHE !

Les contenus de votre Édition abonnés sont désormais accessibles sur **Apple** et **Androïd** de la Revue du vin de France.

LE GUIDE VERT 2020

- une sélection rigoureuse des meilleures cuvées du vignoble français
- de nombreux coups de cœur choisis par le comité de dégustation
- plus de 6 500 vins, 1 120 châteaux et domaines notés
- les caves idéales

RETROUVEZ

TOUTES NOS OFFRES D'ABONNEMENT

"Une nouvelle génération prend les commandes de nombreux domaines et insuffle un vent de renouveau dans le style des vins. Ces vignerons sont à la recherche de pureté pour les blancs et d'une nouvelle identité pour les rouges."

Caroline Furstoss, dégustatrice des vins d'Alsace
Membre du comité de dégustation de La Revue du vin de France

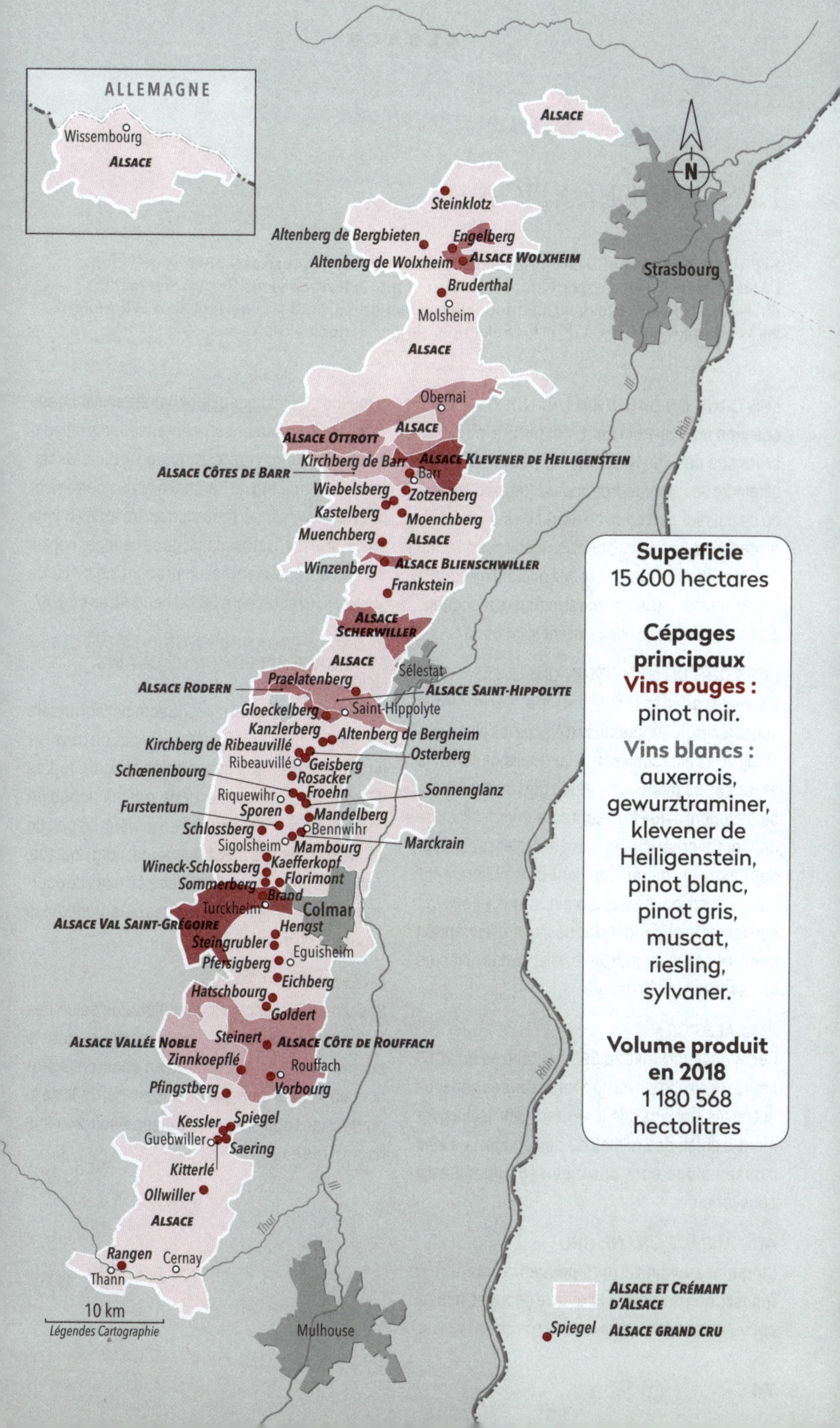

Superficie
15 600 hectares

Cépages principaux
Vins rouges :
pinot noir.
Vins blancs :
auxerrois,
gewurztraminer,
klevener de Heiligenstein,
pinot blanc,
pinot gris,
muscat,
riesling,
sylvaner.

Volume produit en 2018
1 180 568 hectolitres

LES APPELLATIONS

Si l'Alsace met surtout en avant ses cépages, le vignoble compte trois types d'appellations : l'AOC Alsace, l'AOC Alsace Grand Cru, qui compte 51 terroirs identifiés, et le crémant d'Alsace. Il existe enfin deux mentions complémentaires, pour les vins moelleux et liquoreux, les Vendanges tardives (VT) et les Sélections de grains nobles (SGN).

LES CRUS DU BAS-RHIN (AU NORD)

Les vins du Bas-Rhin sont, par nature, plus discrets que ceux du Haut-Rhin. Ils peuvent parfois atteindre des sommets de finesse (terroir d'Andlau) ou de puissance (terroir de Barr). Les sylvaners en retirent souvent une distinction inconnue ailleurs. Les rieslings se plaisent sur ces microclimats plus froids, tandis que les gewurztraminers manquent parfois de panache mais évitent la lourdeur.

LES CRUS DU HAUT-RHIN (AU SUD)

Le nord du département, de Bergheim à Kaysersberg, donne les vins d'Alsace les plus équilibrés et les plus séduisants. Les rieslings sont fins et racés, les pinots gris et les gewurztraminers plus élégants que puissants. Le microclimat de Colmar favorise la pourriture noble et l'opulence des textures, ce qui convient particulièrement aux gewurztraminers et aux pinots gris. Le sud est souvent trop chaud pour les rieslings, à l'exception des terroirs gréseux de Guebwiller ou des célèbres laves du Rangen, à Thann.

AOC ALSACE

Cette appellation (628 093 hectolitres en 2017) peut être ou non suivie du nom de l'un des cépages autorisés. Dans ce cas, le vin est vinifié exclusivement à partir des raisins de ce cépage. Les vins d'assemblage sont aussi classés dans cette appellation.

AOC ALSACE GRAND CRU

Cinquante-et-un terroirs peuvent prétendre à l'appellation Grand Cru. Et quatre cépages nobles peuvent accéder à ce niveau de terroir : le riesling, le muscat, le pinot gris et le gewurztraminer. Le sylvaner peut également être autorisé, mais uniquement sur le terroir de Zotzenberg. De plus, les terroirs de l'Altenberg de Bergheim et du Kaefferkopf peuvent revendiquer l'appellation Grand Cru, même s'ils sont issus d'un assemblage de cépages nobles définis et réglementés. La production d'Alsace grand cru a représenté 38 241 hectolitres en 2017.

ALSACE VENDANGES TARDIVES (VT) ET ALSACE SÉLECTION DE GRAINS NOBLES (SGN)

Ces appellations se placent au sommet en matière de qualité, grâce à un contrôle strict du raisin et du vin, soumis à une dégustation obligatoire. Les VT sont élaborées à partir de raisins riches en sucre naturel et conservent en général un peu de sucre résiduel. Les SGN, comme leur nom l'indique, relèvent d'un tri sélectif de raisins atteints de pourriture noble ; ils rivalisent avec les plus grands vins liquoreux du monde.

CRÉMANT D'ALSACE

Ces vins effervescents sont élaborés selon des techniques identiques à celles utilisées pour le champagne. Une appellation en constante progression et qui représente aujourd'hui 27 % de la production totale des vins d'Alsace, soit 240 935 hectolitres en 2017.

LES CÉPAGES

L'Alsace est le seul vignoble français à mettre en avant ses cépages avec les appellations. Dix variétés de raisin sont autorisées dans l'élaboration des vins, dont un rouge.

LE RIESLING

Cépage roi d'Alsace, le riesling occupe 20 % de la production du vignoble. Il se révèle sous de multiples facettes. Le plus souvent, les vins sont nerveux et tendus, possèdent une grande fraîcheur et jouissent d'une capacité exceptionnelle à exprimer les nuances de leur terroir. Toutefois, le niveau reste très inégal, la largesse des rendements et la sous-maturité des raisins pénalisent la typicité et la grandeur de ce cépage.

LE PINOT BLANC

Représentant 25 % de la production du vignoble, il est très utilisé pour l'élaboration du crémant. Il offre une palette aromatique proche de celle du chardonnay, une bouche plus ronde et moins nerveuse que le sylvaner. Il est souvent assemblé avec l'auxerrois, mais l'étiquette ne renseigne pas sur leurs pourcentages respectifs. Les deux cépages sont de la même famille, mais l'auxerrois donne des vins plus riches et plus suaves.

LE GEWURZTRAMINER

Représentant 12 % de la production globale du vignoble, le gewurztraminer donne des vins originaux, parmi les plus parfumés d'Alsace (des plus communs aux plus raffinés). Le cépage se transfigure sous l'effet de la pourriture noble et peut donner un nectar comparable aux grands sauternes.

LE PINOT GRIS

D'origine bourguignonne, ce cépage aux grains roses est capable d'enrichir sa saveur grâce à la surmaturité ou à la pourriture noble. Il représente 17 % de la production du vignoble alsacien. Si le pinot gris est ramassé à faible maturité, il donne des vins insignifiants, mais en vendanges tardives ou en sélection de grains nobles, il peut atteindre des sommets de qualité et une longévité inimaginable.

LE PINOT NOIR

Les vins rouges alsaciens sont exclusivement issus de ce cépage qui représente 12 % de la production du vignoble. C'est avec lui que les vignerons alsaciens ont réalisé les progrès les plus notables.

LE SYLVANER

Franc, délicat, léger, le sylvaner donne des vins frais. Représentant 8 % de la production du vignoble, fréquemment banalisé, il apparaît souvent mince et dilué à cause des hauts rendements. Privilégiez les cuvées de vieilles vignes des meilleurs vignerons.

LE MUSCAT D'ALSACE ET L'OTTONEL

Occupant 2,3 % de la surface du vignoble, ce sont en fait deux muscats qui sont implantés et autorisés en Alsace : la variété à petits grains, dit muscat d'Alsace, et l'ottonel, présent en Europe centrale, qui livre des vins plus moelleux. Résultat, des cuvées aromatiques en sec, parfaites pour l'apéritif.

L'AUXERROIS

Quelques vignerons le vinifient séparément. Il donne un vin plus ample et plus gras que le pinot blanc, avec une texture et un équilibre entre l'alcool, l'acidité et le sucre qui le rapprochent d'un pinot gris.

LE KLEVENER DE HEILIGENSTEIN

C'est un savagnin rose présent sur le village de Heiligenstein et dans ses alentours, sur 80 hectares.

AU CŒUR DU VIGNOBLE SUR LA ROUTE DES VINS

CHAMBRES D'HÔTES

LE GOURMET

Ce gîte bénéficie d'une vue exceptionnelle sur la Forêt-Noire. Entourée d'un jardin et des vignes du Grand cru Froehn, la maison dispose de trois belles chambres aménagées avec goût.

4, route d'Ostheim, 68340 Zellenberg
Tél. : 06 07 39 59 06
www.vinsbecker.com

GÎTES LES BAINS

Dans l'ancien bâtiment des bains municipaux de Riquewihr, trois ravissants appartements accueillent les visiteurs. On y profite de l'architecture préservée du XVIIe siècle de la maison et d'une décoration raffinée. À partir de 60 € la nuit.

6, rue de la Première-Armée, 68340 Riquewihr
Tél. : 03 89 47 98 30
www.gites-les-bains-riquewihr.com

CAVISTES

ŒNOSPHÈRE

Ce bar à vins dispense aussi des cours d'œnologie : 30 € pour deux heures de cours, six vins dégustés à l'aveugle et des grignotages.

33, rue de Zurich, 67000 Strasbourg
Tél. : 03 88 36 10 87
www.oenosphere.com

CAVE DES GRANDS CRUS

Jean-Philippe Venck explique le vin. Ses cours prennent la forme de dégustation de six à huit vins, avec de petits plats en accords mets-vins. Compter 35 à 40 €.

Place de l'Hôtel de Ville, 68500 Guebwiller
Tél. : 03 89 76 59 31
www.cavedesgrandscrus.fr

RESTAURANTS

AU VIEUX PORCHE

C'est dans un ancien domaine viticole du XVIIIe siècle, à deux pas du centre historique d'Eguisheim, qu'Eddy Fischer et Betty Zinck accueillent les gourmets. Une jolie terrasse fleurie ouvre dès les premiers beaux jours. Menus à partir de 28 €.

16, rue des Trois-Châteaux, 68420 Eguisheim
Tél. : 03 89 24 01 90
www.auvieuxporche.fr

LE BOUC BLEU

Romain Hertrich, en cuisine, et Romain Lambert, en sommellerie, ont insufflé un vent de fraîcheur à cette institution située le long de la route des vins. Des vignerons locaux, tel Jean-Christophe Bott, se prêtent au jeu des accords mets et vins lors de soirées spéciales. Comptez de 16 € à 54 €.

2, rue du 5-Décembre, 68980 Beblenheim
Tél. : 03 89 47 88 21
www.aubergeleboucbleu.com

LE BISTRO DES SAVEURS

Au menu de Thierry Schwartz, chevalier du Mérite agricole, une cuisine naturelle au feu de cheminée et une cave comptant 1025 références de vins naturels. Pain et fermentations sur place. Menus à 45 (déjeuner), 75, 95 ou 120 €.

35, rue de Sélestat, 67210 Obernai
Tél. : 03 88 49 90 41
www.bistro-saveurs.fr

NOTRE COUP DE ♥

L'ALCHÉMILLE

Le chef consciencieux Jérôme Jeagle livre une cuisine contemporaine à partir des douceurs de son propre jardin maraîcher et des producteurs locaux engagés. Expérience revigorante. De 32 à 98 €.

53, route de Lapoutroie, 68240 Kaysersberg
Tél. : 03 89 27 66 41
www.lalchemille.fr

FÊTE VIGNERONNE

FÊTE DES VENDANGES 14 ET 15 SEPTEMBRE 2019

Au programme de ce week-end convivial, restauration traditionnelle, animation musicale et folklore. Sans oublier, naturellement, les dégustations !

www.route-des-vins-alsace.com

ŒNOTOURISME

VÉLO'VIGNES

Un vélo électrique fourni avec un GPS chargé de cinq circuits (de 23 à 36 km) permet d'aller de terroirs en domaines, accompagné d'un audio-guide. Des dégustations sont prévues à plusieurs endroits. Comptez 45 € la journée.

Tél. : 03 89 78 52 21
www.riefle.com

LA BIODYNAMIE POUR LES NULS

Quelle différence entre bio et biodynamie ? À quoi sert un préparat à base de bouse de corne ? Francine et Clément Klur vous initient aux arcanes de la biodynamie, appliquée sur le domaine depuis plus de quinze ans. Comptez 140 € par personne (dîner et nuitée).

105, rue des Trois-Épis, 68230 Katzenthal.
Tél. : 03 89 80 94 29
www.klur.net

★★★

DOMAINE ALBERT BOXLER

Jean Boxler, juché sur les hauteurs de Niedermorschwihr, confirme avec les derniers millésimes sa réputation de producteur très exigeant. Il donne toute sa noblesse au grand cru Sommerberg, cirque granitique dont le coteau très pentu rend le travail particulièrement difficile. La maison en possède 4 hectares, et 1,9 hectare dans le grand cru Brand. Différentes cuvées issues de plusieurs parcelles sont proposées ; toutes atteignent désormais un niveau exceptionnel.

Les vins : le pinot blanc est enveloppant par ses arômes de fruits blancs et sa finale légèrement chaleureuse. Cette année encore, la cuvée K sur le grand cru Brand s'avère la plus aboutie. Dynamique, complexe, elle trace sa route en affichant une chair juteuse et une finale bien nette. Toujours sur le granite mais du côté du Sommerberg, la cuvée "classique" domine avec un beau support de kumquat, et du tilleul en finale qui marque le vin d'une certaine élégance. Déception sur la cuvée des Jeunes Vignes qui manque de complexité pour un grand cru (non notée). La vendange tardive de riesling sur le grand cru Sommerberg exprime un fruit exotique intense et éclatant. L'équilibre est intéressant pour ce moelleux qui donne une sensation de fruit frais. Ample et généreux, le demi-sec pinot gris Sommerberg W et ses notes de noisettes et de pralin fera effet sur table, une fois qu'il aura la patine de l'âge.

- Pinot Blanc Réserve 2017 — de 20 à 30 € (c) 15,5
- Pinot Gris Grand Cru Sommerberg W 2017 — de 35 à 50 € (c) 16,5
- Riesling Grand Cru Sommerberg 2017 — de 50 à 57 € (c) 18
- Riesling Grand Cru Sommerberg VT 2017 — de 35 à 50 € (c) 17

Le coup de ♥

- Riesling Grand Cru Brand K 2017 — de 49 à 58 € (c) 19

Rouge : 0,5 hectare.
Pinot noir 100 %
Blanc : 13,8 hectares.
Riesling 38 %, Pinot blanc 20 %, Pinot gris 17 %, Gewurztraminer 15 %, Muscat à petits grains blancs 5 %, Sylvaner 5 %
Production moyenne : 60 000 bt/an

DOMAINE ALBERT BOXLER
78, rue des Trois-Épis,
68230 Niedermorschwihr
03 89 27 11 32 • domaine@albertboxler.fr •
Vente et visites : au domaine sur rendez-vous.
Propriétaire : Jean-Marc et Jean Boxler

★★★

DOMAINE MARCEL DEISS

Mathieu Deiss succède à son père Jean-Michel, à le tête de ce vénérable domaine de Bergheim. La complantation est toujours le fil conducteur, jusque sur les grands crus. Même si le procédé est ancestral dans la région, il reste très peu suivi et divise fortement les vignerons. Les Deiss avancent toujours plus loin dans cette démarche et livrent des vins convaincants, complexes, dotés d'une intensité de saveur merveilleuse et d'un équilibre incroyable. Mathieu a aussi créé le Vignoble du Rêveur à partir des vignes maternelles, situées à Bennwihr (il y produit notamment des vins oranges de haute volée). Les vins sont hors-norme pour la région, ce qui est un peu déroutant pour le consommateur, mais le résultat est magnifique. Quelques années de recul permettent d'analyser la précision des définitions de terroir et la capacité de ces vins à gérer leur propre équilibre. À découvrir au domaine : l'expérience inédite de la dégustation géo-sensorielle, qui permet de comprendre la relation unissant les caractéristiques du vin et le terroir qui l'a vu naître.

Les vins : la cuvée Alsace est une excellente porte d'entrée pour comprendre l'approche de ce domaine. Ce vin sec ne manque pas de coffre et termine par des notes d'herbes séchées. Dans un style toujours aussi vibrant, Zellenberg est énergique, avec une sensation de zeste de pamplemousse en finale. Rotenberg est plus enveloppant mais sa complexité et sa finale légèrement tannique en feront le roi à table. Dans un profil demi-sec, Burg et Grasberg livrent sans détours leurs caractères bien distincts, exotique pour le premier et racinaire pour le second. Les grands crus sont composés des treize cépages complantés. Dans un style plus riche en sucres, Altenberg de Bergheim offre une mâche confortable, complétée d'une sensation d'onctuosité qui rappelle la mirabelle cuite. Le Schoenenbourg affiche sa race : notes épicées et persistance de fruits, il n'est qu'au début de son existence !

- Alsace 2017 — 14 € — 16
- Alsace Burg (Bergheim) 2015 — 35 € — 16,5
- Alsace Grand Cru Altenberg de Bergheim 2016 — 63 € — 17
- Alsace Grand Cru Schoenenbourg 2016 — 70 € — 18
- Alsace Grasberg (Bergheim) 2015 — 35 € — 16,5
- Alsace Rotenberg 2016 — 31,50 € — 16,5

Le coup de ♥

- Alsace Zellenberg 2017 — 21 € — 16

Rouge : 8 hectares.
Pinot noir 95 %, Pinot gris 5 %
Blanc : 24 hectares.
Riesling 32 %, Pinot gris 25 %, Gewurztraminer 20 %, Pinot blanc 18 %, Muscat à petits grains blancs 5 %
Production moyenne : 150 000 bt/an

DOMAINE MARCEL DEISS ☾
15, route du Vin, 68750 Bergheim
03 89 73 63 37 • www.marceldeiss.fr •
Visites : sans rendez-vous.
Propriétaire : Jean-Michel et Mathieu Deiss

★★★

DOMAINE ALBERT MANN

Le domaine, né de l'union des familles Mann et Barthelmé, deux grandes lignées de vignerons depuis le XVIIe siècle, livre depuis déjà quelques années des vins de très haute volée, emblème de ce que l'Alsace peut produire de plus grand. Maurice, biodynamiste inspiré et sourcier à ses heures, a su apporter de la pureté dans les vins, grâce à un travail méticuleux à la vigne. Jacky a quant à lui un sens de la vinification très pointu pour les blancs comme pour les rouges. L'équilibre des vins, leur côté digeste et leur profondeur en font des modèles pour tous les amateurs. Leurs quatre rouges sont au sommet de la production alsacienne et parmi les plus beaux de France. Ce succès en fait désormais des vins rares.

Les vins : Grand P se livre parfaitement en 2017 grâce à ce subtil équilibre entre la cerise, l'amande et une touche fumée. La bouche est fraîche avec un grain de tanin très fin. Grand H s'avère plus musclé mais son jus intense est parfait pour la table ; il faut savoir l'attendre. Voluptueux et exotique, le pinot gris Albert offre de l'énergie et de la puissance. Ce même cépage trouve son terroir de prédilection sur le Furstentum, et donne un vin racé tout en fougue fruitée et à la trame épicée, avec de beaux amers en finale. Ces fins amers se retrouvent dans le riesling, issu du même grand cru, une force salivante en prime qui nous pousse à le garder en cave. Son fruité charnu, appuyé par l'écorce de mandarine, se fondra tranquillement dans les années à venir. Sur le Schlossberg, le riesling s'exprime de façon magistrale : intense minéralité enrobée par le fruit jaune et surtout la puissance des agrumes en finale. Le Furstentum livre également de beaux résultats sur le gewurztraminer, complexe dans ses notes de pivoine et d'épices, massif. L'Amplitude est un liquoreux de riesling passerillé dans lequel on trouve une grande pureté de fruit au nez, qui rappelle la pêche de vigne, et une bouche onctueuse, toujours très proche du fruit. Un bijou !

- Gewurztraminer Grand Cru Furstentum Vieilles Vignes 2017 — 35 € — 17
- Pinot Gris Albert 2017 — 18,50 € — 15
- Pinot Gris Grand Cru Furstentum 2017 — 35 € — 17,5
- Riesling Grand Cru Furstentum 2017 — 50 € — 18
- Riesling Grand Cru Schlossberg 2017 — 50 € — 18,5
- Riesling l'Amplitude 2017 — 100 € — 17
- Pinot Noir Grand H 2017 — 50 € — 18

Le coup de ♥

- Pinot Noir Grand P 2017 — 50 € — 18

Rouge : 2,5 hectares.
Pinot noir 100 %
Blanc : 20,5 hectares.
Riesling 35 %, Pinot gris 20 %, Gewurztraminer 19 %, Pinot blanc 12 %, Auxerrois 11 %, Muscat à petits grains blancs 3 %
Production moyenne : 120 000 bt/an

DOMAINE ALBERT MANN ☾
13, rue du Château, 68920 Wettolsheim
03 89 80 62 00 • www.albertmann.com •
Visites : sans rendez-vous.
Propriétaire : Maurice et Jacky Barthelmé
Maître de chai : Jacky Barthelmé

★★★

DOMAINE OSTERTAG

2018 signe un nouveau départ au domaine avec la prise en mains d'Arthur, le fils d'André Ostertag. D'une sensibilité aussi aiguisée que son père pour les blancs, il a apporté sa touche dès 2016 sur quelques cuvées et a notamment fait progresser les rouges. Il impulse un nouvel élan, avec une équipe renouvelée qui va se mettre en place petit à petit. La famille exploite de belles parcelles dans les terroirs de Zellberg et du Fronholz, sur le grand cru Muenchberg, sans oublier le Clos Mathis, sur le Hagel, à Ribeauvillé. Tout amateur d'Alsace se doit de connaître ce domaine, dont les vins magiques procurent beaucoup de plaisir. La tenue dans le temps de l'ensemble des cuvées est indéniable, mais l'accessibilité du fruit reste immédiate pour la gamme Jardins, par exemple. Le résultat, sans doute, d'un travail de la vigne en biodynamie depuis vingt ans, complété d'une vinification toujours précise et pure.

Les vins : en 2017, le vin rouge du domaine s'affirme parmi l'élite de la région. Sur le Fronholz, le pinot noir donne un jus fruité avec une touche florale, fine et délicate. En 2017, les pinots gris sont secs. Zellberg est un vin de plénitude aux subtiles notes de fruits à noyau. Complexe, il sera le roi à table. Le sylvaner Vieilles Vignes est charnu et persistant : un vin sec aux notes de poire qui aiguise l'appétit ! Incroyablement ouvert et salivant, le riesling Les Jardins est une excellente introduction au cépage roi alsacien. Sur le même cépage, les lieux-dits Clos Mathis et Heissenberg sont d'un très beau niveau (non notés). C'est le Fronholz qui retient le plus l'attention par ses notes intenses d'herbes séchées, son beau volume de bouche et sa finale bien dessinée, le tout dans un style totalement sec. Intense et encore fougueux, le Muenchberg donne une expression racée au riesling. Le domaine arrive à le dompter avec une chair fruitée qui le rend accessible. Un vin plein et énergique.

- Pinot Gris Zellberg 2017 — 33 € — 17
- Riesling Fronholz 2017 — 30 € — 17,5
- Riesling Grand Cru Muenchberg 2017 — 47 € — 19
- Riesling Les Jardins 2017 — 18 € — 16
- Sylvaner Vieilles Vignes 2017 — 17 € — 15,5

Le coup de ♥

- Pinot Noir Fronholz 2017 — 42 € — 16,5

Rouge : 2 hectares.
Pinot noir 100 %, Pinot gris 16 %
Blanc : 13 hectares.
Riesling 52 %, Sylvaner 14 %, Gewurztraminer 11 %, Pinot blanc 5 %, Muscat à petits grains blancs 2 %
Production moyenne : 85 000 bt/an

DOMAINE OSTERTAG
87, rue Finkwiller, 67680 Epfig
03 88 85 51 34 • www.domaine-ostertag.fr •
Vente et visites : au domaine sur rendez-vous.
Propriétaire : Famille Ostertag
Directeur : Arthur Ostertag

★★★

DOMAINE WEINBACH

Le Clos des Capucins fait partie de ces endroits magiques, insaisissables et hors du temps. Il est rare de trouver un endroit avec tant d'énergie et d'histoire, produisant des vins d'une telle pureté. Épaulée par ses deux fils Eddy et Théo, Catherine Faller est à la tête du domaine, déployant une énergie rare pour conserver la qualité des vins au plus haut et garder un accueil chaleureux au domaine. Son fils Théo porte beaucoup d'attention à la vigne, conduite en biodynamie depuis 2005 sur l'ensemble du domaine, alors que Ghislain Berthiot, présent depuis quelques années, est en charge de la vinification. Eddy vient épauler sa mère sur la partie commerciale. On peut déguster ici une des plus belles expressions du grand cru Schlossberg, sur différents niveaux de maturité. Sa limpidité et sa précision nous bluffent, avec une mention spéciale pour le millésime 2017, qui se rapproche de la perfection. Le gewurztraminer trouve ses terroirs de prédilection aux alentours.

Les vins : la Cuvée Théo débute en beauté la série des rieslings. Des notes d'infusion, une bouche cristalline et une finale concentrée sur les agrumes confits le distinguent. La Cuvée Colette, issue des vieilles vignes du Schlossberg, est un exemple de délicatesse, avec cette signature de mandarine et une finale bien juteuse. Le grand cru Schlossberg nous offre un riesling pur, aux notes d'agrumes, d'une structure cristalline et intense. La Cuvée Sainte-

Catherine rassemble les vignes de plus de 65 ans en milieu de coteau : le vin gagne en densité et complexité, laisse une impression saline assez incroyable. Il fait partie des grands blancs secs de la région. Le riesling SGN est d'une vibration intense et rappelle le citron confit : un vin délicieux en édition très, très limitée. Avec sa chair onctueuse, le pinot gris Altenbourg est un vin demi-sec aux notes de mirabelle. Sa finale salivante lui donne de l'éclat. Le domaine produit également des gewurztraminers de haut vol, à l'instar de la cuvée demi-sec Laurence, large, aux notes pimentées en finale (non notée). Le grand cru Furstentum impose sa classe et maîtrise l'exubérance de ce cépage. Un vin pulpeux, moelleux, d'un exotisme modéré avec une finale très gourmande. Un nouvel élan est pris pour les rouges depuis quatre ans. Le pinot noir S est juteux, d'un juste équilibre entre fruit et fumé.

Gewurztraminer Grand Cru Furstentum 2017	45 €	18
Pinot Gris Altenbourg 2017	35 €	17
Riesling Cuvée Colette 2017	31,50 €	17,5
Riesling Cuvée Théo 2017	20,50 €	16
Riesling Grand Cru Schlossberg SGN 2017	210 €	19
Pinot Noir S 2017	45 €	16

Le coup de ♥

Riesling Grand Cru Schlossberg Sainte-Catherine 2017	52 €	19,5

Rouge : 1,62 hectare.
Pinot noir 100 %
Blanc : 27,35 hectares.
Gewurztraminer 20 %, Pinot gris 20 %, Riesling 20 %, Auxerrois 16 %, Muscat ottonel 14 %, Muscat d'Alsace 6 %, Pinot blanc 4 %
Production moyenne : 136 000 bt/an

DOMAINE WEINBACH

Clos des Capucins, 25, route du Vin, 68240 Kaysersberg-Vignoble
03 89 47 13 21 • www.domaineweinbach.com • Vente et visites : au domaine sur rendez-vous.
Propriétaire : Famille Faller
Directeur : Catherine Faller
Maître de chai : Ghislain Berthiot

★★★

DOMAINE ZIND HUMBRECHT

Infatigable ambassadeur de ses vins et de la région, Olivier Humbrecht, premier Français possédant le titre de Master of Wine, a compris depuis longtemps l'importance du travail à la vigne. Il fête en 2019 son 20e anniversaire de conversion du domaine à la biodynamie, et il est par ailleurs président du label Biodyvin. Ce type de culture lui a permis de s'affranchir du botrytis et de réduire les degrés d'alcool. Les vins sont de style sec, et les grands foudres les patinent à plusieurs mètres sous terre. Comme tous les grands vins d'Alsace, ils prennent leur dimension après quelques années ou décennies de garde. Le Clos Windsbuhl est un incontournable et le Rangen de Thann s'impose avec le temps.

Les vins : vibrant et épicé, le muscat sur le grand cru Goldert et un vin sec aux notes de poivre blanc et de fleurs de printemps. Les cuvées de lieux-dits en riesling sont à ce jour plus ouvertes que les grands crus, qui présentent encore une grande quantité de gaz. Le sec et racé Clos Häuserer est une belle réussite, avec des notes d'herbes séchées et de pêche. Le clos Windsbuhl s'avère plus mordant, il va devoir contenir sa fougue dans les prochaines années et livrera à coup sûr une grande énergie. Le riesling issu du grand cru Rangen de Thann est quant à lui gentiment en train de se mettre en place. Le pinot gris est très bien né : on ne résiste pas à ses notes subtilement fumées et à son équilibre sec, à son beau volume de bouche et sa finale intense et grillée, signature des vins de ce terroir. Ce même terroir unique donne au gewurztraminer, sec et au volume large, une expression singulière de cédrat et de cardamome. Dans un élan très fin, accompagné d'un nuancier d'épices d'Orient, le Hengst se dévoile doucement avec une grande persistance.

Gewurztraminer Grand Cru Hengst 2016	69 €	17,5
Gewurztraminer Grand Cru Rangen de Thann Clos Saint-Urbain 2016	100 €	18
Muscat Grand Cru Goldert 2016	38,50 €	17
Riesling Clos Haüserer 2016	49,50 €	17,5
Riesling Clos Windsbuhl 2016	69 €	17

Le coup de ♥

Pinot Gris Grand Cru Rangen de Thann Clos Saint-Urbain 2016	100 €	19

Rouge : 0,3 hectare.

Pinot noir 100 %
Blanc : 39,7 hectares.
Riesling 33 %, Pinot gris 28 %, Gewurztraminer 28 %, Auxerrois 3 %, Muscat à petits grains blancs 3 %, Pinot blanc 3 %, Chardonnay 2 %
Production moyenne : 180 000 bt/an

DOMAINE ZIND HUMBRECHT
4, route de Colmar, 68230 Turckheim
03 89 27 02 05 • www.zind-humbrecht.fr • Vente et visites : au domaine sur rendez-vous.
Propriétaire : Olivier Humbrecht

★★

DOMAINE BARMÈS-BUECHER

Maxime Barmès, épaulé au domaine par sa mère Geneviève et sa sœur Sophie, confirme et poursuit le travail mis en place depuis près de trente ans pour maintenir la qualité des vins au plus haut niveau. Un travail rigoureux à la vigne, en biodynamie, et un bon suivi en cave font de ce domaine l'un des plus sérieux de la région. Les derniers millésimes sont exemplaires : les vins ont gagné en précision et les grands crus relèvent du cercle restreint des grands vins.

Les vins : dans un esprit aérien, les 2016 sont loin d'une démonstration de force. En attestent les rieslings, déjà agréables à boire, à l'image du Clos Sand, à la finale acidulée et franche. Pfleck est un pinot gris sec de haute volée. Il combine la pureté du fruit à une bouche minérale. Sur le lieu-dit Rosenberg, à Wettolsheim, le sylvaner au nez légèrement fumé et à la bouche cristalline est sapide et complexe. Parmi les grands crus, le riesling s'exprime pour l'heure avec énergie sur le Steingrubler : ses nobles amers en finale l'amèneront loin... Les gewurztraminers sont de qualité, avec notamment un Pfersigberg pulpeux et frais dans un équilibre demi-sec, doté d'une belle finale exotique.

- Gewurztraminer Grand Cru Pfersigberg 2016 — 24 € — 16
- Pinot Gris Pfleck 2016 — 16 € — 16,5
- Riesling Clos Sand 2016 — 21 € — 15,5
- Riesling Grand Cru Steingrubler 2016 — 25 € — 16,5

Le coup de ♥
- Sylvaner Rosenberg Vieilles Vignes 2016 — 14 € — 16

Rouge : 1 hectare.
Pinot noir 100 %
Blanc : 16 hectares.
Riesling 32 %, Gewurztraminer 20 %, Pinot gris 18 %, Pinot blanc 11 %, Auxerrois 10 %, Chardonnay 3 %, Muscat à petits grains blancs 3 %, Sylvaner 3 %
Production moyenne : 120 000 bt/an

DOMAINE BARMÈS-BUECHER
30, rue Sainte-Gertrude, 68920 Wettolsheim
03 89 80 62 92 • www.barmes-buecher.com • Visites : sans rendez-vous.
Propriétaire : Geneviève, Sophie et Maxime Barmès

★★

DOMAINE ÉMILE BEYER

Valérie et Christian Beyer continuent à faire briller le domaine familial en produisant une excellente gamme de vins, précis et digestes comme nous les aimons. Ils œuvrent pour la reconnaissance des appellations communales et premier cru. Il faudra encore quelques années de patience avant de goûter le riesling Clos Lucas Beyer, planté plein sud dans le cœur du Pfersigberg. Ce domaine en pleine forme, avec en prime un caveau refait à neuf pour l'accueil des visiteurs, est en première année de conversion en biodynamie sur l'ensemble du domaine.

Les vins : le riesling Eguisheim est une réussite. Il est pulpeux et affiche une finale fraîche qui tire sur les agrumes. Le lieu-dit Saint-Jacques est vibrant du début à la fin, avec cette sensation d'agrumes, de fruit de la passion et une finale cristalline. Encore embryonnaires, les grands crus sont profonds et complexes. Le Pfersigberg, pur éclat de fruits jaunes, délivre du volume et une finale bien précise. Hohrain, pinot gris ample et fruité, avec du gras, est doté d'un subtil équilibre. Un vin qui sort souvent du lot. Il ne faudra pas rater les rouges au domaine en 2017. Le Sundel (non noté) est encore en pleine réduction et refermé, mais promet de devenir un beau vin racé ! Concentrons-nous sur Eguisheim qui rappelle la cerise pulpeuse avec des tanins fins et un boisé très bien intégré !

- Pinot Gris Hohrain d'Eguisheim 2016 — 22 € — 16
- Riesling Eguisheim 2017 — 14,50 € — 15,5
- Riesling Grand Cru Pfersigberg 2017 — 30 € — 17,5

Riesling Saint-Jacques 2017 22 € 16,5

Le coup de ♥

Pinot Noir Eguisheim 2017 14,50 € 16

Rouge : 1,3 hectare.
Pinot noir 100 %
Blanc : 15,7 hectares.
Riesling 35 %, Pinot gris 21 %, Gewurztraminer 20 %, Pinot blanc 17 %, Sylvaner 4 %, Muscat à petits grains blancs 3 %
Production moyenne : 120 000 bt/an

DOMAINE ÉMILE BEYER ♣
7, place du Château Saint-Léon, 68420 Eguisheim
03 89 41 40 45 • www.emile-beyer.fr •
Visites : sur rendez-vous uniquement aux professionnels.
Propriétaire : Christian et Valérie Beyer

★★

DOMAINE BOTT-GEYL

Rigoureux et perfectionniste, Jean-Christophe Bott fait partie des grands vignerons alsaciens. Il s'investit dans un travail rigoureux au chai comme à la vigne, cultivée en biodynamie. Alors qu'il ne comptait que 4 hectares à sa création en 1953, le domaine en possède aujourd'hui 15, répartis sur sept communes. Les vins produits sont amples et suaves, leur grande richesse est très bien maîtrisée : même les vins les plus doux ne souffrent d'aucune lourdeur. Ils possèdent à la fois puissance et allonge de bouche, deux qualités qui conduisent à la plénitude. Pour couronner le tout, le domaine propose à la vente des millésimes affinés.

Les vins : produire des rieslings secs avec une maturité optimale est ici une tâche parfaitement maîtrisée. Le Kronenbourg est très en place avec ses notes de fruits blancs. Parmi les grands crus, le Schlossberg se montre frais et salin tandis que le racé Schoenenbourg livre une finale épicée : un grand vin de garde. En 2015, ce même terroir a produit une vendange tardive qui reste très proche du fruit, avec d'intenses notes de pêche de vigne. Juste en face, sur le Sporen, les très vieilles vignes nous offre une vendange tardive équilibrée, avec une intense expression d'agrumes confits. Le pinot gris s'exprime avec justesse sur le Sonnenglanz : on perçoit son caractère de feu et sa puissance ; le résultat, un vin sec et racé, est superbe. Le Furstentum propose une approche plus douce. Les notes de fleurs blanches de ce demi-sec séduisent. Toujours sur le Sonnenglanz, le gewurztraminer est épicé et exhale le jasmin : voici un beau vin qui sait capter son terroir.

Gewurztraminer Grand Cru Sonnenglanz 2015 27 € 16

Pinot Gris Grand Cru Sonnenglanz 2016 26 € 16,5

Riesling Grand Cru Schlossberg 2016 32 € 17

Riesling Grand Cru Schoenenbourg 2016 32 € 17,5

Riesling Grand Cru Schoenenbourg VT 2015 39 € 17

Riesling Kronenbourg 2016 21,50 € 15,5

Le coup de ♥

Riesling Grand Cru Sporen Très Vieilles Vignes Vendange Tardive 2015 44 € 17,5

Rouge : 0,6 hectare.
Pinot noir 100 %, Pinot gris 20 %
Blanc : 14,3 hectares.
Riesling 32 %, Gewurztraminer 23 %, Pinot blanc 20 %, Muscat à petits grains blancs 5 %
Production moyenne : 90 000 bt/an

DOMAINE BOTT-GEYL ☾
1, rue du Petit-Château, 68980 Beblenheim
03 89 47 90 04 • www.bott-geyl.com •
Vente et visites : au domaine sur rendez-vous.
Propriétaire : Jean-Christophe Bott

★★

DOMAINE DU CLOS SAINT-LANDELIN-VÉRONIQUE ET THOMAS MURÉ

Ce très beau domaine comprend le Clos Saint-Landelin, monopole de 12 hectares situé à l'extrémité sud du grand cru Vorbourg, dont il est le fleuron. Il est aujourd'hui dirigé par Véronique et son frère Thomas Muré, les enfants de René. La culture du vignoble et la maîtrise des vinifications sont exemplaires depuis longtemps, et la nouvelle génération ne s'encombre plus de sucres résiduels. Depuis quelques années, le domaine s'est recentré sur la production des vins issus de ses propres vignobles, abandonnant progressivement l'activité de négoce lancée il y a plus de trente ans. Les vignes sont certifiées en biodynamie.

Les vins : le sylvaner est franc et pur. Une charmante version demi-sec qui porte le nom de cuvée Oscar est aussi disponible. Aussi sur le Steinstuck, le muscat, sec, est délicatement mentholé et sera idéal pour commencer un repas. Le riesling Clos Saint-Landelin, récolté sur le Vorbourg, s'ouvre et dévoile des notes d'infusion avec un caractère sec très plaisant. Plus massif, le Zinnkoepflé s'impose avec davantage de force. Un vin salivant. Le pinot gris vendange tardive, persistant sur des notes miellées, termine par une finale épicée. Un beau moelleux ! Sur le terroir du Vorbourg, le pinot noir aux arômes de pot pourri et de framboise présente un boisé équilibré et une bouche d'un juteux indéniable, avec une belle trame sapide. Il ne faudra pas hésiter à l'ouvrir à l'avance ou le carafer. Déjà précurseuse pour les pinots noirs vinifiés en rouge, la famille Muré produit désormais une syrah sur le Clos Saint-Landelin, en grappe entière. Le résultat est vraiment prometteur : les notes de violette et de poivre nous emmènent loin de l'Alsace !

Muscat Steinstuck 2017	20,50 €	15
Pinot Gris Clos Saint Landelin VT 2017	35,70 €	16
Riesling Clos Saint-Landelin 2016	29,40 €	16
Riesling Grand Cru Zinnkoepflé 2017	43,10 €	17
Sylvaner Steinstuck 2017	16,20 €	15
Pinot Noir V 2017	35,70 €	16,5

Le coup de ♥

VDF Syrah 2017	30,50 €	15

Rouge : 4 hectares.
Pinot noir 100 %
Blanc : 21 hectares.
Riesling 36 %, Gewurztraminer 32 %, Pinot gris 20 %, Sylvaner 5 %, Chardonnay 3 %, Muscat d'Alsace 2 %, Muscat ottonel 2 %
Production moyenne : 95 000 bt/an

DOMAINE DU CLOS SAINT-LANDELIN-VÉRONIQUE ET THOMAS MURÉ

Route du Vin, 68250 Rouffach
03 89 78 58 00 • www.mure.com •
Visites : sans rendez-vous.
Propriétaire : Véronique et Thomas Muré

★★

DOMAINE DIRLER-CADÉ

Jean Dirler et son épouse Ludivine maîtrisent mieux que jamais ce domaine fondé en 1871, transmis de père en fils depuis cinq générations et désormais en biodynamie. Les densités ont progressé, les maturités également. On y produit une belle série de grands vins blancs secs, dans la lignée de ceux réalisés par Jean-Pierre Dirler. Cette maison sûre offre de surcroît un accueil remarquable.

Les vins : sur le Saering, le muscat joue une partition en finesse. Son fruit défini et croquant précède une finale ample. Une grande série de rieslings est proposée, avec une belle palette de grands crus. Le style n'est pas à l'extravagance, les vins sont encore fermés à ce stade, toujours dans un cadre assez serré. Le 2017 offre une approche cristalline, un bel élan d'agrumes et une finale acidulée. Dans les grands crus, le Spiegel (non noté) et le Saering sont de structure plus légère. Le Saering délivre une énergie remarquable : un vin vif et ciselé qui ne manque pas de matière. Le Kessler (non noté) s'avère une bonne transition vers le Kitterlé, plus structuré. Ce vin fougueux a de la ressource et sa puissance enrobe la bouche.

Muscat Grand Cru Saering 2017	19,30 €	16
Riesling 2017	12,20 €	15
Riesling Grand Cru Kitterlé 2017	21,30 €	17
Riesling Grand Cru Saering 2017	25,80 €	17

Rouge : 1,8 hectare.
Pinot noir 100 %
Blanc : 15,2 hectares.
Riesling 31 %, Gewurztraminer 24 %, Pinot gris 17 %, Auxerrois 9 %, Sylvaner 7 %, Muscat ottonel 4 %, Pinot blanc 4 %, Muscat d'Alsace 3 %, Chasselas 1 %
Production moyenne : 90 000 bt/an

DOMAINE DIRLER-CADÉ

13, rue d'Issenheim, 68500 Bergholtz
03 89 76 91 00 • www.dirler-cade.com •
Visites : sans rendez-vous.
Propriétaire : Jean et Ludivine Dirler

★★

JOSMEYER

C'est aujourd'hui la cinquième génération qui tient les rênes de ce domaine fondé en 1854 et conduit en biodynamie : Céline à la direction, et Isabelle aux vinifications. Ce duo efficace continue à porter la qualité des vins vers l'excellence. L'art est omniprésent dans la famille, avec des poèmes et des dessins des deux sœurs, tantôt sur les étiquettes ou sur les foudres... Il faut ouvrir grand les yeux pour ne rien rater lors de la visite de ce domaine modèle ! Le style des vins, tourné vers l'élégance, nous séduit. Le grand cru Hengst s'exprime ici au sommet. Le pinot blanc et l'auxerrois signent des cuvées emblématiques de la maison.

Les vins : le sylvaner Peau Rouge est frais, ciselé et appétent. Les vieilles vignes d'auxerrois offrent des notes de fruits blancs ; un H salivant et charnu. La série de pinots gris ne manque pas d'intérêt. Un Certain Regard est gourmand avec ses notes de noisette, tout en restant sec, et se montre plus complexe et abouti que la cuvée Fromenteau. Nous avons retenu le grand cru Brand qui offre en 2014 des notes exotiques de fruit de la passion, un équilibre demi-sec mais friand. Parmi les rieslings, le Kottabe est un vin sec, complexe et charnu, aux notes de fleurs séchées. On le préfère à la cuvée Les Pierrets, trop ciselée. On monte d'un cran avec les grands crus : le Brand est profilé et offre une belle sensation cristalline en bouche. Le Hengst Samain est un très beau vin, charnu, avec du coffre. Il laisse une sensation épicée en finale.

- Pinot Auxerrois H Vieilles Vignes 2017 — 22,50 € — 15,5
- Riesling Grand Cru Brand 2017 — 39,50 € — 16,5
- Riesling Grand Cru Hengst Samain 2017 — 49,50 € — 17
- Riesling Le Kottabe 2017 — 17,30 € — 16
- Sylvaner Peau Rouge 2018 — 12,40 € — 15

Le coup de ♥

- Pinot Gris Grand Cru Brand 2014 — 34,50 € — 17

Rouge : 0,5 hectare.
Pinot noir 100 %
Blanc : 24,2 hectares.
Riesling 28 %, Gewurztraminer 19 %, Sylvaner 5 %, Muscat à petits grains blancs 3 %, Muscat d'Alsace 3 %
Production moyenne : 160 000 bt/an

JOSMEYER ☾
76, rue Clemenceau, 68920 Wintzenheim
03 89 27 91 90 • www.josmeyer.com • Vente et visites : au domaine sur rendez-vous.
Propriétaire : Famille Meyer
Directeur : Céline Meyer
Œnologue : Isabelle Meyer

★★

DOMAINE ANDRÉ KIENTZLER

Ce domaine s'impose depuis de nombreuses années comme une des références alsaciennes, notamment sur le grand cru Geisberg (qui ne compte que quatre propriétaires). Arrivé en 2000, Thierry Kientzler poursuit le travail de son père, épaulé par Éric, son frère cadet. La ligne de conduite n'a pas bougé, les vins sont de style sec, avec la race et parfois l'austérité typiques du secteur de Ribeauvillé ; il ne faut pas être impatient avec ces blancs, qui vieillissent bien. Le travail à la vigne est admirable et le domaine pourrait être certifié en bio, si les petites parcelles du Geisberg en terrasses n'étaient pas si difficiles à manœuvrer. Après quelques millésimes un peu lisses, la gamme se remet bien en place. Un vin rouge va bientôt compléter la liste grâce à un surgreffage de pinot noir sur des parcelles idéalement exposées.

Les vins : le crémant montre une bouche crémeuse et évoque la poire williams. Il met en appétit. L'atout de ce domaine reste indéniablement le riesling. On constate une belle qualité d'ensemble, du "simple" riesling, frais et appétant, jusqu'au grand cru. Ribeauvillé offre davantage de mâche, avec un beau support de fruits jaunes : une belle réussite en 2017. On entre plus dans le détail des expressions de terroirs avec Muhlforst, déjà ouvert et pulpeux ; un vin sec qui ne manque pas de matière. Seulement quatre domaines revendiquent le confidentiel grand cru Geisberg : le nez est ouvert, avec des parfums de fleurs de printemps et de fruits à noyau. La bouche est limpide comme de l'eau de roche ! Sur le Kirchberg, le riesling est naturellement encore fermé, mais on ressent d'ores et déjà sa grande minéralité et sa finale saline. Le pinot gris demi-sec est séduisant : son fruit mûr permettra de beaux accords avec des plats sucrés-salés.

- Crémant d'Alsace Brut — 12,50 € — 14
- Pinot Gris Grand Cru Kirchberg de Ribeauvillé 2017 — 30 € — 16,5

Riesling 2017 — 11 € — 14,5

Riesling Muhlforst 2017 — 19 € — 16

Riesling Ribeauvillé 2017 — 16 € — 15,5

Le coup de ♥

Riesling Grand Cru Geisberg 2017 — 34 € — 17,5

Blanc : 14 hectares.
Riesling 30 %, Gewurztraminer 24 %, Pinot gris 14 %, Pinot blanc 10 %, Auxerrois 9 %, Muscat à petits grains blancs 5 %, Sylvaner 4 %, Chasselas 4 %
Production moyenne : 80 000 bt/an

DOMAINE ANDRÉ KIENTZLER
50, route de Bergheim, 68150 Ribeauvillé
03 89 73 67 10 • www.vinskientzler.com • Vente et visites : au domaine sur rendez-vous.
Propriétaire : Thierry Kientzler

★★

DOMAINE KIRRENBOURG

Après le rachat de la maison Martin Schaetzel, Marc Rinaldi a installé son chai à Kientzheim, et jouit d'une vue imprenable sur son terroir de prédilection : le Schlossberg. Comme l'intégralité des vins proviennent de terroirs en grand cru, notamment du lieu-dit Kirrenbourg, c'est tout naturellement que le domaine a été rebaptisé. En un peu plus de cinq ans, il a connu une ascension hors-normes, avec pour maîtres d'œuvre Ludovic Merieau, le maître de chai, et le talentueux Samuel Tottoli. 2017 signe un tournant avec une montée en puissance de la qualité des vins, tant les rieslings que les rouges. Il reste encore quelques cuvées à caler, comme le pinot gris, pour rejoindre l'élite.

Les vins : Roche Granitique, assemblage des grands crus Brand et Schlossberg, est charnu et intense. Ses quelques grammes de sucres résiduels restent bien balancés et s'intégreront dans le temps. Nous lui avons préféré Terroir S, dans le même esprit mais plus tranchant, avec une belle énergie en finale. Grand vin complexe et racé, le riesling Schlossberg déploie ses parfums de cédrat et de fleurs de printemps ; sa puissance très bien maîtrisée laisse une finale corsée mais éclatante. Toujours sur le Schlossberg, le pinot gris paraît un peu chaud et déçoit, mais le gewurztraminer demi-sec garde une belle ligne de conduite sans lourdeur, florale et intense, à la finale épicée. Les rouges en 2017 montent d'un cran : la bouche juteuse du pinot noir Roche Granitique est kirsché. Le Terroir B est élégant et délicat, marqué par une bonne proportion de vendange entière qui apporte des notes de pivoine : une grande réussite ! Premier est encore massif. Ce terroir de calcaire assure une structure salivante hors norme, il va falloir être patient...

Gewurztraminer Grand Cru Schlossberg 2017 — 36,90 € — 16

Riesling Grand Cru Schlossberg 2017 — 40 € — 17,5

Riesling Terroir S 2017 — 25,10 € — 16

Pinot Noir Premier 2017 — 39 € — 17

Pinot Noir Roche Granitique 2017 — 17,80 € — 15,5

Pinot Noir Terroir B 2017 — 34,40 € — 17

Rouge : 2,2 hectares.
Pinot noir 100 %
Blanc : 8,1 hectares.
Riesling 57 %, Gewurztraminer 21 %, Pinot gris 11 %, Muscat d'Alsace 6 %, Sylvaner 5 %
Production moyenne : 45 000 bt/an

DOMAINE KIRRENBOURG ☾
15 C, route du vin, Ban de Kientzheim, 68240 Kaysersberg-Vignoble
03 89 47 11 39 • www.domainekirrenbourg.fr • Vente et visites : au domaine sur rendez-vous.
Propriétaire : Famille Rinaldi
Directeur : Samuel Tottoli
Maître de chai : Ludovic Merieau

★★

DOMAINE LOEW

Depuis quelques années, ce domaine nous séduit par la régularité de sa production et le très bon niveau des vins. Étienne Loew a su trouver la clé pour pleinement entrer dans les nuances des sols autour de Westhoffen et défend ce vignoble un rien isolé comme un garde surveille son rempart ! Sa patte est sûre, sa réflexion ouverte et ses vins se distinguent par leur élégance. Dans cette gamme toujours plus homogène au fil des ans, quelques cuvées sans soufre se démarquent et le pinot noir reste la valeur sûre.

Les vins : le pinot gris Cormier intègre une certaine douceur dans ses notes fruitées et fera un bon compagnon pour des fromages. Muschelkalck est une approche expressive du riesling sec, avec des notes d'herbes séchées et une finale appuyée par l'écorce d'agrumes. Plus droit que le riesling Ostenberg, Bruderbach Clos des Frères offre une bouche énergique avec une touche exotique qui lui va bien. Sur le grand cru Altenberg de Bergbieten, le riesling livre une vendange tardive équilibrée, gourmande et pulpeuse dotée d'une belle finale exotique. Le muscat à la bouche enveloppante sans lourdeur affiche des notes florales. Frais et digeste, le gewurztraminer Westhoffen (non noté) est idéal pour se désaltérer. Pour un peu plus de complexité et de race, Ostenberg s'impose avec ses épices et son approche délicatement florale, soulignée par une jolie note fumée en finale.

- Gewurztraminer Ostenberg 2017 — 15,70 € — 16
- Muscat Les Marnes Vertes 2017 — 13,50 € — 15
- Pinot Gris Cormier 2017 — 11,50 € — 15
- Riesling Grand Cru Altenberg de Bergbieten VT 2015 — 30 € — 16
- Riesling Muschelkalck 2017 — 10,90 € — 15

Le coup de ♥

- Riesling Bruderbach Clos des Frères 2017 — 14,70 € — 16

Rouge : 1 hectare.
Pinot noir 100 %
Blanc : 10 hectares.
Pinot gris 30 %, Gewurztraminer 28 %, Riesling 28 %, Muscat à petits grains blancs 7 %, Sylvaner 7 %
Production moyenne : 35 000 bt/an

DOMAINE LOEW ☾
28, rue Birris, 67310 Westhoffen
03 88 50 59 19 • www.domaineloew.fr •
Vente et visites : au domaine sur rendez vous.
Propriétaire : Caroline et Étienne Loew
Directeur : Caroline Loew
Maître de chai : Étienne Loew

★★

DOMAINE MEYER-FONNÉ

En quelques années, Félix Meyer s'est forgé une solide réputation en Alsace. Ce n'est pas un hasard : la viticulture est de qualité, avec des rendements très surveillés, et les vinifications s'effectuent sur lies fines dans de grands foudres. Arrivé au domaine familial en 1992, Félix révèle avec talent les terroirs granitiques de Katzenthal. Ne négligez pas chez lui le gewurztraminer, qui n'accuse aucune lourdeur et acquiert une pureté cristalline, séduisant même les détracteurs de ce cépage trop souvent pommadé. Sur l'Altenbourg, son pinot noir progresse d'année en année.

Les vins : avec sa note de cerise juteuse et son boisé très bien maîtrisé, le rouge est une réussite. Le pinot gris Réserve devient une valeur sûre : un vin sec, charnu et gastronomique. Pour un peu plus de complexité et un support frais, misez sur le Kaefferkopf, charmeur et enrobant, toujours dans un équilibre sec. La version moelleuse du Hinterburg en vendange tardive nous ravit par ses notes de fruits exotiques et de miel, et par sa finale bien équilibrée. En gewurztraminer, Cuvée Alix est un moelleux intense et persistant dont la finale rappelle le réglisse. Les rieslings sont droits et finement minéraux. Le Wineck-Schlossberg est délicatement floral, avec un appui de mandarine et une bouche élancée.

- Gewurztraminer Grand Cru Furstentum Cuvée Alix 2017 — 25 € — 16
- Pinot Gris Grand Cru Kaefferkopf 2017 — 18,50 € — 16,5
- Pinot Gris Hinterburg de Katzenthal VT 2015 — 20 € — 16,5
- Riesling Grand Cru Wineck-Schlossberg 2017 — 21 € — 17
- Riesling Pfoeller 2017 — 19,50 € — 15,5
- Pinot Noir Altenbourg 2017 — 23,50 € — 16

Le coup de ♥

- Pinot Gris Réserve 2017 — 11 € — 15,5

Rouge : 1,7 hectare.
Pinot noir 100 %
Blanc : 16,8 hectares.
Pinot blanc 29 %, Riesling 29 %, Pinot gris 20 %, Gewurztraminer 19 %, Muscat à petits grains blancs 3 %
Production moyenne : 100 000 bt/an

DOMAINE MEYER-FONNÉ
24, Grand-Rue, 68230 Katzenthal
03 89 27 16 50 • www.meyer-fonne.com •
Visites : sans rendez-vous.
Propriétaire : Félix et François Meyer

★★

DOMAINE SCHOFFIT

Le domaine Schoffit est installé à l'intérieur de Colmar, ce qui est inhabituel, mais s'explique par l'importance du vignoble de la Harth dans l'histoire de la ville. Entre l'extension urbaine et le maintien de la forêt, la Harth a perdu de son importance viticole. Très intelligemment, le domaine s'est déployé au sud dès 1986, sur le célèbre grand cru Rangen, d'où il tire aujourd'hui l'essentiel de ses grands vins. Il se partage entre trois terroirs relativement distants : les cailloutis de la plaine de la Harth, près de Colmar, le granite du grand cru Sommerberg et le sol volcanique du Rangen, à Thann. Bernard Schoffit s'est vu confier la vinification par la ville de Thann de son clos, une parcelle replantée dans le haut du grand cru Rangen.

Les vins : les vieilles vignes de chasselas donnent un résultat frais et gouleyant, qui peut servir de maître-étalon pour ce cépage. Le pinot gris est charnu et dense mais aussi exotique, avec des notes torréfiées. En version liquoreux, le toucher de bouche du pinot gris SGN, pur nectar, rappelle l'abricot et le fruit de la passion ravive sa finale. Un vin à garder très longtemps. Sur le terroir volcanique du Rangen, le muscat ne ressemble à aucun autre. Sa bouche généreuse, poudrée, mentholée et charnue, peut se prêter à des associations végétales. Dans les grands crus, le Sommerberg ne semble pas encore abouti, raison pour laquelle nous ne l'avons pas noté, mais la finale est nette et salivante. C'est dans le Clos Saint-Théobald du Rangen que les meilleurs vins du domaine naissent. Le riesling montre un caractère légèrement exotique, avec une touche cendrée. Un "must" à la forte puissance saline.

- Chasselas Vieilles Vignes 2017 — 9,20 € — 14,5
- Muscat Grand Cru Rangen de Thann Clos Saint-Théobald 2017 — 32 € — 16
- Pinot Gris Grand Cru Rangen Clos Saint-Théobald SGN 2017 — 70 € — 17
- Pinot Gris Grand Cru Rangen de Thann Clos Saint-Théobald 2017 — 32 € — 16,5

Le coup de ♥

- Riesling Grand Cru Rangen de Thann Clos Saint-Théobald 2017 — 36 € — 17

Rouge : 0,9 hectare.
Pinot noir 100 %
Blanc : 16,1 hectares.
Riesling 27 %, Pinot gris 27 %, Gewurztraminer 22 %, Auxerrois 6 %, Chasselas 6 %, Pinot blanc 6 %, Muscat à petits grains blancs 5 %, Sylvaner 1 %
Production moyenne : 80 000 bt/an

DOMAINE SCHOFFIT
68, Nonnenholzweg, 68000 Colmar
03 89 24 41 14 • domaine.schoffit@free.fr •
Vente et visites : au domaine sur rendez-vous.
Propriétaire : Bernard et Fabienne Schoffit
Directeur : Bernard Schoffit

★★

TRIMBACH

Maison incontournable qui s'élève fièrement dans la belle cité des ménétriers, Trimbach fait le bonheur des amateurs à travers le monde avec ses cuvées mythiques Frédéric-Émile et Clos Sainte-Hune. Au gré des millésimes, Pierre Trimbach vinifie le riesling dans la verticalité, toujours de style sec. De l'oncle Hubert jusqu'à la fille Anne, la famille a œuvré depuis plus de trente ans au développement du domaine, avec aujourd'hui près de 60 hectares en propriété et une centaine en achat de raisins. Certains grands crus sont revendiqués depuis 2009 et directement alloués en petites quantités par Jean Trimbach aux plus belles tables du monde. La maison contribue indéniablement à la valorisation des vins d'Alsace avec des cuvées emblématiques au niveau international, tout en produisant des vins d'entrée de gamme de qualité constante. La gamme des pinots noirs a encore une marge de progression.

Les vins : le niveau des rouges reste assez basique, Cuve 7 peut toutefois interpeller par ses notes de fruits à noyau. Le pinot gris Réserve, belle bouteille de style sec, est encore un poil austère mais il sera un très bon accompagnateur à table. L'acidité du riesling 2017, très vif pour le moment, peut surprendre. Nous lui avons préféré la cuvée Réserve : ses raisins issus des coteaux donnent un résultat très satisfaisant, avec une bonne vibration et une finale salivante. La célèbre cuvée Frédéric-Emile pourra interpeller par son caractère plus exotique, très bien maîtrisé, avec une certaine force en bouche mais une finale racée. Dans les terroirs en grand cru, le millésime 2013 montre une évolution d'hydrocarbure stéréotypée à l'ouverture, comme en atteste le Clos Sainte-Hune. L'aération lui donne des notes d'amande fraîche et amène lentement les arômes mentholés qui sont signes d'un début d'évolution. Un vin de patience, donc !

Pinot Gris Réserve 2017	17,95 €	15
Riesling Clos Sainte-Hune 2013	179 €	17,5
Riesling Frédéric-Emile 2012	48,20 €	16
Pinot Noir Réserve Cuve 7 2017	21,30 €	14,5

Le coup de ♥

Riesling Réserve 2017	18,90 €	15,5

Rouge : 9 hectares.
Pinot noir 100 %
Achat de raisins.
Blanc : 144 hectares.
Riesling 43 %, Gewurztraminer 20 %, Pinot blanc 19 %, Pinot gris 16 %, Muscat d'Alsace 1 %, Sylvaner 1 %
Achat de raisins.
Production moyenne : 1 100 000 bt/an

TRIMBACH
15, route de Bergheim, 68150 Ribeauvillé
03 89 73 60 30 • www.trimbach.fr •
Visites : sans rendez-vous.
Propriétaire : Famille Trimbach
Directeur : Pierre et Jean Trimbach
Maître de chai : Pierre Trimbach

★★

DOMAINE VALENTIN ZUSSLIN

Le travail de Jean-Paul et Marie Zusslin, qui poursuivent la tradition viticole familiale, née en 1691, est exemplaire depuis déjà quelques années. Installés à Orschwihr, sur un très joli vignoble, ils forment un duo passionné, charismatique et soucieux du travail bien accompli. Et multiplient les projets : conception d'une nouvelle bouteille, mise en place de dizaines de ruches et nichoirs dans les parcelles... Chacun a son rôle : Marie à la commercialisation, Jean-Paul dans les vignes et à la cave. Une viticulture en biodynamie depuis 1997, une vinification soignée et un élevage précis résument le travail de ce domaine de référence. L'esprit parcellaire est omniprésent, même dans les cuvées de crémant.

Les vins : vives et constantes, les bulles sont une référence dans la région, comme en témoignent le Bollenberg ou le Clos Liebenberg, auxerrois complété d'une touche de riesling, ce dernier amenant des arômes d'agrumes. Un vin frais et complexe. Les vins rouges sont de haut vol, vinifiés avec précision. Ophrys présente une robe plus claire : un vin léger et subtil. Nous avons retenu Bollenberg, éclatant et profond, mais aussi fruité, avec un beau support de tanins frais et une finale légèrement chaleureuse. Une belle série de riesling nous permet d'apprécier la tenue et la vigueur de ce cépage sur les différents terroirs de cette zone. Orschwihr est plein, complet et équilibré ; il livre des notes de goyave. Nous avons pu dégusté plusieurs millésimes de Clos Liebenberg, "la colline de l'Amour". 2013 montre une belle évolution sur des notes de cire d'abeille, avec une bouche ample. 2014 se montre plus racé et offre de beaux amers en finale. Enfin, le dernier-né, 2016, est de style aérien. Il est déjà excellent maintenant et le restera jusqu'en 2025. Le grand cru Pfingstberg offre davantage de tenue, de complexité et une finale saline en 2016. Il est encore très jeune. Nous avons dégusté un 2009 qui évolue sur des parfums d'herbes aromatiques, d'oseille et de sauge. Un vin accompli, qu'on peut encore garder quelques années.

Crémant d'Alsace Clos Liebenberg	34,50 €	17,5
Riesling Clos Liebenberg 2016	31,50 €	16,5
Riesling Grand Cru Pfingstberg 2016	51,50 €	18
Pinot Noir Bollenberg 2016	28 €	16

Le coup de ♥

Riesling Orschwihr 2017	16,50 €	16,5

Rouge : 3 hectares.
Pinot noir 100 %
Blanc : 13 hectares.
Riesling 37 %, Gewurztraminer 24 %, Auxerrois 20 %, Muscat à petits grains blancs 6 %, Sylvaner 4 %, Chasselas 2 %, Chardonnay 1 %
Production moyenne : 90 000 bt/an

DOMAINE VALENTIN ZUSSLIN ☾
57, Grand Rue, 68500 Orschwihr
03 89 76 82 84 • www.zusslin.com • Vente et visites : au domaine sur rendez-vous.
Propriétaire : Famille Zusslin
Directeur : Jean-Paul et Marie Zusslin

★

DOMAINE AGAPÉ

Dix hectares de vignes composent ce domaine créé par Vincent Sipp en 2007, désormais très régulier et doté de terroirs prestigieux : Schoenenbourg, Rosacker et Osterberg. Nous aimons le style et le profil de ses vins épurés, précis et gourmands. La gamme se répartit en trois grandes familles : les Expression, des vins qui unissent le fruit et la gourmandise, à boire dès leur prime jeunesse ; les grands crus, qui offrent une bonne lecture du terroir et s'inscrivent aujourd'hui parmi les grandes réussites du secteur de Riquewihr ; Hélios, pour les vendanges de belle maturité et les tries plus confites.

Les vins : déception sur le pinot noir qui manque de précision et qui souffre toujours d'un boisé lactique : nous ne l'avons pas retenu. Les blancs sont d'un très beau niveau. Le pinot gris Expression montre un équilibre très plaisant, un fruité charnu, une puissance maîtrisée. De style sec, il trouvera une place de choix à table. Le riesling Expression est d'une belle tenue, sec et appétent. Le Schoenenbourg laisse deviner sa race, sa profondeur ; sa finale rappelle le caillou. Avec plus de puissance salivante, le Rosacker est taillé pour la garde, un très beau vin ! Pour finir en douceur, Hélios offre un gewurztraminer floral et délicat, demi-sec mais sans manquer d'énergie.

- Gewurztraminer Hélios 2016 — 16,80 € — 15,5
- Pinot Gris Expression 2017 — 11,40 € — 16
- Riesling Expression 2017 — 10,60 € — 15,5
- Riesling Grand Cru Schoenenbourg 2017 — 20,60 € — 16

Le coup de ♥

- Riesling Grand Cru Rosacker 2017 — 22,80 € — 16,5

Rouge : 1,11 hectare.
Pinot noir 100 %
Blanc : 9,03 hectares.
Gewurztraminer 34 %, Pinot gris 33 %, Riesling 33 %
Production moyenne : 65 000 bt/an

DOMAINE AGAPÉ
10, rue des Tuileries, 68340 Riquewihr
03 89 47 94 23 • www.alsace-agape.fr •
Vente et visites : au domaine sur rendez-vous.
Propriétaire : Vincent Sipp

★

DOMAINE JEAN-MARC BERNHARD

Trois générations se sont succédé dans ce domaine fondé en 1802 : le grand-père Germain Bernhard, le père Jean-Marc et le fils Frédéric. Après des études à Dijon et quelques séjours dans le Bordelais et en Afrique du Sud, Frédéric a fait monter d'un cran le niveau des vins, qui étaient déjà de bonne facture. Ils se caractérisent par leur fraîcheur et leur digestibilité, reflétant avec justesse les terroirs et le climat. Les tarifs sont doux et l'ensemble des vins est certifié en agriculture biologique depuis le millésime 2016.

Les vins : les amateurs de pinots noirs frais trouveront leur bonheur au domaine. Les rieslings dégustés témoignent d'un style épuré et cristallin. Le 2017 est juteux et séduit par sa finale marquée par de beaux amers : à ce prix, il ne faudra pas s'en priver ! Le Wineck-Schlossberg se dévoile avec davantage de raffinement que le Schlossberg (non noté) en 2017. C'est un vin pur, qui présente un côté charnu en milieu de bouche et une finale bien posée, avec de belles notes amères. Le pinot gris Hinterburg est ample ; une touche de botrytis lui confère de la complexité et un caractère épicé en finale. Il lui faudra quelques années pour se poser. Dans une approche plus rigide, le grand cru Furstentum a le mérite d'avoir bien géré le caractère solaire du millésime, qui accentue l'amertume en finale.

- Pinot Gris Grand Cru Furstentum 2015 — 15 € — 15,5
- Riesling 2017 — 8 € — 14,5
- Riesling Grand Cru Wineck-Schlossberg 2017 — 16 € — 16

Le coup de ♥

- Pinot Gris Hinterburg 2016 — 11 € — 15

Rouge : 1 hectare.
Pinot noir 100 %
Blanc : 10 hectares.
Riesling 39 %, Gewurztraminer 22 %, Pinot gris 17 %, Auxerrois 11 %, Muscat d'Alsace 4 %, Muscat ottonel 4 %, Sylvaner 3 %
Production moyenne : 65 000 bt/an

DOMAINE JEAN-MARC BERNHARD ♣
21, Grand-Rue, 68230 Katzenthal
03 89 27 05 34 • www.jeanmarcbernhard.fr
• Vente et visites : au domaine sur rendez-vous.

Propriétaire : Famille Bernhard
Directeur : Frédéric Bernhard

★

DOMAINE PAUL BLANCK

Avec leur approche très originale de la vinification, Bernard et Marcel Blanck s'étaient déjà fait remarquer. La nouvelle génération s'est installée en 1985, composée du volubile Philippe au service commercial et du discret Frédéric à la vinification. La surface du domaine dépasse aujourd'hui 35 hectares, dont 30 % sont représentés par cinq grands crus. Le vignoble est cultivé manuellement, sans désherbant ni pesticide, ni engrais chimique. Toujours habilement vinifiés, les vins de la maison expriment un style à la fois tendu et profond.

Les vins : Rosenbourg est vif et acidulé, parfait pour se mettre en appétit. Parmi les grands crus, le riesling Furstentum offre déjà un relief et une complexité supérieurs. Sur ce même terroir, le pinot gris évolue dans un équilibre sec : ce vin enveloppant présente des notes de fruits jaunes et une finale bien nette. N'hésitez pas à le faire monter légèrement en température et à l'aérer ! Toujours au rendez-vous sur l'Altenbourg, le gewurztraminer s'exprime en toute franchise ; sa finale juteuse rappelle le fruit exotique et sa touche amère fera bon ménage avec des sauces sucrées-salées.

- Gewurztraminer Altenbourg 2016 — 18 € — 15,5
- Riesling Grand Cru Furstentum 2016 — 23 € — 16
- Riesling Rosenbourg 2017 — 15 € — 14,5

Le coup de ♥

- Pinot Gris Grand Cru Furstentum 2016 — 21 € — 16

Rouge : 3 hectares.
Pinot noir 100 %
Blanc : 33 hectares.
Riesling 41 %, Gewurztraminer 38 %, Pinot gris 9 %, Pinot blanc 6 %, Auxerrois 4 %, Muscat d'Alsace 2 %
Production moyenne : 230 000 bt/an

DOMAINE PAUL BLANCK
32, Grand-Rue, 68240 Kientzheim-Vignoble
03 89 78 23 56 • www.blanck.com •
Visites : sans rendez-vous.
Propriétaire : Frédéric et Philippe Blanck
Directeur : Philippe Blanck
Maître de chai : Frédéric Blanck

★

DOMAINE LÉON BOESCH

Fervents défenseurs de la biodynamie depuis plus de dix ans, Matthieu et son épouse Marie représentent la onzième génération du domaine Léon Boesch, au cœur de la Vallée Noble. Ici, le grand cru Zinnkoepflé est maintenant voué au gewurztraminer, de manière à le hisser comme une référence dans un style sec et charpenté. Le domaine travaille en agriculture biodynamique depuis 2000, et la cave inaugurée à Westhalten en 2010 est un modèle bioclimatique. Les vins possèdent de la profondeur et expriment au mieux les terroirs du secteur.

Les vins : Les Pierres Rouges est une belle réussite en 2017, un sylvaner sec et intense dont la finale est marquée par des notes de sauge. Il faut le découvrir ! Les rieslings sont toujours de style sec. Au Grandes Lignes, encore réservé, nous préférons l'expression un peu plus grasse de Luss, qui rappelle le thym au nez et livre une finale citronnée. Depuis quelques années, un beau travail est effectué sur les pinots gris sec. Le Clos Zwingel est encore fermé : nous lui préférons Le Coq, à la délicate expression céréalière, qui séduit par une longueur rafraîchissante et intense. Le parti pris d'un gewurztraminer sec sur le Zinnkoepflé est justifié : voici un vin complexe et cohérent, mais sa finale, chaleureuse en 2017, déséquilibre l'ensemble. Nous lui préférons la version moelleuse, qui témoigne d'une richesse maîtrisée et se livre avec une très belle complexité épicée. Les pinots noirs gagnent en profondeur et en précision. Nous avons préféré Luss aux Jardins : il a davantage de coffre, présente une sensation intense de fruit à noyau et termine sur une finale croquante.

- Gewurztraminer Grand Cru Zinnkoepflé 2017 — 26,80 € — 15,5
- Gewurztraminer Grand Cru Zinnkoepflé VT 2017 — 37,10 € — 16,5
- Pinot Gris Le Coq 2017 — 14,20 € — 15,5
- Riesling Luss 2017 — 16,30 € — 15,5
- Pinot Noir Luss 2017 — 25 € — 16

Le coup de ♥

- Sylvaner Les Pierres Rouges 2017 — 9,80 € — 1[illegible]

Rouge : 1,5 hectare.
Pinot noir 100 %
Blanc : 13 hectares.

Riesling 23 %, Gewurztraminer 22 %, Pinot gris 22 %, Pinot blanc 20 %, Sylvaner 10 %, Muscat à petits grains blancs 3 %
Production moyenne : 90 000 bt/an

DOMAINE LÉON BOESCH
6, rue Saint-Blaise, 68250 Westhalten
03 89 47 01 83 • www.domaine-boesch.fr • Vente et visites : au domaine sur rendez-vous.
Propriétaire : Gérard, Colette, Marie et Matthieu Boesch
Maître de chai : Marie et Matthieu Boesch

★

AGATHE BURSIN

Agathe Bursin compte une quinzaine de millésimes dans ce petit domaine familial. Depuis le début, elle n'a cessé de progresser par petites touches, toujours au service de ses terroirs qui s'étendent autour de Westhalten. Le style des vins s'affine pour arriver aujourd'hui à des rieslings secs et des expressions de sols justes. Plus du tiers de l'exploitation est situé sur le grand cru Zinnkoepflé. Un travail parcellaire méticuleux y est effectué. À la vigne ou à la cave, elle maîtrise parfaitement son sujet et ses vins. Les derniers millésimes montrent qu'elle sait s'adapter aux différents profils et aux caprices de la nature ! La certification bio en cours concrétisera le travail rigoureux à la vigne.

Les vins : Lutzeltal (non noté) et Strangenberg sont des pinots noirs élégants, frais et à l'approche poudrée. Le Strangenberg offre une finale poivrée aux tanins fins. Les blancs sont purs, particulièrement la belle série de rieslings. Le Bollenberg trace son sillon avec une complexité d'arômes et une sensation cristalline en finale. Sur le grand cru Zinnkoepflé, la largeur du milieu de bouche est rattrapée par une forte minéralité, ponctuée par une sensation de cédrat. Un riesling de patience ! Sur ce même terroir, la sélection de grains nobles envoûtante par ses notes exotiques et sa richesse très bien contenue. Enfin, sur ce grand cru marqué par le calcaire, le gewurztraminer évolue vers des notes de rose, sa bouche est tendre mais la finale fait saliver et lui promet un bel avenir !

Gewurztraminer Grand Cru Zinnkoepflé 2017	23 €	16
Riesling Bollenberg 2017	14 €	16
Riesling Grand Cru Zinnkoepflé 2017	23 €	16,5
Pinot Noir Strangenberg 2017	23 €	15,5

Le coup de ♥

Riesling Grand Cru Zinnkoepflé SGN 2017	45 €	16,5

Rouge : 0,8 hectare.
Pinot noir 100 %
Blanc : 5,2 hectares.
Riesling 30 %, Gewurztraminer 21 %, Pinot gris 21 %, Pinot blanc 8 %, Divers blanc 8 %, Muscat à petits grains blancs 6 %, Sylvaner 6 %
Production moyenne : 35 000 bt/an

AGATHE BURSIN
11, rue de Soultzmatt, 68250 Westhalten
03 89 47 04 15 • agathe.bursin@wanadoo.fr • Vente et visites : au domaine sur rendez-vous.
Propriétaire : Agathe Bursin

★

HENRY FUCHS

Paul Fuchs gère d'une main de maître ce domaine familial depuis une dizaine d'années. Il est depuis peu épaulé par sa sœur Julie pour la partie commercialisation. Il profite d'un beau patrimoine de vieilles vignes dans le réputé secteur de Ribeauvillé. Puriste et consciencieux, il produit des vins précis, dans un style sec, et nous pouvons témoigner d'une belle progression depuis son arrivée au domaine. La certification Ecocert, obtenue en 2011, est le résultat d'un travail des sols rigoureux, sans trop d'interventions en cave. Sylvaner, muscat et auxerrois deviennent des classiques, toujours appétents, le pinot noir est très bien maîtrisé et peut produire de très grands vins selon les millésimes. Enfin, la gamme des rieslings est juste ; elle relate parfaitement les différents terroirs du secteur. Cette homogénéité a été récompensé par une étoile l'année dernière.

Les vins : les pinots noirs sont une référence dans le secteur. L'onctueux Rouge comme Renard est une grande réussite avec un équilibre fruité redoutable. En blanc, toujours dans un élan sec, le riesling ouvre le bal par sa précision et son éclat. Intense et encore compact, le grand cru Kirchberg ira loin. Sur ce même grand cru, le pinot gris s'affiche avec force. Il est sec mais doit prendre son temps pour gérer son

alcool. Le gewurztraminer nous avait déjà tapé dans l'œil alors qu'il était encore en élevage. Ce vin complet, aux notes de fleur d'oranger et de rose, maîtrise sa puissance et ses sucres.

- Pinot Gris Grand Cru Kirchberg de Ribeauvillé 2017 — 22 € — 16
- Riesling Grand Cru Kirchberg de Ribeauvillé 2017 — 23 € — 16,5
- Riesling Ribeauvillé 2017 — 13,70 € — 15,5
- Sylvaner Vieilles Vignes 2017 — 9,50 € — 15
- Pinot Noir Rouge comme Renard 2017 — 23 € — 16,5

Le coup de ♥

- Gewurztraminer 2017 — 10,60 € — 15,5

Rouge : 0,9 hectare.
Pinot noir 100 %
Blanc : 9,69 hectares.
Riesling 30 %, Gewurztraminer 22 %, Pinot gris 22 %, Auxerrois 15 %, Sylvaner 6 %, Muscat à petits grains blancs 3 %, Pinot blanc 2 %
Production moyenne : 45 000 bt/an

HENRY FUCHS ♣
8, rue du 3-Décembre, 68150 Ribeauvillé
03 89 73 61 70 • www.henryfuchs.fr • Vente et visites : au domaine sur rendez-vous.
Propriétaire : Famille Fuchs
Directeur : Paul Fuchs

★

DOMAINE PAUL GINGLINGER

Avec une histoire vieille qui remonte à plus de 400 ans, ce domaine est une des belles références de la région. C'est aujourd'hui Michel Ginglinger qui, après une expérience internationale, en tient les rênes avec rigueur et conviction. Curieux et perfectionniste, il amène peu à peu sa touche. Depuis son arrivée en 2000, il approfondit avec intelligence le travail parcellaire : il faut donc être attentif aux informations sur la contre-étiquette...

Les vins : en pinot gris sec, Les Prélats est un judicieux assemblage de plusieurs lieux-dits d'Eguisheim, au fruité sincère et à la finale céréalière. Sur le grand cru Pfersigberg, plusieurs parcelles sont isolées. C'est Ortel qui séduit le plus dans la jeunesse. Dans un registre plus massif, avec des notes de fruits jaunes, le pulpeux Eichberg retient l'attention, notamment grâce à sa finale taillée dans la pierre. Le Wahlenbourg, terroir marno-calcaire q convient bien au gewurztraminer, présente po l'instant des amers prononcés. Il faudra l'atte dre quelques années.

- Gewurztraminer Wahlenbourg 2017 — 12 € — 15
- Riesling Grand Cru Eichberg 2017 — 20 € — 16
- Riesling Grand Cru Pfersigberg Ortel 2017 — 20 € — 1

Le coup de ♥

- Pinot Gris Les Prélats 2017 — 11 € — 15,

Rouge : 1 hectare.
Pinot noir 100 %
Blanc : 11 hectares.
Riesling 26 %, Gewurztraminer 23 %, Pinot blanc 18 %, Pinot gris 16 %, Chardonnay 13 %, Muscat à petits grains blancs 2 %, Sylvaner 2 %
Production moyenne : 80 000 bt/an

DOMAINE PAUL GINGLINGER ♣
8, place Charles-de-Gaulle, 68420 Eguishein
• www.paul-ginglinger.fr • Visites : sans rendez-vous.
Propriétaire : Michel Ginglinger

★

DOMAINE RÉMY GRESSER

Rémy Gresser, vigneron emblématique, dirige son vignoble sur la commune d'Andlau depuis plusieurs décennies. Travaillées avec des pratiques biodynamiques depuis 2000, les vignes sont certifiées bio depuis 2010. L'âme du domaine est de type sec et la variation des trois grands crus d'Andlau est un "must have". Des sols sablonneux au schiste, Rémy traduit au mieux ses terroirs et ne se contente pas du riesling ; c'est d'ailleurs le seul à proposer du pinot gris sur le grand cru Wiebelsberg. En plus des millésimes prêts à boire, en vente à des prix abordables, le domaine propose aussi d'excellents moelleux et liquoreux.

Les vins : le crémant d'Alsace offre une bulle onctueuse. Ses notes d'herbes séchées et de fruits blancs précèdent une finale fraîche e complexe. N'hésitez pas à l'ouvrir trente minute avant le service. Le pinot noir Brandhof, juteu et fin, est bâti sur un beau support fruité. Sur grand cru Kastelberg, le riesling est majestue complexe et racé : il garde une trame fraîche précise du début à la fin. Gardez-le préci sement en cave. Le gewuztraminer Moenchl

s'exprime avec largeur et rappelle l'amande fraîche. Ce demi-sec donnera de beaux accords sur des entrées épicées.

Crémant d'Alsace Brut	12,50 €	15
Gewurztraminer Grand Cru Moenchberg 2016	22,80 €	15,5
Riesling Grand Cru Kastelberg 2017	31,80 €	16,5

Le coup de ♥

Pinot Noir Brandhof 2017	11,80 €	15

Rouge : 0,63 hectare.
Pinot noir 100 %
Blanc : 9,54 hectares.
Riesling 43 %, Gewurztraminer 22 %, Pinot gris 11 %, Auxerrois 9 %, Pinot blanc 9 %, Muscat d'Alsace 3 %, Sylvaner 3 %
Production moyenne : 60 000 bt/an

DOMAINE RÉMY GRESSER ♣
2, rue de l'École, 67140 Andlau
03 88 08 95 88 • www.gresser.fr •
Visites : sans rendez-vous.
Propriétaire : Rémy Gresser

★

DOMAINE PAUL KUBLER

Philippe Kubler propose depuis quelques millésimes une gamme cohérente qui retransmet au mieux l'aspect grillé et torréfié des vins de Soulzmatt. Il gère avec efficacité son vignoble, dont quelques parcelles en grand cru Zinnkoepflé. La gamme K, dont les raisins proviennent de lieux-dits, regorge de belles affaires. Le style des rieslings et des pinots est résolument sec.

Les vins : intensément épicé, parfumé de réglisse et d'une touche fumée, le pinot noir Weingarten s'avère équilibré et gourmand. Z La Petite Tête au Soleil, sylvaner planté sur le Zinnkoepflé, affiche un éclat et une finale marquée par les agrumes confits qui nous enchantent. Les rieslings sont secs et peuvent paraître grinçants. Le Breitenberg offre un équilibre abordable, tout en relief et à la finale raisonnablement citronnée. Ouvert sur des notes de rose, le gewurztraminer K demi-sec propose une allonge épicée qui nous laisse en bouche des notes d'agrumes confits en finale.

Alsace Z La Petite Tête au Soleil 2017	19 €	16
Gewurztraminer K 2017	13 €	15
Riesling Breitenberg 2017	19 €	15,5

Le coup de ♥

Pinot Noir Weingarten 2017	19 €	16

Rouge : 0,5 hectare.
Pinot noir 100 %
Blanc : 9 hectares.
Gewurztraminer 28 %, Riesling 28 %, Pinot gris 22 %, Pinot blanc 8 %, Auxerrois 7 %, Sylvaner 5 %, Muscat à petits grains blancs 2 %
Production moyenne : 60 000 bt/an

DOMAINE PAUL KUBLER
103, rue de la Vallée, 68570 Soultzmatt
03 89 47 00 75 • www.paulkubler.com •
Visites : sans rendez-vous.
Propriétaire : Philippe Kubler

★

KUENTZ-BAS

Perché dans le village d'Husseren-les-Châteaux, Kuentz-Bas, nom historique dans le vignoble, retrouve ses lettres de noblesse depuis le rachat en 2004 par Jean-Baptiste Adam. Le label Trois Châteaux regroupe la production de vins en biodynamie, le domaine comptant également une partie en négoce. S'ajoutent depuis peu quelques crus notables du secteur de Ribeauvillé. Récompense d'un travail méticuleux et précis depuis plusieurs millésimes, les vins ne manquent pas d'intérêt dès les entrées de gamme et sont d'un très beau niveau quel que soient les terroirs.

Les vins : les vins rouges valent le détour, notamment le pinot noir juteux de la gamme Trois Château, à la sensation persistante de cerise et aux tanins souples. Signalons les pétillants naturels qui voient le jour en petits volumes au domaine. Un préférence pour Tu Bulles Pét' Nat' qui offre une gourmandise de fruits rouges indéniable. En blanc, l'auxerrois est éclatant, son aspect juteux est porté par les fruits blancs. Le sylvaner issu du grand cru Eichberg est enveloppé et gras en bouche, soutenu par les notes de fruits jaunes. Sans lourdeur, la finale laisse une bouche claire. Le Pfersigberg en 2016 fait preuve d'une grande force salivante avec sa chair encore fruitée.

Riesling Grand Cru Pfersigberg Trois Châteaux 2016	21,90 €	16,5

- Sylvaner Trois Châteaux "E" 2017 — 12,90 € — 15
- VDF Meunier Tu Bulles Pét' Nat' — 9,90 € — 14
- Pinot Noir Trois Châteaux 2017 — 21,90 € — 15

Le coup de ♥

- Auxerrois Trois Châteaux 2017 — 9,90 € — 15

Rouge : 0,9 hectare.
Pinot meunier 50 %, Pinot noir 50 %
Achat de raisins.
Blanc : 8,3 hectares.
Pinot gris 20 %, Auxerrois 20 %, Muscat à petits grains blancs 20 %, Riesling 20 %, Sylvaner 20 %
Achat de raisins.
Production moyenne : 150 000 bt/an

KUENTZ-BAS
14, route des Vins,
68420 Husseren-les-Châteaux
03 89 49 30 24 • www.kuentz-bas.fr •
Visites : sans rendez-vous.
Propriétaire : Jean-Baptiste Adam
Directeur : Olivier Raffin

★

DOMAINE JEAN-LUC MADER

Au cœur du charmant village d'Hunawihr, Jérome Mader monte discrètement en puissance. Sa rigueur et sa volonté de produire des vins précis payent avec une gamme impeccable, et surtout des rieslings exemplaires, issus de terroirs différents, ce qui ne rend pas la dégustation monotype. Son vignoble entretenu en bio s'est légèrement agrandi au cours des derniers millésimes. Il reste le pinot gris sur le grand cru Schlossberg à caler pour que le domaine aille encore plus loin.

Les vins : la bouche franche du pinot blanc donne l'impression de croquer dans le fruit blanc. Mais en 2017, c'est la série des rieslings qui épate ! Pour commencer, le riesling du domaine est frais, avec une belle matière salivante. Sur le lieu-dit Haguenau, on trouve une puissance d'agrumes en bouche qui laisse une impression presque rugueuse. Un vin à conserver quelques années. Le Muhlforst, plus en chair et plus immédiat, est doté d'une finale éclatante et épicée. Encore serré dans son carcan minéral, le Rosacker s'impose magistralement comme un vin de garde qui suit une ligne de conduite exemplaire : un vin sec et racé. Le gewurztraminer 2016, vin moelleux au caractère épicé, est issu du grand cru Rosacker. Le cépage évolue avec grâce, des notes truffées et épicées apparaissent. Le terroir du Muhlforst réussit aussi au pinot noir, qui trouve un équilibre entre le juteux du fruit et une fine structure, sans être fluet.

- Gewurztraminer Grand Cru Rosacker 2016 — 19 € — 15,5
- Pinot Blanc 2017 — 7,70 € — 15
- Riesling Grand Cru Rosacker 2017 — 24 € — 16,5
- Riesling Haguenau 2017 — 14 € — 15,5
- Riesling Muhlforst 2017 — 15 € — 16
- Pinot Noir Muhlforst 2017 — 14 € — 15

Le coup de ♥

- Riesling 2017 — 10 € — 15

Rouge : 0,75 hectare.
Pinot noir 100 %
Blanc : 10,25 hectares.
Riesling 31 %, Pinot gris 27 %, Pinot blanc 19 %, Gewurztraminer 15 %, Muscat à petits grains blancs 5 %, Chardonnay 3 %
Production moyenne : 55 000 bt/an

DOMAINE JEAN-LUC MADER ♣
13, Grand-Rue, 68150 Hunawihr
03 89 73 80 32 • www.vins-mader.com •
Vente et visites : au domaine sur rendez-vous.
Propriétaire : Jérôme Mader

★

DOMAINE JEAN-LOUIS ET FABIENNE MANN

Arrivé il y a tout juste dix ans au domaine familial, Sébastien Mann lui a donné une nouvelle impulsion. Sa patte est aujourd'hui perceptible dans les vins. Ses expériences chez Vouette et Sorbée, lui ont permis de créer des bulles en brut nature, dont une partie est élevée en barriques. Un travail minutieux est mené sur ces cinquante parcelles cultivées en biodynamie : les deux grands crus Eichberg et Pfersigberg s'expriment très bien. Signalons la belle progression des vins rouges, plus structurés et très prometteurs, ainsi qu'un choix payant de pinots gris secs sur certaines parcelles en blanc. Une nouvelle structure d'accueil voit le jour en 2019 pour le plus grand plaisir des visiteurs !

Les vins : le crémant brut nature affiche une bulle précise. C'est un assemblage réussi de chardonnay, d'auxerrois et de pinot noir. Dans les rieslings, la vinification est sûre, avec des vins secs et précis qui relatent au mieux leurs origines. Coup de cœur pour l'expression granitique du Logelberg, à la finale fruitée sincère, déjà prêt à boire. Sur le grand cru Pfersigberg, le vin est ample, dans un registre de fruits jaunes. Il sera parfait à boire dans les cinq ans. Dans un style demi-sec, Montagne des Pêches est un assemblage de gewurztraminer et de riesling séduisant, finale salivante et fruitée en prime. La sélection de grains nobles de pinot gris donne un vin liquoreux à la texture dense et à l'expression exotique.

Alsace Montagne des Pêches 2015	25,10 €	15
Crémant d'Alsace Brut Nature 2016	16,70 €	15
Pinot Gris SGN 2016	35,20 €	16
Riesling Grand Cru Pfersigberg 2015	30,30 €	16

Le coup de ♥

Riesling Logelberg 2017	22,80 €	15,5

Rouge : 0,8 hectare.
Pinot noir 100 %
Blanc : 12 hectares.
Gewurztraminer 28 %, Riesling 27 %, Auxerrois 18 %, Pinot gris 11 %, Sylvaner 6 %, Muscat à petits grains blancs 5 %, Chardonnay 3 %, Pinot blanc 2 %
Production moyenne : 65 000 bt/an

DOMAINE JEAN-LOUIS ET FABIENNE MANN ☾
11, rue du Traminer, 68420 Eguisheim
03 89 24 26 47 • www.vins-mann.com • Visites : sans rendez-vous.
Propriétaire : Jean-Louis Mann
Directeur : Sébastien Mann

★ ↗

MÉLANIE PFISTER

Arrivée à la tête du domaine en 2008, après des études d'ingénieur agronome et d'œnologie, Mélanie représente la huitième génération de la famille Pfister. Située à quelques kilomètres de Strasbourg, cette maison offre une gamme d'un très bon niveau, avec beaucoup de pureté, et donne l'occasion de découvrir l'Engelberg, ce grand cru signifiant "le coteau des anges". Cette jeune femme dynamique est aussi à l'initiative des Divines d'Alsace, association régionale réunissant les femmes du vin. Le domaine confirme depuis 2015 sa régularité et la montée en puissance de la qualité de ses vins. Nous lui attribuons sa première étoile.

Les vins : délicat et intense, le pinot noir délivre un juteux irrésistible, l'élevage en bois souligne la texture fine des tanins. Un très beau rouge ! Furd est un pinot gris gourmand dont la chair facile et agréable provient de son sol marno-calcaire. À travers Silb, on perçoit totalement la maîtrise technique de cette vigneronne qui a fait ses classes en Bourgogne. Ce pinot gris sec de table est enveloppant sans aucune lourdeur, bravo ! Mel, assemblage de quatre cépages, allie fraîcheur et gourmandise. Assemblage de deux lieux-dits de calcaire, Berg est un riesling vibrant avec une expression d'agrumes qui devrait passer les années sans souci. Le grand cru Engelberg 2016 apparaît en demi-teinte derrière.

Alsace Mel 2017	15,50 €	15
Pinot Gris Furd 2017	14,50 €	15
Pinot Gris Silb 2016	19,50 €	15,5
Riesling Berg 2017	14,50 €	16
Pinot Noir Rahn 2016	22 €	16

Rouge : 1 hectare.
Pinot noir 100 %
Blanc : 9 hectares.
Riesling 30 %, Gewurztraminer 20 %, Pinot gris 19 %, Pinot blanc 17 %, Auxerrois 7 %, Chardonnay 4 %, Muscat d'Alsace 3 %
Production moyenne : 60 000 bt/an

MÉLANIE PFISTER ♣
53, rue principale, 67310 Dahlenheim
03 88 50 66 32 • www.domaine-pfister.com • Visites : sans rendez-vous.
Propriétaire : Mélanie Pfister

★

DOMAINES SCHLUMBERGER

Séverine et Thomas Schlumberger incarnent la nouvelle génération de ce très ancien domaine, dont la moitié du vignoble est plantée en grands crus sur le Kitterlé, le Kessler, le Saering et le Spiegel. Adhérent à la charte Tyflo depuis 2003, le domaine pratique une viticulture respectueuse de l'environnement ; une trentaine d'hectares est même cultivée en bio et biodynamie. Après deux décennies vouées au travail du vignoble, les propriétaires ont décidé d'investir dans un nouvel espace d'accueil de 100m2, qui rappelle avec élégance les matériaux liés au vin. Les visiteurs pourront donc découvrir les vingt-deux vins de la gamme dans ce lieu réalisé par des entreprises locales. Pour les plus curieux, trois programmes de visites et de dégustations sont disponibles afin de partir à la découverte des terroirs de Guebwiller.

Les vins : dans un style frais et léger, le pinot noir offre des notes agréables de fruits rouges. Les Princes Abbés constitue une approche vénérable du vignoble de Guebwiller. Le gewurztraminer (demi-sec) est délicat, avec des notes florales et une finale qui rappelle le fruit de la passion. Dans un style sec, le pinot gris évoque un chardonnay bourguignon par sa finale juteuse et fruitée. Parmi les grands crus, le Saering s'en sort très bien en 2017 : il livre un parfum de tilleul, avec une belle force saline qui persiste et une impression cristalline qui s'accommodera des mets les plus délicats. Ample, déjà pourvu de notes d'hydrocarbures, le Kitterlé offre une bouche un peu plus généreuse, mais bien tenue par l'acidité. Ses notes exotiques en finale nous mettent en appétit.

Gewurztraminer Les Princes Abbés 2017	16,25 €	15
Pinot Gris Les Princes Abbés 2017	14,95 €	15,5
Riesling Grand Cru Kitterlé 2015	27,60 €	15,5
Pinot Noir Les Princes Abbés 2017	15,50 €	14,5

Le coup de ♥

Riesling Grand Cru Saering 2017	24,30 €	16

Rouge : 8,72 hectares.
Pinot noir 100 %
Blanc : 115 hectares.
Gewurztraminer 34 %, Pinot gris 33 %, Riesling 33 %
Production moyenne : 650 000 bt/an

DOMAINES SCHLUMBERGER
3, rue des Cours-Populaires, 68500 Guebwiller
03 89 74 27 00 • www.domaines-schlumberger.com • Vente et visites : au domaine sur rendez-vous.
Propriétaire : Famille Schlumberger
Directeur : Thomas Schlumberger et Stéphane Chaise
Maître de chai : Alain Freyburger

★ ↗

SCHŒNHEITZ

Seul vignoble alsacien classé en zone de montagne, le Val Saint Grégoire regroupe plusieurs communes de la vallée de Munster. Le domaine Schoenheitz est l'unique metteur en bouteille à Wihr-au-Val. Fils de celui qui a aidé à la replantation du vignoble après guerre, Henri Schoenheitz est aujourd'hui propriétaire de parcelles exposées sud/sud-est, dont un point culminant pour l'appellation Alsace à 550 mètres. Son fils Adrien est à la tête du domaine et, diplôme d'œnologie en poche, il s'essaie à vinifier quelques cuvées en barriques bourguignonnes. Un peu à l'écart de la Route des vins d'Alsace, ces coteaux escarpés, qui réussissent merveilleusement aux cépages alsaciens depuis le Moyen Âge, méritent le détour. La première étoile qui était dans le viseur depuis trois ans arrive naturellement cette année.

Les vins : la précision des pinots noirs sur granite se précise, avec un boisé ajusté et des matières juteuses. Saint Grégoire est immédiat et croque le fruit ; Herrenreben, plus concentré, se démarque par ses notes fumées et sa finale encore un peu sèche. Linsenberg allie des tanins fins et un fruité juteux. Dans la nouvelle cuvée de crémant en extra-brut, les vieilles vignes d'auxerrois aux notes d'aubépine et de moka donnent un très beau résultat. Le vieillissement de cinquante-quatre mois sur lattes affine les bulles. Facile et gouleyant, le muscat reste une valeur sûre pour l'apéritif. Les amateurs de riesling sec ne seront pas en reste avec les lieux-dits Holder et Linsenberg, expressifs, élancés et salivants. Presque de faux jumeaux tant la ressemblance est frappante ! Saluons le jeu d'équilibre pour le délicieux riesling Herrenreben moelleux, qui affiche des notes de mangue, de kumquat et de fleur d'oranger, tout en légèreté.

Muscat 2017	11,30 €	15
Riesling Herrenreben VT 2015	26 €	16
Riesling Holder 2017	14,30 €	15,5
Riesling Linsenberg 2017	14,30 €	15,5
Pinot Noir Herrenreben 2016	18,90 €	15,5
Pinot Noir Linsenberg 2016	30 €	16
Pinot Noir Saint Gregoire 2017	16,80 €	15

Le coup de ♥

Crémant d'Alsace Extra-Brut Mémoire de Granit	13 €	15,5

Rouge : 2 hectares.

Pinot noir 100 %
Blanc : 14 hectares.
Riesling 36 %, Gewurztraminer 25 %, Pinot blanc 17 %, Pinot gris 17 %, Muscat ottonel 2 %, Muscat à petits grains blancs 2 %, Sylvaner 1 %
Production moyenne : 85 000 bt/an

SCHŒNHEITZ
1, rue de Walbach, 68230 Wihr-au-Val
03 89 71 03 96 • www.vins-schoenheitz.fr •
Vente et visites : au domaine sur rendez-vous.
Propriétaire : Adrien, Dominique et Henri Schoenheitz

★

DOMAINE JEAN SIPP

Jean-Guillaume Sipp est à la tête du domaine depuis 2013. Sous son impulsion, le travail des sols est encore plus poussé qu'auparavant et les vins ont gagné en précision. La famille possède un large choix de terroirs, situés sur cinq communes, avec les trois grands crus Kirchberg, Osterberg et Altenberg de Bergheim comme fleurons. De très belles cuvées parcellaires sont apparues en 2014, notamment le Grossberg et le Haguenau. Celles-ci offrent un bon compromis entre les cuvées génériques et les grands crus. La gamme présentée est de qualité, les rieslings étant le point fort du domaine. Le chaleureux caveau traditionnel est ouvert aux visiteurs tous les jours, et de très belles chambres d'hôtes sont gérées par Carole, la sœur de Jean-Guillaume. Des animations médiévales sont organisées dans la cour lors des deux week-ends du marché de Noël de Ribeauvillé : un événement à ne pas rater !

Les vins : le crémant s'exprime sur des notes de fleurs et de fruits blancs. La bulle est crémeuse et précise. Dans un style moelleux, le pinot gris du Clos Ribeaupierre dévoile une complexité miellée. Un vin ample et suave mais sans lourdeur, qui pourra accompagner avec grâce un foie gras poêlé. Parmi les rieslings, les lieux-dits retiennent notre intérêt. Belle réussite pour le Kirchberg Ribeauvillé. Notre préférence va au Haguenau : pureté, notes d'herbes séchées et finale racée s'y sont donné rendez-vous !

- Crémant d'Alsace Brut 2016 — 9,50 € — 15
- Riesling Grand Cru Kirchberg Ribeauvillé 2016 — 24 € — 15,5
- Riesling Haguenau 2017 — 16 € — 15,5

Le coup de ♥

- Pinot Gris Clos Ribeaupierre 2015 — 25 € — 16

Rouge : 2,68 hectares.
Pinot noir 100 %
Blanc : 20,78 hectares.
Riesling 25 %, Pinot gris 25 %, Gewurztraminer 25 %, Pinot blanc 13 %, Auxerrois 12 %
Production moyenne : 100 000 bt/an

DOMAINE JEAN SIPP
60, rue de la Fraternité, 68150 Ribeauvillé
03 89 73 60 02 • www.jean-sipp.com •
Visites : sans rendez-vous.
Propriétaire : Jean-Guillaume Sipp

★

LOUIS SIPP

Passionné par ses terroirs, Étienne Sipp exploite en bio un vaste vignoble dont deux jolis grands crus : le Kirchberg de Ribeauvillé et l'Osterberg, vinifiés dans un esprit de garde, toujours épurés. Le travail parcellaire mené depuis quelques années est très appréciable. Nous avons une préférence pour les blancs du domaine, où le riesling est roi. Le patrimoine de ce vignoble pourrait permettre d'aller encore plus loin.

Les vins : la série des rieslings issus des lieux-dits autour de Ribeauvillé ne manque pas d'intérêt. Nous avons une préférence pour le Steinacker, déjà ouvert et expressif. Sur ce même millésime, Osterberg plus large apporte moins de relief. Nous sommes un peu déçus par les grands crus par rapport au niveau des lieux-dits. Le 2012 permet de constater que le Kirchberg de Ribeauvillé a besoin de quelques années pour dévoiler sa personnalité racée. Le 2017 pourra aller plus loin ; nous saluons la complexité de sa finale. Enfin, le gewurztraminer Rotenberg présente une expression juste, florale et intense.

- Gewurztraminer Rotenberg 2017 — 16,50 € — 15,5
- Riesling Grand Cru Kirchberg de Ribeauvillé 2012 — 25 € — 15,5
- Riesling Grand Cru Osterberg 2017 — 25 € — 15,5
- Riesling Steinacker 2017 — 15 € — 15

Rouge : 3 hectares.

Pinot noir 100 %
Achat de raisins.
Blanc : 36 hectares.
Riesling 30 %, Gewurztraminer 25 %, Pinot gris 16 %, Pinot blanc 12 %, Auxerrois 9 %, Sylvaner 4 %, Muscat à petits grains blancs 2 %, Chardonnay 1 %, Chasselas 1 %
Achat de raisins.
Production moyenne : 200 000 bt/an

LOUIS SIPP ♣
5, Grand-Rue, 68150 Ribeauvillé
03 89 73 60 01 • www.sipp.com • Vente et visites : au domaine sur rendez-vous.
Propriétaire : Pierre Sipp et Famille
Directeur : Étienne Sipp

★

DOMAINE VINCENT STOEFFLER

Vincent Stoeffler fait partie de cette poignée de vignerons résistants à Barr, coincés entre les maisons de négoce et les caves coopératives. Aux vignes familiales de cette zone prestigieuse du Bas-Rhin, s'ajoute un vignoble en coteaux dans le Haut-Rhin, autour de Ribeauvillé. Aujourd'hui, le vignoble est cultivé avec soin, certifié en bio avec beaucoup de préceptes biodynamiques et quelques cuvées sans soufre. La gamme manque d'homogénéité et le domaine décroche par rapport aux autres propriétés étoilées.

Les vins : en rouge, plusieurs pinots noirs aux styles différents nous ont été présentés. Le Tradition est d'approche assez simple et présente un caractère végétal. Il n'a pas été noté. L'ambitieuse cuvée XXC, issue du grand cru Kirchberg de Barr déçoit par son boisé manquant d'élégance, et n'a pas non plus été retenue. La cuvée sans soufre Salzhof retient à nouveau notre attention grâce son jus gouleyant et ses tanins onctueux. Uva Apiana est un muscat floral et aromatique, fin et digeste, dans un équilibre sec-tendre. En riesling, le lieu-dit Kronenbourg vinifié en sec se dévoile avec des notes de fleurs séchées, un beau volume de bouche et une finale précise, contrairement au grand cru Kirchberg qui accuse en 2017 un style un peu plus riche, et n'a pas été noté ; il devrait se caler avec le temps.

Muscat Uva Apiana 2017	9 €	14,5
Riesling Kronenburg 2016	10,80 €	15
Pinot Noir Salzhof 2017	12,80 €	15,5

Rouge : 2,5 hectares.
Pinot noir 100 %
Blanc : 14 hectares.
Riesling 24 %, Gewurztraminer 22 %, Pinot gris 18 %, Pinot blanc 14 %, Sylvaner 8 %, Muscat à petits grains blancs 6 %, Chardonnay 5 %, Klevner 3 %
Production moyenne : 120 000 bt/an

DOMAINE VINCENT STOEFFLER ♣
1, rue des Lièvres, 67140 Barr
03 88 08 52 50 • www.vins-stoeffler.com • Visites : sans rendez-vous.
Propriétaire : Vincent Stoeffler

★

DOMAINE TRAPET

Épouse du célèbre vigneron bourguignon Jean-Louis Trapet, Andrée n'a jamais voulu renoncer à ses origines alsaciennes. Aussi a-t-elle choisi, depuis 2002, de reprendre les vignes familiales et de développer ce domaine, situé à Riquewihr. Leurs deux fils, Pierre et Louis, sont aussi très impliqués sur ces coteaux aux inclinaisons bien différentes de la Côte-d'Or... Culture en biodynamie, vinifications soignées, les vins possèdent ici du cachet. La gamme montre la légitimité de la hiérarchisation par commune et de la mise en avant des terroirs. Un domaine en progression constante.

Les vins : le sec A Minima est un assemblage de six cépages. Son effet perlant rafraîchissant au palais le prédispose à l'apéritif. Très belle définition du riesling sec pour Beblenheim, avec un effet salivant garanti ! Grandes réussites en grand cru, en commençant par le Schoenenbourg, racé en 2013, dont la finale rappelle les fleurs blanches. Le Schlossberg se livre déjà avec panache et finesse. À Riquewihr, le grand cru Sporen montre une fraîcheur et un équilibre exemplaire pour un gewurztraminer : un vin suave et épicé dans un registre demi-sec.

Alsace A Minima 2017	13 €	14,5
Gewurztraminer Grand Cru Sporen 2016	30 €	16
Riesling Beblenheim 2016	15 €	15,5

➾ Riesling Grand Cru Schlossberg 2016 50 € 16,5

Le coup de ♥

➾ Riesling Grand Cru Schoenenbourg 2013 50 € 16,5

Blanc : 14 hectares.
Riesling 48 %, Gewurztraminer 36 %, Sylvaner 8 %, Pinot gris 6 %, Muscat à petits grains blancs 2 %
Production moyenne : 40 000 bt/an

DOMAINE TRAPET
14, rue des Prés, 68340 Riquewihr
03 80 34 30 40 • www.trapet.fr • Vente et visites : au domaine sur rendez-vous.
Propriétaire : Famille Trapet

★

DOMAINE ZINCK

En une décennie, Philippe Zinck a trouvé son chemin et son rythme. Les vignes sont concentrées autour d'Eguisheim et sur le grand cru Goldert non loin de là, en agriculture biologique depuis 2011 (certification attendue pour 2021). Son activité de négoce s'éteint petit à petit, et le vigneron se concentre sur ses 90 parcelles : un terrain de jeu qu'il maîtrise avec une petite équipe jeune et dynamique. Le style s'est affiné pour laisser place à des vins purs et francs, vinifiés en inox et avec une belle expression de fruits pour la gamme Portraits. Les Terroirs et les Grands Crus rassemblent les meilleurs terroirs, vinifiés en foudres, et qui se placent parmi les valeurs sûres de la région.

Les vins : les blancs ont notre préférence. Le muscat Terroir est délicieux, croquant et expressif, avec de l'ampleur et une finale fraîche. Toujours dans cette gamme de vins de coteaux, le longiligne riesling, garni de notes de cédrat, s'avère une valeur sûre. Les rieslings issus des grands crus sont réussis en 2016, toujours de style sec et taillés pour la garde. Le Goldert est déjà prêt : un vin salivant et fin.

➾ Riesling Grand Cru Eichberg 2016 24 € 16,5
➾ Riesling Grand Cru Goldert 2016 24 € 16
➾ Riesling Terroir 2017 15 € 15

Le coup de ♥

➾ Muscat Terroir 2017 13 € 15

Rouge : 2 hectares.
Pinot noir 100 %
Blanc : 16 hectares.
Gewurztraminer 31 %, Riesling 27 %, Pinot blanc 18 %, Pinot gris 15 %, Chardonnay 3 %, Muscat à petits grains blancs 3 %, Sylvaner 3 %
Production moyenne : 135 000 bt/an

DOMAINE ZINCK
18, rue des Trois-Châteaux, 68420 Eguisheim
03 89 41 19 11 • www.zinck.fr • Visites : sans rendez-vous.
Propriétaire : Philippe Zinck

JEAN-BAPTISTE ADAM

La famille Adam combine une activité de négoce et une production issue de ses propres vignobles. Depuis plusieurs années, Jean-Baptiste affine son travail parcellaire, accompagné de sa fille Laure et du mari de celle-ci, Emmanuel Bogen, chef de culture. La famille est engagée dans la voie de la biodynamie, certifié Demeter pour une partie de la gamme, et tend à ajouter le moins de soufre possible dans la bouteille, tout en gardant de la netteté et de l'éclat dans les vins.

Les vins : la gamme Les Natures déçoit par sa simplicité et n'a pas été retenue. Le crémant Émotion est convaincant : ce chardonnay complété d'une touche de pinot noir a été élevé 36 mois sur lattes et montre une belle finesse de bulles. Notre préférence dans les riesling de terroir va au Letzenberg, un vin sec et droit avec d'agréables notes d'agrumes. Dans les grands crus, le Kaefferkopf s'exprime dans un style sec, avec une bouche encore friande.

➾ Crémant d'Alsace Brut Prestige Émotion 12,40 € 14
➾ Riesling Grand Cru Kaefferkopf Vieilles Vignes 2016 19,50 € 15,5
➾ Riesling Letzenberg 2016 14,50 € 15

Rouge : 3 hectares.
Pinot noir 100 %
Blanc : 18 hectares.
Riesling 33 %, Pinot blanc 22 %, Gewurztraminer 17 %, Pinot gris 17 %, Muscat ottonel 8 %, Sylvaner 3 %
Production moyenne : 180 000 bt/an

JEAN-BAPTISTE ADAM ☾
5, rue de l'Aigle, 68770 Ammerschwihr
03 89 78 23 21 • www.jb-adam.com • Visites : sans rendez-vous.
Propriétaire : Jean-Baptiste Adam

DOMAINE LAURENT BARTH

Installé depuis 2004 à Bennwihr, où il a repris le petit domaine familial, Laurent Barth conduit en bio son vignoble principalement installé sur des coteaux. Certaines cuvées, telle que l'assemblage de pinots, peuvent être vinifiées avec peu ou pas de soufre. Une partie de la gamme nous laisse perplexe, et présente des imperfections qui ne semblent pas au niveau d'un domaine étoilé. Dans l'édition précédente, nous notions déjà un manque de rigueur qui se confirme aujourd'hui. Nous retirons donc l'étoile, en espérant que les vins en question gagneront en précision.

Les vins : le pinot d'Alsace est ample et charnu, avec une finale fraîche. Le pinot gris se dévoile en finesse sur des notes miellées, complétées d'un beau support de fruits jaunes. Il présente l'équilibre d'un vin sec, assortie d'une puissance bien maîtrisée. Éclatant, le gewurztraminer grand cru Marckrain (demi-sec) est délicieux. Les notes de fruits exotiques l'emportent et le support épicé lui confère de l'allonge. Les rieslings dégustés présentent des nez poussiéreux et laissent une sensation sèche en bouche.

- Gewurztraminer Grand Cru Marckrain 2017 — 22 € 15,5
- Pinot Gris 2017 — 13 € 14,5
- Pinot d'Alsace 2017 — 8,50 € 14,5

Rouge : 0,45 hectare.
Pinot noir 100 %
Blanc : 3,5 hectares.
Auxerrois 27 %, Gewurztraminer 25 %, Riesling 24 %, Muscat à petits grains blancs 12 %, Pinot gris 12 %
Production moyenne : 20 000 bt/an

DOMAINE LAURENT BARTH ♣
3, rue du Maréchal-de-Lattre,
68630 Bennwihr
03 89 47 96 06 • laurent.barth@wanadoo.fr
• Vente et visites : au domaine sur rendez-vous.
Propriétaire : Laurent Barth

DOMAINE JEAN-PHILIPPE ET JEAN-FRANÇOIS BECKER

Depuis vingt ans, ce domaine est géré par la tribu Becker, avec Jean-Philippe à la vinification, Jean-François à la viticulture et Martine à la commercialisation. Ce trio de choc a emmené le vignoble sur la voie de la viticulture biologique (label AB) dès 1999 et le soufre est limité. Les vins restent nets. Les étiquettes bordées de rouge sont des vins issus d'achat de (beaux) raisins, tandis que les étiquettes or et noir illustrent les vignes en propriété. Avis aux Parisiens : la famille se déplace tous les ans sur le marché de Noël installé devant la gare de l'Est !

Les vins : dans la nouvelle gamme des vins nature, notre préférence va au pinot noir, qui s'exprime avec davantage d'éclat que la cuvée classique. En blanc, les entrées de gamme peuvent paraître simples. Les lieux-dits sont d'un beau niveau : Kronenburg, dans le prolongement du grand cru, est un vin salivant à la finale marquée par les agrumes confits. Parmi les grands crus, le pinot gris évolue avec une personnalité fruitée et épicée, assortie d'une certaine rondeur. Sur le Sonnenglanz voisin, c'est le gewurztraminer qui séduit par ses parfums de fleurs et sa finale exotique.

- Gewurztraminer Grand Cru Sonnenglanz 2017 — 18,50 € 15,5
- Pinot Gris Grand Cru Froehn 2017 — 20 € 15,5
- Pinot Noir F de Zellenberg Nature 2017 — 19,50 € 14,5

Le coup de ♥

- Riesling Kronenburg 2017 — 13,70 € 15,5

Rouge : 2,6 hectares.
Pinot noir 100 %
Achat de raisins.
Blanc : 15,2 hectares.
Riesling 32 %, Gewurztraminer 27 %, Pinot gris 20 %, Auxerrois 13 %, Muscat à petits grains blancs 5 %, Chardonnay 2 %, Sylvaner 1 %
Achat de raisins.
Production moyenne : 150 000 bt/an

DOMAINE JEAN-PHILIPPE ET JEAN-FRANÇOIS BECKER ♣
2-4, route d'Ostheim, 68340 Zellenberg
03 89 47 90 16 • www.vinsbecker.com • Vente et visites : au domaine sur rendez-vous.
Propriétaire : Famille Becker
Directeur : Martine Becker
Œnologue : Jean-Philippe Becker

NOUVEAU DOMAINE

JEAN-CLAUDE BUECHER

Depuis la création du domaine par Jean-Claude et Sylviane Buecher dans les années 1980, le crémant est à l'honneur dans ce domaine, le seul d'Alsace à ne proposer que des bulles. Rejoignant le domaine en 2005, Franck, le fils des propriétaires, amorce le virage vers l'agriculture biologique, et agrandit l'espace de stockage pour assurer un élevage sur lattes entre 24 et 36 mois. Les vins sont toujours dosés en extra-brut, les levures indigènes de rigueur. La plupart des vignes sont située sur les coteaux marno-calcaires de Wettolsheim, mais aussi sur le granite de Walbach, dans la vallée de Munster.

Les vins : en rosé, Murmure est une expression franche de cerise et de fruits des bois, à la bulle franche et précise. Il offre une belle allonge fraîche. Empreinte est un chardonnay issu du lieu-dit Rotenberg. Sa mise sur lattes de 36 mois lui confère des bulles fines et vives, avec une finale salivante. Reflets est un assemblage de pinot blanc, pinot noir et auxerrois de différents secteurs. On apprécie ses notes d'épices, de cardamome et d'agrumes qui exploseront à table.

- Crémant d'Alsace Empreinte 2014 — 16 € — 16
- Crémant d'Alsace Reflets 2014 — 12 € — 15,5
- Crémant d'Alsace Murmure 2015 — 13 € — 16

Rouge : 2,7 hectares.
Pinot noir 100 %
Blanc : 7,3 hectares.
Auxerrois 56 %, Gewurztraminer 14 %, Pinot blanc 13 %, Chardonnay 8 %, Riesling 4 %, Pinot gris 3 %, Muscat d'Alsace 2 %
Production moyenne : 45 000 bt/an

JEAN-CLAUDE BUECHER ♣
31, rue des Vignes, 68920 Wettolsheim
03 89 80 14 01 • www.cremant-buecher.fr •
Vente et visites : au domaine sur rendez-vous.
Propriétaire : Jean-Claude Buecher
Directeur : Franck Buecher

DOMAINE PIERRE FRICK

Figurant parmi les pionniers des vins nature en Alsace, Pierre Frick vinifie une grande partie de ses cuvées sans soufre. Sa pratique de la macération fait la signature de la maison. Ce style convient particulièrement au grand cru Vorbourg, un sol dominé par les marnes, le calcaire et le grès. Le domaine constitue ainsi une entrée originale aux vins de la région.

Les vins : on peut y accéder de diverses manières. Dans un style sec, pur et franc, Bergweingarten s'exprime avec délicatesse, dans un registre floral. Dans ce même style élancé, mais avec un beau support d'amers et une complexité supérieure, Vorbourg est une réussite. Côté vins oranges, c'est la macération de gewurztraminer qui procure le plus d'émotion grâce à son nez empli de coriandre et d'épices, sa bouche ample aux amers modérés. Une fois carafé, le rouge se livre avec des notes de cerise, de rose et de poivre. Il offre un côté juteux en bouche et témoigne d'une puissance maîtrisée.

- Gewurztraminer Macération Pur Vin 2018 — 16 € — 15
- Riesling Grand Cru Vorbourg 2016 — 17,80 € — 15,5
- Pinot Noir Strangenberg Pur Vin 2018 — 17,30 € — 15,5

Le coup de ♥
- Sylvaner Bergweingarten Pur Vin 2017 — 13,80 € — 15

Rouge : 2 hectares.
Pinot noir 100 %
Blanc : 10 hectares.
Gewurztraminer 27 %, Riesling 25 %, Auxerrois 14 %, Pinot gris 13 %, Sylvaner 12 %, Muscat à petits grains blancs 5 %, Chasselas 4 %
Production moyenne : 70 000 bt/an

DOMAINE PIERRE FRICK ☾
5, rue de Baer, 68250 Pfaffenheim
03 89 49 62 99 • www.pierrefrick.com •
Visites : sans rendez-vous.
Propriétaire : Chantal, Jean-Pierre et Thomas Frick

CHRISTIAN ET VÉRONIQUE HEBINGER

Denis Hebinger est une locomotive pour les vignerons de sa génération. Sa curiosité et son esprit vif l'amènent vers des essais sans soufre ou vers des macérations. Dotée de moyens performants, la maison est certifiée par Demeter depuis 2011. Partisan des appellations communales pour Eguisheim et du classement de certains terroirs en premier cru d'Alsace, ce domaine très prometteur propose de bons rapports qualité-prix. Les lieux-dits et grands crus sont à carafer au moins une heure avant dégustation.

Les vins : la gamme des rieslings se veut variée et pure. On se délecte avec Frohenberg, un vin dense aux notes de fruits jaunes, et avec le grand cru Hengst, un vin sec à la finale racée, appuyée par de nobles amers. Les pinots noirs présentent un caractère plus sauvage à ce stade. Le 2017 offre un fruité gourmand et juteux, sans manquer de fond. Avec ses notes de moka et de fruits exotiques, la vendange tardive de pinot gris sur le grand cru Hengst est d'un équilibre redoutable, et sa finale n'accuse aucune lourdeur !

Riesling Frohnenberg 2017	13 €	15,5
Riesling Grand Cru Hengst 2016	16 €	15,5
Pinot Noir 2017	10 €	14,5

Le coup de ♥

Pinot Gris Grand Cru Hengst VT 2012	20 €	16

Rouge : 1,5 hectare.
Pinot noir 100 %
Blanc : 9,7 hectares.
Gewurztraminer 27 %, Riesling 21 %, Pinot gris 20 %, Auxerrois 17 %, Pinot blanc 6 %, Sylvaner 5 %, Muscat à petits grains blancs 3 %, Chasselas 1 %
Production moyenne : 55 000 bt/an

CHRISTIAN ET VÉRONIQUE HEBINGER ☾
14, Grand'Rue, 68420 Eguisheim
03 89 41 19 90 • www.vins-hebinger.fr •
Visites : sans rendez-vous.
Propriétaire : Christian et Véronique Hebinger

FAMILLE HUGEL

Grande maison de négoce, dont l'activité viticole remonte à 1639, Hugel est devenu une marque importante, présente dans le monde entier. On trouve d'un côté les cuvées d'entrée de gamme, tel que le Gentil, représentant la plus grande partie de la production mais dont la qualité n'est pas au rendez-vous, avec une protection en soufre trop importante. Et de l'autre côté, les terroirs de Riquewihr, Sporen et Schoenenbourg qui n'ont pas de secrets pour Marc Hugel. Pourtant, ils ont du mal à s'exprimer pleinement dans le verre, même si le temps fait la force de ces vins de coteaux. Depuis sa sortie en 2007, nous n'avons pas été convaincus par le Schoelhammer, au regard de la production réalisée par d'autres domaines sur ce grand cru Schoenenbourg. Subsistent de belles émotions avec les classiques moelleux et liquoreux.

Les vins : le pinot noir Grossi Laüe (non noté) est une cuvée à suivre dans les prochains millésimes. Les blancs montrent pour l'instant davantage d'intérêt. Une belle surprise : le difficile millésime 2013 a été bien mené sur le riesling Grossi Laüe. Le Schoelhammer n'ayant pas été produit cette année-là, ce vin est une sélection des très belles parcelles de grand cru, avec des notes exotiques, marqué par la pourriture noble et doté d'une finale pimentée. Issu du terroir Pflostig, le pinot gris Estate s'offre un élevage en barrique qui le rend gras et enveloppant. La finale doit encore trouver son équilibre mais elle s'illustre tout de même avec un fruité agréable. En 2012, la vendange tardive de riesling, charnue et équilibrée, offre des notes de prune, d'abricot et d'écorces d'agrumes. La SGN est riche, complexe, aux notes de safran ; sa forte acidité la maintient en place.

Pinot Gris Estate 2016	22,90 €	15,5
Riesling Grossi Laüe 2013	43,20 €	14,5
Riesling Hugel SGN 2011	175 €	15
Riesling VT 2012	54,50 €	15

Rouge : 1,5 hectare.
Pinot noir 100 %
Achat de raisins.
Blanc : 28 hectares.
Riesling 40 %, Gewurztraminer 36 %, Pinot gris 14 %, Muscat ottonel 10 %
Achat de raisins.
Production moyenne : 1 000 000 bt/an

FAMILLE HUGEL
3, rue de la Première-Armée, 68340 Riquewihr
03 89 47 92 15 • www.hugel.com • Vente et visites : au domaine sur rendez-vous.
Propriétaire : Famille Hugel
Directeur : Marc Hugel
Maître de chai : Marc Hugel

VIGNOBLE KLUR

Après avoir quitté la coopération en 1999 pour se lancer dans l'aventure de la biodynamie, Clément Klur avait développé son vignoble pour atteindre environ 8 hectares de vignes. En 2017, un deuxième virage a été initié. Il a conservé seulement 1,5 hectares : de belles parcelles du

Hinterburg pour le pinot noir et des vignes sur les coteaux de Katzenthal, principalement le grand cru Wineck-Schlossberg. Ici, on prend le temps de faire le vin, en menant un travail de puriste à la vigne comme en cave, sans ajout de soufre. Les cuvées montrent de l'éclat, de la pureté. Cette nouvelle voie très prometteuse nous réjouit. On la suivra de près dans les prochains millésimes.

Les vins : le pinot noir issu du beau terroir du Hinterbourg livre un Air de Famille qui reste frais et juteux, à la finale un peu chaleureuse. Le vin orange Il y a de l'Or... dans l'Air est une macération de gewurztraminer et de muscat plutôt réussie, avec un côté aérien et floral qui reste désaltérant. Les rieslings perdent leur gaz restant après ouverture et dévoilent une structure sèche, voire rigide pour Appel D'R. O Grand R, soit le grand cru, est très droit, avec plus de complexité, mais une finale encore sèche que le temps ou l'accompagnement de mets gourmands devrait patiner.

- Riesling Appel D'R 2017 — 17 € — 14
- Riesling Grand Cru Wineck-Schlossberg O Grand R 2017 — 21 € — 15
- Pinot Noir Air de Famille 2017 — 18 € — 14,5

Le coup de ♥

- VDF Il y a de l'Or... dans l'Air 2017 — 20 € — 15,5

Rouge : 0,6 hectare.
Pinot noir 100 %
Blanc : 1,2 hectare.
Riesling 71 %, Gewurztraminer 21 %, Muscat d'Alsace 8 %
Production moyenne : 8 000 bt/an

VIGNOBLE KLUR ☾
105, rue des Trois-Épis, 68230 Katzenthal
03 89 80 94 29 • www.klur.net • Vente et visites : au domaine sur rendez-vous.
Propriétaire : Clément Klur

NOUVEAU DOMAINE

DOMAINE DU MANOIR

À cheval entre les communes de Turckheim et d'Eguisheim, se trouve un trésor bien gardé par la famille Thomann : le Clos du Letzenberg. Cet ensemble de 7 hectares, tout à fait unique dans la région, embrasse à l'horizontale le mouvement élégant de la colline, qui commence à l'est et finit au sud, sur des sols d'argiles et surtout de calcaire. Les cépages nobles sont plantées sur de minuscules terrasses, qui offrent une vue vertigineuse et abrupte, et ne permet pas de labours partout. C'est la seule contrainte qui empêche la certification en bio pour Jean, en charge du domaine depuis 2003, et son frère cadet Nicolas. On produit ici de très beaux vins, toujours dans un style sec pour le riesling ; l'élevage en barrique va bien au pinot noir et au pinot gris. Trois autres hectares complètent la production, avec des vignes de muscat et d'auxerrois (cuvées d'entrée de gamme) en plaine.

Les vins : le Clos du Letzenberg nous offre une sélection variée. Le crémant est produit à partir de deux parcelles d'auxerrois en haut de coteaux. Un vin au fruité franc et accessible, aux bulles fines, dont la finale légèrement épicée ne laisse pas indifférent. Le riesling est superbe ! Son nez intense d'écorces de citron et de fenouil se prolonge en bouche avec un équilibre très juste. Voici un vin sec à la finale saline. La Cuvée Victoria est un pinot gris sec élevé en barrique qui offre des notes de céréales et de fruits jaunes et garde une certaine élégance, sans trop de complexité. Le pinot noir 2018 est un rouge juteux et kirsché, sans trop d'extraction, à découvrir !

- Crémant d'Alsace — 8,40 € — 15
- Pinot Gris Clos du Letzenberg Cuvée Victoria 2017 — 10,50 € — 15
- Pinot Noir Clos du Letzenberg 2018 — 9 € — 14,5

Le coup de ♥

- Riesling Clos du Letzenberg 2017 — 9,50 € — 16,5

Rouge : 0,8 hectare.
Pinot noir 100 %
Blanc : 9,7 hectares.
Gewurztraminer 35 %, Pinot gris 30 %, Riesling 30 %, Muscat d'Alsace 5 %
Production moyenne : 25 000 bt/an

DOMAINE DU MANOIR
56, rue de la Promenade, 68040 Ingersheim
03 89 27 23 69 • www.domainedumanoir.fr • Vente et visites : au domaine sur rendez-vous.
Propriétaire : Marina Thomann
Maître de chai : Jean Victor Thomann

DOMAINE FRÉDÉRIC MOCHEL

Depuis 2001, Guillaume Mochel perpétue avec passion la tradition familiale au domaine situé à Traenheim. Cette belle région aux portes de Strasbourg offre des terroirs profonds et riches.

La moitié des parcelles se situe à Traenheim et l'autre à Bergbieten, fameux pour son grand cru Altenberg. Rares sont les metteurs en bouteille sur la commune, en raison de la présence d'une grande cave coopérative. L'accueil au domaine est des plus agréables, tout comme le rapport qualité-prix de la gamme.

Les vins : la bulle du crémant est gourmande, avec une expression épicée. Assemblage de pinot gris et blanc, Traenheim offre une approche bourguignonne ponctuée par une finale fraîche et étincelante. Profil sec et écorces d'agrumes pour le riesling 2017 : on se régale ! La cuvée Henriette, d'un très beau niveau, affiche de beaux amers en finale et une sensation de pamplemousse qui persiste. On termine en beauté avec la sélection de grains nobles : une sensation de fruits exotiques fraîchement coupés, à la force contenue. Un beau jeu d'équilibriste !

- Alsace Traenheim 2017 — 12,50 € — 15
- Crémant d'Alsace Brut — 10,70 € — 14,5
- Gewurztraminer Grand Cru Altenberg de Bergbieten SGN 2017 — 29 € — 16
- Riesling Grand Cru Altenberg de Bergbieten Cuvée Henriette 2017 — 17,50 € — 16

Le coup de ♥

- Riesling 2017 — 9,40 € — 15,5

Rouge : 0,8 hectare.
Pinot noir 100 %
Blanc : 9 hectares.
Riesling 35 %, Gewurztraminer 25 %, Chardonnay 10 %, Muscat ottonel 10 %, Pinot blanc 10 %, Pinot gris 10 %
Production moyenne : 70 000 bt/an

DOMAINE FRÉDÉRIC MOCHEL
56, rue Principale, 67310 Traenheim
03 88 50 38 67 • www.mochel.alsace •
Vente et visites : au domaine sur rendez-vous.
Propriétaire : Guillaume Mochel

CAVE DE RIBEAUVILLÉ

Plus ancienne cave coopérative de l'Hexagone, elle offre l'une des plus grandes diversités de terroirs que l'on puisse trouver dans la région. Propriétaire de dix grands crus et de huit lieux-dits, la maison s'appuie sur une charte de qualité sérieuse, avec des rendements revus à la baisse par rapport au décret. C'est aussi la seule cave coopérative d'Alsace où la totalité des raisins est vendangée à la main, sur 225 hectares !

Les vins : la cave de Ribeauvillé est une valeur sûre pour ses bulles précises, comme l'atteste la Grande Cuvée de crémant, aux notes de fruits secs en finale. Les riesling sont vinifiés en sec et seule la nuance des terroirs fait la différence dans les vins. Les amateurs de droiture apprécieront le Mühlforst, tandis que le volume et l'écorce de pamplemousse se trouvent dans le Haguenau. Ces lieux-dits sont un excellent rapport prix-plaisir ! Majestueux, l'Altenberg de Bergheim s'impose dans le millésime 2017, avec une énergie racinaire et des notes d'agrumes confits.

- Crémant d'Alsace Brut Grande Cuvée — 18,70 € — 15,5
- Riesling Grand Cru Altenberg de Bergheim 2017 — 20,20 € — 16
- Riesling Haguenau 2017 — 10 € — 15,5
- Riesling Mühlforst 2017 — 10 € — 15,5

Rouge : 19 hectares.
Pinot noir 100 %
Blanc : 206 hectares.
Riesling 26 %, Pinot blanc 23 %, Pinot gris 18 %, Gewurztraminer 18 %, Sylvaner 7 %, Chardonnay 4 %, Muscat à petits grains blancs 4 %
Production moyenne : 2 000 000 bt/an

CAVE DE RIBEAUVILLÉ
2, route de Colmar, 68150 Ribeauvillé
03 89 73 61 80 • www.vins-ribeauville.com •
Vente et visites : au domaine sur rendez-vous.
Propriétaire : Cave de Ribeauvillé
Directeur : Yves Baltenweck (Président)
Maître de chai : Yves Ortlieb
Œnologue : Evelyne Bleger-Cognacq

DOMAINE RIEFLÉ-LANDMANN

Chez les Rieflé, c'est une histoire de famille : le premier vigneron de la lignée apparaît dès 1830. Aujourd'hui, Thomas s'occupe de la vigne, Paul assure la commercialisation et Jean-Claude, le père, vinifie. Mais c'est leur dialogue quotidien qui fait avancer le domaine. Le millésime 2011, marqué par le rachat du célèbre domaine Seppi Landmann, coïncide avec le début d'une vinification à la recherche de plus de pureté : davantage de gras et de texture, mais sans les sucres, et un élevage un peu plus long sur lies fines. Un nouvel habillage promet aussi plus de lisibilité dans la gamme proposée. À noter enfin, l'entrée de gamme par type de vins, qui peuvent être des assemblages : L'Éclat, vin sec, L'Aplomb, rond et ample, L'Arabesque aromatique. L'Étoffe en rouge.

Les vins : L'Aplomb, assemblage de cépages, offre un nez délicatement floral. Un vin sec qui ouvre l'appétit. Le superbe Steinstück, riesling franc et charnu, persiste sur les fruits jaunes. Steinert manque quant à lui d'éclat et de précision. Sur ce grand cru, la réussite reste le pinot gris, un vin avec du volume, une chair fruitée et pulpeuse et un alcool très bien maîtrisé. Le pinot noir Strangenberg, axé sur le fruit, affiche un élevage bien intégré mais manque de persistance en finale.

Alsace L'Aplomb 2017	10 €	14,5
Pinot Gris Grand Cru Steinert 2017	21 €	16
Riesling Steinstück 2017	21 €	16
Pinot Noir Strangenberg 2017	22 €	14,5

Rouge : 1,5 hectare.
Pinot noir 100 %
Blanc : 19,5 hectares.
Riesling 22 %, Auxerrois 19 %, Gewurztraminer 19 %, Pinot gris 16 %, Pinot blanc 13 %, Sylvaner 5 %, Muscat ottonel 2 %, Muscat d'Alsace 2 %, Chardonnay 2 %
Production moyenne : 180 000 bt/an

DOMAINE RIEFLÉ-LANDMANN ♣

7, rue du Drotfeld, 68250 Pfaffenheim
03 89 78 52 21 • www.riefle.com •
Visites : sans rendez-vous.
Propriétaire : Jean-Claude Rieflé
Directeur : Paul et Thomas Rieflé

DOMAINE ROLLY-GASSMANN

Pierre Gassmann signe des vins d'une rare intensité. Il ne bénéficie d'aucune certification mais a recours à la biodynamie la plupart du temps et prépare lui-même les plantes pour le traitement. Le village de Rorschwihr ne compte pas de grands crus, mais le domaine propose une diversité de lieux-dits à faire perdre la tête, dont une micro-parcelle de gewurztraminer sur l'Altenberg de Bergheim depuis 2011. La maturité est toujours largement atteinte et le sucre résiduel est souvent balancé par l'acidité présente dans les sols marno-calcaires de la région. Il faut s'armer de patience pour comprendre ces vins riches et profonds. Un million de bouteilles est immobilisé au domaine, permettant une offre large et précieuse de vieux millésimes. Une nouvelle cave en biothermie, creusée à flan de coteau sur 28 mètres de profondeur, devrait être opérationnelle fin 2019. Les visiteurs profiteront alors d'une vue imprenable sur le vignoble et le Haut-Koenigsbourg.

Les vins : le domaine ne nous ayant pas fait parvenir ses vins cette année, nous sommes amenés à reconduire les notes de notre édition précédente.

Auxerrois Rotleibel de Rorschwihr 2016	7,50 €	15
Gewurztraminer Grand Cru Altenberg de Bergheim 2012	38 €	17
Riesling Pflaenzerreben de Rorschwihr 2011	20 €	16
Riesling Rorschwihr Yves VT 2010	25 €	16,5
Riesling Silberberg de Rorschwihr SGN 2015	100 €	17
Pinot Noir Roschwihr Réserve Rolly Gassmann 2012	50 €	17,5

Rouge : 3,27 hectares.
Pinot noir 100 %
Blanc : 45,39 hectares.
Gewurztraminer 27 %, Auxerrois 26 %, Riesling 18 %, Sylvaner 8 %, Muscat à petits grains blancs 4 %
Production moyenne : 200 000 bt/an

DOMAINE ROLLY-GASSMANN

1 et 2, rue de l'Eglise, 68590 Rorschwihr
03 89 73 63 28 • rollygassmann@wanadoo.fr
• Vente et visites : au domaine sur rendez-vous.
Propriétaire : Louis et Pierre Rolly-Gassmann

DOMAINE ERIC ROMINGER

Désormais seule à bord de ce domaine créé avec son mari, Claudine Rominger Sutter continue avec sa force naturelle un travail en biodynamie dans la vigne, et précise son travail en cave. Le vignoble d'une douzaine d'hectares s'articule autour de Westhalten avec des lieux-dits expressifs en riesling et pinot noir et de belles réussites sur le grand cru Zinnkoepflé. Le millésime 2017 offre de très belles bouteilles, à ne pas rater !

Les vins : bel éclat fruité et caractère salivant pour le sylvaner 2017. Les rieslings s'avèrent épurés : Steinstuck est croquant avec de la matière et des notes de pêche. Plus charnu, doté d'une sensation ample et épicée en bouche, le grand cru Saering pourra être bu dès maintenant. En 2016, le Zinnkoepflé, plus large, manque de relief en finale. Les Sinneles, sélection parcellaire de gewurztraminer sur le Zinnkoepflé, est moelleux et épicé. Issu d'une complantation sur grand cru de divers cépages, Ozmose se livre dans un registre d'herbes séchées, de menthe. Le style est demi-sec mais avec une finale légèrement alcooleuse, qui devra être domptée à table.

- Alsace Ozmose 2016 — 20,80 € 15,5
- Gewurztraminer Grand Cru Zinnkoepflé Les Sinneles 2016 — 19,50 € 16
- Riesling Grand Cru Saering 2017 — 18,80 € 16
- Riesling Grand Cru Zinnkoepflé 2016 — 18,80 € 15,5
- Sylvaner 2017 — 8,50 € 14,5

Le coup de ♥

- Riesling Steinstuck 2017 — 14,80 € 15,5

Rouge : Pinot noir 100 %
Blanc : 11 hectares.
Gewurztraminer 27 %, Riesling 27 %, Pinot blanc 20 %, Sylvaner 13 %, Pinot gris 7 %, Muscat à petits grains blancs 6 %
Production moyenne : 60 000 bt/an

DOMAINE ERIC ROMINGER
16, rue Saint-Blaise, 68250 Westhalten
03 89 47 68 60 • www.domainerominger.fr/
• Visites : sans rendez-vous.
Propriétaire : Famille Rominger
Directeur : Claudine Rominger Sutter

DOMAINE MAURICE SCHOECH

Les premiers Schoech sont arrivés d'Autriche en 1650. Ils ont été charpentiers, tonneliers puis courtiers, jusqu'à Maurice, qui a bâti sa cave au cœur du village d'Ammerschwihr en 1973. Une lignée d'artisans qui se prolonge avec deux fils, Jean-Léon, arrivé en 1989, et Sébastien, revenu six ans ans plus tard. Les parcelles du domaine sont idéalement placées en coteaux, la gamme comprend une belle variété de grands crus et de lieux-dits, toujours dans un style sec et certifié bio depuis 2014. Les entrées de gamme représentent de belles affaires et Schoech s'impose comme l'un des meilleurs producteurs sur le Kaefferkopf.

Les vins : Cuvée Arthur est un pinot noir gourmand à l'expression intense de cerise et dotée d'une touche fumée. Bulles de Granite est un extra-brut aux notes de poire, frais et digeste. Une série admirable de rieslings s'ouvre avec le 2017, simple et friand, une belle entrée de gamme ! Le Sonnenberg, entier, rappelle les fruits à noyau. Sa bouche tout en relief propose une finale salivante et énergique. Encore fermé, le Kaefferkopf est voué à un bel avenir : sa chair est généreuse et la finale précise le ramène sur les fruits exotiques. Un beau vin sec et racé. Sur le même terroir, le gewurztraminer est large, il relève presque d'un style moelleux, avec une finale florale sans être entêtante.

- Crémant d'Alsace Extra-Brut Bulles de Granite 2016 — 11 € 15
- Gewurztraminer Grand Cru Kaefferkopf 2017 — 16,50 € 15,5
- Riesling 2017 — 9,50 € 14,5
- Riesling Grand Cru Kaefferkopf 2017 — 19 € 16
- Riesling Sonnenberg 2017 — 14 € 15,5
- Pinot Noir Cuvée Arthur 2017 — 18 € 14,5

Rouge : 1 hectare.
Pinot noir 100 %
Blanc : 17 hectares.
Gewurztraminer 30 %, Pinot gris 22 %, Riesling 22 %, Auxerrois 10 %, Pinot blanc 8 %, Muscat à petits grains blancs 5 %, Sylvaner 3 %
Production moyenne : 100 000 bt/an

DOMAINE MAURICE SCHOECH ♣
4, route de Kientzheim, 68770 Ammerschwihr
03 89 78 25 78 •
www.domaineschoech.com/ • Visites : sans rendez-vous.
Propriétaire : Jean-Léon et Sébastien Schoech
Directeur : Jean-Léon Schoech
Maître de chai : Sébastien Schoech

DOMAINE ÉTIENNE SIMONIS

Étienne Simonis a signé en 2016 son vingtième millésime à la tête de ce domaine familial. C'est sous son impulsion qu'arriva, en 2008, la certification Demeter en agriculture biodynamique. Les vins sont dotés d'une belle maturité de fruit, volume et puissance n'étant pas en reste.

Depuis quelques millésimes, Étienne Simonis a donc trouvé sa vitesse de croisière, et les vins ont gagné en pureté.

Les vins : pur et cristallin, le sylvaner Vieilles Vignes est hautement recommandable pour se mettre en appétit. Il faut absolument profiter de la série des rieslings, de style sec. Commencez par la cuvée classique, déjà expressive avec ses notes de fleurs blanches : il est frais et digeste. On monte d'un cran avec le Clos des Chats, où l'effet frais du terroir de gneiss se marie bien à ce millésime concentré. Enfin, le grand cru Kaefferkopf s'impose comme un beau riesling de garde, avec de la matière, des notes de tilleul et d'écorces d'agrume qui l'enveloppent avec tact. L'autre atout du domaine vient des gewurztraminers, tendres mais sans trop de sucres. Hélas, le gel a amputé le domaine de quelques cuvées en 2017. Nous avons apprécié la cuvée classique issue de la plaine d'Ammerschwihr ; un très beau vin à moins de 10 €. Le Kaefferkopf est délicatement floral, avec une finale qui s'étire sur des notes de coriandre. Sa sucrosité est bien contrebalancée par la fraîcheur.

Gewurztraminer 2017	9,50 €	14,5
Gewurztraminer Grand Cru Kaefferkopf 2017	16 €	16
Riesling Clos des Chats 2017	14 €	15,5
Riesling Grand Cru Kaefferkopf 2017	16 €	16
Sylvaner Vieilles Vignes 2017	7 €	14,5

Le coup de ♥

Riesling 2017	8 €	15

Rouge : 1,05 hectare.
Pinot noir 100 %
Blanc : 6,18 hectares.
Gewurztraminer 31 %, Pinot gris 19 %, Riesling 17 %, Auxerrois 10 %, Pinot blanc 10 %, Sylvaner 5 %, Chasselas 4 %, Muscat à petits grains blancs 4 %
Production moyenne : 40 000 bt/an

DOMAINE ÉTIENNE SIMONIS
2, rue des Moulins, 68770 Ammerschwihr
03 89 47 30 79 • www.vins-simonis.fr •
Visites : sans rendez-vous.
Propriétaire : Étienne Simonis

DOMAINE WACH

Le jeune vigneron Pierre Wach représente la nouvelle génération à la tête du domaine familial depuis 2015. Il a tout d'abord enclenché les changements à la vigne, avec une certification bio en cours, puis en cave, lançant des essais de pinot noir sans soufre et sans déviance ! Un nouvel élan est donné. Le domaine des Marronniers devient le domaine Wach et nous suivons avec grand intérêt son évolution.

Les vins : le sylvaner Duttenberg relève d'un style sec mais reste savoureux. Le pinot gris propose d'autres belles réussites en 2016 au domaine : la sélection de vieilles vignes évolue dans un registre pâtissier avec quelques sucres résiduels très bien intégrés. Les grands crus de riesling présentés sur le généreux millésime 2015 sont des demi-secs. La complexité du Kastelberg en donne l'expression la plus aboutie, même si c'est un vin à oublier en cave. Le bulle bien définie et gourmande du crémant est plaisante.

Crémant d'Alsace 2016	10 €	14,5
Pinot Gris Duttenberg 2016	9 €	14,5
Pinot Gris Vieilles Vignes 2016	13 €	14,5
Riesling Grand Cru Kastelberg 2015	20 €	15
Sylvaner Duttenberg 2017	8 €	14,5

Rouge : 0,71 hectare.
Pinot noir 100 %
Blanc : 7,23 hectares.
Riesling 35 %, Sylvaner 19 %, Gewurztraminer 18 %, Pinot gris 10 %, Pinot blanc 8 %, Chardonnay 6 %, Muscat d'Alsace 2 %, Muscat ottonel 2 %
Production moyenne : 45 000 bt/an

DOMAINE WACH
5, rue de la Commanderie, 67140 Andlau
03 88 08 93 20 • www.guy-wach.fr • Vente et visites : au domaine sur rendez-vous.
Propriétaire : Pierre Wach

“Depuis une dizaine d’années des vignerons dynamiques ont redessiné les contours d’un Beaujolais libéré de ses codes. Ils ont fait entrer la région dans un nouvel âge d’or, qui reste accessible à tous les amateurs.”

Guillaume Baroin, dégustateur des vins du Beaujolais
Membre du comité de dégustation de La Revue du vin de France

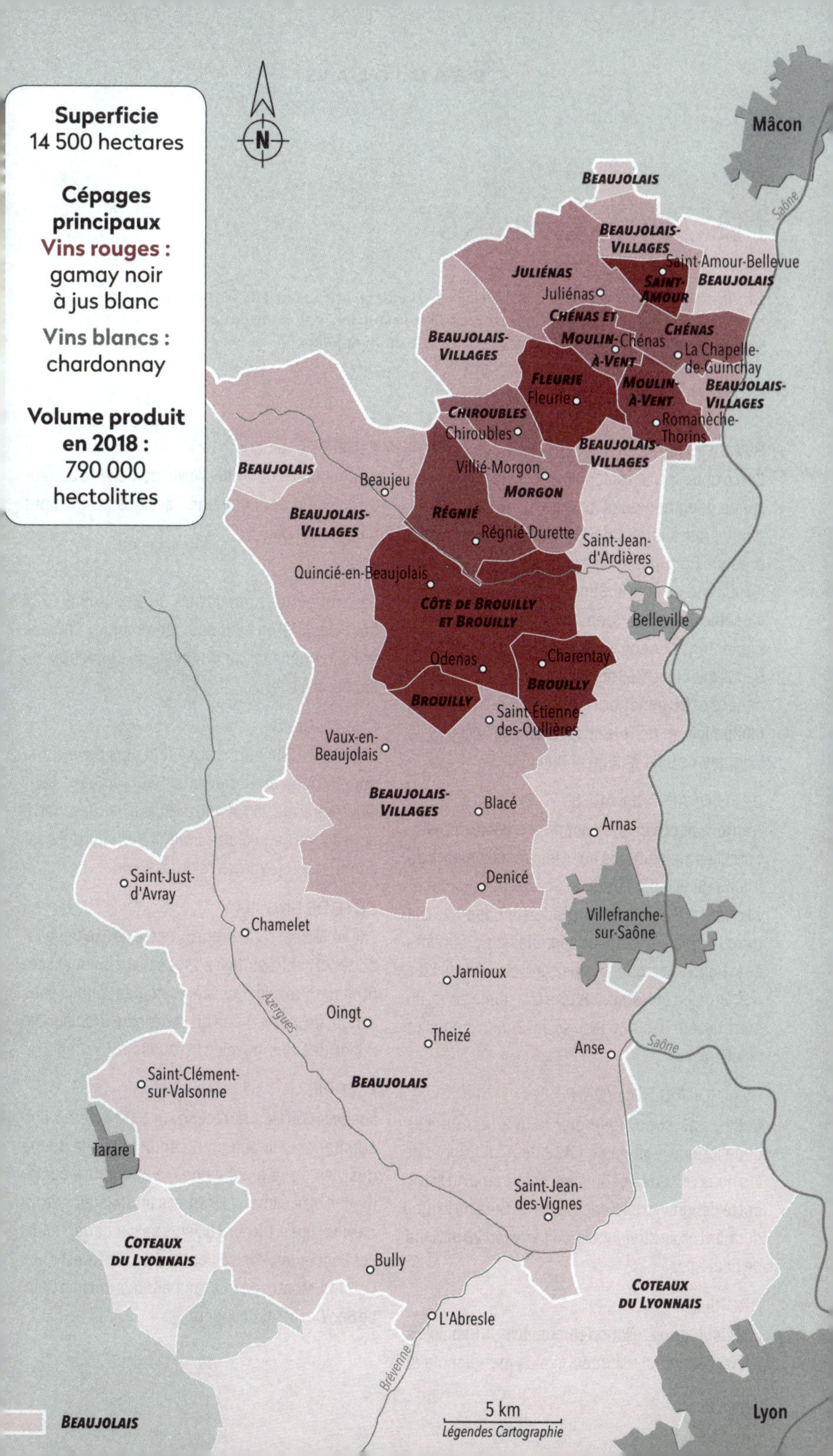
Superficie
14 500 hectares
Cépages principaux
Vins rouges :
gamay noir à jus blanc
Vins blancs :
chardonnay
Volume produit en 2018 :
790 000 hectolitres
N
Mâcon
Saône
BEAUJOLAIS
BEAUJOLAIS-VILLAGES
Saint-Amour-Bellevue
JULIÉNAS
Juliénas
SAINT-AMOUR
BEAUJOLAIS
CHÉNAS ET MOULIN-À-VENT
Chénas
CHÉNAS
La Chapelle-de-Guinchay
BEAUJOLAIS-VILLAGES
FLEURIE
Fleurie
MOULIN-À-VENT
BEAUJOLAIS-VILLAGES
CHIROUBLES
Chiroubles
Romanèche-Thorins
BEAUJOLAIS-VILLAGES
BEAUJOLAIS
Villié-Morgon
Beaujeu
MORGON
BEAUJOLAIS-VILLAGES
RÉGNIÉ
Régnié-Durette
Saint-Jean-d'Ardières
Quincié-en-Beaujolais
CÔTE DE BROUILLY ET BROUILLY
Belleville
Odenas
Charentay
BROUILLY
BROUILLY
Saint-Étienne-des-Oullières
Vaux-en-Beaujolais
BEAUJOLAIS-VILLAGES
Blacé
Arnas
Saint-Just-d'Avray
Denicé
Chamelet
Villefranche-sur-Saône
Jarnioux
Azergues
Oingt
Theizé
Anse
Saône
Saint-Clément-sur-Valsonne
BEAUJOLAIS
Tarare
Saint-Jean-des-Vignes
COTEAUX DU LYONNAIS
Bully
COTEAUX DU LYONNAIS
L'Abresle
Brévenne
BEAUJOLAIS
5 km
Légendes Cartographie
Lyon

LES APPELLATIONS

Le vignoble du Beaujolais s'étend du sud de Mâcon jusqu'au nord de Lyon, sur 14 500 hectares. Si les AOC régionales sont plutôt situées dans le sud, les AOC communales (les crus) sont concentrées dans la partie septentrionale du Beaujolais.

BEAUJOLAIS

Cette appellation régionale est répartie en deux zones géographiques distinctes : la partie principale, dans le sud du vignoble, et une bande presque continue s'étirant depuis Villefranche-sur-Saône jusqu'à la Saône-et-Loire, au nord du vignoble. Par ailleurs, environ 200 hectares sont également consacrés à la production de l'AOC Beaujolais blanc. Ces parcelles de chardonnay sont situées à l'extrême nord du vignoble, aux limites du Mâconnais, et dans le sud, autour des villages de Liergues, Le Bois-d'Oingt et Bully.

BEAUJOLAIS-VILLAGES

Trente-huit communes ont droit à cette appellation. Elles sont situées dans les départements du Rhône (31 villages) et de la Saône-et-Loire (sept villages), dans trois zones produisant des vins à la typicité différente : la zone sud, adossée aux monts de la Haute-Azergue, la zone centrale, jouxtant les AOC Brouilly et Régnié, et une troisième zone, au nord, autour des AOC Fleurie, Juliénas, Chénas et Moulin-à-Vent.

BEAUJOLAIS NOUVEAU

Celle-ci se superpose aux deux précédentes appellations régionales. L'AOC Beaujolais produit les deux tiers des beaujolais nouveaux. Au total, cette dénomination représente un tiers de la production totale du vignoble, soit environ 28 millions de bouteilles.

BROUILLY

La plus vaste appellation communale du Beaujolais (1 263 hectares) est aussi la plus méridionale et s'étend sur six communes. Brouilly ne compte qu'un seul climat, Pisse-Vieille, parcelle de 22 hectares sur la commune de Cercié. Ses vins sont ronds et souples.

CHÉNAS

La plus petite appellation du Beaujolais (227 hectares) s'étend sur deux communes, Chénas, dans le Rhône, et La Chapelle-de-Guinchay, en Saône-et-Loire.

CHIROUBLES

Chiroubles (314 hectares) est la plus élevée des appellations du Beaujolais. Ses parcelles sont plantées entre 250 et 450 mètres d'altitude. Cette appellation beaujolaise produit des vins qui sont parmi les plus expressifs de la région.

CÔTE DE BROUILLY

Encerclée par l'AOC Brouilly, cette petite appellation (323 hectares) doit sa spécificité aux métadorites, roche d'origine volcanique, plus connue sous le nom de pierre bleue de la Côte de Brouilly. Elle donne des vins musclés et fougueux.

FLEURIE

L'appellation Fleurie s'étend sur 810 hectares, uniquement sur la commune éponyme. Elle donne des vins d'une grande finesse et compte également treize climats différents produisant autant de vins typés. Du nord au sud, se succèdent ainsi Les Labourons, Poncié, Les Moriers, La Roilette, Les Garants, Montgenas, La Chapelle des Bois, La Côte, Le Bon Cru et Champagne.

JULIÉNAS

Située sur des sols granitiques, maigres et arides, l'appellation Juliénas (554 hectares) s'étend sur quatre communes des départements du Rhône et de la Saône-et-Loire. Elle donne des vins plus tendus, davantage axés sur la fraîcheur.

MORGON

Bien que vaste (1 127 hectares), l'appellation s'étend uniquement sur la commune de Villié-Morgon, sur des roches friables de schiste pyriteux. L'AOC comporte six climats qui sont, d'est en ouest, Grand Cras, Les Charmes, Côte de Py (le plus réputé de tous), Corcelette, Les Micouds et Douby.

MOULIN-À-VENT

Cette appellation tire son nom du moulin du XVe siècle qui la domine. Moulin-à-Vent s'étend sur deux villages, Romanèche-Thorins et Chénas, et couvre 642 hectares. Ses vins complexes et puissants vieillissent avec majesté.

RÉGNIÉ

Il a fallu dix ans aux vignerons de Régnié pour faire reconnaître les spécificités de leur cru. Ils ont été entendus puisque, depuis 1988, Régnié est le dernier-né des crus du Beaujolais (428 hectares). Il s'étend principalement sur le village de Régnié-Durette.

SAINT-AMOUR

Cette petite appellation (304 hectares) est située à l'extrême nord du vignoble, sur la commune éponyme, et donne des vins délicats et fruités. Elle compte également douze climats dont certains s'accordent à merveille avec le nom de l'AOC : À La Folie ou En Paradis.

COTEAUX BOURGUIGNONS

Créée en 2011, cette appellation s'étend sur la Bourgogne et le Beaujolais. Elle permet de produire des rouges ou des rosés élaborés à partir de pinot noir ou de gamay, vinifiés seuls ou assemblés, et des blancs issus de chardonnay.

LES CÉPAGES

LE GAMAY NOIR

Le gamay a véritablement trouvé sa terre d'élection sur les sols argilo-calcaires et granitiques du Beaujolais, où 70 % de la production mondiale se concentre. Jusqu'à l'invasion du phylloxéra, à la fin du XIXe siècle, il était l'un des cépages les plus répandus dans le vignoble hexagonal et couvrait plus de 160 000 hectares, soit un dixième de la surface totale plantée de vignes en France. On le retrouve d'ailleurs encore dans le Val de Loire et dans le sud de la Bourgogne (Mâconnais). Sur les sols variés du Beaujolais, le gamay excelle à retranscrire l'identité des terroirs. C'est un cépage précoce, qui donne des vins peu colorés, mais très aromatiques. Dans le Beaujolais, il couvre 99 % du vignoble. Il exprime ses arômes de fruits rouges dans les beaujolais primeurs, mais se complexifie sur les grands terroirs communaux de la région et vieillit admirablement.

LE CHARDONNAY

Le chardonnay est également présent dans le nord du Beaujolais, mais de façon marginale. Il occupe à peine 269 hectares de vigne sur les 14500 que compte la région. Il est dédié à la confidentielle production de beaujolais blanc et de beaujolais-villages blanc. Les vins sont aromatiques, en particulier dans la zone des Terres Dorées, mais n'atteignent ni la finesse, ni la noblesse, des plus grands bourgognes blancs.

AU FIL DES COLLINES ET DES CRUS GOURMANDS

CHAMBRES D'HÔTES

L'O DES VIGNES

Dans ce village de 350 habitants, Sébastien Chambru, Meilleur ouvrier de France en 2007, reçoit dans sa maison d'hôtes de cinq chambres. Pour goûter à sa cuisine, deux lieux : le restaurant gastronomique (menu de 27 € le midi à 72 € pour le menu cinq services) et un bar à vins pensé comme un bistrot de campagne (menu midi à 17 €) où la carte se renouvelle au fil des jours et des saisons. Un fumoir accueille les amateurs de cigare, l'autre passion du chef.
Rue du Bourg, 71960 Fuissé
Tél. : 03 85 38 33 40
www.lodesvignes.fr

AUBERGE DU PARADIS

Demeure de charme avec piscine et cuisine gastronomique. Chambres de 150 à 260 €. Petit-déjeuner : 22 €. Menu unique : 72 €.
Le Plâtre Durand, 71570 Saint-Amour-Bellevue. Tél. : 03 85 37 10 26
www.aubergeduparadis.fr

DOMAINE DU CLOS DES GARANDS

Quatre chambres dans une propriété de 6 hectares, avec vue sur les vignes du cru de Fleurie. Comptez de 107 à 127 €, petit-déjeuner compris.
Clos des Garands, 69820 Fleurie
Tél. : 04 74 69 80 01
www.closdesgarands.fr

CAVISTE

LE PROMENOIR DES VINS

Une sélection éclectique de plus de 700 cuvées, dont de nombreuses références du Beaujolais. La cave propose également des cours d'initiation à l'œnologie, en soirée, toute l'année.
113, rue d'Anse,
69400 Villefranche-sur-Saône
Tél. : 04 74 69 03 12
www.lepromenoirdesvins.com

RESTAURANTS

AUBERGE DE CLOCHEMERLE

Cette table étoilée est tenue par Delphine Barthe, sommelière, et son mari Romain, aux fourneaux. Leur cuisine raffinée met en scène les produits et les vins locaux. Sur la carte des vins, on retrouve tous les grands beaujolais, mais aussi des dizaines de références de Bourgogne et du Rhône. Menu à partir de 48 €.
173, rue Gabriel-Chevallier,
69460 Vaux-en-Beaujolais
Tél. : 04 74 03 20 16
www.aubergedeclochemerle.fr

LA FERME DU POULET

Olivier Degand est champion du monde du pâté en croûte 2017. Son épouse Catherine a construit une carte des vins riche, variée et très abordable. Le lieu idéal pour découvrir la "bistronomie beaujolaise". Menus : 20 € (midi), 32 € et 48 €.
180, rue Georges-Mangin,
69400 Villefranche-sur-Saône
Tél. : 04 74 62 19 07
www.lafermedupoulet.com

FÊTE VIGNERONNE

LES SARMENTELLES DE BEAUJEU DU 20 AU 24 NOVEMBRE 2019

Fête du beaujolais nouveau, ce rendez-vous international est organisé à l'honneur de la mise en consommation du nouveau millésime. Pendant cinq jours, suivez les dîners prestiges, les bals et les défilés hauts en couleur.
www.sarmentelles.com

NOTRE COUP DE ♥

EMA

La vue panoramique sur la campagne beaujolaise vaut à elle seule le détour. La cuisine gouteuse à prix d'amis incite à revenir. Les assiettes sont garnies par les producteurs locaux dont les hôtes pointent la localisation du bout du doigt depuis la terrasse. Même principe pour la carte des vins, établie avec grand soin parmi les noms régionaux. À partir du jeudi soir, les tapas accompagnent leurs cuvées. Une partie épicerie fine et caviste permet de prolonger le plaisir. Menu midi à 22 €, vin au verre à partir de 4 €.
Le Bourg, 69430 Avenas
Tél. : 04 74 69 85 29

ŒNOTOURISME

LE HAMEAU DUBOEUF

Imaginé par le roi du beaujolais nouveau, Georges Dubœuf, ce parc thématique sur le vin permet d'explorer en famille l'univers de la vigne jusqu'à l'élaboration du précieux nectar. Installé dans une ancienne gare, ce lieu très ludique plaît tout autant aux parents qu'aux enfants. Billets : de 6 à 10 € (enfants) et de 10 à 18 € (adultes).
796, route de la Gare,
71570 Romanèche-Thorins
Tél. : 03 85 35 22 22
www.hameauduvin.com

★★★ ↗

DOMAINE LOUIS CLAUDE DESVIGNES

« Bon sang ne saurait mentir », dit l'adage. C'est le cas des enfants de Louis Claude Desvignes, Claude-Emmanuelle et Louis-Benoît. Cette huitième génération incarne l'esprit « vigneron-paysan » qui se soucie de tous les détails. Ils ne sont pas en bio certifié et alors ? Il élèvent leur vins sans fûts, pourquoi pas ? La seule étiquette qu'ils revendiquent est d'être du Beaujolais. Beaucoup de travail aux vignes (labour, tri sévère...) peu d'intervention en cave, des élevages parcellaires longs en cuve béton donnent des vins francs, sans fard, bons à tous les âges. Des parangons de gamay.

Les vins : nous remercions le domaine d'avoir envoyé sa gamme complète de 2017 alors que la majorité de ses vins est vendue ou réservée. La Voûte Saint-Vincent offre un parfum reconnaissable entre mille pour une matière aussi juteuse que digeste. Issu du climat Douby, Montpelain, né de vignes de 80 ans, fait la jonction entre La Voûte et des climats plus identitaires. Passé un nez graphité, se distingue une matière épurée aux tanins clairs. Unique cuvée produite à partir d'achat de raisins, Corcelette livre un parfum évoquant un chiroubles par sa floralité, ce que confirme une matière parfaitement équilibrée à la terminaison saline. Javernières se pare d'une robe intense de violette qui remonte jusqu'à son nez. Sa saveur équilibrée distille le plaisir avec une persistance démoniaque. La Côte du Py est un monstre endormi, à la matière tout en puissance retenue, à la finale réglissée. Le boire jeune serait un infanticide ! Les Impénitents livre une approche florale intense qui tourne autour de la vieille rose. Son jus dense termine sur un souffle d'épices. Pour la pure représentation du cru Morgon, cette famille vigneronne mérite sa troisième étoile.

Morgon Corcelette 2017	14 €	16
Morgon Côte du Py 2017	Épuisé	19
Morgon Javernières 2017	Épuisé	18
Morgon La Voûte Saint-Vincent 2017	13 €	17
Morgon Montpelain 2017	15 €	16

Le coup de ♥

Morgon Côte du Py Javernières Les Impénitents 2017	Épuisé	19

Rouge : 11 hectares.
Gamay noir à jus blanc 100 %
Achat de raisins.
Production moyenne : 50 000 bt/an

DOMAINE LOUIS CLAUDE DESVIGNES
135, rue de la Voûte, 69910 Villié-Morgon
04 74 04 23 35 •
www.louis-claude-desvignes.com • Vente et visites : au domaine sur rendez-vous.
De 9h30 à 12h et de 14h à 17h. Fermé dimanche.
Propriétaire : Claude-Emmanuelle et Louis-Benoît Desvignes

★★

DOMAINE DANIEL BOULAND

Ce vigneron discret est installé dans le hameau de Corcelette, siège de l'un des meilleurs terroirs du cru Morgon. Il enchante les œnophiles par une gamme de crus aux robes intenses et aux fruités imparables de velouté, qui conservent la fraîcheur et la typicité des sols. L'ensemble crée ce que l'on nomme "la digestibilité" : cette caractéristique qui transperce d'autres appellations quand le vin est servi à l'aveugle. Nous n'hésitons pas à dire que vous trouverez ici l'une des meilleurs rapports qualité-prix en vin rouge du Guide Vert. Une réservation est plus que conseillée.

Les vins : les 2018 révèlent la très bonne gestion de ce millésime solaire. Le chiroubles présente un parfum sucré de pollen. Le jus est soyeux et facile d'accès : un canon de gamay. Le morgon Sable explose sur la racine de tubéreuse. Sa trame est sapide, gourmande ; il termine sur une finale poudrée. Né à Bellevue, Cailloux fait coexister l'iris et le lys dans un nez ébouriffant. Sa texture saline est épaulée par une trame gourmande. Terroir et style y sont intimement liés. Des vignes de 1926 ont donné naissance à la cuvée Les Delys qui offre au nez des senteurs racinaires. Son tanin gras et tactile indique qu'il doit s'affiner en cave. Le grain salin des sables prend d'assaut la bouche du Corcelette, derrière un parfum de racine de fleurs. Son jus précis appelle à se resservir.

Chiroubles 2018	10 €	16
Morgon Bellevue 2018	10 €	17
Morgon Corcelette 2018	10 €	16
Morgon Les Delys 2018	11 €	15

Morgon Sable 2018 N.C. 16

Rouge : 9 hectares.
Gamay noir à jus blanc 100 %
Production moyenne : 53 000 bt/an

DOMAINE DANIEL BOULAND
1139, route de Corcelette,
69910 Villié-Morgon
04 74 69 14 71 • bouland.daniel@free.fr •
Vente et visites : au domaine sur rendez-vous.
Propriétaire : Daniel Bouland

★★ ↗

DOMAINE JEAN-MARC BURGAUD

Depuis la création de son domaine en 1989 Jean-Marc Burgaud est devenu une valeur sûre de notre guide. De son apprentissage bourguignon, il a retenu le travail en cuvées parcellaires, un élevage parfois allongé à deux hivers, ou encore l'égrappage adapté en fonction de l'année et du vin. Sa vinification apporte toujours un regard de velours au gamay, fixé par un élevage en fût (très peu de neuf) ajusté en fonction de chaque climat (la majorité se situant sur différents terroirs de Morgon). Il produit aussi du régnié et du beaujolais-villages sur les sols granitiques de Lantignié.

Les vins : le villages livre un parfum de framboise fraîche. Le nez du régnié va vers les écorces d'oranges vertes tandis que la bouche surfe sur une saveur déroulant un fruit parfaitement mûr. Dans les Grands Cras, la chair de la burlat s'installe au nez, avec une touche de violette, et reste en bouche. Les Charmes porte bien son nom. Derrière un bouquet de pivoine, sa texture poudrée file vers une saveur acidulée, avec la touche du vinificateur en finale. Le Côte du Py présente un parfum entêtant de pivoine fraîche. Derrière un fruit enrobé de cerise noire, la minéralité du vin transperce la bouche. Un vin racé et signé. James magnifie le terroir du Py dans une interprétation où l'élevage en fût de 350 litres accompagne un fruit solaire à la finale épicée en queue de paon. Pour la régularité et le plaisir que procure l'ensemble de sa gamme, la deuxième étoile est octroyée.

Beaujolais-Villages 2018 10 € 15
Beaujolais-Villages Les Vignes de Lantignié 2018 9,50 € 17
Morgon Côte du Py James 2017 24 € 18
Morgon Grands Cras 2017 13 € 17
Morgon Les Charmes 2017 13 € 17
Régnié Vallières 2018 10 € 16

Le coup de ♥
Morgon Côte du Py 2017 16 € 18

Rouge : 17 hectares.
Gamay noir à jus blanc 100 %
Blanc : 0,8 hectare.
Chardonnay 100 %
Production moyenne : 100 000 bt/an

DOMAINE JEAN-MARC BURGAUD
Morgon La Côte du Py, 69910 Villié-Morgon
04 74 69 16 10 •
www.jean-marc-burgaud.com • Vente et visites : au domaine sur rendez-vous.
Propriétaire : Jean-Marc Burgaud

★★

DOMAINES CHERMETTE

Le slogan du domaine, "l'art de faire le vin au plus près du raisin », reflète parfaitement la gamme de l'artisan-vigneron qu'est Pierre-Marie Chermette, aujourd'hui rejoint par Jean-Étienne, un de ses fils. L'homme a commencé son métier sur les 10 hectares de ses parents, dans le sud du Beaujolais, avant d'acquérir 20 hectares dans les crus Fleurie et Moulin-à-Vent, puis à Brouilly en 2008. Les vins tournent autour d'un noyau de fruit patiné qui charme tout en respectant l'identité des terroirs. Signe de qualité, les vins vieillissent avec grâce même dans les millésimes difficiles.

Les vins : élevé dans les foudres familiaux, Origine en ressort avec un tanin aussi épais que son fruit rouge à la saveur cendrée des Pierres Dorées. Cœur de Vendanges au parfum de bouton floral présente un jus élancé. Le saint-amour est construit autour de la pulpe du raisin. Le fruit y danse autour du pépin tout en restant frais et équilibré. Un modèle du genre. Le pur violin du Poncié évoque les fleurs mauves ; sa texture ravit par sa digestibilité savoureuse. Les Trois Roches explore une matière pure et désaltérante comme l'eau d'un torrent. Une minéralité mémorielle. La Rochelle impose un cadre voluptueux par son coffre d'épices noires. Au palais, il s'ouvre en triangle avec un volume de bouche qui fait honneur à son rang. Mettez-le en cave.

Tout en générosité et en rondeur, le crémant fait de la pêche de vigne son guide tactile. Une bulle de gastronomie.

Crémant de Bourgogne Extra-Brut	13,30 € (c)	17
Beaujolais Cœur de Vendanges 2018	11 € (c)	17
Beaujolais Origine 2018	9 € (c)	15
Fleurie Poncié 2018	12,90 € (c)	16
Moulin-à-Vent Les Trois Roches 2018	14,50 € (c)	18
Saint-Amour Les Champs Grillés 2018	14,50 € (c)	17

Le coup de ♥

Moulin-à-Vent La Rochelle 2015	25 € (c)	18

Rouge : 46 hectares.
Gamay noir à jus blanc 100 %
Achat de raisins.
Blanc : 6 hectares.
Chardonnay 100 %
Achat de raisins.
Production moyenne : 400 000 bt/an

DOMAINES CHERMETTE
Le Vissoux, 69620 Saint-Vérand
04 74 71 79 42 • www.chermette.fr • Vente et visites : au domaine sur rendez-vous.
Propriétaire : Pierre-Marie Chermette
Directeur : Martine Chermette
Maître de chai : Andrea Pugliese
Œnologue : Andrea Pugliese et Jean-Etienne Chermette

★★

GEORGES DESCOMBES

Les Beaujolais dit "nature" ont plusieurs maîtres. Georges Descombes est l'un d'eux. Son histoire commence en 1993 avec la reprise du domaine familial. Tout en gardant sa philosophie et son style peu interventionniste, le vigneron a fait évoluer les vins vers davantage de pureté et de franchise, chacun exprimant la dimension des crus et des terroirs. La gamme est d'une grande cohérence. Avec ses 2016 majestueux par leur équilibre entre tanin, fruit et acidité, et de très haute buvabilité, Monsieur Georges n'a rien perdu de son art d'artisan libre.

Les vins : le régnié au nez de fleurs mauves présente un tanin enveloppant et une finale salivante. Le chiroubles au parfum sauvage de ronce et de santal donne à goûter une saveur froide, entre floral et fruit. Le terroir s'allie ici au style du vinificateur. Le nez du brouilly est délicatement fumé (cendres froides). Le vin délivre une bouche aux tanins carrés, à la finale iodée. Délicieux maintenant, il sera encore meilleur dans un hiver. Le morgon offre dans une saveur charnelle, extrêmement proche du sol. L'harmonie entre terroir et vinification sans soufre est idéale. Issu du secteur du Châtelard, le blanc se parfume de zestes d'agrumes ; vos papilles se régaleront de sa saveur très énergique. Vinifiée sans soufre, sans filtration et en levure indigène, la nouvelle cuvée de chardonnay de macération se distingue par un nez de mandarine. Son jus est rond et épais, sa finale nette. Un exercice de style réussi.

Beaujolais Blanc 2016	14 €	15
VDF Chardonnay Macération 2017	25 €	16
Brouilly Vieilles Vignes 2016	17,50 €	17
Chiroubles Vieilles Vignes 2016	17,50 €	16
Régnié Vieilles Vignes 2016	17,50 €	16

Le coup de ♥

Morgon Vieilles Vignes 2016	17,50 €	18

Rouge : Gamay noir à jus blanc 100 %
Achat de raisins.
Blanc : Chardonnay 100 %
Achat de raisins.

GEORGES DESCOMBES
Vermonts 69910 Villié-Morgon
04 74 69 16 67 •
descombesgeorges@orange.fr • Vente et visites : au domaine sur rendez-vous.
Propriétaire : Georges Descombes
Œnologue : Laboratoire Le Morgon

★★

CHÂTEAU DES JACQUES

Depuis son acquisition en 1996 par la maison beaunoise Louis Jadot, la signature domaine est totalement acquise et « Les Jacques » rayonne comme un modèle de beaujolais de garde, tout en continuant de s'appuyer sur des méthodes bourguignonnes. Passé l'époque Guillaume de Castelnau (directeur de 2000 à 2014), Pierre-Henri Gagey a redonné les clefs en 2016 à Cyril Chirouze, ingénieur agronome et œnologue, qui y a vinifié entre 2007 et 2013. La gamme progresse dès le bourgogne blanc. Les cuvées parcellaires demandent un minimum de cinq ans de garde pour exprimer pleinement l'identité de leur sol.

Les vins : le morgon, un rien réduit par sa maturité, s'ouvre à l'aération sur la roche délitée. Le jus est souple, généreux ; il régale dès maintenant. Le côte-du-py est un jus de prune fraîche qui donne beaucoup de plaisir. La Roche offre un profil aérien, le fruit est ample, généreux. Une expression noble du terroir. Sous une robe de syrah, le fleurie exprime la violette et offre une bouche à la floralité digeste. Il s'invite déjà à votre table. Équilibré, de son nez lardé à sa bouche particulièrement digeste, Le Clos de Rochegrès a la finesse comme première vertu identitaire, le style en plus. Le carmin du Grand Carquelin libère des volutes de bois de rose. Son tanin suave accompagne une longueur pénétrante : soyeux ! Le violin brut de Clos des Thorins affiche une forte maturité au nez. Encore tenu par un boisé accompagnant, il saura se patiner car son fond est gras. Le Clos de Loyse surprend par son nez de banane sèche. D'entrée, la texture crémeuse séduit, puis sa finale salivante le rend encore plus agréable. À boire jeune.

Beaujolais Clos de Loyse 2017	11,60 €	16
Fleurie 2017	16,80 €	17
Morgon 2017	13,60 €	16
Morgon Côte du Py 2017	24 €	16
Moulin-à-Vent Clos de Rochegrès 2017	24 €	17
Moulin-à-Vent Clos des Thorins 2017	24 €	15
Moulin-à-Vent Clos du Grand Carquelin 2017	24 €	17
Moulin-à-Vent La Roche 2017	24 €	17

Rouge : 76 hectares.
Gamay noir à jus blanc 99 %, Syrah 1 %
Blanc : 9 hectares.
Chardonnay 100 %
Production moyenne : 300 000 bt/an

CHÂTEAU DES JACQUES
Les Jacques, 71570 Romanèche-Thorins
03 85 35 51 64 • www.chateau-des-jacques.fr
• Vente et visites : au domaine sur rendez-vous.
De 8h30 à 17h30.
Propriétaire : Famille Kopf
Directeur : Cyril Chirouze
Maître de chai : Alexandre Pipilis

★★

DOMAINE PAUL JANIN ET FILS

La localisation et l'âge des vignes ne font pas tout. Encore faut-il avoir le bons sens paysan et la finesse d'analyse d'un Éric Janin pour faire naître de grands gamays, concentrés et frais. Depuis sa première vendange en 1983, l'homme a conservé une vinification qui met en valeur des climats majoritairement situés sur le cru Moulin-à-Vent. Certaines vignes, comme Les Greneriers, ont connu les deux guerres mondiales. Éric Janin a créé en 2017 une activité de négoce avec des vignerons partenaires. Chénas, Brouilly et Beaujolais-Villages complètent ainsi sa gamme.

Les vins : dans Les Vignes du Tremblay, le pourpre de la robe est aussi intense que le nez est généreux en fleurs mauves. Le jus offre une suavité tannique qui charme par sa finesse et sa terminaison saline. Un classique. Avec son jus pulpeux de cerise noire, le brouilly se retrouve dans un parfum juteux. Après ouverture, sa mâche amène un joli souffle d'épices qui se rapproche d'un côte-de-brouilly. Passé un nez vaporeux de rose, le chénas trace en bouche une saveur rectiligne que la réglisse vient allonger. Un passage en cave le patinera. Piémonts offre la prunelle au nez. Sa texture tannique est intégrée à une pulpe que l'on mâche. Ce n'est pas un vin facile mais vous l'aimerez sur la longueur.

Beaujolais-Villages Piémonts Maison Paul Janin et Fils 2017	10,50 €	15
Brouilly Maison Paul Janin et Fils 2017	14 €	15
Chénas Maison Paul Janin et Fils 2017	15 €	16
Moulin-à-Vent Les Vignes du Tremblay 2017	16 €	18

Rouge : 7 hectares.
Gamay noir à jus blanc 100 %
Blanc : 0,6 hectare.
Chardonnay 100 %
Production moyenne : 30 000 bt/an

DOMAINE PAUL JANIN ET FILS
651, rue de la Chanillière,
71570 Romanèche-Thorins
03 85 35 52 80 • www.domaine-paul-janin.fr
• Vente et visites : au domaine sur rendez-vous.
Propriétaire : Éric Janin

★★ ↗

DOMAINE DES TERRES DORÉES

Depuis le pays lumineux des Pierres Dorées, Jean-Paul Brun, un des précurseurs du renouveau du Beaujolais, fait rayonner sa région, du primeur jusqu'aux crus réputés qu'il a acquis patiemment, grâce à son travail du côté des beaujolais du sud. Ici, l'identité des terroirs est aussi forte que la digestibilité de cuvées dans lesquelles on retrouve la patte de velours du vinificateur. Preuve que l'on peut faire des cuvées importantes en volume et de haute qualité. En blanc comme en rouge (et aussi en effervescent), le plaisir de l'amateur est très souvent au rendez-vous. Pour la régularité, l'interprétation personnelle et savoureuse des terroirs, Monsieur Brun mérite sa deuxième étoile.

Les vins : dans le moulin-à-vent, dansent les fleurs du bien : pivoine, lys et lilas. Sa texture fruitée enveloppe les papilles d'une énergie douce et bienfaisante. Javernières détaille la violette et la rose. Ample et frais, il pose en bouche une saveur aussi profonde que sa terre. Une grande cuvée. Le côte-de-brouilly livre un jus complet et racé. L'égrappage sied parfaitement à ce Grille-Midi solaire, au nez envoûtant de vieilles roses. Sa saveur élancée termine sur le poivre blanc. La rose fanée du fleurie parfume le verre avec une touche de fraise écrasée. Le jus est pimpant, le tanin aérien et digeste donne envie de se resservir. Si le saint-amour respire les épices, il propose une lecture forte du sol de granite siliceux par son souffle final. À mettre de côté. L'Ancien n'a rien de vieux ; au nez, des écorces d'orange confites et l'accent fumé des Pierres Dorées. Passé une attaque puissante, il libère un souffle épicé digne d'un cru. Il faut le laisser venir. Les fleurs mauves au nez du Ronsay semblent glisser dans une saveur à la fois fruitée et végétale. En blanc, la richesse pâtissière du beaujolais lui donne des accents d'amande que prolonge une fine amertume. Un vin de repas.

Beaujolais Fûts de Chêne 2017	16,50 €	16
Beaujolais L'Ancien 2017	11 €	16
Beaujolais Le Ronsay 2018	7,50 €	16
Côte de Brouilly 2017	13,50 €	16
Fleurie 2017	16,50 €	16
Fleurie Grille-Midi 2017	21,50 €	17
Moulin-à-Vent 2017	16,50 €	18
Saint-Amour 2017	16,50 €	15

Le coup de ♥

Morgon Côte du Py - Javernières 2017	18 €	18

Rouge : 39 hectares.
Gamay noir à jus blanc 95 %, Pinot noir 5 %
Achat de raisins.
Blanc : 9 hectares.
Chardonnay 90 %, Roussanne 10 %
Achat de raisins.
Production moyenne : 300 000 bt/an

DOMAINE DES TERRES DORÉES
565, route d'Alix,
69380 Charnay-en-Beaujolais
04 78 47 93 45 • contact@terresdorees.fr •
Vente et visites : au domaine sur rendez-vous.
Propriétaire : Jean-Paul Brun

★★

CHÂTEAU THIVIN

Derrière une étiquette au charme suranné, c'est toute une famille qui incarne le vignoble de la Côte de Brouilly et un Beaujolais traditionnel. Claude Geoffray a transmis en 2007 les rênes de la vinification à son fils Claude-Édouard, secondé par son épouse, Sonja, œnologue tout comme lui. Par petites touches, le domaine est resté au sommet avec un plus grand travail du sol (replantantion à 1,80 mètre, vignes palissées, taille en cordon) et des élevages allongés. Les cuvées sont devenues identitaires. L'accueil au caveau dans un cadre à la fois rustique et romanesque, est un des meilleurs de la région.

Les vins : Clos de Rochebonne, porté par un boisé sur la sève de tilleul, "fruite" la bouche dans un relief de fruits blancs (pomme et poire). Encore un hiver et il sera au sommet. Le brouilly est un métronome du cru. Avec son parfum de clafoutis à la griotte qui passe du nez à la bouche, il dispense la plus harmonieuse des gourmandises. Sous un violin intense, Les Griottes de Brulhié déploie toute la sincérité acidulée de son jus. Fruit croquant et haute buvabilité. Passé le coté "cendré" du nez des 7 Vignes, celui-ci nous régale de sa plénitude. Son jus sapide fait le tour de la bouche et vous la rend nette, prête pour un deuxième verre. Le Clos Bertrand, droit en attaque, montre sa chair et sa finale saline. De garde. La Chapelle est toute en puissance retenue. Le fruit mûr de la griotte envahit la bouche par son profil sphérique. Laissez-le dormir en cave. Godefroy distille les parfums "bleus" de la diorite de la Côte. Le jus est ferme, ample et doté d'une colonne vertébrale qui va prendre de la chair avec l'âge. Enfin, la robe de syrah de Zaccharie annonce un bouquet d'épices orientales et de fleurs mauves rares. Le jus est plein d'un raisin parfaitement mûr. Cette intensité est comme un tunnel dans lequel les papilles mettent du temps à retrouver leur salive. Un monument de gamay. Cette dernière cuvée atteint le niveau des trois étoiles.

Beaujolais Clos de Rochebonne 2017	14,50 €	15
Brouilly Reverdon 2018	12 €	17
Côte de Brouilly Clos Bertrand 2017	16,50 €	17
Côte de Brouilly Godefroy 2017	18,50 €	18
Côte de Brouilly La Chapelle 2017	18,50 €	18
Côte de Brouilly Les 7 Vignes 2018	13 €	17
Côte de Brouilly Les Griottes de Brulhié 2017	16,50 €	16

Le coup de ♥

Côte de Brouilly Zaccharie 2017	29 €	20

Rouge : 25 hectares.
Gamay noir à jus blanc 100 %
Blanc : 2 hectares.
Chardonnay 100 %
Production moyenne : 120 000 bt/an

CHÂTEAU THIVIN

630, route du Mont Brouilly, 69460 Odenas
04 74 03 47 53 • www.chateau-thivin.com •
Vente et visites : au domaine sur rendez-vous.
Du lundi au samedi de 9h à 12h et de 14h à 18h.
Propriétaire : Claude Geoffray

★

CHÂTEAU DES BACHELARDS – COMTESSE DE VAZEILLES

Diplômée d'œnologie, Alexandra de Vazeilles a acquis cette jolie propriété en 2014. Elle a fait ses armes dans des domaines prestigieux en Bourgogne et dans le Bordelais. L'ensemble du vignoble, âgé de 60 à plus de 100 ans, est certifié en biodynamie depuis 2015. Une activité de négoce, toujours en raisins biologiques, complète la gamme, notamment avec un rare pouilly-vinzelles.

Les vins : embouteillés en bouteilles bordelaises, ils cultivent leur différence, loin des canons des beaujolais souples et friands. Ici, les vins sont taillés pour la garde et possèdent de la profondeur. Le plus accessible est sans nul doute le saint-amour, au profil juteux. Les fleuries sont denses et serrés, à l'image du Clos, vin épicé qui ne se livre qu'après une longue aération. Nous sommes, en revanche, plus circonspects face au Vin de Cuisine Légumière, réducteur et moins en place.

Pouilly-Vinzelles Les Quarts 2016	24 € (c)	15,5
Fleurie 2016	28 € (c)	16
Fleurie Le Clos 2016	120 € (c)	16,5
Fleurie Le Vin de la Cuisine Légumière 2014	30 € (c)	14,5
Saint-Amour 2016	28 € (c)	16,5

Rouge : 12 hectares.
Gamay noir à jus blanc 100 %
Blanc : 1 hectare.
Chardonnay 100 %
Production moyenne : 36 500 bt/an

CHÂTEAU DES BACHELARDS - COMTESSE DE VAZEILLES

69820 Fleurie
09 81 49 47 00 • www.bachelards.com •
Vente et visites : au domaine sur rendez-vous.
De 10h à 18h.
Propriétaire : Alexandra de Vazeilles
Œnologue : Stéphane Derenoncourt et Simon Blanchard

★ ↗

FAMILLE CHASSELAY

Les Chasselay habitent sur la parcelle des Éparcieux, dans le village doré de Châtillon d'Azergues, depuis 1418. À la tête du domaine depuis 2008, un binôme complémentaire : Claire et son frère Fabien. Leur père Jean-Gilles, figure du Beaujolais, leur a transmis ses valeurs de travail et de partage. Le domaine, certifié bio depuis 2006, travaille ses terroirs tout en respectant la biodiversité. À la cave, pas de levures, pas de sulfites (mais un peu à la mise en bouteille). L'égrappage est adapté au millésime et à chaque vin. Digestes et francs, leur vins chassent l'ennui et réunissent les amis. La première étoile, accordée cette année, est méritée.

Les vins : L'Héronde libère des parfums explosifs de patchouli et de roses fanées. Son volume tout en chair est suave. Il sera encore plus racé après trois hivers de cave. Le fleurie composé à partir de trois terroirs renarde sur les fruits rouges compotés. Encore en mouvement, il faut l'attendre. Sous un grenat intense aux senteurs de jambon fumé, le jus de La Platière est courtois. Son tanin suave vous parle au creux de la bouche. Un vin tout en terroir et en délicatesse. Dans Les Grands Eparcieux, l'argilo-calcaire de la vigne ajoute une trace de fumée froide au nez cendré. Au palais, c'est sa digestibilité qui distingue ce pur jus de gamay, à avaler avant le prochain été. Dans l'Eparcieux blanc, le doré de la paille vous tombe dans l'œil tandis que le nez diffuse des notes de céréales grillées. D'abord gras en attaque, il flatte le palais par sa fraîcheur digeste. À partager sur la jeunesse.

Beaujolais Eparcieux 2017	17 €	16
Beaujolais La Platière 2017	11 €	17
Beaujolais Les Grands Eparcieux 2018	9 €	15
Côte de Brouilly L'Héronde 2018	17 €	17

Rouge : 12,5 hectares.
Gamay noir à jus blanc 90 %, Pinot noir 10 %
Blanc : 2,5 hectares.
Chardonnay 100 %
Production moyenne : 100 000 bt/an

FAMILLE CHASSELAY ♣
127, chemin de la Roche, 69380 Châtillon d'Azergues
06 83 88 55 45 •
www.domaine-chasselay.com • Visites : Pas de visites.
Propriétaire : Famille Chasselay

★

DOMAINE NICOLAS CHEMARIN

Né une veille de Beaujolais nouveau, Nicolas Chemarin aimait déjà le gamay dès le biberon ! Il s'installe tôt dans son village de Marchampt, où il commence avec 2 hectares (issus du domaine famiial) en Beaujolais-Villages, à l'exposition plein sud et perchés à 450 mètres. En 2005 il acquiert des vignes à Régnié, sur le secteur de Haute Ronze, et aux Charmes, en Morgon. Une partie de sa production part au négoce. Le reste donne des bouteilles où l'équilibre du fruit et un minimum de soufre permettent une approche facile, mais aussi une juste lecture des terroirs.

Les vins : le P'tit Grobis est un vin frais et enjôleur dont la matière irrigue le palais avec gourmandise. À la pulpe de fraise du jus des Vignes de Jeannot répond un parfum juteux ; l'altitude confère de la fraîcheur à la finale. Au top dans deux étés. Récolté à 560 mètres, Le Rocher est porté par une trame sapide : la pureté de sa ligne tannique porte ce village au niveau d'un cru. Un vin splendide, à réserver d'urgence. Avec le régnié, le nez va chercher le patchouli tandis que la bouche prolonge ce côté floral par une trame tannique encore serrée qui va se fondre en cave.

Beaujolais-Villages Les Vignes de Jeannot 2017	12 €	16
Beaujolais-Villages P'tit Grobis 2018	8 €	15
Régnié La Haute Ronze 2017	12 €	15

Le coup de ♥

Beaujolais-Villages Le Rocher 2017	30 € (c)	17

Rouge : 7,5 hectares.
Gamay noir à jus blanc 100 %
Blanc : 0,5 hectare.
Chardonnay 100 %
Production moyenne : 30 000 bt/an

DOMAINE NICOLAS CHEMARIN
Les Rebois, 69430 Marchampt
04 74 69 02 19 • ptitgrobis@gmail.com •
Vente et visites : au domaine sur rendez-vous.
Propriétaire : Nicolas Chemarin

★

DOMAINE CHIGNARD

Depuis sa reprise du domaine familial en 2007 Cédric Chignard fait partie des "vignerons héritiers" qui font évoluer leur domaine par des virgules de qualité. Des macérations beaujolaises, il a conservé le modèle paternel et se montre plus précis en vinification tout en poursuivant le travail des sols sur un vignoble âgé de plus de 60 ans en moyenne. Principalement issu du secteur des Moriers, au nord de l'appellation, les vins livrent des parfums très floraux qu'accompagne un grain de tanin fin. Les vins vieillissent avec noblesse en suivant la marque du millésime. C'est la signature Chignard.

Les vins : le villages présente un profil tendu sur les fruits rouges. Il désaltère et régale en même temps. Depuis l'an dernier, Les Moriers s'est mis en place dans une structure digeste au grain granitique salin typique de Fleurie. Le Cochonnier est un superbe 2015 au parfum aussi frais que sa bouche, dont l'épaisseur réglissée laisse revenir le sel après un très long moment en bouche.

Beaujolais-Villages 2016	12 €	15
Fleurie Les Moriers 2016	16 €	16

Le coup de ♥

Fleurie Le Cochonnier 2015	23 €	17

Rouge : 10 hectares.
Gamay noir à jus blanc 100 %
Production moyenne : 45 000 bt/an

DOMAINE CHIGNARD
Le Point du Jour, 69820 Fleurie
04 74 04 11 87 •
domaine.chignard@wanadoo.fr • Vente et visites : au domaine sur rendez-vous.
Propriétaire : Cédric Chignard

★

DOMAINE JULES DESJOURNEYS

Installé depuis le millésime 2007, Fabien Duperray a, dès ses débuts, mis le travail du sol en avant : pas de chimie, que de l'huile de coude ! Ce travail a un prix, plus élevé que la moyenne, mais en harmonie avec le plaisir apporté. Les élevages sont volontairement longs afin d'épurer le cépage et de mettre en avant le terroir tout en polissant les tanins. La densité de la chair signe ses vins. En association avec Christophe Thibert, vigneron à Fuissé, il produit désormais une gamme restreinte, mais épurée, de mâconnais en reprenant les principes de travail appliqués aux beaujolais.

Les vins : victime des aléas climatiques le domaine n'a pu nous faire parvenir que deux cuvées du millésime 2016. Sacré Graal, élevé 22 mois, met en lumière le bois de rose, le santal et une touche de tabac brun. Sa bouche est anoblie par un tanin à la finesse rare. Un fleurie précieux. Pas moins de six climats auront été nécessaires pour produire l'unique cuvée de moulin-à-vent, qui offre au nez un pot-pourri de pivoine, d'iris et de roses. Son jus tactile fait place à une fine digestibilité. Laissez ce Styx naviguer quelques années en cave.

Moulin à Vent Le Styx 2016	50 €	16

Le coup de ♥

Fleurie Sacré Graal 2016	50 €	17

Rouge : Gamay noir à jus blanc 100 %
Achat de raisins.
Blanc : 4,5 hectares.
Chardonnay 100 %
Achat de raisins.
Production moyenne : 26 000 bt/an

DOMAINE JULES DESJOURNEYS
75, rue Jean Thorin, 71570 La Chapelle-de-Guinchay
03 85 33 85 88 • www.julesdesjourneys.fr/ •
Vente et visites : au domaine sur rendez-vous.
Propriétaire : Fabien Duperray

★

DOMAINE MEE GODARD

Œnologue de formation mais sans histoire vigneronne, Mee réalise son rêve en reprenant seule en février 2013 les parcelles d'un vigneron sans suite. Son domaine de poche est composé de très vieilles vignes dans les meilleurs terroirs de Morgon (Corcelette, Grand Cras, Côte du Py). Une cuvée de moulin-à-vent est venue enrichir la gamme en 2016. La première étoile acquise en 2017 peut continuer de briller parmi les jeunes talents du Beaujolais.

Les vins : en 2018, le nez du morgon Passerelle 577 dévoile à l'aération une intense fragrance de patchouli. Le jus est suave avec une fraîcheur minérale digne de son terroir de la côte du Py. Un vin de mémoire à attendre avec impatience. Sous un regard de velours, le boisé de l'élevage du moulin-à-vent Les Michelons tance le nez d'arômes de musc. Sa matière épaisse est soutenue par un gaz vibrant qui stimule les papilles. Tirée sur fût, cette cuvée devra impérativement connaître la pénombre de la cave avant d'être servie.

Morgon Passerelle 577 2018	30 €	17
Moulin-à-Vent Au Michelon 2018	22,50 €	16

Rouge : 6,5 hectares.

Gamay noir à jus blanc 100 %
Production moyenne : 24 000 bt/an

DOMAINE MEE GODARD
Morgon le Haut, 69910 Villié-Morgon
06 66 47 00 64 • www.meegodard.com •
Vente et visites : au domaine sur rendez-vous.
Propriétaire : Mee Godard
Maître de chai : Mee Godard

★ ↗

DOMAINE DE LA GRAND'COUR

Un léger accent du cru, la main enveloppante et le regard joyeux Jean-Louis Dutraive incarne une génération qui a appris, puis transmis. Sa sensibilité attachante lui permet d'accoucher de cuvées d'exception où la finesse du fruit le dispute à l'élégance des terroirs solaires de Fleurie. Adepte des levures indigènes, des longues macérations, des élevages sous bois mais aussi de bio et d'un usage minimal, voire inexistant, de soufre, ses vins sont des modèles de pureté de jus. S'ils peuvent, une fois carafés, être bus jeunes, c'est après cinq ans qu'ils dispensent la noblesse de leur terroir. La production étant limitée, il faut réserver.

Les vins : la robe de Chapelle des Bois est aussi claire que son parfum est bordé de fleurs mauves, telle la glycine. Sa texture impose une chair musclée par un souffle épicé. Deux hivers domestiqueront cette maturité. Le Clos de la Grand'Cour fait ressortir le raisin frais, assortie d'une fine touche fumée venue du foudre. Équilibré tout au long de la bouche et parfaitement digeste, on y retrouve la patte Dutraive : un vin sans artifice. Champagne dévoile des fragrances délicates de fleurs mauves. Son début de bouche massif glisse vers des tanins ronds, avant de vous mettre des papillons dans la bouche. Malgré la chaleur du millésime, Jean-Louis Dutraive a su conserver la pureté du fruit et une grande digestibilité. La première étoile, accordée cette année, est largement méritée.

- Fleurie Clos de la Grand Cour 2018 — 19,50 € — 16
- Fleurie La Chapelle des Bois 2018 — 19,50 € — 15

Le coup de ♥

- Fleurie Terroir Champagne 2018 — 24,20 € — 17

Rouge : 11,5 hectares.
Gamay noir à jus blanc 100 %
Production moyenne : 30 000 bt/an

DOMAINE DE LA GRAND'COUR ♣
La Grand Cour, 69820 Fleurie •
domainedelagrandcour.fr/ • Pas de visites.
Propriétaire : Jean-Louis Dutraive

★

DOMAINE LABRUYÈRE

La famille Labruyère détient ce château depuis 1850. Également propriétaire du domaine Jacques Prieur à Meursault et du château Rouget à Pomerol, Jean-Pierre Labruyère en a confié en 2008 les clefs à son fils Édouard. La cuverie a été modernisée, le domaine agrandi. En 2000, le Clos du Moulin-à-Vent est venu s'ajouter au parcellaire. Les clefs de la cave sont confiées à Nadine Gublin et celle des vignes à Michel Rovere. La vinification dite "bourguignonne" (égrappage puis élevage en fût) donne des vins aux tanins pleins mais suaves, qui vieillissent en beauté.

Les vins : Cœur de Terroirs présente un jus charmeur au fruit mûr et enveloppé. Tendre d'approche, il évolue cependant avec noblesse sur un tanin enrobé. La robe noire de Champ de Cour évoque les rose anciennes et la lavande. Son grain est large et juteux. Les volutes de la glycine couvrent le nez du Carquelin avec ostentation. Sa saveur fraîche est tendue vers une densité de chair parfaitement équilibrée, qui fait revenir le minéral du sol. Une grande cuvée. Doté d'un parfum superbe, Le Clos du Moulin-à-Vent distille une pure saveur minérale à la digestibilité franche. Un moulin racé, sans artifices. La gamme est d'une grande homogénéité.

- Moulin-à-Vent Champ de Cour 2017 — 23 € — 16
- Moulin-à-Vent Coeur de Terroirs 2017 — 16,60 € — 15
- Moulin-à-Vent Le Clos du Moulin-à-Vent 2017 — 43,80 € — 17

Le coup de ♥

- Moulin-à-Vent Le Carquelin 2017 — 29,10 € — 17

Rouge : 14 hectares.
Gamay noir à jus blanc 100 %
Production moyenne : 58 400 bt/an

DOMAINE LABRUYÈRE
310, rue des Thorins
71570 Romanèche-Thorins
03 85 20 38 13 • www.famille-labruyere.com
• Vente et visites : au domaine sur rendez-vous.
De 8h30 à 12h et de 14h à 17h.
Propriétaire : Famille Labruyère
Directeur : Édouard Labruyère
Maître de chai : Michel Rovere
Œnologue : Nadine Gublin

★

MARCEL LAPIERRE

Depuis que Marcel Lapierre est décédé, sa femme Marie, son fils Mathieu et sa fille Camille pérennisent l'esprit des vins naturels dont il fût l'un des pionniers. La force des Lapierre réside dans leur très beau parcellaire cultivé en bio depuis 1981. Pour faire face à la demande, le domaine achète également du raisin. Le vin est élevé sans soufre en moyenne neuf mois, en fûts de trois à treize ans, ainsi que dans de vénérables foudres. Le morgon Pur Raisin doit être conservé en dessous de 14 °C. Le Sans Cave a connu un léger sulfitage pour permettre d'être bu sans attendre.

Les vins : le domaine produit essentiellement du morgon dont les cuvées sont issues de plusieurs tirages en bouteille tout au long de l'année, ce qui peut faire apparaître des différences sous une même étiquette. Cette importante cuvée de morgon Tradition 2018 (100 000 bouteilles) a connu neuf mois d'élevage en fût non neuf afin de ne pas masquer le fruit. Sa robe violine cache un parfum plus floral que fruité. En bouche, sa chair se fait gourmande avec une digestibilité parfaitement équilibrée. S'il ne "morgonne" pas (encore), par son fruit, c'est bien un Lapierre.

Morgon Tradition 2018 19,30 € 17

Rouge : 16,5 hectares.
Gamay noir à jus blanc 100 %
Achat de raisins.
Production moyenne : 150 000 bt/an

MARCEL LAPIERRE ♣
Les Chênes, BP4, 69910 Villié-Morgon
04 74 04 23 89 • www.marcel-lapierre.com
• Vente et visites : au domaine sur rendez-vous.
Propriétaire : Mathieu et Camille Lapierre

★

DOMAINE TH. LIGER-BELAIR

Par amour du gamay et aussi pour explorer de nouveaux horizons viticoles, Thibault Liger-Belair a acquis depuis 2009 quelques parcelles idéalement placées en Moulin-à-Vent, auxquelles il applique les mêmes méthodes qu'à ses grands crus de la Côte de Nuits (biodynamie, labour...). Adepte de l'égrappage et de l'élevage en pièces bourguignonnes, il produit une gamme de moulin-à-vent parcellaires qui peuvent être appréciés dans leur jeunesse ou attendus pour davantage de complexité.

Les vins : paré d'un violin pur, La Roche offre au nez des notes d'orange sanguine et de vin chaud froid. Il manque de suavité et termine sur une note alcooleuse. Laissez le temps faire son ouvrage. Derrière un jus sombre comme la nuit, Les Rouchaux évoque les racines de rose et de tubéreuse. Il sort de sa masse tannique un pouvoir hautement salivant. La cave est obligatoire. Sous une robe de pinot bourguignon, Les Vieilles Vignes exhale le bousinage de leur élevage en fût, avec une pointe de violette. Souple au premier abord, il libère un fruit gras mais pas du tout lourd. Au zénith dans deux ans.

Moulin-à-Vent La Roche 2017 30 € (c) 16

Moulin-à-Vent Les Rouchaux 2017 25 € (c) 16

Moulin-à-Vent Les Vieilles Vignes 2017 25 € (c) 16

Rouge : 14 hectares.
Gamay noir à jus blanc 100 %
Production moyenne : 30 000 bt/an

DOMAINE TH. LIGER-BELAIR ☾
32, rue Thurot, 21700 Nuits-Saint-Georges
03 80 61 51 16 • www.thibaultligerbelair.com
• Vente et visites : au domaine sur rendez-vous.
Propriétaire : Thibault Liger-Belair

★

DOMAINE LAURENT MARTRAY

Installé en 1987, Laurent Martray peut aujourd'hui être fier du chemin parcouru. Sa formation bourguignonne a affiné des bases apprises auprès de son père qui avait un métayage sur le château de la Chaize. Ses 10 hectares sont répartis en Brouilly et Côte de Brouilly. Davantage de travail du sol devrait amener une plus forte authenticité des cuvées. Partiellement égrappés suivant les cuvées, les raisins connaissent un élevage allongé en fût de chêne français, jamais neuf. Les vins en sortent pleins, structurés. Les brouilly sont des vins "de côte", destinés à la cave.

Les vins : Laurent Martray a choisi de nous présenter à nouveau ses 2017, désormais tous en bouteille, qui le hissent parmi ceux qui ont le mieux réussi le millésime. La deuxième étoile est dans le viseur des 2018. Combiaty affirme sa position géologique dominante par un grain serré et une chair gourmande. Un brouilly de cave. La Folie se parfume de fleurs mauves. Sa texture fluide ne fait que mettre en valeur la minéralisation d'un fruit salivant. Corentin livre un nez encore marqué par son élevage même s'il lui permet de cadrer une chair tellurique. C'est un brouilly racé à boire jeune ou vieux. Les Feuillées conserve son relief de prune fraîche avec une mâche encore brute qui fait vibrer le diorite de la Côte. Le temps est son allié. Loïs cache derrière un parfum vaporeux de pot-pourri un jus d'un extrême velouté tannique, qui évoque par son toucher de bouche un pinot de la Côte de Nuits. La finale est infinie dans ce grand vin d'auteur.

Brouilly Combiaty 2017	14 €	16
Brouilly Corentin 2017	18 €	17
Brouilly La Folie 2017	16 €	16
Côte de Brouilly Les Feuillées 2017	16 €	16

Le coup de ♥

Côte de Brouilly Lois 2017	25 €	18

Rouge : 12 hectares.
Gamay noir à jus blanc 100 %
Production moyenne : 30 000 bt/an

DOMAINE LAURENT MARTRAY

Combiaty, 69460 Odenas
06 14 42 04 74 •
www.domainelaurentmartray.com • Vente et visites : au domaine sur rendez-vous.
Propriétaire : Laurent Martray

★

CHÂTEAU DU MOULIN-À-VENT

Depuis son acquisition par la famille Parinet en 2009, ce vaste domaine s'est doté de moyens humains importants afin de rajeunir les ailes du Moulin-à-Vent, comme le Château des Jacques à son époque. Dans un style de gamay moderne, avec des élevages sous bois longs et bien gérés, les nombreuses cuvées parcellaires expriment la complexité et la diversité des sols. Avec 2016 apparaissent les premières vignes blanches (4,5 hectares) du domaine en appellation Mâcon et Pouilly-Fuissé sous le nom de Roc des Boutires. Le château du Moulin-à-Vent compte désormais parmi les domaines majeurs du Beaujolais.

Les vins : Aux Chailloux combine santal et vétiver dans un nez explosif. Sa fraîcheur transparaît dans une texture serrée autour du sol de chailles. Un terroir valorisé à encaver d'urgence. Aux Bouthières fait exploser le chèvrefeuille en fleur. Sa texture généreuse est idéalement équilibrée par son élevage. Fruits jaunes et vanille dominent le nez d'En Bertilionne. Sa bouche carrée semble avoir brisé le calcaire. Il peut déjà être bu. Lumineux, le mâcon livre des notes de verveine. La bouche surprend par sa texture acidulée de pêche de vigne. Seulement 4 295 bouteilles ont été produites des 4,21 hectares du terroir majuscule de la Rochelle. Un brin d'amertume noble soutient une finale ample. Une cuvée mémorielle. Dans Les Vérillats, la rose dévoile ses charmes surannés avec une pointe de graphite. Enveloppé d'une chair vineuse, il incarne la présence froide du terroir. Il grandira avec grâce.

Mâcon-Solutré Domaine du Roc des Boutires 2017	16,50 €	15
Pouilly-Fuissé Domaine du Roc des Boutires Aux Bouthières 2017	32,30 €	16,5
Pouilly-Fuissé Domaine du Roc des Boutires Aux Chailloux 2017	31 €	16,5
Pouilly-Fuissé Domaine du Roc des Boutires En Bertilionne 2017	26,60 €	16
Moulin-à-Vent Les Vérillats 2016	27 €	16,5

Le coup de ♥

Moulin-à-Vent La Rochelle 2016	33 €	17

Rouge : 33 hectares.
Gamay noir à jus blanc 100 %
Production moyenne : 100 000 bt/an

CHÂTEAU DU MOULIN-À-VENT

4, rue des Thorins,
71570 Romanèche-Thorins
03 85 35 50 68 •
www.chateaudumoulinavent.com •
Visites : Pas de visites.
Propriétaire : Édouard et Jean-Jacques Parinet
Directeur : Édouard Parinet
Maître de chai : Brice Laffond

★

DOMAINE DOMINIQUE PIRON

Depuis son association avec Julien Revillon le bouillonnant Dominique Piron a axé son activité sur la commercialisation et sur la politique locale en devenant en 2017 le nouveau président de l'interprofession de Beaujolais. Le duo a recruté un jeune chef de culture en la personne de Thibaud Lemaître, ce qui devenait nécessaire pour veiller sur un domaine qui représente 90 hectares et peut encore grandir. La cave est tenue par un jeune œnologue Pierre Meunier. La branche de cette arbre a permis d'améliorer la qualité des raisins et la sélection parcellaire engagée commence à porter ses fruits.

Les vins : le domaine renoue avec son meilleur niveau en 2018. Sous un jus de pulpe de framboise, le fruit du régnié passe dans une saveur généreuse. Un vin tactile et déjà agréable. Côte du Py révèle un parfum typé de pierre bleue froide que tutoie une touche sucrée de pollen. Son tanin gras offre volume et persistance. Aux Pierres 2017 est un morgon parcellaire au parfum puissant et complexe mêlant santal et vétiver. Ample en attaque, il se resserre sur un cœur de bouche franc et salin. Le rouge sanguin d'Aux Pierres 2016 explore un nez frais proche de la roche humide et de la cendre froide. Sa minéralité fait la loi en bouche. Un vin de corps pour l'esprit.

Morgon Aux Pierres 2016	40 €	17
Morgon Aux Pierres 2017	40 €	17
Morgon Côte du Py 2017	18 €	17
Régnié Croix Penet 2018	14 €	15

Rouge : 88 hectares.
Gamay noir à jus blanc 100 %
Achat de raisins.
Blanc : 3 hectares.
Chardonnay 100 %
Achat de raisins.
Production moyenne : 600 000 bt/an

DOMAINE DOMINIQUE PIRON

1216, route du Cru, Morgon,
69910 Villié-Morgon
04 74 69 10 20 • www.domaines-piron.fr •
Vente et visites : au domaine sur rendez-vous.
Du lundi au vendredi de 9h à 18h. Samedi sur rendez-vous.
Propriétaire : Dominique Piron et Julien Revillon

★

CHÂTEAU DE PONCIÉ

La rangée d'arbre centenaires posée sur la ligne de crête n'est pas seulement une carte postale du Beaujolais : elle matérialise le château et fixe la limite avec Moulin-à-Vent, qui s'y situait à une époque. La pente des coteaux peut atteindre 60 % et 410 mètres comme sur la parcelle des Hauts du Py. Les 49 hectares du plus vaste domaine de Fleurie ont été repris par la famille Henriot qui, depuis le millésime 2009, se donne les moyens du renouveau. Joseph Bouchard est en charge des vignes ; Frédéric Weber, en charge de la partie technique de la maison Bouchard, à Beaune, suit les vins.

Les vins : dans la cuvée Les Moriers, la robe bourguignonne du gamay laisse respirer la roche cristalline du secteur. Au palais, le boisé domine encore une matière charnue au tanin velouté. Déjà charmeur, il saura aussi se garder. La Salomine réveille le nez par sa fragrance puissante de vétiver. Bien équilibré par son élevage, le vin offre un caractère salin très salivant. Deux hivers de cave le porteront au zénith. Le Pré Roi offre des volutes parfumées de roses et de lys. Le fruit couvre la bouche et donne un volume de chair déjà charmeur. Nous saluons son excellent rapport prix/plaisir. Toutefois, nous regrettons que le domaine n'ait présenté que trois cuvées dans une année aussi beaujolaise.

Fleurie La Salomine 2017	11,40 €	15
Fleurie Le Pré Roi 2017	8,80 €	16
Fleurie Les Moriers 2017	22,50 €	15

Rouge : Gamay noir à jus blanc 100 %
Production moyenne : 90 000 bt/an

CHÂTEAU DE PONCIÉ
69820 Fleurie
04 37 55 34 75 • www.chateaudeponcie.fr •
Pas de visites.
Propriétaire : Maisons et Domaines Henriot
Directeur : Thomas Seiter
Maître de chai : Joseph Bouchard

★ ↗

JULIEN SUNIER

Bourguignon de naissance, Julien Sunier crée son domaine dans le Beaujolais en 2008, après un long périple à parcourir les vignobles dans le monde entier, puis des passages au domaine Roumier, à Chambolle-Musigny, et chez Albert Mann, en Alsace. Trois appellations sont élaborées ici. Le chai se situe à 750 mètres d'altitude sur les hauteurs d'Avenas. Toutes les vignes sont travaillées manuellement, même dans le secteur pentu et difficile de Niagara (Fleurie). Suivant les principes de Jules Chauvet, les vins sont peu extraits et brillent par leur sapidité et leur fraîcheur. La méthode : raisins entiers en semi-macération carbonique, élevage en fût bourguignon sans bois neuf.

Les vins : 2017 voit revenir Julien Sunier plus fort que jamais après une année apocalyptique. Le beaujolais-villages Wild Soul se parfume en 2018 de notes sauvages de patchouli. Le fruit coulant de cerise est parfaitement digeste. Il faut le boire sur cette folle jeunesse. Le régnié vibre de fragrances de fleurs mauves. Suave, le jus est d'une grande pureté et d'une suprême digestibilité. Le fleurie s'ouvre sur des notes d'iris en bouton, complétées d'une touche de poivre de Timut. Le fruit coule dans la gorge comme un torrent de gamay à la minéralité rafraîchissante. Né de l'assemblage de cinq parcelles, le morgon fait résonner le parfum brut de la pierre du terroir. Sa texture ample et racinaire libère un jus large et salivant. De garde. Pour la pureté des jus et le respect des terroirs, nous attribuons une première étoile au domaine.

Beaujolais-Villages Wild Soul 2018	12 €	15
Fleurie 2017	18 €	16,5
Morgon 2017	18 €	16,5

Le coup de ♥

Régnié 2017	15 €	17

Rouge : 8 hectares.
Gamay noir à jus blanc 100 %
Production moyenne : 60 000 bt/an

JULIEN SUNIER ♣
Les Noisetiers 69430 Avenas
04 74 69 91 74 • www.julien-sunier.com •
Vente et visites : au domaine sur rendez-vous.
Propriétaire : Julien Sunier

DOMAINE LES CAPRÉOLES

Cédric Lecareux fait partie de ces néo-vignerons qui font bouger le Beaujolais. Directeur technique d'un grand négociant languedocien durant six récoltes, il s'installe à Régnié avec son épouse Catherine, ingénieure-agro comme lui, sur un domaine à l'abandon. Dès leur arrivée, en 2014, ils s'engagent dans une certification biologique, confirmée en 2017. Adeptes de la maxime "la règle, c'est qu'il n'y en a pas", ils adaptent l'égrappage et l'élevage suivant chaque millésime. Marqués par un fond riche, des tanins juteux, les vins donnent à Régnié son véritable rang de cru.

Les vins : L'Amourgandise met en lumière les terroirs du village de Lantignié et ses terrasses. La souplesse de son jus donne un vin suave, déjà prêt au service. Chamodère recèle des notes fines de violette avec une touche de camphre. Sa saveur trace vers une longueur suave aux tanins arrondis. Un régnié pour découvrir le cru. Si son jus tutoie la syrah, le parfum de ce Sous la Croix développe de l'essence de rose. Ferme mais tactile, il offre un volume de chair où le boisé prend une saveur racinaire. À encaver impérativement. L'épaisseur de pulpe de Diaclase témoigne de son fort potentiel de garde. Le temps le patinera. Avec un peu plus de digestibilité dans ses jus, le domaine obtiendra sa première étoile.

Beaujolais-Villages L'Amourgandise 2018	9,20 €	15
Régnié Chamodère 2017	10,50 €	16
Régnié Diaclase 2017	13,70 €	16
Régnié Sous la Croix 2017	18,50 €	17

Rouge : 6 hectares.
Gamay noir à jus blanc 100 %
Production moyenne : 30 000 bt/an

DOMAINE LES CAPRÉOLES ♣
108, Impasse du Muguet, Lieu-dit La Plaigne, 69430 Régnié-Durette
04 74 65 57 83 • www.capreoles.com •
Vente et visites : au domaine sur rendez-vous.
Propriétaire : Cédric et Catherine Lecareux

MANOIR DU CARRA

La famille Sambardier est installée depuis 1850 au cœur des Pierres Dorées. Depuis leur bastion, une grande bâtisse évoquant une ferme vigneronne toscane, deux frères, Frédéric et Damien, veillent sur le vignoble. Lutte raisonnée, égrappage et élevage en fût ou en cuve adapté suivant chaque parcelle, tout concorde vers la qualité. Bien que large, la gamme est cohérente avec une volonté de poser la chair du gamay sur une colonne vertébrale de tanins. Cette production à la qualité très régulière mérite votre intérêt.

Les vins : le doré fin du villages blanc flirte avec le vert tendre et s'enveloppe de pollen de fleurs et de muscat. Le jus est d'une grande pureté. Il est bien né. Le villages 2017 livre un profond parfum de lys. Son grain tactile file sur un tanin ferme puis suave. Légèrement réduit, car tiré de la cuve, le fleurie dispense un jus délicat au grain soyeux : le temps est son allié. Terre de Combiaty 2017 est un vin plein aux saveurs racinaires, un rare brouilly de garde. Le nez des Bottières installe le lilas en bouton. La structure vineuse de ce véritable vin de garde fait parler la puissance du sol. Dans les Burdelines plane le spectre d'un terroir fort. Le noyau central est pur, avec un tanin velouté. La finale emporte tout en un souffle d'épices.

- Beaujolais 2017 — 8,50 € — 16
- Beaujolais-Villages Non filtrée 2017 — 7,50 € — 16
- Brouilly Terre de Combiaty 2017 — 10 € — 16,5
- Fleurie Clos des Déduits 2018 — 11 € — 15
- Juliénas Les Bottières 2017 — 11 € — 16

Le coup de ♥

- Moulin à Vent les Burdelines 2017 — 13,50 € — 17

Rouge : 32 hectares.
Gamay noir à jus blanc 100 %
Blanc : 5 hectares.
Chardonnay 100 %
Production moyenne : 220 000 bt/an

MANOIR DU CARRA
Le Carra, 69640 Denicé
04 74 67 38 24 • www.manoir-du-carra.com
• Vente et visites : au domaine sur rendez-vous.
Propriétaire : Damien et Jean-Frédéric Sambardier

DOMAINE GUILLAUME CHANUDET

Guillaume Chanudet, cinquième génération de vignerons à Fleurie, appartient à cette jeune garde qui change les numéros, mais pas les codes. C'est lui le "p'tit chat" de ses étiquettes joliment décalées. Si l'homme est jeune, son vignoble, fondé en 1920, affiche de vénérables ceps soixantenaires, répartit entre les sols de la Madone et Prion. Les vinifications sont peu interventionnistes, les levures indigènes et la semi-macération carbonique de mise. Les vins, d'abord vinifiés en ciment, s'affinent en inox avec peu, ou pas, de soufre en élevage. Cette courte gamme donne une vision du gamay dont la digestibilité est la marque de fabrique.

Les vins : le gamay est pimpant dans La patte du P'tit Chat. Son pur nez de rose rouge augure d'un jus gouleyant, dans le bons sens du terme. Il ne verra pas la cave. La Madone délivre une saveur généreuse de cerise rouge. La mâche sucrée de son tanin rappelle la chaleur du millésime, sans étouffer la digestibilité de sa finale. L'esprit des Petits Bois constitue un fond de vin mûr aux tanins veloutés, au nez charmeur. Son jus tactile en fait un vin de demi-garde. En continuant sur cette ligne de fruit, Guillaume Chanudet est en route pour l'étoile.

- Fleurie La Madone 2018 — 12 € — 16
- Moulin-à-Vent Les Petits Bois 2018 — 12 € — 16

Le coup de ♥

- Fleurie La Patte du P'tit Chat 2017 — 14 € — 16,5

Rouge : 5 hectares.
Gamay noir à jus blanc 100 %
Production moyenne : 8 000 bt/an

DOMAINE GUILLAUME CHANUDET
Prion 69820 Fleurie
06 79 12 83 57 •
chanudet.guillaume@gmail.com • Vente et visites : au domaine sur rendez-vous.
Propriétaire : Guillaume Chanudet

DOMAINE RAPHAËL CHOPIN

Né un jour de Beaujolais nouveau, Raphaël Chopin a rencontré le gamay dès le berceau ! Artisan de la résurrection des terroirs oubliés, comme celui de Lantignié en Beaujolais-Villages, il est devenu "le petit prince de Régnié" avec des cuvées ambitieuses aux élevages longs, tranchant avec la mode locale d'un cru primeur. Travail des sols, viticulture raisonnée, tri lors de la récolte et maîtrise des températures constituent les bases de sa vision du gamay. Ses vins sont identitaires et soignés. Il accueille avec plaisir à la cave où les bouchons sautent entre deux sourires.

Les vins : le morgon viendra en apéritif réveiller votre appétit. Les Braves s'exprime avec des notes de pot-pourri qui passent du nez à une saveur large et désaltérante. Une cuvée au fruit intégral. Caprice livre une expression stylistique où le bois fait sa part. La texture dégage une saveur à la rondeur enrobante. Buvez-le dès maintenant. La Ronze propose sous un voile noir des parfums sensibles de roses anciennes. Avec son fruit et son volume charnu, c'est du pur plaisir. La Savoye est un rouge gourmand à la chair veloutée de burlat. Sa fine acidité réveille les papilles en fin de parcours. L'ensemble de la gamme est hautement recommandable.

Beaujolais-Villages La Savoye 2018	10,50 €	15
Morgon Les Charmes 2016	12,50 €	17
Régnié Caprice 2016	15,50 €	16
Régnié La Ronze 2018	12,50 €	16
Régnié Les Braves 2018	16 €	17

Rouge : 6,5 hectares.
Gamay noir à jus blanc 100 %
Blanc : 0,4 hectare.
Production moyenne : 30 000 bt/an

DOMAINE RAPHAËL CHOPIN
La Savoye, 69430 Lantignié • www.domaine-raphael-chopin.fr • Vente et visites : au domaine sur rendez-vous. Du lundi au samedi de 9h à 19h.
Propriétaire : Raphaël Chopin

NOUVEAU DOMAINE

CLOS DE MEZ

S'il y avait un panneau au Clos de Mez on pourrait y lire "Marie-Élodie Zighera vigneronne-artisane" ! Son vignoble (certifié bio en 2019) se divise en deux crus dont Fleurie est le centre. Pasionaria de la vendange entière, elle n'a pas acheté de raisin malgré les grêles récentes qui ont touché ses fleuries. Depuis son premier millésime, en 2006, elle a évolué vers des cuvées toujours structurées, mais laissant davantage de place à la digestibilité. Un hiver en fût, un en masse et un en bouteille, voilà pourquoi ses millésimes semblent anciens au milieu de la course au vin facile.

Les vins : Mademoiselle M s'ouvre sur un parfum de clafoutis aux cerises entêtant. Sa texture croquante prolonge le nez avec une digestibilité sincère. Une bouteille qui va fleurir sur les bars. La Dot 2016 offre des senteurs de bois de rose et de tubéreuse. Au palais, le vin garde un équilibre parfait entre chair gourmande et tanin clair. La Dot 2015 à besoin de prendre l'air pour faire respirer sa concentration florale. En bouche, sa densité est pulpeuse comme une cerise marmotte. Il garde de la fraîcheur malgré le millésime solaire et fera date.

Fleurie La Dot 2015	22 €	17
Fleurie La Dot 2016	22 €	17
Fleurie Mademoiselle M 2017	14 €	16

Rouge : 5,3 hectares.
Gamay noir à jus blanc 100 %
Production moyenne : 20 000 bt/an

CLOS DE MEZ
Les Raclets, 69820 Fleurie • www.closdemez.com • Vente et visites : au domaine sur rendez-vous.
Propriétaire : Marie-Élodie Zighera-Confuron

CLOS DE LA ROILETTE

Le Clos de la Roilette est aux mains de la famille Coudert depuis 1967, Alain ayant signé sa première vendange en 1982. Composé de 14 hectares, le domaine s'est agrandi en 2005, avec la reprise d'une parcelle de Brouilly, située sur le village de Saint-Lager. À Fleurie, les vieilles vignes entourent la cave. Notons également 3 hectares dans le secteur de Champagne, situé au sud-ouest du village. Le style des vins est sans fioritures. Au programme, vinification classique en vendange entière et élevage en foudre de chêne usagé. La cuvée Les Griffes du Marquis subit un élevage de douze mois en barrique. Ces vins au joli potentiel de garde se montrent denses et charnus.

Les vins : le domaine ne nous ayant pas fait parvenir ses vins cette année, nous sommes amenés à reconduire les notes de notre édition précédente.

Fleurie Cuvée Tardive 2016	11,50 €	17

➨ Fleurie Les Griffes du Marquis 2015 — 16 € — 16

Rouge : 14 hectares.
Gamay noir à jus blanc 100 %
Production moyenne : 60 000 bt/an

CLOS DE LA ROILETTE
La Roilette, 69820 Fleurie
04 74 69 84 37 •
clos-de-la-roilette@wanadoo.fr • Vente et visites : au domaine sur rendez-vous.
De 8h à 12h et de 14h à 18h.
Propriétaire : Alain Coudert

DOMAINE DAMIEN COQUELET

Dans la mouvance de son beau-père Georges Descombes, Damien Coquelet débute son métier de vigneron en 2007 dans un esprit de vinification en raisins entiers, et sans soufre en élevage. Il reprend les vignes de l'ancien domaine Pierre Savoie et y exploite un morceau de roi : 4 hectares de Morgon sur la célèbre Côte du Py. Ses deux chiroubles sont des références, qui associent le juteux du fruit à la volupté de la gourmandise. Le Vieilles Vignes, issu des parcelles des Saignes et du col de Truges, est plus ample.

Les vins : le domaine ne nous ayant pas fait parvenir ses vins cette année, nous sommes amenés à reconduire les notes de notre édition précédente.

➨ Chiroubles Vieilles Vignes 2016 — 17 € — 16
➨ Morgon Côte du Py Vieilles Vignes 2016 — 17 € — 17

Rouge : 10 hectares.
Gamay noir à jus blanc 100 %
Production moyenne : 50 000 bt/an

DOMAINE DAMIEN COQUELET
Les Bourrons 69820 Vauxrenard
04 74 02 80 85 •
damiencoquelet@hotmail.fr • Visites : sans rendez-vous.
De 8h à 12h et de 14h à 18h.
Propriétaire : Damien Coquelet

JULIEN DUPORT

Enfant, ce natif du Forez se voyait "pompier-vigneron". Aujourd'hui, il a réussi à éteindre la soif de gamay de nombre d'amateurs ! Julien Duport a repris en 2003 le vigneronnage qui est dans sa famille depuis 1916. Partisan du labour, même dans ses terroirs les plus pentus, comme sur le sol vertigineux de La Boucheratte, il ne fait rien à moitié. Il plante en haute densité, enherbe les rangs de vignes et passe les gamays qu'il replante en cordon de Royat double. Moitié en Brouilly et moitié en Côte de Brouilly, ses crus sont denses et dignes de vivre en cave. Les millésimes affinent son talent.

Les vins : le domaine a choisi de présenter à nouveau des vins de 2017, désormais tous en bouteille. Nous en retenons deux. Le jus d'Empreintes offre la fraîcheur minérale du secteur avec une colonne vertébrale de prune. À garder pour mieux y revenir. Le Lieu-Dit Brouilly libère du santal et du vétiver. Nette et pure, sa trame se serre autour du noyau de la prunelle.

➨ Côte de Brouilly Empreintes 2017 — 15 € — 16
➨ Côte de Brouilly Lieu-dit Brouilly 2017 — 12 € — 17

Rouge : 7 hectares.
Gamay noir à jus blanc 100 %
Blanc : 0,5 hectare.
Chardonnay 100 %
Production moyenne : 25 000 bt/an

JULIEN DUPORT
56, route de la Chapelle, Brouilly,
69460 Odenas
04 74 03 44 13 • jul.duport@wanadoo.fr •
Visites : sans rendez-vous.
Propriétaire : Julien Duport

DOMAINE DE FA

Tandis que nombre de vignerons du Rhône nord achètent au sud, Antoine et Maxime Graillot, viticulteurs reconnus sur Crozes-Hermitage, sont partis au nord. En 2013, ils reprennent 5 hectares de coteaux très caillouteux sur granite, dans les hauteurs de Saint-Amour qu'ils conduisent en biodynamie. En parallèle, ils font l'acquisition de 3 hectares au nord de Fleurie sur le lieu-dit Roche Guillon. Vinifiés en grappe entière et en cuve béton, les vins sont ensuite élevés en foudre de 20 et 30 hectolitres. L'expression des vins met autant le fruit que le sol en avant. Nous attendons vivement que de nouvelles cuvées voient le jour !

Les vins : le millésime 2017 n'a pas confirmé la haute tenue d'un 2016 éclatant. Le beaujolais En Besset exhale des notes florales et végétales de pivoine en bouton. Le jus est dense, le tanin ferme. Il laisse une trace fraîche mais qui tombe rapidement. Le fleurie Roche Guillon présente une robe pourpre. Son élégance aromatique marie rose ancienne et lilas. Sa texture aux tanins fermes, proche du marc de raisin, est fine : déjà bon, il ne sera que meilleur dans deux ans.

Beaujolais En Besset 2017	15 €	15
Fleurie Roche Guillon 2017	22 €	16

Rouge : 8,00 hectares.
Gamay noir à jus blanc 100 %
Production moyenne : 35 000 bt/an

DOMAINE DE FA
Faye, 71700 Boyer
04 75 84 67 52 •
contact@domainegraillot.com • Pas de visites.
Propriétaire : Antoine et Maxime Graillot

NOUVEAU DOMAINE

DOMAINE MARCEL JOUBERT

Carine Joubert, millésime 1974 et fille de Marcel, incarne depuis 2016 la cinquième génération familiale en Beaujolais. Son arrière grand-père fut l'un des fondateurs du cru Brouilly. Elle poursuit le travail entamé par son père, ami du grand vigneron Georges Descombes, utilisant comme lui la méthode de Jules Chauvet. Certifié bio depuis 2009 (idem pour les achats de raisins) elle pousse les macérations jusqu'à 45 jours et met en bouteille parfois deux ans après la récolte. Pour cet ex-responsable des ressources humaines, le temps produit des "vins simples" (comprendre à boire). Si le domaine exporte beaucoup et reçoit peu, vous trouverez du Joubert chez nombre de cavistes.

Les vins : le villages offre un jus mauve aux notes de fleurs. Suave en attaque, sa bouche libère une minéralité saline pénétrante. Le chiroubles, parfaitement équilibré, présente le caractère floral-végétal des hauteurs du cru. Une bouteille à partager. Grès Roses livre un profil de brouilly de côte, au parfum de pierre chaude et d'iris, à la finale large et salivante. Le brouilly Vieilles Vignes explore le côté nature du gamay. Si le nez est en attente, la bouche demeure solide comme le granit. Le Côte du Py exprime la pierre bleue désagrégée du sol. Le jus est granuleux, le tanin souple cache une saveur épicée désaltérante : encavez-le. Après une macération importante, le carmin dense de Renaissance dévoile un pot-pourri de roses au nez. Son fruit éclatant évoque la cerise rouge. Sa terminaison saline le rend encore plus digeste. Si le nez du fleurie affiche une légère déviance, sa chair n'en est pas moins gourmande, et il fera des ravages au comptoir.

Beaujolais-Villages Cuvée à L'Ancienne 2017	7 €	15
Brouilly Les Grès Roses 2016	12 €	17
Brouilly Vieilles Vignes 2017	10 €	15
Chiroubles 2016	9 €	15
Fleurie Vieilles Vignes 2018	11 €	15
Morgon Côte du Py 2017	11 €	16

Le coup de ♥

Brouilly Renaissance 2016	14 €	17

Rouge : 9 hectares.
Gamay noir à jus blanc 100 %
Achat de raisins.
Blanc : 1 hectare.
Chardonnay 100 %
Achat de raisins.
Production moyenne : 50 000 bt/an

DOMAINE MARCEL JOUBERT ♣
361, route des Grandes Granges,
69430 Quincié-en-Beaujolais •
domaine.joubert@hotmail.fr • Vente et visites : au domaine sur rendez-vous.
Propriétaire : Carine Joubert

CHÂTEAU DE LAVERNETTE

Sur le mamelon rocheux de Chaintré, entre Beaujolais et Mâconnais, le château de Lavernette abrite une famille en or. En 1988, Bertrand de Boissieu retire de la coopération les vignes familiales. Son fils Xavier rentre en 2003 des États-Unis avec Kerrie, une œnologue qui deviendra sa femme et bras droit. Installé en 2007, il débute une double certification bio et biodynamique, validée en 2010. L'essentiel des cuvées passent deux hivers en cave. Les gamays font montre d'élégance et de cette sève propre à la vinification en grappes entières. Les blancs vieillissent avec grâce.

Les vins : Granit est un vin mousseux élaboré à partir de gamay et élevé près de deux ans sur lattes. Sans dosage, sa bulle claque sur la poire d'été. Dans le beaujolais blanc, l'élevage en cuve béton met les agrumes en avant. Avec sa texture aussi mûre que fraîche, c'est LA bouteille pour se faire des amis. Jean-Jacques de Boissieu est un pouilly de grande classe où le bois de santal passe dans une bouche à l'extrait sec imposant. Sa persistance signe la valorisation de son terroir. Maison du Villard est un pouilly au nez de pierres chaudes. Son attaque grasse fait place à une saveur plus large que longue qui se mariera avec des poissons de rivière. Le villages souffle la fraîcheur de la pivoine. Son fruit est sincère et offre une finesse tannique qui évoque un fleurie. Châtelet est un saint-amour tout en finesse aromatique, à la saveur florale de pollen. Né d'un élevage de vingt-deux mois, Le Clos Jadis met en lumière les roses anciennes. Parfaitement digeste et naturellement équilibré, il termine par une touche saline désaltérante. Le Clos est un beaujolais hors-norme au parfum complexe de santal et de vétiver. La fraîcheur de sa matière trouve un équilibre avec sa digestibilité. Enfant prodige, il traversera le temps avec noblesse. Si 2018 confirme la cohérence de la gamme, la première étoile brillera demain.

Beaujolais Les Vignes de la Roche 2017	10,70 €	16,5
Brut Nature Granit	14 €	15
Pouilly-Fuissé Jean-Jacques de Boissieu 2016	20,50 €	16,5
Pouilly-Fuissé Maison du Villard 2017	18 €	15,5
Beaujolais-Leynes Le Clos 2017	11,50 €	16,5
Beaujolais-Leynes Le Clos Jadis 2016	16 €	15,5
Beaujolais-Villages 2017	9,20 €	14,5
Saint-Amour Le Châtelet 2016	20 €	15,5

Rouge : 7 hectares.
Gamay noir à jus blanc 100 %
Blanc : 6 hectares.
Chardonnay 100 %
Production moyenne : 60 000 bt/an

CHÂTEAU DE LAVERNETTE
La Vernette, 71570 Leynes
03 85 35 63 21 • www.lavernette.com •
Vente et visites : au domaine sur rendez-vous.
Propriétaire : Famille de Boissieu

DOMAINE DE LA MADONE

Jean-Marc Després est un vigneron discret qui vous parle avec le regard... et avec ses vins ! Son fils Arnaud le rejoint en 2005 dans ce domaine qui s'étend tout autour de la colline de la Madone, en surplomb du village de Fleurie. Il reprend alors les vignes de son arrière-grand-père qu'il distribue sous l'étiquette Domaine Niagara, modifie la conduite de la vigne et plante de nouvelles parcelles dont du viognier sur granite. Pour la qualité de son accueil, la franchise des ses vins et la gourmandise de son auberge, La Madone est une étape heureuse en Beaujolais.

Les vins : La Madone offre des volutes parfumées de rose ancienne et de tubéreuse. Le fruit est ample, juteux, avec une terminaison digeste. Laissez-lui une année pour joliment exprimer le cru. Domaine Niagara attire les gourmands avec son parfum de fraises au sucre. C'est un vin franc à mettre dans toutes les bouches. Le fleurie Vieilles Vignes évoque un granite aussi rose que la fleur du même nom. Le jus est souple, voluptueux et laisse la bouche nette. À encaver.

VDF Viognier 2018	15 €	14
Fleurie Madone 2018	9,50 €	16
Fleurie Madone Vieilles Vignes 2017	13 €	15

Rouge : 17 hectares.
Gamay noir à jus blanc 100 %
Blanc : 0,5 hectare.
Viognier 100 %

DOMAINE DE LA MADONE
La Madone, 69820 Fleurie
04 74 69 81 51 •
www.domaine-de-la-madone.com • Vente et visites : au domaine sur rendez-vous.
Propriétaire : Jean-Marc Després
Maître de chai : Arnaud Després

DOMAINE DES MARRANS

Quand son géniteur se présente, c'est avec une fierté non dénuée d'humour : « Je suis le père de Mathieu Mélinand. » Évoquant sa reprise des 20 hectares familiaux en 2008, après des expériences dans l'hémisphère sud, Mathieu répond : « Je n'ai pas eu le choix et en même temps je l'ai eu ! ». Chacun de ses quatre crus avoue un âge mûr, entretenu par une replantation annuelle de pieds manquants. Tous les vins sont vinifiés avec des levures indigènes et élevés en grand foudre. Ils possèdent des textures pulpeuses, mais pas extraites, avec une maturité de fruit quasi parfaite comme signature de bouche.

Les vins : le villages constitue un très bon rapport prix-plaisir. Le costume pourpre du morgon cache une senteur de pierres délitées très typée et de réglisse. Dès la mise en bouche, le style enveloppant du vigneron accompagne la force tranquille du fond de vin. Aux Côtes offre tous les accents du chiroubles bien né et bien vinifié. Un standard du cru par sa chair et sa digestibilité solaire. Le foudre et l'égrappage à 70 % de la cuvée Lattitude 46.17 offrent un nez voluptueux de confiture de cerises fraîches, qui se poursuit dans une saveur souple et sucrée. Champagne explore avec finesse le bosquet de vieilles roses et délivre une saveur crémeuse. Parfaitement mûr, il est armé pour vieillir en douceur. Le parfum concentré fait ressortir le marc frais du juliénas tiré sur cuve. Sa trame tactile au grain de pierre bleue suggère plus d'élevage. Clos du Pavillon développe un parfum suranné de violette et une texture sucrée : un vin signé par son terroir. Cette gamme cohérente met le domaine sur la bonne voie.

Beaujolais-Villages 2018	9 €	15
Chiroubles Aux Côtes 2017	13,50 €	16
Fleurie Clos du Pavillon 2017	18 €	16
Fleurie Lattitude 46.17 2017	12,50 €	15
Juliénas 2017	13,50 €	16
Morgon Corcelette 2017	14 €	16

Le coup de ♥

Fleurie Champagne 2017	15,50 €	17

Rouge : 19,5 hectares.
Gamay noir à jus blanc 100 %
Blanc : 0,5 hectare.
Chardonnay 100 %
Production moyenne : 100 000 bt/an

DOMAINE DES MARRANS
Les Marrans, 69820 Fleurie
04 74 04 13 21 •
www.domainedesmarrans.com • Vente et visites : au domaine sur rendez-vous.
Propriétaire : Famille Mélinand
Directeur : Mathieu Mélinand

DOMAINE DES NUGUES

Au carrefour des crus, la famille Gelin produit majoritairement des beaujolais et des beaujolais-villages. Quelques parcelles à Morgon (1 hectare) et Fleurie (6 hectares) complètent une gamme qui va du VDF à la crème de cassis maison. Les vins ressemblent à leur auteur, Gilles Gelin : riches en couleur avec un tanin fruité, ils se livrent dans le temps. Son blanc est un chardonnay métronome en Beaujolais-Villages, qu'il continue de planter sur des terres appropriées. Sa version en gamay montre l'excellence du terroir de Lancié quand il est travaillé avec des rendements ajustés.

Les vins : le morgon exhale un nez terrien aussi puissant que la bouche : un classique. Né sur les sols argilo-granitiques de Lancié, Quintessence propose un concentré de gamay. À la fois frais et charnu, parsemé de petites touches d'herbes folles, c'est un vin de longue garde. 84 % de syrah donnent un côté fumé et septentrional au VDF, pur jus de fruit. Déjà présenté l'an passé, le villages blanc a gardé la saveur gourmande des fruits blancs dans une matière mûre. Il est à boire. Le Gamaysco offre un jus savoureux. Servie fraîche, cette curiosité liquide évoque un prosecco, avec davantage de mâche.

VDF Gamaysco	12 €	15
Beaujolais-Villages 2017	8 €	15
Beaujolais-Villages Quintessence du Gamay 2014	15 €	16
Morgon 2017	14 €	17
VDF Elle et Lui 2016	14 €	16

Rouge : 31,52 hectares.
Gamay noir à jus blanc 98 %, Syrah 2 %
Blanc : 3,13 hectares.
Chardonnay 100 %
Production moyenne : 240 000 bt/an

DOMAINE DES NUGUES
Les Pasquiers, 40, rue de la Serve, 69220 Lancié
04 74 04 14 00 •
www.domainedesnugues.com • Vente et visites : au domaine sur rendez-vous.
Propriétaire : Gilles Gelin

DOMAINE DE LA PIROLETTE

Ancienne cadre commerciale en tonnellerie, Virginie Barbet a racheté ce domaine en 2013 avec son mari Grégory et quelques amis investisseurs. Les vinifications se font égrappées ou en raisins entiers suivant les cuvées. Mais toujours avec un "chapeau grillé" accompagné de remontage et délestage pour une extraction en douceur. Elle élève ensuite en fût de chêne français et dans des œufs béton leurs différentes cuvées parcellaires qui comptent parmi les terroirs les plus identitaires du cru. Ils font aujourd'hui partie des rares domaines qui redonnent le rang de cru à Saint Amour.

Les vins : le jus du saint-amour évoque le lilas et le lys. Sa trame vineuse offre de la largeur et beaucoup de fraîcheur dans sa finale : de quoi égayer votre automne. La Poulette distille des arômes de cerise marmotte. Élevé seize mois en œuf béton, le fruit apparaît éclatant comme un diamant brut. La cave le polira.

Saint-Amour 2017	15 €	15
Saint-Amour La Poulette 2017	20 €	16

Rouge : 15 hectares.
Gamay noir à jus blanc 100 %
Production moyenne : 39 800 bt/an

DOMAINE DE LA PIROLETTE
La Pirolette, 71750 Saint-Amour Bellevue
03 85 37 15 00 •
www.domainedelapirolette.com • Vente et visites : au domaine sur rendez-vous.
Propriétaire : Grégory Barbet
Œnologue : Yoan Pitoiset

NOUVEAU DOMAINE

DOMAINE RICHARD ROTTIERS

Lion au cœur rouge, Richard Rottiers fait partie de la génération qui a mis en valeur les climats du Beaujolais. Ingénieur spécialisé en agriculture et environnement, il se passionne pour la vie des sols. Après une expérience en Nouvelle-Zélande, cet enfant de Chablis pose ses valises à Romanèche-Thorins. Il vinifie 2003 à Fleurie, puis se forme à la vigne et en cave durant trois ans au Château Thivin. En 2008, il reprend un domaine en fermage sur Moulin-à-Vent qu'il travaille en bio. Pour lui, « la vigne décide, elle est plus forte que celui qui la travaille ». Voici, résumée, la modestie des grands vignerons.

Les vins : le beaujolais-villages se parfume de lilas en bouton. Avec sa saveur croquante de cerise noire, c'est un villages au niveau d'un cru, qui sera meilleur dans deux ans. Produit à partir d'achat de raisins, le brouilly flirte au nez avec les fraises au sucre. La bouche suit, dynamique, dans une saveur acidulée de groseilles : à déboucher. Produit en bio, le moulin-à-vent joue avec les fleurs mauves. Le fruit est délicat. Son tanin finement nervuré se tient sur ses deux jambes, et pourra courir loin... Issu d'un assemblage, Foudres révèle un élevage en foudre traditionnel qui amène une aromatique patinée. Sa saveur large offre tous les charmes d'un moulin-à-vent à maturité.

Beaujolais-Villages 2017	9 €	15
Brouilly 2017	12 €	15
Moulin-à-Vent 2017	16 €	17
Moulin-à-Vent Foudres 2017	13 €	16

Rouge : 7 hectares.
Gamay noir à jus blanc 100 %
Production moyenne : 30 000 bt/an

DOMAINE RICHARD ROTTIERS ♣
La Sambinerie, 71570 Romanèche-Thorins
03 85 35 22 36 •
www.domainerichardrottiers.com •
Visites : sans rendez-vous.
De 8h à 17h.
Propriétaire : Richard Rottiers

DOMAINE CHRISTOPHE SAVOYE

C'est au centre du village de Chiroubles, sur le balcon vert du Beaujolais, que Christophe, sixième génération, exploite 16,5 hectares dont 14 situés dans son cru. Vinifiant en (classique) semi-macération carbonique, il érafle dans les parcelles où les raisins ne sont pas à maturité. Il commercialise tout en bouteille et à un prix juste, celui auquel le chiroubles devrait être vendu. La gamme est construite autour d'une chair dense, où le fruit dégage ses épaules d'un tanin franc. Les vins sont à l'image de leur géniteur : il vous parlent avec générosité jusqu'à leur sortie de cave.

Les vins : l'importante cuvée (30 000 cols) de Loïc en 2018 réveille le nez par son parfum atomique de pot-pourri de roses. Joyeux et gourmand en diable, il séduit par sa haute buvabilité. Loïc 2017 continue d'être une des références du cru : la pivoine fraîche règne en majesté sur le nez tandis que sa texture enrobante caresse la langue. Un vin authentique et signé. Issu de ceps octogénaires, Cuvée Prestige déploie un parfum sensuel de rose ancienne. D'abord fraîche, sa matière bouscule les papilles par sa sévérité tannique. Cette vieille dame peut encore prendre de l'âge mais aime déjà les plats épicés. Né sur les schistes, le morgon plaît par son parfum floral de pivoine. Plus large que long, un peu de cave l'affinera. Une vigne centenaire donne au Cœur de Femme une concentration aromatique de bois de rose et de santal. Sa sapidité vous donne l'impression de manger une prune juste cueillie. La première étoile est proche.

Chiroubles Coeur de Femme 2015	19 €	16
Chiroubles Cuvée Loïc 2017	11,50 €	17
Chiroubles Cuvée Loïc 2018	11,50 €	16
Chiroubles Cuvée Prestige 2015	14 €	16
Morgon Cuvée Noémie 2017	11,50 €	15

Rouge : 16,5 hectares.
Gamay noir à jus blanc 100 %
Production moyenne : 55 000 bt/an

DOMAINE CHRISTOPHE SAVOYE
11, route de la Grosse Pierre, 69115 Chiroubles
04 74 69 11 24 • www.vins-chiroubles.com •
Visites : sans rendez-vous.
De 10h à 12h30 et de 14h à 18h30.
Propriétaire : Christophe Savoye

DOMAINE THILLARDON

Fils de coopérateur établi au sud du Beaujolais, Paul-Henri Thillardon a migré au nord, et s'est installé dès ses 22 ans, en 2008, à Chénas. Il rachète en 2012 le domaine de Chassignol. Son frère Charles le rejoint en 2014. Aujourd'hui, ils travaillent ensemble 12 ha en culture biologique, dont une grande partie labourée à cheval. Ils ont évolué vers une macération carbonique à froid avec sulfitage au soutirage, mais pas à la mise. Rejoints en 2017 par leur petit frère Jean-Baptiste, puis par leur grande sœur Aude en 2018, ils incarnent le renouveau du Beaujolais.

Les vins : le domaine ayant été grêlé à 95 % en 2017, nous reconduisons les notes de notre édition précédente.

Chénas Chassignol 2016	25 €	14
Chénas Les Blemonts 2016	20 €	16
Chénas Les Carrières 2016	17 €	16

Rouge : 11,3 hectares.
Gamay noir à jus blanc 100 %
Blanc : 0,7 hectare.
Chardonnay 100 %
Production moyenne : 40 000 bt/an

DOMAINE THILLARDON ♣
Les Brureaux 69840 Chénas
09 52 17 41 02 • paul-henri.t@hotmail.fr •
Vente et visites : au domaine sur rendez-vous.
Propriétaire : Charles et Paul-Henri Thillardon

"Le vignoble bordelais n'a jamais produit autant de grands vins qu'aujourd'hui, et nombre d'entre eux sont proposés à des prix extrêmement raisonnables. Une opportunité pour (re)découvrir une région plus diverse et accessible qu'on ne le pense."

Olivier Poels, dégustateur des vins de Bordeaux
Membre du comité de dégustation de La Revue du vin de France

BORDEAUX

LES APPELLATIONS

Très vaste région viticole, Bordeaux peut être découpé en différents secteurs géographiques. Chacun d'entre eux propose des vins aux profils différents. Voici les principales zones de production.

L'ENTRE-DEUX-MERS

Cette zone est située dans ce vaste triangle très vallonné, entre la Dordogne et la Garonne. L'AOC Entre-deux-Mers produit des vins blancs secs, floraux et frais ; l'AOC Cadillac Côtes de Bordeaux, dont les vignes sont plantées sur les coteaux dominant la Garonne, depuis Bordeaux jusqu'à Cadillac, produit des vins rouges simples et fruités. Les appellations Cadillac, Loupiac et Sainte-Croix-du-Mont, situées face au Sauternais, sur la rive droite de la Garonne, livrent des vins liquoreux qui peuvent donner, dans les bonnes années, de très belles bouteilles à des prix doux. Enfin, l'AOC Bordeaux Haut-Benauge au cœur de l'Entre-deux-Mers produit des vins moelleux et quelques blancs secs et rouges.

LES CÔTES DE BORDEAUX

Cet ensemble regroupe cinq appellations situées sur les coteaux le long de la Dordogne et de l'estuaire de la Gironde. Blaye Côtes de Bordeaux, Côtes de Bourg et Castillon Côtes de Bordeaux sont les plus renommées grâce à leurs vins rouges pleins et gourmands. Les meilleurs vins de Castillon peuvent rivaliser avec les crus de Saint-Émilion. Francs Côtes de Bordeaux est un petit vignoble en progrès, où quelques domaines sont au-dessus du lot. Sainte-Foy Bordeaux se révèle petit à petit.

LE LIBOURNAIS

Les appellations situées autour de la ville de Libourne comptent, à l'ouest, Fronsac et Canon-Fronsac, dont les vins rouges charnus et profonds rappellent ceux de Pomerol au vieillissement. Les satellites de Saint-Émilion (Lussac Saint-Émilion, Montagne Saint-Émilion, Puisseguin Saint-Émilion, Saint-Georges Saint-Émilion) élaborent des vins d'un style comparable, mais moins fin que celui des crus de Saint-Émilion. Au nord de Pomerol, l'AOC Lalande de Pomerol progresse grâce à quelques producteurs dynamiques dont les vins sont très proches de bons pomerols. Les AOC Saint-Émilion et Saint-Émilion Grand cru s'étendent sur 5 331 hectares au profil géographique contrasté : une partie méridionale située sur une plaine sablonneuse et une autre, plus intéressante, au nord, en côte et en plateau. À leur meilleur niveau, les vins de Saint-Émilion possèdent à la fois une structure bien définie et une chair étoffée et gourmande. Enfin, Pomerol, appellation très prestigieuse, et pourtant fort hétérogène, se situe au nord de Saint-Émilion. Mais une nouvelle dynamique amorcée par les plus prestigieux crus montre tout le potentiel de l'appellation. Les plus grands déploient un corps et un bouquet majestueux au vieillissement.

MÉDOC ET HAUT-MÉDOC

La presqu'île du Médoc compte deux vastes appellations régionales, l'AOC Médoc, située au nord de Saint-Estèphe, et l'AOC Haut-Médoc, qui se situe entre Blanquefort, à la périphérie de Bordeaux, et Saint-Estèphe. Leur qualité globale est inévitablement hétérogène. De très nombreux crus bourgeois de bon niveau s'illustrent.

LES COMMUNALES DU MÉDOC

Les appellations communales sont parmi les plus prestigieuses de Bordeaux. Les AOC Moulis

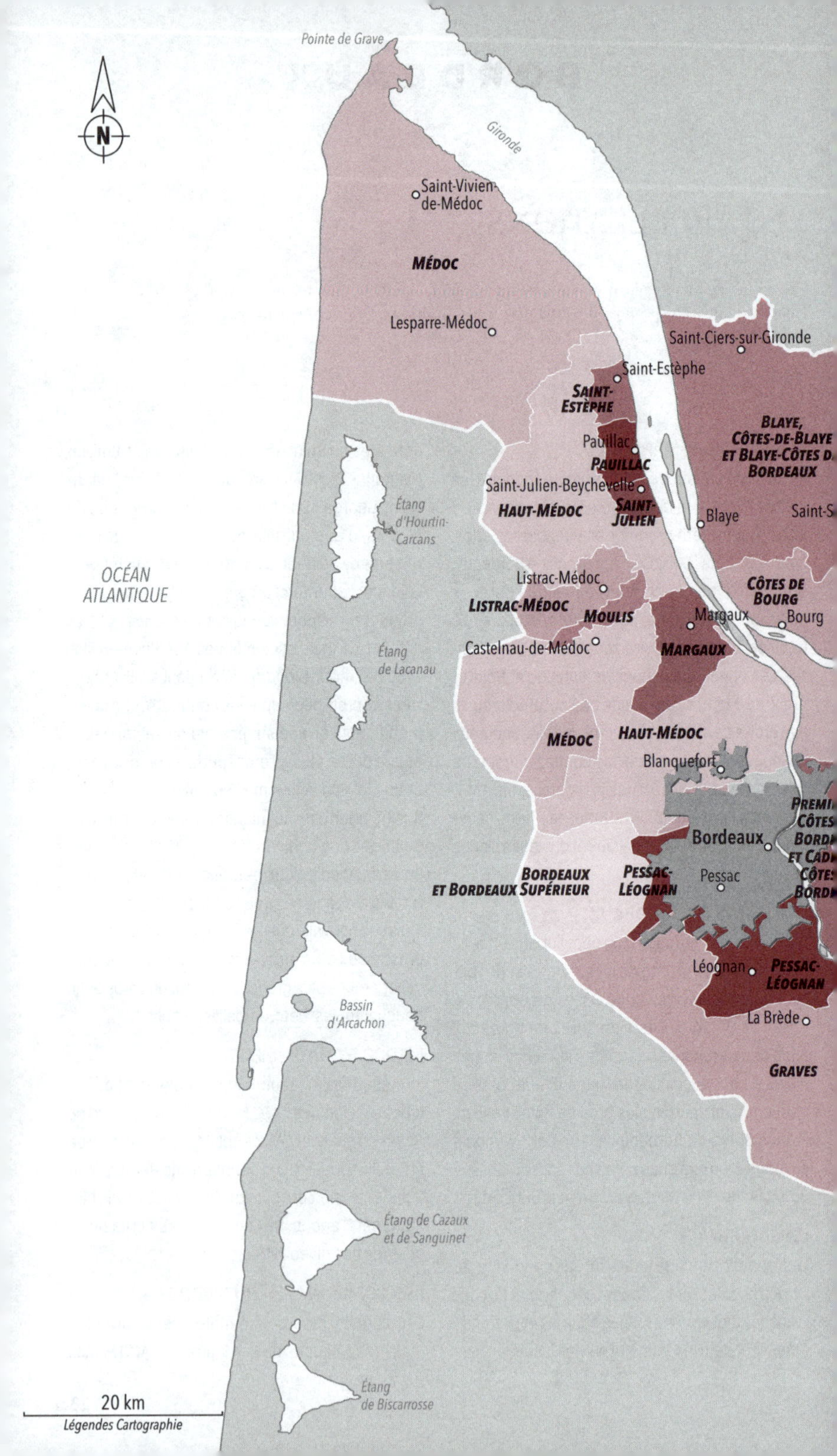

N
Pointe de Grave
Gironde
Saint-Vivien-de-Médoc
MÉDOC
Lesparre-Médoc
Saint-Ciers-sur-Gironde
Saint-Estèphe
SAINT-ESTÈPHE
BLAYE, CÔTES-DE-BLAYE ET BLAYE-CÔTES D. BORDEAUX
Pauillac
PAUILLAC
Saint-Julien-Beychevelle
HAUT-MÉDOC
SAINT-JULIEN
Blaye
Étang d'Hourtin-Carcans
OCÉAN ATLANTIQUE
Listrac-Médoc
CÔTES DE BOURG
LISTRAC-MÉDOC
MOULIS
Margaux
Bourg
Castelnau-de-Médoc
MARGAUX
Étang de Lacanau
MÉDOC
HAUT-MÉDOC
Blanquefort
Bordeaux
BORDEAUX ET BORDEAUX SUPÉRIEUR
PESSAC-LÉOGNAN
Pessac
Léognan
PESSAC-LÉOGNAN
La Brède
GRAVES
Bassin d'Arcachon
Étang de Cazaux et de Sanguinet
Étang de Biscarrosse
20 km
Légendes Cartographie

Superficie
105 000 hectares

Cépages principaux
Vins rouges :
cabernet franc, cabernet-sauvignon, carmenère, malbec, merlot, petit verdot
Vins blancs :
muscadelle, sauvignon, sémillon

Volume produit en 2018
5 100 000 hectolitres

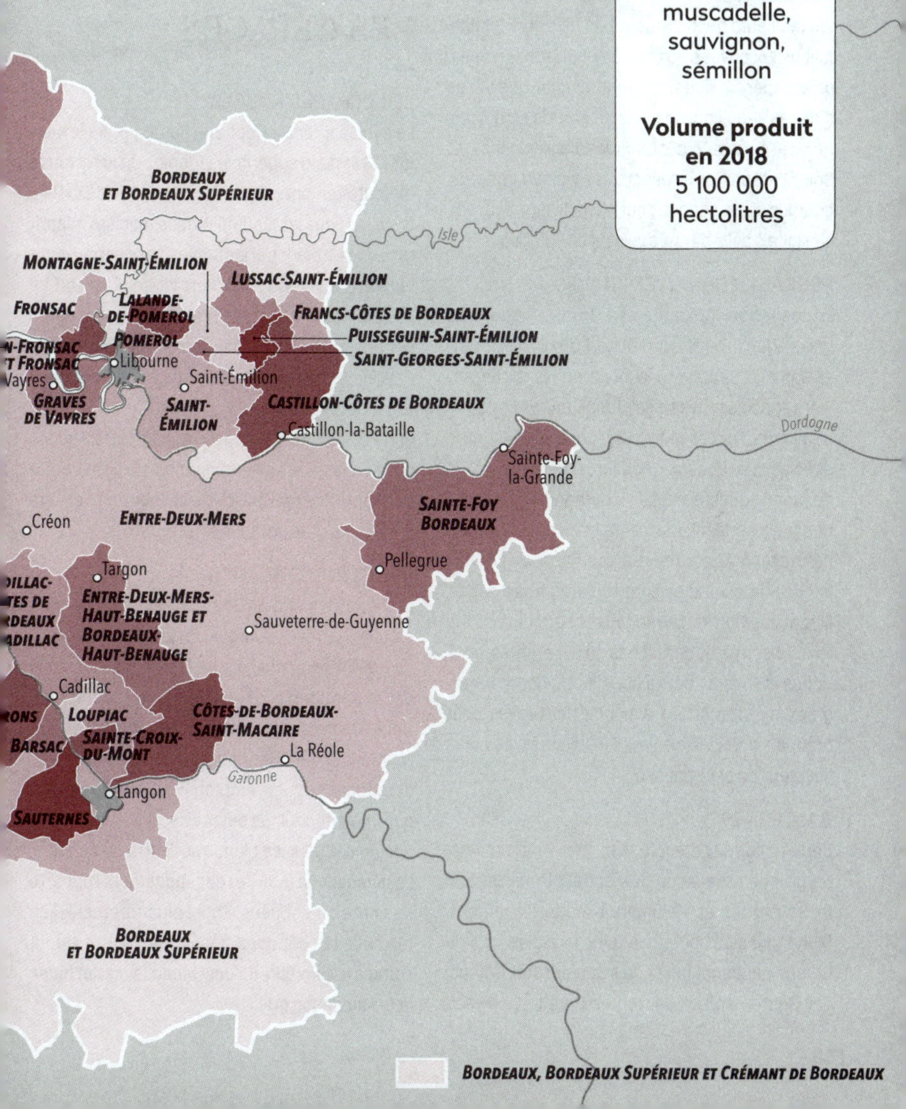

et Listrac, contiguës et situées un peu en retrait à l'intérieur des terres entre Margaux et Saint-Julien, produisent de bons vins, moins fins cependant que ceux des crus voisins. Du sud au nord, le long de l'estuaire de la Gironde, on découvre Margaux, réputée pour la finesse de ses vins dont les meilleurs ne manquent pas de corps ; Saint-Julien, aux cuvées structurées et harmonieuses, qui concentre une très grande majorité de crus classés ; Pauillac, ses vins de grande structure, racés et puissants, austères dans leur jeunesse ; et Saint-Estèphe, qui présente des vins charpentés, charnus et possédant, pour les meilleurs, une race similaire à celle de leurs voisins de Pauillac.

PESSAC-LÉOGNAN ET GRAVES

L'appellation régionale des Graves s'étend de Portets jusqu'au sud de Langon, à la limite du Lot-et-Garonne. Se caractérisant par son terroir de graviers appelés graves, elle produit des vins rouges équilibrés, fruités mais sans commune mesure avec ceux de Pessac-Léognan, et des vins blancs de grande qualité, pleins de personnalité. Malgré des progrès, le niveau d'ensemble demeure très hétérogène. Au nord des Graves, Pessac-Léognan jouxte Bordeaux et englobe tous ses crus classés, livrant des vins rouges sérieux et harmonieux, à la texture serrée, et des blancs en net progrès, gras, riches et frais. La petite appellation Cérons, intégrée dans une partie du vignoble des Graves, peut produire, dans les meilleurs millésimes, des vins liquoreux de belle finesse.

SAUTERNES

Cette région se caractérise par ses vins liquoreux de grande race issus des appellations Barsac et Sauternes et vieillissant magnifiquement. D'un style plus nerveux et plus frais, les vins de Barsac peuvent choisir de s'appeler soit Barsac, soit Sauternes, soit Sauternes-Barsac. Le niveau d'ensemble a très nettement progressé dans les années 1980, mais ces vins qui nécessitent des coûts et des soins de production énormes ne tolèrent pas la médiocrité.

LES CÉPAGES

LES CÉPAGES ROUGES

Le principal cépage rouge de Bordeaux est le **merlot** (66 % de la superficie viticole). On le retrouve majoritairement dans les appellations de la Rive droite et dans le Libournais, et de manière minoritaire dans le Médoc et les Graves. Le **cabernet-sauvignon** (23 % de la superficie viticole) se cultive principalement dans le Médoc et les Graves. Il confère toute leur distinction aux grands vins de Pauillac, Margaux et Saint-Julien. Le **cabernet franc** (9,5 % de la superficie) se concentre à Saint-Émilion et à Pomerol. Il est le cépage majoritaire d'Ausone et de Cheval Blanc. Plus marginaux, le **petit verdot** est planté dans le Médoc et le **malbec** reste encore présent du côté de Blaye et de Bourg.

LES CÉPAGES BLANCS

Le vignoble blanc de Bordeaux est devenu marginal et représente moins de 20 % de l'encépagement. Aujourd'hui, le principal cépage employé est le **sémillon** (47 % de l'encépagement), qui fait le charme des vins secs des Graves et surtout la grandeur des liquoreux de Sauternes. Le deuxième cépage employé est le **sauvignon**, notamment pour les blancs secs. On le retrouve également pour les blancs de l'Entre-deux-Mers. La **muscadelle** (5 % de l'encépagement) apporte des notes musquées. Enfin, plus rarement, l'on retrouve les cépages communs du Sud-Ouest comme le **colombard**, **l'ugni blanc**, le **merlot blanc** et le **sauvignon gris**.

LES CLASSEMENTS

Système hiérarchique traditionnel du vignoble bordelais, le premier classement officiel a été réalisé à l'occasion de l'Exposition universelle de Paris de 1855, à la demande de l'empereur Napoléon III. Ce classement consacre les crus du Médoc, en intégrant le château Haut-Brion, situé dans les Graves, et ceux du Sauternais. Il existe aussi le classement de Saint-Émilion créé en 1956 et révisable tous les dix ans, dont le dernier date de 2012. Enfin, le classement des vins de Graves a été créé en 1955 et révisé en 1959.

LE CLASSEMENT DU MÉDOC EN 1855

Premiers crus • Château Haut-Brion, Château Lafite Rothschild, Château Latour, Château Margaux, Château Mouton Rothschild.

Seconds crus • Château Brane-Cantenac, Château Cos d'Estournel, Château Ducru-Beaucaillou, Château Durfort-Vivens, Château Gruaud-Larose, Château Lascombes, Château Léoville-Barton, Château Léoville-Las-Cases, Château Léoville-Poyferré, Château Montrose, Château Pichon-Longueville Baron, Château Pichon-Longueville Comtesse de Lalande, Château Rauzan-Ségla, Château Rauzan Gassies.

Troisièmes crus • Château Boyd-Cantenac, Château Calon-Ségur, Château Cantenac-Brown, Château Desmirail, Château Ferrière, Château Giscours, Château d'Issan, Château Kirwan, Château La Lagune, Château Lagrange, Château Langoa Barton, Château Malescot Saint-Exupéry, Château Marquis d'Alesme-Becker, Château Palmer.

Quatrièmes crus • Château Beychevelle, Château Branaire, Château Duhart-Milon, Château Lafon-Rochet, Château La Tour Carnet, Château Marquis de Terme, Château Pouget, Château Prieuré-Lichine, Château Saint-Pierre, Château Talbot.

Cinquièmes crus • Château d'Armailhac, Château Batailley, Château Belgrave, Château Camensac, Château Cantemerle, Château Clerc Milon, Château Cos Labory, Château Croizet-Bages, Château Dauzac, Château Grand-Puy Ducasse, Château Grand-Puy-Lacoste, Château Haut-Bages Libéral, Château Haut-Batailley, Château Lynch-Bages, Château Lynch-Moussas, Château Pédesclaux, Château Pontet-Canet, Château du Tertre.

LE CLASSEMENT DU SAUTERNAIS EN 1855

Premier cru supérieur • Château d'Yquem.

Premiers crus • Château Climens, Château Clos Haut-Peyraguey, Château Coutet, Château Guiraud, Château Lafaurie-Peyraguey, Château Rabaud-Promis, Château de Rayne Vigneau, Château Rieussec, Château Sigalas Rabaud, Château Suduiraut, Château La Tour Blanche.

Seconds crus • Château d'Arche, Château Broustet, Château Caillou, Château Doisy-Daëne, Château Doisy-Dubroca, Château Doisy-Védrines, Château Filhot, Château Lamothe (Guignard), Château de Malle, Château Myrat, Château Nairac, Château Romer du Hayot.

LE CLASSEMENT DE SAINT-ÉMILION EN 2012

Premiers grands crus classés A • Château Angélus, Château Ausone, Château Cheval Blanc, Château Pavie.

Premiers grands crus classés B • Château Beauséjour (Duffau-Lagarosse), Château Beau-Séjour Bécot, Château Belair-Monange, Château Canon, Château Canon-la-Gaffelière, Château Figeac, Clos Fourtet, Château La Gaffelière, Château Larcis-Ducasse, Château La Mondotte, Château Pavie Macquin, Château Troplong-Mondot, Château Trottevieille, Château Valandraud.

Grands crus classés • Château L'Arrosée, Château Balestard-La-Tonnelle, Château Barde-Haut, Château Bellefont-Belcier, Château Bellevue, Château Berliquet, Château Cadet-Bon, Château Capdemourlin, Château Le Châtelet, Château Chauvin, Château Clos de Sarpe, Château La Clotte, Château La Commanderie, Château Corbin, Château Côte de Baleau, Château La Couspaude, Château Couvent des Jacobins, Château Dassault, Château Destieux, Château La Dominique, Château Faugères, Château Faurie de Souchard, Château De Ferrand, Château Fleur-Cardinale, Château La Fleur Morange, Château Fombrauge, Château Fonplégade, Château Fonroque, Château Franc-Mayne, Château Grand Corbin, Château Grand Corbin-Despagne, Château Grand-Mayne, Château Les Grandes Murailles, Château Grand-Pontet, Château Guadet, Château Haut-Sarpe, Clos des Jacobins, Château Jean Faure, Château Laniote, Château Larmande, Château Laroque, Château Laroze, Clos la Madeleine, Château La Marzelle, Château Monbousquet, Château Moulin du Cadet, Clos de L'Oratoire, Château Pavie-Decesse, Château Péby-Faugères, Château Petit-Faurie-de-Soutard, Château de Pressac, Château Le Prieuré, Château Quinault L'Enclos, Château Ripeau, Château Rochebelle, Château Saint-Georges-Côte-Pavie, Clos Saint-Martin, Château Sansonnet, Château La Serre, Château Soutard, Château Tertre-Daugay, Château La Tour-Figeac, Château Villemaurine, Château Yon-Figeac.

LE CLASSEMENT DES GRAVES EN 1959

En blanc: Château Bouscaut, Château Carbonnieux, Domaine de Chevalier, Château Couhins-Lurton, Château Laville Haut-Brion, Château Malartic-Lagravière, Château Olivier, Château La Tour-Martillac.

En rouge: Château Bouscaut, Château Carbonnieux, Domaine de Chevalier, Château Fieuzal, Château Haut-Brion, Château Haut-Bailly, Château Latour Haut-Brion, Château La Mission Haut-Brion, Château Malartic-Lagravière, Château Olivier, Château Pape Clément, Château Smith-Haut-Lafitte, Château La Tour-Martillac.

LES CRUS BOURGEOIS DU MÉDOC

Créé en 1932, le classement a été révisé en 2003. Contesté en justice en 2007, une nouvelle forme de classement, révisée chaque année et basée sur la dégustation en bouteille, a été mise en place depuis 2008. La plupart des crus bourgeois refusent de s'y soumettre, ce qui dévalorise cette classification annuelle.

EN GIRONDE, CAVES ET TABLES DE CHOIX

CHAMBRES D'HÔTES

LE LOGIS DE LA CADÈNE

Repris en 2013 par la famille de Boüard (château Angélus), les lieux abritent une table étoilée. L'hôtel a été entièrement rénové et agrandi pour un confort haut de gamme tout en gardant le charme des maisons du village (à partir de 207 € la nuit). Menus à partir de 39 €.

3, place du Marché-au-Bois,
33330 Saint-Émilion
Tél. : 05 57 24 71 40
www.logisdelacadene.fr

LA SAUTERNAISE

Didier Galhaud, infatigable ambassadeur du Sauternais dans le monde, et son épouse, ont transformé l'ancien office de dégustation du village en une charmante maison d'hôtes. Quatre chambres toutes équipées d'un élément de spa (hammam, sauna, balnéo, etc.), et une jolie terrasse. À partir de 120 € la nuit.

22, rue Principale, place de l'Église,
33210 Sauternes
Tél. : 06 78 00 64 18
www.chambres-sauternes.com

CHÂTEAU LE PAPE

Cette chartreuse du XVIIIe siècle, appartenant depuis 2012 à Robert G. Wilmers (propriétaire de Haut-Bailly depuis 1998), compte cinq chambres de 39 à 70 m², une piscine et même une vinothèque où l'on peut déguster tranquillement les vins du château. Comptez à partir de 220 € par nuit, le petit-déjeuner et la visite-dégustation de Haut-Bailly étant inclus.

25, chemin-le-Thil,
33850 Léognan
Tél. : 05 56 64 75 11
www.chateaulepape.com

CAVISTES

L'ESSENTIEL

Créé par Jean-Luc Thunevin, le propriétaire du château Valandraud, L'Essentiel est tout autant un caviste qu'un bar à vins. On peut y déguster les principaux grands crus classés de Bordeaux au verre.

6, rue Guadet, 33330 Saint-Émilion
Tél. : 05 57 24 39 76

LA CAVE D'ULYSSE

À Margaux, cette cave propose une bonne partie des grands crus bordelais ainsi qu'une belle sélection de vins étrangers et d'autres régions de France.

2, rue de la Trémoille,
33460 Margaux
Tél. : 05 57 88 79 94
www.caveulysse.com

RESTAURANTS

L'UNIVERRE

La carte des vins regroupe plus de 1 300 références et s'impose comme l'une des meilleures de Bordeaux. On y mange généreusement, sur le pouce ou à table.

40, rue Lecoq, 33000 Bordeaux
Tél. : 05 56 23 01 53
www.univerre-restaurant.com

L'AUBERGE DU PONT BERNET

Jean-Christophe Ollivier, élu meilleur sommelier de Suisse en 2011, propose 250 références de toute la France. En cuisine, Philippe Damas avance une cuisine de terroir (formule à partir de 10,50 € le midi en semaine) dans un excellent menu à 25 €.

1 160, route de Soulac,
33290 Le Pian-Médoc
Tél. : 05 56 70 20 19
www.pont-bernet.fr

NOTRE COUP DE ♥

ESCAPE GAME CHEZ RAYNE VIGNEAU

Le directeur du premier Grand cru classé, Vincent Labergère, a imaginé avec Vincent Gallé, chargé du tourisme au château, une activité d'un nouveau genre à Sauternes : un "Sweet Escape". Sur le principe des "escape games" à succès, il s'agit ici de retrouver, dans le temps imparti, et grâce à des indices disséminés dans une pièce, des pierres semi-précieuses cachées par un ancien propriétaire de Rayne Vigneau. De 15 à 38 € par personne.

4, Le Vigneau, 33210 Bommes
Tél. : 05 56 76 64 05
www.raynevigneau.fr

LE LION D'OR

Michaël Lemonnier revisite la cuisine du terroir qui a fait le succès de ce restaurant, dont le fameux lièvre à la royale. Menus à partir de 18 €.

11, route de Pauillac,
33460 Arcins-en-Médoc
Tél. : 05 56 58 96 79
www.leliondor-arcins.frw

FÊTES VIGNERONNES

MARGAUX SAVEURS DU 15 AU 17 NOVEMBRE 2019

Rencontres avec les viticulteurs, commerçants et restaurateurs locaux via plusieurs animations.

www.margaux-saveurs.com

BORDEAUX FÊTE LE VIN DU 18 AU 21 JUIN 2020

Quatre jours de fête pour découvrir les châteaux du vignoble bordelais.

www.bordeaux-fete-le-vin.com

BORDEAUX

★ ↗

CLOS DES LUNES

Ce domaine démontre la capacité des grands blancs secs dans le Sauternais. Une idée originale et singulière que nous devons à l'entreprenant Olivier Bernard et à sa famille, propriétaires du domaine de Chevalier à Léognan. Le constat est simple : Sauternes traverse une crise sans précédent, pourquoi ne pas produire, sur ce grand terroir de blanc, de grands vins secs plutôt que d'invendables liquoreux ? C'est chose faite depuis le millésime 2011. Des achats de raisins (5 %) complètent la production dans les appellations de la rive droite, Cadillac et Sainte-Croix-du-Mont. Trois cuvées de vins blancs secs sont donc aujourd'hui sur le marché, à dominante de sémillon. Lune Blanche (élevage uniquement en cuve inox et béton), Lune d'Argent (élevage en cuve et 30 % de barrique), et enfin Lune d'Or (vinification et élevage de dix-huit mois en barrique dont un tiers de neuves). Aujourd'hui, c'est Hugo Bernard, le fils d'Olivier, qui dirige cette toute jeune mais ambitieuse propriété. La régularité de ces vins est remarquable, et nous accordons une étoile.

Les vins : Lune d'Argent 2017 est une belle réussite, à l'image de la qualité du millésime. Le nez délicat suggère la main de Bouddha, le jasmin et la craie. La finale fraîche, cristalline, très agrumée, rappelle presque la Loire. Dans Lune d'Argent 2016, en légère phase de fermeture, la craie humide se mêle à la fleur de montagne et à la gentiane. La bouche tranche par une fraîcheur saline. Gardez-le deux à trois ans. Dans Lune d'Argent 2015, la richesse du millésime est subie, la finale de bouche affectée, légèrement tenue par son SO_2. L'élevage caricatural de Lune d'Or 2015 masque un fruit de grande qualité. Le nez rappelle le bois vieux et l'orange confite. La bouche est ample, l'élevage nappant et la finale un peu courte. Lune d'Or 2016 est encore engoncé par un boisé ambitieux. Le nez rappelle les fruits exotiques, la vanille et le tabac. La bouche est enrobée, pleine et arbitrée par une minéralité qui pointe le bout de son nez et qui rafraîchit enfin l'ensemble.

Bordeaux Lune d'Argent 2015	13 € (c)	14,5
Bordeaux Lune d'Argent 2016	13 € (c)	15,5
Bordeaux Lune d'Argent 2017	13 € (c)	16,5
Bordeaux Lune d'Or 2015	50 € (c)	15
Bordeaux Lune d'Or 2016	50 € (c)	15,5

Blanc : 65 hectares.
Sémillon 70 %, Sauvignon blanc 30 %
Production moyenne : 250 000 bt/an

CLOS DES LUNES
Cap Lanne, 33210 Sauternes
05 56 64 16 16 • www.closdeslunes.com •
Visites : sur rendez-vous uniquement aux professionnels.
Propriétaire : Famille Bernard
Directeur : Olivier Bernard (Gérant)

★

DOMAINE DE COURTEILLAC

Dominique Méneret était propriétaire de ce cru depuis 1997. Il l'a vendu à la société chinoise d'importation et de distribution de vins Daohe Wines & Spirits, basée à Guangzhou. Il en conserve la distribution, et demeure consultant pour la propriété. Durant vingt ans, il a su en faire une référence de l'appellation Bordeaux supérieur. Grâce à la modernisation de l'outil de travail et à la restructuration du vignoble, les vins jouissent d'une parfaite régularité et se distinguent de façon quasi systématique dans les dégustations à l'aveugle. Les grandes années, comme 2010 ou 2015, vieillissent très bien en bouteille une petite dizaine d'années.

Les vins : le 2016 confirme la réputation du cru, avec son nez mêlant fruits noirs, cèdre et moka. La bouche est élégante, structurée et précise, avec des tanins affirmés.

Bordeaux Supérieur 2016	10,50 €	16,5

Rouge : 27 hectares.
Merlot 70 %, Cabernet-Sauvignon 20 %, Cabernet franc 10 %
Production moyenne : 150 000 bt/an

DOMAINE DE COURTEILLAC
2, Lieu-dit Courteillac, 33350 Ruch
05 57 40 79 48 •
www.domainedecourteillac.com •
Visites : sur rendez-vous uniquement aux professionnels.
Propriétaire : Courteillac Vineyard Holding Company
Directeur : Emma-Xin Lebail
Maître de chai : Stéphane Dubes
Œnologue : Stéphane Derenoncourt

★

CHÂTEAU FLEUR HAUT-GAUSSENS

Ce domaine produit l'archétype du bon vin en Bordeaux supérieur : gourmand, fruité et toujours très agréablement boisé. Il constitue régulièrement l'une des excellentes affaires des foires aux vins pour tout amateur à la recherche de la bonne bouteille à boire au quotidien. Hervé Lhuillier bichonne ses 32 hectares de vignes, pour une production moyenne de 200 000 bouteilles par an, suivie par le conseiller Olivier Dauga. Le succès aidant, Hervé Lhuillier a entamé un vaste programme de rénovation des bâtiments de l'exploitation, avec des visites guidées du vignoble et d'intéressantes dégustations privées. De plus, il commence à replanter du malbec (avec un porte-greffe précoce) ainsi que du cabernet franc sur les buttes et les coteaux. Nous vous recommandons de déguster le vin de ce domaine sur le fruit, durant les cinq premières années.

Les vins : le domaine ne nous ayant pas fait parvenir ses vins cette année, nous sommes amenés à reconduire les notes de notre édition précédente.

Bordeaux Supérieur 2016	7,70 €	15
Bordeaux Supérieur Cabernet Franc Bergeronnette 2016	15 €	14,5
Bordeaux Supérieur Grand Vin 2016	27 €	16
Bordeaux Supérieur Malbec La Viminière 2016	15 €	16,5

Rouge : 30 hectares.
Merlot 85 %, Cabernet-Sauvignon 5 %, Malbec (cot) 5 %, Cabernet franc 5 %
Blanc : 2 hectares.
Production moyenne : 200 000 bt/an

CHÂTEAU FLEUR HAUT-GAUSSENS
11, Les Gaussens, 33240 Vérac
05 57 84 48 01 •
www.chateau-fleurhautgaussens.com •
Vente et visites : au domaine sur rendez-vous.
Propriétaire : Hervé Lhuillier

★ ↗

CHÂTEAU MOUTTE BLANC

À Macau, dans le sud du Médoc, Patrice de Bortoli vinifie trois appellations : Bordeaux supérieur, provenant des paluds, Haut-Médoc et Margaux. Les vins, élaborés avec un minimum de technologie, offrent une grande personnalité et beaucoup de singularité, comme en témoigne l'excellente cuvée Moisin, un pur petit verdot. Les élevages en bois sont fort bien mesurés, sans excès, et laissent une grande place à l'expression du raisin, tout en jouant leur rôle d'affineur de tanins. Une production qui vaut le détour pour ses superbes rapports prix-plaisir, à laquelle nous accordons la première étoile cette année.

Les vins : 2017 fut marqué par un gel important, forçant la propriété à présenter certains vins de l'an passé. Les 2016 sont particulièrement sapides et frais. Moisin est une belle réussite. Marguerite est déjà très agréable à déguster, avec un fruit savoureux, un bois fondu, une belle structure et une finale fraîche. Un Grand Amour (cuvée rare issue d'une cofermentation de trois cépages) détonne pour Bordeaux. Le fruit libre est conduit par un élevage aujourd'hui marqué, mais la garde saura le fondre sans difficulté. Le bordeaux supérieur 2017 est une belle réussite pour le millésime, offrant un jus gourmand. Le margaux témoigne d'une grande maîtrise : le nez est raffiné, posé ; la bouche est sensuelle, de demi-corps, habillée d'un boisé juste. On pourra le boire sur dix ans.

Bordeaux Supérieur 2017	11 €	15
Bordeaux Supérieur Moisin 2016	15,90 €	16
Bordeaux Supérieur Un Grand Amour 2016	21 €	15
Haut-Médoc Marguerite 2016	14,30 €	16
Margaux 2017	24 €	16

Rouge : 5,5 hectares.
Merlot 60 %, Petit Verdot 25 %, Cabernet-Sauvignon 15 %
Production moyenne : 28 000 bt/an

CHÂTEAU MOUTTE BLANC
33460 Macau-en-Médoc
05 57 88 40 39 • www.moutte-blanc.fr •
Vente et visites : au domaine sur rendez-vous.
Propriétaire : Patrice de Bortoli
Œnologue : Édouard Lambert

★

CHÂTEAU LE PIN BEAUSOLEIL

Non loin de Saint-Émilion, dans l'entre-deux-mers, ce château est devenu Le Pin Beausoleil en 1997. C'est un couple d'Allemands, Ingrid et Michael Hallek, qui a racheté en 2004 le vignoble, situé sur un terroir argilo-calcaire entourant une très originale bâtisse du XIVe siècle. Le vignoble est travaillé à la hauteur du potentiel du terroir, loin des standards de l'appellation Bordeaux supérieur. Et c'est avec le concours de Stéphane Derenoncourt qui conseille la propriété depuis le millésime 1998, que Le Pin Beausoleil est devenu une référence incontournable. Les vins atteignent un très haut niveau de qualité, avec une quête permanente d'élégance et de finesse, notamment par la défense d'une proportion notable de cabernets dans les assemblages. Le second vin, Le Petit Soleil, qui représente jusqu'aux deux tiers de la production, offre un excellent rapport qualité-prix.

Les vins : Le Petit Beausoleil est une parfaite entrée en matière, avec une rondeur et une fraîcheur séduisante. Un superbe rapport prix-plaisir. Le grand vin est sublimé par un millésime de beau calibre, et un travail à la vigne et à la cave de haute volée. Le domaine progresse.

- Bordeaux Supérieur Le Petit Soleil 2016 — 8 € — 15,5

Le coup de ♥

- Bordeaux Supérieur 2016 — 20 € — 16,5

Rouge : 7,5 hectares.
Merlot 77 %, Cabernet franc 20 %, Cabernet-Sauvignon 3 %
Production moyenne : 40 000 bt/an

CHÂTEAU LE PIN BEAUSOLEIL
Le Pin, 33420 Saint-Vincent-de-Pertignas
05 57 84 02 56 • www.lepinbeausoleil.com •
Vente et visites : au domaine sur rendez-vous.
Propriétaire : Ingrid et Michael Hallek
Directeur : Igor Leclere

AD VITAM ÆTERNAM

Né en 2005, ce micro-domaine vinifie une seule cuvée à partir d'une petite parcelle d'un peu moins de 2 hectares. C'est aux Billaux, village au cœur du vignoble du Fronsadais, que l'ancien propriétaire du château de la Rivière, Xavier Péneau, en association avec Xavier Buffo, cultive cette vigne de merlot (90 %) et de cabernet franc (10 %). Comme pour toute microcuvée, les rendements demeurent faibles, la recherche de maturité poussée, les extractions longues et les élevages se font en barrique (jusqu'à vingt mois pour certains millésimes).

Les vins : le 2016 est légèrement fermé, mais laisse transparaître un fruit élégant. Sa finale un peu chaleureuse plaide pour un tour en cave. 2015 sort de sa phase austère et gagne en expression. Le fruit est sérieux, très sombre, mêlant la suie et le thé noir. Les tanins encore appuyés, mais raffinés, indiquent qu'il faut le garder longtemps.

- Bordeaux 2015 — 20 € — 16
- Bordeaux 2016 — 20 € — 16

Rouge : 1,9 hectare.
Merlot 90 %, Cabernet franc 10 %
Production moyenne : 8 000 bt/an

AD VITAM ÆTERNAM
36, rue des Gauthiers, 33500 Les Billaux
05 57 74 66 36 • www.vin-advitam.fr •
Vente et visites : au domaine sur rendez-vous.
Propriétaire : Xavier Buffo et Xavier Péneau

CHÂTEAU DE BEL

Olivier Cazenave a démarré l'aventure en 2003 en s'installant dans un petit vignoble de paluds des bords de Dordogne, à Arveyres. À partir d'un terroir léger, il produit avec beaucoup de talent et de sensibilité un rouge délicieux, éclatant de fruit, régulier et d'un rapport qualité-prix excellent. Depuis, il a repris une petite superficie de vignes à Pomerol (Clos du Canton des Ormeaux), où il élabore un vin possédant du style mais qui pourrait aller plus loin dans la recherche de complexité et de corpulence ; les derniers millésimes sont un peu irréguliers.

Les vins : le blanc singulier arbore un profil gastronomique, avec une touche oxydative. En rouge, Echappée Bel n'est pas abouti, et mêle végétalité et surmaturité. Le fruit du bordeaux supérieur manque de précision. Le cabernet franc est friand, accessible, mais manque de fond. Profond et élégant, Achille donne ses lettres de noblesse à l'appellation. Le saint-émilion commence à s'éteindre et interroge sur la gestion du millésime. Le pomerol, classe et précis, se montre à la hauteur de son appellation.

- Bordeaux Bel en Blanc 18 € 14
- Bordeaux Echappée Bel 6,90 € 13
- Bordeaux Supérieur 2016 8,50 € 14
- Montagne-Saint-Émilion Achille 2016 19 € 15,5
- Montagne-Saint-Émilion La Veille des Landes 2016 23,40 € 13,5
- Pomerol Clos du Canton des Ormeaux 2014 30 € 15,5
- Saint-Émilion Aux Plantes 2015 24 € 14
- VDF Franc de Bel 18 € 13,5

Rouge : 11 hectares.
Merlot 94 %, Cabernet franc 6 %
Blanc : 3 hectares.
Muscadelle 70 %, Sauvignon blanc 30 %
Production moyenne : 60 000 bt/an

CHÂTEAU DE BEL
Malbatit, 33500 Arveyres
05 24 24 69 96 • www.chateaudebel.com •
Vente et visites : au domaine sur rendez-vous.
Propriétaire : Olivier Cazenave

CHÂTEAU BELLE-GARDE

Éric Duffau fait partie des vignerons bordelais qui ont su démontrer que de simples bordeaux rouges, à des prix très attractifs, pouvaient atteindre un niveau d'excellence irréprochable. Les argiles sur socle calcaire des beaux terroirs du secteur de Génissac apportent aux cuvées du domaine un équilibre savoureux. Issus de raisins récoltés à parfaite maturité, les vins se révèlent magnifiquement élevés et vieillissent avec grâce dans les belles années. Mais les boisés, parfois un peu forts, peuvent cacher la spontanéité du fruit.

Les vins : le rosé est structuré, mais reste friand. Le blanc est fringuant avec ses parfums d'agrumes. Le bordeaux 2016 est un peu fatigué : buvez-le vite. Le Fût de Chêne se révèle avec un fruit éclatant et une bouche patinée. L'Excellence est dans une phase intermédiaire : peu expressif, il récompensera ceux qui sauront l'attendre.

- Bordeaux 2018 5,65 € 14
- Bordeaux 2018 5,55 € 13
- Bordeaux 2016 5,60 € 14
- Bordeaux Cuvée élevée en Fût de Chêne 2016 7,10 € 14,5
- Bordeaux Supérieur L'Excellence 2016 10 € 15

Rouge : 41 hectares.
Merlot 80 %, Cabernet franc 10 %, Cabernet-Sauvignon 10 %
Blanc : 5 hectares.
Sauvignon blanc 70 %, Sémillon 20 %, Sauvignon gris 10 %
Production moyenne : 250 000 bt/an

CHÂTEAU BELLE-GARDE
2692, route de Moulon, 33420 Génissac
05 57 24 49 12 •
www.vignoble-belle-garde.com •
Visites : sans rendez-vous.
Propriétaire : Éric Duffau
Maître de chai : Renaud Chelengeas
Œnologue : Denis Galabert

CHÂTEAU BOLAIRE

Dans les paluds de Macau, au lieu-dit Le Bout de l'Île, l'équipe du château Belle-Vue (Haut-Médoc) élabore un bordeaux supérieur de très belle facture. Sa spécificité tient à un apport non négligeable de petit verdot (60 % de l'assemblage), qui donne au vin un caractère épicé et mentholé tout à fait pertinent. De récolte tardive, vinifiés à basse température (extraction de couleur et d'expression fruitée) avec un élevage en barrique (bois neuf pour 30 %) parfois un peu trop dominant au détriment du fruit, les derniers millésimes, plus frais, séduisent par leur profil séducteur et leur grande longueur en bouche.

Les vins : les deux millésimes nous laissent sur notre faim. Le 2015 est fortement réduit, avec un fruit peu expressif et une finale rappelant la céréale torréfiée. Le 2016 est fermé, compact, avec des tanins durs qui raccourcissent la finale.

- Bordeaux Supérieur 2015 10 € 14,5
- Bordeaux Supérieur 2016 11 € 14,5

Rouge : 7 hectares.
Petit Verdot 60 %, Merlot 35 %, Cabernet-Sauvignon 5 %
Production moyenne : 40 000 bt/an

CHÂTEAU BOLAIRE
103, route de Pauillac, 33460 Macau
05 57 88 19 79 • www.chateau-belle-vue.com
• Vente et visites : au domaine sur rendez-vous.

Propriétaire : Héritiers Vincent Mulliez
Maître de chai : Jérôme Pineau (Régisseur)
Œnologue : Christophe Coupez

CHÂTEAU BRANDE-BERGÈRE

Denis Dalibot est propriétaire de ce domaine depuis 1997. Ancien cadre du groupe LVMH, il a choisi d'investir dans ce vignoble situé tout au nord de la Gironde sur le village des Églisottes. Sur un terroir d'argile et de silices graveleuses, le domaine bénéficie d'un encépagement particulier composé de 60 % de cabernet (35 % de franc et 25 % de sauvignon), et 40 % de merlot. Les vinifications se font en cuves béton et l'élevage, classique, en barrique, avec renouvellement par tiers.

Les vins : le rosé est friand, épicé. Buvez-le sur une viande. Le bordeaux 2015 est prêt à boire, rond, poivré et équilibré. Le bordeaux supérieur 2016 est en demi-teinte, peu expressif : il faut l'attendre. O'Byrne 2015 est peu expressif, avec un boisé marqué, mais les amateurs patients seront récompensés. O'Byrne 2016 est une belle réussite, sapide et pulpeuse.

Bordeaux 2018	7,10 €	13
Bordeaux Supérieur 2015	9 €	14,5
Bordeaux Supérieur 2016	9,50 €	14
Bordeaux Supérieur Cuvée O'Byrne 2015	14,50 €	15
Bordeaux Supérieur Cuvée O'Byrne 2016	15 €	15,5

Rouge : 8 hectares.
Merlot 40 %, Cabernet franc 35 %, Cabernet-Sauvignon 25 %
Production moyenne : 40 000 bt/an

CHÂTEAU BRANDE-BERGÈRE
Lieu-dit Brande-Bergère, 33230 Les Églisottes • www.brandebergere.com • Visites : sans rendez-vous.
Propriétaire : Famille Dalibot
Directeur : Arnaud Dalibot
Maître de chai : Cyril Tessier
Œnologue : Julien Belle

CHÂTEAU GRÉE LAROQUE

Arnaud et Patricia Benoit de Nyvenheim ont acquis le domaine Laroque en 1981, situé tout au nord du département de la Gironde, et baptisé Grée Laroque, du nom de jeune fille de Patricia. Cette petite propriété est répartie en trois parcelles, cultivées en bio (sans certification). Elle compte une part importante de vieilles vignes sur des argiles sableuses et calcaires, ainsi que des molasses du Fronsadais. Arnaud, ancien barman, élabore un vin d'une admirable définition, avec une constitution bluffante pour cette appellation et doté d'une véritable capacité de garde. Depuis 2011, la propriété élabore un second vin baptisé Le Second de Grée.

Les vins : belle réussite pour ce 2016, qui démontre la progression de la propriété. Le nez délivre des notes de fruits noirs, assorties d'un boisé de qualité, combinant les épices douces et le moka fin. La bouche est d'entrée suave, ronde et enveloppée, avec un élevage bien intégré. Déjà accessible, il pourra se garder six à huit ans.

Bordeaux Supérieur 2016	18 €	16

Rouge : 2,5 hectares.
Merlot 90 %, Cabernet franc 7 %, Cabernet-Sauvignon 3 %
Production moyenne : 10 000 bt/an

CHÂTEAU GRÉE LAROQUE
225, rue Laroque, 33910 Saint-Ciers-d'Abzac • www.greelaroque.com • Vente et visites : au domaine sur rendez-vous.
Propriétaire : Patricia et Arnaud Benoit de Nyvenheim
Directeur : Arnaud Benoit de Nyvenheim
Maître de chai : Arnaud Benoit de Nyvenheim

CHÂTEAU L'ISLE FORT

Sylvie Douce et François Jeantet forment un couple d'entrepreneurs parisiens, propriétaires du célèbre Salon du chocolat et du Grand Tasting. Passionnés de vin, ils se sont offert une villégiature bordelaise plantée de vigne, avec une importante proportion de cabernet franc (14 %). C'est au conseiller Stéphane Derenoncourt qu'ils ont confié la partie culturale et la vinification, et les vins atteignent un excellent niveau.

Les vins : le 2015 est dans une phase de fermeture. Le nez pris par un boisé moderne se manifeste par le moka et le pain grillé. La bouche est enveloppée d'un alcool nappant et sucrant. Le fruit de qualité du 2016 est masqué par un élevage très marquant. Va-t-il se fondre ? Force est de constater qu'il se livre avec générosité.

Bordeaux Supérieur 2015	9,60 €	14,5
Bordeaux Supérieur 2016	9,60 €	15

Rouge : 8,2 hectares.
Merlot 58 %, Cabernet franc 28 %,
Cabernet-Sauvignon 14 %
Production moyenne : 25 000 bt/an

CHÂTEAU L'ISLE FORT
33, route de l'Entre-deux-Mers,
33360 Lignan-de-Bordeaux • www.lislefort.com • Vente et visites : au domaine sur rendez-vous.
Propriétaire : Sylvie Douce et François Jeantet
Œnologue : Stéphane Derenoncourt

CHÂTEAU JEAN FAUX

Haut en couleur, le propriétaire Pascal Collotte a connu une première vie à la tonnellerie Saury qu'il a développé durant plus de vingt ans avant de revendre son entreprise. Passionné et féru de grands vins, il a décidé de reprendre le château Jean Faux en 2002. D'une ruine, il a bâti un petit domaine magnifiquement situé sur les coteaux de Sainte-Radegonde, sur la rive gauche de la Dordogne, à 5 kilomètres de Castillon-la-Bataille. Avec énormément de soins apportés à la vigne, ce passionné de plantes recherche avant tout la signature du terroir. Suivis de près par Stéphane Derenoncourt, les vins, certifiés en biodynamie, sont vinifiés dans des conditions parfaites et bénéficient d'élevages mesurés. Ici la priorité va à l'équilibre. Les vins sont donc très digestes et se boivent facilement, jeunes comme avec un peu d'âge.

Les vins : le blanc subit son millésime un peu faible, avec un creux en milieu de bouche et une finale légèrement chaleureuse. La précision technique le rend néanmoins savoureux et désaltérant. Le rouge s'habille d'un boisé plus adapté, mettant en avant le fruit et sa spontanéité, sans perdre de fond. Un vin tout en charme et rondeur, qui vieillira parfaitement pendant sept ans.

Bordeaux 2017	21,50 €	14,5

Le coup de ♥

Bordeaux Supérieur 2016	21,50 €	15,5

Rouge : 10 hectares.
Merlot 80 %, Cabernet franc 20 %
Blanc : 2 hectares.
Sauvignon blanc 85 %, Sémillon 15 %
Production moyenne : 72 000 bt/an

CHÂTEAU JEAN FAUX
Château Jean Faux,
33350 Sainte-Radegonde
05 57 40 03 85 • www.chateaujeanfaux.com • Visites : sans rendez-vous.
Propriétaire : Pascal Collotte
Œnologue : Stéphane Derenoncourt

CHÂTEAU PENIN

Château Penin demeure l'une des belles références en appellation Bordeaux et Bordeaux supérieur. Si les vins ont connu ces dernières années une légère baisse de qualité, les cuvées à partir du millésime 2014 renouent avec davantage de concentration. Les tanins sont mieux intégrés et offrent un style mieux défini. On retrouve un esprit plus civilisé avec une trame davantage marquée par le terroir de calcaire et de graves.

Les vins : le blanc progresse, allant vers davantage de séduction et d'appétence. Le rosé est friand, mais chaleureux en finale. Le clairet est bien bâti, avec des tanins appuyés. Le cabernet franc est plus ligérien que bordelais, avec une fraîcheur vive, des tanins pointus. Natur est simple, un peu mat. Tradition surclasse l'appellation avec élégance et puissance. Très belle réussite pour Les Cailloux : son impact minéral montre qu'il porte bien son nom.

Bordeaux 2018	8,80 €	14,5
Bordeaux 2018	6,85 €	13,5
Bordeaux Clairet 2018	6,95 €	14
Bordeaux Cabernet Franc 2017	7,90 €	13,5
Bordeaux Natur 2017	8,50 €	13
Bordeaux Supérieur Grande Sélection 2016	9,80 €	14,5
Bordeaux Supérieur Les Cailloux 2016	14,50 €	15,5
Bordeaux Supérieur Tradition 2016	7,30 €	15

Rouge : 42 hectares.
Merlot 83 %, Cabernet franc 12 %,
Cabernet-Sauvignon 5 %
Blanc : 3 hectares.
Sauvignon blanc 60 %, Sauvignon gris 20 %,
Sémillon 20 %
Production moyenne : 300 000 bt/an

CHÂTEAU PENIN
39, impasse Couponne, 33420 Génissac
05 57 24 46 98 • www.chateaupenin.com • Visites : sans rendez-vous.

Propriétaire : Patrick Carteyron
Maître de chai : Yves Le Corre

CHÂTEAU LA RAME

Cette valeur sûre de Sainte-Croix-du-Mont bénéficie d'un terroir remarquable de coteaux exposés au sud. Il est aujourd'hui géré par les enfants d'Yves Armand, Grégoire et Angélique. Les vins font preuve d'une très grande régularité, tant sur la précision des arômes que dans celle des élevages. La cuvée de prestige de la propriété, La Réserve du Château, créée en 1983, est toujours de haut niveau et vieillit admirablement. Plus abordable, le Château La Caussade est un liquoreux agréablement fruité, mais qui progresse en complexité, en particulier dans le beau millésime 2015. Les rouges, plus simples, peuvent eux aussi se révéler délicieux.

Les vins : le cadillac rouge est très marqué par le bois, évoquant le moka, le tabac brun et la génoise avec intensité. La bouche est sucrée par l'élevage, l'alcool élevé. Le millésime solaire va bien au blanc 2018, qui offre un fruit concentré. Il rappelle la pâte de coing, la mandarine et la citronnelle, avec une bonne longueur. Le blanc 2017 pêche par son boisé peu adapté.

- Sainte-Croix-du-Mont 2017 — 17 € — 15
- Sainte-Croix-du-Mont Château La Caussade 2018 — 12,50 € — 15
- Cadillac Côtes de Bordeaux Château La Caussade 2018 — 8 € (c) — 13

Rouge : 25 hectares.
Merlot 60 %, Cabernet-Sauvignon 40 %
Blanc : 25 hectares.
Sémillon 80 %, Sauvignon blanc 20 %
Production moyenne : 200 000 bt/an

CHÂTEAU LA RAME
GFA du Château La Rame,
33410 Sainte-Croix-du-Mont
05 56 62 01 50 • www.chateaularame.com •
Visites : sans rendez-vous.
Propriétaire : Famille Armand
Directeur : Angélique Armand et Olivier Allo
Œnologue : Lucien Llorca

CHÂTEAU DE REIGNAC

Depuis 1990, Yves et Stéphanie Vatelot sont à la tête de ce vaste domaine de l'Entre-deux-Mers, situé à Saint-Loubès, non loin de Bordeaux. Ne privant leur vignoble d'aucun moyen et s'appuyant, dès le début de leur aventure, sur les conseils de l'œnologue Michel Rolland, Yves et Stéphanie Vatelot ont pour seule ambition de placer Reignac (en particulier avec la cuvée Grand Vin) en tête des meilleurs vins produits dans l'appellation Bordeaux supérieur, et même de surpasser d'autres célèbres crus plus prestigieux (ce qui peut arriver dans certains millésimes). Reignac est luxueusement élevé et issu de rendements faibles. La propriété produit également un blanc sur une toute petite superficie, ainsi que l'ambitieuse cuvée Balthus en 100 % merlot. Cette dernière, élevée jusqu'à dix-huit mois en barrique neuve, joue souvent dans un registre "too much" à notre goût, basculant souvent dans le fruit trop mûr. Un style de l'ancienne génération, à la recherche de la matière et de l'extraction, mais qui, par excès de maturité, de richesse et de bois, ne permet pas d'avoir des vins sapides. Les vins actuellement en élevage devraient être moins boisés. Nous les suivrons de près.

Les vins : le 2015 est ambitieux et porte un nez séduisant, une finale ferme. Le 2016 est basé sur une bonne technique : son élevage riche et moderne ne déborde pas. Le Grand Vin 2015 est dans un stade de fermeture. Le bois est élégant, mais très présent ; attendez-le. Le Grand Vin 2016 assume sa modernité, mais manque de sapidité, ne désaltère pas. Balthus 2015 est ferme, avec un boisé ambitieux ; la garde lui permettra peut-être de le digérer. La matière riche de Balthus 2016 se fond avec le boisé aux notes de coco. Il faut le surveiller : il pourrait s'assécher.

- Bordeaux Supérieur 2015 — 9,50 € — 13
- Bordeaux Supérieur 2016 — 9,50 € — 13,5
- Bordeaux Supérieur Balthus 2015 — 60 € — 14,5
- Bordeaux Supérieur Balthus 2016 — 60 € — 15,5
- Bordeaux Supérieur Grand Vin de Reignac 2015 — 21,50 € — 15,5
- Bordeaux Supérieur Grand Vin de Reignac 2016 — 21,50 € — 14,5

Rouge : 75 hectares.
Merlot 75 %, Cabernet-Sauvignon 20 %, Cabernet franc 5 %
Blanc : 2 hectares.
Sauvignon blanc 80 %, Sémillon 10 %, Sauvignon gris 10 %
Production moyenne : 380 000 bt/an

CHÂTEAU DE REIGNAC
38, chemin de Reignac, 33450 Saint-Loubès
05 56 20 41 05 • www.reignac.com •
Visites : sans rendez-vous.
Propriétaire : Yves Vatelot
Directeur : Nicolas Lesaint
Maître de chai : Olivier Prevot
Œnologue : Michel Rolland

CHÂTEAU REYNON

Cette propriété se situe sur les contreforts de la vallée de la Garonne, à Beguey, commune voisine de Cadillac. Après la disparition de l'œnologue Denis Dubourdieu, son épouse Florence est restée aux commandes, secondée par ses fils Jean-Jacques et Fabrice, qui s'impliquent à plein temps dans l'élaboration des vins. Toujours à l'affût d'expériences nouvelles, c'est ici, comme à Clos Floridène (Graves), que Denis Dubourdieu avait élaboré et défini le style de ses rouges et de ses fameux blancs secs de sauvignon, qui ont largement contribué à sa renommée dans le monde.

Les vins : le blanc, pur sauvignon, séduit par son alliance de maturité et de fraîcheur, qui se traduit par des arômes de mandarine, d'aneth, de roche. La bouche est désaltérante. La qualité du fruit du rouge 2016 est masquée par un boisé qui semble inadapté, relâchant des arômes de moka, de suie, et de pruneau. La bouche est un peu mate et manque d'éclat.

Bordeaux 2018	9,50 €	14,5
Cadillac Côtes de Bordeaux 2016	13 €	14,5

Rouge : 20,5 hectares.
Merlot 81 %, Petit Verdot 13 %, Cabernet-Sauvignon 6 %
Blanc : 12,8 hectares.
Sauvignon blanc 87 %, Sémillon 13 %
Production moyenne : 50 000 bt/an

CHÂTEAU REYNON
21, route de Cardan, 33410 Beguey
05 56 62 96 51 • www.denisdubourdieu.fr •
Vente et visites : au domaine sur rendez-vous.
Propriétaire : Florence Dubourdieu
Directeur : Jean-Jacques Dubourdieu
Maître de chai : Ludovic Bernard
Œnologue : Fabrice Dubourdieu

CHÂTEAU TIRE PÉ

Située en coteaux, dans le sud du Langonnais, cette petite propriété est tenue avec soin et passion par Hélène et David Barrault. Ce jeune couple a redonné vie à ce terroir en reprenant un patrimoine de vieilles vignes, avec une part non négligeable de cabernet franc et une touche de malbec, qui peut faire, selon les millésimes, l'objet d'une cuvée valant vraiment le détour. Ces vins labellisés bio, superbes de fruit, sont dotés d'une texture et d'une profondeur que l'on trouve rarement dans ce secteur !

Les vins : Tire'Vin Vite est un vrai bordeaux de bistrot, au fruit avantageux. Le 2016 est dans un entre-deux, avec un fruit légèrement compoté, sous-tendu par un gaz avantageux. La qualité de son tanin le fera tenir encore quelques années. Si la qualité est au rendez-vous, La Côte fait ressortir une amertume minérale qui le rend peu accessible aujourd'hui. Attendez-le deux ans. Les Malbecs est dans un stade de fermeture, avec un nez resserré mais raffiné. La bouche est charnue, dense, les tanins virils mais précis. Il peut se mesurer à de beaux cahors.

Bordeaux 2016	11 €	15
Bordeaux La Côte 2015	15 €	15,5
Bordeaux Les Malbecs 2016	17 €	16,5
Bordeaux Tire'Vin Vite 2018	9 €	14,5

Rouge : 12 hectares.
Merlot 65 %, Malbec (cot) 25 %, Cabernet franc 10 %
Production moyenne : 40 000 bt/an

CHÂTEAU TIRE PÉ ♣
33190 Gironde-sur-Dropt
05 56 71 10 09 • www.tirepe.blogspot.com •
Vente et visites : au domaine sur rendez-vous.
Propriétaire : David Barrault

BLAYAIS ET BOURGEAIS

★

CHÂTEAU BEL-AIR LA ROYÈRE

Reprise par la famille Chevrier-Loriaud en 1992, cette propriété est très bien située sur des coteaux argilo-calcaires. Les vins se démarquent de l'appellation Blaye par leur précision et leur sapidité. À sa tête aujourd'hui, Corinne Chevrier-Loriaud, quatrième génération, perpétue l'esprit du domaine, et a même initié une conversion en agriculture biologique depuis 2016. La haute proportion de malbec dans le grand vin lui donne un profil tout à fait singulier et savoureux.

Les vins : Gourmandise porte bien son nom avec son nez friand, sans prétention. L'Esprit 2016 est dans un entre-deux : il se révélera pleinement dans deux ans. Le 2016 est une belle bouteille, élégante et puissante, destinée à la garde.

- Blaye Côtes de Bordeaux 2016 — 25,50 € 16,5
- Blaye Côtes de Bordeaux Gourmandise de Bel-Air La Royère 2017 — 9,50 € 13,5
- Blaye Côtes de Bordeaux L'Esprit de Bel-Air La Royère 2016 — 15,50 € 14,5

Rouge : 11 hectares.
Merlot 65 %, Malbec (cot) 30 %, Cabernet-Sauvignon 5 %
Blanc : 1 hectare.
Sauvignon blanc 100 %
Production moyenne : 60 000 bt/an

CHÂTEAU BEL-AIR LA ROYÈRE
1, Les Ricards, 33390 Cars
05 57 42 91 34 • www.bel-air-la-royere.com •
Vente et visites : au domaine sur rendez-vous.
Propriétaire : Corinne Chevrier-Loriaud
Œnologue : Éric Delacroix

★ ↗

CHÂTEAU FALFAS

Pionnier de la biodynamie dans la région (certifié en 1989), Falfas est l'une des valeurs sûres de l'appellation. Il élabore sur ses parcelles, remarquablement situées sur un socle de calcaire à astéries, des vins toujours très francs. L'addition du mode de culture et de vinification (levures indigènes) avec l'encépagement donne un caractère tout à fait singulier aux vins.

Les vins : Le Chevalier est une réussite, portée par la profondeur des vieilles vignes, qu'il faut garder dix ans au moins. Le grand vin est plus austère, musclé ; il aura besoin de temps pour se fondre.

- Côtes de Bourg 2016 — 18 € 15,5

Le coup de ♥

- Côtes de Bourg Le Chevalier 2015 — 35 € 16,5

Rouge : 20 hectares.
Merlot 55 %, Cabernet-Sauvignon 30 %, Cabernet franc 10 %, Malbec (cot) 5 %
Production moyenne : 90 000 bt/an

CHÂTEAU FALFAS ☾
34, route de Coudart, 33710 Bayon-sur-Gironde
05 57 64 80 41 • www.chateaufalfas.com •
Visites : sans rendez-vous.
Propriétaire : Véronique Cochran

★

CHÂTEAU FOUGAS

Acquis en 1976 par la famille Béchet, Fougas est situé sur une croupe bénéficiant d'une forte diversité de sols combinant sables, argiles (blanches et rouges), graves et molasses. Une dégustation verticale récente a permis d'affirmer la qualité du cru, l'influence de la biodynamie certifiée depuis 2008, et, par conséquent, la progression constante du château. Soulignons que les millésimes de haute maturité révèlent de la meilleure manière la qualité de ce terroir sous-valorisé mais de grand potentiel.

Les vins : Maldoror a besoin de temps. Sa bouche est musclée, avec une matière riche, des tanins serrés et une finale longue. Forces de Vies se ferme actuellement et se gardera au moins dix ans ; il dévoile une qualité de fruit et une intensité minérale sans failles, une rondeur et une longueur qui le classent parmi les grands.

- Côtes de Bourg Maldoror 2016 — 15,90 € 16,5

Le coup de ♥

- Côtes de Bourg Forces de Vies 2016 — 24,90 € 17,5

Rouge : 23 hectares.
Merlot 75 %, Cabernet-Sauvignon 25 %
Production moyenne : 100 000 bt/an

CHÂTEAU FOUGAS ☾
Fougas, 33710 Lansac
05 57 68 42 15 • www.fougas.com • Vente et visites : au domaine sur rendez-vous.
Propriétaire : Jean-Yves Béchet
Œnologue : Thomas Duclos

★

CHÂTEAU LES JONQUEYRES

Le merlot, largement dominant (75 %) sur ce vignoble aux rendements très sages, donne aux vins des Jonqueyres un fruit très pur et une véritable harmonie, sans aspérité. La propriété est parfaitement menée, avec un très beau patrimoine de vieilles vignes (40 ans d'âge moyen), sur un terroir exceptionnel d'argiles bleues et grises à fossile, et sur un socle calcaire dans certains secteurs. Les Jonqueyres est certifié bio depuis avril 2012.

Les vins : le blanc surprend par son aromatique, sortant des lignes bordelaises, mais séduit par son originalité juste. Le blaye 2016 est truffé à souhait, avec une belle garde à venir. À L'Enfer est plus moderne dans sa maturité et sa densité. Pour amateur de rouge épaulé.

- VDF If des Jonqueyres L'Ephémère 2018 — 9 € — 14
- Blaye Côtes de Bordeaux À L'Enfer 2016 — 35 € — 16,5

Le coup de ♥

- Blaye Côtes de Bordeaux 2016 — 18,50 € — 16,5

Rouge : 10 hectares.
Merlot 75 %, Cabernet-Sauvignon 18 %, Malbec (cot) 7 %
Blanc : 0,22 hectare.
Viognier 45 %, Vermentino 45 %, Clairette 10 %
Production moyenne : 40 000 bt/an

CHÂTEAU LES JONQUEYRES ♣
7, Courgeau, 33390 Saint-Paul-de-Blaye
05 57 42 34 88 •
www.chateaulesjonqueyres.com • Vente et visites : au domaine sur rendez-vous.
Propriétaire : Pascal Montaut
Œnologue : Éric Delacroix

★

CHÂTEAU ROC DE CAMBES

Voici une propriété qui attise la curiosité des amateurs à la recherche d'un style bordelais singulier. Inspirée par François Mitjavile, du château Tertre Roteboeuf à Saint-Émilion, la production se compose du domaine de Cambes (en appellation Bordeaux, situé dans les paluds) et du Château Roc de Cambes, (en Côte-de-Bourg, sur les coteaux). Elle est tenue par sa fille, Nina Mitjavile, qui conserve le style familial, qui se définit par des raisins à haute maturité, élevés classiquement, avec notamment les meilleurs produits de la tonnellerie Radoux. Le résultat ? Des vins reconnaissables entre mille, avec des nez intenses et très boisés dans la jeunesse, vieillissant avec charme, mais qui peuvent fatiguer certains palais à la recherche d'un flacon frais et désaltérant. Les "petits millésimes", avec des niveaux de maturité plus bas, ressortent souvent comme de vraies réussites, à l'image de 2007. Ce style singulier, mais parfois clivant, gagnerait en grâce avec des vins plus frais et plus sapides.

Les vins : le 2016 offre au nez une approche très riche, moderne, entre maturité du fruit et élevage prenant, typique de la famille. Ce vin a besoin d'air pour s'affranchir de sa puissance et pour laisser place à des notes de crème de fruit, de moka et de bois frais. La bouche est impressionnante, dense, puissante, sous-tendue subtilement par un boisé ambitieux. Nous saluons sa longueur. Encore en vente, le 2011 commence à se patiner. Le nez mêle la crème de mûre, le tabac, le chocolat noir, et le sous-bois. La bouche est massive, marquée pas son bois. Après deux heures de carafe, le vin commence à se faner, évoquant le pruneau, laissant ressortir un boisé sucrant, une finale fuyante.

- Bordeaux Domaine de Cambes 2016 — de 70 à 80 € (c) — 16

Le coup de ♥

- Côtes de Bourg 2011 — de 55 à 65 € (c) — 16,5

Rouge : 10 hectares.
Merlot 80 %, Cabernet-Sauvignon 15 %, Malbec (cot) 5 %
Production moyenne : 47 000 bt/an

CHÂTEAU ROC DE CAMBES
3, Roc, 33710 Bourg-sur-Gironde
05 57 74 42 11 • www.roc-de-cambes.com •
Vente et visites : au domaine sur rendez-vous.

Propriétaire : François Mitjavile
Directeur : Nina Mitjavile

CHÂTEAU BRÛLESÉCAILLE

Brûlesécaille jouit d'un vignoble bien situé dans l'appellation Côtes de Bourg, en surplomb de l'estuaire de la Gironde. On y produit avec régularité des vins plaisants et distingués, dotés d'une séduction immédiate grâce à un assemblage intéressant de merlot (majoritaire), de cabernet franc et de cabernet-sauvignon. La bonne exposition des cabernets permet d'obtenir, sur ce terroir, une excellente maturité, ce qui explique le velouté de texture et le fondu des tanins des meilleurs millésimes du domaine. Les prix sont très attractifs, profitez-en !

Les vins : le blanc 2018 est riche, ouvert, et doit s'ouvrir à table. Le blanc 2017 est citronné, mais assez court. La Gravière respecte les codes classiques de fermeté de son appellation. Le rouge 2015 est dans son adolescence, mais s'ouvrira bien d'ici deux ans. Le rouge 2016 est un beau classique porté par la puissance du millésime.

Côtes de Bourg 2017	9 €	13
Côtes de Bourg 2018	9 €	14
Côtes de Bourg 2015	12,50 €	15
Côtes de Bourg 2016	12,20 €	15,5
Côtes de Bourg Château La Gravière 2015	9,50 €	14
Côtes de Bourg Château La Gravière - Les Terrasses 2016	9,20 €	13,5

Rouge : 26,3 hectares.
Merlot 59 %, Cabernet-Sauvignon 27 %, Cabernet franc 12 %, Malbec (cot) 2 %
Blanc : 2,35 hectares.
Sauvignon blanc 75 %, Sauvignon gris 25 %
Production moyenne : 140 000 bt/an

CHÂTEAU BRÛLESÉCAILLE
29, route des Châteaux, 33710 Tauriac
05 57 68 40 31 • www.brulesecaille.com •
Vente et visites : au domaine sur rendez-vous.
Propriétaire : Famille Rodet
Directeur : Guillaume Rodet
Maître de chai : Guillaume et Jacques Rodet
Œnologue : Stéphane Beuret

LIBOURNAIS

★★

DOMAINE DE L'A

Stéphane Derenoncourt, l'un des plus célèbres conseillers en viticulture et en vinification du Bordelais, et sa femme Christine, appliquent dans leur propriété de Sainte-Colombe les méthodes recommandées aux meilleurs châteaux de Bordeaux. Elles permettent de favoriser la finesse aromatique, de rechercher l'équilibre et le soyeux de texture, plutôt que l'hyper-concentration et le boisé massif. Le domaine est à la fois un projet de cœur, mais aussi un laboratoire pour le travail de consulting. Ce travail de fond, mené depuis plus de vingt ans, a hissé cette propriété à un des plus hauts niveaux des Côtes de Bordeaux et de toute la rive droite, ce qui lui a valu la deuxième étoile dans notre édition précédente.

Les vins : déjà dégusté l'an passé, 2015 confirme son statut de grand vin. La truffe pointe le bout de son nez, avec classe et élégance, mêlée aux fruits noirs et à un élevage juste. La bouche est gracieuse, suave, avec des tanins poudrés somptueux. Une bouteille à garder au moins quinze ans.

Castillon Côtes de Bordeaux 2015	37 €	18

Rouge : 10,5 hectares.
Merlot 80 %, Cabernet franc 20 %
Production moyenne : 40 000 bt/an

DOMAINE DE L'A
11, lieu-dit Fillol, 33350 Sainte-Colombe
05 57 24 92 43 • www.domainedela.com •
Vente et visites : au domaine sur rendez-vous.
Propriétaire : Christine et Stéphane Derenoncourt

★

CHÂTEAU D'AIGUILHE

Ce domaine connaît un succès unique en Côtes de Bordeaux, qui ne se dément pas au fil des millésimes. Au-delà du vignoble propre, des fermages sont adjoints et près de 100 hectares sont vinifiés sous le nom de Château d'Aiguilhe. Voici une des rares marques de la rive droite qui s'impose par des volumes conséquents et qui peut se prévaloir de concurrencer quelques crus du Médoc ou des Graves. On doit cette réussite au savoir-faire du duo constitué par Stephan von Neipperg et Stéphane Derenoncourt (également propriétaire du Domaine de L'A dans la même appellation), qui s'illustre aussi à Château Canon-La-Gaffelière, au Clos de L'Oratoire et à La Mondotte à Saint-Émilion, les autres propriétés de la famille von Neipperg.

Les vins : une légère réduction au nez cache la qualité du fruit. Une fois ouvert, il délivre un fruit mûr, un peu engoncé par un boisé ambitieux. La bouche est moderne grâce à une rondeur de fruit et une douceur de bois, mais finit avec fermeté. Seule la garde pourra attendrir l'ensemble.

- Castillon Côtes de Bordeaux 2016 — 25 € (c) — 16

Rouge : 85 hectares.
Merlot 80 %, Cabernet franc 20 %
Blanc : 5 hectares.
Production moyenne : 350 000 bt/an

CHÂTEAU D'AIGUILHE
33350 Saint-Philippe-d'Aiguilhe
05 57 24 71 33 • www.neipperg.com •
Visites : sans rendez-vous.
Propriétaire : Stephan von Neipperg

★ ↗

VIGNOBLES PAUL BARRE

Paul Barre résonne comme l'un des noms les plus emblématiques de Bordeaux. Considéré par beaucoup comme le père de la biodynamie dans la région, il a apporté des lettres de noblesse à Fronsac et à Canon-Fronsac. Aujourd'hui repris par son fils Gabriel et sa femme Édith, la propriété entame une passation en douceur. Ils veulent s'inspirer intelligemment du passé, mais aussi imprimer leur esprit. Le style des vins s'axe sur la pureté du fruit, un brin libre parfois. Mais il faut noter l'énergie, la brillance et la capacité de garde de ces vins, grâce notamment à une viticulture sensible, une vinification délicate et aux élevages en vieux contenants. Les vins sont réguliers, éclatants de fruits, respectueux des terroirs et dotés d'un beau potentiel de garde : nous accordons la première étoile cette année.

Les vins : malgré la difficulté du millésime, La Grave ressort avec un fruit étincelant grâce à un élevage discret. La bouche est un peu ferme, typique du millésime et de l'appellation, mais la longueur met en avant une grande sapidité. Le nez de La Fleur Cailleau est encore marqué par son élevage, avec des notes de moka et de génoise au chocolat. Mais la bouche, ronde, aux tanins précis, est ponctuée par une finale fraîche et minérale. Saluons sa grande allonge.

- Canon-Fronsac Château La Fleur Cailleau 2017 — 25 € — 16
- Fronsac Château La Grave 2017 — 15 € — 16,5

Rouge : 6,9 hectares.
Merlot 63 %, Cabernet franc 35 %, Malbec (cot) 2 %
Production moyenne : 33 000 bt/an

VIGNOBLES PAUL BARRE ☾
13b, route de Libourne, 33126 Libourne
05 57 51 31 11 • www.vignoblespaulbarre.com
• Vente et visites : au domaine sur rendez-vous.
Propriétaire : Édith et Gabriel Barre
Œnologue : Claire Lepage

★ ↗

FAMILLE BERROUET

Le nom de Jean-Claude Berrouet résonne dans le monde viticole comme l'un des orfèvres de Bordeaux, grâce notamment à ses plus belles interprétations de Petrus. Avec le temps, il a acquis Vieux Château Saint-André, en 1979 (10,5 hectares à Montagne) et Château Samion, en 1982 (2 hectares à Lalande). Tout le savoir-faire acquis à Pomerol est complété par la sensibilité de son fils, Jean-François, qui reprit les deux domaines en 2002. Mais l'une des différences, hormis l'appellation, ce sont les vieilles vignes de merlot, âgés de 40 ans à Montagne et de 50 ans à Lalande. Année après année, elles livrent des vins à la fois fins et d'une juste concentration, grâce à une vinification proche de l'infusion et une utilisation modérée de la barrique neuve. Il faut mettre ces cuvées entre toutes les mains pour faire comprendre le potentiel de ces deux appellations sous-estimées. Une dégustation récente de vieux millésimes nous a permis de constater une vraie progression dans la définition des vins, qui offre une belle capacité de garde, et nous accordons la première étoile cette année.

Les vins : Samion monte en puissance, avec un 2016 étincelant, gagnant en profondeur et en densité, qui offre une note très pure de fruit noir, accompagné par un élevage juste. La bouche est enveloppée, sapide, avec un tanin poudré.

Vieux Château Saint-André 2016 surclasse son appellation grâce à un fruit étincelant, un élevage digne des grands crus de la rive droite et une sapidité toute singulière. Le 2015, aujourd'hui dans un stade de fermeture, présente un nez austère, très marqué par les fruits sauvages. La bouche, dotée d'une bonne longueur, est compacte, tramée par des tanins serrés, mais justes. Vous pouvez le mettre en cave pour au moins dix ans.

- Lalande-de-Pomerol Château Samion 2016 — 16 € — 15,5
- Montagne-Saint-Émilion Vieux Château Saint-André 2015 — 14 € — 16
- Montagne-Saint-Émilion Vieux Château Saint-André 2016 — 14 € — 16,5

FAMILLE BERROUET
1, Samion, 33570 Montagne
05 57 74 59 80 • Pas de visites.
Propriétaire : Famille Berrouet

★

CHÂTEAU CANON PÉCRESSE

Jean-Francis Pécresse, directeur de la rédaction de Radio Classique et éditorialiste aux Échos, est également vigneron-propriétaire sur les terres du Fronsadais d'un petit cru familial, acquis par ses aïeux corréziens, bien implanté sur le plateau calcaire de Saint-Michel-de-Fronsac. Supervisé par Stéphane Derenoncourt, le cru affirme progressivement son rythme avec un vin assez dense, aux notes plus sauvages dans les millésimes chauds comme 2009. Il paraît austère de prime abord, mais les plus patients savent qu'il a besoin de temps pour se livrer pleinement. Le domaine progresse d'année en année, pour aller vers plus de précision et d'accessibilité.

Les vins : profitez dès maintenant du 2014, au nez posé, fin, très Canon-Fronsac, avec une nuance de truffe qui apparaît. La bouche est ronde et subtile. Le tanin encore un peu strident rappelle les calcaires du cru. Belle garde en perspective. La puissance du millésime, combinée à la rigueur du cru, donne un 2015 noble mais peu docile. La bouche est compacte, avec un tanin serré, mais promet une bonne garde. On aime sa finale sur le fruit noir.

- Canon-Fronsac 2014 — de 18 à 25 € (c) — 16,5
- Canon-Fronsac 2015 — de 18 à 25 € (c) — 16,5

Rouge : 4,2 hectares.
Merlot 85 %, Cabernet franc 15 %
Production moyenne : 15 000 bt/an

CHÂTEAU CANON PÉCRESSE
33126 Saint-Michel-de-Fronsac
05 57 24 98 67 •
www.chateau-canon-pecresse.fr • Vente et visites : au domaine sur rendez-vous.
Propriétaire : Famille Pécresse
Directeur : Jean-Francis Pécresse
Maître de chai : Alain Joubert

★

CHÂTEAU DE CARLES

Le banquier Stéphane Droulers a créé la cuvée Haut-Carles en 1994 afin d'exprimer ce que les terroirs du château de Carles, propriété venant de son épouse, Constance (née Chastenet de Castaing), pouvaient produire de mieux. Vinifiée avec soin, habillée d'un boisé raffiné, cette cuvée a d'abord constitué l'archétype du bordeaux moderne, sans tomber dans la caricature. Avec le temps, on découvre l'expression très personnelle d'un terroir racé au vieillissement harmonieux. Le premier vin du château est plus souple, mais a l'avantage d'être accessible plus jeune.

Les vins : le 2016 est une belle réussite, à l'image du millésime. Le fruit est noble, avec une avalanche de fruits noirs, d'herbes sèches. La bouche est serrée, puissante, mais la finale, un peu abrupte, indique qu'il faut le mettre en cave. Haut-Carles est un gros calibre à la bouche charnue et sensuelle, aux tanins poudrés : il se destine lui aussi à la garde.

- Fronsac 2016 — 17 € — 16
- Fronsac Haut-Carles 2016 — 32 € — 17

Rouge : Merlot 90 %, Cabernet franc 5 %, Malbec (cot) 5 %
Production moyenne : 60 000 bt/an

CHÂTEAU DE CARLES
Lieu-dit Château de Carles, 33141 Saillans
05 57 84 32 03 • www.hautcarles.com •
Vente et visites : au domaine sur rendez-vous.
Propriétaire : Stéphane et Constance Droulers
Directeur : Yannick Reyrel

Maître de chai : Philippe Thomas
Œnologue : Hubert de Boüard Consulting

NOUVEAU DOMAINE

★

CHÂTEAU LES CHARMES-GODARD

Après avoir acquis Puygueraud, Nicolas Thienpont a souhaité mettre en lumière les Côtes de Francs et a racheté Les Charmes-Godard, pour valoriser les blancs de l'appellation, avec une base de sémillon, dès 1988. Ces vins offrent une belle capacité de garde. La gamme a été complétée en 2000 par La Prade, qui livre des vins élégants, puis par Alcée, en 2011, dont les cuvées délivrent une profondeur calcaire typique. Voici une propriété qui offre trois châteaux de haute identité, aux très bons rapports qualité-prix. Nous sommes heureux de voir ce domaine faire son retour dans le Guide.

Les vins : 2016 relève d'un registre de fruit simple et immédiat, grâce à un élevage en cuve judicieux qui canalise une matière riche, sans excès. Beau vin de fruit. Château La Prade 2016 arrive à tenir ensemble la maturité du millésime et la fraîcheur du terroir. Le nez est subtil, avec un fruit sauvage, des notes de sauge et un boisé précis. La bouche ample est tranchée par la fraîcheur du sol. Belle finale. Avec une vinification en baies entières et un élevage précis, Alcée donne un fruit de grande qualité, rappelant la guigne, la génoise et l'orange sanguine. La bouche est suave, avec des tanins enrobés et une belle finale salivante.

- Francs Côtes de Bordeaux 2016 — 8,50 € 14,5
- Castillon Côtes de Bordeaux Château Alcée 2016 — 20 € 16,5
- Francs Côtes de Bordeaux Château La Prade 2016 — 13 € 16

Rouge : 22 hectares.
Merlot 90 %, Cabernet franc 10 %
Blanc : 6,5 hectares.
Sémillon 57 %, Sauvignon blanc 23 %, Sauvignon gris 20 %
Production moyenne : 110 000 bt/an

CHÂTEAU LES CHARMES-GODARD
Lieu-dit Lauriol, 33570 Saint-Cibard
05 57 56 07 47 • www.nicolas-thienpont.com
• Vente et visites : au domaine sur rendez-vous.
Propriétaire : Nicolas et Cyrille Thienpont
Directeur : Grégoire Pernot du Breuil
Maître de chai : Gregory Bertet
Œnologue : Stéphane Derenoncourt

★

CLOS PUY ARNAUD

Depuis 2000, Thierry Valette est propriétaire de ce vignoble de Castillon. Réalisé avec soin, le vin s'est imposé dès le début comme l'un des crus les plus intéressants de l'appellation, dans un style profond et éminemment racé. Le vignoble, aujourd'hui cultivé en biodynamie, confirme tous les espoirs. Le grand vin, de facture classique, se démarque par sa droiture et sa densité : cette bouteille faite pour la table vieillit remarquablement bien dans les grandes années. Thierry Valette propose en plus du premier vin, trois excellentes cuvées, dont deux dites de soif (Bistrot et Pervenche) qui nous réconcilient avec les bordeaux de consommation rapide. Il faut noter la cohérence de la gamme et la volonté de faire à la fois des vins de plaisir immédiat et des crus de grande profondeur.

Les vins : Bistrot laisse en bouche une sensation de sous-maturité, avec ses notes végétales. Pervenche allie au nez maturité du millésime et fraîcheur voulue par la vinification. Sa bouche est ronde, appétente, ses tanins veloutés. La finale est savoureuse. Les Ormeaux est fermé, mais sa bouche sapide et ses tanins un peu marqués suggèrent une bonne garde. Les Acacias est réduit : il faut le revoir. Le 2014 rappelle les calcaires de l'appellation, avec fraîcheur et caractère, et promet une belle garde. Le 2016 étonne par sa densité, son éclat et sa sapidité ; il doit se garder au moins cinq ans.

- Castillon Côtes de Bordeaux 2014 — 38 € 16,5
- Castillon Côtes de Bordeaux 2016 — 42 € 17,5
- Castillon Côtes de Bordeaux Cuvée Les Ormeaux 2015 — 21 € 15,5
- Castillon Côtes de Bordeaux Cuvée Pervenche 2016 — 18 € 15,5
- Castillon Côtes de Bordeaux Les Acacias 2017 — 29 € 14,5
- VDF Cuvée Bistrot 2017 — 16 € 14

Rouge : 14 hectares.
Merlot 70 %, Cabernet franc 25 %,

Cabernet-Sauvignon 5 %
Production moyenne : 65 000 bt/an

CLOS PUY ARNAUD ☾
7, Puy Arnaud, 33350 Belvès-de-Castillon
05 57 47 90 33 • www.clospuyarnaud.com • Vente et visites : au domaine sur rendez-vous.
Propriétaire : Thierry Valette
Maître de chai : Nicolas Legrand

★

CHÂTEAU LA FLEUR DE BOÜARD

Hubert de Boüard a porté cette propriété au sommet de l'appellation Lalande de Pomerol, en appliquant les mêmes principes de viticulture et de vinification que ceux qui ont assuré le succès du Château Angélus à Saint-Émilion. Une sélection des meilleurs raisins peut, dans les grandes années, produire la cuvée Le Plus de La Fleur de Boüard, qui cherche ouvertement à rivaliser avec les plus prestigieux pomerols. Et elle y parvient souvent avec brio ! Depuis 2012, la propriété travaille avec un cuvier flambant neuf, conçu pour travailler par gravité, où le vin patiente dans des cuves suspendues de forme tronconique inversée.

Les vins : Lalande 2016 saura récompenser les amateurs patients. L'alliance de la qualité du millésime, de la maîtrise technique et d'un fruit plus lumineux qu'à l'accoutumée permet d'obtenir un vin sérieux, profond, aux tanins patinés, doté d'une bonne longueur. Le Plus doit être carafé pour délivrer ses notes de truffe, de violette, de sous-bois et de pâte de fruits : une grande garde en perspective.

- Lalande de Pomerol Le Plus de La Fleur de Boüard 2011 — de 80 à 90 € (c) — 17
- Lalande-de-Pomerol 2016 — 40 € — 16

Rouge : 30 hectares.
Merlot 85 %, Cabernet franc 12 %, Cabernet-Sauvignon 3 %
Production moyenne : 130 000 bt/an

CHÂTEAU LA FLEUR DE BOÜARD
12, Bertineau 33500 Néac
05 57 25 25 13 • www.lafleurdebouard.com • Vente et visites : au domaine sur rendez-vous.
Propriétaire : Hubert de Boüard de Laforest
Directeur : Philippe Nunes

★

CHÂTEAU FONTENIL

Depuis la vente du château Le Bon Pasteur à Pomerol, Dany et Michel Rolland, le plus célèbre couple d'œnologues bordelais, s'investit encore plus dans leur petite propriété familiale de Fronsac. Acquis en 1986, et portant le nom de l'une des parcelles, le vignoble de Fontenil est tenu avec autant de soins qu'un cru majeur de la rive droite.

Les vins : le 2016 déçoit au regard du millésime. Même si l'intensité calcaire se ressent, le nez végétal rappelle la cacahuète et la pistache. La bouche est dominée par l'intensité minérale et laisse peu de place au fruit.

- Fronsac 2016 — 31 € — 15

Rouge : 9 hectares.
Merlot 100 %
Production moyenne : 42 000 bt/an

CHÂTEAU FONTENIL
Cardeneau Nord, 33141 Saillans
05 57 51 52 43 • www.rollandcollection.com • Visites : sur rendez-vous uniquement aux professionnels.
Propriétaire : Michel et Dany Rolland
Œnologue : Michel Rolland

★

CHÂTEAU LE PUY

Détenue depuis 1610 par la famille Amoreau, cette propriété se distingue à la fois par son terroir, un des plus hauts en altitude de la région, ses modes de vinification singuliers, et surtout sa viticulture. Menée par de fervents défenseurs de la biodynamie, la production est souvent saluée par les amateurs de vin naturel. Les flacons se montrent précis, profonds et démontrent une grande capacité de garde, de la classique cuvée Émilien à la cuvée Barthélémy, sélection parcellaire. Une récente dégustation verticale, remontant jusqu'au début du siècle dernier, confirme la qualité du cru et le savoir-faire de la famille. Il faut souligner que le style infusé peut dérouter les amateurs de bordeaux classiques.

Les vins : encore adolescent, Barthélémy montre un grand fond de vin, avec une forte empreinte minérale. La bouche est suave, éclatante, doté de tanins poudrés mais avec des touches d'oxydation suivant les bouteilles ; sûrement une phase du vin. Belle finale sur une note de balsamique. Très haut niveau pour la cuvée emblématique Émilien, qui, dès le nez, nous plonge dans un univers aromatique envoûtant et complexe, offrant différents niveaux de lecture. La bouche est ronde, épatante et rafraîchissante. À garder au moins vingt-cinq ans.

- Francs Côtes de Bordeaux Barthélémy 2016 — de 90 à 100 € (c) — 16,5
- Francs Côtes de Bordeaux Émilien 2016 — de 22 à 28 € (c) — 17

CHÂTEAU LE PUY ☾
33570 Saint-Cibard
05 57 40 61 82 • www.chateau-le-puy.com •
Pas de visites.
Propriétaire : Famille Amoreau

★

CHÂTEAU PUYGUERAUD

Surplombant la vallée de la Dordogne, ce domaine en polyculture fait partie des meilleures propriétés des Côtes de Bordeaux, repris par la famille Thienpont en 1946, puis dirigé aujourd'hui par Nicolas Thienpont et Cyrille, son fils. Une viticulture engagée y est appliquée. Bienheureux seront les amateurs patients : les blancs et les rouges vieillissent à merveille. George, cuvée confidentielle à majorité de cabernet franc, allie profondeur, générosité et fraîcheur.

Les vins : le nez fin et subtil du blanc 2017 se pose entre l'agrume frais, la craie humide, et un exotisme élégant. La bouche est épurée, tramée par un citron vert vivifiant. Belle finale zestée. Le nez du rouge 2016 est un peu en retrait, comme dans une phase de fermeture. La bouche est crémeuse, grâce à un élevage juste, mais les tanins un peu accrocheurs appellent la garde. Légère froideur rappelant la suie en finale. On constate une petite présence de gaz à l'ouverture du Château Lauriol. Puis le nez met en avant le fruit noir frais avec simplicité. La bouche de demi-corps est marquée par des tanins un peu vifs. Servez-le sur un plat en sauce.

- Francs Côtes de Bordeaux Château Puygueraud 2017 — 12 € — 15,5
- Francs Côtes de Bordeaux Château Lauriol 2016 — 9 € — 14
- Francs Côtes de Bordeaux Château Puygueraud 2016 — 15 € — 15

Rouge : 45 hectares.
Merlot 80 %, Cabernet franc 15 %, Malbec (cot) 5 %
Blanc : 5 hectares.
Sauvignon blanc 54 %, Sauvignon gris 46 %
Production moyenne : 200 000 bt/an

CHÂTEAU PUYGUERAUD
Lieu-dit Puygueraud, 33570 Saint-Cibard
05 57 56 07 47 • www.nicolas-thienpont.com
• Vente et visites : au domaine sur rendez-vous.
Propriétaire : Héritiers George Thienpont
Directeur : Nicolas et Cyrille Thienpont
Maître de chai : Grégory Bertet
Œnologue : Stéphane Derenoncourt

★

CHÂTEAU LA ROUSSELLE

Ce micro-cru est aujourd'hui la propriété de l'homme d'affaires Enzo Ide. Le domaine est riche de vieilles vignes situées sur un terroir de coteaux calcaires formant un amphithéâtre qui domine la vallée de la Dordogne. Stéphane Derenoncourt conseille ce vin d'une complexité et d'une finesse rares pour Fronsac. Les bouquets gagnent en complexité et prennent à la garde des arômes de truffe et de lard fumé. Le velouté des tanins est servi par des élevages judicieux. Les derniers millésimes ont atteint un niveau de qualité indiscutable et les prix restent stables ! Un très beau vin d'amateurs, digne de certains grands pomerols. Nous présentons ici également la nouvelle propriété d'Enzo Ide à Saint-Émilion, Lucia, qui élabore un grand cru à partir de vieilles vignes quinquagénaires.

Les vins : le fronsac 2016 confirme la qualité du cru, avec un nez profond, très minéral, une note intense de calcaire et une nuance de truffe. La bouche énergique offre des tanins poudrés élégants et une grande longueur saline. Lucia, cru modeste de Saint-Émilion, est magnifié par une vinification précise et moderne. Le fruit est profond mais les tanins un peu approximatifs.

- Fronsac 2016 — 22,50 € — 16,5

Saint-Émilion Grand Cru Lucia 2016 38 € 15,5

Rouge : 3,3 hectares.
Merlot 65 %, Cabernet franc 35 %
Production moyenne : 12 000 bt/an

CHÂTEAU LA ROUSSELLE
1, Rousselle, 33126 La Rivière
05 57 51 83 31 • lucia33@orange.fr • Vente et visites : au domaine sur rendez-vous.
Propriétaire : Enzo Ide
Directeur : Daniel Garrigue
Œnologue : Julien Lavenu-Derenoncourt Consultants

★

CHÂTEAU LA VIEILLE CURE

Avec un vignoble d'un seul tenant, réparti entre plateau et côte, et un joli patrimoine de vieilles vignes, La Vieille Cure a tout pour produire de beaux merlots. Ces derniers possèdent le caractère racé et gourmand du terroir, dans un style enrobé et frais. La propriété est conseillée par l'équipe de l'œnologue Michel Rolland.

Les vins : La Sacristie est de haut niveau, avec son nez subtil, très typé Fronsac, sa bouche enrobée au fruit fondu et aux tanins veloutés. Le 2016 offre un fruit de grande qualité. Sa bouche est sapide, profonde, excitante, une trame minérale évidente et une grande longueur. Encavez-le.

Fronsac 2016 25 € 17
Fronsac La Sacristie de la Vieille Cure 2016 12,50 € 15,5

Rouge : 19 hectares.
Merlot 83 %, Cabernet franc 14 %, Cabernet-Sauvignon 3 %
Production moyenne : 100 000 bt/an

CHÂTEAU LA VIEILLE CURE
Coutreau, 33141 Saillans
05 57 84 32 05 • www.la-vieille-cure.com • Vente et visites : au domaine sur rendez-vous.
Propriétaire : SCEA Château La Vieille Cure
Directeur : Jérôme Pignard (Gérant)
Maître de chai : Frédéric Labatut
Œnologue : Jean-Philippe Fort

★

CHÂTEAU VRAI CANON BOUCHÉ

L'éclat de ce domaine, racheté par le fond d'investissements La Française Rem, a été restauré par son ancien propriétaire, l'homme d'affaires hollandais Philip de Hasseth-Möller. D'importants investissements ont été consentis et Stéphane Derenoncourt a apporté sa patte à des vins qui ont considérablement gagné en finesse et en élégance. Les nouveaux propriétaires, représentés par le dynamique Patrick Ribouton, poursuivent dans la voie de la qualité. Les derniers millésimes sont d'un excellent niveau et la propriété a le potentiel pour décrocher la deuxième étoile.

Les vins : la montée en puissance de ce cru se confirme avec 2016. Le nez affiche une grande noblesse de fruit, d'élevage et une profondeur minérale incroyable. Superbe allonge, fraîche comme un grand vin blanc. Le second vin subit un élevage malheureux. Le nez manque d'élégance, avec des notes de caramel au lait, de cerise et cake au chocolat. La bouche est ronde, agréable, mais manque d'âme. La noblesse du cru redonne de la classe en finale.

Canon-Fronsac 2016 27 € 17
Canon-Fronsac Le Tertre de Canon 2016 12 € 14,5

Rouge : 12 hectares.
Merlot 70 %, Cabernet franc 30 %
Production moyenne : 50 000 bt/an

CHÂTEAU VRAI CANON BOUCHÉ
1, le Tertre de Canon, 33126 Fronsac • www.chateau-vrai-canon-bouche.com • Vente et visites : au domaine sur rendez-vous.
Propriétaire : La Française REM
Directeur : Jean de Laitre
Maître de chai : Mathieu Hoguet
Œnologue : Stéphane Derenoncourt

DOMAINE DE L'AURAGE

Racheté en 2007 par Caroline et Louis Mitjavile, dit "Loulou", L'Aurage fait partie des valeurs sûres de l'appellation. Anciennement baptisé Château Cadet, ce vignoble de 22 hectares d'un seul tenant profite d'un sol argilo-calcaire de premier ordre. Le savoir-faire de la famille, que l'on retrouve à Bourg avec Roc de Cambes, et à

Saint-Émilion avec Tertre Rotebœuf, y est facilement visible : haute maturité de vendange, élevage en fût neuf de chez Radoux, et une seule cuvée pour toute la propriété. Ces efforts donnent un vin typé, régulier, et offrant une grande capacité de garde. À l'image de ce qui se pratique dans les autres propriétés familiales Mitjavile, des millésimes à maturité sont à la vente.

Les vins : le domaine ne nous ayant pas fait parvenir ses vins cette année, nous sommes amenés à reconduire les notes de notre édition précédente.

- Castillon Côtes de Bordeaux 2007 — de 32 à 39 € (c) 15,5
- Castillon Côtes de Bordeaux 2012 — de 36 à 44 € (c) 15,5

DOMAINE DE L'AURAGE
Château Cadet - 3, Cadet,
33350 Saint-Genès-de-Castillon
05 57 47 95 15 • www.aurage.com/ • Pas de visites.
Propriétaire : Caroline et Louis Mitjavile

DOMAINE SIMON BLANCHARD

L'œnologue Simon Blanchard, associé avec Stéphane Derenoncourt, s'est lancé seul en appellation Montagne-Saint-Émilion. Son ambition : faire des vins typés, loin de toute caricature. La production confidentielle de quelque 6 000 bouteilles met la barre très haut, avec des cuvées précises, juteuses, et à la capacité de garde superbe pour les sélections parcellaires. On prédit un bel avenir à ce domaine, qui a fait son entrée l'an passé dans notre guide.

Les vins : Village séduit par sa profondeur, sa bouche harmonieuse, sérieuse pour l'appellation. Au Champ de la Fenêtre est austère, peu accessible. La bouche est tramée par des tanins de grande qualité. La finale superbe rappelle les épices douces. Guitard promet une grande garde : le nez est raffiné, le fruit de grande qualité. La bouche reste dynamique malgré sa puissance.

- Montagne-Saint-Émilion Au Champ de la Fenêtre 2016 — 20 € 16,5
- Montagne-Saint-Émilion Guitard 2016 — 28 € 17
- Montagne-Saint-Émilion Village 2016 — 14 € 15,5

Rouge : 1,36 hectare.
Merlot 67 %, Cabernet franc 33 %
Production moyenne : 6 000 bt/an

DOMAINE SIMON BLANCHARD
162, avenue Georges-Clémenceau,
33500 Libourne •
www.domainesimonblanchard.com • Vente et visites : au domaine sur rendez-vous.
Propriétaire : Simon Blanchard

CHÂTEAU CLARISSE

Ancien directeur du grand hôtel parisien La Réserve, Didier Le Calvez est aussi un passionné de vins. Il a acquis cette petite propriété de Puisseguin-Saint-Émilion, où il élabore deux cuvées de très belle facture : une cuvée classique, dont on peut profiter dans sa jeunesse, et une cuvée Vieilles Vignes, plus profonde (extraction par pigeages, fermentation malolactique en barrique...) et présentant une marque de terroir qui s'impose en bouche, avec un bon potentiel de garde. La production gagne en précision et en éclat.

Les vins : le domaine ne nous ayant pas fait parvenir ses vins cette année, nous sommes amenés à reconduire les notes de notre édition précédente.

- Castillon Côtes de Bordeaux 2015 — 13 € 14
- Puisseguin-Saint-Émilion 2015 — 23 € 15,5
- Puisseguin-Saint-Émilion Vieilles Vignes 2015 — 41 € 16,5

Rouge : 18 hectares.
Merlot 80 %, Cabernet franc 20 %
Production moyenne : 50 000 bt/an

CHÂTEAU CLARISSE
Lieu-dit Croix de Justice, Longues Reges,
33570 Puisseguin •
www.chateau-clarisse.com • Vente et visites : au domaine sur rendez-vous.
Propriétaire : Olivia et Didier Le Calvez-Mathé
Directeur : Matthieu Bourdy

CHÂTEAU DALEM

Depuis 2002, Brigitte Rullier-Loussert mène avec sérieux ce très joli cru, bien situé sur les coteaux de Saillans. Les derniers millésimes adoptent un style rond et agréablement ouvert dans leur jeunesse. Dans les grandes années, comme 2010, le potentiel de garde s'impose, donnant des vins foncés, assez puissants et qui truffent avec le temps. La famille possède également Château de la Huste, souple et friand, qui devra être bu avant les vins de Dalem. Ce domaine fait partie des valeurs sûres d'une appellation dont on redécouvre chaque jour le potentiel.

Les vins : Château de la Huste est dans une phase de réduction. Le fruit est facile, sans grande profondeur, avec une légère végétalité. Un vin de plaisir simple et immédiat. La froideur du cru tempère la générosité du millésime avec délice dans le grand vin. Le nez est sage, au fruit élégant. L'élevage est juste. La finale sapide rappelle l'intensité minérale de l'appellation.

Fronsac 2016 29,50 € 16
Fronsac Château de la Huste 2016 16 € 14

Rouge : 15 hectares.
Merlot 90 %, Cabernet franc 10 %
Production moyenne : 60 000 bt/an

CHÂTEAU DALEM ♣
1, Dalem, 33141 Saillans
05 57 84 34 18 • www.chateaudalem.com • Vente et visites : au domaine sur rendez-vous.
Propriétaire : Brigitte Rullier-Loussert
Directeur : Sacha Sokoloff
Œnologue : Christian Veyry

CHÂTEAU DE LA DAUPHINE

La famille Labrune, qui a racheté ce cru en 2015 à Guillaume Halley, a agrandi le vignoble de 13 hectares supplémentaires en faisant l'acquisition du Château Haut-Ballet auprès d'Olivier Decelle (Château Jean-Faure à Saint-Émilion et Mas Amiel à Maury) en 2016. La propriété est suivie par les œnologues Michel Rolland et Bruno Lacoste, qui bénéficient d'un outil performant pour continuer à produire des vins de bonne qualité.

Les vins : l'empreinte minérale du cru et la fraîcheur du millésime rendent Delphis 2017 particulièrement friand, sans être mince. Il aura gagné en épaisseur dans un an. Le fronsac a su gérer ce millésime compliqué avec justesse, mêlant fruité, élégance et profondeur. La bouche est friande, avec sa fraîcheur croquante et son élevage boisé léger, bien adapté.

Fronsac 2017 21 € 15,5
Fronsac Delphis 2017 10,50 € 14,5

Rouge : 53 hectares.
Merlot 90 %, Cabernet franc 10 %
Production moyenne : 200 000 bt/an

CHÂTEAU DE LA DAUPHINE
Rue Poitevine, 33126 Fronsac
05 57 74 06 61 •
www.chateau-dauphine.com • Vente et visites : au domaine sur rendez-vous.
Propriétaire : Famille Labrune
Directeur : Stéphanie Barousse
Maître de chai : Julien Schaus
Œnologue : Michel Rolland et Julien Viaud

DOMAINE DE GALOUCHEY

Ce domaine a été créé par trois amis, Jean Terrade, Gérard Pantanacce, et Marco Pelletier (ancien chef sommelier du Taillevent et du Bristol). Leur volonté : créer un vin hors des codes à Bordeaux, en bio, utilisant quasiment tous les cépages, complantés, de la région. La Chapelle est une parcelle de 0,5 hectare de merlot, plantée en 1986.

Les vins : 2015 est dans un léger stade de fermeture mais une fois aéré, la magie de Galouchey opère à nouveau, avec une tombée de fruits noirs, de la sève et des notes de pot-pourri au nez. La bouche est une caresse, mêlant toucher subtil, tanin poudré et sapidité, avec une finale rappelant les fruits à noyau. Il se gardera au moins huit ans.

Le coup de ♥
VDF Vin de Jardin 2015 N.C. 15,5

Rouge : Merlot 70 %, Cabernet-Sauvignon 12 %, Cabernet franc 10 %, Carmenère 4 %, Petit Verdot 4 %
Blanc : 0,6 hectare.
Sémillon 25 %, Muscadelle 25 %, Sauvignon blanc 25 %, Sauvignon gris 25 %
Production moyenne : 4 500 bt/an

DOMAINE DE GALOUCHEY
1, route de Galouchey, Lesparre, 33750 Beychac-et-Caillau •
www.vindejardin.com • Vente et visites : au domaine sur rendez-vous.
Propriétaire : Gérard Pantanacce, Marco Pelletier, Jean et Claudia Terrade

CHÂTEAU HOSTENS-PICANT

Hostens-Picant s'impose comme l'un des meilleurs vins de Sainte-Foy. Il a bénéficié du travail patient et obstiné de Nadine et Yves Hostens-Picant, qui passent doucement le relais à leurs filles Valentine et Charlotte. Les vins sont élaborés avec beaucoup d'ambition, et bénéficient des conseils avertis de Stéphane Derenoncourt. À côté de la cuvée rouge classique, de juste extraction, la cuvée LVCVLLVS se dévoile, en rouge, ambitieuse et opulente. Elle vieillit harmonieusement avec, dans les derniers millésimes, une approche de l'élevage beaucoup plus discrète que lors de sa création au début des années 2000. Mais elle est souvent difficile à déguster dans la jeunesse. Le point fort du domaine est la fameuse Cuvée des Demoiselles (60 % sauvignon, 30 % sémillon, 10 % muscadelle), blanc d'une rare subtilité aromatique pour Bordeaux, séduisant par sa finesse de style.

Les vins : le blanc offre une touche exotique typique du millésime avec des notes d'ananas et de litchi. Les silex tendent la finale et apportent éclat et salinité. Cette cuvée rappelle que la propriété est un grand terroir de blanc. Le rouge surprend par sa froideur : la bouche est rendue ferme par une minéralité élevée, rendant la finale pointue, mais saline. Il faudra du temps pour arrondir l'ensemble. LVCVLLVS est encore marqué par un élevage démonstratif, qui aromatise et sucre la bouche, et assèche la finale. Se fondra-t-il ?

- Sainte-Foy Côtes de Bordeaux Cuvée des Demoiselles 2018 — 24 € — 16
- Sainte-Foy Côtes de Bordeaux 2016 — 24 € — 15
- Sainte-Foy-Bordeaux Cuvée d'Exception LVCVLLVS 2016 — 35 € — 15

Rouge : 30 hectares.
Merlot 70 %, Cabernet franc 30 %
Blanc : 10 hectares.
Sauvignon blanc 65 %, Sémillon 30 %, Muscadelle 5 %
Production moyenne : 240 000 bt/an

CHÂTEAU HOSTENS-PICANT
Grangeneuve Nord, 33220 Les Lèves-et-Thoumeyragues
05 57 46 38 11 •
www.chateauhostens-picant.fr • Vente et visites : au domaine sur rendez-vous.
Propriétaire : Yves et Nadine Hostens-Picant
Directeur : Yves Hostens-Picant
Maître de chai : Éric Fréchou
Œnologue : Simon Blanchard (Derenoncourt Consultants)

CHÂTEAU MARSAU

Voici l'un des meilleurs représentants de l'appellation Francs-Côtes de Bordeaux, avec Puygueraud. Marsau appartient à Jean-Marie Chadronnier, ancien président de la maison de négoce CVBG Dourthe-Kressmann. Il produit régulièrement un vin gourmand, fruité, doté d'une bonne concentration. Jean-Marie Chadronnier a passé la main en 2017 à Anne-Laurence et Mathieu Chadronnier ; ces derniers se sont engagés dans un processus de conversion en bio en 2018.

Les vins : 2014 sort doucement de l'adolescence et commence à livrer des notes de sous-bois et de pâte de fruits. Ses tanins un peu appuyés soutiennent qu'il peut aller plus loin. 2015 monte d'un cran en élégance et en précision. Le fruit délicat et la noblesse de l'élevage témoigne de la progression du cru. 2016 est encore un peu fougueux : le domaine opère un changement judicieux avec ce vin, mettant en avant un fruit précis et une profondeur de sol auparavant plus discrète.

- Francs Côtes de Bordeaux 2014 — 16 € — 14,5
- Francs Côtes de Bordeaux 2015 — 18 € — 16
- Francs Côtes de Bordeaux 2016 — 18 € — 16,5

Rouge : 13,6 hectares.
Merlot 100 %
Production moyenne : 60 000 bt/an

CHÂTEAU MARSAU
Bernarderie 33570 Francs
05 57 40 67 23 • www.chateaumarsau.com •
Vente et visites : au domaine sur rendez-vous.
Propriétaire : Anne-Laurence et Mathieu Chadronnier
Directeur : Anne-Laurence Chadronnier

POMEROL

★★★

CHÂTEAU L'EGLISE-CLINET

Homme visionnaire et vigneron talentueux, Denis Durantou a porté cette propriété au sommet de l'appellation. Le vignoble est idéalement implanté sur un terroir d'argiles et de graves argileuses, dont une partie a résisté au terrible gel de 1956, puis à ceux de 1985 et de 1987. L'âge moyen du vignoble dépasse ainsi les 40 ans. Vinifiés avec rigueur et justesse dans un esprit qui mêle classicisme et modernité, les vins paraissent parfois un peu austères dans leur jeunesse, mais sont taillés pour la garde. L'Église-Clinet commence en effet à révéler tout son potentiel à partir de dix ou douze ans d'âge. Malheureusement, les quantités produites sont faibles et le vin atteint des prix très élevés en raison de son succès. Il est toujours possible de se consoler avec le second vin du domaine, La Petite Église, qui partage l'esprit de finesse et d'élégance de son grand frère.

Les vins : les millésimes récents brillent par la pureté de leur expression aromatique et la complexité de leurs saveurs, avec un tranchant presque acidulé qui, parmi les grands pomerols, n'appartient qu'à L'Église-Clinet. La puissance du 2016 est latente, rien n'est forcé : une richesse et un potentiel énorme mais beaucoup d'élan et de fraîcheur. L'assise est remarquable. La floralité prend déjà place dans le verre, la violette perce derrière la compacité du fruit naissant. Déjà suave et délié, le profond 2015 s'appuie sur une structure très fine et allongée, malgré le souffle solaire du millésime. Expressif, il se révèle merveilleusement floral dans un registre qui va vers la rose passée.

- Pomerol 2015 — de 200 à 240 € (c) — 18
- Pomerol La Petite Eglise 2015 — de 35 à 45 € (c) — 16,5

Le coup de ♥

- Pomerol 2016 — de 350 à 380 € (c) — 19

Rouge : 5,5 hectares.
Merlot 90 %, Cabernet franc 10 %
Production moyenne : 15 000 bt/an

CHÂTEAU L'EGLISE-CLINET
33500 Pomerol
05 57 25 96 59 • www.eglise-clinet.com •
Vente et visites : au domaine sur rendez-vous.

Propriétaire : Denis Durantou

★★★

CHÂTEAU LAFLEUR

Avec son épouse Julie, Baptiste Guinaudeau poursuit le travail de ses parents en conduisant avec passion et méticulosité cette toute petite propriété culte de Pomerol. Un heureux caprice de la nature a accumulé sur ce carré de vignes, lui-même découpé en quatre carrés, toutes les graves des alentours, ce qui permet au cabernet franc de mûrir comme nulle part ailleurs. Ce cépage entre judicieusement pour moitié dans l'encépagement, l'autre moitié étant réservée aux somptueux merlots qui bénéficient, comme sur l'ensemble du haut plateau de Certan, d'argiles profondes directement sous les graves. Lafleur vieillit à la perfection et affiche une régularité sans faille ces dernières années. Hélas, ce vin demeure très difficile à trouver. Issu d'une sélection décidée dès la vigne, Les Pensées offre une personnalité singulière, plus proche d'une autre interprétation du génie des lieux que d'un second vin.

Les vins : d'année en année, l'exigence de la famille Guinaudeau vise à améliorer la qualité du cru, déjà au sommet de l'appellation. En primeur, 2017 et 2018 s'imposent comme les plus grands vins de la Rive droite, 2018 surpassant peut-être encore une trilogie 15-16-17 déjà unique ! Qui vivra (et surtout qui aura la chance de les goûter...) verra. Le 2016 est un vin très tramé, d'une insigne finesse cependant, avec une expression intense du cabernet qui forme la stature de l'assemblage. Il rappelle l'éclat aromatique des 2008 mais avec davantage de vivacité. L'amplitude du 2015 impressionne, la pureté de son expression aromatique aussi, avec un fruit qui au-delà des épices et du tabac frais évoque une merveilleuse framboise chauffée. Les tanins sont abondants mais juteux à souhait, très harmonieux. La spécificité du millésime n'est pas éludée, une empreinte résolument solaire marque le vin de ce terroir graveleux précoce. Dense, opulent, parfumé, les Pensées, parèdre argileux de Lafleur, montre dans ce même millésime 2015 une admirable plénitude. Un peu moins profonde que celle de Lafleur mais aussi raffinée, l'expression aromatique s'oriente davantage vers la floralité.

- Pomerol 2015 — de 1 500 à 2 200 € (c) — 18,5

Pomerol Pensées de Lafleur 2015 de 125 à 155 € (c) 17,5

Le coup de ♥

Pomerol 2016 de 1 200 à 1 500 € (c) 19,5

Rouge : 4,5 hectares.
Cabernet franc 50 %, Merlot 50 %
Production moyenne : 20 000 bt/an

CHÂTEAU LAFLEUR
Grand-Village, 33240 Mouillac
05 57 84 44 03 • Vente et visites : au domaine sur rendez-vous.
Propriétaire : Jacques et Sylvie Guinaudeau

★★★

PÉTRUS

Propriété de la famille Moueix (branche Jean-François), le vin le plus mythique du monde n'a pas fini de fasciner ceux qui ont la chance de le déguster. Issu à 100 % de merlot planté sur des sols d'argiles profondes, Pétrus bénéficie d'un terroir singulier pour Pomerol. Certes, tous les millésimes produits durant les années 1980 ou 1990 ne sont peut-être pas à la hauteur de l'attente qu'un tel cru peut susciter. Mais le vieillissement du vignoble et l'attention portée ces dernières années au vin ont permis de produire quelques bouteilles de légende, comme le seront, à n'en pas douter, les 2000, 2005, 2009 et 2010. Olivier Berrouet, qui en assure la vinification, a parfaitement pris la mesure du terroir, et le nouveau cuvier, permettant d'affiner la précision de la vinification, constitue pour lui un outil de travail magnifique. Bénéficiant de sa propre structure de distribution, Pétrus est plus en forme que jamais !

Les vins : en primeur, 2017, qui, exploite brillamment les contraintes du millésime, et 2018, dominent avec majesté les débats stylistiques pomerolais. 2016 impose comme une évidence la séduction et le velouté attendus d'un très grand pomerol. Il étonne par la pureté de son fruit et la rémanence de saveurs terriennes et pointues qui prolongent la finale. 2015 impressionne par l'onctuosité de sa chair et sa profondeur, avec une maturité de fruit exubérante mais saisie au plus juste, garante d'une évolution sereine sur le très long terme.

Pomerol 2016 de 3 600 à 4 200 € (c) 19,5

Le coup de ♥

Pomerol 2015 de 4 000 à 4 500 € (c) 19,5

Rouge : 11,5 hectares.
Merlot 95 %, Cabernet franc 5 %
Production moyenne : 30 000 bt/an

PÉTRUS
3, route de Lussac, 33500 Pomerol • cjaubert@petrus.com • Pas de visites.
Propriétaire : Jean-François Moueix
Directeur : Olivier Berrouet

★★★

CHÂTEAU TROTANOY

Le cru, situé au cœur du plateau de Pomerol, bénéficie d'un terroir composé pour moitié de graves et pour l'autre d'argiles. Exploité par la famille Moueix, il livre un vin d'une profondeur et d'un équilibre bouleversants, qui dépasse parfois en raffinement Pétrus lui-même. Apte au très long vieillissement, toujours idéalement équilibré, sans jamais surjouer ni la maturité du fruit ni l'élevage, il est d'une régularité exemplaire. La troisième étoile accrédite son appartenance au cercle restreint des plus grands vins de Bordeaux et d'ailleurs.

Les vins : le 2016 est un vin de haute constitution, réservé, d'une grande fraîcheur, aux tanins imposants, qui mettra du temps à se faire. La richesse solaire du 2015 est parfaitement contenue ; la grande enveloppe tannique (la plus impressionnante parmi les ténors de Pomerol) demeure entièrement au service du fruit. Un grand Trotanoy qui durera au moins un demi-siècle. Le 2018 en primeur, lui ressemble beaucoup ; peut-être est-il plus monumental encore.

Pomerol 2016 de 240 à 260 € (c) 19

Le coup de ♥

Pomerol 2015 de 300 à 350 € (c) 18,5

Rouge : 7,2 hectares.
Merlot 90 %, Cabernet franc 10 %
Production moyenne : 20 000 bt/an

CHÂTEAU TROTANOY
54, quai du Priourat, BP 129,
33502 Libourne
05 57 51 78 96 • www.moueix.com • Pas de visites.
Propriétaire : SC du Château Trotanoy
Directeur : Christian Moueix
Maître de chai : Laurent Descos
Œnologue : Eric Murisasco

★★★

VIEUX CHÂTEAU CERTAN

Situé au cœur du plateau de Certan, sur des parcelles tantôt graveleuses, tantôt argileuses, Vieux Château Certan parvient à faire mûrir ses cabernets brillamment. Ce sont d'ailleurs ces derniers qui lui donnent un cachet unique, tout en le pénalisant parfois lors des dégustations en primeur – le vin n'ayant pas le charnu immédiat de quelques-uns de ses voisins. Il ne s'amaigrit cependant pas au cours de l'élevage et gagne même en définition après cinq ans. Il vieillit ensuite comme un grand médoc, en conservant une fabuleuse fraîcheur. Depuis 2011, Guillaume Thienpont, œnologue et ingénieur, a rejoint son père Alexandre pour gérer la propriété familiale. Le cru fait preuve d'une régularité exceptionnelle et les derniers millésimes lui ont permis d'obtenir une troisième étoile.

Les vins : Vieux Château Certan continue son impressionnante série de succès. 2018 en primeur s'affiche incontestablement dans le trio de tête de Pomerol. Après la mise, 2016 offre une expression souveraine, d'une ampleur et d'une richesse hors-norme. La sucrosité, l'enveloppe opulente et crémeuse sont proches du 2015 ; le fruit manifeste une sève, une vigueur, une fraîcheur, un élan supérieurs. Crémeux, expressif, très corsé, l'opulent 2015 pare son fruit immense d'un registre aromatique complémentaire qui peut sembler déjà automnal : crème de marrons, cèpe frais... D'une profondeur remarquable, la bouche affiche en revanche une vigueur de sève qui dépasse le registre solaire du millésime.

Pomerol 2015 — N.C. — 18

Le coup de ♥

Pomerol 2016 — de 320 à 350 € (c) — 19,5

Rouge : 14 hectares.
Merlot 60 %, Cabernet franc 30 %, Cabernet-Sauvignon 10 %
Production moyenne : 55 000 bt/an

VIEUX CHÂTEAU CERTAN
33500 Pomerol
05 57 51 17 33 •
www.vieuxchateaucertan.com • Vente et visites : au domaine sur rendez-vous.
Propriétaire : Famille Thienpont
Directeur : Alexandre Thienpont

★★

CHÂTEAU CLINET

La famille Laborde, propriétaire du cru depuis 1999, produit un pomerol de grande plénitude, dense, coloré, toujours charmeur mais qui a su ces dernières années se faire plus élégant, collant ainsi davantage à l'air du temps après une période de "modernité" un peu outrancière. Il faut dire que le cru dispose d'un superbe terroir, au cœur du haut plateau de Pomerol, sur des sols argilo-graveleux qui confèrent au vin puissance et intensité. Autre atout, le château est doté d'un outil de vinification dernier cri.

Les vins : le style de Clinet s'est considérablement affiné dans les derniers millésimes. Droit, sincère et complet, 2016 possède un fruit intense, légèrement chocolaté, porté par une structure bien en place. Le 2015 témoigne aussi de cette évolution positive, avec un vin profond mais nuancé, aux tanins subtils et très étirés, soutenu par une veine de fraîcheur précieuse dans ce millésime.

Pomerol 2016 — de 100 à 140 € (c) — 17,5

Le coup de ♥

Pomerol 2015 — de 110 à 150 € (c) — 17

Rouge : 9 hectares.
Merlot 85 %, Cabernet-Sauvignon 10 %, Cabernet franc 5 %
Production moyenne : 40 000 bt/an

CHÂTEAU CLINET
33500 Pomerol
05 57 25 50 00 • www.chateauclinet.com •
Vente et visites : au domaine sur rendez-vous.
Propriétaire : Famille Laborde
Directeur : Ronan Laborde (président)

★★

CHÂTEAU LA CONSEILLANTE

Propriété familiale en pleine forme depuis une quinzaine d'années, La Conseillante doit beaucoup à son ex-directeur technique, Jean-Michel Laporte, qui a quitté ses fonctions en 2015. Conseillé par l'œnologue Michel Rolland et comptant sur un outil de vinification à la hauteur des ambitions de ce très beau cru, La Conseillante fait partie des valeurs sûres de l'appellation. Dans un style qui privilégie une admirable finesse d'expression, certains des millésimes récents placent le château au sommet de la hiérarchie. Il faut dire qu'il peut compter sur un terroir de sables, de graves et d'argiles idéalement situé. Marielle Cazaux, la nouvelle directrice technique, a pris dès son premier millésime la pleine mesure du cru.

Les vins : l'expression du 2016 frappe par son amplitude et sa fraîcheur ; évoquant la poudre de riz, la personnalité aromatique séduit déjà. Très complète, la matière manifeste une harmonie, une pureté, une distinction réservée tout à fait à part, qui rapprochent davantage La Conseillante de Cheval Blanc que de ses plus proches voisins pomerolais. Le 2015 offre lui aussi beaucoup de finesse et de suggestion : on est de plain-pied dans le style caractéristique du cru. Le toucher de bouche libère un fruit velouté et capiteux, jamais pesant dans sa structure mais dont la richesse en alcool domine un peu la finale.

- Pomerol 2015 — de 210 à 250 € (c) — 17,5

Le coup de ♥

- Pomerol 2016 — de 260 à 300 € (c) — 19

Rouge : 12 hectares.
Merlot 80 %, Cabernet franc 20 %
Production moyenne : 48 000 bt/an

CHÂTEAU LA CONSEILLANTE
33500 Pomerol
05 57 51 15 32 • www.la-conseillante.com • Vente et visites : au domaine sur rendez-vous.
Propriétaire : Héritiers Nicolas
Directeur : Marielle Cazaux

★★

CHÂTEAU L'EVANGILE

Idéalement situé entre Pétrus et Cheval Blanc, L'Évangile, qui appartient majoritairement à la société Domaines Barons de Rothschild (Lafite), a connu une profonde restructuration et une reprise en main du vignoble ces dernières années, avec, entre autres, l'acquisition de nouvelles parcelles. Les résultats de cet important travail mené par Jean-Pascal Vazart et son équipe sont perceptibles dans la qualité des vins et les derniers millésimes produits situent le cru au plus haut niveau de l'appellation. 2018, année si éprouvante du point de vue cultural, marque le passage du vignoble en conduite biologique.

Les vins : très profond, épaulé, le 2016 dégage une énergie formidable. Moins baroque que son prédécesseur, avec un fruit plus frais mais tout aussi intense, il promet énormément. Théâtral, 2015 ne contourne pas l'opulence du millésime ! Voici un vin très texturé, extrêmement suave et savoureux, qui est allé chercher la plus complète maturité phénolique, enjôleur par la sucrosité de son fruit, presque décadent dans sa pointe confite mais bénéficiant d'une réelle tenue tannique et acide. Le second vin, Blason de l'Evangile, possède dans les deux millésimes l'esprit suave et capiteux de son grand frère, avec une belle densité de chair mais moins de structure.

- Pomerol 2016 — de 280 à 320 € (c) — 18,5
- Pomerol Blason de l'Evangile 2015 — de 40 à 50 € (c) — 16
- Pomerol Blason de l'Evangile 2016 — de 40 à 50 € (c) — 16

Le coup de ♥

- Pomerol 2015 — de 210 à 260 € (c) — 18

Rouge : 19 hectares.
Merlot 89 %, Cabernet franc 11 %
Production moyenne : 60 000 bt/an

CHÂTEAU L'EVANGILE
33500 Pomerol
05 57 55 45 55 • www.lafite.com • Vente et visites : au domaine sur rendez-vous.
Propriétaire : Domaines Barons de Rothschild (Lafite)
Directeur : Jean-Pascal Vazart

★★

CHÂTEAU LA FLEUR-PÉTRUS

Voisin de Pétrus et de Lafleur, comme le suggère son nom, La Fleur-Pétrus ne jouit pas du même prestige. Si le château a produit de très jolis vins, notamment dans les années 1970, il ne s'est pas toujours montré à la hauteur de son fantastique pedigree. Son terroir est désormais multiforme car composé de trois grandes parcelles aux caractéristiques pédologiques différentes. Une nouvelle impulsion a été donnée en 1995 quand le vignoble s'est agrandi par l'ajout d'une parcelle de 4 hectares de vieilles vignes provenant du château Le Gay, ce qui a renforcé la puissance du vin. Très adroitement vinifié par l'équipe de la maison Jean-Pierre Moueix, ce pomerol possède un style tout en finesse et en harmonie. Le vignoble a été restructuré récemment et les derniers millésimes apparaissent particulièrement brillants, avec davantage de profondeur. La deuxième étoile est aujourd'hui parfaitement justifiée.

Les vins : déjà nuancé et très complet, 2017 apparaît en primeur comme le cru le plus réussi de l'écurie Moueix dans ce millésime. 2016 brille non seulement par son intensité radieuse, solaire, mais aussi par la finesse de son grain et sa subtilité aromatique. 2015 marque la première intégration dans l'assemblage d'une petite proportion de petit verdot. Sa matière offre une grand harmonie séductrice, un corps suave et savoureux tapissé d'un velours tannique finement tramé, moins imposant toutefois que celui de Trotanoy. Le charme aromatique précoce qui distinguait le cru persiste dans un registre épicé et floral, avec une touche d'eucalyptus qui signe la très haute maturité.

Pomerol 2016 de 230 à 250 € (c) 17,5

Le coup de ♥

Pomerol 2015 de 320 à 360 € (c) 18

Rouge : 18,7 hectares.
Merlot 91 %, Cabernet franc 6 %, Petit Verdot 3 %
Production moyenne : 60 000 bt/an

CHÂTEAU LA FLEUR-PÉTRUS

54, quai du Priourat, BP 129,
33502 Libourne Cedex
05 57 51 78 96 • www.moueix.com/ • Pas de visites.
Propriétaire : SC du Château La Fleur-Pétrus
Directeur : Christian Moueix
Maître de chai : Laurent Descos
Œnologue : Eric Murisasco

★★

CHÂTEAU HOSANNA

La propriété est issue de la division de l'ancien château Certan Giraud, survenue en 1999. Rachetée par la famille Moueix, la moitié du vignoble a ainsi été rebaptisée Hosanna. Le cru associe un corps plein, une grande maturité de fruit et souvent un caractère plus torréfié que ses plus proches et très prestigieux voisins. Le temps lui permet ensuite de gagner en précision et en rectitude.

Les vins : goûté à plusieurs reprises pendant l'élevage, 2018 s'annonce comme la réussite la plus marquante du cru à ce jour. 2016 se distingue par un moelleux flatteur et une grande délicatesse de tanins, tout en gardant un fruit réactif, très frais. 2015 confirme son profil et semble même monter en puissance : dense et onctueux, rôti, cohérent, bien pourvu en tanins, très structuré, il ira loin. Son registre aromatique est plus torréfié, empyreumatique que celui des autres crus de l'écurie Moueix : fruits noirs poudrés de cacao le caractérisent.

Pomerol 2016 N.C. 16

Le coup de ♥

Pomerol 2015 de 80 à 120 € (c) 17,5

Rouge : 4,5 hectares.
Merlot 70 %, Cabernet franc 30 %
Production moyenne : 18 600 bt/an

CHÂTEAU HOSANNA

54, quai du Priourat, BP 129,
33502 Libourne
05 57 51 78 96 • www.moueix.com • Pas de visites.
Propriétaire : Ets Jean-Pierre Moueix
Directeur : Christian Moueix
Maître de chai : Laurent Descos
Œnologue : Eric Murisasco

★★

CHÂTEAU NÉNIN

La famille Delon, propriétaire de l'illustre château Léoville Las Cases à Saint-Julien et du château Potensac en Médoc, a racheté ce grand domaine en 1997, mettant tout en œuvre pour renouer avec la plus haute qualité. Elle y a engagé d'importants travaux, une nouvelle étape ayant été franchie en 1999, avec l'agrandissement du vignoble par le rachat de la moitié de l'ancien château Certan Giraud (l'autre moitié appartenant à la maison Jean-Pierre Moueix, sous le nom d'Hosanna). Les vins produits ici affichent un esprit classique ; ils se montrent souvent un peu sévères et stricts durant leur jeunesse, mais ils évoluent remarquablement. La qualité des vins ne cesse de progresser au prix d'une sélection radicale (généralement 30 à 40 % de la production seulement entrent dans le grand vin). Les derniers millésimes sont tous recommandables, plus accessibles dans leur jeunesse sans se départir pour autant de leur profondeur ni de leur classe. Les prix restant sages, il s'agit de très bonnes affaires pour les amateurs de vins purs et distingués.

Les vins : les sélections massales ligériennes de cabernet franc plantées entre 1998 et 2001 entrent désormais dans l'assemblage. Ce cépage occupe une place historique dans l'assemblage du 2017 : 42 %. Nénin 2015 a précisé ses contours en bouteille et renforcé son caractère. Tout en développant un registre aromatique suavement épicé, il s'affirme comme un des grands pomerols les plus réactifs et classiquement architecturés du millésime, sans la moindre raideur. Pur, précis, intense, le 2016 confirme l'excellente forme du château et signe un nouveau palier dans sa montée en puissance. La proximité du fruit est admirable. Encore serré sans être compact, il montre un éclat et une vibration de tout premier ordre.

Pomerol 2015 de 60 à 90 € (c) 17,5

Le coup de ♥

Pomerol 2016 de 80 à 100 € (c) 18

Rouge : 32 hectares.
Merlot 82 %, Cabernet franc 18 %

CHÂTEAU NÉNIN
66, route de Montagne, 33500 Pomerol
05 57 51 00 01 • www.domaines-delon.com • Vente et visites : au domaine sur rendez-vous.
Propriétaire : Jean-Hubert Delon
Directeur : Pierre Graffeuille
Œnologue : Éric Boissenot

★★

CHÂTEAU LE PIN

Bien qu'il se défende d'en faire partie, Le Pin a initié en Libournais le mouvement des "vins de garage", ces petites productions extrêmement individualisées, objet de toutes les attentions et dont les prix ont parfois eu tendance à s'envoler. Avec beaucoup d'intelligence, Jacques Thienpont a su créer un type de vin parfaitement accordé au goût moderne, à l'appel immédiat, voluptueux et boisé, tout en étant porteur du charme indéfinissable des grands pomerols. Au bout de dix ans, au début des années 1990, le vin était devenu une légende et ses prix grimpaient à des hauteurs vertigineuses. Contrairement à bien d'autres crus dont le succès a été éphémère, Le Pin a gagné ses lettres de noblesse au fil des ans, grâce à un évident potentiel de vieillissement ; son style s'est affiné, devenant moins démonstratif et plus profond. Depuis 2011, il s'est doté d'un nouveau chai, parfaitement adapté à des vinifications sur mesure permettant de gagner encore en définition de goût.

Les vins : comme à plusieurs reprises dans l'histoire du cru, Jacques Thienpont a décidé de ne pas commercialiser le 2013 en raison d'une qualité jugée insuffisante. Le 2014 succède à cette lacune et reprend brillamment le flambeau stylistique d'un domaine aussi discret qu'emblématique. Finesse et soyeux des tanins contribuent grandement à son élégance, accentuée par une floralité capiteuse. En primeur, 2018 montrait un velouté extrêmement séducteur, sans posséder la finesse et les mille nuances de Vieux Château Certan.

Pomerol 2014 de 2 500 à 3 000 € (c) 18

Rouge : 2,2 hectares.
Merlot 98 %, Divers noir 2 %
Production moyenne : 8 000 bt/an

CHÂTEAU LE PIN
Les Grands-Champs, 33500 Pomerol
00 32 55 31 17 59 • Vente et visites : au domaine sur rendez-vous.
Propriétaire : Jacques Thienpont

★

CHÂTEAU BEAUREGARD

Cette vaste et belle propriété a été vendue en 2013 par le groupe Banque Populaire-Caisse d'Épargne aux familles Moulin (Galeries Lafayette) et Cathiard (Smith Haut-Lafitte). Minoritaires, ces derniers en assurent néanmoins l'exploitation. Vincent Priou est toujours à la tête de ce cru qu'il maîtrise très bien, élaborant des vins de belle facture, dans un style moderne, suave et expansif, mais qui vieillissent avec bonheur. Un nouveau chai a été inauguré en 2015 et les millésimes suivants bénéficient de cet outil pour gagner encore en profondeur et en précision.

Les vins : encore réservé, 2016 affiche un profil charnu et réactif ; tout en restant doux et velouté, il est très cadré par son élevage, le bois épicé est prégnant. Expressif, ouvert, 2015 a gagné en profondeur par rapport aux échantillons goûtés en primeur ; c'est un pomerol pulpeux dont la sucrosité, le fruit moelleux offrent un abord charmeur et accueillant. Il faut saluer sa finesse aromatique, d'une séduction indéniable mais qui ne racole jamais. Très bel archétype.

➡ Pomerol 2016 78 € 15,5

Le coup de ♥

➡ Pomerol 2015 65 € 16,5

Rouge : 17,5 hectares.
Merlot 70 %, Cabernet franc 30 %
Production moyenne : 80 000 bt/an

CHÂTEAU BEAUREGARD ♣
33500 Pomerol
05 57 51 13 36 •
www.chateau-beauregard.com • Vente et visites : au domaine sur rendez-vous.
Propriétaire : Familles Moulin et Cathiard
Directeur : Vincent Priou

★

CHÂTEAU LE BON PASTEUR

Cette propriété, qui appartenait à la famille Rolland, a été vendue en juin 2013 à un groupe d'investissement chinois de Hong Kong. Benoît Prévot en a pris la direction technique et les célèbres œnologues Michel et Dany Rolland continuent à suivre les vinifications de très près. C'est ici qu'ils ont développé depuis de nombreuses années les techniques et les recettes qui ont fait leur succès : vendange de raisins très mûrs, rendements limités, élevage luxueux et, désormais, la fameuse vinification intégrale avec fermentation alcoolique des raisins dans les fûts. Une approche permettant de tirer le meilleur parti de ce terroir de graves et d'argile, situé dans le secteur de Maillet, en dehors de la zone la plus réputée de l'appellation. Séduisant dans sa jeunesse, le vin vieillit également de façon admirable, développant de beaux arômes truffés après une dizaine d'années en cave. La création d'un second vin, à partir du millésime 2013, permet une plus grande rigueur encore dans la sélection.

Les vins : les tout derniers millésimes sont de très bon niveau. Ils dégagent dès leur prime jeunesse une aura d'harmonie et de séduction, tel le 2017, très prometteur lors des dégustations primeurs, peut-être plus en finesse que ses prédécesseurs. De très belle intensité, 2016 offre des arômes racés de cuir frais et de graphite ; distingué dans la saveur comme dans le grain tannique, ce vin séveux et démonstratif devrait bien évoluer. Puissant et onctueux, 2015 affiche un style résolument moderne, libérant des arômes de fruits noirs très mûrs, dominés par un boisé fumé et graphite pour l'heure très prégnant. À suivre avec attention. Le 2014 bénéficie d'une sélection drastique et brille par sa densité, dans un style puissant pour le millésime.

➡ Pomerol 2015 de 95 à 110 € (c) 15,5

Le coup de ♥

➡ Pomerol 2016 110 € 17

Rouge : 6,6 hectares.
Merlot 80 %, Cabernet franc 20 %
Production moyenne : 25 000 bt/an

CHÂTEAU LE BON PASTEUR
10, chemin de Maillet, 33500 Pomerol
05 57 24 52 58 •
www.chateaulebonpasteur.com • Pas de visites.
Propriétaire : Sutong Pan
Directeur : Benoit Prevot
Maître de chai : Brice Gaillot
Œnologue : Michel et Dany Rolland

★

CHÂTEAU CERTAN DE MAY

Fort bien située sur le plateau de Certan, cette belle propriété a tout en main pour produire des vins de haut niveau, d'autant que la famille Barreau ne manque pas d'ambition. Une ambition qui se traduit par une belle amélioration des derniers millésimes, dans un style plus élégant que puissant. Il lui manquait encore un peu de constitution pour égaler les meilleurs, les derniers millésimes comblent ce retard avec des expressions fruitées de grande fraîcheur et de grande classe, qui ont permis au château de décrocher une première étoile l'an passé. Grande dame de Pomerol, âme du domaine depuis les années 1960 lorsque, jeune veuve, elle avait dû en prendre la charge, Odette Barreau-Badar est décédée en juillet 2018.

Les vins : le 2016 et peut-être plus encore 2017 marquent un tournant, avec des fruités plus denses et plus brillants, très purs. En primeur, 2018, premier millésime vinifié dans le nouveau cuvier, avec un meilleur contrôle des température, confirme cette nette embellie. 2015, un peu plus mat, est fidèle au profil des vins de la propriété : fruité juteux, texture svelte mais très savoureuse, il vieillira avec race en développant son moelleux.

➡ Pomerol 2015 de 90 à 120 € (c) 16

Le coup de ♥

➡ Pomerol 2016 de 140 à 170 € (c) 17

Rouge : 5 hectares.

Merlot 70 %, Cabernet franc 25 %,
Cabernet-Sauvignon 5 %
Production moyenne : 24 000 bt/an

CHÂTEAU CERTAN DE MAY
33500 Pomerol
05 57 51 41 53 • Vente et visites : au domaine sur rendez-vous.
Propriétaire : Famille Barreau-Badar

★

CLOS L'ÉGLISE

La famille Garcin-Cathiard a totalement métamorphosé le cru en une décennie, élaborant un vin au profil moderne et flatteur, avec une volonté évidente d'obtenir une maturité maximale des raisins, quitte à tomber parfois dans l'excès. Élaborés dans un style très démonstratif, certains millésimes des années 2000 ont pu manquer de délicatesse, mais le style change depuis 2012 et les vins présentent désormais davantage d'équilibre et d'harmonie.

Les vins : le 2018, déjà floral et flatteur en primeur, délié, suave, s'annonce comme une très belle réussite. Dans un style poussant toujours loin la maturité, le 2016 montre beaucoup de crémeux en attaque avec une belle densité de matière, un caractère très doux et finement sucré en finale. L'empreinte du terroir argileux est cependant bien présente. 2015 conserve une appréciable fraîcheur, c'est pourtant un vin axé sur le velouté de la chair et la gourmandise des saveurs, exhibant notamment une flatteuse touche de violette confite.

Pomerol 2015 de 95 à 110 € (c) 16,5
Pomerol 2016 de 100 à 120 € (c) 16,5

Rouge : 5,9 hectares.
Merlot 80 %, Cabernet franc 20 %
Production moyenne : 18 000 bt/an

CLOS L'ÉGLISE
33500 Pomerol
05 56 64 05 22 • www.vignoblesgarcin.com
• Pas de visites.
Propriétaire : Sylviane Garcin-Cathiard
Directeur : Hélène Garcin-Levêque

★

CHÂTEAU DU DOMAINE DE L'ÉGLISE

Ce joli domaine situé non loin de l'église de Pomerol appartient à la famille Castéja. À ce titre, les vinifications sont conseillées, à l'instar des autres propriétés de la maison, par l'équipe mise en place par le regretté Denis Dubourdieu. Jamais très démonstratifs lors des dégustations primeurs, les vins possèdent néanmoins une belle race et vieillissent avec grâce, dans un esprit très classique.

Les vins : le domaine affiche une forme resplendissante. 2016 confirme la réussite du 2015, avec une magnifique fraîcheur framboisée et poivrée, des notes de bois précieux et de graphite, un corps svelte, ferme et frais, en somme beaucoup de classe. Ces deux vins majeurs peuvent connaître des phases de fermeture et d'austérité, il convient dans tous les cas de les attendre au moins une dizaine d'années. 2017, avec sa petite pointe chlorophyllienne et son corps subtil, sera sans doute prêt plus rapidement.

Pomerol 2015 de 50 à 60 € (c) 17
Pomerol 2017 38 € (c) 15,5

Le coup de ♥

Pomerol 2016 40 € (c) 17,5

Rouge : 7 hectares.
Merlot 95 %, Cabernet franc 5 %
Production moyenne : 36 000 bt/an

CHÂTEAU DU DOMAINE DE L'ÉGLISE
5, route de Saint-Jacques-de-Compostelle,
33500 Pomerol
05 56 00 00 70 • domaines@borie-manoux.fr
• Pas de visites.
Propriétaire : Philippe Castéja
Maître de chai : Christophe Dussutour

★

CHÂTEAU FEYTIT-CLINET

Pas de château spectaculaire ni de chai dernier cri ici. Pourtant, voilà une décennie que ce cru, auparavant quelconque, s'est hissé au niveau des belles références de l'appellation. Il faut dire que son terroir de graves sur argiles est joliment situé (voisin de Clinet et de Latour à Pomerol) et que Jérémy Chasseuil, qui en a pris les rênes en 2000, soigne avec talent les vinifications. Les vins combinent distinction et profondeur, sans côté tapageur, avec un grand respect du fruit et un bon potentiel de garde. La qualité des derniers millésimes est régulière et les prix restent accessibles.

Les vins : le 2016 est le premier millésime vinifié dans le nouveau cuvier, ce qui a permis d'affiner la sélection parcellaire et d'extraire sur de plus petits volumes. Les jeunes vignes ont été mises de côté en raison de l'été très chaud. Le vin confirme sa grande réussite, avec un caractère moelleux et surtout richement épicé. Le 2015 est un millésime complet, onctueux et racé. Légèrement plus chaleureux qu'à l'accoutumée, il possède une belle ampleur, dans un style très marqué par le merlot.

Pomerol 2015 de 75 à 85 € (c) 16,5

Le coup de ♥

Pomerol 2016 de 65 à 75 € (c) 17,5

Rouge : 6,3 hectares.
Merlot 90 %, Cabernet franc 10 %
Production moyenne : 30 000 bt/an

CHÂTEAU FEYTIT-CLINET
Chemin de Feytit, 33500 Pomerol
05 57 25 51 27 • jeremy.chasseuil@orange.fr • Vente et visites : au domaine sur rendez-vous.
Propriétaire : Jérémy Chasseuil

★

CHÂTEAU GAZIN

Gazin est le plus vaste des meilleurs crus de Pomerol, avec 24 ha situés sur les terroirs argilo-graveleux du plateau. Nicolas de Bailliencourt y produit, avec régularité, un excellent vin à la trame classique, sans aucun effet de style, qui vieillit admirablement. Les derniers millésimes nous paraissent particulièrement convaincants et Gazin s'impose comme une valeur sûre, un archétype du classicisme pomerolais, à des prix qui ont su rester raisonnables.

Les vins : serré, mais pur, au lendemain de la mise, 2017 impressionne en bien. Riche en fruit, tannique et articulé, doté d'une belle acidité, ce beau classique évoluera avec distinction ! Plus dense, remarquablement doté, 2016 paraît aussi plus fermé. 2015 grandit sagement en bouteille ; c'est un vin réservé, parfois même cadenassé, selon les moments de dégustation. À son meilleur, il est intense, profond, avec des notes de fruits noirs et de goudron portés par une trame dynamique, à l'élégance finalement très classique.

Pomerol 2015 de 70 à 85 € (c) 16,5

Pomerol 2016 de 85 à 100 € (c) 17,5

Le coup de ♥

Pomerol 2017 de 65 à 80 € (c) 16,5

Rouge : 24 hectares.
Merlot 90 %, Cabernet-Sauvignon 7 %, Cabernet franc 3 %
Production moyenne : 80 000 bt/an

CHÂTEAU GAZIN
33500 Pomerol
05 57 51 07 05 • www.gazin.com • Vente et visites : au domaine sur rendez-vous.
Propriétaire : Famille de Bailliencourt dit Courcol
Directeur : Mickaël Obert
Œnologue : Mickaël Obert et Thomas Duclos

★ ↗

CHÂTEAU GOMBAUDE GUILLOT

Très bien situé et doté d'un important patrimoine de vieilles vignes, voici un cru atypique, qui peut sembler détonner dans l'ambiance feutrée pomerolaise mais qui, surtout, montre des voies nouvelles du plus haut intérêt. Claire Laval, qui le conduit depuis 1983, y applique avec conviction une agriculture biologique prolongée par une approche très "naturelle" de la vinification. Son fils Olivier Techer vinifie depuis 2010, allant encore plus loin dans la voie initiée par ses parents, notamment en baissant radicalement les doses de soufre ajoutées aux vins (depuis 2014 autour de 25 mg à la mise seulement). Les derniers millésimes du cru nous semblent particulièrement intéressants et justifient l'étoile accordée cette année. Le vin est toujours doté d'une grande franchise d'expression, ainsi que d'un profond sens du lieu ; malgré ses spécificités, il ne cherche pas à jouer l'épate et vieillit très bien.

Les vins : comportant un tiers de malbec et un tiers de cabernet franc, Pom n'roll 2017 est une délicieuse cuvée de plaisir rapide, au fruit alléchant, évoquant le cassis frais. En un an sa gourmandise n'a fait que croître... Gombaude-Guillot 2015 confirme également les bonnes notes de l'an passé ; sa liberté de ton et d'arômes donne une vibration particulière au soyeux de sa chair, prolongée par une structure ample et ferme, garante d'une évolution classique. Le 2011 offre quant à lui une expression complexe, sanguine, fraîche, avec des tanins encore serrés.

- Pomerol 2011 — 57 € — 16
- Pomerol 2015 — 70 € — 17,5

Le coup de ♥

- Pomerol Pom n'Roll 2017 — 35 € — 16,5

Rouge : 7,6 hectares.
Merlot 65 %, Cabernet franc 30 %, Malbec (cot) 5 %
Production moyenne : 40 000 bt/an

CHÂTEAU GOMBAUDE GUILLOT ☾

3, Les Grandes Vignes, 33500 Pomerol
05 57 51 17 40 •
www.chateau-gombaude-guillot.fr • Vente et visites : au domaine sur rendez-vous.
Propriétaire : Claire Laval et Olivier Techer
Directeur : Olivier Techer

★

CHÂTEAU LATOUR À POMEROL

Ce cru, exploité en fermage par les établissements Moueix, se situe au cœur du plateau de l'appellation, sur les sols les plus caractéristiques, mêlant argiles et graves. Les vignes sont plantées sur deux parcelles, l'une près de l'église de Pomerol, sur des sols de graviers, l'autre sur des sols plus légers. Les amateurs, qui ont eu la chance de déguster les millésimes légendaires du cru que sont les 1961, 1959 et 1947, savent à quel point ce château est capable de produire des vins extraordinaires, égalant les meilleurs crus classés de Bordeaux. Souvent un peu difficile à juger dans sa jeunesse, le vin évolue généralement bien, gagnant en volume et en raffinement.

Les vins : très complet, l'échantillon primeur 2018 affiche une densité tannique supérieure aux mensuration habituelles du cru. Le 2016 développe une très belle bouche, pleine et juteuse, avec une parfaite expression du fruit, soutenue par des tanins justes. Parfumé mais moins ébouriffant qu'en primeur, 2015 est un vin à la fois suave et délicat, qui allie la sucrosité d'une chair facile à saisir avec un grain fin et réactif. Il procure déjà beaucoup de plaisir.

- Pomerol 2016 — N.C. — 16,5

Le coup de ♥

- Pomerol 2015 — N.C. — 17

Rouge : 8 hectares.
Merlot 100 %
Production moyenne : 30 000 bt/an

CHÂTEAU LATOUR À POMEROL

54, quai du Priourat, BP 129, 33502 Libourne
05 57 51 78 96 • www.moueix.com • Pas de visites.
Propriétaire : Foyer de charité de Châteauneuf-de-Galaure
Directeur : Christian Moueix
Maître de chai : Laurent Descos
Œnologue : Eric Murisasco

★

CHÂTEAU PETIT-VILLAGE

Propriété du groupe Axa, Petit-Village, qui a vu se succéder différentes équipes, n'a pas toujours été au niveau de ce que son terroir, très bien situé, peut laisser espérer. Les derniers millésimes montrent toutefois une évolution positive, avec des vins plus élégants, moins "médocains" dans leur style. Il nous semble cependant que le cru peut encore viser plus haut, sous la houlette de Diana Berrouet-Garcia, qui a pris ses fonctions de directrice technique en 2015.

Les vins : en primeur 2018 semble marquer un tournant, le vin ne s'est jamais montré aussi élégant et suave. Avec son fruit serré, franc, vigoureux, 2016 possède une ampleur certaine et beaucoup d'allant, malgré une pointe d'austérité dans les tanins qui rigidifie quelque peu le port du vin. Le côté solaire du millésime prend le dessus dans le 2015, avec une chair évoquant un coulis de fruits noirs, un souffle chaleureux, du relief, une trame tannique construite avec encore une pointe de dureté dans les tanins.

- Pomerol 2015 — de 85 à 95 € (c) — 15,5
- Pomerol 2016 — 87,50 € (c) — 16
- Pomerol Le Jardin de Petit-Village 2015 — de 32 à 42 € (c) — 14
- Pomerol Le Jardin de Petit-Village 2016 — 40 € (c) — 14,5

Rouge : 10,5 hectares.
Merlot 75 %, Cabernet franc 18 %, Cabernet-Sauvignon 7 %
Production moyenne : 30 000 bt/an

CHÂTEAU PETIT-VILLAGE
126, route de Catusseau, 33500 Pomerol
05 57 51 21 08 • www.petit-village.com •
Vente et visites : au domaine sur rendez-vous.
Propriétaire : AXA Millésimes
Directeur : Christian Seely (Directeur Général AXA Millésimes)
Maître de chai : Diana Berrouet-Garcia (Directeur Technique)

★

CHÂTEAU ROUGET

Voisin de L'Église-Clinet, Château Rouget a considérablement progressé depuis son rachat par la famille Labruyère. Édouard Labruyère, en charge du cru, ne ménage pas ses efforts pour porter la propriété vers les sommets de l'appellation. Le travail, à la vigne comme au chai, est très sérieux ; le vin possède une belle profondeur de saveur, une indéniable générosité. La politique tarifaire du château demeure raisonnable, ce qui fait de Rouget une belle affaire au sein de l'appellation, dans un style résolument moderne qui privilégie l'intensité du corps et la volupté d'un fruit flirtant avec la surmaturité.

Les vins : le 2016 après la mise exprimait un caractère très chocolaté, surmûr, couplé avec des tanins puissants. Démonstratif et opulent, le fruit manque à ce stade de fraîcheur et de sérénité. Très fourni, très sombre de robe, voluptueux, 2015 propose lui aussi une chair capiteuse, solaire, veloutée, irriguée par des tanins puissants mais d'un gras enthousiasmant. Une autre bouteille montrait un fruit plus confit, chocolaté, manquant de fraîcheur. Un vin ambitieux qu'il faudra suivre de près.

Pomerol 2015	de 45 à 55 € (c)	15,5
Pomerol 2016	de 55 à 65 € (c)	15

Rouge : 18 hectares.
Merlot 85 %, Cabernet franc 15 %
Production moyenne : 80 000 bt/an

CHÂTEAU ROUGET
33500 Pomerol
05 57 51 05 85 • www.chateau-rouget.com •
Vente et visites : au domaine sur rendez-vous.
Propriétaire : Famille Labruyère
Directeur : Edouard Labruyère

★

CHÂTEAU LA VIOLETTE

Cette petite propriété au terroir de rêve, en plein cœur du plateau de Pomerol, doit sa résurrection à la regrettée Catherine Péré-Vergé, également propriétaire des châteaux Le Gay et Montviel à Pomerol, femme de tempérament et amoureuse des grands vins. Elle en avait fait un véritable laboratoire de vinification, poussant très loin le souci de chaque détail : rendements très bas, égrainage des raisins à la main, vinification intégrale en barrique. Il en résulte un vin de haute couture, pur merlot, qui va chercher sa séduction langoureuse très loin dans la maturité, et dont la production s'avère malheureusement plus que confidentielle. L'aventure continue et La Violette n'a pas fini de charmer les amateurs chanceux qui pourront y accéder.

Les vins : ces vins offrent une expérience unique à Pomerol. Capiteux, déjà expressif, volatil, le 2017 fait preuve d'un velouté supérieur, avec une douceur lactée rare dans le millésime ; sa trame tannique, un peu ligneuse, offre cependant des gages de solidité. Intense, à la limite de la surmaturité, le jus satiné du 2016 offre un chatoiement aromatique oscillant des agrumes aux épices douces en passant par le cola... Ce style très volontariste, exotique, se prolonge dans une matière onctueuse, très ample, ponctuée de notes poivrées presque rhodaniennes. Éblouissant à sa naissance, le 2015 pousse loin la séduction confite, qui prend à présent des inflexions lactiques (toffee, chocolat au lait...) et exotiques (eucalyptus). Des tanins serrés prolongent un volume impressionnant, une chair caressante au possible. La surmaturité est assumée et le vin possède ce qu'il faut pour vieillir, même si la robe est déjà bien orangée... Le débat stylistique est ouvert !

Pomerol 2015	de 300 à 400 € (c)	16,5
Pomerol 2016	de 280 à 310 € (c)	16,5
Pomerol 2017	de 260 à 280 € (c)	15,5

Rouge : 1,8 hectare.

Merlot 100 %
Production moyenne : 4 800 bt/an

CHÂTEAU LA VIOLETTE
Domaine de la Petite Fleur, Parc de la Haute Borne, 8, rue Haddock, 59650 Villeneuve-d'Ascq
03 20 64 20 56 • www.vignoblespereverge.com • Vente et visites : au domaine sur rendez-vous.
Propriétaire : Famille Parent
Directeur : Henri Parent

CHÂTEAU BONALGUE

Ni boisé opulent, ni fruit surmûri pour ce pomerol à la trame très classique et digeste. Jean-Baptiste Bourotte, qui tient les rênes de cette propriété située non loin de l'hippodrome de Libourne, y produit des vins francs, faciles d'accès, mais d'une belle ampleur. Ils s'avèrent délicieux après une petite dizaine d'années de cave, déployant alors de beaux arômes truffés.

Les vins : les derniers millésimes sont encourageants, le vin semble gagner en volume, tout en conservant une structure légère. 2016 semble déjà ouvert ; charnu et savoureux, il garde une belle tonicité. Lui aussi très ouvert, soyeux, avenant, 2015 se livre dans une bouche moelleuse et accorte. Dans son style, avec beaucoup de raffinement, le 2014 séduit par son bel équilibre et sa finale savoureuse.

Pomerol 2015	de 40 à 50 € (c)	14,5
Pomerol 2016	50 €	15,5

Rouge : 9,5 hectares.
Merlot 90 %, Cabernet franc 10 %
Production moyenne : 35 000 bt/an

CHÂTEAU BONALGUE
62, quai du Priourat, BP 79, 33502 Libourne Cedex
05 57 51 62 17 • www.chateaubonalgue.com • Visites : sans rendez-vous.
Propriétaire : Famille Bourotte-Audy
Directeur : Jean-Baptiste Bourotte
Maître de chai : Cécile Dupuis
Œnologue : Michel Rolland

CHÂTEAU BOURGNEUF

C'est désormais Frédérique Vayron (la fille de Dominique et Xavier) qui, après des études de philosophie, dirige cette propriété très attachante (anciennement baptisée Bourgneuf-Vayron), située non loin de Trotanoy. Sans bouleverser l'esprit qui règne ici depuis une trentaine d'années, et qui a permis d'élaborer de nombreux vins suaves et séduisants, elle apporte par petites touches sa patte, conférant aux vins un peu plus de profondeur. Un courageux programme de renouvellement du vignoble est entrepris depuis quelques années. Des prix sages et une régularité difficile à prendre en défaut font de Bourgneuf une des belles affaires de l'appellation.

Les vins : dans les derniers millésimes le vin présente un profil bien doté et structuré, apte à la garde, mais aussi une certaine austérité, un caractère peu amène qui nous contraint à enlever l'étoile au château. C'est le cas du 2016, qui se montre fermé, riche en mâche, avec des tanins extraits ; il faudra l'attendre un certain temps avant de prendre du plaisir. Un peu réduit et renfrogné lui aussi, mais bien constitué, 2015 conserve une trame fraîche et agrémente sa solidité d'inflexions fumées qui s'accentueront avec l'âge.

Pomerol 2015	48 €	15,5
Pomerol 2016	48 €	15,5

Rouge : 9 hectares.
Merlot 90 %, Cabernet franc 10 %
Production moyenne : 40 000 bt/an

CHÂTEAU BOURGNEUF
1, Le Bourg-Neuf, 33500 Pomerol
05 57 51 42 03 • www.chateaubourgneuf.com • Vente et visites : au domaine sur rendez-vous.
Propriétaire : Famille Vayron
Directeur : Frédérique Vayron

CLOS DU CLOCHER

Voisin direct des châteaux Beauregard et Petit-Village, ce cru est dirigé par Jean-Baptiste Bourotte dont la famille est également propriétaire du château Bonalgue. Avec les conseils de Michel Rolland, le vin réalisé est très classique, bien constitué. Il a gagné en chair et en volume depuis 1998, affichant désormais une bonne régularité. Quelques années de garde sont nécessaires pour qu'il exprime toutes ses nuances.

Les vins : ce vignoble de plateau dominé par l'argile supporte bien les millésimes de grosse chaleur comme 2018 (qui se présentait magnifiquement en primeur) ou 2016. Ce dernier montre aujourd'hui une matière intense, déjà expressive, avec des notes de camphre, d'épices douces, de cacao. La texture veloutée domine la prise de bouche ; le vin est néanmoins complet et affiche un réel potentiel. Dense, serré et puissant, 2015 est dans cette veine. Il présente des tanins qui se sont épaissis en bouteille et un nez chaleureux. Massif, monolithique aujourd'hui, il possède néanmoins un réel potentiel.

Pomerol 2015	de 55 à 65 € (c)	15
Pomerol 2016	75 €	16,5

Rouge : 5,9 hectares.
Merlot 75 %, Cabernet franc 25 %
Production moyenne : 20 000 bt/an

CLOS DU CLOCHER
35, quai du Priourat, BP 79, 33502 Libourne Cedex
05 57 51 62 17 • www.closduclocher.com •
Vente et visites : au domaine sur rendez-vous.
Propriétaire : Famille Bourotte-Audy
Directeur : Jean-Baptiste Bourotte
Maître de chai : Cécile Dupuis
Œnologue : Michel Rolland

CHÂTEAU LA CLÉMENCE

Le cru appartient à Christian Dauriac, depuis 1996. Ce dernier l'exploite avec le talent et la méticulosité qu'il prodigue au château Destieux (Saint-Émilion), suivant les conseils de Michel Rolland. Issus d'un assemblage de six parcelles aux profils variés, les premiers millésimes significatifs du tournant du millénaire nous ont séduits par leur plénitude. Le style, mûr et séducteur, est très au point, et le vin vieillit avec bonheur, truffant admirablement (magnifique 1998).

Les vins : velouté, gras sans être large, paré de la séduction d'un enrobage boisé exotique et fin (santal, cannelle...), 2015 est un pomerol capiteux qui fait valoir en bouche un velours aussi enjôleur que son chatoiement aromatique. Crémeux sans être submergé par l'élevage, 2016 reprend les mêmes ingrédients, dans l'harmonie et la suavité, avec une maturité poussée sans tomber dans l'excès.

Pomerol 2015	de 50 à 60 € (c)	15,5
Pomerol 2016	de 40 à 50 € (c)	16

Rouge : 2,3 hectares.
Merlot 85 %, Cabernet franc 15 %
Production moyenne : 6 000 bt/an

CHÂTEAU LA CLÉMENCE
Château Destieux, 33330 Saint-Hippolyte
05 57 24 77 44 • www.vignoblesdauriac.com
• Visites : sans rendez-vous.
Propriétaire : Christian Dauriac
Directeur : Baptiste Munné
Œnologue : Michel Rolland

CHÂTEAU LA CROIX DE GAY

C'est désormais Chantal Lebreton qui exploite seule les deux marques produites sur la propriété : Croix de Gay et Fleur de Gay (cuvée parcellaire), réparties sur 4,2 hectares. La sérénité retrouvée après quelques dissensions familiales, le cru peut repartir de l'avant. Le nouveau cuvier devrait permettre d'affiner encore la production. Moins accessible dans sa jeunesse, La Fleur de Gay possède une densité qui lui permettra de vieillir harmonieusement durant de longues années.

Les vins : en bouteille, La Croix de Gay 2016 s'est refermé sur un boisé constrictif, la matière demeure serrée et attend probablement son heure. Le 2015 affiche une maturité très poussée, elle aussi engoncée dans l'élevage ; l'ensemble manque pour l'instant d'harmonie et de fraîcheur. La Fleur de Gay 2013 évolue de façon surprenante ; c'est un vin disert, très aromatique, aux parfums d'épices, de bois précieux, de mine de crayon. Si le fruit reste très discret, ces beaux arômes sont portés par une structure mince mais non creuse, d'une élégance gracile. Une vraie réussite, à déguster dès à présent.

Pomerol 2015	de 40 à 50 € (c)	13
Pomerol 2016	de 40 à 50 € (c)	14
Pomerol Château La Fleur de Gay 2013	de 81 à 88 € (c)	15,5

Rouge : 2,26 hectares.
Merlot 93 %, Cabernet franc 7 %
Production moyenne : 8 500 bt/an

CHÂTEAU LA CROIX DE GAY
8, chemin Saint-Jacques-de-Compostelle - lieu dit Pignon, 33500 Pomerol
05 57 51 19 05 •
www.chateau-lafleurdegay.com • Vente et visites : au domaine sur rendez-vous.
Propriétaire : Famille Raynaud-Lebreton
Directeur : Chantal Lebreton

CHÂTEAU LE GAY

Héritière des Cristalleries d'Arques, Catherine Péré-Vergé, disparue en 2013, n'a pas ménagé ses efforts pour porter haut cette propriété. En quelques années et à force d'investissements, elle a réussi à faire du Château Le Gay l'une des marques reconnues de l'appellation. Les conseils de l'œnologue Michel Rolland, ainsi qu'une grande attention portée à la vigne, ont métamorphosé le cru, dont une partie est idéalement implantée non loin de Lafleur. Les vinifications sont réalisées intégralement en barrique et conduisent à des vins généreux et modernes, pour amateurs de pomerols charnus, plus en explosivité qu'en finesse. Ce cru est désormais dirigé par Henri Parent, le fils de Catherine Péré-Vergé. Les millésimes anciens, du temps de la propriété des soeurs Robin, qui possédaient également Lafleur, attestent de la grandeur du terroir.

Les vins : nous ne retrouvons pas la magie des Le Gay des soeurs Robin dans les vins actuellement produits, nous enlevons en conséquence une étoile au domaine. 2017 se montre au lendemain de la mise en bouteille serré, mince, dominé par un boisé vanillé très présent. Structuré et ferme, 2016 s'est replié sur sa densité tannique en bouteille, il lui faudra du temps pour émerger de sa gangue boisée. Solaire, avec une matrice aromatique balsamique, une touche d'eucalyptus et de camphre, 2015 est un vin velouté et chaleureux, marqué par le millésime.

Pomerol 2015	de 100 à 120 € (c)	15
Pomerol 2016	de 120 à 140 € (c)	16
Pomerol 2017	de 95 à 110 € (c)	14

Rouge : 10,5 hectares.
Merlot 80 %, Cabernet franc 20 %
Production moyenne : 41 000 bt/an

CHÂTEAU LE GAY

Domaines de la Petite Fleur, Parc de la Haute Borne, 8, rue Haddock,
59650 Villeneuve-d'Ascq
03 20 64 20 56 • www.vignoblespereverge.com • Vente et visites : au domaine sur rendez-vous.
Propriétaire : Famille Parent
Directeur : Henri Parent

NOUVEAU DOMAINE

CHÂTEAU MAZEYRES

Situé à l'entrée nord de Libourne ce grand domaine est dirigé par Alain Moueix. Il y applique la même philosophie culturale qu'à Saint-Emilion au château Fonroque. Le vignoble a donc été certifié en bio en 2015, puis en biodynamie en 2018. Portés à l'élégance et à la mesure, les vins ont franchi un palier dans les derniers millésimes. Nous sommes sous le charme de ces vins mesurés, civilisés et naturels en même temps, d'une époustouflante finesse de saveur.

Les vins : en 2015, les parfums sont en exergue, presque méditerranéens ; la matière reste svelte, de bon équilibre, moelleuse mais mue par un tanin vif, sans aucune surchauffe. Le vin procure déjà beaucoup de plaisir ; il a encore gagné en délié et en profondeur lors des dernières dégustations. Avec 2016 l'élevage en oeufs béton de 7 hectolitres fait son apparition. Parfumé, tendre, avenant, déjà très savoureux, il y a une grande séduction dans son discours harmonieux, qui suggère, propose mais ne martèle pas. Un modèle d'élégance et de fraîcheur.

Pomerol 2015	43 €	16,5
Le coup de ♥		
Pomerol 2016	43,50 €	17

Rouge : 25,57 hectares.
Merlot 73 %, Cabernet franc 24 %, Petit Verdot 3 %
Production moyenne : 120 000 bt/an

CHÂTEAU MAZEYRES

56, avenue Georges-Pompidou,
33500 Libourne
05 57 51 00 48 • www.chateaumazeyres.net • Vente et visites : au domaine sur rendez-vous.
Propriétaire : SC Château Mazeyres
Directeur : Alain Moueix
Maître de chai : Ludovic Guibert
Œnologue : Thomas Duclos

CHÂTEAU MONTVIEL

Situé sur deux terroirs distincts, l'un près de Clinet, sur des graves argileuses, l'autre sur des graves fines du secteur de Grand-Moulinet, Montviel a été racheté en 1985 par la dynamique Catherine Péré-Vergé. Cette dernière, disparue en 2013, l'avait remis en ordre via un programme d'investissements conséquent, incluant la réfection du cuvier. C'est son fils, Henri, qui veille désormais sur le cru. Le niveau atteint aujourd'hui est celui d'un bon pomerol, gourmand et d'approche facile.

Les vins : le 2017 semble très abordable au lendemain de la mise ; sa saveur crémeuse et chocolatée se développe sur une matière ronde, de profondeur moyenne. Suaves, boisés, évoquant le pain grillé, les fruits noirs (mûre, cassis) et le chocolat, 2015 et 2016 s'inscrivent dans la même veine confortable et immédiate.

Pomerol 2015	de 48 à 62 € (c)	15
Pomerol 2016	51 €	15
Pomerol 2017	de 35 à 45 € (c)	14,5

Rouge : 4,5 hectares.
Merlot 80 %, Cabernet franc 20 %
Production moyenne : 21 000 bt/an

CHÂTEAU MONTVIEL
1, rue du Grand-Moulinet, 33500 Pomerol
03 20 64 20 56 •
www.vignoblespereverge.com • Vente et visites : au domaine sur rendez-vous.
Propriétaire : Famille Parent
Directeur : Henri Parent

CHÂTEAU LA POINTE

Ce cru de vieille réputation, situé à l'entrée de Pomerol, a fortement progressé depuis son rachat par la société d'assurance Generali : reprise en main du vignoble, construction d'un nouveau chai. Sous l'impulsion de son directeur Éric Monneret, le vin se montre vraiment digne d'intérêt : il possède désormais le charme aromatique, la suavité, la chaleur et la persistance qu'on reconnaît à ses meilleurs voisins, ainsi qu'une finesse particulière qui, même en année chaude, le préserve de toute lourdeur. Une propriété à suivre de près !

Les vins : richement fruité, intense, "moderne" dans la plénitude et la gourmandise de sa chair, 2015 est une réussite. Une addition de terroirs permet d'élaborer un 2016 plus en relief, qui s'affirme par un style dense et fumé, mais avec un profil tannique qui parvient à demeurer élancé.

Pomerol 2015	de 45 à 55 € (c)	15,5
Pomerol 2016	de 45 à 55 € (c)	16,5

Rouge : 25 hectares.
Merlot 85 %, Cabernet franc 15 %
Production moyenne : 95 000 bt/an

CHÂTEAU LA POINTE
33500 Pomerol
05 57 51 02 11 •
contact@chateaulapointe.com • Vente et visites : au domaine sur rendez-vous.
Propriétaire : Assurance Generali
Directeur : Éric Monneret
Maître de chai : Émilie Faniest
Œnologue : Hubert de Boüard

CHÂTEAU LA ROSE FIGEAC

Nathalie Despagne est à la tête de cette petite propriété familiale d'ancienne réputation, située au sud-est de l'appellation Pomerol, à la limite avec Saint-Émilion. Enthousiaste et passionnée, elle conduit un vignoble de 4,28 hectares certifié en agriculture biologique. Le chai, moderne et bien équipé, permet d'effectuer des vinifications précises et rigoureuses. Ses premiers millésimes apparaissent très réussis. Malgré un charme assez précoce, les vins sont élaborés dans un style classique, qui privilégie l'éclat du fruit et la délicatesse des tanins.

Les vins : délicieux, précoce, 2015 s'exprime avec un naturel très séduisant. Fin, nuancé, déjà complexe et chatoyant au nez, 2016 n'en demeure pas moins construit et intense en bouche, avec une très belle finale ferme, sur la griotte. C'est le premier millésime à être en partie élevé en fûts de 500 litres.

Pomerol 2015	de 35 à 45 € (c)	16
Le coup de ♥		
Pomerol 2016	40 €	17

Rouge : 4,28 hectares.
Merlot 90 %, Cabernet franc 10 %
Production moyenne : 10 000 bt/an

CHÂTEAU LA ROSE FIGEAC ♣
54, chemin de Lamberte, 33500 Libourne
05 57 25 04 92 • www.larosefigeac.com •
Vente et visites : au domaine sur rendez-vous.
Propriétaire : Nathalie Despagne
Maître de chai : Sébastien Xans
Œnologue : Mikaël Laizet

NOUVEAU DOMAINE

CHÂTEAU SAINT-PIERRE (POMEROL)

Ce cru rare, issu de parcelles très bien placées sur le plateau de Pomerol, propose des vins dont la profondeur et la distinction sont évidentes. Bien constitués, ils ont besoin de temps, à l'image des excellents 2008 et 2009. Axel Pradel de Lavaux entend aller encore plus loin et repositionner le cru phare de l'écurie familiale (neuf propriétés sur la Rive droite) parmi l'élite pomerolaise ; il s'en donne depuis quelques années les moyen techniques. Nous invitons les amoureux de Pomerol à suivre de près l'évolution du Château Saint-Pierre !

Les vins : dense, très racé, avec un grain serré autour d'une trame tannique forte, 2016 apparaît comme un vin supérieurement construit mais sans exubérance, qui promet beaucoup. Profondeur au nez comme en bouche : 2015 s'impose sans forcer, avec beaucoup de sûreté et de sérénité. Grand potentiel dans ce classique harmonieux et distingué.

Pomerol 2015 de 45 à 55 € (c) 17

Le coup de ♥

Pomerol 2016 de 50 à 60 € (c) 17,5

Rouge : 3 hectares.
Merlot 100 %

CHÂTEAU SAINT-PIERRE (POMEROL)
64, avenue du Général-de-Gaulle,
33500 Libourne
05 57 74 05 89 • www.pradel-de-lavaux.com
• Vente et visites : au domaine sur rendez-vous.
Propriétaire : Famille Pradel de Lavaux
Directeur : Axel Pradel de Lavaux
Maître de chai : Frédéric Perpère
Œnologue : Stéphane Derenoncourt

CHÂTEAU VRAY CROIX DE GAY

Acquis par la famille Guichard en 1949, le domaine, qui fut longtemps conduit par Aline Guichard et Paul Goldschmidt, a vu François Pinault entrer dans son capital en 2013. Il en est aujourd'hui l'unique propriétaire. Dirigé comme Le Prieuré à Saint-Emilion par Pénélope Godefroy, Vray Croix de Gay bénéficie des conseils de Jean-Claude Berrouet, l'ancien vinificateur de Pétrus, aujourd'hui retraité actif. Son excellent terroir se répartit sur trois petites parcelles, dont la plus grande se situe derrière Pétrus, à côté de Lafleur. Longtemps quelconques, et bien endeçà du potentiel du cru, les vins s'améliorent considérablement, pour atteindre aujourd'hui un bon niveau. La certification bio est arrivée en 2018.

Les vins : le changement de style commence à se faire sentir avec un 2014 longiligne, épuré et savoureux. Dans un registre plus délicat que puissant malgré un volume conséquent, le 2015 affiche un bel éclat de fruit. Le 2016 évolue lui aussi dans un registre fin, sans forcer ses belles mensurations classiques. La maturité du raisin reste croquante, entre cassis et notes subtilement camphrées. Ces trois millésimes devraient encore s'affiner au vieillissement.

Pomerol 2015 88 € 16

Pomerol 2016 96 € 16,5

Rouge : 3,67 hectares.
Merlot 85 %, Cabernet franc 15 %
Production moyenne : 9 700 bt/an

CHÂTEAU VRAY CROIX DE GAY ♣
Château Siaurac, 33500 Néac
05 57 51 64 58 • www.siaurac.com • Vente et visites : au domaine sur rendez-vous.
Propriétaire : Artémis Domaines
Directeur : Frédéric Engerer
Maître de chai : Pénélope Godefroy
Œnologue : Jean-Claude Berrouet

SAINT-ÉMILION

★★★

CHÂTEAU ANGÉLUS

Promus dans le quatuor des premiers grands crus classés A lors du dernier classement de Saint-Émilion en 2012, aucun château n'aura parcouru autant de chemin dans la hiérarchie bordelaise en si peu de temps. Une prodigieuse ascension accomplie en deux décennies, signée Hubert de Boüard, vinificateur moderniste, grand communiquant et consultant international, homme de poids dans les instances de la viticulture locale et nationale. 2013 a vu la rénovation complète et l'embellissement du chai désormais surmonté d'un spectaculaire carillon. Après avoir restructuré le parcellaire du cru familial, se donnant tous les atouts pour atteindre les sommets qualitatifs de l'appellation, Hubert de Boüard passe la main. Thierry Grenié-de Boüard a rejoint en 2017 Stéphanie de Boüard-Rivoal à la tête du château. La huitième génération prend le pouvoir ! Angélus illustre le meilleur de la perfection formelle et sophistiquée des grands bordeaux d'aujourd'hui. En quelques années, les prix se sont envolés.

Les vins : coloré, raffiné, précis, Angélus conserve dans les derniers millésimes une fraîcheur dans le fruit qui pouvait naguère lui faire défaut, grâce aux cabernets francs qui jouent un rôle majeur dans l'assemblage, mais aussi au développement d'un protocole d'élevage extrêmement pointu. Cette volonté d'élégance et de fraîcheur est avant tout celle de la jeune génération au pouvoir ; en primeur le délicat 2017 et surtout l'émouvant 2018 en témoignent. Angélus 2016 marque déjà une étape, conjuguant la grande droiture d'une trame aérienne avec une séduction tactile irrésistible. Le 2015 évolue majestueusement, déployant une complexité capiteuse, évoquant la gelée de mûre, d'un grain suprêmement fin ; très habilement, le vin évite la lourdeur et l'emphase, avec un fruit velouté d'une pureté magnifique, qui ne cherche pas à éluder la richesse alcoolique conséquente, le caractère solaire imparti par le millésime aux terroirs précoces. Très expressif, poids moyen, 2014 continue à évoluer avec beaucoup de nuances (menthe fraîche, santal) et d'élégance. Derrière une matière mince, le 2013 dévoile une très jolie complexité entre résine et pot-pourri ; il s'est arrondi et constitue désormais un excellent "vin de déjeuner" comme disent les Anglais. À partir du millésime 2014, les 5 hectares de merlot achetés par le domaine dans le secteur de Figeac intègrent Carillon de l'Angélus, second vin du château, mentholé et encore un peu sous le joug de l'élevage dans ce millésime, mais particulièrement brillant, parfumé et soyeux en 2015 et 2016.

- Saint-Émilion Grand Cru 2013 — 320 € (c) — 16
- Saint-Émilion Grand Cru 2014 — 340 € (c) — 17,5
- Saint-Émilion Grand Cru 2015 — de 380 à 490 € (c) — 18
- Saint-Émilion Grand Cru Carillon de l'Angélus 2014 — 140 € (c) — 15
- Saint-Émilion Grand Cru Carillon de l'Angélus 2015 — 170 € (c) — 16
- Saint-Émilion Grand Cru Carillon de l'Angélus 2016 — de 58 à 120 € (c) — 17

Le coup de ♥

- Saint-Émilion Grand Cru 2016 — de 400 à 450 € (c) — 18,5

Rouge : 42 hectares.
Merlot 53 %, Cabernet franc 46 %, Petit Verdot 1 %
Production moyenne : 100 000 bt/an

CHÂTEAU ANGÉLUS
33330 Saint-Émilion
05 57 24 71 39 • www.angelus.com • Vente et visites : au domaine sur rendez-vous.
Propriétaire : Famille de Boüard de Laforest
Œnologue : Hubert de Boüard de Laforest et Emmanuelle d'Aligny-Fulchi

★★★

CHÂTEAU AUSONE

Sur seulement 7 hectares idéalement situés à mi-coteaux, avec une rare collection de cabernet franc en sélection massale (qui entre au moins pour moitié dans l'assemblage final), Ausone produit un vin à la fois profond et ciselé, innervé par une grande fraîcheur et doté d'un velouté extraordinaire. Il ne révèle pleinement son potentiel qu'après une garde de dix à quinze ans et se montre alors capable, dans les grands millésimes, d'évoluer sur plusieurs décennies. Sous la conduite avisée et visionnaire de son propriétaire, Alain Vauthier, tous les millésimes depuis 1998 sont particulièrement réussis. Le légendaire 2005 atteint un niveau de perfection absolu. Hélas, presque introuvables, les vins du château atteignent des prix stratosphériques.

Depuis 2005 et l'arrivée de Pauline Vauthier aux vinifications, le style d'Ausone, comme celui des autres propriétés saint-émilionnaises appartenant à la famille Vauthier, a doucement évolué vers davantage de croquant, de mise en avant de l'éclat du fruit (grâce notamment à la réduction du pourcentage de fûts neufs utilisés pour l'élevage, 85 au lieu de 100 %).

Les vins : les derniers millésimes dominent la production saint-émilionnaise avec une grâce et une facilité déconcertantes. Simple et savant à la fois, on dirait le vin totalement insouciant de son élevage (imperceptible) et de sa valeur spéculative. Après un 2017 gracieux mais moins intense, 2018 en primeur marque une nouvelle fois la suprématie d'Ausone. 2016 est généreux au château (25 000 bouteilles) ; le millésime impose l'harmonie de ses formes, avec cette spontanéité confondante qui caractérise désormais le cru, un fruit qui demeure croquant de bout en bout. Aussi accompli que l'extraordinaire 2015, clairement dans le même élan, il est aussi plus réservé. Le 2015 ? Un saisissant velouté, un profil aérien et suave à la fois, prolongé par une merveilleuse trame tannique étirée et grenue, sans la moindre dureté. La dégustation en bouteille confirme les impressions primeurs et de fin d'élevage : tout paraît facile, évident et gracieux, malgré le volume charnel et solaire imparti par le millésime. La Chapelle, plus parèdre que second vin, partage dans tous les derniers millésimes l'insigne élégance et la vibration spécifique d'Ausone.

- Saint-Émilion Grand Cru 2016 — de 750 à 850 € (c) — 19
- Saint-Émilion Grand Cru La Chapelle d'Ausone 2015 — de 160 à 200 € (c) — 18

Le coup de ♥

- Saint-Émilion Grand Cru 2015 — de 800 à 950 € (c) — 20

Rouge : 7 hectares.
Cabernet franc 55 %, Merlot 45 %
Production moyenne : 20 000 bt/an

CHÂTEAU AUSONE
33330 Saint-Émilion
05 57 24 24 57 • www.chateau-ausone.com •
Pas de visites.
Propriétaire : Famille Vauthier
Directeur : Alain Vauthier

★★★

CHÂTEAU CHEVAL BLANC

Dans un contexte de concurrence accrue entre premiers grands crus classés, et après une période de laisser-aller (jusqu'en 2005), le retour de la propriété des hommes d'affaires Albert Frère (décédé en décembre 2018) et Bernard Arnault au sein de l'élite saint-émilionnaise s'avère fracassant. Une nouvelle page s'écrit sur ce terroir sablo-graveleux exceptionnel en bordure de Pomerol, avec un vignoble qui s'appuie sur une proportion importante de cabernet franc, dont 8 hectares plantés en 1956, qui confère au grand vin une fraîcheur et une profondeur de saveurs uniques. Depuis 2011, les vinifications se déroulent dans le nouveau et aérien chai signé par l'architecte Christian de Portzamparc. Un vaisseau haut, vaste, lumineux, élémentaire, écologique. 55 cuves en ciment ivoire fabriquées sur mesure, corsetées et profilées. L'outil "beau et utile" dont rêvaient le capitaine-directeur Pierre Lurton et Pierre-Olivier Clouet, le directeur technique. Cet investissement, spectaculaire sans être ostentatoire, fait suite à une vigoureuse reprise en main de la viticulture depuis 2008. Avec sa confirmation au rang de premier grand cru classé A dans le classement 2012, l'assiette foncière s'est élargie. Pour la première fois 1,40 hectare venu de l'annexion du château Tour du Pin (butte d'argile dans le parfait prolongement de l'allée du château) entre dans le grand vin. Le reste de cette parcelle est désormais consacré au sauvignon et au sémillon ; 2014 est le premier millésime commercialisé du Petit Cheval blanc.

Les vins : jamais le plus puissant, Cheval Blanc se montre en revanche capable d'offrir une élégance et un raffinement uniques, une émouvante superposition de registres aromatiques. Des qualités que l'on retrouve dans les derniers millésimes, tous cependant marqués par le caractère individuel de l'année ; il y a un air de famille mais ce ne sont pas des jumeaux. Nous avons pu faire le point lors d'une récente dégustation verticale. Velouté, offert, très bois précieux, 2009 évolue assez rapidement, à l'inverse de 2010, extrêmement doté en tout, une légende en marche ! Marqué par le cabernet franc, truffé, original, complexe, 2011 est un vin captivant, qui est loin d'avoir tout dit. Ouvert tout en étant sérieusement constitué, fruité et chlorophyllien, 2012 est un beau millésime de "classicisme frais". 2013 continue de surprendre, en bien ! Sa matière modeste, acidulée, porte une finesse florale touchante ; c'est le plus accessible des millésimes récents et aujourd'hui le plus suggestif. Raffiné, sensuel, remarquablement pur, 2014 possède la même sublime floralité, avec beaucoup plus de fond. Solaire, généreux, épicé, presque baroque avec son excitante organicité et sa sucrosité, le 2015 affiche une grande classe dans l'opulence. Il est un peu éclipsé par l'éclat transcendant du 2016, mariage idéal de l'intensité et de la fraîcheur, à nos yeux le plus grand Cheval Blanc de l'ère contemporaine.

- Saint-Émilion Grand Cru 2009 — de 1 200 à 1 500 € (c) — 17
- Saint-Émilion Grand Cru 2010 — de 1 200 à 1 500 € (c) — 19,5
- Saint-Émilion Grand Cru 2011 — de 580 à 700 € (c) — 18,5
- Saint-Émilion Grand Cru 2012 — de 480 à 550 € (c) — 17
- Saint-Émilion Grand Cru 2013 — de 800 à 1 000 € (c) — 17,5
- Saint-Émilion Grand Cru 2014 — de 550 à 750 € (c) — 18,5
- Saint-Émilion Grand Cru 2015 — de 950 à 1 100 € (c) — 18,5

Le coup de ♥

- Saint-Émilion Grand Cru 2016 — de 850 à 910 € (c) — 19,5

Rouge : 37 hectares.
Cabernet franc 60 %, Merlot 40 %
Production moyenne : 150 000 bt/an

CHÂTEAU CHEVAL BLANC
33330 Saint-Émilion
05 57 55 55 55 •
www.chateau-cheval-blanc.com •
Visites : sur rendez-vous uniquement aux professionnels.
Propriétaire : Bernard Arnault et Famille Frère
Directeur : Pierre Lurton

★★★ ↗

CLOS FOURTET

Ce premier grand cru classé B, confirmé dans le classement 2012, est idéalement situé au bord de la cité, à quelques mètres de l'église collégiale de Saint-Émilion, ancré sur le fameux plateau calcaire à astéries. Acquis, en 2001, par la famille Cuvelier (ex-papeterie Guibert), Fourtet a retrouvé son rang et se présente aujourd'hui comme l'une des icônes de Saint-Émilion, combinant une texture profondément fruitée, des tanins à l'élégance suave et une singulière race aromatique. Avec un passage progressif du vignoble en biodynamie, le cru a arraché les cabernets francs mal implantés alors que de nouvelles sélections massales entrent en production, même si le merlot demeure ultra-majoritaire. Un travail de fond entrepris avec les conseils de l'équipe de Stéphane Derenoncourt. Un nouveau cuvier a été inauguré avec le millésime 2014. Il se décline en une batterie de petites cuves inox de 40 à 70 hectolitres. La famille Cuvelier, également propriétaire du château Poujeaux (Moulis) a acheté en mars 2013 deux belles propriétés saint-émilionnaises à la famille Reiffers : leur voisin Les Grandes Murailles (qui pourraient logiquement intégrer Clos Fourtet) et Côte de Baleau. Les derniers millésimes replacent avec autorité Clos Fourtet parmi les très grands terroirs du plateau, et donc logiquement au sommet de notre hiérarchie.

Les vins : 2015 et 2016 forment un extraordinaire duo, avec des vins plus grands encore que ce que laissaient présager les dégustations primeurs. Complexe et surtout extrêmement raffiné, le 2016 qui était un boule de fruit batailleuse en début d'élevage s'est considérablement affiné au terme de celui-ci. Délié et très intense à la fois, d'une pureté parfaite, il va s'affirmer comme l'archétype du grand saint-émilion de terroir calcaire. Le 2018, lui aussi quasiment impénétrable en primeur, pourrait suivre le même chemin glorieux. Revenons au 2015 : le vin confirme sa grandeur, la définition supérieure atteinte par le plateau historique de Saint-Émilion dans ce millésime généreux. L'ampleur fruitée s'annonce dès le nez (fraises au sucre !) et se précise en bouche en un contour d'une magnifique élégance ; les arômes sont floraux et crayeux, d'une extraordinaire distinction.

- Saint-Émilion Grand Cru 2016 — de 130 à 150 € (c) — 19

Le coup de ♥

- Saint-Émilion Grand Cru 2015 — de 115 à 140 € (c) — 19

Rouge : 20 hectares.

Merlot 85 %, Cabernet-Sauvignon 10 %, Cabernet franc 5 %

Production moyenne : 70 000 bt/an

CLOS FOURTET
1, Chatelet Sud, 33330 Saint-Émilion
05 57 24 70 90 • www.closfourtet.com •
Vente et visites : au domaine sur rendez-vous.
Propriétaire : Philippe Cuvelier
Directeur : Emmanuel de Saint-Salvy
Maître de chai : Daniel Alard
Œnologue : Stéphane Derenoncourt et Jean-Claude Berrouet

★★★

CHÂTEAU FIGEAC

À partir d'un encépagement atypique, avec une parité entre cabernet franc, cabernet-sauvignon et merlot, le style unique et personnel de Figeac représente la quintessence de l'élégance et du raffinement des vins du plateau occidental que Saint-Émilion partage avec Pomerol. Figeac possède un cachet bien à lui, souvent plus austère et compact que celui de ses voisins durant sa jeunesse. Des vins d'une race exceptionnelle, digestes et longs. Figeac brille dans les millésimes chauds (comme nous l'a encore récemment prouvé le 2003) et ne se dévoile totalement qu'après une garde de dix à quinze ans. C'est aujourd'hui Frédéric Faye, ancien directeur technique, qui assure la direction générale. En 2013, l'arrivée à la cogérance de Jean-Valmy Nicolas, proche de la famille Manoncourt, coïncide avec celle du médiatique conseiller Michel Rolland. La construction d'un nouveau chai, qui devrait être opérationnel pour la vendange 2019, participe de la marche vers une "modernité raisonnée" qu'a amorcé ce cru unique et essentiel.

Les vins : vinifié dans une cuverie temporaire, pendant les monumentaux travaux qui occupent le château, le 2018 en primeur étonne par sa puissance et sa profondeur. Malgré le lourd tribut payé au gel, le château a produit un vin de premier plan en 2017, qui met la race du cabernet-sauvignon en exergue. Le 2016 s'est tout de suite positionné comme l'un des vins du millésime, exprimant un fruit accompli, d'une grande intensité framboisée et chlorophyllienne, et d'une saisissante profondeur. Il ne se départit jamais d'un charme gracieux, délié, culminant en une finale étirée, minérale, de haute civilisation. Il est plus immédiatement perceptible comme un archétype du style du château que le 2015, Figeac de rêve, sombre, puissant et solaire.

- Saint-Émilion Grand Cru 2015 — de 210 à 250 € (c) — 18
- Saint-Émilion Grand Cru Petit Figeac 2015 — de 40 à 50 € (c) — 15,5

Le coup de ♥

- Saint-Émilion Grand Cru 2016 — de 230 à 260 € (c) — 19,5

Rouge : 40 hectares.
Cabernet franc 35 %, Cabernet-Sauvignon 35 %, Merlot 30 %
Production moyenne : 180 000 bt/an

CHÂTEAU FIGEAC
33330 Saint-Émilion
05 57 24 72 26 • www.chateau-figeac.com •
Vente et visites : au domaine sur rendez-vous.
Propriétaire : Famille Manoncourt
Directeur : Frédéric Faye
Maître de chai : Jean Aubino
Œnologue : Michel Rolland

★★★ ↗

CHÂTEAU TERTRE ROTEBŒUF

Farouchement indépendant, François Mitjavile est un vigneron érudit, passionné d'histoire de l'agronomie, qui a révélé Tertre Rotebœuf, ce terroir d'argiles « extravagant, le plus exotique de la côte sud » de Saint-Émilion. Pour lui, un grand vin, c'est « réussir l'assemblage d'une propriété », vision à l'opposé de la doxa des châteaux qui aujourd'hui divisent leur production en deux, trois, voire quatre cuvées, avec toujours plus de tries pour s'illustrer dans les classements. Cette tendance à l'eugénisme du raisin et à sa concentration oriente la production vers des « grands vins boîtes de conserve » que réfute le visionnaire François Mitjavile. Ici tout est assemblé dès les pressurages, à chaque soutirage, élevé dans des fûts neufs en provenance d'un seul tonnelier (Radoux, grain fin, chauffe blonde), pendant deux à trois ans : « Il faut que ça mitonne », car un grand vin, pour François Mitjavile, se civilise par l'élevage. Avec ses vignes basses, leur cycle végétatif bien régulé, leur parfaite photosynthèse (peu d'effeuillage), le vignoble plein sud est vendangé tardivement et promptement dans les prémices de la décomposition crépusculaire des raisins. « Les vins issus de raisins cueillis au seuil de leur décadence vieillissent mieux que ceux vendangés primeurs et trop croquants. Il faut chercher la fraîcheur dans une légère surmaturation. »

Tertre Roteboeuf possède indéniablement plus qu'un accent, une voix particulière, qui fait de ce vin l'un des plus fascinants et indispensables de Saint-Émilion : une troisième étoile vient cette année reconnaître la singularité de l'œuvre de la famille Mitjavile.

Les vins : après un 2014 merveilleusement parfumé, 2017 en fin d'élevage apparaît comme le plus séduisant des saint-émilion du millésime. Voici encore un millésime "intermédiaire" qui permet à Tertre Roteboeuf de se singulariser ! Évoluera-t-il comme le 2007, aujourd'hui somptueux, irrésistiblement velouté, immensément savoureux ? Retournons aux "grands" millésimes. 2016 porte haut les caractères emblématiques du cru : un entêtant parfum de violette, un velouté jouissif, un fruit poussé loin dans la maturité mais toujours très disert, d'une évidente noblesse de goût. Alors qu'analytiquement l'acidité est basse, l'impression de fraîcheur qui prolonge la finale s'avère remarquable. Le 2015 présente d'emblée une audacieuse volupté, avec une grande expression de violette confite, une pointe d'iris et de viande rôtie. En fin d'élevage, il apparaît monumental, mais sans l'extravagance ni la sucrosité du légendaire 2010 ; c'est au final un vin de structure, d'allonge et d'équilibre, qui finit net et décidé. Dans sa prime jeunesse, 2018 lui ressemble.

- Saint-Émilion Grand Cru 2007 — de 200 à 230 € (c) 18,5
- Saint-Émilion Grand Cru 2015 — de 190 à 210 € (c) 18
- Saint-Émilion Grand Cru 2016 — de 200 à 220 € (c) 18

Le coup de ♥

- Saint-Émilion Grand Cru 2017 — de 210 à 240 € (c) 18,5

Rouge : 6 hectares.
Merlot 85 %, Cabernet franc 15 %
Production moyenne : 27 000 bt/an

CHÂTEAU TERTRE ROTEBŒUF
33330 Saint-Laurent-des-Combes
05 57 24 75 46 •
contact@tertre-roteboeuf.com • Vente et visites : au domaine sur rendez-vous.
Propriétaire : François et Emilie Mitjavile

★★

CHÂTEAU BEAU-SÉJOUR BÉCOT

Magnifiquement situé dans le centre-ouest du plateau calcaire de Saint-Émilion, le vignoble est mené de main de maître depuis 1985 par les frères Bécot, Dominique et Gérard. Gérard Bécot a pris officiellement sa retraite le 2 janvier 2014. La direction générale a été confiée à son gendre, Julien Barthe, époux de Juliette Bécot qui suit toujours les vinifications. Les enfants de Dominique Bécot, Pierre et Caroline, travaillent également sur la propriété. Un tel enracinement familial fait aujourd'hui figure d'exception dans le paysage devenu cosmopolite de l'élite saint-émilionnaise ! Maintenu à son rang de premier grand cru classé en 2012, le château a obtenu l'autorisation d'intégrer la parcelle de La Gomerie dans son cadastre. Beau-Séjour a acheté en janvier 2014 le château Haut-Pourret, 2,5 hectares sur la côte sud qui seront vinifiés dans le chai de La Gomerie, sous l'étiquette Le Bécot de Beau-Séjour. si l'exploitation demeure familiale, les méthodes de vinification et la politique d'élevage ont considérablement évoluées au cours des derniers millésimes, visant une plus grande transparence dans l'expression du fruit et du terroir calcaire. Signe de ce changement d'époque, le partenariat qui unissait le château à l'œnologue Michel Rolland a pris fin en 2018. C'est désormais Thomas Duclos qui conseille le domaine.

Les vins : 2017, svelte et intense, très en forme au lendemain de la mise, et plus encore 2018 reflètent l'inflexion stylistique voulue par la jeune génération aux commandes. 2016 confirme en bouteille les impressions des dégustations en primeur. Très pur, détouré, tranchant presque, le fruit parle le langage du plateau calcaire ! L'élevage s'intègre sans empiéter sur l'élégance de la chair et la longueur impressionne déjà. Toujours aussi stupéfiant de densité, le 2015 n'a guère évolué depuis la mise, puisant une formidable énergie dans ce calcaire qui décidément transcende le millésime. La matière, très fournie, serrée, racée, tendue, laisse filtrer une saveur subtilement mentholée.

- Saint-Émilion Grand Cru 2016 — de 80 à 150 € (c) 18

➡ Saint-Émilion Grand Cru 2017 74 € 17,5

Le coup de ♥

➡ Saint-Émilion Grand Cru 2015 de 45 à 55 € (c) 18,5

Rouge : 19 hectares.
Merlot 80 %, Cabernet franc 15 %, Cabernet-Sauvignon 5 %
Production moyenne : 85 000 bt/an

CHÂTEAU BEAU-SÉJOUR BÉCOT
33330 Saint-Émilion
05 57 74 46 87 • www.beausejour-becot.com • Vente et visites : au domaine sur rendez-vous.
Propriétaire : Famille Bécot
Directeur : Julien Barthe
Maître de chai : Juliette Bécot
Œnologue : Thomas Duclos

★★

CHÂTEAU BEAUSÉJOUR HÉRITIERS DUFFAU-LAGARROSSE

Beauséjour (HDL pour les initiés) appartient à la même famille depuis 1847. Les propriétaires, Vincent Duffau-Lagarrosse et Christophe Redaud, ont confié depuis le millésime 2009 sa gestion à Nicolas Thienpont et Stéphane Derenoncourt. Il ressort de la nouvelle gestion de ce grand terroir de côte un vin au profil plus ample et généreux, mais toujours très lié à l'expression terrienne du lieu. Considéré (à tort ?) comme étant à la traîne des premiers crus classés de Saint-Émilion, malgré des réussites éclatantes (tel le désormais légendaire 1990), le cru se remet donc en selle et signe depuis 2009 des millésimes non seulement d'une probante régularité mais aussi d'une indéniable brillance.

Les vins : la deuxième étoile attribuée ils y a deux ans résonne comme une évidence, d'autant que le crescendo actuel s'appuie sur un 2018 impressionnant, qui pourrait égaler le légendaire 1990. 2015 et 2016 rendent pleinement justice à la personnalité tellurique du vin. 2016 va peut-être encore plus loin que 2015 et deviendra lui aussi une référence dans l'histoire du château. Les arômes sont aigus, évoquant la craie mouillée et le poivre blanc. D'une intensité impressionnante, introspective, la matière semble sculptée (dans le calcaire évidemment) par les courants acides et tanniques qui la parcourent.

➡ Saint-Émilion Grand Cru 2015 de 120 à 140 € (c) 18

Le coup de ♥

➡ Saint-Émilion Grand Cru 2016 de 130 à 160 € (c) 18

Rouge : 7 hectares.
Merlot 74 %, Cabernet franc 26 %
Production moyenne : 25 000 bt/an

CHÂTEAU BEAUSÉJOUR HÉRITIERS DUFFAU-LAGARROSSE
33330 Saint-Émilion
05 57 24 71 61 • www.beausejourhdl.com • Pas de visites.
Propriétaire : Héritiers Duffau-Lagarrosse
Directeur : Nicolas Thienpont
Œnologue : Stéphane Derenoncourt

★★•

CHÂTEAU BELAIR-MONANGE

Belair a été rebaptisé Bélair-Monange en l'honneur de la grand-mère de Christian Moueix, l'entier propriétaire des lieux depuis 2008. Son fils Édouard a élu domicile dans ce premier grand cru classé B, confirmé en 2012. Le jeune directeur commercial de la Maison J.-P. Moueix a supervisé le colossal chantier de consolidation des caves troglodytiques, qui a duré trois ans. Ces travaux permettent l'accès au plateau devenu trop instable pour les engins mécaniques, et ainsi de terminer arrachages et replantations d'un vignoble finement analysé par l'équipe agronomique de chez Moueix, qui gère 25 hectares à Saint-Émilion et 75 hectares à Pomerol, hors Pétrus. La côte sud, et surtout sud-est (6,5 hectares), joue un rôle prédominant dans la relance du grand vin depuis 2009. Le vignoble du château Magdelaine fait désormais partie de Bélair-Monange. Actuellement 12 hectares seulement sont en production, sur 25 potentiels. Déjà doublement étoilé, le cru dispose du potentiel pour viser le sommet absolu de la hiérarchie saint-émilionnaise.

Les vins : les derniers millésimes expriment toute la distinction de cette fabuleuse réunion de terroirs. 2018 s'annonce très grand. Strict, 2016 est doté d'une vigueur et d'une race phénoménales, c'est un vin qui grandit de dégustation en dégustation. L'éclat du fruit, toujours très proche du minéral, évoque la guigne sauvage et la framboise. 2015 manifeste une grande autorité dans la façon dont il prend possession de la bouche du dégustateur. Son classicisme survole sereinement le millésime. Il frappe par sa densité, sa concentration, mais surtout par sa haute énergie tannique et sa réactivité calcaire. Il sera somptueux quand ses muscles se délieront.

Saint-Émilion Grand Cru 2015 — de 150 à 180 € (c) — 18

Le coup de ♥

Saint-Émilion Grand Cru 2016 — de 160 à 190 € (c) — 18,5

Rouge : 23,5 hectares.
Merlot 90 %, Cabernet franc 10 %
Production moyenne : 48 000 bt/an

CHÂTEAU BELAIR-MONANGE
54, quai du Priourat, BP 129,
33502 Libourne Cedex
05 57 51 78 96 • www.moueix.com • Pas de visites.
Propriétaire : SC du Château Belair-Monange
Directeur : Édouard Moueix
Maître de chai : Laurent Descos
Œnologue : Éric Murisasco

★★

CHÂTEAU CANON

Tout comme Rauzan-Ségla à Margaux, Canon appartient à la famille Wertheimer (propriétaire de la maison Chanel). Cette propriété historique du plateau de Saint-Émilion a connu de nombreuses évolutions sous la direction de John Kolasa (remplacé en 2014 par Nicolas Audebert, ancien de chez LVMH) et du maître de chai Stéphane Bonnasse. Les travaux de la partie habitation du château sont désormais achevés. En 2011, la propriété s'est considérablement agrandie après l'achat des 12,5 hectares du château Matras, situés dans le prolongement de Canon sur la côte sud/sud-ouest du plateau de Saint-Émilion. Ces vignes sont destinées aujourd'hui à produire le second vin, Croix Canon (anciennement Clos Canon). Le vignoble a été progressivement remis en état, en augmentant de manière significative la proportion de cabernet franc. Des efforts qui paient : les derniers millésimes ont ramené Canon dans le peloton de tête des premiers, avec un style classique, supérieurement élégant, de plus en plus aérien, à l'opposé de l'exubérance sucrée des merlots modernes. Le château mérite aujourd'hui amplement la deuxième étoile attribuée il y a trois ans.

Les vins : sagement élevés (entre 50 et 70 % de barriques neuves), les derniers millésimes s'avèrent brillants. Ce sont des modèles d'équilibre, de finesse tonique et épicée, avec la promesse des notes florales que le temps révèle dans les vins nés sur les calcaires à astéries. 2017 et 2018 poussent loin le souci de fraîcheur, avec un fruit vendangé très croquant, à la limite de l'acidulé. Plus réservé que le rayonnant 2015 mais au moins aussi profond et pénétrant, 2016 est peut-être le plus abouti dans cette recherche de l'élégance ultime. Le 2015 enchante par son délicat parfum de framboise sauvage, la voie qu'il trace en bouche, tout en subtilité et en équilibre. Croix Canon, second vin, s'affirme en 2015 et 2016 comme une éclatante réussite, avec des tonalités de fruits rouges frais qui confèrent un charme exceptionnel à une matière aérienne.

Saint-Émilion Grand Cru 2016 — de 120 à 150 € (c) — 18,5

Saint-Émilion Grand Cru Croix Canon 2015 — N.C. — 16,5

Saint-Émilion Grand Cru Croix Canon 2016 — N.C. — 16,5

Le coup de ♥

Saint-Émilion Grand Cru 2015 — de 250 à 300 € (c) — 18,5

Rouge : 34 hectares.
Merlot 70 %, Cabernet franc 30 %
Production moyenne : 130 000 bt/an

CHÂTEAU CANON
BP 22, 33330 Saint-Émilion
05 57 55 23 45 • www.chateaucanon.com • Vente et visites : au domaine sur rendez-vous.
Propriétaire : Famille Wertheimer
Directeur : Nicolas Audebert
Maître de chai : Stéphane Bonnasse

★★

CHÂTEAU CANON-LA-GAFFELIÈRE

Le profil du vin de Canon-la-Gaffelière a considérablement évolué en l'espace de trois décennies. Stephan von Neipperg prend en 1988 les rênes du château, propriété acquise par sa famille en 1971. Le vin a connu sous sa direction, et en collaboration avec Stéphane Derenoncourt, une véritable renaissance qualitative. Pas de miracle, tout a commencé par la baisse des rendements ! Les années 90 et 2000 ont produit des vins ronds et opulents, gourmands et expressifs, d'une rare plénitude. Les évolutions culturales et œnologiques accompagnent en profondeur le changement de style actuel, tourné vers davantage de fraîcheur et de finesse. Stephan von Neipperg a plus d'un tour dans son sac. Sa vista et sa réactivité lui permettent de coller aux évolutions du goût, tout en prévoyant le long terme. Promu au rang de premier grand cru classé, certifié bio en 2014 (un exemple qui a marqué les esprits !), le château poursuit un travail de fond à partir d'une collection de sélections massales de cabernet franc et de bons choix de porte-greffe, "dans le but de construire un vignoble pour les cinquante et soixante prochaines années". Les sols chauds et précoces des pieds de coteau conviennent admirablement à ces cabernets francs, qui apportent de la finesse et de la distinction à la structure tannique du vin.

Les vins : ils ont opéré en quelques millésimes une impressionnante mutation vers une finesse et une fraîcheur accrues. 2017 et, plus étonnamment, 2018, accentuent cette évolution. Déjà, le 2015 fait montre d'une remarquable fraîcheur dans le cadre du millésime ! Les accents sont presque ligériens, la trame est fine et pénétrante, bien calée dans un fruit satiné et généreux. 2016 prolonge et approfondit cette veine, marquée par la signature aromatique florale des cabernets francs. Noblement parfumé et texturé, déjà riche de fines nuances, il affiche néanmoins une insistance tannique très volontaire.

Saint-Émilion Grand Cru 2015 — de 75 à 90 € (c) — 17

Le coup de ♥

Saint-Émilion Grand Cru 2016 — de 100 à 120 € (c) — 17,5

Rouge : 19,5 hectares.
Merlot 50 %, Cabernet franc 40 %, Cabernet-Sauvignon 10 %
Production moyenne : 70 000 bt/an

CHÂTEAU CANON-LA-GAFFELIÈRE ♣
Vignobles Comtes von Neipperg, BP 34, 33330 Saint-Émilion
05 57 24 71 33 • www.neipperg.com • Vente et visites : au domaine sur rendez-vous.
Propriétaire : Stephan von Neipperg
Œnologue : Stéphane Derenoncourt

★★ ↗

CLOS SAINT-MARTIN

Sophie Fourcade veille avec amour sur cet étonnant jardin de vignes, le plus petit des crus classés, dont elle reste l'actionnaire majoritaire après la vente des autres domaines familiaux à la famille Cuvelier en 2013. La situation est idéale, sur une petite croupe entre les deux Beauséjour. Depuis 2008 on pratique ici la fermentation en fût (et depuis 2016 en jarre de terre cuite), singularité qui permet au vin un chatoiement précoce mais n'entrave nullement son potentiel d'évolution, comme nous l'a démontré une récente dégustation verticale. Le terroir parle haut et fort. Hormis la taille très réduite du vignoble (2 hectares quand il sera entièrement replanté) on ne voit pas trop ce qui pourrait empêcher ce cru d'accéder au cénacle des Premiers. En attendant cette consécration, nous lui attribuons une deuxième étoile dans ce guide.

Les vins : en primeur, 2017 surclassait ses pairs ! 2016 impose son charme juvénile, ses notes de violette et de chocolat noir, comme une évidence, avec une chair d'un velouté redoutable mais dépourvue de la moindre pesanteur. Le caractère solaire et balsamique du 2015 s'affirme au fil des dégustations ; son acidité calcaire lui permet de conserver élan et fraîcheur.

Saint-Émilion Grand Cru 2015 — de 65 à 80 € (c) — 17

Le coup de ♥

Saint-Émilion Grand Cru 2016 — de 65 à 80 € (c) — 18

Rouge : 1 hectare.
Merlot 70 %, Cabernet franc 20 %, Cabernet-Sauvignon 10 %
Production moyenne : 5 000 bt/an

CLOS SAINT-MARTIN
BP 20017, 33330 Saint-Émilion
05 57 24 71 09 • clossaintmartin.saintemilion@gmail.com • Vente et visites : au domaine sur rendez-vous.
Propriétaire : Sophie Fourcade

★★ ↗

CHÂTEAU LA CLOTTE

C'était une adresse d'initiés, que l'on s'échangeait comme un mot de passe. 4 hectares de terrasses exposées plein sud, proches de la cité, merveilleusement étagées dans le vallon de Fongaban. Les projecteurs se font plus insistants depuis 2014, année du rachat par la famille Vauthier, propriétaire de l'illustre château Ausone, à la barbe de plusieurs autres gros investisseurs. Après des travaux structurels rondement menés, réfection des murettes du vignoble et nouveau chai, un projet œnotouristique est en gestation. La race du terroir, conjuguant puissance et définition, était déjà évidente dans les millésimes de la période Moulièrac (1990-2013) ; elle transparaît avec un éclat de plus en plus net à chaque millésime, Pauline Vauthier prenant la mesure de ce nouvel étalon. Nous lui attribuons cette année la deuxième étoile.

Les vins : 2016 livre un vin de grande séduction. Extrait uniquement par pigeage, il fait valoir une chair tendre et serrée à la fois, très fine dans son toucher, avec un fruit d'une générosité presque exotique mais qui conserve une ligne directrice de grand vin de garde. L'élégance aérienne de la chair du 2015 joue une magnifique partie de cache-cache avec la sucrosité d'un fruit solaire. Ce premier millésime de La Clotte 100 % Vauthier offre une interprétation mesurée et très sensible du millésime, d'une magnifique élégance.

- Saint-Émilion Grand Cru 2015 — de 50 à 70 € (c) — 17,5
- Saint-Émilion Grand Cru 2016 — de 60 à 80 € (c) — 17,5

CHÂTEAU LA CLOTTE
33330 Saint-Emilion
05 57 24 66 85 •
chateau-la-clotte@wanadoo.fr • Visites : Pas de visites.
Propriétaire : Famille Vauthier
Directeur : Pauline Vauthier

★★

CHÂTEAU LA GAFFELIÈRE

Parallèlement à une profonde restructuration du vignoble, sous la férule de l'équipe conseil Derenoncourt (arrachage et replantation de 5 hectares de cabernet franc sur les magnifiques coteaux calcaires au sud du village), Alexandre de Malet, désormais aux commandes, a largement investi dans la refonte technique du cuvier. Entre les murs historiques du chai, vingt hautes cuves inox teintées en pourpre ont pris place juste à temps pour la vinification du millésime 2013. De forme tronconique inversée, elles permettent d'extraire davantage le chapeau par compression naturelle, la masse liquide étant supérieure en haut de la cuve. Après les investissements dans les plantations depuis 2000 et un renouvellement du matériel de culture, l'outil de production de la Gaffelière est désormais au niveau de l'élite des premiers grands crus classés. À terme le grand vin sera principalement issu des vignes du coteau à 80 % (sous Belair), laissant au second vin, Clos La Gaffelière, les bas de côte, généreux mais moins racés. Dans les années 70 et 80, La Gaffelière n'a pas toujours produit un vin digne de son rang. Le creux de la vague est désormais bien derrière nous. Défendant un style classique mais expressif, sans excès, construit sur la finesse de la deuxième partie de bouche, ce premier à la situation topographique exceptionnelle n'a pas fini de surprendre, d'autant qu'il pratique des prix encore compréhensibles. On est ici au cœur de ce qu'il y a de plus sensuel et singulier à Saint-Émilion !

Les vins : le crescendo des derniers millésimes pointe vers le sommet de la hiérarchie ! Issu uniquement du coteau, à cause du gel, 2017, impressionnant en primeur, fera à coup sûr parler de lui. Sans contrainte météorologique, 2018 reprend la même formule et s'annonce éblouissant. Intense et irradiant déjà la distinction de son terroir malgré une légère réduction, 2016 montre en bouteille un profil plus svelte et tendu que le 2015, avec une franchise et une profondeur de fruit admirables. Ce dernier se singularise par ses notes de pot-pourri et sa petite pointe confite, évoquant la confiture de lait. L'évolution est sereine, la matière ample, raffinée, réjouissante, de belle accroche, avec un caractère solaire qui tend à s'accentuer par rapport aux premières dégustations.

- Saint-Émilion Grand Cru 2015 — de 65 à 80 € (c) — 18
- Saint-Émilion Grand Cru 2016 — de 80 à 100 € (c) — 18

Rouge : 22 hectares.
Merlot 80 %, Cabernet franc 20 %
Production moyenne : 62 000 bt/an

CHÂTEAU LA GAFFELIÈRE
BP 65, 33330 Saint-Émilion
05 57 24 72 15 •
www.chateau-la-gaffeliere.com • Vente et visites : au domaine sur rendez-vous.
Propriétaire : Léo de Malet Roquefort
Directeur : Alexandre de Malet Roquefort

★★

CHÂTEAU LARCIS-DUCASSE

Premier grand cru classé en 2012, cette magnifique propriété occupe l'extrémité de la fameuse côte Pavie, sur la commune de Saint-Laurent-des-Combes : une merveilleuse exposition plein sud et un vignoble planté en terrasses, effectivement dignes d'un premier grand cru. Depuis 1945, Hélène Gratiot puis son fils, Jacques-Olivier, ont préservé la typicité unique de ce terroir en produisant un vin de grande race, noblement truffé et d'une vigueur surprenante dans les petits millésimes. Les millésimes tardifs, comme l'éblouissant 2008, conviennent particulièrement au caractère original du cru. Depuis 2002, en confiant la gérance à Nicolas Thienpont et en faisant appel aux conseils de Stéphane Derenoncourt, Larcis-Ducasse est entré dans une nouvelle phase. Ce travail se précise encore dans les derniers millésimes, notamment en ce qui concerne les élevages, avec l'adoption de barriques de 500 litres pour certains lots.

Les vins : les derniers millésimes visent désormais les sommets de l'appellation en ajoutant un soupçon de raffinement à l'inhérente puissance solaire du cru. On retrouve cette exubérance, cette suavité chatoyante de violette confite dans l'échantillon 2018. 2016 se présente au contraire comme un Larcis dynamique et appliqué, presque concis. Solaire et délié à la fois, longiligne grâce à une trame tannique aérienne, il propose une saveur pour l'heure compacte, évoquant l'iris (une constante du cru) et le coulis de fruits rouges. Coloré, solaire, rôti, le 2015 surprend par l'amplitude fraîche de sa matière ; le terroir exprime pleinement son originalité grâce au potentiel acide préservé.

Saint-Émilion Grand Cru 2016 — de 90 à 110 € (c) — 17,5

Le coup de ♥
Saint-Émilion Grand Cru 2015 — de 75 à 120 € (c) — 17,5

Rouge : 11 hectares.
Merlot 78 %, Cabernet franc 22 %
Production moyenne : 32 000 bt/an

CHÂTEAU LARCIS-DUCASSE
33330 Saint-Émilion
05 57 24 70 84 • www.larcis-ducasse.com • Pas de visites.
Propriétaire : Famille Gratiot-Alphandery
Directeur : Nicolas Thienpont
Œnologue : Stéphane Derenoncourt

★★

LA MONDOTTE

Même s'il est déjà fait mention de la parcelle de la Mondotte dans de nombreux ouvrages centenaires, ce petit morceau de terre, voisin de Troplong Mondot et des trois Pavie, n'a pas été jugé digne d'intégrer la cadastre de Canon-la-Gaffelière lors du classement de 2006. Malicieusement, Stephan von Neipperg en a donc profité pour créer un cru à part, et faire un joli pied de nez à la commission de classement. Commission qui, en 2012, n'a pu que reconnaître l'expression puissante, dense et équilibrée de ce cru et donc l'élire premier grand cru classé. Il faut dire que le vin, issu d'un vignoble ancien désormais cultivé en bio (plus de 65 ans, 75 % merlot, au rendement bas, élevé 100 % fût neuf), s'est montré admirable dès les premiers millésimes (à partir de 1996). La signature de fraîcheur du terroir (le pH du vin est très bas) est impressionnante ; La Mondotte est capable d'affronter le temps sans sourciller.

Les vins : 2016 est une épure de Mondotte, un vin réservé, presque sur la défensive, corps serré, poigne argileuse mais au délié inhabituel en deuxième partie de bouche. L'acidité du millésime renforce la fraîcheur native du terroir. Unissant intense concentration, maturité très poussée et tension préservée, 2015 offre une vision pénétrante d'un millésime de grande générosité. La texture est d'un velouté admirable, mais il faudra attendre une dizaine d'années pour que l'harmonie aromatique se mette en place.

Saint-Émilion Grand Cru 2015 — de 200 à 300 € (c) — 18

Saint-Émilion Grand Cru 2016 — 300 € (c) — 17,5

Rouge : 4,5 hectares.
Merlot 75 %, Cabernet franc 25 %
Production moyenne : 15 000 bt/an

LA MONDOTTE ♣
Vignobles Comtes von Neipperg, BP 34, 33330 Saint-Émilion
05 57 24 71 33 • www.neipperg.com • Pas de visites.
Propriétaire : Stephan von Neipperg

★★

CHÂTEAU PAVIE

Acquis en 1997 par Gérard Perse, le cru vole depuis de succès en succès, en défendant un style résolument moderne de haute concentration. Rendements extrêmement bas, recherche d'une grande maturité des raisins, extraction poussée et élevage luxueux : tous les curseurs permettant l'amélioration théorique de la qualité des vins ont été poussés à leur maximum. Et les investissements ne s'arrêtent jamais... L'impressionnante et massive extension des chais, de la cuverie et surtout la création d'une salle de réception lumineuse et versaillaise de 600 m2, inaugurée en juin 2013. La propriété ne cherche pas à élaborer des vins faciles, immédiats, mais à inscrire sa démarche dans la durée. Ni racoleur, ni fardé, le Pavie de Gérard Perse est un vin exigeant, inattaquable formellement mais s'exprimant davantage dans l'affirmation péremptoire que dans la suggestion. C'est du moins ainsi que nous l'avons perçu lors de récentes dégustations verticales, remontant aux premiers millésimes de l'ère Perse. Ceci nous a conduit, après mûre réflexion, à enlever la troisième étoile au château il y a trois ans, car nous sommes persuadés que ce terroir, un des tout premiers de Saint-Émilion, peut s'incarner avec davantage de délié, d'esprit et au final de plaisir gustatif. Sans rien perdre de leur monumentalité, certains parmi les derniers millésimes montrent une légère inflexion dans ce sens ; le 2016, moins extrait, semble accélérer l'évolution. Ceux qui auront la chance de les déguster d'ici quelques décennies pourront vérifier le bien-fondé de cette vision du grand vin et continuer à nourrir le débat esthétique qu'elle suscite.

Les vins : le domaine ne nous ayant pas fait parvenir ses vins cette année, nous sommes amenés à reconduire les notes de notre édition précédente.

- Saint-Émilion Grand Cru 2014 — 268 € (c) — 15
- Saint-Émilion Grand Cru 2015 — 366 € (c) — 17
- Saint-Émilion Grand Cru 2016 — 408 € (c) — 18
- Saint-Émilion Grand Cru Arômes de Pavie 2015 — 84 € (c) — 15,5

Rouge : 35 hectares.
Merlot 70 %, Cabernet franc 10 %
Production moyenne : 88 000 bt/an

CHÂTEAU PAVIE
33330 Saint-Émilion
05 57 55 43 43 • www.vignoblesperse.com • Visites : sur rendez-vous uniquement aux professionnels.
Propriétaire : Gérard Perse

★★

CHÂTEAU PAVIE DECESSE

Comme il l'a fait avec Pavie, Gérard Perse a métamorphosé Pavie Decesse, racheté en février 1997. Ici aussi, sur ce petit parcellaire de moins de 4 hectares, tout est mis en œuvre pour porter le cru au plus haut niveau. Il faut dire que le terroir le permet. Grâce à un outil de vinification moderne, le vin ne cesse de progresser. S'il ne possède pas tout à fait le raffinement de son frère, Pavie, il s'impose comme l'un des saint-émilion les plus complets qui soient, dans le style qu'aime Gérard Perse, à savoir concentré et taillé pour la garde, nécessaire pour que les tanins aigus s'arrondissent.

Les vins : le domaine ne nous ayant pas fait parvenir ses vins cette année, nous sommes amenés à reconduire les notes de notre édition précédente.

- Saint-Émilion Grand Cru 2014 — 112 € (c) — 15,5
- Saint-Émilion Grand Cru 2015 — 122 € (c) — 17,5
- Saint-Émilion Grand Cru 2016 — 156 € (c) — 16,5

Rouge : 3 hectares.
Merlot 90 %, Cabernet franc 10 %
Production moyenne : 8 000 bt/an

CHÂTEAU PAVIE DECESSE
33330 Saint-Émilion
05 57 55 43 43 • www.vignoblesperse.com • Pas de visites.
Propriétaire : Gérard Perse
Directeur : Laurent Lusseau

★★

CHÂTEAU PAVIE-MACQUIN

Une nouvelle salle d'accueil sobre, tout en verre, permet de déguster avec une vue imprenable sur le village de Saint-Émilion. Pavie-Macquin a conservé son rang de premier grand cru classé dans le dernier classement de Saint-Émilion en 2012. Une juste récompense qui vient saluer le travail remarquable réalisé au château par son gestionnaire, Nicolas Thienpont, et son conseiller Stéphane Derenoncourt. Ce duo a métamorphosé la propriété en s'inspirant largement de la biodynamie (non certifiée) depuis la fin des années 1990. Une série de vins fantastiques, combinant une magnifique intensité du fruit et une grande profondeur de bouche, est venue couronner ce travail de fond. Des vins qui se distinguent de leurs voisins Pavie et Pavie Decesse par une matière à la fois plus en retenue et plus en souplesse, un jus profond mais toujours très vif. Valeur sûre bien connue des amateurs, Pavie-Macquin n'a commis aucune fausse note ces dernières années. Le style demeure fidèle au terroir, marqué à la fois par la puissance de la partie argileuse et la minéralité des calcaires affleurants. Si Pavie-Macquin reste un vin d'évolution lente, introspectif, exigeant, il se dirige insensiblement vers davantage d'épure.

Les vins : avec une part accrue de cabernet franc, qui suggère admirablement la menthe poivrée, 2018 s'annonce comme une grande réussite, un vin percutant mais extrait en douceur. Le cru montre déjà en 2016 davantage d'agilité et d'expressivité qu'à son habitude. Nicolas Thienpont reconnaît une vinification moins extractive, avec notamment moins de saignées. La salinité est très forte dès l'attaque, l'acidité prend le relais, tranchante, souveraine. Elle anime un fruit profond et déjà gourmand, qui semble hésiter entre la mûre et la myrtille. Caractérisé par sa puissance argileuse et sa veine acide très droite, 2015 conserve une forte emprise tannique ; il devrait évoluer majestueusement.

Saint-Émilion Grand Cru 2015 — de 95 à 120 € (c) — 17

Le coup de ♥

Saint-Émilion Grand Cru 2016 — de 100 à 130 € (c) — 17,5

Rouge : 15 hectares.
Merlot 84 %, Cabernet franc 14 %, Cabernet-Sauvignon 2 %
Production moyenne : 60 000 bt/an

CHÂTEAU PAVIE-MACQUIN
Peygenestau 33330 Saint-Émilion
05 57 24 74 23 • www.pavie-macquin.com •
Visites : sur rendez-vous uniquement aux professionnels.
Propriétaire : Famille Corre-Macquin
Directeur : Nicolas Thienpont
Œnologue : Stéphane Derenoncourt

★★

CHÂTEAU TROTTE VIEILLE

Premier cru traditionnel de Saint-Émilion, Trotte Vieille occupe un superbe coteau un peu à l'écart de ses pairs, capable de donner des vins fins et racés, de grande longévité. Il possède un rare capital de très vieilles vignes de cabernet franc, avec lequel le château produit une microcuvée non commercialisée. Philippe Castéja a engagé une évidente reprise en main au début des années 2000, s'appuyant sur les conseils avisés du regretté Denis Dubourdieu. Le cru produit un vin de facture classique, s'exprimant avec une certaine austérité en primeur, qui ne joue pas l'opulence mais davantage la fraîcheur du grain et du fruit. Nous lui avons attribué sa deuxième étoile en 2015. Consécutivement au classement de 2012, tout le vignoble du château Bergat (3,5 hectares) a désormais la possibilité d'entrer dans Trotte Vieille. Pour l'instant, une partie est dévolue à l'amélioration du second vin, La Vieille Dame de Trotte Vieille.

Les vins : le style des derniers millésimes est enthousiasmant et rend pleinement justice au talent du terroir. Même dans un contexte de crescendo manifeste, 2016, millésime que Philippe Castéja dédie à Denis Dubourdieu, frappe un grand coup et consacre Trotte Vieille parmi les références absolues de Saint-Émilion. 2015 dépasse ses promesses ; les cabernets (49 % de franc et 2 % de sauvignon) dominent de justesse le merlot dans cet assemblage complexe, distingué, profond. À la fois suave et construit, intense et nuancé, doté de notes de fruits noirs et de graphite, il donne tous les gages d'un développement majestueux dans la longue garde.

Saint-Émilion Grand Cru 2015 — de 100 à 120 € (c) — 18

Le coup de ♥

Saint-Émilion Grand Cru 2016 — 84 € — 18,5

Rouge : 12 hectares.
Merlot 49 %, Cabernet franc 46 %, Cabernet-Sauvignon 5 %
Production moyenne : 28 000 bt/an

CHÂTEAU TROTTE VIEILLE
33330 Saint-Émilion
05 56 00 00 70 • domaines@borie-manoux.fr
• Visites : sur rendez-vous uniquement aux professionnels.
Propriétaire : Philippe Castéja
Maître de chai : Christophe Dussutour

★★

CHÂTEAU VALANDRAUD

Consécration suprême en 2012 pour Murielle Andraud, la vigneronne, et Jean-Luc Thunevin, le négociant : Valandraud, leur création, le chef de file du mouvement des vins de garage, cru aussi encensé que honni depuis sa création au début des années 1990, accède au rang tant convoité de premier grand cru classé. Une formidable "success story", comme seul l'ascenseur social de la rive droite en offre à Bordeaux. Bâti à partir de 0,6 hectare dans le vallon de Fongaban, le domaine couvre aujourd'hui 10 hectares, sur la commune de Saint-Étienne-de-Lisse. Valandraud n'aurait pu s'imposer parmi les plus chers et les plus recherchés des saint-émilion sans le sens aigu du commerce de son propriétaire. Mais c'est le contenu de Valandraud qui fait surtout courir les amateurs. Un étonnant vin assemblé par Michel Rolland, méticuleusement sélectionné à partir de merlot très sucré, velouté, exotique (100 % fût neuf), sensuel à sa naissance, et qui évolue avec suavité sur d'intenses notes de moka. Le vignoble est l'un des mieux tenus du Libournais. Certaines parcelles spécifiques et les vignes plus jeunes produisent Virginie de Valandraud depuis 1997, vendu à un prix raisonnable.

Les vins : alors que certains suiveurs persistent dans le style qui était celui des années 1990, Valandraud semble avoir accompli sa mue et s'exprime aujourd'hui dans un registre supérieurement intense, haute couture, mais au final d'un profond classicisme. Cela témoigne, si l'on en doutait, de l'intelligence de Jean-Luc Thunevin. Encore plus panthère noire que le 2015, Valandraud 2016 est dirigé par une colonne acide étonnante, qui prend la bouche d'emblée et ne l'abandonne que bien plus tard… Extrêmement dense, le corps suit cette dynamique, tout en muscle longiligne garni d'un grain remarquablement fin. L'élevage du 2015 définit une personnalité aromatique distinguée, séductrice, cosmopolite, avec beaucoup d'épices, de fruits noirs et de graphite. Le volume en bouche est impressionnant ; la chair satinée, sphérique mais musculeuse, possède une armature tannique très sérieuse, garante d'une longue évolution. À la fois gras et frais, très expressif, le blanc 2018 (sémillon, sauvignon blanc et sauvignon gris) offre un plaisir évident.

- Bordeaux 2018 — de 72 à 78 € (c) — 15
- Saint-Émilion Grand Cru 2015 — 144 € — 17,5
- Saint-Émilion Grand Cru 2016 — de 200 à 240 € (c) — 17,5

Rouge : 8,88 hectares.
Blanc : 2 hectares.
Production moyenne : 55 000 bt/an

CHÂTEAU VALANDRAUD
6, rue Guadet, BP 88 33330 Saint-Émilion
05 57 55 09 13 • www.thunevin.com • Vente et visites : au domaine sur rendez-vous.
Propriétaire : Ets Thunevin
Directeur : Murielle Andraud
Œnologue : Michel Rolland

★

CHÂTEAU BELLEVUE

La beauté des lieux, avec un merveilleux parc en bordure de plateau qui s'intègre à la ceinture méditerranéenne de Saint-Émilion, et la race du vin, qui ne s'exprime que par à-coups, en font un candidat naturel au rang de premier grand cru classé. Partagé entre les familles Pradel de Lavaux et de Boüard, il est conduit par l'équipe d'Angélus. Grand vin de côte, profondément calcaire, racé, tendu, il est malheureusement parfois pris dans une gangue boisée trop insistante. La surface viticole avoisine les 7 hectares ; la décision a été prise de produire ici un pur merlot. Peut-il faire de l'ombre à Angélus ? Certainement ! Il suffit de goûter le 2015 pour s'en persuader…

Les vins : 2015 s'impose comme le grand millésime de Bellevue. La fraîcheur calcaire donne des ailes au moelleux, à la suavité propre au millésime. L'élevage semble avoir été bien plus facilement absorbé que d'habitude ; la saveur émaillée d'éclairs crayeux et chlorophylliens constitue une expérience de haut vol. Nettement moins opulent, 2016 demeure très serré, austère même ; il ira loin.

- Saint-Émilion Grand Cru 2016 — de 50 à 70 € (c) — 17,5

Le coup de ♥

- Saint-Émilion Grand Cru 2015 — 85 € (c) — 18,5

Rouge : 6,8 hectares.
Merlot 100 %
Production moyenne : 23 000 bt/an

CHÂTEAU BELLEVUE
33330 Saint-Émilion
05 57 24 71 39 • www.chateaubellevue.fr • Vente et visites : au domaine sur rendez-vous.
Propriétaire : Familles Pradel de Lavaux et de Boüard de Laforest
Œnologue : Hubert de Boüard et Emanuelle d'Aligny-Fulchi

★

CHÂTEAU BERLIQUET

Sur le plateau de Magdelaine, entre Canon et Bélair-Monange, ce cru discret dispose d'un terroir de premier ordre. Peu connu du grand public, il l'est en revanche des initiés, qui connaissent leur géographie. Le rachat en 2017 par la famille Wertheimer, propriétaire de Canon, pourrait changer la donne. Canon va-t-il manger Berliquet comme il a mangé Curé-Bon et Matras ? Qui vivra verra. Finesse, détail aromatique, tension minérale : le potentiel du cru était déjà fort bien mis en valeur sous la gestion de Nicolas Thienpont ; les deux premiers millésimes de la nouvelle équipe s'avèrent plus que prometteurs.

Les vins : le 2017, superbement floral, est une grande réussite, qui ferait presque pâlir Canon... Et le 2018 y parvient tout à fait ! La deuxième étoile est toute proche, mais attendons de regoûter ces derniers millésimes en bouteille. Le 2016 bénéficie de l'apport des jeunes cabernets francs en sélection massale ; le vin y gagne en profondeur, bien calé sur un socle de tanins dynamiques. S'il conserve le profil svelte qui caractérise le cru, 2015 se montre plus immédiatement séducteur que d'habitude.

Saint-Émilion Grand Cru 2015 — de 35 à 50 € (c) 16,5

Le coup de ♥

Saint-Émilion Grand Cru 2016 — de 45 à 60 € (c) 16,5

Rouge : 9 hectares.
Merlot 75 %, Cabernet franc 21 %, Cabernet-Sauvignon 4 %
Production moyenne : 35 000 bt/an

CHÂTEAU BERLIQUET
33330 Saint-Émilion
05 57 24 70 48 • chateau.berliquet@wanadoo.fr • Vente et visites : au domaine sur rendez-vous.
Propriétaire : Famille Wertheimer
Directeur : Nicolas Audebert

★

CHÂTEAU DASSAULT

Marcel Dassault a porté son dévolu sur l'ancien château Couprie, dans les parties basses de la côte nord. Grâce au savoir-faire de Laurence Brun, qui était aux commandes depuis 1995 et vient de transmettre la direction du domaine à Romain Depons, Dassault est devenu un vin très régulier, de haute maturité, séducteur dans sa forme et dans ses parfums. Il tire le meilleur parti d'un terroir réputé froid qui, sur le papier, n'est pas le plus excitant de l'appellation... La notion de saint-émilion de plaisir est ici admirablement incarnée, même dans des millésimes difficiles comme 2013.

Les vins : saluons la superbe réussite des 2015 et 2016, pulpeux et souriants, qui ne surjouent pas la générosité native du raisin. Le fruit est très bien capturé dans le 2016, alliant charme immédiat et potentiel évident, finesse des arômes et densité. Le 2015 évolue avec bonheur. Sa belle chair de haute maturité, presque confite, se montre étonnamment fraîche et réactive. Dégustation après dégustation, ce vin volubile s'affiche comme un champion de l'hédonisme en matière de saint-émilion.

Saint-Émilion Grand Cru 2015 — de 40 à 50 € (c) 16,5

Saint-Émilion Grand Cru 2016 — 81 € 16,5

Rouge : 24 hectares.
Merlot 70 %, Cabernet franc 23 %, Cabernet-Sauvignon 7 %
Production moyenne : 60 000 bt/an

CHÂTEAU DASSAULT
Lieu-dit Couperie 33330 Saint-Émilion
05 57 55 10 00 • www.dassaultwineestates.com • Vente et visites : au domaine sur rendez-vous.
Propriétaire : Famille Dassault
Directeur : Romain Depons
Maître de chai : Julien Beauché
Œnologue : Jean-Philippe Fort et Michel Rolland

★

CHÂTEAU FAUGÈRES

Vaste domaine de 37 hectares acquis par l'industriel suisse Silvio Denz en 2005, Faugères est devenu, par un geste architectural volontariste (le "chai-cathédrale" signé Mario Botta) autant que par la qualité de ses vins, un des fers de lance du renouveau de l'est de l'appellation. En plateau et en coteau exposé au sud, le vignoble est aussi soigneusement conduit que celui de Péby-Faugères. Contrairement à ce qui se passe entre Fombrauge et Magrez-Fombrauge, l'écart ne s'est pas creusé entre Faugères et Péby-Faugères, le premiers manifestant même un surcroît d'articulation et de vibration dans les tout derniers millésimes, enthousiasmants par leur naturel et l'élégance de leur fruit.

Les vins : expressifs, suaves et fins, les derniers millésimes montrent une évolution très encourageante, qui a permis au château de récupérer son étoile l'an dernier. 2017 fait partie des belles réussites de l'année. S'il est encore marqué par l'élevage, 2016 exhibe aussi beaucoup de fruit, une saveur nuancée, pleine, distinguée, avec une plénitude de chair qui conserve une délicatesse rare pour la partie orientale de l'appellation, une construction particulièrement harmonieuse dont on ne perçoit pas les coutures. 2015 affine encore sa définition en bouteille. Fraîcheur du fruit, gourmandise, moelleux et rebond s'accordent à merveille et promettent une évolution faste ; la complexité aromatique est naissante.

Saint-Émilion Grand Cru 2015	50 €	16,5
Saint-Émilion Grand Cru 2016	55 €	16

Rouge : 37 hectares.
Merlot 85 %, Cabernet franc 10 %, Cabernet-Sauvignon 5 %
Production moyenne : 70 000 bt/an

CHÂTEAU FAUGÈRES

Saint-Étienne-de-Lisse, 33330 Saint-Émilion
05 57 40 34 99 • www.chateau-faugeres.com • Vente et visites : au domaine sur rendez-vous.
Propriétaire : Silvio Denz
Directeur : Yann Buchwalter
Maître de chai : Daniel Romero
Œnologue : Michel Rolland

★

CHÂTEAU FONROQUE

Fonroque est le grand ouvrage d'Alain Moueix, aux commandes depuis 2001 et qui reste en place, malgré la vente de la propriété familiale en 2017 à l'assureur Hubert Guillard. C'est ici, sur les 17 hectares de plateau déclinant vers l'ouest, à l'écart de l'agitation touristique, qu'il a pu mettre en pratique ses convictions biodynamiques. La continuité de cette philosophie semble acquise. Fonroque livre un vin au profil cohérent, sans heurt, qui ne force pas sa nature ni ne sature le dégustateur... un vin qui ne tonitrue jamais, qui peut passer inaperçu lors de dégustations horizontales comparatives. Il n'en demeure pas moins indispensable, exemplaire dans les grands millésimes (inoubliable 2010) comme dans les petits (délicieux 2013 véritablement "bourguignon") !

Les vins : Fonroque 2015 confirme un profil ouvert, très avenant, avec une grande disponibilité, un fruit suave sans être lourd, harmonieux et lisible du début à la fin de la dégustation. Malgré cette évidence précoce, nous le croyons capable de durer longtemps. Difficile à juger en primeur, avec des échantillons plusieurs fois oxydatifs, le 2016 s'affirme après la mise comme un vin délicat, plein, équilibré, au fruit croquant mais encore timide.

Saint-Émilion Grand Cru 2016	de 30 à 40 € (c)	15
Le coup de ♥		
Saint-Émilion Grand Cru 2015	43 €	16,5

Rouge : 17 hectares.
Merlot 87 %, Cabernet franc 13 %
Production moyenne : 57 000 bt/an

CHÂTEAU FONROQUE ☾

Fonroque 33330 Saint-Émilion
05 57 24 60 02 • www.chateaufonroque.net • Vente et visites : au domaine sur rendez-vous.
Propriétaire : Famille Guillard
Directeur : Alain Moueix

★

CHÂTEAU GRAND CORBIN-DESPAGNE

François Despagne, aux commandes depuis 1996 est à la fois un homme de science (donc de doute !) et de conviction. En résulte une alliance, logique finalement, entre conscience historique du terroir (les Despagne l'exploitent depuis sept générations), réalisme économique et choix exigeant de la viticulture biologique, labellisée en 2013. Le secteur des Corbin (si durement affecté par les gelées de 2017) est un village, où l'on se serre les coudes ; il en est le meneur, pas seulement parce qu'avec 29 hectares son vignoble est le plus grand. Les vins sont dotés d'une belle acidité, structurés, sains, parfois un peu carrés dans leur jeunesse, adapté au long terme, comme leurs aînés des années 80 et 70. Sève, suc, profondeur : le cru n'a jamais été aussi bon.

Les vins : 2016 montre une magnifique intensité de fruit, une richesse capiteuse qui marche main dans la main avec une acidité particulièrement tonique. Un vin complet et promis à une longue carrière. La fraîcheur est admirablement préservée dans le 2015, dans les arômes comme dans le toucher ; le vin confirme son équilibre serein ainsi que sa vigueur, étonnante pour le secteur des Corbin ! 2014 commence à truffer, exprimant une amplitude fraîche dans une maturité très aboutie pour le millésime ; c'est un vin sain, serein, bâti pour bien évoluer sur le long terme.

- Saint-Émilion Grand Cru 2014 — de 35 à 40 € (c) — 16,5
- Saint-Émilion Grand Cru 2015 — 40 € — 16,5

Le coup de ♥

- Saint-Émilion Grand Cru 2016 — 40 € — 17

Rouge : 28,79 hectares.
Merlot 75 %, Cabernet franc 24 %, Cabernet-Sauvignon 1 %
Production moyenne : 125 000 bt/an

CHÂTEAU GRAND CORBIN-DESPAGNE ♣

33330 Saint-Émilion
05 57 51 08 38 • www.grand-corbin-despagne.com • Vente et visites : au domaine sur rendez-vous.
Propriétaire : François Despagne
Maître de chai : Pascal Llorca

★

CHÂTEAU GRAND MAYNE

Dans la famille Nony depuis 1934, ce domaine historique a été le creuset depuis 1973 de la définition, avec l'aide de Michel Rolland, d'un vin d'une grande plénitude et d'une grande séduction, résolument "moderne" et en cela précurseur. Le terroir de pied de côte, varié sur les 17 hectares du parcellaire, possède du répondant : la capacité de garde est étonnante, même dans les petits millésimes, particulièrement réussis, comme l'étonnant 1997 ! Les derniers millésimes se caractérisent par un caractère exubérant, richement épicé, où l'élevage vient luxueusement épauler l'intensité du fruit, parfois de manière excessive, ce qui fragilise l'étoile attribuée au château.

Les vins : frais derrière l'élevage encore prégnant, concentré mais svelte, le 2016 en bouteille montre davantage de dynamisme que lors des dégustations primeurs. Expressif, crémeux, presque exotique dans son fruité exubérant mais doté d'une assise sérieuse, 2015 est un vin sensuel qui confirme ses belles dispositions. Le retour des tanins en finale témoigne d'une certaine fermeté. 2014 ne confirme pas toutes ses promesses : si le spectre aromatique (épices douces encore une fois) s'avère toujours séduisant, la matière commence à montrer une certaine sécheresse.

- Saint-Émilion Grand Cru 2014 — 48 € — 14,5
- Saint-Émilion Grand Cru 2015 — 60 € — 16
- Saint-Émilion Grand Cru 2016 — 60 € — 15,5

Rouge : 17 hectares.
Merlot 80 %, Cabernet franc 17 %, Cabernet-Sauvignon 3 %
Production moyenne : 60 000 bt/an

CHÂTEAU GRAND MAYNE

33330 Saint-Émilion
05 57 74 42 50 • www.grand-mayne.com • Vente et visites : au domaine sur rendez-vous.
Propriétaire : Marie-Françoise, Jean-Antoine et Damien Nony
Directeur : Jean-Antoine Nony
Œnologue : Michel Rolland

★

CHÂTEAU GRAND-PONTET

Terroir du plateau jouxtant les premiers crus Clos Fourtet et Beau Séjour-Bécot, Grand-Pontet a été repris par les familles Pourquet et Bécot en 1980. Un peu plus bas et un peu plus argileux que ses prestigieux voisins, le cru est capable de grandes choses dans les grands millésimes ; il pèche en revanche encore par irrégularité dans les petits. La vigueur minérale est toujours sous-jacente à l'intensité du fruit ; elle s'exprime avec distinction mais il faut quelques années pour que le vin s'assagisse. C'est un saint-émilion pour connaisseurs, pour les amoureux du plateau calcaire. Avec l'aide du directeur Pascal Lucin, la famille Pourquet-Bécot a signé avec 2015 et 2016 le plus beau doublé de l'histoire du cru, aboutissement de l'attention accrue portée aux détails, à la vigne comme au chai.

Les vins : les derniers millésimes sont tous recommandables. Ce sont de très beaux classiques qui vieilliront bien, à l'image du 1990, somptueux aujourd'hui, du 2001 ou même du 2002. 2016 est somptueux, très vigoureux , avec une remarquable vibration fraîche qui porte loin la finale. Il est aujourd'hui fermé, bien entendu, mais tellement juteux et harmonieux que son avenir radieux ne fait aucun doute. 2015 confirme son profil au fil des dégustations : un fruit très mûr, confituré, avenant et disponible, mais dont la densité tannique et la grande allonge calcaire rattrapent l'exubérance solaire, lui garantissant également une longue carrière.

Saint-Émilion Grand Cru 2015 40 € 16,5

Le coup de ♥

Saint-Émilion Grand Cru 2016 45 € 17,5

Rouge : 14 hectares.
Merlot 70 %, Cabernet franc 15 %, Cabernet-Sauvignon 15 %
Production moyenne : 50 000 bt/an

CHÂTEAU GRAND-PONTET
33330 Saint-Émilion
05 57 74 46 88 •
contact@chateaugrandpontet.com • Vente et visites : au domaine sur rendez-vous.
Propriétaire : Famille Pourquet-Bécot
Maître de chai : Pascal Lucin
Œnologue : Michel Rolland

★ ↗

CHÂTEAU GUADET

Si le vignoble de ce petit domaine (5,30 hectares divisés en quatre parcelles) est situé sur le plateau, juste derrière la ville, le château Guadet présente la particularité d'être vinifié intramuros. La famille Lignac, propriétaire depuis sept générations, commercialise directement, sans passer par le négoce. C'est peut-être ce qui explique le manque de notoriété du cru, outre sa petite taille. Le retour de Vincent Lignac en 2010 a certes fait évoluer le domaine, certifié biologique depuis 2013 et biodynamique depuis 2015 ; des millésimes plus anciens illustrent cependant déjà sa qualité et sa longévité. Le style peut se résumer ainsi : intensité du goût et dynamique du corps, profondément calcaires, sans gonflette ni subterfuge, des vins toujours sveltes, même dans des années de haute maturité comme 2009 et 2015, deux grandes réussites. Les derniers millésimes nous impressionnent par leur harmonie et leur vibration fraîche ; nous attribuons donc cette année une première étoile au château Guadet.

Les vins : dense, franc, peu causant mais bien constitué, 2015 porte une réelle vibration calcaire. Longue garde en perspective pour ce vin profond qui n'est à aucun moment débordé par le soleil du millésime. Dans la même veine, 2016 offre un fruité intense, pulpeux, débonnaire au premier contact, relevé ensuite par une grande fraîcheur. Encore dru, un peu sauvage, il est très prometteur.

Saint-Émilion Grand Cru 2016 N.C. 17

Le coup de ♥

Saint-Émilion Grand Cru 2015 N.C. 16,5

Rouge : Merlot 75 %, Cabernet franc 25 %
Production moyenne : 22 000 bt/an

CHÂTEAU GUADET ♣
4, rue Guadet, 33330 Saint-Émilion
05 57 74 40 04 •
www.chateau-guadet-saintemilion.fr • Vente et visites : au domaine sur rendez-vous.
Propriétaire : Guy-Petrus Lignac

★

CHÂTEAU JEAN-FAURE

Jean-Faure a montré une nette montée en puissance dans les derniers millésimes et plus encore l'affirmation d'un style original. On le doit à la volonté farouche d'Olivier Decelle, propriétaire depuis 2004, à sa culture du vin qui dépasse largement le cadre bordelais. Il imprime des choix forts (primauté du cabernet franc, viticulture biologique, élevage en cuves béton...), dont certains le font parfois montrer du doigt par ses voisins. Situés entre Cheval Blanc, La Dominique et Ripeau, les 18 hectares de Jean-Faure livrent un vin au fruit beaucoup plus rouge que noir, axé sur la fraîcheur et la finesse des cabernets, l'élégance déliée de la forme. On sent le domaine capable d'aller plus loin encore dans l'affirmation de sa singularité ; il serait dommage que le cadre normatif des crus classés le bride dans cet élan.

Les vins : en cours d'élevage le 2018 brille d'un éclat singulier ; avec 65 % de cabernet franc, ses tanins grenus et fins portent une vibration nouvelle. Un vin qui pourrait faire bouger les lignes... Incisif et puissant à la fois, 2016 s'impose par son éclat ; c'est un vin serré, intense mais sans graisse ni marque d'élevage, qui fait claquer la langue au contact d'un fruit particulièrement alerte. Le 2015 s'est refermé ; il exprime surtout le moelleux du millésime.

- Saint-Émilion Grand Cru 2015 — de 38 à 45 € (c) — 16

Le coup de ♥

- Saint-Émilion Grand Cru 2016 — 54 € — 17

Rouge : 18 hectares.
Cabernet franc 65 %, Merlot 30 %, Malbec (cot) 5 %
Production moyenne : 60 000 bt/an

CHÂTEAU JEAN-FAURE ♣
33330 Saint-Émilion
05 57 51 34 86 • www.jeanfaure.com • Vente et visites : au domaine sur rendez-vous.
Propriétaire : Olivier Decelle
Directeur : Marie-Laure Latorre
Maître de chai : Louis Gadais

★

CHÂTEAU MOULIN SAINT-GEORGES

Les amateurs de bonnes affaires seraient bien inspirés de s'intéresser de près aux vins de cette propriété, dont le terroir fait face à celui d'Ausone. Pauline Vauthier, qui vinifie les deux crus, réalise à Moulin Saint-Georges un magnifique saint-émilion intense, racé, mais jamais lourd. La régularité qualitative est impressionnante depuis plus de deux décennies et les prix demeurent raisonnables. Le seul regret concerne les quantités disponibles...

Les vins : vivant, vibrant, mais moins amène que d'habitude, 2016 montre une structure tannique serrée, sur la défensive. Avec encore plus de profondeur, 2015 poursuit dans la veine très heureuse du 2014. Le vin manifeste un allant magnifique qui porte loin les saveurs en finale ; la richesse du millésime est transmise avec le plus grand tact.

- Saint-Émilion Grand Cru 2015 — de 40 à 55 € (c) — 17,5
- Saint-Émilion Grand Cru 2016 — de 40 à 55 € (c) — 16,5

Rouge : 7 hectares.
Merlot 70 %, Cabernet franc 20 %, Cabernet-Sauvignon 10 %
Production moyenne : 30 000 bt/an

CHÂTEAU MOULIN SAINT-GEORGES
Château Ausone, 33330 Saint-Émilion
05 57 24 24 57 • www.chateau-ausone.com • Vente et visites : au domaine sur rendez-vous.
Propriétaire : Famille Vauthier
Directeur : Pauline Vauthier

★

CHÂTEAU PÉBY FAUGÈRES

Si le projet architectural « en forme de figue » signé Mario Botta n'a finalement pas vu le jour, le cru de pointe de Silvio Denz, organiquement séparé de Faugères en 2012, est lui en belle santé. Cultivé sur 7,45 hectares d'un coteau de l'extrémité orientale de l'appellation, il s'agit d'un pur merlot très soigné, vinifié en grande partie en barriques, soyeux, sphérique mais sans lourdeur. Haute couture et tarif en conséquence ! Yann Buchwalter a succédé en 2016 à Alain Dourthe-Larrère qui était à la tête de Faugères et Peby Faugères depuis 1997 ; la viticulture exigeante mise en place par ce dernier porte aujourd'hui ses fruits. Les derniers millésimes sont sans doute les plus aboutis (y compris dans leur retenue) de l'histoire de cette cuvée devenue cru, créé par Corinne Guisez en hommage à son époux Péby, disparu en 1997.

Les vins : 2017 est étonnant de pulpeuse concentration dans ce millésime svelte. Un peu moins délié que Faugères mais plus intense, 2016 affiche une matière garnie, articulée, de très belle saveur. Lustré par la vinification en barriques neuves, 2015 est pourtant un saint-émilion "oriental" classique, campé sur sa trame argileuse, profond, sans facilité, armé pour la longue garde.

- Saint-Émilion Grand Cru 2015 — de 180 à 220 € (c) — 16
- Saint-Émilion Grand Cru 2016 — de 180 à 220 € (c) — 16,5

Rouge : 7 hectares.
Merlot 85 %, Cabernet franc 10 %, Cabernet-Sauvignon 5 %
Production moyenne : 12 000 bt/an

CHÂTEAU PÉBY FAUGÈRES
Saint-Etienne-de-Lisse, 33330 Saint-Émilion
05 57 40 34 99 •
info@vignobles-silvio-denz.com • Vente et visites : au domaine sur rendez-vous.
Propriétaire : Silvio Denz
Directeur : Yann Buchwalter

★

CHÂTEAU QUINAULT L'ENCLOS

Le niveau atteint par les derniers millésimes de ce cru citadin (18 hectares dans les faubourgs de Libourne) impressionne, et peut-être plus encore le changement de style imprimé par Pierre-Olivier Clouet, directeur technique de Cheval Blanc. Depuis son rachat en 2008 par les actionnaires du premier grand cru classé A, on est passé du vin démonstratif, cosmopolite, mis au point par le docteur Alain Raynaud, à un cru subtil et distingué, qui n'est pas sans évoquer Cheval...

Les vins : 2014 inaugure une brillante série : évolution de l'élevage vers de plus grands contenants (500 litres) et arrivée en force du cabernet-sauvignon (22 % dans le remarquable 2017, épargné par le gel) qui apporte une indéniable race. Doux, volubile et velouté, mais avec aussi du croquant, innervé par la fraîcheur de ce même cabernet-sauvignon (18 %), 2015 a grandi et continue de grandir en bouteille. 2016 se signale par une merveilleuse touche florale ; la matière propose une chair douce, raffinée, subtilement grenue, de haut vol. 2017 semble aller encore plus loin dans cette direction, il possède vraiment "l'esprit Cheval".

- Saint-Émilion Grand Cru 2015 — de 36 à 46 € (c) 16,5

Le coup de ♥

- Saint-Émilion Grand Cru 2016 — de 36 à 46 € (c) 16,5

Rouge : 18 hectares.
Merlot 70 %, Cabernet franc 30 %
Production moyenne : 80 000 bt/an

CHÂTEAU QUINAULT L'ENCLOS
30, chemin Videlot 33500 Libourne
05 57 74 19 52 •
po.clouet@chateau-chevalblanc.com • Vente et visites : au domaine sur rendez-vous.
Propriétaire : Bernard Arnault et Albert Frère
Directeur : Pierre-Olivier Clouet

★

CHÂTEAU ROCHEBELLE

Ce cru familial de dimensions fort modestes (3 hectares) est idéalement situé en bordure de plateau calcaire, au milieu de prestigieux voisins : Tertre Roteboeuf, Troplong-Mondot, La Mondotte... Un petit poucet au milieu des ogres ? Jusqu'à récemment le vin de la famille Faniest était avant tout destiné à une clientèle d'habitués. L'ambition est ici chose nouvelle, elle est la conséquence logique de l'engouement dont bénéficie le secteur ! On sent dans Rochebelle la vibration d'un terroir fort. La rudesse tannique qui pouvait desservir le cru est désormais assagie. Les grands millésimes de puissance sont ceux qui lui conviennent le mieux ; la matière, souveraine, particulièrement apte à la garde, encaisse un élevage parfois appuyé.

Les vins : 2015 confirme sa stature solaire impressionnante, une masse qu'innerve, allonge et dynamise une forte sève terrienne, calcaire. L'élevage toasté, très présent, commence à s'atténuer et la vigueur intrinsèque du vin reprend le dessus. Le potentiel est énorme. Tout aussi doté, 2016 manifeste un éclat de fruit peut-être encore supérieur. 2017, épargné par le gel, et 2018 (vendangé tard mais moins extrait) s'annoncent comme des réussites notables, témoignant de la sensibilité et du flair de la famille Faniest.

- Saint-Émilion Grand Cru 2015 — 43 € 17,5
- Saint-Émilion Grand Cru 2016 — 43 € 17,5

Rouge : 3 hectares.
Merlot 85 %, Cabernet franc 15 %
Production moyenne : 18 000 bt/an

CHÂTEAU ROCHEBELLE
Lieu-dit Le Bourg 33330 Saint-Émilion
05 57 51 30 71 •
www.chateau-rochebelle.com • Visites : sans rendez-vous.
Propriétaire : Philippe et Émilie Faniest
Directeur : Philippe Faniest
Maître de chai : Patrice Moucheboeuf

★

CHÂTEAU SOUTARD

Majestueux château bien en vue au nord-est de la cité, le Soutard de la famille de Lignéris était un des points de repère de Saint-Émilion. Son rachat par les assurances La Mondiale en 2006 constitue un tournant, symptomatique de l'évolution de la propriété foncière dans l'appellation. Le vignoble est de premier plan, porté à 30 hectares par l'incorporation en 2012 des 7 hectares de feu Cadet-Piola. Le style du cru, ancré dans la tradition, capable de sommets (1964, 1982, 1989...) mais aussi d'irrégularité, n'a pas été balayé par la nouvelle équipe, malgré les très importants investissements. Depuis l'ouverture en mai 2011 d'une vaste boutique tournée vers le grand public, le château s'affirme comme un haut lieu de l'œnotourisme dans le Libournais. Soutard est toujours construit comme un vin de patience, intense mais svelte, architecturé. Les derniers millésimes montent indéniablement en puissance.

Les vins : très jeune, serré, 2015 évolue lentement en bouteille. Sans que l'extraction ne paraisse forcée, la texture est toujours aussi dense, le fruit plein et dynamique, réducteur. Nous croyons en ce vin "classique", peu flatteur aujourd'hui, destiné à la longue garde. Intense, déjà nuancé, riche en pulpe et remarquablement dynamique, 2016 est sans doute le plus abouti des "nouveaux" Soutard produit à ce jour

Saint-Émilion Grand Cru 2015 de 60 à 80 € (c) 16,5

Le coup de ♥

Saint-Émilion Grand Cru 2016 74 € 17,5

Rouge : 30 hectares.
Merlot 63 %, Cabernet franc 28 %, Cabernet-Sauvignon 7 %, Malbec (cot) 2 %
Production moyenne : 65 000 bt/an

CHÂTEAU SOUTARD

BP4, 33330 Saint-Émilion
05 57 24 71 41 • www.chateau-soutard.com • Vente et visites : au domaine sur rendez-vous.
Propriétaire : AG2R La Mondiale
Directeur : Bertrand de Villaines
Maître de chai : Véronique Corporandy
Œnologue : Olivier Brunel

★

CHÂTEAU LA TOUR FIGEAC

Issu de la division en 1879 du château Figeac, ce cru s'est imposé comme un des plus fiables et séduisants du secteur. Très soignée, la viticulture mise en place par Otto Rettenmaïer, dont la famille est propriétaire du château depuis 1994, se distingue par des pratiques s'inspirant de la biodynamie et une volonté de privilégier le cabernet franc en sélections massales. Une vision stylistique claire, en phase avec le potentiel du terroir des "graves de Saint-Émilion", davantage prédestiné au charme qu'à la puissance. Les derniers millésimes offrent une séduction débridée, subtilement "pomerolaise", parfois langoureuse, en équilibre sur le fil de la surmaturité.

Les vins : s'il est très séducteur, le 2015 est aussi très solaire. Frôlant les notes confiturées sans toutefois basculer dans la surmaturité, ce vin de plaisir confirme en bouteille ses promesses. Aussi charmeur mais nettement plus frais, très raffiné avec ses notes de violette et de crème fraîche, 2016 est un vin tout en délicatesse, qui revient magistralement au fruit en finale. La délicatesse de son terroir quintessenciée !

Saint-Émilion Grand Cru 2015 56 € 16

Le coup de ♥

Saint-Émilion Grand Cru 2016 56 € 17,5

Rouge : 14,6 hectares.
Merlot 65 %, Cabernet franc 35 %
Production moyenne : 50 000 bt/an

CHÂTEAU LA TOUR FIGEAC

1 LD, La Tour Figeac, 33330 Saint-Émilion
05 57 51 77 62 • www.latourfigeac.fr • Vente et visites : au domaine sur rendez-vous.
Propriétaire : Otto Rettenmaier
Directeur : Pierre Blois
Œnologue : Julien Lavenu

★

CHÂTEAU TROPLONG MONDOT

Cet important château, qui trône sur la situation la plus dominante de Saint-Émilion, a été acquis par le réassureur Scor pendant l'été 2017. Il est désormais dirigée par Aymeric de Gironde, auparavant directeur général du second cru classé médocain Cos d'Estournel. Après la disparition en 2014 de son ancienne propriétaire, Christine Valette-Pariente, Troplong-Mondot semblait s'interroger sur son avenir. La "reine Christine" incarnait la renaissance de ce cru conforté en 2012 dans son rang de premier grand cru B. Une récompense méritée, au regard du terroir tout d'abord, mais aussi du travail réalisé par Christine et Xavier Pariente depuis plus de vingt ans. Tous les millésimes produits depuis la fin des années 1980 (1989 et 1990 en tête) ont poussé aux maximum les curseurs afin de démontrer l'excellence de cette propriété située sur la butte de Mondot. Une page s'est tournée, qui aura marqué l'histoire contemporaine de Saint-Émilion. Le style imposé par Troplong, qui paraît aujourd'hui daté dans sa recherche d'intensité à tout prix, est celui d'une époque, qui a fait progresser Bordeaux, mais qui semble aujourd'hui révolue. Nous suivrons donc avec la plus grande attention les prochains millésimes de ce cru majeur, qui devra s'adapter à l'évolution des sensibilités pour justifier sa position dans la hiérarchie. Le château est actuellement en travaux, notre jugement aussi, ou du moins en suspens ; nous enlevons une étoile pour avoir, espérons-le, le plaisir de la restituer très rapidement, pour des raisons autres et nouvelles.

Les vins : sans être révolutionnaire, 2017 et 2018 goûtés en primeur confirment l'inflexion stylistique annoncée par les nouveaux propriétaires. Le style de Troplong reste lié à un terroir généreux, qui s'exprime en puissance. Il était néanmoins temps de se poser quelques questions... En regoûtant un fois de plus le 2015 en bouteille, on se demande si une telle masse compacte, riche en alcool, évoquant la crème de mûre et le pain grillé, extraite et presque violente, donnera un jour du plaisir. Nous éprouvons les mêmes doutes face à ce vin que face aux 2010 ou 1990, "blockbusters" pourtant portés aux nues par la critique. C'est un style, peut-être plus à siroter (ou simplement à admirer) qu'à boire ? 2014, quoique moins massif, évolue dans le même style, extrait, saturant, à la texture très serrée et veloutée mais qui paradoxalement laisse voir l'angulosité du squelette.

- Saint-Émilion Grand Cru 2014 — 115 € (c) — 15
- Saint-Émilion Grand Cru 2015 — 155 € (c) — 14,5
- Saint-Émilion Grand Cru Mondot 2015 — 36 € (c) — 13,5

Rouge : 43 hectares.
Merlot 85 %, Cabernet-Sauvignon 13 %, Cabernet franc 2 %
Production moyenne : 80 000 bt/an

CHÂTEAU TROPLONG MONDOT
1, lieu-dit Mondot, 33330 Saint-Émilion
05 57 55 32 05 • www.troplong-mondot.com
• Vente et visites : au domaine sur rendez-vous.
Propriétaire : Groupe Scor
Directeur : Aymeric de Gironde
Maître de chai : Jean-Pascal Schmidt
Œnologue : Thomas Duclos

CHÂTEAU BARDE-HAUT

Dans un cadre déjà presque champêtre, ce beau vignoble de 17 hectares est situé un peu à l'écart, sur la commune de Saint-Christophe-des-Bardes. Depuis son achat en 2000 par Sylviane Garcin-Cathiard, le cru a beaucoup évolué. Également actifs à Pomerol et en Argentine, Hélène Garcin et son mari Patrick Lévêque élaborent des vins de belle intensité, richement dotés, qui demandent à se fondre, à intégrer un élevage parfois démonstratif. Il faudra encore sans doute quelques années pour comprendre la direction stylistique et l'originalité du terroir, même si le 2010 en donne aujourd'hui une image très séduisante dans son équilibre entre accroche et saveur.

Les vins : bien doté, 2017 en primeur doit harmoniser ses éléments constitutifs. Dans le même esprit, 2016, sous l'emprise d'un élevage imposant, montre néanmoins une chair réactive, un bon fruité de cerise épicée et une solide armature tannique. 2015 digère son élevage, laissant apparaître une constitution complète et harmonieuse.

- Saint-Émilion Grand Cru 2015 — de 40 à 50 € (c) — 15,5
- Saint-Émilion Grand Cru 2016 — de 40 à 50 € (c) — 15

Rouge : 17 hectares.
Merlot 90 %, Cabernet franc 10 %
Production moyenne : 40 000 bt/an

CHÂTEAU BARDE-HAUT
33330 Saint-Christophe-des-Bardes
05 57 25 72 55 • www.vignoblesgarcin.com •
Vente et visites : au domaine sur rendez-vous.
Propriétaire : Sylviane Garcin-Cathiard
Directeur : Hélène Garcin-Lévêque et Patrick Lévêque

CHÂTEAU BELLEFONT BELCIER

Chine puis Malte, puis Chine à nouveau (avec l'arrivée de Peter Kwok en 2018)... Depuis 2012, le pavillon flottant sur cette très belle propriété a plusieurs fois changé. Situation sublime, plein sud, dans le prolongement de la Côte Pavie, vignoble complet, comprenant sur 13 hectares plateau, côte et pied de côte : Bellefont Belcier possède d'immenses atouts pour faire briller un vin solaire, complexe et séducteur. Certains millésimes récents sont marqués par un boisé tenace. L'avenir dira si le cru trouve sa voie (2018 en primeur se goûtait très bien).

Les vins : 2016, avec presque 30 % de cabernets, a bien progressé depuis la mise. C'est un vin sombre, floral et exotique à la fois, dont la richesse toute en sinuosité n'est pas sans évoquer le voisin Larcis-Ducasse. Il y a du volume et de l'intensité, et l'élevage ne domine pas la chair. 2015 est déjà très expressif, prodigue en épices douces.

- Saint-Émilion Grand Cru 2015 — de 40 à 60 € (c) — 16
- Saint-Émilion Grand Cru 2016 — de 40 à 60 € (c) — 16

Rouge : 13 hectares.
Merlot 72 %, Cabernet franc 17 %, Cabernet-Sauvignon 11 %
Production moyenne : 35 000 bt/an

CHÂTEAU BELLEFONT BELCIER
33330 Saint-Laurent-des-Combes
05 57 24 72 16 • www.bellefont-belcier.com • Vente et visites : au domaine sur rendez-vous.
Propriétaire : Peter Kwok

NOUVEAU DOMAINE

CHÂTEAU LE CHÂTELET

Ce tout petit cru (3,18 hectares) du plateau historique possède plusieurs singularités. Tous ses voisins sont des premiers crus classés et la commercialisation se fait directement, sans passer par la place de Bordeaux. Issu de la famille Bécot, Julien Berjal, le jeune maître des lieux, se veut « jardinier » et affine d'année en année le profil de son vin. La vinification s'effectue désormais en barrique, et l'élevage en carrière souterraine. Le cru a entamé sa première année de conversion officielle à l'agriculture biologique. Si certains millésimes dans le passé ont pu paraître un peu durs et marqués par le bois neuf, les derniers annoncent un classicisme, une ampleur du corps et une ambition à la hauteur de la situation topographique. Nous lui souhaitons la bienvenue dans notre guide.

Les vins : d'un aspect très dense, avec une profonde saveur de fruits noirs épicés, 2016 conjugue tension calcaire et richesse de la pulpe. L'influence de la "vinification intégrale" est perceptible mais devrait s'estomper pour laisser la place à l'expression du terroir. Compact, mentholé, avec un élevage encore appuyé, le tannique 2015 a besoin de temps ; le fruit sous-jacent montre néanmoins une belle et large assise.

- Saint-Émilion Grand Cru 2015 — 62 € — 15

Le coup de ♥

- Saint-Émilion Grand Cru 2016 — 62 € — 16

Rouge : 3,18 hectares.
Merlot 80 %, Cabernet franc 20 %
Production moyenne : 15 000 bt/an

CHÂTEAU LE CHÂTELET
33330 Saint-Émilion • www.chateau-le-chatelet.com • Vente et visites : au domaine sur rendez-vous.
Propriétaire : Julien Berjal

CLOS DE L'ORATOIRE

Situé sur un terroir assez sablonneux, entre Soutard, Balestard et Dassault, le Clos de l'Oratoire est indéniablement moins huppé que les deux autres crus saint-émilionnais de l'écurie Neipperg, Canon-la-Gaffelière et La Mondotte. Il bénéficie cependant lui aussi des efforts agronomiques entrepris par le fringant comte Stefan. Son terroir de 13 hectares s'avère pourtant plus difficile à convertir à l'agriculture biologique. Régulier, complet à défaut d'être complexe, le vin dans sa jeunesse impressionne par son intensité, par la rondeur confortable de son fruit, souvent noir, cassis, mûre et myrtille. Il peut surprendre au vieillissement, comme le remarquable 2008 .

Les vins : 2016 possède un fruit très franc, sphérique, une mâche tannique qui articule bien la finale. Un peu dissocié à l'origine entre masse fruitée et tanins, 2015 devient séducteur, avec un fruit de crème de cassis très volubile, un corps souple et élégant.

- Saint-Émilion Grand Cru 2015 — de 40 à 50 € (c) — 16
- Saint-Émilion Grand Cru 2016 — de 40 à 50 € (c) — 15,5

Rouge : 13,07 hectares.
Merlot 80 %, Cabernet franc 20 %
Production moyenne : 45 000 bt/an

CLOS DE L'ORATOIRE
Vignobles Comtes von Neipperg, BP 34, 33330 Saint-Émilion
05 57 24 71 33 • www.neipperg.com • Vente

et visites : au domaine sur rendez-vous.
Propriétaire : Stephan von Neipperg

CLOS DES JACOBINS

Depuis son rachat par la famille Decoster en 2004, ce cru bien connu, qui a longtemps appartenu à la maison Cordier, a trouvé un nouveau lustre. Le vignoble de 8,5 hectares en pied de côte permet à l'enthousiasme de Magali et Thibaut Decoster de se concrétiser en un vin d'une grande régularité, avenant, possédant beaucoup de moelleux et une fraîcheur fruitée toujours au premier plan (la patte Hubert de Boüard, qui conseille le domaine ?). Les millésimes "intermédiaires" sont très réussis : goûtez le 2014, qui ne démérite aucunement face aux très complets 2015 et 2016. Des vins trop précoces, trop faciles ? Le vieillissement dira s'ils atteignent la distinction des plus grands. Également propriétaire du château La Commanderie, dans le secteur de Ripeau, la famille Decoster a fait l'acquisition en 2017 du château Candale, à l'est de Saint-Émilion, dont le restaurant sert désormais de vitrine à la production des trois propriétés.

Les vins : 2016 se distingue par son charme aromatique enlevé et sa texture très élégante. Il est peut-être un peu moins intense que le 2015, lequel connaît une belle évolution en bouteille, conservant une appréciable fraîcheur aromatique et structurelle. Loin d'être écrasé par la puissance solaire du millésime, il offre une bouche caressante, moelleuse mais alerte.

- Saint-Émilion Grand Cru 2015 — de 28 à 35 € (c) — 16,5
- Saint-Émilion Grand Cru 2016 — 37 € — 16

Rouge : 8,5 hectares.
Merlot 80 %, Cabernet franc 18 %, Cabernet-Sauvignon 2 %
Production moyenne : 40 000 bt/an

CLOS DES JACOBINS
4, lieu-dit Gomerie, 33330 Saint-Emilion
05 57 51 19 91 • www.mtdecoster.com •
Vente et visites : au domaine sur rendez-vous.
Propriétaire : Bernard et Thibaut Decoster
Directeur : Thibaut Decoster
Œnologue : Hubert de Boüard

CHÂTEAU CORBIN

Avec beaucoup de volontarisme et de flair, Annabelle Cruse mène ce cru central et éponyme du secteur des Corbin, dans sa famille depuis 1924. Issu d'un vignoble de 17 hectares, dont les sols mêlent sables et argiles, le vin s'exprime avec une réelle profondeur dans les derniers millésimes. Malgré un terroir qui pourrait le destiner à la précocité, Corbin manifeste un réel potentiel évolutif, à l'image d'un 2009 puissant et balsamique, encore loin de son apogée, et d'un 2011 très réussi. À noter l'intelligence du second vin, délicieusement fruité, Divin de Corbin ; le 2016 réitère la réussite du 2015.

Les vins : le 2018 en primeur promet beaucoup, après 2017 qui fut une année blanche par la faute du gel. 2016 en bouteille se montre impressionnant de pureté et de vigueur. Encore austère, retenu, il impose la fraîcheur de ses tanins et promet un développement distingué. Le 2015 transcrit l'esprit charmeur et charnu du secteur avec beaucoup d'élégance, prenant un tour floral captivant. Le velouté de la chair est souligné par la générosité glycérolée des tanins.

- Saint-Émilion Grand Cru 2015 — de 35 à 45 € (c) — 16
- Saint-Émilion Grand Cru 2016 — 45 € (c) — 16,5
- Saint-Émilion Grand Cru Divin de Corbin 2016 — de 20 à 30 € (c) — 15

Rouge : 13 hectares.
Merlot 83 %, Cabernet franc 17 %
Production moyenne : 40 000 bt/an

CHÂTEAU CORBIN
33330 Saint-Émilion
05 57 25 20 30 • www.chateau-corbin.com •
Vente et visites : au domaine sur rendez-vous.
Propriétaire : Anabelle Cruse et Sébastien Bardinet
Directeur : Anabelle Cruse
Œnologue : Jean-Philippe Fort

CHÂTEAU CORBIN MICHOTTE

Dans les secteur des Corbin, un peu à l'écart de Saint-Émilion et si durement touché par le gel en avril 2017, l'homonymie a de quoi désorienter l'amateur, cinq châteaux se partageant le même vocable. Si le terroir sablonneux, proche de Pomerol, leur confère un air de famille, et s'ils se serrent souvent les coudes, chacun a sa personnalité. Celle de Corbin Michotte est bien trempée ! Contre vents et marées, mais sans aucun passéisme, on revendique ici une vision "traditionnelle" du vin de Bordeaux. La famille Boidron vit le vin comme une évidence. « Nous cherchons à faire des vins classiques, sans surextraction ni boisage excessif. Nous voulons faire des vins personnels, qui expriment le millésime et le terroir. » Cela peut paraître si simple, mille fois entendu... Sauf qu'ici le goût du vin correspond vraiment à la pétition de principe ! À la lumière de nos dégustations, nous ne comprenons pas le déclassement du château en 2012.

Les vins : expressif, fin malgré une pulpe garnie et un réelle vigueur fruitée, le 2015 marque sa différence à chaque nouvelle dégustation, avec une magnifique évolution aromatique vers la floralité. Seront-ils nombreux, les vins de la Rive Droite, à développer de telles tonalités dans un millésime si chaleureux ? Léger en alcool, timide et comprimé au premier abord, le 2016 s'ouvre lentement, avec une finesse de propos très rare, un satiné admirable dans la texture. Suranné ? Si c'est le cas, vive le retour aux bonnes manières, aux euphémismes et aux petits bouquets de violettes ! Le 2017, rescapé du gel, ne peut cacher une certaine végétalité ; aigu, il se montre néanmoins digne et parfumé, dans la belle lignée des millésimes précédents.

- Saint-Émilion Grand Cru 2015 — 30 € — 16,5
- Saint-Émilion Grand Cru 2017 — 30 € — 15

Le coup de ♥

- Saint-Émilion Grand Cru 2016 — 32 € — 17

Rouge : 7 hectares.
Merlot 65 %, Cabernet franc 30 %, Cabernet-Sauvignon 5 %
Production moyenne : 40 000 bt/an

CHÂTEAU CORBIN MICHOTTE
33330 Saint-Émilion
05 57 51 64 88 • www.vin-boidron.com • Vente et visites : au domaine sur rendez-vous.
Propriétaire : Jean-Noël Boidron
Directeur : Emmanuel Boidron
Maître de chai : Hubert Boidron

CHÂTEAU LA COUSPAUDE

L'ancienneté et l'unité du cru sont évidentes. C'est un véritable clos de 7 hectares sur le plateau calcaire, aux portes de la cité, non loin de Trotte Vieille. Davantage qu'une empreinte de terroir, La Couspaude possède un style très reconnaissable, travaillé par la famille Aubert dans les années 1990 avec la complicité de Michel Rolland, et qui lui a valu la reconnaissance de la critique internationale : suavité de texture accentuée par un boisé fumé prégnant, des saveur d'épices douces et de moka, qui évoluent parfois vers une expression exotique, presque bourguignonne... au charme décadent indéniable.

Les vins : Le style caractéristique voulu par la famille Aubert perdure dans les derniers millésimes, 2016 est déjà extrêmement séducteur. L'élevage est très présent ; il sculpte le vin, détourant agrumes, épices, notes fumées. La matière demeure intense, svelte. Détendu, offert, plus replet et évolué, le 2015 se goûte mieux que l'an dernier mais son charme demeure plutôt alangui.

- Saint-Émilion Grand Cru 2015 — de 50 à 60 € (c) — 14,5
- Saint-Émilion Grand Cru 2016 — de 50 à 60 € (c) — 16

Rouge : 7 hectares.
Merlot 75 %, Cabernet franc 20 %, Cabernet-Sauvignon 5 %
Production moyenne : 36 000 bt/an

CHÂTEAU LA COUSPAUDE
BP 40, 33330 Saint-Émilion
05 57 40 15 76 • www.aubert-vignobles.com • Vente et visites : au domaine sur rendez-vous.
Propriétaire : Jean-Claude Aubert
Directeur : Johan Aubert
Œnologue : Michel Rolland

NOUVEAU DOMAINE

CHÂTEAU CÔTE DE BALEAU

Cru discret mais de dimension non négligeable, Côte de Baleau est situé sur le plateau, entre zones argilo-calcaires et argilo-sablonneuse. D'une belle régularité, sans chercher à atteindre des sommets d'intensité, il développe assez rapidement un caractère typé, complet, expressif. Avec Les Grandes Murailles, le domaine a été vendu par la famille Reiffers à la famille Cuvelier (Clos Fourtet) en 2013. Cette dernière a depuis signé une belle brochette de millésime, profitant de la dynamique d'un cru pour la première fois classé en 2012. Cette marque bénéficie encore d'un rapport qualité-prix très favorable.

Les vins : malgré l'impact du mildiou sur la propriété, le 2018 en primeur proposait beaucoup de charme, d'intensité et de parfum. 2016 met l'accent sur un fruit pur, expressif, droit, très croquant. Le vin est tout aussi réussi et accessible que 2015, dans un style plus vif. Ce dernier constitue une très belle réussite pour Côte de Baleau, un vin souple mais pulpeux, concentré, aux arômes floraux volubiles et à la chair savoureuse. Il sera prêt rapidement.

Saint-Émilion Grand Cru 2015 — de 20 à 28 € (c) — 16

Le coup de ♥

Saint-Émilion Grand Cru 2016 — de 20 à 28 € (c) — 16

Rouge : 14,9 hectares.
Merlot 80 %, Cabernet franc 15 %, Cabernet-Sauvignon 5 %
Production moyenne : 60 000 bt/an

CHÂTEAU CÔTE DE BALEAU
33330 Saint-Émilion
05 57 24 71 09 • contact@cotedebaleau.com
• Pas de visites.
Propriétaire : Philippe et Matthieu Cuvelier
Directeur : Matthieu Cuvelier
Maître de chai : Benoît Turbet Delof
Œnologue : Michel Rolland

CHÂTEAU DESTIEUX

Ce cru excentré couvrant 8 hectares d'un seul tenant a non seulement réussi à intégrer le classement des grands crus en 2006, mais il a surtout proposé un style nouveau, hédoniste et enveloppant, qui a révolutionné les ambitions de la partie orientale de l'appellation. Tout ceci, œuvre de trois décennies, est a porter au crédit du docteur Dauriac, soutenu par l'indéfectible complicité de Michel Rolland. Il a changé ce vin réputé austère, issu d'un secteur (le plus haut de Saint-Émilion) froid et argileux, en un vin de grand charme, très mûr, ample et séducteur. Notons l'utilisation astucieuse du cabernet-sauvignon (17 % de l'encépagement), qui apporte de l'épice et de la fraîcheur. Un bémol : le boisé dominateur, y compris sur un millésime aussi bien constitué que 2016, commence à dénoter dans le panorama contemporain des meilleurs saint-émilion.

Les vins : Christian Dauriac est formel : « 2016 est le plus beau millésime de ma vie ». Le vin, très profond, puissant mais civilisé, fera date ! Mais il faudra attendre quelques années pour qu'il passe au-dessus d'un élevage marqué, fumé, grillé, très présent lors des dernières dégustations. Particulièrement moelleux, richement doté, 2015 affiche une suavité solaire fort capiteuse ; la plénitude de la matière est soutenue par une belle tension, même si la sensation de chaleur alcoolique ralentit un peu l'élan final. Nous retirons l'étoile au domaine.

Saint-Émilion Grand Cru 2015 — de 45 à 60 € (c) — 16

Saint-Émilion Grand Cru 2016 — de 45 à 60 € (c) — 16

Rouge : 8 hectares.
Merlot 66 %, Cabernet-Sauvignon 17 %, Cabernet franc 17 %
Production moyenne : 30 000 bt/an

CHÂTEAU DESTIEUX
1, Destieux, 33330 Saint-Hippolyte
05 57 24 77 44 • www.vignobles-dauriac.com
• Vente et visites : au domaine sur rendez-vous.
Propriétaire : Christian Dauriac
Maître de chai : Baptiste Munné
Œnologue : Michel Rolland

CHÂTEAU LA DOMINIQUE

Ce beau domaine situé entre Cheval Blanc et Jean Faure a été sauvé de la déréliction par l'entrepreneur corrézien Clément Fayat. C'est aujourd'hui uns des pôles oenotouristiques de l'appellation. Son extension viticole a été portée à 23 hectares lors du dernier classement. Le style a longtemps été démonstratif, avec des vins colorés, modernes, charnus, très fruits noirs et épices douces, dont on peut se demander s'ils ne dévient pas quelque peu de la vocation du secteur, où les plus proches voisins produisent des vins de plus en plus raffinés. Les équipes changent et le cap stylistique ne semble pas clairement défini ; nous enlevons donc l'étoile à La Dominique, en attendant d'y voir plus clair.

Les vins : on perçoit une inflexion dans les derniers millésimes vers davantage de finesse, avec un 2016 plus croquant et plus nuancé, mais toujours sur le fruit noir, et un 2017 étonnamment délié, où le gel a contribué à mettre en avant les cabernets. Les échantillons primeurs

2018 n'étaient pas d'une transparence de fruit parfaite. Poudré de cacao et de notes poivrées, le fruit noir profond du 2015 s'exprime dans une veine un peu monolithique, surtout si l'on considère le secteur dont il est issu.

Saint-Émilion Grand Cru 2015 de 60 à 70 € (c) 15

Saint-Émilion Grand Cru 2016 de 65 à 75 € (c) 16

Rouge : 23 hectares.
Merlot 85 %, Cabernet franc 13 %, Cabernet-Sauvignon 2 %
Production moyenne : 60 000 bt/an

CHÂTEAU LA DOMINIQUE
33330 Saint-Émilion
05 57 51 31 36 • www.vignobles.fayat.com •
Vente et visites : au domaine sur rendez-vous.
Propriétaire : Clément Fayat
Directeur : Pierre Meyhleul

CHÂTEAU FONPLÉGADE

Malgré les progrès des derniers millésimes, Fonplégade est encore une belle endormie. Le cadre est sublime et le terroir complet, 18 hectares majoritairement en côte, exposé sud, mais aussi sur le plateau. Le domaine est depuis 2004 propriété de la famille Adams, qui partage son activité viticole entre les deux côtés de l'Atlantique. Le château s'est agrandi d'une deuxième tour, attestée dans les gravures du Féret et sur les anciennes étiquettes. Rien n'est ménagé pour hisser le cru vers le sommet de la hiérarchie : matériel de vinification luxueux, certification bio dès 2013, conversion à la biodynamie, appel aux conseillers viticoles les mieux en cour. Cette volonté de bien faire a pu aboutir à des vins trop démonstratifs, trop appliqués. Les derniers millésimes, moins opaques et moins extraits que leurs prédécesseurs, montrent la voie à suivre.

Les vins : 2016 marque un tournant et l'on sent que ce merveilleux terroir piaffe d'aller encore plus loin. Le fruit se montre réactif et sapide, même si le vin s'est refermé depuis la mise. 2015 offre une matière très dense, solaire, aux notes de fruits noirs et de réglisse, ample mais précise ; les tanins sont feutrés. L'architecture du vin est aboutie, mais il lui manque encore un peu de spontanéité.

Saint-Émilion Grand Cru 2015 de 50 à 65 € (c) 14,5

Saint-Émilion Grand Cru 2016 de 45 à 60 € (c) 16

Rouge : 18,5 hectares.
Merlot 95 %, Cabernet franc 5 %
Production moyenne : 42 000 bt/an

CHÂTEAU FONPLÉGADE ♣
1, Fonplégade, 33330 Saint-Émilion
05 57 74 43 11 • www.fonplegade.com •
Vente et visites : au domaine sur rendez-vous.
Propriétaire : Denise et Stéphen Adams
Directeur : Eloi Jacob
Œnologue : Michel Rolland

CHÂTEAU LES GRANDES MURAILLES

C'est un des symbole de Saint-Émilion : un pan de mur solitaire, vestige de l'église des Dominicains, au milieu des vignes d'un tout petit cru de 2 hectares clos de murs, en contrebas de Clos Fourtet. La famille Cuvelier, propriétaire du célèbre premier cru, l'a d'ailleurs racheté en 2012. Le vin conserve son identité particulière, forgée sous l'administration de la famille Reiffers. Malgré la qualité régulière des millésimes depuis dix ans, la rondeur flatteuse et l'élevage démonstratif de ce pur merlot, vinifié dans un exigu chai souterrain et élevé en bois neuf, ne laissent pas entrevoir toute la distinction que devrait exprimer le terroir. Les choses changent en 2018, premier millésime repris par l'équipe technique de Clos Fourtet et supervisé par ses consultants, Stéphane Derenoncourt et Jean-Claude Berrouet.

Les vins : 2018 en primeur fait montre d'un fruit très pur, sobre, sans marque intempestive du bois comme cela a pu être le cas par le passé. Nous attendons la suite avec impatience ! 2016 devrait évoluer positivement, même si l'empreinte boisée, un peu poussiéreuse, demeure forte. La dernière dégustation du 2015 mettait en exergue un caractère lactique, surmûr, ainsi que des tanins trop secs.

Saint-Émilion Grand Cru 2015 de 45 à 55 € (c) 14

Saint-Émilion Grand Cru 2016 de 50 à 75 € (c) 15,5

Rouge : 2 hectares.
Merlot 100 %
Production moyenne : 7 200 bt/an

CHÂTEAU LES GRANDES MURAILLES
Château Côte de Baleau,
33330 Saint-Émilion
05 57 24 71 09 •
www.lesgrandesmurailles.com • Vente et visites : au domaine sur rendez-vous.
Propriétaire : Philippe Cuvelier
Directeur : Matthieu Cuvelier
Œnologue : Stéphane Derenoncourt et Jean-Claude Berrouet

CHÂTEAU LARMANDE

C'est par ce cru important de la côte nord que les assurances La Mondiale ont pris pied à Saint-Émilion en 1990. Depuis leur tableau de chasse s'est bien garni (Soutard, Cadet-Piola, Petit Faurie de Soutard...). Avec sensibilité et constance, Véronique Corporandy vinifie ce cru (comme Soutard) depuis plus de dix ans. Il s'agit d'un vin classique, modérément extrait mais structuré, comportant une part non négligeable de cabernet franc, souvent discret dans sa jeunesse mais qui évolue avec subtilité et distinction. Une valeur sûre s'il en est, un archétype, plus abordable jeune dans les derniers millésimes qu'il ne l'était naguère.

Les vins : 2015 et 2016 sont parfaitement réussis, ayant préservé le croquant du fruit frais. Le premier propose une matière harmonieuse, souple mais articulée, élégante, avec un registre aromatique formant contraste, plus exotique, rôti, "noir" (goudron, tabac), évoquant les horizons méditerranéens ! Délicat, assez tendre, le second montre après mise un fruit préservé, qui semble peu extrait. Peut-être un peu timide dans le contexte du millésime, le vin grandit sagement.

Saint-Émilion Grand Cru 2016	43 €	16

Le coup de ♥

Saint-Émilion Grand Cru 2015	N.C.	16

Rouge : 20 hectares.
Merlot 77 %, Cabernet franc 19 %, Cabernet-Sauvignon 4 %
Production moyenne : 65 000 bt/an

CHÂTEAU LARMANDE
Lieu-dit Soutard 33330 Saint-Émilion
05 57 24 71 41 • www.chateau-soutard.com •
Vente et visites : au domaine sur rendez-vous.
Propriétaire : AG2R La Mondiale
Directeur : Bertrand de Villaines
Maître de chai : Véronique Corporandy
Œnologue : Olivier Brunel

CHÂTEAU LAROQUE

Majestueux domaine dominant l'est saint-émilionnais, le cru de la famille Beaumartin produit un vin calcaire, élancé, plus proche dans l'esprit des terroirs historiques qui entourent la cité que de ses voisins immédiats. Le vaste vignoble en bordure de plateau, presque entièrement consacré au merlot, est minutieusement étudié et conduit, depuis 2015 par le brillant David Suire, par ailleurs bras droit de Nicolas Thienpont. Les derniers millésimes s'avèrent particulièrement réussis, dans un style à la fois plein et ciselé, très élégant, dynamique, avec 2016 en point d'orgue. Les millésimes antérieurs, vinifiés par Bruno Sainson, recèlent de belles surprises (magnifique 2000).

Les vins : l'harmonie précoce entre la pulpe et l'axe tannique s'affiche avec éclat dans le 2016, presque pur merlot, très racé. Discret et fin, le 2015 au profil délié peut passer inaperçu dans une dégustation horizontale au milieu de gros bras exubérants. Il possède une droiture, une tension qui lui permettront de durer et de développer son propos.

Le coup de ♥

Saint-Émilion Grand Cru 2015	N.C.	16
Saint-Émilion Grand Cru 2016	38 €	17

Rouge : 61 hectares.
Merlot 92 %, Cabernet franc 8 %
Production moyenne : 135 000 bt/an

CHÂTEAU LAROQUE
33330 Saint-Christophe-des-Bardes
05 57 24 77 28 • www.chateau-laroque.com
• Pas de visites.
Propriétaire : Famille Beaumartin
Directeur : David Suire

CHÂTEAU LAROZE

Toujours classé depuis 1955, le domaine fondé en 1882 par la famille de Guy Meslin, l'actuel propriétaire, est reconnu comme l'une des valeurs les plus sûres de Saint-Émilion. Il tire le meilleur parti de son terroir de pied de côte, en grande partie sableux. Si certains millésimes récents présentent un caractère univoque, gourmand mais manquant de nuance, les tous derniers marquent une progression. Pleins, avenants et subtils, ils s'exprimeront précocement dans le style aimable auquel le terroir est prédisposé.

Les vins : volubile et séduisant, 2016 associe fleurs et humus. La matière montre à la fois beaucoup de grâce, de mesure, de sérieux et de délié. Toujours habité par un charme précoce, le 2015 a perdu un peu de la fraîcheur dont il témoignait juste après la mise. Le boisé fumé tend à prendre le pas sur la spontanéité du fruit.

Saint-Émilion Grand Cru 2016 — de 28 à 35 € (c) — 16

Le coup de ♥

Saint-Émilion Grand Cru 2015 — N.C. — 16

Rouge : 27 hectares.
Merlot 65 %, Cabernet franc 30 %, Cabernet-Sauvignon 5 %
Production moyenne : 120 000 bt/an

CHÂTEAU LAROZE
BP 61, 33330 Saint-Émilion
05 57 24 79 79 • www.laroze.com • Vente et visites : au domaine sur rendez-vous.
Propriétaire : Guy Meslin
Maître de chai : Olivier Lesur
Œnologue : Jean-Philippe Faure

CHÂTEAU LA MARZELLE

La Marzelle appartient à la famille Sioen, industriels belges, depuis 1998. Le terroir, se développant comme celui de ses prestigieux voisins dans l'ancien lit de l'Isle, a été finement analysé. Le vignoble est conduit selon les préceptes de l'agriculture biologique, avec un intérêt pour la biodynamie. Les efforts consentis ont permis au cru de retrouver son classement en 2012. Le château se donne les moyens de ses ambitions. 2016 a marqué les esprits. Une réussite, saluée par la critique, qui pousse loin l'affirmation d'un style reconnaissable, contemporain, exaltant un fruit très pulpeux, généreux, charnu, sombre, très mûr mais réactif.

Les vins : il n'y aura pratiquement pas de 2017, mais le 2018 s'annonce très prometteur. Voluptueux, capiteux mais tout en finesse de toucher, 2016 constitue le point culminant du style si reconnaissable de La Marzelle. Derrière l'expressivité des fruits noirs, la floralité, la séduction, il y a une solidité structurelle qui devrait garantir une longue et sereine évolution. Le style contemporain du cru s'exprime déjà à plein dans le 2015 concentré et sphérique, suave, flatteur, très savoureux.

Saint-Émilion Grand Cru 2016 — de 45 à 55 € (c) — 16,5

Le coup de ♥

Saint-Émilion Grand Cru 2015 — N.C. — 15,5

Rouge : 17 hectares.
Merlot 80 %, Cabernet franc 15 %, Cabernet-Sauvignon 5 %
Production moyenne : 70 000 bt/an

CHÂTEAU LA MARZELLE
La Marzelle, 33330 Saint-Émilion
05 57 55 10 55 • www.lamarzelle.com • Vente et visites : au domaine sur rendez-vous.
Propriétaire : Jacqueline Sioen
Directeur : Thierry Castells
Maître de chai : Sébastien Desmoulin
Œnologue : Jean-Philippe Fort et Marc Quertinier

CHÂTEAU DE PRESSAC

Cette vaste propriété possède indéniablement beaucoup d'allure. Son vignoble se développe en terrasses sous un éperon que domine la silhouette du corps de logis néo-gothique. Souvenons-nous que pressac est le nom local du malbec, même s'il y en a peu ici car le cépage ne donne pas satisfaction à Jean-François Quenin, propriétaire depuis 1997. Pressac produit un vin coloré, intense, démonstratif, qui s'exprime plutôt dans l'assise de ses argiles que dans la nuance aromatique, mais qui montre davantage de raffinement dans les derniers millésimes, conséquence des importants investissements consentis à la vigne comme au chai.

Les vins : épargné par le gel, à la fois pulpeux et élancé, plus svelte que 2016 mais toujours richement fruité, 2017 promettait beaucoup en primeur. En bouteille, le fruit semble avoir perdu son élan et les tanins font davantage saillie. Il faudra voir comment le vin se remet en place au fil des mois. Dense, noir, saturé, d'un grain fortement serré par l'élevage, 2015 montre un profil compact mais complet. 2016 possède autant de chair, tout en montrant davantage de fraîcheur et de tonicité.

Saint-Émilion Grand Cru 2015 — 40 € — 15
Saint-Émilion Grand Cru 2016 — 40 € — 15,5
Saint-Émilion Grand Cru 2017 — 35 € — 15

Rouge : 36 hectares.

Merlot 71 %, Cabernet franc 16 %, Cabernet-Sauvignon 9 %, Carmenère 2 %, Malbec (cot) 2 %
Production moyenne : 180 000 bt/an

CHÂTEAU DE PRESSAC
33330 Saint-Étienne-de-Lisse
05 57 40 18 02 • www.chateaudepressac.com • Vente et visites : au domaine sur rendez-vous.
Propriétaire : Jean-François Quenin
Directeur : Yannick Reyrel
Maître de chai : Albane Redjaimia
Œnologue : Hubert de Boüard et Alain Raynaud

CHÂTEAU LE PRIEURÉ

Depuis le départ en 2018 de Paul Goldschmidt, héritier des vignobles Baronne Guichard, Artemis, holding de François Pinault, demeure le seul propriétaire de ce cru qui s'articule autour du pittoresque vallon de Fongaban. Composé de plusieurs îlots de vignes, son vignoble assez jeune bénéficie de terroirs solaires, qui peuvent donner des vins capiteux, comme en 2015. Les derniers millésimes marquent une grande progression sous la houlette de Pénélope Godefroy, œnologue, agronome et biodynamiste convaincue. Le style est mesuré, harmonieux, sans brutalité extractive, laissant parler la générosité des terroirs.

Les vins : dans le crescendo des derniers millésimes, nettement perceptible à la dégustation, 2016 pose un jalon important. D'une cohérence et d'un naturel exemplaires, il impose une veine fraîche toujours gainée par une chair raffinée, pulpeuse. Très prometteur. Peu marqué par le bois (seulement 40 % de barrique neuve), rond, très velouté, mais sans aucune lourdeur extractive, 2015 annonce le style voulu par les propriétaires ; la générosité solaire du millésime reprend toutefois peu à peu le dessus.

Saint-Émilion Grand Cru 2015	65 €	15,5
Saint-Émilion Grand Cru 2016	70 €	17

Rouge : 6,24 hectares.
Merlot 80 %, Cabernet franc 20 %
Production moyenne : 15 880 bt/an

CHÂTEAU LE PRIEURÉ ♣
Château Siaurac, 33500 Néac
05 57 51 64 58 • www.siaurac.com • Vente et visites : au domaine sur rendez-vous.
Propriétaire : Artémis Domaines
Directeur : Frédéric Engerer
Maître de chai : Pénélope Godefroy
Œnologue : Jean-Claude Berrouet

CHÂTEAU QUINTUS

Il s'agit de l'ex-château Tertre-Daugay, débaptisé depuis son acquisition aux vendanges 2011 par les Domaines Clarence Dillon (Haut-Brion). Le foncier s'est agrandi avec le rachat des 13 hectares du château l'Arrosée (cette étiquette disparaît) en octobre 2013. Les équipes techniques de Haut-Brion, sous la direction de Jean-Philippe Delmas, travaillent activement à la réunion des meilleures parcelles des deux vignobles. On attend beaucoup de cette reprise d'un cru historique de Saint-Émilion. Le second vin est baptisé Le Dragon de Quintus ; il fait référence à la statue qui depuis le Tertre Daugay domine désormais l'ouest saint-émilionnais. Le crescendo dans l'expression des vins, dans leur éclat et leur plénitude, est bien perceptible depuis quelques millésimes.

Les vins : dans la lignée stylistique de ses prédécesseurs, qui se singularisent par des tanins extrêmement civilisés, Quintus 2018 en primeur semble marquer un nouveau cap dans l'ampleur et la cohérence, avec une générosité alcoolique bien réelle mais parfaitement incarnée dans la structure et la chair du vin. 2017 en fin d'élevage s'articule autour de tanins fins et droits, avec une saveur adoucie par le bois. Avec davantage de cabernet franc (30 %) et moins de bois neuf (29 % seulement) qu'en 2015, 2016 propose un équilibre plus frais et tendu. Presque gracile dans ses contours, il s'articule autour d'une trame étirée.

Saint-Émilion Grand Cru 2015	de 150 à 170 € (c)	16
Saint-Émilion Grand Cru 2016	140 € (c)	16
Saint-Émilion Grand Cru 2017	de 100 à 120 € (c)	15,5

Rouge : 28 hectares.
Merlot 72 %, Cabernet franc 25 %, Cabernet-Sauvignon 3 %
Production moyenne : 38 400 bt/an

CHÂTEAU QUINTUS
1, Larosé, 33330 Saint-Émilion
05 57 24 69 44 • www.chateau-quintus.com • Vente et visites : au domaine sur rendez-vous.

Propriétaire : Prince Robert de Luxembourg (Président)
Directeur : Jean-Philippe Delmas (DG délégué)
Maître de chai : François Capdemourlin (Régisseur)

CHÂTEAU SANSONNET

On est en droit d'attendre beaucoup de ces 7 hectares d'un seul tenant magnifiquement situés au sommet du plateau, tout proche de Trotte Vieille. Propriétaire depuis 1999 et récemment très active dans les investissements fonciers à Saint-Émilion, la famille Lefévère a indéniablement conscience de ce potentiel. Les derniers millésimes poussent loin les curseurs de l'extraction et de la densité. Nous pensons que le cru gagnerait à mettre davantage en avant la distinction du terroir calcaire, avec une main plus légère.

Les vins : comme le 2014 avant lui, 2015 nous pose question. Sa chair ferme garnit efficacement l'abondante matrice tannique, dominante à ce stade. Le grain est insistant mais policé ; on sent un réel potentiel dans ce fruit presque noir (myrtille). Ce gros calibre passe en force, mais les dernières dégustations montrent un équilibre rasséréné, il devrait évoluer favorablement. 2016 se montre dense, compact, avec des éléments positifs (fruit pur, mâche fournie) mais manquant encore de naturel et de délié.

- Saint-Émilion Grand Cru 2015 — 38 € — 15
- Saint-Émilion Grand Cru 2016 — 41 € — 15

Rouge : 7 hectares.
Merlot 85 %, Cabernet franc 8 %, Cabernet-Sauvignon 7 %
Production moyenne : 28 000 bt/an

CHÂTEAU SANSONNET
1, Sansonnet, 33330 Saint-Émilion
09 60 12 95 17 • www.chateau-sansonnet.com • Vente et visites : au domaine sur rendez-vous.
Propriétaire : Marie Lefévère
Directeur : Jean Trias
Œnologue : Jean-Philippe Fort

CHÂTEAU LA SERRE

Le parcellaire de la famille d'Arfeuille est on ne peut mieux placé, 7 hectares exposés plein sud entre Villemaurine, La Clotte et Trotte Vieille ; depuis la salle de dégustation surplombante la vue sur le vallon de Fongaban est magnifique. Les propriétaires ont décidé de conserver contre vents et marées un profil délicat, mesuré dans l'extraction, avec des vins qui peuvent sembler minces au milieu de leurs pairs dans certains millésimes mais possèdent toujours distinction et allure. Nous nous félicitons que le château demeure fidèle à sa vision, tout en acceptant la modernité agronomique et oenologique. Le cuvier a été rénové et inauguré au printemps 2019.

Les vins : si le 2016 cache encore son jeu, le 2015, à la fois solaire et distingué, déploie une magnifique séduction aromatique. Porté par une colonne vertébrale serrée mais délicate, allégé par une belle fraîcheur calcaire, ce vin classique et pourtant déjà très expressif offre un cadre aromatique où s'entremêlent douces confitures et herbes aromatiques.

- Saint-Émilion Grand Cru 2015 — de 40 à 50 € (c) — 16,5
- Saint-Émilion Grand Cru 2016 — de 50 à 60 € (c) — 15,5

Rouge : 7 hectares.
Merlot 80 %, Cabernet franc 20 %
Production moyenne : 35 000 bt/an

CHÂTEAU LA SERRE
Luc d'Arfeuille SCE, 33330 Saint-Émilion
05 57 24 71 38 • chateaulaserre@orange.fr • Vente et visites : au domaine sur rendez-vous.
Propriétaire : Luc d'Arfeuille

CHÂTEAU TEYSSIER

Jonathan Maltus, citoyen anglais ayant grandi en Afrique, est arrivé à Saint-Émilion en 1994, via Cahors. Avec sa micro-cuvée Le Dôme, il s'est vite fait adouber comme l'un des garagistes majeurs de la Rive Droite. Depuis 2008 il a développé une activité en Californie, dans la Napa Valley, sous l'étiquette World's End. C'est peu dire que l'homme est entreprenant. À Saint-Émilion, il est parvenu à acheter au fil du temps d'autres parcelles très biens placées, notamment sur le plateau (Les Astéries, Le Carré). Ces cuvées sont vinifiées au château Teyssier à Vignonet ; on ne les voit guère sur le marché français, les amateurs anglo-saxons se les arrachent. 2014 semble marquer un virage stylistique, avec des élevage moins présents, moins sucrants, davantage d'élégance. Certes puissantes et opulentes, elles font preuve dans les derniers millésimes d'une distinction et d'une mesure, d'une clarté dans l'expression du lieu et du sol, que nombre de crus classés cherchent encore.

Les vins : les 2015 confirment tout le bien que nous pensons d'eux depuis les dégustations en primeur. Si le Château Teyssier ne transcende pas son terroir sableux, avec un vin simple, tendre et facile, les cuvées parcellaires sont d'un tout autre calibre et tutoient les crus les plus prestigieux. Petit vignoble jouxtant celui d'Angélus, Le Dôme est constitué à 80 % de cabernet franc. Cette originalité se ressent indéniablement dans le caractère du vin. Le Dôme 2016 confirme l'immense caractère du 2015. Grand nez, exubérance ponctuée de bois de santal, de pollen... Grand sillon de tanins sucrés, qui amorce une finale vraiment interminable, signature du cru. Vieux Château Mazerat, également proche d'Angélus, en 2015 exprime sa profondeur veloutée avec beaucoup d'assurance et de limpidité. Sur le plateau, les deux cuvées Le Carré et Les Astéries sont très différentes. La première s'exprime en largeur, avec des saveurs épicées et confites, avant de faire valoir la fermeté du terroir. La seconde est beaucoup plus tranchante, avec une veine acide et minérale forte. À 250 mètres d'écart, avec les mêmes vinifications, la démonstration est presque bourguignonne ! En primeur, l'éclat calcaire des Astéries 2018 brillait de mille feux, alors que Le Dôme, toujours très intense, peinait à s'extraire de la présence épicée et sucrée de son élevage.

- Saint-Émilion Grand Cru Château Teyssier 2015 — N.C. — 13,5
- Saint-Émilion Grand Cru Le Carré 2015 — N.C. — 15,5
- Saint-Émilion Grand Cru Le Dôme 2015 — de 110 à 130 € (c) — 18
- Saint-Émilion Grand Cru Le Dôme 2016 — de 100 à 130 € (c) — 17,5
- Saint-Émilion Grand Cru Vieux Château Mazerat 2015 — N.C. — 15,5

Le coup de ♥

- Saint-Émilion Grand Cru Les Astéries 2015 — N.C. — 17,5

Rouge : 46,5 hectares.
Merlot 80 %, Cabernet franc 20 %
Blanc : 2 hectares.
Production moyenne : 250 000 bt/an

CHÂTEAU TEYSSIER

Vignonet, 33330 Saint-Émilion
05 57 84 64 22 • info@maltus.com • Vente et visites : au domaine sur rendez-vous.
Propriétaire : Jonathan Maltus
Directeur : Jean-Pierre Mourgues
Maître de chai : Cyril Beziat
Œnologue : Neal Whyte

CHÂTEAU VILLEMAURINE

Ce beau cru à l'est de la cité, dont le terroir de plateau, d'un seul tenant, jouxte les remparts et les fossés, avait une réputation de grande irrégularité. Le niveau a bien progressé depuis la reprise en main en 2007 par Justin Onclin, négociant belge également propriétaire dans le Médoc. Caractère distinctif du vin : la finesse veloutée de son grain tannique, qui s'intègre depuis quelques millésimes à un fruité de haute maturité, vendangé tard, parfois presque décadent, mais sans que cela n'entraîne de lourdeur.

Les vins : 2016 combine richesse épicée, balsamique, d'un merlot très mûr, rebond en finale sur des tanins frais et une subtile touche florale. C'est une belle réussite. S'il demeure très séduisant, d'un grain soyeux, 2015 offre un profil plus chaleureux, avec un fruit légèrement compoté.

- Saint-Émilion Grand Cru 2015 — 49 € — 15,5
- Saint-Émilion Grand Cru 2016 — de 50 à 60 € (c) — 16

Rouge : 7 hectares.
Merlot 95 %, Cabernet franc 5 %
Production moyenne : 15 000 bt/an

CHÂTEAU VILLEMAURINE

Lieu dit Villemaurine, 33330 Saint-Émilion
05 57 74 47 30 • www.villemaurine.com •
Pas de visites.
Propriétaire : Famille Onclin
Directeur : Cynthia Capelaere
Œnologue : Hubert de Bouard

MÉDOC

★★★

CHÂTEAU DUCRU-BEAUCAILLOU

Les amateurs de grands médocs classiques trouveront leur bonheur avec Ducru-Beaucaillou. Bruno Borie conduit ce superbe cru avec talent et détermination ; il l'a placé ces dernières années dans le peloton de tête des bordeaux. Jamais démonstratifs, ni surextraits ni très puissants, les vins brillent par leur distinction et le soyeux de leur matière. Il s'agit de grands médocs profonds, digestes et équilibrés. Attention toutefois, un Ducru-Beaucaillou ne se révélant pleinement qu'avec l'âge, il est toujours dommage de le déguster trop tôt ; sa grande fraîcheur en finale et le grain élégant de ses tanins signent l'exceptionnelle capacité du cœur de son terroir. Croix de Beaucaillou, ancien second vin du château, est désormais un cru à part entière, avec un parcellaire dédié.

Les vins : 2016 reste le plus grand Ducru moderne ! Une bouteille d'un raffinement exemplaire, porté par l'élégance du fruit, des épices et des tanins suaves. Une harmonie parfaite et une finale vibrante achèvent de le distinguer. Ne négligez pas le somptueux 2017, d'un raffinement et d'une suavité exemplaire. Un vin tendu et charnu, porté par la fraîcheur de ses tanins. Un modèle de raffinement. La Croix 2016 est superbe, doté d'une chair à la fois tendre et suave, de tanins superbement définis et d'une finale soyeuse.

- Saint-Julien 2015 — de 150 à 200 € (c) — 19
- Saint-Julien 2017 — de 160 à 170 € (c) — 19
- Saint-Julien La Croix de Beaucaillou 2015 — de 160 à 170 € (c) — 16
- Saint-Julien La Croix de Beaucaillou 2016 — de 160 à 170 € (c) — 17,5
- Saint-Julien La Croix de Beaucaillou 2017 — de 160 à 170 € (c) — 16,5

Le coup de ♥

- Saint-Julien 2016 — de 190 à 200 € (c) — 20

Rouge : 55 hectares.
Cabernet-Sauvignon 70 %, Merlot 25 %, Cabernet franc 5 %
Production moyenne : 215 000 bt/an

CHÂTEAU DUCRU-BEAUCAILLOU
33250 Saint-Julien-Beychevelle
05 56 73 16 73 • www.ducrubeaucaillou.com
• Vente et visites : au domaine sur rendez-vous.
Propriétaire : Famille Borie
Directeur : Bruno Borie

★★★

CHÂTEAU LAFITE ROTHSCHILD

Dans ce premier grand cru classé de Pauillac, dont une partie du terroir se situe d'ailleurs sur Saint-Estèphe, le vin est d'un raffinement sans pareil. Serré, profond et très élancé dans sa jeunesse, il vieillit à merveille, prenant alors un typique bouquet de mine de crayon, de cèdre et d'épices. Directeur technique depuis 1982, Charles Chevalier a passé la main à Éric Kohler. Ce dernier a pour mission de poursuivre la formidable série de grands vins élaborés par le château. Il doit aussi faire progresser le second vin, Les Carruades : il lui reste une marge de progression substantielle.

Les vins : Les Carruades 2016 est un vin tendre, avec de la rondeur et un côté déjà accessible. Le 2016 est d'une race absolument fantastique. Certes, il est encore impénétrable, mais la sensation de puissance qu'il dégage et surtout sa persistance ne trompent pas. C'est une légende. Il succède à une autre légende, le 2015, au profil plus gras et séduisant, mais un rien moins éclatant.

- Pauillac 2015 — de 550 à 600 € (c) — 19
- Pauillac 2016 — de 680 à 720 € (c) — 20
- Pauillac Les Carruades de Lafite 2015 — de 250 à 300 € (c) — 15
- Pauillac Les Carruades de Lafite 2016 — de 250 à 300 € (c) — 16

Rouge : 105 hectares.
Cabernet-Sauvignon 70 %, Merlot 25 %, Cabernet franc 3 %, Petit Verdot 2 %
Production moyenne : 300 000 bt/an

CHÂTEAU LAFITE ROTHSCHILD
33250 Pauillac
05 56 73 18 18 • www.lafite.com • Vente et visites : au domaine sur rendez-vous.
Propriétaire : Famille de Rothschild
Directeur : Éric Kohler

★★★

CHÂTEAU LATOUR

Ce cru est au sommet absolu de la hiérarchie bordelaise. Il continue à se montrer d'une régularité sans faille depuis plusieurs décennies. Difficile de prendre Latour en défaut, y compris dans les petits millésimes. Il représente l'essence même du grand pauillac : plein, riche et complet, développant avec l'âge un bouquet complexe et racé. Les millésimes légendaires ne manquent pas, et tous ceux qui ont eu la chance de déguster un jour les 1945, 1947, 1961 ou 1982 savent de quoi ce fantastique terroir est capable. Le directeur actuel, Frédéric Engerer, entretient fidèlement ce style sans concession. La refonte complète des chais et des installations techniques opérée ces dernières années, ainsi qu'une sélection drastique, ont permis au cru d'atteindre de nouveaux sommets. Les Forts de Latour s'impose également comme un cru extraordinaire, surpassant en raffinement et en profondeur bien des crus classés. Enfin, une troisième étiquette, Le Pauillac de Latour, mérite aussi l'intérêt des amateurs. À noter que depuis le millésime 2012, le château ne vend plus son vin en primeur, mais uniquement "en livrable" lorsque l'équipe estime qu'il a atteint sa maturité. Une politique commerciale unique pour un premier grand cru classé en 1855.

Les vins : le millésime 2016 sera mis sur le marché d'ici quelques années. Patience donc pour déguster ces vins somptueux. Les Forts 2016 s'impose comme un vin de haut niveau, d'une très grande précision, avec des tanins ciselés et une très belle allonge. 2016 n'est pas un grand, mais un immense Latour. Un vin au fruit flamboyant et limpide, doté de tanins parfaitement définis. Sa finale tout en fraîcheur semble interminable.

Le Pauillac de Latour 2016	de 75 à 85 € (c)	16
Pauillac 2016	de 600 à 800 € (c)	20
Pauillac Les Forts de Latour 2016	de 150 à 220 € (c)	17,5

Rouge : 80 hectares.
Cabernet-Sauvignon 75 %, Merlot 23 %, Petit Verdot 1 %, Cabernet franc 1 %
Production moyenne : 320 000 bt/an

CHÂTEAU LATOUR
33250 Pauillac
05 56 73 19 80 • www.chateau-latour.fr •
Vente et visites : au domaine sur rendez-vous.
Propriétaire : François Pinault
Directeur : Frédéric Engerer

★★★

CHÂTEAU LÉOVILLE BARTON

Anthony Barton et sa fille Lilian conduisent avec efficacité ce cru qui se distingue comme étant le plus raffiné des trois Léoville. Hormis un goût évident pour le travail bien fait, le secret de ce succès tient à l'âge élevé de cet ancien vignoble, qui permet d'obtenir des raisins mûrs et concentrés, mais sans jamais chercher à surjouer. Barton enchante par son gras, mais aussi surtout par le côté croquant et juteux de son fruit et le côté velouté de ses tanins. Plus ouvert en primeur, le vin passe souvent par une phase d'austérité, puis prend peu à peu sa forme définitive ; il déploie alors au vieillissement un des bouquets les plus complexes et les plus élégants du Médoc. De plus, au regard de sa qualité et de sa grande régularité, les prix restent toujours très abordables.

Les vins : passé le coté très fruité et charmeur du 2016, la finale, tendue et savoureuse nous laisse un peu sur notre faim au regard des dégustations précédentes. Il est épuré, mais sans posséder la chair des meilleurs. Avec son côté fruité et nerveux, le 2017 est irrésistible et très gourmand. Un vin éclatant, mais aussi persistant et qui termine sur des tanins de velours.

Saint-Julien 2015	de 75 à 80 € (c)	18,5
Saint-Julien 2016	de 180 à 200 € (c)	17,5
Le coup de ♥		
Saint-Julien 2017	de 70 à 80 € (c)	18

Rouge : 50 hectares.
Cabernet-Sauvignon 74 %, Merlot 23 %, Cabernet franc 3 %
Production moyenne : 240 000 bt/an

CHÂTEAU LÉOVILLE BARTON
33250 Saint-Julien-Beychevelle
05 56 59 06 05 • www.leoville-barton.com •
Vente et visites : au domaine sur rendez-vous.
Propriétaire : Famille Barton
Directeur : Lilian Barton Sartorius

★★★

CHÂTEAU LÉOVILLE LAS CASES

La force de ce cru mythique réside indiscutablement dans son célèbre clos, au terroir complexe et aux parcelles diverses et complémentaires. Le grand vin est d'ailleurs issu uniquement de ce terroir, qui évoque par différents aspects celui de Château Latour. Il peut présenter, en fonction des millésimes, un profil plus droit et pauillacais ou bien jouer sur une expression plus tendre, évoquant davantage un saint-julien. Le vin arbore régulièrement une robe bleue-noire impressionnante, même en année moyenne. À son apogée (qui peut atteindre plus de vingt ans), il offre un bouquet dépassant en complexité et en noblesse de saveurs celui d'un saint-julien lambda, avec les nuances aromatiques les plus fines du cabernet-sauvignon des grands terroirs médocains. Propriété de Jean-Hubert Delon, l'un des plus fins connaisseurs bordelais de grands vins français, ce cru fait preuve d'une régularité sans faille depuis les années 1970.

Les vins : on ne prendra pas le cru en défaut ces dernières années. Véritable essence de Las Cases, le 2016 est évidemment encore impénétrable. Ce vin musclé, mais aussi très complexe colle littéralement au palais. La finale déroule des flots continus de fruits incroyables, tout en fraîcheur et en éclat. 2017 est encore un Las Cases de haut vol. Tramé par de magnifique cabernets pleins et juteux, il offre un équilibre et une fraîcheur somptueux, se montre sapide et plein d'éclat en finale.

- Saint-Julien 2017 — de 190 à 210 € (c) — 19
- Saint-Julien Le Petit Lion 2015 — de 45 à 55 € (c) — 16

Le coup de ♥

- Saint-Julien 2015 — de 160 à 180 € (c) — 19
- Saint-Julien 2016 — de 220 à 260 € (c) — 20

Rouge : 98 hectares.
Cabernet-Sauvignon 58 %, Merlot 35 %, Cabernet franc 5 %, Petit Verdot 2 %
Production moyenne : 200 000 bt/an

CHÂTEAU LÉOVILLE LAS CASES
33250 Saint-Julien-Beychevelle
05 56 73 25 26 •
contact@leoville-las-cases.com • Vente et visites : au domaine sur rendez-vous.

Propriétaire : Famille Delon
Directeur : Pierre Graffeuille

★★★

CHÂTEAU MARGAUX

Figure emblématique et directeur de Château Margaux depuis 1983, Paul Pontalier est décédé au lendemain des vendanges 2015 et c'est désormais Philippe Bascaules qui dirige ce cru à la régularité hors-pair. Déguster un grand Château Margaux à son apogée demeure une expérience unique, tant le cru se distingue, au sein de son appellation, par son bouquet floral caractéristique, la profondeur de ses saveurs et le soyeux de ses tanins. Autant de particularités que le cru doit à son superbe terroir, majoritairement composé de graves, qui réussit si bien aux cabernets composant le cœur de Margaux, et qui n'a pratiquement pas évolué depuis son classement. Grâce à une amélioration de l'outil de travail et à une sélection encore plus rigoureuse, les derniers millésimes semblent être les plus complets qui soient. La propriété produit également un blanc sous le nom de Pavillon Blanc qui, grâce à une plus grande exigence dans la recherche de maturité des sauvignons, est devenu l'un des meilleurs blancs de Bordeaux.

Les vins : le millésime 2017 est un très belle réussite pour Pavillon Blanc, nerveux, floral et cristallin. Une nouvelle référence pour ce blanc. Caressant, crémeux et puissant à la fois, Pavillon 2016 présente une très belle douceur de bouche et beaucoup d'expression de fruit. Au sommet, le 2016 est d'une constitution monumentale, avec un fruité éclatant et opulent et surtout une immense fraîcheur. La bouche est suave et la finale est mentholée.

- Bordeaux Pavillon Blanc du Château Margaux 2015 — de 220 à 250 € (c) — 17,5
- Bordeaux Pavillon Blanc du Château Margaux 2017 — de 225 à 250 € (c) — 17
- Margaux 2015 — de 1 100 à 1 300 € (c) — 19,5
- Margaux 2016 — de 680 à 710 € (c) — 19,5
- Margaux Pavillon Rouge du Château Margaux 2015 — de 180 à 200 € (c) — 17,5
- Margaux Pavillon Rouge du Château Margaux 2016 — de 230 à 255 € (c) — 17

Rouge : 82 hectares.
Cabernet-Sauvignon 75 %, Merlot 20 %, Petit Verdot 3 %, Cabernet franc 2 %
Blanc : 12 hectares.

Sauvignon blanc 100 %
Production moyenne : 400 000 bt/an

CHÂTEAU MARGAUX
33460 Margaux
05 57 88 83 83 •
www.chateau-margaux.com • Vente et visites : au domaine sur rendez-vous.
Propriétaire : Famille Mentzelopoulos
Directeur : Philippe Bascaules

★★★

CHÂTEAU MOUTON ROTHSCHILD

Philippe Sereys de Rothschild préside depuis 2014 cette emblématique propriété de Pauillac. Le vin, toujours flamboyant, exhalant naturellement de généreuses notes fumées, est plus en place que jamais. Si Mouton connut un passage à vide au milieu des années 1990, il a brillamment été remis en selle au début des années 2000 avec, entre autre, l'arrivée de Philippe Dhalluin à la direction technique, qui a su lui redonner tout son lustre. Le blanc Aile d'Argent n'a jamais été aussi bon.

Les vins : 90 % de cabernets composent le 2017. Un vin intense, épaulé, doté de tanins d'un raffinement superbe et d'une délicate sucrosité qui l'enrobe parfaitement. L'équilibre est magnifique. Le légendaire 2016 est au rendez-vous. Ce vin immense est en devenir. D'une superbe complexité, d'une puissance retenue et d'une longueur interminable, il se montre vibrant. Oubliez-le en cave. Très solide, Le Petit Mouton 2016 impose son volume et sa rondeur, avec une puissance retenue et un grain de tanin qui va s'affiner avec le temps. Aile d'Argent 2017 est le meilleur blanc produit ici. Doté de notes de fruits blancs et d'une belle fraîcheur, il impose une magnifique classe.

Bordeaux Aile d'Argent 2016	de 70 à 80 € (c)	16
Bordeaux Aile d'Argent 2017	de 75 à 100 € (c)	17
Pauillac 2015	de 450 à 500 € (c)	19,5
Pauillac 2016	de 580 à 600 € (c)	20
Pauillac 2017	de 490 à 510 € (c)	19
Pauillac Le Petit Mouton 2015	de 220 à 230 € (c)	16,5
Pauillac Le Petit Mouton 2016	de 220 à 280 € (c)	17,5
Pauillac Le Petit Mouton 2017	de 190 à 250 € (c)	17

Rouge : 90 hectares.
Cabernet-Sauvignon 81 %, Merlot 15 %, Cabernet franc 3 %, Petit Verdot 1 %
Production moyenne : 300 000 bt/an

CHÂTEAU MOUTON ROTHSCHILD
Lieu-dit Le Pouyalet 33250 Pauillac
05 56 73 20 20 •
www.chateau-mouton-rothschild.com • Vente et visites : au domaine sur rendez-vous.
Propriétaire : Famille de Rothschild
Directeur : Philippe Dhalluin

★★★

CHÂTEAU PALMER

Avec Château Margaux, Palmer est l'autre grande star d'une appellation trop souvent hétérogène. Son style, fait d'opulence et de rondeur, avec un soyeux magnifique, est néanmoins très différent de celui de son voisin. L'explication tient essentiellement dans la différence d'encépagement (et donc de terroir) entre les deux crus. Château Palmer est ainsi l'un des crus classés du Médoc à intégrer la plus forte proportion de merlot dans son assemblage final (aux environs de 50 %). Palmer a écrit sa légende en produisant quelques vins absolument somptueux : les 1961, 1983 et 1989 demeurent des références incontournables. Aujourd'hui propriété des héritiers de deux grandes familles, les Mähler-Besse et les Sichel, Palmer est dirigé par le brillant Thomas Duroux, portant les derniers millésimes au sommet. Il est certifié en biodynamie depuis 2018.

Les vins : dans un esprit très mûr, avec un fruité charnel, un texture épaisse et un grain serré, Alter Ego 2016 est encore dans une phase de fermeture. Palmer 2017 impose sa très grande race, sa profondeur et son volume de bouche. Dense, avec un grain soyeux et une finale étincelante, c'est un vin incroyablement posé et digeste. Le nez du 2016 évoque les fruits noirs bien mûrs. On perçoit la richesse, la densité, la concentration. En bouche, il est serré, intense, mais surtout d'une énergie remarquable. Un vin tout en muscle à attendre patiemment.

Margaux 2015	de 140 à 150 € (c)	19
Margaux 2017	de 260 à 280 € (c)	18,5

- Margaux Alter Ego 2015 — de 30 à 35 € (c) — 17
- Margaux Alter Ego 2016 — de 90 à 120 € (c) — 17
- Margaux Alter Ego 2017 — de 75 à 90 € (c) — 16

Le coup de ♥

- Margaux 2016 — de 330 à 350 € (c) — 19

Rouge : 55 hectares.
Cabernet-Sauvignon 47 %, Merlot 47 %, Petit Verdot 6 %
Production moyenne : 240 000 bt/an

CHÂTEAU PALMER ☾
33460 Margaux
05 57 88 72 72 • www.chateau-palmer.com •
Vente et visites : au domaine sur rendez-vous.
Propriétaire : Familles Mälher-Besse et Sichel
Directeur : Thomas Duroux

★★★

CHÂTEAU PICHON-LONGUEVILLE BARON

Ce très beau second cru classé a produit une série de vins proprement stupéfiants et il s'impose au sommet de la hiérarchie médocaine. Impossible de manquer, depuis la route des châteaux, la somptueuse demeure de "Pichon Baron", l'un des édifices les plus impressionnants du Médoc. Acquis par le groupe Axa à la fin des années 1980, cette propriété a été réaménagé de fond en comble en moins de deux décennies et l'équipe, autour de Christian Seely, réalise un travail exemplaire qui l'amène au sommet des crus du Médoc. L'outil de vinification et le chai d'élevage, ainsi que le vignoble largement replanté, lui ont permis d'atteindre, dans les derniers millésimes, un niveau de qualité historique. Le second vin se nomme désormais Les Griffons de Pichon Baron, Les Tourelles étant devenue une marque annexe dotée d'un vignoble indépendant.

Les vins : 2017 est flamboyant ! Dès le nez, nous plongeons dans une aromatique de fruits frais et juteux. La bouche, très bien construite, est droite, sapide et très pure. Les tanins, très doux, prolongent la sensation de fraîcheur. Même s'il s'est un peu refermé, le 2016 demeure monumental. Un vin tramé, énergique et puissant, mais aussi très raffiné. Sa finale scintillante le porte très loin.

- Pauillac 2015 — de 120 à 130 € (c) — 19,5
- Pauillac 2016 — 185 € (c) — 19,5
- Pauillac 2017 — de 130 à 150 € (c) — 18,5
- Pauillac Les Tourelles de Longueville 2015 — de 30 à 50 € (c) — 16,5

Rouge : 73 hectares.
Cabernet-Sauvignon 65 %, Merlot 30 %, Cabernet franc 3 %, Petit Verdot 2 %
Production moyenne : 350 000 bt/an

CHÂTEAU PICHON-LONGUEVILLE BARON
33250 Pauillac
05 56 73 17 17 • www.pichonbaron.com •
Vente et visites : au domaine sur rendez-vous.
Propriétaire : AXA Millésimes
Directeur : Christian Seely
Maître de chai : Jean-René Matignon (Directeur technique)

★★★

CHÂTEAU PONTET-CANET

Aucun cru classé ne peut se targuer d'avoir réalisé une telle ascension ! Cinquième cru de bonne facture, Pontet-Canet est devenu, en l'espace d'une bonne décennie, la marque la plus recherchée dans le Médoc. Un triomphe que le château doit à deux hommes : Alfred Tesseron, le propriétaire, et son régisseur, Jean-Michel Comme. Convaincus, déterminés, ils ont réussi ce que personne ne pensait faisable : convertir les 80 hectares du vignoble à la biodynamie. Et qu'importe si le retour à la vie d'un vignoble longuement entretenu selon les codes de la chimie ne s'est pas fait sans douleur, rien n'a pu arrêter ce rouleau compresseur de "l'écolo-viticulture", que certains raillent à outrance, à défaut de s'en inspirer. Et qu'importe si l'utilisation des chevaux pour travailler une grande partie de la surface du vignoble continue à faire sourire quelques voisins jaloux. La qualité des vins, leur énergie et leur profondeur sont là pour démontrer que les options prises étaient les bonnes. Un approche qui fait désormais école dans le Médoc.

Les vins : 2017 est un vin d'une intensité vraiment remarquable. Le fruit est vibrant et offre une grande largeur de bouche. Il se distingue aussi par son grain, sa texture légèrement poudrée et une allonge remarquable. 2016 est immense et brise les repères. Un vin profond, énergique, qui explose dans un registre aromatique dépassant les canons bordelais habituels. La bouche est multi-dimensionnelle et surtout d'une longueur prométhéenne.

Pauillac 2015	de 80 à 90 € (c)	19,5
Pauillac 2016	de 150 à 180 € (c)	20
Pauillac 2017	de 110 à 130 € (c)	19

Rouge : 81 hectares.
Cabernet-Sauvignon 65 %, Merlot 30 %, Cabernet franc 4 %, Petit Verdot 1 %
Production moyenne : 300 000 bt/an

CHÂTEAU PONTET-CANET ☾
33250 Pauillac
05 56 59 04 04 • www.pontet-canet.com • Vente et visites : au domaine sur rendez-vous.
Propriétaire : Alfred Tesseron et Héritiers Gérard Tesseron
Directeur : Jean-Michel Comme

★★
CHÂTEAU BATAILLEY

Philippe Castéja produit un pauillac de style et de forme classiques, qui a considérablement gagné en définition et en précision ces dernières années. Le vin vieillit par ailleurs remarquablement bien, conservant un profil très typique des grands vins du Médoc, entre droiture et précision. Les prix demeurent très accessibles. La régularité et l'excellent niveau des derniers millésimes nous ravissent.

Les vins : les amateurs de grands pauillacs classiques se régaleront avec le 2017. Un vin droit, précis et très bien défini. Encore serré, mais intense, il est promis à un très bel avenir. le 2016 reste sous l'emprise d'un petit boisé, qui se fondra. Le vin est très racé et ira loin, porté par de nobles tanins.

Pauillac 2015	de 40 à 50 € (c)	17,5
Pauillac 2016	55 € (c)	18

Le coup de ♥

Pauillac 2017	47 € (c)	17,5

Rouge : 60 hectares.
Cabernet-Sauvignon 70 %, Merlot 25 %, Cabernet franc 3 %, Petit Verdot 2 %
Production moyenne : 300 000 bt/an

CHÂTEAU BATAILLEY
33250 Pauillac
05 56 00 00 70 • www.batailley.com • Vente et visites : au domaine sur rendez-vous.
Propriétaire : Famille Castéja
Directeur : Philippe Castéja (Président)

★★
CHÂTEAU BOYD-CANTENAC

Lucien Guillemet, homme discret et affable, conduit sa propriété avec le plus grand soin. Ici, rien de tapageur dans les chais ou même dans les bouteilles. Le vin est néanmoins une des expressions classiques les plus enthousiasmantes de l'appellation. Il évolue parfaitement bien en bouteille et se révèle alors gracile et très soyeux. La régularité des derniers millésimes est totale et la dégustation de vins plus âgés confirme l'excellente tenue du domaine.

Les vins : le côté toasté du bois ressort dans le 2017. Suave et raffiné, le jus est très beau, offrant des tanins de très belle finesse : patience. Nous ne retrouvons pas le 2016. Il semble que l'élevage l'ait métamorphosé. L'aromatique boisée le domine totalement à ce stade et en masque le fruit. Dommage, il faudra le revoir.

Margaux 2015	de 45 à 50 € (c)	17,5
Margaux 2016	de 45 à 55 € (c)	15
Margaux 2017	de 40 à 50 € (c)	16,5

Rouge : 18 hectares.
Cabernet-Sauvignon 66 %, Merlot 30 %, Petit Verdot 4 %
Production moyenne : 70 000 bt/an

CHÂTEAU BOYD-CANTENAC
33460 Cantenac
05 57 88 90 82 • www.boyd-cantenac.fr • Vente et visites : au domaine sur rendez-vous.
Propriétaire : Famille Guillemet
Directeur : Lucien Guillemet

★★
CHÂTEAU BRANAIRE-DUCRU

C'est désormais François-Xavier, fils du regretté Patrick Maroteaux qui conduit cette admirable propriété. Branaire-Ducru s'est tranquillement hissé au sommet et fait désormais partie des propriétés incontournables du Médoc. Ces dernières années, le château a bénéficié d'équipements techniques de premier plan. Par la nature de son terroir, Branaire-Ducru ne peut donner un vin aussi corsé que ceux engendrés par les trois Léoville ; il joue sur un registre différent, plus en finesse et en souplesse, tout en vieillissant admirablement. Les derniers millésimes atteignent un niveau remarquable.

Les vins : dès le nez, le 2016 offre une très jolie maturité du fruit, avec une touche mentholée. La bouche est tout en équilibre et en suavité, avec du fond et du charme. La plus belle réussite du cru. Le 2017 est un très beau classique de l'appellation, qui conjugue densité de fruits (rouges et frais) et raffinement des tanins, avec ce qu'il faut de soyeux.

Saint-Julien 2015	de 45 à 50 € (c)	18
Saint-Julien 2017	de 55 à 75 € (c)	17

Le coup de ♥

Saint-Julien 2016	65 €	18,5

Rouge : 60 hectares.
Cabernet-Sauvignon 65 %, Merlot 28 %, Petit Verdot 4 %, Cabernet franc 3 %
Production moyenne : 260 000 bt/an

CHÂTEAU BRANAIRE-DUCRU
1, chemin du Bourdieu 33250 Saint-Julien
05 56 59 25 86 • www.branaire.com • Vente et visites : au domaine sur rendez-vous.
Propriétaire : Famille Maroteaux
Directeur : François-Xavier Maroteaux et Jean-Dominique Videau
Maître de chai : Laurent Buzy-Debat
Œnologue : Éric Boissenot

★★

CHÂTEAU BRANE-CANTENAC

Ce second cru classé est dirigé avec conviction et talent par Henri Lurton, qui dispose à la fois d'un fort beau terroir et d'infrastructures modernes. Il y élabore des vins très fins, dans ce que l'on pourrait qualifier de signature margalaise, sans lourdeur ni effet de style, mais avec un fruit délicat. Ces vins ne s'imposent pas toujours dans les dégustations en primeur, mais évoluent avec grâce.

Les vins : le 2017 affiche un profil droit, marqué par la rectitude du cabernet. Il s'agit d'un vin au profil classique mais aussi velouté dans l'expression de ses tanins. Sa très belle élégance le distingue. Le 2016 fera date ici, avec un vin intense, d'une très grande droiture de bouche, porté par des notes de fruits frais et une touche boisée qui se fond bien. Très grande allonge.

Margaux 2015	90 €	17,5
Margaux 2017	de 45 à 60 € (c)	17

Le coup de ♥

Margaux 2016	de 50 à 70 € (c)	18

Rouge : 75 hectares.
Cabernet-Sauvignon 55 %, Merlot 40 %, Cabernet franc 4 %
Production moyenne : 150 000 bt/an

CHÂTEAU BRANE-CANTENAC
33460 Cantenac
05 57 88 83 33 • www.brane-cantenac.com • Vente et visites : au domaine sur rendez-vous.
Propriétaire : Henri Lurton
Maître de chai : Florent Cillero
Œnologue : Éric Boissenot

★★

CHÂTEAU CALON-SÉGUR

Acquise en 2012 après le décès de Denise Gasqueton, par le groupe d'assurances Suravenir, Calon-Ségur vise désormais très haut et se dote de tous les moyens pour y parvenir. Car la propriété, dotée d'un terroir d'exception, a démontré par le passé sa capacité à produire des vins qui se hissent parmi les plus grands médocs. Très serrés, fermes et longs à se faire, ils possèdent, à leur meilleur niveau, une densité et une élégance hors du commun, que l'on commence à retrouver dans les derniers millésimes. Vincent Millet, venu du château Margaux, est, depuis 2006, le directeur technique. Sa mission : conduire le cru vers davantage de qualité, en adoptant une approche des assemblages beaucoup plus marquée par le cabernet-sauvignon. Au regard des derniers millésimes, vraiment très réussis, Calon-Ségur s'impose désormais comme l'une des marques les plus intéressantes du Médoc. En conséquence, la demande ne cesse d'augmenter.

Les vins : du raffinement à l'état pur et un charme irrésistible, les derniers millésimes sont absolument délicieux ! 2016 est un des vins les plus sensuels du millésime. Le toucher de bouche soyeux, la fraîcheur et la sapidité en finale en font une bouteille absolument délicieuse et qui ira très loin. 2015 est de la même veine, avec un fruit un rien plus chaud.

Saint-Estèphe 2015 130 € (c) 18,5

Le coup de ♥

Saint-Estèphe 2016 145 € (c) 19

Rouge : 55 hectares.
Cabernet-Sauvignon 56 %, Merlot 35 %, Cabernet franc 7 %, Petit Verdot 2 %
Production moyenne : 80 000 bt/an

CHÂTEAU CALON-SÉGUR
Domaine de Calon 33180 Saint-Estèphe
05 56 59 30 08 • www.calon-segur.fr •
Vente et visites : au domaine sur rendez-vous.
Propriétaire : Assurances Suravenir
Directeur : Laurent Dufau
Maître de chai : Vincent Millet
Œnologue : Éric Boissenot

★★

CHÂTEAU CANTENAC-BROWN

L'imposant château Cantenac-Brown est la propriété depuis 2006 d'un homme d'affaires britannique, Simon Halabi. Laissant une grande marge de manœuvre à son directeur, José Sanfins, le cru a incontestablement progressé ces dernières années, s'installant parmi les valeurs sûres de l'appellation. Le vin affiche une belle profondeur et, surtout, a gagné en raffinement. Il faut noter que le château produit, depuis 2011, une faible quantité d'un blanc fruité et délicieux, baptisé Alto.

Les vins : Cantenac 2016 libère de jolis arômes de fruits, il affiche une bouche bien construite, avec des tanins fondus et un joli gras. L'ensemble est très cohérent. Le 2017 possède une très belle race, avec une bouche tendue, sapide et étirée. Un margaux très élégant et frais.

Margaux 2015 46,80 € (c) 17

Margaux 2017 de 45 à 60 € (c) 17

Le coup de ♥

Margaux 2016 60 € 17,5

Rouge : 51,2 hectares.
Cabernet-Sauvignon 65 %, Merlot 30 %, Cabernet franc 5 %
Blanc : 1,8 hectare.
Sauvignon blanc 90 %, Sémillon 10 %
Production moyenne : 180 000 bt/an

CHÂTEAU CANTENAC-BROWN
33460 Cantenac
05 57 88 81 81 • www.cantenacbrown.com •
Vente et visites : au domaine sur rendez-vous.
Propriétaire : Simon Halabi
Directeur : José Sanfins
Œnologue : Éric Boissenot

★★

CLOS DU MARQUIS

Longtemps estampillé comme le second vin de Léoville Las Cases, le Clos du Marquis est désormais un cru à part entière, issu d'une sélection de parcelles dédiées et situées au cœur de la zone des crus classés : il bénéficie de toute l'attention et du savoir-faire de l'équipe de Las Cases. Pas étonnant que son niveau soit celui d'un troisième grand cru classé, avec, qui plus est, une régularité impeccable. Une très belle affaire.

Les vins : le 2016 fera date. Il s'agit d'un vin superbe de définition, au fruité plein d'éclat et qui libère en bouche des intenses saveurs de fruits rouges et noirs. Longueur admirable. Terriblement séduisant, avec une bouche soyeuse et un fruité juteux, le 2017 est une sacrée bouteille. Il sera difficile de lui résister.

Saint-Julien 2015 60 € (c) 17

Saint-Julien 2017 de 50 à 75 € (c) 17

Le coup de ♥

Saint-Julien 2016 de 70 à 90 € (c) 17,5

Rouge : 35 hectares.
Cabernet-Sauvignon 66 %, Merlot 24 %, Cabernet franc 9 %, Petit Verdot 1 %
Production moyenne : 200 000 bt/an

CLOS DU MARQUIS
33250 Saint-Julien-Beychevelle
05 56 73 25 26 •
leoville-las-cases@wanadoo.fr • Vente et visites : au domaine sur rendez-vous.
Propriétaire : Famille Delon
Directeur : Pierre Graffeuille

★★

CHÂTEAU COS D'ESTOURNEL

L'homme d'affaire Michel Reybier, qui a acquis le cru en 2000, a mis de gros moyens pour doter Cos d'Estournel de tous les atouts nécessaires à l'élaboration du plus grand vin possible. La construction d'un des chais les plus performants au monde, par l'architecte Jean-Michel Wilmotte, en est l'illustration. Cos a toujours produit des vins expressifs et d'un style plutôt exubérant. Au début des années 2000, il a même parfois basculé dans la caricature, faisant passer au second plan la finesse que le terroir est capable d'exprimer. Les choses s'inversent et Cos retrouve avec les derniers millésimes une expression qui nous séduit à nouveau.

Les vins : 2016 est une très belle réussite, permettant au cru de renouer avec un style plus fin. La bouche est ample, charnue, avec des tanins abondants, mais reste raffinée. 2015 est quant à lui plus flamboyant, mais moins éclatant.

Saint-Estèphe 2015 — 170 € (c) 18,5
Saint-Estèphe 2016 — de 160 à 175 € (c) 18,5

Rouge : 91 hectares.
Cabernet-Sauvignon 60 %, Merlot 40 %

CHÂTEAU COS D'ESTOURNEL
33180 Saint-Estèphe
05 56 73 15 50 • www.estournel.com • Vente et visites : au domaine sur rendez-vous.
Propriétaire : Michel Reybier

★★

CHÂTEAU GISCOURS

Belle propriété du sud de l'appellation Margaux, Giscours a produit des vins de haute volée au début des années 1980, durant la grande époque de Pierre Tari. Il s'est ensuite quelque peu endormi à cause d'interminables querelles familiales et de quelques affaires judiciaires, avant d'être réveillé par l'homme d'affaires hollandais Eric Albada Jelgersma, disparu en 2018, qui a repris ce troisième cru classé en fermage. Sous la direction d'Alexander Van Beek, d'importants progrès ont été réalisés à la vigne et au chai, et le cru a retrouvé sa sérénité. Les derniers millésimes sont très réussis, avec des vins pleins, riches et corsés.

Les vins : 2016 est un Giscours sérieux, ample et bien mûr. Un vin bien bâti et doté de tanins suaves. 2017 est un margaux raffiné et délicat, doté d'un fruit juteux et de tanins joliment enrobés. Une expression très gourmande et séduisante du cru.

Margaux 2015 — 70 € (c) 17,5
Margaux 2017 — de 55 à 70 € (c) 17

Le coup de ♥
Margaux 2016 — de 60 à 75 € (c) 17,5

Rouge : 80 hectares.
Cabernet-Sauvignon 60 %, Merlot 32 %, Cabernet franc 5 %, Petit Verdot 3 %
Production moyenne : 240 000 bt/an

CHÂTEAU GISCOURS
33460 Margaux
05 57 97 09 09 • www.chateau-giscours.fr • Vente et visites : au domaine sur rendez-vous.
Propriétaire : Famille Albada Jelgersma
Directeur : Alexander Van Beek

★★

CHÂTEAU GRAND-PUY-LACOSTE

Ce domaine a connu deux propriétaires seulement en 75 ans : Raymond Dupin, de 1932 à 1978, puis la famille Borie, représentée aujourd'hui par François-Xavier et sa fille Emeline. Ils dirigent ce cinquième cru classé au vignoble homogène sur le plateau de graves et d'argiles de Grand-Puy, avec une bonne proportion de vieilles vignes. La régularité des millésimes est sans faille depuis déjà une bonne décennie et certains millésimes plus anciens surprennent toujours. "GPL", comme on dit à Bordeaux, produit un pauillac classique, plein et nerveux, aux tanins richement épicés, de style plutôt droit. Il acquiert, dans les grands millésimes, un moelleux magnifique qui gagne à vieillir.

Les vins : classiquement pauillacais, ils brillent par leur belle définition et leur profondeur. Le 2016 n'a rien perdu de son charme. C'est un vin absolument délicieux, porté par une matière dense mais raffinée et des tanins de grande délicatesse. Une référence pour le cru.

Pauillac 2015 — 78 € (c) 17,5

Le coup de ♥
Pauillac 2016 — de 80 à 100 € (c) 18

Rouge : 55 hectares.

Cabernet-Sauvignon 75 %, Merlot 20 %, Cabernet franc 5 %
Production moyenne : 195 000 bt/an

CHÂTEAU GRAND-PUY-LACOSTE
33250 Pauillac
05 56 59 06 66 •
dfxb@domainesfxborie.com • Vente et visites : au domaine sur rendez-vous.
Propriétaire : François-Xavier Borie
Directeur : Emeline Borie

★★

CHÂTEAU GRUAUD LAROSE

Très bien situé, le vignoble occupe un plateau de graves profondes, d'une homogénéité parfaite, dans la partie sud de la commune de Saint-Julien, où les vignes s'épanouissent remarquablement. Connu pour avoir produit dans les années 1980 et 1990 des vins puissants, montrant souvent une définition un rien animale, le cru propose des millésimes récents plus précis dans les arômes. La famille Merlaut optimise les installations techniques que le groupe Alcatel, éphémère propriétaire, avait permis d'installer. Elle a choisi également de donner aux vins de Gruaud Larose un profil plus friand et gourmand, afin de les rendre accessibles dans leur jeunesse. Les derniers millésimes montrent un progrès en ce sens, avec des vins qui ont aussi gagné en précision. La politique tarifaire défendue par Jean Merlaut fait de Gruaud une marque toujours accessible, ce dont nous nous félicitons.

Les vins : le 2016 s'impose comme une nouvelle référence pour le cru. Le vin est puissant et raffiné à la fois, avec un corps majestueux et des tanins très élégants. Un vin complet et prometteur, tout comme le 2015 aux tanins particulièrement crémeux et veloutés.

Saint-Julien 2015	78 € (c)	18

Le coup de ♥

Saint-Julien 2016	de 50 à 75 € (c)	18,5

Rouge : 82 hectares.
Cabernet-Sauvignon 69 %, Merlot 29 %, Cabernet franc 2 %
Production moyenne : 450 000 bt/an

CHÂTEAU GRUAUD LAROSE
33250 Saint-Julien-Beychevelle
05 56 73 15 20 • www.gruaud-larose.com •
Vente et visites : au domaine sur rendez-vous.
Propriétaire : Jean Merlaut
Directeur : Nicolas Sinoquet
Maître de chai : Stéphanie Lebaron
Œnologue : Éric Boissenot

★★ ↗

CHÂTEAU HAUT-MARBUZET

Aucun cru à Bordeaux ne peut se targuer de réunir une telle communauté d'amateurs inconditionnels. Depuis plus de trente ans, Haut-Marbuzet et son truculent et dynamique propriétaire, Henri Dubosq, désormais épaulé par ses fils, ont conquis le cœur des œnophiles avertis. Si l'on a longtemps considéré les vins comme charmeurs dans leur jeunesse (ce qu'ils sont indéniablement), mais limités en terme de potentiel de garde, il faut déguster des millésimes mûrs de ce cru de Saint-Estèphe pour comprendre que son terroir est surtout capable d'engendrer des vins qui vieillissent à merveille. Les vieux merlots plantés sur argile bleue confèrent au bouquet de Haut-Marbuzet de superbes notes de truffes qui évoquent certains vieux pomerols. Comme beaucoup, le cru a connu une petite baisse de régime au début de la décennie 2000, mais le retour en force ces dernières années le rend plus indispensable que jamais dans la cave des amateurs. Le quatuor 2015, 2016, 2017 et 2018 lui permet de retrouver une deuxième étoile bien méritée.

Les vins : le style Haut-Marbuzet se retrouve totalement dans les 2015 et 2016 à la profondeur remarquable. 2016, par son éclat et sa chair, devrait d'ailleurs rejoindre les références du cru que sont les 1990 et 1982. Le 2017 est juteux, fin et frais. Déjà irrésistible, il se goûtera admirablement sur une décennie.

Saint-Estèphe 2015	40 € (c)	17
Saint-Estèphe 2016	39 €	17
Saint-Estèphe 2017	40 € (c)	17

Rouge : 70 hectares.
Merlot 55 %, Cabernet-Sauvignon 40 %, Cabernet franc 3 %, Petit Verdot 2 %
Production moyenne : 390 000 bt/an

CHÂTEAU HAUT-MARBUZET
Vignoble H. Duboscq et Fils
33180 Saint-Estèphe
05 56 59 30 54 • infos@haut-marbuzet.net •
Vente et visites : au domaine sur rendez-vous.

Propriétaire : GFA des Vignobles H. Duboscq et Fils
Directeur : Henri Duboscq

★★ ↗

CHÂTEAU D'ISSAN

Une deuxième étoile vient cette année récompenser le travail d'Emmanuel Cruze et de son équipe à la tête de cette magnifique propriété de Margaux. En dehors d'un somptueux château, Issan peut se prévaloir de bénéficier d'un des rares vignobles historiques, n'ayant pas été remembré, idéalement placé en bord de Gironde et contenu au sein d'un clos magnifique. Les vins ont gagné en épaisseur, en intensité et en profondeur ces dernières années, tout en conservant un toucher très soyeux. Ils font désormais partie de l'élite de l'appellation.

Les vins : le 2016 est un très joli margaux classique, doté d'une belle délicatesse de bouche, de tanins fins et d'une persistance salivante. Le fruit est frais et la finale brillante. Bien constitué, avec du volume et une bouche de belle rondeur, 2017 est un vin au fruité sphérique et joliment tendu en finale. Très bel équilibre.

Margaux 2015	90 €	17
Margaux 2017	de 45 à 70 € (c)	17

Le coup de ♥

Margaux 2016	de 80 à 100 € (c)	17,5

Rouge : 30 hectares.
Cabernet-Sauvignon 65 %, Merlot 35 %
Production moyenne : 103 000 bt/an

CHÂTEAU D'ISSAN
33460 Cantenac
05 57 88 35 91 • www.chateau-issan.com • Vente et visites : au domaine sur rendez-vous.
Propriétaire : Famille Cruse et Jacky Lorenzetti
Directeur : Emmanuel Cruse

★★

CHÂTEAU LYNCH-BAGES

Jean-Charles Cazes, personnalité médocaine exceptionnelle et infatigable ambassadeur des vins de Bordeaux, a réalisé à Lynch-Bages un travail exceptionnel, portant ce cinquième cru au niveau de bien des seconds. La magnifique propriété familiale, excellemment située sur le plateau de Bages, a produit une impressionnante série de vins sans aucun point faible depuis le début des années 1970, imposant son style riche, séduisant et immédiatement accessible, tout en étant capable de vieillir avec grâce. Depuis quelques millésimes, le cru a encore gagné en définition et en précision. La livraison d'un nouvel outil de production, prévue pour la vendange 2020, pourrait le pousser encore plus loin.

Les vins : le 2017 à la bouche flamboyante, croquante à souhait délivre des flots de notes fruitées. La finale, bien posée, laisse une belle sensation fraîche. Un régal. Qui pourra résister à ce 2016 aux notes de fruits noirs, de menthe, d'épices ? Pas nous ! Le vin est extraordinairement charmeur et très intense : un Lynch-Bages d'anthologie.

Pauillac 2015	130 € (c)	18,5
Pauillac 2017	de 120 à 150 € (c)	18

Le coup de ♥

Pauillac 2016	de 120 à 150 € (c)	19

Rouge : 100 hectares.
Cabernet-Sauvignon 70 %, Merlot 24 %, Cabernet franc 4 %, Petit Verdot 2 %
Blanc : 7 hectares.
Sauvignon blanc 63 %, Sémillon 25 %, Muscadelle 12 %
Production moyenne : 420 000 bt/an

CHÂTEAU LYNCH-BAGES
33250 Pauillac
05 56 73 24 00 • www.lynchbages.com • Pas de visites.
Propriétaire : Famille Cazes
Directeur : Jean-Charles Cazes
Maître de chai : Nicolas Labenne
Œnologue : Daniel Llose

★★

CHÂTEAU LÉOVILLE POYFERRÉ

Ce deuxième cru classé atteint désormais le niveau des meilleurs et pourrait bientôt prétendre à une troisième étoile. Le terroir confère au vin de Poyferré sa profondeur de robe, sa chair ample et nerveuse, son large bouquet épicé, ainsi que son potentiel de longévité. Dans un style plus opulent que sont voisin Barton et plus crémeux que Las Cases, il a trouvé son style et peut désormais compter sur un vignoble d'âge respectable et sur un outil de vinification performant. Didier Cuvelier qui peut être fier du travail accompli depuis la fin des années 1970 a pris sa retraite en 2018, laissant les rênes à Sarah Lecompte-Cuvelier.

Les vins : très belle réussite, le 2017 est à la fois sphérique, ample, mais aussi très raffiné, avec une grande précision dans l'extraction du fruit et des tanins. Tout est en place. Le 2016 est un sacré calibre, un vin intense, mûr, puissant et tout en muscle. Il faudra du temps pour dompter ce pur-sang à la finale légèrement chaleureuse.

- Saint-Julien 2015 — 90 € (c) — 18
- Saint-Julien 2017 — de 80 à 95 € (c) — 18,5

Le coup de ♥

- Saint-Julien 2016 — de 100 à 120 € (c) — 19

Rouge : 80 hectares.
Cabernet-Sauvignon 65 %, Merlot 25 %, Petit Verdot 8 %, Cabernet franc 2 %
Production moyenne : 450 000 bt/an

CHÂTEAU LÉOVILLE POYFERRÉ
33250 Saint-Julien-Beychevelle
05 56 59 08 30 • www.leoville-poyferre.fr •
Vente et visites : au domaine sur rendez-vous.
Propriétaire : Famille Cuvelier
Directeur : Sarah Lecompte-Cuvelier

★★

CHÂTEAU MALESCOT SAINT-EXUPÉRY

Ce petit cru de Margaux continue, sans faire de bruit, à élaborer quelques-uns des vins les plus attachants et originaux de l'appellation. Un succès que l'on doit à son propriétaire, Jean-Luc Zuger, consciencieux et toujours à l'affût de nouvelles pistes à explorer. Disposant d'un remarquable terroir (en partie voisin du château Margaux), il exprime la suavité et la maturité du fruit comme nul autre : le vin brille toujours par sa texture crémeuse, presque bourguignonne, et ses tanins raffinés. La régularité des derniers millésimes est irréprochable.

Les vins : le 2016 impose son énergie et sa belle concentration tout en préservant une admirable fraîcheur en bouche. Il est plein, mais suave et termine sur des notes de menthol. 2015 joue une carte plus charnue, très séductrice, et offre une grande persistance.

- Margaux 2015 — 73 € (c) — 17,5

Le coup de ♥

- Margaux 2016 — de 80 à 90 € (c) — 18,5

Rouge : 23 hectares.
Cabernet-Sauvignon 50 %, Merlot 35 %, Cabernet franc 10 %, Petit Verdot 5 %
Production moyenne : 220 000 bt/an

CHÂTEAU MALESCOT SAINT-EXUPÉRY
33460 Margaux
05 57 88 97 20 • www.malescot.com •
Vente et visites : au domaine sur rendez-vous.
Propriétaire : Jean-Luc Zuger

★★

CHÂTEAU MONTROSE

Les entrepreneurs Martin et Olivier Bouygues sont propriétaires de ce célèbre cru classé depuis 2006. Ils exploitent à merveille l'un des plus beaux terroirs du Médoc qui, à de nombreuses reprises par le passé, s'est distingué en produisant des vins pouvant atteindre, voire dépasser, le niveau des premiers grands crus classés. Lorsque l'année est chaude et sèche, comme ce fut le cas en 2003, 2009, 2010 ou même 2011, Montrose offre alors une distinction hors-norme. Hervé Berland, qui le dirige aujourd'hui le porte vers un niveau de définition et de précision jamais vu ici. Il se rapproche d'une troisième étoile.

Les vins : il va falloir de la patience avant de profiter de ce 2016, verrouillé à double tour. Extrêmement racé, dense, serré, profond, il s'impose comme une réussite absolue. 2017 affiche une précision diabolique. Le vin est d'une pureté et d'une définition de fruit très vibrante. Équilibré, droit, sapide et de grande allonge, c'est un Montrose de grande race.

- Saint-Estèphe 2015 — 142 € (c) — 18,5
- Saint-Estèphe 2016 — de 150 à 170 € (c) — 19
- Saint-Estèphe 2017 — de 140 à 160 € (c) — 18
- Saint-Estèphe La Dame de Montrose 2015 — 39 € (c) — 16,5
- Saint-Estèphe La Dame de Montrose 2016 — 37 € (c) — 17

Rouge : 95 hectares.
Cabernet-Sauvignon 60 %, Merlot 32 %, Cabernet franc 6 %, Petit Verdot 2 %
Production moyenne : 400 000 bt/an

CHÂTEAU MONTROSE
33180 Saint-Estèphe
05 56 59 30 12 •
www.chateau-montrose.com • Vente et visites : au domaine sur rendez-vous.
Propriétaire : Martin et Olivier Bouygues
Directeur : Hervé Berland
Maître de chai : Vincent Decup

★★

CHÂTEAU PICHON LONGUEVILLE COMTESSE DE LALANDE

Dans le giron depuis 2007 de la famille Rouzaud (champagnes Louis Roederer), le cru a ouvert il y a bientôt une décennie une nouvelle page de son histoire. Dirigé par Nicolas Glumineau, il se relance depuis dans la course à l'excellence et entend reprendre la place de "super second" qu'il avait dans les années 1980, grâce à la production d'une série de vins légendaires (1982, 1986, 1989). Si la décennie 2000 fut moins réussie, les derniers millésimes, livrant un vin plus précis et plus droit, davantage marqué par les cabernets, sont bien plus convaincants.

Les vins : le 2016 continue à nous impressionner. Dès le nez, il envoûte par sa complexité et sa profondeur. La bouche est superbe, charnue, raffinée et surtout très persistante. Les tanins, soyeux, portent la finale. Avec une belle amplitude de bouche, du gras et une surtout de la persistance, le 2017 est très réussi. Un Pichon très juteux et savoureux qui exprime bien le virage pris par le cru ces derniers millésimes.

Pauillac 2015	185 € (c)	18
Pauillac 2017	de 180 à 210 € (c)	18

Le coup de ♥

Pauillac 2016	235 € (c)	19

Rouge : 75 hectares.
Cabernet-Sauvignon 62 %, Merlot 28 %, Cabernet franc 7 %, Petit Verdot 3 %
Production moyenne : 400 000 bt/an

CHÂTEAU PICHON LONGUEVILLE COMTESSE DE LALANDE
Route des Châteaux 33250 Pauillac
05 56 59 19 40 •
pichon@pichon-comtesse.com • Vente et visites : au domaine sur rendez-vous.
Propriétaire : Famille Rouzaud
Directeur : Nicolas Glumineau

★★

CHÂTEAU RAUZAN-SÉGLA

Appartenant à la famille Wertheimer (Chanel), également propriétaire de Château Canon à Saint-Émilion, ce prestigieux domaine produit des vins qui n'imposent jamais leur puissance mais impriment avec délicatesse la distinction et la finesse de l'un des plus beaux terroirs de Margaux. Depuis 2000, il s'agit de l'un des plus grands vins du Médoc, mêlant raffinement et fraîcheur, mais aussi persistance. Le vin ne sort pas toujours du lot en primeur, mais tranquillement, en cours d'élevage, la race du terroir et la noblesse du style s'affirment. Il vieillit de surcroît admirablement bien et gagne vraiment en complexité, comme en témoignent de nombreux millésimes anciens. Une référence très sûre dans l'appellation.

Les vins : d'un raffinement ultime, le 2016 brille par la classe de sa bouche, le raffinement de ses tanins et la persistance de sa finale, dans un registre frais. Il est au sommet de l'appellation. Le 2017 est splendide, très fin, frais, mais aussi enrobé, dévoilant d'abondantes notes de fruits et une finale juteuse et acidulée.

Margaux 2015	120 € (c)	18
Margaux 2017	de 90 à 120 € (c)	18

Le coup de ♥

Margaux 2016	de 110 à 140 € (c)	19

Rouge : 66 hectares.
Production moyenne : 220 000 bt/an

CHÂTEAU RAUZAN-SÉGLA
33460 Margaux
05 57 88 82 10 •
www.chateaurauzansegla.com • Vente et visites : au domaine sur rendez-vous.
Propriétaire : Famille Wertheimer
Directeur : Nicolas Audebert

★★

CHÂTEAU SAINT-PIERRE (MÉDOC)

Ce cru classé a longtemps été le plus méconnu du vignoble de Saint-Julien. Il a été racheté en 1982 par Henri Martin, propriétaire du célèbre cru bourgeois Château Gloria qui a reconstitué son terroir tel qu'il existait au moment du classement. Françoise, sa fille, Jean-Louis Triaud, le mari de cette dernière, ancien président des

Girondins de Bordeaux, et désormais leurs enfants ont, avec la complicité de Rémi di Constanzo, le maître de chai, métamorphosé le cru ces dernières années. Doté d'un outil de vinification performant, il semble gagner millésime après millésime la petite pureté qui pouvait parfois lui manquer naguère.

Les vins : dégusté à nouveau, le 2016 se referme et son boisé réapparaît. Il faut lui laisser le temps de se mettre en place. La structure est belle, mais pour l'heure, il est dissocié. En attendant, savourez un 2015 plus séduisant et harmonieux.

Saint-Julien 2015	73 €	17
Saint-Julien 2016	de 80 à 100 € (c)	17

Rouge : 17 hectares.
Cabernet-Sauvignon 75 %, Merlot 15 %, Cabernet franc 10 %
Production moyenne : 60 000 bt/an

CHÂTEAU SAINT-PIERRE (MÉDOC)
33250 Saint-Julien-Beychevelle
05 56 59 08 18 • www.domaines-henri-martin.com • Vente et visites : au domaine sur rendez-vous.
Propriétaire : Françoise Triaud
Directeur : Rémi di Constanzo

★★

CHÂTEAU SOCIANDO-MALLET

Le public a depuis longtemps consacré ce cru pourtant absent de tout classement officiel. Il suffit en effet de déguster tous les vins produits depuis vingt-cinq ans pour se rendre compte à quel point le terroir de Sociando-Mallet, constitué de graves de même nature que celle de Montrose ou Latour, figure parmi les meilleurs. Homme raisonnable et visionnaire, Jean Gautreau y a posé ses valises en 1969, et a hissé progressivement son cru au sommet de la qualité, à tel point que l'on compare volontiers aujourd'hui Sociando-Mallet aux meilleurs seconds crus classés du Médoc. Il suffit de déguster les 1982, 1990 et 1996 pour s'en convaincre. Le grand vin, aux arômes magnifiques de petits fruits rouges est bâti pour vieillir sur une, voire deux générations pour les derniers millésimes. Depuis quelques années, suite à un vaste programme de replantation, le cru s'appuie sur davantage de merlots, ce qui lui confère un style plus rond et flatteur, mais moins de profondeur et de distinction.

Les vins : le 2015 semble se durcir un peu. Ce vin généreusement merloté est charmeur, mais nous ne retrouvons pas l'éclat qui fait la légende du cru. Le 2016 est plus droit et séveux en bouche, tout en affichant lui aussi un côté assez ample et généreux.

Haut-Médoc 2015	de 30 à 40 € (c)	15,5
Haut-Médoc 2016	de 40 à 60 € (c)	16,5
Haut-Médoc La Demoiselle de Sociando-Mallet 2015	de 20 à 25 € (c)	14
Haut-Médoc La Demoiselle de Sociando-Mallet 2016	de 18 à 24 € (c)	15

Rouge : 82 hectares.
Cabernet-Sauvignon 55 %, Merlot 40 %, Cabernet franc 5 %
Production moyenne : 450 000 bt/an

CHÂTEAU SOCIANDO-MALLET
SCEA Jean Gautreau, Route de Mapon
33180 Saint-Seurin-de-Cadourne
05 56 73 38 80 • www.sociandomallet.com • Vente et visites : au domaine sur rendez-vous.
Propriétaire : Sylvie et Jean Gautreau
Directeur : François Huguenіot
Maître de chai : Arnaud Durand
Œnologue : Michel-Bernard Couasnon

★

CHÂTEAU D'ARMAILHAC

Dirigé avec efficacité par l'équipe de Mouton Rothschild, Château d'Armailhac représente une excellente affaire pour les amateurs. Son prix très raisonnable et sa régularité font de lui un cru désormais incontournable. L'exposition sur des croupes graveleuses proches de Mouton Rothschild et de Pontet-Canet se montre de qualité, et l'encépagement comporte un bon pourcentage de cabernet-sauvignon. Sous l'impulsion de Philippe Dhalluin, le vin a gagné en constitution depuis une décennie, et il est toujours amusant de le comparer à son compagnon d'écurie Clerc Milon, qui s'appuie davantage sur le merlot.

Les vins : le 2017 se montre séduisant, avec des notes de petits fruits frais et une finale acidulée. Un vin gourmand, tendre et juteux déjà très accessible. Le 2016 est un vin mûr, d'accès assez facile, comme souvent pour le cru. Il est néanmoins doté d'une jolie matière et de tanins encore un peu serrés.

- Pauillac 2015 52 € (c) 17
- Pauillac 2017 de 50 à 60 € (c) 16

Le coup de ♥

- Pauillac 2016 de 55 à 65 € (c) 16

Rouge : 70 hectares.
Cabernet-Sauvignon 52 %, Merlot 36 %, Cabernet franc 11 %, Petit Verdot 1 %
Production moyenne : 200 000 bt/an

CHÂTEAU D'ARMAILHAC
33250 Pauillac
05 56 73 20 20 • www.chateau-darmailhac.com • Pas de visites.
Propriétaire : Famille de Rothschild
Directeur : Philippe Dhalluin

★

CHÂTEAU BELGRAVE

Voisin des châteaux La Tour Carnet, Camensac et Lagrange, à un ruisseau de l'appellation Saint-Julien, Belgrave est géré en fermage par la maison de négoce Dourthe, elle-même propriété du groupe champenois Thiénot. Le cru a effectué des progrès notoires sous la direction de Frédéric Bonnaffous. Outre d'importants efforts réalisés à la vigne, la propriété a bénéficié d'investissements importants. Le vin, d'un style charnu et épanoui mais profond, s'est particulièrement affiné et s'est installé comme l'une des valeurs sûres de l'appellation. Les derniers millésimes constituent d'excellentes affaires pour les amateurs.

Les vins : le 2017 est juteux et très frais, avec une bouche guidée par un fruit généreux. Ses tanins sont souples et fondus. Avec un nez délicat et floral, le 2016 se montre déjà très séduisant. La bouche est en place, harmonieuse et portée par des tanins raffinés.

- Haut-Médoc 2015 34 € (c) 16,5
- Haut-Médoc 2017 de 35 à 45 € (c) 16,5

Le coup de ♥

- Haut-Médoc 2016 35 € (c) 17

Rouge : 59 hectares.
Merlot 50 %, Cabernet-Sauvignon 46 %, Petit Verdot 4 %
Production moyenne : 218 000 bt/an

CHÂTEAU BELGRAVE
33180 Saint-Laurent-du-Médoc
05 56 35 53 00 • www.dourthe.com • Vente et visites : au domaine sur rendez-vous.
Propriétaire : Vignobles Dourthe
Directeur : Frédéric Bonnaffous

★

CHÂTEAU BELLE-VUE

Depuis quelques années, ce petit cru du sud du Médoc s'impose comme une valeur sûre. Les vins sont ici d'une régularité sans faille depuis déjà quelques millésimes. Particularité, l'encépagement est fortement marqué par le petit verdot, cépage qui donne d'ailleurs naissance à une cuvée originale. D'un rapport qualité-prix très intéressant, les vins produits ici ont toute leur place dans la cave des amateurs.

Les vins : après des 2015 et 2016 très bien constitués (le 2016 possédant un éclat supplémentaire), le 2017 joue la carte du fruit, avec une bouche juteuse et acidulée en finale. Le petit verdot est plus qu'une simple curiosité, un vin solide, mais qui conserve un beau raffinement. Il ne craindra pas quelques années de cave.

- Bordeaux Petit Verdot by Belle-Vue 2016 de 10 à 20 € (c) 15
- Haut-Médoc 2015 15 € 16,5
- Haut-Médoc 2016 15 € (c) 16,5
- Haut-Médoc 2017 17 € 16

Rouge : 14,58 hectares.
Cabernet-Sauvignon 50 %, Merlot 30 %, Petit Verdot 20 %
Production moyenne : 110 000 bt/an

CHÂTEAU BELLE-VUE
103, route de Pauillac, 33460 Macau
05 57 88 19 79 • www.chateau-belle-vue.fr • Vente et visites : au domaine sur rendez-vous.
Propriétaire : Heritiers Vincent Mulliez
Directeur : Yannick Reyrel
Maître de chai : Jérôme Pineau (Régisseur)
Œnologue : Christophe Coupez

★

CHÂTEAU BEYCHEVELLE

Depuis 2011, cette propriété emblématique de Saint-Julien appartient pour moitié à Pierre Castel et pour l'autre au groupe japonais Suntory. Il jouit d'une fort belle réputation, produisant avec régularité des vins élégants et toujours digestes.

Sans être les plus démonstratifs, ils vieillissent aussi très bien. Comme bien des crus du Médoc, le château s'est mis "à la page" du côté des infrastructures de vinification et semble encore progresser dans la précision de ses vins.

Les vins : 2017 possède un charme fou. C'est un vin raffiné, à la bouche soyeuse, mais aussi très intense. Le cru progresse encore en précision aromatique et en définition du fruit. Le 2016 possède un grain superbe, une texture souple, mais beaucoup d'intensité. Le vin s'allonge et livre une finale vibrante, caressante.

Saint-Julien 2015 — 99 € — 17,5
Saint-Julien 2017 — de 80 à 100 € (c) — 17,5

Le coup de ♥

Saint-Julien 2016 — 110 € — 18

Rouge : 90 hectares.
Production moyenne : 480 000 bt/an

CHÂTEAU BEYCHEVELLE
33250 Saint-Julien-Beychevelle
05 56 73 20 70 • www.beychevelle.com •
Vente et visites : au domaine sur rendez-vous.
Propriétaire : Pierre Castel et Groupe Suntory
Directeur : Philippe Blanc

★

CHÂTEAU BRANAS GRAND POUJEAUX

Bien situé entre Chasse-Spleen et Poujeaux, sur le plateau de Grand Poujeaux, le château connaît une nouvelle vie depuis son rachat par Justin Onclin, également en charge de Prieuré-Lichine à Margaux et propriétaire du château Villemaurine à Saint-Émilion. Le domaine s'est doté de toutes les installations techniques nécessaires à l'élaboration d'un grand vin et propose depuis déjà quelques millésimes un des moulis les plus séduisants et charmeurs.

Les vins : très rond, suave, plein, avec une bouche chaleureuse, mais une belle gestion de la finesse tannique, 2016 est une nouvelle référence pour le cru. Rond, mais d'une bonne densité, Les Éclats est un vin de belle franchise à boire sur sa jeunesse.

Moulis 2015 — 32 € (c) — 16,5
Moulis 2016 — 36 € — 17
Moulis Les Éclats de Branas 2016 — 19,90 € — 14,5

Rouge : 12 hectares.
Merlot 50 %, Cabernet-Sauvignon 45 %, Petit Verdot 5 %
Production moyenne : 35 000 bt/an

CHÂTEAU BRANAS GRAND POUJEAUX
33480 Moulis-en-Médoc
05 56 58 93 30 •
www.branasgrandpoujeaux.com • Vente et visites : au domaine sur rendez-vous.
Propriétaire : Justin Onclin
Directeur : Cynthia Capelaere
Œnologue : Hubert de Boüard

★

CHÂTEAU CANTEMERLE

Philippe Dambrine maîtrise bien son sujet et les amateurs avisés doivent s'intéresser de près à ce cru dont les derniers millésimes sont de belles réussites, à des prix demeurant très abordables. Si Cantemerle a toujours produit des vins élégants et digestes, ceux élaborés depuis une dizaine d'années ajoutent un supplément de profondeur et de définition, et le positionnent clairement comme l'un des meilleurs rapports qualité-prix de tout le Médoc. Le travail au vignoble et les choix de vinification et d'assemblage opérés depuis quelques années paient. Il faut en profiter, d'autant que le potentiel de garde est remarquable.

Les vins : dégusté à plusieurs reprises, le 2016 se resserre un peu. L'énergie de la bouche est là, avec de la matière, de la persistance et un côté juteux. Laissons-lui le temps de se mettre en place. 2015 est plus flamboyant à ce stade, avec un joli gras.

Haut-Médoc 2015 — 39 € (c) — 17

Le coup de ♥

Haut-Médoc 2016 — 35 € (c) — 17

Rouge : 93 hectares.
Cabernet-Sauvignon 64 %, Merlot 27 %, Cabernet franc 5 %, Petit Verdot 4 %
Production moyenne : 420 000 bt/an

CHÂTEAU CANTEMERLE
33460 Macau
05 57 97 02 82 • www.cantemerle.com •
Vente et visites : au domaine sur rendez-vous.

Propriétaire : Groupe SMA
Directeur : Philippe Dambrine
Œnologue : Éric Boissenot

★

CHÂTEAU CHASSE-SPLEEN

Ce cru jouit d'une excellente réputation, bien méritée d'ailleurs. Chasse-Spleen possède un très beau terroir, situé, pour une grande part, sur les magnifiques sols de graves du secteur de Grand Poujeaux. Sa richesse de constitution et sa puissance aromatique le situent en tête de l'appellation, avec des vins toujours élégants, digestes et évitant le caractère parfois un peu rustique que l'on trouve dans le secteur.

Les vins : tout en suavité, le 2015 est un vin déjà très plaisant, mais aussi équipé pour vieillir à merveille. Ses tanins dentellés raviront les amateurs du cru. 2016 est encore supérieur grâce à l'éclat et à la définition de son fruit. Un vin vraiment séduisant et de grande allonge.

Moulis 2015	28 € (c)	16,5
Moulis 2016	30 € (c)	17

Rouge : 103,5 hectares.
Cabernet-Sauvignon 52 %, Merlot 40 %, Petit Verdot 5 %, Cabernet franc 3 %
Blanc : 3,5 hectares.
Sauvignon blanc 45 %, Sémillon 45 %, Muscadelle 10 %
Production moyenne : 700 000 bt/an

CHÂTEAU CHASSE-SPLEEN
32, chemin de la Raze,
33480 Moulis-en-Médoc
05 56 58 02 37 • www.chasse-spleen.com •
Vente et visites : au domaine sur rendez-vous.
Propriétaire : Céline Villars-Foubet

★

CHÂTEAU CLARKE

Dans cette propriété historique du Médoc, acquise en 1973 par le baron Edmond de Rothschild, le vignoble a été totalement replanté et des installations techniques de premier ordre ont été mises en place. Le domaine est désormais dirigé par son fils Benjamin, et l'équipe produit un vin de très belle régularité, avec une dominante de merlot, ce qui lui confère opulence et ampleur. Il a néanmoins gagné en finesse ces dernières années.

Les vins : avec sa matière très mûre, son corps généreux et sa grande ampleur, le 2016 est promis à un superbe avenir. Il est construit sur une belle trame tannique. Une référence pour le cru. Dévoilant des notes de fruits blancs bien mûrs, de tilleul, d'infusion, le blanc 2018 est élégant et séduisant.

Bordeaux Le Merle Blanc 2017	20,20 €	14,5
Bordeaux Le Merle Blanc 2018	20,20 €	15
Listrac-Médoc 2015	30 €	16
Listrac-Médoc 2016	25 €	17

Rouge : 55 hectares.
Merlot 70 %, Cabernet-Sauvignon 30 %
Blanc : 3 hectares.
Sauvignon blanc 70 %, Muscadelle 10 %, Sauvignon gris 10 %, Sémillon 10 %
Production moyenne : 250 000 bt/an

CHÂTEAU CLARKE
1, route de Listrac 33480 Listrac-Médoc
05 56 58 38 00 •
www.edmondderotschildheritage.com •
Visites : Pas de visites.
Propriétaire : Benjamin de Rothschild
Directeur : Boris Bréau
Maître de chai : Mireille Segonne
Œnologue : Fabrice Darmaillacq

★

CHÂTEAU CLERC MILON

Ce château fait partie de l'écurie des domaines Rothschild (Mouton). Il est toujours passionnant de le comparer à son frère Armailhac. Vinifié par la même équipe, le second joue le classicisme, avec une proportion significative de cabernet-sauvignon dans son assemblage, tandis que le premier compte sur une proportion plus importante de merlot. Après une période en dents de scie, le cru retrouve son meilleur niveau, avec une concentration et un velouté mieux définis. Entre 2007 et 2011, les infrastructures ont été modernisées, lui permettant de gagner en définition.

Les vins : le cru progresse régulièrement et 2017 le confirme. Il s'agit d'un vin bien constitué, avec une importante proportion de cabernet franc. Il déploie des arômes de fruits, complétés d'une touche poivrée. Complet et délicieux. Le 2016 confirme sa superbe tenue, c'est un vin intense, puissant et de très belle définition. Il s'est refermé, mais le muscle est là. Patience.

Pauillac 2015	91 € (c)	17
Pauillac 2017	de 80 à 90 € (c)	17

Le coup de ♥

Pauillac 2016	de 85 à 95 € (c)	17,5

Rouge : 41 hectares.
Cabernet-Sauvignon 50 %, Merlot 37 %, Cabernet franc 10 %, Petit Verdot 2 %, Carmenère 1 %
Production moyenne : 170 000 bt/an

CHÂTEAU CLERC MILON
33250 Pauillac
05 56 73 20 20 • www.chateau-clerc-milon.com • Vente et visites : au domaine sur rendez-vous.
Propriétaire : Famille de Rothschild
Directeur : Philippe Dhalluin

★

CHÂTEAU DAUZAC

Laurent Fortin, directeur du cru depuis 2014, s'applique à pousser encore plus loin le sens de l'exigence et ne cache pas ses ambitions. Que ce soit dans le vignoble ou grâce au nouveau chai entré en fonction avec le millésime 2014, Dauzac est désormais dans la course et les derniers millésimes s'avèrent particulièrement réussis.

Les vins : 2017 ne cesse de nous bluffer. Il est vraiment admirable, enrobé et dense à souhait, sans perdre une once de raffinement, porté par un boisé légèrement toasté. 2016 est affiné et très éclatant. Le fruit est limpide et juteux ; la finale déroule de jolies notes finement salines.

Margaux 2015	45 € (c)	17
Margaux 2016	de 45 à 60 € (c)	17,5

Le coup de ♥

Margaux 2017	51 €	17,5

Rouge : 46 hectares.
Cabernet-Sauvignon 70 %, Merlot 30 %
Production moyenne : 280 000 bt/an

CHÂTEAU DAUZAC
1, avenue Georges-Johnston 33460 Labarde
05 57 88 32 10 • www.chateaudauzac.com • Vente et visites : au domaine sur rendez-vous.
Propriétaire : MAIF
Directeur : Laurent Fortin
Maître de chai : Frédéric Benour
Œnologue : Éric Boissenot

★

CHÂTEAU DUHART-MILON

Le petit frère de Lafite Rothschild bénéficie de toute l'attention d'Éric Kohler et de son équipe. Doté d'un beau terroir de graves, situé en plein cœur de Pauillac, il a longtemps souffert du jeune âge des vignes. Les années passant, le cru est désormais bien en place. Produisant des vins sérieux, classiques et très denses, qui vieillissent à merveille, Duhart est une valeur sûre de Pauillac.

Les vins : Duhart 2016 confirme ses belles dispositions, le vin est solide, intense et doté d'une très belle matière avec une finale sapide et juteuse. Le 2015 possède beaucoup de charme, du gras et une bouche bien en place. Une belle référence.

Pauillac 2015	70 € (c)	16,5

Le coup de ♥

Pauillac 2016	de 80 à 90 € (c)	17

Rouge : 65 hectares.
Cabernet-Sauvignon 70 %, Merlot 30 %
Production moyenne : 240 000 bt/an

CHÂTEAU DUHART-MILON
33250 Pauillac
05 56 73 18 18 • www.lafite.com • Vente et visites : au domaine sur rendez-vous.
Propriétaire : Famille de Rothschild
Directeur : Éric Kohler

★

CHÂTEAU DES EYRINS

Repris par Julie et Xavier Gonet-Médeville, en 2009, ce cru ne cesse de progresser et s'est désormais doté d'un outil de vinification qui lui permettra de continuer à progresser tranquillement. Son vignoble de 2,5 hectares, très bien situé à Margaux, est capable de produire un vin raffiné et élégant, et de défier bien des crus classés. Une belle découverte en dehors des sentier très balisés.

Les vins : le 2016 monte en puissance, le vin est suave, doté de jolis tanins. Il sera parfait d'ici quelques années. 2015 est élégant, mais plus tendre.

Margaux 2015 — 25 € — 16

Le coup de ♥

Margaux 2016 — 32 € — 16,5

Rouge : 2,9 hectares.
Cabernet-Sauvignon 88 %, Merlot 10 %, Petit Verdot 2 %
Production moyenne : 15 000 bt/an

CHÂTEAU DES EYRINS
26, rue Général de Gaulle, 33460 Margaux
05 56 76 28 44 • www.gonet-medeville.com
• Vente et visites : au domaine sur rendez-vous.
Propriétaire : Famille Gonet-Médeville

★

CHÂTEAU FERRIÈRE

Toute petite propriété, Ferrière continue de tracer sa route. Claire Villars-Lurton qui la dirige ne ménage pas ses efforts : construction d'un nouveau chai, opérationnel depuis les vendanges 2013 et certification du vignoble en biodynamie depuis 2015. Les vins gagnent tous les ans un peu plus en densité, proposant un style bien typé, sans jamais chercher à jouer les gros bras. C'est désormais une valeur sûre de Margaux.

Les vins : le grain du 2017 se distingue, avec une texture de bouche légèrement poudrée et une maturité vibrante du fruit en bouche. Posé et raffiné, voilà un vin qui se démarque. Difficile de résister au style très charmeur du 2016, digeste, posé et très en place. À suivre de près.

Margaux 2015 — 44 € (c) — 17

Margaux 2016 — de 50 à 60 € (c) — 17,5

Le coup de ♥

Margaux 2017 — de 45 à 55 € (c) — 17,5

Rouge : 18 hectares.
Production moyenne : 50 000 bt/an

CHÂTEAU FERRIÈRE
33460 Margaux
05 57 88 76 65 • info@ferriere.com • Vente et visites : au domaine sur rendez-vous.
Propriétaire : Claire Villars-Lurton

★

CHÂTEAU FOURCAS HOSTEN

Les spectaculaires progrès réalisés par cette propriété de Listrac, depuis son rachat par la famille Momméja (Hermès), en font désormais une des références de l'appellation. Les frères Renaud et Laurent Momméja ne ménagent pas leurs efforts pour permettre au cru de s'exprimer pleinement. Le vignoble a été entièrement repris en main et un outil de vinification performant a été bâti. Un excellent rapport qualité-prix à ne pas laisser passer.

Les vins : le cru a produit une très belle série de millésimes dont un 2017 tout en fruit et très éclatant. Il succède à un 2016 de référence, charnu, ample et d'un très bel équilibre, aux notes de fruits très frais, mais encore un peu sur la retenue. 2015 apparaît plus accessible, mais ne possède pas tout à fait le même éclat. La propriété produit par ailleurs un blanc en plein progrès. 2018 est superbe.

Bordeaux 2016 — 25 € — 15

Bordeaux 2018 — de 26 à 30 € (c) — 16

Listrac-Médoc 2015 — 20 € — 16,5

Listrac-Médoc 2017 — de 18 à 25 € (c) — 16,5

Le coup de ♥

Listrac-Médoc 2016 — 22 € — 17

Rouge : 38,07 hectares.
Cabernet-Sauvignon 55 %, Merlot 40 %, Cabernet franc 2,5 %, Petit Verdot 2,5 %
Blanc : 2,2 hectares.
Sauvignon blanc 68 %, Sémillon 18 %, Sauvignon gris 14 %
Production moyenne : 200 000 bt/an

CHÂTEAU FOURCAS HOSTEN
5, rue Odilon-Redon, 33480 Listrac-Médoc
05 56 58 01 15 • www.fourcas-hosten.com • Vente et visites : au domaine sur rendez-vous.
Propriétaire : Laurent et Renaud Momméja
Directeur : Sophie Solnicki-Thierry
Maître de chai : Grégory Meytadier
Œnologue : Éric Boissenot (rouges) et Athanase Fakorellis (blancs)

★

CHÂTEAU GLORIA

Constitué patiemment, parcelle après parcelle, dans la deuxième moitié du XXe siècle par Henri Martin, Gloria est l'une des marques fortes des crus non classés du Médoc. Cette réputation n'est pas usurpée, loin de là, comme en témoignent les dernières cuvées. Toujours très complet, coloré et concentré, le cru a été très peu pris en défaut dans la dernière décennie. Il vieillit harmonieusement, mais les amateurs les plus pressés pourront se régaler en le buvant dès cinq ans d'âge.

Les vins : comme nous le pressentions, 2016 est une réussite majeure pour la propriété, qui ajoute un supplément de profondeur et de définition au cru. Superbe. À la fois opulent, généreux et charnu, le 2015 est en place et très séduisant. Il ira néanmoins très loin.

Saint-Julien 2015 de 50 à 60 € (c) 17

Le coup de ♥

Saint-Julien 2016 de 50 à 55 € (c) 17

Rouge : 50 hectares.
Cabernet-Sauvignon 65 %, Merlot 25 %,
Cabernet franc 5 %, Petit Verdot 5 %
Production moyenne : 300 000 bt/an

CHÂTEAU GLORIA
33250 Saint-Julien-Beychevelle
05 56 59 08 18 •
www.domaines-henri-martin.com • Vente et visites : au domaine sur rendez-vous.
Propriétaire : Françoise Triaud
Directeur : Rémi Di Costanzo

★

CHÂTEAU HAUT-BATAILLEY

Une nouvelle histoire a débuté pour ce cru longtemps géré en fermage par François-Xavier Borie (Grand-Puy-Lacoste), qui a été vendu en 2017 à la famille Cazes. Les installations techniques vont être améliorées, le vignoble va s'étendre et le cru va poursuivre son développement. Nous ne sommes pas inquiets quant à la capacité des nouveaux propriétaires de pousser Haut-Batailley encore plus loin.

Les vins : 2017 est le premier millésime vinifié sous l'ère Cazes. C'est un vin très charmeur, juteux et joliment enrobé. Il déroule une agréable finale aux notes acidulées et salivantes. 2016 possède ici un profil charmeur, frais et gourmand. Un vin qui joue la carte de l'élégance, avec une bouche ronde et déjà plus accessible que nombre de des voisins.

Pauillac 2016 de 70 à 80 € (c) 16,5

Le coup de ♥

Pauillac 2017 de 60 à 70 € (c) 17

Rouge : 22 hectares.
Production moyenne : 110 000 bt/an

CHÂTEAU HAUT-BATAILLEY
33250 Pauillac
05 56 59 06 37 • www.jmcazes.com • Vente et visites : au domaine sur rendez-vous.
Propriétaire : Famille Cazes
Directeur : Jean-Charles Cazes
Maître de chai : Maxime Podevin
Œnologue : Daniel Llose

★

CHÂTEAU KIRWAN

Les ambitions de la famille Schÿler pour le cru sont réelles et l'entrée en fonction avec le millésime 2015 de nouvelles installations techniques a poussé Kirwan en avant. La petite période durant laquelle le cru nous a semblé un peu en deçà semble bien révolue, et Philippe Delfaut, l'efficace directeur technique, jouit désormais de tous les outils pour replacer Kirwan au sein de l'élite.

Les vins : 2016 s'impose comme une référence pour Kirwan, délivrant un vin à la fois intense, plein en bouche et raffiné en finale. Un bel équilibre qui permet au fruit de demeurer éclatant. 2015 déploie un corps aux arômes de fruits frais. Souple, mais étiré et racé.

Margaux 2015 30 € 16,5

Margaux 2016 30 € 17

Rouge : 37 hectares.
Cabernet-Sauvignon 47 %, Merlot 35 %,
Cabernet franc 10 %, Petit Verdot 8 %
Production moyenne : 200 000 bt/an

CHÂTEAU KIRWAN
33460 Cantenac
05 57 88 71 00 • www.chateau-kirwan.com • Vente et visites : au domaine sur rendez-vous.
Propriétaire : Famille Schÿler
Directeur : Philippe Delfaut

Œnologue : Éric Boissenot

★

CHÂTEAU LABÉGORCE

La famille Perrodo, propriétaire des châteaux Labégorce, Labégorce-Zédé et Marquis d'Alesme, a décidé d'unifier les deux crus sous le nom de Labégorce. Une réorganisation du parcellaire a été opérée et tout est mis en œuvre pour faire de cette marque une des références des crus non classés de Margaux. Les anciens millésimes, vendus sous le nom de Labégorce-Zédé, sont généralement d'un très bon niveau.

Les vins : velouté et épicé, 2015 est un vin tout en charme et en finesse. La finale est encore marquée par le bois, ce qui confère une petite rugosité aux tanins. Il faut donc patienter encore un peu. 2016 semblait allait plus loin en matière de définition.

- Margaux 2015 — 30 € (c) — 16
- Margaux 2016 — 30 € (c) — 16,5

Rouge : 65 hectares.
Cabernet-Sauvignon 50 %, Merlot 45 %, Cabernet franc 3 %, Petit Verdot 2 %
Production moyenne : 120 000 bt/an

CHÂTEAU LABÉGORCE
Route de Labégorce, 33460 Margaux
05 57 88 71 32 • www.labegorce.com •
Vente et visites : au domaine sur rendez-vous.
Propriétaire : Famille Perrodo
Directeur : Marjolaine De Coninck

★

CHÂTEAU LA LAGUNE

Situé à l'entrée du Médoc, ce cru impose son style caractéristique, exprimant toujours beaucoup de finesse et d'élégance. Piloté par Caroline Frey depuis 2004, le cru a produit une série de millésimes de très bon niveau qui lui permettent de s'insérer au sommet des crus de son appellation. Il faut dire que le château a toutes les cartes en main pour triompher : un terroir très intéressant, homogène, et un outil de vinification dernier cri. Voilà une valeur sûre qui a néanmoins été douloureusement frappé par les aléas climatiques de ces derniers millésimes.

Les vins : d'une admirable finesse, avec une matière très délicate, des tanins suaves et une finale veloutée, le 2017 s'impose comme une très belle réussite. Un vin harmonieux et équilibré. Très précis et guidé par un fruité net et éclatant, le 2016 est un vin à la fois suave et intense. Belle rétro-olfaction des saveurs en finale et texture soyeuse.

- Haut-Médoc 2015 — 40 € (c) — 17
- Haut-Médoc 2017 — de 38 à 50 € (c) — 17

Le coup de ♥

- Haut-Médoc 2016 — 62 € (c) — 17,5

Rouge : 110 hectares.
Production moyenne : 150 000 bt/an

CHÂTEAU LA LAGUNE ♣
33290 Ludon-Médoc
05 57 88 82 77 • www.chateau-lalagune.com
• Vente et visites : au domaine sur rendez-vous.
Propriétaire : Famille Frey
Directeur : Caroline Frey

★

CHÂTEAU LASCOMBES

Passé en 2011 sous le contrôle de la mutuelle des professions de santé, la MACSF, Lascombes est un cru classé qui a trouve une belle vitesse de croisière. Sous la direction de Dominique Befve, le cru cultive un style plutôt moderne et charmeur, élaborant des vins au profil mûr, généreux et ample, mais qui vieillissent plutôt bien. Des margaux charnus désormais dignes de confiance.

Les vins : cultivant son style ample, avec un boisé généreux et une maturité poussée, 2016 est un vin qui nourrit. Dense, très puissant, il doit maintenant canaliser son énergie. Le 2017 affiche une maturité aboutie du fruit et un côté plein en bouche. Un vin opulent, mais sans lourdeur.

- Margaux 2015 — 70 € (c) — 16,5
- Margaux 2017 — de 55 à 72 € (c) — 16,5

Le coup de ♥

- Margaux 2016 — 86 € — 16,5

Rouge : 130 hectares.
Merlot 50 %, Cabernet-Sauvignon 45 %, Petit Verdot 5 %
Production moyenne : 500 000 bt/an

CHÂTEAU LASCOMBES

1, cours de Verdun 33460 Margaux
05 57 88 70 66 • www.chateau-lascombes.com • Vente et visites : au domaine sur rendez-vous.

Propriétaire : Groupe MACSF
Directeur : Dominique Befve
Maître de chai : Delphine Barboux
Œnologue : Michel Rolland

★

CHÂTEAU MEYNEY

Magnifiquement situé en bord de Gironde et proche voisin de Montrose, Meyney a été, dans les années 1960 et 1980, l'un des meilleurs crus non classés de Saint-Estèphe et même du Médoc. Dans les grands millésimes (1961, 1986 et 1989 en particulier), ses vins, robustes et charpentés, montrent élégance et race en raison d'un terroir exceptionnel. Hélas, durant la décennie 1990, le cru s'est laissé aller à la facilité et a produit une série de vins indignes de son potentiel. Depuis son rachat par une filiale du Crédit agricole, il fait l'objet d'une sérieuse reprise en main le conduisant vers les sommets ces dernières années.

Les vins : le potentiel de Meyney est indéniable et les vins atteignent un très haut niveau ces dernières années. 2016 est plus que complet, d'un raffinement, d'une profondeur et d'une fraicheur digne d'un bon cru classé. Avec la tenue habituelle du cru et sa belle définition, le 2015 est aussi enrobé et bien fondu.

Saint-Estèphe 2015	28 €	17
Saint-Estèphe 2016	38 € (c)	17,5

Rouge : 51 hectares.
Cabernet-Sauvignon 50 %, Merlot 35 %, Petit Verdot 15 %
Production moyenne : 340 000 bt/an

CHÂTEAU MEYNEY

33180 Saint-Estèphe
05 56 59 00 40 • www.cagrandscrus.com • Visites : Pas de visites.

Propriétaire : CA Grands Crus
Directeur : Anne Le Naour

★

CHÂTEAU ORMES DE PEZ

Cette jolie propriété doit son nom aux beaux ormes qui ornaient jadis son jardin. Dans le giron de la famille Cazes (Lynch-Bages) depuis les années 30, Ormes de Pez produit un vin qui séduit les amateurs par son bouquet ample, riche et séduisant. Il se boit en général assez rapidement et fait preuve d'une grande régularité depuis plus de dix ans, grâce au travail d'une équipe parfaitement rodée. Une bonne affaire.

Les vins : d'une très jolie sensualité en bouche, 2015 est déjà délicieux aujourd'hui. Un vin soyeux et de belle densité. Avec son bel éclat et son fruité très frais, 2016 est une très belle réussite. La bouche exhale de superbes saveurs et livre une finale aux tanins soyeux.

Saint-Estèphe 2015	de 30 à 50 € (c)	16,5
Le coup de ♥		
Saint-Estèphe 2016	de 30 à 50 € (c)	17

Rouge : 40 hectares.
Cabernet-Sauvignon 48 %, Merlot 42 %, Cabernet franc 8 %, Petit Verdot 2 %
Production moyenne : 200 000 bt/an

CHÂTEAU ORMES DE PEZ

33180 Saint-Estèphe
05 56 73 24 00 • www.ormesdepez.com • Vente et visites : au domaine sur rendez-vous.

Propriétaire : Famille Cazes
Directeur : Jean-Charles Cazes
Œnologue : Daniel Llose

★

CHÂTEAU DE PEZ

La famille Rouzaud (champagnes Louis Roederer et château Pichon-Longueville Comtesse de Lalande à Pauillac) a magnifiquement restauré le château de Pez, l'une des plus anciennes propriétés médocaines, porte-drapeau des crus bourgeois. Il dispose d'un joli terroir d'un seul tenant et après une phase plus "merlotée", privilégie désormais le cabernet dans l'assemblage, ce qui confère au vin plus de droiture.

Les vins : racé, droit, doté d'une très belle sève, tout en étant enrobé et charmeur, le 2015 est un vin déjà délicieux. Le 2016 présente un profil un peu plus sérieux ; il est aussi plus élancé et plus éclatant, droit et sapide en finale.

Saint-Estèphe 2015 de 35 à 45 € (c) 17

Le coup de ♥

Saint-Estèphe 2016 de 40 à 50 € (c) 17,5

Rouge : 48 hectares.
Cabernet-Sauvignon 47 %, Merlot 44 %, Cabernet franc 6 %, Petit Verdot 3 %
Production moyenne : 200 000 bt/an

CHÂTEAU DE PEZ
33180 Saint-Estèphe
05 56 59 30 26 • www.chateaudepez.com • Visites : Pas de visites.
Propriétaire : Famille Rouzaud
Directeur : Nicolas Glumineau

★

CHÂTEAU PHÉLAN SÉGUR

Cette très belle propriété emblématique de Saint-Estèphe, au superbe terroir au bord de la Gironde a, depuis janvier 2018, un nouveau propriétaire. C'est à l'industriel belge Philippe Van de Vyvere que revient désormais la tâche d'écrire les futures pages de ce qui est indiscutablement l'un des meilleurs crus non classés du Médoc. Il a pour cela toutes les clés en main et devrait poursuivre dans la voie empruntée depuis quelques années déjà. Phélan Ségur produit un vin noble, pas toujours démonstratif, mais racé et vieillissant bien.

Les vins : le 2016 est plein d'éclat, avec un fruit juteux et une bouche tramée au très beau potentiel. 2015 est plus rond, mentholé, exubérant et très séduisant.

Saint-Estèphe 2015 48 € 17

Le coup de ♥

Saint-Estèphe 2016 de 50 à 60 € (c) 17,5

Rouge : 70 hectares.
Cabernet-Sauvignon 57 %, Merlot 43 %
Production moyenne : 350 000 bt/an

CHÂTEAU PHÉLAN SÉGUR
Rue des Ecoles, 33180 Saint-Estèphe
05 56 59 74 00 • www.phelansegur.com • Vente et visites : au domaine sur rendez-vous.
Propriétaire : Philippe Van de Vyvere et Fils
Directeur : Véronique Dausse
Œnologue : Michel Rolland

★

CHÂTEAU POTENSAC

Les amateurs de bonnes affaires le savent, Château Potensac est le porte-drapeau de l'appellation Médoc, grâce aux 300 000 bouteilles produites chaque année et à la régularité de sa qualité. Petit frère d'écurie de Léoville Las Cases, il bénéficie de tout le savoir-faire de l'équipe et, grâce au vieillissement du vignoble, il produit désormais le meilleur vin de son appellation. Délicieux après deux ou trois ans de bouteille, il est aussi capable de vieillir longtemps. Son style mêle générosité et précision, sans lourdeur ni vulgarité.

Les vins : ne manquez pas le très beau 2016, le plus solidement constitué qui soit ici. Il a pour lui profondeur et équilibre. En l'attendant, régalez-vous du 2017, un vin éclatant, juteux et délicieusement fruité, que vous pouvez également attendre un peu.

Médoc 2015 20 € 16
Médoc 2016 de 27 à 35 € (c) 16
Médoc 2017 de 25 à 32 € (c) 15,5

Rouge : 81 hectares.
Production moyenne : 300 000 bt/an

CHÂTEAU POTENSAC
33340 Ordonnac
05 56 73 25 26 • www.domaines-delon.com • Vente et visites : au domaine sur rendez-vous.
Propriétaire : Jean-Hubert Delon
Directeur : Pierre Graffeuille

★

CHÂTEAU POUJEAUX

Marque emblématique de l'appellation, Poujeaux dispose d'un magnifique potentiel qu'il exploite à nouveau grâce, entre autres, aux conseils de Stéphane Derenoncourt. Sous la houlette des Cuvelier (Clos Fourtet), Poujeaux s'est remis dans la course à l'excellence, produisant des vins fort attrayants, soyeux et qui vieillissent souvent très bien. Les derniers millésimes sont au niveau.

Les vins : 2015 commence un début d'évolution, avec une bouche tendre et des tanins fins. On peut commencer à le boire. 2016 se montre un peu plus nerveux, avec une bouche de jolie droiture. Il est davantage construit sur la finesse que la puissance. 2017 est plutôt tendre, en demi-puissance, avec un côté déjà très rond et accessible.

Moulis 2015	30 €	15,5
Moulis 2016	34 €	16
Moulis 2017	30 €	15,5

Rouge : 68 hectares.
Cabernet-Sauvignon 50 %, Merlot 40 %, Cabernet franc 5 %, Petit Verdot 5 %
Production moyenne : 350 000 bt/an

CHÂTEAU POUJEAUX
450, avenue de la Gironde, 33480 Moulis-en-Médoc
05 56 58 02 96 • www.chateau-poujeaux.com • Vente et visites : au domaine sur rendez-vous.
Propriétaire : Philippe Cuvelier
Directeur : Matthieu Cuvelier
Maître de chai : Laurent Perroteau
Œnologue : Stéphane Derenoncourt

★

CHÂTEAU PRIEURÉ-LICHINE

Le cru appartient depuis 1999 au groupe Ballande, implanté en Nouvelle-Calédonie. Depuis l'entrée en fonction, en 2013, du nouveau cuvier, nous constatons des progrès très sensibles. Les vins qui pouvaient parfois manquer de volume et de profondeur par rapport aux meilleurs se sont bien densifiés. Cette ambition nouvelle et les moyens qui ont été donnés étaient nécessaires. Les tarifs raisonnables en font une belle affaire pour les amateurs.

Les vins : le 2016 est l'un des plus tendres de l'appellation, avec une bouche gracile, fine et digeste. Un vin délié mais plaisant. 2017 confirme les progrès du cru. Il se montre soyeux, fin et doté d'un joli fruit qui le rend immédiatement séduisant et appétent.

Margaux 2015	35 € (c)	16,5
Margaux 2017	de 35 à 42 € (c)	16

Le coup de ♥

Margaux 2016	48 €	16

Rouge : 78 hectares.
Cabernet-Sauvignon 50 %, Merlot 45 %, Petit Verdot 5 %
Blanc : 2,2 hectares.
Sauvignon blanc 70 %, Sémillon 30 %
Production moyenne : 300 000 bt/an

CHÂTEAU PRIEURÉ-LICHINE
34, avenue de la Cinquième-République
33460 Cantenac
05 57 88 36 28 • www.prieure-lichine.fr • Vente et visites : au domaine sur rendez-vous.
Propriétaire : Groupe Ballande
Directeur : Étienne Charrier
Œnologue : Stéphane Derenoncourt

★

CHÂTEAU RAUZAN-GASSIES

Sans être le plus démonstratif ou le plus profond des crus classés, Rauzan-Gassies a retrouvé, depuis une décennie, un rang fort honorable, même si nous pensons qu'il peut viser encore plus haut. Le vignoble a été sérieusement repris en main et le château s'est doté d'un outil de vinification à la hauteur de ses ambitions. il faudra suivre les prochains millésimes de près.

Les vins : le 2016 n'a rien perdu de son charme. C'est un vin au fruité tendre, séduisant et agréable. Un vin de demi-puissance aux tanins déjà fondus. Travaillé pour être élégant, avec un côté fluide, digeste et séduisant, le 2017 est plaisant. Un vin tendre que l'on pourra savourer sur la vigueur de son fruit ou oublier quelques années en cave.

Margaux 2015	55 € (c)	16
Margaux 2017	de 50 à 60 € (c)	16

Le coup de ♥

Margaux 2016	de 55 à 65 € (c)	16

Rouge : 60 hectares.
Merlot 60 %, Cabernet-Sauvignon 35 %, Cabernet franc 5 %
Production moyenne : 100 000 bt/an

CHÂTEAU RAUZAN-GASSIES
33460 Margaux
05 57 88 71 88 • www.rauzangassies.fr • Pas de visites.
Propriétaire : Famille Quié
Œnologue : Éric Boissenot

★

CHÂTEAU ROLLAN DE BY

Cette propriété créée par Jean Guyon est désormais un classique du Médoc, tant avec la cuvée du domaine qu'avec l'ambitieuse cuvée Haut Condissas. Rollan de By doit son succès à un prix raisonnable, et surtout à un style séduisant dès sa prime jeunesse : le vin exprime des notes de fruits rouges mûrs, un boisé généreux parfaitement intégré, et développe un corps onctueux et savoureux, riche mais jamais dénué de fraîcheur. Il vieillit de surcroît très bien. Haut Condissas, cuvée confidentielle, se distingue par davantage de concentration et de richesse et ambitionne de se mesurer aux crus classés. Elle y parvient indéniablement.

Les vins : flamboyant et généreux en bouche, le 2015 n'a rien perdu de son charme. C'est un vin gourmand, accessible et délicieux. Haut Condissas 2015 continue sa très belle évolution et déploie des tanins superbes, avec un côté rond et crémeux en bouche. Un vin plein de charme. Avec son côté très opulent, riche et gras, le blanc (nouveauté du château) affiche un côté charmeur et immédiat. Buvez-le dès maintenant.

Bordeaux 2017	15 €	14,5
Médoc 2015	12 €	16,5
Médoc 2016	15 € (c)	16,5
Médoc Château Haut Condissas 2016	34 € (c)	17,5

Le coup de ♥

Médoc Château Haut Condissas 2015	25 €	17,5

Rouge : 190 hectares.
Merlot 65 %, Petit Verdot 13 %, Cabernet-Sauvignon 12 %, Cabernet franc 10 %
Blanc : 2 hectares.
Sauvignon blanc 100 %
Production moyenne : 500 000 bt/an

CHÂTEAU ROLLAN DE BY
18, route de By 33340 Bégadan
05 56 41 58 59 •
www.domaines-rollandeby.com • Vente et visites : au domaine sur rendez-vous.
Propriétaire : Jean Guyon
Maître de chai : Jean-Luc Marteau

★

CHÂTEAU SIRAN

Ce cru fort bien situé de Margaux mériterait largement de figurer parmi les crus classés, d'autant que sous le coupe d'Edouard Miailhe, il s'est hissé à son meilleur niveau. Son remarquable terroir, situé sur la commune la plus sudiste de l'appellation (Labarde), s'étend sur un superbe plateau de graves siliceuses. La dégustation de millésimes anciens que le château a la chance de posséder au sein de sa vinothèque permet de comprendre tout le potentiel du cru. La dernière décennie le porte vers des niveaux vraiment remarquables qui vieilliront à merveille.

Les vins : proche du fruit, avec des tanins d'une admirable délicatesse et une bouche qui s'étire finement, le 2017 est un vin vraiment délicieux et très séduisant. Il n'en reste pas moins doté d'un très beau potentiel de garde. 2016 est un peu plus ferme, mais très prometteur. Juteux et croquant, le S de Siran 2017 s'offre sur un joli fruité. Un vin de plaisir à boire sans urgence.

Margaux 2015	30 € (c)	16,5
Margaux 2016	30 € (c)	17
Margaux S de Siran 2017	21 €	15

Le coup de ♥

Margaux 2017	40 €	17

Rouge : 38 hectares.
Cabernet-Sauvignon 44 %, Merlot 43 %, Petit Verdot 12 %, Cabernet franc 1 %
Production moyenne : 194 000 bt/an

CHÂTEAU SIRAN
13, avenue du Comte-Lynch 33460 Labarde
05 57 88 34 04 • www.chateausiran.com • Visites : sans rendez-vous.
Propriétaire : Famille Miailhe
Directeur : Édouard Miailhe
Maître de chai : Marjolaine Defrance
Œnologue : Hubert de Boüard

★

CHÂTEAU TALBOT

Cette marque forte et très appréciée (à juste titre) des amateurs est repartie de l'avant. Travail à la vigne, recherche d'une meilleure maturité, sélection plus stricte et construction d'un nouvel outil de production : Talbot vient de produire une série de grands millésimes. Nous sommes ravis de revoir le cru à ce niveau. Son prix, qui n'a pas flambé, en fait de surcroît une belle affaire et la deuxième étoile est en ligne de mire.

Les vins : avec une bouche de bonne densité, un fruité généreux et des tanins fondus, le 2017 ne manque pas de charme. C'est un Talbot très classique au style déjà séduisant. 2016 est lui aussi de fort belle facture, avec le charnu et le moelleux habituel du cru. Il succède à une autre belle réussite, le 2015 au profil plus enrobé. Caillou blanc 2018 brille par ses magnifiques notes de pêches de vigne.

Bordeaux Caillou Blanc 2018	de 26 à 34 € (c)	15,5
Saint-Julien 2015	60 € (c)	17,5
Saint-Julien 2016	50 € (c)	18
Saint-Julien 2017	de 50 à 60 € (c)	17

Rouge : 105 hectares.
Cabernet-Sauvignon 66 %, Merlot 26 %, Petit Verdot 5 %, Cabernet franc 3 %
Blanc : 5 hectares.
Sauvignon blanc 86 %, Sémillon 14 %
Production moyenne : 550 000 bt/an

CHÂTEAU TALBOT
33250 Saint-Julien-Beychevelle
05 56 73 21 50 • www.chateau-talbot.com • Vente et visites : au domaine sur rendez-vous.
Propriétaire : Nancy Bignon-Cordier
Maître de chai : Jean-Max Drouichet

★

CHÂTEAU DU TERTRE

Sous la houlette d'Alexander Van Beek, son directeur, Le Tertre s'est imposé comme l'une des valeurs sûres de Margaux. Après son rachat par la famille Albada Jelgersma, le cru a été profondément transformé et modernisé. Une baisse des rendements et d'importants investissements ont donné un vin plein et nerveux, qui justifie parfaitement son classement. Les derniers millésimes s'avèrent particulièrement réussis, dans un style toujours droit. Ils sont parfois un peu austère, mais vieillissent bien grâce à une part importante de petit verdot et de cabernet franc dans l'assemblage.

Les vins : 2016 est une référence, avec un jus énergique et un côté épicé qui lui convient bien. Un régal à mettre en cave pour les années à venir. 2017 cultive le style du cru, au profil épicé et ferme. Il faudra lui laisser le temps de dompter ses tanins serrés mais juteux. Très belle persistance.

Margaux 2015	45 € (c)	17
Margaux 2017	de 40 à 50 € (c)	16

Le coup de ♥

Margaux 2016	de 45 à 55 € (c)	17,5

Rouge : 50 hectares.
Merlot 33 %, Cabernet-Sauvignon 32 %, Cabernet franc 30 %, Petit Verdot 5 %
Production moyenne : 200 000 bt/an

CHÂTEAU DU TERTRE
33460 Arsac
05 57 88 52 52 • chateaudutertre.fr • Vente et visites : au domaine sur rendez-vous.
Propriétaire : Famille Albada Jelgersma
Directeur : Alexander Van Beek

CHÂTEAU D'AGASSAC

Situé sur de belles graves profondes, proche de La Lagune, ce château au passé chargé revit sous la direction du régisseur Jean-Luc Zell qui, en quelques années, a accompli un travail considérable. Grâce à un précieux capital de vieilles vignes qu'il a su valoriser et à une importante restructuration, la qualité des vins a bondi sans perdre son excellent rapport qualité-prix. Le château s'investit beaucoup dans l'œnotourisme : c'est une adresse fortement recommandable pour se plonger dans l'univers du vin.

Les vins : le château nous a adressé quelques vins prêts à la dégustation. Un 2012 souple et désormais bien en place et un 2008 qui confirme le bon potentiel de garde du cru, poli et souple. Parfait pour la table, ce dernier garde une belle structure et développe des notes de tabac, de truffe et d'épices.

Haut-Médoc 2008	27 €	16
Haut-Médoc 2012	22 €	15,5
Haut-Médoc 2015	22 €	16

Rouge : 45 hectares.
Merlot 50 %, Cabernet-Sauvignon 47 %, Cabernet franc 3 %
Production moyenne : 220 000 bt/an

CHÂTEAU D'AGASSAC
15, rue du Château-d'Agassac
33290 Ludon-Médoc
05 57 88 15 47 • www.agassac.com • Vente et visites : au domaine sur rendez-vous.
Propriétaire : SCA Château d'Agassac
Directeur : Jean-Luc Zell

CHÂTEAU CAMBON LA PELOUSE

Depuis quelques années déjà, ce cru fort bien situé en bordure de l'appellation Margaux élabore un vin d'un remarquable rapport qualité-prix. Sous la houlette de Jean-Pierre Marie, il a peu à peu trouvé ses marques, et le vieillissement du vignoble lui permet désormais d'atteindre un très beau niveau, dans un style séduisant, non dénué de finesse.

Les vins : le 2016 est délicieux, doté d'un fruit croquant et juteux et de jolis tanins qui se fondent doucement. Il possède un peu plus d'éclat que le très joli et suave 2015.

Haut-Médoc 2015 15,50 € 16

Haut-Médoc 2016 16 € 16,5

Rouge : 65 hectares.
Cabernet-Sauvignon 54 %, Merlot 42 %, Petit Verdot 4 %
Production moyenne : 230 000 bt/an

CHÂTEAU CAMBON LA PELOUSE
5, chemin de Canteloup, 33460 Macau
05 57 88 40 32 •
www.cambon-la-pelouse.com • Vente et visites : au domaine sur rendez-vous.
Propriétaire : Jean-Pierre Marie
Directeur : Olivier Pascaud
Œnologue : Hubert de Boüard

CHÂTEAU DE CAMENSAC

Camensac, racheté en 2005 par la famille Merlaut, est aujourd'hui géré par l'équipe de Chasse-Spleen, incarnée par Céline Villars-Foubet et Jean-Pierre Foubet. Les derniers investissements ont doté le cru d'un outil à la hauteur du défi. Depuis quelques millésimes, les progrès sont d'ailleurs substantiels et Camensac fait partie des crus que les amateurs doivent regarder de près, d'autant que les tarifs demeurent très sages, ce dont nous nous félicitons.

Les vins : rien à redire sur les derniers millésimes, avec un 2015 tout en charme et en rondeur et surtout un 2016 qui confirme le bien que l'on pensait de lui : c'est le plus complet jamais élaboré par la propriété. Il possède de la chair et une belle densité, tout en conservant son côté élégant.

Haut-Médoc 2015 de 22 à 30 € (c) 16,5

Le coup de ♥

Haut-Médoc 2016 de 35 à 40 € (c) 17

Rouge : 75 hectares.
Cabernet-Sauvignon 57 %, Merlot 43 %
Production moyenne : 285 000 bt/an

CHÂTEAU DE CAMENSAC
Route de Saint-Julien,
33112 Saint-Laurent-du-Médoc
05 56 59 41 69 •
www.chateaucamensac.com • Visites : sans rendez-vous.
Propriétaire : Céline Villars-Foubet et Jean Merlaut
Directeur : Jean-Pierre Foubet et Claire Thomas-Chenard
Maître de chai : Christian Alquié
Œnologue : Éric Boissenot

CLOS MANOU

Cette petite propriété de 18 hectares, située au nord du Médoc, sur la commune de Saint-Christoly, est gérée avec passion par Françoise et Stéphane Dief. Travail de la vigne soigné, vinifications parfaitement maîtrisées offrent aux vins à la fois du charme et de la profondeur. Une belle découverte à l'écart de la route des grands crus classés et un rapport qualité-prix remarquable.

Les vins : 2016 s'impose comme une bouteille très recommandable pour les amateurs. Un vin élégant et défini, à la belle allonge. L'évolution du 2015 est remarquable, avec un fruit qui conserve du tonus et une bouche pleine, ample et suave. Nous saluons la définition de ses tanins.

Médoc 2015 22 € 16,5

Le coup de ♥

Médoc 2016 de 25 à 30 € (c) 17

Rouge : 18 hectares.
Merlot 45 %, Cabernet-Sauvignon 45 %, Cabernet franc 6 %, Petit Verdot 4 %
Production moyenne : 120 000 bt/an

CLOS MANOU
7, rue du 19-Mars 1962,
33340 Saint-Christoly-Médoc
05 56 41 54 20 • www.clos-manou.com •
Vente et visites : au domaine sur rendez-vous.
Propriétaire : Françoise et Stéphane Dief
Maître de chai : Stéphane Dief

CHÂTEAU COS LABORY

Discret cru classé de Saint-Estèphe, Cos Labory ne manque pourtant pas d'atouts. La famille Audoy, qui le dirige, élabore un vin de facture très classique, souvent un peu austère dans sa jeunesse, mais vieillissant ensuite avec élégance. Loin des canons modernes actuels, Cos

Labory, qui fut séparé de Cos d'Estournel à la Révolution française, a produit ces derniers millésimes des vins intéressants, à des prix demeurant très sages.

Les vins : 2017 est dans le style du cru, tendre, agréable et de belle gourmandise. Un vin au fruité et la finale nets. 2016 se referme légèrement. Il possède une belle matière et des tanins encore un peu stricts. Le temps va le détendre, le fruit est joli, avec de la fraîcheur.

Saint-Estèphe 2015	33 €	17
Saint-Estèphe 2016	38 €	17
Saint-Estèphe 2017	de 30 à 40 € (c)	17

Rouge : 18 hectares.
Cabernet-Sauvignon 58 %, Merlot 36 %, Petit Verdot 6 %
Production moyenne : 100 000 bt/an

CHÂTEAU COS LABORY
33180 Saint-Estèphe
05 56 59 30 22 • www.cos-labory.com •
Vente et visites : au domaine sur rendez-vous.
Propriétaire : Bernard Audoy
Œnologue : Sandra Duboscq

CHÂTEAU LE CROCK

Cette propriété de la famille Cuvelier (Château Léoville Poyferré) jouit d'un très beau terroir, voisin de Cos d'Estournel et de Haut-Marbuzet. Le château sort avec régularité un saint-estèphe profond, suave, appréciable dans sa jeunesse. Les derniers millésimes témoignent d'une belle régularité.

Les vins : 2015 et 2016 sont deux très belles réussites. Des vins de belle profondeur, avec le côté charmeur qui caractérise le cru.

Saint-Estèphe 2015	26 € (c)	16,5
Saint-Estèphe 2016	de 30 à 35 € (c)	16,5

Rouge : 32 hectares.
Cabernet-Sauvignon 60 %, Merlot 25 %, Cabernet franc 10 %, Petit Verdot 5 %
Production moyenne : 180 000 bt/an

CHÂTEAU LE CROCK
33180 Saint-Estèphe
05 56 59 73 05 • www.chateaulecrock.fr •
Vente et visites : au domaine sur rendez-vous.
Propriétaire : Famille Cuvelier
Directeur : Didier Cuvelier

CHÂTEAU CROIZET-BAGES

Comme Rauzan-Gassies à Margaux, ce cru appartient à la famille Quié. Il ne dispose pas des moyens des cadors de l'appellation, mais peut néanmoins se révéler tendre et délicieux dans les bons millésimes. Il représente alors une bonne affaire pour les amateurs, grâce à des prix très sages.

Les vins : le 2017 possède un côté tendre, une certaine finesse, mais pas l'ampleur des meilleurs. Un vin néanmoins plaisant et digeste. Le 2016 est un vin relativement tendre, d'une agréable suavité de bouche. Un pauillac au profil accessible et à la bouche déliée.

Pauillac 2015	32 € (c)	16
Pauillac 2016	de 45 à 55 € (c)	16
Pauillac 2017	de 40 à 50 € (c)	15,5

Rouge : 27,4 hectares.
Merlot 45 %, Cabernet-Sauvignon 45 %, Cabernet franc 10 %
Production moyenne : 150 000 bt/an

CHÂTEAU CROIZET-BAGES
33250 Pauillac
05 56 59 01 62 • Vente et visites : au domaine sur rendez-vous.
Propriétaire : Jean-Michel Quié

CHÂTEAU DESMIRAIL

Troisième cru classé de Margaux, le château a pris désormais un jolie vitesse de croisière, gagnant en intensité et en définition. Des progrès que l'on doit à Denis Lurton qui a su donner du velouté et de la suavité à ses vins, grâce à un vignoble qui s'appuie sur une généreuse proportion de merlots. Les prix demeurent très accessibles.

Les vins : sans faire de bruit, le 2016, au profil aérien, régale par sa très belle élégance et l'éclat de son fruit. Une très belle affaire. Nous louons toujours le côté tendre et la belle définition du 2017. Le bois, en revanche, se montre très présent et domine aromatiquement. Il faut espérer que cela s'harmonisera.

Margaux 2015	de 35 à 40 € (c)	16,5
Margaux 2016	de 38 à 42 € (c)	16
Margaux 2017	de 40 à 45 € (c)	17

Rouge : 40 hectares.
Cabernet-Sauvignon 60 %, Merlot 37 %, Petit

Verdot 3 %
Production moyenne : 160 000 bt/an

CHÂTEAU DESMIRAIL
28, avenue de la Cinquième-République
33460 Margaux-Cantenac
05 57 88 34 33 • www.desmirail.com •
Vente et visites : au domaine sur rendez-vous.
Propriétaire : Denis Lurton
Directeur : Jean-Pierre Duvoisin
Maître de chai : Pierre Lafeuillade
Œnologue : Éric Boissenot

NOUVEAU DOMAINE

CHÂTEAU DUCLUZEAU

Cette vieille propriété appartient à la famille Borie (Ducru Beaucaillou) ; elle est désormais gérée par Bruno, qui s'applique à exploiter au mieux les 10 hectares de son terroir, essentiellement plantés en merlot. Le vin est souple, équilibré et immédiatement séducteur ; il ne possède pas le caractère rustique que l'on retrouve dans de nombreux crus de l'appellation. Nous sommes heureux de le voire faire son retour dans le Guide vert.

Les vins : le 2017 est un vin friand, savoureux et proche de son fruit. Une bouteille accessible que l'on pourra savourer sur sa fraîcheur. Le 2016 s'est refermé ; il possède une belle matière et du fond.

- Listrac-Médoc 2016 — de 12 à 18 € (c) — 16
- Listrac-Médoc 2017 — de 12 à 18 € (c) — 15,5

Rouge : 10 hectares.
Cabernet-Sauvignon 50 %, Merlot 50 %

CHÂTEAU DUCLUZEAU
33250 Saint-Julien-Beychevelle
05 56 73 16 73 •
www.chateau-ducluzeau.com • Pas de visites.
Propriétaire : Famille Borie
Directeur : Bruno Borie

CHÂTEAU FOURCAS-BORIE

Cette petite propriété a été rachetée en 2009 par Bruno Borie (Ducru-Beaucaillou) qui l'a alors baptisée Fourcas-Borie. Très majoritairement à base de merlot, le vin est gourmand, soyeux et très accessible dès sa jeunesse, dans un côté un peu délié, loin de l'image rustique que l'on peut avoir de l'appellation Listrac.

Les vins : 2016 conserve son côté très séducteur et élégant, doté d'un fruité expressif et de tanins veloutés. 2017 est un vin d'une grande gourmandise, porté par un fruité juteux et des notes de fruits rouges. On s'en régale déjà.

- Listrac-Médoc 2015 — 20 € (c) — 15,5
- Listrac-Médoc 2017 — 23 € — 15,5

Le coup de ♥

- Listrac-Médoc 2016 — de 15 à 25 € (c) — 16,5

Rouge : 12 hectares.
Production moyenne : 60 000 bt/an

CHÂTEAU FOURCAS-BORIE
2, rue Odilon-Redon, 33480 Listrac-Médoc
05 56 58 03 84 • Vente et visites : au domaine sur rendez-vous.
Propriétaire : Bruno Borie

GOULÉE BY COS D'ESTOURNEL

Derrière cette marque se cache un domaine récent qui, comme son nom l'indique, appartient aux propriétaires du célèbre cru classé de Saint-Estèphe. Issu d'un terroir situé au nord du Médoc et bénéficiant de tout le savoir-faire de l'équipe, Goulée by Cos d'Estournel s'impose comme un superbe vin très friand, immédiat, plein et accessible en termes de prix.

Les vins : le domaine ne nous ayant pas fait parvenir ses vins cette année, nous sommes amenés à reconduire les notes de notre édition précédente.

- Médoc 2015 — 29 € (c) — 16
- Médoc 2016 — 30 € (c) — 16,5

Rouge : 6 hectares.
Cabernet-Sauvignon 60 %, Merlot 40 %
Blanc : 16 hectares.
Sauvignon blanc 75 %, Sémillon 25 %
Production moyenne : 69 000 bt/an

GOULÉE BY COS D'ESTOURNEL
33180 Saint-Estèphe
05 56 73 15 50 • www.estournel.com • Vente et visites : au domaine sur rendez-vous.
Propriétaire : Michel Reybier

CHÂTEAU GRAND-PUY DUCASSE

Comme Meyney, Grand-Puy Ducasse appartient à une filiale du Crédit agricole (CA Grands Crus). Si nous avons été un peu déçus par certains millésimes du début des années 2000, clairement en-dessous du niveau d'un bon cru classé, les choses bougent : l'ambition affichée par le domaine est de produire un vin digne de son rang. Anne Le Naour, qui dirige le cru et supervise les vinifications, apporte par petites touches le raffinement qui manquait souvent au cru. Depuis 2015, les progrès sont constants.

Les vins : 2017 a engendré un vin juteux et de bel équilibre. Il offre une bonne élégance et prouve la maîtrise de l'extraction. Les tanins se fondent bien. Le 2016 demeure solide, avec un nez profond qui se révèle après une bonne aération. En bouche, on retrouve un côté compact, des tanins abondants, de la structure : il doit se mettre en place.

- Pauillac 2015 — 45 € (c) — 16,5
- Pauillac 2016 — 49 € (c) — 17
- Pauillac 2017 — de 45 à 60 € (c) — 16,5

Rouge : 40 hectares.
Cabernet-Sauvignon 60 %, Merlot 40 %
Production moyenne : 130 000 bt/an

CHÂTEAU GRAND-PUY DUCASSE
33250 Pauillac
05 56 59 00 40 • www.cagrandscrus.com • Pas de visites.
Propriétaire : CA Grands Crus
Directeur : Anne le Naour
Maître de chai : Cécile Bernier
Œnologue : Hubert de Boüard

CHÂTEAU HAUT-BAGES LIBÉRAL

Propriété de la famille Merlaut, Haut-Bages Libéral est géré par Claire Villars-Lurton, tout comme les châteaux Ferrière et La Gurgue. Elle ne néglige rien pour redonner à ce cinquième cru, qui possède une splendide parcelle toute proche de Latour, le lustre qu'il mérite, et défend avec conviction une approche qui privilégie l'élégance et le raffinement. Les derniers millésimes ne sont pas à négliger pour tous les amateurs de vins digestes et fins.

Les vins : la signature du cru est bien présente dans le 2017 au charme indéniable. Un vin digeste, infusé, aux notes de fruits frais. On se laisse porter par la belle douceur de ses tanins. Combinant la puissance du millésime et le raffinement dont le cru fait toujours preuve, le 2016 est assez irrésistible. C'est un vin raffiné et soyeux, un pauillac en dentelle.

- Pauillac 2015 — 32 € (c) — 16,5
- Pauillac 2016 — de 48 à 58 € (c) — 17,5

Le coup de ♥

- Pauillac 2017 — de 40 à 50 € (c) — 16,5

Rouge : 28 hectares.
Cabernet-Sauvignon 80 %, Merlot 20 %
Production moyenne : 170 000 bt/an

CHÂTEAU HAUT-BAGES LIBÉRAL
33250 Pauillac
05 57 88 76 65 • www.hautbagesliberal.com • Vente et visites : au domaine sur rendez-vous.
Propriétaire : Claire Villars-Lurton
Directeur : Stefano Ruini

CHÂTEAU L'INCLASSABLE

Anciennement baptisé Château Lafon, L'Inclassable s'appelle ainsi depuis 2003, suite à une série de démêlés juridiques pour cause d'homonymie avec un célèbre cru bourgeois de Listrac. Très au point techniquement, appuyé sur un encépagement minutieusement étudié et une viticulture très respectueuse, ce cru, développé par Rémy Fauchey, produit avec régularité un beau médoc profond, coloré, riche en tanins bien mûrs, dans un style plus massif que délicat.

Les vins : le 2017 cultive son style, celui d'un vin massif et puissant, peut-être un peu trop extrait au regard d'une finale qui se resserre. Il succède à un 2016 lui aussi très intense et serré.

- Médoc 2015 — 19 € (c) — 17
- Médoc 2016 — 16,50 € — 16
- Médoc 2017 — 16 € — 14,5

Rouge : 17 hectares.
Cabernet-Sauvignon 55 %, Petit Verdot 28 %, Merlot 12 %, Cabernet franc 5 %
Production moyenne : 30 000 bt/an

CHÂTEAU L'INCLASSABLE
4, chemin des Vignes
33340 Prignac-en-Médoc

05 56 09 02 17 • www.linclassable.com • Vente et visites : au domaine sur rendez-vous.
Propriétaire : Rémy Fauchey
Maître de chai : Sabine Fauchey
Œnologue : Marc Quertinier

CHÂTEAU LILIAN LADOUYS

Ayant connu plusieurs propriétaires ne sachant pas toujours exploiter son potentiel, le discret château Lilian Ladouys a été racheté par l'homme d'affaires Jacky Lorenzetti, en 2008. Ce dernier, qui a ensuite acquis le château Pédesclaux, à Pauillac, nourrit de grandes ambitions pour ses deux crus. Lilian Ladouys, profondément remodelé ces dernières années, a trouvé depuis quelques millésimes un rythme de croisière fort honorable. Le vin mérite l'attention des amateurs.

Les vins : le 2016 est le plus constitué des vins de la propriété. Il ajoute un soupçon de finesse et d'élégance, voie vers laquelle le cru semble tendre. 2015 est aussi une réussite, dans un registre plus charnu et mûr.

Saint-Estèphe 2015 — 25 € 16,5

Le coup de ♥

Saint-Estèphe 2016 — 32 € 16,5

Rouge : 80,5 hectares.
Cabernet-Sauvignon 50 %, Merlot 45 %, Petit Verdot 4 %, Cabernet franc 1 %
Production moyenne : 800 000 bt/an

CHÂTEAU LILIAN LADOUYS
33180 Saint-Estèphe
05 56 59 71 96 •
www.chateau-lilian-ladouys.com • Vente et visites : au domaine sur rendez-vous.
Propriétaire : Famille Lorenzetti
Directeur : Vincent Bache-Gabrielsen
Maître de chai : Frédéric Godard
Œnologue : Éric Boissenot

CHÂTEAU LALANDE-BORIE

Cette propriété bien située sur le terroir de Lalande fut créée ex-nihilo en 1970 par Jean-Eugène Borie. C'est désormais son fils Bruno, également en charge du château Ducru-Beaucaillou, qui la dirige. Les vins y sont exquis, relativement faciles d'accès et gourmands. De vrais saint-julien typiques.

Les vins : 2016 demeure la référence du cru, un vin intense, profond, qui s'exprime une fois bien aéré. La matière est élégante et la finale s'étire tout en douceur. 2017 est un Saint-Julien très charmeur, digeste et fin. Il séduit par la franchise de son fruit.

Saint-Julien 2015 — 25 € (c) 16,5

Saint-Julien 2017 — de 25 à 30 € (c) 16

Le coup de ♥

Saint-Julien 2016 — de 30 à 35 € (c) 17

Rouge : 25 hectares.
Cabernet-Sauvignon 65 %, Merlot 25 %, Cabernet franc 10 %

CHÂTEAU LALANDE-BORIE
33250 Saint-Julien-Beychevelle
05 56 73 16 73 •
www.chateau-ducru-beaucaillou.com • Pas de visites.
Propriétaire : Famille Borie
Directeur : Bruno Borie

CHÂTEAU LANGOA BARTON

Peu connu en France, ce petit cru produit pourtant un saint-julien de très belle facture qui, largement exporté, n'est pas facile à trouver en France. Appartenant aux mêmes propriétaires que Léoville Barton, à savoir Anthony Barton et sa fille, Lilian, il possède d'ailleurs un style qui s'en rapproche, mais avec bien moins de densité. C'est un vin élégant, qui manque parfois un peu de chair, raison pour laquelle nous lui ôtons une étoile cette année.

Les vins : petite déception sur les derniers millésimes qui, s'ils ne manquent pas d'élégance, apparaissent un peu amaigris. Doté d'un charme évident, le 2016 se montre déjà accessible, relativement fluide et gourmand, avec une bouche en place.

Saint-Julien 2015 — 45 € (c) 17

Saint-Julien 2016 — de 53 à 63 € (c) 16,5

Saint-Julien 2017 — de 48 à 58 € (c) 15,5

Rouge : 17 hectares.
Cabernet-Sauvignon 60 %, Merlot 35 %, Cabernet franc 5 %
Production moyenne : 80 000 bt/an

CHÂTEAU LANGOA BARTON
33250 Saint-Julien-Beychevelle
05 56 59 06 05 •
chateau@leoville-barton.com • Vente et visites : au domaine sur rendez-vous.

Propriétaire : Famille Barton
Directeur : Lilian Barton

CHÂTEAU LYNCH-MOUSSAS

Philippe Castéja donne depuis quelques années déjà une nouvelle impulsion à ce cru classé. L'œnologue Denis Dubourdieu y a effectué un travail de fond, à commencer par la reprise en main du vignoble. Depuis quelques millésimes, les vins ont progressé et le château bénéficie d'installations techniques qui devraient permettre d'aller plus loin encore. Lynch-Moussas élabore un vin relativement fin, de constitution moyenne, que l'on peut boire assez rapidement.

Les vins : d'une forme classique, avec de la droiture et une bouche précise, le 2017 illustre les beaux progrès du cru ces derniers millésimes. Il va bien évoluer. 2016 est ici une très belle réussite. Comme souvent à ce stade, le bois ne s'est pas encore tout à fait effacé. Il n'empêche que la matière est là et l'ensemble est prometteur.

Pauillac 2015	36 € (c)	16
Pauillac 2016	45 € (c)	16,5

Le coup de ♥

Pauillac 2017	42 € (c)	16,5

Rouge : 62 hectares.
Cabernet-Sauvignon 75 %, Merlot 25 %
Production moyenne : 180 000 bt/an

CHÂTEAU LYNCH-MOUSSAS
Madrac 33250 Saint-Sauveur
05 56 00 00 70 • www.lynch-moussas.com •
Vente et visites : au domaine sur rendez-vous.
Propriétaire : Famille Castéja
Directeur : Philippe Castéja (Président)

CHÂTEAU MARQUIS DE TERME

Propriété de la famille Sénéclauze, ce discret quatrième cru classé de Margaux progresse régulièrement, gagnant en densité en en précision. Après une longue série de vins sans grand intérêt, les millésimes produits après 2009 ont sonné le réveil de cette belle endormie. Un résultat que l'on doit en partie à Ludovic David, directeur du cru qui a repris en main le vignoble et modernisé l'outil de vinification. Le souhait de produire des vins plus charnus et, surtout, dotés de tanins plus veloutés, est clairement affiché. Le soupçon de raffinement qui lui manquait parfois semble arriver avec les tout derniers millésimes. Il faut le suivre de près.

Les vins : en progrès constant, le cru livre un 2017 de très bel équilibre, préservant de la fraîcheur dans l'expression du fruit. Il est prometteur et gourmand à souhait. 2016 est aussi très intéressant ; le vin possède de la sève, une belle netteté et de l'allonge.

Margaux 2015	37 € (c)	16,5
Margaux 2016	48 €	17
Margaux 2017	de 45 à 50 € (c)	16,5

Rouge : 39,5 hectares.
Cabernet-Sauvignon 60 %, Merlot 35 %, Petit Verdot 5 %
Production moyenne : 150 000 bt/an

CHÂTEAU MARQUIS DE TERME
3, route de Rauzan 33460 Margaux
05 57 88 30 01 •
www.chateau-marquis-de-terme.com •
Vente et visites : au domaine sur rendez-vous.
Propriétaire : Famille Sénéclauze
Directeur : Ludovic David
Maître de chai : Julien Brahmi
Œnologue : Julian Viaud

CHÂTEAU MARQUIS D'ALESME

Doté d'un outil à la pointe de l'efficacité, le cru, racheté en piteux état en 2006 par la famille Perrodo (château Labégorce), affiche ses ambitions. Côté vignoble, tout a aussi été repris en main, avec désormais un travail de la vigne digne d'un cru classé et une redistribution parcellaire. Il faudra désormais compter sur celui qui était autrefois baptisé Marquis d'Alesme Becker. À noter : l'ouverture au château d'un pôle œnotouristique en fait une attraction très intéressante à Margaux.

Les vins : petit à petit, le cru gagne en raffinement. C'est perceptible avec ce suave 2016 qui ne manque pas d'éclat et qui possède toujours autant de charme et un beau volume de bouche. Le 2017 est un vin bien mûr, enrobé et charmeur qui impose une bouche suave et de beaux tanins encore un rien fermes. Laissez-lui le temps.

Margaux 2015 | 38 € (c) | 16

Margaux 2016 | de 45 à 50 € (c) | 16,5

Le coup de ♥

Margaux 2017 | de 40 à 45 € (c) | 16,5

Rouge : 16 hectares.
Merlot 45 %, Cabernet-Sauvignon 30 %, Cabernet franc 15 %, Petit Verdot 10 %
Production moyenne : 95 000 bt/an

CHÂTEAU MARQUIS D'ALESME
33460 Margaux
05 57 88 71 32 •
svidalens@chateau-marquis-dalesme.fr •
Vente et visites : au domaine sur rendez-vous.
Propriétaire : Famille Perrodo
Directeur : Marjolaine de Coninck

CHÂTEAU MAUVESIN-BARTON

Cette propriété, qui vivotait depuis longtemps, connaît une nouvelle vie depuis son rachat par la famille Barton (Leoville-Barton et Langoa-Barton). C'est la petite fille d'Anthony, Mélanie Sartorius, qui la dirige. On retrouve ici désormais le côté velouté et suave des vins élaborés par la famille, qui ont fait leur franc succès. Un excellent rapport qualité-prix.

Les vins : le domaine ne nous ayant pas fait parvenir ses vins cette année, nous sommes amenés à reconduire les notes de notre édition précédente.

Moulis 2016 | 14 € (c) | 16

Rouge : 51 hectares.
Merlot 46 %, Cabernet-Sauvignon 36 %, Cabernet franc 16 %, Petit Verdot 2 %
Production moyenne : 200 000 bt/an

CHÂTEAU MAUVESIN-BARTON
33480 Moulis-en-Médoc
05 56 58 41 81 • www.mauvesin-barton.com
• Vente et visites : au domaine sur rendez-vous.
Propriétaire : Lilian Barton-Sartorius
Directeur : Mélanie Sartorius

CHÂTEAU MAYNE LALANDE

Bernard Lartigue dirige cette propriété de Listrac avec passion et conviction. Il élabore un vin puissant, sans rusticité, dans un esprit moderne et très régulier, qui vieillit généralement correctement sur quelques années, d'autant que le vignoble a maintenant pris de l'âge. Une valeur sûre de l'appellation.

Les vins : 2016 est l'un des vins les plus raffinés du secteur. Nous sommes séduits pas sa belle finesse de bouche et l'éclat de son fruit. Un bouteille très bien équilibrée. 2015 est aussi flamboyant et très charmeur.

Listrac-Médoc 2015 | 22 € | 16

Le coup de ♥

Listrac-Médoc 2016 | 22 € | 16

Rouge : 22 hectares.
Cabernet-Sauvignon 60 %, Merlot 30 %, Cabernet franc 5 %, Petit Verdot 5 %
Production moyenne : 100 000 bt/an

CHÂTEAU MAYNE LALANDE
7 route du Mayne, 33480 Listrac-Médoc
05 56 58 27 63 •
www.chateau-mayne-lalande.com • Vente et visites : au domaine sur rendez-vous.
Propriétaire : Bernard Lartigue

CHÂTEAU MONBRISON

Laurent Vonderheyden porte désormais cette jolie propriété de Margaux avec conviction et brio. Archétype du margaux raffiné et construit, Monbrison peut s'élever au niveau d'un bon cru classé, tant sur le plan du raffinement que du potentiel de garde. Les derniers millésimes ont remis le cru bien en place et il navigue désormais régulièrement avec les meilleurs.

Les vins : le domaine ne nous ayant pas fait parvenir ses vins cette année, nous sommes amenés à reconduire les notes de notre édition précédente.

Margaux 2015 | 40 € | 17

Margaux Bouquet de Monbrison 2015 | 24 € | 15,5

Rouge : 15 hectares.
Cabernet-Sauvignon 50 %, Merlot 30 %, Cabernet franc 15 %, Petit Verdot 5 %
Production moyenne : 90 000 bt/an

CHÂTEAU MONBRISON
1 Allée Monbrison, 33460 Arsac
05 56 58 80 04 •
www.chateaumonbrison.com • Vente et visites : au domaine sur rendez-vous.
Propriétaire : Elizabeth Davis
Directeur : Laurent Vonderheyden

CHÂTEAU MOULIN RICHE

Moulin Riche fut acquis en même temps que le château Léoville Poyferré, en 1920, par la famille Cuvelier. Ces dernières années, cette marque fut utilisée comme second vin. Depuis 2009, le cru a repris son envol et s'assume à nouveau comme un château à part entière, ce qu'il a longtemps été, puisqu'il fut même classé cru bourgeois exceptionnel en 1932.

Les vins : le domaine ne nous ayant pas fait parvenir ses vins cette année, nous sommes amenés à reconduire les notes de notre édition précédente.

Saint-Julien 2015 — 30 € (c) — 16,5
Saint-Julien 2016 — 30 € (c) — 17

Rouge : 21 hectares.
Cabernet-Sauvignon 55 %, Merlot 28 %, Petit Verdot 17 %
Production moyenne : 80 000 bt/an

CHÂTEAU MOULIN RICHE
Le Bourg, BP 8,
33250 Saint-Julien-Beychevelle
05 56 59 08 30 • lp@leoville-poyferre.fr •
Vente et visites : au domaine sur rendez-vous.
Propriétaire : Famille Cuvelier
Directeur : Didier Cuvelier

CHÂTEAU PETIT BOCQ

Né en 1972, ce domaine minuscule à l'époque (2 hectares) atteint désormais une taille raisonnable, au terme de l'acquisition de différentes parcelles. Propriété de la famille Lagneaux depuis 1993, le cru produit un saint-estèphe de belle facture. Les derniers millésimes démontrent sa régularité, son potentiel de vieillissement et surtout témoignent de progrès dans la constitution du vin, qui a gagné en profondeur.

Les vins : 2016 est au rendez-vous. C'est un vin sérieux, profond et doté d'une très belle allonge. Un bel outsider dans le Médoc. Le 2015, très charmeur est rond, avec une empreinte du bois légèrement marquée, mais des tanins de belle définition.

Saint-Estèphe 2015 — de 22 à 26 € (c) — 16,5

Le coup de ♥
Saint-Estèphe 2016 — 25 € (c) — 17

Rouge : 19,4 hectares.
Merlot 50 %, Cabernet-Sauvignon 48 %, Petit Verdot 2 %
Production moyenne : 100 000 bt/an

CHÂTEAU PETIT BOCQ
3, rue de la Croix-de-Pez,
33180 Saint-Estèphe
05 56 59 35 69 • www.petitbocq.com •
Vente et visites : au domaine sur rendez-vous.
Propriétaire : Famille Lagneaux
Directeur : Philippe Mottes
Maître de chai : Laurent Savovitch
Œnologue : Christophe Coupez et Éric Boissenot

CHÂTEAU PEYRABON

Propriété du négociant Patrick Bernard (Millésima), Peyrabon élabore deux cuvées. La première, en Haut-Médoc, est facilement accessible et de garde moyenne. La seconde, baptisée La Fleur Peyrabon, est issue de vignes bien situées à Pauillac (4 ha), mais l'extraction et l'élevage lui confèrent parfois un caractère austère dans sa jeunesse. Ils évoluent ensuite plutôt bien.

Les vins : le domaine ne nous ayant pas fait parvenir ses vins cette année, nous sommes amenés à reconduire les notes de notre édition précédente.

Haut-Médoc 2015 — 12 € — 15,5
Pauillac Château La Fleur Peyrabon 2015 — 26 € — 16

Rouge : 43,84 hectares.
Production moyenne : 225 000 bt/an

CHÂTEAU PEYRABON
Route du fournas,
33250 Saint-Sauveur-en-Médoc
05 56 59 57 10 • www.chateau-peyrabon.fr •
Visites : sans rendez-vous.
Propriétaire : MILLESIMA
Directeur : Xavier Michelet
Maître de chai : Eric Pinto Guerro

Œnologue : Eric Boissenot

CHÂTEAU PEYRAT-FOURTHON

Pierre Narboni se démène pour porter ce cru au sommet de l'appellation. Après avoir produit des vins très démonstratifs et parfois un peu trop boisés, il trouve les bons réglages et le vin ne manque jamais de profondeur. Il est vendu à un tarif très raisonnable.

Les vins : le 2015 est ample et charnu, avec une pointe d'élevage qui le porte, mais aussi beaucoup de fond et de persistance. Il doit finir de se fondre. Le 2016 est plus éclatant encore, avec un fruité juteux en finale et un très beau potentiel. Saluons la jolie qualité des tanins et la finale soyeuse.

Haut-Médoc 2015	de 20 à 30 € (c)	16
Haut-Médoc 2016	de 20 à 30 € (c)	17

Rouge : 23 hectares.
Cabernet-Sauvignon 50 %, Merlot 43 %, Petit Verdot 7 %
Production moyenne : 75 000 bt/an

CHÂTEAU PEYRAT-FOURTHON
1, allée Fourthon, 33112 Saint-Laurent
05 56 59 40 87 • www.peyrat-fourthon.com
• Vente et visites : au domaine sur rendez-vous.
Propriétaire : Pierre Narboni
Directeur : Hervé Godin

CHÂTEAU PIBRAN

Installé sur la croupe de Pontet-Canet et d'Armailhac, Pibran a été racheté, en 1987, par AXA Millésimes. Le vin se distingue régulièrement parmi l'élite des crus bourgeois, porté par un style pauillacais très classique, mélant générosité et structure tannique. Corsé, bouqueté, accessible rapidement, il vieillit bien et avec grâce.

Les vins : 2016 est d'un éclat magnifique, déjà très séduisant, mais aussi armé pour une longue garde. Un vin à la fois suave et tramé. 2015 est plus enjôleur, avec une belle douceur de bouche.

Pauillac 2015	32 €	17
Le coup de ♥ Pauillac 2016	de 32 à 35 € (c)	17

Rouge : 17 hectares.
Merlot 55 %, Cabernet-Sauvignon 45 %
Production moyenne : 70 000 bt/an

CHÂTEAU PIBRAN
33250 Pauillac
05 56 73 17 17 • contact@pichonbaron.com • Pas de visites.
Propriétaire : AXA Millésimes
Directeur : Christian Seely (Directeur Général AXA Millésimes)
Maître de chai : Jean-René Matignon (Directeur Technique)

CHÂTEAU POUGET

Pouget est un tout petit et discret cru classé de Margaux, appartenant, tout comme Boyd-Cantenac, à Lucien Guillemet. Il est vinifié dans le même esprit que Boyd, sans pour autant posséder la profondeur et le potentiel de celui-ci. Il n'en reste pas moins toujours très séducteur et agréable. Le vin n'est pas vendu pas sur la place ; il n'est donc pas évident de le trouver.

Les vins : nous sommes-nous trompés sur le 2016 ? Le bois est vraiment dominant. Difficile de percevoir la matière derrière. Nous ne le retrouvons pas. Le bois marque aussi le 2017 dès le nez, étouffant un peu un vin de jolie finesse, au corps délicat. Il faut espérer qu'il se fondra.

Margaux 2015	35 €	17
Margaux 2016	de 40 à 50 € (c)	14
Margaux 2017	de 35 à 40 € (c)	15

Rouge : 10 hectares.
Cabernet-Sauvignon 60 %, Merlot 30 %, Cabernet franc 10 %
Production moyenne : 55 000 bt/an

CHÂTEAU POUGET
33460 Cantenac
05 57 88 90 82 • Vente et visites : au domaine sur rendez-vous.
Propriétaire : Famille Guillemet

CHÂTEAU PÉDESCLAUX

C'est l'histoire d'une résurrection. Acquis en 2009 par Jacky Lorenzetti, ex-propriétaire du groupe immobilier Foncia, Pédesclaux sort d'une longue période de médiocrité. Tout ou presque a été remis à plat : une superbe parcelle (ancien château Béhéré) située au cœur de Pauillac a été acquise et intégrée au foncier ; un vaste projet de réfection des bâtiments et de l'outil de travail a été conduit par l'architecte Jean-Michel Wilmotte et est opérationnel depuis le millésime 2014 ; le travail à la vigne et les choix de vinification ont été repensés. Déjà en progrès constant depuis son rachat, le cru monte encore en puissance. À suivre de près !

Les vins : Depuis dix ans, chaque millésime permet au cru de monter une marche supplémentaire. Il ne faut pas négliger ce 2017 au raffinement jusqu'ici jamais atteint par Pédesclaux. Un vin dense et aristocratique. 2016 a donné naissance à un vin intense et solide auquel il ne manque qu'un surcroît de raffinement. Le fruité mûr est généreux et la finale impose des tanins serrés.

Pauillac 2015 35 € (c) 17,5

Pauillac 2016 60 € 16,5

Le coup de ♥

Pauillac 2017 de 45 à 55 € (c) 17

Rouge : 49 hectares.
Cabernet-Sauvignon 56 %, Merlot 37 %, Petit Verdot 4 %, Cabernet franc 3 %
Production moyenne : 300 000 bt/an

CHÂTEAU PÉDESCLAUX
Route de Pédesclaux 33250 Pauillac
05 56 59 22 59 •
www.chateau-pedesclaux.com • Vente et visites : au domaine sur rendez-vous.
Propriétaire : Jacky et Françoise Lorenzetti
Directeur : Vincent Bache-Gabrielsen
Maître de chai : Jérôme Juhé
Œnologue : Éric Boissenot

CHÂTEAU LA TOUR DE BY

Les héritiers de Marc Pagès poursuivent le travail débuté ici depuis trois générations et tentent de pousser le cru encore plus loin. Dans un esprit parfois un peu serré durant leur jeunesse, les vins tiennent plutôt bien et peuvent réserver de belles surprises après quelques années. Des millésimes des années 1980, tels les 1982 ou 1989 sont ainsi encore en forme. Il s'agit d'une bonne référence du secteur de Bégadan.

Les vins : ne manquez pas le très réussi 2016, à la bouche à la fois ample et souple, très fondue. Un très joli classique médocain à encaver pour une décennie. Héritage 2015, très serré, puissant et extrait, peine un peu à se fondre et garde une finale aux tanins solides. Continuons à patienter.

Médoc 2015 19,50 € 16

Médoc Héritage Marc Magès 2015 38 € 15

Le coup de ♥

Médoc 2016 20 € 16,5

Rouge : 76 hectares.
Cabernet-Sauvignon 60 %, Merlot 35 %, Petit Verdot 5 %
Production moyenne : 400 000 bt/an

CHÂTEAU LA TOUR DE BY
5, route de la Tour-de-By 33340 Bégadan
05 56 41 50 03 • www.latourdeby.com •
Visites : sans rendez-vous.
Propriétaire : Frédéric Le Clerc et Benjamin Richer de Forges
Directeur : Frédéric Le Clerc
Maître de chai : Cédric Pouyteau
Œnologue : Antoine Medeville

CHÂTEAU LA TOUR DE MONS

Cette propriété bénéficie depuis quelques millésimes de toute l'attention nécessaire à la production d'un joli margaux de forme classique et élégante. Les vins y sont fins et raffinés, sans recherche de puissance, et dotés d'un équilibre digeste très agréable. Ils bénéficient surtout d'un très beau rapport qualité-prix.

Les vins : 2016 est très classique, avec du fond et une ampleur remarquable pour le cru qui gagne en densité. Le 2015 s'ouvre et montre une belle élégance dans sa structure, avec des tanins fins.

Margaux 2015 18 € 16

Le coup de ♥

Margaux 2016 23 € (c) 16,5

Rouge : 48 hectares.
Merlot 49 %, Cabernet-Sauvignon 37 %, Cabernet franc 8 %, Petit Verdot 6 %
Production moyenne : 140 500 bt/an

CHÂTEAU LA TOUR DE MONS
20, rue de Marsac, 33460 Soussans
05 57 88 33 03 •
www.chateau-latourdemons.com • Pas de visites.
Propriétaire : Crédit Agricole Grands Crus
Directeur : Anne Le Naour

CHÂTEAU TRONQUOY-LALANDE

Martin et Olivier Bouygues ont acquis Tronquoy-Lalande à Saint-Estèphe en 2006, quelques mois après avoir acheté le château Montrose, situé à quelques encablures. Légalement, ils auraient pu réunir les deux propriétés. Il n'en a rien été. Ce très ancien cru de Saint-Estèphe garde son autonomie et son style. La direction du château, comme celle de Montrose, a été reprise en 2012 par Hervé Berland. À noter, la production récente d'un blanc de jolie facture, rond et séduisant.

Les vins : nous avons pu redéguster un 2015 fort réussi. Un vin équilibré et droit dans ses bottes, avec une bouche précise et de beaux tanins. Très légèrement réduit, le blanc 2015 se libère ensuite et offre une bouche suave, ronde et très fruitée. Un vin charmeur parfait à boire aujourd'hui.

Saint-Estèphe 2015 — 31 € 16,5

Le coup de ♥

Bordeaux 2015 — 55 € 15,5

Rouge : 28 hectares.
Merlot 55 %, Cabernet-Sauvignon 37 %, Petit Verdot 6 %, Cabernet franc 2 %
Blanc : 1 hectare.
Sémillon 61 %, Sauvignon gris 39 %
Production moyenne : 140 000 bt/an

CHÂTEAU TRONQUOY-LALANDE
33180 Saint-Estèphe
05 56 59 61 05 • www.tronquoy-lalande.com/
• Vente et visites : au domaine sur rendez-vous.
Propriétaire : Martin et Olivier Bouygues
Directeur : Hervé Berland et Yves Delsol

GRAVES

★★★

CHÂTEAU HAUT-BRION

Seul premier cru classé hors Médoc à avoir été rattaché au classement de 1855, le château Haut-Brion a la particularité d'être totalement enclavé dans la ville de Pessac, la plus proche banlieue de Bordeaux. Son terroir, comme celui de La Mission Haut-Brion, de Pape-Clément ou des Carmes Haut-Brion, est certainement le plus précoce de l'appellation et les raisins, à parts quasi égales de merlot et de cabernet-sauvignon (ce qui le différencie des premiers crus classés du Médoc) mûrissent ici parfaitement, donnant un vin ample et riche qui déploie au vieillissement des notes fumées inimitables. Le Prince Robert de Luxembourg, propriétaire, a décidé de lancer dans les années à venir la construction d'un nouveau cuvier et d'un chai. Il a également ouvert, depuis 2015, Le Clarence, un restaurant/cave à vin gastronomique dans un hôtel particulier sis avenue Franklin-Roosevelt, à Paris.

Les vins : en rouge, Haut-Brion 2017 est très raffiné, tendu et expressif, avec une admirable définition. Il possède aussi un sacré volume, mais l'ensemble est très contenu et possède beaucoup d'allonge. Si le vin a beaucoup de ressort et de potentiel, le 2016 est actuellement dans une phase fermée. La matière est là, très mûre, ample, mais compacte et très énergique. Laissons-lui le temps de se mettre en place. Le blanc 2017 est d'une très grande limpidité, avec des notes florales et une pointe d'agrume qui tonifie une longue finale. Le blanc 2016 possède de l'éclat et une jolie netteté, avec une belle dynamique de bouche et une aromatique de fruits blancs. Il est bien en place.

Pessac-Léognan 2015 (blanc)	600 à 800 € (c)	17,5
Pessac-Léognan 2016 (blanc)	75 à 85 € (c)	16,5
Pessac-Léognan 2017 (blanc)	800 € (c)	18
Pessac-Léognan 2015 (rouge)	N.C.	19,5
Pessac-Léognan 2016 (rouge)	650 € (c)	19
Pessac-Léognan 2017 (rouge)	500 à 550 € (c)	18,5
Pessac-Léognan Le Clarence de Haut-Brion 2015	400 à 500 € (c)	17
Pessac-Léognan Le Clarence de Haut-Brion 2016	156 € (c)	17
Pessac-Léognan Le Clarence de Haut-Brion 2017	120 à 150 € (c)	16,5

Rouge : 49,89 hectares.

Merlot 46 %, Cabernet-Sauvignon 42 %, Cabernet franc 11 %, Petit Verdot 1 %
Blanc : 2,93 hectares.
Sémillon 52 %, Sauvignon blanc 48 %
Production moyenne : 126 600 bt/an

CHÂTEAU HAUT-BRION
135, avenue Jean-Jaurès, 33608 Pessac Cedex
05 56 00 29 30 • www.haut-brion.com • Vente et visites : au domaine sur rendez-vous.
Propriétaire : Prince Robert de Luxembourg (Président)
Directeur : Jean-Philippe Delmas (DG délégué)
Maître de chai : Jean-Philipe Masclef (Directeur technique)

★★★

CHÂTEAU LA MISSION HAUT-BRION

Le château dispose d'un terroir graveleux, légèrement plus riche que celui de Haut-Brion qui lui fait face. Si l'on veut définir la spécificité de ce célèbre cru à partir des millésimes dégustés, on dira qu'il ressemble énormément au château Haut-Brion. Il possède les mêmes qualités de souplesse, de fondu (qui n'empêchent en rien de longues et glorieuses évolutions en bouteille), ainsi que le même bouquet fumé très original. Sa forme en bouche se révèle en revanche assez différente, plus moelleuse, plus profonde en primeur, plus charmeuse, car plus facile à comprendre dès les premières années. Avec l'âge, La Mission cède à Haut-Brion en complexité de style et en finesse pure, mais surpasse son voisin en volupté de texture. Vous l'avez compris, ces deux cousins, vinifiés par la même équipe et avec autant d'exigence, sont de parfaits reflets de leurs terroirs propres et des choix d'encépagement.

Les vins : en rouge, La Chapelle 2017 joue la carte de la fraîcheur, avec une bouche ample, mais aussi très digeste et sapide. La Mission 2017 est un vin puissant, dense et massif pour le millésime. Sa bouche est pleine et du volume l'enveloppe. Un vin complet à oublier en cave. Le 2016 est fermé, sur des notes de boisé et de fumé. Mutique pour l'heure, il dispose cependant d'une très grande énergie. Le temps le détendra et permettra à son potentiel de s'exprimer. Il faut l'oublier. Avec une bouche large, une maturité de fruit élevée et quelques premières notes de cire, le 2016 en blanc ne devra pas être attendu trop longtemps. C'est un fin charmeur et exotique. Le 2017 blanc fera date, il s'agit d'un vin pour l'heure un peu comprimé par son SO_2, mais doté d'une densité et d'un équilibre qui le porteront loin.

Blanc	Pessac-Léognan 2015	400 €	17
Blanc	Pessac-Léognan 2016	750 à 800 € (c)	16
Blanc	Pessac-Léognan 2017	650 € (c)	17,5
Rouge	Pessac-Léognan 2015	400 à 500 € (c)	17
Rouge	Pessac-Léognan 2016	500 € (c)	18,5
Rouge	Pessac-Léognan 2017	350 à 400 € (c)	18
Rouge	Pessac-Léognan La Chapelle de La Mission Haut-Brion 2015	de 90 à 110 € (c)	16,5
Rouge	Pessac-Léognan La Chapelle de La Mission Haut-Brion 2016	100 € (c)	16,5
Rouge	Pessac-Léognan La Chapelle de La Mission Haut-Brion 2017	de 55 à 80 € (c)	16

Rouge : 25,44 hectares.
Cabernet-Sauvignon 48 %, Merlot 41 %, Cabernet franc 11 %
Blanc : 3,74 hectares.
Sémillon 63 %, Sauvignon blanc 37 %
Production moyenne : 70 800 bt/an

CHÂTEAU LA MISSION HAUT-BRION
67, rue Peybouquey, 33400 Talence
05 56 00 29 30 • www.mission-haut-brion.com • Vente et visites : au domaine sur rendez-vous.
Propriétaire : Prince Robert de Luxembourg (Président)
Directeur : Jean-Philippe Delmas (DG délégué)
Maître de chai : Jean-Philippe Masclef (Directeur technique)

★★

DOMAINE DE CHEVALIER

La famille Bernard met tout en œuvre depuis 1983 pour maintenir cette très belle propriété dans le peloton de tête de l'appellation. Grâce à un outil technique de pointe et un vignoble parfaitement soigné, qui a désormais pris l'âge nécessaire pour produire de grands raisins, les vins sont irréprochables, tant en blanc qu'en rouge. Le vignoble, situé dans l'une des zones froides de l'appellation, est tenu comme un jardin. Les raisins blancs sont triés avec un soin extrême et leur vinification s'est considérablement sophistiquée, sans modifier le style ni la classe des vins. Chevalier incarne la finesse et l'élégance dont peuvent faire preuve les vins de l'appellation, sans que cela hypothèque leur potentiel de garde.

Les vins : après un duo de 2015 de haute volée, les 2016 font encore mieux. Le blanc 2016 s'impose comme l'un des tout meilleurs de l'appellation, avec une définition somptueuse, des notes de fruits, de thé, de fleurs qui persistent longuement et lui confèrent un très grand potentiel. Le rouge 2016 est absolument magnifique, il possède des tanins d'une douceur et d'une précision jamais atteintes ici. Un vin pur, longiligne et très suave.

- Pessac-Léognan 2015 — 90 € (c) — 16,5
- Pessac-Léognan 2016 — 105 € (c) — 18
- Pessac-Léognan 2015 — 50 à 80 € (c) — 18,5

Le coup de ♥

- Pessac-Léognan 2016 — 85 € (c) — 19

Rouge : 55 hectares.
Cabernet-Sauvignon 63 %, Merlot 30 %, Petit Verdot 5 %, Cabernet franc 2 %
Blanc : 6 hectares.
Sauvignon blanc 70 %, Sémillon 30 %
Production moyenne : 120 000 bt/an

DOMAINE DE CHEVALIER
102, chemin de Mignoy, 33850 Léognan
05 56 64 16 16 •
www.domainedechevalier.com • Vente et visites : au domaine sur rendez-vous.
Propriétaire : Famille Bernard
Directeur : Olivier Bernard

★★

CHÂTEAU HAUT-BAILLY

Propriété depuis 1988 de la famille américaine Wilmers, Haut-Bailly propose un vin (rouge uniquement) d'une droiture et d'une classe uniques. Véronique Sanders gère soigneusement au quotidien ce cru classé, avec le très compétent directeur technique, Gabriel Vialard. Ils y produisent un vin rouge harmonieux et suprêmement équilibré, respectant les usages bordelais, sans jamais trop en faire. Le terroir de graves sur crasse de fer permet aux différents millésimes d'acquérir un bouquet de griotte fort séduisant, et une chair veloutée sans équivalent dans ce secteur de Léognan. Il est bien difficile de prendre en défaut un seul millésime : tous, avec un style inimitable, long et fin, parviennent à l'excellence. Avis aux amateurs trop impatients : comme tout grand vin qui se respecte, Haut-Bailly peut paraître austère dans sa jeunesse avec une trame de tanins rugueuse. Il ne se révèle véritablement qu'après quelques années de garde.

Les vins : le 2016 est un vin vraiment fantastique, doté d'une profondeur et d'un équilibre qui feront date. Il faudra néanmoins être patient, car ce pessac tout en muscle est encore loin d'avoir tout livré. 2015, un rien plus flatteur, est aussi un très gros calibre que l'on pourra déguster un peu plus rapidement. Issu d'un parcellaire dédié, La Parde 2016 possède un profil plus avenant, mais avec une race évidente en bouche. Il allie finesse et intensité.

- Pessac-Léognan 2015 — de 120 à 150 € (c) — 19
- Pessac-Léognan 2016 — 110 € (c) — 19
- Pessac-Léognan La Parde de Haut-Bailly 2015 — de 25 à 35 € (c) — 16

Le coup de ♥

- Pessac-Léognan La Parde de Haut-Bailly 2016 — 35 € (c) — 16,5

Rouge : 30 hectares.
Cabernet-Sauvignon 60 %, Merlot 34 %, Petit Verdot 3 %, Cabernet franc 3 %
Production moyenne : 160 000 bt/an

CHÂTEAU HAUT-BAILLY
103, avenue de Cadaujac, 33850 Léognan
05 56 64 75 11 • www.haut-bailly.com •
Vente et visites : au domaine sur rendez-vous.
Propriétaire : Famille Wilmers
Directeur : Véronique Sanders

★★

CHÂTEAU MALARTIC-LAGRAVIÈRE

Illustrant parfaitement le renouveau de l'appellation, Malartic-Lagravière a spectaculairement progressé depuis son rachat, en 1998, par l'entrepreneur belge Alfred-Alexandre Bonnie. Avec son fils Jean-Jacques, sa fille Véronique et sa belle-fille Séverine, la propriété a rattrapé en peu d'années le retard qu'elle avait accumulé lors de son passage dans le giron du groupe champenois Laurent-Perrier. Le vignoble, superbement situé sur une croupe de graves à l'arrière du château, est parfaitement tenu, et les installations techniques modernes ont permis aux rouges de gagner en ampleur et en profondeur de corps, notamment grâce à un vignoble qui prend de l'âge et s'enracine davantage. Les rouges n'ont jamais été aussi bons et s'inscrivent parmi les plus intéressants de l'appellation. Les blancs adoptent également un style très abouti, travaillé et généreux. Un travail d'observation sur les élevages a conduit le cru à investir pour la vinification et l'élevage dans des contenants en bois de 350 et 500 litres.

Les vins : La Réserve 2016 ne manque pas de gourmandise, avec un joli fruit juteux et un milieu de bouche très rond. Le rouge 2016 est superbe, très défini, avec une expression fraîche du fruit, une bouche à la fois moelleuse et énergique. Le blanc 2016 est dense, floral et charnu, mais demeure marqué par une empreinte de bois qui soutient sa finale. Le potentiel est là.

Pessac-Léognan 2015	60 €	17
Pessac-Léognan 2016	57,60 €	17
Pessac-Léognan La Réserve de Malartic 2015	21 €	14
Pessac-Léognan La Réserve de Malartic 2016	21,20 €	15
Pessac-Léognan 2015	55 €	17,5
Pessac-Léognan La Réserve de Malartic 2015	21 €	15,5
Pessac-Léognan La Réserve de Malartic 2016	21,20 €	14,5

Le coup de ♥

Pessac-Léognan 2016	57,60 €	17,5

Rouge : 46 hectares.
Merlot 45 %, Cabernet-Sauvignon 45 %, Cabernet franc 8 %, Petit Verdot 2 %
Blanc : 7 hectares.
Sauvignon blanc 80 %, Sémillon 20 %
Production moyenne : 200 000 bt/an

CHÂTEAU MALARTIC-LAGRAVIÈRE
43, avenue de Mont-de-Marsan,
33850 Léognan
05 56 64 75 08 •
www.malartic-lagraviere.com • Vente et visites : au domaine sur rendez-vous.
Propriétaire : Alfred-Alexandre Bonnie
Directeur : Jean-Jacques Bonnie et Véronique Bonnie-Laplane
Maître de chai : Philippe Garcia
Œnologue : Michel Rolland

★★

CHÂTEAU SMITH HAUT-LAFITTE

Quel chemin parcouru dans cette propriété depuis 1990, l'année du rachat par Florence et Daniel Cathiard ! D'un cru classé en ruine, d'un vignoble quasiment à l'abandon, ces deux néo-vignerons, formés à l'école de la grande distribution pour lui et de la communication pour elle, ont fait un nom qui compte. D'abord produire un vin qui, sans aucun doute, s'inscrit parmi l'élite de la production bordelaise et ensuite faire de Smith Haut-Lafitte une étape incontournable œnotouristique. Si les vins ont été à leurs débuts parfois un peu trop mûrs et boisés, leur style s'est grandement affiné depuis dix ans. La texture des rouges, la mesure des extractions avec des masses tanniques plus délicates construisent des vins qui s'inscrivent dans le cadre d'un goût plus actuel, moins démonstratif. Les blancs ont également suivi cette tendance avec en particulier une influence des élevages beaucoup moins prégnante dans les derniers millésimes. Le succès ne se dément pas : les vins de Smith Haut-Lafitte rencontrent un succès international et connaissent une forte croissance de prix.

Les vins : le blanc 2017 est l'un des plus complets et aboutis jamais dégustés. D'une profondeur, d'une complexité de saveur et d'une allonge vraiment impressionnantes, il ira très loin. Le rouge 2016 affirme un corps majestueux, avec un fruité net et éclatant, habillé d'un élevage qui se cale parfaitement. Une très grande bouteille en devenir. Toujours en rouge, Les Hauts 2016 ne manque pas de personnalité, avec une bouche étirée, encore serrée mais qui déroule de nobles tanins.

Pessac-Léognan 2015	74 € (c)	18
Pessac-Léognan 2017	110 €	19
Pessac-Léognan Les Hauts de Smith 2017	28 €	16,5
Pessac-Léognan 2015	73 € (c)	18,5
Pessac-Léognan Les Hauts de Smith 2016	28 €	16

Le coup de ♥

Pessac-Léognan 2016	120 €	19

Rouge : 67 hectares.
Cabernet-Sauvignon 63 %, Merlot 30 %, Cabernet franc 6 %, Petit Verdot 1 %
Blanc : 11 hectares.
Sauvignon blanc 90 %, Sauvignon gris 5 %,

Sémillon 5 %
Production moyenne : 200 000 bt/an

CHÂTEAU SMITH HAUT-LAFITTE
33650 Martillac
05 57 83 11 22 • www.smith-haut-lafitte.com
• Vente et visites : au domaine sur rendez-vous.
Propriétaire : Daniel et Florence Cathiard
Directeur : Fabien Teitgen
Maître de chai : Yann Laudeho

★

CHÂTEAU BOUSCAUT

De gros progrès ont été réalisés par Sophie et Laurent Cogombles, qui continuent à tout mettre en œuvre dans ce cru classé pour le porter au niveau des bonnes références de Pessac-Léognan, notamment au travers d'un important travail de replantation. L'originalité de ce terroir apparaît dans les derniers millésimes : les vins blancs, issus d'un encépagement réalisé jusque-là à part égale entre sauvignon et sémillon, connaissent depuis 2011 une augmentation du sauvignon atteignant 50 à 60 % dans l'assemblage, épaulé par quelques parcelles de très vieux sémillons bichonnés par la propriété. Les derniers millésimes sont encourageants, les vins sont réguliers dans un style plutôt charmeur.

Les vins : avec des notes de fruits jaunes et un abord immédiat, Les Chênes 2017 se dégustera sur sa fraîcheur. Côté rouge, le juteux et frais Les Chênes 2016 est délicieux et joliment gourmand. Le rouge 2016 s'est refermé ; sa bouche est ample, avec un fruité mûr et une pointe d'élevage qui réapparaît. Le potentiel est là, il faudra un peu de patience. Le blanc 2017 affiche une jolie pureté de bouche, avec de la droiture et de l'énergie. Une belle réussite pour le cru.

- Pessac-Léognan 2015 — 21,60 € (c) — 14,5
- Pessac-Léognan 2016 — de 25 à 30 € (c) — 16
- Pessac-Léognan 2017 — 40 € — 16
- Pessac-Léognan Les Chênes de Bouscaut 2016 — de 15 à 20 € (c) — 14
- Pessac-Léognan Les Chênes de Bouscaut 2017 — 20 € — 15
- Pessac-Léognan 2015 — 24,30 € (c) — 14,5
- Pessac-Léognan 2016 — 40 € — 16,5
- Pessac-Léognan Les Chênes de Bouscaut 2016 — 20 € — 15

Rouge : 34 hectares.
Cabernet-Sauvignon 48 %, Merlot 46 %, Malbec (cot) 6 %
Blanc : 8 hectares.
Sémillon 50 %, Sauvignon blanc 50 %
Production moyenne : 90 000 bt/an

CHÂTEAU BOUSCAUT
1477, avenue de Toulouse, 33140 Cadaujac
05 57 83 12 20 • www.chateau-bouscaut.com
• Vente et visites : au domaine sur rendez-vous.
Propriétaire : Sophie Lurton-Cogombles
Maître de chai : Patrice Grandjean
Œnologue : Edouard Massie

★

CHÂTEAU CARBONNIEUX

Les frères Éric et Philibert Perrin, avec leur sœur Christine Lescuyer, continuent de faire progresser cette importante propriété qui, en l'espace d'une dizaine d'années, a considérablement évolué, produisant avec une grande régularité un vin délicieux. Sur les conseils du regretté Denis Dubourdieu, les blancs sont vinifiés selon les règles les plus modernes de l'œnologie bordelaise. Élégants et rafraîchissants, ils ont gagné en précision et en expression de fruit tout en prenant du gras dans le cœur de bouche avec des élevages légers en barrique. Ils ne vieillissent pas éternellement et nous vous conseillons de les déguster dans les cinq premières années après leur mise en bouteille. Cependant, quelques grandes années peuvent réserver des surprises magiques à la garde. Les rouges, sérieux et réguliers, bien que souvent austères dans leur jeunesse, ont également gagné en densité de corps. Ils ne se goûtent jamais aussi bien qu'entre cinq et dix ans d'âge. Le vignoble suit son programme de restructuration avec le remplacement des sauvignons blancs sur les beaux terroirs de graves par du cabernet-sauvignon.

Les vins : réguliers et toujours accessibles, les vins de Carbonnieux sont de très bonnes affaires pour les amateurs. Ils vieillissent bien et les derniers millésimes sont très réussis. Le rouge 2015 poursuit une très noble évolution, avec de la suavité et des tanins soyeux. On peut d'ores et déjà déguster le blanc 2016 au profil très gourmand et enrobé.

Pessac-Léognan 2015	24,15 € (c)	15
Pessac-Léognan 2016	30 €	15,5
Pessac-Léognan 2016	29,40 €	17

Le coup de ♥

Pessac-Léognan 2015	34 €	17

Rouge : 50 hectares.
Cabernet-Sauvignon 60 %, Merlot 30 %, Cabernet franc 7 %, Petit Verdot 3 %
Blanc : 42 hectares.
Sauvignon blanc 65 %, Sémillon 35 %
Production moyenne : 500 000 bt/an

CHÂTEAU CARBONNIEUX
Chemin de Peyssardet, 33850 Léognan
05 57 96 56 20 • www.carbonnieux.com •
Vente et visites : au domaine sur rendez-vous.
Propriétaire : Famille Perrin
Directeur : Eric et Philibert Perrin
Maître de chai : Andréa Perrin
Œnologue : Christophe Ollivier

★

CHÂTEAU LES CARMES-HAUT-BRION

Voici certainement l'un des crus les plus en vue ces dernières années dans l'appellation. Il faut dire que le promoteur immobilier Patrice Pichet et sa femme Diane, qui l'ont acquis en 2010, ne ménagent pas leur efforts pour le porter au plus haut. En quelques millésimes, ils l'ont sorti d'un relatif anonymat. Le cru, qui s'appuie sur un petit clos à grande dominante de vieux merlots, peut aussi compter depuis le millésime 2015 sur un chai dernier cri et un directeur talentueux : Guillaume Pouthier. Chose rarissime à Bordeaux, le château vinifie une partie de ses raisins en vendanges entières, ce qui apporte une texture et une expression uniques au vin.

Les vins : le rouge 2016 est le vin le plus complet et brillant du domaine. Il affiche une distinction et une classe de tanins qui le placent parmi l'élite. Suave, défini et surtout très long, il dépasse le néanmoins remarquable 2015, au profil plus enrobé. Avec ses notes de cerises juteuses, Le C 2016 est un vin gourmand, mais aussi sérieux et très bien défini.

Pessac-Léognan 2015	85 à 100 € (c)	18,5
Pessac-Léognan 2016	195 € (c)	18
Pessac-Léognan Le C des Carmes Haut-Brion 2015	de 25 à 30 € (c)	15,5

Le coup de ♥

Pessac-Léognan Le C des Carmes Haut-Brion 2016	30 € (c)	16

Rouge : 29,6 hectares.
Merlot 41 %, Cabernet franc 39 %, Cabernet-Sauvignon 20 %
Production moyenne : 40 000 bt/an

CHÂTEAU LES CARMES-HAUT-BRION
20, rue des Carmes, 33000 Bordeaux
05 56 93 23 40 •
www.les-carmes-haut-brion.com • Vente et visites : au domaine sur rendez-vous.
Propriétaire : Groupe Pichet
Directeur : Guillaume Pouthier
Œnologue : Derenoncourt Consultants

★

CLOS FLORIDÈNE

Bien connu des amateurs, ce domaine est l'œuvre du "pape" des vins blancs bordelais, l'œnologue Denis Dubourdieu, décédé en juillet 2016. Depuis de nombreuses années, Clos Floridène fait incontestablement partie des valeurs sûres de l'appellation, ne craignant pas la confrontation avec des crus bien plus prestigieux. Le plus étonnant dans la production réside dans le profond classicisme qu'elle exprime : bien loin des lourdes caricatures de blancs boisés et trop exubérants, que l'on rencontre souvent dans les ambitieux châteaux bordelais, Floridène blanc est un vin svelte et droit, sans artifices, d'une pureté cristalline. Il rappelle d'ailleurs le délicieux vin blanc sec du château Doisy Daëne, le cru classé de Barsac de la famille Dubourdieu Dubourdieu. Le rouge possède la même élégance distinguée. Ces vins peuvent parfaitement vieillir plusieurs années en cave.

Les vins : le rouge 2016 est encore un peu austère, porté par une finale qui le serre. Il évoluera bien car la mâche et l'intensité du fruit sont là. Patience. Le 2017 est tramé par le cabernet qui lui donne du caractère mais aussi de la rectitude, le fruit est néanmoins juteux. La définition du blanc 2016 est remarquable, avec une belle définition et du potentiel. L'éclat et la précision du 2017 va encore plus loin : le vin est scintillant et lumineux en bouche, doté d'une finale très cristalline.

Graves 2015	20 €	17
Graves 2016	21 €	16
Graves 2015	20 €	16
Graves 2016	20 €	15,5
Graves 2017	20 €	15

Le coup de ♥

Graves 2017	21 €	16,5

Rouge : 15 hectares.
Cabernet-Sauvignon 74 %, Merlot 26 %
Blanc : 25 hectares.
Sémillon 53 %, Sauvignon blanc 45 %, Muscadelle 2 %
Production moyenne : 160 000 bt/an

CLOS FLORIDÈNE
Château Doisy Daëne, 15 Gravas, 33720 Barsac
05 56 62 96 51 • www.denisdubourdieu.fr •
Vente et visites : au domaine sur rendez-vous.
Propriétaire : Famille Dubourdieu
Maître de chai : Ludovic Bernard
Œnologue : Fabrice Dubourdieu

★

CHÂTEAU COUHINS-LURTON

C'est André Lurton, disparu en juin dernier, qui reconstitua méthodiquement ce cru classé uniquement en blanc. Il est aujourd'hui dirigé par Christine, sa fille. Comme à la Louvière, les choses bougent depuis 2013 et un effort tout particulier est porté sur le vignoble. Les blancs sont moins variétaux et les rouges gagnent en densité et en précision. Nous suivons leur évolution avec grand intérêt.

Les vins : le rouge 2015 est très chaleureux. Le fruit évolue vers un côté cuit et compoté, mais le vin reste agréable à boire. Le blanc 2015, aux notes de fruits jaunes et de crème aux œufs, se montre agréable aujourd'hui ; il lui manque un peu de pep en finale.

Pessac-Léognan 2015	24 €	15,5
Pessac-Léognan 2015	27 €	15
Pessac-Léognan 2016	25 €	14,5

Rouge : 16 hectares.
Merlot 60 %, Cabernet-Sauvignon 40 %
Blanc : 6 hectares.
Sauvignon blanc 100 %
Production moyenne : 46 000 bt/an

CHÂTEAU COUHINS-LURTON
48, chemin de Martillac, 33140 Villenave d'Ornon
05 57 25 58 58 • www.andrelurton.com •
Vente et visites : au domaine sur rendez-vous.
Propriétaire : Famille Lurton
Directeur : Pascal Le Faucheur
Maître de chai : Sébastien Ravilly
Œnologue : Michel Rolland (rouges) et Valérie Lavigne (blancs)

★

CHÂTEAU DE FIEUZAL

Ce cru classé a produit les plus grands blancs de Bordeaux des années 1980. Après avoir été vendu en 1994 à la Banque Populaire, Fieuzal a décliné jusqu'en 2001. C'est cette année là que l'homme d'affaires irlandais Lochlann Quinn s'en porte acquéreur, puis embauche Stephen Carrier comme directeur. Dès lors, le cru retrouve un excellent niveau, avec une recherche évidente de corps, de tenue et d'élégance tannique dans les rouges, grâce, entre autres, aux conseils d'Hubert de Boüard. Et les blancs renouent avec leur caractère très entier, se montrent mûrs et finement boisés tout en affichant moins d'exubérance. Des vins vraiment dans leur époque ! Grâce aux investissements consacrés à la reconstruction d'un chai et d'un cuvier moderne (permettant des vinifications en cuve de bois, inox ou béton), les derniers millésimes renouent avec les belles années de ce cru classé. Fieuzal a terminé en 2015 son programme de 15 ha de replantation, débuté en 2007. La propriété a décidé de s'engager dans un début de conversion bio et biodynamique avec l'objectif d'être certifié d'ici 2020.

Les vins : le domaine ne nous ayant pas fait parvenir ses vins cette année, nous sommes amenés à reconduire les notes de notre édition précédente.

Pessac-Léognan 2015	35 à 40 € (c)	17,5
Pessac-Léognan 2015	45 à 55 € (c)	16,5

Rouge : 65 hectares.
Cabernet-Sauvignon 48 %, Merlot 45 %, Cabernet franc 5 %, Petit Verdot 2 %
Blanc : 10 hectares.
Sauvignon blanc 70 %, Sémillon 25 %, Muscadelle 5 %
Production moyenne : 350 000 bt/an

CHÂTEAU DE FIEUZAL
124, avenue de Mont-de-Marsan,
33850 Léognan
05 56 64 77 86 • www.fieuzal.com • Vente et visites : au domaine sur rendez-vous.
Propriétaire : Brenda et Lochlann Quinn
Directeur : Stephen Carrier

★

CHÂTEAU LARRIVET HAUT-BRION

Cette propriété, qui appartient à la famille Gervoson (groupe Andros), produit avec régularité des vins agréables et accessibles. Doté d'un beau terroir sur les hauteurs de Léognan, non loin de Haut-Bailly et de La Louvière, le cru bénéficie également d'un outil de vinification moderne avec un tout nouveau cuvier en béton. Bruno Lemoine en est le directeur depuis 2007 et François Gaudichon, natif de Cognac, diplômé d'œnologie à Dijon et formé chez les frères Confuron à Vosne-Romanée, en est le maître de chai depuis juin 2015. Ils apportent un supplément de précision dans la définition stylistique des vins.

Les vins : le rouge 2016 possède une très belle forme classique, de la sève et des tanins au toucher soyeux. Il évoluera très bien. Le blanc 2016 affiche beaucoup d'opulence, un côté déjà légèrement évolutif et des notes exotiques.

Pessac-Léognan 2015 (blanc)	39 €	16
Pessac-Léognan 2016 (blanc)	48 €	14,5
Pessac-Léognan Les Demoiselles de Larrivet Haut-Brion 2016 (blanc)	20 €	14,5
Pessac-Léognan 2015 (rouge)	45 €	16,5
Pessac-Léognan 2016 (rouge)	51 €	17

Rouge : 65 hectares.
Cabernet-Sauvignon 50 %, Merlot 42 %, Cabernet franc 8 %
Blanc : 10 hectares.
Sauvignon blanc 77 %, Sémillon 20 %, Sauvignon gris 3 %
Production moyenne : 400 000 bt/an

CHÂTEAU LARRIVET HAUT-BRION
84, avenue de Cadaujac, 33850 Léognan
05 56 64 75 51 • www.larrivethautbrion.fr • Vente et visites : au domaine sur rendez-vous.
Propriétaire : Philippe Gervoson
Directeur : Bruno Lemoine
Maître de chai : Francois Gaudichon
Œnologue : Stéphane Derenoncourt

★

CHÂTEAU LATOUR-MARTILLAC

Voici un bel exemple de propriété familiale, toujours entre les mains des Kressmann, très ancienne famille de négociants bordelais. Tristan et Loïc Kressmann sont aujourd'hui aux commandes de ce cru classé très bien situé sur le plateau de Martillac. Les différentes générations ont su respecter le patrimoine transmis, tout en progressant dans la conduite de la vigne et dans les vinifications avec leur directrice, Valérie Vialard. Les vins ont conservé leur style élégant et précis ; ils gagnent en densité, comme le prouvent les très recommandables derniers millésimes.

Les vins : bien bâti, avec du fond et un fruité mûr, le rouge 2015 est un bouteille très séduisante, avec sa finale sur des tanins nobles et crémeux. Mûr, mais sans mollesse, Lagrave 2018 est un blanc très séduisant qui termine par une finale éclatante. Le millésime 2015 a engendré un pessac-léognan au profil solaire, ample et chaleureux. Un joli vin pour une cuisine bourgeoise à la crème.

Pessac-Léognan 2015 (blanc)	37,50 €	16
Pessac-Léognan 2015 (rouge)	40 €	16,5
Pessac-Léognan 2016 (rouge)	29,40 € (c)	17
Pessac-Léognan Lagrave Martillac 2016 (rouge)	21 €	15

Le coup de ♥

Pessac-Léognan Lagrave Martillac 2018 (blanc)	21 €	15,5

Rouge : 45 hectares.
Cabernet-Sauvignon 55 %, Merlot 40 %, Petit Verdot 5 %
Blanc : 10 hectares.
Sauvignon blanc 60 %, Sémillon 40 %
Production moyenne : 330 000 bt/an

CHÂTEAU LATOUR-MARTILLAC
Vignobles Jean Kressmann, 8, chemin Latour 33650 Martillac
05 57 97 71 11 • www.latourmartillac.com • Vente et visites : au domaine sur rendez-vous.
Propriétaire : Famille Jean Kressmann
Directeur : Loïc et Tristan Kressmann
Œnologue : Valérie Vialard

★

CHÂTEAU OLIVIER

Ce cru classé de Graves a connu, en à peine dix ans, l'une des plus importantes mutations de l'appellation. Sous l'impulsion de Laurent Lebrun, les vins atteignent un excellent niveau et l'engagement d'Alexandre de Bethmann, le propriétaire, est indéniable. Ce dernier a mobilisé d'importants moyens financiers pour restructurer le vignoble. Il faut dire que cette propriété est absolument magnifique ! Nichée au milieu d'une zone boisée, elle s'appuie sur un terroir de graves sis sur une croupe splendide, ventilée, idéale pour produire de très grands cabernet-sauvignon. Les derniers millésimes produits témoignent de cette nouvelle dynamique.

Les vins : 2015 et 2016 sont deux millésimes très réussis, particulièrement en rouge. 2016 possédant un supplément d'éclat et de définition, avec un très beau travail sur l'extraction des tanins. Le blanc 2016 est rond, chaleureux ; il porte la richesse du millésime, avec un début d'évolution sur des notes de miel.

Pessac-Léognan 2015	N.C.	16,5
Pessac-Léognan 2016	38 € (c)	15
Pessac-Léognan 2015	N.C.	17
Pessac-Léognan 2016	42 € (c)	17

Rouge : 52 hectares.
Cabernet-Sauvignon 55 %, Merlot 40 %, Petit Verdot 5 %
Blanc : 8 hectares.
Sauvignon blanc 75 %, Sémillon 23 %, Muscadelle 2 %
Production moyenne : 240 000 bt/an

CHÂTEAU OLIVIER
175, avenue de Bordeaux, 33850 Léognan
05 56 64 73 31 • www.chateau-olivier.com •
Vente et visites : au domaine sur rendez-vous.
Propriétaire : Famille de Bethmann
Directeur : Laurent Lebrun

CHÂTEAU BROWN

Cette propriété, rachetée en 2005 par les familles Mau et Dirkzwager, est aujourd'hui gérée par Jean-Christophe Mau. Ce dernier a effectué un travail en profondeur sur ce terroir voisin du cru classé Château Olivier. Les derniers millésimes atteignent un excellent niveau dans un style classique qui privilégie toujours une belle finesse de tanins et la fraîcheur du fruit.

Les vins : avec un nez ouvert sur les fruits et une bouche très suave, le rouge 2016 s'impose comme une très belle réussite. Un vin au profil classique au sens noble du terme. D'un remarquable éclat, avec de belles saveurs de fruits blancs et une touche d'agrumes qui vient doper la finale, le blanc 2017 est bien en place et révèle un joli potentiel.

Pessac-Léognan 2016	20 à 30 € (c)	15,5
Pessac-Léognan 2017	30 €	16,5
Pessac-Léognan 2015	20 à 30 € (c)	16,5

Le coup de ♥

Pessac-Léognan 2016	31 €	16,5

Rouge : 27 hectares.
Merlot 65 %, Cabernet-Sauvignon 32 %, Petit Verdot 3 %
Blanc : 6 hectares.
Sauvignon blanc 74 %, Sémillon 26 %
Production moyenne : 120 000 bt/an

CHÂTEAU BROWN
Allée John-Lewis-Brown, 33850 Léognan
05 56 87 08 10 • www.chateau-brown.com •
Vente et visites : au domaine sur rendez-vous.
Propriétaire : Familles Mau et Dirkzwager
Directeur : Jean-Christophe Mau
Maître de chai : Bruno Patrouilleau

CHÂTEAU DE CHANTEGRIVE

Propriété emblématique de Podensac, au cœur de l'appellation Graves, Chantegrive doit sa création à Henri Lévêque. Ce courtier historique de la place de Bordeaux a démarré l'aventure Chantegrive en 1966, avec seulement 2 hectares de vignes. Aujourd'hui, la propriété atteint 96 hectares en production, répartis à parts quasiment égales entre blanc et rouge. Longtemps pionnier dans l'élaboration de vins ambitieux, Chantegrive a connu au début des années 2000 une période plus creuse. Le château, repris en main par Marie-Hélène Levêque avec les conseils d'Hubert de Boüard depuis 2006, donne des vins qui retrouvent leur place parmi les belles références de l'appellation.

Les vins : Caroline 2017 est un blanc tendre et gourmand, avec un côté déjà très ouvert et un joli charme. On retrouve un peu cet esprit dans le rouge 2016 à l'abord facile et au fruité tendre. Buvez-le sans vous presser.

Graves 2015	12,50 €	15
Graves Caroline 2015	16,50 €	16
Graves Caroline 2017	16 €	14,5
Graves 2016	15 €	14,5

Rouge : 49 hectares.
Merlot 60 %, Cabernet franc 40 %
Blanc : 47 hectares.
Sémillon 50 %, Sauvignon blanc 45 %, Sauvignon gris 5 %
Production moyenne : 450 000 bt/an

CHÂTEAU DE CHANTEGRIVE
44, cours Georges-Clemenceau,
33720 Podensac
05 56 27 17 38 • www.chantegrive.com •
Vente et visites : au domaine sur rendez-vous.
Propriétaire : Françoise Lévêque
Directeur : Marie-Hélène Lévêque
Maître de chai : Aude Dupuy
Œnologue : Hubert de Boüard

CHÂTEAU COUHINS

Depuis 1968, l'Institut national de la recherche agronomique (Inra) est propriétaire de ce cru classé de Graves. Sous la houlette de Dominique Forget, Couhins (à ne pas confondre avec son voisin Couhins-Lurton) représente aujourd'hui à la fois un site de recherche viticole et de production. En effet, sur ce beau terroir, s'établissent les recherches les plus poussées sur le matériel végétal (sélections clonales, porte-greffe, etc.). En parallèle, on y mène une approche de la viticulture précise et parcellaire. Les vins blancs (souvent en 100 % sauvignon) sont de belle facture, assez faciles d'accès, et se dégustent très bien jeunes. Les rouges peuvent manquer de fond et de matière avec parfois des finales trop liquides. Mais les derniers millésimes se montrent cependant plus denses et de meilleure concentration avec une augmentation significative du cabernet-sauvignon dans les assemblages. Régulièrement, des investissements sont concédés par l'Inra pour améliorer l'outil de production.

Les vins : le domaine ne nous ayant pas fait parvenir ses vins cette année, nous sommes amenés à reconduire les notes de notre édition précédente.

Pessac-Léognan 2015	25 à 30 € (c)	15,5
Pessac-Léognan 2015	20 à 25 € (c)	15,5

Rouge : 21 hectares.
Merlot 49 %, Cabernet-Sauvignon 40 %, Petit Verdot 6 %, Cabernet franc 5 %
Blanc : 6 hectares.
Sauvignon blanc 95 %, Sauvignon gris 5 %
Production moyenne : 120 000 bt/an

CHÂTEAU COUHINS
Chemin de la Gravette, BP 81,
33883 Villenave-d'Ornon Cedex
05 56 30 77 61 • www.chateau-couhins.fr •
Vente et visites : au domaine sur rendez-vous.
Propriétaire : Inra
Directeur : Dominique Forget

CHÂTEAU CRABITEY

À la tête de 28 hectares de vignes, dont une bonne partie sur l'une des plus belles croupes de graves de Portets, Arnaud de Butler, a fait en une quinzaine d'années de ce cru des Graves l'une des références de l'appellation. Il a entamé en 2008 un vaste programme de restructuration du vignoble en privilégiant le cabernet-sauvignon sur les plus belles croupes de sa propriété. Un choix judicieux, comme le montre l'importance de ce cépage dans la qualité des derniers assemblages. Crabitey est aujourd'hui une marque fiable, et ses vins vieillissent fort bien.

Les vins : avec des notes de pêche et de fleurs, le blanc 2018 est généreux, mais aussi tendu. En rouge, le 2015 se montre sous un très beau jour, avec une bouche ronde et pleine, complétée d'une petite note fumée en finale. Le 2017 est tout en fraîcheur, avec un fruité croquant et bien juteux. Il est déjà délicieux.

Graves 2015	13 €	15,5
Graves 2017	14 €	15
Graves 2018	13 €	15,5
Graves 2015	14 €	15,5
Graves 2016	15 €	16

Le coup de ♥

Graves 2017	13 €	16

Rouge : 26 hectares.
Cabernet-Sauvignon 47 %, Merlot 47 %, Petit Verdot 6 %
Blanc : 5 hectares.

Sauvignon blanc 70 %, Sémillon 30 %
Production moyenne : 200 000 bt/an

CHÂTEAU CRABITEY
63, route du Courneau, 33640 Portets
05 56 67 18 64 • www.chateau-crabitey.fr • Vente et visites : au domaine sur rendez-vous.
Propriétaire : Arnaud de Butler
Maître de chai : Christophe Chaloupin
Œnologue : Christine Jacoby-Sourdes

CHÂTEAU LA GARDE

Cette propriété de la Maison Dourthe possède un vaste vignoble, sur un terroir composé de différentes croupes graveleuses et d'un plateau d'argile sur la commune de Martillac. Remembrées et en grande partie replantées, les vignes produisent aujourd'hui des vins plus percutants et mieux équilibrés, notamment avec une emprise des élevages beaucoup plus modérée (seulement 15 % de barrique neuve pour les blancs). Les derniers millésimes sont d'un très bon niveau et possèdent un potentiel de garde non négligeable.

Les vins : ciselée, avec une bouche aux notes d'agrumes et une belle tension, le blanc 2017 est un vin complet et très scintillant. Le rouge 2015 est dense, sérieux, dans un registre de fruits noirs et d'épices. On peut commencer à le boire. Le rouge 2016 est plus précis, plus ciselé et possède une trame qui l'étire davantage. C'est le plus racé de l'histoire récente du domaine.

Pessac-Léognan 2015 (blanc)	25 à 30 € (c)	16
Pessac-Léognan 2016 (blanc)	25 à 30 € (c)	16,5
Pessac-Léognan 2015 (rouge)	24 à 26 € (c)	16
Pessac-Léognan 2016 (rouge)	24 à 26 € (c)	16,5

Le coup de ♥

Pessac-Léognan 2017 (blanc)	30 € (c)	16

Rouge : 50 hectares.
Merlot 67 %, Cabernet-Sauvignon 30 %, Petit Verdot 2 %
Blanc : 2 hectares.
Sauvignon blanc 75 %, Sémillon 25 %
Production moyenne : 161 000 bt/an

CHÂTEAU LA GARDE
1, chemin de la Tour, 33650 Martillac
05 56 35 53 00 • www.chateau-la-garde.com • Vente et visites : au domaine sur rendez-vous.
Propriétaire : Dourthe
Directeur : Frédéric Bonnaffous

CHÂTEAU GAZIN-ROCQUENCOURT

Ce cru de Léognan était totalement inconnu jusqu'à son rachat en 2005 par la famille Bonnie, également propriétaire du cru classé Malartic-Lagravière. On doit à Véronique Bonnie-Laplane, Séverine et Jean-Jacques Bonnie le renouveau spectaculaire de ce beau terroir d'argiles et de graves. En moins de dix ans, les vins rouges atteignent un excellent niveau de qualité, avec un style profond, sensuel et flatteur. Le blanc, réalisé exclusivement à base de sauvignon, s'est lui aussi distingué au cours des derniers millésimes.

Les vins : le délicieux rouge 2016 affiche un vrai charme, avec des notes de fruits rouges bien juteuses en bouche. Dans le même millésime, le blanc exhale des notes de pêche de vigne et de fruits blancs. Un vin gourmand et séduisant.

Pessac-Léognan 2015 (blanc)	35 €	15
Pessac-Léognan 2016 (blanc)	24,95 €	15
Pessac-Léognan 2015 (rouge)	35 €	15,5

Le coup de ♥

Pessac-Léognan 2016 (rouge)	24,95 €	15,5

Rouge : 19,5 hectares.
Cabernet-Sauvignon 55 %, Merlot 45 %
Blanc : 2,5 hectares.
Sauvignon blanc 100 %
Production moyenne : 100 000 bt/an

CHÂTEAU GAZIN-ROCQUENCOURT
43, avenue de Mont-de-Marsan, 33850 Léognan
05 56 64 75 08 • www.gazin-rocquencourt.com • Pas de visites.
Propriétaire : Alfred-Alexandre Bonnie
Directeur : Jean-Jacques Bonnie et Véronique Bonnie-Laplane
Maître de chai : Philippe Garcia
Œnologue : Michel Rolland

CHÂTEAU LA LOUVIÈRE

Disparu en juin dernier, André Lurton était une figure du Bordelais et l'un des architectes de la création en 1987 de l'appellation Pessac-Léognan. Il avait acquis La Louvière en 1965 et n'avait eu de cesse de promouvoir ce cru populaire, accessible et régulier, que les amateurs apprécient depuis longtemps. Depuis une dizaine d'année, le château s'est lancé dans un programme de modernisation et d'amélioration du travail à la vigne, dans l'objectif de viser encore plus haut. Les derniers millésimes sont sans doute les plus aboutis jamais produits.

Les vins : le 2015 évolue doucement, il possède la mâche, un bon équilibre et la belle ampleur du millésime. 2016 se révèle lui aussi réussi, dans un style plus sérieux. Le blanc 2016 est large et chaleureux, avec une bouche très sphérique et des notes de fruits exotiques. On peut le boire.

Pessac-Léognan 2015	20 €	15,5
Pessac-Léognan 2016	24 €	15
Pessac-Léognan 2015	25 €	16
Pessac-Léognan 2016	24 € (c)	14,5

Rouge : 46 hectares.
Cabernet-Sauvignon 60 %, Merlot 40 %
Blanc : 15 hectares.
Sauvignon blanc 100 %
Production moyenne : 190 000 bt/an

CHÂTEAU LA LOUVIÈRE
149, avenue de Cadaujac, 33850 Léognan
05 56 64 75 87 • www.andrelurton.com •
Vente et visites : au domaine sur rendez-vous.
Propriétaire : Famille Lurton
Directeur : Pascal le Faucheur
Maître de chai : Jean-Marc Conte
Œnologue : Michel Rolland (rouges) et Valérie Lavigne (blancs)

CHÂTEAU RAHOUL

La gestion de la propriété situé sur le plateau de Portets est confiée depuis 2007 à la maison Dourthe. Frédéric Bonnaffous, le directeur technique lui redonné ses lettres de noblesse, produisant un vin blanc habilement construit autour du sémillon, expressif et vieillissant bien. Le rouge a quant à lui très fortement progressé ces dernières années, gagnant en densité et en profondeur.

Les vins : très belle réussite que le rouge 2015 qui conserve une belle tonicité et un fruit de jolie fraîcheur. Il s'ouvre bien. Le rouge 2016 fait montre de plus de rigidité dans ses tannins, mais aussi d'une plus grande définition. Au final, il devrait aller plus loin. Le blanc 2017 est frais et vif, porté par des arômes d'agrumes et de fleurs blanches.

Graves 2015	20 € (c)	15
Graves 2017	22 € (c)	15,5
Graves 2015	de 17 à 18 € (c)	16
Graves 2016	de 17 à 18 € (c)	16,5

Rouge : 33 hectares.
Merlot 67 %, Cabernet-Sauvignon 30 %, Petit Verdot 3 %
Blanc : 5 hectares.
Sémillon 70 %, Sauvignon blanc 30 %
Production moyenne : 112 000 bt/an

CHÂTEAU RAHOUL
4, route du Courneau, 33640 Portets
05 56 35 53 00 • www.chateau-rahoul.com •
Vente et visites : au domaine sur rendez-vous.
Propriétaire : Dourthe
Directeur : Frédéric Bonnaffous

CHÂTEAU RESPIDE MÉDEVILLE

Le château, propriété de la famille Médeville depuis les années 1980, (qui possède également les châteaux Gilette et Les Justices à Sauternes, le château des Eyrins à Margaux ainsi que les champagnes Gonet-Médeville), situé à Preignac, dans le sud des Graves tout proche de Langon et du Sauternais, est parfaitement tenu. Grâce à un encépagement équilibré, les vins expriment les vertus complémentaires du merlot et du cabernet-sauvignon (légèrement majoritaire) en rouge, du sauvignon et du sémillon et d'une petite part de muscadelle (jusqu'à 5 % dans l'assemblage selon les millésimes) en blanc. Ce dernier révèle le véritable style des vins de la région des Graves du sud : sans artifice, aux notes d'écorce d'agrumes et à la bouche sans lourdeur, avec un élevage court de trois mois en barrique. Les rouges ont bien progressé grâce aux conseils en vinification d'Olivier Dauga. Julie et Xavier Gonet gèrent avec talent cette propriété qui maintient un excellent niveau et une parfaite régularité de production.

Les vins : la finesse est leur point fort. Le blanc 2016 possède de la richesse, une belle ampleur de bouche, dans un registre exotique mais digeste. Nous adorons le croquant et le côté juteux du rouge 2016. Un vin d'équilibre, séduisant, mais aussi de belle profondeur.

Graves 2015 (blanc)	de 15 à 20 € (c)	16
Graves 2016 (blanc)	16 €	15,5
Graves 2015 (rouge)	de 15 à 20 € (c)	16

Le coup de ♥

Graves 2016 (rouge)	19 €	16,5

Rouge : 8 hectares.
Cabernet-Sauvignon 60 %, Merlot 40 %
Blanc : 4 hectares.
Sémillon 50 %, Sauvignon blanc 48 %, Muscadelle 2 %
Production moyenne : 70 000 bt/an

CHÂTEAU RESPIDE MÉDEVILLE
4, rue du Port, 33210 Preignac
05 56 76 28 44 • gonet-medeville.com •
Visites : sans rendez-vous.
Propriétaire : Julie et Xavier Gonet-Médeville

CHÂTEAU DE ROUILLAC

Ce cru de Canéjan, autrefois propriété du baron Haussmann, appartient depuis avril 2010 à Laurent et Sophie Cisneros. Cet autodidacte d'origine charentaise, ancien joueur de foot de deuxième division aux côtés de Zinédine Zidane, à Cannes, et qui a fait fortune comme chauffagiste, s'est impliqué à 100 % dans la remise en route du domaine et du vignoble. Les anciens propriétaires (la famille Lafragette) avaient entièrement rénové les bâtiments et replacé les vins parmi les bonnes références de l'appellation. Désormais, Laurent Cisneros tient cette propriété au cordeau dans un souci permanent de qualité et dans une démarche environnementale forte (labours d'un tiers du vignoble au cheval et suppression des herbicides), qu'il s'agisse des vins ou de l'accueil à la propriété. Rouillac a reçu à plusieurs reprises des prix pour la qualité de sa réception, avec la volonté de rassembler en un même lieu le monde du vin et celui de l'équitation. Avec l'œnologue-conseil médocain Éric Boissenot, ils apportent un souffle nouveau à Rouillac.

Les vins : Parfait petit vin de soif à vocation apéritive, Le Dada blanc est agréable et remplit pleinement sa fonction. En 2017 toujours, Rouillac blanc possède une belle droiture et un bouche digeste, mais son élevage le marque encore... Il faut l'attendre un peu. Rouillac rouge 2015 est agréable, fondu, avec des tanins élégants et une jolie rondeur en bouche. Plus serré, mais aussi plus profond, le 2016 affiche une belle trame et un côté digeste.

Pessac-Léognan 2015 (blanc)	25 €	14,5
Pessac-Léognan 2016 (blanc)	29 €	16
Pessac-Léognan 2017 (blanc)	29 €	15
Pessac-Léognan Le Dada de Rouillac 2017 (blanc)	18 €	14
Pessac-Léognan 2015 (rouge)	29 €	15
Pessac-Léognan 2016 (rouge)	29 €	16
Pessac-Léognan Le Dada de Rouillac 2016 (rouge)	19 €	14
Pessac-Léognan Le Dada de Rouillac 2017 (rouge)	18 €	14,5

Rouge : 23 hectares.
Cabernet-Sauvignon 52 %, Merlot 48 %
Blanc : 3 hectares.
Sauvignon blanc 66 %, Sémillon 18 %, Sauvignon gris 16 %
Production moyenne : 150 000 bt/an

CHÂTEAU DE ROUILLAC
12, chemin du 20-Août-1949, 33610 Canéjan
05 57 12 84 63 •
www.chateauderouillac.com • Vente et visites : au domaine sur rendez-vous.
Propriétaire : Laurent Cisneros
Directeur : Jean-Christophe Barron
Maître de chai : Sophie Burguet
Œnologue : Éric Boissenot

CHÂTEAU SEGUIN

Acquise par Jean Darriet en 1987 à la Caisse des dépôts, cette vaste propriété de 31 hectares est aujourd'hui gérée par son fils Denis, ancien diamantaire, en association (depuis 1999) avec Moïse Ohana. Le vignoble, planté en 1988, se divise en deux grandes zones, à parts égales de cabernet-sauvignon et de merlot : Seguin sur la commune de Canéjan, et Petit Bordeaux sur celle de Gradignan. D'un âge moyen de 25 ans, les vignes (uniquement de rouge) produisent des vins aux équilibres élégants, qui présentent de bons niveaux de maturité et de concentration. Très réguliers, toujours colorés, les derniers millésimes confirment la bonne forme de cette propriété, qui s'inscrit parmi les meilleurs crus non classés de Pessac-Léognan.

Les vins : les derniers millésimes sont solides. Les vins se montrent denses et bien armés pour la garde, à l'image du 2016 profond et charnu, doté de nobles tanins.

Pessac-Léognan 2015	25 €	16
Pessac-Léognan 2016	26 €	16

Rouge : 31 hectares.
Cabernet-Sauvignon 50 %, Merlot 50 %
Production moyenne : 130 000 bt/an

CHÂTEAU SEGUIN

Chemin de la House, 33610 Canéjan
05 56 75 02 43 • www.chateauseguin.com • Vente et visites : au domaine sur rendez-vous.

Propriétaire : Jean et Denis Darriet
Directeur : François Machy
Maître de chai : Xavier Moragues
Œnologue : Alain Raynaud

NOUVEAU DOMAINE

DOMAINE DE LA SOLITUDE - MARTILLAC

Exploité depuis 1993 par Olivier Bernard (Domaine de Chevalier), le domaine de la Solitude, très ancienne propriété de Martillac et appartenant à la communauté religieuse de la Sainte Famille, a atteint un très honnête niveau, avec une grande régularité. Les blancs sont accessibles et gourmands ; les rouges que l'on peut boire sur leur fruit, évoluent bien sur une décennie. Les prix demeurent très accessibles.

Les vins : ils sont très séduisants et accessibles. Les blancs sont frais et bien tendus, à l'image du 2017 qui ne manque ni de nerf ni de saveur. En rouge, le 2015 se montre charmeur, mûr et suave, avec des notes de fruits noirs. Le 2016 est une réussite, profitant pleinement du côté équilibré du millésime, avec une belle persistance et un fruit qui demeure très frais.

Pessac-Léognan 2016 (blanc)	20 €	15,5
Pessac-Léognan 2017 (blanc)	20 €	15,5
Pessac-Léognan 2015	21 €	15,5

Le coup de ♥

Pessac-Léognan 2016	22 €	16

Rouge : 20 hectares.
Cabernet-Sauvignon 52 %, Merlot 33 %, Cabernet franc 10 %, Petit Verdot 5 %
Blanc : 7 hectares.
Sauvignon blanc 70 %, Sémillon 30 %
Production moyenne : 1 300 000 bt/an

DOMAINE DE LA SOLITUDE - MARTILLAC

Communauté Religieuse de la Sainte-Famille
10, route de la Solitude 33650 Martillac
05 56 72 74 74 • www.domainedelasolitude.com • Vente et visites : au domaine sur rendez-vous.

Propriétaire : Communauté religieuse de la Sainte Famille
Directeur : Olivier Bernard

SAUTERNAIS

★★★

CHÂTEAU CLIMENS

Château Climens est la propriété de la famille Lurton depuis 1971. Aujourd'hui, le cru est dirigé avec brio par Bérénice Lurton. Peu de liquoreux français se distinguent par un bouquet aussi pur et élégant que ce premier cru classé de Barsac. Il doit sa qualité transcendante à son terroir exceptionnel, qui produit des récoltes aussi riches en sucres qu'à Sauternes, mais sur une palette de parfums souvent plus complexe et diversifiée. Le savoir-faire de l'équipe n'est pas non plus étranger à cette réussite : au gré des différents lots vendangés à des degrés plus ou moins intenses de botrytis, Bérénice Lurton et son directeur Frédéric Nivelle réalisent de savants assemblages comme autant d'œuvres d'art. Consciente des changements culturaux et culturels des dernières années, Bérénice Lurton a obtenu la certification de son vignoble en biodynamie.

Les vins : Cyprès de Climens affiche un nez étincelant de pureté et de précision. La bouche est dans la même veine, ciselée et dotée d'un fruit délicieux. Superbe. Climens 2016 paraît plus vif avec une petite note de poudre de fer. Sa bouche élancée et sapide laisse transparaître toute l'énergie de Barsac par ce fruit d'une pureté exemplaire, avec une liqueur magistralement équilibrée en prime.

Barsac 2016 — 75 € (c) — 19,5

Le coup de ♥

Barsac Cyprès de Climens 2016 — 30 € — 16

Blanc : 30 hectares.
Sémillon 100 %
Production moyenne : 45 000 bt/an

CHÂTEAU CLIMENS ☾
6, Plantey, 33720 Barsac
05 56 27 15 33 • www.chateau-climens.fr •
Visites : sans rendez-vous.
Propriétaire : Bérénice Lurton
Directeur : Frédéric Nivelle
Œnologue : Lucien Llorca

★★★

CHÂTEAU COUTET

Ce premier grand cru classé est l'un des deux seigneurs de Barsac, avec Climens. Sur la majorité des parcelles, le fameux sol rouge (association d'oxyde de fer et de roche calcaire) donne au vin un supplément de nervosité par rapport à ses proches voisins à teneur en sucre équivalente. Les arômes d'agrumes et d'acacia le rapprochent de Climens, mais Coutet s'exprime en général plus rapidement et possède souvent un peu moins de liqueur, en dehors de la fameuse crème de tête connue sous le nom de cuvée Madame. L'Alsacien Philippe Baly et son frère Dominique, avec sa fille Aline, gèrent très consciencieusement le domaine depuis son rachat par leur père en 1977.

Les vins : un nez ample d'ananas rôti, complété d'une petite touche de cake au fruit, précède un fruit plein en bouche, vivant, à la richesse raffinée. Il possède de la chair mais sans lourdeur car la finale reste très traçante.

Le coup de ♥

Barsac Premier Cru 2016 — 42 € — 19,5

Blanc : 38,5 hectares.
Sémillon 75 %, Sauvignon blanc 23 %, Muscadelle 2 %
Production moyenne : 42 000 bt/an

CHÂTEAU COUTET
33720 Barsac
05 56 27 15 46 • www.chateaucoutet.com •
Visites : sans rendez-vous.
Propriétaire : Philippe et Dominique Baly
Directeur : Philippe Baly
Maître de chai : Laurier Girardot
Œnologue : Lucien Llorca

★★★

CHÂTEAU DE FARGUES

Copropriétaire et vinificateur d'Yquem durant plus de trente millésimes, Alexandre de Lur Saluces s'est attaché, depuis la vente du château d'Yquem, à revaloriser la production du château de Fargues, fief de sa famille. Il y applique exactement les mêmes principes qu'à Yquem (notamment des élevages très longs, jusqu'à trente-six mois), produisant ainsi un sauternes classique et complet, comparable aux plus grands et qui jouit, auprès des professionnels comme des amateurs, d'une estime largement méritée. Tous les millésimes en vente sont actuellement remarquables.

Les vins : une mise récente en bouteille (avril 2019) perturbe un peu l'aromatique du fruit du 2016. En bouche, on retrouve cependant la force raffinée de ce grand terroir. La liqueur est précise, son fruit net et l'élevage accompagne à merveille la complexité de ce vin de garde à la jolie finale sur une note de citron confit. Avec le 2015, on a le sentiment d'être au dessus d'un cake au fruit confit, type orange confite. La bouche est dense, racée, toute la puissance tellurique du terroir de Fargues s'exprime à travers ce fruit intense et très long en bouche. Malgré la richesse du millésime, il trouve un équilibre souverain ainsi que de beaux et stimulants amers. Somptueux.

Sauternes 2015	222 €	20
Sauternes 2016	200 € (c)	19,5

Blanc : 20 hectares.
Sémillon 80 %, Sauvignon blanc 20 %
Production moyenne : 20 000 bt/an

CHÂTEAU DE FARGUES
33210 Fargues
05 57 98 04 20 • www.chateaudefargues.com • Vente et visites : au domaine sur rendez-vous.
Propriétaire : Alexandre de Lur Saluces
Directeur : François Amirault

★★★

CHÂTEAU D'YQUEM

Reconnu comme étant le plus célèbre vin liquoreux du monde, Yquem est la propriété, depuis 1999, du groupe LVMH dirigé par l'homme d'affaires Bernard Arnault. Le château est aujourd'hui incarné par Pierre Lurton, également à la tête du château Cheval Blanc, à Saint-Émilion. Avant lui, Alexandre de Lur Saluces a écrit, de 1967 à 2004, quelques-unes des plus belles pages de l'histoire de l'unique premier cru classé supérieur en 1855, dans la lignée de ses aïeux. Car ce vin est peut-être le plus régulier du Bordelais depuis cent ans. Même dans les petits millésimes et les périodes difficiles, Yquem a tenu son rang jusque dans son vieillissement incomparable. Il doit cet état de fait à un terroir unique, réagissant au développement du botrytis comme aucun autre, et à des hommes qui ont su comprendre et mettre en valeur ses qualités. Si Yquem n'impressionne pas forcément dans sa jeunesse, il creuse irrémédiablement l'écart avec ses voisins après quelques années de garde. Déguster un vieux millésime du château demeure une expérience que tout amateur de vin liquoreux se doit d'avoir connu dans sa vie.

Les vins : l'équilibre d'Y d'Yquem progresse à grands pas. Il est moins marqué par le soufre que les millésimes précédents et garde une pointe de douceur grâce à quelques grammes de sucres résiduels. Un vin tout en finesse. Yquem dispose d'un parfum élégant et subtil, avec une douce note de viennoiserie. Un vin pur, intense, qui, malgré une belle richesse, conserve un équilibre souverain grâce à son acidité. Une petite note florale participe à sa complexité olfactive. Un très grand liquoreux en perspective.

Bordeaux Y d'Yquem 2016	de 130 à 160 € (c)	16
Sauternes 2016	de 320 à 370 € (c)	20

Blanc : 100 hectares.
Sémillon 80 %, Sauvignon blanc 20 %
Production moyenne : 100 000 bt/an

CHÂTEAU D'YQUEM
33210 Sauternes
05 57 98 07 07 • www.yquem.fr • Vente et visites : au domaine sur rendez-vous.
Propriétaire : LVMH
Directeur : Pierre Lurton

★★

CHÂTEAU DOISY DAËNE

Voisin de Climens, ce cru classé de Barsac bénéficie du savoir-faire de la famille Dubourdieu, propriétaire depuis plusieurs générations. L'équipe de Denis Dubourdieu, chef de file de l'école œnologique bordelaise disparu en 2016, vinifie magistralement une vendange récoltée toujours avec précision, au moment où la pourriture noble offre le meilleur compromis entre richesse en sucre et finesse aromatique, tout en préservant de hauts niveaux d'acidité. Élevés ensuite par de courts séjours en barrique, les vins affichent ainsi une pureté et une élégance qui les rendent d'autant plus recherchés que leurs prix restent sages. La propriété produit trois vins : un blanc sec aromatique, un liquoreux raffiné et, dans les très grands millésimes, la rarissime cuvée L'Extravagant, issue d'un lot de la récolte beaucoup plus riche, équivalent local des plus sublimes trockenbeerenauslese allemands.

Les vins : une petite note de vanille vient enrober un joli fruit au nez. Plein et charnel, il préserve tout son élégance à travers un fruit qui s'étire en bouche et restitue l'agréable salinité de Barsac. Ce beau vin de garde évolue sur une note de pamplemousse.

➭ Barsac 2015 de 35 à 45 € (c) 18

Blanc : 15 hectares.
Sémillon 85 %, Sauvignon blanc 14 %,
Muscadelle 1 %
Production moyenne : 17 000 bt/an

CHÂTEAU DOISY DAËNE
15, Gravas, 33720 Barsac
05 56 621 96 51 • www.denisdubourdieu.fr •
Vente et visites : au domaine sur rendez-vous.
Propriétaire : Famille Dubourdieu
Œnologue : Fabrice Dubourdieu

★★

CHÂTEAU GILETTE

Ce tout petit cru de Preignac, aujourd'hui sous la responsabilité de Julie Médeville et de son mari Xavier Gonet, est célèbre pour mettre uniquement en vente de très anciens millésimes, longuement vieillis en cuve béton (à l'abri de l'air), puis en bouteille, et issus de vendanges très riches (d'où la mention crème de tête). Le bouquet caractéristique de Gilette est sans doute le plus fruité du Sauternais, avec des notes de confiture d'agrumes (orange amère), renforcées par le délicat rancio apporté par l'âge et la durée de l'élevage. La méthode de conservation privilégie la réduction sans oxydation, ce qui explique l'étonnante jeunesse des vins, même plus de trente ans après leur naissance.

Les vins : un nez épicé dans lequel une touche de safran domine. Le vin est encore dans la richesse du millésime ; son fruit est doux, épais mais digeste. Belle persistance avec une note de citron confit qui ressort sur la finale. Derrière cette richesse, il développe une grande vitalité en bouche. Superbe.

Le coup de ♥

➭ Sauternes 1997 de 140 à 160 € (c) 18,5

Blanc : 4,5 hectares.
Sémillon 90 %, Sauvignon blanc 8 %,
Muscadelle 2 %
Production moyenne : 7 000 bt/an

CHÂTEAU GILETTE
4, rue du Port, 33210 Preignac
05 56 76 28 44 • gonet-medeville.com •
Visites : sans rendez-vous.
Propriétaire : Julie et Xavier Gonet-Médeville

★★

CHÂTEAU GUIRAUD

Ce premier cru classé de Sauternes appartient aujourd'hui à quatre copropriétaires : Robert Peugeot, Olivier Bernard (domaine de Chevalier), Stephan von Neipperg (château Canon-la-Gaffelière) et Xavier Planty. Sous l'adroite direction de Luc Planty, le cru offre depuis de nombreux millésimes un parfait exemple de grand sauternes moderne, rôti, très ouvert dès ses premières années et qui a énormément gagné en finesse et en minéralité. La viticulture y est particulièrement soignée, Guiraud a d'ailleurs été le premier des premiers crus classés de 1855 à bénéficier de la labellisation bio, en 2011. Le domaine parvient, avec énormément de volonté, à respecter le développement naturel de la pourriture noble. La vinification, quant à elle, se refuse à la moindre chaptalisation, comme cela devrait d'ailleurs être le cas pour tous les crus classés – cause pour laquelle milite ardemment Xavier Planty. Le château produit également en appellation Bordeaux un important volume d'un vin blanc sec à boire dans sa prime jeunesse.

Les vins : les deux blancs secs ne présentent pas un intérêt majeur. G de Guiraud 2017 sent les herbes et se démarque par une bouche assez vive. Le 2015 est construit davantage sur l'amertume que sur la richesse du millésime, avec une finale sur les agrumes. Pour entrer dans le vif du sujet, Petit Guiraud 2017 est d'une réelle gourmandise avec un fruit appétant, sur lequel on a envie de le boire. Son prédécesseur, le 2016, se montre légèrement plus empâté et poudré. Guiraud 2015 est un vin ample et charnel où l'on retrouve la richesse du millésime en bouche et dans un nez qui évoque l'abricot confit. Avec sa robe dorée, Guiraud 2009 a pris le chemin des épices : s'en dégage une note safranée, mais aussi une sensation boisée (note de croûte de pain) : un vin entre deux âges qu'il faut attendre.

Bordeaux Le G 2015	15 €	14
Bordeaux Le G 2017	15 €	14
Sauternes 2009	75 €	17
Sauternes 2015	55 €	18,5
Sauternes Petit Guiraud 2015	26 €	15
Sauternes Petit Guiraud 2017	26 €	16

Blanc : 128 hectares.
Sémillon 58 %, Sauvignon blanc 42 %
Production moyenne : 350 000 bt/an

CHÂTEAU GUIRAUD ♣
1, Guiraud, 33210 Sauternes
05 56 76 61 01 • www.chateauguiraud.com •
Visites : sans rendez-vous.
Propriétaire : SCA Château Guiraud
Directeur : Luc Planty

★★

CHÂTEAU LAFAURIE-PEYRAGUEY

L'homme d'affaires suisse Silvio Denz (Château Faugères à Saint-Émilion) a acquis cette vénérable propriété, qui fut durant de longues années popularisée par son ancien propriétaire, la maison Cordier. Ce splendide domaine produit de grands sauternes classiques à partir de vendanges très riches, sélectionnant désormais avec davantage de rigueur le premier vin. C'est à ce prix que la propriété obtient une qualité régulière, qui perpétue sa renommée. Le raisin est évidemment récolté par tries successives ; le pressurage s'effectue sur d'anciens pressoirs verticaux, et le vin est élevé pendant trente mois en barriques (par lot correspondant aux dates de récolte), dont un tiers de bois neuf. Lafaurie-Peyraguey se distingue par une grande richesse due à son terroir, en contraste avec la finesse de son plus proche voisin, Sigalas-Rabaud.

Les vins : le 2018 précocement mis en bouteille, est dominé par une note variétale au nez. Fin, élancé et puissant à la fois, il est déjà agréable, offre une belle énergie légèrement citronnée, et grandira avec quelques années de bouteille. Jolie finale saline. Doté d'une belle finesse, La Chapelle surprend par son harmonie et son équilibre : un très beau vin plus qu'un simple entrée de gamme. Sa gourmandise raffinée nous incite à le boire sur son fruité juvénile. Le 2016 présente une petite note de réduction lui donnant un caractère plus racinaire que fruité. À l'inverse, la bouche se montre dense, juteuse et sapide, plus enveloppante que de coutume, mais en préservant un très beau raffinement. La liqueur reste équilibrée et le fruit pur, prégnant.

Bordeaux 2018	35 €	15,5
Sauternes 2016	55 €	18,5
Sauternes La Chapelle de Lafaurie-Peyraguey 2017	22 €	16

Blanc : 32 hectares.
Sémillon 93 %, Sauvignon blanc 6 %, Muscadelle 1 %
Production moyenne : 60 000 bt/an

CHÂTEAU LAFAURIE-PEYRAGUEY
1, Peyraguey, 33720 Bommes
05 56 76 60 54 •
www.chateau-lafaurie-peyraguey.com •
Vente et visites : au domaine sur rendez-vous.
Propriétaire : Silvio Denz
Directeur : David Bolzan
Maître de chai : Christophe Navarro
Œnologue : Valérie Lavigne

★★

CHÂTEAU NAIRAC

Nicolas Tari-Heeter a porté ce cru classé de Barsac à son meilleur niveau. Les derniers millésimes sont splendides d'équilibre et de finesse avec des liqueurs expressives, dont les arômes traduisent à la perfection un botrytis de premier ordre. Les élevages ont eux aussi su trouver (après quelques approximations) un juste apport d'oxygénation, renforçant la capacité de vieillissement et d'évolution complexe des vins. Très séduisants dès leur prime jeunesse, les derniers-nés du château évoluent avec justesse et précision aromatique, sans jamais tomber dans des oxydations prématurées comme ce fut le cas pour ce cru dans les années 1990. Nairac fait désormais partie du cercle des très grands liquoreux de Barsac.

Les vins : le domaine ne nous ayant pas fait parvenir ses vins cette année, nous sommes amenés à reconduire les notes de notre édition précédente.

Barsac 2014	43 €	18
Barsac 2015	36 € (c)	18

Blanc : 17 hectares.
Sémillon 90 %, Sauvignon blanc 6 %, Muscadelle 4 %
Production moyenne : 16 000 bt/an

CHÂTEAU NAIRAC
81, avenue Aristide-Briand, 33720 Barsac
05 56 27 16 16 • www.chateaunairac.com •
Vente et visites : au domaine sur rendez-vous.
Propriétaire : Nicole Tari
Directeur : Nicolas Tari-Heeter

★★

CHÂTEAU RAYMOND-LAFON

Situé à côté d'Yquem et cerné par un aréopage de crus classés, Raymond-Lafon peut rivaliser, surtout dans les grands millésimes, avec les meilleurs crus de l'appellation. Dirigé par la famille Meslier (Pierre a été directeur d'Yquem durant plusieurs années), ce cru fait preuve d'une grande régularité.

Les vins : le 2016 affiche un agréable nez fin et complexe tirant sur les agrumes. Sa bouche savoureuse puise sa richesse dans un fruit très pur avec une liqueur bien équilibrée (124 grammes) portée par la complexité de son sol. Il a su préserver le côté lumineux de ce millésime qui nous surprendra dans le temps. Avec le 2015, la richesse du millésime se ressent par un parfum de fruit plus confit que frais, mais ravivé par une petite pointe d'acidité volatile de bon aloi. Il conserve une belle élégance. Déjà fort agréable dans cette prime jeunesse, son potentiel lui promet plusieurs décennies de garde. Jeune Pousses 2013, avec un élevage raccourci à dix-huit au lieu de vingt-quatre mois et une liqueur plus modérée, s'avère déjà prêt à boire. C'est une bonne entrée en matière pour découvrir les vins de ce château.

- Sauternes 2015 — 45 € 17,5
- Sauternes 2016 — 40 € 17,5
- Sauternes Jeunes Pousses de Raymond-Lafon 2013 — 17 € 15,5

Blanc : 20 hectares.
Sémillon 80 %, Sauvignon blanc 20 %
Production moyenne : 30 000 bt/an

CHÂTEAU RAYMOND-LAFON
4, au Puits, 33210 Sauternes
05 56 63 21 02 •
www.chateau-raymond-lafon.fr •
Visites : sans rendez-vous.
Propriétaire : Famille Meslier
Directeur : Marie-Françoise Meslier (gérante)
Œnologue : Henri Boyer

★★

CHÂTEAU SIGALAS RABAUD

La famille de Lambert exploite ce magnifique terroir homogène qui permet un développement idéal de la pourriture noble. Le style du vin n'a pas d'équivalent : s'il égale les premiers crus du Haut-Sauternais en richesse de liqueur et en puissance, avec un bouquet de même nature, il révèle une finesse immédiate plus affirmée, qui ne fait que décupler au vieillissement. Au final, il s'agit bien de petits miracles qu'un noyau de connaisseurs fidèles place au firmament du Sauternais. Laure de Lambert-Compeyrot a repris la direction de Sigalas Rabaud à partir de 2013 et développe avec beaucoup d'énergie la production de blancs secs, La Sémillante de Sigalas et La Demoiselle. Elle se bat d'ailleurs pour la reconnaissance d'une nouvelle appellation sauternes sec.

Les vins : nous revoyons notre jugement de la Demoiselle de Signalas à la hausse cette année car le fruit trouve une place plus importante que l'an passé par un surcroît de volume sans jamais manquer de fraîcheur. La Sémillante reste marqué par un parfum plus anisé que fruité. Un blanc droit et longiligne, peu charnu mais avec de la tenue en bouche. Sur le front des liquoreux, N°5 de Sigalas surprend par son parfum de pomme au four. La bouche, dans le même esprit, préserve une belle fraîcheur du fait d'une liqueur modérée : à servir frais à l'apéritif. Le Lieutenant de Sigalas, au nez séducteur d'agrumes, dispose d'une liqueur modérée. Son fruit net et pur se montre déjà fort gourmand. Un vin qui trouvera sa place à table sans la moindre hésitation. Le 2017, composé à 97 % de sémillon, est doté d'un beau fruit net et vif. Un vin puissant et raffiné porté par une liqueur harmonieuse qui le destine à une très longue garde. Le nez du raffiné, puissant et profond 2016, évoque l'abricot et le citron confit, affiche une liqueur tout en élégance et très bien équilibrée.

- Bordeaux La Demoiselle de Sigalas 2016 — 14 € 14
- Bordeaux La Sémillante de Sigalas 2016 — 20 € 14,5
- Bordeaux N°5 de Sigalas Sans Soufre Ajouté 2017 — 14 € 14
- Sauternes 2016 — 39 € 18,5

➭ Sauternes 2017 39 € 18,5

Le coup de ♥

➭ Sauternes Lieutenant de Sigalas 2016 21 € 15,5

Blanc : 14 hectares.
Sémillon 85 %, Sauvignon blanc 15 %
Production moyenne : 50 000 bt/an

CHÂTEAU SIGALAS RABAUD
33210 Bommes
05 57 31 07 45 •
www.chateau-sigalas-rabaud.com •
Visites : sans rendez-vous.
Propriétaire : Laure de Lambert Compeyrot
Maître de chai : Marion Clauzel
Œnologue : Jacques Lurton et Eric Boissenot

★★

CHÂTEAU SUDUIRAUT

Ce très vaste domaine a été racheté en 1992 par AXA Millésimes. Grâce à un vignoble géographiquement bien réparti, Suduiraut associe la puissance des vins du Haut-Sauternais au fruité prestigieux que l'on trouve dans les crus des plateaux de Preignac et de Barsac. Le tout donne un nectar complet, très lent à vieillir, et qui, dans les grandes années, touche au génie. Les derniers millésimes atteignent un très haut niveau.

Les vins : le blanc sec de Suiduiraut, marqué par un beau fruit limpide, tout en tension, offre de fins amers et un joli volume de bouche où l'on retrouve l'empreinte du sol de Preignac. S de Suduiraut monte en complexité avec son parfum d'agrumes, suivi par une fine note pâtissière. La bouche est somptueuse, tout en volume mais en finesse, avec un beau fruit mûr et parfaitement équilibré. Un grand sauternes sec. En liquoreux, le grandiose Castelnau se montre puissant et large, avec une belle note de pamplemousse jaune. Lions de Suduiraut, l'autre second vin du domaine, affiche une liqueur légèrement plus riche, un fruit doux et sphérique, tout en préservant la trame du terroir de Preignac. Le 2016 évoque l'abricot confit avec une petite note de frangipane. Un vin plein en bouche mais jamais débordé par la richesse de la liqueur. La puissance de son terroir lui donne en effet beaucoup d'aplomb avec son fruit concentré, pur, intense et prégnant. Magistral.

➭ Bordeaux Blanc Sec de Suduiraut 2018 de 15 à 18 € (c) 16

➭ Bordeaux S de Suduiraut Vieilles Vignes 2017 35 € (c) 17

➭ Sauternes 2016 68 € (c) 19

➭ Sauternes Castelnau de Suduiraut 2016 25 € (c) 16,5

➭ Sauternes Lions de Suduiraut 2016 25 € (c) 16,5

Blanc : 91 hectares.
Sémillon 90 %, Sauvignon blanc 10 %

CHÂTEAU SUDUIRAUT
33210 Preignac
05 56 63 61 92 • www.suduiraut.com •
Vente et visites : au domaine sur rendez-vous.
Propriétaire : AXA Millésimes
Directeur : Pierre Montégut (directeur technique)
Maître de chai : Caroline Gendry

★★

CHÂTEAU LA TOUR BLANCHE

Ce premier cru classé de Bommes, dont l'ancien propriétaire (Daniel Iffa) a fait don à l'État en 1911, est aujourd'hui géré par le Conseil régional d'Aquitaine. Devenu une école de viticulture, le château a formé des célébrités comme l'œnologue Michel Rolland. Depuis vingt ans, La Tour Blanche n'a cessé de produire des sauternes accomplis, harmonieux, noblement bouquetés. Leur très importante teneur en sucres résiduels ne leur confère aucune lourdeur, car sur ce terroir, la pourriture noble concentre les sucres pour donner aux vins une dimension aromatique extraordinaire, tout en préservant une forme gustative aérienne. Le cru est dirigé depuis 2010 par Alex Barrau. Philippe Pélicano, ancien élève du lycée, est chargé des vinifications.

Les vins : Les Charmilles aux belles senteurs d'agrumes confits possède une liqueur pure et bien équilibrée (autour de 118 grammes). Complexe et fin, il va au-delà du vin de plaisir. La Tour Blanche s'impose par un nez profond où domine une petite note de viennoiserie et de fruit confit. La bouche se montre dense et riche, portée par une liqueur donnant beaucoup d'ampleur, avec un fruit légèrement collant (on opterait pour 20 grammes de sucres de moins que les 135 grammes actuels). Le terroir y est pour quelque chose. Nous saluons la qualité exemplaire du fruit.

Sauternes 2016 45 € 18

Sauternes Les Charmilles de La Tour Blanche 2016 20 € 16

Rouge : 3 hectares.
Merlot 90 %, Malbec (cot) 10 %
Blanc : 37 hectares.
Sémillon 83 %, Sauvignon blanc 12 %, Muscadelle 5 %
Production moyenne : 60 000 bt/an

CHÂTEAU LA TOUR BLANCHE
33210 Bommes
05 57 98 02 73 • www.tour-blanche.com •
Visites : sans rendez-vous.
Propriétaire : Conseil Régional d'Aquitaine
Directeur : Miguel Aguirre
Maître de chai : Philippe Pelicano

★

DOMAINE DE L'ALLIANCE

Figure montante du vignoble de Sauternes, Daniel Alibrand, marin-pêcheur en Vendée auparavant, arrive par hasard à Sauternes où il s'installe en 2005. Peu interventionniste depuis ses débuts, il travaille en bio. Ses vignes sont situées sur le secteur de Fargues. Les vins se distinguent par leur équilibre et sont au niveau de bien des crus classés, à la fois pleins et digestes, dotés d'une très belle énergie. Ils méritent leur place dans votre cave.

Les vins : Définition sent les herbes, sensation couplée à celle d'une maturité du fruit. La bouche dense et puissante, avec du poids, offre un fruit gras et onctueux malgré une certaine vivacité. Déclinaison délivre un parfum qui évoque l'ananas frais. Il a le nez d'un liquoreux mais c'est bien un vin sec avec de la sève en bouche, un très beau volume et un fruit d'une grande limpidité. Ce beau vin de gastronomie montre la voie et le potentiel du terroir de Fargues pour produire des blancs secs. Le liquoreux est racé, porté par une liqueur abondante mais équilibrée par de beaux amers en finale. Intense et précise, sa belle concentration lui assurera un avenir radieux. Superbe.

Bordeaux Définition 2018 23 € 16,5

Sauternes 2016 42 € 18

Le coup de ♥

VDF Déclinaison 2017 23 € 17,5

Blanc : 8,7 hectares.
Sémillon 78 %, Sauvignon blanc 21 %, Muscadelle 1 %
Production moyenne : 18 000 bt/an

DOMAINE DE L'ALLIANCE
Gaillat, route d'Auros, 33210 Langon
06 73 10 27 85 ou 06 80 22 21 34 •
daniel.alibrand@wanadoo.fr • Vente et visites : au domaine sur rendez-vous.
Propriétaire : Valérie et Daniel Alibrand

★

CHÂTEAU CAILLOU

Voici un magnifique domaine d'une grande discrétion, situé dans les beaux terroirs de Barsac. Ici, la finesse prend le pas sur la puissance. Cette propriété appartient depuis quatre générations à la famille Ballan-Bravo. Composé de 90 % de sémillon, Château Caillou fait partie de ces grands vins de Barsac, où l'on mise sur des niveaux de liqueur modérés, autour de 105 grammes, ce qui donne des vins digestes et très élancés, à l'élégance admirable.

Les vins : la cuvée évoque fortement Barsac dans son tempérament avec ce fruit épuré et ces notes qui tirent vers les agrumes. Ledit fruit est net, précis, d'une belle vitalité en bouche.

Le coup de ♥

Sauternes 2016 38 € 18

Blanc : 16 hectares.
Sémillon 95 %, Sauvignon blanc 5 %
Production moyenne : 25 000 bt/an

CHÂTEAU CAILLOU
33720 Barsac
05 56 27 16 38 • www.chateaucaillou.com •
Vente et visites : au domaine sur rendez-vous.
Propriétaire : Michel et Marie-José Pierre
Directeur : Sébastien Pierre
Maître de chai : Jean Marie Brousse
Œnologue : Henri Boyer

★

CHÂTEAU DOISY-VÉDRINES

Issu du partage de Doisy en trois domaines, ce cru porte le nom des anciens propriétaires (jusqu'en 1846), les Védrines. Il se situe à proximité de Climens, de Coutet, ainsi que des deux autres Doisy (Daëne et Dubroca). Le château pratique des rendements bas, d'où un vin qui figure parmi les plus riches au nez et les plus liquoreux de Barsac. Il demande entre cinq et dix ans pour s'épanouir et atteint alors la distinction et l'éclat des stars de l'appellation.

Les vins : beau nez sur les agrumes avec une petite touche de viennoiserie et un fruit qui puise son énergie dans le sol de Barsac. Sa belle liqueur lui confère un milieu de bouche relativement ample avec une sensation de sucre légèrement collant en finale.

➭ Sauternes 2016 de 28 à 33 € (c) 17,5

Blanc : 35 hectares.
Sémillon 83 %, Sauvignon blanc 17 %
Production moyenne : 40 000 bt/an

CHÂTEAU DOISY-VÉDRINES
1, rue Védrines, 33720 Barsac
05 56 27 15 13 • doisy-vedrines@orange.fr •
Vente et visites : au domaine sur rendez-vous.
Propriétaire : Héritiers de Pierre Castéja
Directeur : Olivier Castéja
Maître de chai : Frédéric Deyres
Œnologue : Hervé Romat

★

CHÂTEAU HAUT-BERGERON

Très bien situé, non loin de Suduiraut, et fort d'un remarquable patrimoine de vieilles vignes, Haut-Bergeron se hisse au rang de nombreux crus classés en matière de qualité, tout en demeurant certainement l'une des meilleures affaires de Sauternes. La famille Lamothe vinifie avec soin ce vin qui brille depuis vingt ans par une régularité difficile à contester. Parfois un peu massif dans sa jeunesse et ayant connu des épisodes très boisés, il vieillit harmonieusement et gagne alors en finesse. Les derniers millésimes, plus élégants, affirment le changement de cap vers des sauternes moins opulents et privilégiant l'équilibre et la distinction.

Les vins : Château La Fleur des Pins est marqué par une note de poudre de fer. Cette belle entrée en matière à prix très doux nous fait découvrir l'univers de ce domaine qui produit des vins généreux et précis, comme celui-ci, composé à 90 % de sémillon. L'Îlot de Haut-Bergeron est marqué par une pointe de réduction à l'ouverture, mais on y perçoit une belle liqueur : une note d'ananas frais domine un fruit plein et riche en bouche. Le 2016 arbore une belle robe soutenue aux reflets dorés. Il s'impose par une petite touche pâtissière gourmande au nez. Son fruit net et ample à l'attaque se prolonge par une réjouissante vivacité, même si la liqueur reste un rien collante à ce stade.

➭ Graves Supérieures Château La Fleur des Pins 2018 11 € 14,5

➭ Sauternes 2016 26 € 17

➭ Sauternes L'Îlot de Haut-Bergeron 2016 15 € 15,5

Rouge : 6 hectares.
Merlot 60 %, Cabernet franc 40 %
Blanc : 31 hectares.
Sémillon 80 %, Sauvignon blanc 18 %, Muscadelle 2 %
Production moyenne : 30 000 bt/an

CHÂTEAU HAUT-BERGERON
3, Piquey, 33210 Preignac
05 56 63 24 76 •
www.chateauhautbergeron.com •
Visites : sans rendez-vous.
Propriétaire : Hervé et Patrick Lamothe
Œnologue : Henri Boyer

★

CHÂTEAU LES JUSTICES

Julie Médeville et son mari Xavier Gonet, également propriétaires du légendaire château Gilette, dirigent ce joli cru bien connu des amateurs de bonnes affaires à Sauternes. Le domaine produit un sauternes délicieusement bouqueté et sans excès de liqueur. Le vin se développe assez rapidement en bouteille et rivalise, dans les grands millésimes, avec les bons crus classés de l'appellation.

Les vins : ce sauternes équilibré et fin se démarque par une liqueur modérée. Son parfum évoque l'ananas frais et une touche d'épices. On peut le boire sur la fraîcheur de son jeune âge mais sans urgence. Belle finale sur les agrumes.

➭ Sauternes 2016 de 25 à 30 € (c) 17

Blanc : 8,5 hectares.

Sémillon 80 %, Sauvignon blanc 15 %, Muscadelle 5 %
Production moyenne : 20 000 bt/an

CHÂTEAU LES JUSTICES
4, rue du Port, 33210 Preignac
05 56 76 28 44 • www.gonet-medeville.com
• Vente et visites : au domaine sur rendez-vous.
Propriétaire : Julie et Xavier Gonet-Médeville

★

CHÂTEAU DE MALLE

Le vignoble, d'un seul tenant sur trois communes, se trouve à cheval sur les appellations Sauternes et Graves. La partie sauternaise, répartie sur les communes de Preignac et de Fargues, donne un vin élégant qui a beaucoup progressé ces dernières années sous la houlette de Paul-Henry de Bournazel. Assez facile d'accès durant sa jeunesse, ce sauternes vieillit également très bien dans les grands millésimes. Le domaine produit aussi un vin blanc sec (M de Malle), fortement marqué par le sauvignon, et un rouge agréable.

Les vins : M. de Malle 2015 a préservé un caractère variétal au nez. La bouche offre une belle puissance, un jus dense et plein. Déjà prêt à boire, il devrait anoblir sa palette aromatique avec quelques années de garde supplémentaires. En 2016, la richesse du millésime et la pureté du fruit semblent l'emporter sur la puissance à laquelle les vins de ce terroir nous avait habitué. Voilà un très beau sauternes à boire sur ce délicieux fruit juvénile.

- Graves M. de Malle 2015 — 10 € 14,5
- Sauternes 2016 — 27 € 17,5

Rouge : 23 hectares.
Merlot 80 %, Cabernet-Sauvignon 20 %
Blanc : 29 hectares.
Sauvignon blanc 57 %, Sémillon 43 %
Production moyenne : 170 000 bt/an

CHÂTEAU DE MALLE
33210 Preignac
05 56 62 36 86 • www.chateau-de-malle.fr • Pas de visites.
Propriétaire : Comtesse de Bournazel
Directeur : Paul-Henry de Bournazel

★

CHÂTEAU DE RAYNE VIGNEAU

Bénéficiant d'un splendide terroir (souvent comparé à celui d'Yquem), Rayne Vigneau a eu tendance à jouer au yoyo dans les vingt dernières années, avec toute une série de millésimes indignes de son rang. Il faut dire que le château est souvent tombé entre les mains de négociants peu scrupuleux quant à la qualité, et plus intéressés par le profit qu'ils pouvaient en tirer. Le domaine a été racheté en 2005 par le Crédit Agricole Grands Crus qui, pendant dix ans, a concédé de lourds investissements aux vignobles comme dans les bâtiments. Rayne Vigneau a été vendu en 2015 au groupe Trésor du Patrimoine créé en 1990 par Derek Rémy Smith. L'équipe actuelle est resté en place. Vincent Labergère, le directeur, souhaite renforcer la distribution de la marque avec ses déclinaisons (Clos L'Abeilley et Madame de Rayne) et développer la production de vin blanc sec sous la marque "Le sec de Rayne Vigneau".

Les vins : le domaine ne nous ayant pas fait parvenir ses vins cette année, nous sommes amenés à reconduire les notes de notre édition précédente.

- Sauternes 2009 — 44 € 16,5
- Sauternes Madame de Rayne 2013 — 20 € 15

Blanc : 84 hectares.
Sémillon 80 %, Sauvignon blanc 20 %
Production moyenne : 150 000 bt/an

CHÂTEAU DE RAYNE VIGNEAU
4, Le Vigneau, 33210 Bommes
05 56 76 61 63 • www.raynevigneau.fr • Visites : sans rendez-vous.
Propriétaire : Financière Trésor du Patrimoine
Directeur : Vincent Labergere
Maître de chai : Guillaume Rateau
Œnologue : Henri Boyer

★

CHÂTEAU RIEUSSEC

Les Domaines Barons de Rothschild (Lafite-Rothschild), propriétaire du château depuis 1984, sont associés depuis 2011 à la famille Dassault. Premier cru classé situé sur la commune de Fargues, Rieussec a toujours affiché une personnalité singulière, avec des vins d'une puissance et d'une richesse en liqueur parfois très prononcées. Quand les vins sont jeunes, la pourriture noble prend des arômes légèrement moins fins qu'ailleurs, mais le vieillissement compense ce bémol par de belles saveurs liquoreuses. Si Rieussec a pu décevoir dans des millésimes à hauts rendements, le curseur a été ajusté dans les millésimes plus récents. Les 2013 et 2015 expriment avec vigueur un style plus frais et délicat. Une progression à suivre de près.

Les vins : le 2015 évoque l'abricot confit avec une fine vanille qu'on retrouve en bouche, ainsi qu'une note boisée qui contribue à faire évoluer son profil tactile. Avec un an de plus, ce millésime se montre moins sphérique que l'an passé, tout en conservant un cœur de bouche plus aérien que dense et profond. Le 2016 sent l'ananas frais et le cake au fruit. Son beau fruit limpide présente la douce texture propre au terroir de Rieussec. Il y a plus de vivacité ici que dans les millésimes antérieurs. R de Rieussec affiche un nez variétal qui sent le buis : le vin manque de densité et de caractère pour un tel terroir.

- Bordeaux R de Rieussec 2018 — 18 € (c) — 13
- Sauternes 2015 — 60 € (c) — 17
- Sauternes 2016 — 60 € (c) — 17,5

Blanc : 85 hectares.
Sémillon 90 %, Sauvignon blanc 7 %, Muscadelle 3 %
Production moyenne : 180 000 bt/an

CHÂTEAU RIEUSSEC
34, route de Villandraut, 33210 Fargues
05 57 98 14 14 • www.lafite.com • Vente et visites : au domaine sur rendez-vous.
Propriétaire : Domaines Barons de Rothschild (Lafite)
Directeur : Éric Kohler
Maître de chai : Bertrand Roux

CHÂTEAU DE MYRAT

Après plusieurs décennies de sommeil, ce cru classé de Barsac a été entièrement replanté par la famille de Pontac, en 1988 (le premier millésime a été produit en 1990). Le vignoble de Myrat est désormais assez âgé pour produire des sauternes plus intenses et profonds que dans les premiers millésimes du renouveau de la propriété.

Les vins : une pointe de réduction marque le nez et comprime légèrement l'expression aromatique. C'est en bouche que le fruit cristallin s'impose avec finesse dans une liqueur bien équilibrée. Le domaine a gagné en pureté. Le travail de la nouvelle génération porte ses fruits.

- Sauternes 2016 — 30 € — 17,5

Blanc : 22 hectares.
Sémillon 88 %, Sauvignon blanc 8 %, Muscadelle 4 %
Production moyenne : 30 000 bt/an

CHÂTEAU DE MYRAT
33720 Barsac
05 56 27 09 06 • www.chateaudemyrat.fr • Visites : sans rendez-vous.
Propriétaire : Famille de Pontac
Directeur : Slanie de Pontac-Ricard

“La Bourgogne retrouve le sourire avec 2017 et 2018, qui conjuguent volume et qualité. Mais la demande mondiale augmente pour les vins les plus rares. C’est dans le Mâconnais et l’Yonne qu’on trouvera les meilleures affaires.”

Jean-Emmanuel Simond, dégustateur des vins de Bourgogne

Membre du comité de dégustation de La Revue du vin de France

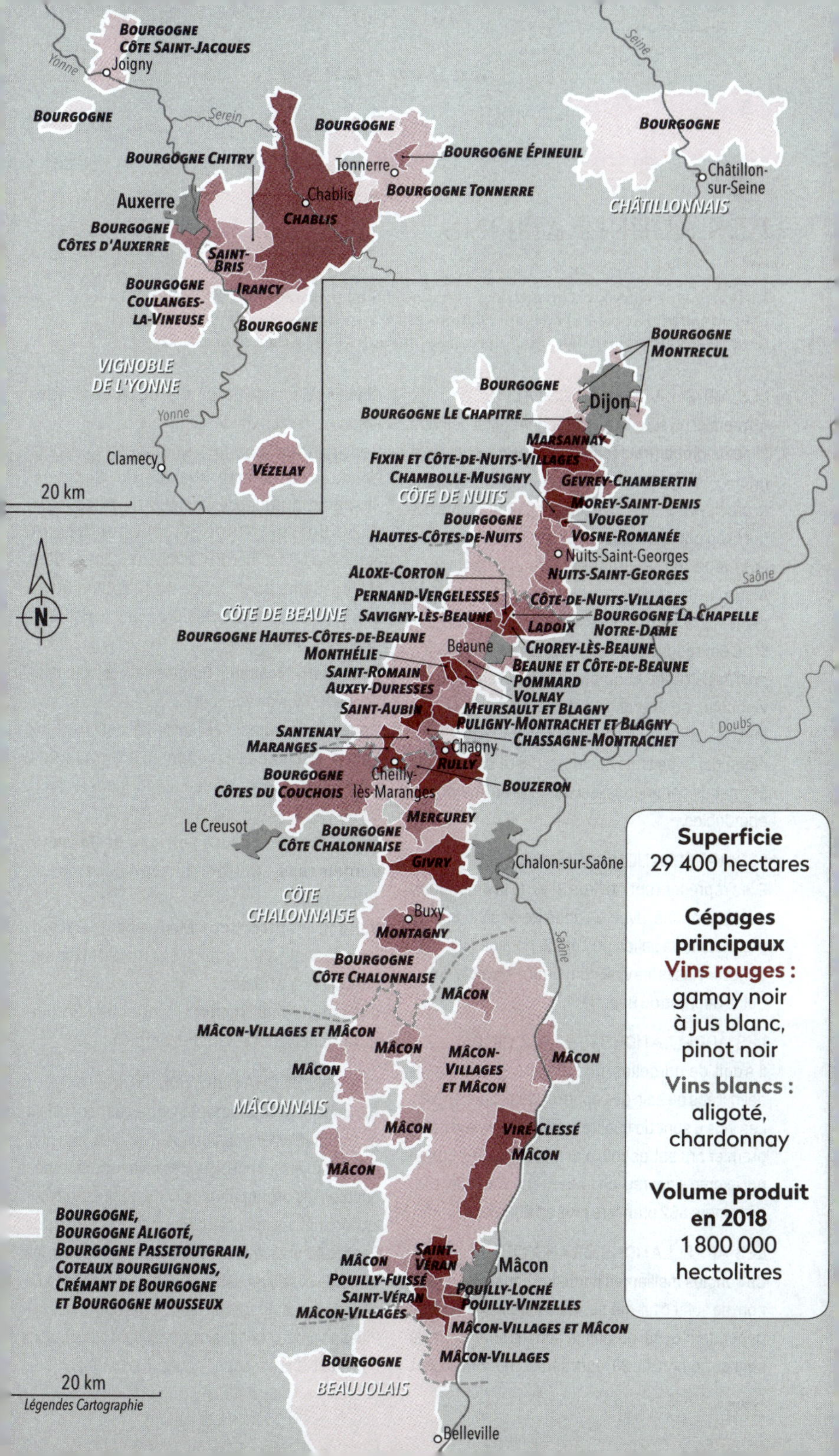

Bourgogne Côte Saint-Jacques
Joigny
Yonne
Bourgogne
Serein
Bourgogne
Bourgogne Chitry
Tonnerre
Bourgogne Épineuil
Chablis
Bourgogne Tonnerre
Auxerre
Chablis
Bourgogne Côtes d'Auxerre
Saint-Bris
Irancy
Bourgogne Coulanges-la-Vineuse
Bourgogne
Vignoble de l'Yonne
Yonne
Clamecy
Vézelay
20 km
Seine
Bourgogne
Châtillon-sur-Seine
Châtillonnais
Bourgogne Montrecul
Bourgogne
Dijon
Bourgogne Le Chapitre
Marsannay
Fixin et Côte-de-Nuits-Villages
Chambolle-Musigny
Gevrey-Chambertin
Côte de Nuits
Morey-Saint-Denis
Vougeot
Bourgogne Hautes-Côtes-de-Nuits
Vosne-Romanée
Nuits-Saint-Georges
Nuits-Saint-Georges
Saône
Aloxe-Corton
Pernand-Vergelesses
Côte-de-Nuits-Villages
Côte de Beaune
Savigny-lès-Beaune
Bourgogne La Chapelle Notre-Dame
Ladoix
Bourgogne Hautes-Côtes-de-Beaune
Beaune
Chorey-lès-Beaune
Monthélie
Beaune et Côte-de-Beaune
Saint-Romain
Pommard
Auxey-Duresses
Volnay
Saint-Aubin
Meursault et Blagny
Puligny-Montrachet et Blagny
Doubs
Santenay
Chassagne-Montrachet
Maranges
Chagny
Rully
Bourgogne Côtes du Couchois
Cheilly-lès-Maranges
Bouzeron
Mercurey
Le Creusot
Bourgogne Côte Chalonnaise
Givry
Chalon-sur-Saône
Côte Chalonnaise
Buxy
Montagny
Bourgogne Côte Chalonnaise
Saône
Mâcon
Mâcon-Villages et Mâcon
Mâcon
Mâcon-Villages et Mâcon
Mâcon
Mâcon
Mâconnais
Mâcon
Viré-Clessé
Mâcon
Mâcon
Bourgogne, Bourgogne Aligoté, Bourgogne Passetoutgrain, Coteaux bourguignons, Crémant de Bourgogne et Bourgogne mousseux
Mâcon
Saint-Véran
Mâcon
Pouilly-Fuissé
Saint-Véran
Pouilly-Loché
Pouilly-Vinzelles
Mâcon-Villages
Mâcon-Villages et Mâcon
Mâcon-Villages
Bourgogne
Beaujolais
20 km
Légendes Cartographie
Belleville
Superficie
29 400 hectares
Cépages principaux
Vins rouges :
gamay noir à jus blanc, pinot noir
Vins blancs :
aligoté, chardonnay
Volume produit en 2018
1 800 000 hectolitres

LES APPELLATIONS

La Bourgogne viticole est un puzzle géologique et humain sans pareil. Le législateur a tenu à reconnaître et à préserver des appellations grâce à une hiérarchie claire, qui permet de se repérer dans le dédale des différentes communes et des usages ancestraux.

LES APPELLATIONS RÉGIONALES

Au premier niveau, l'AOC Bourgogne définit des vins simples, produits sur l'ensemble du terroir bourguignon (Yonne, Côte-d'Or, Saône-et-Loire). On peut la préciser par un nom de cépage (Bourgogne aligoté) ou par un nom de sous-région qui en limite la production (Bourgogne Côte chalonnaise...). Alors que Bourgogne Passetoutgrain (mélange de pinot noir et de gamay) est en voie de disparition, l'AOC Bourgogne Grand Ordinaire a été remplacée par l'AOC Coteaux bourguignons, qui englobe les vignobles de Bourgogne et du Beaujolais et permet d'élaborer des vins monocépages ou d'assemblage dans les trois couleurs. Cette appellation permet de commercialiser des vins de Bourgogne abordables.

LES APPELLATIONS COMMUNALES

Elles représentent environ 31 % de la production bourguignonne, avec 44 appellations Villages et premiers crus : elles portent le nom des villages dont sont issus les vins, comme par exemple Nuits-Saint-Georges ou Beaune.

LES APPELLATIONS PREMIER CRU

Il s'agit de parcelles, des climats, précisément délimitées au sein des appellations communales. Les vins y sont de qualité supérieure et le nom du premier cru est accolé à celui du village, comme par exemple gevrey-chambertin Les Cazetiers. On dénombre 562 premiers crus en Bourgogne.

LES APPELLATIONS GRAND CRU

Ce sont les meilleures parcelles cadastrées. Leur nom se suffit à lui-même, même si les grands crus dépendent aussi du village dont ils sont issus. Ils sont au nombre de 33 répartis ainsi du nord au sud.

Chablis : Blanchot, Bougros, Les Clos, Grenouilles, Preuses, Valmur, Vaudésir.

Gevrey-Chambertin : Chambertin, Mazis-Chambertin, Griotte-Chambertin, Charmes-Chambertin, Chapelle-Chambertin, Mazoyères-Chambertin, Ruchottes-Chambertin, Latricières-Chambertin, Chambertin-Clos de Bèze.

Morey-Saint-Denis : Clos de Tart, Clos Saint-Denis, Clos de la Roche, Clos des Lambrays, Bonnes-Mares.

Chambolle-Musigny : Bonnes-Mares, Musigny.

Vougeot : Clos de Vougeot.

Flagey-Échezeaux : Échezeaux, Grands Échezeaux.

Vosne-Romanée : La Tâche, La Grande Rue, Richebourg, La Romanée, La Romanée-Conti, Romanée-Saint-Vivant.

Aloxe-Corton, Ladoix-Serrigny et Pernand-Vergelesses : Corton, Corton-Charlemagne, Charlemagne.

Puligny-Montrachet : Montrachet, Bâtard-Montrachet, Bienvenues-Bâtard-Montrachet, Chevalier-Montrachet.

Chassagne-Montrachet : Montrachet, Bâtard-Montrachet, Criots-Bâtard-Montrachet.

LES VINS DE CHABLIS ET DE L'YONNE

À la limite nord de la maturité, les rouges bénéficient du réchauffement climatique avec des vins plus mûrs et mieux constitués. Les blancs sont remarquables : ils offrent finesse et nervosité, trouvent leur épanouissement dans les meilleurs terroirs de Chablis. Ils ne se révèlent vraiment qu'après cinq ans de garde et peuvent éblouir pour leurs vingt ans. En périphérie, les villages de Chitry et de Coulanges-la-Vineuse produisent des blancs et des rouges, alors que Saint-Bris est connu pour son sauvignon.

LA CÔTE DE NUITS

De Dijon à Ladoix, les vins rouges de la Côte de Nuits, particulièrement ceux de Gevrey-Chambertin et de Nuits-Saint-Georges, ont tendance à être plus robustes que ceux de la Côte de Beaune, voire un peu sévères dans leur jeunesse. Chambolle-Musigny et Vosne-Romanée, dont les vins sont plus fins, possèdent un supplément de chair et de moelleux.

LA CÔTE DE BEAUNE

En Côte de Beaune, le grand cru Corton et les meilleurs pommards donnent en principe les vins les plus corsés, alors que Savigny, Beaune et Volnay livrent les vins les plus tendres. Mais c'est en blanc, avec les vins de Montrachet (Chassagne et Puligny), Meursault et les grands crus voisins que la Côte de Beaune s'exprime le mieux.

LA CÔTE CHALONNAISE

Les vins de la Côte chalonnaise sont immanquablement influencés par ceux de la Côte de Beaune, (cépages et hiérarchie traditionnelle). Elle compte dans ses appellations communales nombre de climats classés en premier cru et cultive aussi une identité forte. C'est dans la Côte chalonnaise que l'on retrouve les meilleurs aligotés.

LE MÂCONNAIS

Les vins du Mâconnais se montrent quant à eux plus proches de leurs voisins du Beaujolais. Bien que cette région soit très majoritairement productrice de vins blancs issus de chardonnay, elle est la seule à cultiver le gamay, en plus du pinot noir, pour ses vins rouges. Le vignoble y est éparpillé sur les coteaux.

LES CÉPAGES

LE PINOT NOIR

Le pinot noir est sans doute l'un des meilleurs cépages de la production viticole, mais il est aussi l'un des plus difficiles à cultiver. Ce qui le rend si séduisant, c'est sa capacité à offrir des arômes et une structure en bouche très variables selon le terroir sur lequel il mûrit. Grâce au pinot noir, les vignerons ont pu, de manière chirurgicale, définir cette mosaïque de terroirs si caractéristique de la Bourgogne.

LE CHARDONNAY

Si le pinot noir est le cépage roi des vins rouges de Bourgogne, le chardonnay est son équivalent pour les blancs. Les terroirs de Montrachet, Meursault ou encore Chablis forment une alliance parfaite avec le chardonnay, afin de produire parmi les plus grands vins blancs de la planète. Nulle part ailleurs, le chardonnay ne s'exprime avec autant de finesse et de précision.

L'ALIGOTÉ

L'aligoté ne possède pas les mêmes qualités que le chardonnay. Il est employé dans l'élaboration de vins qui ne portent pas le nom du village où il est cultivé (une seule exception : Bouzeron). Il s'appelle légalement bourgogne aligoté et peut aussi entrer dans la composition du crémant de Bourgogne.

LE GAMAY

Le très expressif gamay est omniprésent dans le Mâconnais, au sud de la Bourgogne. Il fait aussi la renommée des vins du Beaujolais. Cultivé plus au nord, il donne des vins sans trop de relief.

DES COINS DE PARADIS AU CŒUR DES CLIMATS

CHAMBRES D'HÔTES

LA MAISON BLANCHE

Une halte d'exception avec de très belles chambres d'hôtes blanches, et même un dortoir qui revisite, à sa manière, les Hospices de Beaune ! Des cours de dégustation et de cuisine sont organisés. Comptez de 160 à 360 € pour la nuit.
3, rue Marey, 21200 Beaune
Tél. : 06 60 93 51 84
www.lamaison-blanche.fr

CLOS SAINT-JACQUES

À Meursault, cette maison d'hôtes de charme permet de se sentir comme chez soi avec deux chambres et deux suites seulement. Pas de restauration sur place, mais les propriétaires s'attachent à offrir des petits-déjeuners pantagruéliques. Idéal avant d'affronter les routes à vélo. Chambres à partir de 98 €.
1, rue Pierre-Mouchoux,
21190 Meursault
Tél. : 06 08 93 25 82
www.clossaintjacques.fr

CAVISTE

L'ATHÉNAEUM

Ce lieu incroyable est l'une des plus belles librairies de France sur le vin. Ouvrages, cartes et accessoires côtoient une très belle cave qui propose des centaines de références parmi les plus cotées. Un incontournable.
5, rue de l'Hôtel-Dieu, 21200 Beaune
Tél. : 03 80 25 08 30
www.athenaeum.com

RESTAURANTS

LOISEAU DES VIGNES

Cette adresse beaunoise a été ouverte par le grand chef Bernard Loiseau en 2007. Fidèle à sa philosophie, le restaurant propose une carte entière de vins au verre (70 références dont certaines introuvables). Quant au chef, Mourad Haddouche, il a été récompensé d'une étoile au guide Michelin. Menus à partir de 28 €.
31, rue Maufoux, 21000 Beaune
Tél. : 03 80 24 12 06
www.bernard-loiseau.com

CASTEL DE TRÈS GIRARD

Dans le centre de Morey-Saint-Denis, cette table propose une cuisine inventive qui fait la part belle aux produits du terroirs. La carte des vins comporte plus de 1 000 références de Bourgogne et d'ailleurs. Menus compris entre 18 et 39 €.
7, rue de Très-Girard,
21220 Morey-Saint-Denis
Tél. : 03 80 34 33 09
www.castel-tres-girard.com

ŒNOTOURISME

L'ART DU TONNEAU

Pour mieux comprendre l'importance des différentes essences de bois, le travail du tonnelier et les étapes de fabrication, Frédéric Gillet Tonnelier (véridique !) propose des ateliers pédagogiques. Les participants seront ainsi confrontés à la délicate étape du montage d'une barrique bourguignonne.
Rue de la Citadelle, Corcelles-les-Arts, 21190 Meursault
Tél. : 03 80 21 97 20
www.art-du-tonneau.fr

LA MAISON DU GRAND SITE

En contrebas de la Roche de Solutré, la Maison du Grand Site ouvre ses portes, en été, les mardis et mercredis à 11 h. On peut y déguster gratuitement des vins issus des cinq villages de l'appellation. Le site organise également des sessions de découverte des arômes du vin avec une œnologue, et propose une balade-dégustation commentée sur la Roche de Solutré avec Emmanuel Nonain, guide et viticulteur coopérateur.
Maison du Grand Site,
71960 Solutré-Pouilly
Tél. : 03 85 35 82 81
www.rochedesolutre.com

NOTRE COUP DE ♥

AUX TERRASSES

À la fois hôtel d'une vingtaine de chambres, caviste (900 références, 6000 bouteilles, privilégiant les vins bio et biodynamiques) et table étoilée, le lieu relève d'une expérience complète orchestrée avec brio par Jean-Michel Carrette, en cuisine, et Amandine Carrette, qui perpétuent l'histoire familiale liée au lieu. Menus 40 €, 65 € et 95 €.
18, avenue du 23-Janvier,
71700 Tournus
Tél. : 03 85 51 01 74
www.aux-terrasses.com

FÊTE VIGNERONNE

FÊTE DE LA PRESSÉE 14 ET 15 SEPTEMBRE 2019

À Chenove, les pressoirs des Ducs de Bourgogne et leur mécanique ancestrale seront à découvrir en dégustant le fameux "bourru". Une tradition incontournable depuis 1986.
www.ville-chenove.fr

YONNE - CHABLISIEN

★★★

DOMAINE VINCENT DAUVISSAT

Le rigoureux et passionné Vincent Dauvissat gère cette propriété mythique depuis 1989. Il a succédé à son grand-père Robert, qui mettait déjà en bouteille en 1931, et à son père René, dont les vins étaient renommés. Étiennette, la fille de Vincent, a désormais rejoint son père. Le vignoble a toujours été entretenu comme un jardin et les sages rendements méritent tous les honneurs. Depuis 2002, le domaine reçoit des préparations biodynamiques, sans revendiquer de certification. La vinification en fût (qui ne prend jamais le pas sur la matière) est peu interventionniste, permettant l'expression des divers climats, surtout au vieillissement. Des chablis d'une rare sincérité, d'un style pur, compact, vibrant, relativement peu protégés en soufre. La gamme se découvre chez les cavistes car il n'y a malheureusement plus de vin à vendre au domaine.

Les vins : Vincent Dauvissat ne tarit pas d'éloges sur 2017, « millésime très classique, dans l'esprit des 2014 mais un peu plus mûr, plus proche des 2002 ». Crayeux, nuancé, le Petit Chablis ne manque pas de volume. Plus large, équilibré et salin, le chablis se fait incisif et profond. Admirable Séchet 2017, aux notes d'abricot sec et d'anis, vin tendu et vigoureux à l'allonge fraîche, dont le grain roule sur la langue. Dense et svelte, Vaillons offre plus de volume mais aussi de réserve. Pur, lumineux, Montée de Tonnerre offre un relief salivant et évoque le caillou, le citron et la chlorophylle. Serein, débordant d'énergie, La Forest déploie une matière nuancée aux notes de menthe fraîche et à la persistance exceptionnelle. Sans la moindre aspérité dans sa myriade de saveurs pénétrantes, Les Preuses offre un nez de thym et de thé vert : un grand vin harmonieux et sensuel. Plus introverti mais doté d'un grand extrait sec, Les Clos se distingue par sa puissance contenue et l'envergure de sa mâche. Très profond, sa finale se fait scintillante.

Chablis 2017	18,20 €	16,5
Chablis Grand Cru Les Clos 2017	47,60 €	19
Chablis Premier Cru La Forest 2017	26,80 €	17,5
Chablis Premier Cru Montée de Tonnerre 2017	26,80 €	17
Chablis Premier Cru Séchet 2017	26,80 €	17,5
Chablis Premier Cru Vaillons 2017	26,80 €	17
Petit Chablis 2017	14,90 €	15,5

Le coup de ♥

Chablis Grand Cru Les Preuses 2017	47,60 €	19,5

Rouge : 0,75 hectare.
Pinot noir 100 %
Blanc : 12,15 hectares.
Chardonnay 100 %
Production moyenne : 80 000 bt/an

DOMAINE VINCENT DAUVISSAT
8, rue Émile-Zola, 89800 Chablis
03 86 42 11 58 •
domaine@dauvissat.vincent.fr • Pas de visites.
Propriétaire : Vincent, Ghislain et Etiennette Dauvissat

★★★

DOMAINE JEAN-PAUL ET BENOÎT DROIN

Ce beau domaine est riche d'une palette très complète de premiers et grands crus. Des raisins bien mûrs, des vins à la puissance assumée, qui expriment avec franchise leurs terroirs, sont autant de qualités à porter au crédit du travail de Benoît Droin, qui a rejoint le domaine en 1999. La précision des vins, leur générosité et les tarifs encore raisonnables (même si le domaine n'a plus rien à vendre) font de cette adresse une source incontournable de grands blancs du Chablisien. Si les cuvées savent vieillir avec équilibre et digérer leur séjour en barrique, les réductions un peu insistantes dans leur jeunesse semblent avoir disparues. En années fraîches (2014, 2016), comme dans un millésime plus chaud (2015), les vins sont remarquablement constitués et sauront vieillir avec bonheur.

Les vins : les 2017 signent une grande réussite. Large et franc, le petit chablis est très convaincant. Précis, juteux et croquant, le chablis présente un profil très juste. Les premiers crus sont irréprochables : Vaillons déploie une matière charnue et mûre, prolongé de fins amers végétaux, Montmains est direct et incisif, sa carrure saline s'accommodant d'un léger boisé. Fraîcheur, équilibre et précision dans l'énergique Mont de Milieu, porté par une allonge sèche qui évoque le caillou. Fourchaume est plus dense, vin vigoureux et assez robuste, qui pour l'instant met sa puissance en avant. Saveurs de fumé et de fruits blancs très purs dans Montée de Tonnerre, nerveux et ciselé, sans une once de gras, à l'allonge véloce et alerte. Valmur déborde de tonus, à la fois ample et très structuré, prolongé d'amers contenus en un final éblouissant et électrique. Laissez-le sagement vieillir ! Assez tendre en attaque, Les Clos joue de sa finesse tactile et moelleuse pour adoucir sa tension et sa fermeté. Parfaitement harmonieux, Grenouilles est un chablis monumental : envergure crayeuse, relief salin qui roule sur la langue, chair ample et ferme d'une grande rectitude qui n'en finit pas de vibrer en finale.

Chablis 2017	18 € (c)	16
Chablis Grand Cru Grenouilles 2017	65 € (c)	19,5
Chablis Grand Cru Les Clos 2017	65 € (c)	18,5
Chablis Grand Cru Valmur 2017	55 € (c)	18
Chablis Premier Cru Fourchaume 2017	40 € (c)	17
Chablis Premier Cru Mont de Milieu 2017	37 € (c)	16,5
Chablis Premier Cru Montmains 2017	35 € (c)	16,5
Chablis Premier Cru Vaillons 2017	30 € (c)	16
Petit Chablis 2017	15 €	15

Le coup de ♥

Chablis Premier Cru Montée de Tonnerre 2017	40 € (c)	17,5

Blanc : 26 hectares.
Chardonnay 100 %
Production moyenne : 180 000 bt/an

DOMAINE JEAN-PAUL ET BENOÎT DROIN

14 bis, rue Jean-Jaurès, 89800 Chablis
03 86 42 16 78 •
www.jeanpaulbenoit-droin.fr • Pas de visites.
Propriétaire : Benoît Droin

★★★

DOMAINE RAVENEAU

Alors que la technologie submergeait le vignoble chablisien, les frères Bernard et Jean-Marie Raveneau étaient les seuls, avec les Dauvissat, à rester fidèles aux vendanges manuelles, à l'élevage en fût, aux rendements contrôlés et à une maturité réelle des raisins. Désormais à leur apogée, les vins élaborés dans les années 1980 et 1990 dominent largement le reste de la production. De manière constante, ils associent la minéralité du terroir aux notes de miel de la grande maturité, le tout enrobé par l'élevage en fût, d'où un style unique qui leur assure un large succès international. Même si la concurrence dans la perfection s'avive, les vins du domaine conservent un caractère incomparable lorsqu'on sait les attendre quinze à vingt ans. Isabelle, la fille de Bernard, et son cousin Maxime sont arrivés au domaine et reprendront le flambeau. Pour le moment, toute la production est vendue. On dégustera donc les vieux Raveneau au restaurant (les plus grandes tables en proposent toujours) pour savoir ce qu'est la quintessence d'un grand chablis à son apogée.

Les vins : le gel de 2017 a surtout touché Montée de Tonnerre et Valmur. Le simple Chablis est mûr, précis et équilibré. Assez aimable, ample et moelleux, Forêt déborde de tonus dans son fruit très sain. Vin plus citronné et enrobé, Vaillons n'a pas la même énergie : il est plus ramassé, avec de la mâche. Épices, poivre et citron vert parsèment la bouche dense du Butteaux, vin plein et structuré, presque tannique en finale. Plus concentré et froid, Montée de Tonnerre se présente un peu austère mais plein de sève, de saveurs mentholées et d'agrumes. C'est un vin de texture, dotés d'amers structurants. Touches anisées dans le très élégant et serein Blanchot, tout en puissance contenue, dont la trame serrée mais élancée livre un grain très fin : un vin majestueux, encore introverti. Valmur possède une grande concentration et une carrure imposante, sa profondeur vertigineuse et sa persistance s'accompagnent d'un souffle frais, d'accents iodés et de genièvre. Formidable complexité dans Les Clos, grand vin vertical, d'une formidable envergure, particulièrement dense et déjà parfumé (coriandre, kumquat, vétiver) même s'il est encore totalement immature.

Chablis 2017	de 80 à 100 € (c)	16
Chablis Grand Cru Blanchot 2017	de 290 à 350 € (c)	18,5

- Chablis Grand Cru Les Clos 2017 — de 680 à 830 € (c) — 19,5
- Chablis Grand Cru Valmur 2017 — de 320 à 390 € (c) — 19
- Chablis Premier Cru Butteaux 2017 — de 180 à 220 € (c) — 17,5
- Chablis Premier Cru Forêt 2017 — de 150 à 190 € (c) — 17
- Chablis Premier Cru Montée de Tonnerre 2017 — de 200 à 250 € (c) — 18
- Chablis Premier Cru Vaillons 2017 — N.C. — 16,5

Blanc : 9,5 hectares.
Chardonnay 100 %
Production moyenne : 50 000 bt/an

DOMAINE RAVENEAU
9, rue de Chichée, 89800 Chablis
03 86 42 17 46 • Pas de visites.
Propriétaire : Jean-Marie et Bernard Raveneau

★★ ↗

DOMAINE JEAN-CLAUDE ET ROMAIN BESSIN

Désormais rejoint par son fils Romain, avec lequel il convertit progressivement le vignoble à la biodynamie, Jean-Claude Bessin a vinifié son premier millésime en 1992. Une approche peu interventionniste, des fermentations en levures indigènes et de longs élevages sur lies ont peu à peu permis aux vins de gagner en densité et en chair, tout en restant d'une minéralité remarquable. La gamme est courte mais sans faille dès la cuvée de chablis Vieilles Vignes. En premier cru, Fourchaume La Pièce au Comte, qui n'est pas produit chaque année, est l'une des meilleures sélections de ce terroir, et se bonifie avec finesse pendant dix ans. Valmur a atteint le niveau des meilleurs : ce domaine décroche cette année la deuxième étoile, aboutissement d'un travail discret mais acharné.

Les vins : la précision et l'intensité du chablis Vieilles Vignes sont admirables. Caressant mais pénétrant, ce vin profilé et pur nous enchante. Profil nuancé dans Montmains, dont la matière étoffée regorge d'un fruit lumineux et vigoureux, et se prolonge de saveurs incisives en finale. Plus tranchant, La Forêt impressionne par sa droiture. Vin sans concession mais d'une grande transparence de saveurs, sa fraîcheur saline est irrésistible. Vin d'orfèvre, Fourchaume s'est épuré : son éclat, sa matière dense et svelte, sa sève nerveuse et limpide en font un très grand chablis. Valmur convoque une panoplie de saveurs iodées, de l'algue à la salicorne en passant par la coquille d'huître la plus pure : ses intenses saveurs de sel et de poivre blanc explosent sur la langue en une myriade d'éclats désaltérants.

- Chablis Grand Cru Valmur 2017 — 38 € — 18,5
- Chablis Premier Cru La Forêt 2017 — 27 € — 17
- Chablis Premier Cru Montmains 2017 — 27 € — 16,5
- Chablis Vieilles Vignes 2017 — 18 € — 16

Le coup de ♥
- Chablis Premier Cru Fourchaume 2017 — 27 € — 17,5

Blanc : 12,3 hectares.
Chardonnay 100 %
Production moyenne : 45 000 bt/an

DOMAINE JEAN-CLAUDE ET ROMAIN BESSIN
18, rue de Chitry, 89800 Chablis
03 86 42 46 77 • dnejcbessin@gmail.com • Vente et visites : au domaine sur rendez-vous.
Propriétaire : Evelyne Bessin

★★

SAMUEL BILLAUD

Le millésime 2009 a été le premier commercialisé par Samuel Billaud, viticulteur bien connu des amateurs de Chablis, puisqu'on lui doit les vinifications des grandes années du domaine Billaud-Simon, où il a longtemps officié. Fin connaisseur des nuances du chardonnay chablisien, Samuel a monté sa propre maison en achats de vin (2009) puis en achats de raisins (2010). À partir de 2014, 4 hectares sont exploités en propre (trois premiers crus, Vaudésir et Les Clos), permettant la constitution d'une gamme fort complète (cinq premiers crus, six grands crus), dont la qualité éclate pleinement dans le millésime 2015. Nous ne tarissons pas d'éloges sur la fraîcheur, la précision et l'éclat des vins.

Les vins : un fruit mûr, juteux et ciselé s'exprime avec énergie dans le chablis. Fruits jaunes et épices se disputent le nez du Vaillons, un vin généreux mais sans opulence, au tempérament direct et avenant. Les Fourneaux affiche son volume crayeux et son fruit très savoureux dans un ensemble équilibré, porté par une fraîcheur contenue. Entre jasmin et chèvrefeuille, Mont de Milieu offre une superbe palette aromatique, confirmée par une matière franche et gourmande, d'une grande plénitude et profondeur de saveurs. Précédé d'un nez d'orge et de paille, Séchet est très précis, profilé et prolongé d'une exemplaire tension calcaire : un vin d'une rare élégance. Belle complexité et droiture de sève dans Montée de Tonnerre, ponctué de petits amers savoureux en finale. Bougros offre des senteurs de foin ; sa matière se fait très large et ferme, presque tannique dans le caractère extraverti de son extrait sec. Somptueuse intensité du Blanchot, vin fascinant par ses nuances d'herbes fraîches et d'aromates, qui crée l'émotion par une exceptionnelle finesse tactile et par la pureté pénétrante de ses saveurs. Un peu plus réservé, Les Preuses présente une fascinante expression de ce grand terroir, avec une note de cumin et des saveurs poudrées délicates, à la persistance millimétrée et radieuse. Assez solaire dans l'envergure moelleuse de ses saveurs, Les Clos ne cesse de gagner en puissance et en profondeur, mais garde une certaine retenue, dévoilant seulement un aperçu de ses dimensions encore cachées.

- Chablis Grand Cru Bougros 2017 — 49 € — 18
- Chablis Grand Cru Les Clos 2017 — 58 € — 18,5
- Chablis Grand Cru Les Preuses 2017 — 58 € — 18,5
- Chablis Les Grands Terroirs 2017 — 15 € — 15,5
- Chablis Premier Cru Les Fourneaux 2017 — 24 € — 16
- Chablis Premier Cru Mont de Milieu 2017 — 29 € — 16,5
- Chablis Premier Cru Montée de Tonnerre 2017 — 31 € — 17,5
- Chablis Premier Cru Séchet Vieilles Vignes 2017 — 29 € — 17
- Chablis Premier Cru les Vaillons Vieilles Vignes 2017 — 24 € — 16

Le coup de ♥

- Chablis Grand Cru Blanchot 2017 — 58 € — 18,5

Blanc : 4 hectares.
Chardonnay 100 %
Achat de raisins.
Production moyenne : 90 000 bt/an

SAMUEL BILLAUD

8, boulevard Tacussel, 89800 Chablis
03 86 31 06 75 • samuel-billaud.com • Vente et visites : au domaine sur rendez-vous.
Propriétaire : Samuel Billaud

★★ ↗

DOMAINE BILLAUD-SIMON

Ce domaine familial implanté à Chablis depuis 1815 a changé de main en 2014, passant dans le giron de la maison Faiveley, qui a ainsi agrandi son patrimoine déjà riche de 20 hectares des plus beaux terroirs chablisiens avec quatre grands crus : Les Clos, Les Preuses, Vaudésir et Les Blanchots ; quatre premiers crus : Montée de Tonnerre, Mont-de-Milieu, Fourchaume et Vaillons, ainsi que des chablis et petits-chablis. Olivier Bailly a été nommé régisseur en 2014, et a rapidement affiné la gestion des barriques. Les 2016 signent le retour de la grande qualité qui a valu au domaine tant de louanges par le passé. Les exceptionnels 2017, et les 2018 à venir, valent au domaine de retrouver cette année la deuxième étoile.

Les vins : la pureté de saveurs et la précision des vins sont remarquables. Salivant, épuré et nerveux, Tête d'Or s'appuie sur une sève vibrante et un apport très discret du bois : c'est une superbe réussite. Vin caressant et ciselé, Mont de Milieu offre un profil subtil, d'une élégance remarquable, à la finale un rien enrobée. Presque pointilliste dans sa précision de saveurs, Montée de Tonnerre s'avère admirable, doté d'une magnifique intensité. Racé, doté d'un raffinement de texture et d'arômes digne d'éloges, Les Preuses affiche une maîtrise exceptionnelle : intégrité des saveurs millimétrées, grande persistance et clarté de la finale le positionnent au plus haut niveau. Drapé dans sa réserve aromatique, Les Blanchots se montre déjà explosif, d'une pureté exceptionnelle et porté par un souffle salin. Sa finale se diffuse en une myriade de notes de talc et de fleurs séchées.

- Chablis Grand Cru Les Blanchots 2017 — 85 € — 18
- Chablis Premier Cru Mont de Milieu 2017 — 40 € — 16,5
- Chablis Premier Cru Montée de Tonnerre 2017 — 45 € — 17
- Chablis Tête d'Or 2017 — 30 € — 16

Le coup de ♥

- Chablis Grand Cru Les Preuses 2017 — 70 € — 18

Blanc : 17 hectares.

Chardonnay 100 %

DOMAINE BILLAUD-SIMON
1, quai de Reugny, 89800 Chablis
03 86 42 10 33 • www.billaud-simon.com • Visites : sur rendez-vous uniquement aux professionnels.
Propriétaire : Famille Faiveley
Directeur : Olivier Bailly (Régisseur)

★★

DOMAINE JEAN-HUGUES ET GUILHEM GOISOT

Depuis de nombreuses années, Ghislaine et Jean-Hugues Goisot, et désormais leur fils Guilhem, nous impressionnent par la qualité de leur production d'une régularité sans faille. Certes, ils ne vinifient que des vins d'appellation régionale Bourgogne, mais avec une telle exigence que ces cuvées modestes atteignent une qualité très élevée. Pour y parvenir, un long et fastidieux travail permet d'obtenir de grands raisins (certifiés en biodynamie), qu'ils vinifient ensuite avec soin. Les beaux terroirs crayeux des Côtes d'Auxerre conviennent aussi bien au sauvignon (Saint-Bris) qu'au chardonnay ; par leur tenue et leur intensité, la plupart des vins méritent d'être cités en exemple. Bien que très soignés et purs, certains blancs nous déçoivent un peu et il leur manque ce petit supplément d'âme. Les rouges, en revanche, sont remarquables et n'ont jamais été aussi réussis.

Les vins : ciselé, tonique, l'aligoté allie parfaitement maturité et fraîcheur. Le millésime 2017 convient à merveille à l'appellation Saint-Bris, préservant l'énergie sans exacerber le variétal du sauvignon : assez tendre et épicé, Moury en est l'illustration. Avec un moelleux supplémentaire, La Ronce séduit par sa précision de saveurs et la vigueur épicée de sa finale. La complexité arrive vraiment avec Corps de Garde, un saint-bris aux saveurs limpides et délicatement poivrées. Parmi les côtes-d'auxerre, Corps de Garde se fait mûr et assez précoce, avec des saveurs de poire fraîche. Davantage pénétrant, mais aussi plus marqué par le boisé de l'élevage, Biaumont est un vin soigné mais un peu apprêté. Plus exotique dans son expression de fruit, Le Court Vit s'appuie sur un boisé légèrement prégnant. Sa version rouge séduit par sa fraîcheur moelleuse, mais sa finale présente des tonalités un peu végétales. Précis et croquant, le rouge Corps de Garde ne manque pas d'allonge mais s'appuie sur des saveurs boisées un peu insistantes. Beaucoup plus en finesse, La Ronce brille d'un fruit sapide et juste, et a conservé une chair soyeuse et lisse, persistante et acidulée en finale.

Bourgogne Aligoté 2017	10,50 € (c)	15
Bourgogne Côtes d'Auxerre Le Court Vit 2017	18,30 € (c)	15
Bourgogne Côtes d'Auxerre Biaumont 2017	18,30 € (c)	15,5
Bourgogne Côtes d'Auxerre Corps de Garde 2017	14,50 € (c)	16
Saint-Bris Corps de Garde 2017	14,50 € (c)	16,5
Saint-Bris La Ronce 2017	18,30 € (c)	16,5
Saint-Bris Moury 2017	11,80 € (c)	15,5
Bourgogne Côtes d'Auxerre Le Court Vit 2017 (rouge)	22,30 € (c)	15,5
Bourgogne Côtes d'Auxerre Corps de Garde 2017 (rouge)	14,50 € (c)	15,5

Le coup de ♥

Bourgogne Côtes d'Auxerre La Ronce 2017 (rouge)	22,30 € (c)	16,5

Rouge : 7,04 hectares.
Pinot noir 100 %
Blanc : 19,58 hectares.
Sauvignon blanc 41 %, Chardonnay 36 %, Aligoté 23 %
Production moyenne : 150 000 bt/an

DOMAINE JEAN-HUGUES ET GUILHEM GOISOT ☾
30, rue Bienvenu-Martin,
89530 Saint-Bris-le-Vineux
03 86 53 35 15 • www.goisot.com • Vente et visites : au domaine sur rendez-vous.
Propriétaire : Guilhem Goisot

★★ ↗

DOMAINE LAROCHE

La maison de négoce ainsi que le domaine Laroche et son patrimoine exceptionnel de vignes appartiennent depuis 2009 au groupe Advini. Grâce à une équipe technique compétente, menée par l'œnologue Grégory Viennois, le style s'est épuré, avec des élevages plus subtils pour des vins qui progressent en pureté d'expression, moins gras et opulents que par le passé. Des raisins justement mûrs sont ici vinifiés en barrique, sans jamais serrer ni maquiller les vins. L'expression des terroirs nous semble avoir progressé, le soufre se montre plus discret, le style précoce ne se fait pas pour autant flatteur : une adresse très en forme, qui accède cette année à la deuxième étoile.

Les vins : soigné, assez riche, le chablis Saint-Martin est un peu lourd en finale. Vinifié sans ajout de soufre, la cuvée O est une nouveauté fort réussie : sa franchise et limpidité de fruit, sa netteté de saveurs et son allonge digeste indiquent que la piste doit être approfondie. Profil froid et salin dans le chablis Vieille Voye, porté par une tension acidulée en finale. Excellent niveau des premiers crus : finesse, tranchant calcaire et transparence de saveurs dans Les Vaucoupins, fruits jaunes et notes acidulées dans l'énergique Côte de Léchet, saveurs aiguisées et juteuses du Vaillons, persistance sur le zeste d'agrumes dans Les Fourchaumes. Le caractère singulier du Blanchots surgit avec des touches de poivre blanc, un milieu de bouche incisif et une finale très étoffée qui contredit l'impression de légèreté et de suavité de l'attaque. Avec ses dimensions impressionnantes, sa force contenue et son agilité de saveurs, Les Clos est parfois le sumo de Chablis. Celui-ci confirme cette impression, vin brillant, sûr de lui et encore hautain, que le temps amadouera.

Chablis Cuvée O 2018	22,50 €	15,5
Chablis Grand Cru Les Bouguerots 2016	59 €	17
Chablis Grand Cru Les Clos 2017	72 €	18
Chablis Premier Cru Côte de Léchet 2017	32 €	17
Chablis Premier Cru La Chantrerie 2017	25 €	16
Chablis Premier Cru Les Fourchaumes Vieilles Vignes 2017	37 €	17
Chablis Premier Cru Les Vaillons Vieilles Vignes 2017	37 €	16,5
Chablis Premier Cru Les Vaucoupins 2017	30 €	16,5
Chablis Premier Cru Les Vaudevey 2017	32 €	16,5
Chablis Saint-Martin 2018	19,50 €	14,5
Chablis Vieille Voye 2017	22,50 €	16

Le coup de ♥

Chablis Grand Cru Les Blanchots 2017	60 €	18

Blanc : 90 hectares.
Chardonnay 100 %

DOMAINE LAROCHE

22, rue Louis-Bro, 89800 Chablis
03 86 42 89 28 • www.larochewines.com/fr
• Pas de visites.
Propriétaire : AdVini
Directeur : Thierry Bellicaud
Maître de chai : Stéphane Barras
Œnologue : Grégory Viennois

★★

DOMAINE MOREAU-NAUDET

Depuis le décès de Stéphane Moreau fin août 2016, son épouse Virginie a pris sa suite au domaine et s'attache à poursuivre les orientations retenues jusqu'ici. Avec un travail soigné à la vigne, des élevages longs et des filtrations légères, les chablis du domaine s'affirment dans leur caractère, avec profondeur et salinité. Le domaine s'est désormais calé sur des élevages longs qui n'alourdissent ni n'aromatisent le chardonnay local, ici récolté juste mûr. Des chablis savoureux, jamais démonstratifs mais parfaitement digestes, qui vieillissent fort bien.

Les vins : délicieuses notes de fleurs d'oranger dans le petit chablis, vin précoce et frais d'une finesse rare pour cette appellation. Salin, profond, le chablis allie texture ample et amers digestes. L'apport du bois enrobe légèrement le chablis Caractère, et si sa tension ne peut être prise en défaut, il se montre toutefois un peu comprimé. Assez scintillant, Vaillons possède toute la nervosité requise pour vivifier son caractère généreux : un vin d'une gourmandise irrésistible. Avec des notes florales au nez, un patchwork d'épices, de poire et d'écorces d'agrumes en bouche, Montmains se fait plus incisif et éblouit par l'intensité et l'harmonie de ses saveurs. Plus robuste, Forêts ne manque pas de présence et de vigueur, mais il n'offre pas la même finesse : large et poivré, il possède beaucoup d'extrait sec. Pénétrant, le nez du Valmur passe un cap en intensité et débouche sur une large matière saline, revigorante et pure : il accomplit le tour de force d'allier une concentration de saveurs digne d'un hermitage blanc, avec un souffle pur et aérien.

Chablis 2017	18,60 €	16,5
Chablis Caractère 2017	22,50 €	16,5
Chablis Grand Cru Valmur 2017	60,70 €	18,5
Chablis Premier Cru Forêts 2017	33,20 €	17
Chablis Premier Cru Vaillons 2017	33,20 €	17

➭ Petit Chablis 2017 14,40 € 15,5

Le coup de ♥

➭ Chablis Premier Cru Montmains 2017 33,20 € 17,5

Blanc : 22,5 hectares.
Chardonnay 100 %

DOMAINE MOREAU-NAUDET
4, chemin de la Vallée de Valvan, 89800 Chablis
03 86 42 14 83 •
moreau.naudet@wanadoo.fr • Pas de visites.
Propriétaire : Virginie Moreau

★★

DOMAINE PATTES LOUP

Thomas Pico, installé à Courgis, travaille depuis 2004 ses vignes qu'il a immédiatement converties en agriculture biologique. Le domaine s'est progressivement agrandi et Thomas a désormais également la charge de la propriété familiale (Domaine de Bois d'Yver), dont sont issues ses vignes. Dans un souci de respect des terroirs, il refuse la machine à vendanger, s'impose le travail intégral des parcelles, situées sur la rive gauche du Serein (quatre premiers crus), et limite les rendements, lorsque ce n'est pas la nature qui s'en charge comme en 2015, 2016 et 2017… Vinifications en levures indigènes, construction d'un nouveau chai en 2014 : les vins ont progressé rapidement. Les derniers millésimes brillent d'un éclat singulier, avec des durées d'élevages prolongées.

Les vins : le chablis Vent d'Ange exprime un fruit mûr et froid, avec une matière dense, un peu racinaire, et des saveurs d'agrumes et d'épices en finale. Fines notes de cannelle et fruit bien mûr dans l'expression nuancée et précise du Côtes de Jouan, à la fois charnu et élancé, doté d'une belle assise crayeuse en finale. Très pur, effilé et délicieusement salin, Beauregard se montre brillant, chatoyant et délié. Harmonieux, inspiré, c'est un vin de haute volée. Le caractère solaire du millésime 2015 renforce la carrure naturelle du Butteaux : nuancé mais ample, avec beaucoup d'étoffe et de consistance, il se déploie tout en nervosité et persistance. Superbe !

➭ Chablis Premier Cru Beauregard 2016 37 € 17

➭ Chablis Premier Cru Butteaux 2015 de 50 à 60 € (c) 17,5

➭ Chablis Premier Cru Côte de Jouan 2016 35 € 16,5

➭ Chablis Vent d'Ange 2016 22 € 16

Blanc : 15 hectares.
Chardonnay 100 %
Achat de raisins.
Production moyenne : 38 000 bt/an

DOMAINE PATTES LOUP ♣
2, Grande rue Nicolas-Droin, 89800 Courgis
03 86 41 46 38 • www.pattes-loup.com •
Vente et visites : au domaine sur rendez-vous.
Propriétaire : Thomas Pico

★ ↗

CHÂTEAU DE BÉRU

Après une vie parisienne dans la finance, Athénaïs de Béru a repris en 2006 les 15 hectares de vignes de la propriété familiale, rapidement convertie en bio puis, dès 2010, en biodynamie. Énergique, déterminée, elle revient aux travaux des sols, vendange exclusivement à la main, élève longuement (deux hivers) en foudres, barriques et amphores. Nourrissants, les derniers vins (y compris les quelques cuvées issues d'achats de raisins) possèdent un éclat, une vigueur de constitution, une exigence de maturité et d'intégrité du fruit hors du commun. La précision et la maîtrise technique désormais atteintes, permettant des vinifications sans soufre pour la majorité des volumes de 2017, assurent cette année au domaine l'obtention de la première étoile.

Les vins : très original rosé de pinot gris en macération, véritable régal de fruits frais, et le bourgogne chardonnay sain et savoureux. Droit, expressif, le chablis Terroirs de Béru se montre plein, avec un éclat calcaire. Tendue et fraîche, la bouche du Montserre présente de la délicatesse dans sa texture. C'est un vin franc et désaltérant. Superbes cuvées sans soufre, aboutissements techniques sans démarche idéologique : Montserre très scintillant, Côte aux Prêtres suave et caressant, avec une grande allonge moelleuse, et Orangerie, large et consistant, mais plus clivant avec sa fine oxydation ménagée. Le Clos Béru est harmonieux, tout en amplitude et envergure, complexe et très persistant.

➭ Bourgogne 2017 20 € 15

- Chablis Côte aux Prêtres Sans Soufre Ajouté 2017 — 30 € — 17
- Chablis Montserre 2017 — 30 € — 16,5
- Chablis Montserre Sans Soufre Ajouté 2017 — 30 € — 17
- Chablis Orangerie Sans Soufre Ajouté 2017 — 34 € — 16,5
- Chablis Terroirs de Béru 2017 — 25 € — 16
- Bourgogne Pinot Gris 2017 — 20 € — 15,5

Le coup de ♥

- Chablis Clos Béru Monopole 2017 — 50 € — 17,5

Blanc : 15 hectares.
Chardonnay 100 %
Production moyenne : 65 000 bt/an

CHÂTEAU DE BÉRU ☾
32, Grande Rue, 89700 Béru
03 86 75 90 43 • www.chateaudeberu.com •
Vente et visites : au domaine sur rendez-vous.
Propriétaire : Athénaïs de Béru

★

DOMAINE COLINOT

Ce domaine sait apporter au pinot noir une couleur et une intensité de fruit inimitables, ainsi qu'une grande aptitude au vieillissement. Le rapport qualité-prix de l'ensemble, tout comme l'accueil au domaine, doivent être soulignés. Cette maison entretient mieux qu'aucune autre la flamme des grands terroirs d'Irancy. Anita et Jean-Pierre Colinot travaillent désormais sans leur fille Stéphanie, qui s'est lancée en solo dans le Chablisien comme viticultrice et négociante-vinificatrice.

Les vins : grande fraîcheur de fruit et intensité de sève dans l'excellent Veaupessiot, véritable boule de nerf et de fruits sauvages. Superbe éclat de fruit dans Les Petits Creux, dont les notes de cendre et de cerise burlat peinent un peu à enrober la sève tannique imposante. Grande séduction aromatique des Cailles, vin aiguisé et sapide au grain de tanins millimétré, à la finale mentholée. Les notes de noyau de cerise et les tanins acidulés font du Très Vieilles Vignes un vin débordant de volume. Tonalités fumées et grande vigueur de sève imprègnent Palotte. Dommage que des saveurs végétales rendent le vin un peu rigide et très serré en finale. Croquant et ferme, Les Mazelots tempère sa maturité par des notes sauvages et persistantes. C'est un vin revigorant, au caractère bien trempé, qui vieillira à merveille.

- Irancy Les Cailles 2017 — 18 € — 17
- Irancy Les Petits Creux 2017 — 18 € — 15,5
- Irancy Palotte 2017 — 20 € — 15,5
- Irancy Très Vieilles Vignes 2017 — 18 € — 16,5
- Irancy Veaupessiot 2017 — 18 € — 16,5

Le coup de ♥

- Irancy Les Mazelots 2017 — 20 € — 16,5

Rouge : Pinot noir 90 %, César 10 %
Production moyenne : 60 000 bt/an

DOMAINE COLINOT
1, rue des Chariats, 89290 Irancy
03 86 42 33 25 • earlcolinot@orange.fr •
Vente et visites : au domaine sur rendez-vous.
Propriétaire : Anita et Jean-Pierre Colinot
Maître de chai : Thomas Carré

★

ALICE ET OLIVIER DE MOOR

Situé dans le village de Courgis, ce petit domaine rayonne sur quatre appellations, bourgognes aligotés provenant de deux secteurs différents compris. Si ce couple de vignerons très attachant a planté dès 1989 la plupart de ses vignes (certifiées bio), le premier vrai millésime date de 1995. Un travail acharné et une approche au plus près de l'expression des terroirs se reflètent dans toutes les cuvées, d'une rare transparence de saveurs. Les aligotés libèrent une sapidité précieuse dans des jus dignes de crus. Leur version du sauvignon de Saint-Bris est tout aussi personnelle, incroyablement ancrée dans le terroir. Le domaine s'agrandit en 2017 de 2 hectares de Chablis premier cru, en Mont de Milieu et Vau de Vey.

Les vins : l'énergie, le tonus et l'éclat du bourgogne Chitry composent un blanc revigorant, aiguisé mais serein, pourvu d'une persistance enviable. Une fraîcheur minérale et scintillante irradie la bouche chatoyante du chablis l'Humeur du Temps. Porté par une acidité tranchante mais mûre, ce vin fait des étincelles. Doté d'une grande énergie citronnée, Coteau de Rosette s'appuie sur une texture serrée. Son souffle épuré, sa carrure et son allonge dessinent un profil tout en franchise et distinction naturelle. Avec une touche de nougatine au nez,

Vau de Vey se déploie en des saveurs d'agrumes. Il offre une matière intègre et dense. S'il n'est pas encore au niveau des autre vins, il devrait vite y parvenir. Notes de mirabelle et de citron confit dans le très prometteur Mont de Milieu, qui allie amplitude et vigueur tonique : pour un premier millésime, c'est une superbe réussite.

- Bourgogne Chitry 2017 — 2 € — 16
- Chablis Coteau de Rosette 2017 — 35 € — 17
- Chablis Premier Cru Mont de Milieu 2017 — 50 € — 16,5
- Chablis Premier Cru Vau de Vey 2017 — 50 € — 16

Le coup de ♥

- Chablis L'Humeur du Temps 2017 — 27 € — 17

Blanc : 10 hectares.
Chardonnay 70 %, Aligoté 25 %, Sauvignon blanc 5 %
Production moyenne : 45 000 bt/an

ALICE ET OLIVIER DE MOOR ♣
17, rue Jacques-Ferrand, 89800 Courgis
03 86 41 47 94 • www.aetodemoor.fr •
Vente et visites : au domaine sur rendez-vous.
Propriétaire : Alice et Olivier De Moor

★

DOMAINE WILLIAM FÈVRE

Propriété du groupe Henriot, ce domaine possède un vaste vignoble et une belle palette de grands terroirs chablisiens, valorisé par une organisation méticuleuse : travail des sols, vendanges manuelles à date optimale, régulation des rendements. Le vinificateur, Didier Seguier, produit ainsi des chablis purs, très bien définis et nets. À l'exception du petit chablis, vinifications et élevages sont habilement répartis pour chaque cuvée entre fûts et cuves inox. Dans les meilleurs millésimes, on sera séduit par le respect du terroir et l'expression de la minéralité. Le domaine a connu pendant les années 2000 des soucis d'oxydation prématurée, et nous avouons quelques réserves quant au caractère un peu froid et "clinique" des vins. Nous avons retiré l'an passé la deuxième étoile.

Les vins : le domaine ne nous ayant pas fait parvenir ses vins cette année, nous sommes amenés à reconduire les notes de notre édition précédente.

- Chablis Grand Cru Bougros Côte de Bouguerots 2016 — 54,50 € — 17
- Chablis Grand Cru Les Clos 2016 — 67 € — 17,5
- Chablis Grand Cru Valmur 2016 — 60 € — 17
- Chablis Grand Cru Vaudésir 2016 — 57,50 € — 16,5
- Chablis Premier Cru Beauroy 2016 — 27 € — 15,5
- Chablis Premier Cru Fourchaume 2016 — 29,90 € — 15,5
- Chablis Premier Cru Vaillons 2016 — 27 € — 16
- Chablis Premier Cru Vaulorent 2016 — 37 € — 16,5
- Petit Chablis 2016 — 10,90 € — 14

Blanc : 77 hectares.
Chardonnay 100 %

DOMAINE WILLIAM FÈVRE
21, avenue d'Oberwesel, 89800 Chablis
03 86 98 98 98 • www.williamfevre.com •
Vente et visites : au domaine sur rendez-vous.
Propriétaire : Groupe Henriot
Directeur : Richard Moreau
Maître de chai : Didier Seguier

★

DOMAINE CORINNE ET JEAN-PIERRE GROSSOT

Le domaine Grossot brille d'abord par la qualité remarquable de ses chablis génériques. Ces derniers sont le plus souvent produits sur la rive droite du Serein, sur des pentes et des terroirs en tout point comparables à ceux d'illustres voisins classés en premier cru. Avis aux amateurs de chablis de terroir, ceux appréciant que le grain mûr du chardonnay roule longuement sur la langue, que de beaux amers évoluent vers des notes de craie sèche et fraîche après sept ou huit ans de bouteille, voici une gamme sincère et de bonne constitution.

Les vins : encore peu expressif, le chablis possède nervosité et croquant. Bien constitué, doté d'une belle pureté de saveurs, La Part des Anges présente toute la finesse et la persistance attendue. Avec son agréable nez de noisette, doté d'un bon relief, Troëmes se montre engageant dans sa franchise de fruit. Légèrement enrobé par le bois en attaque, Les Fourneaux propose une fine structure saline et fraîche, avec une bonne persistance. Nous sommes sensibles au charme subtil du Vaucoupin, toujours délicat et racé, et dont la finale étoffée et élancée fait la queue de paon. Carrure et profondeur se conjuguent dans Fourchaume, un vin assez charnu mais resté contenu, qui ne joue pas sur la puissance. Finement épicé et relevé de notes florales, Mont de Milieu possède une belle envergure et une texture douce, nuancée et moelleuse.

Chablis 2017	12,40 €	15
Chablis La Part des Anges 2017	14 €	16
Chablis Premier Cru Fourchaume 2017	22 €	16,5
Chablis Premier Cru Les Fourneaux 2017	17,90 €	16
Chablis Premier Cru Mont de Milieu 2017	24 €	17
Chablis Premier Cru Troëmes 2017	15,40 €	16

Le coup de ♥

Chablis Premier Cru Vaucoupin 2017	17,90 €	16,5

Blanc : 18 hectares.
Chardonnay 100 %
Production moyenne : 90 000 bt/an

DOMAINE CORINNE ET JEAN-PIERRE GROSSOT
4, route de Mont-de-Milieu, 89800 Fleys
03 86 42 44 64 • www.chablis-grossot.com •
Vente et visites : au domaine sur rendez-vous.
Propriétaire : Corinne et Jean-Pierre Grossot

★

DOMAINE CHRISTIAN MOREAU PÈRE ET FILS

Le fils de Christian Moreau, Fabien, œnologue, a pris les commandes de ce domaine bien implanté en grand cru, notamment sur Les Clos, dont une parcelle isolée pour la cuvée Clos des Hospices. Le vignoble est entretenu avec soin et vendangé manuellement. Les vinifications ont gagné en finesse et en précision. Le bois est utilisé partiellement, jamais à l'excès, ce qui préserve un fruit brillant et un velouté élégant dans le toucher de bouche. Saluons la régularité des vins sur les derniers millésimes.

Les vins : dense et ferme, le chablis offre une belle fraîcheur mais une finale un peu stricte. Vaillon est sphérique, empreint d'une belle intensité de sève. La parcelle plantée en 1933 constitue la cuvée Vaillon Guy Moreau. Viscosité de texture, intensité de saveurs et densité de matière sont accentués, et une impressionnante énergie crayeuse vient illuminer ce vin. Vaudésir livre une excellente matière salivante, sobre et éclatante, qui se diffuse avec élégance et persistance. Harmonieux, assez généreux dans l'envergure de son fruit mûr, Valmur impose sa puissance féline et sa droiture de sève jusque dans les touches d'écorces d'agrumes de sa finale. Supplément de profondeur dans Les Clos, un vin très solide bâti autour d'une sève électrique aux saveurs traçantes.

Chablis 2017	18 €	15
Chablis Grand Cru Les Clos 2017	45 €	18
Chablis Grand Cru Valmur 2017	45 €	17,5
Chablis Grand Cru Vaudésir 2017	45 €	17
Chablis Premier Cru Vaillon 2017	30 €	16
Chablis Premier Cru Vaillon Guy Moreau 2017	35 €	17

Blanc : 11,8 hectares.
Chardonnay 100 %
Production moyenne : 80 000 bt/an

DOMAINE CHRISTIAN MOREAU PÈRE ET FILS ♣
26, avenue d'Oberwesel, 89800 Chablis
03 86 42 86 34 •
www.domainechristianmoreau.com • Vente et visites : au domaine sur rendez-vous.
Propriétaire : Fabien Moreau

★

DOMAINE OLIVIER MORIN

Le petit vignoble de Chitry joue une musique à part dans le concert icaunais. Olivier Morin est actuellement le plus régulier des producteurs de cette appellation : il évite les herbicides, surveille ses rendements et cueille ses raisins à la main. Non-interventionnistes, les vinifications se déroulent en levures indigènes, sans correction d'acidité ni filtration, avec des essais sans sulfitage. Olivier Morin donne de la noblesse à de modestes bourgognes, avec une réussite longtemps plus évidente en blanc, mais la qualité des rouges (de pair avec leurs maturités) a beaucoup progressé. Saluons la réussite du domaine dans l'adversité d'un millésime 2016, qui lui a fait perdre la plus grande partie de ses raisins.

Les vins : avec un grain subtil, l'aligoté est nuancé, riche et frais. Un peu serré, le blanc Constance semble s'être refermé depuis l'an dernier. Patience requise. Nuancé, expressif, Olympe possède une douceur de texture et une maturité de fruit idéale et contenue : un blanc de haute volée ! Le chablis livre un fruit bien mûr dans ses saveurs de mirabelles, avec une finale saine et salivante. Fraîcheur et délicatesse de fruit dans le rouge Constance, dont les notes de cerise et de fumé font mouche. Ses tanins un peu granuleux se fondront d'ici deux à quatre ans. Dans la droite ligne de l'excellent 2016, Vau de Puits nous séduit en 2017 par sa finesse juteuse, sa fraîcheur croquante et ses saveurs de noyau.

Bourgogne Aligoté 2018	10 €	15
Bourgogne Chitry Constance 2017	11 €	15
Bourgogne Chitry Olympe 2017	15 €	16
Chablis 2017	15 €	15,5
Bourgogne Chitry Constance 2018	11 €	15

Le coup de ♥

Bourgogne Chitry Vau du Puits 2017	15 €	16

Rouge : 3,75 hectares.
Pinot noir 100 %
Achat de raisins.
Blanc : 9,52 hectares.
Aligoté 50 %, Chardonnay 50 %
Achat de raisins.
Production moyenne : 80 000 bt/an

DOMAINE OLIVIER MORIN
2, chemin de Vaudu, 89530 Chitry
03 86 41 47 20 • www.olivier-morin.fr •
Vente et visites : au domaine sur rendez-vous.
Propriétaire : Olivier Morin

★

DOMAINE ISABELLE ET DENIS POMMIER

Isabelle et Denis Pommier se sont installés dans le village de Poinchy en 1990, avec 2 hectares de vignes (23 aujourd'hui). Certains premiers crus subissent une fermentation partielle sous bois, et toutes les vinifications sont effectuées en levures indigènes. L'ensemble de la production affiche une qualité irréprochable, notamment les vins d'entrée de gamme. Certifié en bio depuis 2014, ce domaine n'a jamais autant brillé que dans les derniers millésimes, remarquablement réussis.

Les vins : les bourgognes sont sincères. Le chardonnay Grain de Survie allie volume et tension ; le pinot noir est délicat, proche du fruit ; et le pinot beurot se pare d'une fraîcheur épicée. L'excellent petit-chablis offre un relief et une gourmandise inhabituelles, tandis que le chablis est précis et salin après une attaque tendre. Tranchant et lumineux, Croix aux Moines se distingue par un magnifique éclat de fruit frais : un superbe blanc nuancé et digeste. Fraîcheur végétale et notes d'agrumes dans Troesmes, fin et tonique, dont la finale marquée par le citron vert emplit délicieusement la bouche. Mûr et vibrant, épicée et énergique, Côte de Léchet présente des saveurs d'amandes. Fourchaume, le plus en chair des trois premiers crus, se fait caressant, avec une allonge juteuse et lancinante.

Bourgogne Chardonnay Grain de Survie 2017	10 €	14,5
Bourgogne Côtes d'Auxerre 2017	12 €	15
Bourgogne Pinot Beurot Grain de Survie 2017	11 €	15
Chablis 2017	14,50 €	16
Chablis Premier Cru Côte de Léchet 2017	22 €	17
Chablis Premier Cru Fourchaume 2017	26 €	17
Chablis Premier Cru Troesmes 2017	22 €	17
Petit Chablis 2017	12 €	15,5
Bourgogne Pinot Noir 2017	12,50 €	15,5

Le coup de ♥

Chablis Croix aux Moines 2017	17,50 €	16,5

Rouge : 2 hectares.
Pinot noir 100 %
Blanc : 21 hectares.
Chardonnay 87 %, Pinot gris 13 %
Production moyenne : 150 000 bt/an

DOMAINE ISABELLE ET DENIS POMMIER ♣
31, rue de Poinchy, 89800 Poinchy
03 86 42 83 04 • www.denis-pommier.com
• Vente et visites : au domaine sur rendez-vous.
Propriétaire : Isabelle et Denis Pommier

DOMAINE JEAN-MARC BROCARD

À force de persévérance et de travail, Jean-Marc Brocard et son fils Julien (qui vinifie quelques cuvées en biodynamie) prouvent à ceux qui en douteraient que quantité et qualité sont parfaitement compatibles, à condition de s'en donner les moyens. Sur un vaste domaine viticole, l'équipe réussit à produire régulièrement une large gamme de blancs de l'Yonne. Les génériques sont toujours purs, et les climats, dans un style plus profond, conservent une identité tranchante, sans l'habillage du bois. Les étiquettes imprimées d'une petite coccinelle distinguent les crus travaillés en agriculture biologique.

Les vins : bonne introduction au style précis et tendu du domaine, le chablis allie vigueur et fraîcheur. Supplément de volume dans le chablis Sainte-Claire, tranchant et svelte. Encore sur la retenue, Vieilles Vignes de Sainte-Claire a conservé beaucoup de fraîcheur. Son caractère incisif lui assurera une belle évolution. Vau de Vey nous réjouit par sa générosité de saveurs et sa tonicité salivante, Fourchaume est bien mûr et un peu marqué par le bois. Travaillé en biodynamie par Julien Brocard, le chablis Vigne de la Boissonneuse possède beaucoup d'éclat et d'intensité. Sa douceur de texture et la qualité de son acidité le rendent digeste et limpide. Superbe matière juteuse, fraîche et moelleuse dans le Côte de Léchet, un blanc sobre et revigorant qui déborde d'un fruit scintillant.

- Chablis 2018 — 12,40 € — 14,5
- Chablis Premier Cru Fourchaume 2017 — 25,50 € — 15,5
- Chablis Premier Cru Vau de Vey 2017 — 24,50 € — 16,5
- Chablis Sainte-Claire 2018 — 14,60 € — 15
- Chablis Vieilles Vignes de Sainte-Claire 2018 — 16,20 € — 15,5
- Chablis Vigne de la Boissonneuse Julien Brocard 2017 — 17,50 € — 16

Le coup de ♥

- Chablis Premier Cru Côte de Léchet Julien Brocard 2017 — 29,50 € — 17

Rouge : 5 hectares.
Blanc : 139 hectares.
Chardonnay 100 %
Production moyenne : 900 000 bt/an

DOMAINE JEAN-MARC BROCARD
3, route de Chablis, 89800 Prehy
03 86 41 49 00 • www.brocard.fr •
Visites : sans rendez-vous.
Propriétaire : Jean-Marc Brocard
Directeur : Julien Brocard
Maître de chai : Odile Van der Moere

LA CHABLISIENNE

Le plus important producteur de Chablis fait partie des meilleures coopératives de France, aussi adroit au niveau commercial qu'en matière d'œnologie. Parmi les nombreuses cuvées produites, il faut savoir faire le tri, mais tous les vins profitent aujourd'hui d'une parfaite maîtrise technique dans les pressurages et les élevages sur lies. Les grandes spécialités sont le chablis Vieilles Vignes, d'une grande régularité, et les premiers crus en bouteilles lourdes, qui rivalisent avec les meilleures productions de caves particulières, sans oublier le célèbre grand cru Château Grenouilles, à ne pas boire trop jeune ! Les entrées de gamme ont bien progressé et ont perdu les notes de réduction qui les caractérisaient. La Chablisienne est en belle forme !

Les vins : nerveux et dense, le chablis La Sereine se montre de très bon niveau. La sève et la persistance des vignes âgées s'exprime avec justesse dans Les Vénérables. En premiers crus, le fruit du Vaillons manque un peu d'éclat, à la différence du Montmains, doté d'une finale saline et persistante. Robuste, Côte de Léchet a besoin de temps pour s'affiner : un cru solide, mais qui garde de la finesse. Excellent Vaulorent, expressif et tonique, qui allie envergure et persistance de saveurs, relevée de jolis amers. Le ciselé Mont de Milieu est excellent, nuancé et complexe, Montée de Tonnerre se montre énergique, profond et bien proportionné. Une grande finesse et la race du terroir transparaissent dans Les Preuses, qui n'a jamais été aussi élégant et précis dans sa jeunesse, dans un style accessible et sans fard. La précision aromatique et l'intensité de saveurs du Château Grenouilles forcent le respect : ce vin éclatant, vigoureux mais subtil, offre une définition qui ne nous a jamais autant convaincu qu'avec ce superbe 2016. On l'oubliera dix ans en cave !

- Chablis Grand Cru Château Grenouilles 2016 — 51,30 € — 17,5
- Chablis Grand Cru Les Preuses 2016 — 51,30 € — 17
- Chablis La Sereine 2016 — 14,30 € — 14,5
- Chablis Les Vénérables 2016 — 16,30 € — 15
- Chablis Premier Cru Côte de Léchet 2016 — 21,20 € — 15,5

Chablis Premier Cru Mont de Milieu 2016	25,80 €	16
Chablis Premier Cru Montmains 2016	20,20 €	15,5
Chablis Premier Cru Montée de Tonnerre 2016	25,80 €	16
Chablis Premier Cru Vaillons 2016	20,20 €	15

Le coup de ♥

Chablis Premier Cru Vaulorent 2016	25,80 €	16

Blanc : 655,35 hectares.
Chardonnay 100 %

LA CHABLISIENNE ♣
8, boulevard Pasteur, 89800 Chablis
03 86 42 89 89 • www.chablisienne.com •
Pas de visites.
Propriétaire : SCA La Chablisienne
Directeur : Damien Leclerc
Maître de chai : Cyril Gros
Œnologue : Vincent Bartement

DOMAINE BERNARD DEFAIX

Sylvain et Didier Defaix tiennent la barre du domaine familial de Milly, dont le vignoble est implanté sur la rive gauche du Serein. Leurs premiers crus, un peu moins connus que ceux de la rive droite, réservent de belles surprises dans les années chaudes, particulièrement sur le terroir de la Côte de Léchet. Grâce à des vinifications habiles et à des élevages sur lies en cuve, les vins gagnent en gras et se protègent contre l'oxydation. Les cuvées issues du négoce (premier cru Fourchaume et grands crus), plus communes, portent simplement la mention Bernard Defaix, mais s'avèrent très recommandables. Les entrées de gamme sont d'un remarquable rapport qualité-prix et les grands crus ont progressé : le domaine est en bonne forme.

Les vins : charnu et précis chablis Vieille Vigne, à la finale large et crayeuse. Le caractère lactique de Vaillons nous déçoit, alors que Les Lys se montre tendre et accessible. Côte de Léchet se déploie avec vigueur, ses fins amers évoquant les écorces d'agrumes. Incisive mais étoffée, sa version Réserve offre davantage d'allonge et d'intensité. Saveurs d'orangette et de cannelle dans le très beau Vaudésir, bien proportionné et persistant, qu'on reverra avec plaisir dans quelques années. Assez tendre, doté d'un grain très fin, Bougros déploie une belle trame svelte et saline.

Bourgogne Chardonnay 2017	10 €	14
Chablis 2017	16 €	15
Chablis Grand Cru Bougros 2017	49 €	16,5
Chablis Grand Cru Vaudésir 2017	49 €	17
Chablis Premier Cru Côte de Léchet 2017	26 €	16
Chablis Premier Cru Côte de Léchet Réserve 2017	28 €	16,5
Chablis Premier Cru Les Lys 2017	26 €	15,5
Chablis Premier Cru Les Vaillons 2017	26 €	15
Chablis Vieille Vigne 2017	18 €	15,5
Petit Chablis 2017	12 €	14

Blanc : 27 hectares.
Chardonnay 100 %
Production moyenne : 250 000 bt/an

DOMAINE BERNARD DEFAIX
Milly - 17, rue du Château, 89800 Chablis
03 86 42 40 75 • www.bernard-defaix.com •
Vente et visites : au domaine sur rendez-vous.
Propriétaire : Sylvain et Didier Defaix

DOMAINE GÉRARD DUPLESSIS

Gérard Duplessis a pris la suite de son père en 1999, entamant en 2007 une conversion bio devenue effective en 2013. Ses vignes sont situées au cœur des meilleurs premiers crus de Chablis et donnent des vins rarement aimables dans leur prime jeunesse mais vieillissant remarquablement, pour atteindre vers 8-10 ans une maturité superbe. Le parti pris d'élevages longs (cuves, puis barriques et assemblages en cuves pendant au moins dix-huit mois) explique la capacité de garde des vins : Montée de Tonnerre, en particulier, se distingue. Une toute petite cuvée de Clos (non présentée) va encore plus loin en richesse de constitution et en possibilité de garde. Fort sagement, le domaine met régulièrement en vente des millésimes plus anciens, ce qui est rarissime à Chablis.

Les vins : avec son fruit mûr et sa matière ample, le simple chablis permet de situer le niveau de la cave. Il est très équilibré, charnu mais sans lourdeur et offre une excellente allonge. Vaillons se donne avec générosité, dans la gourmandise de son fruit mûr et salin, en une savoureuse déclinaison de poire williams et de fruits jaunes. Assez nerveux, Montmains raconte toutes les saveurs d'un raisin sain vendangé bien mûr, qui exprime la droiture et la franchise du terroir. Son allonge finement poivrée le rend très digeste.

Chablis 2017	14,50 €	16
Chablis Premier Cru Vaillons 2017	23 €	16,5

Le coup de ♥

Chablis Premier Cru Montmains 2017	23 €	17

Blanc : 10 hectares.
Chardonnay 100 %
Production moyenne : 40 000 bt/an

DOMAINE GÉRARD DUPLESSIS ♣
5, quai de Reugny, 89800 Chablis
03 86 42 10 35 • www.chablis-duplessis.com
• Vente et visites : au domaine sur rendez-vous.
Propriétaire : Lilian Duplessis

DOMAINE D'ELISE

Installé sur les hauteurs de Milly, face à Chablis, Frédéric Prain a su créer un style personnel de chablis élégants, digestes, loin des chardonnays démonstratifs ou techniques. Ce vigneron trop discret, au caractère affirmé, a clairement gagné aujourd'hui son statut de référence à Chablis. Sur un domaine d'un seul tenant, sa production de chablis et de petit chablis, ainsi qu'un peu de premier cru en Côte de Léchet, est régulière et hors du commun. Le vignoble est progressivement replanté en clones moins productifs.

Les vins : bien mûr, assez robuste, le petit chablis fait honneur à son appellation. Généreux, finement miellé, le chablis séduit par sa personnalité savoureuse et ferme. Sobre mais déjà accessible, il est doté d'une jolie allonge. Côte de Léchet 2016 s'appuie sur une acidité savoureuse. Lorsque les notes un peu lactiques de son élevage s'estomperont, il exprimera toute la race et l'élan de son terroir.

Chablis 2017	12 €	15,5
Petit Chablis 2017	9 €	14,5

Le coup de ♥

Chablis Premier Cru Côte de Léchet 2016	18 €	16

Blanc : 13,5 hectares.
Chardonnay 100 %
Production moyenne : 80 000 bt/an

DOMAINE D'ELISE
Chemin de la Garenne, Carrefour Poinchy, 89800 Milly
03 86 42 40 82 • frederic.prain@wanadoo.fr
• Vente et visites : au domaine sur rendez-vous.
Propriétaire : Frédéric Prain

NOUVEAU DOMAINE

DOMAINE DE L'ENCLOS

Avec 29 hectares de vignes (certifiées en bio en 2018), ce domaine fondé en 2016 s'appuie sur le vignoble conservé par Romain et Damien Bouchard, les enfants de Pascal Bouchard, qui a vendu en 2015 son activité de négoce à la maison Albert Bichot. Dans le parc d'une belle demeure de Chablis, un chai enterré a été construit pour accueillir des raisins vendangés à la main, vinifiés en levures indigènes et sans autre intrant qu'un peu de soufre après pressurage et à la mise. Avec 1,5 hectare en grands crus (Clos, Blanchot, Vaudésir), 8 hectares en premiers crus (dont Fourchaume, Mont de Milieu et Vau de Vey), et le reste en Chablis et Petit Chablis, cette adresse va devenir une valeur sûre de l'appellation. Les vins généreux et mûrs risquent de déconcerter les amateurs de Chablis épurés, mais ils renouvellent le paysage local.

Les vins : le chablis offre une maturité élevée, avec des saveurs de mirabelles, mais l'ensemble reste frais et gourmand. Beaucoup de richesse et de volume dans les premiers crus : Beauroy joufflu et fumé, Vau de Vey ferme et nerveux. Vigoureux mais marqué par une pointe d'amertume et de chaleur, Montmains manque un peu de pureté de saveurs. Avec ses notes de miel d'acacia, de nougat et de poivre blanc, Mont de Milieu dévoile un profil aromatique original. Servi par un élevage très habile, son envergure préserve sa sève et sa fraîcheur. Un rien marqué par son élevage, Fourchaume se présente large et volubile. Sa finale fumée et épicée du meilleur effet lui apporte du tonus. Matière juteuse et élégante dans Vaudésir, dont la trame énergique et l'éclat de fruit apportent un caractère sapide et salivant. Touches d'agrumes et de cannelle dans Blanchot, qui possède du relief mais s'appuie sur un boisé un peu prégnant, alourdissant sa finale. Encore très réservé, Les

Clos, grand blanc large d'épaules taillé pour la garde, impressionne par sa profondeur et sa fermeté. Sa fine sève sinueuse l'emmènera loin, et on l'attendra sagement.

- Chablis 2017 — 18 € — 15,5
- Chablis Grand Cru Blanchot 2017 — 49 € — 16
- Chablis Grand Cru Vaudésir 2017 — 49 € — 17
- Chablis Premier Cru Beauroy 2017 — 24 € — 16
- Chablis Premier Cru La Fourchaume 2017 — 32 € — 16
- Chablis Premier Cru Mont de Milieu 2017 — 28 € — 16,5
- Chablis Premier Cru Montmains 2017 — 28 € — 15
- Chablis Premier Cru Vau de Vey 2017 — 25 € — 16

Le coup de ♥

- Chablis Grand Cru Les Clos 2017 — 55 € — 17

Blanc : 29 hectares.
Chardonnay 100 %
Production moyenne : 120 000 bt/an

DOMAINE DE L'ENCLOS ♣
1, rue du Puits, 89800 Chablis
03 86 48 29 17 • www.domainedelenclos.fr •
Vente et visites : au domaine sur rendez-vous.
Propriétaire : Romain et Damien Bouchard

DOMAINE NATHALIE ET GILLES FÈVRE

Issus d'une vieille famille de Chablis, Nathalie et Gilles Fèvre dirigent cette vaste propriété, avec pour fleuron trois premiers crus et une parcelle conséquente dans le grand cru Les Preuses, qui donne le plus beau vin du domaine. Œnologues de formation, les Fèvre travaillaient jusqu'en 2004 à La Chablisienne. Aujourd'hui secondés par leur fille Julie, elle-même ingénieure agronome et diplômée d'œnologie, ils s'attachent à promouvoir une approche bio à la vigne, et disposent d'installations techniques pour vinifier par gravité. Les entrées de gamme doivent s'affranchir d'un parti pris technique qui les bride encore trop.

Les vins : dans un style précis mais un peu clinique, le simple chablis se montre de bon aloi mais manque un peu de personnalité. Soigné mais un peu simple, le chablis Vieilles Vignes est droit et net. Infusé de saveurs citronnées, Fourchaume séduira par l'éclat de son fruit frais : sans fard, il a de la tenue et du relief. Équilibré, finement charnu, Mont de Milieu se présente assez complet, avec une finale large et consistante, et une jolie allonge. Plus froid et réservé, Vaulorent se montre plus fin, avec une texture lisse, mais son amplitude de saveurs et sa finale étoffée le distinguent. Saveurs de poire fraîche et d'épices dans le superbe Les Preuses, qui trône sans conteste au sommet de la gamme. Nuancé, très intense, il impose sa présence et sa persistance.

- Chablis 2018 — 14,50 € — 14
- Chablis Premier Cru Fourchaume 2017 — 24,50 € — 15,5
- Chablis Premier Cru Mont de Milieu 2017 — 24,50 € — 15,5
- Chablis Premier Cru Vaulorent 2017 — 27,50 € — 16
- Chablis Vieilles Vignes 2017 — 17,50 € — 14,5

Le coup de ♥

- Chablis Grand Cru Les Preuses 2017 — 51 € — 17,5

Blanc : 50 hectares.
Chardonnay 100 %
Production moyenne : 200 000 bt/an

DOMAINE NATHALIE ET GILLES FÈVRE
Route de Chablis,
89800 Fontenay-près-Chablis
03 86 18 94 47 •
www.nathalieetgillesfevre.com • Vente et visites : au domaine sur rendez-vous.
Propriétaire : Nathalie et Gilles Fèvre
Maître de chai : Nathalie Fèvre
Œnologue : Julie, Nathalie et Gilles Fèvre

DOMAINE GARNIER ET FILS

Installé à Ligny-le-Chatel, terre de chablis et petit chablis, le domaine est tenu par deux frères passionnés, Xavier et Jérôme Garnier. La gamme couvre toutes les géologies et toutes les appellations de Chablis. Les grands et premiers crus proviennent d'achat de raisin. Vinifiés en levures indigènes, les vins bénéficient d'élevages soignés en cuve ou en fût, et ne subissent pas de filtration avant la mise en bouteille. Une production cohérente de chablis d'un style généreux. À partir de 2016, les Garnier ont repris 6 hectares de vignes dans les Coteaux de Tannay, située dans la Nièvre, ce qui vient élargir la gamme du domaine.

Les vins : charnu, mûr et épicé, L'Instant Tannay rouge est bien réussi. Croquant, le bourgogne est marqué par un boisé un peu ostentatoire. Franchise de fruit croquant dans le melon 2018, d'une simplicité de bon aloi. Tendre, assez mûr, le chablis 2017 manque un peu de tension et d'allonge. En premiers crus, si le précoce Beauroy se montre un peu strict, Côte de Jouan séduira les amateurs de chablis incisifs et retenus, avec une jolie finale qui évoque le citron vert. Discrètement épicé, Mont de Milieu est sapide et déjà très accessible. Large d'épaules, Fourchaume s'appuie sur une trame juteuse : on apprécie son envergure et sa profondeur de saveurs. Mis en valeur par un boisé de qualité, Vaudésir associe la tension minérale du millésime au profil extraverti du cru. Grand volume nuancé et frais dans Les Clos, harmonieux et délié ; sa profondeur salivante prolonge ses saveurs.

- Chablis 2017 — 18 € (c) — 14
- Chablis Grand Cru Vaudésir 2016 — 61 € (c) — 16,5
- Chablis Premier Cru Beauroy 2017 — 25 € (c) — 15
- Chablis Premier Cru Côte de Jouan 2017 — 27 € (c) — 16
- Chablis Premier Cru Fourchaume 2017 — 30 € (c) — 16,5
- Chablis Premier Cru Mont de Milieu 2017 — 28 € (c) — 16
- VSIG L'Instant Tannay Melon 2018 — 9,90 € (c) — 14,5
- Bourgogne Epineuil 2017 — 18 € (c) — 15
- VSIG L'Instant Tannay Pinot Noir 2018 — 9,90 € (c) — 14,5

Le coup de ♥

- Chablis Grand Cru Les Clos 2016 — 65 € (c) — 17

Rouge : 1,2 hectare.
Pinot noir 100 %
Achat de raisins.
Blanc : 28,8 hectares.
Chardonnay 87 %, Melon de Bourgogne 13 %
Achat de raisins.
Production moyenne : 180 000 bt/an

DOMAINE GARNIER ET FILS

Chemin de Méré, 89144 Ligny-le-Châtel
03 86 47 42 12 • www.chablis-garnier.com •
Pas de visites.
Propriétaire : Xavier et Jérôme Garnier

LE DOMAINE D'HENRI

Michel Laroche a cédé en 2010 ses activités à Advini, mais il fait à nouveau l'actualité sur les rives du Serein : il épaule ses filles dans la relance, depuis 2012, d'un domaine familial bâti à partir des vignes de son père, Henri, préservées lors de la vente de son groupe. L'aînée, Cécile, supervise la vigne et Margaux, la cadette, fait ses armes au commerce. Une parcelle de 2 hectares de Fourchaume, dont les vignes les plus vénérables sont âgées de 80 ans, est destinée à la cuvée Héritage, d'une rare densité. Les vins sont très réussis, la première étoile se rapproche.

Les vins : précédé d'un très bon petit chablis, le chablis Les Allées du Vignoble offre pureté de saveurs et franchise de fruit. Volume enviable dans Saint Pierre, dont les saveurs de craie et de fruits jaunes apportent gourmandise et relief : la finale est très sapide. Délicatement citronné et floral, Troesmes livre une trame subtile et salivante dans un style retenu et raffiné. Marqué par des notes de camomille, Fourchaume se présente plus alangui, encore marqué par son épaisseur solaire. L'Homme Mort se déploie tout en envergure saline, armé pour la garde, doté d'une belle énergie. Héritage impose sa profondeur et sa structure imposante, et a conservé un supplément de fraîcheur dans le millésime 2015 : c'est un vin qui mérite encore plusieurs années en cave.

- Chablis Les Allées du Vignoble 2017 — 16,50 € — 15,5
- Chablis Premier Cru Fourchaume 2016 — 30 € — 15,5
- Chablis Premier Cru Fourchaume Héritage 2015 — 49,50 € — 16
- Chablis Premier Cru Fourchaume L'Homme Mort Vieilles Vignes 2015 — 36 € — 16
- Chablis Saint Pierre 2017 — 19,50 € — 16
- Petit Chablis Les Allées du Vignoble 2018 — 13,50 € — 14,5

Le coup de ♥

- Chablis Premier Cru Troesmes 2017 — 25,50 € — 16,5

Blanc : 23 hectares.
Chardonnay 100 %
Achat de raisins.
Production moyenne : 160 000 bt/an

LE DOMAINE D'HENRI
Route d'Auxerre, 89800 Chablis
03 86 40 65 17 • www.ledomainedhenri.fr •
Vente et visites : au domaine sur rendez-vous.
Propriétaire : Michel, Cécile et Margaux Laroche
Directeur : Michel Laroche
Maître de chai : Anne-Sophie Gimonnet

DOMAINE LONG-DEPAQUIT

Maison beaunoise bien connue, Albert Bichot est propriétaire à Chablis du domaine Long-Depaquit, établi sur une prestigieuse palette de crus, dont le grand cru La Moutonne en monopole, bénéficiant de l'exposition la plus solaire de l'appellation. Les vins expriment souvent une rondeur et une générosité qui les rendent accessibles jeunes. Si la gamme paraît plus homogène, l'expression des terroirs peut assurément gagner en intensité et précision. Cécilia Trimaille, 31 ans et nouvelle régisseuse, va s'efforcer d'accompagner cette progression.

Les vins : ils semblent progresser en justesse de saveurs et précision. Net, vif, facile d'accès, le chablis est bien défini. Hormis Beugnons, un peu végétal, les premiers crus sont cohérents, et on boira le généreux et charnu Vaillons en attendant quelques années Montmains, plus profond, ferme et réservé. Notre préféré est le nuancé Vaucopins, qui fait mouche avec son profil salin et son allonge nerveuse. Jolie série de grands crus, avec Vaudésirs, précis, élancé, et Bougros, persistant et assez franc. Tendre en attaque, Les Clos monte rapidement en puissance, avec une belle profondeur crayeuse, mais n'offre pas toute la race attendue à ce niveau. Nous apprécions beaucoup la sève crayeuse et la persistance raffinée des Blanchots, qui propose une définition juste et intense du cru. Toujours doté d'un volume hors du commun, La Moutonne demandera quelques années pour s'harmoniser. Imposant mais plus précis qu'auparavant dans ses saveurs, il se fait pénétrant, prégnant et brillant.

Chablis 2017	19,70 €	14
Chablis Grand Cru La Moutonne 2017	113 €	18
Chablis Grand Cru Les Bougros 2017	47,40 €	16,5
Chablis Grand Cru Les Clos 2017	56,60 €	16,5
Chablis Grand Cru Les Vaudésirs 2017	56,60 €	16
Chablis Premier Cru Les Beugnons 2017	29,30 €	14
Chablis Premier Cru Les Vaillons 2017	29,30 €	15
Chablis Premier Cru Montmains 2017	31,10 €	15,5
Chablis Premier Cru les Vaucopins 2017	30,60 €	16

Le coup de ♥

Chablis Grand Cru Les Blanchots 2017	50,40 €	17

Blanc : 65 hectares.
Chardonnay 100 %
Production moyenne : 450 000 bt/an

DOMAINE LONG-DEPAQUIT
45, rue Auxerroise, 89800 Chablis
03 86 42 11 13 • www.albert-bichot.com •
Visites : sans rendez-vous.
Propriétaire : Albéric Bichot
Directeur : Cécilia Trimaille

DOMAINE LOUIS MICHEL ET FILS

Dirigé par Guillaume Michel, ce domaine fondé en 1850 s'est toujours fait le chantre des chablis premiers crus très purs et très nets, sans utilisation du bois. Discrets dans leur jeunesse, ces chardonnays sont bâtis pour évoluer de dix à vingt ans en bouteille. Le domaine développe un style de chardonnay de prime abord assez direct dans l'expression du fruit, mais avec des finales en retenue, voire très jugulées.

Les vins : sain et vigoureux, le petit chablis se montre fringant. Plus strict, le chablis manque un peu de profondeur. Certains premiers crus se montrent plus précoces et immédiats, comme le vif et citronné Vaillons, à la finale un peu crémeuse, le lumineux Forêts, à la trame déliée, ou Butteaux, mûr et savoureux. Assez incisif, Montmain se montre encore sur la réserve : un vin sérieux et bien construit, comme Séchets, un peu austère mais élégant et tonique. Avec sa carrure plus imposante, Butteaux Vieilles Vignes approfondit la dimension saline du cru, et se pare de saveurs d'écorces d'agrumes : sa réserve indique un beau potentiel de garde. Volume et intensité de saveurs distinguent Vaulorent, qui possède l'envergure d'un grand cru, mais sans toute la persistance attendue. Profilé, scintillant, Montée de Tonnerre est juste dans l'expression de sa fraîcheur calcaire. Joli trio de grands crus : Vaudésir dense et extraverti avec ses saveurs confites et son nez de gingembre et de yuzu, et Les Clos profond et ferme, parti pour une longue évolution. Notre préférence va à Grenouilles, très ferme et un peu austère, mais habilement vinifié. Son volume généreux et sa sève imposante laissent le terroir s'exprimer.

Chablis 2017	16 €	14
Chablis Grand Cru Grenouilles 2016	65 €	17
Chablis Grand Cru Les Clos 2016	65 €	16,5
Chablis Grand Cru Vaudésir 2016	55 €	16,5
Chablis Premier Cru Butteaux 2017	27 €	15,5
Chablis Premier Cru Forêts 2017	28 €	15,5
Chablis Premier Cru Montmains 2017	25 €	15,5
Chablis Premier Cru Montée de Tonnerre 2017	35 €	16
Chablis Premier Cru Séchets 2016	27 €	16
Chablis Premier Cru Vaillons 2017	25 €	15,5
Chablis Premier Cru Vaulorent 2017	Épuisé	16
Petit Chablis 2017	de 12 à 16 € (c)	14

Le coup de ♥

Chablis Premier Cru Butteaux Vieilles Vignes 2016	28 €	16,5

Blanc : 25 hectares.
Chardonnay 100 %
Production moyenne : 140 000 bt/an

DOMAINE LOUIS MICHEL ET FILS
9, boulevard de Ferrières, 89800 Chablis
03 86 42 88 55 • www.louismicheletfils.com
• Visites : sans rendez-vous.
Propriétaire : Famille Michel
Directeur : Guillaume Michel

DOMAINE OUDIN

Ce domaine familial possède une vingtaine de parcelles sur la commune de Chichée, un secteur froid, très calcaire et caillouteux. Diplômée d'œnologie, Nathalie Oudin prend le relai en 2007, secondée depuis 2013 par sa sœur Isabelle. Le travail sérieux à la vigne bannit les désherbants et réduit au maximum les autres traitements. À la cave, les levures indigènes sont de rigueur, et les vins élevés exclusivement en cuves inox. La gamme est cohérente et fiable.

Les vins : tendu, assez serré, le chablis ne manque pas de nerf mais méritera deux à trois ans pour s'épanouir. Salin, vigoureux, le chablis Les Serres séduit par sa pureté et la justesse de ses saveurs. Sa persistance le distingue ! Toujours subtil, Vaucoupins déploie beaucoup de finesse et d'éclat. Sa finale fuselée et son profil contenu en font un vin d'une grande élégance. Vaugiraut offre une attaque épanouie, vite prolongée d'amers épicés et intenses : il s'illustre par sa puissance contenue et son envergure.

Chablis 2017	11,75 €	15
Chablis Les Serres 2016	13,20 €	16
Chablis Premier Cru Vaucoupins 2017	19,20 €	16,5

Le coup de ♥

Chablis Premier Cru Vaugiraut 2017	18,20 €	17

Blanc : 10 hectares.
Chardonnay 100 %
Production moyenne : 50 000 bt/an

DOMAINE OUDIN
5, rue du Pont, 89800 Chichée •
domaine.oudin@wanadoo.fr • Vente et visites : au domaine sur rendez-vous.
Propriétaire : Nathalie et Isabelle Oudin
Maître de chai : Nathalie Oudin

DOMAINE PINSON

Dirigé par les frères Laurent et Christophe Pinson, ce domaine traditionnel de Chablis possède plusieurs premiers crus, ainsi qu'une vaste parcelle sur le grand cru Les Clos. Depuis plusieurs millésimes, les vins gagnent en précision tout en conservant un excellent volume. Charlène, fille de Laurent et œnologue, est revenue au domaine depuis 2008. Les vins sont de facture classique, mais nous aimerions davantage d'éclat du fruit, de pureté de saveurs et des vinifications moins rigides.

Les vins : citronné, épais, le chablis se montre rustique. Parmi les premiers crus, Montmain est flatteur, avec des saveurs lactiques entêtantes. Le généreux Vaillons ne manque pas de sève, mais peut-être de finesse. La Forêt, un peu fluide, réclame plus de profondeur. Citronné, avec un léger creux en milieu de bouche, Vaugiraut nous déçoit un peu. Plus fin, Fourchaume possède une jolie allonge et de la finesse, mais se montre assez serré. On aimerait un peu plus de caractère. La justesse de saveurs et le supplément de densité du Mont de Milieu en font aisément le meilleur premier cru du domaine : un vin long, élégant, d'une belle intensité. Les Clos possède vigueur et intensité : il allie tension et fraîcheur, avec un caractère étoffé et dynamique. Le bois neuf de la cuvée Clos l'Authentique a su s'intégrer en un volume étoffé et épicé, mais marquera le vin à termes.

Chablis 2017	15 €	14
Chablis Grand Cru Les Clos 2017	40 €	16,5
Chablis Grand Cru Les Clos Cuvée Authentique 2016	50 €	16
Chablis Premier Cru Fourchaume 2017	25 €	15,5
Chablis Premier Cru La Forêt 2017	25 €	14,5
Chablis Premier Cru Montmain 2017	25 €	14,5
Chablis Premier Cru Vaillons 2017	25 €	15
Chablis Premier Cru Vaugiraut 2017	25 €	15

Le coup de ♥

Chablis Premier Cru Mont de Milieu 2017	25 €	16,5

Blanc : 14 hectares.
Chardonnay 100 %
Production moyenne : 70 000 bt/an

DOMAINE PINSON
5, quai Voltaire, 89800 Chablis
03 86 42 10 26 • www.domaine-pinson.com
• Pas de visites.
Propriétaire : Laurent et Christophe Pinson

LA SŒUR CADETTE

Valentin Montanet mène en bio certifié ce domaine de Vézelay, créé en 1987, dont le vignoble a été entretenu par ses parents, Jean et Christine. Les vinifications sont menées sans ajouts inutiles. Pas de levures, pas de chaptalisation, peu de sulfites... Élevés sur lies en cuves, parfois en fûts, les vins sont droits, d'une franchise d'expression remarquable et fort réguliers. Chardonnay et pinot noir composent la majorité de l'encépagement, mais le melon est aussi présent, donnant un vin digeste et peu alcoolisé. Une petite gamme de vins de négoce du Beaujolais est également bien réussie.

Les vins : nuancé, tonique, le melon présente un relief salin et de jolis amers en finale. Pur et juteux, le bourgogne blanc est charnu, doté d'un fruit bien mûr. Dans la jeune appellation Vézelay, Galerne, blanc expressif et dense, possède une énergie solaire bienvenue. Bien charnu, ample et persistant, La Châtelaine présente un supplément de profondeur et de relief : la générosité du millésime est fort bien maîtrisée. Toujours friand et digeste, le juliénas séduira par sa densité de chair et son fruit finement épicé.

Bourgogne 2018	14 €	15
Bourgogne Vézelay Galerne 2018	16,50 €	15,5
VDF Melon 2018	14 €	15,5
Juliénas 2017	14,50 €	15

Le coup de ♥

Bourgogne Vézelay La Châtelaine 2018	16,50 €	16

Rouge : Gamay noir à jus blanc 50 %, Pinot noir 50 %
Achat de raisins.
Blanc : Chardonnay 100 %
Achat de raisins.
Production moyenne : 100 000 bt/an

LA SŒUR CADETTE ♣
15, rue de l'Abbé-Pissier, 89450 Saint-Père
09 75 94 75 23 • www.lasoeurcadette.com •
Vente et visites : au domaine sur rendez-vous.
Propriétaire : Valentin Montanet
Maître de chai : Nicolas Luquet

CÔTE DE NUITS

★★★ ↗

DOMAINE DE L'ARLOT

Le Clos de l'Arlot a donné son nom au domaine, propriété d'AXA Millésimes depuis 1987. Ce clos exploité en monopole entoure le bâtiment et donne un des blancs les plus originaux et séducteurs de la Côte de Nuits. L'autre vedette est le Clos des Forêts Saint-Georges, lui aussi exploité en monopole, qui associe puissance et élégance dans un équilibre presque parfait. Jacques Devauges s'est occupé des millésimes 2011 à 2013 et a vendangé et vinifié le 2014, incontestablement son plus beau millésime. Désormais conduit en bio, le domaine a accompli de grands progrès dans la compréhension des terroirs et dans leur mise en valeur. À partir de 2014, les vins sont élevés par la nouvelle directrice, Géraldine Godot, qui vinifiait au préalable pour la maison Alex Gambal, et qui a formidablement réussi les 2015, 2016 et 2017. La justesse de définition, l'élégance intemporelle des vins et leur transparence de saveurs incarnent un style que nous souhaitons défendre, et nous décernons cette année la troisième étoile au domaine.

Les vins : élégance sans faille dans le Clos de l'Arlot blanc, à l'élevage millimétré, aux fins amers appétents. La précision, la franchise de saveurs et le naturel d'expression forcent le respect. Grand raffinement aromatique, trame moelleuse et fraîche dans le Clos de l'Arlot rouge, un vin à l'équilibre irréprochable, dont la finesse de texture est flagrante. Son envergure fumée en finale est admirable. Les arômes de terre humide, de cuir et poivre noir s'unissent dans Clos des Forêts : sa finesse de texture, son expression sincère et sans apprêt s'avèrent captivantes, et sa distinction irradie en finale. Délicatesse florale et fumée dans Les Suchots, un vin à la texture lisse, au grain vibrant, dont l'expression infusée, à la noble réserve, présente une persistance hors du commun. La romanée-saint-vivant présente une intensité de saveurs impressionnante, envahie d'un fruit noir juteux et séveux étiré par l'apport de vendange entière. Son intégrité s'accompagne d'une noble austérité.

- Nuits-Saint-Georges Premier Cru Clos de l'Arlot Monopole 2017 — 75 € 16,5
- Nuits-Saint-Georges Premier Cru Clos de l'Arlot Monopole 2017 — 75 € 17,5
- Nuits-Saint-Georges Premier Cru Clos des Forêts Saint-Georges Monopole 2017 — 75 € 18
- Romanée-Saint-Vivant Grand Cru 2017 — 380 € 19
- Vosne-Romanée Premier Cru Les Suchots 2017 — 95 € 18

Rouge : 12,2 hectares.
Pinot noir 100 %
Blanc : 2,7 hectares.
Chardonnay 100 %
Production moyenne : 60 000 bt/an

DOMAINE DE L'ARLOT ♣
14, RD 974, 21700 Prémeaux-Prissey
03 80 61 01 92 • www.arlot.com • Vente et visites : au domaine sur rendez-vous.
Propriétaire : AXA Millésimes
Directeur : Christian Seely (Directeur général AXA Millésimes)
Maître de chai : Géraldine Godot (Directrice technique Domaine de l'Arlot)

★★★

CLOS DE TART

François Pinault a racheté la propriété au printemps 2018 à la famille Mommessin. Jusqu'en 2014, les vins de l'ancien régisseur Sylvain Pithiot étaient massifs, concentrés et puissants, souvent marqués par l'empreinte de l'élevage. Jacques Devauges, qui a pris sa suite en 2015, a approfondi le travail parcellaire des vignes, travaillées en bio. Il a également affiné les choix de chauffes des barriques, et diminué la proportion de fût neuf, qui était invariablement de 100 %. Jacques Devauges a été remplacé début 2019 par Alessandro Noli, auparavant régisseur du Château-Grillet dans la vallée du Rhône, et qui souhaite poursuivre dans la même voie : orienter le Clos de Tart vers un vin plus en finesse, avec des tanins plus suaves, sans pour autant sacrifier la légendaire profondeur de saveurs qu'offre ce cru historique qui n'a connu que trois propriétaires en un millénaire. La certification en biodynamie devrait être obtenue fin 2019.

Les vins : issu des jeunes vignes, La Forge de Tart offre fraîcheur et gourmandise avec une chair caressante et moelleuse. Un vin plein de sensualité et de plénitude, approchable jeune.

Le Clos de Tart présente plus de complexité, une trame ferme mais ciselée, et se montre parfaitement symétrique en bouche. Harmonieux, serein, digeste, il a incontestablement gagné en vitalité et suit dignement l'immense 2016.

- Clos de Tart Grand Cru 2017 — de 520 à 550 € (c) 18,5
- Morey-Saint-Denis Premier Cru La Forge de Tart 2017 — de 208 à 240 € (c) 17,5

Rouge : 7,53 hectares.
Pinot noir 100 %
Production moyenne : 25 000 bt/an

CLOS DE TART ♣
7, route des Grands-Crus,
21220 Morey-Saint-Denis
03 80 34 30 91 • www.clos-de-tart.com •
Vente et visites : au domaine sur rendez-vous.
Propriétaire : Artémis Domaines

★★★

DOMAINE JACK CONFURON-COTETIDOT

Ce domaine est l'un des rares à pratiquer la vinification des raisins par grappe entière, quel que soit le millésime. Les vins se reconnaissent au premier nez par ce supplément de fraîcheur et de parfum apporté par la rafle. Le domaine a toujours opté pour des vendanges tardives. Mais Jean-Pierre, l'aîné, et Yves, le cadet, tous deux œnologues, n'ont plus cette approche systématique qu'avaient leurs parents, toujours présents dans les vignes à leurs côtés. Aujourd'hui, c'est la dégustation des raisins, parcelle après parcelle, qui leur dicte le rythme des vendanges. Le domaine produit des vins baroques, des vins de texture portés par des maturités souvent élevées, et le parti pris d'une vendange entière intégrale peut apporter une dose de rusticité. Fougueux dans leur jeunesse, ils peuvent prendre avec l'âge une complexité magnifique, mais ne vieillissent pas toujours aussi bien que nous le souhaiterions. Les vins jeunes se montrent précis et reflètent bien leur terroirs, mais ne nous procurent pas forcément les mêmes émotions que d'autres domaines d'élite de la région, où la concurrence s'avive.

Les vins : le domaine nous a renvoyé des 2016. Nez épicé et complexe, matière charnue, volume et trame tannique ferme dans le gevrey Craipillot, vin encore austère mais empreint de fraîcheur. Arômes balsamiques et de fruits noirs dans le charnu nuits Les Vignes Rondes, très ample, à la maturité de fruit poussée, dont la fin de bouche présente un peu de sécheresse. Épicé et crémeux, Derrière la Grange possède une sève robuste mais fine et dotée d'une fraîcheur végétale. Ses tanins sont pour l'instant très accrocheurs, mais il saura assurément vieillir avec bonheur. Expression un peu mentholée au nez, matière volumineuse et franche, à la maturité poussée dans le vosne Les Suchots : son enveloppe tannique un rien rigide saura s'assouplir en conservant la signature très affirmée de la vendange entière. Framboise confite et mûre dominent l'aromatique du charmes-chambertin, au sein d'une bouche encore très serrée, incontestablement profonde et racée mais corsetée de tanins prégnants. Nous nous interrogeons quant à la maturité très (trop ?) élevée du fruit. Délicatesse et fraîcheur caractérisent l'épanoui vosne Les Suchots 2007, désormais à maturité, qui offre beaucoup de finesse et a conservé beaucoup de vigueur. La finale reste un peu raide et asséchante.

- Chambolle-Musigny Premier Cru Derrière la Grange 2016 — de 120 à 140 € (c) 17,5
- Charmes-Chambertin Grand Cru 2016 — N.C. 17
- Gevrey-Chambertin Premier Cru Craipillot 2016 — N.C. 17
- Nuits-Saint-Georges Premier Cru Les Vignes Rondes 2016 — N.C. 16,5
- Vosne-Romanée Premier Cru Les Suchots 2016 — de 90 à 110 € (c) 17,5
- Vosne-romanée Premier Cru Les Suchots 2007 — N.C. 17

Rouge : 10,7 hectares.
Pinot noir 100 %
Blanc : 0,7 hectare.
Production moyenne : 18 000 bt/an

DOMAINE JACK CONFURON-COTETIDOT
10, rue de la Fontaine,
21700 Vosne-Romanée
03 80 61 03 39 • Vente et visites : au domaine sur rendez-vous.
Propriétaire : Jack Confuron-Cotetidot

★★★

DOMAINE DES LAMBRAYS

Cette propriété de renom possède la quasi-totalité du grand cru Clos des Lambrays, d'où elle produit des vins exceptionnels. Sans être revendiquée, la viticulture est ici foncièrement bio, avec une grande partie du vignoble travaillée au cheval. Les jeunes vignes ainsi que les cuvées les moins réussies sont systématiquement déclassées en Morey-Saint-Denis premier cru (cuvée Les Loups). Le domaine est partisan d'une récolte précoce, mais avec un tri sévère ; la vinification s'effectue en général en vendange entière. Le domaine possède également deux belles parcelles à Puligny, l'une sur le Cailleret, l'autre sur Les Folatières, mais dont les vins n'atteignent pas le niveau des rouges. Le groupe LVMH a racheté le domaine en avril 2014. Succédant à Boris Champy, qui avait lui-même pris la suite de Thierry Brouin, Jacques Devauges est arrivé au printemps 2019, ayant quitté le Clos de Tart. Il va s'employer à faire encore progresser les vins, avec à l'horizon un travail plus précis du parcellaire, le passage en biodynamie et la rénovation de la cuverie.

Les vins : assez intense, Les Folatières se pare d'un élevage un peu ostentatoire, qui rend la finale pesante. Le boisé saura se fondre mais le vin en restera assez maquillé. Matière ample tout en puissance contenue dans l'élan fumé du puligny Le Clos du Cailleret, qui combine adroitement pureté florale et citronnée avec un élevage chic. La persistance signe la grandeur du terroir. Sobre, introduit par une profondeur de sève peu commune, le clos-des-lambrays se déploie parsemé de très fines touches végétales nobles de la vendange entière. Il révèle avec aisance le lien entre les dimensions florales et éminemment terriennes de ce grand terroir. Son avenir glorieux est assuré !

- Puligny-Montrachet Premier Cru Le Clos du Cailleret 2017 — 110 € — 17
- Puligny-Montrachet Premier Cru Les Folatières 2017 — 100 € — 16
- Clos des Lambrays Grand Cru 2017 — 210 € — 19

Rouge : 11 hectares.
Pinot noir 100 %
Blanc : 0,7 hectare.
Chardonnay 100 %
Production moyenne : 40 000 bt/an

DOMAINE DES LAMBRAYS
31, rue Basse, 21220 Morey-Saint-Denis
03 80 51 84 33 • www.lambrays.com • Pas de visites.
Propriétaire : Groupe LVMH
Directeur : Jacques Devauges

★★★

DOMAINE LEROY

Les vins produits par Lalou Bize-Leroy ne cessent d'enthousiasmer et de fasciner. Cette dégustatrice hors-pair possède l'une des visions les plus personnelles de toute la Bourgogne. La conduite de ses vignes en biodynamie ne souffre, à ses yeux, d'aucun compromis, quoi qu'il lui en coûte. Qu'importe si la nature lui fait parfois payer cher ses choix, comme en 1993, millésime marqué par une météo désastreuse : cette grande dame ne change rien au cap fixé. À cela s'ajoute une expérience unique de la vinification, là encore dans le respect de principes stricts, comme le non-égrappage des raisins. Tout cela a permis à Lalou Bize-Leroy, dont le domaine est à la tête d'une collection unique de grands terroirs, de produire quelques-uns des plus grands vins au monde. Les rendements infimes donnent ici des raisins d'une concentration inégalée de parfums et de saveurs.

Les vins : les 2017 sont dignes de tous les éloges. Difficile de choisir parmi les 21 vins d'exception de la gamme. Le chambolle Les Fremières évoque la rose, avec une bouche pulpeuse et tactile, tout en fraîcheur et énergie pénétrante. Végétal noble et acidité aiguisée agrémentent le savigny Les Narbantons, élancé et séveux, aux tanins moelleux. Les Boudots est sérieux, tendu et dense, avec envergure, allonge florale et grain de tanins millimétré et sapide : une magnifique sensation de velours profond. Très grande pureté et éclat dans Aux Brûlées, vin racé, floral et intense, dont les saveurs calcaires infusent un fruit délicat jusque dans la finale en queue de paon. Nez de violette et de pétales de fleurs dans le sublime Les Charmes, vin ravissant et distingué d'une grande subtilité de texture, dans lequel la grande maturité du fruit est portée par une fraîcheur incomparable. Aérienne et moelleuse, la si gracieuse romanée-saint-vivant semble danser en bouche tant elle est ciselée, véritable essence de pinot, d'une distinction inouïe. Vin envoûtant au souffle majestueux, le limpide musigny présente un élan et une persistance incroyable, avec la plénitude et l'intégrité idéales du raisin. Touche de cannelle dans le soyeux et charnel Clos de la Roche, éclatant vin d'orfèvre dont les saveurs aériennes se font taffetas en bouche. Menthe sauvage et ronces contribuent à la fraîcheur exceptionnelle du très racé latricières, dont la précision et la définition d'une rare intensité laissent pantois. Inspiré, régénérant, le chambertin pousse encore les curseurs : sa vibration, son harmonie et son allonge vigoureuse sont inoubliables.

- Chambertin Grand Cru 2017 de 7 800 à 8 400 € (c) 20
- Chambolle-Musigny Les Fremières 2017 de 1 100 à 1 400 € (c) 17,5
- Chambolle-Musigny Premier Cru Les Charmes 2017 de 1 100 à 1 400 € (c) 19,5
- Clos de la Roche Grand Cru 2017 de 3 500 à 5 000 € (c) 20
- Latricières-Chambertin Grand Cru 2017 de 5 800 à 6 500 € (c) 20
- Musigny Grand Cru 2017 N.C. 20
- Nuits-Saint-Georges Premier Cru Les Boudots 2017 de 1 500 à 2 000 € (c) 18,5
- Romanée Saint-Vivant Grand Cru 2017 de 4 800 à 5 500 € (c) 20
- Savigny-lès-Beaune Premier Cru Les Narbantons 2017 de 260 à 300 € (c) 17,5
- Vosne-Romanée Premier Cru Aux Brûlées 2017 de 1 700 à 2 000 € (c) 19

Rouge : 18,13 hectares.
Pinot noir 100 %
Blanc : 3,86 hectares.
Aligoté 71 %, Chardonnay 29 %
Production moyenne : 40 000 bt/an

DOMAINE LEROY
15, rue de la Fontaine, 21700 Vosne-Romanée
03 80 21 21 10 • www.domaineleroy.com •
Visites : sur rendez-vous uniquement aux professionnels.
Propriétaire : Lalou Bize-Leroy

★★★

DOMAINE JACQUES-FRÉDÉRIC MUGNIER

Le domaine a radicalement changé d'allure en 2004, passant de 4 à 14 hectares avec la réintégration du Clos de la Maréchale à Nuits-Saint-Georges, qui était en fermage depuis cinquante-trois ans, sur lequel une production confidentielle de blanc a vu le jour. Ce monopole complète les autres vignes situées sur les meilleurs terroirs de Chambolle-Musigny : Musigny, en plein centre du Grand-Musigny, Bonnes-Mares, Les Amoureuses, Les Fuées. Frédéric Mugnier privilégie avant tout la finesse pour exprimer le terroir sans aucune fioriture, avec une constance digne d'éloges et une précision qui l'a logiquement installé en deux décennies parmi les producteurs majeurs de la Bourgogne. Jusqu'à nouvel ordre, le musigny n'est plus commercialisé, conservé en vieillissement en bouteille dans les caves du domaine, jusqu'à ce que ce dernier considère qu'il ait atteint une évolution suffisante pour mériter sa mise sur le marché. Nous saluons cette décision qui illustre à nos yeux l'exigence de qualité que s'est fixée le vigneron et propriétaire du domaine.

Les vins : avec une allonge impérieuse, le rare nuits Clos de la Maréchale blanc se livre avec bonheur, offrant une expression brillante en 2017. Il convoque la poire, la réglisse, le nougat et le poivre blanc dans un ensemble vigoureux et franc, certainement un des plus grands blancs de la Côte de Nuits. Subtilité et justesse de saveurs dans le nuits Clos de la Maréchale rouge : les tanins frais tapissent le palais et s'ordonnent pour construire une trame franche qui souligne l'éclat du fruit frais et sauvage, prolongé de saveurs de ronces. La pureté du fruit et le raffinement aromatique du chambolle Les Fuées le situent parmi les plus grands vins de Bourgogne : taffetas de saveurs et d'arômes, allonge fascinante et profil hors des modes : une expression très juste et aboutie. Simplement renversant, Les Amoureuses s'articule autour d'une structure arachnéenne dans sa délicatesse, qui évoque un rêve de pinot fin.

- Nuits-Saint-Georges Premier Cru Clos de la Maréchale 2017 N.C. 17,5
- Chambolle-Musigny Premier Cru Les Amoureuses 2017 N.C. 19,5
- Chambolle-Musigny Premier Cru Les Fuées 2017 N.C. 19
- Nuits-Saint-Georges Premier Cru Clos de la Maréchale 2017 de 110 à 130 € (c) 17,5

Rouge : 13 hectares.
Pinot noir 100 %
Blanc : 1 hectare.
Chardonnay 100 %
Production moyenne : 60 000 bt/an

DOMAINE JACQUES-FRÉDÉRIC MUGNIER
Château de Chambolle-Musigny,
21220 Chambolle-Musigny
03 80 62 85 39 • www.mugnier.fr • Pas de visites.
Propriétaire : Jocelyne et Frédéric Mugnier

★★★

DOMAINE HENRI PERROT-MINOT ET DOMAINE CHRISTOPHE PERROT-MINOT

Le domaine Perrot-Minot possède un superbe patrimoine de vins en villages, premiers crus et grands crus, issus de vieilles vignes, qu'ils complètent par quelques achats de raisin, entre autres en Chambertin et en Clos de Bèze. Vigneron perfectionniste, Christophe Perrot-Minot produit des vins moins démonstratifs et plus raffinés que par le passé, laissant parler le terroir avec bien plus de naturel. Sur de très vieilles vignes telles La Richemone et La Combe d'Orveau, les cuvées de Vignes Centenaires (anciennement Ultra) expriment la quintessence du terroir. Avec une régularité de métronome, ses vins ont beaucoup gagné en finesse sur les derniers millésimes : immédiatement approchables, fédérateurs mais jamais démonstratifs, ils ont fait l'objet de tous les soins, dans un style prodigue, luxueux mais séducteur en diable, qui leur a valu la troisième étoile l'an dernier.

Les vins : les villages sont très réussis, dans un style fin et floral. Citons le vosne Champs Perdrix, qui se prolonge de fins amers, ou l'excellent chambolle Orveaux des Busssières, à la trame acidulée et épicée, qui s'affirme avec éclat en finale. Assez floral, rehaussé de saveurs de grenade, le morey La Riotte allie raffinement de texture et allonge ferme et nerveuse. Un vin épuré et sanguin, plein de panache. Éclatant, tout en vitalité, le vosne Les Beaux Monts s'organise autour d'une trame épurée, ferme et caressante. Nez luxuriant de framboise et d'agrumes dans l'exceptionnel La Combe d'Orveau, dont les tanins soyeux soutiennent avec aisance le volume aérien et raffiné. Plus capiteux, avec une note orientale dans son aromatique, La Richemone est construit autour d'une sève très nerveuse, dont l'intensité est admirable et décline un caractère très entier. Serein, rayonnant, le fruit pur et floral du charmes-chambertin déborde de fraîcheur et de délicatesse, calibré pour faire primer le fruit sur la trame tannique à l'assise large. Des tonalités épicées s'ajoutent au nez du mazoyères, un vin plus aiguisé, aux tanins plus fermes. Son élevage un rien plus présent ne diminue pas l'énergie de ses saveurs. Saturé de notes de fruits noirs, de poivre et de cuir fin, le chambertin se montre épuré et vise très haut dans une rare intensité de saveurs. Un souffle presque mentholé apporte une fraîcheur magistrale en finale. Épices douces et fraises vivifient le clos-de-bèze, dont l'envergure suave et la texture sans la moindre aspérité se livrent avec une saine énergie.

Chambertin Grand Cru 2017	850 € (c)	19,5
Chambertin-Clos de Bèze Grand Cru 2017	850 € (c)	19
Chambolle-Musigny Orveaux des Bussières 2017	130 € (c)	16,5
Chambolle-Musigny Premier Cru La Combe d'Orveau Ultra 2017	300 € (c)	18,5
Charmes-Chambertin Grand Cru 2017	350 € (c)	18,5
Mazoyères-Chambertin Grand Cru 2017	350 € (c)	18,5
Morey-Saint-Denis Premier Cru La Riotte 2017	150 € (c)	17
Nuits-Saint-Georges Premier Cru La Richemone Ultra 2017	300 € (c)	18
Vosne-Romanée Champs Perdrix 2017	130 € (c)	17
Vosne-Romanée Premier Cru Les Beaux Monts 2017	250 € (c)	17,5

Rouge : 12 hectares.
Pinot noir 100 %
Production moyenne : 45 000 bt/an

DOMAINE HENRI PERROT-MINOT ET DOMAINE CHRISTOPHE PERROT-MINOT
54, route des Grands-Crus,
21220 Morey-Saint-Denis
03 80 34 32 51 • www.perrot-minot.fr •
Vente et visites : au domaine sur rendez-vous.
Propriétaire : Christophe Perrot-Minot

★★★

DOMAINE PONSOT

Assistée d'Alexandre Abel, Marie-Rose Ponsot est désormais gérante, suite au départ de son frère Laurent Ponsot début 2017. Si le domaine perd à partir du millésime 2016 plusieurs vignes (Chambolle premier cru Charmes, Griotte-Chambertin, Chambertin et Clos Saint-Denis), il ne lui reste pas moins de six grands crus, dont le Clos de la Roche, fleuron de la gamme, et l'étonnant premier cru blanc de Morey les Monts-Luisants, exclusivement composé d'aligoté. Les choix stylistiques de la nouvelle équipe ne changent pas : on privilégie des raisins vendangés à haute maturité, des vins vinifiés en foudres, élevés longuement sans bois neuf, avec peu ou pas de soufre, et un total respect de l'identité des sols. Par cette recherche de maturité, les vins se montrent charnels, d'un grand volume, même s'ils peuvent flirter avec une pointe d'acidité volatile (compensant ainsi la maturité généreuse du raisin) et semblent parfois dans leur jeunesse standardiser un peu l'expression des terroirs. Mais ils savent retrouver au vieillissement leur pleine identité, et apportent une vision singulière à la famille des grands vins de Bourgogne.

Les vins : salin, iodé, Clos des Monts Luisants est un blanc d'une grande fraîcheur, élégant, racé et persistant. Nous avons dégusté au domaine un superbe 1988, qui illustre bien l'intérêt de laisser vieillir ce vin. Note légèrement exotique dans le digeste corton-charlemagne, ample et dense, exubérant mais sans lourdeur car l'absence de bois rend la finale fraîche et aérienne. Beaucoup de fraîcheur florale et de moelleux dans le morey-saint-denis, un vin raffiné, gourmand et sans aspérités. Nez de poivre blanc et d'épices, tanins assez fermes dans le sérieux morey premier cru, que ses saveurs crayeuses et son amplitude de chair rendent savoureux et racé. Assemblage de trois climats différents, le corton Cuvée du Bourdon se montre franc et juteux, avec des saveurs de fruits rouges et de noyau et des tanins tapissants. Davantage d'envergure et de volume dans le corton-bressandes, plus velouté et séducteur, aux saveurs de raisins plus mûrs et plus mentholés. Le fruit est un peu confit dans le Clos de Vougeot, vin ample et sphérique, encore immature, un peu massif, mais qui va se mettre en place. Chair luxuriante, assez suave et moelleuse dans le charmes-chambertin, qui évoque les fraises écrasées, dans un profil assez immédiat. Violette et petits fruits frais s'allient au nez du très raffiné chapelle-chambertin, à la chair accrocheuse d'une grande finesse tactile. Croquant, éclatant, il laisse la bouche parfumée, onctueuse et fraîche. Vin athlétique à la puissance contenue, le Clos de la Roche compense la maturité élevée de son fruit par une sève nerveuse : sa texture somptueuse, presque baroque, ne manque pas de mâche et apporte au vin de l'harmonie.

Corton-Charlemagne Grand Cru 2017	N.C.	18
Morey-Saint-Denis Premier Cru Clos des Monts Luisants 2017	N.C.	17
Chapelle-Chambertin Grand Cru 2017	N.C.	18
Charmes-Chambertin Grand Cru 2017	N.C.	17
Clos de Vougeot Grand Cru 2017	N.C.	17
Clos de la Roche Grand Cru 2017	N.C.	18,5
Corton Grand Cru Cuvée du Bourdon 2017	N.C.	17
Corton-Bressandes Grand Cru 2017	N.C.	17,5
Morey-Saint-Denis 2017	N.C.	16,5
Morey-Saint-Denis Premier Cru 2017	N.C.	17

Rouge : 7 hectares.
Pinot noir 100 %
Blanc : 1 hectare.
Aligoté 100 %
Production moyenne : 50 000 bt/an

DOMAINE PONSOT
21, rue de la Montagne,
21220 Morey-Saint-Denis
03 80 34 32 46 • www.domaine-ponsot.com
• Pas de visites.
Propriétaire : Marie-Rose Ponsot

★★★

DOMAINE DE LA ROMANÉE-CONTI

Le domaine est au cœur de ce qui fait le mythe de la Bourgogne. Peu d'étiquettes suscitent une telle admiration et une telle passion (hors de toute raison, diront certains). Bien sûr, les bouteilles sont rares et terriblement chères, mais la magie qui s'en dégage, à condition de donner aux vins le temps de prendre forme en bouteille, ne peut laisser personne indifférent. Les vignes atteignent désormais un âge moyen très élevé. Leur culture, largement inspirée par la biodynamie (mais sans jamais s'en revendiquer), permet à chaque terroir d'exprimer à travers les raisins ses particularismes avec une force insurpassable. Les vinifications sont d'une simplicité quasi biblique : le raisin est peu ou pas du tout égrappé, les températures ne sont jamais manipulées pour obtenir davantage de couleur ou des arômes plus marqués ; l'élevage s'effectue en bois neuf et le logement, en première année, dans l'admirable cave des anciens moines de Saint-Vivant, permet de gagner en fraîcheur aromatique. Dernier-né, le corton s'affirme cohérent, terrien et généreux. L'échezeaux et le grands-échezeaux jouent sur la finesse et la délicatesse des textures. La romanée-saint-vivant, issue d'une sélection impitoyable des meilleures parcelles, a considérablement progressé et atteint une sublime élégance. Le richebourg possède ampleur et puissance féline. Toujours fidèle à lui-même, la tâche donne le vin le plus complet de la Bourgogne, tandis que la romanée-conti a complètement retrouvé les secrets de son bouquet unique au monde, et la plénitude si divinement légère de son corps. Le montrachet, vendangé à moins haute maturité que par le passé, naît avec une grande intensité de saveurs, et prend, après huit à dix ans de vieillissement, un équilibre réellement sublime qui rend, en comparaison, tous les autres vins de l'appellation bien pâles.

Les vins : le domaine ne nous ayant pas fait parvenir ses vins cette année, nous sommes amenés à reconduire les notes de notre édition précédente.

Montrachet Grand Cru 2015	8 000 € (c)	20
Corton Grand Cru 2015	de 1 600 à 1 900 € (c)	18
Echezeaux Grand Cru 2015	1 600 € (c)	18
Grands-Echezeaux Grand Cru 2015	de 1 900 à 2 400 € (c)	18,5
La Tâche Grand Cru 2015	4 500 € (c)	20
Richebourg Grand Cru 2015	1 800 € (c)	19,5
Romanée Saint-Vivant Grand Cru 2015	de 1 800 à 3 000 € (c)	19
Romanée-Conti Grand Cru 2015	de 18 560 à 70 000 € (c)	20

Rouge : 24 hectares.
Pinot noir 100 %
Blanc : 0,85 hectare.
Chardonnay 100 %
Production moyenne : 80 000 bt/an

DOMAINE DE LA ROMANÉE-CONTI

1, rue Derrière-le-Four,
21700 Vosne-Romanée
03 80 62 48 80 • Pas de visites.
Propriétaire : Lalou Bize-Leroy, Aubert de Villaine et Perrine Fenal

★★★

DOMAINE GEORGES ROUMIER

Christophe Roumier s'impose au sommet de la Côte de Nuits par des vins d'un équilibre magistral. Tantôt fins, tantôt puissants, ils ne se révèlent qu'après quelques années de vieillissement. Le domaine possède un important patrimoine de vieilles vignes et quelques terroirs magnifiques en Bonnes-Mares (0,5 hectares supplémentaires en 2016), Musigny, ou sur le cru Les Amoureuses, en Chambolle-Musigny. Le Clos de la Bussière, acquis en 1953 et replanté dans les années 1980, constitue, sur les derniers millésimes, une très bonne introduction aux vins du domaine. Peu de producteurs signent des vins d'une telle grâce, quel que soit le millésime. Les 2015, inoubliables, comme les rares 2016, feront date et prouvent que le domaine n'a jamais atteint un tel niveau.

Les vins : le bourgogne rouge se montre expressif et plein de fraîcheur. Epicé et bien mûr, le chambolle se fait profond mais gourmand. Belle note végétale au nez du morey Clos de la Bussière, dense et juteux, au profil étiré et frais. Un peu strict, avec des tanins fermes, il présente une noble austérité. Pur et nerveux, avec une sève tonique, Les Combottes s'appuie sur une délicate trame crayeuse. Notes de menthe fraîche et de petits fruits rouges, grande fraîcheur et subtilité dans Les Cras, vigoureux mais moelleux, sapide et étoffé : on adore sa sève et son allonge. Seconde année de vinification pour l'échezeaux, issu d'une parcelle de 0,15 hectares dans le bas de La Combe d'Orveau. Assez vif et élancé, il s'exprime avec de la tendresse et des tanins fins. Épicé et soyeux, le ruchottes s'illustre par son raffinement sensuel et son éclat de fruit. Somptueux et nuancé, il est très persistant. Matière épicée et structurée dans le bonnes-mares, vin dense et juteux aux tanins abondants. Puissant et très intense, avec ses saveurs d'écorce et sa finale franche et vigoureuse, c'est un vin racé et majestueux. Admirable finesse, nez de violette de framboise dans le chatoyant Les Amoureuses, svelte et enlevé, plein de vitalité. De son attaque raffinée et caressante, à l'élan de sa finale tranchante, il se montre éblouissant.

Bonnes-Mares Grand Cru 2017	de 1 200 à 1 500 € (c)	18,5
Bourgogne 2017	N.C.	15
Chambolle-Musigny 2017	N.C.	16,5

- Chambolle-Musigny Les Combottes 2017 de 200 à 350 € (c) 17
- Chambolle-Musigny Premier Cru Les Amoureuses 2017 2 500 à 3 000 € (c) 19
- Chambolle-Musigny Premier Cru Les Cras 2017 de 300 à 390 € (c) 18
- Echezeaux Grand Cru 2017 N.C. 17,5
- Morey-Saint-Denis Premier Cru Clos de La Bussière 2017 de 130 à 190 € (c) 17
- Ruchottes-Chambertin Grand Cru 2017 de 400 à 450 € (c) 18

Rouge : 11,67 hectares.
Pinot noir 100 %
Blanc : 0,2 hectare.
Chardonnay 100 %
Production moyenne : 40 000 bt/an

DOMAINE GEORGES ROUMIER
Rue de Vergy, 21220 Chambolle-Musigny
03 80 62 86 37 • www.roumier.com • Vente et visites : au domaine sur rendez-vous.
Propriétaire : Christophe Roumier

★★★

DOMAINE ARMAND ROUSSEAU

Ce domaine est un des fleurons de la viticulture bourguignonne, précurseur dès les années 1920 des mises en bouteilles à la propriété. Après une période, dans les années 1980-1990, pendant laquelle le style des vins pouvait sembler léger et manquer de densité par rapport aux exigences d'extraction et de concentration qui prévalaient à l'époque, les bouteilles du domaine sont devenus aujourd'hui des objets de culte et l'incarnation d'un nouveau classicisme. Les vins ont pourtant conservé leurs fondamentaux, même si Éric Rousseau (et maintenant sa fille Cyrielle) les ont fait progresser par petites touches et ont trouvé leurs marques avec un subtil mélange d'élégance, de noblesse, de densité, mais aussi de soyeux et de notes tendrement épicées qui rendent les vins du domaine reconnaissables entre tous. La régularité de la qualité, bien servie par un patrimoine de vignes exceptionnel, compte tenu de la disparité des cuvées et des millésimes, est proprement époustouflante.

Les vins : le domaine ne nous ayant pas fait parvenir ses vins cette année, nous sommes amenés à reconduire les notes de notre édition précédente.

- Chambertin Clos de Bèze Grand Cru 2016 de 2 000 à 2 400 € (c) 19,5
- Chambertin Grand Cru 2016 de 2 200 à 3 000 € (c) 19,5
- Charmes-Chambertin Grand Cru 2016 de 340 à 370 € (c) 17
- Gevrey-Chambertin 2016 150 à 230 € (c) 16
- Gevrey-Chambertin Premier Cru Clos Saint-Jacques 2016 de 750 à 1 000 € (c) 19
- Gevrey-Chambertin Premier Cru Lavaux Saint-Jacques 2016 de 260 à 350 € (c) 17
- Gevrey-Chambertin Premier Cru Les Cazetiers 2016 390 € (c) 17
- Mazis-Chambertin Grand Cru 2016 de 630 à 700 € (c) 17,5
- Ruchottes-Chambertin Grand Cru Clos des Ruchottes Monopole 2016 650 € (c) 18,5

Rouge : 15 hectares.
Pinot noir 100 %
Production moyenne : 65 000 bt/an

DOMAINE ARMAND ROUSSEAU
1, rue de l'Aumônerie,
21220 Gevrey-Chambertin
03 80 34 30 55 •
www.domaine-rousseau.com • Pas de visites.
Propriétaire : Éric Rousseau

★★★

DOMAINE JEAN TRAPET PÈRE ET FILS

Producteur attentif et sensible, adepte convaincu de la biodynamie, Jean-Louis Trapet a positionné très haut le domaine familial. Une succession lui a fait perdre une partie de ses vignes au profit de ses cousins Rossignol, mais il dispose toujours d'un beau patrimoine avec trois grands crus et deux premiers crus. Toutes les cuvées sont également réussies, en grand comme en petit millésime, avec un respect du terroir digne d'éloges et dans un style qui fait honneur à la Bourgogne. Les vins des derniers millésimes comportent des réussites d'anthologie.

Les vins : bouche ciselée et lumineuse, infusée de petits fruits croquants dans le juteux marsannay, revigorant et expressif : voilà un régal de pinot, déjà très persistant. Délicatesse de texture, limpidité et fraîcheur de fruit dans le gevrey Ostrea, dont la trame effilée et pure s'agrémente de magnifiques accents toniques. Plus tendu, débordant d'une énergie renversante, Capita se montre un peu plus assujetti à sa prise de bois. Sans aucun artifice, les saveurs aiguisées et salivantes du chapelle-chambertin présentent une pureté de fruit idéale. Revigorant, ce très grand vin rayonne et crée l'émotion. Avec une bouche plus dense et compacte qu'à l'habitude, le latricières offre une sève formidable, vin construit sur l'étoffe d'un jus sanguin et sauvage, d'une race exceptionnelle. Le chambertin pousse tout les curseurs : il associe la pureté éclatante d'un chapelle à l'énergie irradiante d'un latricières. Harmonieux, ce vin va à l'essentiel et nous subjugue par l'expression tellurique, envoûtante, de sa singularité.

- Chambertin Grand Cru 2017 — N.C. — 20
- Chapelle-Chambertin Grand Cru 2017 — de 250 à 300 € (c) — 19,5
- Gevrey-Chambertin Ostrea 2017 — de 60 à 75 € (c) — 17
- Gevrey-Chambertin Premier Cru Capita 2017 — de 120 à 140 € (c) — 17
- Latricières-Chambertin Grand Cru 2017 — de 250 à 300 € (c) — 19
- Marsannay 2017 — de 30 à 38 € (c) — 16

Rouge : 14,5 hectares.
Pinot noir 100 %
Blanc : 1,2 hectare.
Chardonnay 100 %
Production moyenne : 65 000 bt/an

DOMAINE JEAN TRAPET PÈRE ET FILS ☾

53, route de Beaune,
21220 Gevrey-Chambertin
03 80 34 30 40 • www.trapet.fr • Vente et visites : au domaine sur rendez-vous.
Propriétaire : Famille Trapet

★★

DOMAINE ARLAUD

Le domaine Arlaud s'impose comme l'une des valeurs montantes de Morey-Saint-Denis. Bertille Arlaud, la sœur, est aux labours avec son cheval, son frère Cyprien intervient en cave comme dans les vignes. Certifié en biodynamie depuis 2014, le domaine a perçu rapidement qu'il n'y avait pas besoin d'élaborer des vins extraits pour viser l'excellence : des raisins sains et de haute qualité suffisent. Avec un travail des sols portant ses fruits, des élevages de mieux en mieux maîtrisés et des notes boisées mieux intégrées, les vins sont d'une grande pureté, fins et très élégants, incluant quatre grands crus vinifiés en vendange partiellement égrappée, et une superbe entrée de gamme avec le bourgogne Roncevie. Les élevages des derniers millésimes sont particulièrement bien intégrés.

Les vins : fruit mûr et frais, rond, floral et gourmand dans l'excellent Roncevie. Fruit frais, subtil et fin, dans le chambolle, vin précoce et sapide. Les Blanchards offre un volume crémeux et sobre, infusé de saveurs minérales, et doté d'une vigueur épicée en finale. Les Ruchots possède beaucoup d'éclat, d'allonge salivante et de vitalité : ses tanins très fins lui servent d'écrin et l'accompagneront longtemps. Grande finesse de texture, tanins soyeux, fruit pur et floral dans Aux Combottes, un vin très abouti à la finale réglissée, dont le charme est patent. Noblesse aromatique du clos-de-la-roche, dont la suavité de texture s'adosse à un boisé blond, et qui prolonge ses saveurs fraîches d'une petite mâche pulpeuse en finale. Charnu et tendre, déjà très épanoui, le charmes-chambertin surprend par son caractère avenant et ses tanins friands, avec un fruit frais et croquant qui persiste avec élégance. Notes de fraises des bois et de bois de santal dans le somptueux clos-saint-denis : sa délicatesse de tanins s'accompagne d'une trame vive et ciselée, aérienne, avec un souffle et un raffinement particuliers. Doté de notes d'épices et de myrtilles, le bonnes-mares présente un profil musclé mais athlétique et svelte, très persistant.

- Bonnes-Mares Grand Cru 2017 — 250 € (c) — 18,5
- Bourgogne Roncevie 2017 — 20 € (c) — 15,5
- Chambolle-Musigny 2017 — 55 € (c) — 16
- Clos Saint-Denis Grand Cru 2017 — 200 € (c) — 18,5
- Clos de la Roche Grand Cru 2017 — 150 € (c) — 18
- Gevrey-Chambertin Premier Cru Aux Combottes 2017 — 85 € (c) — 17,5
- Morey Saint-Denis Premier Cru Les Blanchards 2017 — 65 € (c) — 16
- Morey Saint-Denis Premier Cru Les Ruchots 2017 — 75 € (c) — 17

Le coup de ♥

- Charmes-Chambertin Grand Cru 2017 — 140 € (c) — 18

Rouge : 13,8 hectares.
Pinot noir 100 %
Blanc : 1,2 hectare.

Aligoté 80 %, Chardonnay 20 %
Production moyenne : 60 000 bt/an

DOMAINE ARLAUD ☾
41, rue d'Epernay, 21220 Morey-Saint-Denis
03 80 34 32 65 • www.domainearlaud.com •
Vente et visites : au domaine sur rendez-vous.
Propriétaire : Famille Arlaud

★★

DOMAINE BART

Il y a une cinquantaine d'années, le domaine André Bart ne possédait que six hectares de vignes. Sa surface a été notablement étendue avec l'apport par héritage d'une partie du célèbre domaine Clair-Daü. Arrivés à la propriété en 1982, les deux enfants, Martin et Odile, ont fondé un Groupement agricole d'exploitation en commun (GAEC) en 1987, pour continuer l'exploitation, avec des vins de style classique. Toujours de bonne facture, ces vins ont depuis quelques années gagné en régularité et en franchise d'expression. Les prix sont restés raisonnables et ce domaine discret est très vite dévalisé. Le niveau actuel atteint par les vins du domaine s'avère enthousiasmant, avec une franchise et une pureté d'expression enviables.

Les vins : la vitalité du fixin le rend séducteur, sans amoindrir sa carrure assez robuste. Très belle série de marsannays : savoureux Les Longeroies, friand et sapide, prêt à boire comme Les Grands Vignes, épicé et tonique. Les Echézots est plus sphérique, charnu et tendre, Au Champs Salomon plus complexe et profond, avec une assise tannique plus généreuse. Clos du Roy est le plus raffiné et élégant : matière veloutée, allonge juteuse presque sanguine, fraîcheur lancinante. Les Hervelets confirme une fois de plus la grandeur de son terroir : notes fumées et de noyau de cerises, allonge juteuse et épicée, saveurs pénétrantes. Son caractère précoce et son élevage fondu le rendent déjà irrésistible. Encore sur la réserve, le bonnes-mares regorge d'un fruit charnu, presque crémeux, mais sans lourdeur. De grande envergure, il n'atteint cependant pas les dimensions du glorieux 2016. Subtiles senteurs de fraise des bois et d'épices douces dans le magistral clos-de-bèze, dont la trame ample et caressante et la fine sève lancinante fusionnent avec bonheur.

Santenay En Bievau 2017 (blanc)	20 €	15
Bonnes-Mares Grand Cru 2017 (rouge)	130 €	18
Chambertin Clos de Bèze Grand Cru 2017 (rouge)	150 €	18,5
Fixin 2017 (rouge)	22 €	15,5
Marsannay Au Champs Salomon 2017 (rouge)	25 €	16
Marsannay Clos du Roy 2017 (rouge)	25 €	16,5
Marsannay Les Echézots 2017 (rouge)	20 €	15,5
Marsannay Les Grands Vignes 2017 (rouge)	20 €	16
Marsannay Les Longeroies 2017 (rouge)	19 €	15

Le coup de ♥

Fixin Premier Cru Les Hervelets 2017 (rouge)	35 €	17

Rouge : 18 hectares.
Pinot noir 100 %
Blanc : 3 hectares.
Chardonnay 70 %, Aligoté 30 %
Production moyenne : 85 000 bt/an

DOMAINE BART
23, rue Moreau, 21160 Marsannay-la-Côte
03 80 51 49 76 • domaine.bart@wanadoo.fr •
Vente et visites : au domaine sur rendez-vous.
Propriétaire : Famille Bart

★★

DOMAINE BRUNO CLAIR

Petit-fils de Joseph Clair, le fondateur du célèbre domaine Clair-Daü, Bruno Clair élabore, avec l'aide de Philippe Brun, des bourgognes classiques, souvent vifs et tranchants ; quelques années de garde leur sont indispensables. Ils sont immédiatement reconnaissables à leur matière épurée et leur belle persistance. Le domaine a mis en valeur les terroirs de Marsannay et ceux de Gevrey-Chambertin, dont le magnifique Clos Saint-Jacques et la pièce maîtresse du domaine : l'élégant et raffiné chambertin-clos-de-bèze. À partir de 2014, le domaine récupère 1 hectare de Bonnes-Mares dans la commune de Morey-Saint-Denis. Les blancs, plus méconnus, sont tout aussi remarquables. Le domaine est d'une régularité digne d'éloges et ne nous a jamais semblé aussi en forme.

Les vins : beaucoup de justesse et de fraîcheur dans l'expression du morey blanc, un vin droit et salin qui mérite de vieillir un peu. Un fruit nuancé et pur distingue Les Grasses Têtes, au profil sobre et digeste, comme Les Longeroies, plus fin et pulpeux. En La Rue de Vergy se fait particulièrement épuré cette année, avec des saveurs de fraises des bois et une allonge désaltérante et fraîche, ancrée dans le calcaire, ainsi que dans l'épicé Les Véroilles, au profil tendu. La Dominode allie matière étoffée et finesse de tanins, avec toute la sève des vieilles vignes. Cazetiers livre des saveurs de fraises et d'épices, complétées d'une pointe de cannelle, avec une finale ferme et sérieuse. Il s'incline devant Clos Saint-Jacques, véritable corbeille de fruits frais servie par une trame de tanins doux, dont l'envergure est magistrale. Tel un kaléidoscope de saveurs et d'arômes, le clos-de-bèze suscite l'émotion ; son déroulé soyeux et frais se concentre en finale en une fine mâche mentholée de très haute volée. Matière épicée et intense dans le bonnes-mares, dont la vibration particulière et le volume superlatif rivalisent pour l'imposer au sommet de la gamme.

- Morey-Saint-Denis En la Rue de Vergy 2017 — 43 € — 16
- Bonnes-Mares Grand Cru 2017 — 195 € — 19,5
- Chambertin-Clos de Bèze Grand Cru 2017 — 195 € — 19
- Chambolle-Musigny Les Véroilles 2017 — 47 € — 16,5
- Gevrey-Chambertin Premier Cru Cazetiers 2017 — 95 € — 17,5
- Marsannay Les Grasses Têtes 2017 — 27 € — 16
- Marsannay Les Longeroies 2017 — 28 € — 16,5
- Morey-Saint-Denis En la Rue de Vergy 2017 — 46 € — 16,5
- Savigny-lès-Beaune Premier Cru La Dominode 2017 — 47 € — 17

Le coup de ♥

- Gevrey-Chambertin Premier Cru Clos Saint-Jacques 2017 — 139 € — 18,5

Rouge : 17,6 hectares.
Pinot noir 100 %
Blanc : 4,03 hectares.
Chardonnay 100 %
Production moyenne : 126 800 bt/an

DOMAINE BRUNO CLAIR

5, rue du Vieux-Collège,
21160 Marsannay-la-Côte
03 80 52 28 95 • www.bruno-clair.com •
Vente et visites : au domaine sur rendez-vous.
Propriétaire : Famille Clair
Directeur : Bruno Clair
Maître de chai : Philippe Brun

★★

DOMAINE COMTE GEORGES DE VOGÜÉ

Implanté à Chambolle-Musigny, ce domaine est l'une des propriétés majeures de la Côte-d'Or. Il possède la plus grande parcelle du grand cru Musigny, complétée par quelques crus magnifiques comme le chambolle-musigny Les Amoureuses, le bonnes-mares, ainsi qu'un rare musigny blanc (déclassé en bourgogne blanc entre 1993 et 2015, suite à la replantation). Les vignes de musigny (rouge) de moins de 25 ans sont repliées en chambolle-musigny premier cru. Les vins de cette propriété ont toujours été cités en exemple, à la fois pour leur régularité, leur raffinement et leur longévité. Ils donnent une lecture très épurée du terroir, avec un fruit d'une grande netteté, des vins tout en délicatesse et en nuances, jamais démonstratifs. Leur beauté froide est aussi le reflet de la vision que François Millet, qui vinifie depuis 1985 au domaine, s'est forgé de ces terroirs d'exception. Nous sommes sensibles à ses choix avisés, à l'élégance innée qu'il sait imprimer à ces vins hors des modes.

Les vins : le chambolle offre une bouche droite et élégante, mûre et nerveuse, avec de la mâche et de la fraîcheur. Plus ferme, la bouche du premier cru de Chambolle se fait profonde et intense, tout en sève et puissance contenue, aux arômes de framboise confite, de rose et de pivoine. Violette, lilas et myrtille sont convoqués dans le tonique bonnes-mares, à la superbe allonge éclatante. La mâche et la tension apportées par les argiles rouges sont bien présentes dans ce grand vin calme à l'autorité naturelle. Bouche étoffée, très dense, tout en relief et structure : aucun gras dans le musigny, à la trame intense, pénétrant et très élégant : il va à l'essentiel. Le musigny blanc se distingue par un nez d'amandes et de poivre blanc, une bouche riche et mûre qui allie densité et éclat lumineux. Son caractère très énergique se fait racé et salivant.

- Musigny Grand Cru 2017 — de 1 200 à 1 500 € (c) — 18,5
- Bonnes-Mares Grand Cru 2017 — de 650 à 700 € (c) — 18,5
- Chambolle-Musigny 2017 — 180 à 240 € (c) — 16
- Chambolle-Musigny Premier Cru 2017 — de 280 à 340 € (c) — 17,5

- Musigny Grand Cru 2017 — de 750 à 900 € (c) — 19

Rouge : 11,84 hectares.
Pinot noir 100 %
Blanc : 0,66 hectare.
Chardonnay 100 %
Production moyenne : 36 000 bt/an

DOMAINE COMTE GEORGES DE VOGÜÉ
Rue Sainte-Barbe, 21220 Chambolle-Musigny
03 80 62 86 25 • Vente et visites : au domaine sur rendez-vous.
Propriétaire : Baronne B. de Ladoucette

★★

DOMAINES DAVID DUBAND - FRANÇOIS FEUILLET

Depuis 1991, date à laquelle il a repris le domaine familial, David Duband a parcouru bien du chemin. Il a débuté, comme les vignerons de sa génération, en produisant des vins denses et concentrés, souvent marqués par des notes boisées dominant le fruit. Petit à petit, il s'est éloigné de ce style pour aller vers la finesse. À partir du millésime 2008, s'amorce un virage avec l'arrivée de vinifications en raisins non égrappés. Propriétaire de très beaux terroirs en Côte de Nuits, l'homme d'affaires François Feuillet (dont les vins sont aussi sous son nom) a misé juste en confiant ses vignes à David Duband. Aujourd'hui, ses cuvées précises et gracieuses font honneur à la Bourgogne. Cette production soignée et élégante vieillit fort bien et possède de grandes qualités, mais, en comparaison avec d'autres, nous ne lui retrouvons pas le supplément d'âme qui signe les plus grands vins. Sans démériter, les entrées de gamme et premiers crus n'affichent pas toute la magie qu'on est en droit d'attendre à ce niveau. Nous retirons une étoile cette année.

Les vins : la proportion de vendange entière dans les 2017 va de 60 à 80 %. Le hautes-côtes-de-nuits se montre frais et souple, assez délié, au bon éclat de fruit, avec une finale salivante. Souple, assez tendre, le nuits est ample, confortable mais énergique, comme le vosne, soigné et sobre. Légères traces d'élevage et note de pêche de vigne au nez du gevrey, un vin policé et suave au fruit précis. Texture moelleuse et fruit un peu mat dans le morey Clos Sorbé, dont les tanins grenus forment une finale un rien collante. Joli nez fumé et épicé dans le nuits Aux Thorey, à l'envergure moelleuse, qui se donne assez facilement et reste élancé. Ses tanins fins épousent habilement le bois. Notes d'orange sanguine et de terre fraîche dans Les Pruliers, dont la bouche se présente vigoureuse et de grande envergure. Racé, avec de fines notes de cacao et d'agrumes, l'échezeaux offre une amplitude florale et moelleuse, et s'appuie sur une finale étoffée et digeste. Nez de ronces et de grenade dans le latricières, dont la matière ample, burinée et nerveuse chemine vers une finale tonique, au relief un rien grillé. Fraîcheur enfouie et mâche délicate dans le chambertin, servi par une évidente race aromatique et une allonge majestueuse, mais le vin n'a pas l'ampleur et la profondeur attendue.

- Bourgogne Hautes-Côtes de Nuits Louis Auguste 2017 — 22 € — 15
- Chambertin Grand Cru 2017 — 300 € — 18,5
- Echezeaux Grand Cru 2017 — 180 € — 17,5
- Gevrey-Chambertin 2017 — 50 € — 15,5
- Latricières-Chambertin Grand Cru 2017 — 260 € — 18
- Morey-Saint-Denis Premier Cru Clos Sorbé 2017 — 60 € — 16
- Nuits-Saint-Georges 2017 — 45 € — 15,5
- Nuits-Saint-Georges Premier Cru Aux Thorey 2017 — 60 € — 16,5
- Nuits-Saint-Georges Premier Cru Les Pruliers 2017 — 65 € — 16,5
- Vosne-Romanée 2017 — 55 € — 16

Rouge : 20 hectares.
Pinot noir 100 %
Blanc : 0,5 hectare.
Chardonnay 100 %
Production moyenne : 120 000 bt/an

DOMAINES DAVID DUBAND - FRANÇOIS FEUILLET ♣
12, rue du Lavoir, 21220 Chevannes
03 80 61 41 16 • www.domaine-duband.com • Vente et visites : au domaine sur rendez-vous.
Propriétaire : David Duband et François Feuillet

★★

DOMAINE CLAUDE DUGAT

Plébiscité par les amateurs du monde entier, Claude Dugat a fait preuve d'une humilité sans pareil tout au long de sa carrière. Aujourd'hui, ses trois enfants ont la charge du domaine : Bertrand et Laetitia se sont formés auprès de leurs parents, et Jeanne est revenue depuis peu. La nouvelle génération évolue brillamment vers des vins plus précis, avec des élevages moins présents, des tanins affinés et des vendanges plus précoces pour préserver fraîcheur et caractère digeste. Ces raisins travaillés amoureusement expriment avec une grande justesse l'identité de chacun de leurs terroirs. Et si leurs vins racontent toujours ce plaisir immédiat, lié au fruité éclatant du pinot, ils sont également taillés pour la garde et expriment à merveille toute la beauté et la force des terroirs de Gevrey-Chambertin. Les derniers millésimes sont d'exceptionnelles réussites.

Les vins : les 2017 nous ont subjugués, ils figurent certainement parmi les plus beaux vins du millésime. Croquant, joyeux et lumineux, le bourgogne ouvre la danse. Très intense, le gevrey regorge de fruit moelleux et frais aux notes de cerise et de pivoine, avec une acidité salivante et des tanins imperceptibles. Le gevrey premier cru évoque les épices et la rose poivrée, il est plus large dense, encore un rien strict, mais magnifiquement parfumé et juteux. Nuancé et athlétique, Lavaux Saint Jacques est une merveille de fruit pulpeux, dont la mâche gourmande s'offre en un déroulé soyeux et teinté de pétales de rose. Un peu plus mûr et exotique, le charmes-chambertin offre des sensations tactiles admirables, avec des tanins plus denses, capiteux et réglissés. La pureté, la transparence aromatique du chapelle-chambertin sont renversantes : c'est une beauté froide, au grain cendré et à l'élégance innée. Serein, dépourvu de toute aspérité, le griotte-chambertin évoque le noyau, la cannelle et la pulpe de fruit. Un vin aérien et rayonnant, d'une délicatesse inouïe.

Bourgogne 2017	de 40 à 55 € (c)	16
Chapelle-Chambertin Grand Cru 2017	de 850 à 950 € (c)	19,5
Charmes-Chambertin Grand Cru 2017	de 380 à 450 € (c)	18,5
Gevrey-Chambertin 2017	70 à 90 € (c)	17
Gevrey-Chambertin Premier Cru 2017	de 120 à 150 € (c)	18
Gevrey-Chambertin Premier Cru Lavaux Saint Jacques 2017	de 200 à 280 € (c)	18,5
Griotte-Chambertin Grand Cru 2017	de 500 à 600 € (c)	20

Rouge : 6 hectares.
Pinot noir 100 %
Production moyenne : 24 000 bt/an

DOMAINE CLAUDE DUGAT

1, place de la Cure, 21220 Gevrey-Chambertin
03 80 34 36 18 • Pas de visites.
Propriétaire : Claude Dugat

★★

DOMAINE BERNARD DUGAT-PY

Loïc, formé par son père Bernard Dugat-Py, a longtemps travaillé en famille mais affirme désormais son style, moins interventionniste en vinification. Les vins gardent leur puissance et leur élégance, mais ont gagné en délicatesse. Le vignoble est conduit comme un jardin, avec un rare savoir-faire, une attention aux moindres détails. Issus de vieilles vignes de sélection massale, les raisins confèrent aux vins une densité singulière. Vinifiés sans aucun artifice, avec une proportion importante de vendange entière, ils sont colorés, puissants, avec une forte empreinte du terroir, et ne se révèlent qu'après un vieillissement de plusieurs années. Le domaine est certifié en bio à partir de 2015. Nous avouons quelques interrogations quant à la signature encore appuyée de l'élevage, que nous ressentons trop sur certains vins. Très policé, le fruit se fait mat et appauvrit un peu l'expression des terroirs, et quelques petits réglages permettraient de revenir au plus haut niveau. À regret, nous retirons une étoile cette année.

Les vins : le vosne livre des saveurs fraîches mais un peu austères, renforcées par des notes de cendre froide et de réglisse. Ample, très soigné, le gevrey Cœur de Roy propose de salivantes et toniques saveurs de fruits frais. Parmi les premiers crus, Fonteny offre beaucoup de consistance et de sève, investi d'un fruit froid un peu comprimé par son élevage. Les saveurs de café au lait de l'élevage imprègnent Les Corbeaux, qui ne manque pas de vigueur mais sans doute un peu de naturel d'expression. Saveurs de réglisse et de cerise noire dans le Champeaux, un vin brillant, dont les vastes dimensions respectent un fruit intègre mais assez enrobé par le bois. Surcroît de fraîcheur dans Petite-Chapelle, un vin très juteux et réglissé qui affiche un fruit assez vif, et qui a très bien intégré son élevage. Myriade de fruits rouges et noirs dans le pétulant charmes-chambertin, qui se concentre en une matière serrée dont la sève est en relief. Expressif et pulpeux, il reste harmonieux. Plus opulent et sphérique, doté de notes de cuir frais et de moka, le mazoyères affiche un volume hors du commun et une allonge assez vibrante. Son élevage un peu ostentatoire devrait s'intégrer au vieillissement. Assez épais et appuyé sur un élevage enrobant, le mazis ne retrouve un peu d'éclat et de nerf qu'en finale : il faudra patienter pour que sa matière très dense s'attendrisse. Notes mentholées et végétal noble infusent le chambertin, qui retrouve dans son fruit plus d'éclat. Son envergure cyclopéenne fait place à une sève salivante, burinée, formidablement corsée.

- Chambertin Grand Cru 2016 — de 1 200 à 1 500 € (c) — 19
- Charmes-Chambertin Grand Cru 2017 — N.C. — 18
- Gevrey-Chambertin Coeur de Roy 2017 — de 120 à 150 € (c) — 16,5
- Gevrey-Chambertin Les Evocelles 2017 — de 175 à 200 € (c) — 16,5
- Gevrey-Chambertin Premier Cru Champeaux 2017 — de 220 à 250 € (c) — 17
- Gevrey-Chambertin Premier Cru Fonteny 2017 — N.C. — 16,5
- Gevrey-Chambertin Premier Cru Les Corbeaux 2017 — de 220 à 250 € (c) — 16,5
- Gevrey-Chambertin Premier Cru Petite-Chapelle 2017 — de 180 à 250 € (c) — 18
- Mazis-Chambertin Grand Cru 2017 — de 600 à 750 € (c) — 18
- Mazoyères-Chambertin Grand Cru 2017 — de 300 à 400 € (c) — 18
- Vosne-Romanée Vieilles Vignes 2017 — N.C. — 16

Rouge : 11,5 hectares.
Pinot noir 100 %
Blanc : 1,5 hectare.
Chardonnay 100 %
Production moyenne : 35 000 bt/an

DOMAINE BERNARD DUGAT-PY ♣
Rue de Planteligone, BP 31,
21220 Gevrey-Chambertin
03 80 51 82 46 • www.dugat-py.fr • Pas de visites.
Propriétaire : Loïc Dugat

★★

DOMAINE DUJAC

Le domaine Dujac demeure fidèle à un type de pinot noir, très marqué par la vinification en raisins entiers. Le vin obtenu n'a que rarement une couleur soutenue, mais celle-ci tient et s'approfondit même au vieillissement. Surtout, les raisins entiers exaltent la finesse aromatique unique du cépage même si, sur un vin très jeune, le tanin apparaît végétal et un rien rigide. Le très long vieillissement (trente ans ou plus) rend pleinement justice au parti pris d'élaboration, avec l'apparition de bouquets tertiaires souvent sublimes. Le domaine s'est agrandi en 2005 de parcelles prestigieuses (Malconsorts, Romanée-Saint-Vivant, Chambertin) et en 2014 de vignes à Puligny-Montrachet. Comme de nombreuses propriétés qui connaissent le succès et ne peuvent répondre aux sollicitations, il a décidé de créer une petite structure d'achat de raisin. Aux superbes vins du domaine, s'ajoute désormais la production issue d'un petit négoce baptisé Dujac Fils et Père. Jérémy, sa femme Diana et son frère Alec sont aujourd'hui solidement aux commandes.

Les vins : l'envergure fumée et finement épicée du morey est totalement convaincante. Harmonieux et profilé, il a préservé délicatesse et pureté de texture. C'est un village, mais attendez-le dix ans ! L'élégance et le moelleux distingué d'Aux Malconsorts retranscrivent l'exceptionnelle qualité du terroir. Si l'élevage est encore marqué à ce stade, nous savons combien ce dernier s'intègre au vieillissement et sait rester au service de la noblesse de la matière première. Au tout début d'une longue évolution, le grand cru livre déjà une myriade d'arômes de petits fruits épicés, d'une pénétrante intensité. Sa bouche vibrionne en un feu d'artifice de saveurs, qui s'assagira lentement et majestueusement.

- Clos de la Roche Grand Cru 2016 — 350 à 420 € (c) — 19
- Morey-Saint-Denis 2016 — 60 à 80 € (c) — 16,5
- Vosne-Romanée Premier Cru Aux Malconsorts 2016 — 280 à 360 € (c) — 18

Rouge : 14,3 hectares.
Pinot noir 100 %
Achat de raisins.
Blanc : 3,15 hectares.
Chardonnay 100 %
Achat de raisins.
Production moyenne : 70 000 bt/an

DOMAINE DUJAC ♣
7, rue de la Bussière,
21220 Morey-Saint-Denis
03 80 34 01 00 • dujac@dujac.com • Pas de visites.
Propriétaire : Famille Seysses
Directeur : Jérémy et Alec Seysses

Œnologue : Jérémy, Diana et Alec Seysses

★★ ↗

DOMAINE HENRI GOUGES

Depuis près d'un siècle, la famille Gouges défend la qualité des vins de Nuits-Saint-Georges en général, et ceux du domaine familial en particulier. En 1929, ce dernier fut parmi les tout premiers à mettre en bouteille à la propriété. Il est aujourd'hui entre les mains de Christian Gouges, secondé par Grégory et Antoine Gouges. Le patrimoine de vignes comprend six premiers crus de Nuits-Saint-Georges rouges, et un premier cru blanc, le confidentiel mais fascinant La Perrière, issu d'une mutation du pinot noir. Avec une régularité sans faille, le domaine donne naissance à des vins francs, droits et profonds, qui ont su conquérir le goût d'amateurs exigeants. Aucun artifice d'élevage ni effet de style n'est utilisé. S'il faut toujours savoir être patient pour capter toute la complexité d'un grand Saint-Georges, Les Vaucrains ou Les Pruliers, les vins ont, depuis quelques millésimes, gagné en finesse et en soyeux avec des extractions plus douces, et un fruit plus tendre et immédiat, sans renier pour autant leur vigueur ni leur capacité de garde. Ce domaine en pleine forme gagne cette année sa seconde étoile.

Les vins : premier millésime pour le hautes-côtes-de-nuits, auparavant assemblé avec le simple bourgogne : un vin friand, très frais et tonique, tout en vivacité. Fruit délicat et fin, bouche moelleuse et subtile, belle énergie et petite mâche raffinée dans le très équilibré nuits-saint-georges. Le Clos des Porrets Saint-Georges offre un nez expressif et pur, une matière veloutée, longue et élégante, qui a admirablement préservé le fruit. Plus sérieux avec ses saveurs de terre fraîche, de cuir et de noyau, Les Pruliers se montre droit et ferme, franc et précis : son énergie vibrante respecte son caractère un peu austère. Ferme et dense, Les Vaucrains s'appuie sur une trame tannique nerveuse. Sa sève froide et ses saveurs fumées en finale évoquent un peu un barolo. Plus mûr et complexe, Les Saint-Georges présente une bouche imposante, plus en retrait, avec des tanins abondants et sveltes, de l'envergure et une allonge majestueuse. Pur, floral et subtil, l'original nuits blanc La Perrière se distingue par une structure de rouge et une grande carrure en finale.

- Nuits-Saint-Georges Premier Cru La Perrière 2017 — N.C. — 16,5
- Bourgogne Hautes-Côtes de Nuits Les Dames Huguette 2017 — 32 € — 15
- Nuits-Saint-Georges 2017 — 50 € (c) — 16,5
- Nuits-Saint-Georges Premier Cru Clos des Porrets Saint-Georges 2017 — de 55 à 65 € (c) — 17
- Nuits-Saint-Georges Premier Cru Les Pruliers 2017 — de 80 à 90 € (c) — 17,5
- Nuits-Saint-Georges Premier Cru Les Saint-Georges 2017 — de 120 à 140 € (c) — 18,5
- Nuits-Saint-Georges Premier Cru Les Vaucrains 2017 — de 110 à 130 € (c) — 18

Rouge : 13,2 hectares.
Pinot noir 100 %
Blanc : 1,3 hectare.
Divers blanc 100 %
Production moyenne : 60 000 bt/an

DOMAINE HENRI GOUGES
7, rue du Moulin, 21700 Nuits-Saint-Georges
03 80 61 04 40 • www.gouges.com • Pas de visites.
Propriétaire : Famille Gouges

★★

DOMAINE JEAN GRIVOT

Ce domaine possède un superbe patrimoine de vins, dont pas moins de douze premiers crus et trois grands crus. Vigneron emblématique de Vosne-Romanée, Étienne Grivot aime les maturités fraîches et cela se sent dans la qualité de ses vins. Un style classique dans le meilleur sens du terme, épuré et vif, qui a ses adeptes mais qui, parfois, par une certaine forme d'austérité, a pu dérouter des amateurs de vins plus généreux. Depuis quelques millésimes, coïncidant avec l'arrivée de Mathilde et Hubert, les enfants d'Étienne, les vins possèdent davantage de profondeur et de richesse, et témoignent de maturité plus justes. Toutes les cuvées en ont tiré profit : elles offrent davantage de soyeux et de volume, sont désormais approchables plus jeunes, sans trahir cette fraîcheur qui signe leur succès mondial.

Les vins : nous sommes enthousiasmés par le niveau des 2017. Proche du fruit, associant tonus et douceur de texture, le nuits Aux Lavières offre une excellente précision de saveurs, une finale vigoureuse et pointue. Texture florale et notes d'agrumes dans Bossières, au profil précoce, doux et frais. Les Pruliers n'a jamais été aussi précis et expressif, porté par une trame tannique presque onctueuse, riche et fondue. Les Beaux Monts offre un magnifique nez, une bouche scintillante et pure, appuyée sur un boisé précis assez voluptueux. Les notes moelleuses et épicées se déploient dans l'intègre clos-de-vougeot, qui propose une myriade de saveurs revigorantes et nuancées. Le raffinement de l'échezeaux s'impose. Ce vin serein et pénétrant est doté d'une énergie hors du commun : sa carrure intimidante sait s'effacer devant la finesse de son fruit chatoyant et sa finale réglissée et juteuse.

- Clos de Vougeot Grand Cru 2017 — 190 à 250 € (c) — 18
- Echezeaux Grand Cru 2017 — 350 à 450 € (c) — 18,5
- Nuits-Saint-Georges Aux Lavières 2017 — 60 à 90 € (c) — 16,5
- Nuits-Saint-Georges Premier Cru Les Pruliers 2017 — 100 à 150 € (c) — 17
- Vosne-Romanée Bossières 2017 — 120 à 140 € (c) — 16

Le coup de ♥

- Vosne-Romanée Premier Cru Les Beaux Monts 2017 — 190 à 230 € (c) — 17,5

Rouge : 13,9 hectares.
Pinot noir 100 %
Blanc : 0,22 hectare.
Production moyenne : 55 000 bt/an

DOMAINE JEAN GRIVOT
6, rue de la Croix-Rameau,
21700 Vosne-Romanée
03 80 61 05 95 • www.domainegrivot.fr •
Vente et visites : au domaine sur rendez-vous.
Propriétaire : Étienne, Marielle, Mathilde et Hubert Grivot

★★

DOMAINE ROBERT GROFFIER PÈRE ET FILS

Ce domaine prisé depuis fort longtemps par les amateurs du monde entier voit la nouvelle génération lui impulser un nouveau souffle. Nicolas Groffier, né en 1984, et sa jeune sœur Julie, sont désormais aux commandes. Implanté à Morey-Saint-Denis, le domaine possède l'essentiel de ses vignes à Chambolle-Musigny, avec, entre autres, une magnifique parcelle dans Les Amoureuses. Des villages aux grands crus, les vins se révèlent fins, avec ce soyeux de texture qui symbolise à merveille le style du domaine. Comme le précise Nicolas Groffier, la recherche du domaine est axée sur « la concentration par les raisins et non en cave ». Pari réussi sur toute la gamme. À partir du millésime 2014, le domaine ne commercialise plus que la moitié du dernier millésime, et préfère désormais ressortir des vins à maturité, conscient que nombre de ses vins sont sans doute bus trop tôt et sujets à spéculation. Nous saluons ce souci louable de présenter des vins accomplis, dont d'autres domaines seraient bien avisés de s'inspirer.

Les vins : le domaine ne nous ayant pas fait parvenir ses vins cette année, nous sommes amenés à reconduire les notes de notre édition précédente.

- Bonnes-Mares Grand Cru 2016 — de 300 à 370 € (c) — 18
- Bourgogne 2016 — 32 € (c) — 15
- Bourgogne Passetoutgrain 2016 — 20 € (c) — 14
- Chambertin-Clos de Bèze Grand Cru 2016 — de 320 à 450 € (c) — 18
- Chambolle-Musigny Premier Cru Les Amoureuses 2016 — de 320 à 370 € (c) — 18
- Chambolle-Musigny Premier Cru Les Hauts Doix 2016 — 150 € (c) — 17
- Gevrey-Chambertin Les Seuvrées 2016 — de 60 à 70 € (c) — 16

Rouge : 8 hectares.
Pinot noir 100 %
Production moyenne : 35 000 bt/an

DOMAINE ROBERT GROFFIER PÈRE ET FILS
3-5, route Grands-Crus,
21220 Morey-Saint-Denis
03 80 34 31 53 • Visites : Pas de visites.
Propriétaire : Famille Groffier
Directeur : Nicolas et Julie Groffier

★★ ↗

ALAIN HUDELOT-NOËLLAT

Depuis 2008, le domaine Hudelot-Noëllat a été pris en charge par Charles Van Caneyt, petit-fils d'Alain Hudelot. Ce dernier lui a confié les clefs du domaine, alors qu'il sortait tout juste de l'école. Le domaine possède un très bel éventail de premiers crus et un trio de grands crus comprenant un richebourg, une romanée-saint-vivant et un clos-de-vougeot. Si on a toujours produit ici de bons vins de facture classique, l'arrivée de la nouvelle génération impulse une évolution plus qu'une révolution. Au programme : la remise en labour des sols, la baisse des rendements et des raisins moins triturés en cave avec l'utilisation très partielle de vendanges non égrappées. Cette multitude de petits détails apporte aux vins un supplément de finesse, de soyeux et de profondeur, du simple village jusqu'au cru le plus magnifique du domaine, la romanée-saint-vivant. Le niveau exceptionnel des derniers vins permet de décerner cette année la deuxième étoile.

Les vins : l'expression florale idéalement pure et précise des Suchots nous enchante, millésime après millésime, et 2017 ne fait pas exception avec son intensité et la fraîcheur croquante de ses fruits noirs. Persistance acidulée, infusée et hautement sensuelle dans l'inoubliable romanée-saint-vivant, dont le soyeux de texture et le cachet si particuliers rayonnent comme peu de vins dans le monde en sont capables. Le richebourg arbore un profil plus réservé. Un vin époustouflant, dont l'opulence souvent baroque se dépouille en 2017 avec une matière essentielle, lumineuse et digeste, servie par un élevage millimétré.

- Richebourg Grand Cru 2017 — 300 € 19,5
- Vosne-Romanée Premier Cru Les Suchots 2017 — 120 € 17,5

Le coup de ♥

- Romanée-Saint-Vivant Grand Cru 2017 — 300 € 19,5

Rouge : 9,8 hectares.

Pinot noir 100 %

Blanc : 0,2 hectare.

Production moyenne : 50 000 bt/an

ALAIN HUDELOT-NOËLLAT

5, ancienne RN 74,
21220 Chambolle-Musigny

03 80 62 85 17 •
www.domaine-hudelot-noellat.com/ • Pas de visites.

Propriétaire : Alain Hudelot-Noëllat

Directeur : Charles Van Caneyt

★★

DOMAINE THIBAULT LIGER-BELAIR

Devenu une référence incontournable de la Bourgogne, Thibault Liger-Belair a brillamment repris le domaine familial en 2001. Les vignes sont cultivées en bio et les rendements maîtrisés. S'il explore plusieurs pistes en terme de vinification, le vigneron alterne matière et finesse en fonction des cuvées et effectue un travail très important de sélection des bois en partenariat avec ses deux tonneliers attitrés, se limitant à un maximum de 50 % de fût neuf. Suivant les cuvées et les millésimes, la proportion de raisins entiers varie sans dogmatisme. Vigneron entier et sincère, Thibault Liger-Belair affirme un style élégant et raffiné, et ses vins ne cessent de nous enthousiasmer.

Les vins : jus nerveux, précis et limpide dans l'aligoté, encore sur la retenue. Le bourgogne est remarquable, avec une texture affinée, des saveurs intègres et une franchise de fruit idéale. Le hautes-côtes-de-nuits, assagi et croquant, se livre avec entrain. On retrouve des tonalités plus épicées dans La Charmotte, dont le fruit frais et poudré emplit la bouche avec agilité. Le chambolle nous déçoit avec son boisé un peu prégnant. Grande subtilité aromatique et matière fraîche et onctueuse dans Aux Réas, dont la finale scintillante s'accommode fort bien d'un boisé doux très judicieux. Intensité pénétrante et saveurs de fruit noir très mûr dans Les Saint-Georges, vin profilé et brillant auquel une étoffe tannique ciselée et raffinée assure un avenir radieux. Le nez du charmes-chambertin provoque le ravissement : fraise écrasée, cerise, fleurs exotiques, la délicatesse est patente et se retrouve dans une chair aérienne, ciselée et infiniment digeste. Chair pulpeuse à la texture aérienne dans l'admirable clos-de-vougeot, particulièrement racé et subtil, porté par une sève lancinante. Le richebourg associe finesse et puissance en un tour de force d'équilibre, doté de tanins structurants, qui ensorcelle par sa plénitude et sa persistance.

- Bourgogne Aligoté Clos des Perrières la Combe 2017 — 20 € (c) 15,5
- Bourgogne Hautes-Côtes de Nuits La Corvée de Villy 2017 — 25 € 16
- Bourgogne Les Grands Chaillots 2017 — 26 € (c) 15,5
- Chambolle-Musigny Les Vieilles Vignes 2017 — 80 € (c) 16

- Clos de Vougeot Grand Cru 2017 — 210 € (c) 18,5
- Nuits-Saint-Georges La Charmotte 2017 — 60 € (c) 16,5
- Nuits-Saint-Georges Premier Cru Les Saint-Georges 2017 — 130 € (c) 18
- Richebourg Grand Cru 2017 — 560 € (c) 19
- Vosne-Romanée Aux Réas 2017 — 80 € (c) 16,5

Le coup de ♥

- Charmes-Chambertin Grand Cru 2017 — 200 € (c) 19

Rouge : 14 hectares.
Gamay noir à jus blanc 50 %, Pinot noir 50 %
Blanc : Aligoté 100 %
Production moyenne : 30 000 bt/an

DOMAINE THIBAULT LIGER-BELAIR ☾
32, rue Thurot, 21700 Nuits-Saint-Georges
03 80 61 51 16 • www.thibaultligerbelair.com
• Vente et visites : au domaine sur rendez-vous.
Propriétaire : Thibault Liger-Belair

★★

DOMAINE GEORGES MUGNERET-GIBOURG

Depuis le décès en 1988 du docteur Georges Mugneret, le domaine est géré avec sérieux et passion par ses deux filles, Marie-Christine et Marie-Andrée. Le style éminemment classique et pur des vins reflète, avec une régularité exceptionnelle, des expressions saines, raffinées et particulièrement attachantes des grands terroirs de la Côte de Nuits. Le domaine produit un excellent vosne-romanée, prêt assez jeune et d'une finesse rare, ce qui permettra d'attendre les dix ans nécessaires pour apprécier les splendides échezeaux, clos-de-vougeot et autres ruchottes-chambertin. Le domaine s'est récemment agrandi de quelques vignes supplémentaires, ainsi que sa cave, pour travailler avec plus d'efficacité et de confort.

Les vins : le millésime 2017 a donné ici des vins sérieux. Chatoyant, le vosne-romanée associe épices et fruits rouges : sa densité et son intensité aromatiques sont réjouissantes. La densité de chair du premier cru se prolonge par des saveurs très intenses et persistantes, entre écorce, épices et fruits rouges : sa persistance et sa distinction sont mémorables. Encore très immature, le grand cru livre un profil infusé et pur, porté par une énergie terrienne revigorante. Parfaitement proportionné, il offre une expression classique dans le meilleur sens du terme.

- Echezeaux Grand Cru 2017 — 150 € 18
- Nuits-Saint-Georges Premier Cru Les Chaignots 2017 — 65 € 17,5
- Vosne-Romanée 2017 — 45 € 16

Rouge : 7,5 hectares.
Pinot noir 100 %
Production moyenne : 30 000 bt/an

DOMAINE GEORGES MUGNERET-GIBOURG
5, rue des Communes,
21700 Vosne-Romanée
03 80 61 01 57 • www.mugneret-gibourg.com
• Vente et visites : au domaine sur rendez-vous.
Propriétaire : Marie-Christine Teillaud et Marie-Andrée Nauleau

★★ ↗

LAURENT PONSOT

Laurent Ponsot, 64 ans, n'est pas vraiment un nouveau venu : après avoir passé trente-six ans au domaine Ponsot, il l'a quitté début 2017 mais a gardé en propriété (ou en métayage) 2 hectares (dont les grands crus Griotte-Chambertin et Clos Saint-Denis), à partir desquels il a reconstitué, en s'associant avec son fils Clément, une activité portant son nom et regroupant des vins issus du négoce comme de ses propres vignes. Laurent Ponsot s'attache à produire des vins "haute couture", sans chimie à la vigne, ni bois neuf en élevage, pour moitié en blancs issus de la Côte de Beaune et pour moitié en rouge. Trop peu distribuée en France, cette nouvelle source de grands vins bourguignons nous a ébloui, et gagne dès cette année sa deuxième étoile.

Les vins : difficile de choisir parmi les dix-sept vins dégustés. Le meursault villages est mûr et croquant, très sain, avec une grande sensation de fraîcheur. Parmi les premiers crus de Meursault, Genevrières associe épices et végétal noble. Il est dense, concentré et juteux comme Perrières, onctueux et franc. Avec son nez de fleur de vigne, le riche et caressant corton-charlemagne est un grand vin mûr, sensuel et sans gras. Magistral bâtard-montrachet, mentholé, généreux et raffiné, qui se montre tout en douceur et profondeur, débordant d'extraits secs et de persistance. Notes de lilas et texture ciselée, grand raffinement et tanins réglissés distinguent le chambolle Les Charmes, tout en éclat et justesse de définition. Direct et franc, le terrien échézeaux s'appuie sur une sève moelleuse de grande envergure, illuminé par un magnifique éclat. Nez de fraises des bois et d'églantine dans le chambertin, tout en puissance contenue, dont le souffle intense et persistant laisse la bouche parfumée. Bouche exceptionnelle, pénétrante, déploiement kaléidoscopique de saveurs dans le magistral griotte, en apesanteur, qui fait la queue de paon en finale. L'intensité aromatique du clos-saint-denis est inouïe, il déborde de sève et de saveurs de cerises. Avec son harmonie exceptionnelle, c'est un vin mémorable.

- Bâtard-Montrachet Grand Cru 2017 — N.C. — 19
- Corton-Charlemagne Grand Cru 2017 — N.C. — 18,5
- Meursault 2017 — de 50 à 80 € (c) — 16
- Meursault Premier Cru Genevrières 2017 — N.C. — 18
- Meursault Premier Cru Perrières 2017 — N.C. — 18,5
- Chambertin Grand Cru 2017 — de 250 à 350 € (c) — 19
- Chambolle-Musigny Premier Cru Les Charmes 2017 — de 150 à 200 € (c) — 18
- Clos Saint-Denis Grand Cru 2017 — de 600 à 700 € (c) — 20
- Echezeaux Grand Cru 2017 — N.C. — 18,5
- Griotte-Chambertin Grand Cru 2017 — N.C. — 19,5

Rouge : 2 hectares.
Pinot noir 100 %
Achat de raisins.

LAURENT PONSOT
10, rue des Cerisiers ZA Petite Champagne
21640 Gilly-lès-Cîteaux
03 80 41 03 27 • laurent-ponsot.webnode.fr/
• Pas de visites.
Propriétaire : Laurent Ponsot

★★

DOMAINE CHANTAL REMY

L'ancien domaine Louis Rémy, rebaptisé Chantal Rémy par le jeu des successions, a perdu une bonne partie de ses vignes. Peu interventionniste, Chantal Rémy (accompagnée depuis peu par son fils) produit depuis 1988 des vins très classiques, gracieux et charnels, qui évoluent merveilleusement bien. Le domaine possède de très vieilles vignes dans le Clos de La Roche, en Latricières-Chambertin et en Chambertin. Notons aussi le Clos des Rosiers, des vignes plantées derrière le domaine, en bas du Clos des Lambrays, qui pourrait un jour prétendre au titre de premier cru, voire de grand cru, lorsqu'elles auront atteint un âge suffisant pour produire des grands vins.

Les vins : avec son raffinement aromatique et la pureté de définition de ses saveurs, le gevrey Les Seuvrées affiche un pedigree irréprochable, à la fois ferme et délicat. La complexité du morey Clos des Ormes s'exprime par des notes d'orange sanguine et de cannelle, une superbe chair soyeuse et franche, intègre et nourrissante. Le grand cru embaume la violette et la cerise noire : quel éclat de fruit et intensité de saveurs dans sa bouche fuselée, harmonieuse et suave, dont le profil classique s'épanouira dans une dizaine d'années.

- Clos de la Roche Grand Cru 2016 — 120 € — 19
- Gevrey-Chambertin Les Seuvrées 2016 — 41 € — 17
- Morey-Saint-Denis Premier Cru Clos des Ormes 2016 — 60 € — 17

Rouge : 1,25 hectare.
Pinot noir 100 %
Production moyenne : 5 000 bt/an

DOMAINE CHANTAL REMY
1, place du Monument,
21220 Morey-Saint-Denis
03 80 34 32 59 •
www.domaine-chantal-remy.com • Vente et visites : au domaine sur rendez-vous.
Propriétaire : Chantal Remy

★★

DOMAINE CÉCILE TREMBLAY

En quelques millésimes, cette talentueuse vigneronne a su s'imposer comme l'une des figures montantes de la nouvelle génération. En 2003, Cécile Tremblay a récupéré les vignes de ses arrière-grands-parents, des parcelles à la surface très limitée mais idéalement situées, à Vosne-Romanée, Morey-Saint-Denis, Chambolle-Musigny ou encore Gevrey-Chambertin, qu'elle a converties naturellement en bio. Adepte des vinifications en raisins nonégrappés, cette vigneronne vise avant tout l'équilibre et obtient dans ses vins des textures extrêmement veloutées. Du vosne-romanée jusqu'au chapelle-chambertin, ils sont devenus des références incontournables. Le domaine a évolué vers plus de pureté et de définition des terroirs, avec des vins qui n'ont jamais été aussi précoces d'accès, détendus et fins.

Les vins : le morey est pur et délié, friand et parfumé, doté d'une grande finesse. Ciselé mais un peu plus charnu, le chambolle-musigny offre une petite mâche raffinée. Le vosne-romanée a plus de densité et de carrure. Très équilibré, élégant et floral, Les Feusselottes a beaucoup de cachet avec ses tanins précis et croquants. Les Rouges du Dessus est plus réservé, avec beaucoup de pureté et un fruit plus froid, d'une grande transparence de saveurs. Très séduisant, raffiné et floral, Les Beaumonts est encore un peu réservé. Nez époustouflant, racé, terrien et pur dans l'échezeaux, dont le supplément de chair sert une bouche très énergique, étoffée et allongée : un vin magistral et serein, harmonieux. Nez de rose et d'orange sanguine dans le chapelle-chambertin, lumineux, pur et frais, en apesanteur, qui offre délicatesse de fruit et finesse de tanins époustouflantes.

- Chambolle-Musigny Les Cabottes 2017 — de 200 à 250 € (c) — 16,5
- Chambolle-Musigny Premier Cru Les Feusselottes 2017 — de 420 à 480 € (c) — 17,5
- Chapelle-Chambertin Grand Cru 2017 — de 650 à 750 € (c) — 19
- Echezeaux Grand Cru Du Dessus 2017 — de 750 à 900 € (c) — 19
- Morey-Saint-Denis Très Girard 2017 — de 180 à 220 € (c) — 16
- Vosne-Romanée 2017 — N.C. — 16,5
- Vosne-Romanée Premier Cru Les Beaumonts 2017 — de 420 à 480 € (c) — 18
- Vosne-Romanée Premier Cru Les Rouges du Dessus 2017 — de 400 à 500 € (c) — 17,5

Rouge : 4 hectares.
Pinot noir 100 %

DOMAINE CÉCILE TREMBLAY ♣
1, rue de la Fontaine, 21700 Vosne-Romanée
03 45 83 60 08 •
www.domaine-ceciletremblay.com •
Visites : Pas de visites.
Propriétaire : Cécile Tremblay

★★

DOMAINE DE LA VOUGERAIE

Le domaine de la Vougeraie, créé en 1999 par la réunion des plus beaux terroirs de la maison Boisset, a désormais atteint un rythme de croisière de très haut niveau. Les 67 parcelles sur 34 hectares sont travaillées en biodynamie depuis 2001. Bénéficiant d'infrastructures modernes et d'une approche très respectueuse des terroirs en matière de vinification, le domaine s'impose comme un des plus prometteurs du paysage bourguignon actuel, et collectionne les succès. Pierre Vincent, qui était régisseur du domaine depuis 2006, est parti en 2017 au domaine Leflaive, mais la directrice Sylvie Poillot assure la continuité.

Les vins : avec l'arrivée de fûts de 450 litres, l'impact du bois a diminué sur les 2017. Le vougeot blanc est salin, sapide, avec un grain particulier et fin : raffiné, élancé, il est complet. Avec sa fine réduction grillée et son allonge limpide, le puligny Champ Gain est très tendu, sur son ossature, avec un caractère lumineux. Tout en pureté et vivacité de sève, le charlemagne séduit par son allonge crayeuse et son nez de chèvrefeuille. Expressif, le bâtard est doté d'une grande profondeur et d'un élevage en filigrane, il passe en finesse et regorge de fraîcheur. De plus grande envergure, le bienvenues-bâtard est brillant, avec un profil luxuriant et mûr. Le chevalier livre des notes de fleurs de vigne extrêmement élégantes. Subtilement fumée, sa chair ciselée et nuancée présente une tension onctueuse et une persistance encore brute. Moelleux et énergique, Les Evocelles présente des arômes poivrés et une finale salivante. Le charmes-chambertin offre une grande profondeur de saveurs, épicées, fumées, et de cannelle. Son intensité et sa noblesse aromatiques sont serties dans un écrin de tanins fins et savoureux. Saveurs de mûres et de ronces, matière profonde et crémeuse dans le bonnes-mares, à la dimension magistrale et réglissé en finale. Enfin, le musigny possède une fraîcheur innée et un raffinement aromatique exceptionnel, avec sa chair aérienne qui danse sur le palais, des tanins évanescents et une interminable allonge florale.

- Bienvenues-Bâtard-Montrachet Grand Cru 2017 — 244 € — 18,5
- Bâtard-Montrachet Grand Cru 2017 — 244 € — 18
- Charlemagne Grand Cru 2017 — 127 € — 17

BOURGOGNE

- Chevalier-Montrachet Grand Cru 2017 353 € 19,5
- Puligny-Montrachet Premier Cru Champ Gain 2017 78 € 17
- Vougeot Premier Cru Le Clos Blanc de Vougeot 2017 86 € 17
- Bonnes-Mares Grand Cru 2017 223 € 19
- Charmes-Chambertin Grand Cru Les Mazoyères 2017 184 € 18,5
- Gevrey-Chambertin Les Evocelles 2017 50 € 16,5
- Musigny Grand Cru 2017 500 € 19,5
- Nuits-Saint-Georges Premier Cru Les Damodes 2017 58 € 16,5

Rouge : 28,4 hectares.
Pinot noir 100 %
Blanc : 12 hectares.
Chardonnay 97 %, Pinot gris 2 %, Pinot blanc 1 %
Production moyenne : 150 000 bt/an

DOMAINE DE LA VOUGERAIE ♣
7 bis, rue de l'Église, 21700 Prémeaux-Prissey
03 80 62 48 25 • www.domainedelavougeraie.com • Pas de visites.
Propriétaire : SCA Domaine de la Vougeraie
Directeur : Sylvie Poillot
Maître de chai : Équipe de la Vougeraie

★ ↗

DOMAINE ARNOUX-LACHAUX

Charles Lachaux, 30 ans, vinifie depuis 2012 au domaine familial, qui possède un patrimoine impressionnant avec, entre autres, trois premiers crus de Vosne et pas moins de quatre grands crus. En quelques années, il a radicalement changé le style des vins qu'affectionnait son père Pascal : finis les extractions et les élevages qui graissent les vins, on recherche maintenant des cuvaisons courtes, et les fûts neufs ont drastiquement diminué. Grand admirateur des vins du domaine Leroy, le jeune vigneron s'en inspire à la vigne avec des palissages hauts, l'arrêt de l'écimage et l'emploi de la vendange entière. Il en résulte des vins infusés, riches de textures délicates issues de raisins pulpeux, d'une grande noblesse aromatique. Une première étoile est décernée cette année à ce domaine, encore appelé à progresser.

Les vins : le chambolle est subtil, délié et précoce, avec des notes d'orange sanguine et beaucoup de raffinement. Ciselé, infusé, le vosne offre un fruit lumineux et une trame plus vigoureuse, marquée par la vendange entière. Pénétrant et épicé, Les Chaumes présente des tanins finement ouvragés et une sève veloutée. Nous admirons Clos des Corvées Pagets, vin charnu et aérien dont la pureté de texture et de saveurs est remarquable, et la finale évanescente. Fougueux, vitaminé, l'échezeaux associe une touche de poivre et de fraises des bois, et enrobe son fruit dans un moelleux délicat. Un peu plus réservé, le latricières est racé, droit et élégant. Sublime Les Reignots issu d'une vigne bientôt centenaire, dont l'exquis nez de roses se prolonge d'une matière irradiante et intense, inouïe de raffinement et tout en persistance. La romanée-saint-vivant tient son rang avec un tapis moelleux de tanins et un fruit pur et nuancé, d'une intensité phénoménale.

- Chambolle-Musigny 2017 42 € 16
- Echezeaux Grand Cru 2017 160 € 18
- Latricières-Chambertin Grand Cru 2017 170 € 17,5
- Nuits-Saint-Georges Premier Cru Clos des Corvées Pagets 2017 68 € 17,5
- Romanée Saint-Vivant Grand Cru 2017 400 € 19,5
- Vosne-Romanée Les Hautes Maizières 2017 48 € 16,5
- Vosne-Romanée Premier Cru Les Chaumes 2017 75 € 17
- Vosne-Romanée Premier Cru Les Reignots 2017 200 € 19

DOMAINE ARNOUX-LACHAUX
3, RD 974, 21700 Vosne-Romanée
03 80 61 08 41 • www.arnoux-lachaux.com • Pas de visites.
Propriétaire : Famille Lachaux
Directeur : Charles Lachaux

★

DENIS BACHELET

Un peu comme au domaine Dugat-Py, Denis Bachelet possède en majorité des vignes âgées, parfois centenaires, d'où il tire des vins riches et intenses, qui possèdent une sève et une profondeur de chair peu communes. Désormais secondé par son fils, ce vigneron discret, qui passe un temps considérable dans ses vignes, vinifie et élève le plus simplement du monde et recherche avant tout la finesse, soulignée par des élevages toujours subtils. Sur à peine plus de 3 hectares, la gamme comprend un côtes-de-nuits villages, un gevrey-chambertin, un gevrey-chambertin les Evocelles, un gevrey premier cru Les Corbeaux et un charmes-chambertin. La grande majorité de la production part à l'international, et Denis Bachelet est une véritable star dans les pays anglo-saxons : il sera donc sans doute plus simple de dénicher quelques bouteilles à l'étranger qu'en France ! Élaborés sans artifices, ses vins profonds et intègres nous enthousiasment, plus immédiats depuis 2013 car vinifiés avec moins de pigeage.

Les vins : l'éclat de fruit du simple bourgogne donne le ton, ce vin égale bien des villages. Le côtes-de-nuits-villages est nerveux, doté d'une belle mâche, bâti pour vieillir un peu. Présentant une chair gourmande et des tanins soyeux, le gevrey Vieilles Vignes est déjà précoce : on pourra s'en régaler assez tôt. Plus en finesse, toujours aussi fin dans sa texture de tanins mais doté d'un profil plus sphérique, Les Evocelles exhibe tout ses atours. Avec une trame raffinée, un supplément de densité et une grande persistance, Les Corbeaux est un vin brillant, sans rusticité et très intègre. Grâce à sa superbe profondeur de chair, sa pureté de fruit et son intensité de saveurs, le charmes-chambertin ira très loin.

- Bourgogne 2017 — de 80 à 120 € (c) — 16
- Charmes-Chambertin Grand Cru 2017 — N.C. — 18,5
- Côte de Nuits-Villages 2017 — de 80 à 120 € (c) — 16,5
- Gevrey-Chambertin Les Evocelles 2017 — N.C. — 17
- Gevrey-Chambertin Premier Cru Les Corbeaux 2017 — de 150 à 220 € (c) — 17,5
- Gevrey-Chambertin Vieilles Vignes 2017 — de 100 à 110 € (c) — 16,5

DENIS BACHELET

3, rue de la Petite-Issue,
21220 Gevrey-Chambertin
03 80 51 89 09 • Pas de visites.
Propriétaire : Denis Bachelet

NOUVEAU DOMAINE

★

DOMAINE GHISLAINE BARTHOD

Ce remarquable petit domaine familial, situé entièrement à Chambolle-Musigny, accueille désormais aux côtés de ses parents Ghislaine Barthod et Louis Boillot leur fils Clément, 23 ans, qui a vinifié les 2018. On trouvera ici pas moins de onze premiers crus vinifiés individuellement et tous de caractères différents. Consistants, classiques dans le meilleur sens du terme, les vins privilégient la finesse et ont gagné en intensité de couleur. Parfois un peu fermes dans leur jeunesse, ils récompensent ceux qui savent les attendre dix à quinze ans. Ce domaine retrouve la place qui lui est due dans notre guide.

Les vins : nous n'avons dégusté que trois vins, mais le niveau est assurément très élevé. Frais, délicat, digeste, le revigorant chambolle offre de délicieuses saveurs d'orange sanguine. Aux Beaux Bruns est un vin épicé et moelleux empli d'une remarquable fraîcheur. Très séduisant, consistant et profond, il appuie sa persistance sur des tanins assez fermes. Nez de noyau de cerise et léger fumé dans Les Cras, au fruit froid, pur et vibrant et doté d'une superbe persistance.

- Chambolle-Musigny 2017 — N.C. — 16,5
- Chambolle-Musigny Les Cras 2017 — de 110 à 160 € (c) — 17,5
- Chambolle-Musigny Premier Cru Aux Beaux Bruns 2017 — de 110 à 160 € (c) — 17

Rouge : 6,5 hectares.

Pinot noir 100 %

Blanc : Aligoté 100 %

Production moyenne : 30 000 bt/an

DOMAINE GHISLAINE BARTHOD

Rue du Lavoir, 21220 Chambolle-Musigny
03 80 62 80 16 • Vente et visites : au domaine sur rendez-vous.
Propriétaire : Famille Barthod-Noëllat

★ ↗

DOMAINE BERTHAUT-GERBET

La septième génération incarnée par Amélie Berthaut-Gerbet, ingénieur agronome et œnologue, s'est installée au domaine depuis 2013, et aide son père Denis Berthaut à maintenir un bon niveau. Le domaine regroupe des vignes sur Fixin et Vosne-Romanée, avec une parcelle en Clos de Vougeot. Pendant longtemps, les vins étaient tanniques et robustes ; ils ont ensuite changé de style grâce à une maturité plus poussée des raisins et à des extractions moins fortes ; quelques petits réglages d'élevage leur permettront encore de progresser. Saluons la belle évolution de ce domaine qui trouve ses marques et se trouve cette année récompensé par une première étoile.

Les vins : joli nez épicé, volume moelleux et précis dans l'excellent fixin, qu'on pourra boire assez tôt. Les Crais offre des notes fumées et une matière plus en sève et en profondeur ; assez pulpeux, son fruit saura s'affranchir des saveurs cendrées de l'élevage. Séducteur, persistant, Les Arvelets confirme son statut de fixin d'exception, avec sa trame élancée et fraîche, sa matière délicate pourvue d'un fruit sapide et mûr. Le vosne-romanée possède une texture ouvragée mais un boisé un peu prégnant alourdit sa fin de bouche. Très savoureux, Les Petits Monts est doté d'un charme irrésistible, renforcé par le caractère précoce du millésime, qui exalte l'expression aromatique du vin : framboise, menthe poivrée, pivoine... Droit et séveux, le clos-vougeot offre beaucoup d'envergure, avec une chair aérienne et tonique soulignée par un élevage judicieux. Vibrante, la finale reste juteuse et soyeuse.

Clos de Vougeot Grand Cru 2017	120 €	17
Fixin 2017	18,50 €	15,5
Fixin Les Crais 2017	23 €	16
Fixin Premier Cru Les Arvelets 2017	40 €	16,5
Vosne-Romanée 2017	41 €	16
Vosne-Romanée Premier Cru Les Petits Monts 2017	70 €	17

Rouge : 15 hectares.
Pinot noir 100 %
Blanc : 0,5 hectare.
Chardonnay 100 %
Production moyenne : 60 000 bt/an

DOMAINE BERTHAUT-GERBET
9, rue Noisot, 21220 Fixin
03 80 52 45 48 • www.berthaut-gerbet.com
• Visites : sans rendez-vous.
Propriétaire : Amélie Berthaut-Gerbet et Denis Berthaut

★

MAISON JEAN-CLAUDE BOISSET

Jean-Claude Boisset est à la tête d'un empire en Bourgogne regroupant plus d'une trentaine de marques. Longtemps associé à la production de vins moyens, voire médiocres, il a engagé depuis 1999 un changement de cap avec la création du domaine de la Vougeraie. Une seconde étape a été franchie en 2002 avec le repositionnement sur le créneau haut de gamme de sa marque phare : Jean-Claude Boisset. Pour y parvenir, il en a confié les rênes à un vinificateur de talent formé chez Lalou Bize-Leroy, Grégory Patriat. La production a été divisée par dix, un nouvel outil de vinification ultramoderne a été construit et une politique intelligente et exigeante d'achat de raisins est désormais menée. Le résultat est spectaculaire et les vins font aujourd'hui partie de l'élite bourguignonne.

Les vins : charnu, assez profond, le saint-aubin se montre très équilibré, souligné par un boisé judicieux. Beaucoup de volume dans l'excellent santenay, aérien et revigorant par ses saveurs de fruits blancs, à la finale si salivante. Avec une fine saveur de nougat, le beaune blanc possède du relief et une chair mûre, patinée et joufflue. Soigné et subtil, le puligny Le Trezin est gorgé de fruit savoureux et frais, avec un tonus enviable. Les rouges 2017 sont majoritairement vinifiés sans soufre. Le savigny offre un nez très pur, avec un fruit épicé et délicat, et une allonge voluptueuse. Un régal ! Vigoureux, franc et complet, l'aloxe-corton voit ses tanins frais et mûrs attendrir sa structure ferme, et son allonge étirée par une proportion d'une moitié de vendange entière. Profil sapide pour le gevrey Les Murots, un vin étoffé à la finale assez nerveuse. Le vosne doit encore intégrer son élevage. Le nez du corton-renardes mélange cannelle, potpourri et cuir frais : son caractère affirmé passe par une matière de grande envergure, veloutée et caressante, qui se déploie avec grâce. Très expressif, le clos-de-la roche évoque les agrumes, avec une trame séveuse et acidulée. Encore sur la réserve, ce grand vin se montre racé et persistant.

Beaune Premier Cru Les Vignes Franches 2017 45 € 16
Puligny-Montrachet Le Trezin 2017 45 € 16
Saint-Aubin Premier Cru En Remilly 2017 30 € 16
Santenay Premier Cru Passetemps 2017 35 € 16,5
Clos de la Roche Grand Cru 2017 220 € 17,5
Corton-Renardes Grand Cru 2017 120 € 17,5
Gevrey-Chambertin Les Murots 2017 42 € 16
Savigny-lès-Beaune Premier Cru Les Peuillets 2017 30 € 16,5
Vosne-Romanée Les Jacquines 2017 55 € 16,5

Le coup de ♥

Aloxe-Corton Premier Cru Les Valozières 2017 36 € 17

Rouge : Pinot noir 100 %
Achat de raisins.
Blanc : Chardonnay 100 %
Achat de raisins.
Production moyenne : 200 000 bt/an

MAISON JEAN-CLAUDE BOISSET
Les Ursulines, 5, quai Dumorey,
21700 Nuits-Saint-Georges
03 80 62 61 61 • www.boisset.fr •
Visites : Pas de visites.
Propriétaire : Jean-Claude Boisset
Directeur : Grégory Patriat

★

DOMAINE RENÉ BOUVIER

Ce domaine familial depuis trois générations possède un rare patrimoine de vignes âgées, avec une moyenne d'âge d'environ 50 ans. Bernard Bouvier, 52 ans, a signé son premier millésime en 1986 et fait partie de cette génération de vignerons qui ont apporté du sang neuf à la Bourgogne. Après avoir, comme beaucoup d'autres, cédé aux sirènes des vins modernes et très extraits, il a corrigé le tir pour produire des cuvées plus fines. 2009 marque le passage en bio et 2010 le début de l'emploi de la vendange entière, en moyenne à 50 % sur l'ensemble des vins. Un usage plus modéré du bois neuf et des choix de maturité plus précis ont donné dernièrement des vins beaucoup plus aboutis, récompensés l'an dernier par une première étoile. La certification bio a été perdue en 2016, mais est de nouveau en cours d'agrément.

Les vins : juteux, revigorant, le marsannay blanc est très précis. Assez délicat dans sa texture, le marsannay Longeroies suit une trame salivante, ornée de petits tanins friands. Avec un supplément d'envergure et de tanins plus fermes, le Clos du Roy creuse l'écart. Nez de fraise écrasée, texture voluptueuse et tonique caractérisent l'excellent gevrey Les Jeunes Rois : un vin précoce et sensuel. Orange sanguine et épices douces imprègnent le gevrey Racines du Temps, dont la savoureuse envergure signe un vin gourmand, sincère et persistant. Raffinement aromatique dans le gevrey Les Champeaux, dont la chair croquante et acidulée se prolonge et pulse avec fraîcheur, soulignée de tanins souples. Des notes de thé fumé, d'amaretto et de cardamome viennent égayer le chambolle Les Fuées, vin baroque au fruit très mûr, mais au profil harmonieux. Le charmes-chambertin, avec son boisé cossu et sa note de clou de girofle, est assez complexe, doté d'une fine mâche réglissée. Très ferme, l'échezeaux se présente un peu massif, mais sa matière corpulente est relevée de touches épicées. Il possède de la nervosité et du peps en finale.

Marsannay Le Clos 2017 26 € 16
Chambolle-Musigny Premier Cru Les Fuées 2017 116 € 17
Charmes-Chambertin Grand Cru 2017 176 € 17
Echezeaux Grand Cru 2017 186 € 17
Fixin Crais de Chêne 2017 33 € 16
Gevrey-Chambertin Les Jeunes Rois 2017 55 € 16
Gevrey-Chambertin Premier Cru Les Champeaux 2017 116 € 16,5
Gevrey-Chambertin Racines du Temps Très Vieilles Vignes 2017 60 € 16,5
Marsannay Clos du Roy Vieilles Vignes 2017 35 € 16
Marsannay Longeroies Vieilles Vignes 2017 31 € 15,5

Rouge : 13 hectares.
Pinot noir 100 %
Achat de raisins.
Blanc : 4 hectares.
Chardonnay 100 %
Achat de raisins.
Production moyenne : 100 000 bt/an

DOMAINE RENÉ BOUVIER
Chemin de Saule, Brochon,
21220 Gevrey-Chambertin
03 80 52 21 37 • domaine@renebouvier.com
• Pas de visites.
Propriétaire : Bernard Bouvier

NOUVEAU DOMAINE

★

DOMAINE ROBERT CHEVILLON

Depuis quatre générations, la famille Chevillon cultive la vigne à Nuits-Saint-Georges. Aujourd'hui, ce sont les frères Bertrand et Denis, fils de Robert, qui entretiennent 13 hectares de vignes, à la moyenne d'âge élevée, dont 8 hectares dans certains des meilleurs premiers crus (ils en possèdent huit au total). Le travail respecte ici quelques principes simples : vendanges manuelles, tris sévères, élevages longs jusqu'à dix-huit mois, jamais plus de 30 % de fûts neufs, puis mise en bouteille par gravité. On trouvera à cette adresse des vins intègres, toujours énergiques, qui vieillissent avec grâce et comptent parmi les plus aboutis du secteur. Nous accueillons avec plaisir ce domaine dans notre guide.

Les vins : tendre, juteux et frais, le nuits-saint-georges offre une énergie déliée et une finale épicée. Nez de rose et de pivoine dans l'énergique et frais Les Chaignots, aux tanins caressants et au profil délicat mais tonique. Plus en muscle, densité et saveurs épicées, Les Bousselots reste profond et équilibré. Structuré, nerveux, Roncières livre des saveurs de fruits noirs et une trame assez concentrée. Le nez du Perrières évoque des fruits très mûrs, la bouche est sphérique, épicée et réglissée, mais la maturité du fruit est assez poussée. Notes d'épices et de roses poivrées dans Les Pruliers, dont les tanins restent fins : l'ensemble est profond, structuré et en même temps voluptueux. Les Cailles est un merveilleux vin vibrant, intense et racé, dont le caractère serein et l'allonge exceptionnelle débordent de classe. Austère, imposant, Les Vaucrains investit ses tanins fuselés de toute sa concentration et de son énergie. Sa puissance est contenue, il termine sur une note de fer. Pénétrant, élancé, Les Saint-Georges va à l'essentiel et se montre éclatant et harmonieux. Il allie la finesse des Cailles et la puissance des Vaucrains.

- Nuits-Saint-Georges 2017 de 30 à 35 € (c) 15,5
- Nuits-Saint-Georges Premier Cru Les Bousselots 2017 de 45 à 70 € (c) 16,5
- Nuits-Saint-Georges Premier Cru Les Cailles 2017 de 45 à 70 € (c) 18
- Nuits-Saint-Georges Premier Cru Les Chaignots 2017 de 45 à 70 € (c) 16,5
- Nuits-Saint-Georges Premier Cru Les Pruliers 2017 de 45 à 70 € (c) 17
- Nuits-Saint-Georges Premier Cru Les Saint-Georges 2017 de 45 à 70 € (c) 18,5
- Nuits-Saint-Georges Premier Cru Les Vaucrains 2017 de 45 à 70 € (c) 18
- Nuits-Saint-Georges Premier Cru Perrières 2017 de 45 à 70 € (c) 16
- Nuits-Saint-Georges Premier Cru Roncières 2017 de 45 à 70 € (c) 16,5

Rouge : 12,6 hectares.
Pinot noir 100 %
Blanc : 0,5 hectare.
Chardonnay 100 %

DOMAINE ROBERT CHEVILLON
68, rue Félix-Tisserand,
21700 Nuits-Saint-Georges
03 80 62 34 88 •
www.domainerobertchevillon.fr • Vente et visites : au domaine sur rendez-vous.
Propriétaire : Bertrand et Denis Chevillon

★

DOMAINE PIERRE DAMOY

Pierre Damoy est en charge de ce prestigieux domaine depuis 1992. Il exploite la plus grande surface en propriété individuelle du fameux grand cru Clos de Bèze (plus de 5 hectares, dont une partie réservée pour le négoce), ce qui lui permet de procéder à des sélections sévères pour ses mises en bouteille, et de présenter deux cuvées. Son autre point fort : une très vieille vigne sur Chapelle-Chambertin, plus souple et plus tendre que son propre chambertin. La viticulture est raisonnée depuis de nombreuses années, sans apports d'engrais. Le domaine produit des vins classiques, assez puissants qui, depuis quelques millésimes, traduisent mieux l'expression des terroirs.

Les vins : les 2017 signent une grande réussite. Un fruit fin et discret infuse le bourgogne, vin tonique et droit. Assez précoce, le fixin séduit par son volume, son fruit mûr et sobre, sa texture douce et sa finale juteuse. Une fraîcheur un peu mentholée apporte de l'éclat au gevrey Clos Tamisot, vin équilibré, savoureux, qui finit sur de jolies saveurs épicées, avec un souffle terrien. Le chapelle-chambertin est brillant et énergique, avec un profil infusé et débordant de fruits noirs, réglissé jusque dans la mâche de sa finale. Profond, buriné, le chambertin est moins sévère qu'à son habitude, mais ne se laisse approcher qu'avec parcimonie. La justesse, l'intensité de ses saveurs et son allonge majestueuse en font un vin au pedigree très racé. Grande élégance et envergure moelleuse dans le superbe clos-de-bèze, dont les saveurs intègres apportent une lecture sans fard du terroir.

- Bourgogne 2017 de 20 à 30 € (c) 15
- Chambertin Clos de Bèze Grand Cru 2017 de 370 à 390 € (c) 18,5
- Chambertin Grand Cru 2017 de 370 à 390 € (c) 18,5
- Chapelle-Chambertin Grand Cru 2017 N.C. 17,5
- Fixin Les Mogottes 2017 de 45 à 55 € (c) 16
- Gevrey-Chambertin Clos Tamisot 2017 de 105 à 115 € (c) 16,5

Rouge : 12,4 hectares.
Pinot noir 100 %
Achat de raisins.
Blanc : 0,6 hectare.
Chardonnay 100 %
Achat de raisins.
Production moyenne : 40 000 bt/an

DOMAINE PIERRE DAMOY

11, rue du Maréchal-de-Lattre-de-Tassigny,
21220 Gevrey-Chambertin
03 80 34 30 47 •
www.domaine-pierre-damoy.com •
Visites : sur rendez-vous uniquement aux professionnels.
Propriétaire : Famille Damoy
Directeur : Pierre Damoy

★

DECELLE-VILLA

Fondé en 2009 par deux grands messieurs du vin, Olivier Decelle (Mas Amiel en Roussillon et Jean Faure à Saint-Émilion), et Pierre-Jean Villa, vigneron à Chavanay en Saint-Joseph, Condrieu et Côte-Rôtie, Decelle-Villa est désormais un domaine à part entière, qui a arrêté en 2017 les achats de raisins. Basé à Nuits-Saint-Georges, il s'appuie sur des vignes en propriété sur les Côtes de Beaune et de Nuits, cultivées en bio. Le fin technicien Jean Lupatelli supplée depuis le début les associés à la cave et propose des vins d'excellent niveau.

Les vins : vif et citronné, le bourgogne blanc est de bonne facture. Bel éclat de fruit dans le blanc Les Champlains, sincère et droit. Le savigny blanc présente des amers un peu marqués, mais se montre par ailleurs assez charnu et dense. Friand, parfumé, le bourgogne rouge est très avenant. Jolie matière ouvragée et finement enrobée par le bois dans Les Champlains rouge, assez pointu et persistant. Le côtes-de-nuits La Berchère possède du fond et de la sève : assez robuste, sa finesse se révèlera au vieillissement. Le savigny Les Gollardes ne manque pas de tonus, appuyé sur une matière infusée et relevée de notes d'écorces et de thym. Matière savoureuse, nuancée et souple dans le beaune Clos du Roi, dont la finale nerveuse enrichit le vin de touches de moka et de noyau de cerise : un beau vin au caractère affirmé. Associant finesse et large assise, le beaune Les Teurons offre un excellent volume, dans un style précoce et sapide, souligné par l'apport frais et réglissé d'une moitié de vendange entière. Velouté, déjà très épanoui dans ses saveurs d'agrumes et d'épices, le nuits Aux Bousselots se présente ouvert et harmonieux, digeste et gourmand.

- Bourgogne Chardonnay 2017 18 € 14
- Bourgogne Hautes-Côtes de Beaune Les Champlains 2017 19 € 15
- Savigny-lès-Beaune 2017 30 € 14,5
- Beaune Premier Cru Clos du Roi 2017 40 € 16
- Bourgogne Hautes-Côtes de Beaune Les Champlains 2017 19 € 15
- Bourgogne Pinot Noir 2017 17 € 14
- Côte de Nuits-Villages La Berchère 2017 27 € 15
- Nuits-Saint-Georges Premier Cru Aux Bousselots 2017 65 € 17
- Savigny-lès-Beaune Les Gollardes 2017 28 € 16

Le coup de ♥

- Beaune Premier Cru Les Teurons 2017 40 € 16,5

Rouge : 5 hectares.
Pinot noir 100 %
Achat de raisins.
Blanc : 3 hectares.
Chardonnay 100 %
Achat de raisins.
Production moyenne : 50 000 bt/an

DECELLE-VILLA ♣

3, rue des Seuillets,
21700 Nuits-Saint-Georges
03 80 53 74 35 • www.decelle-villa.com •
Vente et visites : au domaine sur rendez-vous.
Propriétaire : Olivier Decelle et Pierre-Jean Villa
Directeur : Jean Lupatelli

★

DOMAINE GILLES DUROCHÉ

Vigneron à Gevrey-Chambertin, Gilles Duroché vendait beaucoup au négoce. L'arrivée en 2005 de son fils Pierre fait évoluer le domaine qui met désormais en bouteille la totalité de sa petite production. Le vignoble du domaine fait la part belle à différents villages et premiers crus de Gevrey, mais comprend aussi en grand cru Charmes, Latricières et Chambertin Clos de Bèze, ainsi qu'une microscopique vigne en Griotte-Chambertin. Le travail est des plus sérieux à la vigne (travail intégral des sols, entretien d'un patrimoine de vignes âgées, parfois centenaires, replantées avec les sélections massales du domaine) comme en cave – levures indigènes, élevages longs sans soutirage, pas de collage ni de filtration. Il en résulte des vins d'une grande finesse, avec des textures délicates, et une recherche avouée d'acidité et d'énergie. Vigneron discret, appliqué, Pierre Duroché affirme un style des plus convaincants, et progresse à chaque millésime.

Les vins : vif, éclatant, pur et frais, le gevrey Le Clos se montre très raffiné et persistant. Provenant d'un sol plus marneux, Les Jeunes Rois présente plus de carrure et de densité de chair : un vin juteux, savoureux, plein et ample. Fruits rouges, finesse et texture soyeuse distinguent le superbe Aux Etelois à la sève élancée, issu de vignes millerandées. Grande vitalité et myriade de petits tanins dans le ciselé Lavaux Saint-Jacques Vieilles Vignes, sans fard, intègre et ravissant. Le latricières-chambertin se fait serein et apaisant, infusé, droit et incisif. Son caractère est digeste, très raffiné, pénétrant. Matière moelleuse, voluptueuse, aux saveurs florales et épicées dans le clos-de-bèze, d'une grande race et noblesse d'expression.

- Chambertin Clos de Bèze Grand Cru 2017 — N.C. — 18,5
- Gevrey-Chambertin Aux Etelois 2017 — de 160 à 200 € (c) — 17
- Gevrey-Chambertin Le Clos 2017 — N.C. — 16
- Gevrey-Chambertin Les Jeunes Rois 2017 — N.C. — 16,5
- Gevrey-Chambertin Premier Cru Lavaux Saint-Jacques Vieilles Vignes 2017 — N.C. — 18
- Latricières-Chambertin Grand Cru 2017 — N.C. — 18

DOMAINE GILLES DUROCHÉ

7, place du Monument,
21220 Gevrey-Chambertin
03 80 51 82 77 • www.vins-duroche.com •
Pas de visites.
Propriétaire : Pierre et Gilles Duroché

★

DOMAINE SYLVIE ESMONIN

Depuis 1998, ce petit domaine est entièrement géré par la scrupuleuse Sylvie Esmonin, ingénieure agronome, qui l'a porté au sommet. Son savoir-faire à la vigne, son sens de la vinification combiné à l'utilisation des fameux fûts du négociant Dominique Laurent imprime à ses vins une signature bien particulière. Représentants d'un style concentré et mûr, capables de très bien vieillir, les vins ne recherchent pas en priorité la fraîcheur et présentent trop souvent un grain de tanin qui domine le fruit.

Les vins : le domaine ne nous ayant pas fait parvenir ses vins cette année, nous sommes amenés à reconduire les notes de notre édition précédente.

- Gevrey-Chambertin 2015 — 40 € (c) — 16
- Gevrey-Chambertin Premier Cru Clos Saint-Jacques 2015 — 100 € (c) — 17
- Gevrey-Chambertin Vieilles Vignes 2015 — 55 € (c) — 16,5

Rouge : 7,29 hectares.
Pinot noir 100 %
Blanc : 0,37 hectare.
Production moyenne : 25 000 bt/an

DOMAINE SYLVIE ESMONIN

Clos Saint Jacques, 1 rue Neuve,
21220 Gevrey-Chambertin
03 80 34 36 44 • sylvie-esmonin@orange.fr •
Pas de visites.
Propriétaire : Sylvie Esmonin

★

DOMAINE FAIVELEY

Aidé de son directeur technique Jérôme Flous, Erwan Faiveley a pris la suite de son père début 2005 et pratique depuis une révolution discrète dans ce vaste domaine au patrimoine de vignes exceptionnel. Bernard Hervet, ancien directeur général de la maison Bouchard, a assuré la transition et conseillé quelques acquisitions de vignes. Le style des vins a subtilement évolué : solidement bâtis autour d'une matière dense et moins austère que par le passé, ils expriment un fruit franc à l'expression désormais plus précoce. Si les boisés étaient autrefois un peu verts, ils prennent aujourd'hui des saveurs toastées. De meilleures maturités des raisins depuis quelques millésimes tendent toutefois à mieux intégrer. L'ensemble des vins, particulièrement en rouge, a beaucoup progressé. Une spectaculaire nouvelle cuverie a été utilisée pour la première fois pour la vendange 2018. Nous avons accordé l'an dernier la première étoile à ce domaine, qui a su faire progresser ses vins avec justesse et intelligence.

Les vins : avec sa carrure assez large et ses saveurs précises, le ladoix blanc est une belle réussite, dans un profil précoce. Offrant un profil effilé, le puligny s'exprime avec justesse, son élevage est bien dosé, mais il se montre un peu fluide en milieu de bouche. Le bâtard s'impose par sa fermeté de chair et son allonge vigoureuse, dynamisée par une myriade de petits amers : l'élevage passe en filigrane et souligne l'intensité des saveurs. Matière fraîche et tendre dans le mercurey Le Clos du Roy, pinot juteux à la finale encore ferme, au réjouissant éclat de fruit. Assez souple et avenant, le nuits-saint-georges met en avant un fruit floral qui enjolive sa sève terrienne. Fruit pulpeux qui évoque les fraises et note poivrée dans le nuits Aux Chaignots, prolongé d'une touche d'agrumes : assez tonique et précoce, c'est un vin soigné, assez extraverti. Un peu appuyé sur son élevage, le gevrey Vieilles Vignes se montre sec et assez revêche, contrairement à Les Cazetiers qui libère un fruit très sain, une matière pleine d'envergure et de petits amers d'écorces d'agrumes. Note de grillé et de fève de cacao au nez du mazis-chambertin, vin altier impressionnant de tension et de nerf : sa chair musclée saura le porter très loin. Adossé à un fruit moelleux et brillant, le corton confirme son statut de très grand vin : amplitude et plénitude de saveurs, tanins enfouis, élevage fondu, allonge fuselée et dynamique, ainsi qu'une note de framboise confite, le rendent exceptionnel.

Bâtard-Montrachet Grand Cru 2017	355 €	18
Ladoix 2017	30 €	15
Puligny-Montrachet Premier Cru Champ Gain 2017	85 €	15,5
Corton Grand Cru Monopole Clos des Cortons Faiveley 2017	185 €	18,5
Gevrey-Chambertin Premier Cru Les Cazetiers 2017	95 €	17
Gevrey-Chambertin Vieilles Vignes 2017	45 €	14,5
Mazis-Chambertin Grand Cru 2017	235 €	18
Mercurey Premier Cru Le Clos du Roy La Favorite 2017	50 €	15,5
Nuits-Saint-Georges 2017	45 €	15,5
Nuits-Saint-Georges Premier Cru Aux Chaignots 2017	80 €	16

Rouge : Pinot noir 100 %
Achat de raisins.
Blanc : Chardonnay 100 %
Achat de raisins.
Production moyenne : 800 000 bt/an

DOMAINE FAIVELEY
8, rue du Tribourg,
21700 Nuits-Saint-Georges
03 80 61 04 55 • www.domaine-faiveley.com
• Pas de visites.
Propriétaire : Famille Faiveley
Œnologue : Jérôme Flous

★

DOMAINE HUGUENOT PÈRE ET FILS

Héritier d'une dizaine de générations de vignerons établis à Marsannay, Jean-Louis Huguenot a produit pendant longtemps des vins techniquement irréprochables qui glanaient de nombreuses médailles dans les concours. Plus discret, son fils Philippe est un jeune vinificateur ambitieux qui a su donner davantage de personnalité aux vins, sans pour autant obérer leurs qualités fondamentales. L'ensemble de la gamme se révèle très homogène, avec des vins précis et solides qui se sont affinés depuis quelques millésimes. Le domaine a perdu en 2016 la certification bio, et se trouve donc à nouveau en conversion.

Les vins : mûrs et expressifs, les blancs sont de très bon niveau (non notés dans cette édition). Un caractère charnu et un fruit moelleux emplissent le beau côtes-de-nuits La Créole. Les marsannays sont irréprochables : Héritage accessible et juteux, La Montagne plus frais et nerveux, Champs Perdrix gourmand et séducteur, Charmes aux Prêtres plus profond en densité et carrure. Le gevrey Les Crais est enveloppé mais sans lourdeur, Vieilles Vignes s'illustre davantage en volume, avec une finale tonique et salivante. Un peu moins d'énergie dans le premier cru Les Fontenys, plus épaissi par son élevage et dont le fruit est plus mat. Concentré, plein et généreux, le charmes-chambertin présente des touches un peu chocolatées mais sa sève vigoureuse lui apporte un élan certain.

- Fixin Champ des Charmes 2017 — 22 € — 15,5
- Marsannay Collection 2017 — 21 € — 15,5
- Charmes-Chambertin Grand Cru 2017 — 78 € — 17
- Côte de Nuits-Villages La Créole 2017 — 22 € — 15,5
- Fixin Petits Crais 2017 — 25 € — 15,5
- Gevrey-Chambertin Les Crais 2017 — 31 € — 15,5
- Gevrey-Chambertin Premier Cru Les Fontenys 2017 — 52 € — 16
- Marsannay Champs-Perdrix 2017 — 26 € — 16
- Marsannay Heritage 2017 — 22 € — 15,5
- Marsannay La Charme aux Prêtres 2017 — 26 € — 16
- Marsannay Montagne 2017 — 25 € — 15,5

Le coup de ♥

- Gevrey-Chambertin Vieilles Vignes 2017 — 37 € — 16,5

Rouge : 21 hectares.
Pinot noir 100 %
Blanc : 3 hectares.
Chardonnay 100 %
Production moyenne : 120 000 bt/an

DOMAINE HUGUENOT PÈRE ET FILS ♣

7, ruelle du Carron, 21160 Marsannay-la-Côte
03 80 52 11 56 • www.domainehuguenot.com
• Vente et visites : au domaine sur rendez-vous.

Propriétaire : Philippe Huguenot
Œnologue : Pierre Millemann

★

DOMAINE LAURENT PÈRE ET FILS

Connu et reconnu pour ses vins de négoce, Dominique Laurent a démarré, depuis 2006, une nouvelle aventure avec son fils. Ils ont créé une petite structure dans laquelle ils sont producteurs et éleveurs. Jean s'occupe de la vigne, vinifie et élève les vins avec son père. La plus grande partie des vignes, idéalement implantées, qu'ils cultivent, sont louées à un ancien vigneron de Vosne-Romanée du domaine Haegelen-Jayer. Les Laurent aiment vinifier à partir de raisins non égrappés et élever leurs vins sans soufre. Le bois neuf maison est de rigueur. Dans l'ensemble, les blancs manquent souvent de fraîcheur mais les rouges sont profonds et solides : il faudra toutefois juger de l'intégration du bois neuf à mesure que les vins vieilliront, car certains ne surmonteront peut-être pas tout à fait ce régime parfois invasif. Mais les meilleurs s'inscriront sur la durée et parmi les plus beaux vins que compte la Bourgogne.

Les vins : beaucoup de densité et de fraîcheur dans le bourgogne rouge. Les parfums de vendange entière sont perceptibles au milieu des notes d'élevage dans le monthélie : le profil lardé et cendré s'estompera au profit d'un fruit enrobé. Matière dense et juteuse dans le gevrey Clos Saint-Pierre, toujours accrocheur, soigné et énergique. L'élevage assez grillé du nuits-saint-georges s'appesantit en finale, et le vin y perd (pour l'instant) en cohérence. Épices et cacao dominent le nez du pommard, dont la trame assez tonique porte agréablement le vin. Plénitude, profondeur de saveurs et vigueur de sève dans le clos-de-vougeot, dont la précision de l'élevage sait respecter le fruit. Très étoffée, sa matière a beaucoup de réserves.

- Bourgogne Cuvée MCMXXVI 2017 — 16 € — 15
- Clos de Vougeot Grand Cru Sui Generis La Plante l'Abbé 2017 — 144 € — 17
- Gevrey-Chambertin Clos Saint-Pierre 2017 — 42 € — 16
- Monthélie Sous Roche 2017 — 30 € — 15,5
- Nuits-Saint-Georges Les 2 Cerisiers 2017 — 42 € — 15

Pommard Premier Cru Les Charmots 2017 80 € 16,5

Rouge : 10 hectares.
Pinot noir 100 %
Blanc : 1 hectare.
Chardonnay 100 %
Production moyenne : 30 000 bt/an

DOMAINE LAURENT PÈRE ET FILS
3, place de l'Église 21640 Flagey-Échézeaux
03 80 61 49 94 • jrdlaurent@live.fr ou dominiquelaurent12@orange.fr • Pas de visites.
Propriétaire : Jean et Dominique Laurent
Directeur : Jean Laurent

★

DOMAINE PHILIPPE ET VINCENT LECHENEAUT

Les frères Philippe et Vincent Lecheneaut pratiquent une viticulture honnête, sans esbroufe. Ils produisent des bourgognes de type classique, sans excès de corps ni de couleur, dotés d'une belle densité de matière et surtout proposant des expressions fidèles des terroirs. L'égrappage est partiel suivant les millésimes, conservant parfois jusqu'à 50 % de vendange entière, suivi de fermentations en levures indigènes. Une proportion d'un tiers de fûts neufs est renouvelée chaque année, marquant certains vins d'un boisé de qualité, parfois un rien sec, mais qui finit toujours par s'intégrer. Ce domaine est en excellente forme sur les derniers millésimes.

Les vins : la fraîcheur de fruit du chambolle présente de l'éclat, mais il se montre un peu trop apprêté par l'élevage. Plus nerveux et proche du fruit, le nuits-saint-georges est convaincant, porté par une fine sève croquante. Fraîcheur et complexité jouent de concert dans Les Damodes, très consistant dans un profil fin et précoce. Les Pruliers présente beaucoup de caractère avec ses saveurs fumées et de cerise noire ; son volume onctueux a préservé une jolie sève vigoureuse. Fruits rouges, cassis et menthe imprègnent Les Charrières, vin assez fougueux et plus avenant qu'à l'accoutumée, avec une finale un rien stricte. Trame énergique et tanins encore vifs dans le clos-de-la-roche, où un boisé un peu vert vient comprimer la finale.

Chambolle-Musigny 2017 50 € (c) 15
Clos de la Roche Grand Cru 2017 250 € (c) 17
Morey-Saint-Denis Premier Cru Les Charrières 2017 90 € (c) 16
Nuits-Saint-Georges 2017 50 € (c) 16
Nuits-Saint-Georges Premier Cru Les Pruliers 2017 90 € (c) 16,5

Le coup de ♥
Nuits-Saint-Georges Premier Cru Les Damodes 2017 90 € (c) 16,5

Rouge : 9 hectares.
Pinot noir 100 %
Blanc : 1 hectare.
Chardonnay 100 %
Production moyenne : 50 000 bt/an

DOMAINE PHILIPPE ET VINCENT LECHENEAUT
14, rue des Seuillets,
21700 Nuits-Saint-Georges
03 80 61 05 96 • lecheneaut@wanadoo.fr • Visites : Pas de visites.
Propriétaire : Philippe et Vincent Lecheneaut
Œnologue : Pierre Milleman

NOUVEAU DOMAINE

★

DOMAINE HUBERT LIGNIER

Le domaine Hubert Lignier fait partie des domaines de référence de Morey Saint-Denis et au-delà, de Côte de Nuits. À sa retraite, Hubert Lignier avait laissé ses vignes aux mains de son fils Romain, disparu en 2004, qui n'a eu de cesse de produire des vins comptant parmi les plus réguliers et les plus aboutis de Bourgogne. À partir de 2006, c'est Laurent Lignier, le fils aîné d'Hubert, qui a repris le domaine et a récupéré en 2014 la totalité des vignes, dont une partie était louée à l'épouse de Romain. Travail en bio depuis 2011 (certification attendue en 2019), adjonction d'un peu de vendange entière, élevages particulièrement longs, jusqu'à 22 mois : Laurent est un vigneron sage qui respecte le style entier des vins du domaine, mais apporte ces dernières années plus de finesse, un éclat de fruit et une régularité sans faille à l'ensemble de la vaste gamme. Le retour du domaine dans notre guide cette année n'est que justice.

Les vins : tanins charnus, beaucoup de persistance dans le droit et ferme Les Poisets. Bel éclat de fruit dans Les Bussières, énergique, nerveux, pur et joyeux. Issu de vignes âgées, le morey Trilogie est intense, profilé et contenu, avec une grande allonge saline. La Riotte offre une bouche dynamique et profilée, au caractère tonique, véritable boule d'énergie. Les Baudes est un vin musclé et frais. Chaffots présente des touches florales d'églantine, une matière élancée, tout en élégance et concentration naturelle, avec une finale pleine de mâche. Le morey premier cru Vieilles Vignes possède la profondeur et les dimensions d'un grand cru ; il se prolonge d'amers nobles et de saveurs d'agrumes. Grande pureté et précision dans le sensuel gevrey Combottes, salivant et tendu, aux tanins ciselés et au souffle floral. Une matière juteuse et large, d'une grande vitalité, distingue le charmes-chambertin, avec de la retenue et un grand éclat de fruit. Le clos-de-la-roche affiche un profil froid et lumineux, droit et pénétrant, avec une allonge épicée et une élégance innée.

- Chambolle-Musigny Les Bussières 2017 — N.C. 16,5
- Chambolle-Musigny Premier Cru Les Baudes 2017 — N.C. 17
- Charmes-Chambertin Grand Cru 2017 — N.C. 18
- Clos de la Roche Grand Cru 2017 — N.C. 18,5
- Morey-Saint-Denis Premier Cru Chaffots 2017 — N.C. 17,5
- Morey-Saint-Denis Premier Cru La Riotte 2017 — N.C. 16,5
- Morey-Saint-Denis Premier Cru Vieilles Vignes 2017 — N.C. 17,5
- Morey-Saint-Denis Trilogie 2017 — N.C. 16,5
- Nuits-Saint-Georges Les Poisets 2017 — N.C. 16

Rouge : 8,7 hectares.
Pinot noir 97 %, Gamay noir à jus blanc 3 %
Achat de raisins.
Blanc : 0,7 hectare.
Aligoté 100 %
Achat de raisins.

DOMAINE HUBERT LIGNIER

45, Grande-Rue, 21220 Morey-Saint-Denis
03 80 51 87 40 • www.hubert-lignier.com •
Vente et visites : au domaine sur rendez-vous.
Propriétaire : Hubert et Laurent Lignier
Directeur : Laurent Lignier

★

DOMAINE LIGNIER-MICHELOT

Virgile Lignier travaille dur pour hisser son domaine parmi l'élite bourguignonne. Ses efforts lui permettent d'obtenir des vins épurés et droits, d'une grande transparence de saveurs, toujours avec un grand respect du fruit. Peu charnus, ses vins privilégient la finesse au volume de bouche, manquant parfois d'un rien d'épaisseur, mais leur caractère digeste, infusé et délicat s'avère très convaincant. La réussite des derniers millésimes est patente, avec des équilibres enthousiasmants, mais certains 2017 renouent avec des élevages plus présents.

Les vins : juteux, cendré, le bourgogne rouge reste assez ferme en finale. Ample et parsemé de saveurs d'agrumes, le chambolle s'appuie sur un boisé légèrement crémeux, dans un profil attractif mais un peu fardé en finale. En la Rue de Vergy offre un bel éclat de fruit et une matière veloutée, ample et rayonnante, dotée d'une allonge distinguée et épurée. Intensité et profondeur dans le morey Vieilles Vignes, qui passe un peu en force dans un écrin de saveurs boisées assez appuyées en finale. Les premiers crus sont bien réussis, Aux Charmes juteux, large et généreux, et Les Chenevery plus épicé et ferme. Notre préféré est Les Faconnières : ses amers nobles, son énergie enfouie et sa finale sans concession en font un vin au caractère très affirmé. Un peu austère, le clos-de-la-roche déborde de tonus, et son fruit acidulé et nerveux vient dompter la générosité de son élevage. Avec sa sève impérieuse, sa tension et son allonge, la beauté sans fard du clos-saint-denis va éclore dans une finale en queue de paon.

- Bourgogne Pinot Noir 2017 — 23 € (c) 15
- Chambolle-Musigny Vieilles Vignes 2017 — 40 € (c) 15,5
- Clos Saint-Denis Grand Cru 2017 — 200 € (c) 18,5
- Clos de la Roche Grand Cru 2017 — 180 € (c) 18
- Morey-Saint-Denis En la Rue de Vergy 2017 — 39 € (c) 16,5
- Morey-Saint-Denis Premier Cru Aux Charmes 2017 — 70 € (c) 16
- Morey-Saint-Denis Premier Cru Aux Chezeaux 2017 — 70 € (c) 16
- Morey-Saint-Denis Premier Cru Les Chenevery 2017 — 70 € (c) 16,5

Morey-Saint-Denis Vieilles Vignes 2017 — 39 € (c) 15,5

Le coup de ♥

Morey-Saint-Denis Premier Cru Les Faconnières 2017 — 70 € (c) 17

Rouge : 10 hectares.
Pinot noir 95 %, Gamay noir à jus blanc 5 %
Achat de raisins.
Blanc : 0,24 hectare.
Chardonnay 100 %
Achat de raisins.
Production moyenne : 60 000 bt/an

DOMAINE LIGNIER-MICHELOT
39, rue du Jardins, 21220 Morey-Saint-Denis
06 07 31 24 07 • virgile-lignier@wanadoo.fr •
Visites : sur rendez-vous uniquement aux professionnels.
Propriétaire : Virgile Lignier
Directeur : Laure Lignier

★

DOMAINE MÉO-CAMUZET

Désormais également vigneron en Oregon, Jean-Nicolas Méo est propriétaire de ce domaine de référence, dont les qualités sont largement reconnues par le marché mondial, et dont les collectionneurs s'arrachent la moindre bouteille. Il a su habilement pérenniser le style des vins, de grands bourgognes parfumés, policés par des élevages luxueux mais dotés d'une étoffe et d'une profondeur de texture admirables, entre classicisme et modernité. Les parfums s'épanouissent avec quelques années de bouteille et les vins gagnent en profondeur. Nous apprécions ces vins sérieux et soignés, mais les élevages un peu ostentatoires les formatent dans leur jeunesse, ternissent légèrement le fruit et les rendent moins digestes que nous le souhaiterions. Nous avons, à regret, retiré l'an dernier la deuxième étoile.

Les vins : les vins restent marqués par le caractère assez démonstratif des élevages. Le blanc se montre dynamique en attaque, savoureux et mûr, mais épaissi par le bois en finale. Fruit expressif, frais et épicé, dans le nuits-saint-georges, à la finale un peu collante. Intensité et moelleux s'allient dans le nuits Les Perrières en un vin assez flatteur, dont le boisé un peu exotique maquille légèrement le fruit. Nez d'épices et de groseilles dans Les Chaumes, très soigné et calibré, qui a gagné en volume grâce à son élevage. Joli élan et touche végétale dans le clos-vougeot, encore marqué par une fine réduction et des saveurs un peu astringentes en finale. Notes minérales, écorces et terre fraîche dans le superbe corton Clos Rognet, vin de grande envergure traversé d'une intense sève minérale, capable d'intégrer sans coup férir un élevage ici moins prégnant.

Bourgogne Hautes-Côtes de Nuits Clos Saint-Philibert 2017 — 28 € 15

Clos de Vougeot Grand Cru 2017 — 210 € 17

Nuits-Saint-Georges 2017 — 54 € 15,5

Nuits-Saint-Georges Premier Cru Les Perr !ères 2017 — 103 € 16

Vosne-Romanée Premier Cru Les Chaumes 2017 — 114 € 16

Le coup de ♥

Corton Grand Cru Clos Rognet 2017 — 210 € 18

Rouge : 14,5 hectares.
Pinot noir 100 %
Achat de raisins.
Blanc : 3,6 hectares.
Chardonnay 100 %
Achat de raisins.
Production moyenne : 70 000 bt/an

DOMAINE MÉO-CAMUZET
11, rue des Grands-Crus,
21700 Vosne-Romanée
03 80 61 55 55 • www.méo-camuzet.com •
Visites : Pas de visites.
Propriétaire : Famille Méo
Directeur : Jean-Nicolas Méo
Œnologue : Peer Reiss

★

DOMAINE PHILIPPE NADDEF

Philippe Naddef a débuté en 1983 en reprenant un vignoble de 2,5 hectares légué par son grand-père. Il a depuis fait du chemin avec des vins solides, colorés et tanniques, qui vieillissent fort bien. L'empreinte du terroir est très marquée, avec le grand cru Mazis-Chambertin, mais aussi Les Cazetiers ou Les Champeaux en premiers crus de Gevrey, où le domaine possède beaucoup de vieilles vignes. Michel, le fils de Philippe, est arrivé en 2008 et a repris les vinifications en rouge, réduisant le bois neuf et cherchant à rendre les vins plus accessibles dans leur jeunesse, avec des tanins plus fondus. Les vins n'ont pas perdu leur identité et nous encourageons ces efforts.

Les vins : précis, énergique, le bourgogne blanc s'appuie sur une trame acidulée. Le marsannay blanc possède une grande densité de matière, avec de l'extrait sec et des amers structurants. Intègre, solide, il est bâti pour la garde. Si le fixin est un peu simple, les marsannays offrent raffinement de texture et complexité aromatique : le villages se présente juteux et profond, déjà très abouti. Les Genelières est plus complexe et charnu, Champs Perdrix se montre le plus persistant. Les deux gevrey-chambertin sont encore marqués par leurs élevages, En Songe, soigné et épicé, et Vieilles Vignes, davantage en vitalité. Le premier cru Champeaux livre une superbe matière éclatante, enrobée et drapée dans un boisé judicieux, mais pas encore bien fondu.

Bourgogne Chardonnay 2017	12,60 €	14
Marsannay Vieilles Vignes 2017	19 €	15,5
Fixin 2017	22 €	15,5
Gevrey-Chambertin En Songe 2017	38 €	16
Gevrey-Chambertin Premier Cru Les Champeaux 2017	60 €	16,5
Gevrey-Chambertin Vieilles Vignes 2017	44 €	16
Marsannay 2017	19,50 €	15,5
Marsannay Champs Perdrix 2017	26 €	16,5
Marsannay Les Genelières 2017	24 €	16

Rouge : 5 hectares.
Pinot noir 100 %
Blanc : 1 hectare.
Chardonnay 100 %
Production moyenne : 30 000 bt/an

DOMAINE PHILIPPE NADDEF
30, route des Grands-Crus, 21220 Fixin
03 80 51 45 99 •
www.bourgogne-naddef.com • Vente et visites : au domaine sur rendez-vous.
Propriétaire : Philippe Naddef

★ ↗

DOMAINE SYLVAIN PATAILLE

Sylvain Pataille se révèle un des plus ardents défenseurs des terroirs de Marsannay et de Chenôve, avec le méconnu Clos du Chapitre, situé aux portes de l'agglomération dijonnaise. Engagé en bio depuis 2008, le domaine de 17 hectares perd en 2016 la certification suite à l'usage d'un traitement prohibé, choix douloureux pour sauver le peu de raisins qui subsistait. Exigeant, le vigneron travaille ses vignes au cheval, intervient le moins possible, conserve une proportion de vendange entière et s'attache à élever longuement ses vins, parfois plus de deux ans, quasiment sans soufre. Les vins affirment des personnalités sincères, attachantes et pleines de vitalité ; ils méritent d'être plus amplement découverts, notamment pour ses merveilleux aligotés (dont sept crus différents seront produits en 2018 !). Nous accordons la première étoile cette année.

Les vins : à l'exception du marsannay La Montagne, un peu diffus (et qui n'a pas été retenu), les rouges sont superbes. Beaucoup de finesse dans le Longeroies, vin infusé et délicat, Clos du Roy embaume la pivoine : sa chair ample et déliée s'appuie sur des tanins friands et une envergure salivante. Juteux, Le Chapitre se montre assez ferme, campé sur ses tanins en relief mais croquants. La fraîcheur de sève l'équilibre aisément, jusque dans les saveurs de zan de sa finale. Vingt-quatre mois d'élevage pour l'ancestrale : le résultat est un vin velouté qui possède une superbe colonne vertébrale de tanins mûrs et doux, plus abouti en 2016 avec un caractère nerveux et croquant. Vingt mois d'élevage pour Fleur de Pinot, rosé d'exception, aux notes de quinquina et de cerise anglaise. Nerveuse, fringante, la bouche offre un éclat et une profondeur de fruit inédite pour ce type de vin, qui vieillira dix ans. Floral, très salin, le marsannay blanc résonne avec une intensité singulière, encore serré, mais débordant de vitalité. Grande franchise de saveurs et profil très énergique, presque cinglant, dans le bourgogne blanc aux notes de citron vert, à la finale revigorante. Parmi les deux aligotés, La Charme aux Prêtres offre des saveurs scintillantes et digestes. Son profil sobre et digeste nous enchante, il est mûr, étincelant et généreux.

Bourgogne Aligoté La Charme aux Prêtres 2017	32 €	17
Bourgogne Aligoté Les Auvonnes au Pépé 2017	25 €	16
Bourgogne Le Chapitre 2017	35 €	16,5
Marsannay Chardonnay 2017	29 €	16,5
Marsannay Fleur de Pinot 2017	33 €	16,5
Bourgogne le Chapitre 2017	37 €	16
Marsannay Clos Du Roy 2017	37 €	16
Marsannay L'Ancestrale 2015	70 €	16,5

Marsannay L'Ancestrale 2016 — 70 € — 17
Marsannay Longeroies 2017 — 37 € — 15,5

Rouge : 12,06 hectares.
Pinot noir 90 %
Blanc : 5,42 hectares.
Aligoté 75 %, Chardonnay 25 %
Production moyenne : 100 000 bt/an

DOMAINE SYLVAIN PATAILLE ♣

14, rue Neuve, 21160 Marsannay-la-Côte
03 80 51 17 35 •
domaine.sylvain.pataille@wanadoo.fr •
Vente et visites : au domaine sur rendez-vous.
Propriétaire : Sylvain Pataille

★

DOMAINE ROSSIGNOL-TRAPET

La division en 1990 des vignes du domaine Trapet a donné naissance aux domaines Rossignol-Trapet d'un côté, et Jean Trapet de l'autre. Moins connus que leur cousin Jean-Louis Trapet, les frères Rossignol, Nicolas l'aîné et David le cadet, ont toujours accordé une grande importance à la culture de la vigne. Ils passent à la biodynamie en 1997 et reconvertissent tout le domaine en 2004. Du simple gevrey-chambertin jusqu'aux grands crus, Nicolas et David produisent des vins remarquables, plus pleins et moins ciselés que ceux de leur cousin, mais qui ont gagné en pureté et en élégance. Au sommet du domaine, un épatant chambertin et un latricières-chambertin de haute volée.

Les vins : le beaune Les Teurons est fin, ses saveurs de fraises et sa fraîcheur signent un vin naturellement élégant, cadré de tanins ouvragés mais abondants. Le gevrey Vieilles Vignes accuse des saveurs un rien lactiques et un boisé assez présent : un vin sérieux, mais encore austère. Clos Prieur livre une chair énergique, d'une belle envergure sapide, avec des tanins réglissés et croquants. Grand volume et texture caressante dans Petite Chapelle, vin de belle profondeur, encore serré par ses tanins nerveux, un rien secs en finale. Notes de poudre de riz, de bois de santal et de violette au nez du captivant chapelle-chambertin, dont la matière tendre et étoffée se prolonge avec élégance. Encore un peu diffus, le chambertin est sur la réserve. Ses tanins charnus et doux emplissent la bouche, et il se déploie avec grâce, mais nous avons le sentiment que l'élevage pourrait être plus précis, pour respecter davantage l'éclat du fruit.

Beaune Premier Cru Les Teurons 2017 — 39 € — 16,5
Chambertin Grand Cru 2017 — 175 € — 18
Chapelle-Chambertin Grand Cru 2017 — 115 € — 18
Gevrey-Chambertin Premier Cru Clos Prieur 2017 — 70 € — 17
Gevrey-Chambertin Premier Cru Petite Chapelle 2017 — 70 € — 17
Gevrey-Chambertin Vieilles Vignes 2017 — 32 € — 16

Rouge : 13 hectares.
Pinot noir 100 %
Production moyenne : 60 000 bt/an

DOMAINE ROSSIGNOL-TRAPET ☾

4, rue de la Petite-Issue,
21220 Gevrey-Chambertin
03 80 51 87 26 • www.rossignol-trapet.com •
Visites : sans rendez-vous.
Propriétaire : David et Nicolas Rossignol
Œnologue : Pierre Milleman

DOMAINE AMIOT-SERVELLE

Christian et Élisabeth Amiot ont été rejoints en 2011 par leur fille Prune, diplômée d'œnologie. Situé pour l'essentiel sur les meilleurs premiers crus de Chambolle (pas moins de sept crus différents), le domaine s'est enrichi en 2010 de vignes en Morey-Saint-Denis, Clos-Saint-Denis et Charmes-Chambertin. Orienté depuis 2003 vers une viticulture bio (et certifiée à partir de 2008), le respect de l'environnement a permis aux vins de gagner en précision et en profondeur, avec une proportion de vendange entière. Les vins sont désormais très consistants, réguliers, et expriment avec justesse et sensibilité leurs terroirs respectifs, même si quelques petits réglages dans les élevages peuvent améliorer quelques équilibres. La première étoile se rapproche !

Les vins : si le morey offre un fruit vif, juteux et énergique, le chambolle est plus tendu et austère. Parmi les premiers crus, Les Fuées allie finesse et fraîcheur, Les Charmes a davantage de moelleux et d'envergure, et Les Borniques (isolé pour la première fois) est plus complexe, élégant et onctueux. Très raffiné, Derrière la Grange est sensuel et délicat. Les Amoureuses, vigoureux et harmonieux, possède un charme spécial. Épicé et frais, le charmes-chambertin s'appuie sur une trame dense, avec un boisé un peu appuyé en finale. Le clos saint-denis se fait ciselé, élancé, avec une grande fraîcheur florale.

- Chambolle-Musigny 2017 60 à 75 € (c) 15
- Chambolle-Musigny Premier Cru Derrière la Grange 2017 160 à 190 € (c) 17,5
- Chambolle-Musigny Premier Cru Les Amoureuses 2017 de 270 à 330 € (c) 18
- Chambolle-Musigny Premier Cru Les Borniques 2017 N.C. 17
- Chambolle-Musigny Premier Cru Les Charmes 2017 de 90 à 140 € (c) 16,5
- Chambolle-Musigny Premier Cru Les Fuées 2017 de 80 à 110 € (c) 16,5
- Charmes-Chambertin Grand Cru 2017 de 150 à 180 € (c) 17
- Clos Saint-Denis Grand Cru 2017 N.C. 17,5
- Morey-Saint-Denis 2017 60 à 75 € (c) 15,5

Rouge : 6 hectares.
Pinot noir 100 %
Blanc : Chardonnay 100 %
Production moyenne : 30 000 bt/an

DOMAINE AMIOT-SERVELLE ♣

34, rue Caroline-Aigle,
21220 Chambolle-Musigny
03 80 62 80 39 • www.amiot-servelle.com •
Vente et visites : au domaine sur rendez-vous.
Propriétaire : Christian et Elisabeth Amiot

NOUVEAU DOMAINE

DOMAINE JÉRÔME GALEYRAND

Originaire de la Loire, formé chez Alain Burguet et Vincent Geantet, Jérôme Galeyrand s'est installé en 2001 et exploite un peu plus de cinq hectares, entre achats de vignes et locations. Le travail à la vigne est le plus respectueux possible, bio sans certification depuis 2010, utilisant uniquement du cuivre, du soufre et des tisanes. Les vins sont précis, recherchent la finesse du fruit et l'expression sans fard des terroirs. Nous accueillons avec plaisir ce vigneron dans notre guide.

Les vins : matière énergique et franche dans Orane, un blanc effilé et tranchant. Le côtes-de-nuits-villages blanc est soigné et ample : son équilibre et son allonge citronnée séduisent. Joli nez de fraises dans le très fin côtes-de-nuits-villages Vieilles Vignes, un vin assez réjouissant dans l'énergie de ses saveurs. Le marsannay présente une trame svelte et s'appuie sur un boisé un peu épais pour gagner en volume, mais il possède de l' allonge. Le fixin franc et intense se déploie avec grâce. Si le gevrey En Croisette est un peu dominé par son élevage, La Justice est tonique et frais, très séducteur, et En Billard profond, tonique et épicé. Nous sommes sous le charme du raffinement aromatique de la cuvée Les Retraits, issue d'une sélection de pinot fin dont le nez subjugue par sa délicatesse. Juteux et sapide, ce vin racé est marquant.

- Bourgogne Chardonnay Orane 2017 18 € 15
- Côte de Nuits-Villages Vignois 2017 25 € 15,5
- Côte de Nuits-Villages Les Retraits 2017 53 € 16,5
- Côte de Nuits-Villages Vieilles Vignes 2017 27 € 15,5
- Fixin Le Champs des Charmes 2017 35 € 16
- Gevrey-Chambertin En Billard 2017 53 € 15,5
- Gevrey-Chambertin En Croisette 2017 53 € 14,5
- Marsannay La Combe du Pré 2017 27 € 15,5

Le coup de ♥

- Gevrey-Chambertin La Justice 2017 53 € 16

Rouge : 4,3 hectares.
Pinot noir 100 %
Blanc : 1,2 hectare.
Chardonnay 100 %
Production moyenne : 25 000 bt/an

DOMAINE JÉRÔME GALEYRAND

Saint-Philbert, 21220 Gevrey-Chambertin
03 80 34 39 69 • www.jerome-galeyrand.fr •
Vente et visites : au domaine sur rendez-vous.
Propriétaire : Jérôme Galeyrand

DOMAINE CHANTAL LESCURE

L'efficace François Chavériat est depuis 1996 à la tête de ce beau domaine situé à Nuits-Saint-Georges, qui appartient à Aymeric et Thibault Machard de Gramont, et dont les vignes sont réparties entre Côte de Nuits et Côte de Beaune.

Grâce à un travail énergique à la vigne, désormais conduite en bio depuis plus de quinze ans, il produit sans aucune concession des vins solides et expressifs qui ont gagné en finesse ces dernières années et méritent plusieurs années de garde. Cette patience est payante car les vins évoluent bien en bouteille.

Les vins : petite déception sur les 2017 avec une gamme assez disparate. Le bourgogne rouge regorge de sève et d'éclat réglissé du fruit. Frais et épicé, le volnay est convaincant, velouté et sincère. En Pommard, l'expressif Les Vaumuriens s'illustre par sa justesse de définition, mais Les Vignots est campé sur une finale extraite et appuyée. Les Bertins n'est pas exempt de fraîcheur mais doté d'une masse tannique réglissée assez imposante. Magnifique fruit dans le beaune Les Chouacheux, au profil épanoui et assez tendre, à l'irréprochable qualité de fruit. Le nuits Les Damodes fait preuve de finesse, mais des tanins un peu collants viennent l'alourdir en finale. Très mûr, Les Vallerots flirte avec des saveurs confites. Le vosne Les Suchots présente un peu d'acidité volatile et beaucoup de concentration : il mériterait une interprétation un peu plus nuancée. Belle matière première, mûre et intègre, dans le clos-vougeot, mais celle-ci n'est pas pleinement mise en valeur : extraction poussée et tanins secs compriment le vin.

- Beaune Premier Cru Les Chouacheux 2017 — 50 € (c) 16,5
- Bourgogne Les Verduns 2017 — 26 € (c) 14,5
- Clos de Vougeot Grand Cru 2017 — 190 € (c) 16
- Nuits Saint-Georges Premier Cru les Vallerots 2017 — 69 € (c) 16
- Nuits-Saint-Georges Les Damodes 2017 — 60 € (c) 15
- Pommard Les Vaumuriens 2017 — 48 € (c) 16
- Pommard Les Vignots 2017 — 48 € (c) 14,5
- Pommard Premier Cru Les Bertins 2017 — 65 € (c) 16
- Volnay 2017 — 42 € (c) 15,5
- Vosne-Romanée Premier Cru Les Suchots 2017 — 140 € (c) 16

Rouge : 15,4 hectares.
Pinot noir 100 %
Blanc : 2,6 hectares.
Chardonnay 95 %, Pinot gris 5 %
Production moyenne : 80 000 bt/an

DOMAINE CHANTAL LESCURE ♣
34, rue Thurot, 21700 Nuits-Saint-Georges
03 80 61 16 79 • www.domaine-lescure.com
• Vente et visites : au domaine sur rendez-vous.
Propriétaire : Aymeric et Thibault Machard de Gramont
Directeur : François Chavériat

DOMAINE BERTRAND ET AXELLE MACHARD DE GRAMONT

À la suite d'une séparation avec ses frères, Bertrand Machard de Gramont a créé son domaine en 1983. Il a replanté les spectaculaires terrasses des Vallerots, un coteau très raide en terrasses sur les hauteurs de Nuits-Saint-Georges. C'est sur cette appellation que se trouve la majorité des vignes de ce petit domaine. Après une autre vie, la fille de Bertrand, Axelle, est revenue au domaine en 2004. Elle y a initié la transition bio (certifiée en 2014) et un travail en douceur, tel que le foulage au pied en cuves tronconiques en bois après égrappage. Les choix de cette jeune femme énergique s'avèrent payants et les vins livrent des expressions denses et sans fard de leurs terroirs respectifs, encore un peu trop marqués par la macération à froid. Les élevages s'affinent, mais le domaine a une marge de progression certaine.

Les vins : assez réservé, un peu comprimé par l'élevage, le nuits Aux Allots présente un fruit frais et aiguisé ainsi qu'une jolie vitalité, mais accuse des traces d'amers végétaux en finale. Belle finesse des Vallerots, dont le fruit finement acidulé et expressif roule sur la langue avec grâce. Profil assez strict et serré pour Les Terrasses des Vallerots, dont la trame longiligne peine un peu à intégrer l'élevage et les saveurs de cendre froide. Matière énergique et épicée dans Les Hauts Pruliers, un vin consistant et retenu qui bénéficie d'une maturité de fruit assez poussée. Nous apprécions son envergure, mais son fruit est un peu stéréotypé. Assez délicat et nuancé, le vosne s'appuie sur un volume velouté et des tanins un peu secs. Le vosne Les Barreaux exprime une dimension florale et des notes de framboise. Subtil, il déploie une sève épicée, sans se départir de sa fraîcheur.

- Nuits-Saint-Georges Aux Allots 2017 — 29 € 15,5
- Nuits-Saint-Georges Les Hauts Pruliers 2017 — 42 € 15,5

- Nuits-Saint-Georges Les Terrasses des Vallerots 2017 — 31 € 15,5
- Nuits-Saint-Georges Les Vallerots 2017 — 27 € 15,5
- Vosne-Romanée 2017 — 42 € 15
- Vosne-Romanée Les Barreaux 2017 — 50 € 16

Rouge : 5,4 hectares.
Pinot noir 100 %
Blanc : 0,6 hectare.
Aligoté 100 %
Production moyenne : 20 000 bt/an

DOMAINE BERTRAND ET AXELLE MACHARD DE GRAMONT ♣

13, rue de Vergy, 21700 Nuits-Saint-Georges
03 80 61 16 96 •
www.bertrand-machardgramont.com •
Vente et visites : au domaine sur rendez-vous.
Propriétaire : Bertrand Machard de Gramont
Directeur : Axelle Machard de Gramont

MAISON FRÉDERIC MAGNIEN– DOMAINE MICHEL MAGNIEN

Frédéric Magnien a longtemps fait partie de ces vignerons dit "modernistes" qui vinifiaient des pinot sombres dans lesquels le terroir s'exprimait souvent plus par la puissance que par la finesse. Pendant de nombreuses années, il a produit des vins très colorés, parfois concentrés à la limite de la surextraction, avec des boisés dominateurs. Désormais converti à la biodynamie, le domaine vient d'opérer un tournant stylistique majeur avec à partir de 2015 des élevages partiels en jarres de terre cuite, qui affinent les expressions des vins et en respectent mieux le fruit. Nous notons les progrès accomplis et intégrons sous la même entrée dans ce guide les vins que Frédéric Magnien vinifie au domaine de son père, Michel Magnien.

Les vins : parmi une gamme très vaste, retenons nos préférés, en commençant par le fin morey Les Chaffots, dont la sève calcaire apporte fraîcheur et dynamisme en finale. Matière intègre et saveurs intenses caractérisent le morey Les Ruchots, vite prêt à boire avec son fruit vif et floral. Belle matière ouvragée et bien mûre dans le gevrey Les Goulots, un vin aux notes d'agrumes et de poivre qui se déploie voluptueusement, jusque dans une finale un peu lardée et fumée. Une pointe de volatile se met au service du nuits Les Damodes, vin juteux et franc à la chair suave. Parfumé et moelleux, le gevrey Petite Chapelle se montre fringant, assez profond et élégant. Joli nez de petits fruits rouges et de ronces dans le charmes-chambertin Aux Charmes, vin juteux et caressant qui conjugue finesse et fraîcheur. Entre bois de santal, cannelle et fleurs séchées, le clos saint-denis est nerveux mais pèche par une extraction trop appuyée. Grande fraîcheur et dimension florale distinguent le nez du clos-de-bèze, un vin délicat et raffiné d'une grande persistance tactile.

- Chambertin-Clos de Bèze Grand Cru 2017 — 300 € 17,5
- Charmes-Chambertin Grand Cru Aux Charmes 2017 — 230 € 17
- Clos Saint-Denis Grand Cru 2017 — 250 € 16,5
- Gevrey-Chambertin Premier Cru Les Goulots 2017 — 150 € 16,5
- Gevrey-Chambertin Premier Cru Petite Chapelle 2017 — 100 € 16,5
- Morey-Saint-Denis Premier Cru Les Chaffots 2017 — 75 € 16,5
- Morey-Saint-Denis Premier Cru Les Ruchots 2017 — 75 € 16
- Nuits-Saint-Georges Premier Cru Les Damodes 2017 — 80 € 16,5

Rouge : Pinot noir 100 %

Achat de raisins.

Blanc : Chardonnay 100 %

Achat de raisins.

Production moyenne : 250 000 bt/an

MAISON FRÉDERIC MAGNIEN – DOMAINE MICHEL MAGNIEN ♣

26, route Nationale,
21220 Morey-Saint-Denis

03 80 58 54 20 •
www.domaine-magnien.com • Vente et visites : au domaine sur rendez-vous.

Propriétaire : Frédéric Magnien

DOMAINE ALAIN MICHELOT

Élodie Michelot, fille d'Alain, a désormais en charge la production des vins de ce domaine qui possède plusieurs premiers crus de Nuits-Saint-Georges, et exploite depuis 2010 une parcelle de Clos Vougeot. Elle a rejoint le domaine familial en 1996, suivie par son mari en 1998, et a su faire progresser les vins en finesse et élégance, sans pour autant perdre en puissance. Les élevages semblent mieux intégrés dans les 2016 : les vins apparaissent moins secs que les années précédentes.

Les vins : plus élancé et frais que par le passé, le nuits blanc semble avoir bénéficié d'un élevage plus discret, et de bons amers agrémentent sa finale. Un peu anguleux, le morey Les Charrières est assez juteux et vif. Un peu trop d'extraction dans le profond nuits Aux Champs-Perdrix, dont les tanins en relief sont assez secs. Les premier crus de Nuits sont bien réussis, avec Aux Chaignots énergique et fin, et Les Cailles, dont le profil corsé et sévère au premier abord recèle une grande profondeur de chair. Les Vaucrains est très ferme, encore comprimé par un long élevage.

- Nuits-Saint-Georges Premier Cru Monopole En la Perrière Noblot 2017 — 38 € — 15
- Morey-Saint-Denis Premier Cru Les Charrières 2016 — 34 € — 15
- Nuits-Saint-Georges Aux Champs-Perdrix 2016 — 37 € — 15
- Nuits-Saint-Georges Premier Cru Aux Chaignots 2016 — 40 € — 16
- Nuits-Saint-Georges Premier Cru Les Cailles 2016 — 40 € — 16,5
- Nuits-Saint-Georges Premier Cru Les Vaucrains 2016 — 44 € — 15

Rouge : 7,7 hectares.
Pinot noir 100 %
Blanc : 0,3 hectare.
Chardonnay 100 %
Production moyenne : 35 000 bt/an

DOMAINE ALAIN MICHELOT
6, rue Camille-Rodier,
21700 Nuits-Saint-Georges
03 80 61 14 46 •
domalainmichelot@orange.fr • Pas de visites.
Propriétaire : Alain Michelot
Directeur : Élodie Michelot

DOMAINE HENRI ET GILLES REMORIQUET

Ce domaine familial propose des cuvées élaborées dans un style plutôt classique, qui vieillissent bien. Gilles Remoriquet, œnologue diplômé de l'Université de Dijon, est engagé dans la viticulture bourguignonne ; il conduit le domaine pour en faire un modèle, avec labours, contrôle des rendements, vendanges manuelles et élevages en fût. Le domaine possède une belle palette de nuits-saint-georges, dont de nombreux premiers crus vinifiés séparément. Les vins sont soigneusement élaborés, riches et denses, présentant une belle vinosité, mais nous avons le sentiment que des élevages plus fins leur rendraient justice.

Les vins : les deux vins blancs manquent un peu de caractère. Les rouges sont solides et vigoureux, débutant avec un hautes-côtes-de-nuits rouge, au volume sapide, déjà accessible, comme le nuits villages, vin frais et aimable. Un peu plus en finesse, Les Allots offre un profil plus ferme, avec de l'équilibre et de la tension : un vin sérieux, bien cadré. Le rare Rue de Chaux possède du cachet et une touche florale de pivoine ; sa fine envergure moelleuse s'appuie encore sur le bois. Avec des tanins plus fins, Les Damodes est direct et généreux. Épaissi par un boisé un peu collant, Les Bousselots n'offre pas la finesse et l'éclat attendu. Jolies notes de fruits rouges dans le charnu et onctueux vosne-romanée, qui respecte la race du terroir en un profil nuancé de tanins fins. Une jolie bouteille, à l'envergure enviable, qui se présente déjà très bien.

- Bourgogne Aligoté 2017 — 7,50 € — 14,5
- Bourgogne Hautes-Côtes de Nuits 2017 — 13 € — 14
- Bourgogne Hautes-Côtes de Nuits 2017 — 13 € — 15
- Nuits Saint-Georges Premier Cru Rue de Chaux 2017 — 36 € — 16
- Nuits-Saint-Georges 2017 — 22,50 € — 15
- Nuits-Saint-Georges Les Allots 2017 — 27,50 € — 15,5
- Nuits-Saint-Georges Premier Cru Les Bousselots 2017 — 36 € — 15
- Nuits-Saint-Georges Premier Cru Les Damodes 2017 — 37 € — 16
- Vosne-Romanée Premier Cru Au-Dessus des Malconsorts 2017 — 60 € — 16,5

Rouge : 9 hectares.
Pinot noir 100 %
Blanc : 0,5 hectare.
Chardonnay 100 %
Production moyenne : 40 000 bt/an

DOMAINE HENRI ET GILLES REMORIQUET
25, rue de Charmois,
21700 Nuits-Saint-Georges
03 80 61 08 17 •
domaine.remoriquet@wanadoo.fr •
Visites : sans rendez-vous.
Propriétaire : Gilles Remoriquet

DOMAINE HENRI RICHARD

Henri Richard était l'un des premiers vignerons de Gevrey-Chambertin à vendre ses vins en bouteille. Plus tard, sa fille livrera ses raisins au négoce. La nouvelle génération (Sarah Bastien, sur place, et Richard Bastien, œnologue au Canada) fait le choix d'une production de vin fini. En charge du vignoble certifié bio et de la cave : Guillaume Berthier, ingénieur œnologue, arrivé en 2013. Les vins sont travaillés à partir de raisins non égrappés. Le domaine se cherche encore dans l'expression de chacun de ses terroirs, mais les amateurs recherchant des vins plus fins et élégants qu'opulents trouveront ici leur bonheur.

Les vins : le coteaux-bourguignons et le marsannay ne manquent ni de chair ni d'énergie à revendre. Expression de pinot fin et délicat, le gevrey Aux Corvées séduit par le croquant de son fruit frais. Passé une discrète réduction, le gevrey Les Tuileries déploie une chair moelleuse et une finale étoffée, salivante et sincère : un excellent villages. Saveurs d'agrumes et de groseille dans le charmes-chambertin, dont la matière charnue et acidulée saura aisément s'assagir et très bien évoluer. Plus retenu dans ses saveurs, le grand cru possède un supplément de profondeur et de relief. Ses tanins serrés et réglissés devraient s'épanouir assez vite.

Charmes-Chambertin Grand Cru 2017	115 €	16,5
Coteaux Bourguignons Corvée de l'Eglise 2017	15 €	15
Gevrey-Chambertin Aux Corvées 2017	40 €	15,5
Gevrey-Chambertin Les Tuileries 2017	46 €	16
Marsannay Au Larrey 2017	30 €	15,5
Mazoyères-Chambertin Grand Cru 2017	120 €	17

Rouge : 4,15 hectares.
Pinot noir 100 %
Blanc : 0,43 hectare.
Aligoté 70 %, Pinot blanc 30 %
Production moyenne : 12 000 bt/an

DOMAINE HENRI RICHARD
75, route de Beaune,
21220 Gevrey-Chambertin
09 62 08 00 17 •
www.domainehenririchard.com •
Visites : Pas de visites.
Propriétaire : Famille Bastien
Directeur : Sarah Bastien
Maître de chai : Guillaume Berthier

DOMAINE MARC ROY

Une viticulture soignée valorise au plus haut niveau ce domaine de 3,8 hectares installé à Gevrey-Chambertin, de quelques terroirs de villages. Alexandrine Roy produit de très beaux vins profonds, charnus et raffinés : quatre cuvés en Gevrey-Chambertin, dont deux cuvées parcellaires, et un marsannay blanc. Alexandrine perpétue un savoir-faire familial qui a toujours misé sur le travail des sols. Depuis son arrivée en 2003, le domaine a progressé. Si ses villages sont chers, ils sont largement au-dessus de bien des premiers crus qui n'atteignent pas un tel niveau de concentration et de complexité.

Les vins : belle finesse et franchise de fruit dans le marsannay blanc, vin expressif et équilibré qui fait honneur à l'appellation. Doté d'un fruit croquant et épicé, le gevrey Vieilles Vignes nous réjouit par son équilibre et son élan : il a parfaitement intégré son élevage. Avec un nez un peu pointu, le gevrey La Justice livre un profil frais et réservé, mais porté par des saveurs justes et réglissées. Une fine austérité et un boisé un peu appuyé marquent le gevrey Clos Prieur. Les arômes de fruits rouges et de boisé noble s'épousent dans la sensuelle cuvée Alexandrine, vin nuancé à la chair moelleuse, qui se prolonge avec éclat et égale bien des terroirs plus réputés.

Marsannay Les Champs Perdrix 2017	38 € (c)	16
Gevrey-Chambertin Clos Prieur 2017	79 € (c)	16
Gevrey-Chambertin Cuvée Alexandrine 2017	110 € (c)	17

- Gevrey-Chambertin La Justice 2017 — 79 € (c) 16
- Gevrey-Chambertin Vieilles Vignes 2017 — 69 € (c) 15,5

Rouge : 3,3 hectares.
Pinot noir 100 %
Blanc : 0,5 hectare.
Chardonnay 100 %
Production moyenne : 15 000 bt/an

DOMAINE MARC ROY
8, avenue de la Gare,
21220 Gevrey-Chambertin
03 80 51 81 13 •
www.facebook.com/domainemarcroy •
Visites : Pas de visites.
Propriétaire : Alexandrine Roy

CÔTE DE BEAUNE

★★★

DOMAINE D'AUVENAY

Lalou Bize-Leroy est seule propriétaire de ce petit domaine, qui porte le nom de sa ferme fortifiée située sur les hauteurs de Saint-Romain. Avec deux grands crus en Côte de Nuits mais surtout de remarquables parcelles dans les grands terroirs de blancs de la Côte de Beaune, ce domaine applique les mêmes principes de culture et de vinification qu'au domaine Leroy, avec pour conséquence des vins peut-être encore plus inoubliables, car les tout petits rendements leur donnent une texture absolument unique, et une longueur en bouche phénoménale. À l'encontre de la mode actuelle, les blancs d'Auvenay sont vendangés très mûrs, vieillissent à la perfection et constituent une révélation pour tout ceux qui ont la chance d'y goûter un jour. Comme on s'en doute, le monde entier s'en arrache la moindre goutte.

Les vins : aucun vin de Bourgogne n'atteint ce niveau d'excellence. Les deux sublimes rouges du domaine se comparent mais ne se ressemblent pas. Le bonnes-mares est encore introverti mais sa finesse et sa complexité ne trahissent ni son pedigree, ni ses origines chambolloises, reconnaissable dans une belle touche florale. À l'inverse, le mazis-chambertin assume son allure plus extravertie avec son fruit plus mûr et solaire ; son grain fin et sa chair profonde n'ont pas d'équivalent en Côte-d'Or. Du côté des blancs, l'aligoté, malgré une pointe de réduction, reste un modèle d'intensité et de vigueur. Plus raffinée, la série d'auxey-duresses nous conduit vers des sommets. Les Clous reste profond mais gracieux. La Macabrée se montre plus épuré et étincelant. Les Boutonniers s'impose par son raffinement de texture. Avec sa petite note d'amande grillée, le meursault Les Narvaux reste un modèle incomparable : dense, persistent et volumineux, il se distingue par une acidité qui le rend éclatant. Le puligny-montrachet En la Richarde défiera n'importe quel grand cru de la Côte de Beaune avec ses notes de fleurs de vigne et d'amande fraîche. Un blanc magistral d'intensité, d'élégance et de persistance. Gouttes d'Or tient la comparaison avec les plus grands : ce blanc profond semble bâti pour l'éternité. Dans la série des grands crus, saluons notamment le chevalier-montrachet, quintessence du grand blanc, qui porte avec élégance et vigueur l'empreinte de son sol à travers une matière élancée et puissante. Le criots, élevé en cuve inox, possède une limpidité du fruit exemplaire et présente une densité qui lui fera traverser un siècle sans sourciller. Renversant !

- Auxey-Duresses La Macabrée 2017 — de 800 à 1 200 € (c) — 19
- Auxey-Duresses Les Boutonniers 2017 — de 500 à 600 € (c) — 19
- Auxey-Duresses Les Clous 2017 — N.C. — 19
- Bourgogne Aligoté 2017 — de 500 à 600 € (c) — 18,5
- Bâtard-Montrachet 2017 — de 2 500 à 3 500 € (c) — 20
- Chevalier-Montrachet Grand Cru 2017 — de 3 500 à 6 000 € (c) — 20
- Meursault Les Narvaux 2017 — de 1 300 à 1 500 € (c) — 19,5
- Meursault Premier Cru Gouttes d'Or 2017 — de 1 500 à 2 000 € (c) — 20
- Puligny-Montrachet En la Richarde 2017 — de 2 000 à 3 000 € (c) — 20
- Bonnes-Mares Grand Cru 2017 — de 4 000 à 6 000 € (c) — 20
- Mazis-Chambertin Grand Cru 2017 — de 3 500 à 5 000 € (c) — 20

Le coup de ♥

- Criots-Bâtard-Montrachet Grand Cru 2017 — de 2 500 à 3 500 € (c) — 20

Rouge : 0,5 hectare.
Pinot noir 100 %
Blanc : 3,4 hectares.
Chardonnay 90 %, Aligoté 10 %
Production moyenne : 8 000 bt/an

DOMAINE D'AUVENAY
21190 Meursault
03 80 21 23 27 • Vente et visites : au domaine sur rendez-vous.
Propriétaire : Lalou Bize-Leroy

★★★ ↗

DOMAINE MICHEL BOUZEREAU ET FILS

Depuis quelques millésimes, nous sommes enchantés par la régularité et le style précis des vins de ce domaine. Digestes, élégants et profonds, ils vieillissent avec harmonie. La propriété possède de petites parcelles sur de beaux crus du secteur. Jean-Baptiste Bouzereau vinifie ses blancs avec une grande précision et sait s'adapter avec souplesse au caractère de chaque millésime. Il recherche avant tout l'élégance et la pureté ; on rencontrera donc rarement dans ses vins les notes fortement grillées et réduites que certains amateurs associent au meursault.

Les vins : ce domaine produit des vins comme nous les aimons, à la fois purs et pleins, qui ne jouent pas sur la sous-maturité pour créer un semblant de minéralité. Le bourgogne donne la tonalité par sa sève en bouche et ses jolis amers. Parmi les meursaults, Les Tessons présente une longueur interminable en bouche. Charmes surprend par sa puissance et son volume. Comme pour l'ensemble des cuvées, son élevage sonne juste. Genevrières possède une matière gracieuse et fine, mais ce vin tout en nuance reste bâti pour une longue garde. La haute maturité de Perrières se traduit par une note de fruit exotique, richesse que l'on retrouve dans une matière juteuse en bouche : le fruit domine aujourd'hui mais l'empreinte tellurique s'affirmera avec l'âge. Enfin, Le Cailleret possède toute la finesse de ce beau terroir : le vin s'étire en longueur avec un fruit très pur et toujours un beau volume. Ce domaine s'inscrit dans le renouveau de l'excellence des vins de la Côte de Beaune. Grâce à des maturités équilibrées et des élevages précis, les vins retranscrivent avec justesse l'expression de chaque terroir et présentent un équilibre souverain. Le domaine mérite amplement sa troisième étoile : elle est accordée cette année.

- Bourgogne Chardonnay 2017 — 22 € (c) — 14
- Meursault Les Tessons 2017 — 60 € (c) — 17,5
- Meursault Premier Cru Charmes 2017 — 80 € (c) — 19
- Meursault Premier Cru Genevrières 2017 — 80 € (c) — 18,5
- Meursault Premier Cru Perrières 2017 — 110 € (c) — 19
- Puligny-Montrachet Premier Cru Le Cailleret 2017 — 110 € (c) — 18

Rouge : 1,7 hectare.
Pinot noir 100 %
Blanc : 11 hectares.
Chardonnay 100 %
Production moyenne : 65 000 bt/an

DOMAINE MICHEL BOUZEREAU ET FILS
5, rue Robert-Thénard, 21190 Meursault
03 80 21 20 74 •
www.michelbouzereauetfils.com • Pas de visites.

Jean-Baptiste Bouzereau
laume Lebras

- Meursault 2016 — de 480 à 550 € (c) — 17
- Meursault Premier Cru Caillerets 2016 — de 1 200 à 1 800 € (c) — 16,5
- Meursault Premier Cru Genevrières 2016 — 2 000 à 2 500 € (c) — 18

Le coup de ♥

- Meursault Premier Cru Perrières 2016 — 1 800 à 2 000 € (c) — 20

Rouge : 2,5 hectares.
Pinot noir 100 %
Achat de raisins.
Blanc : 7,8 hectares.
Chardonnay 94 %, Aligoté 6 %
Achat de raisins.
Production moyenne : 45 000 bt/an

DOMAINE COCHE-DURY

25, rue Charles-Giraud, 21190 Meursault
03 80 21 24 12 • Vente et visites : au domaine sur rendez-vous.
Propriétaire : Raphaël Coche-Dury

★★★

DOMAINE DES COMTES LAFON

Dominique Lafon n'a cessé d'améliorer sa production malgré la notoriété du domaine. Depuis une bonne dizaine d'années, le style des blancs a évolué vers davantage de fraîcheur et de race, sans perdre ni en poids, ni en ampleur de bouche. Le style de vinification a aussi changé : les vins vont davantage vers la réduction, ils sont plus élancés, moins crémeux. La large gamme de meursaults s'est étoffée depuis 2011 de deux premiers crus : Les Bouchères et Poruzots. Sans perdre en densité, les rouges ont gagné en équilibre par un travail plus délicat durant la phase d'extraction, d'où des tanins plus souples et moins massifs. La meilleure gestion des élevages donne plus de place à la dimension du fruit. Rouges comme blancs sont d'un très haut niveau sur toute la gamme. Ce domaine est un incontournable du Guide vert et mérite ses trois étoiles.

Les vins : le domaine ne nous ayant pas fait parvenir ses vins cette année, nous sommes amenés à reconduire les notes de notre édition précédente.

- Meursault 2016 — de 90 à 110 € (c) — 16
- Meursault Clos de la Barre 2016 — de 250 à 300 € (c) — 17
- Monthélie Premier Cru Les Duresses 2016 — de 70 à 90 € (c) — 15,5

- Volnay Premier Cru Santenots du Milieu 2016 — de 60 à 80 € (c) 17,5

Rouge : 5,8 hectares.
Pinot noir 100 %
Blanc : 10,6 hectares.
Chardonnay 100 %
Production moyenne : 80 000 bt/an

DOMAINE DES COMTES LAFON ♣
5, rue Pierre Joigneaux, 21190 Meursault
03 80 21 22 17 • www.comtes-lafon.fr • Pas de visites.
Propriétaire : GFA des Comtes Lafon
Directeur : Dominique Lafon
Maître de chai : Stéphane Thibodaux

★★★

DOMAINE DE COURCEL

Le domaine fait incontestablement partie des références de la Bourgogne pour les amateurs de pinots raffinés et racés. Il faut dire qu'Yves Confuron et Gilles de Courcel forment un sacré duo de perfectionnistes, soignant la viticulture et les vinifications en vendange entière, qui expriment avec bonheur les subtilités des terroirs de Pommard. Comme la plupart des grands vins, les crus de la maison ont besoin de temps pour acquérir toute leur noblesse.

Les vins : le bourgogne offre un nez profond qui évoque le cacao et le fruit mûr. La bouche est dense, ramassée, avec une structure tannique imposante. Fort dense, il ne doit pas être dégusté avant quatre ans au moins. En Pommard, Les Croix Noires surprend par une note d'olive noire au nez mais perd à l'aération ce caractère méridional. Il ne manque ni de volume, ni de profondeur, et présente l'assise de Pommard, avec des tanins gras et mûrs. Fremiers arbore lui aussi un parfum méridional. La bouche est dense, juteuse, avec des tanins puissants mais fins, totalement enrobés dans le fruit. Le Grand Clos des Epenots est marqué par un nez sanguin, mêlé à des notes de poudre de fer. La bouche est puissante, avec une masse tannique imposante, mais sans agressivité. Il faudra patienter vingt à trente ans avant d'ouvrir la moindre bouteille. Rugiens 2016 est doté d'un nez somptueux qui mêle épices et touche florale. C'est le plus raffiné de la série, grâce à sa puissance ciselée qui sert la grandeur de ce terroir de longue garde. Il faut l'attendre au moins deux décennies. Rugiens 2015 garde dans son fruit l'empreinte et la richesse d'une année solaire. Mais en bouche, la vivacité ciselée de ce terroir lui confère un bel équilibre. Plein et profond, il mérite lui aussi de passer vingt ans en cave.

- Bourgogne 2016 — 25 € 14,5
- Pommard Premier Cru Fremiers 2016 — 60 € 17
- Pommard Premier Cru Grand Clos des Epenots 2010 — 90 € 19
- Pommard Premier Cru Grand Clos des Epenots 2016 — 85 € 18
- Pommard Premier Cru Les Croix Noires 2016 — 60 € 17
- Pommard Premier Cru Rugiens 2015 — 110 € 18,5
- Pommard Premier Cru Rugiens 2016 — 105 € 18,5

Rouge : 8 hectares.
Pinot noir 100 %
Blanc : Chardonnay 100 %
Production moyenne : 25 000 bt/an

DOMAINE DE COURCEL
Place de l'Eglise, 21630 Pommard
03 80 22 10 64 •
courcel@domaine-de-courcel.com • Pas de visites.
Propriétaire : Famille de Courcel

★★★

DOMAINE LEFLAIVE

Anne-Claude Leflaive, infatigable ambassadrice des grands vins authentiques, militante biodynamiste de longue date, a succombé à la maladie à l'âge de 59 ans en avril 2015. Tous les grands amateurs de chardonnay ont en mémoire au moins un de ses merveilleux vins de Puligny-Montrachet. Avec leur droiture exemplaire, leur côté cristallin et la définition parfaite du terroir dont ils sont issus, les blancs de cette grande dame figurent parmi les plus passionnants de la Bourgogne. Son neveu, Brice de la Morandière, lui a succédé à la tête du domaine et en préserve l'esprit. Ce dernier perpétue sa gestion du vignoble en biodynamie et le travail réalisé sur les sols lui permet d'atteindre, depuis une bonne décennie, malgré quelques millésimes touchés par des phénomènes d'oxydation prématurée, un niveau de grande perfection. Rien n'est vendu en direct, il faut donc se tourner vers les bons cavistes.

Les vins : né sur une parcelle contiguë à Puligny-Montrachet, le simple bourgogne possède déjà tous les atouts d'un beau blanc de la Côte de Beaune : intensité et raffinement. Le Clavoillon est un blanc épuré, à la bouche tendue, sans jamais manquer de pulpe. L'intensité minérale du sol est relayée par des amers évoquant le zeste de citron. L'énergique Les Pucelles présente une bouche lumineuse, puissante, rayonnante. Un vin d'une classe folle, bâti sur une puissante salinité en finale. Les Combettes évoque une boule d'énergie en bouche, avec un fruit étincelant, une finale totalement épurée mais intense. Le fort long bienvenues-bâtard-montrachet est un vin en état de grâce, dont l'énergie s'affirme avec une grande subtilité. Le bâtard-montrachet fait rejaillir la puissance du terroir dans un vin très musclé qui conserve un fruit cristallin. Le chevalier-montrachet est une lame d'acier, un vin tranchant au fruit vif, épuré. Il tire des marnes blanches de son terroir une force et une vitalité extraordinaires : il est bâti pour la longue garde.

- Bienvenues-Bâtard-Montrachet Grand Cru 2017 de 500 à 600 € (c) 19
- Bourgogne 2017 N.C. 14
- Bâtard-Montrachet Grand Cru 2017 de 400 à 550 € (c) 19
- Chevalier-Montrachet Grand Cru 2017 de 730 à 900 € (c) 19,5
- Puligny-Montrachet Premier Cru Le Clavoillon 2016 de 155 à 180 € (c) 17
- Puligny-Montrachet Premier Cru Les Combettes 2017 de 180 à 200 € (c) 17,5
- Puligny-Montrachet Premier Cru Les Pucelles 2016 de 240 à 280 € (c) 18

Blanc : 24 hectares.
Chardonnay 100 %
Production moyenne : 120 000 bt/an

DOMAINE LEFLAIVE ☾

Place du Pasquier de la Fontaine,
21190 Puligny-Montrachet
03 80 21 30 13 • www.leflaive.fr • Pas de visites.
Propriétaire : Famille Leflaive
Directeur : Brice de La Morandière
Maître de chai : Pierre Vincent

★★★

DOMAINE ROULOT

Les amateurs de meursaults purs, droits et minéraux ont depuis longtemps consacré ce domaine. Jean-Marc Roulot s'impose comme l'un des vinificateurs les plus adroits de l'appellation, grâce à son style que nous défendons avec conviction, tant les vins qu'il élabore apparaissent purs et vieillissent avec grâce. L'agriculture biologique, commencée en 1998, a fait place à la biodynamie au début des années 2000. L'élevage sur lies d'un an en fût et de six mois en cuve uniquement à partir de levures naturelles suit cette logique. Pouvant apparaître austères et "sur le fil du rasoir" dans leur jeunesse, les vins prennent une formidable ampleur avec l'âge. Hélas, la demande est telle pour ses vins qu'il est très difficile pour le domaine d'accepter de nouveaux clients ; on les trouve, en revanche, à la carte de très nombreux restaurants.

Les vins : ils sont toujours aussi cohérents et se montrent, après un an de bouteille, assez ouverts et apaisés. L'aligoté est franc, direct, bâti sur un fruit gourmand ; buvez-le jeune. L'auxey-duresses est vif à l'attaque, et termine sur une finale agréablement acidulée. À Meursault, Les Luchet nous fait pénétrer dans un univers plus minéral que fruité, avec une petite note citronnée au nez. Un meursault d'une réelle finesse, au fruit cristallin, très pur ; la maturité est sur le fil du rasoir mais harmonieuse. Les Vireuils, légèrement replié à l'ouverture, présente une fraîcheur végétale. Sa bouche vive et tendue tend à s'élargir en finale, et le fruit ne manque pas de sapidité. Clos du Haut Tesson sent le caillou à plein nez. Un vin puissant au milieu de bouche plein, qui s'étire sur un fruit épuré marqué d'une note de zeste de citron. On gagne en volume et en soyeux avec le premier cru, caractérisé par sa grande finesse. Son fruit est d'une belle amabilité et son cœur de bouche dissimule une belle vitalité.

- Auxey-Duresses 2016 de 50 à 60 € (c) 15,5
- Bourgogne Aligoté 2017 de 45 à 65 € (c) 14
- Meursault Les Luchets 2016 de 300 à 350 € (c) 16,5
- Meursault Les Vireuils 2016 de 250 à 300 € (c) 16,5
- Meursault Premier Cru Clos des Bouchères 2016 250 € (c) 18,5

Meursault À Mon Plaisir Clos du Haut Tesson 2016 — de 300 à 350 € (c) — 17,5

Rouge : 1 hectare.
Pinot noir 100 %
Blanc : 14,5 hectares.
Chardonnay 94 %, Aligoté 6 %
Production moyenne : 80 000 bt/an

DOMAINE ROULOT ♣
1, rue Charles-Giraud, 21190 Meursault
03 80 21 21 65 • roulot@domaineroulot.fr •
Pas de visites.
Propriétaire : Jean-Marc Roulot et Michèle Javouhey-Roulot
Directeur : Jean-Marc Roulot
Maître de chai : Éric Bodin

★★

DOMAINE DU COMTE ARMAND

Ce domaine réputé a toujours produit des vins puissants et riches. Fermes et tanniques durant leurs premières années de vie, les célèbres pommards de la maison (dont le Clos des Epeneaux en monopole) ont gagné en raffinement sous l'impulsion de Benjamin Leroux. Après quinze millésimes, ce dernier a quitté le domaine en 2014 et transmis les rênes à Paul Zinetti, à ses côtés depuis 2010. Si les grands millésimes apparaissent très réussis, avec des potentiels de garde énormes, les plus petites années engendrent des vins durs et parfois un peu secs.

Les vins : l'auxey-duresses, marqué par une pointe d'acidité volatile, affiche une grande pureté et une matière juteuse et fine. Un vin profond et doux aux tanins bien mûrs. Le premier cru monte en puissance mais son élevage masque un peu le fruit. Il est encore tenu par des tanins puissants. L'élevage domine aussi le nez du pommard ; la bouche, solide et pleine, l'encaisse tranquillement grâce à la densité de son fruit et de son volume. La finale retranscrit la puissance tellurique de ce climat. Un vin à oublier longuement en cave.

Auxey-Duresses Premier Cru 2016 — 50 € — 15

Pommard Premier Cru Clos des Epeneaux 2016 — 158 € — 17

Le coup de ♥

Auxey-Duresses 2016 — 38 € — 15,5

Rouge : 9 hectares.
Pinot noir 100 %
Blanc : 1 hectare.
Production moyenne : 42 000 bt/an

DOMAINE DU COMTE ARMAND
7, rue de la Mairie, 21630 Pommard
03 80 24 70 50 •
www.domaine-comte-armand.com • Pas de visites.
Propriétaire : Olivier Armand
Directeur : Paul Zinetti

★★

DOMAINE JEAN-CLAUDE BACHELET ET FILS

Jean-Baptiste et Benoît Bachelet gèrent ce domaine familial avec brio. Jean-Claude, leur père, leur a cédé un beau vignoble, composé des plus beaux terroirs de Saint-Aubin, ainsi que de quelques notables parcelles à Chassagne-Montrachet (comme le fameux Blanchot-Dessus, proche voisin du grand cru Bâtard-Montrachet) et une parcelle en appellation Bienvenues-Bâtard-Montrachet. Les vins passent deux hivers en cave. Ils arborent un profil plus que tendu, mais les harmonies s'avèrent parfaitement gérées. Les rouges jouissent d'une efficace réalisation mais n'atteignent pas la dimension des blancs.

Les vins : millésime après millésime, ce domaine s'inscrit au sein de l'élite des producteurs de blancs de la Côte de Beaune. Les vins ne manquent jamais de maturité, à l'image de la magnifique série de premiers crus de Saint-Aubin. Volumineux et très long, l'exemplaire Le Charmois offre ainsi une fine intensité aromatique. Son fruit, charnu et pur, évoque le pamplemousse jaune. Les Champlots présente un parfum légèrement plus beurré ; la bouche puissante et volumineuse brille par son épaisseur et son délié. Dense et plein, il garde un cœur de bouche aérien. En Remilly se démarque par un surcroît de chair et de densité. Sa puissance et son énergie lui confèrent une belle intensité. Les Macherelles développe un parfum qui évoque le caillou davantage que le fruit. Derrière une attaque soyeuse, cette cuvée se démarque par un fruit souple et fin, une énergie qui monte crescendo. L'élevage présent ne domine jamais le fruit de Sous le Puits, qui reste fin et gourmand. Enfin, le bienvenues-bâtard-montrachet est un vin somptueux, au parfum plus racinaire (voire d'iode) que fruité au premier nez. La puissance accompagne une matière d'une intense élégance, et ce grand terroir s'exprime par un équilibre magistral.

- Bienvenues-Bâtard-Montrachet Grand Cru 2016 180 € 19
- Chassagne-Montrachet Premier Cru Les Macherelles 2016 50 € 17
- Puligny-Montrachet Premier Cru Sous le Puits 2016 65 € 17,5
- Saint-Aubin Premier Cru En Remilly 2016 35 € 16,5
- Saint-Aubin Premier Cru Le Charmois 2016 30 € 16
- Saint-Aubin Premier Cru Les Champlots 2016 30 € 16

Rouge : 2,5 hectares.
Pinot noir 100 %
Blanc : 7 hectares.
Chardonnay 100 %
Production moyenne : 48 000 bt/an

DOMAINE JEAN-CLAUDE BACHELET ET FILS
1, rue de La Fontaine, Hameau de Gamay, 21190 Saint-Aubin
03 80 21 31 01 • www.domainebachelet.fr • Pas de visites.
Propriétaire : Benoît et Jean-Baptiste Bachelet

★★
DOMAINE BONNEAU DU MARTRAY

Ce mythique et ancien domaine familial a été racheté il y a deux ans par l'Américain Stanley Kroenke, par ailleurs propriétaire du célèbre domaine Screaming Eagle en Californie et, hors du vignoble, du club de football londonien d'Arsenal. Le domaine, qui ne produit que deux cuvées, un corton et un corton-charlemagne, s'est taillé une solide réputation auprès des amateurs dans les années 1980. S'il a été, comme bien d'autres, affecté ensuite par des soucis d'oxydation prématurée, il a retrouvé la voie du succès depuis quelques millésimes déjà. Nous continuerons à suivre son évolution de près.

Les vins : ils pâtissent de raisins vendangés en légère sous-maturité et d'élevages un peu envahissants qui rendent les vins statiques. La deuxième étoile est en danger. La prise de bois du corton-charlemagne domine au nez. La bouche la digère mieux et offre une matière vive et citronnée ; on attend toutefois davantage de profondeur. Le corton affiche au nez une note de fusain, complétée de fruit noir et d'épices. La matière reste serrée, avec des tanins plus saillants qu'enrobés à ce stade.

- Corton-Charlemagne Grand Cru 2017 N.C. 16,5
- Corton Grand Cru 2017 N.C. 16

Rouge : 1,5 hectare.
Pinot noir 100 %
Blanc : 9,5 hectares.
Chardonnay 100 %
Production moyenne : 44 000 bt/an

DOMAINE BONNEAU DU MARTRAY ♣
2, rue de Frétille, 21420 Pernand-Vergelesses
03 80 21 50 64 •
www.bonneaudumartray.com • Pas de visites.
Propriétaire : Stanley Kroenke
Directeur : Armand de Maigret

★★
DOMAINE BUISSON-CHARLES

Dirigé par Catherine Buisson-Essa, la fille de Michel Buisson, et son mari Patrick Essa, le domaine s'est étoffé d'une petite activité de négoce depuis 2011, qui leur permet de vinifier des cuvées de Puligny, Chassagne et Chablis. Toute la production est désormais réunie sous la marque Buisson-Charles. La force du vignoble, qui a toujours été labouré et n'a jamais connu de désherbant, consiste en une large palette de meursault-villages et premiers crus. Ils étaient jadis souvent riches et réduits dans leur jeunesse ; le style insufflé par Patrick Essa tend vers plus d'ouverture et de finesse, tout en conservant le potentiel de vieillissement. Désormais travaillés en vendange entière, les rares rouges ont gagné en bouquet, en personnalité, et continuent leur progression. L'ensemble est très prometteur.

Les vins : une très belle gamme dominée par les deux premiers crus de Meursault. Les Tessons s'impose par sa dynamique de bouche qui réveille les sens. Bouches-Chères est un premier cru racé où puissance et élégance font jeu égal. Il déploie une énergie phénoménale. Gouttes d'Or se montre très salin et s'étire en longueur sur de délicats amers. Le chassagne-montrachet accuse une petite prise de bois, mais conserve gourmandise et amplitude, sans manquer de finesse. Le Cailleret est également marqué par son élevage mais préserve un certain raffinement. Le corton-charlemagne se montre tendre et sphérique, avec un fruit d'une grande douceur ; hélas, il manque de concentration. En rouge, le volnay Santenots affiche un fruit très pur et une certaine délicatesse de texture. Plus longiligne que charnu, il garde des tanins fins, mais solides. Champans, juteux et dense, offre une assise tannique qui lui confère de la profondeur. Marqué par une petite touche de fusain et de fruit rouge, le corton-bressandes offre un jus délicat. Le corton Clos du Roi est marqué par une petite note de fusain. Le fruit en bouche se montre délicieux et fin, voire sucré, avec de la mâche et des tanins très délicats.

- Chassagne-Montrachet Premier Cru La Romanée 2017 — 54 € 16,5
- Corton-Charlemagne Grand Cru 2017 — 95 € 16
- Meursault Les Tessons 2017 — 46 € 16,5
- Meursault Premier Cru Bouches-Chères 2017 — 58 € 17,5
- Puligny-Montrachet Premier Cru Le Cailleret 2017 — 85 € 17
- Corton Grand Cru Bressandes 2017 — 66 € 16,5
- Corton Grand Cru Clos du Roi 2017 — 66 € 17
- Volnay Premier Cru Champans 2017 — 58 € 16,5
- Volnay Premier Cru Santenots 2017 — 58 € 16,5

Le coup de ♥

- Meursault Premier Cru Goutte d'Or 2017 — 58 € 18

Rouge : 2 hectares.
Pinot noir 100 %
Blanc : 6 hectares.
Chardonnay 92 %, Aligoté 8 %
Production moyenne : 45 000 bt/an

DOMAINE BUISSON-CHARLES

3, rue de la Velle, 21190 Meursault
03 80 21 22 32 • www.buisson-charles.com •
Vente et visites : au domaine sur rendez-vous.
Propriétaire : Catherine Buisson-Essa
Maître de chai : Patrick Essa
Œnologue : Louis Essa

★★

DOMAINE FRANÇOIS CARILLON

Depuis 2010, François Carillon a pris son indépendance. Le vignoble familial a été partagé entre lui et son frère Jacques (voir domaine Jacques Carillon). François exploite aujourd'hui un peu plus de 14 hectares de vignes, essentiellement sur Puligny-Montrachet, où il constitue une très belle référence. La force du domaine Carillon a toujours été un énorme travail à la vigne : avec une si belle matière première, on ne peut faire que de beaux vins.

Les vins : toute la gamme se montre d'une grande cohérence. La justesse des maturités et des élevages donnent des vins équilibrés, vivants et harmonieux. L'aligoté développe une très belle énergie et le bourgogne conjugue volume, énergie et finesse. La bouche du Vieux Clos s'impose par un surcroît de profondeur et de charnu. Parmi les puligny-montrachet, le village se distingue par un parfum élégant. La bouche offre un fruit d'une grande pureté à la maturité équilibrée. Le nez du Clos du Vieux Château est marqué par une pointe vanillée venue de l'élevage. On monte en volume et en densité ; surtout, le fruit est plus généreux et gourmand, toujours très élégant. Doté d'un fruit pur et intense, Les Enseignières offre une salinité qui le distingue clairement. Après un nez splendide, Les Folatières donne à goûter une matière profonde : il s'impose par une magnifique longueur de bouche et toujours ce parfait accord entre pureté et maturité du fruit. Fougueux, très racé, Les Combettes reste guidé par un nez très légèrement pâtissier qui ne détourne pas la pureté du fruit. Le parfum du Perrières retranscrit toute la finesse de Puligny. Sa bouche, suave et volumineuse en attaque, impose ensuite sa finesse.

- Bourgogne 2016 — 15 € 14
- Bourgogne Aligoté 2016 — 11 € 14
- Bourgogne Le Vieux Clos 2016 — 20 € 14,5
- Puligny-Montrachet 2016 — 37 € 15,5
- Puligny-Montrachet Clos du Vieux Château 2016 — 39 € 16
- Puligny-Montrachet Les Enseignières 2016 — 46 € 16,5
- Puligny-Montrachet Premier Cru Les Combettes 2016 — 66 € 17,5
- Puligny-Montrachet Premier Cru Les Folatières 2016 — 65 € 17

Puligny-Montrachet Premier Cru Les Perrières 2016 66 € 17,5

Rouge : 0,5 hectare.
Pinot noir 100 %
Blanc : 14 hectares.
Chardonnay 90 %, Aligoté 10 %
Production moyenne : 100 000 bt/an

DOMAINE FRANÇOIS CARILLON
3, place de l'Église, 21190 Puligny-Montrachet
03 80 21 00 80 • www.francois-carillon.com
• Pas de visites.
Propriétaire : François Carillon
Maître de chai : Thomas Pascal

★★

DOMAINE CHANDON DE BRIAILLES

Propriété familiale depuis 1834, Chandon de Briailles est un des rares domaines de ce rang à avoir converti l'intégralité de ses 14 hectares à la culture biodynamique sans transition (en 2011). Les vinifications sont ici très traditionnelles, avec une forte proportion de vendange entière pour les vins rouges et une utilisation très modérée du fût de chêne neuf. Ces vins peuvent parfois dérouter durant leur jeunesse, mais ils révèlent leur expressivité après quelques années en cave. Le vieillissement leur rend grâce et ils déploient alors toute la complexité des grands pinots floraux et raffinés.

Les vins : en vinifiant ses vins avec peu ou pas de soufre, et grâce à l'usage de la biodynamie, François de Nicolas obtient des blancs expressifs, raffinés et très vivants, à l'image du très beau Ile des Vergelesses, qui sent le fruit bien mûr, assorti d'une petite note de frangipane. Un sentiment de richesse que l'on retrouve dans un fruit épais en bouche ; celle-ci séduit par sa vivacité, ses jolis amers. Le corton blanc s'impose par un nez somptueux. Le vin est puissant et intense, étincelant et vivant. On salue la qualité du fruit et l'élevage qui se fait oublier au profit de la grandeur du terroir. Exemplaire. En rouge, la beauté des parfums du pernand-vergelesses est renversante. La bouche offre un délié magnifique. Un vin fin, digeste, nuancé. Le savigny-lès-beaune offre au nez un superbe dégradé de parfums, du végétal noble à la rose, sans oublier le fruit, plus rouge que noir. La bouche se montre juteuse, gourmande et fine. Il faudrait le garder, mais il donne déjà tellement de plaisir ! Le corton-bressandes est encore dans l'empreinte du raisin. Sa pureté s'habille d'une belle note florale. Malgré la densité et la profondeur de son jus, le toucher reste fin. Large et plein, il demeure toutefois gracieux. Clos du Roi est somptueux, avec sa touche florale et sa note de pêche de vigne. Sa matière en bouche est ciselée, peu charnue, et présente un équilibre souverain. La troisième étoile n'est plus très loin.

Corton Grand Cru 2017 171 € 18,5
Pernand-Vergelesses Premier Cru Ile des Vergelesses 2017 78 € 16
Corton Bressandes Grand Cru 2017 171 € 18
Pernand-Vergelesses Premier Cru Ile des Vergelesses 2017 68 € 16
Savigny-lès-Beaune Premier Cru Les Lavières 2017 54 € 16,5

Le coup de ♥
Corton Grand Cru Clos du Roi 2017 205 € 18,5

Rouge : 12 hectares.
Pinot noir 100 %
Blanc : 2 hectares.
Chardonnay 100 %
Production moyenne : 55 000 bt/an

DOMAINE CHANDON DE BRIAILLES
1, rue Sœur-Goby, 21420 Savigny-lès-Beaune
03 80 21 52 31 •
www.chandondebriailles.com • Visites : sans rendez-vous.
Propriétaire : François de Nicolay

★★

MAISON CHANSON PÈRE ET FILS

Fondée en 1750, détenue par Bollinger depuis 1999, cette classique maison beaunoise a désormais pleinement trouvé ses marques et son style. Elle rivalise avec les meilleurs grâce à des vins précis et purs, en blanc et en rouge. Une cuverie dernier cri et les conseils pertinents de Jean-Pierre Confuron, à la vigne comme en vinification, expliquent la netteté d'expression de la large gamme du domaine. Vincent Avenel a pris les rênes de la maison, succédant à Gilles de Courcel à qui l'on doit sa redynamisation.

Les vins : en blanc, le viré-clessé offrira du plaisir au quotidien. Le vif montagny est dans une phase austère avec une pointe de verdeur au nez, un fruit ciselé en bouche. Le nez élégant du savigny blanc s'exprime sur une touche de fleur blanche. Son fruit reflète une vendange mûre, sa belle acidité le rend lumineux. Le tendre chassagne-montrachet est souple à l'attaque, déjà très ouvert ; son fond de bouche ne manque pas de densité. Finement réduit, habillé d'un boisé délicat, le corton-vergennes au fruit mûr au nez s'affirme par sa puissance en bouche, avec une belle longueur, un caractère salin prononcé. Oubliez ce grand cru musclé en cave. Du côté des rouges, le givry possède un fruit acidulé et un beau volume, des tanins souples. Le nuits-saint-georges est un vin dense, qui séduit par ses tanins fins et son fruit net et précis. Le savigny rouge s'exprime par une touche d'épices et de fruit rouge. Il régale déjà. Derrière un joli nez distingué, le clos-vougeot affiche un fruit pur et précis, la solidité de son terroir. Son assise en bouche et ses tanins abondants promettent une évolution superbe : ne l'ouvrez pas avant dix ans ! Le raffinement olfactif du beaune se prolonge par une bouche gracieuse, aérienne et charnue, fraîche et mûre. On est face à un très grand vin de garde.

Chassagne-Montrachet 2017	59,20 €	15,5
Corton Grand Cru Vergennes 2017	147 €	17
Montagny Premier Cru 2017	24 €	14,5
Savigny-lès-Beaune Premier Cru Hauts Marconnets 2017	38,60 €	16
Viré-Clessé 2017	17 €	14
Beaune Premier Cru Clos des Fèves 2017	93,40 €	18
Clos de Vougeot Grand Cru 2017	273,25 €	17,5
Givry 2017	23,55 €	14,5
Nuits-Saint-Georges 2017	54,65 €	15
Savigny Premier Cru Dominode 2017	51,30 €	16

Rouge : 30 hectares.
Pinot noir 100 %
Blanc : 13 hectares.
Chardonnay 100 %
Production moyenne : 180 000 bt/an

MAISON CHANSON PÈRE ET FILS

10, rue Paul-Chanson, 21200 Beaune
03 80 25 97 97 •
www.domaine-chanson.com • Vente et visites : au domaine sur rendez-vous.

Propriétaire : Société Jacques Bollinger
Directeur : Vincent Avenel
Œnologue : Jean-Pierre Confuron

★★

DOMAINE JEAN CHARTRON

Valeur sûre pour tous les amateurs de vins blancs racés, ce domaine est l'un des plus anciens de Puligny-Montrachet. Il possède un joli patrimoine de vignes habilement exploité. Depuis 2004, à la suite de son père, Jean-Michel Chartron travaille ses vignes en agriculture biologique sans chercher la certification. La part de bois neuf a été réduite et les vins ont, depuis 2009, considérablement gagné en profondeur et en netteté, se débarrassant du caractère trop boisé qui les empêchait de s'exprimer pleinement.

Les vins : les blancs mettent en valeur la finesse plutôt que la puissance, même si l'on aimerait un rien de densité et de texture en plus. Le bourgogne offre une belle fluidité. Le saint-aubin est tendre et souple. Clos de la Pucelle affirme l'élégance de son terroir avec une belle énergie. Avec Clos du Cailleret, on monte d'un cran en intensité et en complexité, tandis que le corton-charlemagne reste gainé par son élevage. Le bâtard-montrachet affiche une attaque souple ; rapidement la puissance du terroir reprend ses droits avec un fruit très pur, mais qui n'a pas la densité attendue d'un tel cru ; on apprécie toutefois son raffinement. Le chevalier-montrachet préserve la pureté de son fruit grâce à un élevage juste. Vif et ciselé, il possède l'énergie de ce splendide terroir, toujours avec un fruit délicat et peu épais.

Bourgogne Clos de la Combe 2017	10,90 €	13,5
Bâtard-Montrachet Grand Cru 2017	210 €	17,5
Chassagne-Montrachet Les Benoîtes 2017	43,90 €	15,5
Chevalier-Montrachet Grand Cru Clos des Chevaliers 2017	290 €	17,5
Corton-Charlemagne Grand Cru 2017	130 €	16
Puligny-Montrachet Premier Cru Clos de la Pucelle 2017	69 €	16,5
Puligny-Montrachet Premier Cru Clos du Cailleret 2017	69 €	17
Rully Montmorin 2017	16,90 €	14

- Saint-Aubin Premier Cru Perrières 2017 — 33 € — 15
- Santenay Champs Perrier 2017 — 24,90 € — 14,5

Rouge : 0,74 hectare.
Pinot noir 100 %
Blanc : 13,25 hectares.
Chardonnay 100 %
Production moyenne : 80 000 bt/an

DOMAINE JEAN CHARTRON
8 bis, Grande-Rue, 21190 Puligny-Montrachet
03 80 21 99 19 • www.jeanchartron.com •
Vente et visites : au domaine sur rendez-vous.
Propriétaire : Jean-Michel et Anne-Laure Chartron
Directeur : Jean-Michel Chartron

★★

DOMAINE BRUNO COLIN

Installé à son compte depuis le millésime 2004, Bruno Colin défend une vision nette et pure des chardonnays de Bourgogne. Son domaine est essentiellement réparti entre Chassagne-Montrachet, Puligny-Montrachet et Saint-Aubin, soit une très belle collection de terroirs de chardonnays parfaitement exploités et vinifiés, avec une gestion de l'élevage et une tension remarquables. Les rouges progressent. Une adresse très sûre.

Les vins : La Boudriotte offre un parfum élégant qui se retrouve dans sa bouche puissante et vive. La bouche sapide de des Vergers livre une matière élancée, avec de la sève et une note citronnée. Morgeot sent la croûte de pain ; sa bouche s'impose davantage en finesse qu'en volume. En Remilly est tout en allonge. Si son fruit est précis et ciselé, il garde une petite note boisée en finale, qui s'intègrera avec le temps. Blanchot Dessus est également marqué par un fin boisé : au nez, une touche vanillée vient se surexposer au fruit. La bouche, à l'inverse, s'impose par sa pureté son caractère cristallin. Un vin à la fois enraciné et en apesanteur, avec une finale sur une touche de pamplemousse. Fin et floral, le puligny-montrachet est épuré et raffiné. Son énergie porte le fruit en longueur. Le bâtard-montrachet prend un parfum de viennoiserie. La bouche possède le volume d'un grand cru ; sa richesse et sa puissance vont crescendo, toujours avec élégance. Le chevalier-montrachet est au sommet. On aime son énergie raffinée, sa sensation saline très forte. En rouge, le maranges, sans manquer de fond ni de densité, séduit par son caractère gourmand.

- Bâtard-Montrachet Grand Cru 2017 — 400 € — 18
- Chassagne-Montrachet Premier Cru Blanchot Dessus 2017 — 100 € — 17
- Chassagne-Montrachet Premier Cru En Remilly 2017 — 90 € — 16
- Chassagne-Montrachet Premier Cru La Boudriotte 2017 — 76 € — 16,5
- Chassagne-Montrachet Premier Cru Morgeot 2017 — 76 € — 16,5
- Chevalier-Montrachet Grand Cru 2017 — 500 € — 18,5
- Puligny-Montrachet Premier Cru La Truffière 2017 — 120 € — 17
- Maranges Premier Cru La Fussière 2017 — 34 € — 15,5

Rouge : 3 hectares.
Pinot noir 100 %
Blanc : 6 hectares.
Chardonnay 96 %, Aligoté 4 %
Production moyenne : 80 000 bt/an

DOMAINE BRUNO COLIN
3, impasse des Crêts,
21190 Chassagne-Montrachet
03 80 24 75 61 •
www.domaine-bruno-colin.com ou
www.41-maufoux-bruno-colin.com • Vente et visites : au domaine sur rendez-vous.
Propriétaire : Bruno Colin

★★

DOMAINE MARC COLIN ET FILS

Voici un domaine de référence pour les amateurs de grands blancs classiques. Dans l'esprit insufflé par leur père, Caroline et Damien Colin perpétuent le mode de vinification de ces cuvées célèbres pour leur pureté et leur délicatesse. Les rouges ont aussi beaucoup progressé : les vins issus de vieilles vignes de pinot noir de Santenay et de Chassagne-Montrachet surprennent par leur vigueur. Avec une gamme des plus complètes sur les meilleurs terroirs de Saint-Aubin, c'est une adresse sûre et hautement recommandable.

Les vins : parmi les saint-aubin, En Montceau présente à ce stade le plus bel équilibre entre matière et élevage. Son fruit très intense se distingue par sa grande pureté. Le Charmois est une belle entrée en matière au fruit pulpeux et enveloppant. L'élevage reste encore très présent dans La Chatenière et En Remilly : enfouissez-les en cave. Le Trézin possède la finesse et la touche florale qui caractérisent ce terroir. Margot possède un beau nez profond où le fruit est bien mis en valeur. La bouche est dense et sapide. Les Champs Gains est marqué par une petite note lactée. La bouche se montre dense et encore gainée par son élevage à ce stade, sans trahir la complexité du terroir. L'intensité des Caillerets est servie par un grand terroir ; l'équilibre entre fruit et élevage reste exemplaire. Le bâtard-montrachet développe une belle ampleur, déterminée par son fruit charnu davantage que par le terroir : ce dernier se révèlera avec le temps. La grandeur du montrachet s'exprime avec élégance ; sa puissance ira crescendo en vieillissant.

- Bâtard-Montrachet Grand Cru 2017 — 350 € (c) — 18
- Chassagne-Montrachet Margot 2017 — 42 € (c) — 16,5
- Chassagne-Montrachet Premier Cru Les Caillerets 2017 — 75 € (c) — 17,5
- Chassagne-Montrachet Premier Cru Les Champs Gains 2017 — 70 € (c) — 17
- Puligny-Montrachet Le Trézin 2017 — 42 € (c) — 16
- Saint-Aubin Premier Cru En Montceau 2017 — 40 € (c) — 16,5
- Saint-Aubin Premier Cru En Remilly 2017 — 40 € — 16
- Saint-Aubin Premier Cru La Chatenière 2017 — 40 € — 15
- Saint-Aubin Premier Cru Le Charmois 2017 — 36 € (c) — 15,5

Le coup de ♥

- Montrachet Grand Cru 2017 — 700 € (c) — 19

Rouge : 1 hectare.
Pinot noir 100 %
Blanc : 11 hectares.
Chardonnay 90 %, Aligoté 10 %

DOMAINE MARC COLIN ET FILS

9, rue de la Chatenière, 21190 Saint-Aubin
03 80 21 30 43 • www.marc-colin.com •
Vente et visites : au domaine sur rendez-vous.
Propriétaire : Caroline et Damien Colin

★★

DOMAINE PIERRE-YVES COLIN-MOREY

Pierre-Yves Colin est l'un des vinificateurs les plus doués de sa génération. Il a travaillé au domaine familial Marc Colin jusqu'en 2005, date à laquelle il a pris son indépendance. En 2001, il avait déjà lancé une petite activité de négoce. Un tiers de sa production provient d'achat de raisins. Les vignes sont travaillées et les vins élevés sans bâtonnage (majoritairement en demi-muid de 350 litres), et longuement, pour éviter collage et filtration. La gestion des élevages est le point fort du domaine. Mais chaque détail a ici son importance comme, par exemple, augmenter le diamètre des bouchons pour combattre les problèmes d'oxydation. Un bel exemple à suivre.

Les vins : une gamme de blancs exemplaires où la pureté du fruit ne se fait jamais au détriment de la maturité. Les saint-aubin sont superbes : dans la bouche tendue du Banc, on trouve un fruit citronné, très pur. Les Champlots déploie une magnifique énergie ; sa vivacité est contrebalancée par son poids en bouche. Hommage à Marguerite offre un parfum de thym citron. La bouche est puissante, avec une acidité appuyée, mais stimulante, relayée par une belle salinité. En Remilly reste légèrement introverti au nez ; sa bouche s'affirme en finesse et en douceur. La Chatenière séduit par sa bouche intense et son fruit d'une grande pureté cristalline. À Chassagne-Montrachet, Les Ancegnières offre au nez une petite touche florale. Son fruit charnu et cristallin fait longuement saliver sur une note saline. Abbaye de Morgeot est très frais, bien que timide au nez. Finesse, pureté et précision, voici les qualités de ce vin très long en bouche. Le parfum des Baudines évoque la badiane. Sa bouche douce et suave finit sur une note citronnée. Puissance et fougue forment l'ossature des Chenevottes, un vin tout en tension, au fruit d'une magnifique pureté : gardez-le. En grand cru, le chevalier-montrachet balance entre fleur, épice et pierre froide, avec une note de céréale. Il brille par sa pureté aromatique. La bouche, fine à l'attaque, dispose d'un fruit vif, acidulé, qui évoque le cédrat ; hélas, ce vin lumineux manque de poids et d'allonge.

- Chassagne-Montrachet Les Ancegnières 2017 — N.C. — 16
- Chassagne-Montrachet Premier Cru Abbaye de Morgeot 2017 — de 100 à 150 € (c) — 17

- Chassagne-Montrachet Premier Cru Les Baudines 2017 — de 130 à 180 € (c) — 16,5
- Chevalier-Montrachet Grand Cru 2017 — de 600 à 900 € (c) — 17,5
- Saint-Aubin Le Banc 2017 — de 30 à 50 € (c) — 15
- Saint-Aubin Premier Cru En Remilly 2017 — de 85 à 105 € (c) — 16,5
- Saint-Aubin Premier Cru Hommage à Marguerite 2017 — de 50 à 70 € (c) — 16
- Saint-Aubin Premier Cru La Chatenière 2017 — de 90 à 100 € (c) — 16,5
- Saint-Aubin Premier Cru Les Champlots 2017 — de 70 à 100 € (c) — 16,5

Le coup de ♥

- Chassagne-Montrachet Premier Cru Les Chenevottes 2017 — de 150 à 200 € (c) — 17,5

Rouge : 2 hectares.
Pinot noir 100 %
Blanc : 9 hectares.
Chardonnay 100 %
Production moyenne : 70 000 bt/an

DOMAINE PIERRE-YVES COLIN-MOREY
2, chemin du Puits-Merdreaux,
21190 Chassagne-Montrachet
03 80 21 90 10 • contact@pierreyvescolinmorey.fr • Vente et visites : au domaine sur rendez-vous.
Propriétaire : Pierre-Yves Colin

★★

MAISON JOSEPH DROUHIN

Cette maison est désormais dirigée par Frédéric Drouhin, épaulé par sa sœur Véronique pour les vins et par son frère Philippe aux vignes. Depuis juillet 2013, elle a ouvert une œnothèque au cœur de Beaune. Elle a trouvé sa vitesse de croisière et s'impose comme une valeur sûre. La maison s'appuie sur un vignoble biodynamique particulièrement bien pourvu en grands blancs, en Côte de Beaune mais aussi à Chablis (vins vendus sous la marque Drouhin-Vaudon), dont le célèbre Clos des Mouches. Le style a toujours été axé sur la finesse et l'élégance, mais les vins ont beaucoup gagné en profondeur et en constitution ces dernières années.

Les vins : en blanc, le saint-romain est tendre à l'attaque ; son fruit se montre mûr et bien équilibré. À Chablis, la bouche de Vaillons nous ramène vers son lieu de naissance avec un fruit finement iodé ; une note que l'on retrouve au nez de la cuvée Les Clos, qui possède la puissance de ce grand cru mais manque d'un surcroît de volume et d'allonge en bouche : délicat et épuré, mais pas à la hauteur de son statut. Marquis de Laguiche offre un fruit à la fois juteux et très pur, présente une belle dynamique de bouche. Il conjugue puissance et raffinement. Tout aussi élégant, Clos des Mouches évoque la pierre, puis une note de zeste d'agrumes. Il s'impose par sa force et sa puissance, avec juste ce qu'il faut de volume en milieu de bouche. En rouge, Aux Guettes offre un nez friand de griotte acidulée. Délicat, peu charnu, il reste gracieux avec ses tanins très fins. Cras est un premier cru un peu sauvage au nez ; la bouche s'impose par son volume et des tanins solides. Entre fruit rouge et violette, le chambolle-musigny premier cru est intense. Sa bouche solide et fine s'étire sur un fruit très épuré et vif, énergique, malgré une petite touche d'élevage qui revient en finale. Le grand cru vient couronner la gamme avec son nez légèrement graphité, suivi d'une petite touche florale. Gracieux, volumineux et élégant, sa finesse ne s'impose jamais au détriment de l'onctuosité du fruit.

- Beaune Premier Cru Clos des Mouches 2017 — 95,80 € — 17
- Chablis Grand Cru Les Clos 2017 — 52,60 € — 16
- Chablis Premier Cru Vaillons 2018 — 23,30 € — 15,5
- Chassagne-Montrachet Premier Cru Morgeot Marquis de Laguiche 2017 — 74,20 € — 16,5
- Saint-Romain 2017 — 23,80 € — 14,5
- Beaune Premier Cru Cras 2017 — 57 € — 16
- Chambolle-Musigny Premier Cru 2017 — 72,80 € — 17
- Savigny-lès-Beaune Premier Cru Aux Guettes 2017 — 39,70 € — 15,5

Le coup de ♥

- Grands-Echezeaux Grand Cru 2017 — 332 € — 18

Rouge : 26 hectares.
Pinot noir 100 %
Achat de raisins.
Blanc : 49 hectares.
Chardonnay 100 %
Achat de raisins.
Production moyenne : 3 600 000 bt/an

MAISON JOSEPH DROUHIN
7, rue d'Enfer, 21200 Beaune
03 80 24 68 88 • www.drouhin.com • Vente

et visites : au domaine sur rendez-vous.
Propriétaire : Famille Drouhin
Directeur : Frédéric Drouhin (Président)
Maître de chai : Jérôme Faure-Brac

★★

MAISON CAMILLE GIROUD

Cette maison beaunoise acquise en 2001 par les Colgin, Américains passionnés, compte aujourd'hui onze associés et propose une gamme des plus recommandables. Elle rencontre le succès et affiche une grande régularité depuis quelques millésimes. On les doit à l'œnologue ligérien David Croix, qui a tenu à conserver une taille de micro-négoce (75 000 bouteilles) et un esprit de facture classique, avec des élevages comportant 15 à 20 % de fûts neufs. Il a été remplacé en 2016 par Carel Voorhuis.

Les vins : en blanc, nous sommes séduits par le délicieux bourgogne. Les Vergers exprime une note de pierre à feu ; en bouche, son fruit alterne puissance et volume. Il est plus épuré que charnu, avec une belle vivacité sur une note de citron. Les rouges misent sur la finesse : ils accusent par moment un léger manque de densité et de chair, mais restent de haut niveau. Le pommard offre un nez sur la cerise et le noyau. La bouche affiche des tanins fins. Clos Rousseau, au nez gourmand et à la bouche dans le même esprit, arbore une vraie finesse de grain. Les Crais présente un parfum légèrement lardé et graphité. Le fruit reste assez délicat, malgré des tanins encore saillants. Les Lurets affiche une note de ronce et de fruit légèrement acidulé, mais campe sur une structure avec des tanins serrés : attendez-le. Aux Échanges se démarque par un nez élégant. Sa bouche est tout en dentelle, délicate et gracieuse, avec des tanins fins bien intégrés, un fruit d'une grande pureté. Le nez légèrement lacté du clos-vougeot ne masque pas son fruit très présent. Dense, il exprime la puissance tellurique du sol : un grand cru bâti pour la garde. Le chambertin est encore dans l'empreinte du raisin. Ici, la puissance fait jeu égal avec l'élégance, toujours dans un profil de vin élancé, avec des tanins présents mais fins.

- Bourgogne 2017 — 17,50 € — 14,5
- Chassagne-Montrachet Premier Cru Les Vergers 2017 — 73,50 € — 15
- Chambertin Grand Cru 2016 — 275 € — 18
- Chambolle-Musigny Premier Cru Aux Échanges 2016 — 104 € — 16,5
- Clos de Vougeot Grand Cru 2016 — 152 € — 17,5
- Gevrey-Chambertin Les Crais 2016 — 44 € — 15,5
- Pommard 2016 — 40,50 € — 14,5
- Santenay Premier Cru Clos Rousseau 2016 — 33 € — 15,5
- Volnay Premier Cru Les Lurets 2016 — 53 € — 16
- Vosne-Romanée Les Chalandins 2016 — 61,50 € — 15,5

Rouge : 1,3 hectare.
Pinot noir 100 %
Achat de raisins.
Blanc : Chardonnay 100 %
Achat de raisins.
Production moyenne : 75 000 bt/an

MAISON CAMILLE GIROUD
3, rue Pierre-Joigneaux, 21200 Beaune
03 80 22 12 65 • www.camillegiroud.com •
Vente et visites : au domaine sur rendez-vous.
Propriétaire : Famille Colgin
Directeur : Carel Voorhuis

★★

DOMAINE ALBERT GRIVAULT

Ce domaine bénéficie d'un pur joyau : le Clos des Perrières, une parcelle de 1 hectare, considérée unanimement comme la partie optimale du meilleur premier cru de Meursault. Il est exploité en monopole par le domaine Grivault depuis 1873, qui y produit régulièrement des vins blancs remarquables, lesquels ont pu, par le passé, dépasser bien des grands crus. Le Clos du Murger s'avère également une cuvée de haute volée !

Les vins : le pommard accuse une petite rusticité et manque un peu d'allonge. Contrairement à l'an passé, les meursaults blancs sont un peu plus marqués par la présence du fût neuf. Clos du Murger est un vin souple et consensuel. Perrières accuse une pointe de verdeur : un vin délicat et souple. Clos des Perrières se démarque par un surcroît de puissance et de densité, sans manquer d'élégance.

- Meursault Clos du Murger 2017 — 46 € — 15
- Meursault Perrières Premier Cru 2017 — 89 € — 16
- Meursault Premier Cru Clos des Perrières 2017 — 117 € — 16,5

Pommard Premier Cru Clos Blanc 2017 — 45 € — 15

Rouge : 1 hectare.
Pinot noir 100 %
Blanc : 5 hectares.
Chardonnay 100 %
Production moyenne : 35 000 bt/an

DOMAINE ALBERT GRIVAULT
7, place du Murger, 21190 Meursault
03 80 21 23 12 • albert.grivault@wanadoo.fr •
Vente et visites : au domaine sur rendez-vous.
Propriétaire : Héritiers Grivault
Directeur : Claire Bardet

★★

ANTOINE JOBARD

Antoine Jobard produit des meursaults de haut niveau dans un style classique, avec des élevages très longs et sans aucun effet de style. Jamais lourds ni outrageusement boisés, les vins brillent par leur précision et surtout leur aptitude au vieillissement. Le Genevrières fait indiscutablement partie des meilleurs. Une valeur sûre pour les amateurs de grands blancs éternels.

Les vins : franc, net, le bourgogne est une belle entrée en matière qu'on peut boire maintenant ou garder un peu. À Meursault, En La Barre campe sur une certaine austérité, mais la puissance est là. Poruzots est un vin dense et puissant, racé, tellurique, à oublier en cave pour longtemps. Charmes est fin, moins réduit que les autres cuvées. Un vin volumineux, intense, équilibré par un fruit pulpeux. Genevrières nous fait pénétrer dans la réduction noble : quintessence du grand meursault, c'est un vin fin, racé, à la persistance magnifique.

Bourgogne 2017	de 25 à 30 € (c)	14
Meursault En La Barre 2017	de 50 à 60 € (c)	15,5
Meursault Premier Cru Charmes 2017	de 100 à 110 € (c)	17
Meursault Premier Cru Genevrières 2017	de 125 à 145 € (c)	17,5
Meursault Premier Cru Poruzots 2017	de 80 à 90 € (c)	17

Blanc : 6,5 hectares.
Chardonnay 100 %
Production moyenne : 40 000 bt/an

ANTOINE JOBARD
2, rue de Leignon, 21190 Meursault
03 80 21 21 26 • antoine.jobard@orange.fr •
Pas de visites.
Propriétaire : François et Antoine Jobard
Directeur : Antoine Jobard

★★ ↗

DOMAINE MICHEL LAFARGE

Ce domaine traditionnel de Volnay élabore des vins très classiques qui mettent du temps à se révéler, mais expriment dans la durée une précision et une expression magnifiques des terroirs, sans aucun artifice. Il mérite d'accéder aujourd'hui à la deuxième étoile.

Les vins : Clos des Chênes offre un nez somptueux. Bâtie sur un fruit très pur, la bouche est comme suspendue, sans manquer de poids ni d'intensité ; un vin exemplaire.

Le coup de ♥

Volnay Premier Cru Clos des Chênes 2017 — de 145 à 155 € (c) — 17,5

Rouge : 9,5 hectares.
Pinot noir 100 %
Blanc : 2,5 hectares.
Production moyenne : 60 000 bt/an

DOMAINE MICHEL LAFARGE ☾
15, rue de la Combe, 21190 Volnay
03 80 21 61 61 • www.domainelafarge.com •
Pas de visites.
Propriétaire : Famille Lafarge

★★

DOMAINE CATHERINE ET CLAUDE MARÉCHAL

Situé à l'écart de la Côte, dans la plaine de Bligny, mais en totalité en Côte de Beaune, ce domaine est resté artisanal grâce à l'approche de Claude Maréchal, son propriétaire. Le pudique mot de "vigneron" inscrit sur l'étiquette résume la vision simple et exigeante de cet homme. Vinifications naturelles et utilisation modérée du soufre sont ses tables de lois. Les boisés sont modérés et complexifient avec respect les terroirs. Si les vins se révèlent élégants et délicatement parfumés, sans aucun effet de style, il convient toutefois de les conserver avec précaution. Les prix demeurent raisonnables.

Les vins : Gravel est un rouge plein, net et juteux. Le chorey campe sur sa structure ; on aimerait un fruit plus aimable. L'auxey-duresses affiche une bouche compacte, un fruit pulpeux. Laissez-lui le temps de détendre ses tanins. Le ladoix "pinote" déjà ; sa matière apparaît tendre et suave, mais la structure revient en finale, sans durcir le vin pour autant. Le savigny est doté d'un parfum gourmand de cerise juteuse ; on retrouve cette note dans une bouche douce et sapide. Le volnay est plus puissant : mettez-le en cave. La Chanière est étonnamment aimable pour un jeune pommard ; dense et riche, il est doté d'une jolie sève, et ses tanins mûrs lui confèrent un bel équilibre. Les blancs sont bien mûrs à l'image de l'aligoté, vin frais aux amers séduisants, ou de la très parfumée Cuvée Antoine, qui introduit une note de fruit exotique et séduit par sa bouche douce et sapide. Le savigny surprend par un côté "muscaté" qui fait penser à une pointe de surmaturité. On retrouve cette note en attaque de bouche avant que de jolis amers, évoquant le pamplemousse, ne s'imposent.

(blanc) Bourgogne Aligoté 2017	14 € (c)	13,5
(blanc) Bourgogne Cuvée Antoine 2017	21 € (c)	14
(blanc) Savigny-lès-Beaune 2017	31 € (c)	14,5
(rouge) Auxey-Duresses 2017	27 € (c)	14,5
(rouge) Bourgogne Gravel 2017	21 € (c)	13,5
(rouge) Chorey-lès-Beaune 2017	27 € (c)	13,5
(rouge) Ladoix Les Chaillots 2017	27 € (c)	14,5
(rouge) Pommard La Chanière 2017	44 € (c)	16
(rouge) Savigny-lès-Beaune Vieilles Vignes 2017	31 € (c)	15
(rouge) Volnay 2017	44 € (c)	15,5

Rouge : 11,1 hectares.
Pinot noir 100 %
Blanc : 1,7 hectare.
Chardonnay 67 %, Aligoté 33 %
Production moyenne : 75 000 bt/an

DOMAINE CATHERINE ET CLAUDE MARÉCHAL

6, route de Chalon, 21200 Bligny-lès-Beaune
03 80 21 44 37 •
www.bourgogne-marechal.com • Vente et visites : au domaine sur rendez-vous.
Propriétaire : Catherine et Claude Maréchal

★★ ↗

DOMAINE MATROT

Réputé pour ses magnifiques meursaults, ce domaine produit des vins de très longue garde dans les deux couleurs. Les entrées de gamme, comme le bourgogne, servent à déboiser l'arrivée des nouveaux fûts neufs, utilisés ensuite pour l'élevage des vins plus prestigieux. Thierry et son épouse ont cédé la place à deux de leurs filles, Adèle, l'aînée, et Elsa, la cadette. Elles travaillent depuis longtemps avec leurs parents. Aujourd'hui, elles sont aux commandes du domaine. Elles produisent leur premier millésime en 2016. Complémentaires et autonomes, elles vinifient ensemble et ont préservé la philosophie du domaine. En blanc comme en rouge, les vins sont très précis, et nous saluons la qualité des élevages, qu'elles ont un peu allongés, et des extractions. Ces vins sont non seulement très réguliers, mais ils évoluent de surcroît admirablement bien. Nous lui décernons la deuxième étoile.

Les vins : le bourgogne est un modèle de blanc dense et juteux, avec du volume et de la chair. Le saint-romain est marqué par une légère prise de bois, qu'il absorbera. Dans la série des meursaults, le village offre une sensation de fruit vif ; ce beau vin musclé ne se boira qu'après un long repos en cave. Blagny est d'une grande pureté : au nez, pierre froide et touche florale nous accueillent, alors qu'en bouche il conjugue finesse et puissance, longueur et volume, avec un fruit énergique. Charmes est un blanc fin, délicat et très pur, mais le fruit est un peu replié sur lui-même : gardez-le une à plusieurs décennies. En rouge, l'auxey impose un nez vif évoquant la groseille. Il procure beaucoup de plaisir, avec son fruit croquant et ses tanins vraiment fins. On peut le boire. Le maranges sent le noyau de cerise et s'exprime avec beaucoup d'élégance. Santenots offre un fruit précis, des tanins solides et délicats qui doivent se détendre en cave. Le blagny sent la pêche de vigne. On aime la bouche pulpeuse, les tanins souples et le fruit mûr de ce vin gourmand et racé.

(blanc) Bourgogne Chardonnay 2017	15 €	14
(blanc) Meursault 2017	40 €	15,5
(blanc) Meursault Premier Cru Charmes 2017	60 €	18
(blanc) Saint-Romain 2017	25 €	14,5
(rouge) Auxey-Duresses 2017	26 €	15
(rouge) Blagny Premier Cru La Pièce sous le Bois 2017	45 €	17

- Maranges Premier Cru La Fussière 2017 — 28 € — 16
- Volnay Premier Cru Santenots 2017 — 45 € — 17

Le coup de ♥

- Meursault Premier Cru Blagny 2017 — 55 € — 18,5

Rouge : 10,48 hectares.
Pinot noir 100 %
Achat de raisins.
Blanc : 13,77 hectares.
Chardonnay 100 %
Achat de raisins.
Production moyenne : 150 000 bt/an

DOMAINE MATROT
12, rue de Martray, 21190 Meursault
03 80 21 20 13 • www.matrot.com • Vente et visites : au domaine sur rendez-vous.
Propriétaire : Famille Matrot
Directeur : Adèle et Elsa Matrot

★★

DOMAINE DE MONTILLE

C'est Étienne de Montille qui vinifie les rouges au domaine. Il produit des vins moins rigides que son père, et surtout plus fins et plus gracieux. On cherche ici à exprimer toute l'élégance naturelle des meilleurs terroirs de Volnay et de Pommard. Les vins peuvent paraître austères, voire durs dans leurs premières années, mais ils évoluent souvent avec grâce. De très grands vins à la fois en blanc et en rouge.

Les vins : les blancs sont très épurés mais gardent du poids en bouche, à l'image de Saint-Christophe, vin fougueux et très intense, superbe expression du terroir de Meursault. Le corton-charlemagne, tendre et souple en attaque, délivre un fruit doux et charnel. Il y a une grande vitalité dans son cœur de bouche. Le superbe Cailleret laisse ressortir le caractère salin de son terroir et s'appuie sur un fruit cristallin. En rouge, Aux Saints-Juliens présente une bouche déjà ouverte ; ses tanins indiquent qu'il grandira en cave. Le beaune Les Grèves offre une matière juteuse et un fruit net, avec des tanins solides en finale ; oubliez-le en cave. Le pommard livre un fruit mûr dès le premier nez ; il possède la solidité de Pommard, équilibrée par une belle maturité. Toute l'élégance de Volnay se retrouve dans le fruit pulpeux et fin des Taillepieds, dont la finesse aromatique s'exprime sur les épices, complétée d'une touche florale. Il possède du fond et de l'élégance.

- Corton-Charlemagne Grand Cru 2017 — 116 € — 17
- Meursault Saint-Christophe 2017 — 50 € — 15,5
- Puligny-Montrachet Premier Cru Le Cailleret 2017 — 111 € — 18
- Beaune Premier Cru Les Grèves 2017 — 57 € — 16,5
- Pommard Premier Cru Les Pézerolles 2017 — 91 € — 17
- Volnay Premier Cru Les Taillepieds 2017 — 96 € — 17,5

Le coup de ♥

- Nuits-Saint-Georges Aux Saint Juliens 2017 — 42 € — 15

Rouge : 20 hectares.
Pinot noir 100 %
Blanc : 17 hectares.
Chardonnay 100 %
Production moyenne : 180 000 bt/an

DOMAINE DE MONTILLE ♣
Rue de Pied-de-la-Vallée, 21190 Volnay
03 80 21 39 14 • www.demontille.com • Vente et visites : au domaine sur rendez-vous.
Propriétaire : Étienne de Montille
Maître de chai : Brian Sieve

★★ ↗

MAISON PHILIPPE PACALET

Adepte des vins vinifiés sans soufre en vendange entière, mais sans dogmatisme, Philippe Pacalet a travaillé avec son oncle Marcel Lapierre dans le Beaujolais, de 1985 à 1991, avant d'arriver au domaine Prieuré-Roch où il vinifie et découvre ses repères en Bourgogne. Il y restera jusqu'en 2001, date à laquelle il décide de développer sa propre activité de négoce. Il a commercialisé jusqu'à 27 appellations différentes, en rouge comme en blanc. Si le propre du négoce est l'achat de raisins, Philippe Pacalet passe un temps important à trouver des sources de qualité. Pour lui, l'élevage reste un moment crucial pour faire grandir les vins, si bien qu'il y apporte le plus grand soin possible. En plus de faire parler leur terroir, ses vins sont d'une douceur et d'une complexité incroyables, se révèlent délicieux dès leur prime jeunesse et savent vieillir parfaitement. Nous accordons cette année la deuxième étoile.

Les vins : habillé d'une robe claire, le nuits-saint-georges offre un parfum somptueux, entre pêche de vigne et rose. Élégance et pureté de fruit sont réunis. Le gevrey-chambertin est légèrement replié sur lui-même, mais déjà énergique. À l'inverse, Les Sentiers présente déjà une grande élégance. Sa bouche tout en dentelle est posée. Marqué par une pointe de réduction, l'échezeaux possède une matière dense et serrée, une magnifique énergie, un gros potentiel de garde. Issu d'une vigne de 80 ans, le corton-bressandes brille par la pureté de son fruit exemplaire. Un grand vin de garde. Le meursault embaume la noisette, complétée d'une pointe d'anis. Il s'exprime sur une belle note citronnée, ce qui lui confère de la vivacité. Sa finale conjugue salinité et beaux amers.

- Meursault 2017 — 75 € 15,5
- Chambolle-Musigny Premier Cru Les Sentiers 2015 — 130 € 17,5
- Corton-Bressandes Grand Cru 2017 — 222 € 18
- Echezeaux Grand Cru 2015 — 261,50 € 18,5
- Gevrey-Chambertin 2015 — 62,50 € 16
- Nuits-Saint-Georges 2015 — 65 € 16,5

Rouge : 14 hectares.
Pinot noir 100 %
Achat de raisins.
Blanc : 4 hectares.
Chardonnay 100 %
Achat de raisins.
Production moyenne : 80 000 bt/an

MAISON PHILIPPE PACALET
12, rue de Chaumergy, 21200 Beaune
03 80 25 91 00 • www.philippe-pacalet.com
• Vente et visites : au domaine sur rendez-vous.
Propriétaire : Philippe Pacalet

★★

ETIENNE SAUZET

Domaine de grande réputation créé à l'orée du XXe siècle, la maison Étienne Sauzet associe, depuis le début des années 1990, le négoce et la production d'une palette de pulignys rares. Les achats étant réalisés auprès des meilleurs viticulteurs de la région, la qualité des vins est remarquable. L'approche de la vinification et de l'élevage est très classique. Le style des chardonnays allie une grande pureté d'expression, la finesse et l'élégance, sans pour autant manquer de potentiel de vieillissement.

Les vins : ils s'affirment par leur finesse. Si la maturité est sur le fil du rasoir, les vins ne basculent pas dans la verdeur. L'intense puligny-montrachet brille par son fruit cristallin. Derrière une pointe de réduction, La Garenne possède densité et allonge ; avec un jus sur les agrumes. Champ-Canet évoque la pâte d'amande au nez. On monte en vivacité et en volume. Les Folatières rappelle le caillou, complété d'une note florale. La bouche s'impose par sa puissance, sa salinité et ses amers. Un vin qu'il faut oublier en cave. Les Perrières est puissant et volumineux, au fruit très pur et à la salinité prononcée. La bouche sapide et énergique des Combettes en fait un beau vin élancé.

- Puligny-Montrachet 2017 — de 45 à 50 € 15,5
- Puligny-Montrachet Premier Cru Champ-Canet 2017 — 90 € 16,5
- Puligny-Montrachet Premier Cru La Garenne 2017 — 72 € 16,5
- Puligny-Montrachet Premier Cru Les Combettes 2017 — de 110 à 120 € 17,5
- Puligny-Montrachet Premier Cru Les Folatières En la Richarde 2017 — 90 € 17
- Puligny-Montrachet Premier Cru Les Perrières 2017 — 80 € 17,5

Blanc : 15 hectares.
Chardonnay 100 %
Achat de raisins.
Production moyenne : 80 000 bt/an

ETIENNE SAUZET ♣
11, rue de Poiseul, 21190 Puligny-Montrachet
03 80 21 32 10 • www.etiennesauzet.com •
Pas de visites.
Propriétaire : Famille Boudot
Directeur : Benoît Riffault et Emilie Boudot

★

DOMAINE BACHELET-RAMONET

Ce domaine régulier, conduit avec efficacité par Alain Bonnefoy et son épouse, possède l'une des plus complètes palettes d'appellations de Chassagne-Montrachet avec, en rouge comme en blanc, les meilleurs premiers crus et deux grands crus. En premier cru, les terroirs s'enchaînent, chacun portant une définition bien affirmée. Il y a des profils et équilibres de bouche pour tous les goûts dans ces vins de style classique. Les prix demeurent raisonnables : aucune raison de se priver.

Les vins : le rouge à la robe claire reste un rien gracile. En blanc, le chassagne-montrachet s'appuie sur un fin boisé qui signe le nez sans masquer le fruit, tandis qu'en bouche ce dernier garde douceur et profondeur. Morgeot offre un parfum d'épices avec une fine réduction. La bouche se montre vive avec son fruit acidulé qui tire vers le citron. La Grande Montagne est un peu replié mais la bouche conserve du volume et un fruit toujours plus acidulé que mûr. Grandes Ruchottes sent la fleur blanche et la paille. La bouche volumineuse est sèveuse et profonde, la finale ponctuée par de délicats amers qui évoquent le pamplemousse jaune. Le bienvenues-bâtard-montrachet présente une jolie note épicée. Il joue davantage sur la finesse que sur la puissance ; la force de son terroir arrive en finale.

- Bienvenues-Bâtard-Montrachet Grand Cru 2017 — 121 € — 17,5
- Chassagne-Montrachet 2017 — 30 € — 15
- Chassagne-Montrachet Premier Cru La Grande Montagne 2017 — 40 € — 16
- Chassagne-Montrachet Premier Cru Les Grandes Ruchottes 2017 — 40 € — 17
- Chassagne-Montrachet Premier Cru Morgeot 2017 — 40 € — 16
- Chassagne-Montrachet Premier Cru Clos Saint-Jean 2017 — 30 € — 14,5

Rouge : 7 hectares.
Pinot noir 100 %
Blanc : 10 hectares.
Chardonnay 100 %
Production moyenne : 35 000 bt/an

DOMAINE BACHELET-RAMONET

11, rue du Parterre,
21190 Chassagne-Montrachet
03 80 21 32 49 • www.bachelet-ramonet.fr •
Vente et visites : au domaine sur rendez-vous.
Propriétaire : Jean-Claude et Noël Bachelet-Ramonet
Directeur : Marie-Paule Bonnefoy-Bachelet
Maître de chai : Alain Bonnefoy
Œnologue : Terrelis

★

DOMAINE BALLOT MILLOT ET FILS

Cette maison, qui offre un très beau panorama des vins de Meursault, est conduite par Charles Ballot depuis 2000. Il a régulièrement produit une série de blancs de belle facture à des tarifs très raisonnables.

Les vins : les blancs nous paraissent bien mieux équilibrés que l'an passé en maturité et profondeur, avec des sensation salines prononcées. Dans cette couleur, le bourgogne puissant affiche des amers prononcés et une matière profonde. Dans la série des meursaults, le village, tout en salinité, se montre dense et bien plus épais que l'an passé, avec de légers amers en finale. Les Criots, serré et juteux, arbore une fine réduction, une touche de citron et des amers évoquant le zeste d'agrumes. Le zeste d'orange parcourt également Les Narvaux, qui surprend par ce parfum. Sans manquer de volume, il est tout en allonge avec une jolie salinité sur la fin de bouche. Superbe. Bouchères, au nez réservé, affiche un parfum tourné davantage vers le végétal que le fruité. On apprécie sa douceur et sa sensation salée prononcée. Genevrières, malgré un léger boisé qui entrave la pureté du fruit, est très tendre et souple, avec une persistance tout en finesse. Le large et ample Charmes, aux notes légèrement toastées, possède du fond, de l'allonge et une belle sapidité. Perrières, doté d'un joli fruit bien mûr, offre le plus bel équilibre grâce à sa fine salinité. En rouge, Pézerolles arbore une robe peu soutenue et son caractère très suave et doux surprend pour un pommard. Ce n'est pas très dense, mais il y a une agréable gourmandise. Le volnay Santenots, fruité et doux, est un vin plus tendre que plein, plus souple que structuré.

- Bourgogne 2017 — 16 € — 14,5
- Meursault 2017 — 30 € — 15
- Meursault Les Criots 2017 — 35 € — 15,5
- Meursault Les Narvaux 2017 — 45 € — 16
- Meursault Premier Cru Bouchères 2017 — 60 € — 16
- Meursault Premier Cru Charmes 2017 — 60 € — 17
- Meursault Premier Cru Genevrières 2017 — 70 € — 16,5
- Meursault Premier Cru Perrières 2017 — 80 € — 17,5
- Pommard Premier Cru Pézerolles 2017 — 55 € — 15,5

Volnay Premier Cru Santenots 2017 — 50 € 15,5

Rouge : 2,5 hectares.
Pinot noir 100 %
Blanc : 7,5 hectares.
Chardonnay 100 %
Production moyenne : 60 000 bt/an

DOMAINE BALLOT MILLOT ET FILS
9, rue de la Goutte d'Or, 21190 Meursault
03 80 21 21 39 • www.ballotmillot.com •
Vente et visites : au domaine sur rendez-vous.
Propriétaire : Charles Ballot

★

DOMAINE DE BELLENE

Ce domaine, installé dans les très belles caves de l'ancien réfectoire de l'abbaye de Cîteaux, à Beaune, a été créé en 2005 par Nicolas Potel à la suite de la vente de la maison de négoce qui portait son nom au groupe Cottin Frères. Il a acheté diverses parcelles en Côte de Beaune (Savigny-lès-Beaune, Beaune, Volnay) et Côte de Nuits (Nuits-Saint-Georges, Vosne-Romanée) qui ont toutes entre 50 à 110 ans d'âge. À cela s'ajoute une activité florissante de négoce (Roche de Bellene, environ 350 000 bouteilles, qui ne sont pas notées ici). Vignes et vins sont travaillés selon les méthodes biologiques, vinifiés sans aucun adjuvant œnologique, sans chaptalisation ni acidification.

Les vins : les blancs sont d'une grande pureté, avec des matières équilibrées. En rouge, quand l'élevage est en phase avec la matière première, les vins sont fins, racés et intenses. Sans manquer de maturité, le fruit légèrement acidulé des Charmes Dessus stimule par sa vivacité. Le savigny-lès-beaune offre une bouche puissante et gracieuse, avec de fins amers en finale. Perrières sent la pierre froide et le zeste d'agrumes. Du côté des rouges, le savigny Vieilles Vignes évoque la griotte : un vin charnu, gourmand, qui se resserre en finale. Le vosne Quartiers de Nuits est encore dans sa gangue : attendez-le. Le nuits Vieilles Vignes dispose d'un joli volume et de tanins gras. À Beaune, Les Grèves met en avant un grain de tanin fin et longiligne ; sa trame compacte le portera sur le long terme, comme celle de la Cuvée du Cinquantenaire, vin racé, élancé mais intense. Malgré une bouche juteuse, le nuits Aux Chaignots reste chargé de tanins qui apportent de l'amertume, et perturbent la finale. Les Suchots est malheureusement dominé par son élevage : s'il garde le côté juteux du terroir, il n'affiche pas vraiment son élégance.

- Beaune Premier Cru Perrières 2017 — 66 € 16
- Santenay Les Charmes Dessus 2017 — 30 € 15,5
- Savigny-lès-Beaune 2017 — 30 € 15,5
- Beaune Premier Cru Les Grèves 2017 — 66 € 16
- Nuits-Saint-Georges Premier Cru Aux Chaignots 2017 — 86 € 15,5
- Nuits-Saint-Georges Vieilles Vignes 2017 — 47 € 15
- Savigny-lès-Beaune Vieilles Vignes 2017 — 30 € 14,5
- Vosne-Romanée Premier Cru Les Suchots 2017 — 144 € 15,5
- Vosne-Romanée Quartiers de Nuits 2017 — 82 € 15

Le coup de ♥
- Beaune Premier Cru Cuvée du Cinquantenaire 2017 — 51 € 16,5

Rouge : 17,25 hectares.
Pinot noir 100 %
Blanc : 5,45 hectares.
Chardonnay 100 %
Production moyenne : 100 000 bt/an

DOMAINE DE BELLENE
39-41, rue du Faubourg-Saint-Nicolas, 21200 Beaune
03 80 20 67 64 •
www.domainedebellene.com • Vente et visites : au domaine sur rendez-vous.
Propriétaire : Nicolas Potel
Maître de chai : Sylvain Debord

★

DOMAINE JACQUES CARILLON

Les deux frères Carillon ont séparé le domaine historique familial Louis Carillon en deux entités en 2010. Jacques exploite de son côté 5,5 hectares de vignes, dont une parcelle de Bienvenues Bâtard-Montrachet de 0,5 hectare. Il propose avec régularité des vins au profil moderne, très droits et aptes à un long vieillissement.

Les vins : les vins sont malheureusement trop marqués par le soufre, ce qui les rend étroits et comprimés, à l'image du puligny-montrachet. Les Champs Canet présente une matière très épurée et fine, avec une amertume prononcée sur le zeste de citron, mais sans allonge. On cherche en vain l'éclat floral de Puligny. Les Perrières s'exprime sur une note de pierre à fusil. La bouche est vive, longue, avec des notes racinaires. Nous retirons la deuxième étoile au domaine.

- Puligny-Montrachet 2016 — 44 € — 15
- Puligny-Montrachet Premier Cru Les Champs Canet 2016 — 80 € — 15,5
- Puligny-Montrachet Premier Cru Les Perrières 2016 — 80 € — 15

Rouge : 0,5 hectare.
Pinot noir 100 %
Blanc : 5 hectares.
Chardonnay 100 %
Production moyenne : 30 000 bt/an

DOMAINE JACQUES CARILLON
1, impasse Drouhin,
21190 Puligny-Montrachet
03 80 21 01 30 • www.jacques-carillon.com •
Pas de visites.
Propriétaire : Jacques Carillon

★ ↗

DOMAINE CHEVROT ET FILS

Ce domaine exploite des vignes dans le sud de la Côte de Beaune depuis 1830. Plusieurs générations s'y sont succédé. Aujourd'hui, les deux frères Pablo et Vincent Chevrot travaillent avec une passion communicative, en agriculture biologique. Depuis deux millésimes, ils se sont lancés dans le labour à cheval et envisagent d'en acquérir un second.

Les vins : les deux aligotés sont réussis. Le santenay Comme Dessus s'impose par sa force tellurique et son fruit d'une parfaite maturité : l'acidité renforce sa persistance. La Fussière est dense : ce vin au tempérament affirmé mérite quelques années de garde. Sur le Chêne évoque la réglisse ; sa bouche fine s'appuie sur la charpente tannique qui signe les vins de Maranges. Le Croix Moines doit se mettre en place, tout comme Les Clos Roussots, qui séduit par son allonge sur un fruit frais et son étoffe. La Fussière est encore dans sa gangue. Le santenay Clos Rousseau évoque le fruit rouge, sa bouche pulpeuse est fine, mais serrée. En rouge comme en blanc, ce domaine produit des vins gracieux, avec du fond et une belle maturité de fruit, tout en gardant l'équilibre en ligne de mire. Une gageure au vu des terroirs, qui ne sont pas des plus réputés : la première étoile, accordée cette année, est d'autant plus méritée.

- Bourgogne Aligoté Cuvée des Quatre Terroirs 2017 — 12,50 € — 13,5
- Bourgogne Aligoté Tilleul 2017 — 20,10 € — 14
- Maranges 2017 — 22,90 € — 14,5
- Maranges Premier Cru La Fussière 2017 — 38,50 € — 15,5
- Maranges Premier Cru La Fussière 2017 — 27,50 € — 15,5
- Maranges Premier Cru Le Croix Moines 2017 — 36 € — 16
- Maranges Premier Cru Les Clos Roussots 2017 — 27,50 € — 15,5
- Maranges Sur le Chêne 2017 — 20,30 € — 15
- Santenay Premier Cru Clos Rousseau 2017 — 27,50 € — 16

Le coup de ♥
- Santenay Comme Dessus 2017 — 26 € — 15

Rouge : 13 hectares.
Pinot noir 100 %
Blanc : 4,5 hectares.
Chardonnay 65 %, Aligoté 35 %
Production moyenne : 80 000 bt/an

DOMAINE CHEVROT ET FILS ♣
19, route de Couches,
71150 Cheilly-les-Maranges
03 85 91 10 55 • www.chevrot.fr •
Visites : sans rendez-vous.
Propriétaire : Pablo et Vincent Chevrot

★

DOMAINE FRANÇOISE ET DENIS CLAIR

Jean-Baptiste Clair a su porter le domaine familial à un niveau tout à fait recommandable. Leurs grands terroirs de Saint-Aubin (En Remilly, Les Murgers des Dents de Chien, Sur Gamay...) conjuguent des notes de craie sucrées, de la maturité et de la densité, sans perdre en fraîcheur, signature de Saint-Aubin. Les blancs sont fins et cristallins. Les rouges font partie des plus séduisants de Santenay. La famille Clair a été précurseuse dans la compréhension des avantages du refroidissement des raisins pour en extraire le maximum de potentiel aromatique.

Les vins : les blancs sont peu charnus, mais sapides. Quelques cuvées accusent des boisés pas totalement assimilés en ce début de vie. Les rouges sont fins et gourmands : on peut les boire jeunes ou les oublier quelques années en cave quand les tanins sont un peu fermes. À Saint-Aubin, Les Frionnes arbore un nez discret et une bouche peu épaisse, mais longue. Sous Roche Dumay se montre introverti, porté par ses amers et son fruit acidulé. En Remilly s'accommode de son élevage grâce à son volume et son fruit doux et sapide. Les Murgers des Dents de Chien évoque la badiane. Sa bouche sapide, plus épurée que charnue, est encore sur la retenue mais révèle déjà une finale sur le zeste de citron. Le puligny-montrachet est marqué au premier nez par une note de vanille ; il s'affirme par sa salinité et son jus. En rouge, Clos Genêt ne manque pas de gourmandise. Le Clos des Mouches est un peu comprimé par des tanins fermes. Le Clos de la Comme a un fruit tendre, des tanins souples, une belle finesse de grain et une agréable fluidité en bouche. Clos de Tavannes mérite une garde prolongée.

- Puligny-Montrachet Premier Cru La Garenne 2017 — 52 € — 16
- Saint-Aubin Premier Cru En Remilly 2017 — 29 € — 15
- Saint-Aubin Premier Cru Les Frionnes 2017 — 21 € — 15
- Saint-Aubin Premier Cru Les Murgers des Dents de Chien 2017 — 29 € — 15,5
- Saint-Aubin Premier Cru Sous Roche Dumay 2017 — 23 € — 15
- Santenay Clos Genêt 2017 — 17 € — 15
- Santenay Premier Cru Clos de Tavannes 2017 — 25 € — 16
- Santenay Premier Cru Clos de la Comme 2017 — 24 € — 15,5
- Santenay Premier Cru Clos des Mouches 2017 — 22 € — 15

Rouge : 8,5 hectares.
Pinot noir 100 %
Blanc : 5,5 hectares.
Chardonnay 100 %
Production moyenne : 65 000 bt/an

DOMAINE FRANÇOISE ET DENIS CLAIR
14, rue de la Chapelle, 21590 Santenay
03 80 20 61 96 • www.domaineclair.fr •
Visites : sans rendez-vous.

Propriétaire : Famille Clair
Directeur : Jean-Baptiste Clair

★

DOMAINE DES CROIX

Après avoir été la cheville ouvrière de la relance, depuis 2002, du négoce beaunois Camille Giroud, le Tourangeau de Montlouis David Croix en est parti en 2016. Il entend se consacrer pleinement au domaine des Croix, avec l'appui de financiers passionnés, et le rachat de l'ancien domaine Duchet. L'ensemble de la gamme est d'une grande cohérence : les rouges beaunois brillent par leur fruité attractif, leur mâche jamais dénuée de finesse et un délicat équilibre entre la maturité sucrée et la finesse des amers. Une adresse qui monte.

Les vins : le fruit du corton-charlemagne évoque le zeste d'agrume. Nous saluons sa dynamique de bouche et son fruit mûr. En rouge, Les Peuillets mérite d'être oublié en cave : la garde détendra ses tanins. Dans la série des beaunes, le village offre déjà un beau plaisir gourmand. Pertuisots déploie une matière toute en allonge, accuse des tanins encore serrés. Les Tuvilains mêle au nez note florale et touche de graphite ; il possède des tanins mûrs, un toucher de bouche délicat. Le volumineux Les Bressandes conserve une pointe d'amertume en finale. Les Grèves vient couronner cette série avec son parfum somptueux et son fruit très équilibré ; ses tanins sont mûrs et enrobés. En Corton, Les Grèves est dominé par une note puissante de réglisse. Sa bouche se montre dense et ferme, avec un fruit équilibré et sapide malgré une abondante masse tannique. La Vigne au Saint offre un parfum comme dédoublé : d'un côté une touche florale prononcée, de l'autre, une note de chêne neuf qui vient se superposer. La bouche ciselée, avec un joli fruit acidulé, est encore dans sa gangue. Il faut l'encaver.

- Corton-Charlemagne Grand Cru 2017 — 105 € — 17,5
- Beaune 2017 — 26 € — 15
- Beaune Premier Cru Les Bressandes 2017 — 41 € — 15,5
- Beaune Premier Cru Les Grèves 2017 — 52 € — 17
- Beaune Premier Cru Les Tuvilains 2017 — 40 € — 16
- Beaune Premier Cru Pertuisots 2017 — 45 € — 16

- Corton Grand Cru La Vigne au Saint 2017 — 80 € — 17
- Corton Grand Cru Les Grèves 2017 — 80 € — 17,5
- Savigny-lès-Beaune Premier Cru Les Peuillets 2017 — 37 € — 15

Rouge : 6,5 hectares.
Pinot noir 100 %
Blanc : 0,25 hectare.
Chardonnay 100 %
Production moyenne : 30 000 bt/an

DOMAINE DES CROIX
2, rue Colbert, 21200 Beaune
03 80 22 41 81 •
contact@domainedescroix.com • Vente et visites : au domaine sur rendez-vous.
Propriétaire : TMF & C
Directeur : David Croix

★

MAISON JANE EYRE

Piqué au virus du pinot noir en travaillant chez un caviste à Melbourne, Jane Eyre a quitté son Gippsland natal, voyagé en vinifiant (Nouvelle-Zélande, Allemagne), étudié l'œnologie et fait des allers-retours en Bourgogne, avant de revenir à Beaune en 2004. Après s'être formée aux domaines Chevrot, Thierry Matrot et chez Dominique Lafon, elle rejoint en 2006 Chris Newman (voir Domaine Newman) qu'elle assiste toujours aujourd'hui. En 2011, forte de son expérience, elle lance une micro-activité en achat de raisins, principalement à Savigny, Gevrey, Aloxe-Corton (depuis 2013), sans oublier un grand cru Corton-Renardes. Son style ? Un pinot fin, infusé, peu boisé, avec une volonté de préserver un fruité mûr et délicat en milieu de bouche. On peut boire les vins dans leur jeunesse. Jane Eyre continue à vinifier au sud de l'Australie quelques vins de négoce, avec l'appui de William Downie, l'homme qui signe les rouges les plus frais de l'État de Victoria.

Les vins : ces rouges sont fins, épurés mais bien équilibrés. Hédoniste, le chénas garde un fruit franc, une bouche juteuse, fraîche et gourmande. Le fleurie est déjà bon à boire, mais grandira en cave sans le moindre problème. Le villages libère un beau fruit, légèrement acidulé et pur. Il s'étire en bouche avec sapidité et densité. Doux au nez comme en bouche, le volnay est souple à l'attaque mais se resserre en finale. Le gracieux et fin gevrey-chambertin s'appuie sur un tanin et un fruit digeste : superbe. Aux Vergelesses semble en apesanteur. Cents Vignes, avec un fruit très harmonieux, offre un superbe toucher, des tanins soyeux et un fruit savoureux. Les Corbeaux valorise la finesse et l'intensité : la matière est épurée mais le vin propose une belle persistance sur un fruit légèrement acidulé. Le grand cru libère un fruit bien mûr, nous séduit par sa matière charnelle et dense. Un classique de l'appellation.

- Beaune Premier Cru Cents Vignes 2017 — 30 € — 16,5
- Chénas 2017 — 18 € — 15
- Corton-Maréchaudes Grand Cru 2017 — 85 € — 17
- Côte de Nuits-Villages 2017 — 24 € — 14,5
- Fleurie 2017 — 20 € — 15
- Gevrey-Chambertin 2017 — 35 € — 16
- Gevrey-Chambertin Premier Cru Les Corbeaux 2017 — 75 € — 16,5
- Volnay 2017 — N.C. — 15,5

Le coup de ♥

- Savigny-lès-Beaune Premier Cru Aux Vergelesses 2017 — 30 € — 16

Rouge : Pinot noir 78 %, Gamay noir à jus blanc 22 %
Achat de raisins.
Production moyenne : 18 000 bt/an

MAISON JANE EYRE
Château de Bligny, 14, Grand-Rue, 21200 Bligny-lès-Beaune •
jeyre21@gmail.com • Vente et visites : au domaine sur rendez-vous.
Propriétaire : Jane Eyre

★

DOMAINE FOLLIN-ARBELET

Depuis plus de vingt ans, Franck Follin-Arbelet poursuit l'élaboration de beaux vins de terroir indifférents aux modes. L'accent est mis sur le travail des vignes qui, sans relever d'une culture biologique, s'en approche. Son style de vinification classique respecte à la fois le raisin et la nature du millésime. Une mise en bouteille sans collage ni filtration l'a fait évoluer.

Les vins : les élevages prennent un peu le dessus sur le fruit au fur et à mesure que l'on monte en gamme. Le pernand-vergelesses au nez d'ananas nous séduit par son volume et la densité de son fruit. À l'inverse, le corton-charlemagne reste gainé par le fût, qu'il devrait absorber. En rouge, le pernand-vergelesses est une gourmandise que l'on boira sur le croquant du fruit. L'aloxe-corton puise son énergie dans un joli fruit frais et acidulé. Le Clos du Chapitre possède du fond ; ses tanins doivent se fondre. Plus volumineux, Les Vercots s'appuie sur un fruit soyeux. Les deux grands crus de Corton possèdent du fond, une belle masse de fruits mais marqués par les boisés, tout comme la romanée-saint-vivant, encore en élevage, dont le nez affiche une pointe de bois ; sa bouche retranscrit toute la finesse et la vitalité de ce grand terroir à travers un joli raisin bien vivant.

- Corton-Charlemagne Grand Cru 2017 — 90 € 16,5
- Pernand-Vergelesses 2017 — 25 € 15
- Aloxe-Corton 2017 — 35 € 14,5
- Aloxe-Corton Premier Cru Clos du Chapitre 2017 — 45 € 15
- Aloxe-Corton Premier Cru Les Vercots 2017 — 45 € 15,5
- Corton Grand Cru 2017 — 70 € 16,5
- Corton-Bressandes Grand Cru 2017 — 70 € 16,5
- Pernand-Vergelesses Premier Cru Les Fichots 2017 — 25 € 14,5
- Romanée Saint-Vivant Grand Cru 2017 — 250 € 18

Rouge : 5 hectares.
Pinot noir 100 %
Blanc : 1 hectare.
Chardonnay 100 %
Production moyenne : 25 000 bt/an

DOMAINE FOLLIN-ARBELET
Les Vercots, 21420 Aloxe-Corton
03 80 26 46 73 •
www.domaine.follin-arbelet.fr • Vente et visites : au domaine sur rendez-vous.
Propriétaire : Franck Follin-Arbelet

★

DOMAINE EMMANUEL GIBOULOT

Ce domaine défend avec conviction une vision personnelle et stylistique de ses vins. Tendres, digestes, jamais extraits ni boisés, ils offrent un naturel de fruit confondant, avec parfois l'impression, pour les blancs, d'être à la limite de la couverture en soufre. Pionnier de la biodynamie depuis trente ans, Emmanuel Giboulot a beaucoup fait parler de lui en 2013 et 2014 pour avoir été condamné, puis relaxé, après avoir refusé de traiter ses vignes contre la maladie de la flavescence dorée.

Les vins : le mâcon-villages blanc est un beau classique au fruit juteux et vif. Acidité et fruit mûr forment un efficace binôme dans Combe d'Eve, blanc puissant, tendu et plein en bouche. Les Pierres Blanches s'appuie sur un fruit épuré où domine une note citronnée. En rouge, le beaujolais, très pur et finement épicé, est une vraie cuvée de bistronomie. Le mâcon-villages rouge affiche un fruit bien mûr au nez ; la bouche prolonge cette impression, séduisant par la douceur et la finesse de ses tanins. La robe très claire d'En Chevrot ne trahit pas la finesse de ce jus ; son fruit acidulé donne déjà beaucoup de plaisir, et le vin possède le fond pour bien évoluer.

- Côte de Beaune Combe d'Eve 2017 — 40,70 € 14,5
- Côte de Beaune Les Pierres Blanches 2017 — 33,50 € 15
- Mâcon-Villages Terres Mâconnaises 2017 — 19 € 14,5
- Beaujolais-Villages Terres Beaujolaises 2017 — 18,90 € 14,5
- Mâcon-Villages Terres Mâconnaises 2017 — 19,20 € 14,5
- Saint-Romain En Chevrot 2017 — 28,05 € 15,5

Rouge : 3,91 hectares.
Pinot noir 100 %
Achat de raisins.
Blanc : 6,37 hectares.
Chardonnay 100 %
Achat de raisins.
Production moyenne : 40 000 bt/an

DOMAINE EMMANUEL GIBOULOT ☾
4, rue de Seurre, 21200 Beaune
03 80 22 90 07 •
emmanuel.giboulot@wanadoo.fr •
Visites : sans rendez-vous.
Propriétaire : Emmanuel Giboulot

★

MAISON VINCENT GIRARDIN

Cette maison fait partie des valeurs sûres de la Bourgogne. Elle doit cette position à Vincent Girardin, qui l'a créée en 1992 avant de la céder vingt ans plus tard. C'est désormais la Compagnie des Vins d'Autrefois, implantée entre Bourgogne et Beaujolais, qui poursuit son développement avec le projet d'élaborer des vins de grande qualité. Éric Germain élabore des cuvées toujours très nettes, précises, vieillissant bien.

Les vins : ils se destinent à la cave. Certains blancs se referment légèrement. Les tanins relativement solides des rouges plaident pour leur garde. Les Combettes est vif, citronné et peu charnu, au nez de pierre froide. Floral et délicat, le chassagne s'appuie sur son volume de bouche, avec élégance et finesse. À Meursault, Les Charmes possède l'assise de son terroir, un fruit équilibré : il ira loin, comme Les Perrières, légèrement replié sur lui-même, mais franc, tendu, sapide et très long. Le chevalier-montrachet est fermé au nez ; il s'affirme ensuite en bouche avec un fruit épuré, voire racinaire, et une belle persistance sur une touche de cédrat. En rouge, Les Gravières impose une touche de réglisse à l'ouverture. Ses tanins fins et denses sont enrobés par un fruit massif. Entre épices et fruits noirs, le pommard possède la solidité de son sol. Ses tanins doivent voir la cave pour se détendre. Le volnay, souple en attaque, devient ferme en milieu de bouche ; il "pinote" déjà. La structure des Champans prend le dessus sur sa souplesse ; les tanins sont compacts. Les Santenots possède le charnu de son lieu de naissance, des tanins solides, veloutés. Long et large à la fois, c'est un superbe premier cru.

Chassagne-Montrachet Premier Cru Blanchot Dessus 2016	80 €	17
Chevalier-Montrachet Grand Cru 2016	520 €	18
Meursault Premier Cru Les Charmes 2016	80 €	17
Meursault Premier Cru Les Perrières 2016	110 €	16,5
Puligny-Montrachet Premier Cru Les Combettes 2016	96 €	16
Pommard 2016	48 €	15
Santenay Premier Cru Les Gravières 2016	33 €	15
Volnay 2016	40 €	15
Volnay Premier Cru Les Champans 2016	58 €	15,5

Le coup de ♥

Volnay Premier Cru Les Santenots 2016	56 €	16,5

Rouge : 7 hectares.
Pinot noir 100 %
Achat de raisins.
Blanc : 11 hectares.
Chardonnay 100 %
Achat de raisins.
Production moyenne : 500 000 bt/an

MAISON VINCENT GIRARDIN
5, impasse des Lamponnes, 21190 Meursault
03 80 20 81 00 • www.vincentgirardin.com •
Visites : sans rendez-vous.
Propriétaire : Jean-Pierre Nié
Directeur : Éric Germain

★

DOMAINE ANTONIN GUYON

Créé en 1960 par Antonin Guyon, ce domaine est aujourd'hui administré par son fils Dominique, passionné par la vinification, et suivi par l'œnologue grec Kyriakos Kynigopoulos. La gamme proposée est large, avec comme points forts, en Côte de Nuits, un remarquable chambolle Clos du Village et, en Côte de Beaune, quatre superbes cortons dont un corton-charlemagne.

Les vins : les rouges sont de beaux classiques, à l'image du gourmand gevrey-chambertin La Justice. Carougeot se démarque par un fruit plus frais et vif, une matière épurée, des tanins structurants, mais fins et murs. Clos des Chênes sent la prune ; la bouche offre un beau toucher velouté. Clos du Village affiche un fruit généreux et volumineux : un vin plus hédoniste que délicat. Les Cras est signé au nez par une petite note de fusain. Il possède le profil élancé et frais de son lieu de naissance ; ses tanins fins assurent sa longévité. Le corton-bressandes possède un fruit crémeux au nez, avec une pointe d'épices. La bouche, volumineuse à l'attaque, se resserre légèrement en finale. Entre épice et réglisse, le corton Clos du Roy donne un sentiment de finesse et d'élégance. Son fruit vif le confirme, mais il s'appuie toutefois sur une structure solide. Un vin plus long que volumineux, auquel la maturité du fruit confère une certaine épaisseur ; il reste très légèrement gainé par son élevage. En blanc, Sous Frétille se

BOURGOGNE

montre tendre et souple. Il manque un tantinet d'allonge en bouche. Les Pucelles présente un nez timide et réservé, avec une touche florale. La bouche est épurée, sur la retenue. Le corton-charlemagne est marqué par une note finement boisée. Il se montre très tendre avec son fruit souple. Sa finesse le distingue.

- Corton-Charlemagne Grand Cru 2017 — 130 € — 17
- Pernand-Vergelesses Premier Cru Sous Frétille 2017 — 35 € — 14
- Puligny-Montrachet Premier Cru Les Pucelles 2017 — 100 € — 16
- Chambolle-Musigny Clos du Village 2017 — 48 € — 15
- Chambolle-Musigny Les Cras 2017 — 47 € — 15,5
- Corton Grand Cru Clos du Roy 2017 — 80 € — 16,5
- Corton-Bressandes Grand Cru 2017 — 75 € — 16,5
- Gevrey-Chambertin Carougeot 2017 — 42 € — 15
- Gevrey-Chambertin La Justice 2017 — 40 € — 15
- Volnay Premier Cru Clos des Chênes 2017 — 49 € — 16

Rouge : 41,44 hectares.
Pinot noir 100 %
Blanc : 4,08 hectares.
Chardonnay 100 %
Production moyenne : 200 000 bt/an

DOMAINE ANTONIN GUYON ♣

2, rue de Chorey, 21420 Savigny-lès-Beaune
03 80 67 13 24 • www.guyon-bourgogne.com
• Vente et visites : au domaine sur rendez-vous.
Propriétaire : Michel et Dominique Guyon
Directeur : Dominique Guyon (gérant)
Maître de chai : Vincent Nicot
Œnologue : Kyriakos Kynigopoulos

★

MAISON LOUIS JADOT

Cette prestigieuse maison de négoce est tenue avec une grande efficacité par Pierre-Henry Gagey, très impliqué en Bourgogne. La maison possède une gamme des plus étendues et une très belle collection de terroirs, qui inclut les principales appellations bourguignonnes. Frédéric Barnier, en charge des vinifications depuis 2012, impose petit à petit sa patte en épurant les vins. La régularité est l'un des points forts de cette maison.

Les vins : des blancs de belle facture avec des élevages de mieux en mieux équilibrés, même si l'on aimerait un rien de densité et de profondeur en plus dans les crus majeurs. Les rouges sont de grande qualité, avec moins de sévérité que par le passé grâce des extractions qui semblent plus mesurées. Le santenay Clos de Malte sent la vanille de l'élevage. La bouche affiche de la densité, mais la finale s'avère un peu courte. Le meursault Narvaux est un vin tendu, musclé, énergique. Le Clos Blanc se démarque par un fruit doux, mais consistant. Les Combettes retranscrit bien la finesse de son lieu de naissance mais manque de densité pour un premier cru de ce calibre. Le corton-charlemagne est juteux et sapide : belle allonge sur un fruit gourmand, élégant et nuancé. En rouge, le marsannay se montre légèrement replié. Clos des Guettes peut se boire maintenant ou s'attendre, avec sa matière souple et son fruit juteux. Clos des Ursules accuse une légère prise de bois ; il ne manque pas de volume. Le gevrey-chambertin respecte le fruit et sa bouche retranscrit la puissance raffinée de ce beau terroir. Le clos-vougeot, finement boisé, offre un fruit d'une grande pureté. Après une attaque fine, la puissance tellurique du sol reprend ses droits dans la finale, droite, solide, qui rappelle que le vin est bâti pour la très longue garde.

- Beaune Premier Cru Grèves Le Clos Blanc 2016 — 51,20 € — 15,5
- Corton-Charlemagne Grand Cru 2016 — 172,80 € — 17,5
- Meursault Narvaux 2016 — 49,60 € — 15,5
- Puligny-Montrachet Premier Cru Les Combettes 2016 — 99,20 € — 16,5
- Santenay Clos de Malte 2016 — 25,60 € — 14
- Beaune Premier Cru Clos des Ursules 2016 — 62,40 € — 16
- Gevrey-Chambertin Premier Cru Estournelles Saint-Jacques 2016 — 91,20 € — 17
- Marsannay Clos du Roy 2016 — 26,40 € — 14
- Savigny-lès-Beaune Premier Cru Clos des Guettes 2016 — 32 € — 15

Le coup de ♥

- Clos de Vougeot Grand Cru 2016 — 163,20 € — 17,5

Rouge : 167 hectares.

Pinot noir 100 %
Achat de raisins.
Blanc : 63 hectares.
Chardonnay 100 %
Achat de raisins.
Production moyenne : 8 000 000 bt/an

MAISON LOUIS JADOT
21, rue Eugène-Spuller, 21200 Beaune
03 80 22 10 57 • www.louisjadot.com •
Vente et visites : au domaine sur rendez-vous.
Propriétaire : Famille Kopf
Directeur : Pierre-Henry Gagey
Maître de chai : Frédéric Barnier

★

DOMAINE HUBERT LAMY

Ambassadeur des vins de Saint-Aubin, Olivier Lamy continue à renforcer la réputation de cette appellation encore trop méconnue. Sa palette de terroirs, et son talent pour en exprimer toutes les nuances, permettent de comprendre à quel point tout amateur peut trouver ici des vins magnifiques, de vraies propositions alternatives aux chassagnes ou aux meursaults. Les blancs, issus de longs pressurages, sont élevés en demi-muid de 600 litres avec peu de bois neuf, ce qui les rend, dans leur jeunesse, moins sexy. C'est pourquoi ils passent, une fois sortis d'élevage, plus de six mois en cuve. Les volumes disponibles au domaine sont très limités.

Les vins : les blancs se montrent épurés et équilibrés par un fruit d'une belle maturité. Conjuguant finesse et hédonisme, le seul rouge est hautement recommandable, avec ses tanins très précis et son fruit gourmand à souhait. En blanc, Derrière Chez Édouard valorise les agrumes, offrant une acidité et une salinité presque mordante, mais salivante. Clos de la Chatenière sent l'amande fraîche. La bouche déploie une magnifique énergie, portée par un fruit pur et plein, qui termine sur le pamplemousse jaune. Un beau vin racé, avec du fond. L'harmonieux En Remilly se montre doux et plein. Il profite d'un élevage très précis, alors que Les Murgers des Dents de Chien est marqué par une pointe de soufre. Sa finale est écourtée pour le moment.

- Saint-Aubin Premier Cru Clos de la Chatenière 2016 — 60 € (c) 16,5
- Saint-Aubin Premier Cru Derrière chez Edouard 2016 — 45 € (c) 15,5
- Saint-Aubin Premier Cru En Remilly 2016 — 60 € (c) 16,5
- Saint-Aubin Premier Cru Les Murgers des Dents de Chien 2016 — 60 € (c) 15,5

Le coup de ♥

- Santenay Premier Cru Clos des Gravières 2016 — 45 € (c) 16,5

Rouge : 3 hectares.
Pinot noir 100 %
Blanc : 15,5 hectares.
Chardonnay 100 %
Production moyenne : 100 000 bt/an

DOMAINE HUBERT LAMY
20, rue des Lavières, 21190 Saint-Aubin
03 80 21 32 55 •
www.domainehubertlamy.com • Pas de visites.
Propriétaire : Karine et Olivier Lamy

★

CHÂTEAU DE LA MALTROYE

Ce château, dont les caves datent du XVe siècle, est la propriété de la famille Cournut, depuis 1940. Ancien ingénieur en aéronautique, Jean-Pierre Cournut a magnifiquement revitalisé ce vignoble au patrimoine de crus exceptionnel. D'importants travaux ont permis au domaine de se doter d'un outil de vinification très performant.

Les vins : si les blancs sont marqués par une forte réduction, celle-ci n'altère ni la pureté du fruit, ni l'identité des terroirs. Les rouges sont fermes, avec un joli fruit. En blanc, La Comme est un vin puissant ; Clos du Château libère en bouche un fruit qui balance entre fraîcheur et gourmandise ; Morgeot Vigne Blanche, au nez d'amande fraîche, joue sur de fins amers en bouche, avec une salinité légère. Toujours marqué par la réduction, La Dent de Chien offre un fruit fin, juste et précis, dominé par une note citronnée. Gracieux, Les Grandes Ruchottes affiche sa pureté et sa finesse sur une note de cédrat. La Romanée doit s'oublier en cave. Le grand cru est un beau vin racé, construit sur la finesse et l'élégance plutôt que sur la force. En rouge, La Comme offre un joli jus sur une note de cerise. Vu sa puissance tannique, il part en cave. Les deux chassagne-montrachet sont gainés par des tanins solides, qui seront assagis par la garde. Le nez du Clos Saint-Jean est marqué par l'élevage, mais sa bouche est fine et juteuse.

- Bâtard-Montrachet Grand Cru 2017 — de 200 à 300 € (c) — 18,5
- Chassagne-Montrachet Premier Cru Clos du Château de la Maltroye 2017 — de 50 à 80 € (c) — 16
- Chassagne-Montrachet Premier Cru La Dent de Chien 2017 — de 60 à 80 € (c) — 17
- Chassagne-Montrachet Premier Cru La Romanée 2017 — de 100 à 150 € (c) — 17
- Chassagne-Montrachet Premier Cru Morgeot Vigne Blanche 2017 — de 60 à 70 € (c) — 16,5
- Santenay Premier Cru La Comme 2017 — de 30 à 50 € (c) — 15
- Chassagne-Montrachet Premier Cru Clos Saint-Jean 2017 — de 30 à 50 € (c) — 16
- Chassagne-Montrachet Premier Cru Clos du Château de la Maltroye 2017 — de 30 à 50 € (c) — 15,5
- Santenay Premier Cru La Comme 2017 — de 30 à 50 € (c) — 15

Le coup de ♥

- Chassagne-Montrachet Premier Cru Les Grandes Ruchottes 2017 — de 80 à 120 € (c) — 17

Rouge : 5,5 hectares.
Pinot noir 100 %
Blanc : 9 hectares.
Chardonnay 100 %
Production moyenne : 60 000 bt/an

CHÂTEAU DE LA MALTROYE
16, rue de la Murée,
21190 Chassagne-Montrachet
03 80 21 32 45 •
chateau.maltroye@wanadoo.fr • Vente et visites : au domaine sur rendez-vous.
Propriétaire : Jean-Pierre Cournut

★

MAISON DE MONTILLE

Cette jeune maison créée en 2003 par Alix de Montille et son frère Étienne, les enfants d'Hubert de Montille, continue sa route avec bonheur grâce à une politique d'achat intelligente et un parfait suivi des vinifications. Nous aimons beaucoup le style des vins : sans fard ni effet de style, voici de très beaux bourgognes qui vieillissent bien.

Les vins : le saint-romain est un beau vin très persistant, à l'attaque grasse et souple, construit sur de beaux amers. Le montagny est marqué par une note de pierre à fusil au nez. La bouche se montre tendre, souple et assez consensuelle.

- Montagny Premier Cru Les Coères 2017 — 26 € — 14
- Saint-Romain Le Jarron 2017 — 26,50 € — 14

Blanc : Chardonnay 100 %
Achat de raisins.
Production moyenne : 30 000 bt/an

MAISON DE MONTILLE
1, rue de But, 21190 Puligny-Montrachet
03 80 21 39 14 • www.demontille.com •
Vente et visites : au domaine sur rendez-vous.
Propriétaire : Étienne de Montille

NOUVEAU DOMAINE

★

DOMAINE BERNARD MOREAU ET FILS

Cette propriété de Chassagne-Montrachet produit des vins profonds et équilibrés, qui vieillissent de surcroît admirablement bien. Alexandre, le fils aîné de Bernard Moreau, travaille au domaine depuis 1995. Il supervise les vinifications tandis que son frère, Benoît, arrivé en 2002, s'épanouit dans les vignes, dans lesquelles il mène depuis peu des essais en biodynamie. Le domaine n'utilise plus de levure depuis 1998. Grâce à des élevages allongés, les vins ne sont plus filtrés. Tous les vins sont remarquables : en dehors d'une belle série de premiers crus en blanc, ce domaine produit deux somptueux rouges, un chassagne-montrachet gourmand à souhait et un premier cru, La Cardeuse, qui vous surprendra par son potentiel de garde. Nous sommes heureux de voir ce domaine faire son retour dans le Guide, avec une étoile.

Les vins : le bourgogne blanc, issu de Chassagne-Montrachet, est charnu et vif en bouche. Le chassagne-montrachet représente 40 % de la production du domaine. Grâce à un élevage bien adapté, cette cuvée développe une magnifique énergie, conjuguant finesse et densité. Dense, puissant et salin, Clos Saint-Jean provient d'une vigne âgée de sept ans. Les Chenevotte, issu pour sa part d'une vieille vigne, s'exprime par une note de paille à l'ouverture ; son énergie nous soulève littéralement. La Maltroie est un vin serein à la matière profonde et posée, avec une jolie finale sur une note citronnée. Morgeot est un blanc de garde au tempérament viril et structuré. Grandes Ruchottes séduit par sa finesse. Riche et sphérique, sans lourdeur ni mollesse, il possède fond et densité. En rouge, Vieilles Vignes est doté d'un très bel équilibre entre fruit et structure : un vin gourmand à boire jeune. La Cardeuse, premier cru exploité en monopole, présente un profil viril et structuré. Oubliez-le en cave.

- Bourgogne Chardonnay 2017 — 18 € (c) — 15
- Chassagne-Montrachet 2017 — 43 € (c) — 15,5
- Chassagne-Montrachet Premier Cru Clos Saint-Jean 2017 — 70 € (c) — 16,5
- Chassagne-Montrachet Premier Cru Grandes Ruchottes 2017 — 90 € (c) — 18
- Chassagne-Montrachet Premier Cru La Maltroie 2017 — 70 € (c) — 17
- Chassagne-Montrachet Premier Cru Les Chenevottes 2017 — 70 € (c) — 17
- Chassagne-Montrachet Premier Cru Morgeot 2017 — 70 € (c) — 17,5
- Chassagne-Montrachet Premier Cru La Cardeuse 2017 — 54 € (c) — 17
- Chassagne-Montrachet Vieilles Vignes 2017 — 26 € (c) — 15,5

Rouge : 3,45 hectares.
Pinot noir 100 %
Blanc : 11,55 hectares.
Chardonnay 100 %
Production moyenne : 90 000 bt/an

DOMAINE BERNARD MOREAU ET FILS

21, route de Santenay,
21190 Chassagne-Montrachet
03 80 21 33 70 •
domainebernardmoreau@gmail.com •
Vente et visites : au domaine sur rendez-vous.
Propriétaire : Alexandre et Benoît Moreau
Maître de chai : Alexandre Moreau

★

DOMAINE LUCIEN MUZARD ET FILS

Les frères Claude et Hervé Muzard maîtrisent leur sujet et vous pouvez faire confiance à leurs vins rouges, dont nous louons le style depuis plusieurs millésimes. Amateurs de cuvées digestes, florales et gourmandes, vous voilà à la bonne adresse. Pour autant, lesdites cuvées, à proportion significative de vendange entière, ne manquent pas de fond ni de potentiel.

Les vins : les rouges sont francs et nets, plus axés sur la finesse que la puissance, avec un fruit d'une grande pureté et des tanins jamais agressifs. Les blancs sont dans la même lignée, privilégiant la délicatesse, avec des élevages qui semblent mieux intégrés que l'an passé. Champs Claude Vieilles Vignes délivre un fruit tendre et délicat, avec cette fluidité qui est la marque du domaine. Clos Faubard est structuré pour durer. La Cuvée du Lulu est volumineux et dense, aux tanins bien enrobés ; la légère prise de bois se fondra dans le temps. Le chassagne-montrachet s'appuie sur une masse tannique garante de sa longévité. Le pommard mise plus sur la finesse que sur la puissance, mais reste signé : il est solide. En blanc, Champs Claude est gourmand, mais un peu court. Maladière évoque l'amande fraîche avec un boisé présent, mais plus fin que l'an passé. Sa bouche est plus en allonge qu'en volume. Clos Faubard affiche un fruit dense et juteux, même si l'on retrouve une légère prise de bois en finale. Les Meix Chavaux joue sur de fin amers stimulants, typés pamplemousse. Il conjugue finesse et puissance.

- Santenay Champs Claude 2017 — 22,50 € — 14,5
- Santenay Premier Cru Clos Faubard 2017 — 29 € — 15,5
- Santenay Premier Cru Maladière 2017 — 27,50 € — 15,5
- Chassagne-Montrachet Vieilles Vignes 2017 — 32 € — 16
- Pommard Les Cras Vieilles Vignes 2017 — 38 € — 16
- Santenay Champs Claude Vieilles Vignes 2017 — 21 € — 15
- Santenay Premier Cru Beauregard La Cuvée du Lulu 2017 — 27,50 € — 15,5
- Santenay Premier Cru Clos Faubard 2017 — 27,50 € — 16

Le coup de ♥

- Meursault Les Meix Chavaux 2017 — 39,50 € — 16

Rouge : 14,4 hectares.
Pinot noir 100 %
Blanc : 3,6 hectares.
Chardonnay 100 %
Production moyenne : 100 000 bt/an

DOMAINE LUCIEN MUZARD ET FILS
11, rue de la Cour-Verreuil, 21590 Santenay
03 80 20 61 85 • lucienmuzard71@gmail.com
• Vente et visites : au domaine sur rendez-vous.
Propriétaire : Claude et Hervé Muzard

★

DOMAINE C. NEWMAN

À partir de parcelles de grands crus achetées par son père Robert dans les années 1950, l'Américain d'origine autrichienne Christopher Newman a construit progressivement ce domaine, qui dispose désormais de vignes bien situées en Beaune et Beaune premier cru, notamment dans le méconnu Clos des Avaux. Le style des vins évolue depuis quelques années vers des extractions plus longues, au service de pinots assez denses, aux tanins soutenus.

Les vins : le domaine ne nous ayant pas fait parvenir ses vins cette année, nous sommes amenés à reconduire les notes de notre édition précédente.

Beaune 2016	de 15 à 25 € (c)	15,5
Beaune Premier Cru Clos des Avaux 2016	de 30 à 50 € (c)	15
Beaune Premier Cru Grèves 2016	de 40 à 60 € (c)	16,5
Monthélie 2016	de 20 à 30 € (c)	15
Pommard Vieilles Vignes 2016	de 50 à 80 € (c)	16

Rouge : 4 hectares.
Pinot noir 100 %
Blanc : 0,24 hectare.
Chardonnay 100 %

DOMAINE C. NEWMAN
29, boulevard Clemenceau, 21200 Beaune
03 80 22 80 96 •
www.domainenewman.com • Pas de visites.
Propriétaire : Christopher Newman

★

DOMAINE DE LA POUSSE D'OR

Magnifique propriété de Volnay, La Pousse d'Or doit sa renaissance à Patrick Landanger, qui a consacré d'importants moyens financiers et humains pour redorer le blason de ce domaine emblématique. On lui doit une amélioration considérable de l'outil de vinification et l'acquisition de nouvelles parcelles, notamment sur la Côte de Nuits.

Les vins : dans l'ensemble, les rouges sont marqués par des tanins qui dominent le fruit, séchant les fins de bouche, y compris sur les trois volnays élevés en amphore. Les élevages sous bois fardent les vins, à l'exception du très beau Clos des 60 Ouvrées, vin élancé au grain fin et au fruit frais. Le pommard mêle le fruit noir avec une touche de rouge à lèvres, accuse une finale un peu écourtée ; saluons néanmoins la fluidité du fruit et la densité de sa matière. Le Clos de la Bousse d'Or souffre de ses tanins qui resserrent la finale. Le corton Clos du Roi est fardé par son élevage, qui laisse une touche lardée, une finale tapissée de tanins asséchants. Le bonnes-mares présente un nez beurré, légèrement poudré. Un vin dense, mais peu nuancé : on attend davantage de distinction ! Le blanc est dans un style épuré ; la maturité fraîche conduit une note vive de zeste de citron. Un vin tout en tension.

Puligny-Montrachet Premier Cru Le Cailleret 2017	86 €	16,5
Bonnes-Mares Grand Cru 2017	250 €	15,5
Corton Grand Cru Clos du Roi 2017	83 €	15,5
Pommard Premier Cru Les Jarollières 2017	62 €	15
Volnay Premier Cru Clos de la Bousse d'Or 2017	76 €	15
Volnay Premier Cru Clos des 60 Ouvrées 2017	78 €	16
Volnay Premier Cru En Caillerets 2017	66 €	15

Rouge : 16,3 hectares.
Pinot noir 100 %
Blanc : 0,7 hectare.
Chardonnay 100 %
Production moyenne : 70 000 bt/an

DOMAINE DE LA POUSSE D'OR ☾
Rue de la Chapelle, 21190 Volnay
03 80 21 61 33 • www.lapoussedor.fr • Vente et visites : au domaine sur rendez-vous.
Propriétaire : Patrick Landanger
Directeur : Benoît Landanger

★

CHÂTEAU DE PULIGNY-MONTRACHET

Sorti du giron de la Banque Populaire et de la Caisse d'Épargne en 2012, le château de Puligny reste sous la direction d'Étienne de Montille, qui s'en est porté acquéreur avec l'appui d'actionnaires privés. Le domaine retrouve progressivement ses marques et produit à nouveau avec régularité des blancs précis et élégants. Les terroirs sont de plus en plus marqués, les vins possèdent un fond et une finesse plus affirmés. Les vignes les plus significatives se trouvent dans les appellations Saint-Aubin, Meursault et Puligny, dont quelques ares de Chevalier-Montrachet et Montrachet.

Les vins : le chevalier-montrachet présente un nez discret mais fin, probablement comprimé par une pointe de soufre. Sa bouche très épurée, marquée fortement par la salinité du sol, ne manque ni de chair, ni de profondeur, et termine sur une note citronnée.

- Chevalier-Montrachet Grand Cru 2017 — 330 € 18,5

Rouge : 0,93 hectare.
Pinot noir 100 %
Blanc : 11,12 hectares.
Chardonnay 100 %
Production moyenne : 70 000 bt/an

CHÂTEAU DE PULIGNY-MONTRACHET ♣
Rue du But, 21190 Puligny-Montrachet
03 80 21 39 14 • www.demontille.com •
Vente et visites : au domaine sur rendez-vous.
Propriétaire : Étienne de Montille
Maître de chai : Jacques Montagnon

★

DOMAINE RAPET PÈRE ET FILS

Ce très vieux domaine familial a été créé en 1765. Vincent Rapet, qui en tient les rênes aujourd'hui, élabore des vins de style moderne, bien vinifiés et représentatifs de leur terroir. Quelques années de garde leur conviennent parfaitement et les prix des différentes cuvées demeurent tout à fait raisonnables.

Les vins : les rouges accusent en 2017 des tanins souvent durs et pas totalement mûrs, qui accentuent les amertumes en finale. Le chorey montre des épices mais en bouche, derrière une attaque souple, on ressent des tanins un peu trop saillants. Aux Fournaux est légèrement gainé par son élevage. Il se montre gourmand malgré des tanins solides. Les Vergelesses évoque la cerise : sa bouche juteuse accuse une pointe d'amertume, sa structure solide demandera du temps pour se patiner. Grèves, légèrement lardé-fumé au nez, offre une bouche tendre à l'attaque. Rapidement, elle se durcit, avec des tanins pas totalement mûrs. Le corton est poudré par un élevage qui domine le fruit. En blanc, En Caradeux évoque la badiane et le massepain. Un vin sapide et suave doté d'une jolie finale sur les agrumes. Le blanc est de belle facture. L'étoile est en danger.

- Pernand-Vergelesses Premier Cru En Caradeux 2017 — 38 € 15,5
- Beaune Premier Cru Grèves 2017 — 44,50 € 15
- Chorey-lès-Beaune Vieilles Vignes 2017 — 22 € 13,5
- Corton Grand Cru 2017 — 70 € 16
- Pernand-Vergelesses Premier Cru Les Vergelesses 2017 — 36 € 14,5
- Savigny-lès-Beaune Premier Cru Aux Fournaux 2017 — 32 € 14

Rouge : 12,5 hectares.
Pinot noir 100 %
Blanc : 9,25 hectares.
Chardonnay 100 %
Production moyenne : 90 000 bt/an

DOMAINE RAPET PÈRE ET FILS
2, place de la Mairie,
21420 Pernand-Vergelesses
03 80 21 59 94 • www.domaine-rapet.com •
Vente et visites : au domaine sur rendez-vous.
Propriétaire : Vincent Rapet

★

DOMAINE JEAN-CLAUDE REGNAUDOT ET FILS

La famille Regnaudot est vigneronne depuis quatre générations. Didier, le fils de Jean-Claude, a repris le domaine en 2000. Les vins affichent une bonne dimension, les fruits sont justes et les élevages toujours bien associés. Les rouges sont élevés quinze mois (30 % de fût pour les premiers crus). Nous avons été doublement convaincus par le niveau de concentration des vins ainsi que par la volupté et les touchers de bouche vraiment délicieux. Trouver des vins bien nés, juteux, sur le fruit et dotés d'ossatures de qualité, s'avère rare dans le sud de la Côte de Beaune.

Les vins : ils se montrent assez denses et charpentés, parfois un peu rustiques ; plus on monte en gamme, plus les vins sont élégants. Le santenay 2017 sent la cerise fraîche. Sa bouche gracieuse et douce offre un fruit appétent et tendre. Clos des Loyères est un vin dense et juteux, qui doit voir la cave. La Fussière, légèrement marqué par une pointe d'élevage, est dense ; son fruit reste gainé par des tanins fermes : attendez-le. Les Clos Roussots, fardé par son élevage, exhale le bacon. À l'inverse, la bouche se montre juteuse à souhait. À Santenay, Clos Rousseau s'affirme par un toucher soyeux, un grain de tanin fin et un fruit fort appétent.

- Maranges Premier Cru Clos des Loyères 2017 — 16,50 € — 14
- Maranges Premier Cru La Fussière 2017 — 16,50 € — 14,5
- Maranges Premier Cru Les Clos Roussots 2017 — 16,50 € — 15,5
- Santenay 2017 — 13,50 € — 14,5
- Santenay Premier Cru Clos Rousseau 2017 — 19 € — 15,5

Rouge : 5,85 hectares.
Pinot noir 100 %
Blanc : 0,9 hectare.
Aligoté 80 %, Chardonnay 20 %
Production moyenne : 30 000 bt/an

DOMAINE JEAN-CLAUDE REGNAUDOT ET FILS

6, Grande rue, 71150 Dezize-lès-Maranges
03 85 91 15 95 •
regnaudot.jc-et-fils@orange.fr • Vente et visites : au domaine sur rendez-vous.
Propriétaire : Jean-Claude Regnaudot

★

DOMAINE NICOLAS ROSSIGNOL

Nicolas Rossignol a créé sa propre structure en 1997. Sa nouvelle cuverie à Beaune, qui date de 2011, lui a permis d'éviter toute trituration et de pratiquer des élevages plus fins. Vendanges en caissettes, table vibrante, puis table de tri affinent les cuvées. Il est passé, selon ses mots, "de l'extraction à l'infusion" tout en ajustant chacune de ses vinifications afin de trouver l'équilibre de chacun de ses terroirs ; selon les cuvées, la vendange peut être entière ou éraflée. À Pommard ou Volnay, il produit des vins corpulents et denses, mais pas exempts de finesse.

Les vins : les vins denses et concentrés savent préserver un bel équilibre grâce à des maturités livrant à la fois des matières profondes et des tanins harmonieux. Le Petit Noizon, vinifié sans soufre, prend des notes de baies sauvages, de fruit noir et de végétal noble. La bouche solide mais suave offre un très bel équilibre. Les Vignots livre déjà la maturité du fruit. La fermeté de la chair est signée par le sol caillouteux et crayeux. L'attaque soyeuse contraste avec une finale structurée. Le nez de Reversées balance entre épices et fruit noir et sa belle expression végétale provient du sol (où la roche mère est proche de la surface) et non de la vendange entière dont ce vin dense et serré est exempt. Clos des Angles sent la crème brûlée à l'ouverture, tandis qu'en bouche son fruit se montre soyeux et gourmand. Il tire son caractère charnel de son sol à forte empreinte argileuse. Ronceret, plus solaire dans ses parfums, semble riche. À l'inverse, la bouche impose une belle énergie grâce à un fruit acidulé. C'est un vin droit et harmonieux tout en longueur de bouche. Le Santenots, aux notes de grain de café et bois précieux, s'avère profond avec du relief mais encore dans l'expression du raisin. La vigne de 95 ans dont est issu Chanlains lui donne une belle aromatique végétale alors que cette cuvée est totalement éraflée. Son jus intense est sculpté en profondeur. Quant au pommard Epenots, d'après Nicolas Rossignol, la vigne aurait 115 ans. Elle donne un jus dense et profond, avec des tanins d'une belle souplesse. Derrière sa puissance, il ne manque pas d'élégance. Un vin bâti pour de nombreuses décennies. La deuxième étoile est toute proche.

- Beaune Premier Cru Reversées 2017 — 63 € — 16,5
- Pommard Les Petits Noizons 2017 — 50 € — 15,5
- Pommard Les Vignots 2017 — 60 € — 16
- Pommard Premier Cru Chanlins 2017 — 108 € — 17
- Pommard Premier Cru Epenots 2017 — 145 € — 18
- Volnay Premier Cru Clos des Angles 2017 — 75 € — 17

- Volnay Premier Cru Ronceret 2017 — 100 € — 17
- Volnay Premier Cru Santenots 2017 — 90 € — 18

Rouge : 18 hectares.
Pinot noir 100 %
Blanc : 2 hectares.
Aligoté 50 %, Chardonnay 50 %
Production moyenne : 110 000 bt/an

DOMAINE NICOLAS ROSSIGNOL
22, rue Jean-François-Champollion,
21200 Beaune
03 80 24 35 62 • www.nicolas-rossignol.com
• Vente et visites : au domaine sur rendez-vous.
Propriétaire : Nicolas Rossignol

★

DOMAINE TOLLOT-BEAUT ET FILS

Ce vaste domaine, qui possède une jolie palette de terroirs, propose des vins de belle facture, dans un style moderne qui privilégie l'éclat du fruit et la juste expression du pinot. Les équilibres en matière d'extraction et de gestion du bois sont bien affirmés. Une maison de confiance.

Les vins : le chorey-lès-beaune offre un fruit net et précis dans une matière tendre à l'attaque et vive en finale. L'épuré Champ Chevrey affiche une trame tannique serrée mais fine. Le grand cru est marqué par l'empreinte de son élevage ; il joue sur une matière élancée et fine, reste solide en finale : attendez-le.

- Chorey-lès-Beaune 2017 — 25 € — 14,5
- Corton Grand Cru Bressandes 2017 — 90 € — 16,5
- Savigny-lès-Beaune Premier Cru Champ Chevrey 2017 — 40 € — 15,5

Rouge : 22 hectares.
Pinot noir 100 %
Blanc : 2 hectares.
Chardonnay 100 %
Production moyenne : 130 000 bt/an

DOMAINE TOLLOT-BEAUT ET FILS
Rue Alexandre-Tollot,
21200 Chorey-lès-Beaune
03 80 22 16 54 • domaine@tollot-beaut.com
• Vente et visites : au domaine sur rendez-vous.
Propriétaire : Famille Tollot-Beaut
Directeur : Nathalie, Jean-Paul et Olivier Tollot

★

DOMAINE ANNE-MARIE ET JEAN-MARC VINCENT

Jean-Marc Vincent a affiné son style et présente désormais des vins d'une classe et d'une harmonie hors pair à Santenay. Leur naturel d'expression pourrait servir de modèle à bien des vignerons mieux dotés en grands terroirs. Hélas, les quantités disponibles sont minimes – heureusement, une activité de négoce vient compléter la gamme. Les deux couleurs se montrent remarquables, particulièrement Le Beaurepaire, santenay incontournable.

Les vins : le bourgogne blanc est un beau vin de soif, avec du fond et un fruit équilibré. Le montagny évoque les agrumes. L'attaque tendre du santenay contraste avec son fruit plein d'énergie. Le Beaurepaire reste sur la retenue avec une matière tout en allonge et un beau fruit épuré et cristallin. Corvées des Vignes est marqué par son élevage : il doit passer par la cave. En rouge, le santenay Vieilles Vignes développe un parfum de végétal noble et une bouche juteuse aux tanins solides, bien enrobés. Le Passetemps, légèrement chocolaté, ne manque ni de fond, ni de volume, et son fruit est étayé par des tanins souples et mûrs. Le Beaurepaire rouge garde une trame serrée ; ses tanins solides le porteront sur le long terme. Les Gravières affiche une pointe de réduction, mais il est doté d'un grain fin et d'une matière tout en allonge. Gravité offre une texture soyeuse, des tanins d'une grande délicatesse, un fruit à la fois dense et mûr. Il est à l'aube de sa vie.

- Bourgogne 2017 — 16,10 € — 13,5
- Montagny Premier Cru 2017 — 17,50 € — 14,5
- Puligny-Montrachet Corvées des Vignes 2017 — 39 € — 16
- Santenay Premier Cru Le Beaurepaire 2017 — 28 € — 16
- Santenay Premier Cru Les Gravières 2017 — 28 € — 15,5
- Santenay Gravité 2016 — 48 € — 16,5
- Santenay Premier Cru Le Beaurepaire 2017 — 28 € — 16

- Santenay Premier Cru Le Passetemps 2017 — 28 € 15,5
- Santenay Premier Cru Les Gravières 2017 — 28,50 € 16
- Santenay Vieilles Vignes 2017 — 21 € 14,5

Rouge : 3 hectares.
Pinot noir 100 %
Blanc : 3 hectares.
Chardonnay 100 %
Production moyenne : 33 000 bt/an

DOMAINE ANNE-MARIE ET JEAN-MARC VINCENT
3, rue Sainte-Agathe, 21590 Santenay
03 80 20 67 37 • vincent.j-m@wanadoo.fr •
Vente et visites : au domaine sur rendez-vous.
Propriétaire : Anne-Marie et Jean-Marc Vincent

★

DOMAINE THIERRY VIOLOT-GUILLEMARD

Petit vignoble familial conduit depuis 1980 par Thierry Violot-Guillemard, ce domaine possède une belle collection de terroirs et élabore des vins francs au style classique, sans levure, avec un élevage long de seize à vingt mois. Le vignoble est certifié bio depuis 2014. Il propose également des chambres d'hôtes pour ceux qui souhaitent découvrir le vignoble. Comme les vins, il faudra les réserver à l'avance.

Les vins : ces rouges dotés de tanins fins présentent des profils généralement peu charnus et assez fluides, à l'image du pommard En Brescul, déjà accessible. Clos des Mouches offre une matière longiligne ; La Platière évoque la ronce et offre un fruit net et précis, légèrement acidulé, avec toute la solidité de Pommard en bouche. Il faut oublier Epenots en cave : la puissance du terroir s'y impose dès le milieu de bouche. Rugiens, entre fruit et beau végétal, possède à la fois la charpente de Pommard et la finesse de grain de ce climat.

- Beaune Premier Cru Clos des Mouches 2017 — 40 € 15
- Pommard En Brescul 2017 — 35 € 15
- Pommard Premier Cru Epenots 2017 — 55 € 16
- Pommard Premier Cru La Platière 2017 — 40 € 15,5
- Pommard Premier Cru Rugiens 2017 — 55 € 16,5

Rouge : 4,4 hectares.
Pinot noir 100 %
Blanc : 1,6 hectare.
Chardonnay 100 %
Production moyenne : 35 000 bt/an

DOMAINE THIERRY VIOLOT-GUILLEMARD ♣
7 rue Sainte-Marguerite, 21630 Pommard
03 80 22 49 98 • www.violot-guillemard.fr •
Vente et visites : au domaine sur rendez-vous.
Propriétaire : Thierry Violot-Guillemard

ALBERT BICHOT

Cette maison historique de Beaune, dirigée depuis 1996 par Albéric Bichot, n'a pas toujours brillé par la régularité et la qualité de ses vins. Les choses ont désormais bien changé. Sous le blason Albert Bichot, on retrouvera les vins de six domaines : Long-Depaquit à Chablis (voir cette adresse), le Clos Frantin et Château-Gris en Côte de Nuits, le domaine du Pavillon, le domaine Adélie en Côte chalonnaise et le domaine de Rochegrès en Beaujolais. Chacune de ces structures possède son propre outil de vinification et des équipes dédiées, placées sous la houlette du directeur technique général, Alain Serveau.

Les vins : dans l'ensemble, les rouges se montrent assez épurés. Nous regrettons toutefois des maturités sur le fil du rasoir, ce qui se traduit par un manque de densité et de fond dans ces vins élancés. Le Clos des Ursulines sent le raisin bien mûr. Un vin solide à oublier. Le Château Gris à la bouche ferme campe à ce stade sur sa structure. Les Chabiots se montre serré en bouche. Il lui manque un rien de maturité en plus. Énergique et pur, Les Sorbets évoque la queue de cerise au nez, mais le manque de maturité laisse ressortir des tanins accrocheurs et une pointe d'amertume. Clos des Maréchaudes se montre dense, avec des tanins puissants : un vin plus solide que volumineux. L'échezeaux souffre lui aussi d'une vendange en limite de maturité avec des notes de groseille en finale. Le meursault est marqué par son boisé : il s'étire en bouche grâce à une jolie note de pamplemousse. Clos des Mouches se montre salin, avec une belle vivacité qui s'exprime dans une note citronnée. Les Charmes garde la même signature d'élevage mais la bouche s'en affranchit par sa densité et un fruit épuré et charnu. Le volumineux corton-charlemagne s'appuie sur l'épaisseur de son fruit pour retranscrire l'élégance de ce terroir.

- Beaune Premier Cru Clos des Mouches Domaine du Pavillon 2017 — 105 € (c) — 15
- Corton-Charlemagne Grand Cru Domaine du Pavillon 2017 — 170 € (c) — 17
- Meursault Domaine du Pavillon 2017 — 65 € (c) — 14,5
- Meursault Premier Cru Les Charmes Domaine du Pavillon 2017 — 90 € (c) — 16
- Chambolle-Musigny Premier Cru Les Chabiots 2017 — 100 € (c) — 15,5
- Corton Grand Cru Clos des Maréchaudes Domaine du Pavillon 2017 — 120 € (c) — 16
- Echezeaux Grand Cru Domaine du Clos Frantin 2017 — 230 € (c) — 16
- Morey-Saint-Denis Premier Cru Les Sorbets 2017 — 70 € (c) — 15
- Nuits-Saint-Georges Premier Cru Monopole Château Gris 2017 — 80 € (c) — 15,5
- Pommard Clos des Ursulines Domaine du Pavillon 2017 — 60 € (c) — 15

Rouge : 33 hectares.
Pinot noir 100 %
Achat de raisins.
Blanc : 72 hectares.
Chardonnay 100 %
Achat de raisins.
Production moyenne : 650 000 bt/an

ALBERT BICHOT ♣
6 bis, boulevard Jacques-Copeau,
21200 Beaune
03 80 24 37 37 • www.albert-bichot.com •
Vente et visites : au domaine sur rendez-vous.
Propriétaire : Famille Bichot
Directeur : Albéric Bichot
Maître de chai : Alain Serveau (directeur technique)

MAISON BOUCHARD PÈRE ET FILS

Cette vénérable maison historique, fondée en 1731 à Beaune, appartient depuis 1995 à la famille champenoise Henriot. Exploitant 130 hectares de vignes, elle couvre la quasi-totalité des appellations bourguignonnes. Les vins issus des vignes de la maison sont d'ailleurs identifiés "domaine" afin de ne pas les confondre avec ceux issus de raisins achetés.

Les vins : après avoir retiré l'an passé une étoile à la maison Bouchard, nous nous sommes rendus à Beaune où nous attendait une vaste sélection de rouges et de blancs. Nos convictions demeurent : si les blancs affichent des fruits cristallins et d'une grande netteté, ils accusent un manque de profondeur. Un style que cette grande maison assume pleinement. Le meursault Perrières, au style épuré, n'offre pas l'intensité minéralité, ni le poids en bouche que nous attendons d'un tel premier cru. Nous lui préférons le meursault Goutte d'Or, au fruit plus mûr et très dense en bouche. Le chevalier-montrachet La Cabotte puise une belle énergie dans son sol même si nous aimerions là aussi davantage de densité. En rouge, notre préférence va au Cazetiers, vinifié en grappe entière, qui offre un parfum captivant, un fruit pur et prégnant en bouche. Il a du relief et de la densité. Du côté des grands crus, le bonnes-mares, plus long que large, se démarque par une belle sapidité. Le clos-de-bèze, issus d'achat de raisin, se montre plus dense et ramassé que son voisin le chambertin (cultivé par la maison). Ce dernier affiche des tanins plus tendres et plus soyeux, ainsi qu'un joli volume de bouche. Nous aimons son parfum épicé.

- Chevalier-Montrachet Grand Cru La Cabotte 2017 — de 450 à 500 € (c) — 17
- Meursault Premier Cru Les Gouttes d'Or 2017 — de 65 à 75 € (c) — 16,5
- Meursault Premier Cru Perrières 2017 — de 65 à 75 € (c) — 16
- Bonnes-Mares Grand Cru 2017 — de 240 à 300 € (c) — 17,5
- Chambertin Grand Cru 2017 — de 250 à 280 € (c) — 18
- Chambertin-Clos-de-Bèze Grand Cru 2017 — de 250 à 325 € (c) — 18
- Gevrey-Chambertin Premier Cru Les Cazetiers 2017 — N.C. — 17

Rouge : 83 hectares.
Pinot noir 100 %
Blanc : 47 hectares.
Chardonnay 100 %
Production moyenne : 600 000 bt/an

MAISON BOUCHARD PÈRE ET FILS
15, rue du Château, 21200 Beaune
03 80 24 80 24 •
www.bouchard-pereetfils.com •
Visites : sans rendez-vous.

Propriétaire : Groupe Familial Henriot
Directeur : Richard Moreau
Maître de chai : Frédéric Weber

DOMAINE HENRI ET GILLES BUISSON

Frédéric, vinificateur, et Franck, commercial, gèrent un des plus vastes domaines du sud de la Côte de Beaune. De la culture biologique, certifiée depuis 2009, ils sautent le pas vers la biodynamie à partir de 2018. Depuis dix ans déjà, ils suivaient le calendrier lunaire pour leur mise en bouteille. Un travail sérieux à la vigne et au chai leur permet de produire des vins profonds et racés, qui vieillissent bien.

Les vins : les rouges sont un peu stricts, même si l'on peut apprécier le croquant du fruit. Les blancs, frais et stimulants, gardent une certaine densité et épaisseur du fruit. En rouge, Combe Bazin offre des notes juteuses de griotte, avec des tanins présents mais bien enrobés. Sous Roches accuse une pointe de réduction. Le fruit croquant légèrement acidulé se montre plus vif que charnu. Absolu est un vin trapu, plus musclé qu'équilibré. Le Rognet et Corton dispose d'un joli volume de bouche, même si une pointe d'amertume vient renforcer l'idée de tanins puissants dont la maturité n'est pas totalement aboutie. En blanc, Le Jarron est assez tendu et vif en bouche, alors que Sous la Velle, finement boisé, laisse ressortir une touche d'amande amère. Sa fraîcheur n'entrave pas un agréable volume en bouche.

Saint-Romain Le Jarron 2017	27,60 €	14
Saint-Romain Sous la Velle 2017	29,60 €	15
Corton Grand Cru Le Rognet et Corton 2017	73,80 €	16
Saint-Romain Absolu 2017	33,60 €	14
Saint-Romain Combe Bazin 2017	27,60 €	14
Saint-Romain Sous Roches 2017	29,60 €	14

Rouge : 12 hectares.
Pinot noir 100 %
Blanc : 7 hectares.
Chardonnay 100 %
Production moyenne : 60 000 bt/an

DOMAINE HENRI ET GILLES BUISSON ☾
2, impasse du Clou, 21190 Saint-Romain
03 80 21 22 22 • www.domaine-buisson.com
• Pas de visites.
Propriétaire : Franck et Frédérick Buisson
Directeur : Franck Buisson

DOMAINE EDMOND CORNU ET FILS

Au pied de la colline de Corton, Pierre Cornu produit une large majorité de vins rouges à Ladoix et dans les villages avoisinants. La série de ladoix et d'aloxe-corton est parfaitement gérée.

Les vins : une gamme de rouges et de blancs cohérente, qui, sans déborder en maturité, ne glisse jamais vers la verdeur. Ces vins assez fins sont déjà plaisants à boire : en rouge, Les Carrières se montre net et précis, avec un fruit légèrement acidulé mais digeste, grâce à des tanins fins. Le Bois Roussot doit s'oublier en cave. Les Bons Ores se montre charpenté, un rien replié sur lui-même. Malgré sa densité, Les Valozières dessert un élevage trop présent, gommant les nuances du fruit. Sa finale pèche par sa sécheresse. En blanc, le chorey est un joli vin de soif. Le ladoix affiche une bouche élancée, un fruit acidulé, sans tomber dans la verdeur. Il reste frais, fin et digeste.

Chorey-lès-Beaune 2017	21,20 €	14
Aloxe-Corton Premier Cru Les Valozières 2017	52 €	15
Chorey-lès-Beaune Les Bons Ores 2017	19,20 €	14
Ladoix Les Carrières 2017	25,20 €	15
Ladoix Premier Cru Le Bois Roussot 2017	25,20 €	15,5

Le coup de ♥

Ladoix 2017	25,20 €	14

Rouge : 14 hectares.
Pinot noir 100 %
Blanc : 2,25 hectares.
Chardonnay 100 %
Production moyenne : 80 000 bt/an

DOMAINE EDMOND CORNU ET FILS
Le Meix Gobillon, 6, rue du Bief, cidex 34, 21550 Ladoix
03 80 26 40 79 •
www.bourgogne-vigne-verre.com • Vente et visites : au domaine sur rendez-vous.
Propriétaire : Pierre Cornu

HENRI DARNAT

Si nous saluons le travail réalisé par la maison depuis une décennie, avec des vins affichant de belles maturités, nous percevons que les élevages pratiqués sont trop marquants et privent le fruit de son éclat, conférant des sucrosités en fin de bouche.

Les vins : l'auxey-duresses offre une belle bouche sapide et saline, au fruit bien équilibré. Clos du Domaine évoque le coing. Dense, il livre une sensation presque tannique. Le nez chaleureux du Clos Richemont signe sa maturité. Charnu, puissant et volumineux, il retranscrit avec justesse l'expression du terroir de Meursault. Goutte d'Or, finement grillé mais distingué, avec son joli fruit épuré, conserve un beau volume ; sa puissance de bouche nous rappelle qu'il a de l'avenir.

- Auxey-Duresses 2017 — 20 € — 15
- Meursault Clos du Domaine 2017 — 36 € — 15,5
- Meursault Premier Cru Clos Richemont Monopole 2017 — 60 € — 16

Le coup de ♥

- Meursault Premier Cru Goutte d'Or 2017 — 60 € — 17

Rouge : 1,5 hectare.
Pinot noir 100 %
Achat de raisins.
Blanc : 15 hectares.
Chardonnay 100 %
Achat de raisins.
Production moyenne : 80 000 bt/an

HENRI DARNAT
50, impasse du Pré-des-Taupes,
21190 Meursault
06 03 07 98 13 • www.domainedarnat.fr •
Vente et visites : au domaine sur rendez-vous.
Propriétaire : Henri et Marion Darnat
Directeur : Henri Darnat

DOMAINE RODOLPHE DEMOUGEOT

Rodolphe Demougeot a créé son domaine en 1992. Il produit surtout des vins rouges énergiques et denses, qui vieillissent très bien. Ils se montrent aujourd'hui harmonieux, affranchis des finales dures qui marquaient les millésimes passés.

Les vins : des blancs un rien trop vifs, au fruit épuré et de qualité, mais qui accusent un léger manque d'étoffe. Les rouges sont agréables dès leur jeune âge, même si l'on aimerait qu'ils soient tous aussi pleins et charnus que Les Charmots. Le bourgogne blanc désaltérera malgré une puissante amertume en finale. Le beaune est construit sur un fruit acidulé et vif ; épuré et droit, il manque d'enrobage et de plaisir gourmand. Le meursault garde une bouche dense, où le fruit acidulé mène vers des notes d'agrumes. En rouge, le bourgogne est un joli vin de soif au fruit croquant, régal immédiat. Les Clous est légèrement pommadé à l'ouverture, mais sa bouche conserve une belle pureté. Il est plus longiligne que volumineux. Les Bourgeots doit se mettre en place, tout comme le pommard. Les Beaux Fougets est un vin plein et juteux, mûr mais frais. La pointe d'amertume en finale des Vignots devrait s'estomper avec la garde. Les Charmots évoque la cerise bien mûre, avec une petite note lardée. Un vin charnu et profond qui grandira sur une à plusieurs décennies.

- Beaune Clos Saint-Désiré 2017 — 24 € — 14
- Bourgogne 2017 — 14 € — 13
- Meursault 2017 — 32 € — 15
- Auxey-Duresses Les Clous 2017 — 20 € — 14
- Beaune Les Beaux Fougets 2017 — 24 € — 15,5
- Bourgogne 2017 — 13 € — 13,5
- Pommard 2017 — 30 € — 14,5
- Pommard Les Vignots 2017 — 38 € — 15
- Savigny-lès-Beaune Les Bourgeots 2017 — 20 € — 14,5

Le coup de ♥

- Pommard Premier Cru Les Charmots Le Coeur des Dames 2017 — 44 € — 16,5

Rouge : 5,8 hectares.
Pinot noir 100 %
Blanc : 2 hectares.
Chardonnay 100 %
Production moyenne : 45 000 bt/an

DOMAINE RODOLPHE DEMOUGEOT
2, rue du Clos-de-Mazeray, 21190 Meursault
03 80 21 28 99 •
www.rodolphedemougeot.fr • Vente et visites : au domaine sur rendez-vous.
Propriétaire : Rodolphe Demougeot

DOMAINE MICHEL ET JOANNA ECARD

Descendant du domaine familial Maurice Ecard, Michel Ecard a créé sa propre propriété viticole en 2004, avec son épouse Joanna. Comme souvent en Bourgogne, l'amateur doit être vigilant quant aux homonymies : le domaine Maurice Ecard et Fils existe toujours mais est exploité par une maison de négoce de Beaune. L'ensemble de la production se montre fidèle aux différentes identités de terroirs.

Les vins : certaines cuvées manquent un peu de précision aromatique. Parmi les savigny-lès-beaune, le village se montre dense, avec des tanins solides, une chair pulpeuse. Les Rouvrettes s'exprime sur une matière plus ciselée, avec un fruit vif et acidulé. Les Peuillets affiche un profil plus solide, un fruit plus enveloppant. Les Serpentières manque de netteté aromatique ; en bouche, son fruit reste dense et juteux. Les Narbentons s'impose par une matière effilée ; son fruit croquant sent le cassis, son acidité le porte en longueur.

- Savigny-lès-Beaune Premier Cru Les Narbentons 2017 — 25 € — 15
- Savigny-lès-Beaune Premier Cru Les Peuillets 2017 — 19 € — 15,5
- Savigny-lès-Beaune Premier Cru Les Rouvrettes 2017 — 18 € — 15
- Savigny-lès-Beaune Premier Cru Les Serpentières 2017 — 21 € — 14,5
- Savigny-lès-Beaune Vieilles Vignes 2017 — 15 € — 14,5

Rouge : 3,7 hectares.
Pinot noir 100 %
Blanc : 0,3 hectare.
Production moyenne : 20 000 bt/an

DOMAINE MICHEL ET JOANNA ECARD
3, rue Boulanger-et-Vallée,
21420 Savigny-lès-Beaune •
ecard.michel.joanna@orange.fr • Vente et visites : au domaine sur rendez-vous.
Propriétaire : Michel Ecard

DOMAINE JESSIAUME

Le domaine a été racheté en 2007 par Sir David Murray. Cinquième homme le plus riche d'Écosse, dont il est l'un des plus importants marchands de vin, l'homme a fait fortune dans les minerais. Le domaine se situe dans le village de Santenay depuis 1850. Il possède également des terroirs sur les crus de Volnay, de Beaune et d'Auxey-Duresses. Grâce à des moyens supplémentaires, il a ouvert une activité de négoce en 2008. La gamme s'est élargie avec, en prime, une possibilité de vinifier des grands crus de la Côte de Nuits.

Les vins : des rouges qui misent plus sur la finesse que la puissance, la fraîcheur que l'opulence. Si l'on apprécie cette approche délicate des terroirs bourguignons, un rien de maturité en plus ne trahirait pas ce style de vin. Les blancs sont du bel ouvrage, élégants mais peu charnus, à l'image de l'auxey-duresse. Finement épicé, Les Ecusseaux offre davantage de densité et mérite un ou deux ans de garde avant d'être bu. Clos du Clos Genet se montre plus frais que mûr. Le volnay affiche un fruit acidulé dans une matière qui s'étire en bouche, avec des tanins légèrement saillants. La finale est un peu courte et sèche. Les Gravières possède une bouche effilée qui s'appuie sur un fruit acidulé, mais manque d'un peu d'épaisseur. Les Cent Vignes possède volume, fraîcheur et belle allonge sur un fruit qui reste gourmand. Ses tanins garantissent sa longévité. Les Brouillards se montre dense, avec un fruit juteux et des tanins mûrs. En blanc, le santenay doit se boire sur la jeunesse de son fruit. Les Gravières est dominé par un fin boisé : un vin épuré et tendu, à la finale un peu courte. Les Ecussaux est marqué par une note finement grillée, voire de pierre à fusil. Sa bouche épurée et équilibrée est d'une juste densité.

- Auxey-Duresses Premier Cru Les Ecussaux 2017 — 26 € — 15,5
- Santenay 2017 — 19 € — 14,5
- Santenay Premier Cru Les Gravières 2017 — 26 € — 14,5
- Auxey-Duresses 2017 — 17 € — 14
- Auxey-Duresses Premier Cru Les Ecusseaux 2017 — 23 € — 14,5
- Beaune Premier Cru Les Cent Vignes 2017 — 29 € — 15
- Santenay Clos du Clos Genet 2017 — 19 € — 14
- Santenay Premier Cru Les Gravières 2017 — 25 € — 14,5
- Volnay 2017 — 28,50 € — 14

Le coup de ♥
- Volnay Premier Cru Les Brouillards 2017 — 33 € — 16

Rouge : 7,4 hectares.

Pinot noir 100 %
Blanc : 1,31 hectare.
Chardonnay 100 %
Production moyenne : 45 000 bt/an

DOMAINE JESSIAUME
10, rue de la Gare, 21590 Santenay
03 80 20 60 03 • www.jessiaume.com • Vente et visites : au domaine sur rendez-vous.
Propriétaire : Sir David Murray
Directeur : Megan McClune
Maître de chai : William Waterkeyn

DOMAINE LAMY-PILLOT

Exploitation familiale par excellence, le domaine Lamy-Pillot cultive une série de belles parcelles sur Chassagne-Montrachet. Le domaine élabore des blancs francs et nets, modernes, qui s'illustrent par leur très belle régularité.

Les vins : bien équilibrés, ils misent sur la finesse et se débouchent dès maintenant. Les Argiliers affiche un nez sur le réglisse adossé à un joli fruit. Belle bouche structurée qui s'étire en longueur avec un tanin présent mais fin. Le fin Boudriotte, au fruit plus croquant que charnu, offre une belle fluidité en bouche. On peut déjà se régaler, sans se presser. La Pièce sous le Bois est un beau vin à la matière juteuse et finement saline. En blanc, Les Pucelles affirme sa maturité au nez et préserve toute la salinité de son terroir. Pot Bois donne le sentiment d'une belle maturité : la bouche se montre dense, compacte, presque tannique avec une agréable sève et une jolie finale sur une note d'agrume. Légèrement boisé à l'ouverture, Morgeot est dense et profond, avec une maturité un peu sur le fil du rasoir qui accentue sa puissance.

- Chassagne-Montrachet Pot Bois 2017 — 33 € — 16
- Chassagne-Montrachet Premier Cru Morgeot 2017 — 45 € — 16,5
- Blagny Premier Cru La Pièce sous le Bois 2017 — 37 € — 16
- Chassagne-Montrachet Premier Cru Boudriotte 2017 — 31 € — 15,5
- Saint-Aubin Les Argiliers 2017 — 19 € — 14

Le coup de ♥
- Saint-Aubin Les Pucelles 2017 — 26 € — 15,5

Rouge : 8 hectares.
Pinot noir 100 %
Blanc : 7 hectares.
Chardonnay 100 %
Production moyenne : 85 000 bt/an

DOMAINE LAMY-PILLOT
31, route de Santenay,
21190 Chassagne-Montrachet
03 80 21 30 52 • www.lamypillot.fr • Vente et visites : au domaine sur rendez-vous.
Propriétaire : René Lamy

DOMAINE LARUE

Ce domaine familial produit des vins francs, de qualité régulière, vinifiés dans un style moderne et immédiat par Didier et Denis Larue. Leurs enfants respectifs, Bruno, puis Vivien, les ont rejoints en 2009 puis 2016. Ici, on remet le travail du sol en avant : chenillette et quelques parcelles conduites en viticulture biologique. Les tarifs et l'accueil sont angéliques.

Les vins : les rouges mêlent fraîcheur et gourmandise, sans manquer de puissance ni d'équilibre. En blanc, saluons la belle série de saint-aubin premiers crus. L'aloxe-corton offre un vrai plaisir gourmand, qu'il faut boire sur le fruit. Le chassagne-montrachet est un vin dense mais juteux qui mérite deux ou trois ans de garde pour patiner ses tanins solides. La matière compacte de Sous le Puits lui garantit une belle longévité. Le corton est un grand cru charnu au grain fin, un vin d'attaque plus que de fond de bouche, qui reste solide en finale. Côté blanc, En Montceau charme en bouche par son charnu et son volume, sa finale fraîche et digeste. Les Cortons est sur la retenue, avec un fruit légèrement acidulé et une note intensément citronnée en finale. Les Champlots offre un joli milieu de bouche charnu et tendre, en conservant un fruit frais. En Remilly, délicat et gracieux, offre une bouche équilibrée, finement saline ; son fruit épuré s'étire en longueur. L'élégant Murgers des Dents de Chien se démarque par une bouche douce et sapide, un fruit équilibré qui valorise à merveille ce joli terroir. La Garenne est marqué par un léger boisé qui traverse un fruit délicat et frais, sans nuire à son équilibre ni à sa finesse.

- Puligny-Montrachet Premier Cru La Garenne 2017 — 39 € — 16
- Saint-Aubin Premier Cru En Montceau 2017 — 20 € — 15

- Saint-Aubin Premier Cru En Remilly 2017 — 26 € 16
- Saint-Aubin Premier Cru Les Champlots 2017 — 20 € 15
- Saint-Aubin Premier Cru Les Cortons 2017 — 22 € 14,5
- Saint-Aubin Premier Cru Murgers des Dents de Chien 2017 — 26 € 16
- Aloxe-Corton 2017 — 25 € 14,5
- Blagny Premier Cru Sous le Puits 2017 — 36 € 15,5
- Chassagne-Montrachet 2017 — 20 € 15
- Corton Grand Cru Les Perrières 2017 — 60 € 16

Rouge : 6 hectares.
Pinot noir 100 %
Blanc : 11 hectares.
Chardonnay 95 %, Aligoté 5 %
Production moyenne : 70 000 bt/an

DOMAINE LARUE
32, rue de la Chatenière, 21190 Saint-Aubin
03 80 21 30 74 • www.larue-vins.com •
Vente et visites : au domaine sur rendez-vous.
Propriétaire : Didier et Denis Larue

BENJAMIN LEROUX

Talentueux vinificateur du célèbre domaine du Comte Armand, à Pommard, Benjamin Leroux a lancé à son compte une structure de négoce haut de gamme. Grâce à de solides approvisionnements et à un grand sens de l'élevage, il réalise des cuvées de très haut niveau sur une vaste palette d'appellations. Les vins possèdent un style que nous louons, préservant la fraîcheur, le fruit et jouant sur des élevages modérés.

Les vins : les vins sont dans l'ensemble élégants. Vendangés sur le fil du rasoir, les rouges sont épurés, mais mériteraient parfois un supplément de chair pour gagner en plénitude. L'aimable volnay et le typé chassagne-montrachet sont particulièrement recommandables. Sous le Château offre une belle élégance au nez, mais manque de chair en bouche. En rouge, le savigny est marqué par une note de réglisse, avec un caractère légèrement épicé. Son fruit pur, mais peu charnu, est souligné par des tanins délicats. Un vin plus délié que plein, au fruit croquant. Le vosne-romanée affiche la profondeur de son terroir. Un vin délicat et épuré, fin et digeste, aux tanins parfaitement intégrés. Le gevrey-chambertin manque d'un rien de gourmandise.

- Chassagne-Montrachet Premier Cru Les Embazées 2017 — 63 € (c) 16,5
- Saint-Romain Sous le Château 2017 — 25 € (c) 15
- Gevrey-Chambertin 2017 — 45 € (c) 15
- Savigny-lès-Beaune 2017 — 25 € (c) 15
- Vosne-Romanée 2017 — 65 € (c) 15,5

Le coup de ♥

- Volnay Premier Cru Les Mitans 2017 — 65 € (c) 16,5

Rouge : 1,47 hectare.
Pinot noir 100 %
Achat de raisins.
Blanc : 5,65 hectares.
Chardonnay 100 %
Achat de raisins.
Production moyenne : 120 000 bt/an

BENJAMIN LEROUX
5, rue Colbert, 21200 Beaune
03 80 22 71 06 • www.benjamin-leroux.com
• Visites : Pas de visites.
Propriétaire : Benjamin Leroux

DOMAINE RENÉ MONNIER-XAVIER MONNOT

Xavier Monnot dirige ce domaine sérieux de Meursault avec une approche assez moderne des vinifications et des élevages. Il produit des vins immédiatement séduisants, mais aussi capables de vieillir avec bonheur. Si l'aromatique des boisés est toujours présente, la prise en bouche a gagné en précision ces dernières années.

Les vins : belle série de blancs, avec du caractère, qui allient finesse, puissance et profondeur. On regrette chez les rouges des tanins souvent trop durs, rendant les vins rustiques malgré un fruit qui ne manque pas de générosité. Clos de la Fussière, dense et trapu, possède un joli fruit croquant malgré des tanins un rien rugueux : il faut l'oublier en cave. Les Vignots est un peu replié sur lui-même. Les Toussaints sent le fruit noir : un vin de matière, charpenté, qui se révèlera sur le long terme. Les Cent Vignes est un vin compact aux tanins rugueux : dommage, car derrière il y a du jus. Clos des Chênes affiche des tanins saillants et durs. En blanc, Les Duresses présente un nez finement boisé, aux notes d'amande ; l'attaque est vive et le cœur de bouche concentré. À Meursault, Le Limozin est un vin concentré et sapide, doté d'une belle énergie, quand l'élégant Les Chevalières est un vin fin, mais dense : un beau classique. Tout aussi classe, Les Folatières est dense et long à la fois. Plus puissant que généreux, Les Charmes est bâti sur des amers stimulants qui évoquent le zeste d'agrume, avec une sensation tannique en finale.

- Meursault Le Limozin 2017 — de 41 à 50 € (c) — 15,5
- Meursault Les Chevalières 2017 — de 41 à 50 € (c) — 15,5
- Meursault Premier Cru Les Charmes 2017 — N.C. — 16,5
- Monthélie Les Duresses 2017 — N.C. — 14
- Puligny-Montrachet Premier Cru Les Folatières 2017 — de 77 à 94 € (c) — 16,5
- Beaune Premier Cru Les Cent Vignes 2017 — de 45 à 55 € (c) — 14
- Beaune Premier Cru Les Toussaints 2017 — de 41 à 50 € (c) — 14,5
- Maranges Premier Cru Clos de la Fussière 2017 — de 27 à 33 € (c) — 14
- Pommard Les Vignots 2017 — de 54 à 66 € (c) — 14,5
- Volnay Premier Cru Clos des Chênes 2017 — de 54 à 66 € (c) — 14,5

Rouge : 7 hectares.
Pinot noir 100 %
Blanc : 9,5 hectares.
Chardonnay 85 %, Aligoté 15 %
Production moyenne : 100 000 bt/an

DOMAINE RENÉ MONNIER-XAVIER MONNOT
6, rue du Docteur-Rolland, 21190 Meursault
03 80 21 29 32 • xavier-monnot@orange.fr •
Visites : Pas de visites.
Propriétaire : Xavier Monnot

DOMAINE SYLVAIN MOREY

Installé depuis 2002 dans le Lubéron, à la Bastide du Claux, Sylvain Morey a récupéré en 2014 les quelques hectares de vignes familiales en Bourgogne (ex-domaine Jean-Marc Morey), en appellations Chassagne-Montrachet, Saint-Aubin et Santenay. Il y produit des vins au style classique, bien enrobés et jamais lourds. Ses premiers millésimes ont été très encourageants.

Les vins : ce domaine progresse à grand pas, grâce à des élevages plus justes sur les blancs ; les rouges nous enchantent par leur délicatesse et leur caractère digeste, qui donnent le sentiment d'une infusion de pinot. L'aligoté est un vin tendu, au fruit net et pur. Le saint-aubin est musclé ; sa forte salinité étire le fruit en longueur. Malgré un fruit dense et puissant, la finale du chassagne est gommée par une note boisée, qui s'intègrera dans le temps. Les Champs-Gains délivre en bouche un fruit très souple et tendre, termine sur une belle finale zestée. Les Caillerets se montre vif et épuré ; il a pourtant du poids et du volume en bouche. Parmi les rouges, le chassagne doit s'oublier en cave ; le coteaux-bourguignons peut déjà se déboucher. Le santenay a du fond, un joli fruit net, et peut aussi passer par la cave. Les Champs-Gains est un rouge délicat et très sapide, au grain fin, au fruit aérien et frais. L'étoile est proche.

- Bourgogne Aligoté 2017 — 15 € — 14
- Chassagne-Montrachet 2017 — 50 € — 15,5
- Chassagne-Montrachet Premier Cru Les Champs-Gains 2017 — 60 € — 16,5
- Saint-Aubin Premier Cru Les Charmois 2017 — 45 € — 16,5
- Chassagne-Montrachet 2017 — 30 € — 15
- Chassagne-Montrachet Premier Cru Les Champs-Gains 2017 — 40 € — 16,5
- Coteaux Bourguignons 2017 — 14 € — 14
- Santenay Premier Cru Grand Clos Rousseau 2017 — 40 € — 16

Le coup de ♥

- Chassagne-Montrachet Premier Cru Les Caillerets 2017 — 65 € — 17

Rouge : 1 hectare.
Pinot noir 90 %, Gamay noir à jus blanc 10 %
Blanc : 1,5 hectare.
Chardonnay 95 %, Aligoté 5 %

DOMAINE SYLVAIN MOREY
3, rue Principale,
21190 Chassagne-Montrachet
06 99 70 26 05 • www.sylvainmorey.fr • Pas de visites.
Propriétaire : Sylvain Morey

DOMAINE ALBERT MOROT

Geoffroy Choppin de Janvry continue à diriger efficacement ce joli domaine, doté d'une gamme complète et trop méconnue de premiers crus de Beaune, ainsi que de la meilleure parcelle des Vergelesses de Savigny, mentionnée depuis toujours sous le nom de Bataillère.

Les vins : les blancs manquent un peu de fond et les rouges se montrent trop linéaires, à cause d'élevages qui masquent invariablement les nuances des divers terroirs et du fruit. Ainsi, La Bataillère aux Vergelesses est tendre et souple : c'est plutôt un vin d'attaque que de fond de bouche. Aigrots accuse une finale trop courte et une petite verdeur au nez. On aimerait des raisins plus mûrs, une matière plus profonde. En rouge, le pommard garde une bouche solide et juteuse et mettra du temps à se livrer. La Bataillère aux Vergelesses est un peu fardé par son élevage : les tanins rudes s'y expriment davantage que le fruit. À Beaune, Cent Vignes manque de pulpe ; Toussaints est dominé par le boisé, qui amène une sensation de sècheresse en finale et manque de naturel ; Teurons encaisse mieux l'élevage, gardant en bouche un grain fin ; Aigrots, doux et juteux, offre un joli grain de tanin mais ici aussi, l'élevage gomme les nuances du fruit ; Bressandes se raffermit en milieu de bouche, laissant s'échapper des notes amères ; enfin, le Marconnets sent le rouge à lèvres au nez et garde une certaine dureté. Les vins manquent de la magie que peut offrir la Bourgogne : nous retirons donc l'étoile.

- Beaune Premier Cru Aigrots 2017 — 30 € — 14,5
- Savigny-lès-Beaune Premier Cru La Bataillère Aux Vergelesses 2017 — 22 € — 14
- Beaune Premier Cru Aigrots 2017 — 28 € — 14,5
- Beaune Premier Cru Bressandes 2017 — 30 € — 14,5
- Beaune Premier Cru Cent Vignes 2017 — 28 € — 14,5
- Beaune Premier Cru Marconnets 2017 — 30 € — 13,5
- Beaune Premier Cru Teurons 2017 — 30 € — 14,5
- Beaune Premier Cru Toussaints 2017 — 28 € — 14,5
- Pommard 2017 — 22 € — 14
- Savigny-lès-Beaune Premier Cru La Bataillère Aux Vergelesses 2017 — 22 € — 13,5

Rouge : 7,25 hectares.
Pinot noir 100 %
Blanc : 0,75 hectare.
Chardonnay 100 %
Production moyenne : 36 000 bt/an

DOMAINE ALBERT MOROT ♣
Château de la Creusotte, 20, avenue Charles-Jaffelin, 21200 Beaune
03 80 22 35 39 • www.albertmorot.fr •
Vente et visites : au domaine sur rendez-vous.
Propriétaire : Geoffroy Choppin de Janvry

DOMAINE AGNÈS PAQUET

C'est pour éviter la vente de la parcelle familiale d'Auxey-Duresses qu'Agnès Paquet, diplômée d'une école de commerce, a choisi d'épouser le métier de vigneronne. Elle a signé son premier millésime en 2001. Le style privilégie toujours la franchise et la fraîcheur, ce dont nous nous réjouissons.

Les vins : les blancs élégants offrent du poids en bouche et de la vivacité, tandis que le rouge se montre sévère. Belle méthode ancestrale au fruit bien mûr : on apprécie sa finesse et sa gourmandise. L'auxey-duresses sent l'amande fraîche. Patience nº 10 ne monte pas en volume, mais en tension et en énergie, en explorant de jolis amers qui évoquent le zeste d'agrumes. Il doit tempérer sa fougue. Le rouge affiche un nez de fusain, de fruit noir et d'épices. La bouche est un peu stricte à ce stade.

- Auxey-Duresses 2017 — 21 € — 15
- Auxey-Duresses Patience nº 10 2017 — 25 € — 15
- VDF Méthode Ancestrale Ali Boit Boit et Les 40 Buveurs — 9,50 € — 13,5
- Auxey-Duresses 2017 — 21 € — 14

Rouge : 7 hectares.
Pinot noir 100 %
Blanc : 6 hectares.
Chardonnay 100 %
Production moyenne : 60 000 bt/an

DOMAINE AGNÈS PAQUET
10, rue du Puits-Bourret, 21190 Meloisey
03 80 26 07 41 • www.vinpaquet.com •
Visites : sans rendez-vous.
Propriétaire : Agnès Paquet

NOUVEAU DOMAINE

DOMAINE ROBLET-MONNOT

Pascal Roblet a créé son propre domaine en 1990 à partir de vignes familiales. Comme tous les vignerons installés à cette époque, il débute en produisant des vins puissants pour coller à la mode du moment. S'il aime toujours les vins de matière, il ne cherche plus aujourd'hui la structure, mais la plénitude. Proche de la biodynamie, mais certifié en agriculture biologique, il a repensé tous ses travaux dans les vignes, du labour à la taille en passant par l'enherbement, en acceptant que les résultats ne soient visibles qu'après de longues années. En cave, il extrait plus doucement, mais plus longuement et allonge la durée de l'élevage. S'il vinifie sans soufre, celui-ci est utilisé lors de la mise en bouteille. Tous ses vins sont denses et profonds ; ils doivent tranquillement vieillir en cave.

Les vins : nous sommes surpris par les nez des blancs, qui présentent un caractère presque exotique. En bouche, si l'aligoté brille par son énergie, le bourgogne se montre un rien plus charnel. Dans le solaire millésime 2015, le hautes-côtes-de-beaune possède naturellement un fruit légèrement confit. Ce vin hédoniste porte dans ses gènes la richesse du millésime, qui se traduit par une chair douce et pulpeuse. Parmi les volnays, le village affirme sa richesse par un fruit plus confit que frais. Ici, la finesse de Volnay est totalement absorbée par l'exubérance de l'année solaire. Une longue garde l'affinera. Finement épicé, Brouillards prend un parfum de chocolat à la menthe. Il gère à merveille la richesse de l'année et présente une matière dense, avec des tanins fins, abondants et bien enrobés. Un beau vin de garde en perspective. La richesse de Taillepieds s'exprime sur une note de prune. La bouche garde de la droiture, des tanins structurants, mais fins. Un vin charpenté et plein de sève, à oublier longuement en cave.

Bourgogne Hautes-Côtes de Beaune Nerthus 2017	24 € (c)	14
Bourgogne Hautes-Côtes de Beaune 2015	24 € (c)	14
Volnay Premier Cru Brouillards 2015	de 75 à 80 € (c)	16
Volnay Premier Cru Taillepieds 2016	95 € (c)	16
Volnay Saint-François 2015	45 € (c)	15,5

Le coup de ♥

Bourgogne Aligoté Côte de Nantoux Nerthus 2017	17 € (c)	14

Rouge : 6 hectares.
Pinot noir 100 %
Blanc : 3,5 hectares.
Aligoté 80 %, Chardonnay 20 %

DOMAINE ROBLET-MONNOT ♣

11, rue de la Combe, 21190 Volnay
03 80 21 22 47 • robletmonnot@yahoo.fr •
Vente et visites : au domaine sur rendez-vous.
Propriétaire : Pascal Roblet

DOMAINE MARC ROUGEOT

Marc Rougeot, désormais épaulé par son fils Pierre-Henri, exploite les quasi 13 hectares de ce domaine familial et traditionnel de Meursault. Les vins ont bien progressé ces dernières années, gagnant en précision et en éclat.

Les vins : des rouges pas tout à fait nets en ce début de vie, avec des matières légèrement graciles. Les blancs sont à peine plus charnus mais ils possèdent une belle densité et des fruits plus acidulés que mûrs. En rouge, le bourgogne Les Vaux manque de netteté. La bouche de Clos des Roses campe sur sa structure. Il demandera du temps pour se détendre. Santenots accuse quant à lui une pointe de vernis au nez. Il offre une belle salinité. En blanc, le saint-romain se montre vif avec un petite sensation végétale. C'est droit, épuré mais peu charnu et l'acidité se fait prégnante. Le monthélie est un agréable vin de soif. Le meursault Sous la Velle, au nez finement noisetté, se montre vif et tendu. Son côté tendu séduira les amateurs de vins droits, plus longs que charnus. Enfin, Les Charmes évoque le citron vert et la viennoiserie. Large, il offre le profil de son terroir dans une attaque pleine en bouche qui termine sur un fruit vif et légèrement tannique.

Meursault Premier Cru Les Charmes 2017	57 €	16,5
Meursault Sous la Velle 2017	39 €	15,5
Monthélie Les Toisières 2017	24 €	13,5
Saint-Romain La Combe Bazin 2017	26 €	13,5
Bourgogne Les Vaux 2017	18 €	13
Pommard Clos des Roses 2017	39 €	15,5
Volnay Premier Cru Les Santenots 2017	58 €	15,5

Rouge : 5 hectares.
Pinot noir 95 %, Gamay noir à jus blanc 5 %
Blanc : 8 hectares.
Chardonnay 95 %, Aligoté 5 %
Production moyenne : 50 000 bt/an

DOMAINE MARC ROUGEOT

6, rue André-Ropiteau, 21190 Meursault
03 80 21 20 59 • www.domainerougeot.com
• Vente et visites : au domaine sur rendez-vous.
Propriétaire : Marc Rougeot
Maître de chai : Pierre Henri Rougeot

DOMAINE COMTE SENARD

Le domaine Comte Senard possède un patrimoine de vignes tout à fait remarquable, presque exclusivement en rouge, notamment dans la montagne de Corton. Lorraine Senard a pris la suite de son père Philippe aux commandes de l'exploitation. On y trouve aussi une table d'hôtes réputée.

Les vins : les vins d'entrée de gamme se montrent un peu étriqués et accusent un manque de maturité. Il faut aller vers certains grands crus pour trouver la densité souhaitée. Les Paulands est un vin longiligne au fruit vif et mordant. Perrières, au nez légèrement poudré, campe en bouche sur sa structure. Sa finale est fortement acidulée. La bouche du corton-bressandes, bien que ramassée, offre le supplément de profondeur que l'on attend d'un tel cru. Le Clos du Roi dispose d'un fruit précis qui sert la finesse et l'élégance de ce grand terroir. De toute la série, c'est le vin dont l'équilibre est le plus abouti.

- Aloxe-Corton Jules 2017 — 29 € — 14
- Aloxe-Corton Premier Cru Les Valozières 2016 — 55 € — 14
- Corton Grand Cru Les Paulands 2016 — 90 € — 15,5
- Corton Grand Cru Perrières 2016 — 90 € — 15,5
- Corton-Bressandes Grand Cru 2016 — 90 € — 16,5

Le coup de ♥

- Corton Grand Cru Clos du Roi 2016 — 90 € — 16,5

Rouge : 8 hectares.
Pinot noir 100 %
Blanc : 2 hectares.
Chardonnay 100 %
Production moyenne : 35 000 bt/an

DOMAINE COMTE SENARD

1, rue des Chaumes, 21420 Aloxe-Corton
03 80 26 40 73 • www.domainesenard.com
• Vente et visites : au domaine sur rendez-vous.
Propriétaire : Philippe Senard
Directeur : Lorraine Senard

CHALONNAIS

★★

DOMAINE VINCENT DUREUIL-JANTHIAL

Céline et Vincent Dureuil ont repris en 1994 le domaine familial, agrandi peu à peu par l'acquisition d'une parcelle de Mercurey dès 1974, puis par le retour dans le giron familial de vignes à Puligny-Montrachet et d'un premier cru à Nuits-Saint-Georges. Tous les vins sont vinifiés avec la même exigence et une méticulosité que l'on retrouve dans peu de domaines. Bio certifié de 2009 à 2016, le couple est partisan d'une viticulture saine ; le gel de 2016 n'a pas changé sa détermination. Les vins se montrent homogènes et maintiennent un très haut niveau, avec une réelle capacité à traverser le temps. Les vins sont issus de vieilles vignes et élevés longuement. Les bois neufs sont adaptés à chaque terroir en fonction de son millésime. Saluons également les prix raisonnables, très appréciés des amateurs à ce niveau d'excellence. Le travail de Vincent, de la vigne à la cave, ce souci constant du détail qui signe les grands vins, l'amèneront potentiellement dans les prochaines années vers une troisième étoile.

Les vins : le rully débute la série des blancs tout en finesse et minéralité, avec un boisé délicat. Les quatre premiers crus attestent de la régularité du domaine : Meix Cadot se livre avec une mâche ample et généreuse. Son intensité nous emmène loin, souligné par le toasté-grillé de son élevage. Meix Cadot Vieilles Vignes de 1920 oscille entre l'orgeat et les fins calcaires ; la réduction sur lies lui donne des airs de Coche-Dury, laissez-le vieillir ! Les Margotés, le plus proche voisin de Grésigny, insuffle une solide expression minérale et concentrée. Sa richesse est épaulée par un support acidulé parfaitement réglé ; sachez que le 2005 est encore vaillant ! Grésigny se montre très beaunois avec son empreinte minérale forte. Voici de la graine de grand vin de garde. Le puligny Champs Gains, extrait et précis, est un diamant taillé pour briller longtemps dans nos verres. D'une puissance phénoménale, il lui faudra quelques années pour patiner sa fougue. En Rully rouge, nous préférons En Guesnes, élégant et soyeux, aux doux parfums de framboise. Sa finesse et son éclat font de Chapitre un pinot séduisant. La Fosse dévoile un jus plein et délicat, souligné par un boisé fin ; il séduit dès aujourd'hui. Le jus de velours du nuits-saint-georges est d'une rare précision. Les notes de poivre fin, le boisé délicat, le fruit si éclatant en font un ravissement pour les chanceux qui auront le plaisir d'en profiter !

- Puligny-Montrachet Premier Cru Les Champs Gains 2017 — 42 € 17,5
- Rully 2017 — 18 € 15,5
- Rully Premier Cru Grésigny Vieilles Vignes 2017 — 30 € 18,5
- Rully Premier Cru Le Meix Cadot 2017 — 25 € 17
- Rully Premier Cru Les Margotés 2017 — 27 € 17
- Nuits-Saint-Georges Premier Cru Clos des Argillières 2017 — 42 € 17,5
- Rully En Guesnes 2017 — 20 € 15,5
- Rully Premier Cru Chapitre 2017 — 27 € 16
- Rully Premier Cru La Fosse 2017 — 27 € 16

Le coup de ♥

- Rully Premier Cru Le Meix Cadot Vieilles Vignes 2017 — 30 € 18,5

Rouge : 7,86 hectares.
Pinot noir 99 %, Gamay noir à jus blanc 1 %
Blanc : 12,37 hectares.
Chardonnay 95 %, Aligoté 5 %
Production moyenne : 115 000 bt/an

DOMAINE VINCENT DUREUIL-JANTHIAL
10, rue de la Buisserolle, 71150 Rully
03 85 87 26 32 • www.dureuil-janthial.fr •
Vente et visites : au domaine sur rendez-vous.
Propriétaire : Vincent Dureuil

★★

DOMAINE JOBLOT

Le domaine Joblot est une valeur sûre depuis plus de vingt ans en Bourgogne. Juliette, la fille de Jean-Marc Joblot, vinifie et gère la propriété familiale depuis 2012. Le domaine maîtrise ses rouges mieux que ses blancs. Les pinots rassemblent pureté de fruit, profondeur et fraîcheur. Élevés selon un modèle identique, avec 50 % de fûts neufs, ils sont à même de les intégrer. Nous conseillons cependant aux amateurs de patienter pour profiter au mieux de l'équilibre de ces vins. Concernant les blancs 2017, nous sommes plus nuancés : le boisé a tendance à prendre l'ascendant. Saluons les prix de ces grands vins qui, dans le contexte bourguignon, restent encore accessibles.

Les vins : En Veau est corseté par un boisé blond qui resserre la finale de bouche. Il garde néanmoins sa tonicité. Mademoiselle nous a habitué à un meilleur équilibre : son empreinte boisée masque l'essentiel, le terroir et le chardonnay. Taillé pour la garde, Cellier aux Moines exprime un pinot noir distingué, élégant et pur. La bouche est ferme, tannique, servie par un boisé noble qui respecte le fruit. Clos Marole est précis dans sa palette d'arômes ; la pureté et la finesse sont présentes, mais le boisé devra se fondre. Il sèche pour l'instant la finale. Toujours très coloré, Servoisine est un jus viril et ferme qui demandera du temps. Coulis de fruits mûrs, L'Empreinte impressionne par sa densité : un vin majestueux aux accents de framboise, d'une classe folle.

- Givry Premier Cru En Veau 2017 — 23 € 15,5
- Givry Premier Cru Mademoiselle 2017 — 25 € 15
- Givry Premier Cru Clos Marole 2017 — 23 € 16
- Givry Premier Cru L'Empreinte 2017 — 25 € 17,5
- Givry Premier Cru Servoisine 2017 — 23 € 16,5

Le coup de ♥

- Givry Premier Cru Clos du Cellier aux Moines 2017 — 23 € 17

Rouge : 11 hectares.
Pinot noir 100 %
Blanc : 3 hectares.
Chardonnay 100 %
Production moyenne : 85 000 bt/an

DOMAINE JOBLOT
4, rue Pasteur, 71640 Givry
03 85 44 30 77 • www.domainejoblot.com •
Visites : sans rendez-vous.
Propriétaire : Juliette Joblot

★★ ↗

DOMAINE LORENZON

Bruno Lorenzon, secondé par sa sœur Carline, a repris ce petit domaine familial en 1997, après avoir occupé les fonctions de consultant en Afrique du Sud et de directeur commercial de la tonnellerie de Mercurey. Les fûts sont donc sélectionnés avec soin, issus de bois séchés trois ans sur la propriété. Le domaine travaille les sols sans désherber depuis quarante ans. Il est certifié bio sans pour autant le mentionner sur l'étiquette. La rigueur de style et la précision des blancs 2017, tant dans les équilibres que dans les élevages, nous réjouissent. Une accolade pour les rouges maîtrisés, au fruit plein et généreux, aux boisés justes. L'ensemble des vins dégustés ces derniers millésimes montre un niveau de qualité et de travail en amont qui mérite d'être salué par une deuxième étoile.

Les vins : Les Truffières offre une trame de vin épurée, fine et subtilement boisée. Champs Martin est scintillant et pur, sa chair corsetée par un fil boisé bien présent : un vin prêt à défier le temps. Croichots est dans sa phase la plus minérale, on effleure la craie, sa fermeté appellera quelques années de cave. Précédé par des arômes fins de badiane, Clos des Barraults livre un chardonnay équilibré, bien que vif, au potentiel de garde sérieux. Du côté des rouges, Champs Martin ne manque pas de couleur ni de concentration. Il est accompagné d'un boisé précis, l'ensemble est galbé, frais et pulpeux. Clos des Champs Martin nous comble toujours autant. Il s'avère un cran plus généreux, gorgé de fruits rouges, de framboise en coulis, avec une légère fermeté tannique bienvenue. Une bouteille exceptionnelle.

- Mercurey Premier Cru Champs Martin 2017 — 32 € 15,5
- Mercurey Premier Cru Clos des Barraults 2017 — 32 € 16,5
- Mercurey Premier Cru Croichots 2017 — 32 € 16
- Montagny Premier Cru Les Truffières 2017 — 27 € 15,5
- Mercurey Premier Cru Champs Martin 2017 — 32 € 16,5

Le coup de ♥

- Mercurey Premier Cru Carline Clos des Champs Martin 2017 — 34 € 17,5

Rouge : 4 hectares.
Pinot noir 100 %
Blanc : 3 hectares.
Chardonnay 100 %
Production moyenne : 40 000 bt/an

DOMAINE LORENZON ♣

14, rue du Reu, 71640 Mercurey
03 85 45 13 51 •
contact@domainelorenzon.com • Vente et visites : au domaine sur rendez-vous.
Propriétaire : Bruno Lorenzon

★★

DOMAINE FRANÇOIS LUMPP

Ce domaine nous propose une gamme de givrys bien constitués. D'une grande régularité, les blancs sont portés par un fil conducteur minéral, ce qui permet de les apprécier jeunes mais aussi de les garder en cave de nombreuses années. Les rouges ont une classe folle : de grande précision, ils témoignent d'une capacité rare à digérer leur élevage boisé et se montrent très réguliers. C'est un paradoxe : ce domaine ose 70 % de fûts neufs sur ses premiers crus qui ne pâtissent pas pour autant de marqueurs boisés ostentatoires. Leur secret est certainement bien gardé !

Les vins : Clos des Vignes Rondes nous fait croquer la craie. Un vin pur, délicat et salin. Tension et fraîcheur caractérisent Petit Marole, son boisé s'efface, laissant la place à un chardonnay tranchant. Taillé dans le cristal, Crausot montre un peu de largeur, mais reste très désaltérant, racé et pur. Les rouges impressionnent : frais, juteux et fin, La Paulée rayonne. Buvez-le à table ! Jus plein et serré par l'élevage, Petit Marole présente un bon potentiel de garde. Profond et séveux, Le Pied du Clou étonne par sa densité et sa chair veloutée. La fraîcheur et le scintillant d'A Vigne Rouge est bluffante ; voici un vin de grande énergie. Crausot est issu d'une parcelle très calcaire, qui se traduit par une finesse et un toucher de bouche frais et séveux. Soyez patient avec lui ! Clos Jus est marqué par les oxydes de fer. Son profil est profond, généreux, son allonge infinie. Clos du Cras Long s'équilibre entre une chair pleine et raffinée, fraîche et ultra-fruitée, maîtrisée et longue.

- Givry Clos des Vignes Rondes 2017 — 22 € 15,5
- Givry Premier Cru Crausot 2017 — 29 € 16,5
- Givry Premier Cru Petit Marole 2017 — 27 € 16
- Bourgogne La Paulée 2017 — 16 € 15,5
- Givry Premier Cru Clos Jus 2017 — 30 € 17
- Givry Premier Cru Clos du Cras Long 2017 — 31 € 17,5
- Givry Premier Cru Crausot 2017 — 29 € 17
- Givry Premier Cru Le Pied du Clou 2017 — 28 € 16,5

- Givry Premier Cru Petit Marole 2017 | 27 € | 16

Le coup de ♥

- Givry Premier Cru A Vigne Rouge 2017 | 29 € | 17

Rouge : 7,5 hectares.
Pinot noir 100 %
Blanc : 1,5 hectare.
Chardonnay 100 %
Production moyenne : 50 000 bt/an

DOMAINE FRANÇOIS LUMPP
Le Pied du Clou, 36, avenue de Mortières, 71640 Givry
03 85 44 45 57 • www.francoislumpp.com • Vente et visites : au domaine sur rendez-vous.
Propriétaire : Isabelle et François Lumpp
Directeur : François Lumpp
Œnologue : Guillaume Lebras

★

DOMAINE STÉPHANE ALADAME

Stéphane Aladame a créé son domaine en 1992, à l'âge de dix-huit ans. Depuis, ce producteur très perfectionniste a progressé régulièrement, secondé par son épouse Julie. En marge du domaine, une petite activité de négoce a vu le jour en 2002, produisant du bourgogne blanc et un peu de montagny. Ses montagnys blancs sont des modèles de finesse et de fraîcheur : voici des vins peu boisés, de grande régularité, de bonne garde et proposés à des tarifs raisonnables. Le domaine s'impose sur les meilleures tables gastronomiques françaises et exporte seulement la moitié de sa production.

Les vins : Mon Blanc est un chardonnay fin, tendre et suave. Découverte profite d'un bel équilibre. Voici un vin frais doté d'une délicate minéralité. Enrobé par un boisé sobre, Les Vignes Derrière nous livre un jus fin et élégant : il est déjà prêt. Concentré, tendu et marqué par des amers minéraux, Vieilles Vignes est sur la réserve et méritera un peu de temps en cave. Précis, stylé, Les Coères vient offrir l'élégance même du chardonnay bien né, à l'équilibre parfait. Issu d'une vigne de 95 ans, Les Burnins est le must du domaine, alliant intensité et vibration du chardonnay. Le terroir s'y exprime sans boisé ostentatoire : il sera parfait à table.

- Bourgogne Mon Blanc 2017 | 9,90 € | 15
- Montagny Premier Cru Découverte 2017 | 14 € | 15,5
- Montagny Premier Cru Les Burnins 2017 | 22 € | 17
- Montagny Premier Cru Les Vignes Derrière 2017 | 18 € | 15,5
- Montagny Premier Cru Sélection Vieilles Vignes 2017 | 18 € | 15

Le coup de ♥

- Montagny Premier Cru Les Coères 2017 | 22 € | 16,5

Blanc : 7,7 hectares.
Chardonnay 100 %
Production moyenne : 40 000 bt/an

DOMAINE STÉPHANE ALADAME
20, rue du Lavoir, 71390 Montagny-lès-Buxy
03 85 92 06 01 • www.aladame.fr • Vente et visites : au domaine sur rendez-vous.
Propriétaire : Stéphane Aladame

★

CHÂTEAU DE CHAMILLY

Charmant château du XVIIe siècle au nord de Mercurey, propriété de la famille Desfontaine depuis 1840, il est géré depuis 1995 par Véronique Desfontaine, secondée depuis 2007 par ses deux fils, Arnaud et Xavier. Le cœur de leur production s'appuie sur les appellations Mercurey et Montagny. Leurs vignes sont travaillées en bio, sans certification à ce jour. La plupart des vins sont vinifiés sans soufre, dans le but de minimiser l'apport final ; cela rend les vins digestes sans pour autant pénaliser leur évolution. Après les gelées de 2016, le millésime 2017 se présente avec sérénité. Ce jeune domaine étoilé réalise le millésime le plus délicat vinifié au domaine, à la fois mûr dans les matières et d'un grand raffinement.

Les vins : le crémant de Bourgogne (pur chardonnay, base 2014, issu d'une parcelle de montagny) s'avère très réussi, crémeux et ouaté. La bulle est soignée après quarante-huit mois sur lattes. Il est dosé à 7 grammes. Délicat, cristallin, appétent, Les Bassets est une belle affaire, sans effet boisé. Les Jardins, en finesse, à peine boisé, est harmonieux et minéral. Les Burnins enthousiasme par sa classe. Frais, parfumé et d'une grande finesse de texture. Poudré de craie et enrobé d'un élevage lacté, Les Marcœurs est un jus généreux taillé pour la garde. Les rouges se maintiennent à haut niveau : le bourgogne est ravissant, un délicat jus de framboises au toucher de bouche aérien, vaporeux et digeste. La profondeur des Puillets libère des tanins de grande finesse. Généreux, il se savoure en longueur. Le Grand Clos Rousseau mérite d'être salué pour sa densité : un santenay pur et charnu, aux tanins enrobés, en tout point remarquable. Il est issu d'achat de raisins.

Bourgogne Aligoté 2017	8,50 €	13,5
Crémant de Bourgogne	15,90 €	15,5
Mercurey Les Marcoeurs 2017	16,50 €	16
Montagny Les Bassets 2017	12 €	15
Montagny Premier Cru Les Burnins 2017	19,50 €	16,5
Montagny Premier Cru Les Jardins 2017	17 €	15,5
Bourgogne Côte Chalonnaise 2017	9,90 €	15,5
Mercurey Clos La Perrière Monopole 2017	17,50 €	16,5
Mercurey Premier Cru Les Puillets 2017	21 €	17

Le coup de ♥

Santenay Premier Cru Grand Clos Rousseau 2017	29,50 €	17

Rouge : 16 hectares.
Pinot noir 100 %
Achat de raisins.
Blanc : 14 hectares.
Chardonnay 80 %, Aligoté 20 %
Achat de raisins.
Production moyenne : 140 000 bt/an

CHÂTEAU DE CHAMILLY
71510 Chamilly
03 85 87 22 24 •
www.chateaudechamilly.com • Vente et visites : au domaine sur rendez-vous.
Propriétaire : Véronique, Xavier et Arnaud Desfontaine
Maître de chai : Xavier et Arnaud Desfontaine

★

PAUL ET MARIE JACQUESON

La famille Jacqueson a beaucoup œuvré pour la réputation de l'appellation Rully, avec Henri, puis Paul, et désormais Marie et son frère Pierre. Ces trois générations n'ont cessé de faire progresser la qualité, produisant avec régularité des vins qui figurent parmi les plus fins de Bourgogne. Le domaine fait preuve d'une égale réussite en blanc comme en rouge. Seul bémol cette année : on attend des maturités et des jus plus aboutis dans les villages.

Les vins : le bouzeron (20 % de la production), au boisé léger, arbore un style mûr, croquant, des amers salivants. Compilation des terroirs La Barre et Fromanges, le rully est alourdi par un élevage trop marqué. Nos préférences vont au trio de premiers crus : Grésigny, magnifié par son équilibre, gras, au relief élevé, favorisé par son altitude. Margotés lui emboîte le pas, plus tendu par les calcaires, d'aspect croquant et au boisé bien calibré. Finement vanillé, épaulé par son profil frais, La Pucelle profite d'une belle énergie, dynamique et persistante. Les Chaponnières est un rully rouge léger qui pourrait aller plus loin dans la maturité. Les Cloux montre un beau niveau de premier cru, digeste, soyeux, avec une très fine note de griotte. Préaux le suit de près, plus effilé. Les Velley livre un jus d'une grande profondeur, la fraîcheur l'accompagne, le boisé est discret, le fruit domine avec intensité : un bonheur. Les Champs Martin est plus confit dans les arômes. La bouche est pleine et charnue, le boisé affine son galbe juteux, mais ce 2017 reste moins réussi que le 2016.

Bouzeron Les Cordères 2017	12 €	14,5
Rully 2017	18 €	14
Rully Premier Cru Grésigny 2017	20 €	16,5
Rully Premier Cru La Pucelle 2017	20 €	16,5
Rully Premier Cru Margotés 2017	20 €	15,5
Mercurey Premier Cru Les Champs Martin 2017	24 €	16,5
Mercurey Premier Cru Les Velley 2017	20 €	17
Rully Les Chaponnières 2017	18 €	14
Rully Premier Cru Les Cloux 2017	20 €	16
Rully Premier Cru Préaux 2017	20 €	16,5

Rouge : 10,22 hectares.
Pinot noir 97 %, Gamay noir à jus blanc 3 %
Achat de raisins.
Blanc : 8,16 hectares.
Chardonnay 81 %, Aligoté 19 %
Achat de raisins.
Production moyenne : 100 000 bt/an

PAUL ET MARIE JACQUESON
12, rue Saint Laurent, 71150 Rully
03 85 43 26 05 • www.jacqueson-vins.fr •
Vente et visites : au domaine sur rendez-vous.

Propriétaire : Marie, Paul et Pierre Jacqueson

★

DOMAINE THEULOT JUILLOT

Nathalie et Jean-Claude Theulot ont repris le domaine familial en 1987. Les replantations patientes s'avèrent judicieuses, les vins gagnent en finesse, en élégance. Les vignes labourées, l'absence de pesticide, les tris, la vendange entière : tout est fait pour obtenir des jus purs, pleins et gourmands. Nous apprécions quand l'effet boisé est présent sans jamais être prégnant. Les Theulot ont géré leur rouges 2017 avec brio mais nous émettons des critiques sur l'impact boisé imposé à ces blancs généreux et sur leur capacité à le supporter dans le temps.

Les vins : Les Chenaults revient cette année avec un galbe plutôt large, mûr et gourmand, peu boisé. Généreux, pur et ample, Les Saumonts livre une empreinte boisée qui lui donne un peu de fermeté. L'ensemble est séducteur. Le boisé sucre la bouche ample du Champs Martins. Ce n'est pas le choix le plus judicieux, le vin est trop riche. Les notes de rhum-raisin du boisé trop exotique de La Cailloute s'imposent sur une matière enveloppée et mûre. Difficile d'y adhérer. Les rouges nous redonnent toute confiance : Vieilles Vignes offre une belle palette pure et framboisée, signe de maturité et de précision. L'élevage, très bien géré, doit être salué. Grande concentration sur Les Combins aux notes de baies noires. Cette densité est bien accompagnée, l'ensemble ira dans le sens de la finesse. Champs Martin est complet dans sa définition : un pinot fin, mûr et précis qui régalera les grands amateurs sans qu'ils se ruinent. La Cailloute rappelle la cerise burlat juteuse. La trame est fraîche, minérale, offrent ainsi une perspective de garde idéale.

Mercurey Les Chenaults 2017	17 €	14
Mercurey Premier Cru Champs Martins 2017	21,50 €	15
Mercurey Premier Cru La Cailloute 2017	23 €	15
Mercurey Premier Cru Les Saumonts 2017	21,50 €	16
Mercurey Château Mipont 2017	18 €	15
Mercurey Premier Cru Champs Martins 2017	21 €	17
Mercurey Premier Cru La Cailloute 2017	23 €	17,5

Le coup de ♥

Mercurey Premier Cru Les Combins 2017	22 €	16,5
Mercurey Vieilles Vignes 2017	17 €	15,5

Rouge : 9,1 hectares.
Pinot noir 100 %
Blanc : 2,4 hectares.
Chardonnay 100 %
Production moyenne : 65 000 bt/an

DOMAINE THEULOT JUILLOT
4, rue de Mercurey, 71640 Mercurey
03 85 45 13 87 • www.theulotjuillot.eu •
Visites : sans rendez-vous.
Propriétaire : Nathalie et Jean-Claude Theulot

★

DOMAINE FRANÇOIS RAQUILLET

Issu d'une lignée de viticulteurs de père en fils depuis treize générations, François Raquillet signe depuis de nombreux millésimes de superbes valeurs sûres à Mercurey. Les amateurs de bons bourgognes à prix sage trouveront ici une bonne raison de s'arrêter. Les 2017 offrent un sans-faute, confirmant la grande forme de ce domaine. Les vins se montrent très équilibrés, constants et harmonieux. Ils sont aux portes de la deuxième étoile.

Les vins : les trois mercureys blancs ont été bien gérés. Fin, cristallin, juste souligné par son boisé délicat, Vieilles Vignes est une entrée en matière parfaite au rapport prix-plaisir irrésistible. La Brigadière, le plus minéral, ferme et ciselé, livrera ses charmes sur plusieurs années. Les Veleys, plus boisé, est épaulé par le minéral ; maturité et acidité soutiennent l'équilibre de ce premier cru. Les mercureys rouges sont épatants : Les Chazeaux livre une chair cossue et des tanins fins, alors que Les Carabys sent la crème de framboise : de la graine de grand pinot noir. Vieilles Vignes est élégant, très parfumé, digeste, et se gardera. Avec sa carrure d'athlète, Les Naugues est un pinot très velouté de grande élégance, au fruit extrêmement pur. Les Veleys enthousiasme par sa grâce, sa densité et son boisé poudré. Le gel de 2016 nous avait privé de la cuvée Révélation, issue d'une vigne centenaire de Veleys ; le 2017 est velouté, concentré, mûr, et habillé d'un boisé idoine. Les Vasées fait monter d'un cran la pureté et la maturité du pinot noir, offrant un plaisir intense.

- Mercurey La Brigadière 2017 18,10 € 15,5
- Mercurey Premier Cru Les Veleys 2017 28 € 16,5
- Mercurey Vieilles Vignes 2017 16,50 € 15,5
- Mercurey Les Carabys 2017 17,50 € 15
- Mercurey Les Chazeaux 2017 18,80 € 14,5
- Mercurey Premier Cru Les Naugues 2017 28 € 16,5
- Mercurey Premier Cru Les Veleys 2017 28 € 16,5
- Mercurey Premier Cru Les Veleys Révélation 2017 38 € 18
- Mercurey Vieilles Vignes 2017 18 € 16,5

Le coup de ♥

- Mercurey Premier Cru Les Vasées 2017 25 € 17

Rouge : 8,85 hectares.
Pinot noir 100 %
Blanc : 3,7 hectares.
Chardonnay 100 %
Production moyenne : 70 000 bt/an

DOMAINE FRANÇOIS RAQUILLET
19, rue de Jamproyes, 71640 Mercurey
03 85 45 14 61 • www.domaine-raquillet.com
• Visites : sans rendez-vous.
Propriétaire : François Raquillet

★

DOMAINE DE VILLAINE

Aubert et Paméla de Villaine ont acheté ce domaine de Bouzeron en 1971. Leur neveu Pierre de Benoist applique depuis son arrivée en 2001 la discipline de travail à la vigne transmise par son oncle : raisins cueillis et triés à la main, vinifications naturelles, le domaine est certifié bio depuis 1986. Produisant pas moins de 70 000 bouteilles de bouzeron dans les grandes années d'un niveau remarquable et aptes au vieillissement, ce domaine participe activement au maintien et à la promotion du cépage aligoté : un bel encouragement pour l'appellation.

Les vins : mûr et finement fruité, Les Clous Aimé est un chardonnay bien élevé, digeste, qui rencontrera à coup sûr le succès. Le bouzeron est l'aligoté emblématique du domaine : peu boisé, doté de notes de craie et de menthe fraîche, il reste une référence. Le 2017 sera rare, le gel ayant divisé par deux la récolte. Grésigny est très mûr, encore dans son écrin boisé, et prêt à boire. Un boisé luxueux accueille Les Perrières, au style mûr et plantureux : la fraîcheur lui manque. La série des rouges débute avec La Fortune, un très beau pinot juteux et frais, digeste, aux tanins bientôt fins. La Digoine se distingue par son jus franc et mûr : avec son boisé sobre, il est très cohérent. Souple et juteux, Les Montots brille par sa texture sphérique et soyeuse ; l'élevage en filigrane lui va bien. Avant de le déguster, aérez le santenay Passetemps, foncé et mûr, dense et velouté, au boisé modeste et à l'équilibre très plaisant.

- Bourgogne Côte Chalonnaise Les Clous Aimé 2017 17,50 € 15,5
- Rully Premier Cru Grésigny 2016 30 € 15
- Saint-Aubin Premier Cru Les Perrières 2016 30 € 15
- Bourgogne Côte Chalonnaise La Digoine 2017 18,70 € 15,5
- Bourgogne Côte Chalonnaise La Fortune 2017 de 25 à 35 € (c) 15,5
- Mercurey Les Montots 2017 21 € 15,5
- Santenay Premier Cru Passetemps 2016 28 € 15

Le coup de ♥

- Bouzeron 2017 16,50 € 16,5

Rouge : 7,5 hectares.
Pinot noir 100 %
Blanc : 17 hectares.
Aligoté 53 %, Chardonnay 47 %
Production moyenne : 120 000 bt/an

DOMAINE DE VILLAINE ♣
2, rue de la Fontaine, 71150 Bouzeron
03 85 91 20 50 • www.de-villaine.com •
Visites : sans rendez-vous.
Propriétaire : Pierre de Benoist

DOMAINE DU CELLIER AUX MOINES

Ce domaine est l'un des plus anciens de Bourgogne. Offrant un panorama unique sur les hauteurs de Givry, il fut la propriété des moines cisterciens de l'abbaye de la Ferté jusqu'en 1789. Il est repris en 2004 par Catherine et Philippe Pascal. Les nouveaux propriétaires ont restauré l'édifice, inscrit à l'inventaire des monuments historiques. Après avoir été pendant près de vingt ans l'un des dirigeants du groupe LVMH, des champagnes Veuve Clicquot et Moët-Hennessy, Philippe Pascal se consacre depuis 2012 à ce projet viticole familial avec Catherine et leurs enfants Camille, Marguerite et Alexis. Depuis 2014, Guillaume Marko, qui a fait ses classes à la Romanée-Conti, mène la vinification. Le domaine compte des premiers crus, principalement en Givry rouge, complétés de microparcelles de blancs en Côte de Beaune. Les rouges 2016 n'accusent aucun défaut. Le style des blancs est à peaufiner : ils laissent apparaître des boisés que nous jugeons encore trop marqués. Depuis 2018, le domaine est en cours de conversion à la biodynamie.

Les vins : la série des blancs débute plutôt bien avec Les Combes, qui séduit par ses notes de crème à la vanille. Un vin raffiné, au boisé très fin. Le santenay intègre son élevage et se montre dense, ferme et crayeux. Les Pucelles est fardé par un boisé trop grillé. Ce style plaira d'avantage aux amateurs de chardonnay du Nouveau Monde. Les Chaumées profite de la fraîcheur du millésime, mais son élevage boisé s'impose et le caramélise : l'ensemble n'est pas digeste. Le Petit Clos du Cellier, second vin du premier cru Clos du Cellier, est un pinot tout en fruit, aux tanins polis : fraîcheur et densité s'équilibrent. Clos du Cellier aux Moines est un modèle de pinot fin, juteux et précis, très dense et bien élevé : un élégant coulis de framboises. Clos Pascal, récolté sur une parcelle de 27 ares est profond, concentré mais fin, épaulé par un boisé parfait : c'est le plus grand vin du domaine.

Chassagne-Montrachet Premier Cru Les Chaumées 2016	65 €	15
Montagny Premier Cru Les Combes 2017	25 €	16
Puligny-Montrachet Premier Cru Les Pucelles 2016	80 €	15,5
Santenay Premier Cru Beauregard 2016	35 €	15,5
Givry Le Petit Clos du Cellier 2016	22 €	15,5
Givry Premier Cru Clos du Cellier aux Moines 2016	37 €	17

Le coup de ♥

Givry Clos Pascal 2016	70 €	18

Rouge : 6,2 hectares.
Pinot noir 100 %
Blanc : 2,2 hectares.
Chardonnay 100 %
Production moyenne : 25 000 bt/an

DOMAINE DU CELLIER AUX MOINES
Clos du Cellier aux Moines, 71640 Givry
03 85 44 53 75 • www.cellierauxmoines.fr •
Vente et visites : au domaine sur rendez-vous.
Propriétaire : Famille Pascal
Directeur : Philippe et Catherine Pascal
Maître de chai : Guillaume Marko

CHÂTEAU DE CHAMIREY

Cette propriété majestueuse du hameau de Chamirey appartient à la famille Devillard depuis 1934 et bénéficie d'une très belle collection de parcelles à Mercurey, dont six premiers crus. Elle dispose d'un espace dégustation ainsi qu'un gîte de charme très prisée : une piscine vous y attend au pied des vignes du Clos du Roi. Bertrand, Amaury et Aurore Devillard possèdent également le domaine des Perdrix en Côte de Nuits, La Garenne dans le Mâconnais ainsi que 4 hectares à Givry : le domaine La Ferté. Depuis mai 2018, les Devillard sont propriétaires d'un fleuron du vignoble jurassien : le domaine Rolet, à Arbois.

Les vins : les deux mercureys d'entrée de gamme, en blanc et en rouge, nous déçoivent : ils sont maigres et ne figurent donc pas dans cette édition. On se consolera avec deux beaux blancs : En Pierrelet, équilibré, sérieux, où minéralité et boisé se rejoignent avec succès, et La Mission, rare premier cru exploité en monopole. Très floral, saillant et pur, il présente une infinie fraîcheur, assurée en bouche par une texture fine et gracieuse ; son potentiel de vieillissement est grand. En rouge, Clos de la Maladière séduit par sa finesse, son élégance, sa précision. Clos du Roi nous déçoit par son manque de fraîcheur et d'unité. Clos l'Évêque évoque un petit bouquet de griottes ; la texture de bouche est galbée, juteuse et franche, le boisé reste discret et s'intègre parfaitement. Champs Martin est profond, mûr : voici un pinot noir équilibré et plein. Une part de vieilles vignes dans l'assemblage du Clos des Ruelles apporte une profondeur et une complexité appréciables. Bien mûr, En Sazenay est toujours aussi bon : un vin dense, coloré, velouté et doté d'un boisé fin. Nous avions recommandé l'année passée de tempérer les boisés et le domaine semble avoir suivi nos conseils.

Mercurey En Pierrelet 2017	27,50 €	15

Mercurey Premier Cru La Mission 2017	36,80 €	15,5
Mercurey Clos de la Maladière 2017	27,50 €	15
Mercurey Premier Cru Clos des Ruelles 2017	34,60 €	16,5
Mercurey Premier Cru Clos du Roi 2017	34,60 €	15
Mercurey Premier Cru Clos l'Evêque 2017	34,60 €	15,5

Le coup de ♥

Mercurey Premier Cru Champs Martin 2017	34,60 €	15,5
Mercurey Premier Cru En Sazenay 2017	34,60 €	16,5

Rouge : 23,69 hectares.
Pinot noir 100 %
Blanc : 14,8 hectares.
Chardonnay 100 %
Production moyenne : 300 000 bt/an

CHÂTEAU DE CHAMIREY
71640 Mercurey
03 85 45 21 61 • www.chamirey.com •
Visites : sans rendez-vous.
Propriétaire : Bertrand, Aurore et Amaury Devillard
Directeur : Bertrand Devillard
Maître de chai : Enrico Peyron

CLOS SALOMON

Le domaine doit son nom à la famille Salomon qui l'a acquis en 1538 et transmis, un peu moins d'un siècle plus tard, en 1632, à la famille Gardin de Séveirac. Depuis 2016, il est géré par Ludovic du Gardin. Le vignoble est constitué d'un clos, monopole historique en Givry rouge premier cru, complété de deux parcelles de chardonnay : La Grande Berge, premier cru de Givry (0,40 hectare) et 2 hectares en Montagny. Petits rendements, travail et respect des sols, tout est mis en œuvre pour obtenir la meilleure résonance des terroirs.

Les vins : ces 2017 ont conquis notre palais. Le caractère tendre et gracieux du Clou lui va bien dès aujourd'hui. La Grande Berge offre un vin au relief supérieur et à la prise de bois présente, garants d'une capacité de garde convenable. Intense en robe et en parfums, d'une pureté remarquable, le rouge séduit déjà par son énergie, son toucher de bouche frais et velouté, sa densité : c'est assurément le joyau du domaine.

Givry Premier Cru La Grande Berge 2017	28 €	16
Montagny Le Clou 2017	19 €	15

Le coup de ♥

Givry Premier Cru 2017	28 €	17,5

Rouge : 7 hectares.
Pinot noir 100 %
Blanc : 2,5 hectares.
Chardonnay 100 %
Production moyenne : 50 000 bt/an

CLOS SALOMON
16, rue du Clos Salomon, 71640 Givry
03 85 44 32 24 • www.du-gardin.com •
Vente et visites : au domaine sur rendez-vous.
Propriétaire : Ludovic du Gardin

DOMAINE MICHEL JUILLOT

L'histoire de la famille Juillot est étroitement liée à la notoriété et la qualité de l'appellation Mercurey. Le domaine, aujourd'hui porté par Laurent Juillot, couvre une trentaine d'hectares entre la Côte chalonnaise et la Côte de Beaune. Mêlant le savoir-faire historique de sa famille à son esprit novateur et appliqué, Laurent vinifie ses vins en conservant une fidèle empreinte du terroir. Aux côtés de la kyrielle de premiers crus de Mercurey, n'oublions pas de mentionner l'exquis corton-perrières rouge et le rarissime corton-charlemagne, les deux joyaux du domaine.

Les vins : le rully blanc Les Thivaux, aux accents de craie, de fleurs et au boisé sobre, est un modèle pour l'appellation, de saveurs comme de prix. Nous avons dégusté une grande série de mercureys : en blanc, Les Vignes de Maillonge séduit par son équilibre, son boisé fin et crémeux. Les Champs Martins est graissé par un boisé qui le farde un peu ; les amateurs de bourgognes plantureux se réjouiront. Plus ferme, Clos des Barraults est marqué également par un boisé blond : ceux qui sauront l'attendre dégusteront une valeur sûre. Le corton-charlemagne impose son rang. Ce grand cru voluptueux est cintré par un bois luxueux et commence à s'équilibrer. Côté rouge, Clos des Barraults se montre pour l'instant austère, rêche et mat ; il doit s'affiner en cave. Clos du Roi nous rassure en se livrant avec une intense finesse. Son fruité délicat n'enlève en rien son aptitude au vieillissement. Les Champs Martins offre la pureté d'un pinot noir à maturité dans une bouche pleine et juteuse. Le boisé souligne à peine, dans la lignée du 2016. La profondeur innée d'un grand cru et d'un pinot magique, sensuel, éclatant, saute aux yeux avec le corton-perrières, qui jouit d'un élevage au plus près du vin, sans excès. Un très grand 2017 qui suit dignement son prédécesseur.

- Corton-Charlemagne Grand Cru 2017 — 110 € — 17
- Mercurey Les Vignes de Maillonge 2017 — 19 € — 16,5
- Mercurey Premier Cru Clos des Barraults 2017 — 27 € — 16
- Mercurey Premier Cru Les Champs Martins 2017 — 27 € — 15,5
- Rully Les Thivaux 2017 — 15 € — 15
- Mercurey Premier Cru Clos des Barraults 2017 — 27 € — 15
- Mercurey Premier Cru Clos du Roi 2017 — 29 € — 16
- Mercurey Premier Cru Les Champs Martins 2017 — 25 € — 17

Le coup de ♥

- Corton-Perrières Grand Cru 2017 — 75 € — 17,5

Rouge : 20,5 hectares.
Pinot noir 100 %
Blanc : 9,5 hectares.
Chardonnay 100 %
Production moyenne : 180 000 bt/an

DOMAINE MICHEL JUILLOT
59, Grande rue, 71640 Mercurey
03 85 98 99 89 •
www.domaine-michel-juillot.fr •
Visites : sans rendez-vous.
Propriétaire : Laurent Juillot

DOMAINE JEAN-BAPTISTE PONSOT

Ce domaine a été créé par le grand-père de Jean-Baptiste Ponsot, Lucien. À partir d'un peu plus de 8 hectares sur Rully en propriété, dont deux tiers en belles parcelles de premiers crus, le propriétaire réalise une gamme soignée et homogène. Les vignes sont en culture raisonnée, les sols sont travaillés, les rendements maîtrisés ; les vins sont globalement équilibrés. Cette année, leur qualité est assez hétérogène avec des élevages boisés pas toujours très précis ou adaptés.

Les vins : En Bas de Vauvry mérite un peu de patience car son élevage est bien marqué. Montpalais assure : proche du calcaire, il montre sa cristallinité. Un vin cohérent et régulier. Molesme devra se patiner en cave pour intégrer son bois. Saluons sa richesse et sa maturité contenues. Le rully rouge nous déçoit. La Fosse, bien qu'assez boisé, reste sur le fil d'un pinot digeste et élégant. Il se boira sans précipitation. Molesme rouge rassure avec ses belles notes de framboise, son équilibre heureux entre fruit et bois.

- Rully En Bas de Vauvry 2017 — 16 € — 15
- Rully 2017 — 16,50 € — 14
- Rully Premier Cru La Fosse 2017 — 21 € — 15
- Rully Premier Cru Molesme 2017 — 19,50 € — 15,5

Le coup de ♥

- Rully Premier Cru Montpalais 2017 — 19,50 € — 16

Rouge : 2,7 hectares.
Pinot noir 100 %
Blanc : 5,8 hectares.
Chardonnay 100 %
Production moyenne : 60 000 bt/an

DOMAINE JEAN-BAPTISTE PONSOT
26, Grande rue, 71150 Rully
03 85 87 17 90 •
www.domaine-ponsot-rully.fr • Vente et visites : au domaine sur rendez-vous.
Propriétaire : Jean-Baptiste Ponsot

MÂCONNAIS

★★★

DOMAINE GUFFENS-HEYNEN

Jean-Marie Guffens maîtrise mieux que tous, encore et toujours, l'art de vinifier et sublimer le chardonnay. On lui doit d'avoir révélé le potentiel des meilleurs terroirs du Mâconnais et développé l'intérêt à leur égard. Ses grands vins font l'unanimité, traversent le temps et impressionnent. Déguster une des cuvées, idéalement de dix ou vingt ans, constitue toujours un grand moment. Cette "success-story" a débuté en 1979. Jean-Marie Guffens partage son temps entre les vinifications haute couture de ce domaine, la gestion de son négoce Verget, sa propriété du château des Tourettes dans le Luberon et plus récemment un nouveau défi : le château Closiot, à Barsac, qui lui permet d'assouvir sa passion éternelle pour les grands vins du Sauternais. Les bouteilles du domaine, tout comme les visites, sont difficiles à obtenir ; les amateurs peuvent toutefois tenter de les acquérir en primeur sous la forme d'une caisse panachée.

Les vins : Le mâcon à la robe dorée intense mêle des notes de fruits blancs et de fruits confits, de fleurs d'acacia. La bouche est remarquable, concentrée, pure : fraîcheur et minéralité s'épaulent pour assurer une belle garde. Le fin élevage grillé-toasté est plus marqué sur le saint-véran ; la bouche impressionne néanmoins par sa tension, sa concentration doublée d'une énergie phénoménale. Il est au-dessus de tant de vins de la Côte-d'Or ! Enfin, le pouilly-fuissé présente un nez d'une pureté inouïe et d'une grande fraîcheur sur des notes d'éclats d'amandes et d'abricot ; le boisé noble se fond déjà, la bouche nous submerge d'émotion : un vin intemporel, au relief suave et aux saveurs infinies.

➭ Mâcon-Pierreclos 1er Jus de Chavigne 2017	36 €	17
➭ Pouilly-Fuissé 1er Jus des Hauts de Vignes 2017	45 €	18,5

Le coup de ♥

➭ Saint-Véran 1er Jus 2017	45 €	17

Blanc : 6 hectares.
Chardonnay 100 %
Production moyenne : 20 000 bt/an

DOMAINE GUFFENS-HEYNEN
Le Bourg 71960 Sologny
03 85 51 66 00 • www.verget-sa.fr • Vente et visites : au domaine sur rendez-vous.
Propriétaire : Jean-Marie Guffens

★★ ↗

DOMAINE BARRAUD

Depuis de nombreuses années, Daniel et Martine Barraud excellent dans tous les secteurs de leur métier : de la vigne, méticuleusement travaillée, à la vinification, précise et experte, en passant par la qualité de l'accueil. Julien Barraud, le fils de la maison, tient désormais sa place au sein d'une des adresses les plus sûres du Mâconnais, dont les vins progressent chaque année. Équilibre, maturité, terroirs bien marqués et boisés qui chaque fois s'adaptent aux vins : les 2017 sont remarquables, d'un style intemporel. Ils confirment la bonne forme du domaine, saluée par une deuxième étoile.

Les vins : les deux mâcons sont de belle facture. La Roche et ses accents beurrés et grillés est déjà apte à passer à table, tout en fraîcheur. Les Pierres Polies affiche une grande élégance, à prix d'amis. Accolade méritée pour le saint-véran, suave et fuselé, aux petites notes de crème de lait et finement boisé. Six fuissé finissent de nous convaincre : En Buland, issu d'une vigne de 80 ans, s'avère précis ; il a fière allure malgré son boisé aux notes intenses de crème. Plus mûr, plus large, La Verchère Vieilles Vignes penche vers les meilleurs jus de la Côte-d'Or. Les Crays allie concentration et minéralité. Il est toujours aussi pur, saillant, d'une belle carrure : un vin de temps. Avec En France, on touche de près la notion de minéralité. Alliance Vieilles Vignes est pur et subtil, d'une belle finesse en bouche. Il sera aussi à l'aise sur un plat qu'à l'apéritif. Sur La Roche se montre enrobé en entame de bouche, mais ce côté crémeux-rocailleux évolue vers un caractère serré, plein d'énergie. Un chardonnay cristallin au boisé fin.

➭ Mâcon-Chaintré Les Pierres Polies 2017	11,50 €	15,5
➭ Mâcon-Vergisson La Roche 2017	17 €	15,5
➭ Pouilly-Fuissé Alliance Vieilles Vignes 2017	16 €	16
➭ Pouilly-Fuissé En Buland Vieilles Vignes 2017	29 €	16,5
➭ Pouilly-Fuissé En France 2017	21 €	16,5

- Pouilly-Fuissé La Verchère 2017 25 € 16,5
- Pouilly-Fuissé Sur La Roche 2017 25 € 17
- Saint-Véran Les Pommards 2017 19 € 16

Le coup de ♥

- Pouilly-Fuissé Les Crays 2017 26 € 17

Blanc : 11 hectares.
Chardonnay 100 %
Production moyenne : 70 000 bt/an

DOMAINE BARRAUD
3, place de la Mairie, 71960 Vergisson
03 85 35 84 25 • www.domainebarraud.com
• Visites : sans rendez-vous.
Propriétaire : Julien Barraud

★★

DOMAINE J.-A. FERRET

Pour Audrey Braccini, brillante œnologue, l'axe principal reste inflexible : garder la pureté du chardonnay et l'intensité des vins de Fuissé. Reconnue pour son talent de vinification et sa compréhension des différents terroirs dont elle a la charge, elle a su faire évoluer les pratiques culturales par de nombreux travaux des sols, avec l'objectif de convertir le domaine à la biodynamie. La nouvelle cave permet de loger toute la récolte, en majorité issue de vignes à Fuissé, dont Tête de Cru et Hors Classe, complétées de belles parcelles sur Vergisson. Vignes âgées et rendements faibles contribuent à l'exceptionnelle qualité des vins. L'histoire de ce domaine fondé en 1840 se poursuit grâce à la maison Jadot (propriété de la famille Kopf) qui, dès son acquisition en 2008, a su conserver dans son jus l'âme de cette propriété, marquée par les fortes personnalités de Jeanne Ferret, puis de sa fille, Colette.

Les vins : le mâcon-solutré constitue une très belle entrée en matière pour découvrir les vins du domaine. La série des fuissé montre qu'Audrey Braccini maîtrise son sujet : le village (élevé en fût et en cuve) convainc par sa fraîcheur et son équilibre ; Autour de la Roche est le plus "vergissonnien", suave et minéral ; Tête de Cru Clos des Prouges impressionne par sa pureté et sa densité, boisé parfait en prime. Tête de Cru Le Clos, petite parcelle entre la maison Ferret et l'église, offre sa finesse, avec une larme lactée et une note finement boisée. La bouche très énergique reste d'une grande subtilité. Pour le moment, la prise de bois nuit à l'équilibre du Ménétrières. Tête de Cru Les Perrières, colosse minéral, semble prêt pour une garde confortable. Tournant de Pouilly, habituellement très crémeux, s'ouvre dès aujourd'hui avec une matière très soyeuse, équilibrée par une acidité bienveillante.

- Mâcon-Solutré 2017 15,20 € 15,5
- Pouilly-Fuissé 2017 25,40 € 15,5
- Pouilly-Fuissé Autour de la Roche 2017 25,40 € 16
- Pouilly-Fuissé Hors Classe Les Ménétrières 2017 43,20 € 16,5
- Pouilly-Fuissé Hors Classe Tournant de Pouilly 2017 43,20 € 17
- Pouilly-Fuissé Tête de Cru Clos des Prouges 2017 33,30 € 17
- Pouilly-Fuissé Tête de Cru Le Clos 2017 33,30 € 17

Le coup de ♥

- Pouilly-Fuissé Tête de Cru Les Perrières 2017 33,30 € 17

Blanc : 18,5 hectares.
Chardonnay 100 %
Production moyenne : 90 000 bt/an

DOMAINE J.-A. FERRET
61, rue du Plan, 71960 Fuissé
03 85 35 61 56 • www.domaine-ferret.com • Vente et visites : au domaine sur rendez-vous.
Propriétaire : Famille Kopf
Directeur : Audrey Braccini

★★

DENIS JEANDEAU

Passionné et talentueux, Denis Jeandeau représente la génération montante du Mâconnais, dotée d'une énergie vibrionnante, prête à déplacer la roche, qu'elle soit de Solutré ou de Vergisson. Un destin peu commun pour celui qui, à l'origine, s'apprêtait à reprendre le domaine familial lorsque ce dernier a été vendu. Ne se laissant pas décourager et souhaitant poursuivre son activité de vigneron, il complète son unique hectare en propriété par des achats de raisins (5 hectares) de beaux terroirs, principalement issus de vieilles vignes, qu'il vendange puis vinifie avec minutie. Les viré-clessé, saint-véran et mâcon sont labellisés bio. Ses progrès constants et son sens du travail bien fait l'ont placé parmi l'élite des vignerons de l'appellation.

Le majestueux chai à barrique dans sa nouvelle cave est en place dans le village de Fuissé : un outil précieux et fonctionnel qui lui permet de réaliser les vinifications et les élevages dans des conditions optimales.

Les vins : 2017 est dans la lignée de 2015, plus solaire que 2016. En Serre est une jeune vigne de 50 ares, un mâcon libérant des notes d'orgeat et d'amandes, sans le moindre boisé. À la fois mûr, souple et frais, il plaît déjà. Issu d'une vigne des années 1950, le viré-clessé oriente nos sens vers de fines notes exotiques, d'ananas. Il atteint un palier de fraîcheur grâce à un élevage pointu combinant cuve et fût, offrant ainsi de l'amplitude et de la persistance. Les Cornillaux est un saint-véran crayeux dans ses arômes, au boisé fin et doté en bouche d'un caractère salin, équilibré et mûr. Les deux fuissé attestent de la maîtrise du millésime : Vieilles Vignes est une cuvée riche et ample, toujours bien accompagnée par son élevage. Un vin hydratant, tendre et accessible. On se rapproche avec Secret Minéral du style des 2009 : l'empreinte solaire apporte une maturité imposante, la bouche est tendre mais sans tomber dans la mollesse. Le vin bénéficie d'un élevage boisé sage avec seulement 20 % de bois neuf.

- Mâcon Chardonnay En Serre 2017 — 14,90 € — 16
- Pouilly-Fuissé Secret Minéral 2017 — 39 € — 17
- Pouilly-Fuissé Vieilles Vignes 2017 — 25,90 € — 16,5
- Saint-Véran Les Cornillaux 2017 — 22,90 € — 16,5

Le coup de ♥

- Viré-Clessé 2017 — 22,90 € — 16,5

Blanc : 1 hectare.
Chardonnay 100 %
Achat de raisins.
Production moyenne : 30 000 bt/an

DENIS JEANDEAU

161, rue du Bourg, 71960 Fuissé
03 85 40 97 55 • www.denisjeandeau.com •
Vente et visites : au domaine sur rendez-vous.
Propriétaire : Denis Jeandeau

★★

DOMAINE JACQUES SAUMAIZE

Créé au début des années 1980, ce domaine s'est agrandi au fil des ans avec l'acquisition régulière d'une majorité de vieilles vignes. Il conserve toutefois une dimension très raisonnable, qui permet à Jacques et Nathalie Saumaize d'y mener un travail efficace. Depuis 2012, leur fils Anthony a rejoint l'exploitation. Les Saumaize ont choisi une agriculture raisonnée, en limitant les intrants. Ils signent avec une grande régularité des vins blancs au style impeccable, finement minéraux, parfaitement équilibrés en acidité et au boisé complètement maîtrisé n'excédant pas 20 % : la bonne mesure apparemment. Leurs mâcons et saint-véran rivalisant avec bien des pouilly-fuissé, ils sont plébiscités par les amateurs en quête de bonnes affaires. Les futurs premiers crus de pouilly-fuissé sont d'un grand niveau.

Les vins : Sur La Roche livre un jus précis, pur, cintré par un élevage au cordeau. La série des saint-véran offre des facettes différentes. Poncetys est toujours plus gras, plus galbé, élevé par un boisé fin, limite luxueux. L'ensemble va prendre bonne forme avec le temps. Les Cras est graissé par son élevage, maturité et tension de fin de bouche sont donc bienvenues. La Vieille Vigne des Crêches montre les rondeurs du millésime, complétées par un boisé plutôt imposant. À Pouilly-Fuissé, nous retrouvons Les Creuzettes et sa bouche cristalline poudrée par un boisé idoine ; Nuance offre un style tendu et soyeux ; Les Vieilles Vignes combine haute maturité et fraîcheur. Les futurs premiers crus sont en forme : Les Courtelongs et sa texture charnue reste une fidèle empreinte de la minéralité de Vergisson ; Sur La Roche est lui aussi épaulé par la minéralité, sérieux boisé en prime ; La Maréchaude allie pureté et concentration : il a été parfaitement élevé. Impressionnant à tous les niveaux.

- Mâcon-Vergisson Sur La Roche 2017 — 15,50 € — 15,5
- Pouilly-Fuissé Les Courtelongs 2017 — 21 € — 17,5
- Pouilly-Fuissé Les Creuzettes 2017 — 20 € — 16,5
- Pouilly-Fuissé Les Vieilles Vignes 2017 — 20 € — 16
- Pouilly-Fuissé Nuance 2017 — 19 € — 15,5
- Pouilly-Fuissé Sur la Roche 2017 — 20 € — 18

- Saint-Véran La Vieille Vigne des Crêches 2017 — 16 € — 16
- Saint-Véran Les Cras 2017 — 17 € — 15,5
- Saint-Véran Poncetys 2016 — 17 € — 15,5

Le coup de ♥

- Pouilly-Fuissé La Maréchaude 2017 — 21 € — 17,5

Blanc : 12,5 hectares.
Chardonnay 100 %
Production moyenne : 70 000 bt/an

DOMAINE JACQUES SAUMAIZE
746, route des Bruyères, 71960 Vergisson
03 85 35 82 14 • www.saumaize.com •
Vente et visites : au domaine sur rendez-vous.
Propriétaire : Jacques, Nathalie et Anthony Saumaize
Maître de chai : Jacques et Anthony Saumaize

★★

VERGET

Jean-Marie Guffens a mis tout son talent et son exigence dans cette maison de négoce haute couture créée en 1990. Julien Desplans, brillant œnologue formé à la Romanée-Conti, a la responsabilité des approvisionnements et des vinifications au sein de la maison Verget depuis 2012. Il signe des modèles de précision, notamment dans les pressurages et les élevages. Jean-Marie Guffens n'est jamais loin même s'il se consacre à ses autres propriétés.

Les vins : les deux mâcons confirment leur niveau. La Roche est ferme et minéral, au boisé fin, hélas déjà épuisé au domaine ! Vignes de Montbrison, toujours profond, mûr, équilibré, est justement ciselé. Clos Saint-Pierre, épuré, fin, plaira à l'apéritif comme au repas. En Saint-Véran, Lieu (Inter)dit, ex-Côte-Rôtie, offre l'équilibre parfait entre maturité et fraîcheur jubilatoire. Le viré-clessé penche du côté de Viré par sa fraîcheur innée. Un jus précis, suave et franc, au boisé subtil. Les quatre fuissé méritent une ovation : Terroirs de F. (Fuissé) se montre ample, parfumé et tendre. Terroirs de V. (Vergisson) minéral, fraîcheur et énergie s'équilibrent. Déjà prêt, il peut aussi se garder ! Les Combes est bâti autour d'un corps acidulé et pur, d'une intensité folle. Un équilibre qui impressionnera tout amateur de chardonnay. Le jus suave et sec de Sur La Roche libère des éclats de craie et n'en finit pas : la roche de Vergisson dans un verre. Cuvée de la Butte restitue un équilibre chablisien entre maturité et saveurs acidulées : un exemple à suivre. Le premier cru de Puligny Sous le Puits est large et opulent, tout en restant gracieux et maîtrisé.

- Chablis Cuvée de la Butte 2017 — 22,40 € — 16
- Mâcon-Vergisson La Roche 2017 — Épuisé — 16,5
- Pouilly-Fuissé Les Combes Vieilles Vignes 2017 — 29,50 € — 17,5
- Pouilly-Fuissé Sur La Roche 2017 — 29,50 € — 17,5
- Pouilly-Fuissé Terroirs de V. 2017 — 25,60 € — 16,5
- Puligny-Montrachet Premier Cru Sous le Puits 2017 — 67 € — 16,5
- Saint-Véran Lieu (Inter)dit 2017 — Épuisé — 16,5
- Saint-Véran Vignes de Saint-Claude 2017 — Épuisé — 15,5
- Viré-Clessé 2017 — 16,80 € — 16

Le coup de ♥

- Mâcon-Bussières Vignes de Montbrison 2017 — 15,70 € — 15,5

Blanc : Chardonnay 100 %
Achat de raisins.
Production moyenne : 200 000 bt/an

VERGET
Le Bourg, 71960 Sologny
03 85 51 66 00 • www.verget-sa.com • Vente et visites : au domaine sur rendez-vous.
Propriétaire : Jean-Marie Guffens
Maître de chai : Julien Desplans

★

DOMAINE DE LA BONGRAN

S'appuyant sur une tradition ancienne de vins moelleux ("levroutés", disait-on autrefois), Jean Thévenet et son fils Gautier ont beaucoup œuvré pour faire perdurer la tradition des vins à sucres résiduels dans cette partie de la Bourgogne. La mention levrouté a été officialisée pour les 400 hectares de l'appellation Viré-Clessé en mai 2018 : elle autorise une sucrosité résiduelle entre 8 et 18 grammes/litre. Actuellement, la production du domaine se spécialise dans les vins blancs de style sec-tendre. Leur ampleur, leur richesse et l'absence de boisé les singularisent dans ce secteur de la Bourgogne. En dehors de la Bongran, les Thévenet produisent également des vins sur les domaines de Roally (Mâcon-Villages) et Émilian Gillet (Viré-Clessé). Les vins sont certifiés bio depuis le millésime 2012.

Les vins : en l'absence d'un climat favorable à la production de levrouté ou de vins de pur botrytis, deux viré-clessé ont été proposés à la dégustation. La plus produite, Domaine Emilian Gillet, un 2016 de style sec-tendre (3 grammes/litre de sucres résiduels), est fidèle aux réalisations immuables du domaine : la matière a cependant tendance à basculer dans la mollesse et offre un rendu peu complexe et léger. Nous préférons largement la cuvée EJ Thévenet 2014 dans laquelle la complexité aromatique est présente sous la forme d'épices, de cardamome, de pâte d'amandes et de miel de fleur. La bouche est douce et gracieuse (3,5 grammes/litre de sucres résiduels). Un fort bel équilibre pour ce mâconnais hors du commun.

- Viré-Clessé Cuvée E.J. Thévenet 2014 — 22 € 16,5
- Viré-Clessé Domaine Émilian Gillet 2016 — 16 € 14,5

Blanc : 17 hectares.
Chardonnay 100 %
Production moyenne : 88 000 bt/an

DOMAINE DE LA BONGRAN ♣
199, rue des Gillet, 71260 Clessé
03 85 36 94 03 • www.bongran.com • Vente et visites : au domaine sur rendez-vous.
Propriétaire : Gautier Thévenet

★

BRET BROTHERS

Ce négoce a été créé en 2001 par les frères Bret, également propriétaires du domaine de la Soufrandière. Ils proposent une vaste gamme de vins de qualité du Mâconnais et du Beaujolais. Les raisins sont achetés sur pied, vendangés et vinifiés par l'équipe du domaine, avec des levures indigènes, et la grande majorité repose dans des pièces bourguignonnes âgées de 8 à 19 ans : un choix judicieux pour laisser la première place au terroir et à l'effet millésime. 80 % des vins seront bio ou en conversion à partir du millésime 2018, ce qui est déjà bien précisé sur des étiquettes fort détaillées. Au total, près de 17 micro-cuvées sont commercialisées chaque année. Le manque d'homogénéité de la gamme causée par certains vins imprécis et prématurés est moins marqué cette année.

Les vins : Terroirs du Mâconnais (14000 cols par an) réunit floralité et maturité. Un vin sec, pur, dans un style immédiat et fédérateur. Marqué par de fines notes de craie, le mâcon Les Crays, cossu, graissé par la malo, est davantage taillé pour un repas que pour l'apéritif. Le mâcon-cruzille sera à l'aise à table. Il s'étire en longueur grâce à ses amers persistants. En Combe est un saint-véran au profil tranchant, salin et finement amer. Gras et ample, le pouilly-loché La Colonge rappelle la poire juteuse, charnue et fraîche avec sa finale acidulée : un ensemble bien équilibré. Issu d'une vigne de 60 ans, La Verchère rappelle l'éclat de roche et les viennoiseries par son nez pur et crémeux. Nous saluons également son boisé fin et contenu. Un vin certes imposant, mais harmonieux. L'expression minérale est bien restituée dans La Roche, avec un niveau de maturité élevé. Il doit attendre en cave.

- Mâcon Chardonnay 2017 — 14 € 15,5
- Mâcon-Chardonnay Climat Les Crays 2017 — 17 € 15,5
- Mâcon-Cruzille 2017 — 18 € 15,5
- Mâcon-Villages Terroirs du Mâconnais 2017 — 12 € 15
- Pouilly-Fuissé Climat La Roche 2017 — 28 € 16
- Pouilly-Loché Climat La Colonge 2017 — 20 € 16
- Saint-Véran Climat En Combe 2017 — 22 € 15
- Viré-Clessé Climat La Verchère 2017 — 19 € 16,5

Rouge : 1 hectare.
Gamay noir à jus blanc 100 %
Achat de raisins.
Blanc : 7 hectares.
Chardonnay 100 %
Achat de raisins.
Production moyenne : 40 000 bt/an

BRET BROTHERS ♣
125, rue aux Bourgeois, 71680 Vinzelles
03 85 35 67 72 • www.bretbrothers.com • Vente et visites : au domaine sur rendez-vous.
Propriétaire : Jean-Guillaume et Jean-Philippe Bret

★

DOMAINE FRANTZ CHAGNOLEAU

Originaire de Charente-Maritime, Frantz Chagnoleau a débuté sa carrière chez Olivier Merlin. Avec son épouse Caroline Gon, elle aussi œnologue (en charge du domaine Héritiers du Comte Lafon), ils ont réuni près de 7 hectares principalement à Saint-Albain, Chasselas, Prissé et Vergisson. Les vins sont issus de vignes âgées en moyenne de 50 ans, toutes labourées, et le domaine s'approche des pratiques de la biodynamie par l'utilisation de tisanes et de levures indigènes. L'étoile attribuée l'an dernier est très méritée. Nous apprécions la justesse des maturités qui transparaît dans toute la gamme, la précision des élevages sous bois et la capacité des vins à traverser le temps.

Les vins : Clos Saint-Pancras est un mâcon pur et salin, vivifiant, sobrement boisé : une très bonne affaire. Les Raspillères, récolté sur Viré, offre une chair de bel éclat. Sa vivacité lui donne un style aérien, sapide et digeste. A la Côte fait partie de nos préférés parmi les saint-véran présentés. Il témoigne de l'équilibre possible entre maturité du chardonnay et tension minérale sous-jacente. La Roche ne démérite pas. Produit à Chasselas, il est mûr et crayeux, énergique et persistant. La Fournaise mérite son nom ; plus chaleureux, il ne perd pas pour autant sa signature minérale. Prélude est également marqué par la minéralité dans les arômes. Son cœur de bouche tendre et sa finale acidulée donnent à déguster un saint-véran bien géré, apte à préserver la fraîcheur et la tension. Deux excellents fuissé : Pastoral, très vergissonnais, marqué par la pureté, l'énergie, est un vin de haut niveau grâce à son amplitude ; Madrigal est notre coup de cœur. Ses arômes d'agrumes et de viennoiseries s'associent à une bouche minérale et crémeuse. Un grand potentiel.

Mâcon-Villages Clos Saint-Pancras 2017	11,80 €	15
Pouilly-Fuissé Pastoral 2017	21,80 €	17
Saint-Véran A la Côte 2017	20,20 €	16,5
Saint-Véran La Fournaise 2017	20,20 €	16
Saint-Véran La Roche 2017	20,20 €	16,5
Saint-Véran Les Montchanins 2017	20,20 €	14,5
Saint-Véran Prélude 2017	16,80 €	16
Viré-Clessé Les Raspillères 2017	16,50 €	16

Le coup de ♥

Pouilly-Fuissé Madrigal 2017	25,20 €	17

Blanc : 8,5 hectares.
Chardonnay 100 %
Production moyenne : 30 000 bt/an

DOMAINE FRANTZ CHAGNOLEAU ♣
Le Carruge, 18, chemin des Prés,
71960 Pierreclos
06 80 65 13 19 •
www.domainefrantzchagnoleau.fr • Vente et visites : au domaine sur rendez-vous.
Propriétaire : Frantz Chagnoleau et Caroline Gon
Directeur : Frantz Chagnoleau

★

ÉRIC FOREST

Descendant d'une famille installée dans le Mâconnais depuis huit générations, Éric Forest exploite quelques-uns des meilleurs terroirs de Vergisson, ainsi qu'une parcelle sur les hauteurs de Davayé. Il s'est formé auprès de son grand-père, dont il a repris les vignes en 1999. Il y a du génie chez ce vigneron instinctif et précis. Nous sommes même persuadés qu'Éric a la capacité de peaufiner d'avantage ses élevages et décrocher les étoiles car les quatre derniers millésimes montrent une montée en puissance. Les choix sont justes à la vigne et à la cave, si les boisés étaient plus affinés, les vins franchiraient un nouveau palier.

Les vins : le mâcon-vergisson Sur la Roche est toujours un étalon. C'est une transcription précise de son terroir, à juste maturité. Ce modèle de fraîcheur au boisé tout en finesse se montre accessible à bien des égards. Le saint-véran La Renommée remplace l'ex-cuvée La Côte-Rôtie (un nom pourtant bien cadastré dont l'Inao a interdit l'usage). Dans un style gracieux, au boisé enrobant, il conserve sa cohérence et ses belles saveurs. Ame Forest, trio de terroirs, dont Carementrant, nous séduit par son caractère riche et racé, épaulé par le minéral de Vergisson. Toujours très équilibré, Les Crays est l'archétype du grand vin de l'appellation. Son style parfait lui donne des airs de ténors de la Côte-d'Or, alliant maturité, boisé noble et minéralité étirée. 24 Carats, certes sélection des trois meilleures barriques de la cave, nous habitue à ce boisé luxueux, ce profil lacté-caramel au lait, riche, grillé-toasté ! On lui préfère largement La Roche, l'apothéose : finesse, précision et concentré de minéralité transcendent le chardonnay !

Mâcon-Vergisson Sur la Roche 2017	19 €	16,5
Pouilly-Fuissé 24 Carats 2017	46 €	16
Pouilly-Fuissé Ame Forest 2017	20 €	16
Pouilly-Fuissé Les Crays 2017	28 €	17
Saint-Véran La Renommée 2017	19 €	16

Le coup de ♥

Pouilly-Fuissé La Roche 2017	28 €	18

Blanc : 7 hectares.
Chardonnay 100 %
Production moyenne : 35 000 bt/an

ÉRIC FOREST
56, rue du Martelet, 71960 Vergisson • www.ericforest.fr • Vente et visites : au domaine sur rendez-vous.
Propriétaire : Éric Forest

★

DOMAINE GUILLEMOT-MICHEL

Marc Guillemot et Pierrette Michel quittent en 1985 la cave coopérative pour créer leur domaine à Clessé, dans le hameau de Quintaine. Toutes les vignes sont issues de sélections massales, avec un âge moyen de 60 ans. Le domaine est conduit en bio depuis plus de trente ans, et en biodynamie certifiée depuis 1992. La famille compte pas moins de quatre œnologues de métier, ce qui constitue sans doute un record ! Leur fille Sophie les a rejoint en 2013, après un passage chez Hennessy qui l'amène à distiller dorénavant leur propre production sur deux alambics de 1942 au feu de bois. Elle élève ainsi en fûts depuis 2012 un marc et une fine de Bourgogne absolument remarquables, rectifiés à l'eau de pluie : rien ne se perd chez les Guillemot-Michel ! À cela s'ajoute aussi un gin bio, très fin, à base de chardonnay et de plantes. Gautier Roussille, l'époux de Sophie, a rejoint à son tour le domaine après deux ans passés à Volnay, au célèbre domaine de Montille. Guillemot-Michel, étoilé l'an dernier, est unanimement salué pour sa régularité et la précision de l'ensemble de sa production.

Les vins : Une Bulle est une méthode ancestrale sans dosage mais avec un résiduel naturel de 10 grammes de sucre par litre. Très fruité, pur, avec des notes de fruits blancs, aérien, affiné sur lattes seize mois, on le boira assez frais pour garder cette tonicité. Quintaine s'exprime toujours avec une maturité bien assumée, des notes de fruits jaunes, une suavité naturelle. L'ensemble est délicat avec un effet salin pour finalement ne manquer ni d'énergie ni de vivacité. Charleston est un cuvée très rare (800 bouteilles) vinifiée et élevée dans un demi-muid (de chez Selosse). Le fruit est enrobé de nuances noisettées, le boisé se fond, l'ensemble est sapide et frais. Retour à la Terre est vinifié et élevé sur lies en jarre de terre cuite de 800 litres. L'aspect mûr et confit s'intensifie, les arômes se montrent proche des racines. Le mode d'élevage donne de la rondeur à l'ensemble, tout est maîtrisé.

Vin Mousseux Méthode Ancestrale Une Bulle 2017	22 €	15,5
Viré Clessé Retour à la Terre 2017	Épuisé	16
Viré-Clessé Quintaine 2017	23 €	16

Le coup de ♥

Viré-Clessé Charleston 2017	Épuisé	16,5

Blanc : 6,5 hectares.
Chardonnay 100 %
Production moyenne : 40 000 bt/an

DOMAINE GUILLEMOT-MICHEL ☾
664, route de Quintaine, 71260 Clessé
03 85 36 95 88 •
www.domaineguillemotmichel.net • Vente et visites : au domaine sur rendez-vous.
Propriétaire : Pierrette et Marc Guillemot, Sophie et Gautier Roussille

★

DOMAINE GUILLOT-BROUX

Le domaine Guillot-Broux, certifié bio, est un des plus réguliers de la région mâconnaise. Les vieilles vignes parfaitement tenues donnent aux vins un style résolument classique, en blanc comme en rouge, qui obtient un succès mérité. Le domaine s'appuie sur des raisins bien mûrs et évite les élevages boisés appuyés. Patrice et Emmanuel perpétuent ainsi l'œuvre de leur père, dans le même esprit.

Les vins : des 2017 de haute volée ! Les Combettes, au profil fin et sapide, est un mâcon à la maturité affirmée, doté d'un boisé d'une grande sobriété qui épouse le fruité noble du chardonnay. Clos de la Mollepierre s'exprime par sa suavité et sa fine tension minérale. Les Perrières est plus boisé mais l'ensemble reste mûr, subtil et crémeux. Une bouteille très plaisante aujourd'hui. La série des rouges montre un beau niveau : le gamay foncé Beaumont, aux accents de griotte présente une bouche fraîche et fine dans un style gouleyant et acidulé. La Myotte livre un style très mûr et velouté ; sa matière s'offre avec la délicatesse d'un grand pinot noir. Les Geniévrières est d'une grande finesse, poudré, au fruit fin et délicat, infusé : un véritable délice à déguster dès maintenant.

- Mâcon Chardonnay Les Combettes 2017 — 25 € 15,5
- Mâcon Cruzille Clos de la Mollepierre 2017 — 39 € 16,5
- Mâcon Cruzille Les Perrières 2017 — 34 € 16,5
- Bourgogne La Myotte 2017 — 34 € 16,5
- Mâcon Cruzille Beaumont 2017 — 25 € 15

Le coup de ♥

- Bourgogne Les Geniévrières 2017 — 25 € 16,5

Rouge : 7 hectares.
Gamay noir à jus blanc 50 %, Pinot noir 50 %
Achat de raisins.
Blanc : 8 hectares.
Chardonnay 100 %
Achat de raisins.
Production moyenne : 70 000 bt/an

DOMAINE GUILLOT-BROUX ♣

42, route de Martailly, 71260 Cruzille
03 85 33 29 74 • www.guillot-broux.com •
Vente et visites : au domaine sur rendez-vous.
Propriétaire : Patrice et Emmanuel Guillot

★

DOMAINE HÉRITIERS DU COMTE LAFON

Racheté en 1999, placé sous l'œil bienveillant de Dominique Lafon, ce domaine a trouvé son style et sa vitesse de croisière. Il forme ainsi un panel représentatif et une belle locomotive valorisant les terroirs du Mâconnais. Caroline Gon gère la propriété au quotidien, où toutes les vignes sont conduites en bio et biodynamie. Ce domaine produit près de 170 000 bouteilles par an avec une grande régularité de qualité et un style fin et ciselé, pur et bien exécuté, sans boisé ostentatoire. Les vins méritent un temps de repos en cave : apprenez à les attendre.

Les vins : Clos de la Crochette est sur le fil, tendu mais précis ; il méritera un peu de garde pour éclore et s'exprimer dans le verre. Le milly-lamartine, très fin, est apprécié pour sa suavité, sa fraîcheur et un boisé cousu-main. Les Maranches s'avère lui aussi en retenue après la mise, entre sulfites et réduction. Reste que la qualité des jus est remarquable, donc soyons patients. Le Monsard est lui aussi engoncé par la mise, il peine à s'ouvrir. Cependant, il offre une texture où maturité et fraîcheur s'épaulent. Le mâcon-prissé est crémeux, subtilement boisé, avec de beaux amers persistants. Notre coup de cœur se porte sur Clos du Four, au nez d'une grande pureté, d'un bel effet calcaire, au boisé blond et pourvu de notes florales. La bouche galbée et énergique dompte la concentration naturelle du vin. Un modèle pour cette appellation. Le viré-clessé s'exprime avec pureté, soutenu par un élevage boisé soigné ; saluons le grain fin du chardonnay et sa grande persistance. Le saint-véran est un bel ouvrage équilibré, dont le boisé juste soutient une matière généreuse dans laquelle la minéralité apporte un côté ciselé élégant. La vieille vigne d'En Chatenay, au cœur de Fuissé, offre l'amplitude du lieu. Son élevage toasté-grillé appuyé s'adapte très bien à la chair du vin. Un exemple à suivre.

- Macon Chardonnay Clos de la Crochette 2017 — N.C. 14,5
- Macon Prissé 2017 — N.C. 15,5
- Mâcon Bussières Le Monsard 2017 — N.C. 16
- Mâcon Milly-Lamartine 2017 — N.C. 15,5
- Mâcon Uchizy Les Maranches 2017 — N.C. 15,5
- Pouilly-Fuissé En Chatenay 2017 — N.C. 17
- Saint-Véran 2017 — N.C. 16,5
- Viré-Clessé 2017 — N.C. 16,5

Le coup de ♥

- Macon Milly-Lamartine Clos du Four 2017 — N.C. 16,5

Blanc : 26 hectares.
Chardonnay 100 %
Production moyenne : 170 000 bt/an

DOMAINE HÉRITIERS DU COMTE LAFON ♣

4, rue Lamartine, 71960 Milly-Lamartine
03 80 21 22 17 • comtes.lafon@gmail.com •
Vente et visites : au domaine sur rendez-vous.

Propriétaire : Famille Lafon

Directeur : Dominique Lafon

Maître de chai : Caroline Gon

★

CHÂTEAU DES RONTETS

Le couple franco-italien formé par Claire et Fabio Gazeau-Montrasi, architectes reconvertis en viticulteurs passionnés, a acquis une reconnaissance méritée grâce à l'excellence de leurs vins. Sur ce terroir unique qui culmine à 360 mètres d'altitude, ils produisent des pouilly-fuissé racés et complexes. Grâce à des élevages longs (près de deux ans pour les cuvées Birbettes et Pierrefolle), les vins acquièrent une maturité et des équilibres hors du commun. Le domaine, officiellement certifié en bio depuis 2005, est composé principalement de vignes de chardonnay sur Fuissé, ainsi que d'un demi-hectare de gamay en Saint-Amour. Nous regrettons que ce domaine méritant ne puisse être entendu par l'INAO, qui refuse d'inclure le hameau des Rontets parmi les premiers crus.

Les vins : Bourgogne du Sud est un chardonnay frais et délicat, sapide, au relief acidulé et amer très revigorant. La série des fuissé bénéficie comme à l'accoutumée d'élevages longs. Clos Varambon et ses notes de nougat associe pureté et charme ; son boisé accompagne sans s'imposer. Pierrefolle s'ouvre lentement, la bouche est ferme, intensément dominée par son penchant minéral, puis par une note d'élevage. Il lui faudra un peu de temps. Les Birbettes n'était pas en bouteille au moment de notre dégustation mais s'épanouit toutefois dans son style habituel, très cossu, plutôt crémeux, jouant sur des amers de fin de bouche qui lui confèrent de la persistance : un grand vin de patience. Déjà présenté l'an dernier, le saint-amour 2017 conserve la suavité d'un gamay mûr et tendre aux senteurs de cerise chaude.

Bourgogne du Sud 2017	16 €	15
Pouilly-Fuissé Les Birbettes 2017	39 €	16,5
Pouilly-Fuissé Pierrefolle 2017	30 €	16
Saint-Amour Côte de Besset 2017	22 €	15

Le coup de ♥

Pouilly-Fuissé Clos Varambon 2017	23 €	16

Rouge : 0,5 hectare.
Gamay noir à jus blanc 100 %
Achat de raisins.
Blanc : 6,2 hectares.
Chardonnay 100 %
Achat de raisins.
Production moyenne : 30 000 bt/an

CHÂTEAU DES RONTETS ♣

814, chemin des Rontés, 71960 Fuissé
03 85 32 90 18 • www.chateaurontets.com •
Vente et visites : au domaine sur rendez-vous.

Propriétaire : Claire et Fabio Gazeau-Montrasi

★

DOMAINE SAUMAIZE-MICHELIN

Régulier et constant, ce domaine livre des vins qui expriment avec une grande justesse les beaux terroirs du Mâconnais. La recette est simple : travailler les sols, maîtriser les rendements, chercher des maturités abouties et ne pas dépasser 15 % de fût neuf dans les élevages. Depuis 2006, le domaine s'est converti à la biodynamie, sans pour autant être certifié. Christine et Roger Saumaize, épaulés par leur fils Vivien, possèdent quelques bijoux, parmi lesquels le Clos sur la Roche (sols calcaires) et Les Ronchevats (sols argileux), ainsi qu'une mosaïque de terroirs bien situés, qui forment une gamme des plus homogènes et permettent de réaliser des vins qui peuvent rivaliser sans complexe avec des premiers crus de la Côte-d'Or. La rarissime cuvée Ampelopsis 2015 n'a pas été produite contrairement aux 2016 et 2017. N'oubliez pas le tout aussi rare (900 bouteilles) et excellent mâcon rouge Les Bruyères, microparcelle de pur gamay sur silice, qui s'illustre régulièrement en champion dans La RVF : à peine 10 €, qui dit mieux ?

Les vins : des deux mâcons présentés, nous avons retenu le villages originaire de Bussières, au style vif et ponctué de notes crayeuses. Il est le plus digeste car moins marqué momentanément par son boisé que Sur la Roche. Les Crèches est le plus complet des saint-véran présentés, avec des notes florales, minérales et un boisé bien équilibré : un trio gagnant. De surcroît, il se gardera. Les Ronchevats est un jus ferme (Vergisson s'impose), tentant de dompter la marque encore blonde de son élevage en fût. Plus exotique, plus mûr aussi, La Maréchaude subit un boisé-toasté trop appuyé. Les Courtelongs impose sa carrure et il lui faudra du temps pour s'affiner (nul doute que le terroir reprendra le dessus). Vers Cras offre une fraîcheur bienvenue : l'équilibre nous plaît, le boisé s'intègre, les notes minérales s'expriment pleinement. Notre coup de cœur, Clos sur la Roche, exprime à merveille la minéralité des calcaires de Vergisson ; sa floralité s'exprime avec des accents de coumarine. Voici un beau premier cru, au boisé aussi mesuré que son prix. C'est le grand vin du domaine en 2017, comme ce fut le cas en 2016. Ampélopsis impose son énergie et sa générosité ; il est déjà bien patiné. Le rouge, vin séducteur au parfum de framboise, est particulièrement réussi.

Mâcon-Vergisson Sur la Roche 2017	14,50 €	15,5
Pouilly-Fuissé Ampélopsis 2016	29,50 €	17,5
Pouilly-Fuissé La Maréchaude 2017	24 €	16,5
Pouilly-Fuissé Les Courtelongs 2017	24 €	17,5
Pouilly-Fuissé Les Ronchevats 2017	22,50 €	16
Pouilly-Fuissé Pentacrine 2017	16,50 €	15,5
Pouilly-Fuissé Vers Cras 2017	24 €	17
Saint-Véran Les Crèches 2017	15,50 €	16
Mâcon Les Bruyères 2017	11 €	16,5

Le coup de ♥

Pouilly-Fuissé Clos sur la Roche 2017	24,50 €	18

Rouge : 0,2 hectare.
Gamay noir à jus blanc 100 %
Blanc : 9,8 hectares.
Chardonnay 100 %
Production moyenne : 70 000 bt/an

DOMAINE SAUMAIZE-MICHELIN
Le Martelet, 51, impasse du Puits,
71960 Vergisson
03 85 35 84 05 •
saumaize-michelin@wanadoo.fr • Vente et visites : au domaine sur rendez-vous.
Propriétaire : Roger et Christine Saumaize-Michelin

★

DOMAINE LA SOUFRANDIÈRE

Acquis par Jules Bret en 1947, La Soufrandière a quitté la cave coopérative de Vinzelles en 1998 pour voir débuter les frères Bret, Jean-Philippe et Jean-Guillaume à partir du millésime 2000. Le domaine est certifié en biodynamie depuis 2006. Les étiquettes des cuvées dont les teneurs en soufre sont faibles sont ornées de la mention "Zen". Précisons que cette prise de risque a tendance à faire évoluer prématurément certains vins, pas toujours dans le bon sens. Ceci étant, des amateurs les apprécient ainsi. La sélection ci-dessous ne retient que les vins les plus équilibrés et nets lors de nos dégustations.

Les vins : l'aligoté Aligato Zen, à peine boisé, donne l'impression de croquer dans un citron. Un vin pur, exemplaire, plein de vitalité et rare : seules 720 bouteilles sont produites. Le Clos de Grand-Père, finement boisé également, est porté par des notes de cédrat et doté de beaux amers. Consistant, droit, il se savoure à table. Les deux saint-véran sont nés au pied de la roche de Vergisson : La Combe Desroches dévoile une bouche dense et corsée, peu boisée, offrant un ensemble frais qui rappelle l'amertume du pamplemousse ; Climat La Bonnode atteint un niveau de maturité et de concentration plus élevé. Salin, il présente d'agréables amers d'agrumes et un potentiel de garde sérieux. Deux vinzelles sont remarquables : Les Quarts et Les Quarts Millerandée. La carrure et l'énergie du premier en font un grand vin, mûr et très long. Son boisé est toujours sobre. Le second, issu d'une vigne de 85 ans et produit à la hauteur de 600 bouteilles, développe de fines notes racinaires et briochées, un cœur de bouche charnu. Ce blanc concentré s'avère mûr et ferme, apte à une longue garde. L'excellent pouilly En Chatenay, récolté au sud de la roche de Solutré, se caractérise par des notes d'aubépine, un boisé très fin, une mâche de vin ferme et dense. Cette cuvée minérale qui s'étire en longueur témoigne d'une belle maîtrise.

Bourgogne Aligoté Aligato Zen 2017	15 €	16
Mâcon-Vinzelles Le Clos de Grand-Père 2017	20 €	15,5
Pouilly-Vinzelles Climat Les Quarts Millerandée 2017	42 €	17

- Pouilly-Vinzelles Climat Les Quarts Zen 2017 — 35 € 13,5
- Saint-Véran Climat La Bonnode 2017 — 27 € 16,5
- Saint-Véran La Combe Desroches 2017 — 21 € 16

Le coup de ♥

- Pouilly-Fuissé Climat En Chatenay 2017 — 32 € 17
- Pouilly-Vinzelles Climat Les Quarts 2017 — 35 € 16,5

Blanc : 11 hectares.
Chardonnay 100 %
Production moyenne : 65 000 bt/an

DOMAINE LA SOUFRANDIÈRE ☾
125, rue aux Bourgeois, 71680 Vinzelles
03 85 35 67 72 • www.bretbrothers.com •
Vente et visites : au domaine sur rendez-vous.
Propriétaire : Jean-Guillaume et Jean-Philippe Bret

★ ↗

DOMAINE THIBERT PÈRE ET FILS

Créé en 1967, le domaine couvre près de 30 hectares répartis sur les appellations de Pouilly, Mâcon-Fuissé, Mâcon-Prissé, Mâcon-Verzé et Saint-Véran. Géré en famille par Christophe Thibert et sa sœur Sandrine, il collabore avec le méthodique Fabien Duperray (voir Domaine Jules Desjourneys, en Beaujolais). Le domaine progresse à grand pas, comme l'atteste le niveau des 2016 et 2017 : chaque terroir est accompagné par un élevage idoine, et les étiquettes ont été soigneusement relookées. L'étoile attribuée cette année accompagne logiquement cette progression.

Les vins : le mâcon-verzé est pur, salin et vivifiant. En Chantone impose sa concentration. Épuré mais gras, avec un boisé qui toaste, c'est un pouilly-loché taillé pour la garde. Le pouilly-vinzelles Les Longeays affiche une maturité et une concentration impressionnantes. La texture est grasse et suave, sans manquer de fraîcheur, et le boisé précis ajoute à la persistance d'un grand vin. Les deux saint-véran sont bien différents : Bois de Fée montre un profil large, profond, habillé d'un boisé luxueux qui s'avère judicieux, apportant gras et tension. Le très équilibré Champ Rond, au profil mûr, beurré et vanillé, est prêt à boire. La série des fuissé atteint des sommets : Héritage, doté d'une empreinte crémeuse et d'une touche boisée sobre, s'ouvre avec amplitude. Voici un vin voluptueux à la finale magique, salivante et dynamique. Deux 2016 nous enthousiasment : Les Cras où la pureté du chardonnay est exceptionnelle, vin de grand relief retendu par sa minéralité, et Les Ménétrières, chardonnay d'une élégance superlative et très équilibré. L'élevage est millimétré dans ce vin sublime qui affiche une dimension de premier cru : un pouilly-fuissé de perfectionniste, finement réglissé et frais.

- Mâcon-Verzé 2017 — 17 € 15,5
- Pouilly-Fuissé Héritage 2017 — 28 € 16
- Pouilly-Fuissé Les Cras 2016 — 32 € 17
- Pouilly-Loché En Chantone 2016 — 27 € 16,5
- Pouilly-Vinzelles Les Longeays 2016 — 27 € 17
- Saint-Véran Bois de Fée 2016 — 27 € 16,5
- Saint-Véran Champ Rond 2015 — 24 € 15

Le coup de ♥

- Pouilly-Fuissé Les Ménétrières 2016 — 40 € 18

Rouge : 0,8 hectare.
Gamay noir à jus blanc 100 %
Blanc : 28 hectares.
Chardonnay 100 %
Production moyenne : 160 000 bt/an

DOMAINE THIBERT PÈRE ET FILS
20, rue Adrien-Arcelin, 71960 Fuissé
03 85 27 02 66 • www.domaine-thibert.com
• Vente et visites : au domaine sur rendez-vous.
Propriétaire : Christophe Thibert et Sandrine Thibert-Needham
Maître de chai : Christophe Thibert

DOMAINE DU CLOS DES ROCS

Olivier Giroux rachète en 2002 le domaine Saint-Philibert à Loché, le rebaptisant du nom de sa plus grande parcelle, le Clos des Rocs. Il exploite 9 hectares de vignes d'une soixantaine d'années, dont 6 en Pouilly-Loché. En 2006, il entame la conversion en bio du domaine, et obtient la certification en 2014. Ce jeune quadragénaire participe à la reconnaissance des vins de l'appellation Pouilly-Loché dont il est le meilleur ambassadeur. Peu interventionniste à la cave, il s'appuie sur des élevages boisés modérés et des mises en bouteilles sans précipitation. Ses cuvées d'une grande pureté séduisent par leurs jus cristallins et frais, finement boisés.

Les vins : la série de pouilly-loché est très convaincante. Délicat et épuré, Les 4 Saisons offre un chardonnay mûr, élégant, acidulé et racé, doublé d'un boisé sobre. Les Barres, marqué par l'orgeat, les fleurs et la craie, présente une bouche ciselée et fraîche ; il livre ainsi une expression dynamique de son terroir. Les Mûres allie maturité et accents lactés. L'ensemble s'équilibre en bouche avec tension et salinité, tandis que le boisé souligne à peine. On touche de près la minéralité du lieu, un terroir aiguisé par le calcaire, avec En Chantone. Finesse et sensation salivante sont réunies. Opulent, Monopole (la parcelle du Clos des Rocs) associe forte maturité et minéralité. Après une touche de menthol et d'amande, l'ensemble termine sur de fines notes amères. Les Pierrotes, issu de Fuissé, s'illustre par une texture mûre et crémeuse. Il conserve cependant le style du domaine grâce à un boisé tempéré qui l'affine.

➫ Pouilly-Fuissé Les Pierrotes 2017	20 €	16
➫ Pouilly-Loché En Chantone 2017	20 €	15
➫ Pouilly-Loché Les 4 Saisons 2017	13 €	15
➫ Pouilly-Loché Les Barres 2017	16 €	15,5
➫ Pouilly-Loché Les Mûres 2017	19 €	15,5
➫ Pouilly-Loché Monopole 2017	22 €	15

Blanc : 9,06 hectares.
Chardonnay 100 %

DOMAINE DU CLOS DES ROCS ♣

64, chemin la Colonge, 71000 Loché
03 85 32 97 53 • www.closdesrocs.fr • Vente et visites : au domaine sur rendez-vous.
Propriétaire : Olivier Giroux
Œnologue : Eric Michaud

NOUVEAU DOMAINE

DOMAINE CORDIER PÈRE ET FILS

Christophe Cordier revient dans notre guide après avoir brillé récemment dans le numéro spécial millésime 2018 de La RVF (parution juin 2019). Fondé en 1945, le domaine Cordier a été repris en 1971 par son père, Roger Cordier. Il gère aujourd'hui 30 hectares ainsi qu'une activité de négoce d'à peine 7 hectares (vins non présentés dans notre guide, mais tout aussi soignés que ceux du domaine), ce qui représente près de cent parcelles réparties sur huit villages. Son exigence se traduit notamment par le refus de la machine à vendanger, des petits rendements et un travail en cave d'équilibriste, jonglant au cas par cas entre fûts, foudres et cuves pour rechercher l'équilibre et la tension dans les vins. Pari réussi !

Les vins : Aux Bois d'Allier est un mâcon inspirant, qui brille par sa fraîcheur, sa maturité et sa tension minérale. Ce chardonnay à l'équerre est précis, maîtrisé et tonique. Clos du Four séduit par sa bouche cadencée, sa maturité et sa fraîcheur ; bonne garde assurée. Crémeux fin et boisé noble, le délicat En Faux garde de la vivacité en bouche. Il est ample et complet. Clos à la Côte, plus frais qu'En Faux, présente un beau profil acidulé en milieu de bouche et un boisé qui souligne sans excès. Le pouilly-loché offre un bel équilibre entre minéralité et maturité du chardonnay, boisé judicieux en prime. Le viré-clessé Vieilles Vignes présente un jus ample et gras, accompagné par un élevage qui toaste avec célérité sans perdurer : l'ensemble est cohérent. Le pouilly-fuissé Vieilles Vignes, floral et mentholé, est un concentré pur et minéral des deux roches réunies, un vin salivant, à l'amplitude et à la longueur notables. Vers Pouilly, bien mûr, s'avère marqué par son élevage boisé, qui se traduit par l'opulence et la richesse. Ce profil international apparaît moins digeste pour nos délicats palais européens. En Caramentrant signe un style mûr aux senteurs crémeuses et vanillées. La bouche contrecarre cette richesse grâce à l'effet frais et minéral de Vergisson, soutenu par un boisé précis bien adapté. Minéral et généreux, à l'élevage bien dimensionné, Les Ménétrières est un futur premier cru prometteur, qui fera pâlir certains vins de Côte-d'Or.

➫ Mâcon Aux Bois d'Allier 2017	12 €	15
➫ Mâcon Milly-Lamartine Clos du Four 2017	20 €	16,5
➫ Pouilly-Fuissé En Caramentrant 2017	38 €	16,5
➫ Pouilly-Fuissé Les Ménétrières 2017	40 €	17
➫ Pouilly-Fuissé Vers Pouilly 2017	35 €	15
➫ Pouilly-Fuissé Vieilles Vignes 2017	25 €	16,5
➫ Pouilly-Loché 2017	20 €	15,5
➫ Saint-Véran Clos à la Côte 2017	20 €	16
➫ Saint-Véran En Faux 2017	18 €	15

Viré-Clessé Vieilles Vignes 2017 — 18 € — 15,5

Blanc : 30 hectares.
Chardonnay 100 %
Production moyenne : 200 000 bt/an

DOMAINE CORDIER PÈRE ET FILS
Les Molards, 71960 Fuissé
03 85 35 62 89 • www.domainecordier.com
• Vente et visites : au domaine sur rendez-vous.
Propriétaire : Christophe Cordier

CHÂTEAU DE FUISSÉ

Ce domaine historique appartient à la famille Vincent depuis 1862. Le château est doté de nombreuses vieilles vignes, sur les appellations majeures du Mâconnais, ainsi que d'un petit vignoble de 3 hectares à Juliénas, lequel n'a pas été soumis à notre comité pour cette édition. Depuis le millésime 2014, la cuvée Vieilles Vignes a disparu de la gamme pour mettre en avant les lieux-dits en vue des futurs premiers crus. Antoine Vincent, qui incarne la cinquième génération, vinifie ici depuis 2003. Les maturités des raisins sont toujours très abouties ; nous émettons régulièrement des critiques sur les boisés appuyés. Cependant, 2017 montre la volonté de ne pas systématiquement rechercher l'excès.

Les vins : sapide et croquant, le mâcon-fuissé est travaillé sans bois et se montre appétent, épatant et frais. Le saint-véran, léger au nez comme en bouche, peut se boire dès maintenant. Dans la série des fuissé, saluons l'équilibre de Tête de Cuvée. Sans trahir le style du domaine, il s'avère généreux et ample ; son boisé présent reste à sa place. La cuvée est produite à 100 000 exemplaires. Le Clos, issu d'une très vieille vigne exploitée en monopole, est habillé d'un élevage luxueux (espérons qu'il l'intègre avec le temps). Les Brûlés est marqué par de fortes notes de caramel au lait ; c'est un vin mûr, mais trop boisé. Les Combettes s'avère mieux géré. Le minéral a enfin son mot à dire, bien que l'ensemble soit plantureux et enrobé.

Mâcon-Villages 2017 — 13 € — 15

Pouilly-Fuissé Le Clos Monopole 2017 — de 40 à 48 € (c) — 15

Pouilly-Fuissé Les Brûlés 2017 — de 38 à 42 € (c) — 13

Pouilly-Fuissé Les Combettes 2017 — de 38 à 42 € (c) — 16,5

Pouilly-Fuissé Tête de Cuvée 2017 — 25 € — 16

Saint-Véran 2017 — 16 € — 14,5

Rouge : 3 hectares.
Gamay noir à jus blanc 100 %
Blanc : 37 hectares.
Chardonnay 100 %
Production moyenne : 160 000 bt/an

CHÂTEAU DE FUISSÉ
419, rue du Plan, 71960 Fuissé
03 85 35 61 44 • www.chateau-fuisse.fr •
Vente et visites : au domaine sur rendez-vous.
Propriétaire : Famille Vincent
Directeur : Antoine Vincent

NOUVEAU DOMAINE

DOMAINE DE LA JOBELINE

Pierre Maillet hérite en 2004 de vignes appartenant à sa famille depuis trois générations. Après avoir restructuré le domaine et replanté, il quitte la coopérative en 2014, se construit un cuvier et crée le domaine de la Jobeline. Le travail de la vigne est mené en agriculture raisonnée, les vinifications sont longues et peu interventionnistes. Le domaine propose une gamme qui met à l'honneur les terroirs de Verzé. La grêle de juillet 2017 a détruit près de 60 % de la production. Les vins issus des vignes survivantes méritent votre attention : équilibrés, façonnés avec soin et proposés à des prix particulièrement raisonnables, ils ont en tout cas déjà séduit les restaurants étoilés de la région, comme Les Terrasses, à Tournus, ou la Mère Brazier, à Lyon.

Les vins : l'aligoté se livre avec finesse. Précis, léger, croquant et plein d'énergie en bouche, c'est un vin savoureux très appétent. Le mâcon-verzé est un très joli vin de cuve, pur et salivant, avec une chair très convaincante. En Prévisy se plaît dans son style mûr et frais, minéral et de belle tension ; souligné par un boisé délicat, il sera très séduisant à table. Notre préférence va au Clos des Chanaux, floral et minéral au nez comme en bouche. Cette dernière est stylée, juteuse et charnue. Nous sommes admiratifs du travail sur les jus, naturellement graissés sans présence de bois. Deux gamays nous réjouissent : le mâcon-verzé, très coloré, présente au nez une touche de violette. Un jus pur et charnu, aux tanins suaves très appréciables et au prix raisonnable. Vieilles Vignes 16 Ares est un gamay sérieux, qui séduit par son équilibre acidulé et velouté à la fois. Le boisé qui s'immisce mériterait un léger bémol, mais cette vigne de 1960 dame le pion à bien des crus du Beaujolais !

Bourgogne Aligoté 2018	12 €	14
Mâcon-Verzé 2017	13,50 €	15
Mâcon-Verzé En Prévisy 2017	17,30 €	15
Mâcon-Verzé 2017	12,30 €	15
Mâcon-Verzé Vieilles Vignes 16 Ares 2017	15,80 €	15,5

Le coup de ♥

Mâcon-Verzé Clos des Chanaux 2017	16,50 €	15,5

Rouge : 0,7 hectare.
Gamay noir à jus blanc 100 %
Blanc : 10,3 hectares.
Chardonnay 89 %, Aligoté 11 %
Production moyenne : 30 000 bt/an

DOMAINE DE LA JOBELINE
887, route de la Roche-Vineuse, 71960 Verzé
03 85 22 98 03 •
www.domainedelajobeline.com • Vente et visites : au domaine sur rendez-vous.
Propriétaire : Pierre Maillet
Directeur : Laurent Alexandre

DOMAINE ROGER LASSARAT

Roger Lassarat, secondé depuis 2009 par son plus jeune fils Pierre-Henri, produit des saint-véran, pouilly-fuissé, mâcon-vergisson et moulin-à-vent grâce à des vignes en propriété. À cela s'ajoutent deux vins de négoce : un mâcon et un viré-clessé. Sur les quinze vins produits au domaine, six seulement nous ont été proposés cette année, dont un n'a pas été noté (Les Survivants). Une partie de leurs 3 hectares en Moulin-à-Vent est la propriété du célèbre Laurent Gerra, vin non présenté dans le guide. Le domaine a tous les atouts pour réaliser des vins de haut niveau ; nous ne sommes toutefois pas conquis par l'ensemble de la gamme.

Les vins : Clos de France pivote sur un axe minéral affirmé, une trame de vin corsée, une stature de premier cru évidente. Saluons le travail sur le boisé qui resserre sans s'imposer. Un grand vin de temps, à fleur de roche. Clos du Martelet brille par sa pureté et sa finesse, son élevage boisé modéré qui lui donne un style appréciable. Ce chardonnay concentré est mûr, salin en finale et se gardera bien. Les deux saint-véran pâtissent d'un enrobage boisé qui leur enlève tout espoir de digestibilité. L'alcool renforce et alourdit l'effet de bois luxueux. Notre Envie nous laisse perplexe : ce viré-clessé au bord de l'oxydation prématurée s'avère trop mûr et confit.

Pouilly-Fuissé Clos du Martelet 2017	19 €	15,5
Saint-Véran Le Cras 2017	19,50 €	13,5
Saint-Véran Les Mûres 2017	19,50 €	13,5
Viré-Clessé Notre Envie 2016	15 €	13

Le coup de ♥

Pouilly-Fuissé Clos de France 2017	19,50 €	16,5

Rouge : 0,86 hectare.
Gamay noir à jus blanc 100 %
Achat de raisins.
Blanc : 9 hectares.
Chardonnay 100 %
Achat de raisins.
Production moyenne : 90 000 bt/an

DOMAINE ROGER LASSARAT
121, rue du Martelet, 71960 Vergisson
03 85 35 84 28 • www.roger-lassarat.com •
Vente et visites : au domaine sur rendez-vous.
Propriétaire : Pierre-Henri Lassarat

NICOLAS MAILLET

Ce domaine familial embouteille sa production depuis 1999. Nicolas Maillet poursuit avec une grande régularité l'œuvre de son père, en se concentrant principalement sur ses vieilles vignes du village de Verzé. Il propose une gamme de vins (certifiés bio depuis 2008) très purs, séduisants, dont la particularité est de se passer de tout artifice boisé. Le domaine nous régale encore cette année de son délicieux gamay sur argilo-calcaire, un mâcon-verzé rouge.

Les vins : l'aligoté est croquant et salin, digeste et savoureux, avec des notes florales et d'ananas frais au nez. Il est facile à aborder, sans fard ni artifice boisé. Le mâcon-igé conserve son caractère frais et acidulé. Un chardonnay de plaisir immédiat, fin et précis. Tendu et acidulé, rappelant l'agrume, Le Chemin Blanc séduit par son caractère salivant, ses fins amers. Il vieillira bien. Parsemé de notes de poire et d'amande, ample et suave, le mâcon-verzé se destine dès aujourd'hui à des accords à table. Le mâcon-verzé rouge, gamay exquis, juteux et soyeux, élevé en fût et en cuve, est des plus gourmands. À nouveau un succès !

Bourgogne Aligoté 2017	14,50 €	15
Mâcon-Igé 2017	14,50 €	15
Mâcon-Verzé Le Chemin Blanc 2017	20 €	16
Mâcon-Verzé 2017	14 €	16,5

Le coup de ♥

Mâcon-Verzé 2017	14,50 €	16

Rouge : 0,8 hectare.
Gamay noir à jus blanc 100 %
Achat de raisins.
Blanc : 6,7 hectares.
Chardonnay 89 %, Aligoté 11 %
Achat de raisins.
Production moyenne : 60 000 bt/an

NICOLAS MAILLET ♣
291, route d'Igé, 71960 Verzé
03 85 33 46 76 • www.vins-nicolas-maillet.com • Vente et visites : au domaine sur rendez-vous.
Propriétaire : Nicolas Maillet

DOMAINE MERLIN

Corinne et Olivier Merlin ont débuté en 1987, passant par la location de vignes, le métayage puis une activité d'achats de raisins. En 2005, l'acquisition du domaine Arcelin, à La Roche-Vineuse, leur donne accès à 4 hectares de vignes, complétant la gamme de vins blancs du Mâconnais. En 2006, un nouvel achat (2 hectares) en Moulin-à-Vent, dont une partie sur le terroir de La Rochelle, coïncide avec une diminution du négoce. Théo et Paul, leurs deux fils, se sont joints à eux fin 2017 avec la reprise de 8 hectares de vieilles vignes en Mâcon, Saint-Véran et Pouilly-Fuissé. Nous saluons la qualité homogène des vins et la gestion mesurée des élevages, maîtrise qu'Olivier Merlin a su accentuer au fil des millésimes.

Les vins : plus mûr et plantureux, au boisé prégnant, Les Cras est opulent mais droit, prometteur pour la garde. Vieilles Vignes est moins boisé, plus parfumé, mieux équilibré, frais, tranchant et savoureux. Les trois pouilly-fuissé forcent le respect : le pouilly-fuissé est mûr et précis, doté d'un élevage bien intégré. Ce jus de bonne dimension est gras et frais à la fois. Les Chevrières reste très constant, s'offrant avec une chair bien dimensionnée, puissance, minéralité et un boisé bien élevé. Le mûr, crayeux, intensément minéral Sur la Roche relève d'un bon niveau de premier cru. Le Grand Bussière est frais et minéral, son élevage boisé accompagne sans marquer : un modèle de saint-véran. Les Longeays et ses parfums de tilleul et d'orgeat livre un stylo mûr et charnu, au boisé noble, un brin luxueux, mais l'ensemble reste frais. Le moulin-à-vent offre une belle empreinte du granite de Chénas. Saluons cette matière dense et juteuse, élégamment élevée. Le bourgogne, pinot fin récolté sur la Roche Vineuse, livre des senteurs de griotte : équilibré et élégant.

Mâcon La Roche Vineuse 2017	11,30 €	13,5
Mâcon La Roche Vineuse Les Cras 2017	21,32 €	15,5
Mâcon La Roche Vineuse Vieilles Vignes 2017	15,07 €	15,5
Pouilly-Fuissé 2017	20,74 €	16,5
Pouilly-Fuissé Les Chevrières 2017	26,04 €	16,5
Pouilly-Fuissé Sur la Roche 2017	26,04 €	16
Pouilly-Vinzelles Les Longeays 2017	21,64 €	16
Saint-Véran Le Grand Bussière 2017	21,32 €	15,5
Bourgogne 2017	12,90 €	16
Moulin-à-Vent 2017	14,10 €	16

Rouge : 3,2 hectares.
Gamay noir à jus blanc 50 %, Pinot noir 50 %
Achat de raisins.
Blanc : 11,5 hectares.
Chardonnay 100 %
Achat de raisins.
Production moyenne : 145 000 bt/an

DOMAINE MERLIN
305, route de la Boisserole, 71960 La Roche-Vineuse
03 85 36 62 09 • merlin-vins.com/fr/ • Vente et visites : au domaine sur rendez-vous.
Propriétaire : Olivier Merlin

DOMAINE GILLES MORAT

Gilles Morat, natif de Vergisson, a créé son domaine en 1997. Avec son épouse Joëlle, ils signent ensemble des vins de caractère, fruit d'un travail rigoureux des sols. Travaillant sans intrant chimique depuis 2001, ils entament actuellement une conversion en bio. Ils révèlent avec talent le potentiel et la diversité des terroirs de leur village. Un saint-véran et quatre pouilly-fuissé composent la gamme. Les volumes de 2016 avaient été réduits par la grêle, ceux de 2017 l'ont été par le manque de pluie. Ajoutons que le classement en premier cru par l'INAO les concerne notamment pour Sur La Roche, mais qu'il ne devrait pas être effectif avant la récolte 2020.

Les vins : le saint-véran, qu'il faut déguster avant la belle série de pouilly, sert une partition équilibrée, doublée d'une belle tension. L'élevage en cuve préserve sa fraîcheur et son énergie. Terres du Menhir est apprécié pour sa délicatesse ; pur et digeste, il offre une trame acidulée, minérale et naturelle qui lui sied à merveille. Bélemnites arbore un air chablisien par ses notes de coquillages ; c'est un jus finement boisé, mûr, svelte, d'un grand équilibre. Aux Vignes Dessus exprime très bien le terroir de Vergisson ; il est soutenu par sa fraîcheur et son boisé sobre. Sur La Roche brille en illustrant parfaitement son origine "vergissonnaise". Il offre toute sa dimension minérale et sublime le chardonnay, en se montrant persistant et frais.

Pouilly-Fuissé Aux Vignes Dessus 2017	22 €	15
Pouilly-Fuissé Bélemnites 2017	20 €	17
Pouilly-Fuissé Terres du Menhir 2017	18 €	15,5
Saint-Véran 2018	15 €	15,5

Le coup de ♥

Pouilly-Fuissé Climat Sur La Roche 2017	24 €	17

Blanc : 6,5 hectares.

Chardonnay 100 %

Production moyenne : 40 000 bt/an

DOMAINE GILLES MORAT

Chataigneraie Laborier, 595, route des Bruyères, 71960 Vergisson

03 85 35 85 51 • www.gillesmorat-vins.fr • Vente et visites : au domaine sur rendez-vous.

Propriétaire : Gilles Morat

“Le champagne est avant tout un vin. Les plus beaux millésimes tels 2012, 2009, 2008 et 2002, mais aussi les bruts sans année, ont besoin de temps pour s’épanouir harmonieusement. Quelques années dans votre cave leur feront le plus grand bien.”

Alexis Goujard, dégustateur des vins de Champagne
Membre du comité de dégustation de La Revue du vin de France

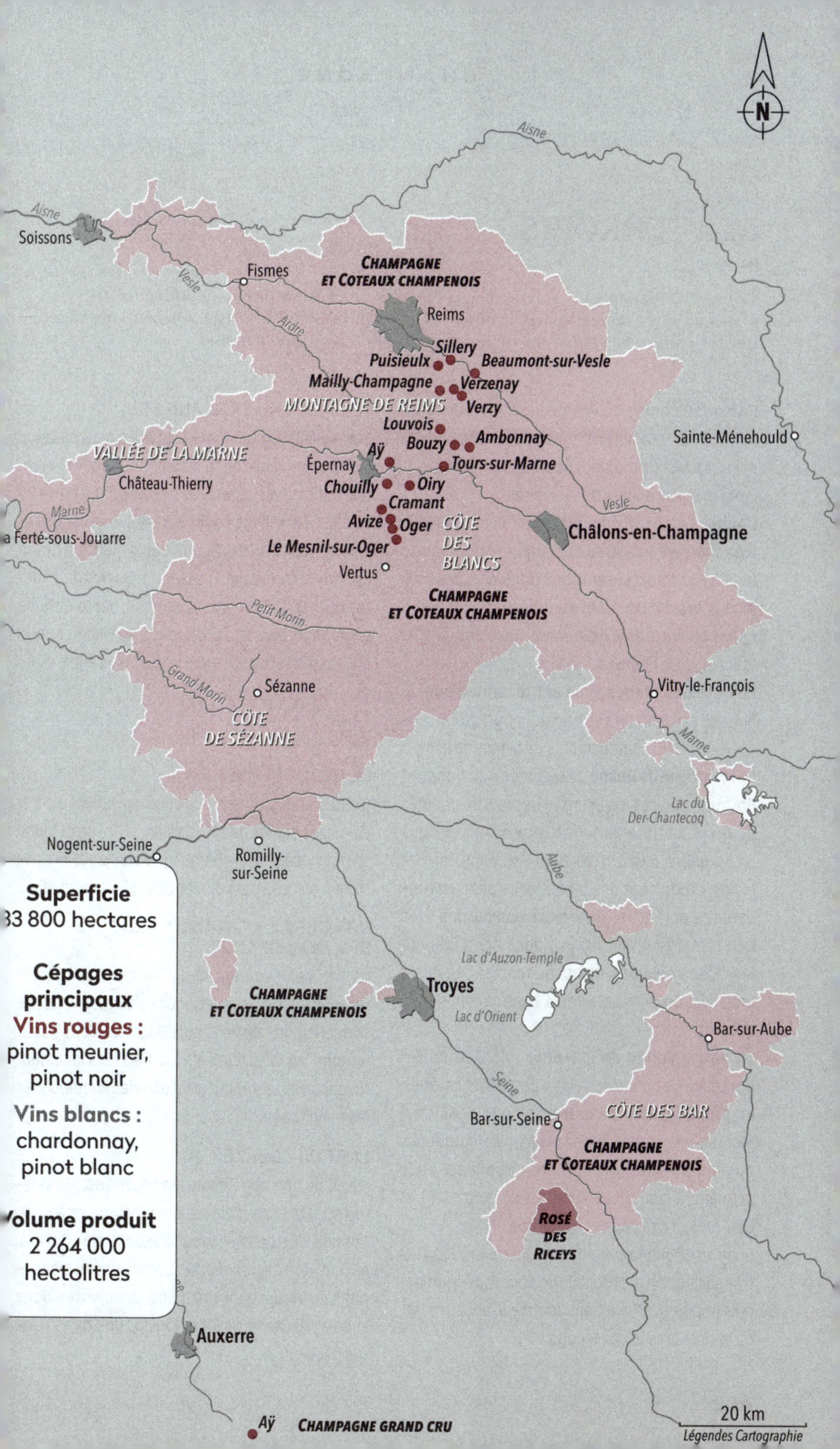

Superficie
33 800 hectares

Cépages principaux
Vins rouges : pinot meunier, pinot noir
Vins blancs : chardonnay, pinot blanc

Volume produit
2 264 000 hectolitres

LES TERROIRS

Le vignoble champenois, très morcelé, s'étend sur le territoire de plus de 300 communes, principalement sur les départements de la Marne, de l'Aube et de l'Aisne. On peut considérer que la Champagne est découpée en six grandes régions de production.

L'Aisne : élaborés avec une dominante de pinot meunier, les vins ont ici progressé. Ils sont souples et légers. Mais la majorité des récoltants-manipulants manque encore de technique.

L'Aube : cette région produit des vins réguliers, bien charpentés, souvent plus mûrs et donc moins frais, à fort caractère de terroir. Dans le secteur des Riceys, le pinot noir trouve une finesse exceptionnelle égalant, au vieillissement, celle des vins de la vallée de la Marne.

La Côte des Blancs : elle est reconnue pour la finesse et l'éclat de ses chardonnays, grâce auxquels on produit les champagnes blancs de blancs.

La Montagne de Reims : le sud, vers Ambonnay et Bouzy, donne des vins, surtout de pinot noir, corsés et de caractère, plus harmonieux à Ambonnay et plus terriens à Bouzy. Verzy et Verzenay, terroirs froids, produisent des pinots noirs plus nerveux et moins parfaits si on ne les assemble pas avec une proportion de raisins blancs. Vers Chigny-lès-Roses et Ludes, un encépagement équilibré engendre des vins universels, bons de l'apéritif au dessert.

La petite vallée de la Marne : de Dormans à Venteuil, elle donne des vins à peine plus corsés.

La grande vallée de la Marne : de Cumières à Mareuil-sur-Aÿ, elle donne les plus somptueuses cuvées de pinot noir. En grande année, elles atteignent leur apogée entre six à douze ans, et bien davantage dans certains cas.

Enfin, la Champagne produit également des vins tranquilles portant l'appellation Coteaux champenois (rouge, rosé et blanc), comme le bouzy rouge, ou encore le rosé des Riceys.

PREMIER CRU ET GRAND CRU

Les meilleures communes ont été classées selon leur prix de vente de raisins entre 90 et 100 % du prix maximal du cépage. Si le prix se situe entre 90 et 99 %, les villages sont classés Premier Cru et si le prix est à 100 %, ils portent la mention Grand Cru. Deux termes qui peuvent être apposés sur l'étiquette. Relativement précise, cette échelle englobe toutefois la production du village et non pas les meilleurs coteaux de chacun d'entre eux.

LES STYLES

BLANC DE BLANCS

C'est un champagne produit exclusivement à partir de raisins blancs de chardonnay. À l'inverse, blanc de noirs désigne un champagne produit à partir de raisins noirs de type pinot noir et pinot meunier.

NON DOSÉ, EXTRA-BRUT, BRUT, DRY, DEMI-SEC, SEC

Ces mots désignent des champagnes qui ont reçu différentes proportions de liqueur de dosage avant l'expédition des bouteilles. "Non dosé", "brut intégral" ou "brut nature", ces mentions indiquent l'absence de toute liqueur (et donc les champagnes les moins sucrés).

L'ART DU DOSAGE

Avant de commercialiser les bouteilles, le vigneron ou le chef de cave peut ajouter une liqueur de dosage, dite aussi "liqueur d'expédition". Celle-ci est souvent composée de sucre de canne dissous dans du vin. La quantité de liqueur ajoutée dans la bouteille varie en fonction du type de vin que l'on désire :

extra-brut : entre 0 et 6 grammes de sucre par litre,
brut : moins de 12 grammes de sucre par litre,
extra-dry : entre 12 et 17 grammes de sucre par litre,
sec : entre 17 et 32 grammes de sucre par litre,
demi-sec : entre 32 et 50 grammes de sucre par litre,
doux : plus de 50 grammes de sucre par litre.

Si le vin n'a pas reçu de liqueur de dosage ou si sa teneur est inférieure à 3 grammes de sucre par litre, on peut utiliser la mention "brut nature", "non dosé" ou "dosage zéro".

LE CHAMPAGNE MILLÉSIMÉ

Dans les grandes années, il est possible de millésimer le champagne. Le vin contenu dans la bouteille est alors issu d'une seule et même année. En moyenne, cinq à six années sont millésimées par décennie.

LE CHAMPAGNE ROSÉ

La Champagne est la seule région française où il est autorisé de produire du rosé en mélangeant du vin rouge de Coteaux champenois (entre 10 et 15 %) à du blanc, avant champagnisation. L'autre technique consiste à champagniser un vin issu d'un pressurage un peu plus appuyé des raisins rouges ou par une courte vinification avec les peaux noires du raisin (saignée). Cette dernière technique produit un champagne à la teinte soutenue.

LES CÉPAGES

LE PINOT NOIR

Cépage le plus planté en Champagne (38 % des surfaces viticoles), le pinot noir donne des vins plus corsés, légèrement plus délicats à presser pour éviter que le jus soit coloré, peu acide, et souvent médiocre en petite année. Dans les assemblages, il apporte de la puissance et du corps. Il est surtout présent dans l'Aube, sur la Montagne de Reims et au cœur de la vallée de la Marne. Lorsque le vin est issu uniquement des deux pinots (noir ou meunier) ou d'un seul, il peut s'appeler blanc de noirs.

LE PINOT MEUNIER

Vigoureux, le pinot meunier donne des vins fruités et peu acides. Dans un assemblage, il apporte de la souplesse et sert surtout à lier les qualités dissemblables des deux autres cépages. Ses lieux de prédilection sont les coteaux de l'Aisne et ceux du début de la vallée de la Marne, car il s'exprime plutôt sur les terroirs argileux. Il compte pour 32 % de l'encépagement du vignoble.

LE CHARDONNAY

Cépage emblématique de la Côte des Blancs, le chardonnay se caractérise par ses arômes délicats. Il apporte de la fraîcheur, de la finesse et du nerf dans les assemblages. Vinifié seul, c'est sous la dénomination blanc de blancs qu'il peut être commercialisé. On le trouve également sur la rive gauche de la Marne, avec des îlots privilégiés sur la Montagne de Reims, où il produit des champagnes plus charpentés. Il représente 30 % du vignoble.

ÉTOILÉS ET BISTROTS SAUCE CHAMPENOISE

CHAMBRES D'HÔTES

CLOS 1753

Un gîte de huit personnes au domaine du vigneron Nicolas Maillart, à Écueil. L'armoire à vins est bien garnie, notamment de champagnes à prix doux. Comptez 280 euros la nuit.

5, rue de Villers-aux-Nœuds,
51500 Écueil
Tél. : 03 26 49 77 89
www.champagne-maillart.fr

LE CLOS DES TERRES SOUDÉES

Le couple de vignerons formé par Éric et Isabelle Coulon propose six superbes chambres d'hôtes au mobilier des années 1950. Comptez 245 € pour la nuit, petit-déjeuner inclus.

25, rue Saint-Vincent, 51390 Vrigny
Tél. : 03 26 03 97 62
www.closdesterressoudees.fr

BAR À VINS

L'ÉPICERIE AU BON MANGER

Aline et Éric Serva servent salaisons, fromages fermiers et assiettes consciencieuses pour accompagner les vins et champagnes naturels. On repart sous le bras avec les produits d'épicerie fine et les belles bouteilles proposées dans ce lieu hybride.

7, rue Courmeaux,
51100 Reims
Tél. : 03 26 03 45 29
www.aubonmanger.fr

THE GLUE POT

Ses allures de pub cachent des cuvées de toute la France, à accompagner d'un burger ou d'une planche de charcuterie.

49, place Drouet-d'Erlon,
51100 Reims
Tél : 03 26 47 36 46

RESTAURANTS

AUX CRIEURS DE VINS

Cuisine bistrotière généreuse (bœuf fermier de Charolles, cochons de chez Éric Ospital) arrosée de vins nature à prix modérés. Voici l'adresse la plus vivante de la Champagne. La formule à 11,80 € le midi en semaine, est imbattable. Il faudra marcher quelques mètres pour profiter de la cave et ses pépites, aux Halles.

4, place Jean-Jaurès,
10000 Troyes
Tél. : 03 25 40 01 01
Halles de l'Hôtel de ville
10000 Troyes
Tél. : 03 25 43 20 20
www.auxcrieursdevin.fr

SYMBIOSE

Une cuisine raffinée et ciselée pour dynamiser le centre d'Épernay. Formules déjeuner (de 21 à 26 €), menus dégustation (de 40 à 53 €), ou à la carte (environ 45 €).

5, rue de Reims, 51200 Épernay
Tél. : 03 26 54 75 20
www.symbiose-restaurant.com

L'ASSIETTE CHAMPENOISE

Cuisinier de l'année en 2014, triplement étoilé au guide Michelin, Arnaud Lallement signe l'une des cuisines les plus sensibles de la région. Chambres et suites sont également proposées sur place. Menus de 95 € à 295 €.

40, avenue Paul-Vaillant-Couturier,
51430 Tinqueux
Tél. : 03 26 84 64 64
www.assiettechampenoise.com

CAVISTE

AU 36...

Une maison de village transformée en cave où l'on déguste simultanément deux ou trois flûtes pour en saisir les différences aromatiques. On y sert aussi des spécialités culinaires champenoises (gâteau de pomme de terre au jambon de Reims, lentillon de champagne…)

36, rue Dom-Pérignon,
51160 Hautvillers
Tél. : 03 26 51 58 37
www.au36.net

NOTRE COUP DE ♥

LA VILLA BISSINGER

Haut lieu de la connaissance du champagne, espace incontournable du vignoble, la Villa Bissinger abrite l'Institut international des vins de Champagne qui permet de se former à la dégustation des champagnes, depuis l'initiation jusqu'aux formations à l'intention des professionnels. Tous les premiers samedis du mois, la Villa Bissinger propose une dégustation découverte de quatre champagnes pour 25 € par personne. D'autres formations sont ouvertes à partir de 75 €.

15, rue Jeanson, 51160 Aÿ
Tél. : 03 26 55 78 78
www.villabissinger.com

FÊTE VIGNERONNE

HABITS DE LUMIÈRES À ÉPERNAY DU 13 AU 15 DÉCEMBRE 2019

Les maisons de Champagne et les monuments de la ville seront mis en lumière : soirées festives, journée gastronomique et défilé de voitures anciennes au programme.

www.habitsdelumiere.epernay.fr

★★★

AGRAPART

La famille Agrapart, dans la région depuis la fin du XIXe siècle, possède un superbe patrimoine de chardonnay en grand cru à Avize, Cramant, Oger et Oiry, valorisé par des méthodes de culture et de vinification artisanales. Pascal Agrapart et son fils Ambroise revendiquent haut et fort leur appartenance aux récoltants-manipulants. La gamme met en lumière des cuvées parcellaires (fermentations malolactiques faites). Les champagnes fermentés en fût ancien s'inscrivent parmi les références régionales, grâce à leur expression appuyée de la minéralité champenoise. Les finales se révèlent claires (peu ou non dosées), les saveurs sapides, persistantes, sur des notes d'oxydation ménagées et salines. Le vieillissement en cave aidant, la finesse des bulles se montre remarquable. Ce domaine montre la voie à la région de la Côte des Blancs, qui se laisse trop souvent aller à la facilité.

Les vins : dès la cuvée Terroirs (2014-2015), nous rencontrons un blanc de blancs de haute concentration en saveurs salines. Encore juvénile (2016-2015) et issu de jeunes vignes, Complantée (chardonnay, pinot noir, meunier, pinot blanc, arbane, petit meslier) s'élance tout en finesse. Il gagnera en profondeur et en allonge lorsque les vignes prendront de l'âge. Issue d'un millésime tardif, souvent austère, la série des 2013 relève d'une immense jeunesse et présentent une austérité classique : ces vins mettront du temps à se révéler. Toutefois, leur profondeur sage et la sève qu'ils dégagent sont impressionnantes et prendront leur envol dans les prochaines décennies. En plein épanouissement, le minéral 2009 est remis sur le marché pour notre plus grand bonheur. Une merveille de chardonnay.

- Brut Nature Grand Cru Blanc de Blancs Venus 2013 — 150 € (c) — 19
- Extra-Brut Grand Cru Blanc de Blancs L'Avizoise 2013 — 100 € (c) — 18,5
- Extra-Brut Grand Cru Blanc de Blancs Minéral 2009 — 200 € (c) — 19
- Extra-Brut Grand Cru Blanc de Blancs Minéral 2013 — 80 € (c) — 18
- Extra-Brut Grand Cru Blanc de Blancs Terroirs — 60 € (c) — 16,5
- Extra-Brut Grand Cru Complantée — 70 € (c) — 16

Rouge : 0,5 hectare.
Pinot noir 100 %
Blanc : 11,5 hectares.
Chardonnay 100 %
Production moyenne : 90 000 bt/an

AGRAPART
57, avenue Jean-Jaurès, 51190 Avize
03 26 57 51 38 •
info@champagne-agrapart.com • Pas de visites.
Propriétaire : Pascal Agrapart

★★★

BOLLINGER

S'il est une marque à la personnalité bien trempée et au style très reconnaissable, c'est bien Bollinger. Cette maison d'Aÿ, toujours familiale, cultive un goût pour les vins à large dominante de pinot noir, vineux et profonds. L'histoire de Bollinger est d'une richesse incroyable : une plongée dans les millésimes anciens de la maison permet de mesurer à quel point l'excellence a toujours été au cœur de ses préoccupations. Même si l'on peut regretter une sortie parfois prématurée des cuvées RD (récemment dégorgées), qui ne sont jamais meilleures qu'après quelques années supplémentaires de cave, et peut-être quelques millésimes de Grande Année pas tout à fait au rendez-vous de ce que nous attendions, Bollinger demeure une référence pour les amateurs de grands champagnes d'expression et de table.

Les vins : fer de lance de la maison, la Special Cuvée s'impose comme un vin profond, servi par une proportion forte de vins de réserve qui lui confèrent une belle complexité. Dans l'histoire de La Grande Année, nul doute que 2008 laissera des traces ! C'est probablement le vin le plus abouti et le plus complet produit par la maison. Une cuvée intense, puissante et vibrante, portée par une énergie qui fait déjà date. Très posée, la cuvée RD 2004 se livre bien aujourd'hui, elle fait le plein de saveur, tout en conservant une finale mordante.

- Brut Special Cuvée — 44 € — 16,5
- Extra-Brut RD 2004 — de 190 à 250 € (c) — 18
- Brut Rosé — de 55 à 65 € (c) — 16,5

- Brut Rosé La Grande Année 2007 — de 110 à 130 € (c) — 18

Le coup de ♥

- Brut La Grande Année 2008 — de 100 à 120 € (c) — 19,5

Rouge : 133 hectares.
Pinot noir 79 %, Pinot meunier 21 %
Achat de raisins.
Blanc : 45 hectares.
Chardonnay 100 %
Achat de raisins.

BOLLINGER
16, rue Jules-Lobet, BP 4, 51160 Aÿ
03 26 53 33 66 •
www.champagne-bollinger.com •
Visites : sur rendez-vous uniquement aux professionnels.
Propriétaire : Société Jacques Bollinger
Directeur : Charles-Armand de Belenet
Chef de cave : Gilles Descôtes

★★★

ÉGLY-OURIET

Une formule résume la vision de Francis Égly : « Les vignes, c'est comme les chevaux : si tu veux bien les maîtriser, il faut les faire naître. » En bon cavalier-éleveur, ce producteur dispose d'un vignoble approchant les 40 ans d'âge, construit par sa famille autour de sélections massales remarquables, à l'origine de la saveur rare de ses raisins et donc de ses champagnes. Depuis trois générations, la famille a édifié un patrimoine de vignes en grand cru à Bouzy, Verzenay et surtout Ambonnay, au cœur du terroir. En premier cru, elle dispose de pinot meunier sur le terroir de Vrigny, dans la vallée de la Marne. À rebours d'une Champagne qui vend ses bouteilles de plus en plus jeunes, Francis Égly, à la suite de son père Michel, construit patiemment un trésor qui lui permet de commercialiser ses bruts après quatre ans de vieillissement, et ses millésimés au-delà de six ans. Tous les vins sont vinifiés en barrique (depuis 1995), sans fermentation malolactique (depuis 1999), afin de conserver davantage de fraîcheur.

Les vins : le vieillissement prolongé en cave des bouteilles est l'une des précieuses clefs de la sérénité des champagnes Égly-Ouriet. On peut d'ores et déjà se faire plaisir avec le pulpeux et tonique meunier Les Vignes de Vrigny (assemblage de vins de 2015 jusqu'à 2012). Tradition (70 % de pinot noir, assemblage de 2013 à 2010, reposé cinquante-quatre mois en cave) est toujours impressionnant de densité et d'allonge mûre. Tout comme le rosé (2012 à 60 %) d'une remarquable profondeur servie par une bulle apaisée. Pourtant issu de deux millésimes faibles (2011 et 2010), le Blanc de Noirs est harmonieux ; il faudra en profiter dans les quinze-vingt ans. La cuvée VP (quatre-vingt-quatre mois de vieillissement pour le bouquet 2008, 2009 et 2010) rayonne et apaise les papilles par sa force et sa profondeur impressionnantes. L'exemplaire 2009 est l'un des champagnes les plus racés de ce millésime. Le coteaux-champenois 2016 a le génie de dévoiler une infusion radieuse de saveurs et une texture d'un grand raffinement, le rapprochant d'un équilibre de grand cru de la Côte de Nuits. Brillant.

- Brut Grand Cru 2009 — 120 € (c) — 19
- Brut Grand Cru Les Crayères Blanc de Noirs Vieilles Vignes — 75 € — 17,5
- Brut Grand Cru Tradition — 45 € — 17
- Brut Premier Cru Les Vignes de Vrigny — 26 € — 16
- Extra-Brut Grand Cru VP — de 75 à 85 € (c) — 18
- Brut Rosé Grand Cru — de 75 à 85 € (c) — 17,5
- Coteaux Champenois Ambonnay Les Grands Côtés 2016 — de 140 à 160 € (c) — 17

Rouge : 7,7 hectares.
Pinot noir 78 %, Pinot meunier 22 %
Blanc : 2 hectares.
Chardonnay 100 %

ÉGLY-OURIET
15, rue de Trépail, 51150 Ambonnay
03 26 57 00 70 • contact@egly-ouriet.fr •
Vente et visites : au domaine sur rendez-vous.
Propriétaire : Francis Égly

★★★

JACQUESSON

Nous sommes ici dans ce que la Champagne peut produire de meilleur en matière de vins de terroir à la personnalité affirmée. Le mérite en revient aux frères Chiquet, Jean-Hervé au commerce et Laurent aux vinifications, deux passionnés de grands vins du monde entier qui ont porté ici le niveau d'exigence à la vigne et en cave au sommet. Malgré le succès, les volumes n'enflent pas, au contraire : la maison se recentre sur des cuvées parcellaires à forte personnalité. Les vinifications sur lies en foudre sont maintenues, le dosage est faible ou absent, comme les filtrations. Cette maison d'artisan produit un champagne intense, robuste, racé. Le nom du brut non millésimé est un numéro qui change à chaque nouveau tirage. Cette cuvée s'appuie sur les caractéristiques de l'année de base, avec une moitié de chardonnay et deux quarts de pinot noir et meunier, uniquement issus de grands crus et de premiers crus.

Les vins : la maison présente désormais la cuvée N°742, basé sur le millésime 2014. Un champagne droit, intense et très précis, à l'oxydation ménagée très maîtrisée. Le style Jacquesson par excellence. La série atteint un très haut niveau, avec des vins à la définition hors norme, dont un Corne Bautray tendu et vibrant. Le sommet est atteint avec le pinot de Vauzelle Terme, tout en muscle et d'une puissance pure qui le porte très loin. Un vin multidimensionnel.

- Brut Grand Cru Avize Champ Caïn 2008 — 145 € (c) — 17,5
- Brut Grand Cru Aÿ Vauzelle Terme 2008 — 175 € — 19,5
- Brut Premier Cru Dizy Corne Bautray 2008 — 145 € (c) — 18,5

Le coup de ♥

- Extra-Brut Cuvée N°742 — 45 € (c) — 17

Rouge : 14 hectares.
Pinot noir 60 %, Pinot meunier 40 %
Achat de raisins.
Blanc : 14 hectares.
Chardonnay 100 %
Achat de raisins.
Production moyenne : 250 000 bt/an

JACQUESSON
68, rue du Colonel-Fabien, 51530 Dizy
03 26 55 68 11 • www.champagnejacquesson.com • Vente et visites : au domaine sur rendez-vous.
Propriétaire : Jean-Hervé et Laurent Chiquet

★★★

KRUG

La mythique maison rémoise acquise en 1999 par le groupe LVMH connaît une nouvelle ère de prospérité avec 90 % des expéditions réalisées à l'export. Un élan commercial accompagné par la présidente Margareth Henriquez, Olivier Krug (fils d'Henri), le fidèle chef de cave Éric Lebel et l'œnologue Julie Cavil. Les 20 hectares issus des plus nobles origines correspondent à environ 30 % des approvisionnements, complétés par des achats parcellaires chez des vignerons. Tous les vins sont vinifiés en petits fûts âgés (environ 5 000, 20 ans d'âge moyen), pendant deux mois, le temps de la phase fermentaire. Les fermentations malolactiques sont généralement faites en cuve. La Grande Cuvée est issue de 40 % de vin de réserve avec, dans l'assemblage, plus de 190 vins âgés parfois de plus de 20 ans. Elle est ensuite vieillie sur pointe, en cave, au minimum sept ans.

Les vins : la maison présente la 167e Édition de la Grande Cuvée par Krug. Assemblage savant de millésimes et de crus qui confère à ce vin toute sa magie et sa personnalité. Celle-ci n'en manque vraiment pas, poursuivant le virage opéré par la maison vers une plus grande pureté. Magnifique. Tout en muscle, serré et puissant, le 2004 ne se livre pas encore, mais quel potentiel ! La finale pousse très loin et déroule des flots de saveurs que le temps canalisera. Avec un caractère vineux impressionnant, le rosé semble être le plus posé des vins à ce stade. Il déploie une finale interminable et des saveurs de fruits croquants irrésistibles.

- Brut 2004 — de 230 à 280 € (c) — 19
- Brut Grande Cuvée 167e Édition — de 160 à 180 € (c) — 18,5

Le coup de ♥

- Brut Rosé 23e Édition — de 230 à 280 € (c) — 19

Rouge : Pinot noir 89 %, Pinot meunier 11 %
Achat de raisins.
Blanc : Chardonnay 100 %
Achat de raisins.

KRUG
5, rue Coquebert, 51100 Reims
03 26 84 44 20 • www.krug.com • Visites : sur rendez-vous uniquement aux professionnels.
Propriétaire : LVMH
Directeur : Margareth Henriquez (présidente), Olivier Krug (directeur)
Chef de cave : Éric Lebel

★★★

POL ROGER

Pol Roger est une icône authentique de la Champagne, exemplaire par la précision, la générosité et la régularité de sa gamme. Le vignoble est planté notamment sur les coteaux d'Épernay, en côte des Blancs, ainsi qu'à Mareuil et à Ambonnay ; autant de terroirs sources de haute qualité et de régularité. Les trois cépages sont présents par tiers, comme pour les achats (un équilibre qui se retrouve dans les cuvées) ; les fermentations malolactiques sont systématiques (ce qui apporte de la rondeur) ; les débourbages se font à froid (pour l'intensité aromatique). Pol Roger est la dernière maison de cette taille à remuer manuellement sur pupitre ses 1,6 million de bouteilles annuelles dans ses 7,5 km de caves sparnaciennes. Les cuvées se différencient à travers le vieillissement des vins de réserve, ainsi que par l'origine des crus. Pol Roger a retrouvé le style et la générosité des vins qui ont fait sa gloire dans les années 1960, avec des cuvées comme Sir Winston Churchill (seulement dix millésimes produits en trente ans) ou la cuvée blanc de blancs millésimée, parangon des champagnes racés qui vieillissent remarquablement. Damien Cambres a remplacé comme chef de cave Dominique Petit.

Les vins : dans la galaxie des bruts non millésimés, Réserve de Pol Roger s'impose comme l'un des plus complets et profonds, avec une matière intense. On pourra encore patienter avant de déguster les très beaux millésimés 2012, à commencer par Vintage, d'un éclat magnifique, avec cette dimension de bouche propre au millésime et une grande allonge qui fait saliver en finale. Le blanc de blancs est irrésistible, avec de la rondeur, une incroyable gourmandise et une finale sur la brioche fraîche assortie d'une touche mentholée. Du temps, il en faudra aussi au 2008 de Winston Churchill. Un vin encore serré, intense, longiligne, mais racé et doté d'une allonge cristalline. Une future légende.

Brut Blanc de Blancs 2012	85 € (c)	17,5
Brut Réserve	40 € (c)	16
Brut Sir Winston Churchill 2008	210 € (c)	19,5
Brut Vintage 2012	65 €	17
Extra-Brut Pure	46 € (c)	16
Brut Rosé 2009	85 € (c)	16,5

Rouge : 95 hectares.
Pinot noir 60 %, Pinot meunier 40 %
Achat de raisins.
Blanc : 90 hectares.
Chardonnay 100 %
Achat de raisins.
Production moyenne : 1 600 000 bt/an

POL ROGER
1, rue Winston-Churchill, 51200 Épernay
03 26 59 58 00 • www.polroger.com •
Visites : Pas de visites.
Propriétaire : Famille de Billy
Directeur : Laurent d'Harcourt
Chef de cave : Damien Cambres

★★★

LOUIS ROEDERER

Voici un des plus beaux porte-étendard de la Champagne. Cette maison familiale s'appuie sur un vignoble de 420 parcelles à majorité pinot noir et classé en grand cru à 70 %. La viticulture est ici une réelle priorité, notamment via le passage actuel en biodynamie. Le travail des sols se généralise. Seul un vignoble aussi exceptionnel explique le niveau d'harmonie et de concentration unique sur des volumes aussi importants. Ce n'est pas un hasard si le chef de cave, Jean-Baptiste Lécaillon, est œnologue mais aussi agronome, tout comme Jean-Claude Rouzaud, qui a bâti l'empire actuel des grands vignobles internationaux Roederer. En bonne intelligence, il a confié tôt les rênes du groupe à son fils, Frédéric Rouzaud, actuel président. Ici les fermentations malolactiques ne sont que partielles et aléatoires (entre 25 % et 50 %). Les jus sont travaillés sur lies en cuve et en foudre de chêne, afin de leur donner de l'épaisseur. L'ensemble de la gamme est d'une excellence et d'une régularité uniques à ce volume de production.

Les vins : une fois encore, le Brut Premier s'impose comme l'un des meilleurs de la Champagne. Un vin énergique, intense et profond à la dimension vineuse admirable. La maison met simultanément sur le marché une série de 2013 de haut niveau, à commencer par le Vintage, vibrant et salin, un blanc de blancs de belle expression, tendu, mais charnu. Carton plein avec les trois cuvées Cristal qui montent au sommet de la Champagne. Des 2008 en blanc et rosé qu'il faudra avoir la patience d'attendre, tant leur énergie et leur tension doivent être canalisées. Les chanceux qui pourront déguster le Cristal Vinothèque 1996 sauront de quoi la cuvée est capable dans le temps. Un vin rare, magique et intemporel à la finale interminable.

Brut Blanc de Blancs 2013	80 € (c)	17,5
Brut Cristal Vinothèque 1996	600 € (c)	20
Brut Premier	42 € (c)	16,5
Brut Vintage 2013	68 € (c)	17
Brut Rosé 2013	72 € (c)	17
Brut Rosé Cristal 2008	400 € (c)	20

Le coup de ♥

Brut Cristal 2008	200 € (c)	20

Rouge : 150 hectares.
Pinot meunier 50 %, Pinot noir 50 %
Achat de raisins.
Blanc : 90 hectares.
Chardonnay 100 %
Achat de raisins.
Production moyenne : 3 500 000 bt/an

LOUIS ROEDERER
21, boulevard Lundy, CS 40014, 51722 Reims Cedex
03 26 40 42 11 • www.louis-roederer.com •
Visites : sur rendez-vous uniquement aux professionnels.
Propriétaire : Famille Rouzaud
Chef de cave : Jean-Baptiste Lécaillon

★★★

SALON

Propriété du groupe Laurent-Perrier depuis 1988, cette petite maison mythique, parangon du blanc de blancs, possède une activité bien autonome dans le groupe. Son champagne provient d'un seul cépage, le chardonnay, d'un seul cru, le Mesnil-sur-Oger et d'un seul millésime. Comme Delamotte, Salon est dirigé par Didier Depond et les vinifications sont pilotées par le chef de cave de Laurent Perrier, Michel Fauconnet. Les chardonnays de Salon ne font pas leur fermentation malolactique pour préserver une plus haute acidité et favoriser la garde. Salon ne se déguste pleinement qu'après quelques années de garde supplémentaires en cave.

Les vins : une fois encore, c'est le temps qui révèlera ce 2007 à la bouche tendue et énergique, tenue par une finale crayeuse et iodée. Il est plus droit que le 2006.

Brut Blanc de Blancs 2007	390 € (c)	18,5

Blanc : 10 hectares.
Chardonnay 100 %
Production moyenne : 50 000 bt/an

SALON
5-7, rue de la Brèche-d'Oger, 51190 Le Mesnil-sur-Oger
03 26 57 51 65 • www.salondelamotte.com •
Pas de visites.
Propriétaire : Groupe Laurent-Perrier
Directeur : Didier Depond (président)
Chef de cave : Michel Fauconnet

★★★

JACQUES SELOSSE

Une nouvelle page se tourne dans ce domaine légendaire d'Avize. À la vendange 2018, Anselme Selosse laisse les rênes du vignoble à son fils Guillaume, 29 ans. Le jeune et discret vigneron reprend le flambeau de l'œuvre initiée par son père au milieu des années 1970. Grâce à une réflexion profonde sur la viticulture, un raisin récolté à pleine maturité et une vinification sous de multiples origines de bois (en assemblage façon solera, chaque millésime ancien éduque les plus jeunes dans l'esprit des grands jerez), les vins ont une interprétation singulière, presque artistique des chardonnays de la Côte des Blancs, répartis essentiellement entre Avize, Cramant, Oger et le Mesnil-sur-Oger, avec quelques délicieux pinots noirs d'Aÿ, Ambonnay et Mareuil. La cuvée Initial (33 000 bouteilles par an) incarne le style incomparable des champagnes du domaine Selosse, où la profondeur crayeuse des saveurs, la concentration en extraits secs et la vibration des notes salines en bouche n'ont pas d'équivalent dans la région. Il est impossible de se procurer des bouteilles au domaine ; les plus chanceux d'entre vous trouveront ces rares flacons chez les meilleurs cavistes du monde.

Les vins : les trois cuvées dégustées offrent une sève et un goût crayeux profond que peu de champagnes peuvent révéler. Trois années (2012, 2011 et 2010) et trois villages (Avize, Cramant et Oger) composent la cuvée Initial d'une magnifique pureté, révélant une oxydation subtilement ménagée et une concentration envoûtante en extraits secs. Le 2007 n'est pas le millésime le plus gracieux en Champagne mais sa force et sa sensation de sécheresse astringente est déroutante et stimulante. Déjà salivant, il pourra encore traverser les années. Substance pousse très loin le curseur de la sensation oxydative recherchée par une solera débutée en 1986, assagissant les années jusqu'en 2009. Extrêmement dense, marqué par une patine grillée, il fera un merveilleux compagnon de table avec une poularde aux morilles, une côte de veau crémée, un parmesan et un gouda vieux... On en salive d'avance !

- Brut Grand Cru Blanc de Blancs 2007 — 160 € (c) — 18
- Brut Grand Cru Blanc de Blancs Initial — 100 € (c) — 17,5
- Extra-Brut Grand Cru Blanc de Blancs Substance — 160 € (c) — 18

Rouge : 1 hectare.
Blanc : Chardonnay 88 %, Pinot noir 12 %
Production moyenne : 57 000 bt/an

JACQUES SELOSSE
59, rue de Cramant, 51190 Avize
03 26 57 53 56 • www.selosse-lesavises.com
• Pas de visites.
Propriétaire : Corinne et Anselme Selosse
Chef de cave : Guillaume Selosse

★★

AR LENOBLE

Le travail réalisé par Anne Malassagne et son frère Antoine a porté cette jolie petite maison de Damery vers les sommets. La gamme des cuvées se porte admirablement bien, déclinant des styles qui conviennent à toutes les circonstances. Le vignoble est équilibré par tiers, avec un avantage pour les beaux chardonnays de Chouilly. L'élevage se fait partiellement sous bois et les dosages sont bas. Les stocks de vieillissement ont progressé, ce qui se ressent dans l'harmonie d'une gamme tournée vers des champagnes confortables, aux matières patinées, et qui ne s'interdit pas des incursions convaincantes vers la modernité des bulles de fruit et de fraîcheur (cuvée Intense, Dosage Zéro). La mention "MAG", suivie d'un chiffre, indique sur certaines cuvées l'année de base, complétée ensuite par des vins de réserve en partie conservés sous liège en magnum.

Les vins : la série est de très belle tenue, à l'exception d'un petit excès de bois sur certaines cuvées ambitieuses comme Gentilhomme ou le blanc de noirs. Intense Mag 15 est savoureux, avec une belle fraîcheur et une bonne complexité. Une très jolie cuvée d'avant repas. Basé sur le millésime 2014, le brut Dosage Zéro est nerveux, porté par des saveurs d'agrumes et salin en finale. Difficile de résister au charme du Chouilly 2008, vin apaisé et expressif, aux notes de citron confit et de poire juteuse.

- Brut Nature Dosage Zéro Mag 14 — 31,75 € — 16
- Extra-Brut Bisseuil Premier Cru Blanc de Noirs 2012 — 52,50 € — 16
- Extra-Brut Grand Cru Blanc de Blancs Chouilly Mag 15 — 35,50 € — 16,5
- Extra-Brut Grand Cru Blanc de Blancs Gentilhomme 2009 — 67,70 € — 17
- Extra-Brut Grand Cru Blanc de Blancs Les Aventures — 99 € — 18
- Extra-Brut Intense Mag 15 — 29,60 € — 16
- Extra-Brut Rosé Terroirs — 40,70 € — 15,5

Le coup de ♥

- Extra-Brut Grand Cru Blanc de Blancs Chouilly 2008 — 52,50 € — 17

Rouge : 5 hectares.
Pinot noir 83 %, Pinot meunier 17 %
Achat de raisins.
Blanc : 13 hectares.
Chardonnay 100 %
Achat de raisins.
Production moyenne : 330 000 bt/an

AR LENOBLE
35, rue Paul Douce, 51480 Damery
03 26 58 42 60 •
www.champagne-arlenoble.com • Vente et visites : au domaine sur rendez-vous.
Propriétaire : Anne et Antoine Malassagne
Chef de cave : Antoine Malassagne

★★

FRANÇOISE BEDEL ET FILS

La sagesse et la sérénité que dégagent les champagnes de Françoise Bedel et de son fils Vincent Desaubeau ne vous laisseront jamais indifférents. Le tandem familial s'attache à une viticulture en biodynamie, essentiellement du meunier, sur les terroirs hétérogènes de la porte occidentale de la Marne (limoneux, argileux, calcaires, garnis de pierres meulières). La récolte parfaitement mûre des raisins et un temps prolongé en cave donnent naissance à des vins automnaux extrêmement savoureux, à la fois posés et énergiques, d'une sincérité rare. Leur effervescence cajole le corps, leurs notes oxydatives subtiles nourrissent l'esprit.

Les vins : toute la gamme s'offre de manière posée et délicate, à commencer par l'Origin'elle (base 2012), parfaitement mûre et énergique. Le curseur de l'oxydation par l'élevage en fût est poussé plus loin dans les autres cuvées, admirablement conduites. La vitalité du vin surpasse le caractère végétal de la base 2011 d'Entre Ciel et Terre, profond et minéral. Il faudra être sensible aux vins blancs oxydatifs pour aimer Comme Autrefois et L'Âme de la Terre, extrêmement puissants et longs. Qu'il est bon de pouvoir déguster des champagnes en repos depuis quatorze ans dans la cave d'un vigneron !

Brut Comme Autrefois	95 €	17
Brut L'Âme de la Terre 2002	85 €	17,5
Brut Origin'Elle	36 €	16
Extra-Brut Dis, Vin Secret	40 €	16,5
Extra-Brut Entre Ciel et Terre	48 €	16,5

Rouge : Pinot meunier 92 %, Pinot noir 8 %
Blanc : Chardonnay 100 %

FRANÇOISE BEDEL ET FILS ☾
71, Grande Rue, 02310 Crouttes-sur-Marne
03 23 82 15 80 • www.champagne-bedel.fr •
Visites : sans rendez-vous.
Propriétaire : Françoise Bedel
Directeur : Vincent Desaubeau

★★

BILLECART-SALMON

Rare structure encore familiale, Billecart-Salmon est une maison en pleine santé. Elle doit son succès fulgurant ces dernières années à des vins de très bon niveau et à une politique commerciale tournée vers la grande restauration. Voyageur invétéré, le dynamique Alexandre Bader, directeur général de la maison, a su imposer partout dans le monde cette marque de Mareuil-sur-Aÿ, dont la production avoisine les deux millions de bouteilles. Désormais équipée d'un nouvel outil de travail, la maison peut voir l'avenir avec sérénité.

Les vins : posé, équilibré et parfaitement apéritif, Réserve est une belle référence. Autre référence de la maison, l'Extra-Brut est parfaitement maîtrisé, avec la tension qui s'impose mais un bon enrobage. Le blanc de blancs, issu exclusivement de grands crus, monte d'un ton en terme de vinosité, avec une bouche très suave et enrobée. Le brut Sous Bois est marqué par son élevage, ce qui le patine et le maquille un peu à ce stade. La dernière livraison de la cuvée Nicolas François en 2006 n'offre pas la précision et l'intensité du 2002, mais elle a pour elle un côté gourmand et de la rondeur. Fougueux, puissant et intense, le Clos Saint-Hilaire 2002 impressionne par sa dimension et son allonge. Il faut continuer à l'attendre.

Brut Blanc de Blancs Cuvée Louis 2006	160 € (c)	17
Brut Clos Saint-Hilaire 2002	390 € (c)	18
Brut Grand Cru Blanc de Blancs	63 € (c)	16,5
Brut Nicolas François 2006	150 € (c)	17,5
Brut Réserve	41 € (c)	16
Brut Sous Bois	63 € (c)	15,5
Extra-Brut Vintage 2008	63 € (c)	17
Brut Elisabeth 2007	160 € (c)	18
Brut Rosé	63 € (c)	16,5

Le coup de ♥

Extra-Brut	43 € (c)	16

Rouge : 80 hectares.
Pinot meunier 50 %, Pinot noir 50 %
Achat de raisins.
Blanc : 10 hectares.
Chardonnay 100 %
Achat de raisins.
Production moyenne : 2 000 000 bt/an

BILLECART-SALMON
40, rue Carnot, 51160 Mareuil-sur-Aÿ
03 26 52 60 22 •
www.champagne-billecart.fr • Visites : sans rendez-vous.
Propriétaire : Famille Roland-Billecart et Famille Frey
Directeur : Mathieu Roland-Billecart
Chef de cave : Florent Nys

★★

BÉRÊCHE ET FILS

Ce domaine du nord-ouest de la Montagne de Reims se singularise par une viticulture exemplaire, proche du bio, au service de champagnes expressifs, de caractère, issus de sélections et de vinifications parcellaires. C'est le résultat d'un travail familial rigoureux, effectué par Raphaël Bérêche, le vinificateur, et son frère cadet Vincent, responsable du vignoble, qui s'inscrivent parmi les vignerons les plus ambitieux de Champagne. Initiés en cela par leur père Jean-Pierre (il y a plus de vingt ans), les élevages en fût et en demi-muids n'ont pas été délaissés par les frères Bérêche. Sur un terroir à dominante de pinot noir et de meunier, à l'expression naturellement solide, la recherche de la maturité ne se fait jamais au détriment de la tension en bouche. Les dosages sont impalpables. Nous vous recommandons de laisser ces champagnes un à deux ans en cave avant de les ouvrir.

Les vins : le brut Réserve (base 2016) est d'un éclat de fruit et d'une finesse de bulle remarquables. Une référence parmi les bruts sans année champenois. Il faudra laisser les autres cuvées au moins deux ans dans votre cave, d'une part pour qu'elles digèrent leur élégante patine boisée, d'autre part pour que leur fougue s'assagisse. Leur profondeur, menée par une bulle de haute précision, en sera d'autant mieux révélée. Les 2014 se livreront en finesse avec une énergie revigorante. Venus d'un millésime tardif, les 2013 insistent sur une expression austère et séduiront les amateurs de champagnes "froids".

Brut Reflet d'Antan	100 € (c)	17
Extra-Brut Grand Cru Blanc de Noirs Mailly-Champagne 2013	110 € (c)	17
Extra-Brut Premier Cru Le Cran 2011	75 € (c)	15
Extra-Brut Premier Cru Les Beaux Regards 2014	55 € (c)	17
Extra-Brut Premier Cru Rilly-la-Montagne 2014	66 € (c)	16,5
Extra-Brut Rive Gauche Meunier 2014	52 € (c)	16,5
Extra-Brut Rosé Campania Remensis	60 € (c)	16,5

Le coup de ♥

Brut Réserve	36 € (c)	16

Rouge : 6,5 hectares.
Pinot meunier 57 %, Pinot noir 43 %
Achat de raisins.
Blanc : 3,5 hectares.
Chardonnay 100 %
Achat de raisins.
Production moyenne : 100 000 bt/an

BÉRÊCHE ET FILS
Le Craon de Ludes, 51500 Ludes
03 26 61 13 28 • www.bereche.com • Vente et visites : au domaine sur rendez-vous.
Propriétaire : Famille Bérêche
Directeur : Raphaël et Vincent Bérêche

★★

DEUTZ

Au fil des ans et sous la houlette de Fabrice Rosset, son président, cette vénérable maison, dans le giron de la famille Rouzaud (champagnes Louis Roederer), trace son sillon et impose la régularité de sa gamme toujours impeccable. Deutz colle à son terroir pour produire des champagnes à dominante de pinots harmonieux, pleins et déliés (fermentations malolactiques faites), sans artifice. La gamme homogène épouse son époque avec moins de vins de réserve dans l'assemblage du brut. Maîtresse des raisins noirs, Deutz se fait aussi une spécialité d'un vineux blanc de blancs avec le brillantissime Amour de Deutz. Le style du brut Classic (86 % des volumes produits par Deutz), l'un des meilleurs en Champagne, a été rajeuni tout en demeurant singulier, bien typé pinot. Les rosés sont dans une forme resplendissante.

Les vins : la maison tient un haut niveau très régulier, à commencer par un brut Classic toujours élégant et digeste. Le Millésime 2014 est déjà posé, avec du fond et un abord tout à fait aimable. Dans la série des rosés, le non-millésimé joue dans un registre croquant de fruits rouges ; le 2014 ajoute un beau supplément de force et de profondeur, tout en conservant de l'élégance. Nous aimons particulièrement la puissance et la vinosité de la William Deutz, ample, marquée par la structure des pinots.

Brut Amour de Deutz Blanc de Blancs 2009	150 €	17,5
Brut Blanc de Blancs 2013	70 €	16
Brut Classic	39,90 €	15,5
Brut William Deutz 2007	130 €	18
Brut Rosé 2014	62 €	16,5
Brut Rosé	52 €	15,5

Le coup de ♥

Brut Millésime 2014	59 €	16

Rouge : Pinot noir 65 %, Pinot meunier noir 35 %
Achat de raisins.
Blanc : Chardonnay 100 %
Achat de raisins.
Production moyenne : 2 400 000 bt/an

DEUTZ
16, rue Jeanson, 51160 Aÿ
03 26 56 94 00 •
www.champagne-deutz.com • Vente et visites : au domaine sur rendez-vous.

Propriétaire : Famille Rouzaud
Directeur : Fabrice Rosset (Président et Directeur Général)
Œnologue : Michel Davesne

★★

DOM PÉRIGNON

Le 1er janvier 2019, après vingt-neuf ans passés à la tête de la plus prestigieuse maison de champagne, Richard Geoffroy a cédé sa place à son second, Vincent Chaperon, qui aura en charge de faire perdurer la légende. Un style unique, une régularité impressionnante et des volumes qui permettent une très large diffusion mondiale, "Dom Pé" est plus qu'une simple marque de champagne : un emblème du luxe à la française et une formidable locomotive pour toute la région. Que l'on soit fan ou non de son goût reconnaissable entre tous, avec ses délicates notes beurrées et grillées, Dom Pérignon demeure une référence incontournable. Les cuvées se déclinent désormais sous les codes P1, P2 et P3 (P pour plénitude), expression d'un millésime dans trois phases de maturité.

Les vins : ne boudons pas notre plaisir, ce 2008 est délicieux et continue sa vie tout en conservant beaucoup de dynamisme en bouche, avec cette signature grillée en finale. Le rosé présenté en 2006 offre une bouche arrondie, souple, avec un fruité au profil solaire. Vineux, fumé et intense.

- Brut Rosé 2006 — 300 € — 17

Le coup de ♥

- Brut 2008 — 150 € (c) — 17,5

Rouge : Pinot noir 100 %
Achat de raisins.
Blanc : Chardonnay 100 %
Achat de raisins.

DOM PÉRIGNON
9, avenue de Champagne, 51200 Épernay
03 26 51 20 00 • www.domperignon.com •
Pas de visites.
Propriétaire : LVMH
Œnologue : Vincent Chaperon

★★

PASCAL DOQUET

Installé à Vertus, Pascal Doquet cultive ses vignes en bio sur de magnifiques terroirs de la Côte des Blancs (en grand cru au Mesnil-sur-Oger et en premier cru à Vertus, Bergères-les-Vertus et au Mont Aimé) et dans les Côtes du Perthois, dans le secteur de Vitry-le-François. Le style de ses chardonnays est résistant (levures indigènes), la vinification se fait partiellement en vieux fût, la fermentation malolactique est généralement effectuée, le dosage est a minima (de 3,5 à 6 g/l). Ses champagnes sont entiers, sincères, insistants dans la restitution des saveurs, dotés de longues finales crayeuses et racées.

Les vins : ces blancs de blancs récoltés bien mûrs ont besoin incontestablement de temps pour révéler leur bouquet et leur bouche intenses, d'où des vieillissements prolongés en cave de la part du vigneron. L'Arpège, par exemple, est un brut très abouti qui joue avec 2014, 2013 et 2012. Le rosé ne fait pas dans la plus grande finesse mais il séduit par sa générosité et ses saveurs fournies. Diapason (dominante 2011) n'a pas son élan et son éclat habituel mais demeure plein d'entrain et de relief. Les deux 2006 n'ont pas pris une ride et expriment une fraîcheur rare dans ce millésime où les champagnes évoluent rapidement. La persistance saline du Mesnil-sur-Oger est phénoménale.

- Brut Nature Premier Cru Blanc de Blancs Arpège — 38 € — 15
- Extra-Brut Grand Cru Blanc de Blancs Diapason — 49 € — 16
- Extra-Brut Grand Cru Blanc de Blancs Horizon — 32 € — 14,5
- Extra-Brut Grand Cru Blanc de Blancs Le Mesnil-sur-Oger Cœur de Terroir 2006 — 69 € — 18
- Extra-Brut Premier Cru Vertus Coeur de Terroir 2006 — 53 € — 16,5
- Extra-Brut Premier Cru Rosé Anthocyane — 42 € — 15

Rouge : 0,45 hectare.
Pinot noir 100 %
Blanc : 8,15 hectares.
Chardonnay 100 %
Production moyenne : 65 000 bt/an

PASCAL DOQUET ♣
44, chemin du Moulin de la Cense Bizet,
51130 Vertus

03 26 52 16 50 •
www.champagne-doquet.com • Vente et visites : au domaine sur rendez-vous.
Propriétaire : Pascal Doquet

★★

VEUVE FOURNY ET FILS

Charles-Henry et Emmanuel Fourny, cinquième génération à la tête de cette petite maison de Vertus, maîtrisent parfaitement leur sujet. Il y a, bien entendu, le Clos du Faubourg Notre-Dame, monopole de la famille bichonné comme il se doit, mais il y a surtout une gamme de vins au style aérien, précis et parfaitement ciselé. Nous louons un très bon niveau d'excellence maintenu depuis quelques années déjà. Une maison que les amateurs se doivent de découvrir.

Les vins : la gamme est posée, réjouissante et rafraîchissante dans un univers champenois parfois un peu policé, du Grande Réserve Vertus au profil souple et tendre, très digeste, au blanc de blancs savoureux. La Cuvée R, est une réussite : le vin est tendu, mais sans austérité et finement enrobé. Dans le difficile exercice de réaliser un brut nature, cette cuvée de blanc de blancs est posée, savoureuse, avec beaucoup d'appétence en finale. En rosé, la cuvée Vinothèque impose sa belle ampleur, sa fraîcheur et une patine tout en précision.

Brut Nature Premier Cru Blanc de Blancs	30 €	15,5
Brut Premier Cru Blanc de Blancs	29 €	16,5
Brut Premier Cru Clos du Faubourg Notre-Dame 2009	95 €	17,5
Brut Premier Cru Grande Réserve Vertus	28 €	16
Extra-Brut Premier Cru Blanc de Blancs Monts de Vertus 2012	45 €	17
Brut Rosé Premier Cru	33 €	15,5
Extra-Brut Premier Cru Rosé Vinothèque 2012	49 €	17

Le coup de ♥

Extra-Brut Premier Cru Blanc de Blancs Cuvée R	40 €	16,5

Rouge : 2 hectares.
Pinot noir 100 %
Achat de raisins.
Blanc : 21 hectares.
Chardonnay 100 %
Achat de raisins.
Production moyenne : 200 000 bt/an

VEUVE FOURNY ET FILS
5, rue du Mesnil, 51130 Vertus
03 26 52 16 30 •
www.champagne-veuve-fourny.com • Vente et visites : au domaine sur rendez-vous.
Propriétaire : Emmanuel et Charles Fourny
Chef de cave : Emmanuel Fourny

★★

CHAMPAGNE GOSSET

La plus ancienne maison de vins de Champagne, fondée en 1584, est la propriété depuis 1994 du groupe Renaud-Cointreau (cognac Frapin, Verveine du Velay). Désormais sous la houlette d'Odilon de Varine et Gabrielle Bouby-Malagu en cave, elle se distingue par la production régulière de vins à la fois intenses, puissants et portés par une belle tension qui les équilibrent et leur permettent des vieillissements harmonieux. La maison s'appuie sur 140 hectares d'approvisionnement et fait la part belle au chardonnay dans ses assemblages.

Les vins : le style des vins de la maison est bien incarné par le brut Grande Réserve à la vinosité affirmée. Le vin est intense, mais aussi tendu en finale. Il ne craindra pas quelques années de garde. Plus souple, mais avec de belles saveurs et une finale qui demeure vive, le blanc de blancs invite à une gastronomie marine. Nous nous réjouissons de la sortie du grand Millésime 2012, année de grand équilibre et de puissance maîtrisée. Le vin mérite encore un peu de patience mais séduit déjà par son tonus. Celebris Vintage 2007 poursuit sa noble évolution, avec du caractère, beaucoup de présence en bouche et des notes de fruits secs en finale.

Brut Grand Blanc de Blancs	55 €	16,5
Brut Grand Millésime 2012	57 €	17
Extra-Brut Celebris Vintage 2007	140 €	18
Brut Grand Rosé	55 €	16
Extra-Dry Petite Douceur Rosé	55 €	16

Le coup de ♥

Brut Grande Réserve	44 €	16,5

Blanc : Chardonnay 55 %, Pinot noir 35 %, Pinot meunier blanc 10 %
Achat de raisins.
Production moyenne : 1 000 000 bt/an

CHAMPAGNE GOSSET
12, rue Godart Roger, 51200 Épernay
03 26 56 99 56 • www.champagne-gosset.com • Visites : sur rendez-vous uniquement aux professionnels.
Propriétaire : Groupe Renaud Cointreau
Directeur : Jean-Pierre Cointreau (président)
Chef de cave : Odilon de Varine

★★

CHARLES-HEIDSIECK

Cette petite maison fondée en 1851 à Reims, bien connue des amateurs avisés, doit son succès au style de ses champagnes vineux et arrondis. Avec une proportion très importante de vins de réserve dans l'assemblage (40 %) et un dosage assumé à 8 grammes/litre, le brut sans année de Charles-Heidsieck cultive un style original, un peu à l'encontre de certaines modes, mais à la personnalité incontestable. Depuis le rachat de la maison en 2011 par la famille Descours, une nouvelle ère s'est ouverte pour la maison qui, sans perdre son âme, revient au devant de la scène avec une gamme de vins complète et de haut niveau.

Les vins : aisément reconnaissable par son côté grillé et beurré, marqué par une importante présence de vins de réserve, le Brut Réserve est une cuvée généreuse et très bien construite. Nouveau venu, le blanc de blancs non millésimé impose aussi cette générosité, sans basculer dans la lourdeur, avec une riche présence en bouche. Le millésime 2006 est moins dynamique, marqué par le côté solaire du millésime. Plein de saveurs, avec de la droiture, des notes de fruits jaunes, de beurre frais et une bouche crémeuse, le Blanc des Millénaires 2004 est ultra séduisant.

Brut Blanc des Millénaires 2004	180 € (c)	18,5
Brut Millésimé 2006	65 € (c)	16
Brut Réserve	40 € (c)	16,5
Brut Rosé 2005	75 € (c)	16,5

Le coup de ♥

Brut Blanc de Blancs	60 € (c)	16,5

Rouge : Pinot meunier 50 %, Pinot noir 50 %
Achat de raisins.
Blanc : Chardonnay 100 %
Achat de raisins.

CHARLES-HEIDSIECK
12, allée du Vignoble, 51100 Reims
03 26 84 43 00 • www.charlesheidsieck.com • Pas de visites.
Propriétaire : Groupe EPI
Directeur : Stephen Leroux
Chef de cave : Cyril Brun

★★

BENOÎT LAHAYE

Benoît Lahaye est une référence à Bouzy depuis plusieurs années. Il a choisi de traiter son vignoble en biodynamie par les plantes et les minéraux. « Il faut se réapproprier la terre », dit ce vigneron pragmatique, passé de la mécanique à la traction animale, cultivant à cheval ses vignobles de Bouzy, Ambonnay et Tauxières-Mutry. Vinifiés en fût, fermentation malolactique faite, sans dosages dissimulateurs, ses champagnes blancs et rosés restituent des saveurs intenses de raisins mûrs (fruits blancs au sirop), avec une approche de plus en plus aérienne. Ces champagnes, qui vont au-delà de la dimension fruitée des pinots noirs, construisent patiemment la dimension minérale et profonde que l'on attend d'un grand cru.

Les vins : la vitalité saline que dégagent ces champagnes est remarquable, dès le blanc de noirs (base 2016), qui révèle une dentelle élégante malgré la fougue de la jeunesse. Il est plus élancé que le blanc de blancs, un peu trop marqué par son élevage prolongé en fût. Violaine (pinot noir de Bouzy et chardonnay 2014) s'élance avec une délicatesse et un souffle énergisant phénoménal, ponctué d'une touche patinée. Le Jardin de la Grosse Pierre prend un envol subtil avec quelques aspérités austères qui révèlent sa race et son allonge. Le rosé de macération est d'une délicatesse florale absolue et incarne l'une des plus fines expressions rosées en Champagne. Le coteaux-champenois s'étend tout en finesse, de façon infusée, sans un grand volume. Un domaine en pleine forme !

Brut Nature Grand Cru Le Jardin de la Grosse Pierre 2014	67 €	17,5
Brut Nature Premier Cru Blanc de Blancs	66 €	16
Brut Nature Violaine 2014	63 €	17
Extra-Brut Grand Cru Blanc de Noirs	37 €	16
Extra-Brut Blanc de Noirs Rosé de Macération 2016	35 €	17

Coteaux Champenois Bouzy 2016 — 29 € 15,5

Rouge : 3,8 hectares.
Pinot noir 100 %
Blanc : 0,6 hectare.
Chardonnay 100 %
Production moyenne : 38 000 bt/an

BENOÎT LAHAYE
33, rue Jeanne d'Arc, 51150 Bouzy
03 26 57 03 05 • lahaye.benoit@orange.fr • Vente et visites : au domaine sur rendez-vous.
Propriétaire : Valérie et Benoît Lahaye

★★

LARMANDIER-BERNIER

Si sa famille est originaire de Cramant, Pierre Larmandier s'est installé à Vertus et vinifie des parcelles réparties en grands crus de la Côte des Blancs, à Cramant (somptueuse cuvée Vieilles Vignes du Levant), à Chouilly, Oger et Avize. À la clé, un magnifique Les Chemins d'Avize depuis 2009. L'inox, et dans une moindre mesure les fûts, ont laissé la place aux foudres de chêne dans lesquels les vinifications s'opèrent sans levurage. La gamme valorise un travail soutenu dans le vignoble et le suivi des traitements biodynamiques. Nous saluons la franchise, l'intensité de goût et la puissance de saveurs de cette gamme peu ou non dosée. Avec le succès mondial de ces champagnes, les prix ont eux aussi décollé ces dernières années.

Les vins : le dernière tirage de Longitude est encore un peu fougueux mais dessine un champagne très digeste. Après l'intense 2012, Terre de Vertus 2013 s'en sort magnifiquement : une vision racée et pure, sans exotisme, des terroirs de ce village sudiste de la Côte des Blancs. Le rosé de saignée est toujours original avec sa touche de pinot gris et sa définition pulpeuse. Nous sommes en revanche plus réservés sur les cuvées haut de gamme, marquées fortement par l'empreinte de l'élevage prolongé sous bois, au détriment de la franchise de saveurs que nous connaissions les millésimes précédents. Ils restent néanmoins de formidables champagnes de table d'une tenue en bouche remarquable.

Brut Nature Premier Cru Blanc de Blancs Terre de Vertus 2013 — 51 € 17

Extra-Brut Grand Cru Blanc de Blancs Les Chemins d'Avize 2012 — 92 € 17

Extra-Brut Grand Cru Blanc de Blancs Vieille Vigne du Levant 2010 — 75 € 16

Extra-Brut Premier Cru Blanc de Blancs Longitude — 43 € 15

Extra-Brut Premier Cru Rosé de Saignée — 58 € 16

Rouge : 2 hectares.
Pinot noir 90 %, Pinot gris 10 %
Blanc : 15 hectares.
Chardonnay 100 %
Production moyenne : 150 000 bt/an

LARMANDIER-BERNIER ♣
19, avenue Général-de-Gaulle, 51130 Vertus
03 26 52 13 24 • www.larmandier.fr • Vente et visites : au domaine sur rendez-vous.
Propriétaire : Pierre et Sophie Larmandier

★★

GEORGES LAVAL

Vincent Laval a repris le domaine familial de Cumières et y poursuit dignement la culture biologique mise en place par son père depuis 1971. Sa petite production de champagnes, sans chaptalisation, vinifiés en fût, est celle d'un artisan d'art qui s'adresse à nos papilles sans artifice et restitue l'expression sudiste des coteaux de ce village de la rive droite de la Marne. Ses champagnes vineux, d'une densité et d'une salinité incroyables, marqués par un boisé désormais parfaitement géré, se bonifient dans une cave bien fraîche pendant plus de quinze ans.

Les vins : le domaine ne nous ayant pas fait parvenir ses vins cette année, nous sommes amenés à reconduire les notes de notre édition précédente.

Brut Nature Premier Cru Cumières — 70 € 15,5

Brut Nature Premier Cru Les Chênes 2014 — 140 € 17

Brut Nature Premier Cru Les Hautes Chèvres 2013 — 200 € 17,5

Brut Nature Premier Cru Les Longues Violes 2012 — 600 € 18

Extra-Brut Demi-Sec Garennes — 50 € (c) 14,5

Extra-Brut Garennes — 50 € 16

Rouge : 1,64 hectare.

Pinot meunier 51 %, Pinot noir 49 %
Blanc : 0,88 hectare.
Chardonnay 100 %
Production moyenne : 20 000 bt/an

GEORGES LAVAL ♣
16, Ruelle du Carrefour, 51480 Cumières
03 26 51 73 66 • www.georgeslaval.com •
Vente et visites : au domaine sur rendez-vous.
Propriétaire : Vincent Laval

★★

PHILIPPONNAT

Entrée dans le groupe Lanson-BCC en 1997, cette maison de taille moyenne est autonome dans ses approvisionnements et dans son élaboration. Elle retrouve un rayonnement dans les champagnes haut de gamme grâce à la personnalité retrouvée de son Clos des Goisses, le plus vaste des clos champenois (5,5 hectares) exposé plein sud sur des pentes abruptes en surplomb de la vallée de la Marne. La montée de la marque est aussi la récompense des choix opérés dans toute la gamme par son président Charles Philipponnat, en poste depuis 2000. Il a amené le froid dans les vinifications, a réorienté les assemblages vers davantage de pinot noir, a augmenté la capacité de vinification sous bois sur lies sans bâtonnage et sans fermentation malolactique. Son but ? Intégrer l'esprit millésimé dans les non-millésimés.

Les vins : louons une fois encore la personnalité et le style des vins de cette maison qui sait privilégier la maturité des raisins tout en conservant du nerf et de l'équilibre aux cuvées. Royal Réserve possède un très beau fond, avec de la persistance : un très bel équilibre et un côté digeste qui sied à un brut non millésimé. 1522 livre un 2009 tout en équilibre et en finesse, avec une précision et un élan qui forcent le respect vu le millésime. Tendu, aux notes de fruits rouges et avec une bouche très cristalline, le 1522 rosé est un vin étincelant, un peu austère encore, mais doté d'un très beau potentiel. D'une pureté et d'un éclat superbes, Clos des Goisses Juste Rosé est un modèle de définition et de précision. Ce vin taillé au laser se déploiera avec le temps. Cuvée confidentielle de 2461 bouteilles 100 % pinot noir, Les Cintres impose une vinosité, une minéralité saline et une puissance qui la place au sommet des grandes cuvées champenoises.

Brut Royale Réserve	36,20 €	16
Brut Royale Réserve Non Dosé	36,20 €	16
Extra-Brut Blanc de Noirs 2012	54,30 €	16,5
Extra-Brut Clos des Goisses 2009	185 €	18
Extra-Brut Grand Cru 1522 2009	72 €	17,5
Extra-Brut Les Cintres 2009	334,50 €	19
Extra-Brut Clos des Goisses Juste Rosé 2008	288 €	18,5
Extra-Brut Rosé Premier Cru 1522 2008	91,50 €	17,5

Le coup de ♥

Brut Royale Réserve	47,20 €	16,5

Rouge : 14,5 hectares.
Pinot noir 98 %, Pinot meunier 2 %
Achat de raisins.
Blanc : 2,5 hectares.
Chardonnay 100 %
Achat de raisins.
Production moyenne : 600 000 bt/an

PHILIPPONNAT
13, rue du Pont, CS 60002, Mareuil-sur-Aÿ, 51160 Aÿ-Champagne
03 26 56 93 00 • www.philipponnat.com •
Vente et visites : au domaine sur rendez-vous.
Propriétaire : Groupe Lanson-BCC
Directeur : Charles Philipponnat
Chef de cave : Thierry Garnier

★★

PIERRE PÉTERS

Le domaine a commercialisé son premier millésime en 1919. La famille Péters dispose d'excellentes parcelles de chardonnay au cœur du Mesnil-sur-Oger, village de grand cru de la Côte des Blancs. Leurs champagnes blancs de blancs sont classiques dans leur fraîcheur florale, crayeuse, et témoignent en même temps d'une recherche de puissance de l'expression des terroirs, tout particulièrement la mémorable cuvée Les Chétillons (une sélection massale de vieilles vignes réparties sur trois parcelles du lieu-dit Chétillon), l'un des meilleurs chardonnays champenois. La dernière-née, L'Étonnant Monsieur Victor, affiche une étiquette reproduisant un tableau célèbre de l'histoire biblique, dessinée par Victor, le fils de Rodolphe Péters, qui s'est inspiré du plasticien japonais Takashi Murakami.

Les vins : dès l'entrée de gamme, les cuvées affirment un haut niveau de précision. Le Réserve (base 2016) est joliment rafraîchissant. Il faudra patienter avant de déboucher les cuvées millésimées, encore très jeunes mais tellement époustouflantes. L'Esprit 2014 incarne avec grande finesse et tension le chardonnay de la Côte des Blancs : au Mesnil-sur-Oger, Les Chétillons illustrent avec brio l'élégance et la profondeur de ce merveilleux terroir, sans austérité, tandis que Les Montjolys présente une magnifique dentelle avec une angulosité puisée dans le terroir de craie à silex, qui lui donne là une certaine austérité appétente. Les 2012 grandioses doivent absolument être en cave pour les trente prochaines années. La nouvelle cuvée Héritage est le fruit d'un assemblage d'un tiers de 2010 et de 18 millésimes en bouteille, remontant jusqu'au premier millésime du domaine (1921), en passant par 1947, 1966 ou encore 1985. La magie opère : voici un blanc de blancs rayonnant de fraîcheur, dont les huit ans sur lies ont dessiné une patine d'amande grillée et de noisette, en toute subtilité.

- Brut Blanc de Blancs Cuvée de Réserve — 35 € (c) 15,5
- Brut Grand Cru Blanc de Blancs Héritage — 500 € (c) 18
- Brut Grand Cru Blanc de Blancs L'Esprit 2014 — 50 € (c) 17
- Brut Grand Cru Blanc de Blancs Les Chétillons 2012 — 90 € (c) 18,5
- Brut Grand Cru Blanc de Blancs L'Étonnant Monsieur Victor MK.12 — 200 € (c) 17,5
- Brut Grand Cru Blancs de Blancs Les Montjolys 2012 — 120 € (c) 18

Rouge : 1 hectare.

Pinot noir 100 %

Blanc : 19 hectares.

Chardonnay 100 %

PIERRE PÉTERS

9, rue de l'Église, 51190 Le Mesnil-sur-Oger

03 26 57 50 32 •
www.champagne-peters.com • Vente et visites : au domaine sur rendez-vous.

Propriétaire : Famille Péters

Directeur : Rodolphe Péters

★★ ↗

CHAMPAGNE ÉRIC RODEZ

Issu d'une longue lignée de vigneron, Éric Rodez, maire du village d'Ambonnay, cultive un peu plus de 6 hectares dans ce village classé en grand cru. Réputé pour la générosité et la rondeur de ses pinots noirs, Ambonnay produit également des chardonnays savoureux et virils dont les Rodez savent remarquablement tirer parti. Les vinifications s'effectuent en cuve et en fût, les fermentations malolactiques sont partielles, les dosages légers (4 g/l) puisque les vins sont naturellement riches. Éric, qui a converti son vignoble en biodynamie, a été rejoint par son fils Mickaël, neuvième génération familiale, en 2014. Les derniers tirages de haute volée nous conduisent à décerner la deuxième étoile au domaine.

Les vins : nous saluons l'excellent niveau de la gamme, fruit d'un travail judicieux avec une part importante de vins de réserve dans les bruts sans année, qui permettent de donner naissance à de formidables ambassadeurs des pinots noirs et chardonnays profonds d'Ambonnay. Leur puissance mûre est magnifiquement contenue par une bulle millimétrée. La Cuvée des Grands Vintages (2010, 2009, 2008, 2006, 2005 et 2004) est un maître en la matière. Issues du grand millésime 2012, les cuvées parcellaires sont un peu plus sophistiquées à cause de l'empreinte boisée de l'élevage. Elles méritent de se reposer deux ans de plus dans votre cave.

- Brut Grand Cru Cuvée des Grands Vintages — 60 € 17
- Brut Grand Cru Dosage Zéro — 44 € 16,5
- Brut Grand Cru Les Genettes 2012 — 78 € 16
- Extra-Brut Grand Cru Blanc de Noirs — 44 € 16
- Extra-Brut Grand Cru Blanc de Noirs Les Fournettes 2012 — 78 € 16,5

Le coup de ♥

- Brut Grand Cru Les Beurys 2012 — 78 € 17

Rouge : 4,16 hectares.

Pinot noir 100 %

Blanc : 1,96 hectare.

Chardonnay 100 %

Production moyenne : 50 000 bt/an

CHAMPAGNE ÉRIC RODEZ ☾
4, rue de Isse, 51150 Ambonnay
03 26 57 04 93 • www.champagne-rodez.fr •
Vente et visites : au domaine sur rendez-vous.
Propriétaire : Famille Rodez
Directeur : Éric Rodez

★

AYALA & CO

Cette vénérable marque d'Aÿ, créée en 1860, appartient au voisin Bollinger depuis février 2005. La marque, dirigée par Hadrien Mouflard et son équipe, dont l'œnologue chef de cave Caroline Latrive, se relance autour d'un style de champagne plus frais, décliné en faible dosage (6 grammes/litre) et en non-dosé, les fermentations malolactiques permettant d'arrondir les angles. Ayala a aujourd'hui clairement trouvé son style, très différent de celui, plus vineux et marqué pinot noir, de sa maison mère.

Les vins : le brut Majeur est vraiment délicieux, floral et équilibré, avec une finale très savoureuse. Une jolie cuvée de gourmandise. Plus ferme, le brut Nature est moins complet et persistant. Le blancs de blancs 2013 est agréable, fin, finement citronné, mais sans grande ampleur. Nous lui préférons la chair du 2012.

Brut Blanc de Blancs 2012	50 € (c)	16
Brut Blanc de Blancs 2013	50 € (c)	15,5
Brut Nature	36 € (c)	14
Brut Perle d'Ayala 2006	76 € (c)	16
Brut Rosé Majeur	42 € (c)	15

Le coup de ♥

Brut Majeur	32 € (c)	15,5

Rouge : 18 hectares.
Pinot noir 72 %, Pinot meunier 28 %
Achat de raisins.
Blanc : 1 hectare.
Chardonnay 100 %
Achat de raisins.
Production moyenne : 1 000 000 bt/an

AYALA & CO
1, rue Edmond de Ayala, 51160 Aÿ
03 26 55 15 44 • www.champagne-ayala.fr •
Vente et visites : au domaine sur rendez-vous.
Propriétaire : Société Jacques Bollinger
Directeur : Hadrien Mouflard
Chef de cave : Caroline Latrive

★

FRANCIS BOULARD & FILLE

Ces champagnes inoubliables sont issus d'un vignoble biologique à dominante de pinots, planté sur le massif de Saint-Thierry, dans la vallée de la Vesle. En 2009, Francis Boulard et sa fille, Delphine, seule aux commandes désormais, ont pris leur indépendance sur 3 hectares. Ils ont conservé les cuvées qu'ils vinifiaient sous la marque Raymond Boulard (Petraea et Les Rachais) et continuent la commercialisation des millésimes antérieurs. La gamme extra-brut et nature (dont Les Murgiers, majorité de meunier), "malo faite" est une référence dans la famille des champagnes puissants, sapides, de terroir. Les derniers tirages de rosé et de Petraea s'avèrent un peu rustiques.

Les vins : Les Murgiers (2015) est une délicieuse carte de visite du meunier fruité, fringant et tonique. On retrouve cette énergie dans le blanc de blancs Vieilles Vignes, franchement citronné, enveloppé d'une fine patine. En revanche, Petraea n'est pas au niveau habituel, avec une sensation végétale étonnante en 2012. Le rosé de saignée est généreusement fruité mais pâtit d'une bulle un peu envahissante.

Brut Nature Blanc de Blancs Vieilles Vignes	42 €	15,5
Brut Nature Les Murgiers 2015	40 €	15
Brut Nature Petraea 2012	70 €	15
Extra-Brut Rosé de Saignée	42 €	14,5

Rouge : 2,1 hectares.
Pinot meunier 67 %, Pinot noir 33 %
Blanc : 0,8 hectare.
Chardonnay 100 %
Production moyenne : 25 000 bt/an

FRANCIS BOULARD & FILLE ☾
13, rue de la Cense Flancourt,
51170 Faverolles et Coemy
03 26 61 52 77 • www.francis-boulard.com •
Visites : sans rendez-vous.
Propriétaire : Delphine Richard-Boulard

★

LECLERC BRIANT

Acquise en 2012 par un couple d'Américains passionnés, cette petite maison qui était tombée dans l'oubli trace sa route et renaît de ses cendres gâce à des vins de très belle personnalité. Les cultures sont menées en biodynamie et les achats s'opèrent auprès de vignerons en bio ou biodynamie. Élevages partiels sous bois, doses de soufre et dosages bas, les cuvées produites ici sont dans l'air du temps. Il ne manque plus que quelques réglages pour décrocher une deuxième étoile.

Les vins : nous apprécions la signature des vins, à commencer par le brut Réserve aux notes d'oxydation maîtrisée et à la tension saline salivante. À noter, un extra-brut très bien mené qui file droit, avec une bouche cristalline qui met diablement en appétit. La Croisette est une cuvée parcellaire 100 % chardonnay d'Épernay. Nous émettons la même réserve que l'an dernier sur son boisé encore marqué. Elle ne manque pourtant pas de profondeur et d'énergie. Nouveau venu, Le Clos des Trois Clochers est lui aussi un peu marqué par son passage en fût. Un vin d'une grande intensité de bouche, avec beaucoup d'énergie et d'allonge.

Brut Nature La Croisette	115 €	16,5
Brut Réserve	35 €	16
Brut Zéro Le Clos des Trois Clochers 2014	125 €	17,5
Brut Rosé	40 €	17

Le coup de ♥

Extra-Brut Premier Cru	42 €	16,5

Rouge : 6 hectares.
Pinot noir 53 %, Pinot meunier 47 %
Achat de raisins.
Blanc : 8 hectares.
Chardonnay 100 %
Achat de raisins.
Production moyenne : 140 000 bt/an

LECLERC BRIANT ♣

67, chemin de la Chaude Ruelle,
51200 Épernay
03 26 54 45 33 • www.leclercbriant.com •
Vente et visites : au domaine sur rendez-vous.
Propriétaire : Denise Dupré
Directeur : Frédéric Zeimett
Œnologue : Hervé Jestin

★

CHARTOGNE-TAILLET

Le vignoble de Merfy, à 8 km de Reims, est installé sur le versant sud du massif de Saint-Thierry, dans la "petite" Montagne de Reims, où la présence importante de sables et de silices dans les sols procure aux vins des textures fines. Héritier d'une longue lignée de vignerons, Alexandre Chartogne a repris l'exploitation en 2006. Il a fait évoluer le style classique productiviste de la maison, l'orientant vers une meilleure compréhension des sols grâce à des sélections parcellaires poussées (entre six et dix cuvées selon les années de vendange) et la plantation de vignes franches. En cuverie, son ouverture d'esprit lui fait travailler de manière complémentaire le bois (fût) et l'inox (cuve). N'hésitez pas à conserver ces tirages un an de plus dans votre cave. La première étoile a été décernée l'année dernière.

Les vins : construit sur une base 2016, le très équilibré Sainte-Anne mérite encore un an de cave mais livre déjà sa grande douceur de texture. Tout comme Le Rosé goûteux, à la bulle encore imposante. L'austérité du millésime 2013 du Chemin de Reims est prégnante : ce chardonnay traçant, joliment mené par une bulle "spongieuse" (une expression judicieuse employée par le vigneron) constitue un très beau champagne de terroir dont l'expression ne laisse personne indifférent.

Brut Sainte Anne	29 € (c)	16
Brut Le Rosé	40 € (c)	16

Le coup de ♥

Extra-Brut Chemin de Reims 2013	60 € (c)	17

Rouge : Pinot meunier 57 %, Pinot noir 43 %
Blanc : Chardonnay 100 %
Production moyenne : 90 000 bt/an

CHARTOGNE-TAILLET

37, Grande Rue, 51220 Merfy
03 26 03 10 17 • www.chartogne-taillet.com •
Vente et visites : au domaine sur rendez-vous.
Propriétaire : Alexandre Chartogne

★

DE SOUSA

Installé dans le village d'Avize, Erick De Sousa est l'un des plus entreprenants vignerons de sa génération. Dominé par le chardonnay, son vignoble, situé sur les meilleurs terroirs de la côte des Blancs (Avize, Cramant et Oger), avec un joli patrimoine de vieilles vignes, a été remis en culture complète. Il est certifié en biodynamie. La vendange est vinifiée en fût, notamment pour la gamme des Caudalies (millésimés), qui a construit la réputation du domaine chez les amateurs de champagnes de terroir. Les cuvées offrent une forte personnalité avec des matières denses, toujours serties d'une bulle minutieuse et précise. L'empreinte de l'élevage sous bois marque certaines cuvées.

Les vins : le domaine ayant décidé de prolonger le vieillissement de ses champagnes sur lattes, nous sommes amenés à reconduire les notes et les commentaires de notre édition précédente, en attendant impatiemment de voir l'influence de cette décision courageuse à la dégustation.

- Extra-Brut Cuvée 3A 51 € 16
- Extra-Brut Grand Cru Blanc de Blancs Cuvée des Caudalies 2008 149 € 17
- Extra-Brut Grand Cru Blanc de Blancs Cuvée des Caudalies 48 € 15,5
- Extra-Brut Grand Cru Blanc de Blancs Mycorhize 54 € 15
- Extra-Brut Umami 2009 145 € 17,5

Rouge : 2 hectares.
Pinot noir 67 %, Pinot meunier 33 %
Blanc : 8 hectares.
Chardonnay 100 %
Production moyenne : 100 000 bt/an

DE SOUSA ☾
12, place Léon-Bourgeois, 51190 Avize
03 26 57 53 29 •
www.champagnedesousa.com • Vente et visites : au domaine sur rendez-vous.
Propriétaire : Famille De Sousa

★
DELAMOTTE

Les amateurs doivent s'intéresser de près à cette belle maison du Mesnil-sur-Oger, en pleine Côte des Blancs, fondée en 1760, et acquise par Laurent-Perrier en 1988, la même année que la marque haut de gamme Salon. Les deux marques sont dirigées par le globe-trotter Didier Depond. On pourra regretter que la maison reste très discrète, alors que la qualité des vins se tient à un très beau niveau, particulièrement le blanc de blancs millésimé, d'un rapport qualité-prix incontournable.

Les vins : avec son nez frais, mentholé et séduisant, le blanc de blancs est délicieux, ciselé et élancé. Une très belle cuvée. Doucement complexifié par le temps, le 2008 demeure franc, très salin et porté par une noble complexité.

- Brut Blanc de Blancs 2008 52 € (c) 16,5

Le coup de ♥

- Brut Blanc de Blancs 42 € (c) 16

Blanc : 5 hectares.
Chardonnay 100 %
Achat de raisins.
Production moyenne : 750 000 bt/an

DELAMOTTE
5-7, rue de la Brèche-d'Oger, 51190 Le Mesnil-sur-Oger
03 26 57 51 65 • www.salondelamotte.com •
Pas de visites.
Propriétaire : Groupe Laurent-Perrier
Directeur : Didier Depond (président)
Chef de cave : Michel Fauconnet

★
DIEBOLT-VALLOIS

Fin vinificateur, assisté de ses enfants, Jacques Diebolt donne à son vignoble, principalement situé sur Cramant et Cuis (Côte des Blancs), une expression tout en élégance et en énergie, dans une gamme logiquement dominée par le chardonnay. Ce sont des modèles de champagnes gracieux, fermes et de très bonne garde (en témoigne le mythique Cramant 1953), notamment la cuvée Fleur de Passion 2008, vinifiée en fût sans fermentation malolactique. Une maison de référence en blanc de blancs soyeux et posé, d'une grande sérénité, loin de la mode des champagnes étriqués et austères.

Les vins : un grand charme se dégage de Prestige, un blanc de blancs pulpeux, crémeux, doté d'une allonge savoureuse et énergique. Après le phénoménal 2008, ce 2010 joliment oxydatif montre déjà des signes d'évolution et un équilibre posé et profond. On peut déjà l'ouvrir à table et dans les quinze ans.

- Brut Blanc de Blancs Fleur de Passion 2010 70 € 16,5
- Brut Prestige Blancs de Blancs 28 € 15,5

Rouge : 4 hectares.
Pinot noir 90 %, Pinot meunier 10 %
Achat de raisins.
Blanc : 10 hectares.

Chardonnay 100 %
Achat de raisins.
Production moyenne : 150 000 bt/an

DIEBOLT-VALLOIS
84, rue Neuve, 51530 Cramant
03 26 57 54 92 • www.diebolt-vallois.com •
Visites : sans rendez-vous.
Propriétaire : Famille Diebolt

★ ↗

DOYARD

Cette famille met en lumière des champagnes vigoureux et percutants. La gamme est principalement construite autour des chardonnays de Vertus, où se trouve le domaine, mais cette vieille lignée champenoise bénéficie également de vignes dans des grands crus de la Côte des Blancs (Le Mesnil-sur-Oger, Oiry, Cramant, Avize et Oger) et quelques pinots noirs à Aÿ. Le style de ces champagnes est très affirmé grâce à une récolte bien mûre, une vinification en partie ou intégrale en fût, une fermentation malolactique bloquée et des dosages faibles selon les cuvées. Les blancs de blancs vieillissent au minimum quatre ans pour s'étendre avec force et beaucoup de caractère. La première étoile est nettement méritée. Quels vins !

Les vins : on retrouve une cuvée Vendémiaire en pleine forme, avec la douce patine de la fermentation partielle en fût. C'est un plaisir de goûter au savoir-faire historique de l'Œil de Perdrix, un champagne taché par le pinot noir, tout en finesse avec une élégante note de griotte et une touche de poivre. Ne nous attardons pas sur ce Révolution, nettement marqué par le caractère végétal du millésime 2011. En revanche, la nouvelle cuvée Les Lumières 2008, assemblage de chardonnay et de pinot noir en grand cru, fermentée en fût, repose neuf ans en cave avant d'offrir une fine oxydation ménagée, douce, évoquant de beaux blancs andalous. Un champagne de grande sérénité pour la table.

- Brut Nature Grand Cru Blanc de Blancs Révolution — 42 € — 14
- Brut Premier Cru Blanc de Blancs Vendémiaire — 34 € — 15
- Extra-Brut Premier Cru Blanc de Blancs Clos de l'Abbaye 2013 — 67 € — 16

Le coup de ♥
- Extra-Brut Grand Cru Les Lumières 2008 — 205 € — 17

Rouge : 1 hectare.
Pinot noir 100 %
Blanc : 10 hectares.
Chardonnay 100 %
Production moyenne : 45 000 bt/an

DOYARD
39, avenue Général Leclerc, 51130 Vertus
03 26 52 14 74 • www.champagnedoyard.fr •
Vente et visites : au domaine sur rendez-vous.
Propriétaire : Yannick et Guillaume Doyard

★

DRAPPIER

La famille Drappier remonte au XVIIe siècle. Jadis occupé par les moines cisterciens de Clairvaux, le siège de la maison comprend des caves voûtées du XIIe siècle. À la suite de son père, Michel Drappier suit les vinifications depuis 1979. La famille dispose d'un vaste vignoble à Urville (dont un tiers en culture biologique), complété par des approvisionnements issus de la Montagne de Reims, de Bouzy et d'Ambonnay. Les chardonnays proviennent de l'Aube et de Cramant. Drappier, ce sont des champagnes colorés, généreux dans leurs arômes, qui s'expriment en bouche par leur vinosité terrienne. On retrouve ici une dimension de terroir franche et sans fard, vinifiée avec des doses minimales de soufre. À noter : de la demi-bouteille jusqu'aux rarissimes primats (27 litres) et melchisédechs (30 litres), tous ces rares contenants sont élaborés ici avec prise de mousse dans le flacon d'origine. Drappier peut en outre se targuer d'être la première maison de champagne "zéro émission de carbone", preuve de l'innovation permanente dont fait preuve la famille.

Les vins : la maison présente une gamme très cohérente de cuvées franches et ciselées. Le brut Nature est évidemment une des signatures de chez Drappier qui maîtrise l'exercice parfaitement. Carte d'Or est un champagne franc, dynamique en bouche, avec une jolie fraîcheur. Parfait pour l'apéritif. Tout en fruit, le rosé est porté par des notes de fruits rouges et une tension bien gérée. Un vin très gourmand. Millésime Exception 2013 est fougueux, puissant et ample, servi par un dosage faible (5,6 grammes/litre). La finale cherche toutefois encore à se placer. Coup de cœur pour le blanc de blancs 2012, d'une finesse et d'une texture vraiment admirables. Un champagne de saveurs et de goût à la belle finale crémeuse. Grande Sendrée 2008 est une cuvée au profil légèrement évolutif, mais complexe, sur des notes de curry, de fruits secs, de brioche. Elle possède une belle allonge et de la vivacité.

Brut Blanc de Blancs	37 €	16
Brut Carte d'Or	32,50 €	15
Brut Grande Sendrée 2008	82 €	17
Brut Millésime Exception 2013	41,50 €	15
Brut Nature Zéro Dosage	35,50 €	15
Brut Réserve de l'Oenothèque 2002	79 €	16,5
Brut Nature Rosé	38 €	15,5

Le coup de ♥

Brut Blanc de Blancs 2012	50 €	16,5

Rouge : Pinot noir 84 %, Pinot meunier 16 %
Achat de raisins.
Blanc : Chardonnay 88 %, Blanc vrai 4 %, Petit Meslier 4 %, Arbane 4 %
Achat de raisins.
Production moyenne : 1 500 000 bt/an

DRAPPIER ♣
14, rue des Vignes, 10200 Urville
03 25 27 40 15 • www.champagne-drappier.com • Vente et visites : au domaine sur rendez-vous.
Propriétaire : Michel Drappier

★

FLEURY

Pionnier de la biodynamie en Champagne depuis 1989, la famille Fleury élabore à partir de ses vignobles et des achats de raisins bio de savoureux champagnes à dominante de pinot noir. Leur vignoble barséquanais prend de l'âge et la viticulture mise en place apporte un supplément de saveurs à des jus vinifiés en partie sous bois, sous liège (Boléro, extra-brut millésimé) et sans soufre pour certaines cuvées. Atypique dans l'univers champenois, cette maison visionnaire exprime dans une gamme savoureuse la rondeur et la maturité du pinot de l'Aube.

Les vins : la gamme possède une réelle personnalité. Le blanc de noirs affiche une très belle élégance, avec du rebond et de la profondeur en bouche. Fleur de l'Europe joue sur une belle tension, mais sans austérité et avec une finale très sapide et brillante. Dans un style qui cultive sa différence, le rosé de saignée est éclatant de fruit, très savoureux, plein et juteux. Un vin pour la table. Sonate 2012, cuvée sans soufre, est marquée par ce type de vinification, avec des notes de pâte d'amandes, d'épices et une pointe évolutive qui ravira les amateurs du genre. Élevée cent quatre-vingt-douze mois sur latte, la Cuvée 30 Ans est assouplie par le temps, mais ne peut trahir l'année de base qui la compose, à savoir 2001, ce qui lui donne un petit côté végétal.

Brut Blanc de Noirs	27 €	16
Brut Nature Fleur de l'Europe	31 €	16
Extra-Brut Cuvée 30 Ans	49 €	15
Extra-Brut Sans Soufre Ajouté Sonate 2012	69 €	16

Le coup de ♥

Brut Rosé de Saignée	35 €	16

Rouge : 12,5 hectares.
Pinot noir 98 %, Pinot meunier 2 %
Achat de raisins.
Blanc : 2,7 hectares.
Chardonnay 77 %, Pinot blanc 15 %, Pinot gris 8 %
Achat de raisins.
Production moyenne : 200 000 bt/an

FLEURY ☾
43, Grande Rue, 10250 Courteron
03 25 38 20 28 • www.champagne-fleury.fr • Vente et visites : au domaine sur rendez-vous.
Propriétaire : Jean-Pierre Fleury
Chef de cave : Jean-Sébastien Fleury

★

RENÉ GEOFFROY

Ce domaine d'Aÿ dirigé par Jean-Baptiste Geoffroy est le meilleur représentant du vignoble solaire et très pinot de Cumières. En aval d'Épernay, sur la rive droite de la Marne, ce cru simplement classé en "premier" est digne d'un grand quand le millésime est de la fête. Ici les vignes sont de plus en plus travaillées. Les vins naturellement plantureux ne font pas leur fermentation malolactique et les dosages sont légers. Leurs bulles dociles se montrent très expressives, aromatiques, généreuses en saveur de pinot (fruits rouges), toujours d'une excellente fraîcheur malgré leur vinosité et leur expression terrienne.

Les vins : les cuvées ambassadrices Expression (2013-2014) et Pureté (2012-2013) affichent une trame très tonique et rafraîchissante, dont il faudra profiter dans la jeunesse. Une variété passionnante de millésimes est à découvrir à travers différents cépages : le meunier 2013, finement austère, Empreinte 2012, velouté et profond, Volupté 2011, un chardonnay plutôt équilibré dans ce millésime exécrable. Les Houtrants 2012, issu d'une parcelle complantée de meunier, pinot noir, chardonnay, petit meslier et arbane, est bien typé et structuré. Le 2006 (millésime solaire) est habilement conduit. En meunier et pinot noir, les coteaux sont d'agréables rouges champenois, légèrement austères.

- Brut Nature Meunier Millésime Les Tiersaudes 2013 — 56 € — 15,5
- Brut Nature Premier Cru Les Houtrants Complantés — 120 € — 16
- Brut Nature Pureté — 30,50 € — 14,5
- Brut Premier Cru Empreinte 2012 — 34 € — 16
- Brut Premier Cru Expression — 26,50 € — 14
- Extra-Brut Premier Cru Blanc de Blancs Volupté 2011 — 42 € — 15
- Extra-Brut Premier Cru Terre 2006 — 65 € — 16
- Extra-Brut Premier Cru Blanc de Rose 2012 — 60 € — 15,5
- Coteaux Champenois Cumières Pinot Meunier 2015 — 35 € — 14,5
- Coteaux Champenois Cumières Pinot Noir 2015 — 35 € — 15

Rouge : 12 hectares.
Pinot noir 56 %, Pinot meunier 44 %
Blanc : 2 hectares.
Chardonnay 100 %
Production moyenne : 110 000 bt/an

RENÉ GEOFFROY

4, rue Jeanson, 51160 Aÿ
03 26 55 32 31 •
www.champagne-geoffroy.com • Vente et visites : au domaine sur rendez-vous.
Propriétaire : Karine et Jean-Baptiste Geoffroy

★ ↗

PIERRE GIMONNET ET FILS

Peu de vignerons champenois peuvent prétendre, comme Didier et Olivier Gimonnet, composer avec un vignoble en propriété de 28 hectares de vignes en Côtes des Blancs dont 12 en grand cru à Cuis, Vertus, Cramant, Chouilly et Oger. Les deux frères cherchent, poursuivent la culture d'assemblage des terroirs en perpétuant leur style raffiné, sage, sans aucune dureté (fermentation malolactique faite) et jamais dans l'exubérance ; ils séduisent aussi bien les novices que les amateurs de grands blancs de blancs. Les Gimonnet parviennent notamment à dompter avec brio les chardonnays de Cuis, souvent froids et austères. Le 2008 actuellement disponible en magnum est un excellent blanc de blancs de garde, équilibré entre suavité et puissance. La cohérence et la régularité de la gamme nous mènent à décerner la première étoile à ce domaine familial.

Les vins : la multiplicité des cuvées rend toujours la gamme difficilement lisible. Concentrons-nous sur chaque étiquette, fruit de l'assemblage de différents terroirs. Les bruts sans année sont fidèles à leur style suave et confortable et feront de bons compagnons d'apéritif sans rusticité. On monte en intensité savoureuse et ampleur soyeuse avec les cuvées Œnophile, parfaitement en place, et Fleuron, plus évolué, à boire désormais. Les cuvées Cramant et Chouilly illustrent une définition précise de leur village.

- Brut Extra Premier Cru Blanc de Blancs — 29,50 € (c) — 14,5
- Brut Grand Cru Oger Blanc de Blancs — 32,60 € — 15,5
- Brut Nature Premier Cru Blanc de Blancs Œnophile Non Dosé 2012 — 38 € — 16
- Brut Premier Cru Blanc de Blancs Fleuron 2010 — 35 € — 15,5
- Brut Premier Cru Cuis Blanc de Blancs — 24,95 € — 14
- Extra-Brut Grand Cru Spécial Club Chouilly 2012 — 67,50 € — 16
- Extra-Brut Grand Cru Spécial Club Cramant 2012 — 70 € — 16,5
- Extra-Brut Millésime de Collection Vieilles Vignes de Chardonnay 2008 — 160 € — 17
- Extra-Brut Spécial Club Grands Terroirs de Chardonnay 2012 — 48,90 € — 16,5

Brut Premier Cru Rosé de Blancs 30,50 € 15

Rouge : 0,5 hectare.
Pinot noir 100 %
Blanc : 27,5 hectares.
Chardonnay 100 %
Production moyenne : 250 000 bt/an

PIERRE GIMONNET ET FILS
1, rue de la République, 51530 Cuis
03 26 59 78 70 •
www.champagne-gimonnet.com •
Visites : sans rendez-vous.
Propriétaire : Olivier et Didier Gimonnet

★

GONET-MÉDEVILLE

Xavier Gonet s'est installé à son compte à Bisseuil, premier cru de la vallée de la Marne, avec son épouse Julie, née Médeville, du château Gilette, à Sauternes. Ils disposent d'une palette de vignes originales : l'apport familial de grands chardonnays du Mesnil-sur-Oger (Louvière, Champ d'Alouette), de bons crus en pinot meunier (Mareuil) et en pinot noir (Ambonnay et Bisseuil). Afin d'assurer au vin une meilleure vivacité au vieillissement, les fermentations malolactiques sont bloquées. Une partie de plus en plus importante de vins clairs fermente par ailleurs en barrique, ce qui soutient la finesse des bulles. Nous apprécions la parfaite homogénéité d'une gamme personnelle, juste récompense d'efforts synchrones en viticulture et en vinification.

Les vins : basé à 80 % sur 2015, le brut Tradition est un peu végétal et plus faible que l'an passé. Buvez-le rapidement. Les blancs de noirs et le rosé sont de formidables champagnes, bien typés et droits, à la trame élégante. Il faudra bien aérer dans votre verre, voire carafer le Champ d'Alouette, un magnifique blanc de blancs 2004 aux airs oxydatifs, qui offre une sensation salée : un grand champagne de table et de garde.

- Brut Premier Cru Blanc de Noirs 32 € 15,5
- Brut Premier Cru Tradition 26 € 14
- Extra-Brut Grand Cru Champ d'Alouette 2004 87 € 17

Le coup de ♥

- Extra-Brut Premier Cru Rosé 36 € 16

Rouge : 5 hectares.
Pinot noir 100 %
Blanc : 5 hectares.
Chardonnay 100 %
Production moyenne : 90 000 bt/an

GONET-MÉDEVILLE
1, chemin de la Cavotte, 51150 Bisseuil
03 26 57 75 60 • www.gonet-medeville.com
• Vente et visites : au domaine sur rendez-vous.
Propriétaire : Xavier et Julie Gonet

★ ↗

ALFRED GRATIEN

Propriété du groupe allemand Henkell, leader des vins mousseux en Europe, la maison Alfred Gratien, fondée à Épernay en 1864, est plus en forme que jamais et trace sa route avec une certaine discrétion. Ces vins, qui s'appuient sur une forte proportion de chardonnay, avec blocage des fermentations malolactiques, ravissent par leur tension, leur précision, leur éclat et leur rayonnement : ils permettent à la maison de décrocher une étoile méritée. Nicolas Jeager, chef de cave depuis 2007, perpétue une longue tradition familiale : il est la quatrième génération à occuper ce poste, gage d'une belle stabilité.

Les vins : pour ouvrir la gamme, voilà un très joli brut, énergique et bien défini, porté par une jolie finale aux notes d'agrumes. Coup de cœur pour le très beau blanc de blancs 2012, un vin ciselé, crayeux et étiré. Le 2006 porte la rondeur du millésime, un petit côté miellé agréable et une finale qui demeure pointue. La nouvelle Cuvée 565, issue de cinq millésimes consécutifs de 2007 à 2011, affiche à la fois complexité, patine et énergie, avec une finale très saline. Livré en 2007, Paradis rosé se patine doucement et évolue dans un registre épicé, floral et finement fruité.

- Brut 2006 60 € 16
- Brut 34 € 15
- Brut Cuvée 565 70 € 17
- Brut Rosé 38 € 15,5
- Brut Rosé Paradis 2007 76 € 17

Le coup de ♥

- Brut Grand Cru Blanc de Blancs 2012 50,70 € 16,5

Rouge : Pinot meunier noir 100 %
Achat de raisins.
Blanc : Chardonnay 100 %
Achat de raisins.
Production moyenne : 300 000 bt/an

ALFRED GRATIEN
30, rue Maurice-Cerveaux, BP 3,
51201 Épernay
03 26 54 38 20 • www.alfredgratien.com •
Visites : sans rendez-vous.
Propriétaire : Henkell et Freixenet
Chef de cave : Nicolas Jaeger

★

OLIVIER HORIOT

On dénichera chez cet artisan engagé la plus intéressante déclinaison de rosé des Riceys et de coteaux-champenois (non filtré), vinifiés par lieu-dit : ils retrouvent la vivacité végétale et la finesse aromatique des pinots noirs septentrionaux, jadis largement produits dans la région. Une aventure gustative unique amplifiée par une culture biodynamique qui révèle chaque millésime le plus naturellement possible.

Les vins : l'expression de haute maturité des raisins des Riceys donnent un sens profond et séveux à chacune des cuvées. Des palettes de saveurs riches en fruits rouges très juteux se dévoilent avec gourmandise comme dans les déclinaisons de Sève, blanc et rosé. 5 Sens, assemblage de pinots noir, blanc, meunier, arbanne et chardonnay, offre un équilibre original entre exotisme et fermeté. L'identité des terroirs de ce secteur sudiste s'exprime avec panache.

Brut Blanc de Noirs Sève En Barmont	48 € (c)	15
Brut Nature 5 Sens 2012	68 € (c)	15,5
Brut Nature Métisse Noirs & Blancs	38 € (c)	14,5
Extra-Brut Rosé de Saignée Sève En Barmont	48 € (c)	15

Rouge : 6,8 hectares.
Pinot noir 91 %, Pinot meunier 6 %, Pinot gris 3 %
Blanc : 1,7 hectare.
Chardonnay 50 %, Pinot blanc 25 %, Arbane 15 %, Petit Meslier 10 %
Production moyenne : 40 000 bt/an

OLIVIER HORIOT
25, rue de Bise, 10340 Les Riceys
03 25 29 32 16 • www.horiot.fr • Vente et visites : au domaine sur rendez-vous.
Propriétaire : Olivier Horiot

★

HURÉ FRÈRES

François et Pierre Huré ont pris la suite de leur père, Raoul, en donnant une orientation typée du terroir à des champagnes issus principalement de Ludes et Ville-Dommange, des premiers crus de la Montagne de Reims. À la tête de 10 hectares et d'une activité de négoce, ils produisent des vins au fruité tranchant, fournis, élancés, sans fermentation malolactique, dans lesquels la minéralité saline monte en puissance, millésime après millésime. La production est homogène. Une nouvelle gamme 4 éléments a vu le jour. Pour chaque cuvée, une parcelle, un cépage et un millésime sont mis en lumière par une vinification sans "malo" en demi-muids, un vieillissement sous bouchon liège et un dosage a minima (3 grammes/litre). Il est dommage que cette précision dans la vinification ne soit pas accompagnée de plus de chair pour conférer davantage de charme à ces cuvées confidentielles.

Les vins : habituellement très goûteuse et sapide, la cuvée ambassadrice du domaine, Invitation (base 2015), est un peu plus dure. Le rosé L'Insouciance (base 2016) est encore dans la fougue de la jeunesse mais révèle une saveur de fruit rouge fin. Les millésimés sont bien menés sous bois avec une patine élégamment torréfiée telle cette Instantanée séveuse de 2012. Nous maintenons nos remarques des années précédentes sur les cuvées parcellaires, précises et ciselées mais encore très rigides. Elles manquent de chair savoureuse en 2014.

Brut Invitation	28 €	14
Extra-Brut 4 éléments Chardonnay Les Blanches Voies 2014	68 €	15
Extra-Brut 4 éléments Meunier La Grosse Pierre 2014	68 €	14,5
Extra-Brut 4 éléments Pinot noir La Perthe 2014	68 €	15
Extra-Brut Blanc de Blancs L'Inattendue 2014	35 €	15,5
Extra-Brut Mémoire	52 €	15,5
Extra-Brut Terre Natale 2008	46 €	16
Brut Rosé L'Insouciance	32 €	15,5

Le coup de ♥

Extra-Brut L'Instantanée 2012	33 €	16

Rouge : 8 hectares.
Pinot noir 50 %, Pinot meunier 50 %
Blanc : 2 hectares.

Chardonnay 100 %
Production moyenne : 85 000 bt/an

HURÉ FRÈRES
2, impasse Carnot, 51500 Ludes
03 26 61 11 20 •
www.champagne-hure-freres.com • Vente et visites : au domaine sur rendez-vous.
Propriétaire : François et Pierre Huré

★ ↗

LAHERTE FRÈRES

Le vignoble, planté de meunier surtout, se situe dans la vallée de la Marne, du côté du Breuil et de Boursault et sur la Côte des Blancs, en chardonnay. Il est replanté de vignes en sélections massales issues de vieilles parcelles maison. Les trois quarts des vins sont vinifiés sous bois, en barrique. L'apport du chêne se trouve ici bien géré, sans outrance, souvent sans fermentation malolactique. La cuvée Les 7 est issue des sept cépages autorisés en Champagne, plantés sur une parcelle située sur Chavot. La date de dégorgement est mentionnée sur chaque bouteille. Si nous étions restés sur notre de soif avec les tirages de l'année dernière, les vins présentés cette année nous enchantent et méritent de retrouver leur étoile.

Les vins : construits sur une base de 2016, Ultradition (60 % meunier) et le blanc de blancs se livrent avec droiture et fougue, tout en exprimant un fruité fringant. Les 2014 déclinée en trois cépages livrent une définition concentrée, riche en extraits secs et en sensation crayeuse tannique qui les destinent à la table. Les Empreintes 2012 se pose tranquillement avec une certaine envergure tout en conservant sa droiture initiale. On a joliment saigné le meunier dans Les Beaudiers, un rosé haut en couleur et en intensité de saveurs. Rosé de Meunier, lui, est un peu plus simple.

- Brut Nature Blanc de Blancs — 35,50 € (c) — 15
- Brut Ultradition — 31 € (c) — 15
- Extra-Brut Les 7 — 65 € (c) — 16
- Extra-Brut Les Empreintes 2012 — 48 € (c) — 15,5
- Extra-Brut Les Grandes Crayères 2014 — 49 € (c) — 16
- Extra-Brut Les Vignes d'Autrefois 2014 — 49 € (c) — 15,5
- Extra-Brut Premier Cru Les Longues Voyes 2014 — 49 € (c) — 16,5
- Extra-Brut Les Beaudiers 2014 — 50 € (c) — 16
- Extra-Brut Rosé de Meunier — 38 € (c) — 14

Rouge : 5,2 hectares.
Pinot meunier 87 %, Pinot noir 11 %, Divers noir 2 %
Achat de raisins.
Blanc : 6,3 hectares.
Chardonnay 93 %, Petit Meslier 5 %, Divers blanc 2 %
Achat de raisins.
Production moyenne : 160 000 bt/an

LAHERTE FRÈRES
3, rue des Jardins, 51530 Chavot
03 26 54 32 09 •
www.champagne-laherte.com • Vente et visites : au domaine sur rendez-vous.
Propriétaire : Thierry Laherte

★

LALLIER

Francis Tribaut, enfant du pays, ancien chef de production chez Lanson-Pommery et proche des vignerons a repris cette vénérable maison en 2004 et a transformé le style des vins en leur apportant davantage de précision et de profondeur. À la fois patron et chef de cave, il bénéficie d'infrastructures performantes et d'approvisionnements de très bon niveau, avec une part importante de grands crus mis en valeurs par des dosages très mesurés. La maison propose désormais deux sélections parcellaires en blanc de blancs (Loridon) et blanc de noirs (Les Sous).

Les vins : avouons quelques réserves sur une gamme dont certains vins se montrent un peu mous et évolutifs, à l'image du R.015 franchement décevant, à la finale très pâteuse. Même remarque pour Ouvrage, cuvée élevée sous liège, qui se révèle aussi marquée par l'évolution et le manque de pep's en finale, tout comme le 2010, déjà très avancé. Le rosé est plus expressif, avec de la vigueur et un beau fruit. Loridon est un blanc de blancs provenant du secteur d'Aÿ. Le vin est ample, mais tonique, servi par une finale saline qui manque un peu au reste de la gamme.

- Brut Grand Cru 2010 — 45 € — 14,5

- Brut Grand Cru Blanc de Blancs 40 € 15,5
- Brut Nature Zéro Dosage 36 € 15
- Brut R.015 35 € 13,5
- Extra-Brut Grand Cru Blanc de Blancs Sélection Parcellaire Loridon 75 € 17
- Extra-Brut Grand Cru Blanc de Noirs Sélection Parcellaire Les Sous 75 € 16
- Extra-Brut Grand Cru Ouvrage 58 € 14,5
- Brut Grand Cru Grand Rosé 38 € 15

Rouge : 30 hectares.
Pinot noir 100 %
Achat de raisins.
Blanc : 20 hectares.
Chardonnay 100 %
Achat de raisins.
Production moyenne : 400 000 bt/an

LALLIER
4, place de la Libération, 51160 Aÿ
03 26 55 43 40 • www.champagne-lallier.com • Vente et visites : au domaine sur rendez-vous.
Propriétaire : Francis Tribaut

★

LAURENT-PERRIER

Le groupe Laurent-Perrier (Delamotte, Salon, De Castellane, Jeanmaire, etc.) cinquième groupe de Champagne, a été le plus innovant sous l'ère de son fondateur Bernard Nonancourt, disparu en 2010 et auquel ont succédé ses filles. L'historique chef de cave, Michel Fauconnet, reste le gardien du goût "L.-P." construit autour du chardonnay. Le vignoble propre ne couvre que 10 % des approvisionnements. Aromatique, vive, à la fermentation malolactique faite partiellement, la gamme est pour beaucoup dans le succès mondial du champagne apéritif, en blanc comme en rosé.

Les vins : franche et arrondie, La Cuvée est un vin tendre, accessible et d'une bonne gourmandise. Ultra Brut demeure une belle référence de la maison, bien travaillée, sans austérité, avec une petite patine agréable et une finale doucement briochée. On retrouve une belle dynamique dans le 2008 qui bénéficie de la précision du millésime. Un vin tendu et charnu à la finale ronde. Le rosé se montre plus rassasiant, avec une bouche pleine et un enrobage un peu marqué. À boire à table. Désormais numérotée, la cuvée Grand Siècle demeure un assemblage de trois millésimes : 2004, 2006 et 2007 en l'occurrence pour celle qui porte le numéro 24. Le vin est dense, brioché, et séduisant, dans un esprit consensuel.

- Brut Grand Siècle 132 € (c) 17
- Brut La Cuvée 38,90 € (c) 14,5
- Brut Millésimé 2008 55 € (c) 15,5
- Brut Alexandra Grande Cuvée Rosé 2004 300 € (c) 17,5
- Brut Cuvée Rosé 72,50 € (c) 14,5

Le coup de ♥
- Ultra Brut 48,90 € (c) 15,5

Rouge : Pinot noir 94 %, Pinot meunier 6 %
Blanc : Chardonnay 100 %

LAURENT-PERRIER
32, avenue de Champagne, 51150 Tours-sur-Marne
03 26 58 91 22 • www.laurent-perrier.com • Pas de visites.
Propriétaire : Famille de Nonancourt
Directeur : Stéphane Dalyac
Chef de cave : Michel Fauconnet

★

MARIE-NOËLLE LEDRU

Marie-Noëlle Ledru prépare progressivement sa retraite. Elle commercialise précieusement une part de son stock. Que les aficionados de ses champagnes ultra-pinot, entiers, énergiques, d'une franchise exemplaire, se rassurent : cette grande vigneronne a conservé des stocks pour les satisfaire. Comme les prix demeurent accessibles, les amateurs de grands vins bénissent cette adresse.

Les vins : ces champagnes goûteux au caractère intègre, sans sophistication, nécessitent une bonne aération avant de livrer leur chair ample et leur richesse de saveurs marquées par les fruits rouges d'Ambonnay ; ils proposent un relief sanguin et oxydatif, presque jurassien. Amateurs de champagnes très tendus, passez votre chemin ! La puissance que dégagent l'extra-brut (moitié de 2013) et le brut (moitié de 2014) ravira les palais en quête de vinosité. La Cuvée du Goulté est digne des plus beaux 2013, un millésime tardif où le pinot se dessine avec élan et une légère austérité. Il vieillira à merveille. Le 2010 s'ouvre rapidement. Ce n'est pas un très grand millésime, mais il révèle une expression généreusement fruitée du pinot, soulignée par la fraîcheur du chardonnay.

- Brut Grand Cru 21,10 € 16
- Brut Nature Grand Cru 2010 de 150 à 200 € (c) 16,5
- Extra-Brut Grand Cru 26,40 € 15,5

Le coup de ♥

- Extra-Brut Grand Cru Cuvée du Goulté Blanc de Noirs 2013 37,30 € 17

Rouge : 1,4 hectare.
Pinot noir 100 %
Blanc : 0,3 hectare.
Chardonnay 100 %
Production moyenne : 8 000 bt/an

MARIE-NOËLLE LEDRU
5, place de La Croix, 51150 Ambonnay
03 26 57 09 26 •
info@champagne-mnledru.com • Vente et visites : au domaine sur rendez-vous.
Propriétaire : Marie-Noëlle Ledru

★

MAILLY GRAND CRU

Illustrant à merveille ce que la coopérative peut produire de mieux, cette structure de petite taille rayonne sur les pinots noirs de la grande Montagne de Reims. Dans les grands crus Mailly, Verzenay et Verzy, le génie humain de la Champagne permet de faire mûrir des raisins exposés plein nord. Ces pinots noirs aromatiques évoluent plus lentement, sur des notes acidulées. La coopérative vinifie presque le tiers des 230 hectares du village qui s'assemble bien avec les chardonnays (25 %) du même cru, s'exprimant davantage dans le volume et la chair que dans la finesse et la fraîcheur. Les cuvées issues de sélections parcellaires (L'Intemporelle, Les Échansons) égalent le niveau des grandes de la maison, à prix accessible. Le niveau est régulier.

Les vins : le brut Réserve est un champagne très agréable, avec une jolie rondeur de bouche, des saveurs fraîches et de la gourmandise. Dans sa version extra-brut, le Millésimé 2012 surpasse largement son aîné. On appréciera sa précision, son tonus et la belle saveur d'agrumes qui signe sa finale. Le rosé assume un côté très vineux, tannique et puissant, le destinant à la table. Une bouteille à boire sans se presser. Dans un millésime aussi compliqué que 2011, fallait-il sortir une Intemporelle ? Le vin montre déjà une certaine évolution et manque d'éclat au regard de ce que peut être cette cuvée. Nous préférons largement Les Échansons en 2008, porté par la précision du millésime et une finale très iodée.

- Brut Grand Cru Blanc de Noirs 37 € (c) 15
- Brut Grand Cru L'Intemporelle 2011 62 € (c) 14
- Brut Grand Cru Les Échansons 2008 100 € (c) 17
- Brut Réserve 32 € (c) 14,5
- Brut Grand Cru L'Intemporelle Rosé 2010 72 € (c) 15,5
- Brut Rosé 40 € (c) 15

Le coup de ♥

- Extra-Brut Millésimé 2012 37 € (c) 16

Rouge : 50 hectares.
Pinot noir 100 %
Blanc : 20 hectares.
Chardonnay 100 %
Production moyenne : 500 000 bt/an

MAILLY GRAND CRU
28, rue de la Libération,
51500 Mailly-Champagne
03 26 49 41 10 •
www.champagne-mailly.com • Pas de visites.
Propriétaire : Xavier Muller
Directeur : Jean-François Préau
Chef de cave : Sébastien Moncuit

★

A. MARGAINE

Arnaud Margaine possède toutes ses vignes à Villers-Marmery, un premier cru au sud-est de la Montagne de Reims. Le secteur est réputé pour ses chardonnays puissants, savoureux, qui ont la particularité de donner des champagnes charnus et accessibles jeunes. Beaucoup de maisons en raffolent. La gamme n'est pas aussi précise que les années passées : les champagnes sont un peu stricts et manquent de charme.

Les vins : la force des chardonnays de Villers-Marmery est indiscutable. Le premier cru est un jeune vin fougueux (base 2016) qui demande à s'apaiser encore un an en cave, tandis que l'extra-brut, construit sur une soléra de 2012 à

2002, s'offre dans un registre plus vineux : il est prêt à boire. Le rosé, haut en couleur, s'illustre avec beaucoup de matière et une petite dureté en finale.

Brut Premier Cru	23 €	14
Extra-Brut Premier Cru Le Caractère M	41 €	14,5
Brut Rosé	28 €	14,5

Rouge : 1 hectare.
Pinot noir 100 %
Blanc : 6 hectares.
Chardonnay 100 %
Production moyenne : 60 000 bt/an

A. MARGAINE
3, avenue de Champagne,
51380 Villers-Marmery
03 26 97 92 13 • champagnemargaine.com •
Visites : sans rendez-vous.
Propriétaire : Arnaud Margaine

★

MARGUET

Depuis quelques années, Benoît Marguet incarne l'une des plus fulgurantes progressions de la Champagne. Ce jeune homme zen est un adepte de géobiologie, dans sa cave, et de biodynamie, dans son vignoble situé exclusivement en grand cru, à Ambonnay et Bouzy, où le pinot noir (48 %) domine les chardonnays. Une autre gamme (identifiable grâce à une collerette verte) s'illustre avec une petite activité d'achat de raisins bio, principalement en Côte des Blancs (Cramant, Avize et Chouilly). Les fermentations se font sous bois, impulsées par les levures naturelles, les sulfitages sont minimes, et les dosages proscrits. Pourtant, grâce la parfaite maturité des raisins, le champagne y revêt une douceur incroyable, ainsi qu'un équilibre en dentelle. Ils n'accusent jamais de dureté et se montrent toujours plein de vitalité. Ils laissent en bouche une étrange sensation d'énergie et d'apaisement qui ne vous laissera pas indifférent. La deuxième étoile sera décernée lorsque l'empreinte boisée de l'élevage sera parfaitement intégrée, ce qui n'est pas le cas aujourd'hui.

Les vins : les nuances fruitées et crayeuses se dessinent dans chacune des cuvées à l'image du Shaman, le porte-drapeau du domaine, persistant et salivant. Le rosé incarne une définition très subtile. Les cuvées de lieux-dits sont un soupçon plus marquées par leur passage en fût mais révèlent une sève terrienne, aussi bien en chardonnay (Les Bermonts et Le Parc) qu'en pinot noir (les Saint Rémys) : de beaux champagnes à encaver. Côté négoce, la gamme est délicate, tout en déroulant une amertume extrêmement salivante. Sapience 2009 est en pleine forme et parfaitement velouté.

Brut Nature Grand Cru Avize et Cramant 2014	76 €	16,5
Brut Nature Grand Cru Aÿ 2014	76 €	16
Brut Nature Grand Cru Blanc de Blancs Chouilly 2014	55 €	16
Brut Nature Premier Cru Sapience 2009	155 €	18
Extra-Brut Grand Cru Ambonnay Le Parc 2014	76 €	17
Extra-Brut Grand Cru Blanc de Blancs 2014	55 €	16,5
Extra-Brut Grand Cru Blanc de Noirs Les Saint Rémys 2014	76 €	17
Extra-Brut Grand Cru Les Bermonts Ambonnay Vieilles Vignes 2014	76 €	16,5
Extra-Brut Grand Cru Shaman 15	32 €	16
Extra-Brut Premier Cru Blanc de Blancs Trépail 2014	55 €	16
Brut Nature Grand Cru Ambonnay 2014	50 €	17

Rouge : 4,6 hectares.
Pinot noir 100 %
Achat de raisins.
Blanc : 3,4 hectares.
Chardonnay 100 %
Achat de raisins.
Production moyenne : 80 000 bt/an

MARGUET ☾
1, place Barancourt, 51150 Ambonnay
03 26 53 78 61 •
www.champagne-marguet.fr • Vente et visites : au domaine sur rendez-vous.
Propriétaire : Benoît Marguet

★

CHRISTOPHE MIGNON

Installés près des villages de Leuvrigny et de Festigny, Laurence et Christophe Mignon donnent ses lettres de noblesse au meunier de la vallée de la Marne. Cette cinquième génération cultive avec exigence son vignoble. Leurs champagnes, 100 % meunier à l'exception de la cuvée Coup de Foudre, peu ou non dosés, impressionnent par la pureté et la force de leurs saveurs.

Les vins : les meuniers sont parmi les plus énergiques et les plus précis de la vallée de la Marne. Pourtant peu (extra-brut, 2015-2016) ou non dosés (brut nature 2013-2014), ces cuvées très toniques feront merveille sur des fromages à croûte fleurie, comme le camembert. Le 2013 a évolué vers de fines notes automnales, en conservant l'équilibre fringant de la jeunesse. Il sera à boire dans les quinze ans. Le rosé est particulièrement pulpeux, avec une légère structure tannique, et constitue l'une des plus belles expressions de cette catégorie.

Brut Nature	32 €	15
Brut Nature Blanc de Blancs Coup de Foudre 2013	43 €	16,5
Extra-Brut Pur Meunier 2013	49 €	16
Extra-Brut Pur Meunier	32 €	15,5
Brut Nature Rosé de Saignée 2014	45 €	16

Rouge : 6 hectares.
Pinot meunier 89 %, Pinot noir 11 %
Blanc : 0,5 hectare.
Chardonnay 100 %
Production moyenne : 45 000 bt/an

CHRISTOPHE MIGNON
La Boulonnerie, 51700 Festigny
03 26 58 34 24 •
www.champagne-christophe-mignon.com •
Vente et visites : au domaine sur rendez-vous.
Propriétaire : Christophe Mignon

★

BRUNO PAILLARD

Issu d'une famille de vignerons et de courtiers en bouteilles, Bruno Paillard a créé sa propre maison en 1981. Désormais épaulé par sa fille Alice, qui suit les relations avec le vignoble, Bruno Paillard pratique une viticulture qui se rapproche de l'éthique bio sans en revendiquer la certification. Nous retrouvons avec plaisir cette maison et l'esprit de ses cuvées typées chardonnay : aromatiques, expressives, étayées en bouche par des acidités fines et des bulles délicates. De très beaux champagnes délicats et intenses.

Les vins : louons le soin apporté par la maison qui mentionne le date de dégorgement sur chacune de ses cuvées, y compris sur la Première Cuvée. En l'occurrence, septembre 2018 pour celle dégustée. Il s'agit d'un vin posé, d'une belle vivacité enrobée, avec une tension saline. Coup de cœur pour ce très beau rosé, très précis et scintillant, avec une persistance sur un fruité acidulé. Exercice toujours périlleux, le Dosage : Zéro est servi par une jolie patine en bouche et une fine complexité. Marqué par la richesse du millésime, le 2009 est un vin plus large et rassasiant qu'il conviendra de servir à table. Nec Plus Ultra 2004, ample, de belle tenue, avec un côté déjà très accessible et un très joli fond, coiffe la gamme, mais affiche un prix très soutenu.

Brut Nature Dosage : Zéro	48 €	16
Extra-Brut Assemblage 2009	65 €	15
Extra-Brut Grand Cru Blanc de Blancs	60 €	16,5
Extra-Brut Nec Plus Ultra 2004	200 €	17,5
Extra-Brut Première Cuvée	39 €	15,5

Le coup de ♥

Extra-Brut Rosé Première Cuvée	49 €	16

Rouge : Pinot noir 70 %, Pinot meunier 30 %
Achat de raisins.
Blanc : Chardonnay 100 %
Achat de raisins.
Production moyenne : 400 000 bt/an

BRUNO PAILLARD
Avenue de Champagne, 51100 Reims
03 26 36 20 22 •
www.champagnebrunopaillard.com •
Visites : sur rendez-vous uniquement aux professionnels.
Propriétaire : Bruno Paillard (Président)
Directeur : Alice Paillard et Bruno Paillard
Chef de cave : Laurent Guyot

★

FRANCK PASCAL

Depuis vingt ans, ce domaine s'est engagé dans la culture bio puis biodynamique pour produire « des champagnes bio-compatibles digestes que le corps reconnaît et assimile facilement, procurant un plaisir en toute simplicité et une sensation de bien-être ». Les conditions climatiques extrêmes de 2016 ont conduit Franck Pascal à traiter ses vignes chimiquement, entraînant la perte de son label de biodynamie. Question de survie. Aucun vin de 2016 ne sera vendu sous son étiquette. Le vignoble est à dominante de meunier et de pinot noir, sur argiles à silex et meulière, morcelé sur cinq communes de la rive droite de la vallée de la Marne. Franck donne naissance à des champagnes de caractère pour un public à la recherche de vinosité et de goût du terroir.

Les vins : une certaine douceur et beaucoup de tendresse se dégagent de ces champagnes, notamment le Reliance (2010 et 2011) qu'il est temps de boire. Le rosé s'affirme avec beaucoup de goût, un fruité extrêmement friand. L'allonge du Fluence le place au-dessus des bruts sans année. Le pinot noir domine Quinte-Essence, cuvée de grande douceur, subtilement poivrée et réglissée. Un champagne sage et apaisant à boire tranquillement au coin du feu. L'étoile est confirmée.

Brut Nature Fluence	33 €	15,5
Brut Nature Reliance	39 €	14,5
Extra-Brut Quinte-Essence 2009	59 €	16,5
Brut Rosé Tolérance	45 €	15,5

Rouge : 5,6 hectares.
Pinot meunier 75 %, Pinot noir 25 %
Blanc : 1,4 hectare.
Chardonnay 100 %
Production moyenne : 50 000 bt/an

FRANCK PASCAL ♣
34 bis, rue Valentine Régnier,
51700 Baslieux-sous-Châtillon
03 26 51 89 80 •
www.deschampagnespourlavie.com • Vente et visites : au domaine sur rendez-vous.
Propriétaire : Isabelle et Franck Pascal

★

JOSEPH PERRIER

Fleuron du groupe Thiénot, Joseph Perrier est une discrète maison implantée à l'écart du vignoble, à Châlons-en-Champagne. Encore dirigée par les descendants de Joseph Perrier (Jean-Claude Fourmont), la maison dispose d'originales caves gallo-romaines de plain-pied et d'un vignoble historique d'une vingtaine d'hectares dans la vallée de la Marne (Cumières, Hautvillers et Damery). Les pinots du domaine, majoritaires, donnent une tonalité mature à la gamme, et les chardonnays lui offrent une minéralité et une puissance rares. Les efforts déployés se retrouvent dans la finesse et l'harmonie présentes à tous les niveaux de la gamme.

Les vins : agréable et fraîche, avec de la rondeur, la Cuvée Royale est un agréable champagne apéritif. Le Rosé est tonique, avec une belle tension et un fruité croquant. En version millésimée, le rosé Esprit de Victoria 2010 se montre solide, plus vineux et intense, avec une finale sur les fruits rouges. Nouvelle cuvée, le blanc de noirs Cumières 2010 impose une très belle définition de bouche et de l'énergie. Toujours en forme, Joséphine 2008 garde un bel équilibre, des notes qui commencent à évoluer dans un registre de fruits secs, avec une finale qui s'étire bien.

Brut Cuvée Royale	35 €	14,5
Brut Joséphine 2008	125 €	17,5
Brut Royale Blanc de Blancs	35 €	15
Brut Vintage 2008	de 280 à 320 € (c)	15,5
Brut Rosé Esprit de Victoria 2010	80 €	16
Brut Royale Rosé	48 €	15

Le coup de ♥

Brut Nature Blanc de Noirs Cumières 2010	67 €	16

Rouge : Pinot meunier 57 %, Pinot noir 43 %
Achat de raisins.
Blanc : Chardonnay 100 %
Achat de raisins.
Production moyenne : 800 000 bt/an

JOSEPH PERRIER
69, avenue de Paris, BP 80031,
51016 Châlons-en-Champagne
03 26 68 29 51 • www.josephperrier.fr •
Vente et visites : au domaine sur rendez-vous.
Propriétaire : Groupe Thiénot
Directeur : Jean-Claude Fourmont
Chef de cave : Nathalie Laplaige

★

PERRIER-JOUËT

Comme Mumm, Perrier-Jouët appartient depuis 2005 au groupe Pernod-Ricard. La maison propose des champagnes très chardonnay, du fait d'un vignoble majoritairement situé sur Cramant et Avize, au style ample et baroque défendu par le chef de cave Hervé Deschamps, arrivé chez

Perrier-Jouët en 1983. Sa célèbre Belle Époque, conçue et signée en 1902 par Émile Gallé, a engendré de très belles bouteilles, mais aussi quelques déceptions sur des millésimes intermédiaires. Hélas, les prix, eux, se sont envolés.

Les vins : la maison propose une gamme de vins bien construits, d'une approche assez consensuelle. Le Grand Brut a un côté souple, très crémeux et rond en bouche, avec une petite pointe de richesse en finale. Le blanc de blancs est plus dynamique, avec une finale mordante et une bonne finesse de bouche. Le rosé se livre avec un goût très fruité, agréable et un bon volume de bouche. Une cuvée taillée pour la table. Belle Époque 2012 succède avec bonheur à un 2011 très "léger". Nous retrouvons la profondeur et l'allonge qui signent ce vin à la finale étirée et très saline. Il possède bien plus d'éclat que la version blanc de blancs 2006 au profil rond, marqué par la richesse du millésime.

Brut Belle Epoque 2012	135 €	17,5
Brut Blanc de Blancs Belle Époque 2006	350 €	15,5
Grand Brut	38 €	14,5
Brut Blason Rosé	64 €	15
Brut Rosé Belle Époque 2010	250 €	16

Le coup de ♥

Brut Blanc de Blancs	64 €	15,5

Rouge : Pinot noir 63 %, Pinot meunier 37 %
Achat de raisins.
Blanc : Chardonnay 100 %
Achat de raisins.
Production moyenne : 2 500 000 bt/an

PERRIER-JOUËT
28, avenue de Champagne, 51200 Épernay
03 26 53 38 00 • www.perrier-jouet.com •
Pas de visites.
Propriétaire : Pernod-Ricard
Directeur : César Giron
Chef de cave : Hervé Deschamps

★

TAITTINGER

Le flamboyant P.E.T. (Pierre-Emmanuel Taittinger), entouré désormais de ses enfants Vitalie et Clovis et d'une équipe rajeunie, remettent en ordre de marche cette maison majeure qui dispose de crayères historiques et d'un trésor de vignes (dont de rares sélections massales et 180 hectares travaillés sans herbicides). « L'avenir de Taittinger n'est pas tant d'augmenter les volumes que de pouvoir augmenter la part des cuvées de luxe dans notre offre », explique Pierre-Emmanuel Taittinger, en mettant notamment l'accent sur la cuvée Comtes de Champagne. Le dosage (9 grammes/litre constants) est ici défendu comme un « exhausteur de goût, indispensable dans les bruts sans année ». Nous sentons depuis quelques années une progression dans la densité des vins.

Les vins : la gamme est cohérente, dans un style bien affirmé et gourmand. Très marquée par le chardonnay, le brut Réserve fait preuve d'une agréable gourmandise, dans un registre beurré séduisant. Cuvée assez méconnue, Prélude, assemblage de grands crus, joue dans un registre très rond, grillé et légèrement réduit. Flatteur et de belle ampleur. L'évolution de Comtes de Champagne 2007 se fait sur l'équilibre et ce côté très gourmand et toasté qui signe la cuvée. Très belle finesse. Le rosé 2006 montre ses muscles dans un vin ample, charnu qui à ce stade fait parler ses pinots. Il réclame des plats de caractère.

Brut Millésimé 2013	46,50 €	15
Brut Prélude Grands Crus	43 €	16
Brut Réserve	34,50 €	15
Brut Comtes de Champagne Rosé 2006	170 €	17,5

Le coup de ♥

Brut Blanc de Blancs Comtes de Champagne 2007	130 €	17,5

Rouge : 187,2 hectares.
Pinot noir 76 %, Pinot meunier 24 %
Achat de raisins.
Blanc : 100,8 hectares.
Chardonnay 100 %
Achat de raisins.
Production moyenne : 6 500 000 bt/an

TAITTINGER
9, place Saint-Nicaise, 51100 Reims
03 26 85 45 35 • www.taittinger.com •
Visites : sans rendez-vous.
Propriétaire : Pierre-Emmanuel Taittinger
Directeur : Damien Lesueur
Œnologue : Alexandre Ponnavoy

★

TARLANT

Au cœur de la rive gauche de la vallée de la Marne et de celle du Surmelin, Benoît Tarlant (le vinificateur) et sa sœur Mélanie (au commerce et à la communication) ont succédé à leurs parents. Leur viticulture se révèle exigeante, adaptée à la mosaïque de sols et de sous-sols qu'ils exploitent : des sables au silex, des argiles et calcaires à la pure craie. Sans levurage ni enzymage, les deux tiers des vinifications se font sous bois. Ces champagnes ont du volume, de la mâche et ils conservent une grande fraîcheur du fait d'un dosage léger. La politique de conserver longuement les vins en cave est salutaire. Cependant les derniers tirages n'ont pas l'énergie et l'éclat que l'on attend à ce niveau d'excellence. Nous retirons donc une étoile.

Les vins : aussi bien en blanc (base 2012) qu'en rosé (base 2013), les bruts nature offrent une définition vineuse et percutante de champagnes non dosés. Saluons le repos en cave judicieux des cuvées Louis (2003-2002, à boire désormais), et de l'Étincelante 2002 (57 % chardonnay, malo bloquée), cuvée menée par une trame oxydative complexe et vineuse, destiné à la table. La recherche de maturité des raisins pour les coteaux-champenois est indéniable, mais nous aimerions un équilibre plus élancé et éclatant dans une région où la fraîcheur fait partie des fondamentaux.

Brut Nature Cuvée Louis	130 € (c)	15,5
Brut Nature L'Etincelante Prestige 2002	de 150 à 200 € (c)	16
Brut Nature Zéro	37 €	15
Coteaux Champenois L'Enclume mCn 2017	52 € (c)	14,5
Brut Nature Rosé Zéro	43 €	15
Coteaux Champenois Longue Attente 2016	55 € (c)	14,5

Rouge : 9,1 hectares.
Pinot noir 75 %, Pinot meunier 25 %
Blanc : 3,9 hectares.
Chardonnay 80 %, Petit Meslier 10 %, Pinot meunier blanc 5 %, Arbane 5 %
Production moyenne : 100 000 bt/an

TARLANT
21, rue de la Coopérative, 51480 Œuilly
03 26 58 30 60 • www.tarlant.com • Vente et visites : au domaine sur rendez-vous.
Propriétaire : Famille Tarlant
Directeur : Benoît et Mélanie Tarlant

★ ↗

YANN ALEXANDRE

Situé à Courmas, petit village du nord-ouest de la Montagne de Reims, le vignoble, issu d'un héritage familial, s'étend sur 30 parcelles et neuf communes où les meuniers et pinots noirs sont particulièrement fringants et savoureux.

Les vins : si nous reprochions aux tirages précédents d'être un peu contenus, les champagnes actuels sont très harmonieux et posés. Les bruts sans année, en blanc et en rosé, bien menés et assagis par les vins de réserve, sont remarquables. Même le 2011, millésime exécrable en Champagne, dévoile une enveloppe charnelle. Une gamme impeccable et un domaine en pleine forme, auquel nous accordons la première étoile.

Brut Blanc de Blancs 2011	37 €	15,5
Brut Nature Roche Mère	33 €	16
Brut Premier Cru Grande Réserve	35 €	16
Extra-Brut Premier Cru Millésimé 2010	45 €	16,5
Extra-Brut Sous les Roses 2013	52 €	16,5
Brut Premier Cru Blanches Terres	37 €	16

Rouge : 4,6 hectares.
Pinot meunier 75 %, Pinot noir 25 %
Blanc : 1,7 hectare.
Chardonnay 99 %, Divers blanc 1 %
Production moyenne : 30 000 bt/an

YANN ALEXANDRE
8, chemin des Jardins, 51390 Courmas • www.champagneyannalexandre.fr • Vente et visites : au domaine sur rendez-vous.
Propriétaire : Yann Alexandre

APOLLONIS – MICHEL LORIOT

Dans le village de Festigny (vallée de la Marne), Michel Loriot a renommé le domaine familial Apollonis en 2016. Ce mélomane dispose d'une palette complète de cépages régionaux, avec la particularité de mettre en avant d'exceptionnelles vieilles vignes de meunier, une référence historique dans ce cépage. La musique, qui berce les vins en cave (la Symphonie pastorale de Beethoven pendant la seconde fermentation), est aussi diffusée dans les vignes (les vibrations protégeraient la vigne des maladies). La dégustation de la gamme confirme une production abordable et, surtout, une qualité d'ensemble sans faille chez ces champagnes suaves, qui reflètent l'identité des pinots mûrs du secteur de Festigny.

Les vins : les bruts sans année à dominante de meunier s'avèrent digestes et fringants avec un bémol pour l'Authentic Meunier, bien plus simple qu'à son habitude et marqué d'une sensation végétale. Après un super 2008, Monodie 2010 est harmonieux aujourd'hui, délicieux et joliment automnal. En revanche, l'ambition de faire un millésimé en 2011 (Inspiration de Saison) malheureusement était trop risquée pour cette année exécrable.

- Brut Blanc de Noirs Authentic Meunier 29 € 13
- Brut Nature Palmyre 31 € 14,5
- Brut Patrimony 29 € 14,5
- Extra-Brut Inspiration de Saison 2011 44 € 13,5
- Brut Rosé Théodorine 30 € 14,5

Le coup de ♥

- Extra-Brut Monodie Meunier Vieilles Vignes 2010 56 € 15,5

Rouge : 6,1 hectares.
Pinot meunier 94 %, Pinot noir 6 %
Blanc : 0,7 hectare.
Chardonnay 100 %
Production moyenne : 60 000 bt/an

APOLLONIS - MICHEL LORIOT
13, rue de Bel-Air, 51700 Festigny
03 26 58 34 01 •
www.champagneapollonis.com •
Visites : sans rendez-vous.
Propriétaire : Michel et Martine Loriot

BARRAT-MASSON

Ce jeune domaine du Sézannais est né de l'union de Loïc Barrat et Aurélie Masson. Leurs vignes à Villenauxe-la-Grande et Betton, plantées principalement de chardonnay, alimentaient jusqu'en 2010 la cave coopérative locale, Le Brun de Neuville. Le tournant est pris dès 2009 avec le démarrage de la conversion en bio. En 2011, les premiers jus des quinze parcelles sont vinifiés avec rigueur, séparément, en cuve ou en fût. Nous nous réjouissons de découvrir les deuxièmes et troisièmes tirages de ces blancs de blancs méticuleux, au fruité fringant et joliment équilibrés malgré l'absence de dosage. Des champagnes délicats et suaves plutôt que profonds et structurés. La marge de progression est encore grande.

Les vins : toujours établis avec finesses, ces deux cuvées nées en 2015 sont légèrement marquées par l'expression végétale de l'année. Fleur de Craie est joliment citronné et rafraîchissant, tandis que Les Volies (chardonnay/pinot noir) est plus harmonieux et enveloppé d'une patine agréable.

- Extra-Brut Blanc de Blancs Fleur de Craie 36 € (c) 14

Le coup de ♥

- Brut Nature Les Volies 58 € (c) 15,5

Rouge : Pinot noir 100 %
Blanc : Chardonnay 100 %
Production moyenne : 18 000 bt/an

BARRAT-MASSON ♣
20, rue Jaillard, 10370 Villenauxe-la-Grande
03 25 39 17 98 •
champagne-barrat-masson.com • Vente et visites : au domaine sur rendez-vous.
Propriétaire : Aurélie et Loïc Barrat
Directeur : Loïc Barrat
Chef de cave : Aurélie Barrat

VEUVE CLICQUOT PONSARDIN

Le groupe de luxe LVMH, propriétaire depuis 1987, a fait de Veuve Clicquot la deuxième marque de champagne en volume avec son célèbre brut Carte Jaune (premier champagne vendu aux États-Unis). La maison possède des vignobles en premier et en grand cru, surtout destinés aux cuvées millésimées et à La Grande Dame. Marqué par le pinot noir, les vins de Clicquot sont historiquement réputés pour leur bouche vineuse et structurée. Sixième chef de cave depuis un siècle, Dominique Demarville poursuit le travail dans ce sens et maintient l'âme de la maison, dans un style destiné à plaire à un large public.

Les vins : dans un esprit crémeux, rond, mais aussi un peu végétal, Carte Jaune est un champagne consensuel et facile, destiné à une vaste clientèle internationale. Le rosé sans année, au dosage marqué, manque franchement de dynamisme, il termine sur une finale aux notes sucrées. Bien plus intéressant, le millésime 2012 semble montrer une inflexion de style, avec une vin bien plus tendu et précis, servi par une belle énergie. La Grande Dame 2008 confirme ses belles dispositions, avec une bouche qui "trace" et une belle persistance sur des notes iodées. Le vin est précis et de belle dimension.

- Brut Carte Jaune 40 € 14
- Brut La Grande Dame 2008 115 € 17
- Brut Rosé 44 € 13,5
- Brut Rosé La Grande Dame 2008 230 € 17

Le coup de ♥

- Brut Vintage 2012 50 € 16

Rouge : 35 hectares.
Pinot noir 81 %, Pinot meunier 19 %
Achat de raisins.
Blanc : 305 hectares.
Chardonnay 100 %
Achat de raisins.

VEUVE CLICQUOT PONSARDIN
12, rue du Temple, 51100 Reims
03 26 89 54 40 • www.veuve-clicquot.com •
Visites : sans rendez-vous.
Propriétaire : LVMH
Directeur : Jean-Marc Gallot
Chef de cave : Dominique Demarville

COESSENS

Ce producteur de la Côte des Bar (Aube) livre des champagnes mûrs, puissants, enrobés, vineux, qui séduiront les plus réfractaires à l'acidité. Ils sont issus d'une partie du vignoble familial cadastré "Largillier" qui tire son nom de la richesse des argiles de son sol de marnes kimméridgiennes. Cette petite production soignée, 100 % pinot noir, livre sa pleine dimension dans le cadre d'un repas ou d'un apéritif dînatoire. Jérôme Coessens a fait appel au Bourguignon Yves Confuron, talentueux vigneron du domaine Confuron-Cotetidot, adepte de la vinification en grappes entières, pour élaborer un coteaux-champenois rouge.

Les vins : ces champagnes puissants et plantureux sont subtilement balancés par une bulle fine et délicate. Dans des millésimes compliqués, le vigneron s'en sort avec brio. Le brut Nature de 2015 se montre savoureux malgré un caractère légèrement végétal. Même constat pour Les Sens Boisés 2011, vineux et doté d'une forte structure. Avec surprise, la récolte tardive 2013 sied à merveille à l'extra-brut profond et racé. Vinifié en grappes entières, le coteaux-champenois se montre rigide avec une expression fruitée faible. Espérons que ce soit une mauvaise phase de la vie du vin.

- Brut Largillier Blanc de Noirs 2015 44 € 14,5
- Brut Nature Largillier 2015 51 € 15
- Extra-Brut Largillier Caresse d'Automne 64 € 15,5
- Extra-Brut Largillier Les Sens Boisés 2011 53 € 15
- Extra-Brut Largillier Millésime 2013 60 € 16

Rouge : 5,8 hectares.
Pinot noir 100 %
Blanc : 0,7 hectare.
Chardonnay 100 %
Production moyenne : 20 000 bt/an

COESSENS
6, chemin des Farces, 10110 Ville-sur-Arce
03 51 63 70 48 •
www.champagne-coessens.com • Vente et visites : au domaine sur rendez-vous.
Propriétaire : Jérôme Coessens
Œnologue : Philippe Narcy

DEHOURS ET FILS

Installée depuis quatre générations à Cerseuil, petit village des coteaux sud de la vallée, la maison dirigée par Jérôme Dehours a su diversifier les cuvées et les styles, à partir d'un vignoble très morcelé sur les deux rives de la Marne. Ses champagnes de caractère, majoritairement construits autour du meunier, offrent une balance de jus sapide tout en jouant sur le fil d'une fine oxydation ménagée venue des vinifications en fût ancien. Nous sommes un peu déçus par les derniers tirages, construits sur une base de 2015 où la patine automnale prend le dessus sur le croquant que l'on attend du meunier. Nous retirons l'étoile au domaine en espérant un retour vers des champagnes plus racés.

Les vins : les tirages de cette année (base 2015) sont un cran en-dessous de l'année dernière. Ces "sans année" tendres ne possèdent pas la sève appétente que l'on attend du meunier.

Dans l'exécrable millésime 2011, la cuvée Vieilles Vignes est plutôt charmante mais manque de profondeur.

Brut Grande Réserve	28 € (c)	14
Extra-Brut Terre de Meunier	34 € (c)	14
Extra-Brut Vieilles Vignes 2011	41 € (c)	14,5

Rouge : Pinot meunier 86 %, Pinot noir 14 %
Blanc : 14,5 hectares.
Chardonnay 100 %
Production moyenne : 72 000 bt/an

DEHOURS ET FILS
2, rue de la Chapelle,
51700 Mareuil-le-Port-Cerseuil
03 26 52 71 75 • www.champagne-dehours.fr
• Vente et visites : au domaine sur rendez-vous.
Propriétaire : Famille Dehours
Directeur : Jérôme Dehours

DEVAUX

Fondé en 1846 et installé au cœur de la Côte de Bar, Devaux est la marque référence de l'Union auboise, noble coopérative qui compte plus de 800 vignerons et contrôle près de 1 400 hectares de vignoble. Cette dernière vend des vins de base à de nombreuses grandes maisons de la Marne et sélectionne une centaine d'hectares pour sa marque Veuve Devaux et la gamme D de Devaux, la plus intéressante. Le chef de cave Michel Parisot donne la priorité au pinot noir, élevé en foudre, dans un style digeste. La maison mérite toute l'attention des amateurs de champagnes fruités, charnus, bien charpentés par des jus d'excellente maturité.

Les vins : les vins sont de belle facture, accessibles et toujours habilement travaillés. Grande Réserve séduit par son côté abordable, joliment ciselé et tendu en finale. Un très joli vin apéritif. Cuvée D ajoute un petit supplément de profondeur, avec un côté finement grillé et toujours un joli tonus. Dosé à 3 grammes, L'Ultra D montre un bel équilibre, de la tension, mais pas d'austérité, et une salinité en finale bienvenue. Nous saluons aussi la franchise du Rosé D au fruité fin. Sténopé 2010, réalisé en collaboration avec la maison Chapoutier, est un champagne de belle définition qui se patine doucement et évolue dans un registre d'agrumes.

Brut Coeur des Bar	32 €	15
Brut Cuvée D	39 €	15,5
Brut Grande Réserve	28 €	14,5
Brut Sténopé 2010	140 €	16,5
Extra-Brut L'Ultra D	45 €	16
Brut Cuvée Rosée	33 €	14,5
Brut Rosé D	52 €	16

Rouge : 67 hectares.
Pinot noir 100 %
Blanc : 20 hectares.
Chardonnay 100 %
Production moyenne : 700 000 bt/an

DEVAUX
Domaine de Villeneuve, 10110 Bar-sur-Seine
03 25 38 30 65 • www.champagne-devaux.fr
• Visites : sans rendez-vous.
Propriétaire : Union Auboise
Directeur : Pascal Dubois
Chef de cave : Michel Parisot

DUVAL-LEROY

Maison familiale fondée à Vertus en 1859, Duval-Leroy doit son essor récent à la dynamique Carol Duval-Leroy et ses enfants, Julien et Charles. La gamme est vaste, avec notamment une série de champagnes parcellaires et une cuvée réalisée en partenariat avec les Meilleurs Ouvriers de France. Les ambitions affichées de monter en gamme et de se rapprocher de la belle gastronomie sont très louables, mais nous devons avouer que les derniers tirages de la maison nous ont laissés sur notre faim. Ce n'est peut-être qu'une période de transition avant de retrouver des vins plus frais et expressifs d'ici peu. Nous le souhaitons.

Les vins : la dégustation de la gamme nous déçoit et nous conduit à ôter l'étoile. Les vins pour beaucoup manquent de personnalité, avec des bulles envahissantes et un manque de profondeur. C'est le cas du brut Réserve, trop simple, ou du blanc de blancs qui ne nous emballe pas. L'extra-brut est plus dynamique et complexe, comme les cuvées Précieuses Parcelles dont l'évolution se poursuit dans le bon sens.

Brut AB	35 €	14,5
Brut Grand Cru Blanc de Blancs Prestige	55 €	14,5
Brut Grand Cru Femme de Champagne	89 €	16

Brut Précieuses Parcelles Petit Meslier 2007	90 €	16,5
Brut Réserve	30 €	14
Extra-Brut Premier Cru Prestige	35 €	14,5
Extra-Brut Précieuses Parcelles Clos des Bouveries 2006	80 €	16
Brut Premier Cru Rosé Prestige	45 €	14

Rouge : 100 hectares.
Pinot meunier 50 %, Pinot noir 50 %
Achat de raisins.
Blanc : 100 hectares.
Petit Meslier 50 %, Chardonnay 50 %
Achat de raisins.
Production moyenne : 3 000 000 bt/an

DUVAL-LEROY
69, avenue de Bammental, 51130 Vertus
03 26 52 10 75 • www.duval-leroy.com •
Vente et visites : au domaine sur rendez-vous.
Propriétaire : Carol Duval-Leroy
Chef de cave : Sandrine Logette-Jardin

GATINOIS

La maison Gatinois a perdu, en 2016, son formidable ambassadeur Pierre Cheval. Cet homme brillant et visionnaire avait, entre autres, porté le dossier des Coteaux, Maisons et Caves de Champagne jusqu'à leur inscription au Patrimoine mondial de l'humanité le 4 juillet 2015. Louis Cheval-Gatinois a pris la succession de son père en 2010. Ce domaine familial dispose de parcelles remarquablement situées dans le village d'Aÿ : 27 parcelles, toutes en coteaux et à 90 % plantées de pinot noir. Les cuvées Tradition et Réserve soulignent le compromis entre puissance et finesse vineuse, avec des saveurs confites et grillées ainsi qu'une ovalité généreuse en bouche.

Les vins : dans un registre classique, serein et sans artifice, ces champagnes dominés par le pinot noir (environ 80 %) affirment une structure marquée par les fruits rouges et arborent une jolie teinte tachée. Le rosé est superbement abouti, tandis que le 2011 accuse les conditions météo de ce millésime exécrable.

Brut Grand Cru 2011	34 €	13,5
Brut Grand Cru Réserve	22 €	16
Brut Grand Cru Tradition	19 €	14,5

Le coup de ♥

Brut Rosé Grand Cru	24,50 €	16

Rouge : 6 hectares.
Pinot noir 100 %
Blanc : 1 hectare.
Chardonnay 100 %
Production moyenne : 50 000 bt/an

GATINOIS
7, rue Marcel-Mailly, 51160 Aÿ
03 26 55 14 26 •
www.champagne-gatinois.com • Vente et visites : au domaine sur rendez-vous.
Propriétaire : Louis Cheval-Gatinois

PIERRE GERBAIS

Sous la houlette de Pascal Gerbais et de son fils Aurélien, le domaine Pierre Gerbais s'est inscrit parmi les plus singuliers de la Côte des Bar. Cette originalité réside notamment dans la présence du pinot blanc, vinifié seul ou à hauteur de près d'un tiers, accompagnant les classiques pinot noir et chardonnay. Ces champagnes de marnes kimméridgiennes n'ont pas l'envergure des grands crus mais nous ravissent par leur caractère sudiste bien trempé et leur chair entière que vous saurez apprécier à table.

Les vins : aussi bien en blanc qu'en rosé, les Grains de Celles offrent tendresse et gourmandise. La finesse joliment exotique distingue le chardonnay de la cuvée L'Osmose tandis que le rosé de saignée a du goût mais s'avère un brin rustique. Il manque un léger enrobage. Coup de cœur pour L'Originale, un pinot blanc délicatement poivré, structuré par une belle trame minérale. Le pinot noir de L'Audace n'est pas en reste avec une structure très typée appétente. Très beau coteaux-champenois 2015, soigné et pulpeux.

Brut Nature L'Audace	40 € (c)	15,5
Extra-Brut Blanc de Blancs L'Osmose	40 € (c)	15
Extra-Brut Grains de Celles	30 € (c)	14
Brut Nature Rosé de Saignée	60 € (c)	14
Extra-Brut Rosé Grains de Celles	35 € (c)	14,5
Coteaux Champenois 2015	45 € (c)	16

Le coup de ♥

Extra-Brut Blanc de Blancs L'Originale	55 € (c)	16

Rouge : 10 hectares.
Pinot noir 100 %
Blanc : 8 hectares.

Chardonnay 50 %, Pinot blanc 50 %
Production moyenne : 160 000 bt/an

PIERRE GERBAIS
13, rue du Pont, 10110 Celles-sur-Ource
03 25 38 51 29 • www.gerbais.com • Vente et visites : au domaine sur rendez-vous.
Propriétaire : Famille Gerbais

GUIBORAT

Richard Fouquet a 18 ans lorsqu'il revient au domaine familial de Cramant, en 1993. Il est rejoint par sa femme, Karine, œnologue, en 2012. Le couple de vignerons bénéficie d'un patrimoine de vignes situées en Côte des Blancs, principalement sur les grands crus de Cramant et de Chouilly. Vinifiés en cuve et partiellement sous bois pour les millésimés, leurs blancs de blancs dosés a minima (extra-brut ou brut nature) sont sans esbroufe, finement exotiques, et dotés de la profondeur généreuse de leurs terroirs. Un domaine à suivre de près.

Les vins : il est de bon ton de partir à la recherche incessante de l'épure, mais cette quête peut avoir tendance à dépouiller le champagne. Nous remarquons ce style un peu serré dans les derniers tirages des chardonnays avec Tethys (base 2016), un peu simple et citronné. On retrouve des vins plus étoffés avec Prisme.14 et le 2011, plutôt réussi dans ce millésime compliqué. Un peu plus de chair nous offrirait davantage de charme.

Brut Nature Grand Cru Blanc de Blancs 2011	52 €	15
Extra-Brut Grand Cru Blanc de Blancs Prisme.14	38 €	15
Extra-Brut Grand Cru Blanc de Blancs Téthys.16	33 €	14

Blanc : 8 hectares.
Chardonnay 100 %
Production moyenne : 27 000 bt/an

GUIBORAT
99, rue de la Garenne, 51530 Cramant
03 26 57 54 08 •
www.champagne-guiborat.fr • Vente et visites : au domaine sur rendez-vous.
Propriétaire : Richard Fouquet

HENRIOT

Cette maison rachetée au groupe LVMH en 1994 par Joseph Henriot, disparu en 2015, est le fer de lance du groupe familial Henriot. Après une petite période de flottement, c'est Gilles de Larouzière qui en a pris les commandes. Depuis quelques temps, le style des vins de la maison semble évoluer vers une certaine opulence, une grande richesse, un côté réducteur et des dosages que nous avons parfois un peu de mal à comprendre. Nous ne retrouvons pas toujours la tension et la finesse que nous louions autrefois.

Les vins : le style Henriot se définit par des vins ronds, grillés et parfois un peu rassasiants. Le brut Souverain ou le blanc de blancs gagneraient à être un peu moins dosés. Le millésime 2008 est plus net, porté par ses amers ; sa bouche est éclatante. Nouvelle grande cuvée de la maison, Hemera ne nous convainc pas totalement en 2005. Le vin est riche, ample et dans un registre déjà évolutif.

Brut Blanc de Blancs	34,50 € (c)	14,5
Brut Cuvée Hemera 2005	169 € (c)	15
Brut Souverain	42 € (c)	14
Brut	49 € (c)	13,5
Brut Rosé 2012	79 € (c)	15

Le coup de ♥

Brut Millésimé 2008	69 € (c)	15,5

Rouge : Pinot noir 90 %, Pinot meunier 10 %
Achat de raisins.
Blanc : Chardonnay 100 %
Achat de raisins.
Production moyenne : 1 800 000 bt/an

HENRIOT
81, rue Coquebert, 51100 Reims
03 26 89 53 00 •
www.champagne-henriot.com • Visites : sur rendez-vous uniquement aux professionnels.
Propriétaire : Famille Henriot
Chef de cave : Laurent Fresnet

LANCELOT-PIENNE

Située dans le centre du village de Cramant, la propriété s'étend sur un parc verdoyant qui offre une vue exceptionnelle sur le vignoble de la Côte des Blancs. C'est un domaine familial très chardonnay en grand cru (Avize, Chouilly, Cramant) et pinot meunier. Gilles Lancelot, œnologue, travaille ses vins clairs en cuve (pas de bois) pour accentuer leur expression minérale, et a fait le choix des fermentations malolactiques. Les cuvées ont gagné en finesse, profondeur, sérénité et sont signées par des dosages plus subtils. L'étoile est proche.

Les vins : Instant Présent est malheureusement victime du caractère végétal de la vendange 2015 et n'est pas à son niveau habituel. En revanche, nous sommes conquis par Accord Majeur (70 % meunier), franchement pulpeux. On monte en intensité et complexité dès la Table Ronde, assemblage de Cramant, Avize et Chouilly 2014, suave et long ; une Marie Lancelot 2013 équilibrée entre bulle ouatée et austérité du millésime ; Perceval est plus large d'épaules dû à un dosage un peu plus marqué.

Brut Accord Majeur	29 €	15,5
Brut Grand Cru Marie Lancelot 2013	48 €	16
Brut Instant Présent	29 €	13
Brut Perceval 2013	43 €	15
Extra-Brut Grand Cru Blanc de Blancs Table Ronde	34 €	16

Rouge : 4,5 hectares.
Pinot meunier 75 %, Pinot noir 25 %
Blanc : 4,5 hectares.
Chardonnay 100 %
Production moyenne : 70 000 bt/an

LANCELOT-PIENNE

1, place Pierre-Rivière, 51530 Cramant
03 26 59 99 86 •
www.champagne-lancelot-pienne.fr • Vente et visites : au domaine sur rendez-vous.
Propriétaire : Gilles Lancelot

NOUVEAU DOMAINE

LANGLET

Cette petite maison située à Gland est née de la rencontre et de la collaboration de trois hommes : Vincent Métivier, Luc Chaudron et Frédéric Papelard, vignerons et propriétaires en champagne, ils apportent chacun leur expérience et leurs compétence pour produire des vins d'un très bon rapport qualité-prix. Dans un style plutôt apéritif et gourmand, la gamme complète offre aux amateurs des vins francs et accessibles. Nous sommes heureux de l'accueillir dans le Guide vert.

Les vins : Le brut Grande Réserve est d'une belle franchise, avec un côté finement enrobé et apéritif. Une jolie affaire. Le brut nature, blanc de noirs est racinaire. Vineux et serré, on le servira à table. Très intéressant, le pur meunier offre une très jolie définition, avec une bouche bien ciselée. Tendre et posé, le blanc de blancs joue la carte de la finesse ; il est doté d'une bulle fine. La cuvée Fût de Chêne joue l'exercice jusqu'à tomber un peu dans la caricature. Le boisé et les notes oxydatives de l'élevage dominent.

Brut Grande Réserve	26,40 € (c)	15
Brut Nature	32,50 € (c)	16
Extra-Brut 100 % Pinot Meunier	28,80 € (c)	15
Extra-Brut Fût de Chêne	36,40 € (c)	14

Le coup de ♥

Extra-Brut Blanc de Blancs Premier Cru	31,60 € (c)	16

Blanc : Chardonnay 40 %, Pinot noir 35 %, Pinot meunier blanc 25 %
Production moyenne : 80 000 bt/an

LANGLET

4, rue de Rome, 02400 Gland
03 23 83 43 01 • www.champagnelanglet.fr
• Visites : sans rendez-vous.
Propriétaire : Frédéric Papelard, Luc Chaudron et Vincent Métivier
Directeur : Vincent Métivier (Directeur Général), Frédéric Papelard (Directeur Commercial)
Chef de cave : Luc Chaudron

LANSON

La marque fondée en 1760 est, depuis son rachat en 2006, le vaisseau amiral du groupe coté en bourse Lanson-BCC. Depuis 2018, la maison qui exporte plus de 80 % de sa production est présidée par François Van Aal. Le chef de cave, Hervé Dantan, perpétue lui le style Lanson avec des champagnes à dominante de pinot, sans fermentation malolactique, marqués par une fraîcheur tendue, et bâtis pour la garde. Les stocks sont importants et permettent à Lanson de relancer son image en commercialisant en faible quantité une collection de grands millésimes dégorgés à la commande : la LVC, Lanson Vintage Collection.

Les vins : le style Lanson se retrouve dans le Black Label avec un vin tendu, un rien austère, dont la bouche termine sur des notes citronnées. Avec une jolie patine et un côté apaisé, la cuvée Extra Age se montre élégante et sapide. Un vin de belle tenue pour la table. La bouteille de Noble Cuvée 2002 dégustée cette année avait développé une jolie palette de saveurs, avec cette tension propre à la maison, mais un côté enrobé qui lui convient.

- Brut Black Label 27 € (c) 14
- Brut Noble Cuvée 2002 105 € (c) 16,5

Le coup de ♥

- Brut Extra Age 50 € (c) 15,5

Rouge : Pinot noir 100 %
Achat de raisins.
Blanc : Chardonnay 100 %
Achat de raisins.
Production moyenne : 5 000 000 bt/an

LANSON
66, rue de Courlancy, 51100 Reims
03 26 78 50 50 • www.lanson.com •
Visites : sans rendez-vous.
Propriétaire : Groupe Lanson-BCC
Directeur : François Van Aal (Président)
Chef de cave : Hervé Dantan

LELARGE-PUGEOT

Dominique Lelarge, propriétaire historique, et son épouse, Dominique Pugeot, ont contribué à la renaissance de ce domaine. Les vignes sont plantées exclusivement dans la commune de Vrigny, à l'ouest de Reims. Un territoire aux sols argilo-limoneux, où le meunier prend une tournure suave et fuselée. Hormis le coteaux-champenois élevé en fût, les champagnes ne voient que la cuve et affirment un caractère automnal fringant et savoureux. Il sont posés, sans acidité crispante. Inutile de percuter le palais pour impressionner !

Les vins : les derniers tirages (2015 et 2014) ont nettement progressé dans l'expression du fruit et la précision. Le Tradition, à dominante de meunier (65 %) subit la touche végétale de 2015 tout en conservant une trame bien fruitée. Le Nature non dosé est donc sans soufre ajouté ; un soupçon d'oxydation marque les saveurs de cette cuvée hyper digeste et fringante. On aimerait un peu plus de chair et de charme dans le blanc de blancs. L'original coteaux-champenois blanc, issu du meunier, offre un goût sincère, très proche du raisin, dans un registre aromatique très libre.

- Brut Nature et Non Dosé 2015 45 € 15
- Coteaux Champenois Blanc de Meuniers 2014 32 € 14,5
- Extra-Brut Blanc de Blancs 32 € 14
- Extra-Brut Premier Cru Tradition 30 € 14,5

Rouge : 7,2 hectares.
Pinot meunier 65 %, Pinot noir 35 %
Blanc : 1,5 hectare.
Chardonnay 100 %
Production moyenne : 65 000 bt/an

LELARGE-PUGEOT ☾
30, rue Saint-Vincent, 51390 Vrigny
03 26 03 69 43 •
www.champagnelelarge-pugeot.com •
Vente et visites : au domaine sur rendez-vous.
Propriétaire : Dominique Lelarge

LILBERT-FILS

Voici une famille de vignerons de la Côte des Blancs parmi les plus fiables et les plus anciennes. Bertrand Lilbert, fils de Georges, a repris officiellement le domaine en 2003, après un parcours d'œnologue-conseil. Leurs blancs de blancs sont issus d'assemblages heureux de Chouilly, Oiry et de Cramant pour le non-millésimé, et du lieu-dit Les Terres des Buissons, à Cramant, pour le millésimé.

Les vins : ces champagnes sont confortables et dosés modérément. Ils accusent toutefois une sensation aromatique comprimée. Le 2013 est naturellement plus profond et enveloppé avec une allonge qui le destine à une belle garde. Des bouquets plus éclatants permettront au domaine de retrouver l'étoile.

- Brut Grand Cru Blanc de Blancs 22,50 € 13,5
- Brut Grand Cru Blanc de Blancs Cramant 2013 35 € 15,5
- Extra-Brut Grand Cru Blanc de Blancs Perle 27,50 € 14

Blanc : 3,5 hectares.
Chardonnay 100 %
Production moyenne : 30 000 bt/an

LILBERT-FILS
223, rue du Moutier, 51530 Cramant
03 26 57 50 16 •
www.champagne-lilbert.com • Visites : sans rendez-vous.
Propriétaire : Bertrand Lilbert

MOUZON-LEROUX ET FILS

Sébastien Mouzon est issu d'une longue lignée de vignerons de la Montagne de Reims. En 2008, il quitte le modèle familial conventionnel pour voler de ses propres ailes avec ses 55 parcelles du superbe grand cru de Verzy, fief du pinot noir. Une rencontre avec l'Alsacien Pierre Frick oriente le vigneron trentenaire vers la biodynamie et une certaine approche de la vinification (fermentation malolactique effectuée, vinification partielle ou complète en fûts, dosages a minima, etc.), pour être au plus proche du goût finement austère des argilo-calcaires de Verzy. En quelques millésimes, les champagnes atteignent un bon niveau : équilibrés, dotés d'allonges toniques sans être nerveux, mais la marge de progression est encore grande.

Les vins : chaque cuvée joue franc jeu l'austérité du terroir de Verzy à l'image du très bon L'Atavique (base 2014), juste équilibre entre le goût du pinot noir et la fraîcheur que l'on recherche à l'apéritif. L'expérience de vinification sans soufre ajouté est un peu osée dans L'Opiniâtre austère qui présente une sensation végétale. Le blanc de blancs L'Angélique et le blanc de noirs L'Ineffable, tous deux en 2012, dévoilent une belle patine d'évolution, parés pour la table. L'excès d'austérité du millésime 2013 marque fortement La Blanche Voie d'une certaine angulosité.

Brut Nature Grand Cru Blanc de Blancs L'Angélique 2012	44 €	15,5
Brut Nature Grand Cru Blanc de Noirs L'Ineffable 2012	44 €	15,5
Brut Nature Grand Cru L'Ascendant	38 €	16
Brut Nature Grand Cru La Blanche Voie 2013	55 €	15
Extra-Brut Grand Cru L'Atavique	28 €	15
Extra-Brut Grand Cru L'Opiniâtre 2013	70 €	13
Extra-Brut Grand Cru L'Incandescent	33 €	14

Rouge : 4,5 hectares.

Pinot noir 96 %, Pinot gris 2 %, Pinot meunier 2 %

Blanc : 3 hectares.

Chardonnay 94 %, Arbane 2 %, Petit Meslier 2 %, Pinot blanc 2 %

Production moyenne : 60 000 bt/an

MOUZON-LEROUX ET FILS ♣

16, rue Basse des Carrières, 51380 Verzy
03 26 97 96 68 • www.champagne-mouzon-leroux.com • Vente et visites : au domaine sur rendez-vous.
Propriétaire : Sébastien Mouzon

MOËT ET CHANDON

LVMH est le plus puissant des acteurs champenois par l'étendue de son vignoble (environ 1 200 hectares, seulement un quart de ses besoins !) et la diffusion de ses marques (Moët, Veuve Clicquot, Ruinart, Krug, Mercier). Dans cette galaxie, Moët est le champagne le plus vendu au monde, avec comme porte-drapeau le brut Impérial qui représente 85 % de sa production. Sous la houlette de l'excellent chef de cave Benoît Gouez, Moët fait preuve d'une régularité vraiment impressionnante, au regard des volumes produits. Des vins au crémeux, aux notes grillées et citronnées qui rassurent les consommateurs où qu'ils soient dans le monde. Aux côtés du brut Impérial, emblématique, la maison livre des Grand Vintage qui gagnent millésime après millésime en définition et en profondeur.

Les vins : nous n'avons hélas dégusté qu'une courte gamme cette année. Deux Grand Vintage 2012 en blanc et en rosé : crémeux à souhait, dans l'esprit Moët, mais avec une belle dynamique de bouche et un dosage extra-brut approprié. Le blanc est une cuvée très séduisante qui comblera les amateurs du style maison. Le rosé est net, grillé et suave, avec une finale qui demeure gourmande.

Extra-Brut Grand Vintage 2012	54 € (c)	16
Extra-Brut Grand Vintage Rosé 2012	57 € (c)	15,5

Rouge : Pinot meunier 50 %, Pinot noir 50 %
Achat de raisins.
Blanc : Chardonnay 100 %
Achat de raisins.

MOËT ET CHANDON

20, avenue de Champagne, 51200 Épernay
03 26 51 20 00 • www.fr.moet.com • Vente et visites : au domaine sur rendez-vous.
Propriétaire : LVMH
Directeur : Stéphane Baschiera
Œnologue : Benoît Gouez

MAISON MUMM

La quatrième marque en volume de la Champagne retrouve de la régularité avec l'ambition d'augmenter lesdits volumes. Il n'est pas dans la tradition du groupe Pernod-Ricard, propriétaire depuis 2005, de jouer sur l'élitisme des marques. Mumm monte en gamme sans se couper du grand public dans sa politique de prix. La gamme RSRV, initialement réservée à un "cercle d'amis" de la maison, s'ouvre au public et exprime ce que cette dernière peut proposer de mieux sous différentes approches : blanc de blancs, blancs de noirs, rosé et désormais Cuvée Lalou. Une gamme plutôt bien construite.

Les vins : la cuvée Cordon Rouge s'affine depuis quelques temps et s'épure avec un dosage plus faible. Elle gagne en fraîcheur. Les cuvées RSRV nous ont paru bien en place, à commencer par la 4.5, tendue, mais un peu courte. Le blanc de blancs est agréable, doté d'une belle élégance et d'une fraîcheur en finale. Plus solide, issu du solaire millésime 2009, le blanc de noirs impose une jolie structure et un côté ferme mais prometteur. Rosé de table, Foujita livre une bouche gourmande, avec un fruit juteux, de la tension et une belle finale acidulée. Revoici enfin l'emblématique Cuvée Lalou sous la bannière RSRV et dans le millésime 2006. Un vin charnu, assis sur la largeur du millésime, mais avec un beau volume.

- Brut Blanc de Blancs RSRV 2013 — 47 € — 15,5
- Brut Blanc de Noirs RSRV 2009 — 60 € — 16
- Brut Cordon Rouge — 35 € — 14,5
- Brut Millésimé 2012 — 41 € — 15
- Brut RSRV 4.5 — 37 € — 14,5
- Brut RSRV Lalou 2006 — de 90 à 150 € (c) — 17,5

Le coup de ♥

- Brut RSRV Foujita — 47 € — 16

Rouge : Pinot noir 76 %, Pinot meunier 24 %
Achat de raisins.
Blanc : Chardonnay 100 %
Achat de raisins.

MAISON MUMM
29, rue du Champ-de-Mars, 51100 Reims
03 26 49 59 69 • www.mumm.com •
Visites : sans rendez-vous.
Propriétaire : Pernod-Ricard
Directeur : César Giron et Christophe Danneaux

PIERRE PAILLARD

Dans le village de Bouzy, Benoît Paillard et ses deux fils, Antoine et Quentin, disposent d'une dizaine d'hectares fractionnés sur ce grand cru de pinot noir. Ils possèdent aussi des chardonnays qui donnent des blancs de blancs solidement constitués. Le brut sans année s'exprime sous l'étiquette Les Parcelles avec une base de millésime indiqué en chiffres romains. Deux parcelles de chardonnay et de pinot noir sont judicieusement déclinées dans Les Motelettes et Les Maillerettes, qui s'attachent à livrer une identité élancée des terroirs de Bouzy.

Les vins : il y a une réelle recherche de l'épure dans Les Parcelles (base 2014) et le rosé des Terres Roses (base 2015). Ces champagnes tout en finesse et équilibrés pourraient toutefois nous livrer plus de relief de saveurs. Le millésime 2013 se transmet dans des parcellaires élancées, un peu fermes et linéaires. Le 2008 vient de sortir des caves et, pour estomper son amertume, s'invite dès maintenant à table.

- Extra-Brut Grand Cru Bouzy Blanc de Blancs Les Mottelettes 2013 — 55 € — 15,5
- Extra-Brut Grand Cru Bouzy Blanc de Noirs Les Maillerettes 2013 — 55 € — 15,5
- Extra-Brut Grand Cru Bouzy La Grande Récolte 2008 — 70 € — 16
- Extra-Brut Grand Cru Bouzy Les Parcelles — 33 € — 14,5
- Extra-Brut Grand Cru Bouzy Les Terres Roses — 45 € — 15
- Coteaux Champenois Bouzy Les Mignottes 2015 — 40 € — 15

Rouge : 7,5 hectares.
Pinot noir 100 %
Blanc : 3,5 hectares.
Chardonnay 100 %
Production moyenne : 95 000 bt/an

PIERRE PAILLARD
2, rue du XXe siècle, 51150 Bouzy
03 26 57 08 04 •
www.champagne-pierre-paillard.fr •
Visites : sur rendez-vous uniquement aux professionnels.
Propriétaire : Benoît, Antoine et Quentin Paillard

PALMER ET CO

La marque Palmer appartient à une coopérative champenoise de Reims. Dominés par les apports des grands noirs de la Montagne de Reims, ses assemblages favorisent le corps plus que la finesse. Avec le temps, l'ensemble se fond avec harmonie. Depuis quelques années, les vins restent vineux mais moins rustiques qu'auparavant, et on note une certaine adresse dans la production de blanc de blancs.

Les vins : la gamme est de belle tenue. Le brut Réserve est un champagne au profil tendre, arrondi, mais très digeste et accessible. Extra Réserve porte un bel équilibre et une bouche précise tirée par une belle finale. Une bouteille très gourmande. Le blanc de blancs est crémeux et souple en bouche, fin et aiguisé en finale. Fort beau millésime, le Vintage 2012 est accompli, plein et de belle complexité, terminant sur une petite note grillée. Assemblage des millésimes 2002, 2004, 2005 et 2006 et dosé à 7 grammes/litre, Amazone est une cuvée de table à la bouche assez charnue et pleine, sur des notes de fruits jaunes et d'agrumes confits.

Brut Amazone	99 € (c)	17
Brut Blanc de Blancs	40 € (c)	14,5
Brut Blanc de Noirs	40 € (c)	14,5
Brut Réserve	30 € (c)	14
Brut Vintage 2012	45 € (c)	16

Le coup de ♥

Extra-Brut Extra Réserve	34 € (c)	15

Rouge : 197 hectares.
Pinot noir 80 %, Pinot meunier 20 %
Blanc : 218 hectares.
Chardonnay 100 %
Production moyenne : 1 000 000 bt/an

PALMER ET CO
67, rue Jacquart, 51100 Reims
03 26 07 35 07 • www.champagnepalmer.fr
• Pas de visites.
Propriétaire : SCA des Producteurs des Grands Terroirs de la Champagne
Directeur : Rémi Vervier
Chef de cave : Xavier Berdin

PIPER-HEIDSIECK

La famille Descours qui possède la maison depuis 2011 n'a de cesse de la remettre dans la course à la qualité. Emilien Boutillat, son chef de cave, joue par petite touche et fait progresser des vins qui conservent toutefois un côté très consensuel et facile, encore trop souvent portés par des dosages marqués qui "sucrent" et alourdissent les finales. La cuvée Rare, jadis emblème de la maison, est désormais commercialisée à part et entend, à l'image de Dom Pérignon, vivre sa vie seule.

Les vins : l'impression de lourdeur en finale domine sur une partie de la gamme, le brut en tête. Le 2012 s'en sort mieux, grâce à la tension et à la puissance du millésime. Nous sommes en revanche bien plus convaincus par les très belles cuvées Essentiel, proposées en extra-brut, cinglantes, précises et dynamiques à l'image de la Cuvée Réservée au vieillissement prolongé. Rosé à la puissance tannique assumée, Sauvage doit s'envisager à table. Il ne craindra pas d'affronter une viande rouge.

Brut	de 25 à 35 € (c)	13,5
Brut Vintage 2012	de 39 à 44 € (c)	14
Extra-Brut Essentiel Blanc de Blancs	de 44 à 49 € (c)	16
Brut Rosé Sauvage	de 30 à 40 € (c)	14

Le coup de ♥

Extra-Brut Essentiel Cuvée Réservée	N.C.	16,5

Rouge : Pinot noir 50 %, Pinot meunier 50 %
Achat de raisins.
Blanc : Chardonnay 100 %
Achat de raisins.

PIPER-HEIDSIECK
12, allée du Vignoble, 51100 Reims
03 26 84 43 00 • www.piper-heidsieck.com
• Vente et visites : au domaine sur rendez-vous.
Propriétaire : Groupe EPI
Directeur : Benoit Collard
Chef de cave : Emilien Boutillat

R. POUILLON ET FILS

La maison Pouillon a été fondée en 1947. Le vignoble, implanté à Mareuil-sur-Aÿ et Aÿ, s'est étendu jusqu'à la Côte des Blancs. Fabrice, petit-fils de Roger, cultive aujourd'hui les 6,5 hectares répartis en 36 parcelles. Le caractère bien trempé et puissant du pinot noir de la vallée de la Marne structure des champagnes pleins de goût, qui assument leur carrure vineuse et leur patine légèrement oxydative venant de l'élevage des vins de réserve sous bois. La gamme s'est étoffée des cuvées Les Valnons (parcellaires d'Aÿ, pur chardonnay) et Les Blanchiens (50 % chardonnay, 50 % pinot noir de Mareuil-sur-Aÿ).

Les vins : construit sur une base de 2016 (50 %), le brut Réserve renoue avec plus de fraîcheur que la base 2015, tout en gardant sa patine et sa chaire savoureuse. C'est un brut très réussi. Le chardonnay des Terres Froides (base 2015) est en réalité plutôt joufflu et gourmand. On retrouve la patine de l'élevage des vins de réserve en fût dans le rosé de macération, plus rond que tendu. Une belle sève automnale se dégage du meunier vineux des Chataigniers. Après 2011, les parcellaires 2012 retrouvent plus de netteté et de précision avec Les Valnons, qui présente une grande puissance saline, tout comme Les Blanchiens (pinot noir/chardonnay), au goût prégnant des raisins riches de Mareuil-sur-Aÿ, et dont la patine oxydative évoque un beau blanc d'Andalousie.

Brut Nature Les Chataigniers 2014	55 € (c)	15,5
Brut Réserve	35 € (c)	15
Extra-Brut Grand Cru Les Valnons 2012	65 € (c)	16
Extra-Brut Premier Cru Les Terres froides	40 € (c)	14,5
Brut Premier Cru Rosé De Macération	40 € (c)	14

Le coup de ♥

Brut Nature Premier Cru Les Blanchiens 2012	65 € (c)	16

Rouge : 4,5 hectares.
Pinot noir 75 %, Pinot meunier 25 %
Blanc : 2 hectares.
Chardonnay 100 %
Production moyenne : 55 000 bt/an

R. POUILLON ET FILS
17, rue d'Aÿ, 51160 Mareuil-sur-Aÿ
03 26 52 63 62 •
www.champagne-pouillon.com • Vente et visites : au domaine sur rendez-vous.
Propriétaire : Fabrice Pouillon

RUINART

La première maison de Champagne, créée en 1729, jouit en France d'une réputation très forte grâce à un travail remarquable réalisé tout d'abord en matière de marketing puis de style des vins. Le chardonnay, la fine réduction sur lie et le côté crémeux des vins font mouche auprès d'une clientèle attachée à la marque. Si nous avons pu dénoncer le côté trop racoleur de Ruinart durant les années 2000, force est de constater que depuis quelques temps, sous la houlette de Frédéric Panaïotis, le chef de cave, les vins ont gagné en pureté et en précision. Ils conservent certes un style facile et consensuel, mais des dosages plus faibles leur confèrent une intéressante dynamique.

Les vins : grillé, légèrement réduit et souple, le brut est un vin agréable et bien travaillé. Star de la gamme, le blanc de blancs est expressif, très séduisant et enrobé. Le millésimé 2010 porte la petite rigidité de l'année, avec une bouche bien travaillée aux notes de fruits secs et à la finale savoureuse. Dom Ruinart 2007 est une cuvée de belle vinosité, drapée dans le style maison, avec un côté séduisant, grillé, mais une finale qui s'étire dans un registre salin. La version rosé est complète et très vineuse, elle est construite pour la table.

Brut	45 € (c)	15
Brut Blanc de Blancs	65 € (c)	16
Brut Blanc de Blancs Dom Ruinart 2007	180 € (c)	18
Brut Millésimé 2010	65 € (c)	16
Brut Rosé	65 € (c)	15,5
Brut Rosé Dom Ruinart 2007	270 € (c)	18

Rouge : Pinot noir 90 %, Pinot meunier 10 %
Achat de raisins.
Blanc : Chardonnay 100 %
Achat de raisins.
Production moyenne : 3 300 000 bt/an

RUINART
4, rue des Crayères, 51100 Reims
03 26 77 51 51 • www.ruinart.com • Vente et visites : au domaine sur rendez-vous.
Propriétaire : MHCS
Directeur : Frédéric Dufour
Chef de cave : Frédéric Panaiotis

NOUVEAU DOMAINE

RUPPERT-LEROY

Dans leur ancienne vie, Bénédicte Ruppert et Emmanuel Leroy étaient au collège à Bar-sur-Aube. Ils reprennent en 2009 des vignes que louait la famille de la première à la commune d'Essoyes. Leur rencontre avec le conseiller Pierre Masson les conduit naturellement à la biodynamie l'année suivante. Chaque lieu-dit est vinifié séparément, en fût, sans soufre ajouté et sans blocage de la fermentation malolactique. La pureté du fruit mûr est immédiate, comme la sagesse crémeuse de la texture, malgré l'absence de dosage. Une approche moderne de la Champagne déjà bien en place, qui mérite amplement d'intégrer le guide.

Les vins : très bon trio de cuvées à l'accent sudiste (grande richesse aromatique, presque exotique). La parfaite maturité des raisins n'appelle aucun dosage. Les vins sont construits sur une douceur charnue, un magnifique dynamisme de fruit. Fosse-Grely et Martin Fontaine s'affirment à travers une chair pulpeuse en laissant une finale salée, sans montrer le caractère végétal que l'on trouve couramment en 2015. Quel souffle !

- Brut Nature 11, 12, 13... 45 € (c) 15,5
- Brut Nature Fosse-Grely 50 € (c) 16
- Brut Nature Martin Fontaine 2015 55 € (c) 16,5

Production moyenne : 20 000 bt/an

RUPPERT-LEROY

La Bergerie, 10360 Essoyes
03 25 29 81 31 •
champagne-ruppert-leroy.com • Visites : sur rendez-vous uniquement aux professionnels.
Propriétaire : Bénédicte et Emmanuel Leroy

FRÉDÉRIC SAVART

À 10 kilomètres à l'ouest de Reims, Écueil est un village historique pour le pinot noir, « un pinot fin réputé dans les années 1960 alors que les villages aux alentours sont plantés surtout en meunier », explique Frédéric Savart. Il a repris avec passion le vignoble de son père et élabore des champagnes jeunes, aromatiques, fruités, tendus et nuancés dans l'expression variétale.

Les vins : belle ouverture avec L'Accomplie, encore fougueux mais doté d'une pulpe très gourmande. Le Mont des Chrétiens et Expression de Rosé portent les stigmates légèrement végétaux du millésime 2015. Ils faudra les boire dans huit ans. On retrouve davantage de panache et d'énergie dans Le Mont Benoît 2014 (95 % pinot noir), encore jeune et très dynamique. Il s'affinera dans les deux décennies qui viennent. Encore serré, Expression révèlera au vieillissement une bulle raffinée et une force profonde.

- Brut Nature Expression 2014 de 80 à 100 € (c) 16,5
- Extra-Brut Le Mont Benoît 2014 de 90 à 110 € (c) 16
- Extra-Brut Mont des Chrétiens 2015 de 75 à 90 € (c) 15
- Extra-Brut Premier Cru L'Accomplie de 45 à 60 € (c) 15
- Brut Nature Premier Cru Expression de Rosé 2015 de 80 à 100 € (c) 15,5

Rouge : 3,5 hectares.
Pinot noir 100 %
Blanc : 0,5 hectare.
Chardonnay 100 %
Production moyenne : 40 000 bt/an

FRÉDÉRIC SAVART

1, chemin de Sacy, 51500 Écueil
03 26 84 91 60 •
www.champagne-savart.com • Visites : sur rendez-vous uniquement aux professionnels.
Propriétaire : Frédéric Savart

NOUVEAU DOMAINE

SUENEN

Aurélien Suenen a quitté les parquets de basket de Châlons-en-Champagne pour retrouver la craie des vignes familiales de la Côte des Blancs en 2009. À la suite de son père, le jeune homme prend ses marques en changeant progressivement les méthodes culturales (abandon des herbicides et des insecticides dès 2012) et en restructurant le vignoble, composé de 3 hectares à Oiry, Cramant et Chouilly pour les chardonnays, et d'un îlot de 20 ares planté de meuniers francs de pieds, dans la vallée de la Vesle. L'intuition conduit le vigneron à des assemblages de parcelles dans ses cuvées non millésimées telle Oiry (vignes de bas de coteaux) et C+C (Cramant et Chouilly) et de contenants (cuves acier émaillé, inox, barriques et œufs béton). La profondeur de ces blancs de blancs, établis tout en finesse, gagne du terrain au fil des années. Un domaine plein d'avenir.

Les vins : toutes dosées en extra-brut, les cuvées se révèlent en finesse. Oiry offre une définition très pure, sans le caractère végétal que l'on rencontre fréquemment dans les champagnes construits autour du millésime 2015. C+C dévoile déjà une certaine sagesse. Les Robarts

2012 (lieu-dit à Cramant) séduit par sa rondeur et son allonge joliment patinée. On peut le déboucher dès maintenant.

Extra-Brut Grand Cru Blanc de Blancs C+C	40 € (c)	15
Extra-Brut Grand Cru Blanc de Blancs Les Robarts 2012	90 € (c)	16

Le coup de ♥

Extra-Brut Grand Cru Blanc de Blancs Oiry	38 € (c)	16

Blanc : 3,2 hectares.
Chardonnay 94 %, Pinot meunier blanc 6 %
Production moyenne : 25 000 bt/an

SUENEN
53, rue de la Garenne, 51530 Cramant
03 26 57 54 94 • www.champagne-suenen.fr • Vente et visites : au domaine sur rendez-vous.
Propriétaire : Aurélien Suenen

J-M SÉLÈQUE

Revenu au domaine familial à Pierry en 2008, Jean-Marc Sélèque a appris ses gammes avec son père avant de voler de ses propres ailes. Le trentenaire compose avec des vignes réparties dans ce village, principalement dans la vallée de la Marne à Pierry, Moussy, Épernay, Mardeuil, Dizy et Boursault et à Vertus dans la Côte des Blancs. Son approche épurée, contemporaine, n'exclut pas une profonde réflexion : ce vigneron cherche une harmonie vineuse à travers des assemblages judicieux de vins vinifiés en cuve, fût et œuf béton, avec ou sans fermentation malolactique. Nous fondons beaucoup d'espoir sur ce jeune prometteur dont la marge de progression est encore grande.

Les vins : on ouvre le bal avec un délicieux Solessence (base 2016, 42 000 bouteilles), tout en finesse, aux parfums délicats et floraux, sans aucune dureté. La version Nature (2013) a vieilli plus longuement sur lattes : une patine complexe s'annonce au nez mais ce millésime froid lui donne de la rectitude et moins de profondeur. Même ressenti pour le Partition 2013, un champagne fin qui gagnerait à arborer davantage de douceur. Le rosé est tissé tout en dentelle, avec une touche de macération qui procure une sensation joliment fruitée. Le chardonnay Quintette (base 2015) s'affirme en finesse, avec un profil élancé.

Brut Nature Solessence Nature	33 € (c)	14,5
Extra-Brut Blanc de Blancs Le Quintette	37 € (c)	15
Extra-Brut Partition 2013	55 € (c)	15,5
Extra-Brut Solessence	28 € (c)	15,5
Brut Rosé Solessence	31 € (c)	15,5

Le coup de ♥

Extra-Brut Soliste Meunier 2014	55 € (c)	16

Rouge : 4,2 hectares.
Pinot meunier 75 %, Pinot noir 25 %
Blanc : 4,8 hectares.
Chardonnay 100 %
Production moyenne : 75 000 bt/an

J-M SÉLÈQUE
9, allée de la Vieille-Ferme, 51530 Pierry
03 26 55 27 15 • www.jmseleque.fr • Vente et visites : au domaine sur rendez-vous.
Propriétaire : Jean-Marc Sélèque
Directeur : Oriane Sélèque

“Le vignoble corse connaît un âge d’or grâce au dynamisme des vignerons qui effectuent un travail de plus en plus qualitatif, replantent les vieux cépages autochtones et défrichent de nouveaux terroirs potentiellement très prometteurs.”

Jean-Emmanuel Simond, dégustateur des vins de Corse
Membre du comité de dégustation de La Revue du vin de France

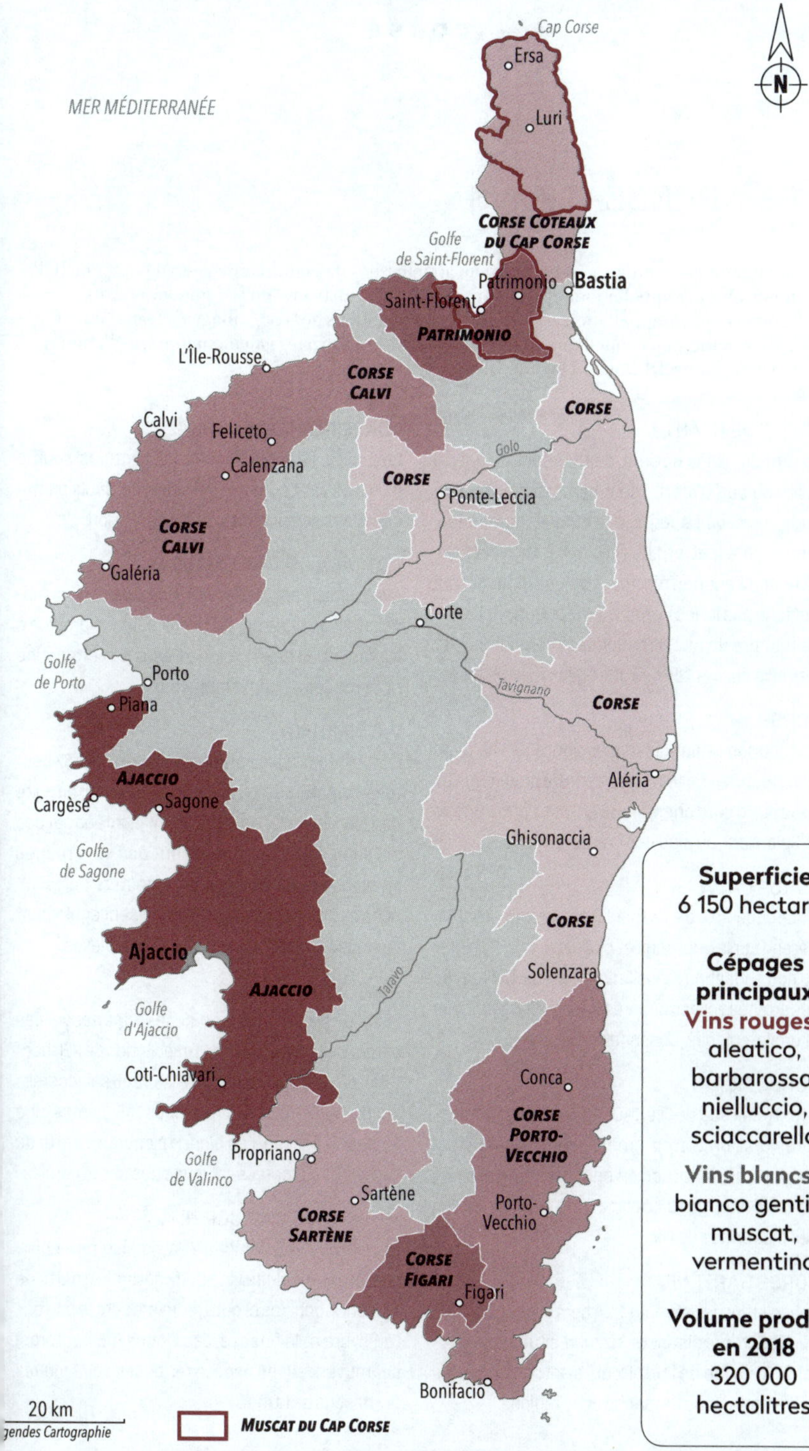

Superficie
6 150 hectares

Cépages principaux

Vins rouges :
aleatico, barbarossa, nielluccio, sciaccarello

Vins blancs :
bianco gentile, muscat, vermentino

Volume produit en 2018
320 000 hectolitres

LES APPELLATIONS

Le vignoble corse compte aujourd'hui neuf appellations d'origine contrôlée (AOC) et une IGP. La hiérarchie des appellations est similaire à celle que l'on trouve en Languedoc et dans le Rhône, avec une appellation régionale, cinq appellations de type "villages" et, au sommet de la hiérarchie, deux appellations communales. Enfin, il existe également une appellation de vin doux naturel, le muscat du Cap Corse.

IGP ÎLE DE BEAUTÉ

La grande plaine côtière, descendant de Bastia jusqu'au sud d'Aléria, se consacre aux vins de pays, issus de cépages à la mode (chardonnay, merlot, cabernet, etc.). Le climat venteux et ensoleillé convient parfaitement au chardonnay, qui n'affiche pas ici les caractères lactiques et lourds de nombre de ses homologues méridionaux, et retrouve sur ces terroirs une belle vivacité.

CORSE

Appellation régionale la plus vaste de l'île avec 1353 hectares. La principale zone de production se situe sur la côte orientale de la Corse, entre Bastia et Solenzara, au pied des arêtes rocheuses.

CORSE CALVI

D'une superficie de 229 hectares, cette appellation s'étend sur les coteaux et plateaux de la Balagne, au nord-ouest du massif montagneux. Calvi, avec ses étroites vallées côtières au sous-sol granitique et argilo-calcaire, possède du potentiel.

CORSE FIGARI

À l'extrême sud de l'île, l'AOC Corse Figari (129 hectares) est un terroir granitique et siliceux qui domine une multitude de petits golfes dessinés par la Méditerranée. Le climat très venteux est l'un des plus arides de l'île.

CORSE SARTÈNE

L'appellation représente 224 hectares et englobe deux secteurs distincts, Tizzano, situé sur le littoral, et la vallée de l'Ortolo, qui s'enfonce dans les terres et englobe Propriano et sa région.

CORSE PORTO-VECCHIO

Le secteur de Porto-Vecchio (86 hectares) souffre d'un trop petit nombre de vignerons. Seuls quatre domaines sont installés sur l'appellation.

COTEAUX DU CAP CORSE

Avec seulement 28 hectares en production, l'appellation se situe sur un terroir calcaire propice à la production de vins blancs issus de vermentino et de rouges de garde moyenne.

PATRIMONIO

L'appellation la plus prestigieuse de l'île (437 hectares) s'étend au pied du Cap Corse, autour du golfe de Saint-Florent. Les vignes sont plantées sur des coteaux calcaires produisant des vins rouges dominés par le nielluccio, au caractère puissant, riche et fin. Les vignerons y produisent également quelques grands blancs, gras et complexes.

AJACCIO

Installée sur des sols granitiques dans des vallées perpendiculaires à la côte, l'appellation de 256 hectares produit des vins rouges issus du sciaccarello qui possèdent, dans les grands millésimes, une expression racée. Les blancs élaborés à partir de vermentino progressent, avec des notes florales.

MUSCAT DU CAP CORSE

Au nord de l'île, y compris à Patrimonio, on élabore de très harmonieux vins doux naturels à partir de muscats, dont les atouts premiers sont le parfum, l'équilibre et la finesse. Les vignes (65 hectares) se trouvent sur de minces terrasses suspendues au-dessus de la mer.

LES CÉPAGES

L'une des grandes richesses du vignoble corse est incontestablement son patrimoine ampélographique. Ainsi, la Corse compte plus d'une trentaine de cépages autochtones, une richesse considérable qui fait la typicité des vins locaux : niellucciu, sciaccarello, vermentino, biancone, barbarossa, murisco, riminese font partie de l'héritage local, millénaire, préservé à merveille par les vignerons insulaires. Ces cépages sont aussi remarquablement adaptés au climat local. Malheureusement, ils ne sont pas tous intégrés au sein du système des AOC et doivent être vendus en Vin de France, comme le carcajolo.

LE NIELLUCCIO

Son nom provient du mot niellu qui veut dire noir. En toute logique, il donne des vins à la robe soutenue d'un rouge profond. À l'origine de la renommée des vins de Patrimonio, ce cépage rouge, le plus important de Corse, est planté sur plus de 2 000 hectares, mais reste surtout présent dans le nord de l'île.

LE SCIACCARELLO

Son nom signifie "croquant sous la dent". Planté sur 600 hectares, il occupe surtout les terroirs granitiques de l'ouest de l'île, notamment autour d'Ajaccio, et sert à l'élaboration des vins rouges et rosés d'AOC.

L'ALEATICO

Très expressif, ce cépage sert, quant à lui, à l'élaboration des IGP rouges de la côte orientale. Il est également prisé pour l'élaboration des rosés aux notes exotiques.

LE MUSCAT BLANC À PETITS GRAINS

Ce cépage blanc, très aromatique, n'est planté que sur quelques dizaines d'hectares. Il permet de produire un vin doux naturel, le muscat du Cap Corse.

LE BARBAROSSA

Assez marginal, mais prometteur en raison de ses qualités organoleptiques, ce cépage entre dans l'élaboration des vins rouges d'Ajaccio.

LE BIANCO GENTILE

Planté du côté de Patrimonio, de Figari et de Sartène, il engendre des vins blancs cristallins, aux notes de pamplemousse, voire d'abricot, selon le degré de maturité à partir duquel il est récolté.

LE VERMENTINO

Ce cépage est également surnommé la malvoisie de Corse. On le retrouve aussi en Provence. Sur l'île, le vermentino est le principal cépage blanc : on le retrouve dans toutes les appellations, sur 1 200 hectares. Il livre des vins blancs expressifs.

CRIQUES SECRÈTES ET BERGERIES INSOLITES

CHAMBRES D'HÔTES

DOMAINE SAPARALE

Les vignerons Julie et Philippe Farinelli reçoivent dans leurs trois magnifiques bergeries rénovées, au cœur de mille hectares de maquis, de pâturages et de vignes. Chaque bâtisse dispose d'une piscine privative et d'un espace extérieur bucolique. À partir de 520 € les deux nuits.

Vallée de l'Ortolo, 20100 Sartène
Tél. : 04 95 77 15 52
www.saparale.com

CASTEL BRANDO

Direction le Cap Corse pour un séjour dans cette demeure du XIXe siècle. Deux piscines, bain à remous, spa et parc ombragé au programme. Chambres de 105 à 270 €.

Erbalunga, 20222 Brando
Tél. : 04 95 30 10 30
www.castelbrando.com

DOMAINE DE MURTOLI

Adresse cinq étoiles emblématique, le domaine de 2 500 hectares face à la mer n'a pas d'égal. Situées sur plusieurs kilomètres, une vingtaine de bergeries et demeures du XVIIe siècle accueillent luxueusement les visiteurs. Trois restaurants gastronomiques dont un étoilé, terrain de golf ou pêche en mer font partie des réjouissances. À partir de 170 €.

Vallée de l'Ortolo, 20100 Sartène
Tél. : 04 95 71 69 24
www.murtoli.com

BARS À VINS

CHEMIN DES VIGNOBLES

Une cave séduisante, dans les murs restaurés des chais d'une ancienne coopérative, où l'on dénichera de très beaux vins de Corse et du continent. On y trouve également une épicerie très fine et un chaleureux bistrot à vins. Nicolas Stromboni, à l'origine de l'adresse, propose également des cours d'œnologie.

16, avenue Noël-Franchini,
20090 Ajaccio
Tél. : 04 95 51 46 61

L'ORRIU

À la fois épicerie de produits corses, bar à vins et restaurant. À table, accoudé au zinc ou à emporter, une belle sélection de vins corses dans laquelle se niche la plupart des meilleurs domaines de l'île.

5, cours Napoléon,
20137 Porto-Vecchio
Tél. : 04 95 70 26 21
www.lorriu.fr

RESTAURANTS

SOLE E MONTE

Un hôtel-restaurant classique perché dans un village attachant. Sur la table, on trouvera une cuisine traditionnelle nourrie d'excellents produits et arrosée d'une carte des vins de 250 étiquettes, à 90 % corse. Les cuvées des meilleurs vignerons de la région sont là ! 35 à 40 € à la carte.

20167 Cuttoli-Corticchiato
Tél. : 04 95 25 61 41
www.hotelsoleemonte.fr

FERME DE CAMPO DI MONTE

Dans cette ferme du XVIe, la cuisine traditionnelle et authentique corse est à l'honneur, signée par Pauline Juillard. L'une des tables les plus réputées et un indispensable voyage culinaire pour découvrir l'île. Menu unique à 56 €.

20239 Murato
Tél. : 04 95 37 64 39
www.fermecampodimonte.com

A CASARELLA

Avec une vue imprenable sur la mer et la Balagne, la terrasse offre un cadre idyllique. On se régale des tapas et glaces artisanales proposés par la maison. Goûtez au flan à la farine de châtaigne.

Stretta Di de Franchi, 20220 Pigna
Tél. : 04 95 61 78 08

NOTRE COUP DE ♥

DOMAINE PERO LONGO

Ce domaine mené en biodynamie se pare également d'un restaurant, d'une aire naturelle de camping (on peut même dormir dans un œuf !), de chambres d'hôtes et d'une très belle Maison des Vignes, bâtie au cœur du vignoble, qui abrite cinq chambres et un vaste salon-cuisine, avec piscine. De 85 à 125 € la nuit.

Route de Bonifacio, 20100 Sartène
Tél. : 04 95 77 07 11
www.chambredhotesartene.com

FÊTES VIGNERONNES

FIERA DI U VINU JUILLET 2020

À Piazza, commune de Luri, vous découvrirez les vins de cinquante vignerons, les produits régionaux et l'artisanat local. Ne manquez pas non plus le grand bal du samedi !

★★★

DOMAINE COMTE ABBATUCCI

L'histoire de ce domaine débute au XXe siècle avec un visionnaire, Antoine Abbatucci, le fondateur de cette pépinière viticole, véritable conservatoire des cépages autochtones corses. Jean-Charles Abbatucci, le fils d'Antoine, a placé le domaine à un niveau supérieur (sélections massales, biodynamie exigeante, porte-greffes adaptés au sol et au climat...). Les débuts de gamme sont remarquables ; dans les magnifiques assemblages, chaque cépage s'implique en amenant des arômes, de la fraîcheur, de la matière ou de la consistance : les vins sont digestes et fins, grâce au refus d'un interventionnisme excessif, et les élevages se sont affinés grâce à l'apport de foudres et d'œufs béton.

Les vins : 2018 a été une année compliquée. Les cuvées Faustine, vins fins et friands, manquent ainsi de chair et de densité. Avec un nez frais et parfumé, Monte Bianco exprime un caractère aérien du sciaccarellu. Un peu strict au départ, ce rouge épuré se déploie avec intensité et allonge, suivant une trame très effilée. Ravissant, le nez du Ministre Impérial annonce un vin de grande envergure : tanins poudrés, saveurs de grenade et de cannelle, allonge juteuse et caressante, c'est une très grande bouteille. Peu aromatique, Général impressionne par ses saveurs épicées et son envergure en bouche. Tonique mais contenu, il est porté par une fraîcheur tactile exceptionnelle. Diplomate exprime un caractère fort différent, plus introverti, construit autour d'une matière charnue et franche qui convoque toute une panoplie d'amers salivants.

(blanc) VDF Collection Général de la Révolution 2016	70 €	17,5
(blanc) VDF Faustine Vieilles Vignes 2018	23 €	14,5
(rouge) VDF Faustine Vieilles Vignes 2018	21 €	14,5
(rouge) VDF Ministre Impérial 2017	70 €	18
(rouge) VDF Monte Bianco 2016	65 €	17

Le coup de ♥

(blanc) VDF Diplomate d'Empire 2016	70 €	17,5

Rouge : 15 hectares.
Sciacarello 70 %, Nielluccio 20 %, Divers noir 10 %
Blanc : 5 hectares.
Vermentino 75 %, Bourboulenc 15 %, Divers blanc 10 %
Production moyenne : 100 000 bt/an

DOMAINE COMTE ABBATUCCI ☾
Vignoble - Pont de Calzola,
20140 Casalabriva
04 95 74 04 55 •
www.domaine-abbatucci.com • Visites : sur rendez-vous uniquement aux professionnels.
Propriétaire : Jean-Charles Abbatucci

★★

DOMAINE ANTOINE ARENA

Depuis le millésime 2014, les enfants d'Antoine Arena produisent leurs propres vins. Antoine et Marie ont gardé la vigne paternelle de Morta Maïo et le cépage biancu gentile. Saluons le travail accompli depuis des années par ce couple, précurseur dans ses combats (viticulture saine, définition des terroirs...) et qui ont tant fait pour Patrimonio et la réputation du vignoble corse. Les enfants sont sur des bons rails, et les anciens toujours dans la course avec des vins qui n'ont jamais autant rayonné.

Les vins : acidulé, digeste et tonique, le rosé 2017 n'a pas pris une ride. Juteux, sanguin et frais, le rouge Morta Maïo a conservé tout l'éclat de son fruit : tanins friands, notes d'écorces d'agrumes, intense finale salivante. C'est un magnifique patrimonio. Sobre, le bianco gentile livre une expression assagie, très sapide et ample, assez complexe derrière une apparente simplicité, avec une superbe qualité d'amers en finale. Grande finesse aromatique dans Carco, dont les arômes de poire fraîche et d'amande composent un blanc revigorant et salin. Somptueux nez d'orange amère dans le muscat : savoureux et fin, il masque ses sucres derrière des amers énergiques et va très loin en persistance.

(blanc) Patrimonio Carco 2018	25 €	16,5
(blanc) VDF Bianco Gentile 2016	25 €	16,5
(rosé) Patrimonio 2017	18 €	15,5
(rouge) Patrimonio Morta Maïo 2016	25 €	17,5

Le coup de ♥

(blanc) Muscat du Cap Corse 2016	26 €	17

Rouge : 2 hectares.
Nielluccio 100 %
Blanc : 3 hectares.
Biancu gentile 33 %, Muscat à petits grains

CORSE

blancs 33 %, Vermentino 33 %
Production moyenne : 30 000 bt/an

DOMAINE ANTOINE ARENA ♣
Morta Maïo, 20253 Patrimonio
04 95 37 08 27 • antoine.arena@wanadoo.fr
• Vente et visites : au domaine sur rendez-vous.
Propriétaire : Antoine et Marie Arena

★★

DOMAINE ANTOINE-MARIE ARENA

Antoine-Marie Arena a produit ses premiers vins sous son nom en 2014. Le fils cadet d'Antoine Arena signe maintenant ses propres cuvées, prenant en charge les Hauts de Carco en blanc et le Carco en rouge. La lecture des vins et la sensibilité des nouvelles cuvées issues d'assemblages confirment son talent. La cohérence et la profondeur de ses vins, objets de toutes les attentions dès la vigne jusqu'en élevage, ne font aucun doute,

Les vins : exceptionnelle série de vins blancs en commençant par San Giovanni, alliance de pureté et de sobriété dans ses saveurs ; aiguisé, salin et croquant, il est prolongé de beaux amers mentholés. Charnu, mûr et généreux, Hauts de Carco offre une texture un peu crémeuse : sa profondeur aromatique et son intensité le rendent éclatant, porté par un souffle pur. Très aromatique mais loin de la simplicité variétale, Morta Maïo a conservé des sucres résiduels, habilement équilibrés par les amers savoureux de la finale. Et quelle énergie et intensité dans le somptueux bianco gentile, d'une grande rectitude, dont la maturité idéale respecte parfaitement le fruit ! Les rouges 2018 nous déçoivent un peu, San Giovanni présente un caractère friand, très sobre et léger (11,5 °), en limite de maturité. Avant la mise, Carco se montrait énergique, avec un fruit croquant, mais des notes végétales en finale et une légère astringence apparaissaient également. Volume retenu et fruit sapide aux accents salins dans Memoria, un pur nielluciu dont l'élevage en demi-muid n'est pas pleinement parvenu à attendrir les tanins un rien pointus.

Patrimonio San Giovanni 2018	15 €	17
VDF Bianco Gentile 2018	20 €	16,5
VDF Morta Maïo Muscat Non Muté 2018	25 €	16,5
Patrimonio Carco 2018	20 €	15
Patrimonio Memoria 2018	30 €	15,5
VDF San Giovanni 2018	15 €	15

Le coup de ♥

Patrimonio Hauts de Carco 2018	20 €	17,5

Rouge : 2,92 hectares.
Nielluccio 78 %, Carcaghjolu neru 11 %, Morescone 11 %
Blanc : 3,32 hectares.
Biancu gentile 45 %, Vermentino 35 %, Muscat à petits grains blancs 20 %
Production moyenne : 25 000 bt/an

DOMAINE ANTOINE-MARIE ARENA ♣
Lieu-dit Morta Maïo, 20253 Patrimonio • antoinemarie.arena@gmail.com • Vente et visites : au domaine sur rendez-vous.
Propriétaire : Antoine-Marie Arena

★★

CLOS CANARELLI

Yves Canarelli s'affirme comme le grand vigneron de la côte sud de la Corse, dans le secteur méridional de Figari. Bénéficiant depuis 2008 des conseils de l'oenologue Antoine Pouponneau, et passionné d'ampélographie, il a agrandi le vignoble en replantant (entre autres) de vieux cépages, dont le biancu gentile en blanc ; en rouge, le carcaghjolu neru et le minustellu. En 2009, il a repris une parcelle de vignes préphylloxériques sur le village d'Orasi (cuvée Tarra d'Orasi) et vinifie deux superbes cuvées dans de grandes amphores d'argile (Amphora). Associé à Patrick Fioramonti, directeur et sommelier de l'Hôtel Cala Rossa, Yves a replanté à partir de 2010 le premier clos de Bonifacio sur un plateau en surplomb de la ville, riche d'un calcaire rare sur l'île : baptisé Tarra di Sognu, les vins (un blanc et un rouge) qui en sont issus révèlent un immense terroir. Cette cave écrit les plus belles pages de la nouvelle viticulture corse, et pourrait mériter de progresser encore dans notre classement.

Les vins : francs et limpides, les blancs nous enchantent, du figari du domaine, à l'allonge revigorante, au mémorable biancu gentile, sobre et salin, véritable boule d'énergie qui roule sur la langue avec bonheur. Quelle générosité de saveurs dans le blanc Amphora, vin de texture dont la mâche moelleuse se prolonge en saveurs chatoyantes et finement épicées ! Perfection formelle et sucres fondants et frais dans le magistral muscat MPG 2016, aux saveurs de praline et de sucre d'orge. Les rouges ne sont pas en reste : tout en sobriété de saveurs et vitalité de sève, le figari du domaine séduit par son harmonie et sa persistance digeste. Fraîcheur et douceur de chair dans le superbe rouge Amphora, dont le fruit scintillant et la trame épurée soulignent le caractère exceptionnellement digeste. Le carcaghjolu neru Costa Nera est un vin distingué, d'une magnifique envergure de saveurs, tapissé de tanins doux et mûrs. Sa fraîcheur de fruit le rend déjà délicieux, mais il se révèlera pleinement dans trois à quatre ans. Pur sciaccarellu, Alte Rocca combine finesse et fraîcheur aromatiques en un vin très subtil, délicat mais étincelant, profilé pour l'avenir. Tarra di Sognu impose son terroir parmi les plus grands de France : ciselé, salin, le blanc présente une délicatesse de saveurs et de texture hors du commun. Son raffinement épuré et son allonge le mènent à l'essentiel : l'expression d'un grand terroir calcaire. Floral, racé, le rouge s'appuie sur un taffetas de tanins friands et frais. On s'incline devant la pureté et l'éclat du fruit de ce vin captivant, nouvelle référence incontournable de l'île.

Corse Figari 2018	16,30 €	16
Corse Figari Amphora 2018	26 €	17
VDF Bianco Gentile 2018	15 €	17
VDF MPG 2016	19,20 €	17,5
VDF Tarra di Sognu 2018	23 €	18
Corse Figari 2017	14,50 €	16,5
Corse Figari Alte Rocca 2016	28 €	18
Corse Figari Amphora 2018	25,50 €	17,5
VDF Costa Nera 2016	26 €	17
VDF Tarra di Sognu 2017	23 €	18

Rouge : 25 hectares.
Nielluccio 80 %, Sciacarello 10 %, Syrah 10 %
Blanc : 8 hectares.
Vermentino 100 %

CLOS CANARELLI
Tarabucetta, 20114 Figari
04 95 71 07 55 • closcanarelli2a@orange.fr •
Vente et visites : au domaine sur rendez-vous.
Propriétaire : Yves Canarelli
Maître de chai : Hélène Gabriac
Œnologue : Antoine Pouponneau

★★ ↗

DOMAINE GIUDICELLI

Exigeante et intègre, Muriel Giudicelli et son époux exploitent depuis 1997 ce domaine certifié en biodynamie sur les terroirs de Poggio d'Oletta, où ils s'efforcent de produire des vins précis et fidèles au terroir. Issus de vignes en gobelets, les vins sont élevés en foudre Stockinger et en cuve inox. Le rouge séjourne presque deux années en cuve puis en foudre de bois ; il est commercialisé trois ans après la vendange. Le domaine brille aussi dans l'élaboration des muscats. Tous les vins, infusés, s'expriment avec finesse et naturel. Leur niveau de pureté et de précision permet cette année l'obtention de la seconde étoile.

Les vins : la pureté et l'élégance du blanc nous séduisent ; quelle classe dans ce vin mûr et nuancé, d'un grand naturel de texture, à l'allonge scintillante ! Assemblage de grenache noir et vermentinu vinifiés en blanc, le blanc de noir surprend par ses accents miellés, sa densité de texture et sa fraîcheur. Il mérite de vieillir un peu pour s'attendrir. Raffinement de texture et douceur de fruit dans le magnifique rouge, dont les tanins sapides roulent sur la langue : c'est un vin inspiré, sans fard, qui puise dans le calcaire sa finale revigorante. Quel ravissement que la vendange tardive de muscat, dont la richesse extravagante de saveurs a su conserver toute la fraîcheur du raisin ! Son éclat et sa pureté n'ont, hélas, d'égal que sa rareté...

Patrimonio 2017	28 €	17
VDF Blanc de Noirs 2017	28 €	16,5
VDF Vendange Tardive nº 3 2017	96 €	18,5
Le coup de ♥		
Patrimonio 2016	27 €	17

Rouge : 4 hectares.
Nielluccio 100 %
Blanc : 1,5 hectare.
Vermentino 55 %, Muscat à petits grains blancs 45 %
Production moyenne : 33 000 bt/an

DOMAINE GIUDICELLI
Lieu-dit Poretto, 20253 Patrimonio •
muriel.giudicelli@wanadoo.fr • Vente et visites : au domaine sur rendez-vous.
Propriétaire : Muriel Giudicelli

★★

YVES LECCIA

Yves Leccia et Sandrine, sa compagne, exploitent un vignoble essentiellement situé sur les parcelles d'E Croce et de Partinelone. L'ensemble est labouré et travaillé, et les amendements sont organiques. Les cuvées d'assemblages côtoient celles en monocépages ; le domaine propose également un muscat du cap Corse et trois couleurs en appellation Patrimonio. Ici, toutes les cuvées sont vinifiées en cuve inox, pour le plus grand bonheur des amateurs à la recherche de l'expression du fruit. Le domaine a beaucoup innové ces dernières années avec de nouveaux vins, tels que O Bà, Biancu Marinu et Altru Biancu.

Les vins : les rosés sont nerveux et précis, tout en volume et gourmandise. Les rouges ne se sont pas très bien présentés : chaleureux, un peu alangui par le moelleux des grenaches dans l'assemblage, YL retrouve du tonus grâce à l'allonge vigoureuse du nielluciu. E Croce manque de netteté, tout comme O Bà. Un peu monolithique, Biancu Marinu ne retrouve pas en 2018 tout l'éclat du 2017, mais ses jolis amers et l'aromatique extravertie du muscat en font un redoutable séducteur. Élégant et épanoui, Altru Biancu est un vibrant hommage au bianco gentile, qui déroule entre épices et agrumes ses saveurs croquantes et un peu végétales. Les blancs YL et E Croce ne manquent pas de tension, mais la maturité du fruit est un peu juste.

- IGP Île de Beauté Biancu Marinu 2018 — 15 € — 16
- IGP Île de Beauté YL 2018 — 16 € — 15,5
- Patrimonio E Croce 2018 — 20 € — 15,5
- IGP Île de Beauté YL 2018 — 12 € — 15
- Patrimonio E Croce 2018 — 14 € — 15,5
- IGP Île de Beauté O Bà ! 2016 — 25 € — 15
- IGP Île de Beauté YL 2017 — 16 € — 15,5
- Patrimonio E Croce 2016 — 18 € — 14,5

Le coup de ♥

- IGP Île de Beauté L'Altru Biancu 2016 — 16 € — 16,5

Rouge : Nielluccio 64 %, Grenache noir 26 %, Minustellu 5 %, Sciacarello 5 %
Blanc : Vermentino 65 %, Muscat à petits grains blancs 19 %, Biancu gentile 16 %
Production moyenne : 100 000 bt/an

YVES LECCIA ♣
Lieu-dit Morta Piana, 20232 Poggio d'Oletta
04 95 30 72 33 • www.yves-leccia.com •
Vente et visites : au domaine sur rendez-vous.
Propriétaire : Yves et Sandrine Leccia
Directeur : Yves Leccia

★

DOMAINE JEAN-BAPTISTE ARENA

Jean-Baptiste, fils aîné d'Antoine Arena, exploite désormais le terroir de Grotte di Sole. Tous ses vins sont encore vinifiés au domaine familial. Depuis 2003, il secondait son père à la vigne. Il a ainsi pu acquérir une solide expérience. Jean-Baptiste affirme son style au travers de vins énergiques, lumineux et convaincants, qui ne cessent de progresser.

Les vins : matière élancée, pure et lumineuse dans le blanc Grotte di Sole : il se distingue par son éclat d'agrumes et son souffle frais en finale, contrebalançant ses saveurs bien mûres. La tension imprimée par les schistes est perceptible dans Morta Maïo, vin pétulant et floral, au fruit limpide, à la magnifique persistance. Sapide et frais, parsemé de petits tanins friands, le rouge Grotte di Sole s'appuie sur une sève contenue : un rien sévère à ce stade, il se détendra. L'élégant muscat se fait explosif dans l'intensité de ses saveurs et la variété de ses amers. Son allonge électrique parvient presque à masquer ses sucres !

- Muscat du Cap Corse Grotte di Sole 2016 — 20 € — 17,5
- Patrimonio Grotte di Sole 2017 — 20 € — 16,5
- Patrimonio Grotte di Sole 2018 — 20 € — 16,5

Le coup de ♥

- Patrimonio Morta Maïo 2018 — 20 € — 17

Rouge : 2 hectares.
Nielluccio 100 %
Blanc : 3 hectares.
Muscat à petits grains blancs 50 %, Vermentino 50 %
Production moyenne : 16 000 bt/an

DOMAINE JEAN-BAPTISTE ARENA ♣
20253 Patrimonio
04 95 31 35 79 •
jeanbaptiste.arena@orange.fr • Visites : sans rendez-vous.
Propriétaire : Jean-Baptiste Arena

★

CANTINA DI TORRA - NICOLAS MARIOTTI BINDI

Après avoir travaillé comme chef de culture au domaine Leccia, Nicolas Mariotti Bindi a repris en 2015 une vieille cave abandonnée sur la route d'Oletta. Il a effectué un travail de forçat pour remettre sur pied cet outil de travail qui lui permet de mieux gérer sa production et de travailler par gravité. Le vignoble est certifié bio et les sols sont travaillés dans les règles de l'art. Les vinifications se font en cuve inox et en œuf-ciment de 16 hectolitres. Nous plaçons de grands espoirs dans cette production de vins intègres, toujours charnus et veloutés.

Les vins : friand, le rosé titrant 11,3 ° est particulièrement sobre et subtil. Frais et finement épicé, le patrimonio blanc joue sur son volume épuré et les fins amers tendus de sa finale : il est très réussi. Mursaglia blanc est tonique et ample dans sa fraîcheur. Ses saveurs sont nourrissantes, avec de fines touches poivrées en finale. Sa version Vieillissement Prolongé se montre juteuse et poivrée, presque opulente. Doux et tendres, les rouges 2018 devraient bien évoluer. Porcellese Vieilles Vignes est doté d'une chair voluptueuse et dense, qui entame son séjour en demi-muid. Épicé, juteux, bien mûr, c'est un vin très prometteur, qui a de belles années devant lui. Enfin, le blanc Dolce est un moelleux accessible à l'équilibre gourmand.

Patrimonio Cantina di Torra 2018	10 €	15,5
VDF Cantina di Torra Dolce 2017	13,50 €	15,5
VDF Mursaglia 2018	20 €	16
VDF Cantina di Torra Hors Série 2018	10 €	15
Patrimonio Cantina di Torra 2018	10 €	15
Patrimonio Porcellese Vieilles Vignes 2018	25 €	17
VDF Mursaglia 2018	17 €	15,5

Le coup de ♥

VDF Mursaglia Vieillissement Prolongé 2017	25 €	16,5

Rouge : 10,15 hectares.
Nielluccio 100 %
Blanc : 5,7 hectares.
Vermentino 100 %
Production moyenne : 60 000 bt/an

CANTINA DI TORRA - NICOLAS MARIOTTI BINDI ♣
Lieu-dit Torra, 20232 Oletta • nicolasmariottibindi@icloud.com • Vente et visites : au domaine sur rendez-vous.
Propriétaire : Nicolas Mariotti Bindi

★

CLOS CANERECCIA

À Rotani, sur la route de Corte, Christian Estève a repris en main le vignoble de son père. Le domaine possède 21 hectares de vignes, dont 9 sont vinifiés par Christian Estève ; le reste des raisins part à la coopérative. Il a fallu peu de temps et de millésimes pour que Christian démontre son savoir-faire et ses compétences, à force de travail et de justes interrogations. L'ensemble des vins produits montre la pertinence et la cohérence de la gamme, et les cuvées vinifiées en amphore (parlons plutôt de jarre) sont d'une grande précision. La plus belle aventure récente de la côte orientale !

Les vins : dans les trois couleurs, les Cuvées des Pierre sont des vins précis, sincères et soignés. Nous retenons le rosé, croquant, assez charnu et savoureux. En blanc, le corse 2017 allie gras et caractère salin, tandis que le biancu gentile est un peu amoindri par la note lactique et caramel du boisé. Notre préférence va à Amphore Vermentinu, retenu et harmonieux, et à Cuvée Sophie, assemblage élevé en foudre, à la chair dense, tonique et à l'allonge salivante. En rouge, le vin du domaine est profond et vigoureux, avec des tanins abondants et chocolatés. Nous admirons la réussite d'Amphore Nielluciu 2016, un grand vin étoffé et ferme qui possède de la réserve, ainsi qu'un volume frais et velouté. Quelle fraîcheur et éclat de saveurs dans le carcaghjolu neru 2016, au grain de tanin poli par l'amphore et au profil très équilibré ! 2017 est du même acabit. Fraîche, sapide et harmonieuse, Cuvée Sophie rouge nous enchante par son élan et la justesse de ses saveurs généreuses.

Corse 2017	24 €	15,5
VDF Amphore Vermentinu 2017	40 €	16,5
VDF Biancu Gentile 2017	27 €	15
VDF Cuvée Sophie 2017	50 €	16,5
Corse 2018	18 €	15
Corse Cuvée des Pierre 2018	14 €	14,5
Corse 2016	24 €	16

VDF Amphore Carcaghjolu Neru 2016 — 40 € — 17

VDF Amphore Nielluccìu 2016 — 40 € — 16,5

Le coup de ♥

VDF Cuvée Sophio 2016 — 50 € — 16,5

Rouge : Nielluccio 52 %, Grenache noir 15 %, Syrah 13 %, Carcaghjolu neru 8 %, Minustellu 7 %, Sciacarello 5 %
Blanc : Vermentino 85 %, Biancu gentile 11 %, Genovèse 4 %
Production moyenne : 65 000 bt/an

CLOS CANERECCIA
180, chemin d'Arena, Rotani, 20270 Aleria
04 95 34 17 85 • www.closcanereccia.com •
Visites : sans rendez-vous.
Propriétaire : Christian Estève

★

CLOS NICROSI

Ce vignoble historique a été fondé par Dominique Nicrosi en 1850. Aujourd'hui, Jean-Noël Luigi, son fils Sébastien et sa fille Marine en sont à la tête. Situé en bordure de mer, dans la zone la plus septentrionale de l'île, dans le village de Rogliano, les parcelles sont soumises aux vents marins sur des sols de schistes qui "minéralisent" les blancs, évitant tout élevage sous bois. À la clé : très prisé muscat du cap Corse et blanc sec toujours très original. Sa capacité de vieillissement est inégalée sur l'île. Le rappu est un vin rouge passerillé non muté, non millésimé, sorte de solera, basé sur l'assemblage de jeunes et de vieux vins (sept ans).

Les vins : saveurs de poire et d'acacia dans la nouvelle cuvée de blanc Stecaja, qui s'appuie sur des raisins plus "croquants", à la maturité moins poussée que ceux destinés à la cuvée du domaine. Cette dernière se distingue par une légère réduction et de beaux arômes de fenouil. Le caractère finement oxydatif semble moins marqué que dans les millésimes précédents. On la passera en carafe ou on l'attendra sagement. Superbe envergure et intensité de saveurs dans le muscatellu, admirable muscat muté aux saveurs de caramel salé et d'agrumes confits. On s'en régalera ou, mieux, on patientera dix ans pour des plaisirs décuplés.

Coteaux du Cap Corse 2018 — 14,70 € — 17

Coteaux du Cap Corse Stecaja 2018 — 11 € — 16

Muscat du Cap Corse Muscatellu 2017 — 21 € — 18

Rouge : 1,5 hectare.
Sciacarello 50 %, Aleatico 25 %, Nielluccio 25 %
Blanc : 7 hectares.
Vermentino 65 %, Muscat à petits grains blancs 35 %
Production moyenne : 25 000 bt/an

CLOS NICROSI
20247 Rogliano
04 95 35 41 17 • www.closnicrosi.fr •
Visites : sans rendez-vous.
Propriétaire : Jean-Noël, Sébastien et Marine Luigi

★

CLOS SIGNADORE

Marseillais d'origine, formé notamment au château de Pibarnon (Bandol), Christophe Ferrandis s'est installé en 2002 près de Saint-Florent dans le village de Poggio d'Oletta. Il vinifie à l'étroit dans une ancienne bergerie mais projette de construire un nouveau chai. Son vignoble fait face au domaine Leccia à Morta Piana. Les rendements sont faibles, la culture est en bio, les vendanges se font en caissettes. Le style concentré et extrait de ses débuts évolue vers davantage de finesse. Capables d'un excellent vieillissement, les rouges sont plus harmonieux, en particulier la cuvée du Clos Signadore et A Mandria, produite dans les trois couleurs. Inizia est une nouvelle cuvée de négoce.

Les vins : issu d'achats de raisins de la côte orientale, Inizia se distingue par son joli nez fumé, ses saveurs moelleuses et sapides. Un rouge désaltérant et friand, très abouti. Droit, assez incisif, le blanc A Mandria est encore marqué par son élevage, qui comprime un peu le fruit, hormis des notes anisées en finale. Vinifié en demi-muid neuf, Clos Signadore blanc devra surmonter son élevage, qui reste prégnant, mais sa tension saline et sa finesse sont patentes. Notes fumées, mûre et cacao se retrouvent au nez du superbe A Mandria rouge, très séduisant et mûr. Clos Signadore rouge tient son rang : droit, séveux, assez chatoyant, il a conservé un fruit épicé et juteux. Bien proportionné, il pourra se boire jeune.

Patrimonio 2018 — 55 € — 16

Patrimonio A Mandria Di Signadore 2018	25 € (c)	15
VDF A Mandria di Signadore 2018	17 € (c)	14
Patrimonio 2015	50 €	16,5
Patrimonio A Mandria Di Signadore 2017	25 € (c)	16

Le coup de ♥

VDF Inizia 2018	19 € (c)	15

Rouge : 6 hectares.
Nielluccio 84 %, Minustellu 10 %, Aleatico 6 %
Achat de raisins.
Blanc : 3 hectares.
Vermentino 67 %, Biancu gentile 11 %, Divers blanc 11 %, Genovèse 11 %
Achat de raisins.
Production moyenne : 30 000 bt/an

CLOS SIGNADORE ♣
20232 Poggio d'Oletta • www.signadore.com • Vente et visites : au domaine sur rendez-vous.
Propriétaire : Christophe Ferrandis

★ ↗

CLOS VENTURI

À Ponte Leccia, village d'altitude situé au carrefour des routes menant à Bastia, Ajaccio et Calvi, le Clos Venturi est l'un des domaines les plus récents de Corse. Il provient du détachement, en 2005, des meilleurs terroirs du domaine Vico, où Jean-Marc et Manu Venturi produisent également, sur 77 hectares, des vins plus techniques de grande diffusion et d'un bon rapport qualité-prix. Un important travail a été mené au Clos Venturi : replantation de cépages autochtones, culture en bio et utilisation des levures indigènes. Le chai est remarquablement équipé (fût, cuve et œuf ; bois, béton, inox). Nouveaux vins d'entrée de gamme, les cuvées Le Bois du Cerf sont simples et nettes. Les cuvées Chiesa Nera sont à découvrir absolument. La qualité de l'ensemble de la gamme permet cette année au domaine d'accéder à la première étoile.

Les vins : le rouge 1769 est très réussi, sobre et frais. Nerveux, tendu, le rosé 1769 est assez tonique. Les cuvées du domaine sont très convaincantes, avec un rosé de caractère, un rouge mûr et pulpeux et un blanc parfumé et ample, dont la fraîcheur s'appuie sur d'excellents amers. Croquant et nerveux, Brama blanc est contenu et persistant. A Mina est un vermentinu profond et éclatant, aux notes d'agrumes et d'herbes sèches. U Fornu assemble nielluciu et minustellu : vin de grande envergure, il déroule une matière fraîche et assagie, soutenue par une trame énergique aux tanins nourrissants. Chiesa Nera blanc est superbe, très nuancé, subtil et délicat. C'est un des plus grands blancs de Corse.

Corse 2018	26 €	16
Corse A Mina Domaine Vico 2016	39 € (c)	16,5
IGP Île de Beauté Brama Biancu Gentile 2018	19 €	16,5
VDF Chiesa Nera 2016	65 €	17
Corse 2018	21 €	15
Corse 1769 2018	14 €	14
Corse 2017	26 €	15,5
Corse 1769 2017	15 €	15,5
IGP Île de Beauté Brama Syrah 2017	19 €	15,5

Le coup de ♥

Corse U Fornu Domaine Vico 2016	39 € (c)	16,5

Rouge : 14 hectares.
Blanc : 15 hectares.
Production moyenne : 150 000 bt/an

CLOS VENTURI ♣
Route de Calvi, 20218 Ponte Leccia
04 95 47 61 35 • domaine.vico@orange.fr • Vente et visites : au domaine sur rendez-vous.
Propriétaire : Famille Acquaviva-Venturi
Maître de chai : Guillermier

★

DOMAINE LECCIA

En 2015, Lisandru, le fils d'Yves Leccia, est revenu au domaine auprès de sa tante Annette Leccia tandis que Nicolas Mariotti Bindi, qui était en charge des vinifications, s'est installé à son compte. Les blancs sont toujours épurés, cristallins, et d'une belle aptitude au vieillissement. C'est l'un des seuls domaines à être resté fidèle à son style de rosés colorés et goûteux. Les muscats du cap Corse sont de très haut niveau, avec une recherche permanente de surmaturité du raisin. Précis et fins, rouges et blancs ont beaucoup progressé ces dernières années.

Les vins : dans les trois couleurs, les patrimonios sont très réussis, fins et harmonieux : le rouge, en particulier, offre fraîcheur de sève et tonalités sanguines. Supplément de volume et de moelleux dans le rouge Pettale, dont les tanins vifs mais sapides apportent au vin une superbe finesse et une allonge charnue. Il vieillira avec bonheur. Grâce à ses amers nobles qui évoquent le cédrat confit et la fraîcheur de ses sucres, le muscat est très réussi, tout comme le VDF, salivant et digeste, issu d'une vendange en surmaturité.

Muscat du Cap Corse 2018	30 €	16,5
Patrimonio 2018	30 €	16
VDF Muscat à Petits Grains 2017	45 €	16,5
Patrimonio 2018	18 €	15
Patrimonio 2016	25 €	16,5

Le coup de ♥

Patrimonio Pettale 2016	30 €	17

Rouge : 8 hectares.
Nielluccio 100 %
Blanc : 5 hectares.
Muscat à petits grains blancs 55 %, Vermentino 45 %
Production moyenne : 60 000 bt/an

DOMAINE LECCIA ♣
Lieu-dit Morta Piana, 20232 Poggio d'Oletta
04 95 37 11 35 • www.domaine-leccia.fr • Vente et visites : au domaine sur rendez-vous.
Propriétaire : Lisandru Leccia

★

DOMAINE U STILICCIONU

Après avoir vinifié à Cahors, en Nouvelle-Zélande et à Tokaj, Sébastien Poly a repris en 2006 et travaille seul ce petit domaine familial au patrimoine de vieilles vignes plantées dans les années 1960 dans la vallée granitique et argileuse du Taravo, non loin des domaines Comte Abbatucci et Vaccelli. Il vinifie sans levurage, avec très peu, voire sans sulfite. Certifié en bio depuis 2009, il se convertit actuellement à la biodynamie, et propose des vins d'une gourmandise et d'une digestibilité rares en Corse, avec une identité très affirmée.

Les vins : sanguin, énergique et sincère, Sottu Scala est un superbe rouge, capable d'un beau vieillissement, comme l'a prouvé un remarquable 2008 dégusté au domaine. Pur sciaccarellu, Antica se montre droit, juteux, empli d'un fruit très pur et plein de fraîcheur. Générosité de chair, texture moelleuse, supplément de maturité dans le profond Kalliste, précis et très long. Savoureux et étoffé, le blanc Emy-Lidia suit une fine ligne oxydative, mais reste frais et tendu.

Ajaccio Emy-Lidia 2016	33 €	16
Ajaccio Antica 2016	33 €	17
Ajaccio Kalliste 2016	39 €	17,5
Ajaccio Sottu Scala 2017	23 €	16,5

Rouge : 4 hectares.
Sciacarello 80 %, Nielluccio 15 %, Carcaghjolu neru 5 %, Divers noir 5 %
Blanc : 2 hectares.
Vermentino 100 %
Production moyenne : 15 000 bt/an

DOMAINE U STILICCIONU ☾
Stiliccione 20140 Serra-di-Ferro
04 95 22 41 19 •
www.domaineustiliccionu.com • Vente et visites : au domaine sur rendez-vous.
Propriétaire : Sébastien Poly-Casabianca

★

DOMAINE DE VACCELLI

La famille Courrèges exploite depuis 1961 le terroir d'arènes granitiques de la vallée du Taravo, tout au sud de l'appellation Ajaccio. Après des études d'œnologie à Nîmes et une formation au Clos Capitoro (Ajaccio), Gérard, fils d'Alain Courrèges, prend la responsabilité des vinifications et montre l'étendue de son talent. Gamme variée avec des vins déclinés dans les trois couleurs, hormis la cuvée Unu : les cuvées Juste Ciel ! en VDF ; les cuvées du domaine, en entrées de gamme, fruités et d'un très bon rapport qualité-prix ; les cuvées Roger Courrèges, plus denses et issues de sélections de vendanges sur des vignes plus âgées ; et la cuvée Granit, déterminée par des sélections de terroir. La parcelle 174 est une vieille vigne de haut de coteaux exposés nord. Quartz blanc a fait son apparition en 2016, issu de la replantation de vieux cépages blancs.

Les vins : plein et tonique, sans excès de chair, le rosé est énergique. Sirocco assemble vermentinu, carcaghjolu biancu, riminese, genovese et cudiverta : profond et salin, ce blanc revigorant s'appuie sur une structure très vigoureuse qui mêle harmonieusement trame acide et saveurs d'agrumes en une finale intense et salivante. Avec ses arômes de fruits rouges et d'orange sanguine, Vaccelli 2016 se montre irrésistible et joyeux : un hymne à la gourmandise du sciaccarellu. Un peu plus réservé, Granit est lissé par l'élevage. Sa fraîcheur, sa franchise et son allonge juteuse lui confèrent une tenue impressionnante. Sensuel, poudré, Granit 174 déborde de fraîcheur et de vitalité : un très grand vin, très habilement souligné par l'élevage. Tout en finesse, Granit 60 se fait pinotant, avec des petits tanins savoureux et friands. Sa fraîcheur, son élégance innée et sa sincérité de saveurs nous enchantent.

VDF Sirocco 2017	de 44 à 47 € (c)	16,5
Ajaccio Vaccelli 2017	de 23 à 28 € (c)	15,5
Ajaccio Granit 2016	de 44 à 47 € (c)	17
Ajaccio Granit 60 2016	46 €	17
Ajaccio Vaccelli 2016	de 25 à 30 € (c)	16,5

Le coup de ♥

Ajaccio Granit 174 2016	de 72 à 75 € (c)	18

Rouge : 11,36 hectares.
Sciacarello 77 %, Carcaghjolu neru 9 %, Minustellu 9 %, Grenache noir 5 %
Blanc : 8,18 hectares.
Vermentino 90 %, Divers blanc 10 %
Production moyenne : 80 000 bt/an

DOMAINE DE VACCELLI
Lieu-dit Aja-Donica,
20123 Cognocoli-Monticchi
04 95 24 35 54 • vaccelli@aol.com • Vente et visites : au domaine sur rendez-vous.
Propriétaire : Alain Courrèges et Fils
Directeur : Nathalie et Gérard Courrèges
Maître de chai : Gérard Courrèges
Œnologue : Emmanuel Gagnepain

DOMAINE D'ALZIPRATU

Ce vignoble est né dans les années 1970 de l'association entre Maurice Acquaviva et le baron de La Grange, propriétaire du couvent d'Alzipratu. En 1996, la famille Acquaviva devient l'unique propriétaire du domaine, géré depuis 1992 par Pierre, secondé par Vincent Grepin, son talentueux maître de chai. Avec 40 hectares, Alzipratu s'impose comme un domaine de premier ordre en Balagne, un secteur compliqué où ce domaine se distingue par l'équilibre de ses vins. De nouvelles cuvées parcellaires, très réussies, augurent du meilleur pour ce domaine en pleine forme.

Les vins : Fiume Seccu est un blanc équilibré et sain, mais c'est Pumonte qui le devance en ampleur et persistance, avec une trame saline qui tranche agréablement sa chair gourmande. En rouge, Fiume Seccu se fait frais et parfumé, mais là encore, Pumonte se distingue avec son nez de grenade et son fruit velouté : sertie de tanins fins, sa bouche éloquente se fait séduisante et franche. La nouvelle cuvée Alticellu est issue d'une parcelle complantée de dix cépages, et élevée en cuve béton ovoïde. Encore un peu serré, ce vin s'appuie sur des tanins chocolatés qui soutiennent une chair mûre et épicée. Pur nielluciu, Iniziu présente une chair douce et patinée. Il a conservé beaucoup de fraîcheur. Séveux, profond, il allie envergure et finesse.

Corse Calvi Fiume Seccu 2018	12 €	15
Corse Calvi Pumonte 2018	22,20 €	16
Corse Calvi Pumonte 2018	16,30 €	14,5
Corse Calvi Alticellu 2017	31,56 €	16,5
Corse Calvi Fiume Seccu 2018	11,04 €	15
Corse Calvi Iniziu 2017	31,56 €	16,5

Le coup de ♥

Corse Calvi Pumonte 2017	20,52 €	16,5

Rouge : 33 hectares.
Sciacarello 52 %, Nielluccio 19 %, Grenache noir 14 %, Syrah 8 %, Minustellu 4 %, Aleatico 3 %
Blanc : 10 hectares.
Vermentino 96 %, Biancu gentile 4 %
Production moyenne : 200 000 bt/an

DOMAINE D'ALZIPRATU
Route de Zilia, 20214 Zilia
04 95 62 75 47 •
www.domaine-alzipratu.com • Vente et visites : au domaine sur rendez-vous.
Propriétaire : Pierre Acquaviva
Maître de chai : Vincent Grepin

CLOS FORNELLI

Le Clos Fornelli est installé au village de Tallone, sur le piémont du massif de la Castagniccia. Josée Vanucci-Couloumere a repris avec son mari Fabrice le domaine de son père en 2005. En 2009, elle plante du biancu gentile et du minustellu. Tous les vins sont vinifiés en levures indigènes : Clos Fornelli (sciacarellu, nielluciu et minustellu) ; La Robe d'Ange en rouge (sciacarellu) ; Stella Rose (sciacarellu et niellucciu) et l'excellent genovese. Dans un style sincère, les vins du domaine sont francs et séduisants.

Les vins : les entrées de gamme sont de bon niveau. Si le blanc La Robe d'Ange manque un peu de tonus, le rouge offre un joli fruit suave et mûr. Nous avouons un faible pour le pur Genovese, qui dévoile la personnalité très originale de ce rare cépage avec des saveurs de glycine et de fruits jaunes. Le vermentinu Vini Navigati déploie son envergure souple et saline en une matière intense, presque onctueuse. Savoureux, c'est un blanc assez exubérant. Pur sciaccarellu, Vinu di Scimia séduit par son volume et la maturité fraîche de son fruit juteux. Vinifié en foudre, Stella Rose se montre un peu épais, avec un fruit qui manque légèrement d'énergie. Vin tendre et juteux, infusé de fruits noirs, Minustellu est un beau témoignage du caractère identitaire de ce cépage. Le pur nielluciu Vini Navigati possède beaucoup de fraîcheur et un volume assez épanoui.

Corse 2018	9 €	14
Corse La Robe d'Ange 2018	15 €	15
Corse Vini Navigati 2018	24 €	16
Corse 2017	9 €	14,5
Corse La Robe d'Ange 2018	15 €	15,5
Corse Stella Rose 2017	17 €	14,5
Corse Vini Navigati 2016	24 €	15,5
Corse Vinu di Scimia 2018	15 €	15,5
VDF Minustellu 2018	16 €	15,5

Le coup de ♥

VDF Genovese 2018	18 €	16,5

Rouge : 14,2 hectares.
Sciacarello 53 %, Nielluccio 35 %, Minustellu 12 %
Blanc : 6,8 hectares.
Vermentino 80 %, Biancu gentile 12 %, Genovèse 8 %
Production moyenne : 70 000 bt/an

CLOS FORNELLI

Pianiccia, 20270 Tallone • www.closfornelli.com • Vente et visites : au domaine sur rendez-vous.
Propriétaire : Josée Vanucci-Couloumène et Fabrice Couloumère

NOUVEAU DOMAINE

CLOS D'ALZETO

Alexis Albertini poursuit l'œuvre de son père Pascal dans ce vignoble, le plus haut de Corse, sur un site exceptionnel dominant la mer au pied d'une falaise à 500 mètres d'altitude. Une vaste cave est équipée de toutes les options technologiques et les vins se montrent d'un très bon niveau, avec une mention spéciale pour les excellentes nouvelles cuvées parcellaires de blanc Cardillone et Moretelle, entrées en production en 2016. Majoritaire dans les rouges, le sciaccarellu donne ici des vins colorés et sérieux. Les entrées de gamme sont fiables mais peuvent progresser.

Les vins : le blanc Prestige, vermentino souple et frais, acidulé et précoce, tient sa fraîcheur de son élevage sur lies. Assemblage de bianco gentile et de vermentino, Moretelle est un vin parfumé, gras et dense, avec une belle fraîcheur mentholée et un élevage discret. Notre préféré est assurément Cardillone, un pur genovese qui se montre aromatique (foin, herbes séchées), charnu, persistant et complexe. Avec ses amers discrets, il offre une belle allonge. En rouge, Frescu est conçu pour étancher la soif : un vin croquant et juteux dans lequel les épices du sciaccarellu s'affirment en finale. Assez moelleux, le velouté ajaccio Tradition possède une jolie mâche et un caractère soigné et savoureux. Dominé par le sciaccarellu, le moelleux et réglissé Prestige se montre plein et souple, avec un fruit doux. Il est prêt à boire.

Ajaccio Prestige 2018	15,90 €	14,5
VDF Moretelle 2016	39 €	15,5
Ajaccio Prestige 2015	16,10 €	15,5
Ajaccio Tradition 2017	12,30 €	15
VDF U Frescu 2018	9,30 €	14,5

Le coup de ♥

VDF Cardillone 2017	39 €	16,5

Rouge : 40 hectares.
Sciacarello 70 %, Grenache noir 15 %, Nielluccio 10 %, Cinsault 5 %
Blanc : 15 hectares.
Vermentino 70 %, Biancu gentile 20 %, Genovèse 10 %
Production moyenne : 200 000 bt/an

CLOS D'ALZETO
Lieu-dit Alzeto, 20151 Sari-d'Orcino
04 95 52 24 67 • www.closdalzeto.com •
Vente et visites : au domaine sur rendez-vous.
Propriétaire : Pascal Albertini
Maître de chai : Renaud Chaudière
Œnologue : Alexis Albertini

L'ENCLOS DES ANGES

Richard et son épouse Marjorie Spurr exploitent depuis 2007 un vignoble de 23 hectares. L'acquisition récente de 3,5 hectares leur a permis de mieux sélectionner les parcelles et de créer une deuxième étiquette baptisée Semper Fidelis. Les vignes, taillées en gobelets, sont assises sur des arènes en contreforts, en majorité granitiques, et pour une petite partie en plaine. Les vins sont élaborés sans artifice ni intrant, vinifiés et élevés en cuves béton et inox. Les dernières cuvées ont gagné en précision et en finesse, mais nous avouons une préférence pour les rouges.

Les vins : la gamme Semper Fidelis propose un rosé frais et tonique et un rouge digeste et franc. Le blanc est nerveux mais manque de relief aromatique. Parmi les vins de L'Enclos des Anges, le rosé possède une mâche solide et se destine à la table. Puissant et solaire, le blanc manque un peu de fraîcheur. Assemblage de nielluciu et syrah, le rouge offre une trame savoureuse et riche : il est doté de tanins encore serrés, finement confits, qui demanderont du temps pour se fondre.

Corse Calvi 2017	17 €	14,5
Corse Calvi Semper Fidelis 2018	12 €	13,5
Corse Calvi 2018	14 €	15
Corse Calvi Semper Fidelis 2018	11 €	14,5
Corse Calvi Semper Fidelis 2017	14 €	15

Le coup de ♥

Corse Calvi 2016	18 €	15,5

Rouge : 13 hectares.
Nielluccio 30 %, Syrah 30 %, Sciacarello 25 %, Grenache noir 15 %
Blanc : 7 hectares.
Vermentino 100 %
Production moyenne : 45 000 bt/an

L'ENCLOS DES ANGES
Route de la forêt de Bonifatu, 20260 Calvi
06 19 85 16 39 •
richard@enclosdesanges.com • Vente et visites : au domaine sur rendez-vous.
Propriétaire : Richard et Marjorie Spurr

NOUVEAU DOMAINE

DOMAINE GIACOMETTI

Simon Giacometti, 31 ans, a vinifié son premier millésime il y a dix ans au domaine familial, aux côtés de son père Christian et de sa sœur Sarah. Situé au cœur du désert des Agriates dans un environnement préservé et sauvage, le vignoble est désormais certifié bio. Les vins atteignent aujourd'hui un excellent niveau, avec une grande franchise de saveurs et un usage très limité du bois.

Les vins : dans les trois couleurs, les cuvées Cru des Agriate se montrent mûres et sincères. Élevées en demi-muid, les cuvées Sarah sont plus ambitieuses ; le blanc s'agrémente d'une fraîcheur épicée et d'un fruit bien croquant, avec une trace mentholée venue de l'élevage. Le rouge est attachant par sa franchise, mais l'élevage n'est pas parfaitement intégré. Très séduisant, le nez du pur sciaccarellu Sempre Cuntentu évoque la framboise confite. Portée par une fine sève et des saveurs acidulées et mûres, ce vin s'avère réjouissant, idéalement digeste et tonique. Profil original pour la syrah Sempre Azzezu, qui livre des notes de cuir et de prunelle : son grain de tanin fin et sa fraîcheur constitutive lui permettent d'atteindre un réel équilibre.

Patrimonio Cru des Agriate 2018	11 €	15,5
Patrimonio Cru des Agriate Cuvée Sarah 2017	16,50 €	15,5
Patrimonio Cru des Agriate 2018	10 €	15
Patrimonio Cru des Agriate 2017	11 €	15
Patrimonio Cru des Agriate Cuvée Sarah 2016	13,50 €	15,5
VDF Sempre Azezzu 2016	14,50 €	16

Le coup de ♥

VDF Sempre Cuntentu 2017	13 €	16,5

Rouge : 22,5 hectares.
Nielluccio 75 %, Sciacarello 18 %, Grenache noir 6 %, Syrah 1 %
Blanc : 4,5 hectares.
Vermentino 100 %
Production moyenne : 90 000 bt/an

DOMAINE GIACOMETTI ♣
Casta, 20217 Saint-Florent
04 95 37 00 72 •
www.domainegiacometti.com •
Visites : sans rendez-vous.

CORSE

Propriétaire : Christian Giacometti
Directeur : Simon et Sarah Giacometti

NOUVEAU DOMAINE

DOMAINE SANT ARMETTU

Le "domaine du Saint Ermite" (qui d'après la légende soignait par les plantes) occupe des coteaux qui dominent le golfe de Propriano. Gilles Seroin a construit son chai en 1996. Ce vigneron passionné et attachant est doué d'un grand talent de vinificateur et d'éleveur. Dans les trois couleurs, les vins ont bien progressé. Ils se montrent sincères et généreux, et le domaine rejoint désormais le peloton des meilleurs de l'île de Beauté. À découvrir en priorité !

Les vins : pur vermentinu, la cuvée Pivarella possède de la consistance et une matière généreuse, qui allie fraîcheur et maturité. Assemblage de vermentinu, biancu gentile et genovese, Burghese offre un nez très original avec des notes racinaires et d'écorces d'agrumes : la bouche s'appuie sur des amers nobles et impressionne par sa persistance. Tout en fruit suave et frais, le rouge Rosumarinu présente un profil friand, volubile et digeste. Finement compoté, Elegante, issu de grenache, assume son envergure moelleuse et sa générosité en alcool. Myrtus rouge, cuvée emblématique du domaine, ne déçoit pas en se montrant parfumée et intègre, complexe dans la variété de ses saveurs ; on admire son volume sobre, sa fraîcheur et ses tanins juteux. Grande fraîcheur également dans le sciaccarellu L'Ermite, un vin très savoureux dont la sève nerveuse apporte tonus et élégance. Trente-six mois d'élevage n'ont pas atténué la vivacité de Burghese rouge, réglissé et moelleux, qui possède de l'étoffe et une vraie race.

IGP Île de Beauté Burghese 2015	48 €	16,5
IGP Île de Beauté Pivarella 2017	24,70 €	15,5
IGP Île de Beauté Myrtus 2018	18,90 €	14,5
IGP Île de Beauté Burghese 2015	48 €	16
IGP Île de Beauté L'Ermite 2017	48 €	16,5
Vin de Corse Sartène Elegante 2017	26 €	15,5
Vin de Corse Sartène Rosumarinu 2018	13,20 €	15

Le coup de ♥

IGP Île de Beauté Myrtus 2016	23,90 €	16,5

Rouge : 31 hectares.
Sciacarello 33 %, Aleatico 13 %, Grenache noir 13 %, Nielluccio 11 %, Syrah 10 %, Carignan 10 %, Minustellu 9 %, Carcaghjolu neru 1 %
Blanc : 9 hectares.
Vermentino 74 %, Genovèse 22 %, Biancu gentile 4 %
Production moyenne : 200 000 bt/an

DOMAINE SANT ARMETTU
9 avenue Napoléon, 20110 Propriano
04 95 76 05 18 • www.santarmettu.com •
Vente et visites : au domaine sur rendez-vous.
Propriétaire : Gilles Seroin
Œnologue : Emmanuel Gagnepain

NOUVEAU DOMAINE

DOMAINE DE TORRACCIA

Sur un site enchanteur dominant la mer, le légendaire Christian Imbert a constitué ce domaine à la fin des années 1960, au nord de Porto-Vecchio. Il a cédé sa place en 2008 à son fils Marc, 55 ans, vigneron cultivé et intuitif. Ce dernier entretient les 42 hectares de ce vignoble planté dans des arènes granitiques, à la moyenne d'âge élevée et certifié bio, et améliore sa gestion parcellaire. En cave, Marc reste fidèle aux cuves béton et inox, affine les assemblages et innove avec de nouvelles cuvées, comme Salvaticu, vermentinu fermenté et élevé en barriques. Il faut (re)découvrir ce domaine, dont la sage politique de stockage permet de proposer des millésimes à maturité d'Oriu. Ce rouge atteint sa plénitude entre dix et vingt ans. Les 2001, 2003 et 2005 sont en grande forme !

Les vins : les rosés sont bien réussis, particulièrement Oriu, digeste et charnu. Expressif, le blanc est accessible et franc, même s'il manque un peu de complexité. Dense et charnu, Oriu blanc possède du gras et de la fraîcheur. Ses saveurs anisées lui apportent beaucoup de cachet. Salvaticu offre une expression tonique et ferme du vermentinu, dont l'apport boisé est fort bien intégré en une chair crémeuse aux accents de fenouil. Le rouge 2015 se montre assez sapide, doté d'une fruit épicé et doux, et d'un joli moelleux qui se révèle à l'aération. Svelte et précoce, Oriu 2014 présente un profil sobre et digeste. Son fruit frais et sapide s'appuie sur de beaux amers minéraux et des tanins fins. Les trois vins suivants ont été dégustés en magnum : Oriu 2011 (disponible uniquement en magnum) évoque la garrigue et les épices, avec une bouche moelleuse et épanouie. Avec sa matière fraîche et encore vive, Oriu 2005 est très plaisant dans son épanouissement tendre. Concentré et séveux, Oriu 2003 a gardé de la fraîcheur. Ses saveurs de chocolat, de cuir et de réglisse composent un équilibre juteux, dont l'ampleur solaire est contenue.

Corse Porto-Vecchio 2018	13 €	14
Corse Porto-Vecchio Oriu 2018	25 €	15,5
Corse Porto-Vecchio Salvaticu 2018	50 €	16,5
Corse Porto-Vecchio 2018	13 €	14,5
Corse Porto-Vecchio Oriu 2018	17 €	15,5
Corse Porto-Vecchio 2015	13 €	15
Corse Porto-Vecchio Oriu 2005	64 €	16,5
Corse Porto-Vecchio Oriu 2011	56 €	16
Corse Porto-Vecchio Oriu 2014	27 €	16

Le coup de ♥

Corse Porto-Vecchio Oriu 2003	75 €	16,5

Rouge : 34 hectares.
Nielluccio 65 %, Grenache noir 15 %, Sciacarello 15 %, Syrah 5 %
Blanc : 8 hectares.
Vermentino 100 %
Production moyenne : 130 000 bt/an

DOMAINE DE TORRACCIA ♣

20137 Porto-Vecchio
04 95 71 43 50 • torracciaoriu@wanadoo.fr •
Vente et visites : au domaine sur rendez-vous.
Propriétaire : Christian, Christophe et Marc Imbert
Directeur : Marc Imbert

CORSE

“Généreux dans tous les sens du terme, 2018 met fin à une série de millésimes chiches en quantité. Les vignerons du Jura respirent, tout comme les amateurs, de plus en plus nombreux à plébisciter ces vins singuliers et profonds.”

Pierre Citerne, dégustateur des vins du Jura
Membre du comité de dégustation de La Revue du vin de France

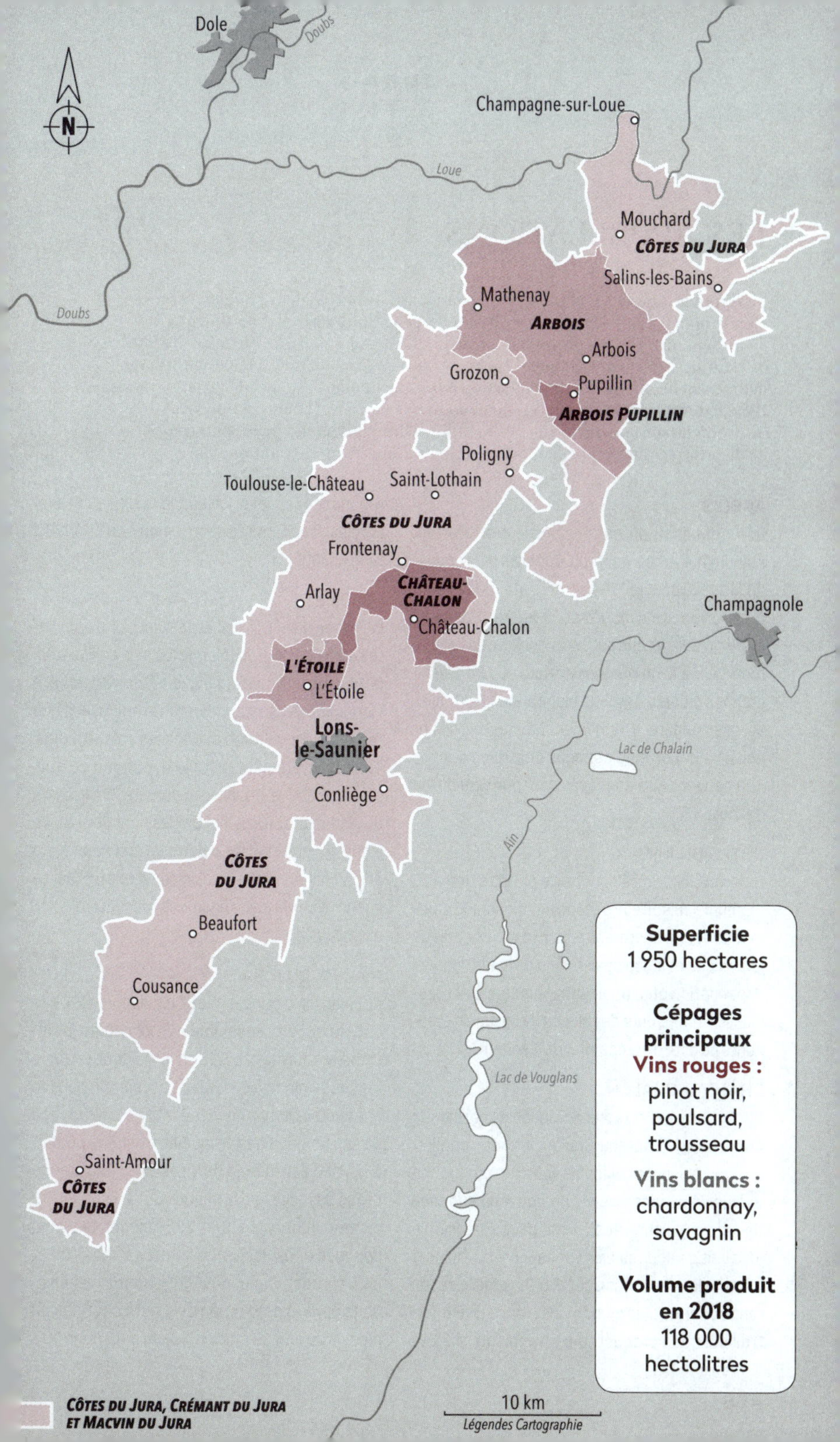

Superficie
1 950 hectares

Cépages principaux
Vins rouges :
pinot noir,
poulsard,
trousseau

Vins blancs :
chardonnay,
savagnin

Volume produit en 2018
118 000
hectolitres

Côtes du Jura, Crémant du Jura et Macvin du Jura

LES APPELLATIONS

Le vignoble jurassien compte sept appellations divisibles en deux grandes catégories. Quatre appellations sont en réalité des AOC "géographiques". C'est-à-dire qu'elles délimitent un territoire de production défini. Il s'agit d'Arbois, de Château-Chalon, de L'Étoile et des Côtes du Jura. L'autre catégorie regroupe trois AOC "produits", qui définissent des méthodes de production de vin particulières au sein du vignoble jurassien. Il s'agit du macvin du Jura, du crémant du Jura et du marc du Jura (eau-de-vie qui a obtenu son appellation en 2015). Enfin, n'oublions pas le vin de paille qui ne dispose pas d'une appellation propre, mais d'une mention traditionnelle.

ARBOIS

Son nom, issu du celte, signifie terre fertile. Aujourd'hui, Arbois est l'appellation la plus grande du Jura. Elle couvre 776 hectares et produit à peu près 70 % de vins rouges et 30 % des vin blancs. Son vignoble s'étend sur une mosaïque de terroirs répartis sur 12 communes au nord du Jura. Elle se définit à travers des vins blancs, jaunes, rouges et rosés généreux, richement bouquetés, fins et universels. Les cinq cépages autorisés dans le Jura peuvent être employés pour produire du vin d'Arbois.

CÔTES DU JURA

Cette appellation s'apparente plutôt à une AOC régionale puisqu'elle s'étend en fait sur 105 communes et 564 hectares, tout au long des coteaux jurassiens et jusqu'aux confins de la Bourgogne. L'appellation couvre un grand nombre d'expressions diverses, dont des blancs de savagnin étonnants du côté de la commune de Voiteur.

CHÂTEAU-CHALON

Sur 54 hectares, au cœur du vignoble jurassien, la commune de Château-Chalon permet d'admirer un impressionnant vignoble voué à la production exclusive de vins jaunes, un peu moins jaunes de robe qu'ailleurs, et d'une longévité inégalable (des vins de deux siècles sont encore buvables !). Il mérite largement son appellation propre et son rang parmi les plus grands vins blancs de France. D'ailleurs, les producteurs ont parfois préféré renoncer à l'appellation quand la récolte ne leur paraissait pas satisfaisante comme en 1974, 1980, 1984 et 2001.

L'ÉTOILE

Le village de L'Étoile, où est située cette appellation, tire son nom du fait que les cinq collines qui entourent le village forment une étoile. Son origine viendrait des pentacrines, étoiles fossilisées que l'on retrouve en nombre dans les sols viticoles. Plus concrètement, L'Étoile est située au sud, près de Lons-le-Saulnier, et compte 73 hectares de vignes, qui produisent uniquement des blancs d'une grande subtilité, à partir de chardonnay : la plupart sont vinifiés en mousseux et une très petite quantité en vin jaune finement bouqueté, à partir de savagnin.

MACVIN DU JURA

Appellation d'origine contrôlée depuis 1991, elle couvre en fait l'ensemble des vignobles jurassiens et représente 6 % de la production de la région. Le macvin du Jura est ce que l'on appelle une mistelle, un vin de liqueur. Mais à la différence de ses homologues, le macvin n'est pas produit à partir d'eau-de-vie de vin, mais d'eau-de-vie de jus de raisin non fermenté. Cette liqueur titre en moyenne entre 16 et 22° d'alcool. Les cinq cépages jurassiens, trousseau, poulsard, pinot noir, chardonnay et savagnin, sont tous autorisés dans la production de moûts destinés au macvin du Jura. Le macvin du Jura peut donc être blanc ou rouge, bien que la plupart des vignerons le produisent en blanc.

CRÉMANT DU JURA

Depuis l'obtention de l'AOC en 1995 (325 ha), la production de crémant ne cesse de croître, au point d'atteindre aujourd'hui 18 % de la production totale de vins du Jura. Élaboré à partir de poulsard, de pinot noir, de trousseau, de chardonnay et de savagnin, il est produit à présent par la quasi-totalité des vignerons. Les raisins, obligatoirement vendangés à la main, sont transportés en caisses percées et pressurés par grappes entières.

VIN DE PAILLE

Le vin de paille dispose d'une mention traditionnelle qui traduit une méthode d'élaboration très particulière. On retrouve cette mention pour les AOC Côtes du Jura, Arbois et L'Étoile. Spécialité du Jura, le vin de paille est élaboré à partir de raisins cueillis à parfaite maturité et mis à sécher, parfois sur des claies à l'air libre, mais le plus souvent en chambre avec soufflerie artificielle. Ce séchage augmente naturellement la concentration en sucre et en extraits secs ; il en résulte des vins liquoreux au parfum plus puissant que subtil.

LES CÉPAGES

LES CÉPAGES ROUGES

LE PINOT NOIR

Cultivé depuis des siècles dans le Jura, il représente 8 à 10 % de l'encépagement total du vignoble.

LE POULSARD

Appelé aussi ploussard à Arbois et Pupillin, ce cépage est typiquement jurassien. Il est le deuxième cépage le plus répandu dans ce vignoble et représente 80 % des cépages rouges du Jura.

LE TROUSSEAU

C'est un cépage rouge très exigeant à cultiver. S'il ne représente que 5 % de l'encépagement total du vignoble jurassien, il donne des vins puissants, tanniques et plus colorés.

LES CÉPAGES BLANCS

LE CHARDONNAY

C'est le cépage le plus répandu. Il représente 45 % de l'encépagement total. Le chardonnay est également appelé melon, moular ou gamay blanc dans le vignoble jurassien.

LE SAVAGNIN

Représentant 15 % de l'encépagement, il se révèle exceptionnel, riche en alcool naturel et en acidité, et susceptible de prendre le voile. Les bactéries locales forment un voile bénéfique dans la barrique, qui va le protéger pendant six longues années et permettre au vin jaune d'acquérir sa saveur inimitable de noix et de morilles. Les barriques ayant servi à l'élaboration du vin jaune sont réutilisées pour apporter un peu de ce goût prestigieux à d'autres vins blancs, plus accessibles.

VIRÉE JURASSIENNE SUR LES CRÊTES DU RENOUVEAU

CHAMBRES D'HÔTES

LES JARDINS SUR GLANTINE

Une magnifique demeure du XVIIIe siècle sert d'écrin à deux suites de 55 m^2 décorées avec goût, pouvant accueillir jusqu'à cinq et sept personnes. 120 € pour deux personnes, 30 € par personne supplémentaire.

30, Grande-Rue, 39800 Poligny
Tél. : 03 63 86 50 78
www.jardinsurglantine.natidees.com

L'ENTRE-CŒUR

Éric, paysan-vigneron, et Sarah, ont réaménagé cette grande bâtisse en pierre en quatre chambres. La table d'hôtes ou les petits-déjeuners sont préparés à partir de produits locaux et bio. Une cabane perchée dans le châtaigner, pour deux, promet une nuit audacieuse. À partir de 99 € la nuit pour deux personnes.

192, rue de l'Église,
Lieu-dit Les Vergers,
39210 Menétru-le-Vignoble
Tél. : 06 95 08 73 54

CAVISTE

EPICUREA

En plein cœur de la capitale du comté, une adresse réputée pour la qualité de ses fromages et pour sa sélection de vins du Jura, travaillés dans le respect du terroir et du raisin. Dégustations sur place.

5, place des Déportés,
39800 Poligny
Tél. : 03 84 37 16 05

RESTAURANTS

LES CAUDALIES

Établissement élégant, chambres confortables et table de très bonne tenue arrosée d'une belle carte des vins. Le sommelier Philippe Troussard propose des soirées dégustation dans sa belle cave (de 85 à 100 €, repas compris). Menus à 19 € (le midi en semaine), 43 et 53 €.

20, avenue Pasteur, 39600 Arbois
03 84 73 06 54
www.lescaudalies.fr

LA BALANCE METS ET VINS

Reprise par Maxime Montibert, cette table cuisine le traditionnel coq au vin jaune et aux morilles mais ne s'interdit pas des inspirations d'ailleurs. Le sommelier Alain Guillou imagine de fins accords mets-vins, au gré des formules "Sommelier" (24 €) et "Sommelier vin jaune" (29 €). Menu : 35 € (28 € en deux plats).

47, rue de Courcelles, 39600 Arbois
Tél. : 03 84 37 45 00
www.labalance.fr

LE GRAPIOT

Une adresse très agréable, pour la cuisine savoureuse… et les vins. La carte annonce quelque 350 références, du Jura et de toute la France. Une sélection très convaincante. Menus à 23 € le midi, 32 €, 55 € et "dégustation" à 70 € en cinq plats et cinq verres de vin.

Rue Bagier, 39600 Pupillin
Tél. : 03 84 37 49 44
www.legrapiot.com

LE BISTROT DE LA TOURNELLE

En plus de mener l'un des domaines les plus pertinents du Jura, Évelyne et Pascal Clairet ouvrent, chaque été, un jardin vigneron au bord de la rivière pour déguster d'excellents vins du domaine ou d'ailleurs, et des grignotages. Délicieux mais n'oubliez pas de réserver ! Verres de 3 à 6 €, assiettes de 4 à 8 €.

5, petite Place, 39600 Arbois
Tél. : 06 43 54 54 94
www.domainedelatournelle.com

NOTRE COUP DE ♥

LA CABORDE

Une belle architecture pour un espace de découverte et une "aire viti-culturelle". Outre des expositions, animations et projections, La Caborde abrite un caveau de dégustation qui propose vingt-quatre vins au verre. Des circuits œno-découvertes (5 € par personne) sont organisés les mercredis de juillet et d'août.

Montée du Taret, 39190 Orbagna
Tél. : 03 84 48 06 04
www.lacaborde-jura.fr

FÊTE VIGNERONNE

LA PERCÉE DU VIN JAUNE À RUFFEY-SUR-SEILLE 1ER ET 2 FÉVRIER 2020

La fête vigneronne, parmi l'une des premières de France, attire chaque année plus de 45 000 visiteurs. Au programme : dégustations de vins du Jura, concours de cuisine au vin jaune, vente aux enchères de vieux millésimes (la plus grande d'Europe). Sans oublier la cérémonie de mise en perce durant laquelle le parrain ou la marraine de l'édition partage le millésime de l'année avec la foule.

www.percee-du-vin-jaune.com

★★★

DOMAINE GANEVAT

Jean-François Ganevat est revenu en 1998 dans le Jura, dans la combe de Rotalier, après de longues années à Chassagne-Montrachet, chez Jean-Marc Morey. Proche de la philosophie des vins naturels sans pourtant s'en revendiquer, le vigneron maîtrise parfaitement la biodynamie. Il s'est forgé une image très personnelle de ce que doit être un grand vin : chaque sélection parcellaire possède une personnalité bien singulière, avec une variation des harmonies et des tensions que reflète chaque terroir. Grâce à des rendements faibles, un travail considérable à la vigne, les rouges, élevés de plus en plus en jarres de terre cuite, atteignent désormais un niveau remarquable, et sont aussi aboutis que les blancs. Citons également le sublime vin jaune et l'incomparable Les Vignes de mon Père, savagnin élevé pendant dix ans. De nouvelles cuvées arrivent, issues des vieux cépages locaux oubliés, complantés à haute densité sur les coteaux... Les vins des derniers millésimes n'ont jamais été aussi bons, révélateurs de la qualité époustouflante que le Jura peut atteindre. Une troisième étoile est venue il y a deux ans récompenser l'ampleur et la qualité du travail accompli. Elle ne concerne que les vins du domaine car l'activité de négoce ne saurait prétendre au même niveau.

Les vins : encore en gestation, les rouges 2018 retranscrivent toute la générosité du millésime. Merveilleuse évocation de fraises sucrées, le poulsard tapisse la bouche de sa gourmandise ; le pinot noir En Billat, nimbé de sublimes parfums floraux, se pose quant à lui sur le palais avec une douceur gracieuse, véritablement ailée. Élevés plus de trois ans sur lies, sans ajout de soufre, les chardonnays 2016 affichent des profils étirés et patinés. Ces matières premières exceptionnelles de densité et de vigueur offrent des personnalités complètement jurassiennes ; il ne viendrait pas à l'idée de parler ici de vin "floral", "ouillé" ou "à la bourguignonne". Ce sont de grands vins de terroir du Revermont, la réappropriation de l'identité est totale. Grusse en Billat et Les Grands Teppes impressionnent particulièrement par leur richesse presque confite, leur profondeur de goût, l'allonge qu'accompagne une veine acide souveraine. Participant du même esprit, les savagnins sont tout aussi exceptionnels : tranchant Antide 2016 ; Les Chalasses patiné, profond, éclatant ; inoubliable Les Vignes de mon Père 2008, fascinant dans l'articulation de ses arômes subtilement rassis (noix verte, froment, curcuma...), sa profondeur et son acidité tel un fil de katana. Le jaune 2009 constitue l'apothéose de ce brillant parcours. La richesse du fruit, frôlant le passerillage, lui confère une gourmandise extravagante, exubérante, qui suscite pourtant, et avec quel brio ! les évocations propre au vin jaune : noix, morille, croûte de comté...

- Côtes du Jura Chardonnay Grusse en Billat 2016 — de 50 à 60 € (c) — 17,5
- Côtes du Jura Chardonnay Les Chalasses Vieilles Vignes 2016 — de 54 à 66 € (c) — 16,5
- Côtes du Jura Chardonnay Les Grands Teppes Vieilles Vignes 2016 — de 80 à 120 € (c) — 18
- Côtes du Jura Cuvée Marguerite 2016 — de 160 à 180 € (c) — 17
- Côtes du Jura Savagnin Antide 2016 — de 80 à 95 € (c) — 16,5
- Côtes du Jura Savagnin Les Chalasses Marnes Bleues 2016 — de 55 à 70 € (c) — 17,5
- Côtes du Jura Savagnin Les Vignes de Mon Père 2008 — de 135 à 165 € (c) — 18,5
- Côtes du Jura Pinot Noir En Billat 2018 — de 65 à 75 € (c) — 17,5
- Côtes du Jura Poulsard L'Enfant Terrible 2018 — de 40 à 50 € (c) — 17
- Côtes du Jura Trousseau Plein Sud 2018 — de 40 à 50 € (c) — 16

Le coup de ♥

- Côtes du Jura Vin Jaune 2009 — de 150 à 190 € (c) — 19

Rouge : 3,5 hectares.
Pinot noir 40 %, Poulsard (ploussard) 30 %, Trousseau 25 %, Divers noir 5 %
Blanc : 9,5 hectares.
Chardonnay 75 %, Savagnin 25 %
Production moyenne : 40 000 bt/an

DOMAINE GANEVAT
La Combe, 39190 Rotalier
03 84 25 02 69 • anne@ganevat.fr • Vente et visites : au domaine sur rendez-vous.
Propriétaire : Jean-François Ganevat

★★★

DOMAINE JEAN MACLE

Goûter un château-chalon du domaine Jean Macle est un moment d'une intensité particulière. Un véritable "jaune", droit, pointu, harmonieux et digeste, dont la complexité ne procède pas seulement de l'élevage sous voile levurien.

Aujourd'hui entre les mains de Laurent Macle, ce domaine traverse les millésimes avec une telle constance et une telle identité qu'il force unanimement le respect. Créé en 1850, il possède des terroirs parmi les plus pentus du cru, pouvant atteindre 50 % de déclivité. Le choix de planter des vignes sur des terroirs où personne à une certaine époque ne voulait s'aventurer souligne la détermination et la passion de cette famille vigneronne, devenue consubstantielle au vignoble de Château-Chalon.

Les vins : la courte gamme est une ode à la grande tradition jurassienne. Bénéficiant de millésimes riches, le côtes-du-jura 2015 et le château-chalon 2011 impressionnent particulièrement par leur densité et la puissance de leur goût. Le premier, d'une profonde typicité et d'un grand caractère, prodigue de pénétrantes saveurs de fumé et de morille séchée, mariant l'ampleur du fruit à une acidité parfaite. Le second, moins tranchant mais plus volubile que le magnifique château-chalon 2010, possède un extrait sec extravagant, une largeur de goût à la rémanence extraordinaire. Il sera encore flamboyant dans plusieurs décennies. Lui aussi magnifiquement typé, avec de beaux arômes fondus, une gourmandise évoquant la tarte à la mirabelle, le macvin est un modèle d'intégration de l'alcool.

Château-Chalon 2011	55 €	18,5
Macvin du Jura	19 €	16

Le coup de ♥

Côtes du Jura 2015	19 €	17

Blanc : 12 hectares.
Chardonnay 80 %, Savagnin 20 %
Production moyenne : 40 000 bt/an

DOMAINE JEAN MACLE
15, rue de la Roche, 39210 Château-Chalon
03 84 85 21 85 • maclel@wanadoo.fr • Vente et visites : au domaine sur rendez-vous.
Propriétaire : Famille Macle
Directeur : Laurent Macle

★★★ ↗

MAISON PIERRE OVERNOY

Pierre Overnoy a commencé à cultiver les vignes familiales dès les années 50 et à vinifier sans soufre au milieu des années 80. Bienveillant, modeste, animé par une inlassable curiosité, le personnage est devenu un mythe, l'icône tutélaire du "vin nature". Toute les cuvées de la maison Pierre Overnoy sont quant à elles devenues objets d'un désir désormais planétaire. Toujours présent au domaine, Pierre a passé la charge des quelques hectares de vigne dans le merveilleux finage de Pupillin à Emmanuel Houillon, qui travaille à ses côtés depuis 1990. Une succession opérée de la façon la plus filiale et harmonieuse qui soit. Les vins du domaine ont inspiré plusieurs générations de vignerons (ceux qui font aujourd'hui rayonner l'image du Jura vinicole aux quatre coins du monde et qui collectionnent les étoiles dans notre guide). Au-delà de l'importance historique de la Maison Pierre Overnoy, la qualités des vins réalisés par Emmanuel Houillon, des vins qui continuent à évoluer (diversification de l'élevage des vins jaunes, arrivée en 2018 du trousseau dans l'assemblage du rouge), justifie une troisième étoile enthousiaste !

Les vins : fruits d'un travail extrêmement attentif à la vigne, en vinification comme en élevage, ces cuvées de chardonnay, de savagnin, de poulsard (et maintenant de trousseau) continuent d'éblouir malgré les évolutions du climat et la pression de l'engouement général. Elles sont malheureusement très rares, trop souvent exhibées comme des trophées, alors qu'elles sont avant tout des leçons de goût, d'intelligence et d'humanité. Le chardonnay 2014 offre une matière d'une plénitude remarquable dans le cadre du millésime, une sensualité (beurre frais) immédiatement pénétrée par une acidité tranchante, souveraine, immanquablement Jura. Le rouge de poulsard 2012, à l'inimitable robe orangée (qui s'intensifiera avec l'âge) n'en est qu'au début de sa carrière mais offre déjà un parfum envoûtant d'agrumes confits et de fleurs séchées (magique fond de verre...), prolongé par une trame tannique fine et parfaitement mûre.

Arbois Pupillin Chardonnay 2014	22 €	17,5
Arbois Pupillin Ploussard 2012	26 €	18

Rouge : 2 hectares.
Poulsard (ploussard) 100 %
Blanc : 2 hectares.
Savagnin 64 %, Chardonnay 36 %
Production moyenne : 20 000 bt/an

MAISON PIERRE OVERNOY
Rue du Ploussard, 39600 Pupillin
03 84 66 14 60 • Vente et visites : au domaine sur rendez-vous.
Propriétaire : Pierre Overnoy

★★★

DOMAINE ANDRÉ ET MIREILLE TISSOT

Quel parcours réalisé par Stéphane Tissot depuis 1990 ! La conversion en bio du vignoble s'est amorcée en 1999, il est aujourd'hui en culture biodynamique. Quel que soit le type de vin, tout est géré avec talent et sensibilité, les saveurs sont d'une intégrité parfaite. Les macvins sont les plus beaux de la région. La rusticité souvent apportée par les marcs est ici merveilleusement fondue ! Les rouges et les vins oxydatifs ont acquis une finesse et une liberté de ton inoubliables. La rigueur du travail accompli et la profondeur kaléidoscopique de la gamme placent incontestablement le domaine au sommet de la production régionale.

Les vins : 35 cuvées produites chaque année... Et tant de choses à dire, d'expressions variées, profondes, chatoyantes. Stéphane Tissot va loin dans la définition des rouges, des vins désormais très libres, sans filet et qui ont besoin d'air. Assemblant trousseau, poulsard et pinot, DD 2018 est une merveilleuse corbeille de fruits, peut-être davantage typé "sans soufre" que Jura ? Expression intense, presque virile du cépage, le poulsard Amphore 2017 développe un magnifique caractère terrien à l'aération. C'est également le cas du trousseau, pénétrant, tannique, vibrant, tellurique ! On ne retrouve pas cette liberté de ton dans les chardonnays, plus cadrés, toujours pris dans une réduction grillée certes savoureuse mais prégnante, qui leur donne un profil assez bourguignon... En 2016 Les Bruyères (non noté) conserve un caractère solaire, La Mailloche offre une ampleur supplémentaire alors que le rare Clos de la Tour de Curon apparaît strict et salin, en devenir, mais avec une marque boisée qui ressort à l'aération. Très belle déclinaison de vins jaunes en 2012, plus toniques que les 2011 sans être aussi tranchants que les 2010, nuancés et précis malgré leur intensité aromatique et structurelle. La Vasée (non noté) et Les Bruyères impressionnent par leur puissance. Comme l'an dernier, La Mailloche et le château-chalon dominent par un supplément de finesse et de fraîcheur. Les crémants sont remarquables : Indigène 2016 toujours aussi original et gourmand, BBF miellé mais tendu. Nous leur avons préféré l'irrésistible blanc de noirs 2017 (100 % pinot), savoureux et primesautier, sautillant entre fraise et abricot.

- Arbois Chardonnay La Mailloche 2016 — 39 € (c) — 16
- Arbois Chardonnay Le Clos de la Tour de Curon 2016 — 96 € (c) — 17
- Arbois Vin Jaune La Mailloche 2012 — 82 € (c) — 18
- Arbois Vin Jaune Les Bruyères 2012 — 80 € (c) — 17,5
- Château-Chalon 2012 — 84 € (c) — 18
- Côtes du Jura Chardonnay Sursis 2017 — 36,50 € (c) — 15,5
- Arbois DD 2018 — 23 € (c) — 15,5
- Arbois Poulsard Amphore 2017 — 33 € (c) — 16,5
- Arbois Trousseau Amphore 2017 — 45 € (c) — 17

Le coup de ♥

- Crémant du Jura Blanc de Noir 2017 — 25 € (c) — 16,5

Rouge : 21,6 hectares.
Pinot noir 44 %, Trousseau 32 %, Poulsard (ploussard) 24 %
Blanc : 28,3 hectares.
Chardonnay 68 %, Savagnin 32 %
Production moyenne : 140 000 bt/an

DOMAINE ANDRÉ ET MIREILLE TISSOT ☾
Quartier Bernard,
39600 Montigny-lès-Arsures
03 84 66 08 27 • www.stephane-tissot.com
• Vente et visites : au domaine sur rendez-vous.
Propriétaire : Bénédicte et Stéphane Tissot

★★

DOMAINE LABET

Julien Labet, aidé par son frère et sa sœur, a repris les vignes de son père Alain, aujourd'hui regroupées au sein d'une seule entité : le domaine Labet. Situées dans le Sud-Revermont, région bénéficiant d'une géologie complexe et qui aujourd'hui renaît, lesdites vignes ont été converties à la plus saine des agricultures. De nombreuses micro-parcelles (entre 15 et 80 ares, souvent plantées de vieilles vignes) sont vinifiées par Julien, tant en blancs (tous ouillés à l'exception bien entendu du vin jaune) qu'en rouges, ces derniers étant peut-être les plus exceptionnels à naître aujourd'hui dans la région. Les niveaux de soufre sont très faibles mais les équilibres quasiment impossibles à prendre en défaut, les vins extrêmement individualisés et expressifs. Le domaine est aujourd'hui un des fers de lance du renouveau jurassien.

Les vins : la dégustation est axée sur les chardonnays 2016. Quelle démonstration ! Malgré une vigueur et une colonne vertébrale acide remarquable, En Billat 2015, élevé vingt-huit mois en fût, paraît plantureux et moins ailé face aux 2016. Dès la gamme "Les Juvéniles", le ton est donné : Fleur (libre, très expressif), Lias (plus austère, tranchant) et Bajocien (beurré et fringant) sont des blancs intenses autant qu'aériens, qui procurent déjà un grand plaisir mais sont capables d'évoluer pour livrer encore davantage. Les "Parcelles Rares" atteignent des sommets. En Chalasse se montre le plus terrien, La Bardette le plus réservé ; Les Varrons caresse par son ampleur et fait saliver par la finesse de ses évocations florales, mentholées ; La Reine, dont le grain gourmand évoque la mirabelle, conjugue majestueusement gras et grâce... Aperçu du millésime 2017, le savagnin Fleur, qui regroupe toutes les parcelles de savagnin du domaine, s'avère également éblouissant, porté par une acidité épicée et vibrante. Tout ceci sent bon la troisième étoile !

- Côtes du Jura Chardonnay Bajocien 2016 — 25 € (c) — 16
- Côtes du Jura Chardonnay En Billat 2015 — 35 € (c) — 16
- Côtes du Jura Chardonnay En Chalasse 2016 — 30 € (c) — 16,5
- Côtes du Jura Chardonnay Fleur 2016 — 22 € (c) — 16
- Côtes du Jura Chardonnay La Bardette 2016 — 35 € (c) — 17
- Côtes du Jura Chardonnay La Reine 2016 — 35 € (c) — 18
- Côtes du Jura Chardonnay Lias 2016 — 25 € (c) — 15,5
- Côtes du Jura Fleur de Savagnin 2017 — 30 € (c) — 18

Le coup de ♥

- Côtes du Jura Chardonnay Les Varrons 2016 — 35 € (c) — 18,5

Rouge : 3 hectares.
Poulsard (ploussard) 32 %, Pinot noir 32 %, Trousseau 21 %, Gamay noir à jus blanc 15 %
Blanc : 11 hectares.
Chardonnay 78 %, Savagnin 22 %
Production moyenne : 70 000 bt/an

DOMAINE LABET ♣

14, montée des Tilleuls, 39190 Rotalier
03 84 25 11 13 • domaine.labet@wanadoo.fr • Vente et visites : au domaine sur rendez-vous.

Propriétaire : Romain, Julien et Charline Labet

★★ ↗

DOMAINE PIGNIER

En biodynamie depuis 1998, certifié Demeter depuis 2003, ce vieux domaine familial créé au XVIIIe siècle est installé dans le village de Montaigu, surplombant Lons-le-Saunier, avec des vignobles en coteaux sur les marnes du Lias et du Trias. Foudres, barriques, cuves ovoïdes en béton et mêmes jarres remplissent les très anciennes caves voûtées du XIIIe siècle des moines Chartreux, fierté de la famille Pignier. Les vieux cépages rouges ont encore ici droit de cité, tel l'argant, le petit béclan ou encore l'enfariné, assemblés dans la surprenante cuvée À Table avec Léandre. Il faut découvrir ces vins identitaires produits avec passion par une fratrie (Jean-Étienne, Antoine et Marie-Florence Pignier) qui a compris que la réinvention d'une tradition passait par la nécessité de l'expérimentation et de la curiosité. La première étoile a été décernée il y a trois ans, la deuxième arrive aujourd'hui, récompensant la plénitude, la profondeur, la spontanéité et le charme d'une production qui s'impose parmi les meilleures ambassadrices du Jura.

Les vins : le constat est identique à celui de l'année dernière, il y a énormément de vie et d'individualité dans chaque cuvée. Pourtant le caractère des 2017 diffère nettement de celui des 2016 ; ce sont des vins plus solaires, plus pulpeux, qui, s'ils conservent un élan de fraîcheur parfait, rayonnent de plénitude hédoniste. C'est le cas des deux chardonnays, À la Percenette, élevé en pièces bourguignonnes, et le gamay blanc, élevé en œuf béton. À Table avec Léandre conserve toute son originalité, même quand sa généreuse saveur framboisée se fait pinotante... On atteint des sommets avec le trousseau Les Gauthières, qui conjugue magistralement fruit pulpeux et individualité sauvage, maturité et finesse, relief et séduction : un grand vin rouge, tout simplement. Le Cellier des Chartreux, chardonnay élevé sous voile, et le crémant sont tout deux marqués par la rondeur du millésime 2015, offrant beaucoup d'amabilité et de saveurs confites.

- Crémant du Jura L'Autre 17,50 € 14,5
- Côtes du Jura Cellier des Chartreux 2015 23 € 16
- Côtes du Jura Gamay Blanc 2017 26 € 16,5
- Côtes du Jura À la Percenette 2017 21 € 16,5
- VDF A Table avec Léandre 2017 26 € 16

Le coup de ♥

- Côtes du Jura Les Gauthières 2017 29 € 18

Rouge : 5 hectares.
Trousseau 45 %, Pinot noir 25 %, Poulsard (ploussard) 25 %, Divers noir 5 %
Blanc : 9 hectares.
Chardonnay 70 %, Savagnin 25 %, Divers blanc 5 %
Production moyenne : 56 000 bt/an

DOMAINE PIGNIER ☾
11, place Rouget-de-Lisle, 39570 Montaigu
03 84 24 24 30 • www.domaine-pignier.com • Vente et visites : au domaine sur rendez-vous.
Propriétaire : Famille Pignier

★★

DOMAINE DE LA TOURNELLE

Évelyne et Pascal Clairet ont acquis ce domaine en 1991. Ils se donnent tous les moyens pour réaliser des vins de terroir exempts de tout intrant chimique : vendanges manuelles, levures indigènes, élevages longs en barrique et en foudre, absence de SO_2 et de filtration. L'adéquation de la maturité juste et des élevages précis révèle toute la finesse et la pureté des terroirs. Une adresse qui se revendique fièrement du vin naturel, et dont les cuvées réussissent à incarner ce concept dans ce qu'il a de meilleur.

Les vins : le domaine ne nous ayant pas fait parvenir ses vins cette année, nous sommes amenés à reconduire les notes de notre édition précédente.

- Arbois Chardonnay Cul de Brey 2015 29 € 16
- Arbois Fleur de Savagnin 2015 32 € 16,5
- Arbois Les Corvées sous Curon 2015 30 € 16
- Arbois Terre de Gryphées 2015 26 € 15
- Arbois Vin Jaune 2009 60 € 17,5
- Arbois L'Uva Arbosiana 2016 N.C. 16
- Arbois Trousseau Des Corvées 2016 30 € 16

Rouge : 3,1 hectares.
Poulsard (ploussard) 57 %, Trousseau 43 %
Blanc : 4,3 hectares.
Chardonnay 54 %, Savagnin 46 %
Production moyenne : 36 000 bt/an

DOMAINE DE LA TOURNELLE ♣
5, Petite place, 39600 Arbois
03 84 66 25 76 • www.domainedelatournelle.com • Vente et visites : au domaine sur rendez-vous.
Propriétaire : Évelyne et Pascal Clairet

★

LUCIEN AVIET ET FILS - CAVEAU DE BACCHUS

C'est désormais Vincent Aviet, fils de Lucien dit "Bacchus", figure incontournable du vignoble jurassien, qui perpétue l'expression traditionnelle des vins locaux sur des parcelles de vieilles vignes situées autour du merveilleux village vigneron de Montigny-les-Arsures. Tenants d'un style classique mais éloigné de toute routine, ces vignerons élaborent des vins d'une grande sincérité, profondément enracinés, qui culminent avec le vin jaune et les superbes trousseaux déclinés par terroirs (rappelons que Montigny est l'épicentre du trousseau, berceau du fameux trousseau à la dame, aux grains très aérés). Nous avons attribué au domaine sa première étoile l'année dernière.

Les vins : le domaine nous a présenté cette année trois vins de grande intensité, fidèles au classicisme arboisien. Le trousseau 229 Jours, issu du lieu-dit Nonceau, est pourtant un vin osé, dont la macération au contact des parties solides dure plus de sept mois. En résulte une cuvée d'une insigne finesse, conjuguant dès le nez fraise des bois et accents balsamiques ; de grande qualité, les tanins sont remarquablement polis, ils assureront une majestueuse évolution à cette matière richement dotée par le millésime 2015. Vineux et plein, le trousseau 2017 Poussot est lui aussi paré pour la garde.

Capiteux et flamboyant, presque tannique, puissant en goût et en alcool, le vin jaune 2011, déjà dégusté l'an dernier, s'impose en puissance.

- Arbois Vin Jaune Cuvée de la Confrérie 2011 — 40 € — 17
- Arbois Trousseau Cuvée des Géologues Poussot 2017 — 17 € — 15

Le coup de ♥

- Arbois Trousseau Cuvée des Géologues 229 Jours 2015 — 29 € — 16,5

Rouge : 3 hectares.
Trousseau 100 %
Blanc : 3 hectares.
Savagnin 100 %
Production moyenne : 24 000 bt/an

LUCIEN AVIET ET FILS - CAVEAU DE BACCHUS
4, rue de la Boutière,
39600 Montigny-lès-Arsures
03 84 66 11 02 •
caveaubacchus39@gmail.com • Vente et visites : au domaine sur rendez-vous.
Propriétaire : Vincent Aviet

★

DOMAINE BERTHET-BONDET

Chantal et Jean Berthet-Bondet, tous deux ingénieurs agronomes, ont délaissé la ville en 1985 pour créer ce domaine certifié en bio de 11 hectares, situés à parité en appellation Château-Chalon et en Côtes du Jura. Hélène, la fille de Jean, y travaille en tandem avec son père. La qualité progresse dans le sens de l'expression et de la pureté du fruit. De nouvelles cuvées et étiquettes ont été intelligemment redéfinies dans le domaine des rouges et blancs ouillés, même si les cuvées élevées sous voile demeurent les vedettes incontestées du domaine.

Les vins : le château-chalon atteint des sommets. Moins tranchant que le 2010, il possède néanmoins une fraîcheur remarquable, et surtout une puissance de séduction et de suggestion aromatique extraordinaire (noix verte, vieux parmesan...). Intense et très distingué, le savagnin 2014, vieilli trois ans en fût sous voile, propose une remarquable initiation au goût de jaune. Propres et droits, les vins qui ne connaissent pas le voile (le rouge Trio et le blanc Savagnier), élevés en cuve inox, demeurent linéaires et quelque peu rigides.

- Côtes du Jura Savagnier 2017 — 13,80 € — 13
- Côtes du Jura Savagnin 2014 — 20 € — 16,5
- Côtes du Jura Tradition 2015 — 14 € — 15
- Côtes du Jura Trio 2017 — 13,50 € — 14

Le coup de ♥

- Château-Chalon 2011 — 36,80 € — 18,5

Rouge : 3 hectares.
Poulsard (ploussard) 34 %, Pinot noir 33 %, Trousseau 33 %
Blanc : 12 hectares.
Chardonnay 50 %, Savagnin 50 %
Production moyenne : 50 000 bt/an

DOMAINE BERTHET-BONDET ♣
7, rue de la Tour, 39210 Château-Chalon
03 84 44 60 48 • www.berthet-bondet.com
• Visites : sans rendez-vous.
Propriétaire : Hélène Berthet-Bondet

★ ↗

DOMAINE PHILIPPE CHATILLON

Philippe Chatillon a été pendant dix-huit ans le régisseur du domaine de la Pinte. Début 2013, il crée son domaine, dont une partie est déjà cultivée en biodynamie. Les vignes sont travaillées à la pioche et à l'atomiseur à dos ; bouse de corne et thé de compost sont employés pour revitaliser les sols. Les vins sont ensuite élevés dans une cave du XVIIe siècle à Poligny ; une harpe en cristal et des bols chantants sont censés les harmoniser en cave, grâce aux vibrations du son... Nous sommes tombés sous le charme de ces vins éclatants et personnels, vibrants en effet, parfois un peu volatils mais qui témoignent de tous les soins que leur prodigue ce nouveau styliste majeur du Jura. Une étoile vient cette année traduire l'émotion ressentie à la dégustation.

Les vins : liberté et panache ! Il s'agit de toutes petites cuvées, en volume, mais on s'approche de ce qu'il y a de plus exaltant dans le Jura. Très expressif, le chardonnay 2017, s'offre libre, très savoureux et tonique. On passe ensuite à quatre interprétations inspirées du savagnin. Le macvin, fougueux et plein de caractère, bénéficie de la tension du cépage. Issu du terroir de Château-Chalon, Puits Saint-Pierre 2018 conjugue admirablement tonicité et sensualité. Réjouissant ! Plus acéré, Les Nouvelles impose sa personnalité davantage en longueur qu'en largeur, il a besoin d'air. La grande émotion est venue avec la cuvée Amphore, issue de raisins très mûrs, vendangés fin octobre, cuvés cinq mois en jarres italiennes puis pressés et remis en jarres pendant sept mois. Les arômes complexes évoquant la mandarine et les épices douces sont enjôleurs ; l'évidence et la sérénité du corps, long, plein, tendu, forcent l'admiration. Très grand vin, produit à hauteur de 300 bouteilles seulement...

- Arbois Savagnin Les Nouvelles 2017 — 28 € 16,5
- Côtes du Jura La Grande Chaude Chardonnay Vieilles Vignes 2017 — 21 € 16,5
- Côtes du Jura Puits Saint-Pierre 2018 — 29 € 17,5
- Macvin du jura — 23 € 16,5

Le coup de ♥

- Arbois Savagnin Amphore 2017 — 48 € 19

Rouge : 0,25 hectare.
Pinot noir 90 %, Divers noir 10 %
Blanc : 2,2 hectares.
Savagnin 60 %, Chardonnay 25 %, Melon de Bourgogne 15 %
Production moyenne : 5 000 bt/an

DOMAINE PHILIPPE CHATILLON ♣
8 bis, rue du Collège, 39800 Poligny • www.vins-philippechatillon.com • Vente et visites : au domaine sur rendez-vous.
Propriétaire : Philippe Chatillon

★ ↗

DOMAINE DES MARNES BLANCHES

Jeunes trentenaires diplômés d'œnologie et originaires de la région, Pauline et Géraud Fromont ont repris en 2006 une dizaine d'hectares de vignes situées dans le Sud-Revermont. Certifiés en bio, ils ont fait le choix de l'enherbement, du travail des sols et d'interventions minimales en vinification. Bien leur en a pris, car les vins se présentent d'emblée homogènes, vigoureux et sains, reflets des beaux terroirs de ce sud du Jura en pleine renaissance. La régularité est désormais au rendez-vous. Le naturel et la profondeur de goût des cuvées présentées dans les derniers millésimes justifient cette année l'attribution de l'étoile. Le futur du Jura s'écrit ici.

Les vins : il y a dans chacune des cuvées dégustées une brillance, un rayonnement, une patte qui forcent l'admiration. Si le vin de paille 2014 se montre gourmand et sage, le crémant (pur chardonnay), très enlevé, étonne par sa diversité aromatique et la finesse de sa bulle. Élevé vingt-deux mois en fût, le chardonnay Les Normins 2016 est aussi tonique que généreux, floral que taquin. Les savagnins sont éblouissants, du très direct et spontané En Quatre Vis 2017 au sublime jaune 2011, qui allie subtilité, intensité et fraîcheur aromatique au plus haut niveau, en passant par la cuvée Aux Bois 2016, élevée vingt-deux mois en fûts ouillés, intense, complexe, rayonnante, ou encore l'exceptionnelle cuvée Empreinte 2014. Celle-ci, au terme d'un élevage sous voile de quarante-huit mois en cave sèche, offre une lisibilité aromatique parfaite, un développement montant, tonique, lumineux. Même émotion avec le trousseau 2017, vinifié en grappes entières, sans extraction, très clair, aérien, peu alcoolisé mais plein d'esprit, abouti tant dans sa texture que dans sa saveur. Dans le même esprit aérien, le pinot noir offre un déroulé suggestif et fin, aiguisé par une acidité volatile un peu saillante.

- Crémant du Jura Réserve — 15,50 € 15
- Côtes du Jura Chardonnay Les Normins 2016 — 18,50 € 16,5
- Côtes du Jura Savagnin Aux Bois 2016 — 19 € 17,5
- Côtes du Jura Savagnin En Quatre Vis 2017 — 17,50 € 16,5
- Côtes du Jura Vin Jaune 2011 — 35 € 18
- Côtes du Jura Vin de Paille 2014 — 28 € 15,5
- Côtes du Jura Pinot Noir 2017 — 16 € 15
- Côtes du Jura Trousseau 2017 — 18,50 € 17

Le coup de ♥

- Côtes du Jura Savagnin Empreinte 2014 — 22 € 18

Rouge : 2,5 hectares.
Poulsard (ploussard) 50 %, Trousseau 35 %, Pinot noir 15 %
Blanc : 8 hectares.
Chardonnay 65 %, Savagnin 35 %
Production moyenne : 40 000 bt/an

DOMAINE DES MARNES BLANCHES ♣
3, Les Carouges, 39190 Sainte-Agnès
03 84 25 19 66 • www.marnesblanches.com
• Vente et visites : au domaine sur rendez-vous.
Propriétaire : Pauline et Géraud Fromont

★

DOMAINE DE MONTBOURGEAU

Encore trop méconnue, l'appellation Étoile peut donner naissance à des expressions d'une grande finesse, pourvu que le producteur fasse preuve de tact et de sensibilité. Nicole Deriaux, aidée par son fils César, possède sans aucun doute ces qualités. Nous apprécions particulièrement le style du domaine, sans frou-frou ni artifice, offrant des vins droits et intenses qui s'inscrivent sans aucun passéisme dans la meilleure tradition jurassienne. Les cuvées du domaine atteignent une superbe expressivité ; la Cuvée Spéciale, chardonnay longuement élevé sous voile, et le vin jaune sont les plus régulières dans l'excellence. La nouvelle cuvée Montangis semble être de la même trempe. Ce travail attentif et discret mérite plus de reconnaissance et toute l'attention des aficionados du Jura. La première étoile est très solidement accrochée.

Les vins : première incursion du domaine dans le monde des blancs "floraux", le savagnin ouillé 2017 est une réussite. Intense, réservé, rond et piquant à la fois, il laisse la bouche très fraîche. Le trousseau du même millésime réitère le succès du 2016 ; c'est un vin un peu sauvage, fumé, rustique mais charmeur. Les vins élevés sous voile sont encore une fois des modèles de franchise et de saveur. En Banode, qui se compose de savagnin et de chardonnay complantés et cofermentés, se montre particulièrement intense et alerte. En 2015 nous préférons un peu le savagnin, qui conserve une remarquable tension, à la Cuvée Spéciale, riche en extrait sec mais moins alerte. Classique et particulièrement intense, le vin jaune 2011 ne fait pourtant montre d'aucune pesanteur. Le crémant 2013, pur chardonnay, possède une saveur prenante, rassise, épicée, fruit des cinq années passées sur lattes.

Crémant du Jura Réserve 2013	14 €	14,5
L'Etoile 2016	11 €	14,5
L'Etoile Cuvée Spéciale 2015	17 €	15,5
L'Etoile Savagnin 2015	20 €	16,5
L'Etoile Savagnin ouillé Les Budes 2017	17 €	15
L'Etoile Vin Jaune 2011	36 €	17
Côtes du Jura Trousseau 2017	12 €	15

Le coup de ♥

L'Etoile En Banode 2016	14 €	16,5

Rouge : 0,8 hectare.
Trousseau 57 %, Poulsard (ploussard) 43 %
Blanc : 10,2 hectares.
Chardonnay 73 %, Savagnin 27 %
Production moyenne : 50 000 bt/an

DOMAINE DE MONTBOURGEAU
53, rue de Montbourgeau, 39570 L'Étoile
03 84 47 32 96 • www.montbourgeau.com •
Vente et visites : au domaine sur rendez-vous.
Propriétaire : Famille Deriaux

NOUVEAU DOMAINE

LULU VIGNERON

Ce domaine confidentiel, également connu sous le nom des Chais du Vieux Bourg, a été créé en 2003 par Ludwig Bindernagel, architecte d'origine munichoise passionné par le vin, et quelques amis. Les vins sont issus de vieilles vignes situées au Vernois et à Quintigny. Nous aimons le naturel de ces cuvées qui laissent s'exprimer la richesse et la profondeur du raisin, sans interventionnisme ni clivage stylistique. Vinifiées et élevées dans les caves situées sous la maison du vigneron (Lulu Vigneron, comme l'attestent en gros caractères les étiquettes), elles personnifient la richesse et l'individualité de ces productions artisanales qui font la force du Jura et entretiennent l'aura magique de ce singulier vignoble.

Les vins : ce sont des vins de matière qui, sans caractère oxydatif marqué, vont droit à l'identité jurassienne. Sensuel et joufflu, suggérant à la fois la marmelade d'abricot et la morille fraîche, le chardonnay Sous le Cerisier 2015 est d'une imparable gourmandise. Issu du même millésime, la cuvée de L'Étoile (90 % chardonnay et 10 % savagnin) se montre beaucoup plus réservée, avec une acidité alerte qui vient raviver sa saveur briochée. Le côtes-du-jura 2016 (85 % chardonnay et 15 % savagnin) se montre aussi généreusement doté, avec beaucoup de vigueur, d'ampleur et de tension ; sa finale revient sur la fraîcheur de la noix verte.

Côtes du Jura Chardonnay Sous le Cerisier 2015	12 €	16

L'Étoile QV d'Étoiles 2015 16 € 16

Le coup de ♥

Côtes du Jura Chardonnay BB1 2016 14 € 16,5

Rouge : 1 hectare.
Blanc : 3 hectares.
Chardonnay 92 %, Savagnin 8 %
Production moyenne : 12 000 bt/an

LULU VIGNERON
30, Grande Rue, 39800 Poligny • l.bindernagel@gmail.com • Vente et visites : au domaine sur rendez-vous.
Propriétaire : Ludwig Bindernagel

DOMAINE DE LA PINTE

Ce vaste domaine sis sur les communes d'Arbois et de Pupillin a été fondé par Roger Martin qui, en plantant 14 hectares de savagnin, en a fait dans les années 1950 le plus important vignoble du Jura consacré à ce cépage. Son fils Pierre Martin en est aujourd'hui propriétaire. On pratique ici une viticulture biologique depuis 1999, et biodynamique depuis 2009. Samuel Berger, actuel régisseur, s'attache à affiner les élevages (en foudre, demi-muid et fût). De nombreux millésimes anciens sont encore disponibles ici à prix doux.

Les vins : la production du millésime 2017 a été ici particulièrement réduite par le gel. La gamme présentée montre des propositions intéressantes, abordables stylistiquement, comme le poulsard 2018, expression directe et avenante de la générosité du millésime, le chardonnay Fonteneille 2017, beurré mais tendu, la cuvée d'Automne, assemblage de savagnin 2016 (82 %) et de chardonnay 2017 (18 %), discrètement typée par le voile et dotée d'une matière à la fois fraîche et nourrissante, ou encore le savagnin ouillé 2015, gras, poivré, de belle longueur. Notre préférence se porte toutefois sur le plus aventureux et très réussi Sav'Or 2018, savagnin macéré douze jours, vrai vin orange à la riche saveur d'épices et de zestes confits, dont le rappel tannique sied remarquablement à la chair douce et mûre de 2018.

Arbois Cuvée d'Automne 15 € 15
Arbois Savagnin ouillé 2015 18,50 € 15
Arbois-Pupillin Chardonnay Fonteneille 2017 16 € 14,5
Arbois La Capitaine 2018 17 € 13
Arbois Poulsard Pinte Bien 2018 13 € 14,5

Le coup de ♥

VDF Sav'Or 2018 16,50 € 16

Rouge : 8 hectares.
Poulsard (ploussard) 56 %, Pinot noir 28 %, Trousseau 16 %
Blanc : 22 hectares.
Savagnin 65 %, Chardonnay 35 %
Production moyenne : 100 000 bt/an

DOMAINE DE LA PINTE ☾
Route de Lyon, 39600 Arbois
03 84 66 06 47 • www.lapinte.fr • Vente et visites : au domaine sur rendez-vous.
Propriétaire : Pierre Martin
Directeur : Samuel Berger
Maître de chai : Emmanuelle Goydadin

DOMAINE DU PÉLICAN

Propriété de François d'Angerville, du célèbre domaine éponyme de Volnay, et de François Duvivier, son régisseur, le domaine du Pélican est une création récente. Outre un vignoble jeune, replanté à partir de 2001, l'exploitation basée à Montigny-lès-Arsures a repris en fermage les vignes de Jacques Puffeney, figure historique de la viticulture arboisienne. Les premiers vins font montre d'une grande maîtrise technique, des expressions sereines, accomplies, qui offrent une interprétation à la fois sobre et originale des grands classiques de la région. Nous attendons avec impatience les premières cuvées élevées sous voile de cette propriété appelée à jouer un rôle majeur dans le paysage arboisien !

Les vins : le domaine ne nous ayant pas fait parvenir ses vins cette année, nous sommes amenés à reconduire les notes de notre édition précédente.

Arbois Chardonnay 2016 30 € (c) 15
Arbois Savagnin Ouillé 2016 30 € (c) 16
Arbois Poulsard 2016 30 € (c) 15
Arbois Trois Cépages 2016 30 € (c) 16

Rouge : 4 hectares.
Pinot noir 45 %, Poulsard (ploussard) 35 %, Trousseau 20 %
Blanc : 11 hectares.

Savagnin 60 %, Chardonnay 40 %

DOMAINE DU PÉLICAN
4, rue du Quartier Saint-Laurent, 39600 Montigny-lès-Arsures
03 80 21 61 75 • Pas de visites.
Propriétaire : Guillaume d'Angerville et François Duvivier

DOMAINE RIJCKAERT

Florent Rouve a repris en 2013 l'activité de Jean Rijckaert, Belge passionné de chardonnay, qui a créé le domaine éponyme en 1998. Le vigneron partage son temps entre son vignoble du Jura et celui du Mâconnais. Ces vins blancs expressifs et convaincants, dans leurs équilibres comme dans les nuances de terroir qu'ils expriment avec acuité, offrent un réel confort gustatif tout en préservant l'éclat du fruit. Le niveau est aujourd'hui excellent, dans un style sans doute plus "bourguignon", moins ancré dans la singularité jurassienne, que celui de la plupart des domaines cités dans ce guide.

Les vins : parfois marqués par leur élevage en barrique (En Paradis, Vigne des Voises), les chardonnays 2017 offrent néanmoins beaucoup d'agrément. Ce sont des vins maîtrisés, immédiatement expressifs et aimables. Ils partagent un caractère dodu, une attaque suave relevée ensuite par une sève vigoureuse. Plus identitaire, le savagnin Les Sarres offre dans le même millésime un relief supplémentaire, des arômes évoquant la menthe poivrée, une chair généreuse et une tension salvatrice.

- Arbois Chardonnay 2017 — 15,70 € — 14
- Arbois Chardonnay En Paradis 2017 — 18,60 € — 15
- Côtes du Jura Chardonnay Les Sarres 2017 — 16,70 € — 15
- Côtes du Jura Vigne des Voises Vieilles Vignes 2017 — 18,60 € — 15

Le coup de ♥
- Côtes du Jura Savagnin Les Sarres 2017 — 23,30 € — 16

Blanc : 6 hectares.
Chardonnay 85 %, Savagnin 15 %
Achat de raisins.
Production moyenne : 45 000 bt/an

DOMAINE RIJCKAERT
181, route de Mâcon, 71960 Davayé
03 71 41 00 06 • www.vinsrijckaert.com • Vente et visites : au domaine sur rendez-vous.
Propriétaire : Florent Rouve

DOMAINE ROLET PÈRE ET FILS

L'appellation Arbois doit beaucoup au domaine Rolet. S'il a su au fil des ans conserver un style propre, alliance d'une facture classique ancrée dans le goût jurassien et d'une bonne maîtrise technique, le domaine ne parvient pas à l'homogénéité dans l'étendue de sa gamme. Les vins typés par l'élevage sous voile (en particulier les vins jaunes d'Arbois) sont les plus régulièrement réussis. Au printemps 2018 le domaine et son vignoble ont été acquis par la famille Devillard, bien connue pour sa production bourguignonne. Nous attendons avec intérêt de voir la direction stylistique qu'imprimeront les nouveaux propriétaires.

Les vins : en attendant de goûter les premiers vins produits sous l'ère Devillard, le domaine nous a envoyé un échantillonnage représentatif de sa production et de la capacité d'évolution de certaines cuvées. Les rouges, élevés en foudres, offrent une définition typée et solide ; les deux 2013 surprennent en bien, avec des matière minces mais sapides, des arômes de griotte et de sous-bois automnal. Le blanc Tradition 2012 (moitié chardonnay, moitié savagnin, quatre ans de fût) affiche également une typicité parfaitement définie, avec des notes de noisette fraîche et une appréciable tonicité. Signé Arbois, le jaune 2010 offre une plantureuse densité aromatique (morille, croûte de comté...), portée par le tranchant du millésime.

- Arbois Tradition 2012 — 17 € — 15,5
- Crémant du Jura Brut — 11,50 € — 12,5
- Côtes du Jura Chardonnay 2015 — 13 € — 12,5
- Arbois Tradition 2013 — 11 € — 14,5
- Arbois Trousseau 2013 — 12,50 € — 15
- Arbois Trousseau 2015 — 13 € — 14,5

Le coup de ♥
- Arbois Vin Jaune 2010 — 38 € — 17

Rouge : 24 hectares.
Poulsard (ploussard) 40 %, Pinot noir 30 %, Trousseau 30 %
Blanc : 40 hectares.
Chardonnay 59 %, Savagnin 41 %
Production moyenne : 320 000 bt/an

DOMAINE ROLET PÈRE ET FILS
Montesserin, Route de Dole, 39600 Arbois
03 84 66 00 05 • www.rolet-arbois.com •
Vente et visites : au domaine sur
rendez-vous.
Propriétaire : Famille Devillard
Directeur : Cédric Ducoté
Maître de chai : Jocelyne Broncard

DOMAINE FRANÇOIS ROUSSET-MARTIN

François Rousset-Martin a repris en 2007 cette exploitation familiale, longtemps coopératrice au sein de la fruitière vinicole de Voiteur, dont il vinifie une partie de plus en plus importante des raisins pour son propre compte. Œnologue de formation, biologiste, ce vigneron s'attache, en privilégiant le savagnin, à illustrer l'expression parcellaire de terroirs réputés autour de Château-Chalon. Les matières sont exceptionnelles, le non-interventionnisme qui préside à leur transformation aboutit parfois à des résultats déstabilisants. Tout le contraire de vins standardisés ou même canalisés, ce sont des expressions uniques qui interpellent le dégustateur et qui enrichissent le panorama des hautes incarnations jurassiennes. Produits depuis longtemps en quantité infimes pour la consommation familiale, les château-chalon sont admirables.

Les vins : ils font preuve d'une personnalité irrépressible ! L'originalité et la profondeur des goûts, des matières, sont parfois déstabilisantes, mais le voyage que ces vins proposent vaut décidément la peine d'être entrepris. En 2017, les chardonnays offrent deux profils tranchés ; Terres Blanches large, charnu mais remarquablement tonique, Gravières développant une saveur pointue et butyrique. Il en va de même pour les savagnins, issus de climats célèbres de Château-Chalon ; Puits Saint-Pierre, strict, en tension, qui mérite d'être attendu, Sous Roche, aussi vigoureux que généreux, enthousiasmant. Bien doté, le rouge 2018 (moitié pinot, moitié poulsard) penche vers une puissante animalité : il faudra le regoûter et surtout beaucoup l'aérer... Comme le 2010, le château-chalon 2011 offre un profil très original, un caractère hautain, une puissance intériorisée, une salinité huileuse et fumée qui évoque l'Andalousie ; la tension se fait davantage sur l'amertume que sur l'acidité.

Château-Chalon Vigne aux Dames 2011	60 €	17
Côtes du Jura Puits Saint-Pierre 2017	30 €	16,5
VDF Gravières 2017	25 €	15,5
VDF Terres Blanches 2017	25 €	16,5
Côtes du Jura PP André 2018	20 €	13,5

Le coup de ♥

Côtes du Jura Cuvée du Professeur Sous Roche 2017	30 €	17

Rouge : 1 hectare.
Pinot noir 60 %, Poulsard (ploussard) 40 %
Achat de raisins.
Blanc : 8 hectares.
Savagnin 75 %, Chardonnay 25 %
Achat de raisins.
Production moyenne : 15 000 bt/an

DOMAINE FRANÇOIS ROUSSET-MARTIN
54, rue du Moulin, 39210 Nevy-sur-Seille
03 84 25 95 12 • francoisrousset@wanadoo.fr
• Vente et visites : au domaine sur
rendez-vous.
Propriétaire : François Rousset-Martin

“Quatre nouveaux domaines du Languedoc font leur entrée dans notre Guide, venus d’appellations discrètes comme Picpoul-de-Pinet, ou en plein renouveau comme Faugères. C’est passionnant !”

Caroline Furstoss, dégustatrice des vins du Languedoc
Membre du comité de dégustation de La Revue du vin de France

Superficie
246 000 hectares

Cépages principaux

Vins rouges :
carignan noir, cinsault, grenache noir, mourvèdre, syrah, cabernet-sauvignon, merlot, pinot noir

Vins blancs :
clairette, grenaches blanc et gris, bourboulenc, macabeu, marsanne, muscat, rolle, roussanne, picpoul, chardonnay, sauvignon

Volume produit en 2018
12 408 350 hectolitres

LES APPELLATIONS

En trente ans, le vignoble languedocien s'est profondément restructuré, passant de 450 000 hectares à 218 000. Aujourd'hui, il se décline en cinq grandes catégories.

LES VINS SANS INDICATION GÉOGRAPHIQUE

Autrefois prépondérante, cette catégorie ne représente plus que 7 % de la production. Certains vignerons, qui souhaitent sortir du système des appellations, y élaborent des vins parfois très onéreux.

LES IGP D'OC

Cette catégorie représente près de 78 % de la production. Elle regroupe les vins qui ne bénéficient pas d'une AOC. S'il existe une dénomination générique Pays d'Oc, IGP couvrant tout le Languedoc, il y a une subdivision pour chaque département (IGP Hérault, IGP Aude...). Enfin, le Languedoc bénéficie d'une kyrielle de dénominations locales : IGP Haute Vallée de l'Orb, IGP Côtes de Thau...

L'APPELLATION RÉGIONALE

Depuis 2007, il existe une nouvelle grande appellation régionale qui couvre l'ensemble du vignoble, l'AOC Languedoc. Elle est destinée à des vins d'entrée de gamme et remplace également l'ancienne dénomination : AOC Coteaux du Languedoc.

LES DÉNOMINATIONS DE L'AOC LANGUEDOC

Accolées au nom de l'AOC Languedoc, ces dénominations identifient douze secteurs. On trouve ainsi les AOC Languedoc-Quatourze, Languedoc-Pézenas, Languedoc-Grés de Montpellier, Languedoc-Sommières, Languedoc-Cabrières, Languedoc-Saint-Saturnin, Languedoc-Montpeyroux, Languedoc-Saint-Georges-d'Orques, Languedoc-La Méjanelle, Languedoc-Saint-Drézéry, Languedoc-Saint-Christol.

LES AOC

Cabardès : appellation de rouges et de rosés, qui marie les cépages "atlantiques" (cabernet, merlot, malbec) aux cépages "méditerranéens" (syrah, grenache). Quelques domaines se distinguent, mais beaucoup de travail reste à accomplir.

Malepère : reconnue depuis 2007, cette appellation requiert dans ses rouges au moins 50 % de merlot. Les caves coopératives dominent très largement, avec une production de masse. Deux ou trois bons domaines émergent depuis peu.

Limoux : crémant, blanquette ou méthode ancestrale constituent la majeure partie de la production. Les rouges doivent encore faire leurs preuves. Les blancs de chardonnay, mauzac ou chenin peuvent être remarquables sur les secteurs d'altitude.

Picpoul de Pinet : petite appellation littorale de vins blancs, d'un style tonique et parfois perlant, dédiés aux huîtres de Bouzigues.

Pic Saint-Loup : situé au nord de Montpellier, adossée aux contreforts cévenols, Pic Saint-Loup est une appellation à part entière depuis 2016, reconnue pour ses vins rouges structurés et fins élaborés principalement à partir de syrah et de grenache.

Saint-Chinian : ce vignoble du Haut-Languedoc est construit autour des hommes et non de la réalité du terroir. Il n'y a rien de commun entre les rouges de la zone des schistes du nord, très tendres, et ceux de la partie sud argilo-calcaires, denses et structurés. Depuis 2004, les secteurs de Berlou et de Roquebrun sont individualisés.

Faugères : il existe ici un potentiel intéressant pour des vins rouges sur schistes, plus élégants que la moyenne des crus régionaux. L'appellation progresse beaucoup autour d'assemblages souvent dominés par la syrah, mais où carignan et mourvèdre s'expriment avec panache. Depuis 2004, l'appellation Faugères peut produire du blanc sous son nom.

Minervois : la production est aujourd'hui homogène, mais ces dernières années, quelques domaines sortent du lot. On souhaiterait parfois davantage de fraîcheur et d'originalité, et un encépagement moins focalisé sur la syrah.

Minervois La Livinière : cette distinction, à l'intérieur de l'appellation Minervois, concentre un certain nombre de vignerons de qualité, dont les vins s'affichent dans un style rond et suave.

Fitou : divisée en deux parties bien distinctes (littoral et intérieur), cette appellation ancienne possède de véritables atouts pour produire des vins rouges profonds et structurés. Malgré quelques exceptions, la qualité globale demeure prévisible, dans un style méditerranéen. Les caves coopératives sont omniprésentes.

Corbières : cette vaste appellation produit beaucoup, et pas toujours le meilleur. On y trouve des domaines très dynamiques, qui proposent des vins rouges de mieux en mieux construits, notamment dans des secteurs comme la Montagne d'Alaric. On note aussi l'émergence de secteurs d'altitude pour les blancs et les rosés.

Corbières-Boutenac : cette appellation se distingue avec quelques vignerons de talent.

Terrasses du Larzac : terroir d'altitude situé au nord-ouest de Montpellier, cette nouvelle AOC (créée en 2014) concentre un bon nombre de vignerons ambitieux.

La Clape : créée en 2015, cette appellation, située entre Narbonne et la mer, produit essentiellement des vins rouges (80 %) et une petite minorité de vins blancs (20 %).

Les muscats : dans cet ensemble, on retrouve les AOC historiques de Muscat de Frontignan (603 hectares), Muscat de Lunel (320 hectares), Muscat de Mireval (290 hectares) et Muscat de Saint-Jean-de-Minervois (200 hectares).

Clairette du Languedoc : la plus petite appellation du Languedoc produit des vins blancs tranquilles à partir du cépage clairette.

LES CÉPAGES

LES CÉPAGES ROUGES

Le Languedoc est largement dominé par les cépages rouges (75 % du vignoble). Plus de cinquante d'entre eux sont cultivés. La **syrah** arrive en tête avec plus de 40 000 hectares plantés, devant le **grenache noir** (38 300 hectares), le carignan (29 900 hectares) et le merlot (28 100 hectares). Et aussi, toujours par ordre d'importance : **cabernet-sauvignon, cinsault, mourvèdre, cabernet franc, pinot noir, marselan, alicante, caladoc...**

LES CÉPAGES BLANCS

Les cépages blancs ne représentent que 9 % des vignes du Languedoc, avec une profonde mutation ces dernières années et la montée en puissance des cépages extérieurs. La star incontestée des cépages blancs de la région n'est autre que le **chardonnay**, celui qui a fait la réputation des grands vins blancs de Bourgogne, passé d'un millier d'hectares à 14 400 en vingt ans.

À part le chardonnay, on trouve également de nombreux cépages blancs : **sauvignon, muscat (à petits grains** et **d'Alexandrie), viognier, grenaches blanc et gris, macabeu, vermentino, piquepoul, colombard, roussanne, mauzac, ugni blanc, marsanne...**

LUXE, CALME ET VOLUPTÉ ENTRE CAUSSES ET GARRIGUE

CHAMBRES D'HÔTES

CHÂTEAU AUTIGNAC

Des chambres raffinées (à partir de 160 €) et un gîte (à partir de 140 € la nuit) dans un château édifié au milieu du village au XIXe siècle, restauré en 2016 selon un style contemporain.

26, avenue de la Liberté,
34480 Autignac
Tél. : 04 67 21 96 99
www.chateauautignac.fr

VILLAGE CASTIGNO

Ce concept unique propose des hébergements magnifiques dans différents lieux du village, ainsi que plusieurs restaurants et bars à vins. Le Village Castigno propose également une foule d'activités, qui vont de la dégustation des vins de la propriété à la cueillette d'herbes sauvages… De 100 à 650 € la nuit.

Rue des Écoles, 34360 Assignan
Tél. : 04 67 24 26 41
www.villagecastigno.com

CAVISTES

L'ENTRE DEUX VERRES

Une cave au pied du Pic Saint-Loup ! On trouvera ici une soixantaine de références locales, mais aussi des étiquettes des Terrasses du Larzac ou des Grès de Montpellier. Des cuvées à emporter, ou à déguster sur place, avec de la cochonnaille ou du pélardon (un petit fromage de chèvre) en accompagnement. La cave est ouverte le vendredi, le samedi, le dimanche et les jours fériés. Ateliers de dégustation.

Le Village, 34270 Cazevieille
Tél. : 04 67 66 00 48
www.lentredeuxverres.fr

CHAMEAU IVRE

Élu Caviste de l'année 2016 de La RVF, l'établissement affiche 3500 références et connaît tous les recoins du Languedoc.

15, place Jean-Jaurès, 34500 Béziers
Tél. : 04 67 80 20 20
www.lechameauivre.fr

V. MARCHAND DE VINS

Sélection de toutes les régions de France, quelques échappées en Allemagne, Espagne ou Italie, des bio-nature et des grandes signatures, des convictions ancrées pour les vinifications peu interventionnistes… Caviste de l'année 2019 de La RVF.

53, rue de l'Aven,
34980 Saint-Gély-du-Fesc
Tél. : 04 67 07 96 59
www.vpoint.fr

RESTAURANTS

MATTHIEU DE LAUZIN

Le restaurant gastronomique de Matthieu de Lauzun (une étoile au Michelin) est particulièrement recommandable pour ses accords mets et vins, notamment avec les blancs. Il brille ainsi en mariant un viognier de Pierre Vaïsse avec une pastilla de volaille aux épices marocaines. Menus : 60, 77 et 105 €.

Prieuré de Saint-Jean de Bébian,
Route de Nizas, 34120 Pézenas
Tél. : 04 99 47 63 91
www.restaurant-delauzun.com

OCTOPUS

Ex-Top Chef, Franck Radiu propose une cuisine gastronomique ; le sommelier Bruce l'épaule de quilles justes. Menus de 23 à 90 €.

12, rue Boieldieu, 34500 Béziers
Tél. : 04 67 49 90 00
www. octopus-beziers.fr

NOTRE COUP DE ♥

AU BON JAJA

À quelques encablures du vignoble du Pic Saint-Loup, le lieu est à la fois une cave à boire et à manger, un restaurant et un bistrot. On s'y régale d'une cuisine maison en mouvement, saine, gourmande et sans œillères, avec une centaine de références de vins bio-nature. Attachant et ultra rassembleur ! Sur sa terrasse très agréable au cœur du village, Emily Schons organise des dégustations thématiques en été. Comptez entre 20 et 30 €.

5, place du Docteur-Jean-Astruc,
30610 Sauve
Tél. : 06 70 07 77 00

BOURDASSO

Fabio Antonini et sa tribu romaine se sont installés dans les Corbières où ils servent une cuisine italienne à partir de la mozzarella produite sur place, avec le lait de leurs bufflonnes (carte : 15 - 18 €).

11220 Pradelles-en-Val
Tél. : 04 68 78 08 31
www.bourdasso.com

FÊTE VIGNERONNE

FÉRIA DES VENDANGES DE NÎMES DU 13 AU 15 SEPTEMBRE 2019

Chaque année, la féria des vendanges clôture la temporada (saison). Trois jours de fête où la ville sera traversée par les corridas, lâchers de taureaux, fanfares et animée par les bodegas (dégustation dans des bars à vins).

www.nimes.fr

★★★

DOMAINE LES AURELLES

Depuis 1995, Basile Saint-Germain et son épouse Caroline travaillent avec une exigence écologique confinant au sacerdoce (sans engrais, ni désherbant, ni pesticide) ce vignoble situé sur les croupes villafranchiennes des environs de Nizas. Des rendements faibles, une attention aiguë portée à chaque détail, une volonté rare de ne commercialiser les bouteilles qu'à l'issue d'élevages très longs, dans des cuves émaillées : tout concourt, ici, à élaborer des vins civilisés, digestes, au fruit subtil, polis et lentement assagis par le temps. Solen est une cuvée associant carignan et grenache, élégante et plus précoce qu'Aurel, le "grand vin" à dominante de mourvèdre, soyeux, pénétrant et droit, tout en intégrité de fruit et en densité de sève. Pure roussanne, le rare Aurel blanc, élevé en barrique, s'exprime avec profondeur, plénitude et naturel : c'est l'un des plus grands blancs du Sud de la France. Idéalement réguliers, ces vins vieillissent tous admirablement. Ces cuvées s'imposent régulièrement comme les plus abouties et les plus distinguées du Languedoc.

Les vins : Aurel blanc est une roussanne pleine et expressive qui rappelle le foin et offre de délicates notes miellées. Son élevage d'un an en barrique, un an en cuve puis deux ans en bouteille lui confère une belle patine. Nous avions déjà évoqué Solen 2013 l'an dernier. Il confirme sa stature de vin délicat à la matière onctueuse, délicieux à boire dès maintenant. Aurel 2014 est un vin de patience. Assemblé avec une majorité de mourvèdre, il est poudré et offre une expression sincère de garrigue. Un vin qu'il ne faut pas avoir peur d'encaver !

(blanc) Coteaux du Languedoc Aurel 2014	N.C.	16,5
(rouge) Languedoc Pézenas Solen 2013	de 32 à 40 € (c)	16,5

Le coup de ♥

(rouge) Coteaux du Languedoc Aurel 2014	de 45 à 55 € (c)	17,5

Rouge : 7,5 hectares.
Grenache noir 39 %, Carignan 34 %, Mourvèdre 19 %, Syrah 8 %
Blanc : 1,5 hectare.
Roussanne 100 %
Production moyenne : 23 000 bt/an

DOMAINE LES AURELLES
8, chemin des Champs Blancs, 34320 Nizas
04 67 25 08 34 • www.les-aurelles.com •
Vente et visites : au domaine sur rendez-vous.
Propriétaire : Basile Saint-Germain

★★★

MAS JULLIEN

Plus qu'aucun autre vigneron du Languedoc, Olivier Jullien recueille l'admiration et le respect de ses pairs. De ses terrasses du Larzac, il est l'un des principaux artisans de la renaissance d'une viticulture rigoureuse, à la quête de combinaisons et de nuances parmi la variété des sols et cépages autochtones. La sincérité de ce visionnaire fuyant la compétition se projette sur ses vins profonds, digestes et généreux, sudistes par l'intensité et la diversité de leurs saveurs, plus que par la simple maturité du raisin et son illusoire richesse en alcool. Des rouges frais et complets, à l'élevage millimétré, capables de briller sur plus de quinze ans de vieillissement, mais aussi un magnifique blanc hors des modes, font de ce domaine une référence.

Les vins : le blanc est une vraie réussite en 2016. Des notes de fleurs séchées, une bouche enveloppante et une finale énergique caractérisent ce vin, qui doit encore patienter en bouteille. Les Derniers États d'Âme reflètent la recherche de nouveaux terroirs : l'expression de ce 2016 est intensément épicée, avec un beau jus appuyé par une finale dense. Il faudra l'ouvrir à l'avance pour l'apprécier. C'est en dégustant Autour de Jonquières que l'on saisit le plus clairement l'esprit du domaine. Ce vin franc est doté de la fraîcheur salivante propre à l'appellation et d'une profondeur de fruits inégalable, qui se peaufinera dans les dix ans à venir. Une fois bien ouvert, La Brune distille une belle fraîcheur. Ce vin poudré délivre une grande finesse de tanins. Lous Rougeos est le vin à l'expression la plus franche, et c'est pourtant le plus jeune ! Sa complexité épicée et florale combinée à une grande fraîcheur en font une grande réussite !

(blanc) IGP Pays d'Hérault 2017	32 €	16,5
(rouge) Terrasses du Larzac Autour de Jonquières 2016	32 €	16,5
(rouge) Terrasses du Larzac La Brune 2016	32 €	16,5

Terrasses du Larzac Les Derniers États d'Âme 2016 21 € 15,5

Le coup de ♥

Terrasses du Larzac Lous Rougeos 2017 32 € 18

Rouge : 16 hectares.
Mourvèdre 30 %, Carignan 30 %, Syrah 20 %, Cinsault 10 %, Grenache noir 10 %
Blanc : 4 hectares.
Carignan 70 %, Chenin 30 %
Production moyenne : 70 000 bt/an

MAS JULLIEN ♣
Route de Saint-André, 3, chemin du Mas Jullien, 34725 Jonquières
04 67 96 60 04 • masjullien@free.fr • Vente et visites : au domaine sur rendez-vous.
Propriétaire : Olivier Jullien

★★★

DOMAINE PEYRE ROSE

L'œuvre de Marlène Soria est unique en Languedoc. Ses vins sont indissociables de la volonté et du charisme de leur créatrice. Mystérieux, magiques, inexplicables parfois, ils imposent une unité stylistique et une capacité à vieillir rarissimes, tout particulièrement les blancs, véritables ovnis pour la région. La cuvée Oro, à base de rolle, de roussanne et de viognier, élevée près de dix ans en cuve et en bouteille et qui puise ses origines sur les hauteurs de Saint-Pargoire depuis le début des années 1990, relève d'une production aussi restreinte que convoitée. Les rouges en revanche affichent des trames de bouche assez serrées, voire dures. Dominés par une syrah solaire issue de très faibles rendements, ils sont longuement élevés en cave afin de civiliser leurs tanins (deux ans minimum en cuve, doublés d'autant de repos en bouteille). Les vieux millésimes disponibles au domaine en font l'intérêt principal.

Les vins : le millésime 2009 mis en bouteille en février 2019 est le cœur de la dégustation. Marlène N°3 met du temps à se dévoiler avec une belle persistance poivrée. Du trio rouge, c'est le vin le plus immédiat, avec une belle évolution qui appelle quelques épices à table. Clos des Cistes trouve un équilibre juste, avec une finale encore serrée. La touche confite qu'on peut trouver dans cette cuvée n'est pas exacerbée sur ce millésime. Clos Syrah Léone prend son temps pour s'ouvrir sur une trame relevée et lardée. L'équilibre et la force appétente du vin sont remarquables. C'est la cuvée la plus équilibrée en rouge. Les blancs restent le grand atout du domaine. Oro 2002 s'ouvre généreusement dans un registre de céréales, de fruits secs et d'agrumes confits. En bouche, son caractère épicé présente du volume et du gras. En 2004, Oro est plus léger, moins intense mais tout aussi équilibré, avec des notes fumées plus soutenues.

Coteaux du Languedoc Oro 2002 79 € 17

Coteaux du Languedoc Oro 2004 71 € 16,5

Languedoc Clos Syrah Léone 2009 71 € 17

Languedoc Clos des Cistes 2009 71 € 16,5

Languedoc Marlène N°3 2009 71 € 16

Rouge : 21 hectares.
Syrah 80 %, Grenache noir 15 %, Mourvèdre 5 %
Blanc : 3 hectares.
Rolle 65 %, Roussanne 33 %, Viognier 2 %
Production moyenne : 30 000 bt/an

DOMAINE PEYRE ROSE ♣
34230 Saint-Pargoire
04 67 98 75 50 • peyrerose@orange.fr • Vente et visites : au domaine sur rendez-vous.
Propriétaire : Marlène Soria

★★

DOMAINE D'AUPILHAC

À partir du petit vignoble d'Aupilhac hérité de son père, dominé par le mourvèdre et le carignan, Sylvain Fadat a construit depuis 1989 un domaine exemplaire, travaillé naturellement, à l'encépagement pluriel et équilibré. Le vignoble s'est progressivement agrandi avec la conquête de terrasses en altitude (Les Cocalières), plantées majoritairement de syrah et de cépages blancs. Les cuvées issues de sélections parcellaires comme les vins "génériques" (Lou Maset) sont très habilement maîtrisés, toujours empreints de fraîcheur. Sylvain Fadat, épaulé par son épouse Désirée, propose désormais une gamme large et homogène de vins de grande expression, au vieillissement assuré. Suscitant d'intenses émotions, certaines cuvées se hissent parmi les meilleures de la région.

Les vins : avec ses notes de fenouil et de tilleul, le blanc est déjà prêt à boire, dans un style léger, délicat et finement aromatique. On aime sa fraîcheur qui perce en milieu de bouche. Plus ample, Les Cocalières affirme son style rhodanien, avec davantage d'alcool. Il pourra se garder quelques années. En rouge, Montpeyroux avec son nez profond de fruits noirs s'ouvre avec générosité. La bouche, qui allie avec tact cinq cépages, est tout aussi intense mais sans lourdeur. La Boda, assemblage de deux terroirs, jouit d'une belle matière, même s'il semble plus étriqué sur ce millésime avec des tanins encore fermes qu'il faudra attendre. Le carignan offre un bouquet de tabac blond et de quetsche. En bouche, les tanins se distinguent par leur intensité. Un vin de garde par excellence. Incroyablement ouvert, Les Cocalières rouge évoque le poivre, la pivoine au nez. La sensation d'épices fait merveille avec son caractère juteux : complexe et racée, une très grande cuvée ! Enfin, Le Clos sera mis en bouteille à l'automne 2019 ; il aura commencé à digérer sa prise de bois. Une cuvée taillée pour le très long terme.

Languedoc 2018	13,70 €	16,5
Languedoc Les Cocalières 2018	19 €	16
Languedoc Montpeyroux 2017	15,60 €	16
Languedoc Montpeyroux La Boda 2016	27 €	16
Languedoc Montpeyroux Le Clos 2016	42 €	18
VDF Le Carignan 2017	21,10 €	16,5

Le coup de ♥

Languedoc Montpeyroux Les Cocalières 2017	19 €	18

Rouge : 21,5 hectares.
Mourvèdre 28 %, Carignan 25 %, Cinsault 18 %, Syrah 18 %, Grenache noir 11 %
Blanc : 4 hectares.
Ugni blanc (trebbiano) 19 %, Grenache blanc 19 %, Roussanne 17 %, Vermentino 17 %, Clairette 11 %, Marsanne 11 %, Carignan 3 %, Grenache gris 3 %
Production moyenne : 110 000 bt/an

DOMAINE D'AUPILHAC ☾
28-32, rue du Plô, 34150 Montpeyroux
04 67 96 61 19 • www.aupilhac.com • Vente et visites : au domaine sur rendez-vous.
Propriétaire : Sylvain Fadat

★★

DOMAINE LÉON BARRAL

Didier Barral a parcouru un long chemin depuis son installation sur les schistes paternels de Lenthéric, au début des années 1990. En quête d'une expression authentique de son terroir, il ne ménage pas sa peine à la vigne. Aidé par son frère Jean-Luc, ce vigneron obstiné et visionnaire a mis en place un mode de culture permettant de respecter l'écosystème, de favoriser les interactions entre les règnes végétal et animal, et de renforcer l'immunité de la vigne. Côté cave, comme la vendange est très saine et les raisins d'excellente constitution, l'élevage est "biblique". S'il n'y a pas de vente directe à la propriété, les Barral communiquent volontiers les adresses de leurs cavistes fidèles. De par leur singularité, leur caractère profondément original et noblement paysan, les vins de Didier Barral font partie des références essentielles du Languedoc.

Les vins : le domaine ne nous ayant pas fait parvenir ses vins cette année, nous sommes amenés à reconduire les notes de notre édition précédente.

Vin de France 2016	de 27 à 33 € (c)	16
Faugères 2015	N.C.	16
Faugères Jadis 2015	de 41 à 51 € (c)	16,5
Faugères Valinière 2015	de 16 à 20 € (c)	16,5

Rouge : 32 hectares.
Carignan 33 %, Mourvèdre 27 %, Syrah 20 %, Grenache noir 17 %, Cinsault 3 %
Blanc : 4 hectares.
Terret blanc (terret bourret) 80 %, Roussanne 10 %, Viognier 10 %
Production moyenne : 85 000 bt/an

DOMAINE LÉON BARRAL ♣
Lenthéric, 34480 Cabrerolles
04 67 90 29 13 •
www.domaineleonbarral.com • Vente et visites : au domaine sur rendez-vous.
Propriétaire : Didier Barral

★★

DOMAINE ALAIN CHABANON

Anticonformiste, exigeant et réservé, le Cévenol Alain Chabanon vient d'inaugurer sa toute nouvelle cave enterrée, en fêtant les vingt-cinq ans du domaine. Il a fait ses classes chez Alain

Brumont (château Montus) à Madiran et en Corse, avant d'installer sa cave à Montpeyroux, en 1992. Nous nous inclinons devant la qualité du travail accompli ici, tant à la vigne (viticulture saine, petits rendements) qu'en cave (jusqu'à trente-six mois d'élevage sur les grandes cuvées). Peu de domaines de la région offrent une ligne aussi aboutie et précise. Nous saluons aussi la capacité de vieillissement des vins, qui a peu d'équivalent. Toujours en décalage d'un à deux millésimes avec la production régionale, l'ensemble de la gamme se distingue par sa richesse de goût et son originalité, ce qui place le domaine parmi l'élite la plus restreinte de la région.

Les vins : en blanc, Le Petit Trélans est vif, sapide et aromatique, tandis que la cuvée Trélans affiche plus de rondeur sur le millésime solaire 2015. Ce dernier est taillé pour la garde, sa finale minérale nous séduit. En rouge, le fruit de Campredon d'un indéniable éclat offre une sensation juteuse en finale. Le Merle Aux Alouettes démontre une belle maîtrise du fruit : un merlot à découvrir ! Fidèle à sa couleur claire, Les Boissières est un vin fin et élégant, axé sur le fruit. Assemblage majoritaire de mourvèdre avec une touche de syrah, Saut de Côte apparaît en légèreté, son toucher de bouche soyeux est très délicat. L'Esprit de Font Caude se livre après ses trente-six mois d'élevage. Un grand vin d'équilibre, à l'esprit légèrement fumé, dont la finale fait saliver inlassablement.

- IGP Pays d'Oc Le Petit Trélans 2018 — 16,60 € — 15
- IGP Pays d'Oc Trélans 2015 — 27,30 € — 16
- IGP Pays d'Oc Le Merle Aux Alouettes 2015 — 30 € — 15,5
- Languedoc Campredon 2017 — 14,70 € — 16
- Languedoc Les Boissières 2015 — 27,30 € — 15,5
- Languedoc Saut de Côte 2015 — 34,70 € — 16

Le coup de ♥

- Languedoc Montpeyroux L'Esprit de Font Caude 2014 — 29 € — 17

Rouge : 15 hectares.
Syrah 38 %, Mourvèdre 28 %, Grenache noir 17 %, Merlot 17 %
Blanc : 3 hectares.
Chenin 63 %, Vermentino 37 %
Production moyenne : 55 000 bt/an

DOMAINE ALAIN CHABANON ☾
Chemin de Saint-Étienne, 34150 Lagamas
04 67 57 84 64 • www.alainchabanon.com •
Vente et visites : au domaine sur rendez-vous.
Propriétaire : Alain Chabanon

★★

CLOS MARIE

Depuis leur installation en 1995 dans la zone du Pic Saint-Loup, Christophe Peyrus et Françoise Julien ont enchaîné à un rythme soutenu les expériences, indispensables pour saisir toutes les nuances de leurs terroirs. Le travail effectué au vignoble a amélioré la finesse des rouges du domaine. Ambition stylistique et prises de risque à bon escient ont permis d'atteindre un niveau de qualité qui dépasse largement les canons languedociens. Des nuances aromatiques personnelles étoffent désormais les cuvées Simon et Les Glorieuses, qui possèdent le potentiel de garde et la silhouette des grands du Rhône, sans les singer. Simon et Métairies du Clos sont vendues en primeur.

Les vins : le nez du blanc rappelle le foin, les herbes aromatiques, avec une touche beurrée. La bouche complexe offre une sensation vive qui accompagne le vin du début à la fin ; du volume avec une finale épicée. Grenache gourmand, complété de syrah et de cinsault, l'Olivette est une valeur sûre au grain de tanin très fin. Encore ferme, Simon fait partie des références de Pic Saint-Loup, évoque la ronce et le poivre sauvage : il ravit par une très belle longueur d'épices douces. Prêt à partir de 2021.

- Languedoc Manon 2017 — 20 € — 16
- Pic Saint-Loup L'Olivette 2017 — 20 € — 16,5
- Pic Saint-Loup Simon 2017 — 30 € — 17

Rouge : 19 hectares.
Syrah 50 %, Grenache noir 20 %, Mourvèdre 20 %, Carignan 10 %, Counoise 5 %, Cinsault 5 %
Blanc : 3 hectares.
Grenache blanc 20 %, Grenache gris 20 %, Rolle 20 %, Roussanne 15 %, Vermentino 15 %, Carignan 15 %, Clairette 10 %, Muscat à petits grains blancs 5 %
Production moyenne : 90 000 bt/an

CLOS MARIE ♣
Route de Cazeneuve, 34270 Lauret
04 67 59 06 96 • clos.marie@orange.fr •
Vente et visites : au domaine sur rendez-vous.

Propriétaire : Françoise Julien et Christophe Peyrus
Maître de chai : Christophe Peyrus

★★

ERMITAGE DU PIC SAINT-LOUP

La famille Ravaille est une belle référence de l'appellation Pic Saint-Loup. Le célèbre pic se trouve d'ailleurs, comme les ruines de l'Ermitage, dans l'enceinte de la propriété. Le domaine est allé loin dans l'exigence culturale, notamment en ce qui concerne la sélection du matériel végétal. Le style charnu des blancs, travaillés à merveille, préserve la fraîcheur du fruit. Les rouges déroulent également cette chair à la fois soyeuse et très fraîche ; le parfum prend le pas sur la matière, jamais pesante. La grande cuvée Guilhem Gaucelm, longuement élevée en foudre, est une des plus brillantes expressions languedociennes actuelles.

Les vins : généreusement épicé et floral, Tour de Pierres est juteux et friand tandis que Sainte Agnès définit à merveille le terroir calcaire de Cazevieille, vif et pénétrant avec un beau support juteux. Guilhem Gaucelm se veut quant à elle une cuvée de référence à Pic Saint-Loup. Un élevage long patine cet assemblage paritaire de grenache et de syrah. La bouche offre beaucoup de relief dans un univers très épicé et fumé, offrant toujours une acidité mûre en soutien.

- Languedoc Pic Saint-Loup Guilhem Gaucelm 2016 — 40 € — 16,5
- Pic Saint Loup Sainte Agnès 2017 — 20 € — 16
- Pic Saint-Loup Tour de Pierres 2017 — 12,50 € — 15

Rouge : 30 hectares.
Grenache noir 40 %, Syrah 40 %, Carignan 10 %, Mourvèdre 10 %
Blanc : 10 hectares.
Roussanne 50 %, Grenache blanc 30 %, Clairette 10 %, Marsanne 10 %
Production moyenne : 100 000 bt/an

ERMITAGE DU PIC SAINT-LOUP ♣
Cami Lou Castella,
34270 Saint-Mathieu-de-Tréviers
04 67 54 24 68 • www.ermitagepic.fr •
Visites : sans rendez-vous.
Propriétaire : Pierre Ravaille

★★ ↗

MAS CAL DEMOURA

Depuis la reprise du domaine en 2003, nous avons pu mesurer l'étendue du talent et de la détermination d'Isabelle et Vincent Goumard. Ces qualités font d'eux des acteurs remarqués du très dynamique secteur des Terrasses du Larzac. L'équilibre précis de leurs cuvées multi-cépages s'exprime dans des profils de vins élancés, lisses, fruités et vigoureux. S'ils peuvent s'apprécier jeunes, les rouges méritent au moins deux à quatre ans de vieillissement. Les derniers millésimes ont donné des vins remarquables, qui progressent à la fois en profondeur, en finesse et en vitalité. La précision des vins acquise depuis 2014 place ce domaine parmi les meilleurs. Il mérite d'intégrer la catégorie des doublement étoilés.

Les vins : L'Étincelle est un très beau blanc dans un registre floral et pâtissier, avec juste ce qu'il faut de boisé pour arrondir les angles. En rouge, c'est le millésime 2016 qui est à nouveau présenté : l'occasion de suivre l'évolution de Terre de Jonquières, au profil plus détendu et d'une belle intensité poivrée. N'hésitez pas à l'ouvrir quelque temps avant le service ! Les Combariolles est la parcelle au cœur du domaine : grâce à son allure et sa finesse, il pourra traverser la décennie avec aisance.

- Terrasses du Larzac Les Combariolles 2016 — 26 € — 16
- Terrasses du Larzac Terre de Jonquières 2016 — 18 € — 15,5

Le coup de ♥

- IGP Saint-Guilhem-le-Désert L'Etincelle 2018 — 18 € — 15,5

Rouge : 11,8 hectares.
Syrah 30 %, Grenache noir 25 %, Mourvèdre 20 %, Carignan 15 %, Cinsault 10 %
Blanc : 2,7 hectares.
Chenin 55 %, Grenache blanc 25 %, Roussanne 10 %, Carignan 5 %, Viognier 3 %, Petit Manseng 2 %
Production moyenne : 45 000 bt/an

MAS CAL DEMOURA ♣
125, route de Saint-André, 34725 Jonquières
04 67 44 70 82 • www.caldemoura.com •
Vente et visites : au domaine sur rendez-vous.
Propriétaire : Isabelle et Vincent Goumard
Maître de chai : Vincent Goumard

★★ ↗

MAS D'ALEZON

Catherine Roque a créé deux domaines majeurs du panorama languedocien, Clovallon, à Bédarieux, dans la Haute Vallée de l'Orb, et le Mas d'Alezon, à Faugères. Architecte de formation, passionnée par la vigne, elle a démarré en 1989 en plantant des cépages inattendus, notamment le pinot noir dont elle fut précurseuse dans la région. Cette autodidacte, mère de trois filles, reprend ensuite en 1997 un vignoble oublié au plus haut de l'appellation Faugères, le Mas d'Alezon. À force d'un travail méticuleux, le plus naturel possible, et en augmentant peu à peu la proportion de mourvèdre, elle vinifie aujourd'hui l'une des plus belles interprétations du cru, la confidentielle cuvée Montfalette. L'ensemble des vins place ce domaine au sommet de l'appellation depuis quelques années, ce travail se doit d'être récompensé par une deuxième étoile !

Les vins : Cabretta est une très belle réussite de Faugères en blanc. Un vin rare qu'on ne manquera pas pour ses parfums d'herbes séchées et sa grande précision en bouche. Ce 2017 est encore plus net que le 2016. En rouge, le Presbytère est irrésistible de fruits rouges et d'épices. Un vin alliant avec charme gourmandise et structure. Montfalette est une pure expression de schiste, à la fois intense, épicé, complexe mais avec une fraîcheur incroyable en finale. Un grand vin à garder en cave !

- Faugères Le Presbytère 2018 — 12 € — 16
- Faugères Montfalette 2017 — 18 € — 17,5

Le coup de ♥

- Faugères Cabretta 2017 — 20 € — 16,5

Rouge : 10 hectares.
Mourvèdre 45 %, Grenache noir 17 %, Carignan 15 %, Lladoner pelut 15 %, Syrah 7 %
Blanc : 2 hectares.
Roussanne 60 %, Clairette 20 %, Grenache blanc 8 %, Grenache gris 7 %, Marsanne 5 %
Production moyenne : 20 000 bt/an

MAS D'ALEZON ☾
1, route de Pézenas, 34600 Faugères
04 67 95 19 72 • mas@alezon.fr • Vente et visites : au domaine sur rendez-vous.
Propriétaire : Catherine Roque

★★

MAS DES BROUSSES

C'est en 1997 que Géraldine Combes crée cette exploitation à Puéchabon, avec Xavier Peyraud (de l'illustre famille propriétaire du domaine Tempier, à Bandol). Le secteur tempéré permet à ces vignerons discrets d'élaborer des vins équilibrés, francs et toujours empreints d'une remarquable finesse de texture, avec des tanins soyeux. Ces qualités se retrouvent dans le Chasseur des Brousses (merlot et grenache), ainsi que dans le plus profond Mas des Brousses (syrah et mourvèdre). Bon sang ne saurait mentir : ce dernier cépage trouve ici l'une de ses plus magistrales expressions languedociennes. Délicieux dès leur jeunesse, ces vins sont capables de bien évoluer, spécialement la cuvée confidentielle Mataro. Le blanc et le rosé 2018 manquent de précision, ce qui pose problème pour un domaine de ce niveau ; nous leur préférons l'éclat des rouges. Nous suivrons de près l'évolution des vins et les millésimes à venir.

Les vins : déjà dégusté l'an dernier, Chasseur des Brousses se confirme comme un beau rouge méditerranéen. Le terrasses-du-larzac est une valeur sûre : le 2016, porté par les épices, offre une bouche suave, tandis que le 2017 se montre plus profond et complexe. Mataro se destine aux amateurs de mourvèdre, avec ses notes de cuir et d'épices, complétées d'une subtile touche sauvage.

- IGP Saint-Guilhem-le-Désert Chasseur des Brousses 2017 — 9,50 € — 15,5
- Terrasses du Larzac 2016 — 18 € — 16
- Terrasses du Larzac 2017 — 18 € — 16,5

Le coup de ♥

- Terrasses du Larzac Mataro 2016 — 36 € — 17,5

Rouge : 7 hectares.
Mourvèdre 43 %, Merlot 20 %, Syrah 20 %, Grenache noir 17 %
Blanc : 1 hectare.
Chenin 15 %, Chardonnay 15 %, Roussanne 15 %, Viognier 15 %, Sauvignon blanc 15 %, Clairette 10 %, Vermentino 10 %, Muscat à petits grains blancs 5 %
Production moyenne : 30 000 bt/an

MAS DES BROUSSES
2, chemin du Bois, 34150 Puéchabon
04 67 57 33 75 • www.masdesbrousses.fr • Vente et visites : au domaine sur rendez-vous.

Propriétaire : Géraldine Combes et Xavier Peyraud

★★

DOMAINE LES MILLE VIGNES

Valérie Guérin défend avec passion depuis presque vingt ans ce petit domaine du secteur de La Palme (dans la partie maritime de l'appellation Fitou, au bord des étangs). Jacques Guérin, enseignant en viti-œno à Orange, originaire de la vallée du Rhône septentrional, qui l'a lancée à la fin des années 1980, garde un œil bienveillant sur le travail de sa fille. Sélections massales, rendements extrêmement bas, à moins de 20 hectolitres/hectares (qui expliquent les prix élevés), cuvaisons longues, sont les maîtres-mots ici. De multiples passages dans les parcelles permettent un rosé de table, trois cuvées de rouge et trois cuvées de vin de liqueur. Pour ces dernières, les cépages (mourvèdre, grenache et carignan) sont vinifiés séparément ; ces trois cuvées de caractère présentent une concentration unique, qui peut paraître massive dans la jeunesse mais qui s'affine merveilleusement bien avec le temps.

Les vins : le muscat sec explose de notes de raisin frais et de fleurs. Il présente une belle amertume en finale, sans manquer de volume. Le Pied des Nymphettes laisse ressortir des notes caillouteuses, avec un nez sudiste et un beau volume en bouche. Mention spéciale pour le rosé : à la fois charnu et frais, il fait partie des meilleurs de la région. La Cadette interpelle avec ses notes sanguines et de baie de coriandre ; la bouche reste contenue. Dans cette même lignée, construit sur le mourvèdre, Les Vendangeurs de la Violette est compact et concentré. Atsuko se livre plus en rondeur ; une note chaleureuse prend le dessus en finale. Dennis Royal atteint un équilibre haletant : une magnifique image de ce que peuvent donner les vieilles vignes de carignan dans ce secteur. On termine en beauté avec L'Idyllique, cuvée de vieilles vignes (principalement lledoner pelut) qui charme la bouche.

IGP Aude Le Pied des Nymphettes 2018	50 €	15,5
IGP Aude Muscat Sec 2018	35 €	15
IGP Aude Rosé 2018	35 €	16
Fitou Atsuko 2017	45 €	14,5
Fitou Dennis Royal 2017	45 €	16,5
Fitou L'Idyllique 2017	70 €	16
Fitou La Cadette 2016	21 €	15,5

Rouge : 9 hectares.
Grenache noir 40 %, Mourvèdre 30 %, Carignan 20 %, Lladoner pelut 10 %
Blanc : 2 hectares.
Divers blanc 75 %, Muscat à petits grains blancs 25 %
Production moyenne : 25 000 bt/an

DOMAINE LES MILLE VIGNES
24, avenue San Brancat, 11480 La Palme
04 68 48 57 14 • www.lesmillevignes@free.fr
• Vente et visites : au domaine sur rendez-vous.
Propriétaire : Valérie Guérin
Œnologue : Laboratoire Dejean

★★

DOMAINE DE MONTCALMÈS

Vigneron chevronné, Frédéric Pourtalié connaît une réussite amplement méritée depuis son premier millésime (1999). Partagé entre Puéchabon, Aniane, Saint-Jean-de-Fos et Saint-Saturnin-de-Lucian, le vignoble est composé de syrah et grenache implantés sur un plateau de calcaire lacustre orienté nord, ainsi que du mourvèdre sur un terroir de galets roulés qui évoque Châteauneuf-du-Pape. Dans une vaste cave pouvant accueillir deux millésimes, est élaborée une unique grande cuvée rouge d'assemblage : syrah (60 %), grenache et mourvèdre (20 % chacun), égrappés et pigés, élevés vingt-quatre mois en barrique, sans collage ni filtration, dans la tradition la plus classique. Le blanc marsanne et roussanne à parité, vinifié en barrique, existe depuis 2004. En vingt ans, Montcalmès est devenu une référence incontestable du Languedoc.

Les vins : marqué par un style rhodanien et une maîtrise subtile de l'élevage, le blanc fait partie des belles bouteilles de la région et se destine aux amateurs de vins avec du volume. En rouge, le Terrasses du Larzac reste une très belle référence, réunissant le caractère sudiste et la fraîcheur du secteur. Le nez est enivrant de girofle et de poivre sauvage. Cette bouteille s'ouvre lentement mais elle est endurante.

Languedoc 2016	26 €	15

Le coup de ♥

Terrasses du Larzac 2016	26 €	16,5

Rouge : 20,5 hectares.

Syrah 60 %, Mourvèdre 20 %, Grenache noir 20 %
Blanc : 2,5 hectares.
Marsanne 50 %, Roussanne 50 %
Production moyenne : 60 000 bt/an

DOMAINE DE MONTCALMÈS ♣
Chemin du Cimetière, 34150 Puéchabon
04 67 57 74 16 • www.domainedemontcalmes.fr • Vente et visites : au domaine sur rendez-vous.
Propriétaire : Frédéric Pourtalié et Muriel Fabre

★★

DOMAINE DU PAS DE L'ESCALETTE

Après une longue expérience chez Henri Pellé, à Menetou-Salon (Cher), Julien et Delphine Zernott se sont installés en 2003 dans un vignoble d'altitude (entre 350 et 400 mètres) à Poujols, au pied du Larzac. Bien irriguées par les sources du Larzac et parcourues par les vents frais, les vignes y sont, pour moitié, âgées de plus de 60 ans. L'homogénéité de la gamme depuis quelques années, mais aussi ses grandes réussites (Mas Rousseau en blanc, Le Grand Pas et Les Frieys en rouge), font de ce domaine un incontournable du secteur. Nous apprécions la finesse des vins, sans que la structure soit décharnée. Un bel exercice de style, également apte à traverser le temps.

Les vins : en blanc, Les Clapas, complexe, frais, aromatique, offre une belle tenue de bouche. Mas Rousseau confirme son rang de grand blanc du Languedoc. Ce pur carignan blanc est racé et charnu. Les Petits Pas 2018 est un jus frais et gouleyant, avec une belle expression de fruits. Pour les amateurs de syrah, Les Clapas propose un registre épicé et réconfortant. Ze Cinsault est à la fois gouleyant et charmeur, un grain de tanin très fin en prime. Le Grand Pas est incontournable, alliant les notes sudistes à un beau bouquet de fleurs séchées ; la bouche est soyeuse et la finale encore un peu ferme. Un vin de garde en perspective. Les Frieys est un ovni, au nez profond d'épices et de fruits noirs. Sa fraîcheur et sa tenue se complètent avec aisance : un magnifique jeu d'équilibriste. Plus fermé, Le Pas de D. arbore une finale bien juteuse, sans accroche.

IGP Pays d'Hérault Mas Rousseau 2017 — 30 € — 17
IGP Pays d'Hérault Ze Cinsault 2017 — 22 € — 16
Languedoc Les Petits Pas 2018 — 13 € — 14
Terrasses du Larzac Le Grand Pas 2017 — 28 € — 16,5
Terrasses du Larzac Le Pas de D. 2017 — 22 € — 16
Terrasses du Larzac Les Clapas 2017 — 17 € — 15,5
Terrasses du Larzac Les Frieys 2017 — 40 € — 17

Le coup de ♥
Languedoc Les Clapas 2017 — 24 € — 15,5

Rouge : 18 hectares.
Grenache blanc 50 %, Grenache noir 33 %, Carignan 26 %, Syrah 26 %, Cinsault 15 %
Blanc : 2 hectares.
Grenache blanc 40 %, Carignan 30 %, Grenache gris 10 %, Terret blanc (terret bourret) 10 %
Production moyenne : 80 000 bt/an

DOMAINE DU PAS DE L'ESCALETTE ♣
Le Champ de Peyrottes, 34700 Poujols
04 67 96 13 42 • www.pasdelescalette.com • Vente et visites : au domaine sur rendez-vous.
Propriétaire : Julien et Delphine Zernott

★

BARDI D'ALQUIER

Sophie et Thibaud Bardi de Fourtou ont repris ce domaine historique de Faugères en 2017. Les vins que nous avons dégusté pour cette édition sont les témoins de la transition entre Jean-Michel Alquier et les nouveaux propriétaires. La volonté du couple ? Pérenniser le style de la maison, dont le vignoble est dominé par de vieilles syrahs issues de sélections massales (parmi les premières plantées en Languedoc dans les années 1960 par le père de Jean-Michel Alquier, Gilbert) complétées de mourvèdre et de grenache. Nous restons attentifs à ce nouveau tournant. Bardi d'Alquier doit confirmer sa place au sein des domaines étoilés.

Les vins : en blanc, le sauvignon est simple et rafraîchissant. Les Vignes du Puits présente davantage d'intérêt : nous sommes séduits par sa personnalité languedocienne d'herbes aromatiques, mais il est encore dans un registre réducteur ; il faudra donc l'aérer avant de le déguster. Les Premières se montre assez rugueux, avec des tanins encore durs. Il faut attendre quelques années cette cuvée d'entrée de gamme. La Maison Jaune affiche un élan intéressant mais la finale se montre encore asséchante. Les Bastides d'Alquier est un vin profond et racé : on monte d'un cran avec cette cuvée phare du domaine, à la finale fumée et aux tanins affirmés, qui s'adresse aux amateurs de vins structurés.

- Faugères Les Vignes du Puits 2016 — 19 € — 14,5
- Faugères La Maison Jaune 2016 — 24 € — 15
- Faugères Les Bastides d'Alquier 2016 — 33 € — 15,5
- Faugères Les Premières 2017 — 18 € — 14

Rouge : 11 hectares.
Syrah 55 %, Grenache noir 30 %, Carignan 10 %, Mourvèdre 5 %
Blanc : 1 hectare.
Sauvignon blanc 50 %, Marsanne 20 %, Roussanne 15 %, Grenache blanc 15 %
Production moyenne : 45 000 bt/an

BARDI D'ALQUIER
2, rue de Vieux Château, 34600 Faugères
04 67 23 07 89 • www.bardi-alquier.fr •
Vente et visites : au domaine sur rendez-vous.
Propriétaire : Sophie et Thibaud Bardi
Directeur : Thibaud Bardi
Œnologue : François Serres

★

CHÂTEAU LA BARONNE

Médecins et vignerons de père en fils : telle pourrait être la devise de la famille Lignères, qui se consacre avec passion à son vaste vignoble des Corbières, dans le secteur frais de la montagne d'Alaric. Conseillés par l'œnologue toscan Stefano Chioccioli depuis 2002, les propriétaires conduisent désormais leur domaine en agriculture biodynamique. La gamme se décline en sélections de terroirs (assemblages) ainsi qu'en cuvées de cépages purs (vieux carignan, roussanne, mourvèdre), souvent impressionnantes. L'élevage sous bois a acquis une plus grande précision, exaltant les saveurs profondes des vins. Nous ne cachons pas notre admiration pour cette production idéaliste, qui, ayant rejoint l'élite de la région, ne cesse d'évoluer chaque année et de se remettre en question. Nous ne cacherons pas non plus nos interrogations quant à la forme parfois "expérimentale" de certaines cuvées instables ou affectées par des acidités volatiles fortes, susceptibles de désarçonner un certain nombre d'amateurs.

Les vins : en blanc, Les Chemins est la cuvée la plus séduisante grâce à son nez sudiste, sa bouche fraîche et haletante. Le vermentino présente un côté terreux qui se rapproche d'une légère oxydation. Il pourra ravir certains gourmets. Las Vals blanc ne se montre pas encore sous son meilleur jour. Le grenache gris de Jean offre une teinte rose claire ; légèrement réduit, il garde un aspect frais. La finale est soulignée par une fine sensation tannique. En rouge, Les Chemins, assemblant carignan et syrah sur un support friand de grenache, constitue également une valeur sûre. Son pendant sans soufre, Les Chemins de Traverse, montre un niveau de maturité moins optimal et une finale beaucoup moins propre. Les Lanes est encore une esquisse : ce sera un vin gourmand à la structure affirmée. Capiteux en 2016, Alaric a besoin d'un peu de temps pour s'affiner. Sélection parcellaire de mourvèdre, Las Vals montre des notes de fruits confits, une certaine puissance en milieu de bouche, heureusement balancée par une finale séveuse. Pièce de Roche est une sélection parcellaire de carignan sur porte-greffe Rupestris. C'est le vin le plus fin du domaine, et ce 2014 sera moins concentré et massif que les autres millésimes présentés. Son élevage long en amphore lui confère une empreinte légèrement granuleuse en bouche.

- Corbières Les Chemins 2018 — 16 € — 14,5
- VDF Le Grenache Gris de Jean 2017 — 19 € — 14,5
- Corbières Alaric 2016 — 23 € — 15,5
- Corbières Les Chemins 2017 — 16 € — 15,5
- Corbières Les Lanes 2017 — 12 € — 14,5
- IGP Hauterive Las Vals 2017 — 23 € — 15

Le coup de ♥

- IGP Hauterive Pièce de Roche 2014 — 34 € — 16

Rouge : 78 hectares.
Carignan 40 %, Syrah 20 %, Grenache noir 19 %, Mourvèdre 19 %, Cinsault 2 %
Blanc : 12 hectares.
Vermentino 36 %, Grenache gris 26 %, Roussanne 20 %, Grenache blanc 15 %, Bourboulenc 3 %
Production moyenne : 250 000 bt/an

CHÂTEAU LA BARONNE
11700 Fontcouverte
04 68 43 90 07 •
www.chateaulabaronne.com • Vente et visites : au domaine sur rendez-vous.
Propriétaire : Famille Lignères
Directeur : Jean Lignères

★

DOMAINE CANET VALETTE

Enfant de la coopération, Marc Valette est un vigneron languedocien pur jus, entier et sans concession. Bousculant les convenances, il a opté pour la cave particulière ; ses rouges, sombres et puissants, ont d'emblée interpellé confrères et consommateurs. Les élevages très longs (trois ans pour la cuvée Maghani) accompagnent des matières "brutes", comme on parle d'art brut. Avec le temps, les vins peuvent cependant acquérir un réel velouté de tanins. Si le vieillissement est leur allié, les derniers vins présentés nous semblent plus précoces et expressifs dans leur jeunesse, en un mot, plus civilisés que par le passé. Une et Mille Nuits se boit sur cinq ans, alors que Maghani s'ouvre après six ou huit ans, demeurant le saint-chinian de terroir argilo-calcaire le plus puissant et le plus sincère de sa génération (de vieux millésimes sont toujours à la vente). Un domaine qui n'a jamais été aussi en forme qu'aujourd'hui.

Les vins : Antonyme est un vin facile et gourmand, à la structure légère et au fruité prononcé. Une et Mille Nuits est une excellente porte d'entrée au caractère argilo-calcaire de Saint-Chinian. Un vin fluide, à la trame encore serrée, avec une finale rafraîchissante. Maghani est une cuvée taillée pour la garde ; son élevage en bois neuf est très bien intégré. On devine le grand potentiel de ce vin, qu'il va falloir oublier quelques années en cave.

Saint-Chinian Antonyme 2018	8,90 €	14,5
Saint-Chinian Une et Mille Nuits 2017	13,30 €	15,5

Le coup de ♥

Saint-Chinian Maghani 2016	26,50 €	16

Rouge : 20 hectares.
Syrah 30 %, Grenache noir 30 %, Mourvèdre 20 %, Carignan 10 %, Cinsault 10 %
Blanc : 1,5 hectare.
Production moyenne : 75 000 bt/an

DOMAINE CANET VALETTE
1497, avenue de Causses-et-Veyran, 34460 Cessenon-sur-Orb
04 67 89 51 83 • www.canetvalette.com •
Vente et visites : au domaine sur rendez-vous.
Propriétaire : Marc Valette
Œnologue : Alix Jojo

★

CLOS CENTEILLES

Cette propriété originale, située dans l'environnement poétique du causse de Siran, est dirigée par Cécile Boyer-Domergue, toujours aidée par sa mère Patricia. Leurs vins résultent d'un travail d'une exemplaire probité, tourné vers la culture de cépages rares ou oubliés. L'expression du fruit au nez est toujours un peu confite alors qu'en bouche les vins manifestent une rare élégance et une grande finesse de texture, notamment les purs cinsaults. Les grandes cuvées ne sont vendues qu'à leur apogée. Le domaine produit un joli blanc sec à base de variétés oubliées : araignan blanc, riveyrenc blanc et gris, ainsi qu'une vendange passerillée, Erme, dans l'esprit des "vins nobles" jadis élaborés en Minervois. Il faut saluer la singularité et la force de cette démarche, vigneronne et mémorielle, qui offre un point de repère capital, non seulement pour le Minervois, mais pour le Languedoc tout entier.

Les vins : les blancs sont une valeur sûre dans ce domaine, comme en témoigne le C de Centeilles qui déploie des notes légèrement truffées, une belle largeur et une persistance fruitée. La Mosaïque est un délicieux assemblage d'une dizaine de vieux cépages locaux, à la finale un peu chaleureuse. En rouge, Carignanissime est un vin velouté aux notes de genièvre, sans trop de force. C de Centeilles, agréable, fin, aux tanins polis : parfait à boire dès maintenant. Le terroir de la Livinière nous montre à travers de notes de cuir son potentiel avec le 2002. Il séduit par son grain de tanin très fin. Après un élevage de deux ans en cuve et huit ans en bouteille, Capitelle de Centeilles issu d'une vigne de carignan plantée en 1955 se livre avec suavité. Ses notes grillées et épicées seront divines à table !

IGP Côtes du Brian C de Centeilles 2017	20 €	16
IGP Côtes du Brian Mosaïque de Centeilles 2017	20 €	15
Minervois C de Centeilles 2014	16 €	15

Minervois Carignanissime de Centeilles 2015 | 12 € | 15,5

Minervois-La-Livinière 2002 | 37 € | 15

Le coup de ♥

Minervois Capitelle de Centeilles 2008 | 25 € | 16

Rouge : 10,5 hectares.
Cinsault 27 %, Carignan 20 %, Divers noir 15 %, Mourvèdre 10 %, Syrah 10 %, Picpoul noir 7 %, Ribeyrenc 7 %, Grenache noir 4 %
Blanc : 1,5 hectare.
Grenache gris 28 %, Araignan Blanc 24 %, Ribeyrenc gris 15 %, Ribeyrenc 11 %, Clairette 6 %, Clairette rose 6 %, Divers blanc 5 %, Picpoul Gris 5 %
Production moyenne : 54 000 bt/an

CLOS CENTEILLES
Chemin de Centeilles, 34210 Siran
04 68 91 52 18 • www.closcenteilles.com • Vente et visites : au domaine sur rendez-vous.
Propriétaire : Patricia Boyer-Domergue

★

CLOS MAÏA

Géraldine Laval a repris en 2009 quelques parcelles de vignes d'altitude (350 à 400 mètres) dans les Terrasses du Larzac, sur le secteur de Pégairolles-de-l'Escalette. Après une solide formation et de nombreux stages chez de grands vignerons français, elle s'attache à retrouver les équilibres naturels de la vigne pour produire des vins digestes, droits et fins, d'une précision et d'une maîtrise remarquables. Les parcelles sont plantées de vieux grenaches, de cinsault, de carignan, de syrah, de terret et de chenin (arrivé en production en 2014). Nous sommes tombés sous le charme de cette production singulière et cohérente, emblématique de la nouvelle vague languedocienne.

Les vins : jaune clair aux reflets argent, le blanc est pur et suave, avec un bouquet entraînant de fleurs de printemps. Un joli jus friand pour Le Petit Clos Maïa : la légère astringence en finale devrait se patiner avec une année de bouteille. Alors que la grande cuvée en Terrasses du Larzac évolue avec joie sur le millésime 2016, dans un registre poudré et frais, le 2017 marque davantage son caractère floral de rose et d'infusion de fruits rouges. Déjà prêt, il s'affinera dans les cinq ans.

IGP Pays d'Hérault 2017 | 25 € | 16,5

IGP Pays d'Hérault Le Petit Clos Maïa 2017 | 13 € | 15,5

Le coup de ♥

Terrasses du Larzac 2017 | 25 € | 17

Rouge : 5 hectares.
Grenache noir 60 %, Syrah 20 %, Carignan 15 %, Divers noir 5 %
Blanc : 1,4 hectare.
Grenache gris 40 %, Chenin 35 %, Roussanne 20 %, Terret blanc (terret bourret) 5 %
Production moyenne : 26 000 bt/an

CLOS MAÏA ♣
1, Grand-Rue, 34520 La Vacquerie • closmaia@hotmail.fr • Vente et visites : au domaine sur rendez-vous.
Propriétaire : Géraldine Laval

★

LES CLOS PERDUS

Le duo constitué par l'Australien Paul Old, ancien danseur, et Hugo Stewart, précédemment fermier en Angleterre, est à l'origine de ce projet original qui depuis 2003, fait vivre avec passion de vieilles vignes réparties entre Corbières et Roussillon. Paul Old est désormais seul aux commandes. Culture en biodynamie et approche minimaliste en cave (sans rien laisser au hasard cependant) permettent de proposer une série de cuvées de haute volée, conservant intacts le naturel du fruit et l'intensité des saveurs, en particulier sur le voluptueux et fin corbières Prioundo. Les vins savent vieillir et l'aération leur est bénéfique. Nous croyons beaucoup en ce domaine artisanal, un de ceux par lesquels passe la renaissance des vins des Corbières.

Les vins : totalement envoûtant, L'Extrême est un blanc issu des marnes schisteuses des Côtes Catalanes. Un vin racé aux notes de céréales, doté d'une finale épicée et pâtissière. Sa version rouge est également marquée par un caractère catalan affirmé. La charnue Cuvée 151 fait la part belle au carignan et offre des tanins déjà fondus. Mire la Mer est une expression exemplaire de mourvèdre, avec une note de clou de girofle et une puissance encore fougueuse. Prioundo est le vin le plus élancé de la gamme. Il séduit par son grain de tanin très fin et sa finale marquée par le fruit confit.

- IGP Côtes Catalanes L'Extrême 2017 — 37 € — 16
- Corbières Cuvée 151 2017 — 15,50 € — 15
- Corbières Prioundo 2015 — 21,06 € — 16

Le coup de ♥

- Corbières Mire la Mer 2016 — 26,50 € — 16

Rouge : 14 hectares.
Grenache noir 40 %, Carignan 30 %, Mourvèdre 20 %, Cinsault 5 %, Syrah 5 %
Blanc : 3 hectares.
Grenache blanc 60 %, Macabeu 20 %, Muscat à petits grains blancs 10 %, Terret blanc (terret bourret) 10 %
Production moyenne : 30 000 bt/an

LES CLOS PERDUS
17, rue du Marché, 11440 Peyriac-de-Mer
04 68 48 30 05 • www.lesclosperdus.com •
Vente et visites : au domaine sur rendez-vous.
Propriétaire : Paul Old

★ ↗

CLOS DU GRAVILLAS

Grâce à des vignerons comme Nicole et John Bojanowski, le carignan a pleinement retrouvé sa place comme élément constitutif de l'identité vineuse de la région. Les Bojanowski, producteurs artisans installés depuis 1999 sur le causse blanc et aride de Saint-Jean-de-Minervois, aiment ce cépage qui s'exprime à foison dans la gamme du domaine, même s'il n'en est pas le seul protagoniste. Ces rouges intenses et attachants trouveront aisément leur place à table, où leur rusticité justement domptée devient velours. Les vins montent en puissance, en particulier les blancs, et la régularité du domaine depuis quelques années, couplée à l'audace d'aller toujours plus loin, confirme un niveau plus élevé pour accéder à la première étoile.

Les vins : le muscat est servi en plusieurs variations. Un superbe éclat de fruit pour Jour de Teuf, muscat pétillant naturel qui porte magnifiquement son nom et sera vite adopté avec son léger sucre résiduel. À Fleur de Peau est un muscat de macération alliant les notes de cire et de fleur d'oranger. La bouche est fluide, sans l'amertume que l'on retrouve en général dans cette catégorie de vins. Douce Providence constitue une valeur sûre, un muscat-saint-jean-de-minervois dense et épicé, sans que le sucre ne prenne le dessus. En Minervois blanc, L'Inattendu est un assemblage de grenache et maccabeu délicieux, persistant mais sans trop de force. La bouche rappelle le caillou avec cette finale élancée. Rendez-Vous Sur La Lune est un rouge très friand aux tanins déjà lissés. Il est prêt à boire alors que les vieilles vignes de carignan dans la cuvée Lo Vièlh demeurent très cadrées en 2016, avec des extraits secs encore persistants.

- Minervois L'Inattendu 2017 — 19 € — 15,5
- Muscat de Saint-Jean de Minervois Douce Providence 2017 — 11,50 € — 15
- VDF A Fleur de Peau 2017 — 19 € — 14,5
- IGP Côtes de Brian Lo Vielh de 100 Ans 2016 — 19 € — 15
- Minervois Rendez-Vous Sur La Lune 2017 — 14,50 € — 15

Le coup de ♥

- VDF Jour de Teuf 2018 — 14 € — 14,5

Rouge : 4,5 hectares.
Syrah 38 %, Carignan 35 %, Cabernet-Sauvignon 10 %, Cinsault 6 %, Grenache noir 5 %, Mourvèdre 2 %, Terret noir 2 %, Counoise 2 %
Blanc : 3 hectares.
Muscat à petits grains blancs 35 %, Terret blanc (terret bourret) 33 %, Grenache blanc 20 %, Macabeu 4 %, Roussanne 3 %, Viognier 3 %, Picpoul blanc 2 %
Production moyenne : 33 000 bt/an

CLOS DU GRAVILLAS ♣
15, route de Bize, 34360 Saint-Jean-de-Minervois
04 67 38 17 52 • www.closdugravillas.com •
Vente et visites : au domaine sur rendez-vous.
Propriétaire : Nicole et John Bojanowski

★

DOMAINE LE CONTE DES FLORIS

C'est en 2000 que Daniel Le Conte des Floris, ancien journaliste, a franchi le pas en créant ce petit et passionnant domaine de Pézenas. Sa formation bourguignonne se ressent dans son goût pour la déclinaison des terroirs, la gestion délicate de l'élevage en barrique et, in fine, dans des vins privilégiant la complexité aromatique et la fraîcheur. Le bouche-à-oreille a fait de ses blancs des stars du Languedoc, précurseurs par leur style intense, précis et gourmand, au souffle préservé. En rouge, la finesse domine, signalons une superbe trilogie autour des déclinaisons du terroir avec les cuvées Villafranchien (grenache), Carbonifère (syrah) et Basaltique ; les vins ont parfois besoin d'un ou deux ans de garde pour trouver leurs marques.

Les vins : Pleine Lune (marsanne et carignan blanc à parité, complétés de 10 % de cépages languedocien complantés) est légèrement tourbé. Il impose une certaine puissance en finale. Lune Rousse paraît plus simple avec des notes de fruits à noyau. Les difficultés du millésime 2017 nous privent malheureusement de l'excellent Lune Blanche. Sur le front des rouges, Carbonifère est une expression franche de syrah, complétée par du grenache, du carignan et du cinsault. On lui trouve une finale encore dure, tandis que Villafranchien offre une matière plus souple et friande de grenache. Homo Habilis survole les vins rouge et ne fait pas son âge ! Basé sur le mourvèdre, ce 2013 est intensément frais.

Languedoc Pleine Lune 2017	20 €	15
Languedoc Pézenas Carbonifère 2015	17 €	14,5
Languedoc Pézenas Homo Habilis 2013	23 €	16
Languedoc Pézenas Villafranchien 2015	18 €	15

Rouge : 5,5 hectares.
Grenache noir 30 %, Syrah 30 %, Mourvèdre 20 %, Carignan 15 %, Cinsault 5 %
Blanc : 2,5 hectares.
Carignan 40 %, Marsanne 35 %, Divers blanc 15 %, Roussanne 10 %
Production moyenne : 25 000 bt/an

DOMAINE LE CONTE DES FLORIS
21, avenue Émile Combes, 34720 Pézenas • www.domaineleconte desfloris.com • Vente et visites : au domaine sur rendez-vous.
Propriétaire : Daniel Le Conte des Floris

★ ↗

DOMAINE DE CÉBÈNE

Après une riche expérience professionnelle dans le monde du vin bordelais, Brigitte Chevalier a posé ses valises à Faugères en 2007. Femme du vin mais néo-vigneronne, elle possède indéniablement de l'ambition, une vista, un sens de l'élégance "septentrionale" qu'elle veut donner à ses vins. En choisissant des vignes d'altitude, en majorité exposées au nord, puis en creusant un chai enterré sous les schistes, au milieu des vignes, elle s'est donnée les moyens d'atteindre ses objectifs. La gamme est bien articulée entre vins de cuve (Ex Arena, grenache hors appellation produit sur les caractéristiques sables rouges de Corneilhan ; Les Bancèls, à majorité syrah, et le remarquable Belle Lurette issu de vieux carignans, non dégusté dans cette édition) et élevage en barrique de 500 litres (cuvée Felgaria, dominée par le mourvèdre). Le domaine fait désormais partie de l'élite faugéroise et le plaisir procuré par les vins depuis quelques années lui donne accès à la première étoile.

Les vins : Ex Arena est une cuvée pleine et gourmande à base de grenache, aux tanins onctueux : un plaisir immédiat. Ce vin issu des sables rouges, et pour l'instant plus abordable que la partie schistes, dont Les Bancèls reste la cuvée identitaire, intense et racée. On trouve de l'onctuosité dans les tanins et une belle finale épicée. Felgaria est une sélection des plus belles parcelles de mourvèdre et ce 2016 va aller loin. Intense et charnu avec une belle puissance épicée. À garder au moins cinq ans.

Faugères Les Bancèls 2017	16 €	15
IGP Pays d'Oc Ex Arena 2017	13 €	14,5

Le coup de ♥

Faugères Felgaria 2016	36 €	16

Rouge : 11 hectares.
Grenache noir 30 %, Syrah 27 %, Carignan 25 %, Mourvèdre 18 %
Production moyenne : 35 000 bt/an

DOMAINE DE CÉBÈNE ♣
Route de Caussiniojouls, 34600 Faugères • www.cebene.fr • Vente et visites : au domaine sur rendez-vous.
Propriétaire : Brigitte Chevalier

★

DOMAINE DE DERNACUEILLETTE

Impavide "vigneron d'altitude", Guillaume Boussens sonne, depuis le début des années 2000, le réveil des Hautes Corbières. Miraculeusement préservés, ces terroirs bénéficient d'une fraîcheur climatique exceptionnelle, ainsi que d'une diversité géologique tout aussi étonnante – sur ces sols bigarrés, dont la couleur change d'une parcelle à l'autre, il n'est pas rare de découvrir de magnifiques cristaux. À cheval sur trois communes (Dernacueillette, Maisons et Montgaillard) le domaine ne produit, pour l'instant, que des rouges, basés sur la trilogie carignan, grenache, syrah ; leur caractère aromatique, très puissant, mentholé et épicé, entre garrigue et maquis, est inoubliable. Grâce à la volonté d'un homme, grâce à sa vision et à sa force de travail, s'exprime un grand terroir méconnu.

Les vins : Le Petit Derna est d'approche friande, sans trop d'alcool ni d'épaisseur. Le corbières se montre dense, propose des notes de cuir et des tanins lisses. Les Hauts de Dernacueillette livre un fruit noir très gourmand en milieu de bouche et une finale épicée. Les vins montrent une certaine concentration, mais jamais au détriment de la fraîcheur. Déjà dégustée l'an dernier, la Cuvée Anne Fleur est une belle réussite du millésime 2014 : un vin léger et élancé, prêt à boire.

- Corbières 2015 — 14 € 15,5
- Corbières Cuvée Anne Fleur 2014 — 19 € 15
- Corbières Les Hauts de Dernacueillette 2016 — 26 € 15,5

Le coup de ♥

- IGP Pays de Cucugnan Le Petit Derna 2016 — 10 € 14,5

Rouge : 25 hectares.
Syrah 49 %, Carignan 35 %, Grenache noir 15 %, Alicante 1 %
Production moyenne : 35 000 bt/an

DOMAINE DE DERNACUEILLETTE
15, rue Fleurie, 11330 Dernacueillette • www.domainededernacueillette.fr • Vente et visites : au domaine sur rendez-vous.
Propriétaire : Guillaume Boussens
Œnologue : Marc Quertinier

★

DOMAINE DE LA GARANCE

Après une période de coopérative, Pierre Quinonero et Murielle Clavier procèdent à leur première mise en bouteille avec le millésime 1998. Situé au pied du village de Caux, le vignoble comprend de vieux carignans et d'antiques ugnis et clairettes, certaines souches ayant plus de cent ans. Les replantations de grenache et de syrah sont issues de sélections massales. Dans la cave bâtie entre amis, l'option de la vendange entière en longues macérations donne un rouge, Les Armières (90 % carignan), doté d'une solide acidité, et dont les tanins sont affinés dans des cuves en béton et des foudres en bois. Le blanc ne montre pas autant de régularité et l'ensemble des vins ne se situe pas au niveau des deux étoiles, dans cette région.

Les vins : en blanc, la cuvée Les Claviers surprend quelque peu. Outre un caractère flou, son niveau d'alcool prend le dessus et enlève le plaisir à la dégustation (non noté). Le vin primeur Octobre Rouge est définitivement à apprécier au plus vite, son caractère piquant est moins séducteur six mois après la mise en bouteille (non noté). Les Armières est la cuvée qui retient notre attention, toujours avec ce support acidulé mais dans un style plus chaleureux que le millésime précédent.

- Languedoc Les Armières 2016 — 22 € 15,5

Rouge : 4 hectares.
Carignan 90 %, Syrah 10 %
Blanc : 2,5 hectares.
Ugni blanc (trebbiano) 80 %, Grenache gris 20 %
Production moyenne : 25 000 bt/an

DOMAINE DE LA GARANCE ♣
Chemin de Sallèles, 34720 Caux
06 30 42 97 46 •
quinonero-pierre@wanadoo.fr • Vente et visites : au domaine sur rendez-vous.
Propriétaire : Pierre Quinonero

★ ↗

DOMAINE LES HAUTES TERRES

Depuis plusieurs années, la production de Gilles Azam est centrée autour de quelques cuvées bien définies. Fruits d'une viticulture attentive, consciente de la valeur du lieu et du socle historique, ces vins possèdent un caractère affirmé et de fraîches matières toujours intenses qui s'épanouiront au contact de l'air accompagnées de nourritures riches en saveur. Ce domaine accède à la première étoile et s'affirme comme un utile point de référence pour toute l'appellation Limoux.

Les vins : Joséphine est un crémant avec une belle base de chardonnay, complétée de chenin et d'un soupçon de mauzac. Le nez est ouvert et rappelle les fleurs de printemps, une touche d'ananas en plus. Avec l'air, les bulles se disciplinent et laissent une bouche bien nette et fraîche en finale. Sans bulles, le chenin s'exprime avec énergie et droiture dans la cuvée Céleste, qui pourra patienter un peu de temps en cave avant ouverture. Louis est d'approche plus simple mais révèle avec précision et éclat cet assemblage heureux de chardonnay et chenin. Maxime, en rouge, ne déçoit pas. Un vin au fruit dense mais aux tanins encore étriqués qui se détendront dans les mois à venir.

- Crémant de Limoux Brut Nature Joséphine 16,50 € 15
- Limoux Louis 2017 15,50 € 15
- Limoux Maxime 2017 14 € 15,5

Le coup de ♥

- Limoux Céleste 2017 26 € 16

Rouge : 2,2 hectares.
Merlot 50 %, Malbec (cot) 30 %, Cabernet franc 10 %, Cabernet-Sauvignon 10 %
Blanc : 9,8 hectares.
Chardonnay 50 %, Chenin 25 %, Mauzac vert 25 %
Production moyenne : 70 000 bt/an

DOMAINE LES HAUTES TERRES ♣
4, rue du Château, 11300 Roquetaillade
04 68 31 63 72 •
www.domaineleshautesterres.com • Vente et visites : au domaine sur rendez-vous.
Propriétaire : Gilles Azam
Directeur : Geneviève de Groot

★

CHÂTEAU DE JONQUIÈRES

Domaine viticole et familial depuis le XIIe siècle, le château de Jonquières compte une longue lignée de 32 générations de vignerons, ce qui est plutôt rare pour la région ! Les vins de cette propriété, à l'empreinte classique, restent toujours digestes et harmonieux – un classicisme que la nouvelle génération, qui dirige désormais l'exploitation, n'entend pas remettre en cause mais préciser. Son dynamisme et sa vision claire semblent ouvrir la voie du renouveau. Les blancs, expressifs et digestes, associent chenin et grenache blanc. Les rouges vieillissent bien, notamment La Baronnie, qui s'affine entre deux et huit ans de bouteille. Lansade, moins constant et précis, séduit néanmoins par sa gourmandise.

Les vins : il ne faut pas rater La Baronnie blanc. Son élevage sur lies fines en demi-muid lui permet d'arborer un peu plus de volume et de complexité que Lansade blanc. La Baronnie rouge, tout aussi emblématique du domaine, est très bien maîtrisée. Le vin affirme un vrai caractère méditerranéen, sans excès. Il devra patienter deux ou trois ans en bouteille. En attendant, vous pourrez déboucher Lansade rouge, d'approche agréable grâce à ses notes persistantes de garrigue et son fruité franc. Pur cinsault, White Label est le bébé de la nouvelle génération : intense et frais, ce tirage limité, à l'instar d'un vinyle rare, est une belle réussite.

- IGP Saint-Guilhem-le-Désert La Baronnie 2017 17 € 15,5
- Terrasses du Larzac Lansade 2017 12 € 14
- VDF White Label 2017 12 € 15,5

Le coup de ♥

- Terrasses du Larzac La Baronnie 2016 17 € 16

Rouge : 6,5 hectares.
Carignan 25 %, Cinsault 25 %, Mourvèdre 20 %, Syrah 20 %, Grenache noir 10 %
Blanc : 1,5 hectare.
Chenin 60 %, Grenache blanc 40 %
Production moyenne : 30 000 bt/an

CHÂTEAU DE JONQUIÈRES ♣
26, Grand rue, 34725 Jonquières •
www.chateau-jonquieres.com • Visites : sans rendez-vous.
Propriétaire : Charlotte et Clément de Béarn

★

DOMAINE LEDOGAR

Poussée par une nouvelle génération incarnée par les fils Xavier et Mathieu, la famille Ledogar a reconverti, courant 1998, le domaine coopératif en cave particulière (anciennement domaine Grand Lauze). Le vignoble, d'une vingtaine d'hectares, s'étend sur les argiles et les calcaires mêlés de galets roulés et de grès rouges du terroir de la jeune appellation Corbières-Boutenac, dont les sols peu fertiles sont très favorables à la pleine expression aromatique des vieux carignans. En bio depuis 2009, au prix d'un gros travail, le vignoble compte deux tiers de carignan et de grenache, dont l'âge est compris entre 60 et 120 ans. Les blancs, de grand caractère, sont issus de macabeu et de carignan blanc. Les vins affichent ce petit supplément de vie, ce grain de fantaisie qui déclenchent l'émotion.

Les vins : belle réussite pour le blanc, un vin sapide avec du relief, né dans un millésime difficile, qui a connu gel et sécheresse. En rouge, Les Brunelles est un cinsault frais et chantant, un vin de soif au caractère méditerranéen. Massif et charpenté, Ledogar transmet le potentiel du secteur de Boutenac dans un registre mûr et épicé.

Corbières-Boutenac Ledogar 2016 — 23 € — 15,5
VDF Les Brunelles 2018 — 12 € — 14,5

Le coup de ♥

VDF Mélancolie 2017 — 23 € — 15,5

Rouge : 14,5 hectares.
Carignan 40 %, Grenache noir 15 %, Mourvèdre 15 %, Syrah 15 %, Cinsault 10 %, Marselan 5 %
Blanc : 3,5 hectares.
Carignan 60 %, Macabeu 30 %, Grenache blanc 5 %, Grenache gris 5 %
Production moyenne : 50 000 bt/an

DOMAINE LEDOGAR ♣

Place de la République, 11200 Ferrals-les-Corbières • xavier.ledogar@orange.fr • Vente et visites : au domaine sur rendez-vous.
Propriétaire : Xavier, Mathieu et Benoît Ledogar

★

DOMAINE MAXIME MAGNON

Installé depuis plus de dix ans à son compte, Maxime Magnon a été influencé par l'école beaujolaise (macérations à froid, utilisation minimale du soufre). Il a su intelligemment garder le meilleur de cette approche pour définir un style aujourd'hui parfaitement en place, toujours caractérisé par sa grande digestibilité, doté d'une finesse de texture et d'une précision de saveurs remarquables. Ce style demeure unique en Corbières, même si les vins expriment les caractères du terroir avec davantage de profondeur que naguère. Maxime Magnon ne cesse de peaufiner les détails qui pourront lui permettre d'aller encore plus loin.

Les vins : La Bégou est un blanc qui trace son chemin, avec des notes encore légèrement toastées mais une belle sensation florale sous-jacente et surtout une finale sapide. Métisse est le rosé floral et suave dont tout amateur de vins rêve. Rozeta est un rouge plein d'éclat, très persistant, à la trame fruitée. Campagnès est plus voluptueux : charmeur et complexe, il signe le renouveau que nous plébiscitons à Corbières.

Corbières La Bégou 2017 — 26 € — 15,5
Corbières Campagnès 2016 — 26 € — 16,5
Corbières Rozeta 2017 — 22 € — 16

Le coup de ♥

Corbières Métisse 2018 — 16 € — 15,5

Rouge : 8,5 hectares.
Carignan 50 %, Grenache noir 28 %, Cinsault 20 %, Syrah 2 %
Blanc : 6,5 hectares.
Grenache gris 70 %, Grenache blanc 25 %, Macabeu 5 %
Production moyenne : 45 000 bt/an

DOMAINE MAXIME MAGNON ♣

125, avenue des Corbières, 11360 Durban Corbières
04 68 45 84 71 • maxime.magnon@orange.fr • Vente et visites : au domaine sur rendez-vous.
Propriétaire : Maxime Magnon

★

MAS CHAMPART

Vignerons aussi discrets que chevronnés, Isabelle et Matthieu Champart élaborent une gamme lumineuse qui porte l'empreinte des grands terroirs argilo-calcaires du sud de l'appellation Saint-Chinian. Des vins d'intuition, denses, tendus et structurés, qui puisent dans la garrigue calcaire un supplément de finesse minérale. En rouge, leurs fleurons sont Causse du Bousquet (majorité de syrah), principale cuvée du domaine, qui offre souvent un velouté fin et profond ; et le plus corsé Clos de la Simonette (majorité de mourvèdre), qui associe intensité aromatique, finesse et élégance, apte au vieillissement et requérant trois ou quatre ans pour s'épanouir. Les autres déclinaisons de terroirs en Saint-Chinian et en IGP Pays d'Oc sont plus simples mais aussi rigoureuses, avec un élevage précis en demi-muid. Les blancs se distinguent par une combinaison subtile de fraîcheur et de maturité du fruit. Les prix demeurent très raisonnables.

Les vins : en blanc, le domaine propose un saint-chinian assez classique mais avec moins de relief que le pays-d'oc à base de terret gris. Celui-ci présente une belle palette de fleurs séchées et une finale fraîche. En revanche, la version rouge en Pays d'Oc (non notée) est une expression purement variétale du cabernet franc, décalée par rapport aux cuvées de Saint-Chinian. Côte d'Arbo est rond et ample avec un beau support de fruits tandis que Causse du Bousquet relate plus de profondeur épicée : un beau vin de table en perspective ! Clos de la Simonette est une très belle réussite en 2016, une expression intense et fraîche de mourvèdre, avec des notes de poivre sauvage et une bouche déjà onctueuse.

- IGP Pays d'Oc 2017 — 14 € — 15
- Saint-Chinian Causse du Bousquet 2016 — 14,90 € — 15,5
- Saint-Chinian Côte d'Arbo 2016 — 9,70 € — 15

Le coup de ♥

- Saint-Chinian Clos de la Simonette 2016 — 22 € — 16,5

Rouge : 9,5 hectares.
Syrah 34 %, Mourvèdre 22 %, Grenache noir 20 %, Carignan 10 %, Cabernet franc 9 %, Cinsault 5 %
Blanc : 2,5 hectares.
Terret blanc (terret bourret) 20 %, Grenache blanc 20 %, Marsanne 15 %, Roussanne 15 %, Clairette 5 %, Viognier 5 %, Bourboulenc 5 %, Grenache gris 2 %
Production moyenne : 45 000 bt/an

MAS CHAMPART
Bramefan, 34360 Saint-Chinian
04 67 38 05 59 • www.mas-champart.com • Vente et visites : au domaine sur rendez-vous.
Propriétaire : Isabelle et Matthieu Champart
Œnologue : Claude Gros

★

MAS HAUT-BUIS

Olivier Jeantet est un vigneron exigeant, qui suit sans relâche une voie difficile (sa cave est installée en altitude, sur le Causse du Larzac, et ses vignes dans les vallées de Pégairolles et de Lauroux) pour atteindre un haut niveau de qualité et de régularité avec des vins de grand caractère, en blanc comme en rouge. Malgré un profil parfois un peu strict, nous aimons beaucoup la fraîcheur, la finesse et le caractère singulier des derniers vins dégustés. De vieux millésimes sont disponibles au domaine.

Les vins : Les Agrunelles gagne en largeur sur ce millésime, équilibré entre son attrait salin et sa force amère. En rouge, Les Carlines est reconnaissable par son nez de mûre et de fraise. Encore anguleux, sa gourmandise est une évidence, et sa finale salivante. On peut se demander avec ce 2017 jusqu'où peut aller la cuvée Caosta Caoude, si enivrante, pleine et précise. La bouche est encore plus soyeuse et la complexité surpasse 2016.

- IGP Pays d'Hérault Les Agrunelles 2017 — 19 € — 15
- Languedoc Terrasses du Larzac Costa Caoude 2008 — 31 € — 15
- Terrasses du Larzac Les Carlines 2017 — 25 € — 15,5

Le coup de ♥

- Terrasses du Larzac Costa Caoude 2017 — 31 € — 18

Rouge : 10 hectares.
Carignan 40 %, Grenache noir 40 %, Syrah 20 %
Blanc : 3 hectares.
Roussanne 60 %, Chardonnay 20 %, Grenache blanc 20 %
Production moyenne : 50 000 bt/an

MAS HAUT-BUIS ♣
52, Grand Rue, 34520 La Vacquerie • www.mashautbuis.com • Vente et visites : au domaine sur rendez-vous.
Propriétaire : Olivier Jeantet

★

MAS DE DAUMAS GASSAC

Aimé Guibert fut l'un des pionniers de la quête de l'excellence dans le Languedoc. Il a révélé, à la fin des années 1970, ce terroir calcaire de la haute vallée du Gassac dans ces contreforts cévenols où les nuits fraîches sont propices à l'épanouissement du cabernet-sauvignon. Outre sa production personnelle, il a su mettre en valeur le travail des vignerons locaux au travers d'une activité de négoce à grande échelle, qu'il faut considérer comme une production bien distincte de celle du Mas. Les fils d'Aimé, Samuel, Gaël, Roman et Basile, ont pris les rênes de l'exploitation. Peut-être davantage que tout autre rouge languedocien, Daumas Gassac a la capacité de résister au temps. Comme un médoc, dont il partage le cépage dominant, il lui faut souvent une dizaine d'années pour s'exprimer. Désormais, les meilleurs domaines languedociens multiplient les grandes cuvées alliant rigueur du travail vigneron et conscience stylistique affirmée ; aussi la comparaison peut s'avérer difficile pour ce vin rigoureux qui conserve son originalité, envers et contre tout.

Les vins : avec son caractère de pêche et d'abricot, le blanc est séduisant mais sa richesse en bouche l'alourdit. Il peut être considéré comme un vin demi-sec pour accompagner une terrine de foie gras. Le rouge présente une expression assez variétale pour l'instant de cabernet-sauvignon et franc, avec une finale riche. Il est préférable de prendre son temps avec ce vin qui peut se livrer dans les prochaines années.

Blanc	IGP Saint-Guilhem-le-Désert 2018	35 €	13,5
Rouge	IGP Saint-Guilhem-le-Désert 2017	35 €	15

Rouge : 29 hectares.
Cabernet-Sauvignon 78 %, Merlot 5 %, Cabernet franc 5 %, Petit Verdot 4 %, Divers noir 4 %, Malbec (cot) 2 %, Pinot noir 2 %
Blanc : 13 hectares.
Viognier 35 %, Petit Manseng 22 %, Divers blanc 17 %, Chardonnay 16 %, Chenin 10 %
Production moyenne : 200 000 bt/an

MAS DE DAUMAS GASSAC
Haute Vallée du Gassac, 34150 Aniane
04 67 57 71 28 • www.daumas-gassac.com •
Visites : sans rendez-vous.
Propriétaire : Famille Guibert
Directeur : Samuel, Gaël, Roman et Basile Guibert

★

MAS DES CAPRICES

Anciens restaurateurs en Alsace, Pierre et Mireille Mann ont cédé à l'envie irrépressible de devenir vignerons, en s'installant en 2005 dans le secteur maritime de l'appellation Fitou. Après trois années en cave coopérative, le temps de convertir le vignoble en bio, ils démarrent en 2009 la production du Mas des Caprices. Le vignoble est situé en grande partie sur le plateau de Leucate, en bordure de falaises surplombant la mer, dans un environnement magnifique et préservé. Composant harmonieusement entre des cuvées de soif et d'autres plus ambitieuses, les vins font la part belle aux cépages locaux (carignan et grenache gris), associant maturité et fraîcheur du fruit. Voici une adresse à découvrir en priorité, une gamme particulièrement cohérente, où la liberté de ton s'allie à la précision des saveurs.

Les vins : le R.A.S est un pur plaisir de fruits qui se dégustera sans complications. Ze Fitou est gourmand et agréable, doté d'un bel éclat de fruits. Retour aux Sources assemble grenache, syrah, mourvèdre et lledonner pelut. Un vin montrant un beau concentré de fruits qui demandera encore quelques années avant de se dévoiler. Tandis que BtoB est encore marqué par son élevage et développe des notes de safran et curry (non noté), le Blanc de l'Œuf séduit avec son aromatique florale et fruitée et surtout sa trame fraîche et salivante en bouche. Une belle expression de fruits secs et de moka distingue le Rancio VII, doté d'une légèreté incroyable, sans trop de sucres. Il sera excellent avec des fromages de brebis.

Blanc	Corbières Le Blanc de l'Œuf 2018	12 €	14,5
Rouge	Fitou Retour aux Sources 2017	15 €	15
Rouge	Fitou Ze Fitou 2017	12 €	15,5
Rouge	VDF R.A.S. (Rouge A Siroter) 2018	9 €	14,5

Le coup de ♥

Blanc	VDN Rancio VII 2007	15 €	16

Rouge : 11,16 hectares.
Grenache noir 34 %, Mourvèdre 32 %, Carignan 26 %, Lladoner pelut 4 %, Syrah 4 %
Achat de raisins.
Blanc : 3,71 hectares.
Grenache blanc 36 %, Muscat à petits grains blancs 33 %, Grenache gris 17 %, Macabeu 9 %, Vermentino 5 %
Achat de raisins.
Production moyenne : 60 000 bt/an

MAS DES CAPRICES ☾
5 et 7, impasse de la Menuiserie, 11370 Leucate-Village
09 80 49 33 46 •
www.mas-des-caprices.com • Visites : sans rendez-vous.
Propriétaire : Mireille et Pierre Mann
Œnologue : Lucie Gauthier

★

MAS DES CHIMÈRES

Situé en bordure du plateau du Larzac, sur des terroirs argilo-sableux riches en oxyde de fer (la "ruffe") et basaltiques, non loin du lac du Salagou, ce domaine est une valeur sûre du secteur si divers des Terrasses du Larzac. Créée par

Guilhem Dardé en 1993 à partir de vignes familiales qu'il a fallu désengager de la coopération, l'exploitation est aujourd'hui animée par l'ensemble de la famille. C'est en rouge que le domaine exprime tout son potentiel, avec des vins de haute expression. Nous recommandons fortement cette adresse, où de délicieux vieux millésimes sont toujours à la vente. La territorialité s'exprime depuis longtemps dans les cuvées de la famille Dardé ; la finesse des touchers de bouche a en revanche beaucoup progressé dans les derniers millésimes.

Les vins : le blanc exprime des notes de pêche et de camomille. Ce vin rond, enveloppant, qui ne manque pas de tension, est un blanc du sud agréable et équilibré. Nuit Grave est une très belle cuvée née sur un sol basaltique, intensément poivrée et juteuse, avec une signature fraîche et concentrée. Caminarem assemble les quatre cépages sudistes, complétés d'une touche de counoise. On craque pour son côté juteux, sa souplesse et sa délicatesse.

- IGP Coteaux du Salagou 2017 — 11,20 € — 15
- Languedoc Terrasses du Larzac Nuit Grave 2016 — 13,20 € — 16,5

Le coup de ♥

- Languedoc Terrasses du Larzac Caminarèm 2017 — 15 € — 15

Rouge : 23 hectares.
Grenache noir 20 %, Mourvèdre 20 %, Syrah 20 %, Carignan 10 %, Cinsault 10 %, Counoise 10 %, Merlot 10 %
Blanc : Terret blanc (terret bourret) 25 %, Viognier 25 %, Grenache blanc 20 %, Carignan 10 %, Chardonnay 10 %, Clairette 5 %, Roussanne 5 %
Production moyenne : 60 000 bt/an

MAS DES CHIMÈRES ♣
26, rue de la Vialle, 34800 Octon
04 67 96 22 70 • www.masdeschimeres.com
• Vente et visites : au domaine sur rendez-vous.
Propriétaire : Guilhem Dardé

★

DOMAINE DE MOUSCAILLO

Frédéric et Camille représentent la nouvelle génération dans ce petit vignoble familial de Roquetaillade, le plus ferme des terroirs de Limoux. Sensibles à l'intégration du vignoble dans leur environnement naturel, ces jeunes vignerons conservent cette même volonté de produire des vins blancs fins et minéraux. Le Crémant reste fidèle à sa bulle fine mais le niveau des rouges est pour l'heure décevant. Nous laissons ce jeune couple se mettre en place dans ce domaine à la réputation bien établie.

Les vins : le crémant de limoux livre une bulle délicate avec un beau support de fruits jaunes. Le limoux blanc est plus précis en 2017, alors que 2016 montre une finale légèrement lactique. Un vin vibrant et équilibré qui affiche de la gourmandise. Le 2006, témoin de la génération passée, met en perspective le vieillissement de ce chardonnay. Le rouge reste dans une approche variétale et n'est pas au niveau des blancs.

- Crémant de Limoux — 16 € — 15
- Limoux 2006 — 32 € — 15,5
- IGP Haute Vallée de l'Aude 2017 — 17 € — 14,5

Le coup de ♥

- Limoux 2017 — 16 € — 16

Rouge : 1,16 hectare.
Pinot noir 100 %
Blanc : 5,56 hectares.
Chardonnay 81 %, Mauzac Blanc 12 %, Chenin 7 %
Production moyenne : 27 000 bt/an

DOMAINE DE MOUSCAILLO
6, rue du Frêne, 11300 Roquetaillade
04 68 31 38 25 • www.mouscaillo.com •
Vente et visites : au domaine sur rendez-vous.
Propriétaire : Famille Fort
Directeur : Marie-Claire Fort

★

DOMAINE NAVARRE

Thierry Navarre cultive avec grand soin son vignoble sur les beaux coteaux schisteux du village pittoresque de Roquebrun. Il privilégie le grenache et le carignan pour ses saint-chinian profonds et complexes, qui évoluent en finesse sur des notes de laurier, de thym et d'épices. Le domaine travaille aussi à la pérennité de cépages locaux oubliés tels que l'œillade (raisin de table, cousin du cinsault) ou le ribeyrenc. La gamme est régulière et irréprochable : Laouzil, élevé en foudre, fait partie de la noblesse des vins de bistrot, ceux qui racontent toujours une histoire de terroir, l'histoire de la mine de crayon du schiste, celle du fruité charnu du carignan ou du grenache de coteau. Toujours franche et digeste, la Cuvée Olivier s'affirme comme une référence de l'appellation.

Les vins : Vin d'Œillades est une cuvée de macération carbonique de ce vieux cépage, qui rappelle la fraise, avec seulement 12° d'alcool mais un côté légèrement compoté sur le millésime 2018. Dans un registre tout aussi léger mais plus expressif et précis, avec une impression de framboise sauvage, le ribeyrenc est une belle découverte. Le Laouzil donne une expression gourmande de Saint-Chinian, avec de la mâche. À ce stade, nous l'avons préféré à la Cuvée Olivier, fortement marquée par l'amertume en bouche.

Saint-Chinian Le Laouzil 2017	9 €	15
VDF Vin d'Oeillades 2018	7,50 €	14

Le coup de ♥

VDF Ribeyrenc 2017	11 €	15,5

Rouge : 13 hectares.
Carignan 28 %, Grenache noir 24 %, Cinsault 23 %, Syrah 19 %, Merlot 3 %, Divers noir 3 %
Blanc : 1 hectare.
Production moyenne : 35 000 bt/an

DOMAINE NAVARRE
15, avenue de Balaussan, 34460 Roquebrun
04 67 89 53 58 • www.thierrynavarre.com •
Vente et visites : au domaine sur rendez-vous.
Propriétaire : Thierry Navarre

★

CHÂTEAU OLLIEUX ROMANIS

Pierre Bories a repris cette vaste propriété familiale, agrandie en 2006 par le vignoble voisin, Les Ollieux. Le tout est bien situé sur le terroir de molasses riches en galets roulés de Boutenac. Ce vigneron impliqué et ambitieux a acquis une autre propriété, Le Champ des Murailles, dans une zone sensiblement plus fraîche de l'appellation. La gamme est aujourd'hui restructurée, avec des habillages judicieux et des vins jouant sur la diversité de l'encépagement (avec une prédominance des vieux carignans). On observe dans ce secteur des Corbières un mouvement intéressant et ce domaine semble pourtant stagner. Les cuvées ne sont pas toutes au niveau d'un domaine une étoile.

Les vins : les rosés n'arrivent pas à s'abstraire d'une certaine opulence et leurs arômes restent ancrés dans des notes fermentaires. Ils n'ont pas été notés. En blanc, la cuvée Prestige est marquée par son élevage en bois et par une finale alcooleuse. D'approche simple et technique, Classique est agréable, sans trop de puissance. On monte d'un cran avec les trois vins issus du terroir de Boutenac. Notre préférence va à Atal Sia, plus précis et élancé que la cuvée Prestige. Son élevage exempt de bois le rend plus digeste que la cuvée Or (non notée).

Corbières Prestige 2017	21 €	13,5
Corbières Classique 2017	9,95 €	14
Corbières-Boutenac Atal Sia 2016	23 €	15,5

Rouge : Carignan 27 %, Mourvèdre 19 %, Cinsault 17 %, Grenache noir 15 %, Syrah 15 %, Grenache gris 7 %
Blanc : Grenache blanc 30 %, Roussanne 29 %, Macabeu 26 %, Marsanne 15 %
Production moyenne : 400 000 bt/an

CHÂTEAU OLLIEUX ROMANIS
RD 613, TM 26, 11200 Montseret
04 68 43 35 20 • www.familleBories.com •
Vente et visites : au domaine sur rendez-vous.
Propriétaire : Famille Bories
Directeur : Pierre Bories
Maître de chai : Yannick Desert
Œnologue : Matthieu Dubernet

★

CHÂTEAU PECH-REDON

Christophe Bousquet est un vigneron dynamique et volontaire, qui se bat (parfois dans l'adversité) pour porter haut les couleurs de La Clape, secteur maritime (c'est une ancienne île) au fort potentiel. Il a fait le choix agronomique de la viticulture biologique, a progressivement affiné ses vinifications et ses élevages, amenant ses cuvées, autrefois robustes et généreuses en alcool, vers des expressions plus nuancées et équilibrées. Voici des vins au caractère très affirmé, ancrés dans leur territoire, structurés au sein d'une gamme aujourd'hui très cohérente. Ce magnifique travail, effectué dans des conditions homériques, dans un site qui est en première ligne face aux canicules et aux sécheresses, le place dans l'élite de l'appellation.

Les vins : très simple, Les Cades est un vin rouge avec une expression variétale de syrah et une bouche qui manque de relief. L'Épervier offre un peu plus de mâche tandis que L'Éperon est une belle réussite. Cette vieille vigne de carignan offre un vin complexe et pulpeux qui sera parfait à boire à partir de 2020. À l'inverse, La Centaurée (non notée) est une cuvée à majorité de mourvèdre, encore compacte, avec une finale asséchante. En blanc, notre préférence va à la cuvée L'Épervier qui trouve sur ce 2018 plénitude et fraîcheur, dans une gamme d'arômes sudistes. La Centaurée 2017 est encore sous le coup de l'élevage avec beaucoup de puissance en finale (non notée).

- La Clape L'Epervier 2018 — 14 € — 15,5
- La Clape L'Epervier 2017 — 17 € — 14
- Languedoc Les Cades 2018 — 10 € — 13,5
- VDF L'Eperon 2017 — 14 € — 15,5

Rouge : 26 hectares.
Syrah 40 %, Grenache noir 25 %,
Carignan 15 %, Cinsault 10 %, Mourvèdre 10 %
Blanc : 4 hectares.
Bourboulenc 40 %, Grenache blanc 40 %,
Viognier 4 %, Clairette 4 %, Marsanne 4 %,
Picpoul blanc 4 %, Roussanne 4 %
Production moyenne : 70 000 bt/an

CHÂTEAU PECH-REDON ♣

Chemin de la Couleuvre, Route de Gruissan,
11100 Narbonne
04 68 90 41 22 •
www.chateaupechredon.wordpress.com •
Visites : sans rendez-vous.
Propriétaire : Christophe Bousquet

★

DOMAINE DE LA PROSE

Au terme de ses études d'œnologie à Bordeaux, Bertrand de Mortillet a rejoint le domaine familial, bien équipé depuis son lancement à la fin des années 1990. Son terroir cultivé en biodynamie est situé sur Saint-Georges-d'Orques, aux portes occidentales de Montpellier, une zone à la géologie morcelée où l'on trouve des vins souvent massifs. Avec son style équilibré, il en est devenu le meilleur représentant actuel, même si l'apparente simplicité de ses vins, à l'image du Cadières blanc, pourrait être interprétée par certains comme une forme de nonchalance. Convaincus par le niveau des blancs du domaine, nous trouvons également aux rouges beaucoup d'intérêt.

Les vins : Embruns compte parmi l'élite des blancs de la région ; il offre, avec son caractère salivant et ses notes de céréales et fruits jaunes, une belle impression enrobante, sans excès. En version rouge, Embruns est largement basé sur la syrah mais encore strict et fermé. Il faut l'attendre pour que l'ensemble s'harmonise. Mieux vaut ouvrir Les Cadières dans un premier temps, même s'il est encore massif avec une finale dure mais porteuse de fruits rouges et d'épices.

- Languedoc Embruns 2017 — 15 € — 15,5
- Languedoc Embruns 2017 — 15 € — 15
- Languedoc Saint-Georges d'Orques Les Cadières 2017 — 10 € — 14

Rouge : 10,2 hectares.
Grenache noir 40 %, Syrah 30 %, Cinsault 16 %,
Mourvèdre 14 %
Blanc : 2,6 hectares.
Vermentino 60 %, Grenache blanc 40 %
Production moyenne : 30 000 bt/an

DOMAINE DE LA PROSE ☾

34570 Pignan
04 67 03 08 30 •
domaine-de-la-prose@wanadoo.fr • Pas de visites.
Propriétaire : Bertrand de Mortillet

★

ROC D'ANGLADE

Rémy Pédréno est un vigneron exigeant, idéaliste, qui ne produit que des vins de pays, donc hors des contraintes administratives de l'appellation Languedoc. Le style est original, tendu vers la recherche de la fraîcheur et de l'élégance. Issu de chenin (70 %), son blanc, savoureux et délicat, fort apprécié des sommeliers éclairés, fait partie du cercle restreint des meilleurs blancs du Sud. Le rouge, assemblage de carignan, mourvèdre, grenache et syrah, incarne un style digeste, friand mais sérieux. Les élevages en foudre ont fait progresser la qualité des vins ; c'est vers le vignoble que se dirige maintenant la quête esthétique du vigneron, avec l'implantation exemplaire de nouvelles parcelles sur le magnifique terroir calcaire des Mégères, à Langlade.

Les vins : le rosé en 2018 offre un nez de mandarine et une structure légère. Le blanc s'ouvre directement avec des notes d'acacia et de fruits blancs. Une trame toastée s'installe en bouche et une tension régulière apparaît pour laisser une impression fraîche et enveloppante. Le rouge 2017 montre l'expression délicate et tout en dentelle d'un assemblage à majorité de carignan. Une sensation juteuse qui en fait une bouteille déjà accessible dans la jeunesse. La Reserva Especial est longiligne sur un beau support de tanins très fins et un fruit rouge sous-jacent, le tout souligné d'une belle acidité mûre. Un vin à oublier quelques années...

IGP Gard 2017	39 €	16
IGP Gard 2018	18 €	15
IGP Gard Reserva Especial N° 6	79 €	15,5

Le coup de ♥

IGP Gard 2017	39 €	16

Rouge : 7 hectares.
Carignan 55 %, Mourvèdre 25 %, Divers noir 20 %
Blanc : 2 hectares.
Chenin 65 %, Chardonnay 20 %, Carignan 5 %, Grenache blanc 5 %, Grenache gris 5 %
Production moyenne : 36 000 bt/an

ROC D'ANGLADE ♣
700, chemin de Vignecroze, 30980 Langlade
04 66 81 45 83 •
remy.pedreno@rocdanglade.fr • Pas de visites.
Propriétaire : Rémy et Martine Pedreno
Directeur : Rémy Pedreno
Œnologue : François Serres

★

DOMAINE JEAN-BAPTISTE SENAT

Vigneron et vinificateur doué, Jean-Baptiste Senat s'est installé en 1996 avec son épouse Charlotte sur le domaine familial, avec l'ambition de le reprendre sérieusement en main. Modèle pour les jeunes vignerons de la région, le couple Senat a fait partie de cette nouvelle génération qui donne au Languedoc ses lettres de noblesse, grâce à des vins de gourmandise (Arbalète et Coquelicots ou La Nine) et des cuvées d'artisan (Mais Où Est Donc Ornicar, Le Bois des Merveilles). Les grenaches, conduits pour obtenir de petits rendements, s'expriment tout en finesse. Avec d'énergiques mourvèdres, ils constituent les fondamentaux du domaine. La gamme s'est enrichie d'un nouveau blanc fort prometteur.

Les vins : Aux Amis de Ma Soeur est un blanc rond et suave qui fera sensation à table. Une explosion de fruits rouges pour Arbalète et Coquelicots, un grenache tellement gourmand ! Dans la même veine, Amalgame rouge, vraiment très clair donne l'impression de goûter des fruits rouges acidulés. La Nine est une belle réussite, suave, tout en équilibre. On monte d'un cran avec la sensation poudrée pour Mais Où Est Donc Ornicar. Un très beau jus longiligne. Plus massif, Le Bois des Merveilles saura s'imposer dans les années à venir.

IGP Aude Aux Amis de Ma Sœur 2017	15 €	15
Minervois Amalgame 2018	12 €	14
Minervois Arbalète et Coquelicots 2018	10 €	14,5
Minervois La Nine 2017	14 €	15
Minervois Le Bois des Merveilles 2016	25 €	15,5

Le coup de ♥

Minervois Mais Où Est Donc Ornicar 2017	16 €	16

Rouge : 16 hectares.
Grenache noir 40 %, Carignan 30 %, Mourvèdre 10 %, Cinsault 10 %, Syrah 10 %
Blanc : 1 hectare.
Grenache gris 70 %, Grenache blanc 30 %
Production moyenne : 70 000 bt/an

DOMAINE JEAN-BAPTISTE SENAT ♣
12, rue de l'Argent-Double,
11160 Trausse-Minervois
04 68 79 21 40 • www.domaine-senat.com •
Vente et visites : au domaine sur rendez-vous.
Propriétaire : Charlotte et Jean-Baptiste Senat

★

DOMAINE LA TERRASSE D'ÉLISE

Fils de vigneron, Xavier Braujou s'est constitué depuis 1998 son domaine, partagé entre Aniane et Saint-Jean-de-Fos. Cet artisan-vigneron solitaire et résolu élabore avec peu de moyens des vins de grand caractère, fruits d'un énorme travail sur de vieilles vignes en gobelet aux rendements très faibles, de l'ordre de 20 hectolitres/hectare en moyenne. Issus d'élevages longs en cuve et en vieux fût, les cuvées (en IGP à l'exception du rare terrasses-du-larzac Élise) ont su préserver fraîcheur et velouté de fruit, racontant la noblesse des vieux cépages de la région. On peut faire de grands vins languedociens en monocépage, Xavier Braujou en fournit chaque année la preuve ! Une adresse confidentielle et indispensable, prisée des amateurs avertis comme des meilleurs sommeliers et cavistes.

Les vins : K'Yenne est la nouvelle cuvée du domaine en blanc. Tout en rondeur, ses arômes de miel et de truffe sont très agréables et la finale est fraîche. Les Hauts de Carol's est un pur cinsault, élevé vingt-quatre mois en barrique. On reconnaît ici la maîtrise de Xavier Braujou qui vinifie le cépage avec une vraie délicatesse, laquelle se ressent dans une finale légèrement lactée.

IGP Pays d'Hérault K' Yenne 2016	25 €	15
IGP Pays d'Hérault Les Hauts de Carol's 2015	32 €	15,5

Rouge : 12 hectares.
Carignan 25 %, Mourvèdre 25 %, Syrah 25 %, Cinsault 25 %
Blanc : 2 hectares.
Roussanne 40 %, Marsanne 40 %, Chardonnay 20 %
Production moyenne : 40 000 bt/an

DOMAINE LA TERRASSE D'ÉLISE
1320, chemin de Capion, 34150 Aniane • terrassedelise@gmail.com • Vente et visites : au domaine sur rendez-vous.
Propriétaire : Xavier Braujou

★

DOMAINE VAÏSSE

Installé dans les Terrasses du Larzac sur des terroirs de galets et d'argiles rouges, Pierre Vaïsse est un jeune vigneron qui a débuté avec seulement 2 ha de vignes en 2007. Parrainé par Frédéric Pourtalié (Montcalmès) et Laurent Vaillé (Grange des Pères), il s'attache à élever longuement ses vins (24 mois pour les rouges) afin de leur apporter un velouté de chair et un soyeux de tanins peu communs. Nous plaçons beaucoup d'espoir dans ce jeune domaine dont la production, encore confidentielle, est appelée à augmenter, et qui fait déjà preuve d'une maîtrise impressionnante, en rouge comme en blanc. Les cuvées ont quitté la sphère des AOC et sont aujourd'hui toutes déclarées en IGP Pays d'Hérault.

Les vins : les rouges sont très compacts en 2016. Il leur faudra deux à trois ans pour commencer à s'exprimer. Galibaou du Russe développe des notes d'épices intenses ; la finale accuse encore des tanins amers. Dans cette même lignée, L'Aphyllante aux notes de fruits noirs est dense. Ses tanins sont encore astringents. Le carignan Pur présente l'équilibre le plus intéressant : ce vin structuré et complexe livre des notes fumées, assorties d'une touche de romarin qui rafraîchit la finale. Le viognier Hasard est un beau blanc sudiste, floral, pur et intense.

IGP Pays d'Hérault Hasard 2018	24 €	15
IGP Pays d'Hérault Galibaou du Russe 2016	24 €	15,5
IGP Pays d'Hérault L'Aphyllante 2016	23 €	15
IGP Pays d'Hérault Pur 2016	23 €	16

Rouge : 9 hectares.
Carignan 33 %, Mourvèdre 33 %, Syrah 33 %
Blanc : 0,78 hectare.
Viognier 100 %

DOMAINE VAÏSSE
271, chemin bas d'Aniane, 34150 Aniane
04 67 57 28 86 • domaine.vaisse@orange.fr
• Visites : sans rendez-vous.
Propriétaire : Pierre Vaïsse

★ ↗

LES VIGNES OUBLIÉES

Jean-Baptiste Granier, jeune ingénieur agronome, a démarré le projet des Vignes Oubliées avec Olivier Jullien. La démarche est singulière autant que méritoire : elle est née du désir de conserver de vieilles parcelles sur la commune de Saint-Privat (un bout du monde comme le Languedoc en possède tant) condamnées par la logique économique coopérative, désormais cultivées en partenariat avec leurs propriétaires. Les vins sont élevés au frais dans une grotte, ancien moulin à huile. Le terrasses-du-larzac s'affirme depuis ses débuts, en 2007, comme un vin soigné et expressif, fidèle messager du terroir. Dans un style pimpant et digeste, la cuvée déclarée en Languedoc est un pur bonheur. Basé sur la clairette, le blanc est adroitement cadré par l'élevage en bois. Dans cette zone très dynamique, ce domaine nous convainc depuis le millésime 2015 : il accède à la première étoile.

Les vins : un nez d'herbes séchées pour le blanc, qui profite d'un beau volume. Sa finale rappelle l'amande et la pêche blanche. En rouge, le languedoc est de haut niveau. Un vin complet et charmeur, aux notes délicatement fruitées et épicées. Le terrasses-du-larzac installe encore plus de complexité et de profondeur ; il garde une pulpe juteuse dans un style fin. Une petite bombe !

Languedoc 2016	18,50 €	15
Languedoc 2017	12,50 €	15

Le coup de ♥

Terrasses du Larzac 2017	18,50 €	16

Rouge : 9 hectares.
Grenache noir 50 %, Carignan 20 %,
Cinsault 15 %, Syrah 15 %
Blanc : 0,3 hectare.
Grenache blanc 40 %, Clairette 30 %,
Roussanne 30 %
Production moyenne : 35 000 bt/an

LES VIGNES OUBLIÉES
3, rue de la Fontaine,
34700 Saint-Jean-de-la-Blaquière •
lesvignesoubliees.com • Vente et visites : au domaine sur rendez-vous.
Propriétaire : Jean-Baptiste Granier

DOMAINE GUILHEM BARRÉ

Ce jeune domaine s'affirme comme l'un des moteurs du renouveau du Cabardès, transition entre le monde méditerranéen et le monde atlantique, avec une personnalité singulière. Sur le terroir argilo-calcaire de Ventenac-Cabardès, tout près de Carcassonne, ne sont pour l'heure cultivés que des cépages rouges (syrah, merlot, cabernet-sauvignon). Dès la création du domaine, en 2008, la viticulture très soigneuse mise en œuvre par Guilhem Barré, labellisée en bio, a permis d'élaborer des vins qui respirent le fruit et reflètent la valeur éthique d'un vrai travail vigneron. À la dégustation, la gamme manque encore d'homogénéité et de rigueur. Un micro-négoce a été créé en 2017 pour l'élaboration du blanc Depuis le temps.

Les vins : Assemblage de chardonnay et viognier, Depuis le Temps est un blanc sec de style simple. En rouge, La Peyrière déçoit cette année par un caractère rustique et La Dentelle aura mis vingt-quatre heures à s'ouvrir, tout en gardant beaucoup de raideur en bouche (ils ne sont pas retenus). Sous le Bois allie merlot et syrah dans un ensemble structuré et encore ferme. Plus complet et ouvert, Natural Mystic montre une structure rectiligne, encore légèrement asséchante. Saluons la très belle réussite pour Amphore 2017, un vin élégant aux notes florales et épicées, avec une bouche nourrissante.

VDF Depuis le Temps 2018	12 €	13,5
Cabardès Natural Mystic 2017	16 €	15
Cabardès Sous le Bois 2016	12 €	14,5

Le coup de ♥

Cabardès Amphore 2017	24 €	16

Rouge : 6,5 hectares.
Merlot 53 %, Syrah 39 %,
Cabernet-Sauvignon 8 %
Achat de raisins.
Blanc : Chardonnay 50 %, Viognier 50 %
Achat de raisins.
Production moyenne : 30 000 bt/an

DOMAINE GUILHEM BARRÉ ♣
Chemin de Montolieu,
11610 Ventenac-Cabardès •
www.domaineguilhembarre.com • Vente et visites : au domaine sur rendez-vous.
Propriétaire : Guilhem Barré

GÉRARD BERTRAND

En une décennie, l'ancien rugbyman international Gérard Bertrand a construit une entreprise d'un dynamisme exceptionnel en Languedoc. Il a pour cela été élu meilleur négociant de l'année par La Revue du vin de France en 2016. Partant du vignoble familial de Villemajou, dans les Corbières, sur le terroir de Boutenac, son empire se compte en millions de bouteilles vendues chaque année et comprend désormais plusieurs centaines d'hectares répartis sur plusieurs sites : Narbonne-Plage, avec le vaste Château L'Hospitalet en gérance (IGP Pays d'Oc et Coteaux du Languedoc), La Livinière (Château Laville-Bertrou), Bizanet (Cigalus en IGP Aude) et, plus récemment, Limoux (Domaine de l'Aigle), la Sauvageonne (Terrasses du Larzac), Château La Soujeole (Malepère). À partir des meilleures parcelles, Gérard Bertrand a produit plusieurs cuvées triées et vinifiées comme des "vins de garage" : Le Viala et le Clos d'Ora en Minervois,

La Forge en Corbières, et Hospitalitas à La Clape. Une conversion en biodynamie sur l'ensemble du domaine est entamée.

Les vins : le domaine nous a fait parvenir une majorité de blancs, mais le boisé de la Sauvageonne ne convainc pas et le corbières du Château de Villemajou offre une amertume décalée en finale (ils ne sont pas retenus). À l'ouest, le Domaine de l'Aigle produit un gewurztraminer au nez net et expressif mais la bouche manque de fond en finale. La clairette d'Adissan est fruitée dans un équilibre pulpeux et plaisant ; elle est présentée dans une lourde bouteille en terre sur laquelle aucune consigne de recyclage ne figure. Le Château l'Hospitalet reste une valeur sûre et transmet avec charme la personnalité iodée de La Clape, une finale chaleureuse en prime. En rouge, le Domaine de l'Aigle à Limoux propose un pinot noir élégant ourlé de cerise et d'une certaine gourmandise, dans un style léger. En 2018, le corbières-boutenac est une très belle réussite : un registre moka, une très belle maîtrise de l'élevage et une bouche suave. Encore concentré avec une belle profusion de fruits noirs, le rouge Château l'Hospitalet devra se patiner avec le temps pour gérer sa finale encore alcooleuse.

- Clairette du Languedoc Adissan Art de Vivre 2018 — 9,90 € — 14,5
- La Clape Château l'Hospitalet Grand Vin 2018 — 25 € — 15
- IGP Haute Vallée de l'Aude Domaine de l'Aigle Pinot Noir 2017 — 15,50 € — 14,5
- La Clape Château l'Hospitalet Grand Vin 2018 — 25 € — 15

Le coup de ♥

- Corbières-Boutenac Domaine de Villemajou 2018 — 12,50 € — 16

GÉRARD BERTRAND ☾

Château l'Hospitalet, Route de Narbonne-Plage, 11100 Narbonne
04 68 45 28 50 • www.gerard-bertrand.com
• Visites : sans rendez-vous.
Propriétaire : Gérard Bertrand

DOMAINE BERTRAND-BERGÉ

Avec l'aide de l'œnologue Claude Gros, Jérôme Bertrand produit des fitous parmi les plus complets de l'appellation, reflets des terroirs spécifiques de Paziols. Si le domaine n'est sorti de la coopération qu'en 1993, l'histoire familiale est depuis six générations intimement liée à celle de la vigne dans cette partie de l'Aude qui confine au Roussillon. Intenses, francs, les vins font honneur à une appellation qui redéfinit actuellement son identité avec bonheur et audace. La gamme est vaste et bien structurée, avec de brillants points forts dans les rouges faisant la part belle au traditionnel carignan (Les Mégalithes) et les vins doux (tant les VDN que l'original et très réussi muscat non muté Proposition Tardive).

Les vins : des notes de raisin et d'amande fraîche pour Le Méconnu, blanc d'apéritif élaboré à partir de muscat de Rivesaltes. Floral et épicé, le blanc La Boulière se livre lentement, dans une trame ciselée, avec du volume. Accessible et gourmand, Origines est une très belle entrée en matière pour les rouges de Fitou. Les Mégalithes fait la part belle au carignan sur galets roulés : un vin aux notes de violette, aux tanins onctueux et à la finale vive. Avec un caractère plus affirmé et des tanins encore accrocheurs, La Boulière, basé sur le mourvèdre, s'affinera dans le temps. Encore très jeune, Jean Sirven est toujours en train de digérer son élevage en fût neuf mais la matière est noble avec un superbe grain de tanin. Oubliez-le en cave !

- IGP Vallée du Torgan La Boulière 2017 — 16 € — 14,5
- IGP Vallée du Torgan Le Méconnu 2018 — 9,50 € — 14
- Fitou Jean Sirven 2016 — 38 € — 16
- Fitou La Boulière 2016 — 20 € — 15
- Fitou Origines 2017 — 9,90 € — 15

Le coup de ♥

- Fitou Les Mégalithes 2017 — 14 € — 15,5

Rouge : 36 hectares.
Carignan 34 %, Grenache noir 32 %, Syrah 26 %, Mourvèdre 8 %
Blanc : 2 hectares.
Muscat à petits grains blancs 96 %, Macabeu 3 %, Grenache gris 1 %
Production moyenne : 110 000 bt/an

DOMAINE BERTRAND-BERGÉ ♣

38, avenue du Roussillon, 11350 Paziols
04 68 45 41 73 • www.bertrand-berge.com •
Pas de visites.
Propriétaire : Jérôme Bertrand
Maître de chai : Jérôme Bertrand
Œnologue : Claude Gros et Lucie Gautier

DOMAINE BORIE LA VITARÈLE

Ces cuvées, reflets de la diversité des terroirs de l'appellation Saint-Chinian, constituaient de formidables leçons sur les saveurs de ce sol. Le duo que formait Jean-François Izarn, décédé en 2014, avec Cathy Planès œuvrait depuis le début des années 1990 pour faire vivre ces particularismes, avec une sensibilité vigneronne de plus en plus fine et une grande attention portée au vivant. L'aventure continue grâce à la volonté de Cathy et de sa fille Camille, désormais revenue au domaine.

Les vins : en blanc, Le Grand Mayol se livre avec fluidité et une fine fragance florale. Un vin adapté pour le début du repas. Expressif, aux notes de fruits à noyau et fleurs, Les Terres Blanches ouvre le bal des rouges avec gourmandise. Les Schistes allie à merveille syrah et grenache, avec un nez profond de mûre et de poivre. La bouche est encore un peu serrée mais le jus est beau ! Midi Rouge déjà dégusté l'an dernier est toujours en train de digérer tranquillement son bois : un vin taillé pour la garde !

- Languedoc Le Grand Mayol 2017 — 13,60 € — 15
- Saint-Chinian Les Terres Blanches 2018 — 10,40 € — 15
- Saint-Chinian Roquebrun Midi Rouge 2015 — 39 € — 15,5

Le coup de ♥

- Saint-Chinian Les Schistes 2016 — 16,30 € — 15,5

Rouge : 15 hectares.
Syrah 50 %, Grenache noir 40 %, Carignan 5 %, Mourvèdre 5 %
Blanc : 3 hectares.
Bourboulenc 35 %, Vermentino 35 %, Clairette 30 %
Production moyenne : 70 000 bt/an

DOMAINE BORIE LA VITARÈLE ♣
34490 Causses-et-Veyran
04 67 89 50 43 • www.borielavitarele.fr •
Vente et visites : au domaine sur rendez-vous.
Propriétaire : Cathy et Camille Izarn

DOMAINE MYLÈNE BRU

Depuis son premier millésime, en 2008, Mylène Bru fait entendre dans le paysage languedocien une petite musique très personnelle. Une quinzaine de parcelles perdues dans la garrigue, du côté de Saint-Pargoire (comme Marlène Soria), des vignes bichonnées, des raisins choyés, qu'elle laisse s'exprimer avec un minimalisme quasi mystique. Découlent de ce rapport très affectif à son métier de vigneronne des vins au charme exubérant, auxquels les petits rendements dont ils sont issus confèrent assise et densité. Les différentes cuvées de rouge peuvent afficher une réduction assez forte, il faudra donc un peu de patience ou une bonne aération pour les comprendre. Mylène Bru élabore également un très surprenant et charmant vin blanc de chasselas, capable de se complexifier avec quelques années de garde.

Les vins : Lady Chasselas est proche du fruit. Un vin léger titrant 11,5° seulement, au beau pouvoir désaltérant et à la finale fraîche. En rouge, les deux cuvées sont agréables ; Rita offre une approche franche et fraîche du carignan, dans un esprit gourmand et fruité. Far-Ouest est assemblé de cinq cépages plantés dans toutes les parcelles du domaine. Un vin dense et profondément fruité qui laisse une impression de petits fruits rouges en finale.

- VDF Lady Chasselas 2018 — 23 € — 14
- Languedoc Far-Ouest 2017 — 23 € — 15,5
- VDF Rita 2017 — 23 € — 15,5

Rouge : 6 hectares.
Carignan 40 %, Grenache noir 30 %, Syrah 15 %, Tempranillo 5 %, Cinsault 5 %, Marselan 5 %
Blanc : 1 hectare.
Chasselas 50 %, Marsanne 50 %
Production moyenne : 15 000 bt/an

DOMAINE MYLÈNE BRU ♣
Le Fon de Lacan, 34230 Saint Pargoire •
www.facebook.com/domaine.mylene.bru/ •
Vente et visites : au domaine sur rendez-vous.
Propriétaire : Mylène Bru

DOMAINE DE CABROL

Dans une appellation Cabardès en plein renouveau, Claude Carayol a fait de son domaine une référence, avec des cuvées dont le profil flamboyant a su rapidement se dépouiller de toute rusticité. Les deux vins principaux évoluent lentement et témoignent de la dualité qui anime ce vignoble, tourné presque autant vers l'Atlantique que vers la Méditerranée : le Vent d'Ouest, plus animal dans les millésimes chauds, à dominante de cabernet-sauvignon ; le Vent d'Est, à dominante de syrah. La grande cuvée La Dérive associe cabernet-sauvignon et syrah des plus belles parcelles ; l'harmonie de ce vin s'est considérablement accrue depuis que les deux cépages sont cofermentés.

Les vins : la dynamique Cuvée Dix-sept, principalement issue de grenache blanc, chenin et gros manseng, est marquée en bouche par le pamplemousse, et une finale pimentée. En rouge, Vent d'Ouest 2015 nous invite en sous-bois avec une expression nette du cabernet, on lui reproche une finale stricte. Dans le même millésime, La Dérive se dévoile plus en finesse, la syrah apportant un support velouté en bouche. Aussi marqué par la syrah, Vent d'Est se montre épicé sur des notes de violette. La bouche encore dense et la finale asséchante indiquent qu'il devra se patiner avec un an de bouteille.

Cabardès La Dérive 2015	20 €	14,5
Cabardès Vent d'Est 2017	16 €	15
Cabardès Vent d'Ouest 2015	12,50 €	14,5

Le coup de ♥

VDF Cuvée Dix-sept 2017	13,50 €	15

Rouge : 21 hectares.
Syrah 40 %, Cabernet-Sauvignon 30 %, Grenache noir 20 %, Cabernet franc 10 %
Blanc : 2 hectares.
Gros Manseng 40 %, Chenin 30 %, Grenache blanc 20 %, Viognier 10 %
Production moyenne : 60 000 bt/an

DOMAINE DE CABROL
D 118, 11600 Aragon
04 68 77 19 06 • www.domainedecabrol.fr •
Visites : sans rendez-vous.
Propriétaire : Claude Carayol

DOMAINE DE CAZABAN

C'est désormais Emmanuel Taillez qui reste seul maître à bord du domaine. La culture est menée en biodynamie (certifiée en 2013), complétée par une partie d'achat de raisins. Servis par des élevages de grande qualité, les vins au style très soigné développent une belle diversité de saveurs : ce sont les cuvées les plus enjouées et raffinées de l'appellation. Nous signalons également l'existence de belles chambres d'hôtes au domaine.

Les vins : agréablement fumé et épicé, le rosé Hors Série N°1 garde une belle assise en bouche et une finale éclatante. Le Coup de Foudre blanc est marqué par le grenache gris, ses notes de céréales permettront des accords réussis et la finale fraîche est agréable. D'approche primeur, Jours de Vigne est un rouge friand et structuré basé sur le grenache et la syrah. Onctueux assemblage de syrah et merlot, Demoiselle Claire est intensément épicé : un vin qui sera prêt dès 2020. Moitié syrah, un quart merlot, un quart cabernet franc, la cuvée Les Petites Rangées s'avère équilibrée, encore gourmande avec un bel éclat de fruits et un élevage qui vient juste envelopper le vin sans le marquer.

IGP Aude Coup de Foudre 2017	13 €	14
IGP Aude Hors Série N° 1 2018	10 €	14,5
Cabardès 2016	20 €	15,5
Cabardès Demoiselle Claire 2017	13 €	14,5
IGP Pays d'Oc Jours de Vigne 2018	10 €	14

Le coup de ♥

Cabardès Les Petites Rangées 2017	15 €	15

Rouge : 12 hectares.
Syrah 33 %, Grenache noir 33 %, Cabernet franc 8 %, Cabernet-Sauvignon 8 %, Carignan 8 %, Merlot 6 %, Mourvèdre 4 %
Achat de raisins.
Blanc : 3 hectares.
Vermentino 48 %, Marsanne 5 %, Grenache blanc 4 %, Roussanne 4 %
Achat de raisins.
Production moyenne : 77 000 bt/an

DOMAINE DE CAZABAN
Chemin des Eclauzes, 11600 Conques sur Orbiel
04 68 72 11 63 •
www.domainedecazaban.com • Vente et visites : au domaine sur rendez-vous.
Propriétaire : Emmanuel Taillez
Maître de chai : Joseph Parcé

NOUVEAU DOMAINE

DOMAINE PIERRE ET ESTELLE CLAVEL

Pierre Clavel a démarré en 1986, sur le secteur de la Méjanelle, rejoint rapidement par sa femme Estelle, d'origine bretonne, qui vinifie les vins depuis 2014. Au fil du temps se sont ajoutés les terroirs de Pic Saint-Loup et des Terrasses du Larzac. Aujourd'hui, leurs deux fils, Antoine et Martin, prennent peu à peu le relais, avec l'intention de continuer dans cette voie et d'aller encore plus loin. Certifié en agriculture biologique depuis 2007, cet ensemble agricole autour du mas représentant 20 hectares compte oliviers, chênes truffiers, céréales ; un maraîcher cultive une partie des terres.

Les vins : des notes de mirabelle et de pain toasté caractérisent Cascaille blanc, qui assemble sept cépages (grenache blanc, roussanne, vermentino, clairette, viognier, marsanne, muscat à petits grains). Sa belle finale florale donne l'une impression de croquer le raisin. Copa Santa est une expression épicée et intense de syrah ; ce vin, qui proposait un boisé plus appuyé il y a quelques années, s'est bien affiné. Les tanins sont veloutés. Bonne Pioche est élevé un an en foudres. Déjà accessible, avec un fruit bien dense, il pourra attendre en cave quelques années encore. Les Clous 2017 est une grande réussite : un vin fin qui exprime avec justesse des notes de pivoine et de rose, sans manquer d'intensité. C'est une cuvée de patience qui ira loin !

Languedoc Cascaille 2017	16 €	15
Languedoc Copa Santa 2016	21 €	15
Pic Saint-Loup Bonne Pioche 2017	16 €	15,5

Le coup de ♥

Pic Saint-Loup Des Clous 2017	38 €	16,5

Rouge : 26 hectares.
Syrah 76 %, Grenache noir 17 %, Vermentino 10 %, Mourvèdre 7 %
Blanc : 4 hectares.
Roussanne 27 %, Viognier 25 %, Grenache blanc 18 %, Clairette 10 %, Marsanne 10 %
Production moyenne : 130 000 bt/an

DOMAINE PIERRE ET ESTELLE CLAVEL ♣

Mas de Perié, Route de Sainte-Croix,
34820 Assas
04 99 62 06 13 • www.vins-clavel.fr •
Visites : sans rendez-vous.
Propriétaire : Estelle et Pierre Clavel
Maître de chai : Estelle Clavel
Œnologue : Claude Gros

CLOS FANTINE

Le Clos Fantine est une aventure familiale, débutée à Cabrerolles au milieu des années 1990. À la suite de leur père, Corine, Carole et Olivier Andrieu considèrent le respect du vivant comme fondement absolu de la pratique agronomique. La sincérité est totale, à la vigne comme à la cave, et les vins, élevés uniquement en cuve béton, se soucient peu des dogmes œnologiques actuels, mais se font les reflets, profonds, libres et multidimensionnels, de leur origine. Dans les derniers millésimes, la qualité s'avère très enthousiasmante.

Les vins : les vins rouges présentent une fraîcheur équilibrée, à l'instar de la très réussie Cuvée Courtiol. Cet assemblage (carignan majoritaire avec une touche de mourvèdre) montre des notes de pot-pourri, de cade et de cerise confite, avec une très belle trame. Le faugères 2017 fait preuve d'une belle persistance, sur un fruité racé et gouleyant. Ses tanins se patineront avec un peu de garde.

Faugères 2017	13,50 €	15

Le coup de ♥

Faugères Cuvée Courtiol 2017	19 €	16,5

Rouge : Mourvèdre 35 %, Syrah 35 %, Carignan 20 %, Grenache noir 10 %

CLOS FANTINE ♣

Chemin de la Grange, La Liquière,
34480 Cabrerolles
04 67 90 20 89 • corine.andrieu@laposte.net
• Vente et visites : au domaine sur rendez-vous.
Propriétaire : Carole, Olivier et Corine Andrieu

NOUVEAU DOMAINE

LA CROIX GRATIOT

Anaïs Ricôme se révèle comme la nouvelle référence à Picpoul-de-Pinet, appellation méconnue des amateurs français. Pourtant, c'est ici que naissent des grands blancs du Languedoc, avec pour vedette l'ancien cépage piquepoul. Après des études viti-oenologiques et une expérience dans un vignoble néo-zélandais, son père, Yves, lui a proposé de reprendre en main ce vignoble proche de Marseillan. Anaïs s'est alors orientée vers une diminution de la superficie, à 33 hectares, et une culture bio, avec de plus en plus de pratiques biodynamiques. Cette trentenaire mélomane travaille en sélection parcellaire pour ses meilleures cuvées. Surtout, elle a su capter l'élégance et le toucher unique de ce cépage avec des élevages en grès, foudre et inox.

Les vins : le picpoul-de-pinet 2018 est un rapport prix-plaisir hors pair, qui charme avec ses notes exotiques et fait saliver avec sa bouche fraîche. On monte d'un cran avec la cuvée Bréchallune, sélection parcellaire élevée pour partie en jarre en grès. Un vin salin et complexe, au volume de bouche supérieur. Afin de découvrir une autre approche du cépage, on peut opter pour l'assemblage avec la roussanne qui donne Les Zazous : il présente des notes de pêche blanche et de la tenue, des notes de fleurs blanches et un côté toasté en bouche, apportées par une vinification en barrique. Enfin, Le Chant des Dolia livre une expression pulpeuse et florale de la roussanne.

- IGP Pays d'Hérault Le Chant des Dolia 2017 — 21 € — 15,5
- Picpoul de Pinet 2018 — 7,20 € — 14,5
- Picpoul de Pinet Bréchallune 2018 — 11 € — 15,5

Le coup de ♥

- IGP Pays d'Hérault Les Zazous 2017 — 12 € — 15,5

Rouge : 11 hectares.
Syrah 42 %, Pinot noir 33 %, Grenache noir 13 %, Cabernet-Sauvignon 6 %, Mourvèdre 6 %
Blanc : 24 hectares.
Picpoul blanc 46 %, Chardonnay 20 %, Sauvignon blanc 16 %, Viognier 12 %, Roussanne 4 %, Muscat à petits grains blancs 2 %
Production moyenne : 180 000 bt/an

LA CROIX GRATIOT
Domaine de Sainte Croix, 34530 Montagnac
04 67 25 27 88 •
lacroixgratiot.wordpress.com • Vente et visites : au domaine sur rendez-vous.
Propriétaire : Anaïs et Yves Ricome

DOMAINE LES EMINADES

Implanté sur une géologie très variée, représentative de la diversité des terroirs de Saint-Chinian, ce domaine a été créé en 2002 par Patricia et Luc Bettoni. Les propriétaires cultivent avec soin un vignoble en majorité planté de très vieux carignans, complétés de grenache, de syrah et de cinsault. Ce sont des vins soignés, gourmands, qui veulent rester proches du fruit. Le domaine est devenu une belle référence de l'appellation. Sortent du lot un magnifique Vieilles Canailles, issu de carignans centenaires, et un étonnant blanc de sauvignon, Silice.

Les vins : le sauvignon blanc Silice est encore vif avec une bouche asséchante alors que Montmajou met le grenache blanc à l'honneur ; ample, légèrement toasté, doté d'une aromatique de fruits blancs, il affiche une belle veine dynamique en finale. On aborde les rouges dans la gourmandise du cinsault et de la syrah avec La Pierre Plantée, simple et gouleyant. Un beau vin axé sur la syrah pour Cebenna, équilibré et aux tanins délicats. Sortilège est aussi marqué par la syrah, élégamment floral et épicé, à la finale gourmande. Encore dense et fermée, la cuvée Vieilles Canailles regroupe des vignes de carignan, plantées en 1902. Pur et beau jus aux tanins nobles.

- IGP Coteaux de Fontcaude Silice 2017 — 17,20 € — 14,5
- Saint-Chinian Montmajou 2017 — 14,20 € — 15
- Saint-Chinian Cebenna 2017 — 13,20 € — 14,5
- Saint-Chinian La Pierre Plantée 2017 — 8,90 € — 14
- Saint-Chinian Sortilège 2016 — 16,70 € — 15,5

Le coup de ♥

- Saint-Chinian Vieilles Canailles 2016 — 28,20 € — 16

Rouge : 12,5 hectares.
Grenache noir 35 %, Syrah 30 %, Mourvèdre 15 %, Carignan 10 %, Cinsault 10 %
Blanc : 3 hectares.
Grenache blanc 50 %, Sauvignon blanc 30 %, Marsanne 20 %
Production moyenne : 50 000 bt/an

DOMAINE LES EMINADES ♣
9, rue Saint-Baulery, 34360 Cébazan
04 67 36 14 38 • www.leseminades.fr •
Vente et visites : au domaine sur rendez-vous.
Propriétaire : Patricia et Luc Bettoni
Œnologue : Luc Bettoni

DOMAINE LUDOVIC ENGELVIN

Discret et sensible, Ludovic Engelvin produit des vins sincères, aux personnalités affirmées. Passionné depuis son plus jeune âge par la vigne, une expérience "industrielle" dans le vignoble au nord de l'Espagne a failli le détourner de la filière. Heureusement, à tout juste vingt ans, il enchaîne avec deux années passées auprès de Didier Dagueneau en Loire, qui le marqueront à vie. Avec ces différentes approches en tête, il décide finalement de se lancer à 25 ans dans son Sud natal, où il confectionne des vins certifiés bio, dans un élan biodynamique. Chacune de ses cuvées dévoile une personnalité différente.

Les vins : Espontaneo est un blanc de caractère, charnu et épicé, qui fera sensation avec des plats relevés. Avec un peu d'aération, on parvient à des notes de framboise sauvage sur la cuvée Cru-elles, une expression juteuse de cinsault complétée d'un peu de grenache. Pur grenache sur grès, Célas est un vin à la robe claire, doté d'un joli nez de rose et de poivre. La bouche est élancée avec des tanins soyeux, une belle réussite ! Clos Serre-Cabanis est aujourd'hui dans l'austérité du mourvèdre, avec une structure plus affirmée : un vin de garde sans nul doute ! Les Vieux Ronsard est la cuvée de patience du domaine. Ces vieilles vignes de grenache offrent de la complexité au vin, avec une trame acidulée en bouche mais des tanins caressants.

IGP Gard Espontaneo 2018	16 €	15
IGP Gard Clos Serre-Cabanis 2017	24 €	15
IGP Gard Cru-elles 2018	16 €	15
IGP Gard Les Vieux Ronsard 2016	58 €	16

Le coup de ♥

IGP Gard Célas 2018	18 €	16

Rouge : 7,6 hectares.
Grenache noir 63 %, Mourvèdre 20 %, Cinsault 17 %
Blanc : 1,7 hectare.
Grenache blanc 53 %, Roussanne 47 %
Production moyenne : 17 000 bt/an

DOMAINE LUDOVIC ENGELVIN ♣

Chemin du Gour du Cuisinier, 30260 Vic-le-Fesq • www.ludovicengelvin.com/ • Vente et visites : au domaine sur rendez-vous.
Propriétaire : Ludovic Engelvin

CHÂTEAU DE GAURE

L'industriel belge Pierre Fabre a réalisé son rêve en rachetant, en 2004, un vignoble perdu aux confins du Limouxin et de la Malepère, proche du village de Cépie, puis quelques parcelles en Roussillon (dans le secteur de Latour-de-France). Devenu vigneron-artiste (il dessine lui-même ses étiquettes), Pierre Fabre s'est engagé dans la voie de l'agriculture biologique pour que la biodiversité s'exprime pleinement. Les vignes sont entourées de champs et de forêts dans un environnement exceptionnel. Les blancs du secteur de Limoux et les rouges du Roussillon conjuguent caractère aromatique généreux et volume de bouche.

Les vins : déjà dégusté l'an dernier, le vin blanc tranquille de Limoux s'est affiné. Il est prêt à boire, avec ses notes florales et céréalières. La bouche combine volume et fraîcheur. En rouge, on note l'évolution heureuse du languedoc 2017, vin élancé, souple et plein de fruits, plutôt simple. Dans un style plus riche et musclé, Pour Mon Père est basé sur un carignan mûr et sans dureté.

Limoux 2017	14 €	15
Languedoc 2017	14 €	14,5
Languedoc Pour Mon Père 2017	21 €	14,5

Rouge : 32 hectares.
Carignan 41 %, Grenache noir 27 %, Syrah 27 %, Mourvèdre 5 %
Blanc : 35 hectares.
Chardonnay 72 %, Chenin 17 %, Mauzac vert 8 %, Macabeu 3 %
Production moyenne : 120 000 bt/an

CHÂTEAU DE GAURE ♣

Domaine de Gaure, 11250 Rouffiac-d'Aude • www.chateaudegaure.fr • Vente et visites : au domaine sur rendez-vous.
Propriétaire : Pierre Fabre

LA GRANGE DE QUATRE SOUS

D'origine suisse-allemande, la propriétaire Hildegard Horat et son compagnon Alioune Diop n'ont cessé de progresser dans l'élaboration de vins de pays très personnels, sans tapage, avec méticulosité et passion. Sur un terroir assez frais (Assignan, non loin de Saint-Chinian), le domaine a été entièrement replanté avec un large éventail de cépages, majoritairement atlantiques pour les rouges. Le blanc Jeu du Mail (marsanne et viognier) possède un fort caractère, dans un esprit mûr et précis : il faut le boire entre deux et cinq ans. Les rouges vieillissent bien et les étiquettes ont été modernisées avec bonheur.

Les vins : les trois vins rouges gardent leur personnalité et témoignent d'une rigueur permanente dans les élevages. Les Serrottes joint avec brio malbec et syrah pour une intense impression de poivre sauvage en bouche. Marqué par les cépages atlantiques, Lo Molin est plus dur, il affiche un caractère plus variétal.

Enfin, la cuvée éponyme du domaine est un concentré des deux autres vins, avec une certaine fraîcheur, qu'il faudra laisser reposer encore une année en bouteille.

- IGP Pays d'Oc 2016 19,50 € 15,5
- IGP Pays d'Oc Les Serrottes 2016 14,80 € 15
- IGP Pays d'Oc Lo Molin 2016 16,90 € 14

Rouge : 5 hectares.
Syrah 39 %, Malbec (cot) 27 %, Cinsault 12 %, Cabernet-Sauvignon 10 %, Cabernet franc 7 %, Grenache noir 5 %
Blanc : 2,9 hectares.
Arvine 38 %, Marsanne 22 %, Chardonnay 22 %, Viognier 18 %
Production moyenne : 25 000 bt/an

LA GRANGE DE QUATRE SOUS ♣
34360 Assignan
04 67 38 06 41 • www.quatresous.eu • Vente et visites : au domaine sur rendez-vous.
Propriétaire : Hildegard Horat

DOMAINE HENRY

Issu d'une vieille famille vigneronne, François Henry travaille, avec son épouse Laurence, le terroir historiquement réputé de Saint-Georges d'Orques depuis 1992. Une curiosité gustative rare le pousse à des expériences originales, qui relient le Languedoc à ses racines agronomiques et culturelles. En se penchant ainsi sur le passé, le domaine ouvre de passionnantes voies vers l'avenir. Cependant, à la dégustation, les vins manquent de précision et sa place dans le guide est remise en question.

Les vins : seuls les rouges nous ont été envoyés cette année, ainsi que le vin vermeil. Ce dernier affiche un caractère de grenadine ; son acidité perçante ne nous emballe pas, et il n'a pas été noté. En rouge, Paradines reste campé dans un univers végétal et présente une finale acidulée. La cuvée Saint-Georges d'Orques affiche un peu plus de gourmandise. Encore en élevage, il pourra trouver son équilibre même si la finale reste rugueuse. La réussite ? Le Mailhol, vin fin et long issu d'une parcelle complantée de vieux cépages méditerranéens.

- Languedoc Grés de Montpellier Paradines 2017 14 € 13,5
- Languedoc Saint-Georges d'Orques 2017 22 € 14,5
- VDF Le Mailhol 2017 40 € 15

Rouge : 9,2 hectares.
Syrah 30 %, Grenache noir 28 %, Cinsault 12 %, Mourvèdre 12 %, Carignan 10 %, Divers noir 8 %
Blanc : 1,8 hectare.
Terret blanc (terret bourret) 95 %, Chardonnay 5 %
Production moyenne : 30 000 bt/an

DOMAINE HENRY ♣
6, avenue d'Occitanie, 34680 Saint-Georges d'Orques
04 67 45 57 74 • www.domainehenry.fr • Vente et visites : au domaine sur rendez-vous.
Propriétaire : François et Laurence Henry
Directeur : François Henry
Œnologue : François Serres

DOMAINE LACROIX-VANEL

Depuis 1998, ce domaine situé sur le terroir villafranchien de Caux, non loin de Pézenas, est l'œuvre de Jean-Pierre Vanel, ancien restaurateur sétois. Reprise en 2016 par le jeune vigneron Marc-Olivier Bernard, la propriété vit une transition en douceur, qui devrait permettre la continuité du beau style, sensible et naturel, élaboré en l'espace de deux décennies. Sans élevage en bois, les rouges (dont la cuvée Mélanie à dominante de syrah) sont des vins généreux et hauts en couleur. L'ensemble de la gamme dégustée ne paraît pas vraiment en place, nous suivons l'évolution du domaine de près...

Les vins : les vins gagneraient à être plus précis, à l'instar de Fine Amor, qui affiche une acidité volatile persistante ou Ma Non Troppo qui manque d'éclat et se montre très étriqué. Seule la cuvée Mélanie 2015 nous séduit par ses notes de cuir et son support de fruit persistant, malgré des tanins étriqués en finale.

- Languedoc Pézenas Mélanie 2015 15 € 14,5

Rouge : 6 hectares.
Syrah 40 %, Grenache noir 30 %, Cinsault 15 %, Mourvèdre 15 %
Blanc : 1 hectare.
Grenache blanc 90 %, Roussanne 10 %
Production moyenne : 20 000 bt/an

DOMAINE LACROIX-VANEL ♣
1 bis, rue Victor Hugo, 34720 Caux
04 67 89 36 05 •
www.domainelacroix-vanel.com • Vente et visites : au domaine sur rendez-vous.
Propriétaire : Marc-Olivier Bertrand

MAISON LORGERIL

La dynamique et exigeante Miren de Lorgeril, et son époux Nicolas, gèrent avec brio le vaste vignoble familial du château de Pennautier à Cabardès, vaisseau amiral autour duquel gravite une large production de vins développée ces dernières années. Les cuvées classiques, à moins de 8 €, sont tout à fait remarquables et prouvent que qualité et quantité peuvent aller de pair. La gamme Terroirs d'Altitude comprend des vins plus profonds tandis que Les Grands Vins sont plus ambitieux et habillés de boisés parfois robustes. Le style de la maison s'efforce de préserver finesse et fraîcheur de fruit. Une valeur sûre, équipée d'un bel outil œnotouristique.

Les vins : le rosé offre un rapport prix-plaisir indéniable, à moins de 8 €. Toujours à Cabardès, Terroirs d'Altitude se distingue par une ouverture rapide. Cet assemblage de syrah, merlot, cabernet-sauvignon et grenache présente une rondeur gourmande. Le minervois livre en 2015 des notes de laurier et de fruits noirs. La bouche est racée, sans excès. Le saint-chinian se démarque par davantage de finesse et une sensation poudrée, tandis que le faugères affiche des notes d'iris et plus de volume.

- Cabardès Château de Pennautier 2018 — 7,50 € (c) — 13,5
- Cabardès Château de Pennautier Terroirs d'Altitude 2016 — 10,70 € (c) — 15
- Faugères Château de Ciffre Terroirs d'Altitude 2017 — 12,40 € (c) — 14,5
- Minervois-La-Livinière Domaine de la Borie Blanche Terroirs d'Altitude 2015 — 11,50 € (c) — 15,5
- Saint-Chinian Château de Ciffre Terroirs d'Altitude 2016 — 10,90 € (c) — 14,5

Rouge : 260 hectares.
Blanc : 40 hectares.
Production moyenne : 2 500 000 bt/an

MAISON LORGERIL
BP 4, 11610 Pennautier
04 68 72 65 29 • www.lorgeril.wine •
Visites : sans rendez-vous.
Propriétaire : Nicolas et Miren de Lorgeril
Directeur : Bernard Durand (Directeur Techique)
Maître de chai : Jean Cao

NOUVEAU DOMAINE

LE LOUP BLANC

Domaine créé en 2002 par quatre associés, passionnés de vin et originaires de Saumur, Le Loup Blanc propose des vins du Minervois assemblés à partir de cépages languedociens. Le travail dans le vignoble a été axé immédiatement sur l'agriculture biologique et biodynamique. L'expression de chaque cuvée reste précise : on trouve ici des vins à boire sur le fruit, mais aussi de belles cuvées de garde. La propriété abrite deux gîtes confortables et décorés avec goût.

Les vins : Le Régal blanc est un assemblage de terret, de grenache et de carignan, dont les parfums d'agrumes et d'infusion de plantes sont irrésistibles. En bouche, le vin est droit et sec : un beau blanc du sud ! Régal rouge offre une note de framboise en finale : cet assemblage de grenache, de carignan et de syrah, élevé en cuve béton, porte bien son nom ! Les Trois P'tits C est toujours très gourmand : un vin axé sur le fruit d'approche plus veloutée et charnue. Issue de vieilles vignes de carignan et grenache, La Mère Grand est un minervois à la trame svelte, avec une belle persistance de fruits rouges et un grain de tanin fin.

- VDF Le Régal 2018 — 14 € — 15
- IGP Aude Les Trois P'tits C 2017 — N.C. — 15
- Minervois Le Régal 2018 — 14 € — 14,5

Le coup de ♥

- Minervois La Mère Grand 2018 — 19 € — 16

Rouge : 14 hectares.
Grenache noir 55 %, Carignan 40 %, Syrah 5 %
Blanc : 2 hectares.
Carignan 50 %, Grenache blanc 20 %, Terret blanc (terret bourret) 20 %, Grenache gris 10 %
Production moyenne : 70 000 bt/an

LE LOUP BLANC
Hameau de la Roueyre, 11120 Bize Minervois
04 67 38 00 15 •
www.vignobleduloupblanc.com • Vente et visites : au domaine sur rendez-vous.
Propriétaire : Carine Farre et Nicolas Gaignon
Directeur : Nicolas Gaignon

DOMAINE LA MADURA

Après des études poussées en biogénétique, en ampélographie et en œnologie, Cyril Bourgne a débuté sa carrière à Bordeaux (château de Fieuzal) avant d'entamer, avec son épouse Nadia, une aventure viticole plus personnelle dans le Languedoc. Le vignoble est entretenu avec rigueur et permet lors des vinifications, désormais menées dans la nouvelle cave immergée dans le paysage saint-chinianais, l'extraction de matières longues et fines. La précision de l'élevage en fût, mis en place sur le Grand Vin à dominante de syrah et de mourvèdre, ambitionne de renouveler l'expression contemporaine de Saint-Chinian. Dans les deux couleurs, la gamme se structure entre les cuvées Classic et Grand Vin ; si nous préférons d'habitude les rouges au style affirmé, les blancs semblent évoluer vers davantage de naturel et de complexité aromatique.

Les vins : le blanc est marqué par le sauvignon, sans perdre son caractère sudiste. En rouge, la cuvée Classic est une parfaite expression de fruit, joviale et patinée : une très belle approche pour l'appellation. Le Grand Vin, déjà dégusté l'an dernier, est sur la bonne voie. Il offre une impression charnue et sa structure s'est affinée, avec toujours un supplément épicé en finale.

▭	IGP Pays d'Oc Grand Vin 2017	19 €	14
▬	Saint-Chinian Classic 2016	13 €	14,5
▬	Saint-Chinian Grand Vin 2015	20,50 €	15

Rouge : 11 hectares.
Syrah 30 %, Mourvèdre 25 %, Grenache noir 25 %, Carignan 20 %
Blanc : 1,5 hectare.
Sauvignon blanc 60 %, Picpoul blanc 40 %
Production moyenne : 50 000 bt/an

DOMAINE LA MADURA
Route de Salabert, 34360 Saint-Chinian
04 67 38 17 85 • www.lamadura.com •
Vente et visites : au domaine sur rendez-vous.
Propriétaire : Cyril et Nadia Bourgne

MAS BRUGUIÈRE

Xavier Bruguière a pris la suite de son père Guilhem dans ce domaine historique du Pic Saint-Loup. Les vignes sont impeccablement tenues. Les rouges sont ronds, aromatiques, dominés par la syrah (comme souvent dans ce secteur) mais toujours bien équilibrés par le grenache. Les Mûriers est un blanc consistant, à boire jeune, qui évolue vers davantage de fraîcheur. La gamme se décline du simple et fruité Calcadiz jusqu'à la cuvée principale La Grenadière, en passant par L'Arbouse, toujours fraîche et parfumée. Une nouvelle cuvée basée sur le mourvèdre, Le Septième, en référence à la septième génération, trouve peu à peu ses marques, avec un élevage plus fondu.

Les vins : le blanc (roussanne, marsanne et une pointe de vermentino) exprime avec élégance un caractère méditerranéen. Un vin floral et enveloppant, sans lourdeur. Le rouge, à dominante de syrah, assemble les plus vieilles vignes du domaine. Le nez superbe s'ouvre sur une palette de fleurs et de fruits rouges. En bouche, la fraîcheur du Pic est bien là pour balancer la force tranquille des tanins, qui conduisent vers une finale de réglisse.

▭	Languedoc Les Mûriers 2017	15 €	15

Le coup de ♥

▬	Languedoc Pic Saint-Loup La Grenadière 2016	22 €	16

Rouge : 17 hectares.
Syrah 60 %, Grenache noir 30 %, Mourvèdre 10 %
Blanc : 3 hectares.
Roussanne 70 %, Marsanne 20 %, Vermentino 10 %
Production moyenne : 95 000 bt/an

MAS BRUGUIÈRE ♣
La Plaine, 34270 Valflaunes
04 67 55 20 97 • www.mas-bruguiere.com •
Visites : sans rendez-vous.
Propriétaire : Xavier Bruguière

MAS FOULAQUIER

Situé au nord du cru Pic Saint-Loup, ce domaine est constitué d'une grande parcelle de coteau exposée sud-ouest sur des éboulis calcaires, plantée majoritairement en grenache et syrah. C'est le terroir de Foulaquier proprement dit, auquel se joint dans l'exploitation le terroir plus limoneux des Tonillières, exposé nord-est. Cette aventure, débutée en 1998, est menée par le couple formé par Pierre Jequier, ancien architecte, et Blandine Chauchat, ex-fonctionnaire parlementaire. Ces vignerons passionnés ont restructuré le domaine, dont les origines sont très anciennes, en l'orientant vers une certification en agriculture biologique puis biodynamique. Après quelques petits réglages, ils présentent une gamme renouvelée de vins sains, friands et parfumés, élevés pour la plupart en milieu réducteur.

Les vins : après des pertes liées à la grêle en août 2016, le domaine a été à nouveau fortement touché en 2017. Il a donc acheté des grenaches dans les Cévennes pour créer une nouvelle cuvée, Les Montagnes Bleues : un beau résultat sur des notes de cerise et de framboise, avec une bouche très friande. L'Orphée allie syrah et grenache sur le terroir de Foulaquier. Ce 2017 se présente encore austère, avec des tanins asséchants. Il faudra suivre l'évolution du vin. Les Calades est élevé plus longtemps : c'est donc le millésime 2016 qui est présenté. Il livre des arômes profonds de zan et de girofle dans une bouche fraîche, à la finale encore dure : attendez-le.

- IGP Cévènnes Les Montagnes Bleues 2017 — 14 € — 14,5
- Languedoc Pic Saint-Loup Les Calades 2016 — 25 € — 15
- Pic Saint-Loup L'Orphée 2017 — 18 € — 15,5

Rouge : 11,8 hectares.
Grenache noir 47 %, Syrah 38 %, Carignan 14 %, Cinsault 1 %
Blanc : 1,5 hectare.
Clairette 32 %, Grenache gris 18 %, Bourboulenc 17 %, Rolle 17 %, Grenache blanc 16 %
Production moyenne : 65 000 bt/an

MAS FOULAQUIER ☾
Route des Embruscalles, 34270 Claret
04 67 59 96 94 • www.masfoulaquier.com •
Vente et visites : au domaine sur rendez-vous.
Propriétaire : Blandine Chauchat, Pierre Jequier et Anne-Marie Fallot
Directeur : Blandine Chauchat, Pierre Jequier

NOUVEAU DOMAINE

MAS LOU

Après plusieurs voyages, dont l'un au Pérou qui inspirera les noms des différentes cuvées, Adèle Arnaud et son compagnon Olivier Gil ont posé leurs valises à Faugères. Depuis 2013, ils proposent avec leurs différents vins rouges une définition franche et juste des terroirs de schiste. Leurs vignes, âgées en moyenne de plus de 30 ans (majoritairement syrah et carignan) se nichent entre 200 et 400 mètres d'altitude. Les différents styles de vins sont le résultat d'un travail parcellaire assidu ; une conversion en bio a été entamée en 2019. Nous espérons beaucoup de ce jeune couple qui incarne la jeune génération de Faugères.

Les vins : les vieilles vignes de carignan, complétées de grenache et de lledoner pellut dans la cuvée, donnent un Angaco élégant et floral. Les tanins sont caressants, avec une persistance de fruits rouges croquants. Aksou exprime une syrah de semi-altitude déjà expansive (notes de fruits noirs et de clou de girofle). Le grenache apporte ici un côté gourmand ; on termine sur une finale bien fraîche aux notes de graphite.

- Faugères Aksou 2017 — 13 € — 16

Le coup de ❤
- Faugères Angaco 2018 — 10 € — 15,5

Rouge : 8 hectares.
Vermentino 50 %, Syrah 47 %, Carignan 21 %, Grenache noir 20 %, Cinsault 7 %, Mourvèdre 5 %
Blanc : 0,5 hectare.
Viognier 50 %
Production moyenne : 20 000 bt/an

MAS LOU
4, rue du Portail d'Amont, 34600 Faugères • www.mas-lou.com • Vente et visites : au domaine sur rendez-vous.
Propriétaire : Adèle Arnaud et Olivier GIl

MAS D'ESPANET

Ce beau domaine se situe sur la commune de Saint-Mamert-du-Gard, à mi-chemin entre Uzès et Sommières, à la limite de la nouvelle appellation Duché d'Uzès. La culture mise en œuvre par Agnès et Denys Armand est biodynamique, l'environnement sauvage, à l'orée d'un vaste bois de plus de 8 000 hectares. Il s'agit d'un terroir très frais, ce qui explique que la moitié de la production soit dévolue aux blancs, remarquablement savoureux et tendus. Les rouges expriment la même fraîcheur gourmande, entièrement au service de la finesse du fruit. Cette production fait souffler un vent de fraîcheur sur l'image du vin languedocien.

Les vins : la dégustation de Camille 2008 montre l'évolution du domaine, qui a abandonné un style boisé ; le millésime 2016 est délicatement aromatique, avec de la tenue en bouche et une texture fine. Grenache blanc et picpoul sont désormais élevés deux ans sur lies en demi-muid et amphore. Dans cette même lignée, le salivant Eolienne est pur et élancé. Un style plus simple et gouleyant pour Chacun son Chenin. Signalons l'excellent rapport prix-plaisir de Freesia, vin de soif à base de viognier et sauvignon.

IGP Cévennes Chacun son Chenin 2017	16 €	14,5
IGP Cévennes Freesia 2018	8 €	14
Languedoc Camille 2016	24 €	16

Le coup de ♥

Languedoc Eolienne 2017	14 €	15,5

Rouge : 10 hectares.
Cinsault 50 %, Syrah 10 %, Pinot noir 10 %, Ribeyrenc 10 %, Grenache noir 10 %, Carignan 10 %
Blanc : 11 hectares.
Sauvignon blanc 20 %, Viognier 20 %, Grenache blanc 20 %, Picpoul blanc 10 %, Chenin 10 %, Rolle 5 %, Petit Manseng 5 %, Roussanne 4 %, Marsanne 3 %, Riesling 3 %
Production moyenne : 80 000 bt/an

MAS D'ESPANET ☾
30730 Saint-Mamert-du-Gard
04 66 81 10 27 • www.masdespanet.com •
Vente et visites : au domaine sur rendez-vous.
Propriétaire : Denys Armand

LE MAS DE MON PÈRE

Si la jeune appellation Malepère peine à se faire connaître dans le vaste paysage languedocien, son visage qualitatif doit aujourd'hui beaucoup à Frédéric Palacios, vigneron passionné et intuitif, qui a accompli en très peu de temps un travail considérable. Très exigeant à la vigne, ne négligeant aucun soin, il vinifie séparément les différents cépages en petites cuves et positionne son domaine, situé sur les sols argilo-calcaires d'Arzens, parmi l'élite des nouveaux producteurs de l'Aude. Il faut découvrir ces vins d'artisans, parfois rugueux mais toujours sincères.

Les vins : Expression pure du cabernet franc, merlot, malbec et cabernet-sauvignon, la cuvée M Comme Je Suis ! est la seule représentante de l'appellation Malepère. Acidulé, doté de fins amers en finale, ce vin fera un malheur à table. Pur malbec, Cause Toujours offre un bouquet épicé sur un support de fruits noirs. Un vin intensément gourmand. Encore rugueux, le carignan de la cuvée C Comme Ça ! s'ouvre lentement. Sa concentration kirschée se prêtera à une pièce de bœuf grillée.

Malepère M Comme Je Suis ! 2017	12 €	15
VDF C Comme Ça ! 2017	12 €	14,5

Le coup de ♥

VDF Cause Toujours 2017	16 €	15,5

Rouge : 5,25 hectares.
Merlot 27 %, Cabernet-Sauvignon 19 %, Malbec (cot) 19 %, Carignan 14 %, Cabernet franc 10 %, Grenache noir 7 %, Cinsault 4 %
Blanc : 1,75 hectare.
Sauvignon blanc 35 %, Chardonnay 35 %, Chasan 17 %, Sauvignon gris 13 %
Production moyenne : 18 000 bt/an

LE MAS DE MON PÈRE ♣
18, chemin du Roudel, 11290 Arzens
04 68 76 23 07 •
lemasdemonpere.wixsite.com/lemasdemonpere • Vente et visites : au domaine sur rendez-vous.
Propriétaire : Frédéric Palacios

YANNICK PELLETIER

Voici déjà un moment que ces vins aux noms d'oiseaux et à consonance rabelaisienne (Les Coccigrues) nous séduisent : ils sont l'œuvre d'un jeune producteur enthousiaste, ancien caviste venu à la vigne après un passage chez Didier Barral, dont il s'inspire dans son approche respectueuse du vivant. Installé sur quelques abrupts coteaux de schistes du secteur de Saint-Nazaire-de-Ladarez, aux confins de Saint-Chinian et de Faugères, Yannick Pelletier est un vigneron rigoureux à la vigne, méticuleux, qui a construit une gamme très soignée de vins enjoués et digestes, proches du fruit et du terroir : L'Oiselet (cinsault et grenache), tout en fruit gourmand, L'Engoulevent (grenache et carignan) et Les Coccigrues (grenache, carignan, mourvèdre), issu de vieilles vignes.

Les vins : le domaine ne nous ayant pas fait parvenir ses vins cette année, nous sommes amenés à reconduire les notes de notre édition précédente.

Saint-Chinian L'Engoulevent 2014	15 €	16
Saint-Chinian Les Coccigrues 2014	23 €	16,5
VDF L'Oiselet 2015	11 €	16

Rouge : 9 hectares.
Grenache noir 50 %, Carignan 18 %, Syrah 15 %,

Cinsault 12 %, Mourvèdre 5 %
Blanc : Terret blanc (terret bourret) 100 %
Production moyenne : 30 000 bt/an

YANNICK PELLETIER
Rue de la Bourrède,
34490 Saint-Nazaire-de-Ladarez
06 64 66 38 90 • yapelletier@wanadoo.fr •
Pas de visites.
Propriétaire : Yannick Pelletier

DOMAINE CHRISTOPHE PEYRUS

Bien connu pour ses œuvres au Clos Marie dont il est copropriétaire, grand connaisseur du secteur calcaire du Pic Saint-Loup, Christophe Peyrus a démarré cette nouvelle aventure à compter du millésime 2013, accompagné par trois associés issus d'horizons très divers. Le terroir frais et haut perché de Cazevieille transmet aux vins un caractère aérien enthousiasmant. Ils s'expriment avec justesse, allant droit à l'essentiel, et sont porteurs d'une modernité de ton à même de nourrir le débat autour de l'identité des vins du Pic.

Les vins : en 2016, c'est Spoutnik qui nous a le plus emballé, grâce à son nez charmeur et intense qui mêle la coriandre et la rose. En bouche, le vin est assis sur une acidité très présente qu'il faudra marier à table avec des plats opulents.

- Languedoc Pic Saint-Loup Spoutnik 2016 — 35 € — 16

Rouge : 7,5 hectares.
Syrah 80 %, Grenache noir 20 %
Blanc : 1 hectare.
Production moyenne : 28 000 bt/an

DOMAINE CHRISTOPHE PEYRUS ♣
Sauzet 34270 Cazevieille
04 67 91 20 12 • domainepeyrus@orange.fr •
Pas de visites.
Propriétaire : Christophe Peyrus

PRIEURÉ DE SAINT-JEAN-DE-BÉBIAN

Haut lieu de l'histoire viticole languedocienne depuis les Romains, Bébian a connu des heures de gloire sous la propriété successive d'Alain Roux puis des anciens propriétaires de La Revue du vin de France, Jean-Claude Le Brun et Chantal Lecouty, qui en firent un domaine phare du sud de la France. Nous nous sommes montrés critiques au milieu des années 2000 sur la qualité des vins en matière d'harmonie et d'intégration du bois. Ceux de 2008 et 2009 semblaient confirmer le retour à un meilleur niveau, ce qui n'a pas été le cas par la suite. L'œnologue Karen Turner est désormais en charge de la direction technique. La nouvelle cave monumentale a été terminée pour la vendange 2015 et la table étoilée de Matthieu de Lauzun fait désormais partie du domaine. Les vins manquent aujourd'hui de personnalité et le niveau d'ensemble ne paraît pas assez élevé pour maintenir sa place parmi les meilleurs.

Les vins : en blanc, la différence de qualité entre La Chapelle et le grand vin est minime. Plus large et généreux, Prieuré blanc a un caractère trop beurré, qui s'éloigne du style méditerranéen. Seule la timide pointe saline en finale retient notre attention. En rouge, le vin a besoin de temps pour se dévoiler. Sans trop de puissance, il dégage une impression alcooleuse pour l'instant.

- Languedoc La Chapelle de Bébian 2018 — 18 € — 14
- Languedoc Prieuré Saint-Jean-de-Bébian 2017 — 35 € — 14
- Languedoc Prieuré Saint-Jean-de-Bébian 2016 — 35 € — 14,5

Rouge : 15 hectares.
Grenache noir 40 %, Syrah 30 %,
Mourvèdre 20 %, Cinsault 10 %
Blanc : 5 hectares.
Roussanne 50 %, Grenache blanc 20 %,
Vermentino 15 %, Clairette 10 %,
Chardonnay 5 %
Production moyenne : 80 000 bt/an

PRIEURÉ DE SAINT-JEAN-DE-BÉBIAN ♣
Route de Nizas, 34120 Pézenas
04 67 98 13 60 • www.bebian.com •
Visites : sans rendez-vous.
Propriétaire : Alexander Pumpyanskiy
Directeur : Benoit Pontenier
Œnologue : Karen Turner

CHÂTEAU RIVES-BLANQUES

Le domaine est situé à 350 mètres d'altitude, sur un plateau dominant la vallée de l'Aude d'un côté et offrant de l'autre une vue en cinémascope sur les Pyrénées enneigées. Dans la région depuis le début des années 2000, la famille

Panman fait désormais partie du paysage et la génération suivante arrive au domaine. Dans une cave désormais parfaitement équipée, le chardonnay (100 % dans la cuvée Odyssée), le chenin (Dédicace) et le mauzac (Occitania), soumis à des rendements assez bas, sont vinifiés en cuve et en barrique. Un style plutôt classique, alors que beaucoup de jeunes vignerons fraîchement installés, sous influence bourguignonne, peuvent bousculer un peu les habitudes.

Les vins : Occitania reste enfermé dans un registre lactique. Dédicace est un chenin simple, au caractère fruité, mais avec une finale un peu trop chaleureuse. On prend davantage de plaisir avec le chardonnay de la cuvée Odyssée, qui se présente dans un registre large et beurré. La Trilogie est composée de chenin et de chardonnay, complété d'une pointe de mauzac. Son élevage ambitieux marque encore le vin, mais la finale est agréable et équilibrée. La blanquette délivre des bulles moyennes et gourmandes, une finale désaltérante et fruitée.

Blanquette de Limoux 2017	13,50 €	14
Limoux Dédicace 2017	13,50 €	14
Limoux La Trilogie 2017	20 €	14,5
Limoux Occitania 2017	13,50 €	13,5
Limoux Odyssée 2017	13,50 €	14

Blanc : 20 hectares.
Chardonnay 50 %, Mauzac vert 30 %, Chenin 20 %
Production moyenne : 100 000 bt/an

CHÂTEAU RIVES-BLANQUES
Domaine Rives-Blanques, 11300 Cépie
04 68 31 43 20 • www.rives-blanques.com •
Visites : sans rendez-vous.
Propriétaire : Famille Panman
Directeur : Jan Panman
Maître de chai : Jan-Ailbe Panman
Œnologue : Pierre Roque

DOMAINE DE LA RÉSERVE D'O

Le domaine a été créé en 2004 par Frédéric et Marie Chauffray, vignerons passionnés et autodidactes, dans un des secteurs les plus hauts, et donc les plus frais, des Terrasses du Larzac. L'approche agronomique est biodynamique. Comme la viticulture, la vinification se veut très proche des cycles naturels – comprenez peu interventionniste. Les vins se sont très vite singularisés par leur gourmandise enjouée, loin du sérieux parfois ascétique de certains vins de cette jeune et si dynamique appellation. Le style est reconnaissable et, en peu d'années, le domaine a fait ses preuves, de la délicieuse cuvée sans sulfites SanSSoo, qui reprend la dénomination Saint-Saturnin, menacée de désuétude, à des exercices d'élevages plus longs qui évoluent avec bonheur.

Les vins : le blanc sec et agréable affiche un air printanier avec des notes de pêche de vigne. Enveloppant et épicé, Bilbo est concentré avec une finale encore un peu sèche pour débuter la dégustation des rouges. En Terrasses du Larzac, La Réserve d'O parsème de fruits noirs et de poivre une bouche suave et équilibrée. Il sera à boire avant Hissez O, qui exprime avec justesse la syrah mais dont la finale est encore crispée. Déjà dégustée l'an dernier, cette cuvée semble se trouver dans une phase fermée.

IGP Saint-Guilhem-le-Désert La Réserve d'O 2018	19 €	14,5
Languedoc Bilbo 2018	16 €	14,5
Terrasses du Larzac La Réserve d'O 2017	19 €	15,5
Terrasses du Larzac Hissez O 2016	26 €	16

Rouge : 11 hectares.
Syrah 45 %, Grenache noir 45 %, Cinsault 10 %
Blanc : 1,1 hectare.
Chenin 34 %, Grenache blanc 33 %, Roussanne 33 %
Production moyenne : 30 000 bt/an

DOMAINE DE LA RÉSERVE D'O
Rue du Château, 34150 Arboras •
www.lareservedo.fr • Vente et visites : au domaine sur rendez-vous.
Propriétaire : Marie et Frédéric Chauffray

DOMAINE SAINTE CROIX

Depuis leur premier millésime dans ce paysage très minéral, il y a maintenant plus de dix ans, Elizabeth et Jon Bowen ont peu à peu pris la mesure des connivences existant entre leurs parcelles aux sols complexes et la multiplicité des cépages locaux. La volonté d'expérimenter, en réinterprétant au passage un patrimoine local quasiment abandonné (notamment ampélographique), nous impressionne très favorablement. Le style s'est déjà considérablement affiné et la marge de progression, au vu de la sensibilité des vignerons et de la puissance des terroirs, demeure importante.

Les vins : le blanc complet et vibrant parle avec l'accent du Roussillon. En rouge, déception avec le peu complexe Pourboire Nature. Le Fournas propose une approche généreusement fruitée, soulignée par des tanins accueillants, et doit rester encore quelques mois en cave. Le carignan, élevé seize mois en fût, est soyeux avec un support très juteux. Magneric, assemblage de quatre cépages, est maintenant en place. Son allure élancée est relevée par de subtiles notes d'épices et de garrigue.

VDF La Serre 2018	14 €	15
Corbières Le Fournas 2016	10 €	14
Corbières Magneric 2015	14 €	15
VDF Carignan 2016	20 €	15
VDF Pourboire Nature 2018	12 €	13,5

Rouge : 10 hectares.
Carignan 55 %, Grenache noir 20 %,
Syrah 20 %, Mourvèdre 5 %
Blanc : 1 hectare.
Grenache blanc 50 %, Grenache gris 50 %
Production moyenne : 30 000 bt/an

DOMAINE SAINTE CROIX ♣
7, avenue des Corbières,
11360 Fraïssé-des-Corbières •
www.saintecroixvins.com • Vente et visites : au domaine sur rendez-vous.
Propriétaire : Elizabeth et Jon Bowen

LA TRAVERSÉE

L'aventure de Gavin Crisfield, Irlandais de Belfast, sommelier et œnologue, est emblématique du renouveau languedocien. Après dix ans passés au domaine de la Sauvageonne, il s'installe en 2009, toujours à Saint-Privat, où il démontre très vite la pertinence de ses ambitions. Avec un peu plus de 4 hectares de vignes et une géologie mouvementée (schistes, basalte, grès, calcaire), il livre un travail artisanal très précis pour exprimer sa vision du terroir. À l'image des étiquettes, la gamme est on ne peut plus sobre. Elle tend vers l'essentiel, avec un pur cinsault qui exalte la finesse native du cépage et un rouge d'assemblage en appellation Terrasses du Larzac, élevé en cuve ovoïde de béton, profond, épuré, d'une grande droiture.

Les vins : soyeux et complexe, le nez du 2016 rappelle les fruits rouges à noyau et se dote de parfums de genièvre. Il est à la hauteur de sa noble origine des Terrasses du Larzac, et ravit par sa finale digeste.

Terrasses du Larzac 2016	26 €	16,5

Rouge : 4,5 hectares
Syrah 45 %, Grenache noir 25 %,
Carignan 20 %, Cinsault 10 %
Production moyenne : 10 000 bt/an

LA TRAVERSÉE ♣
6, rue des Deux-Ponts, Hameau Les Salces,
34700 Saint-Privat
04 67 88 11 07 • www.latraversee.fr • Vente et visites : au domaine sur rendez-vous.
Propriétaire : Gavin Crisfield

DOMAINE TURNER PAGEOT

Sommelier baroudeur ayant vinifié en Italie, en France et dans plusieurs pays de l'hémisphère Sud, Emmanuel Pageot a uni ses efforts à ceux de sa compagne Karen Turner, directrice technique du Prieuré Saint-Jean-de-Bébian. Ensemble, ils travaillent en biodynamie un petit domaine du secteur de Gabian, où ils proposent une gamme très personnelle. Ce sont ici les blancs qui surprendront le plus : ils sortent véritablement des sentiers battus avec leurs matières denses, colorées et parfois franchement tanniques (macération des peaux).

Les vins : à Pézenas, Le Rouge est un vin gouleyant à l'expression fruitée de grenache. Il sera prêt rapidement. Avec un peu plus de coffre, Carmina Major allie syrah et mourvèdre avec grâce, présentant un équilibre plaisant et juteux. Vin sec et vibrant, La Rupture propose des notes de fenouil et de noisette, termine sur une finale fraîche. Dans un style différent dès le premier regard, Les Choix est une marsanne de macération qui se distingue par sa robe jaune vieil or. Le nez rappelle le miel et le jasmin ; en bouche, on découvre un vin sec, avec du volume et une finale sèche, presque tannique.

VDF La Rupture 2016	16 €	15
Languedoc Pézenas Carmina Major 2016	16 €	15
Languedoc Pézenas Le Rouge 2016	12 €	14,5

Le coup de ♥

VDF Les Choix 2016	26 €	15

Rouge : 6 hectares.
Grenache noir 56 %, Mourvèdre 27 %,

Syrah 17 %
Blanc : 3 hectares.
Sauvignon blanc 55 %, Picpoul blanc 17 %, Marsanne 14 %, Roussanne 14 %
Production moyenne : 35 000 bt/an

DOMAINE TURNER PAGEOT

3, avenue de la Gare, 34320 Gabian
04 67 00 14 33 • www.turnerpageot.com •
Vente et visites : au domaine sur rendez-vous.
Propriétaire : Karen Turner et Emmanuel Pageot
Directeur : Emmanuel Pageot
Œnologue : Karen Turner

CHÂTEAU LA VOULTE-GASPARETS

Animées par la volonté de révéler la spécificité du terroir de Boutenac, cinq générations ont bâti la notoriété de ce domaine de référence des Corbières. Patrick Reverdy et son fils Laurent se sont attachés à valoriser leurs vieux carignans, colonne vertébrale de la production. Avec une vinification en macération carbonique, le domaine fait partie des classiques de l'appellation. Alors que beaucoup progressent rapidement dans les Corbières, La Voulte-Gasparets propose, dans les derniers millésimes, des vins rouges réguliers qui, en outre, vieillissent souvent avec bonheur. Les blancs ont peu d'intérêt ; nous préférons le style classique, un poil suranné, des rouges.

Les vins : dans une approche simple et franche, Cuvée Réservée pourra se déguster dans les sept ans. Romain Pauc trouve son origine sur les coteaux caillouteux de Boutenac : on ressent davantage de profondeur dans ce vin à la robe grenat soutenue, doté d'une belle mâche, sans accroche tannique.

Corbières Cuvée Réservée 2017	9,50 €	14
Corbières-Boutenac Romain Pauc 2016	20 €	15

Rouge : 57,5 hectares.
Carignan 50 %, Grenache noir 25 %, Mourvèdre 15 %, Syrah 10 %
Blanc : 4,5 hectares.
Rolle 50 %, Grenache blanc 25 %, Roussanne 15 %, Macabeu 5 %, Marsanne 5 %
Production moyenne : 260 000 bt/an

CHÂTEAU LA VOULTE-GASPARETS

13, rue des Corbières - Gasparets, 11200 Boutenac
04 68 27 07 86 •
www.lavoultegasparets.com • Visites : sans rendez-vous.
Propriétaire : Patrick et Laurent Reverdy
Œnologue : Marc Dubernet

“Dans les millésimes solaires que nous venons de connaître, quoi de plus précieux que la fraîcheur ligérienne ? Lorsqu’ils sont menés avec la plus haute précision, les vins issus de biodynamie insufflent une énergie inégalée.”

Alexis Goujard, dégustateur des vins de Loire
Membre du comité de dégustation de La Revue du vin de France

LOIRE

LES APPELLATIONS

Le vignoble de la Loire est l'un des plus complexes de France en raison de la diversité des terroirs, des cépages et des appellations qui s'égrainent le long des 600 kilomètres du fleuve. Pour s'y retrouver, le mieux est encore de commencer en partant de son embouchure (le Muscadet) et de remonter son cours.

LE PAYS NANTAIS

Muscadet Sèvre-et-Maine, Muscadet Coteaux de la Loire, Muscadet Côtes de Grandlieu, Muscadet et crus du Muscadet : ces appellations contrôlées, très cousines, livrent des vins blancs secs, légers et souvent perlants, élaborés à partir du cépage melon de Bourgogne, localement appelé muscadet.

En principe, la première des quatre, de loin la plus vaste, définit les meilleurs terroirs, ce qui n'exclut pas, France oblige, les nombreuses exceptions. Ces vins se boivent jeunes et sans trop de modération, étant donné la louable modestie de leurs prix. Le gros-plant est également un blanc sec nantais, de plus petite envergure, issu du cépage folle blanche. Malgré une crise ininterrompue depuis quinze ans, une poignée de vignerons nantais se bat et séduit toujours de nouveaux amateurs avec des vins aux notes océanes et minérales exemplaires.

Depuis 2011, trois crus communaux chapeautent l'ensemble des appellations du Muscadet. Les crus de Clisson, Gorges et Le Pallet désignent les meilleures parcelles de ces villages.

LES FIEFS VENDÉENS

Le vignoble des Fiefs vendéens s'étend principalement au sud-ouest de la Vendée. Cette appellation a été créée en 2011. Aujourd'hui, plusieurs vignerons de talent mettent en avant les terroirs océaniques de ce secteur.

L'ANJOU

L'Anjou possède un patrimoine viticole d'une grande richesse, produisant toute la gamme possible de vins : blancs, rouges, rosés, secs, demi-secs, liquoreux, effervescents.

Anjou, Anjou-Villages et Anjou-Villages Brissac : la première de ces trois appellations est la plus vaste du Maine-et-Loire et désigne des vins blancs secs à dominante de chenin, des rosés secs légers à base de grolleau (les rosés demi-secs de cabernet franc ont droit à l'appellation Cabernet d'Anjou) et des rouges souvent simples, de gamay ou de cabernet.

La deuxième est réservée aux meilleurs terroirs de rouges (souvent sur schistes), à base de cabernet franc et de cabernet-sauvignon.

La troisième concerne dix communes entre la Loire et le Layon réputées pour leurs rouges de garde.

Savennières : à la porte occidentale d'Angers, la région privilégiée de Savennières donne des blancs secs (plus rarement demi-secs) issus du cépage chenin, corsés et pouvant merveilleusement vieillir. Cette appellation recense deux crus, la Roche-aux-Moines (19 ha) et la Coulée-de-Serrant (7 ha). Cette dernière appartient à un seul producteur.

Coteaux de l'Aubance, Coteaux du Layon, Coteaux du Layon-Villages (six communes), Bonnezeaux et Quarts de Chaume : ces appellations donnent naissance à des vins moelleux ou à des liquoreux somptueusement parfumés, lorsqu'ils sont sincèrement faits, issus de pourriture noble associée, suivant les terroirs, aux raisins passerillés (Chaume, Bonnezeaux). L'amateur se fera un plaisir d'apprendre à saisir les innombrables nuances qui distinguent les villages et les vinificateurs.

LE SAUMUROIS

Saumur : cette appellation produit des blancs secs de chenin, issus de sols calcaires, légers et plus fins que les anjous et d'un inégalable rapport qualité-prix. Certains terroirs, tel Brézé, sont réputés de longue date, et dignes de premiers crus. Les saumurs rouges manquent souvent de profondeur.

Saumur Puy-Notre-Dame : cette AOC créée en 2008 couvre 17 communes et produit exclusivement des vins rouges puissants grâce à quelques producteurs ambitieux.

Saumur-Champigny : les vins, uniquement rouges, de cette appellation bénéficient d'un terroir plus solaire, argileux, et d'une forte émulation au sein d'une nouvelle génération de vignerons passionnés.

Coteaux de Saumur : cette appellation désigne des moelleux fort rares, qui se montrent parfois extraordinaires.

Saumur Mousseux et Crémant de Loire : une vieille tradition de vins mousseux, à base de chenin, de chardonnay et de cabernet franc, a fait la fortune de quelques négociants de la région de Saint-Florent.

LA TOURAINE

Le cœur de la vallée de la Loire illustre à merveille la polyvalence du vignoble, avec trois séries d'appellations.

Touraine : elle regroupe des rouges primeurs de gamay, des rouges de demi-garde avec l'appoint de cabernet franc et de côt (nom local du malbec), des blancs de sauvignon et de chenin, des rosés de pineau d'Aunis, de gamay, de pinot gris et de pinot noir. Les appellations Touraine-Amboise et Touraine-Mesland, récemment rejointes par l'AOC Touraine-Chenonceau, bénéficient d'une réputation plus affirmée.

Chinon, Bourgueil et Saint-Nicolas-de-Bourgueil : ces appellations communales produisent essentiellement des vins rouges à base de cabernet franc, souples, fruités et de demi-garde, capables cependant, dans les grands millésimes, d'atteindre des sommets.

Montlouis-sur-Loire et Vouvray : ces appellations se consacrent exclusivement au vin blanc de chenin qui prend ici toutes les formes possibles, du pétillant au liquoreux de légende, selon les millésimes. Longtemps distancée, Montlouis est aujourd'hui l'une des plus dynamiques appellations de Loire.

LES VIGNOBLES DU CENTRE

Sancerre, Pouilly-Fumé, Menetou-Salon, Quincy et les vignobles du Massif Central : les magnifiques coteaux marno-calcaires sont voués au sauvignon, qui se montre ici d'une finesse extrême, pour peu que l'on sache le récolter à maturité. Certains microclimats sont favorables au pinot noir, qui donne des vins rouges plus légers qu'en Côte-d'Or, mais bien plus accomplis que dans l'Yonne ou en Champagne. En remontant encore vers la source de la Loire, les appellations Saint-Pourçain et Côtes d'Auvergne sont en pleine émulation grâce à des cuvées d'artistes.

LES CÉPAGES

LES PRINCIPAUX CÉPAGES BLANCS :

Le chenin : ce cépage local surnommé "plant d'Anjou" vers le Xe siècle a été popularisé sous le nom de chenin par Rabelais. Ce cépage tardif s'adapte à merveille aux différents microclimats de l'Anjou et de la Touraine. Récolté en début de vendanges, il permet d'élaborer des vins blancs secs et racés (Savennières, Saumur, Vouvray, Montlouis) ou pétillants (Saumur, Vouvray, Montlouis). Ramassé en fin de vendanges, après le développement du *botrytis cinerea* ou un passerillage, il donne naissance à de grands vins demi-secs, moelleux et liquoreux

(Coteaux du Layon, Chaume, Bonnezeaux, Vouvray, Montlouis). Sous cette forme et dans les grands millésimes, le chenin présente une aptitude de garde exceptionnelle.

Le sauvignon : cépage ligérien devenu une star mondiale, produit notamment en Nouvelle-Zélande et surtout à Bordeaux, dans les Graves. Dans la Loire, il est cultivé de la Touraine au Sancerrois, où il a acquis ses lettres de noblesse grâce au sancerre et au pouilly-fumé. Il s'exprime avec une extrême finesse sur ces terroirs de silex, de marne et de calcaire.

LES AUTRES CÉPAGES BLANCS

De nombreux autres cépages blancs participent à l'identité des vins de Loire. Le **chardonnay**, originaire de Bourgogne, est connu sous le nom d'auvernat blanc. Il est utilisé pour l'élaboration du crémant de Loire et du saumur brut.

Le melon de Bourgogne : il est le cépage unique de l'AOC Muscadet. Originaire de Bourgogne, il a été introduit dans la région par les moines vers 1635. Les roches cristallines du sud-est de Nantes lui communiquent plus de finesse que les zones des roches sédimentaires.

La folle blanche : elle est originaire du Sud-Ouest de la France mais reste utilisée aujourd'hui pour produire le gros-plant du Pays nantais. Ce cépage rustique, implanté dans la région au Moyen Âge, s'adapte à une grande variété de climats et de sols.

LES PRINCIPAUX CÉPAGES ROUGES

Le cabernet franc : ce cépage est aux vins rouges d'Anjou et de Touraine ce que le chenin est aux vins blancs de la région. Il serait originaire du Pays basque espagnol. Le cabernet franc est généralement vinifié seul. Premier cépage rouge de la Loire, il est utilisé à Chinon, Bourgueil, Saint-Nicolas-de-Bourgueil, Saumur, Saumur-Champigny, ainsi qu'en Anjou et Anjou-Villages. Il permet en outre de réaliser des vins rouges d'assemblage en appellation Touraine.

Il est généralement utilisé seul pour le cabernet d'Anjou et le cabernet de Saumur, et en assemblage pour certains rosés de l'appellation Touraine. Ses arômes de fruits noirs et de poivron, sa structure tannique le prédestinent aux vins de garde.

Le gamay : originaire du Beaujolais, ce cépage est particulièrement répandu en Touraine où il est souvent vinifié seul, ainsi qu'en Anjou. Plus à l'aise sur des sols argilo-siliceux et granitiques que calcaires, il peut donner des résultats surprenants, notamment lorsqu'il est utilisé en assemblage avec le cabernet ou le côt (malbec). Ce qui est le cas dans la région de Blois, où les grands millésimes de l'AOC Touraine-Mesland permettent d'élaborer des vins de semi-garde.

LES AUTRES CÉPAGES ROUGES

Le grolleau (ou groslot) : apprécié pour son rendement, il donne des rosés faciles à boire et fruités. Après le cabernet franc et le gamay, c'est le cépage rouge le plus planté en Val de Loire, bien qu'il ne permette pas d'élaborer de grands vins de garde.

Le cabernet-sauvignon : ce cépage du Bordelais s'exprime sur les schistes des AOC Anjou-Villages et Anjou-Villages Brissac, et permet d'obtenir une structure tannique intéressante. Il constitue un bon complément du cabernet franc.

Le pineau d'Aunis (ou chenin noir) : comme le grolleau, il a été cultivé pour ses rendements importants.

Le pinot noir : il est le cépage rouge prépondérant du Centre-Loire (20 % de l'encépagement). Il est employé à Sancerre, Menetou-Salon, Reuilly, et entre, avec le gamay, dans les assemblages des vins des Coteaux du Giennois et de Châteaumeillant.

Le côt (ou malbec) : il a trouvé sa zone de prédilection en Touraine et, plus précisément, dans la vallée du Cher et à Amboise, où il a sérieusement concurrencé le grolleau.

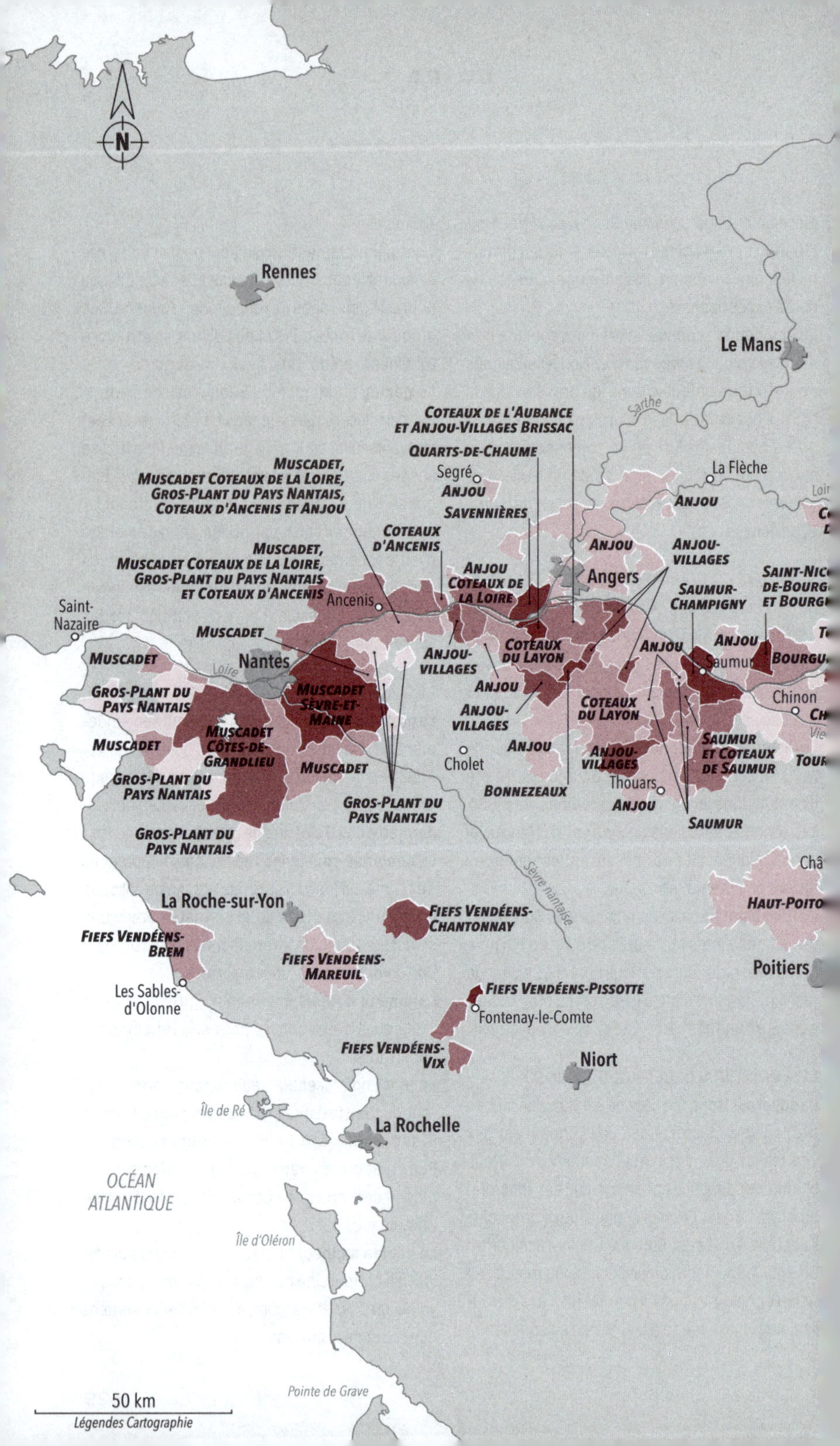

Rennes
Le Mans
Sarthe
COTEAUX DE L'AUBANCE
ET ANJOU-VILLAGES BRISSAC
QUARTS-DE-CHAUME
Segré
ANJOU
La Flèche
MUSCADET,
MUSCADET COTEAUX DE LA LOIRE,
GROS-PLANT DU PAYS NANTAIS,
COTEAUX D'ANCENIS ET ANJOU
SAVENNIÈRES
ANJOU
COTEAUX
D'ANCENIS
ANJOU
ANJOU-
VILLAGES
MUSCADET,
MUSCADET COTEAUX DE LA LOIRE,
GROS-PLANT DU PAYS NANTAIS
ET COTEAUX D'ANCENIS
ANJOU
COTEAUX DE
LA LOIRE
Angers
SAINT-NIC
DE-BOURG
ET BOURG
SAUMUR-
CHAMPIGNY
Saint-
Nazaire
Ancenis
MUSCADET
ANJOU-
VILLAGES
COTEAUX
DU LAYON
ANJOU
ANJOU
Saumur
BOURGU
MUSCADET
Nantes
Loire
GROS-PLANT DU
PAYS NANTAIS
MUSCADET
SÈVRE-ET-
MAINE
ANJOU
ANJOU-
VILLAGES
COTEAUX
DU LAYON
Chinon
MUSCADET
MUSCADET
CÔTES-DE-
GRANDLIEU
ANJOU
Cholet
ANJOU-
VILLAGES
SAUMUR
ET COTEAUX
DE SAUMUR
TOUR
GROS-PLANT DU
PAYS NANTAIS
MUSCADET
Thouars
BONNEZEAUX
ANJOU
SAUMUR
GROS-PLANT DU
PAYS NANTAIS
GROS-PLANT DU
PAYS NANTAIS
HAUT-POITO
Sèvre nantaise
La Roche-sur-Yon
FIEFS VENDÉENS-
CHANTONNAY
FIEFS VENDÉENS-
BREM
FIEFS VENDÉENS-
MAREUIL
Poitiers
Les Sables-
d'Olonne
FIEFS VENDÉENS-PISSOTTE
Fontenay-le-Comte
FIEFS VENDÉENS-
VIX
Niort
Île de Ré
La Rochelle
OCÉAN
ATLANTIQUE
Île d'Oléron
Pointe de Grave
50 km
Légendes Cartographie

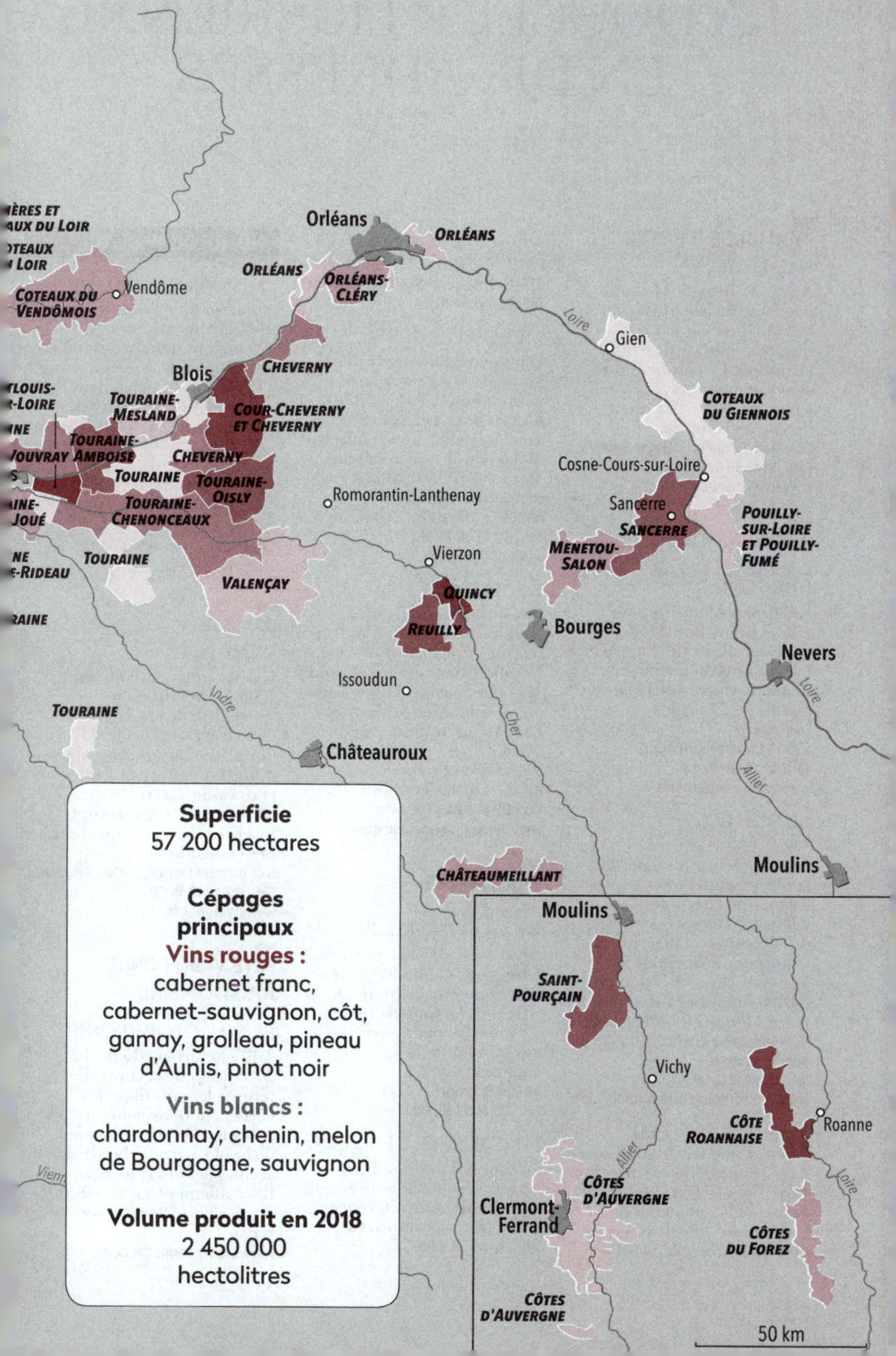

Superficie
57 200 hectares

Cépages principaux
Vins rouges :
cabernet franc, cabernet-sauvignon, côt, gamay, grolleau, pineau d'Aunis, pinot noir

Vins blancs :
chardonnay, chenin, melon de Bourgogne, sauvignon

Volume produit en 2018
2 450 000 hectolitres

LA DOUCEUR LIGÉRIENNE EN DIX ADRESSES

CHAMBRES D'HÔTES

L'AMI CHENIN

Au cœur du vignoble, cette ancienne maison de vigneron du XVIIIe siècle semi-troglodytique abrite trois chambres. Les propriétaires sont également cavistes. Chambres : 75 - 95 €, petits-déjeuners compris.
37, rue de Beaulieu, 49400 Saumur
Tél. : 02 41 38 13 17
www.amichenin.com

RESTAURANTS

LA TABLE DE LA BERGERIE

Passé chez Alain Ducasse et Joël Robuchon, David Guitton, étoilé, s'illustre avec les produits du terroir sur le domaine viticole de la Bergerie. Menus de 23 à 70 €.
La Bergerie,
49380 Champ-sur-Layon
Tél. : 02 41 78 85 43
www.domainebergerie.fr

LE BISTROT DE LA PLACE

Une terrasse ombragée sur la place Saint-Pierre, entre les maisons à colombages et l'église. Dans les assiettes, des produits du marché, des fromages de la région ; dans les verres, une sélection fine de 400 références, dont 40 au verre. Menus à 17,80 et 22,90 €.
16, place Saint-Pierre,
49400 Saumur
Tél. : 02 41 51 13 27
www.bistrotdelaplace-saumur.com

AU P'TIT GOÛTER

Envie d'une friture de Loire, d'un fromage de chèvre, d'un verre de sancerre ? C'est dans ce bistrot au décor à l'ancienne, dans le bourg de Chavignol, qu'il faut se rendre. Comptez environ 25 € pour le repas.
876-878, Chavignol, 18300 Sancerre
Tél. : 02 48 54 01 66

LA ROUTE DU SEL

Dans cette guinguette des bords de Loire, avec vue panoramique, on s'attable pour les produits locaux maniés avec précision. Vins naturels du coin pour accompagner. Menu de 17,50 € à 33,50 €.
55, quai des Mariniers,
49350 Le Thoureil
Tél. : 02 41 45 75 31
www.authoureil.fr

LA MARINE

À Noirmoutier, face aux terroirs du Muscadet, la cuisine marine et végétale d'Alexandre Couillon, deux étoiles au guide Michelin, s'avère d'une justesse émouvante. Menu déjeuner : 88 €. Menus uniques : 112 € et 178 €.
3, rue Marie-Lemonnier,
85330 Noirmoutier-en-l'Île
Tél. : 02 51 39 23 09
www.alexandrecouillon.com

BARS À VINS

AUX SAVEUR DE LA TONNELLE

Au cœur de la ville, une adresse de confiance pour boire un coup et grignoter (10-20 €). Le tout-Saumur s'y retrouve pour ouvrir de grandes bouteilles.
4, rue de la Tonnelle,
49400 Saumur
Tél. : 02 41 52 86 62

LA COMÉDIE DES VINS

400 bouteilles dont 21 vins au verre, charcuterie et fromages bien sentis : une référence.
4, rue Suffren, 44000 Nantes
Tél. : 02 40 73 11 68

NOTRE COUP DE ♥

MOMENTO SANCERRE

Jouissant de l'une des plus belles vues du Sancerrois, le Momento domine les toits du village de Bué. Tenue par Thomas Jacquet, enfant du pays, et Mariana Mateos, née au Mexique, la carte est sobre et efficace. Vins de Sancerre, de France et du monde pour accompagner. Menus déjeuner à 25 €, à la carte pour le soir.
Ruelle des Tonneliers, 18300 Bué
Tél. : 02 48 78 07 99

CAVISTE

WINE NOT

Caviste indépendant depuis 1999, Wine Not est le spécialiste des bouteilles de vin naturel de la ville, à l'affût des plus belles représentantes d'une viticulture propre et durable. 800 références de toutes les régions sont inscrites à sa carte, que l'on peut consulter en ligne.
9-11, avenue Patton, 49000 Angers
Tél. : 02 41 48 15 09
www.winenot.fr

FÊTE VIGNERONNE

RANDONNÉE DES VENDANGES LE 20 OCTOBRE 2019

À Rochefort-sur-Loire, la 24e édition de cet événement réunira les sportifs et les curieux pour arpenter les coteaux et les vignes, à pied ou à vélo. Un marché artisanal accompagnera votre périple. Ravitaillement sur les circuits et possibilité de réserver un repas.
www.anjou-tourisme.com

PAYS NANTAIS

★★↗

DOMAINE DE BELLE-VUE

Enfant du pays nantais, Jérôme Bretaudeau, s'est installé dans son domaine situé à Gétigné en 2001. Ce vigneron curieux fait partie des têtes chercheuses du Muscadet, aussi bien à la vigne, cultivée en biodynamie (certification en 2016) où le classique melon de Bourgogne côtoie le chardonnay et le savagnin (cuvée La Justice), le pinot noir (Statera) et le merlot (Ornaté), qu'en cave, où cuves inox, foudres, barriques, œufs béton et amphores forment un parc expérimental de vinification et d'élevage. Les vins font leur fermentation malolactique. Les derniers millésimes ont atteint un haut niveau. La détente et l'énergie que déploient les vins sont absolument revigorants : ils proposent une définition moderne des grands muscadets, brillant par un équilibre juste entre la maturité du fruit et l'expression minérale. Nous accordons logiquement la deuxième étoile à ce vigneron de talent.

Les vins : le ton énergique est donné dès le délicieux muscadet-sèvre-et-maine né sur gabbro, extraordinairement sapide et porté par un air frais. On monte ensuite en vitalité et en tension avec Les Perrières. Gaïa est tout aussi lumineux, entre sensation saline et noble amertume. La Justice est un assemblage original et limpide de chardonnay (70 %) et de savagnin, dont la discrétion et la salinité évoquent un beau saké japonais. Les rouges ont encore une grande marge de progression mais ils sont absolument digestes, sans aucune rusticité.

Muscadet Gaïa 2018	26 €	17
Muscadet Granit Les Perrières 2018	18 €	16,5
Muscadet Sèvre et Maine 2018	12 €	15,5
VDF La Justice 2018	26 €	16,5
VDF Ornaté 2018	26 €	15
VDF Statera 2018	38 €	15

Rouge : 5 hectares.
Cabernet franc 40 %, Merlot 40 %, Pinot noir 20 %, Gamay noir à jus blanc 12 %, Cabernet-Sauvignon 12 %
Blanc : 10 hectares.
Melon de Bourgogne 90 %, Sauvignon gris 5 %, Chardonnay 4 %, Savagnin 2 %, Folle blanche 2 %, Pinot gris 2 %
Production moyenne : 65 000 bt/an

DOMAINE DE BELLE-VUE ☾
1, boulevard d'Alatri, 44190 Gétigné • jbretaudeau@free.fr • Vente et visites : au domaine sur rendez-vous.
Propriétaire : Jérôme Bretaudeau

★★

DOMAINE PIERRE LUNEAU-PAPIN

Monique et Pierre Luneau ont complètement laissé les rênes de ce domaine emblématique à leur fils, Pierre-Marie, et à leur sémillante belle-fille, Marie, en 2018. La transmission de ce patrimoine de 40 hectares de vignes, réparties entre Le Landreau, la Chapelle-Heurlin et Vallet, s'est faite avec sérénité et toujours la même vision : tailler de beaux muscadets de terroir en passant par une viticulture biologique (certification en 2016) et biodynamique (en cours de conversion). La gamme foisonnante est parfois difficilement lisible mais la cohérence et la régularité des vins sont sans faille, aussi bien pour la vivifiante folle blanche que pour les magnifiques blancs de garde des schistes de Goulaine. Pour survivre aux ravages violents causés par le gel, une activité de négoce bio a été créée, dans laquelle on retrouve des cuvées franchement fruitées. Voilà un domaine exemplaire et inspirant, révélateur des terroirs et des grands blancs de garde du Pays nantais.

Les vins : les nouvelles cuvées du négoce bio, portées par une trame solaire et bien ronde en 2018, sont de bonne facture. On renoue avec davantage d'élan et de tension lorsqu'on se penche sur les cuvées du domaine. La richesse solaire du millésime 2018 est bien contenue dans ces blancs gainés et droits. Les Pierres Blanches est d'une magnifique ampleur cristalline tandis que Vera Cruz est appuyée par une énergie iodée affriolante. Cinq à six ans de garde leur feront le plus grand bien. On prédit une garde de plus de quinze ans pour L d'Or, un blanc d'une grande richesse tenue par une pureté saline. Le cru communal de Goulaine Gula-Ana nous émerveillera dans le temps en révélant ses riches nuances : il évoque un beau chenin ligérien. L'Excelsior 2005 n'a pas pris une ride et fera un merveilleux compagnon de table dans les quinze ans.

Muscadet Sèvre et Maine Cru Communal Goulaine Gula-Ana 2017	20 €	17
Muscadet Sèvre et Maine sur lie L d'Or 2009	30 €	16

➫ Muscadet Sèvre et Maine sur lie L d'Or 2018 16 € 16,5
➫ Muscadet Sèvre et Maine sur lie La Grange Vieilles Vignes 2018 10 € 15,5
➫ Muscadet Sèvre et Maine sur lie Les Pierres Blanches 2018 16 € 16
➫ Muscadet Sèvre et Maine sur lie Pierre-Marie et Marie Luneau Cyan 2018 10 € (c) 14,5
➫ Muscadet Sèvre et Maine sur lie Pierre-Marie et Marie Luneau Safran 2018 9 € (c) 14,5
➫ Muscadet Sèvre et Maine sur lie Terre de Pierre 2008 45 € 16,5
➫ Muscadet Sèvre et Maine sur lie Vera Cruz 2018 16 € 16,5
➫ Muscadet Sèvre-et-Maine Cru Communal Schistes de Goulaine Excelsior 2005 50 € 16,5

Blanc : 40 hectares.
Melon de Bourgogne 96 %, Folle blanche 4 %
Production moyenne : 180 000 bt/an

DOMAINE PIERRE LUNEAU-PAPIN ♣
3, La Grange, 44430 Le Landreau
02 40 06 45 27 •
www.domaineluneaupapin.com • Vente et visites : au domaine sur rendez-vous.
Propriétaire : Pierre-Marie et Marie Luneau

★

DOMAINE DE LA CHAUVINIÈRE

Jérémie Huchet reprend en 2001 le domaine familial à son père Yves, vigneron déjà estimé. Avec l'acquisition du clos Les Montys du château de Goulaine (vignes plantées en 1914), il étend son vignoble de Château-Thébaud et, depuis 2006, exploite en fermage le château de la Bretesche sur les coteaux de la Sèvre (gneiss). Au total, 57 hectares sur lesquels Jérémie déploie toute son énergie. Dans les caves d'un ancien monastère, l'élevage se fait partiellement en foudre et en fût. Des cuvées parcellaires aux entrées de gamme, tout est recommandable dans ce domaine en pleine forme qui vient de se doter d'un nouvel espace de dégustation. Associé à Jérémie Mourat, Jérémie Huchet développe et approfondit une excellente petite gamme de négoce, sous le nom des Bêtes Curieuses, qui s'applique à mettre en avant les crus communaux.

Les vins : les entrées de gamme sont des muscadets toniques et bien cadrés. On monte en finesse et en naturel d'expression avec une série de lieux-dits (Les Montys, Les Quinze Hommées et le Chemin des Prières). Coup de cœur pour le Clos des Montys, où les melons plantés en 1914 offrent une réelle finesse et une grande profondeur saline. Le rouge de pinot noir est sympathique et reflète le millésime solaire. Les bouquets de la série des Bêtes Curieuses révèlent à merveille l'identité des crus communaux. Ils constituent une bonne approche de cette démarche ambitieuse menée par les vignerons de la région. La race saline du gorges le place au-dessus du lot. Il évoluera avec élan dans les quinze ans. Bravo !

➫ Brut Nature Bretesche 2015 13 € 14,5
➫ Muscadet Les Montys Le Parc 2018 11,90 € 15
➫ Muscadet Les Quinze Hommées 2018 11,90 € 15,5
➫ Muscadet Sèvre et Maine Les Bêtes Curieuses Château-Thébaud 2014 15 € 16
➫ Muscadet Sèvre et Maine Les Bêtes Curieuses Clisson 2017 15 € 15,5
➫ Muscadet Sèvre et Maine Les Bêtes Curieuses Gorges 2014 15 € 16,5
➫ Muscadet Sèvre et Maine Les Bêtes Curieuses Goulaine 2013 15 € 16
➫ Muscadet Sèvre et Maine Les Bêtes Curieuses Monnières-Saint Fiacre 2014 15 € 15,5
➫ Muscadet Sèvre et Maine sur lie Château de la Bretesche 2018 6,30 € 14

Le coup de ♥

➫ Muscadet Sèvre et Maine sur lie Clos les Montys Vigne de 1914 2017 15 € 16

Rouge : 0,35 hectare.
Pinot noir 100 %
Blanc : 57 hectares.
Melon de Bourgogne 98 %, Folle blanche 2 %
Production moyenne : 295 000 bt/an

DOMAINE DE LA CHAUVINIÈRE
La Chauvinière, 44690 Château-Thébaud
02 40 06 51 90 •
www.jeremie-huchet-vigneron.fr •
Visites : sans rendez-vous.
Propriétaire : Jérémie Huchet

★

DOMAINE HAUTE FÉVRIE

Claude Branger a débuté avec son père, en travaillant "derrière le cheval" sur 7 hectares. Il en possède désormais 26,5. Son fils, Sébastien, arrivé officiellement en 2007 au domaine, le seconde activement. Ces vignerons consciencieux (pratiquant les vendanges manuelles) n'ont jamais cédé aux sirènes de la facilité. Ils aiment les muscadets mûrs mais bien secs. Les Gras Moutons (vignes de 40 ans) est issu des bords de Maine ; les raisins du Clos Joubert, un hectare planté de vignes âgées de 35 ans dominant la Sèvre, sont vinifiés et élevés en fût. Les monnières-saint-fiacre et château-thébaud sont de très brillants ambassadeurs de ces crus d'exception. On trouvera chez les Branger des muscadets précis et complets, qui font honneur à leur région.

Les vins : les cuvées d'entrée de gamme sont de bonnes ambassadrices ; salines, classiques, sans austérité, avec un fruit loin de tout arôme technologique. Elles sont vraiment plaisantes en 2018 et 2017. Les crus communaux dégagent l'ampleur profonde que l'on attend d'eux mais semblent plus contenus et n'ont pas le même éclat. Ils évolueront dans un grand classicisme pendant dix ans et au-delà.

- Muscadet Sèvre et Maine Château-Thébaud Coteau de l'Ébeaupin 2015 — 12 € — 15
- Muscadet Sèvre et Maine Château-Thébaud Coteau de l'Ébeaupin 2016 — 13 € — 15,5
- Muscadet Sèvre et Maine Monnières-Saint-Fiacre 2014 — 12 € — 15,5
- Muscadet Sèvre et Maine Monnières-Saint-Fiacre 2015 — 13 € — 15
- Muscadet Sèvre et Maine sur lie Clos Joubert 2017 — 7,90 € — 14,5
- Muscadet Sèvre et Maine sur lie Clos Joubert 2018 — 7,90 € — 14,5
- Muscadet Sèvre et Maine sur lie Clos de la Févrie 2017 — 7,60 € — 14,5
- Muscadet Sèvre et Maine sur lie Clos de la Févrie 2018 — 7,60 € — 14
- Muscadet Sèvre et Maine sur lie Les Gras Moutons 2018 — 8,10 € — 15,5
- Muscadet Sèvre et Maine sur lie Moulin de la Gustais 2018 — 6,60 € — 13,5

Blanc : 26,5 hectares.
Melon de Bourgogne 100 %
Production moyenne : 170 000 bt/an

DOMAINE HAUTE FÉVRIE ♣
109, La Févrie, 44690 Maisdon-sur-Sèvre
02 40 36 94 08 • www.lahautefevrie.com •
Vente et visites : au domaine sur rendez-vous.
Propriétaire : Sébastien Branger

★

DOMAINE LANDRON

Les cuvées de Jo Landron, figure vigneronne essentielle de la région, sont devenues des références dans la petite famille des muscadets de terroir. Les vins sont commercialisés de manière décalée avec, d'abord, Amphibolite, léger, à boire sur le fruit – très prisé des bars à vins. Puis, selon le cas, les cuvées issues des sols argilo-sableux ou les grès, l'âge des vignes interférant dans le bel ordonnancement des terroirs. Dans les meilleures années, l'Hermine d'Or allie maturité et fraîcheur, et le Fief du Breil offre une très belle complexité. Avec le passage en biodynamie (certification en 2011), les vins ont gagné en expression minérale et pureté de fruit.

Les vins : vinifié et élevé sans soufre, Melonix est incroyable d'ouverture et de gourmandise tout en étant resserré par une finale extrêmement saline. L'Amphibolite est toujours un délicieux muscadet fringant et dynamique, à déboucher jeune. Le reste de la gamme joue dans un registre plus classique. La série des Houx présente un bel équilibre élancé en 2017 comme en 2018. Fief du Breil offre naturellement davantage d'ampleur avec notamment un 2013 en pleine forme, dont l'austérité ravira les amateurs de blancs ciselés.

- Muscadet Sèvre et Maine Fief du Breil La Haye Fouassière 2013 — 32 € — 16
- Muscadet Sèvre et Maine Fief du Breil La Haye Fouassière 2015 — 19 € — 15,5
- Muscadet Sèvre et Maine sur lie Clos La Carizière 2018 — 11 € — 15
- Muscadet Sèvre et Maine sur lie Les Houx 2017 — 12 € — 15,5
- Muscadet Sèvre et Maine sur lie Les Houx 2018 — 12 € — 15,5
- Muscadet Sèvre-et-Maine Amphibolite 2018 — 13 € — 15
- VDF Melonix 2017 — 13 € — 15,5

Rouge : 1,6 hectare.
Pinot noir 100 %
Blanc : 49 hectares.

Melon de Bourgogne 96 %, Folle blanche 4 %
Production moyenne : 260 000 bt/an

DOMAINE LANDRON
Les Brandières, 44690 La Haye-Fouassière
02 40 54 83 27 • www.domaines-landron.fr •
Vente et visites : au domaine sur rendez-vous.
Propriétaire : Jo Landron

★

DOMAINE DE LA PÉPIÈRE

Associé depuis 2010 à Rémi Branger et Gwénaëlle Croix, Marc Ollivier a créé ce domaine en 1984 à partir des vignes familiales et l'a peu à peu agrandi en sélectionnant les meilleures parcelles et les plus vieilles vignes, essentiellement situées sur des sols granitiques. Le domaine est certifié en bio depuis 2010, et tout converge vers le respect de l'intégrité des raisins, avec vendanges manuelles, débourbages légers, absence de levurage comme d'enzymage. De croquants rouges de merlot, de côt et de cabernet franc servent d'introduction aux exceptionnelles cuvées Domaine de la Pépière et Clos des Briords (issues de vignes plantées en 1930), d'une rare intensité et d'une grande sincérité de saveurs. Les crus communaux Clisson, Château-Thébaud et Monnières-Saint-Fiacre viennent brillamment compléter la gamme. 2018 est le premier millésime certifié en biodynamie.

Les vins : les entrées de gamme sont toujours de beaux blancs fringants au juste équilibre entre l'expression fruitée et la fermeté minérale. Briords en est un exemple remarquable en 2018. La série des crus communaux est superbe ; elle met en avant le caractère de chaque village avec, en 2017, un clisson étincelant et un monnières-saint-fiacre persistant, qui donne à goûter une sensation salée impressionnante. Tous deux sont taillés pour la garde. Les 2015 absorbent à merveille l'expression solaire du millésime en insistant sur des saveurs minérales. Les deux rouges sont gourmands et siéront au casse-croûte ; ils sont typés par l'austérité du secteur.

- Muscadet Sèvre et Maine Château-Thébaud 2015 — 14,50 € — 16
- Muscadet Sèvre et Maine Clisson 2017 — 14,50 € — 16,5
- Muscadet Sèvre et Maine Monnières-Saint-Fiacre 2017 — 14,50 € — 17
- Muscadet Sèvre et Maine sur lie 2018 — 7,50 € — 14,5
- Muscadet Sèvre et Maine sur lie Briords 2018 — 9,50 € — 16
- Muscadet Sèvre et Maine sur lie Les Gras Moutons 2018 — 9,50 € — 15,5
- IGP Val de Loire La Pépie Cabernet Franc 2018 — 7 € — 14
- IGP Val de Loire La Pépie Côt 2018 — 7,50 € — 14,5

Le coup de ♥

- Muscadet Sèvre et Maine Gorges 2015 — 14,50 € — 17

Rouge : 3,5 hectares.
Cabernet franc 50 %, Malbec (cot) 50 %
Blanc : 38,5 hectares.
Melon de Bourgogne 100 %
Production moyenne : 200 000 bt/an

DOMAINE DE LA PÉPIÈRE
La Pépière, 44690 Maisdon-sur-Sèvre
09 62 33 15 03 •
www.domainedelapepiere.com • Vente et visites : au domaine sur rendez-vous.
Propriétaire : Rémi Branger, Marc Ollivier et Gwénaëlle Croix (cogérants)

★

DOMAINE SAINT-NICOLAS

Thierry Michon, épaulé par ses fils, Antoine et Mickaël, dirige le seul domaine de stature internationale en Vendée. Sur le terroir atlantique de Brem, il possède des vignes cultivées intégralement en biodynamie, dont les rendements sont hélas globalement très faibles ces dernières années. Sous l'influence de l'océan, le vignoble produit des blancs de chenin et de chardonnay (fruits jaunes à noyau et finale saline), et des rouges de pinot noir longuement élevés (Jacques, La Grande Pièce), mais aussi de gamay, négrette et cabernet franc. Cet éclectisme se retrouve dans des vins qui ne cessent de gagner en finesse, en pureté et en intensité de fruit. Leur équilibre naturel de plus en plus abouti les rend abordables jeunes, mais ils peuvent vieillir avec grâce : il ne faut pas hésiter à les aérer en carafe.

Les vins : les blancs 2018 sont gorgés de soleil et expriment un fruit très mûr. Pour autant, ils sont dotés d'une force saline venue des schistes qui les étire avec énergie. Vin de Thierry est un délicieux assemblage de chenin et grolleau gris, fruité et très désaltérant. Le Haut des Clous reflète à merveille ce que la sève du terroir peut restituer dans un tel millésime solaire. Maria est une originalité : un chardonnay haut en couleur et très salin. Nous sommes moins enthousiasmés par les rouges, de haute maturité mais avec des extractions de plus en plus poussées au fur et à mesure que l'on monte en gamme. Ils n'offrent pas la gourmandise fine que l'on attend des rouges ligériens.

- Fiefs Vendéens Brem Le Haut des Clous 2018 — 25 € — 16
- Fiefs Vendéens Brem Les Clous 2018 — 14 € — 14,5
- VDF Maria 2018 — 28 € — 16
- VDF Vin de Thierry 2018 — 12 € — 14,5
- Fiefs Vendéens Brem Jacques 2015 — 21 € — 14,5
- Fiefs Vendéens Brem Le Poiré 2015 — 22 € — 15
- VDF Gammes d'Été 2018 — 12 € — 14

Le coup de ♥

- VDF Le Poiré 2018 — 28 € — 16

Rouge : 25 hectares.
Pinot noir 80 %, Négrette 8 %, Cabernet franc 6 %, Gamay noir à jus blanc 6 %
Blanc : 15 hectares.
Chenin 53 %, Chardonnay 32 %, Grolleau gris 15 %
Production moyenne : 100 000 bt/an

DOMAINE SAINT-NICOLAS ☾
Les Clous 85340 L'Île-d'Olonne
02 51 33 13 04 •
www.domainesaintnicolas.com • Vente et visites : au domaine sur rendez-vous.
Propriétaire : Thierry Michon et Fils

★

DOMAINE DE L'ÉCU

Frédéric Niger est arrivé en 2009 au domaine de l'Écu dont l'ancien propriétaire, l'emblématique biodynamiste Guy Bossard, lui a transmis son savoir précieux et précis de la vigne et du vin jusqu'en 2013. Depuis lors, Frédéric poursuit le travail biodynamique de la vigne et s'astreint à une vinification la plus naturelle possible. L'éclat du fruit et l'ouverture aromatique sincère de ses vins sans artifice s'en ressentent. Au-delà des flamboyants muscadets Classic, Granite, Orthogneiss et Taurus, le vigneron audacieux expérimente avec vingt-huit cuvées en Vin de France vinifiées en amphore. Ces vins vraiment vivants font sortir tout le monde de sa zone de confort gustative.

Les vins : nous avons une préférence pour l'approche classique, bien que très dynamique et salivante, des muscadet-sèvre-et-maine. Leur énergie mûre est vivifiante, particulièrement l'Orthogneiss, d'une salinité profonde phénoménale. Taurus exprime à merveille ce que peut révéler un blanc dans un millésime solaire : une grande intensité, de l'ampleur, tout en conservant une trame vivifiante. Les cuvées d'amphore, comme Astra, sont d'intéressantes expérimentations à découvrir.

- Muscadet Classic 2018 — 9,90 € — 14,5
- Muscadet Sèvre et Maine Granite 2018 — 13 € — 16
- Muscadet Sèvre et Maine Taurus 2015 — 26 € — 17
- VDF Astra 2016 — 24 € — 14

Le coup de ♥

- Muscadet Sèvre et Maine Orthogneiss 2018 — 13 € — 16,5

Rouge : 3 hectares.
Pinot noir 40 %, Cabernet franc 40 %, Cabernet-Sauvignon 20 %
Blanc : 21 hectares.
Melon de Bourgogne 50 %, Chenin 20 %, Chardonnay 20 %, Folle blanche 10 %
Production moyenne : 120 000 bt/an

DOMAINE DE L'ÉCU ☾
20, La Bretonnière, 44430 Le Landreau
02 40 06 40 91 • www.domaine-ecu.com •
Visites : sans rendez-vous.
Propriétaire : Frédéric Niger

DOMAINE BONNET-HUTEAU

Les frères Bonnet, Jean-Jacques et Rémi, héritiers de la propriété familiale située à La Chapelle-Heulin, ont converti les 40 hectares de vignes à l'agriculture biologique en 2005. Quatre terroirs ont été vinifiés séparément pour dégager leur plus belle expression. Sur Les Dabinières, un sol chaud de gneiss et de micaschistes, le fruit s'exprime en rondeur. Sur l'amphibolite et les micaschistes des Gautronnières, le cépage melon devient minéral et tendu. Les sols pauvres et granitiques des Laures donnent un vin plus dense et complet. Uniquement élaboré les belles années, élevé 18 mois sur lies (minimum requis), le cru communal Goulaine se livre en profondeur et semble armé pour la garde. Les derniers millésimes nous laissent un peu sur notre soif. Ils sont techniquement irréprochables, mais nous aimerions un peu plus d'éclat et d'élan dans les blancs pour retrouver l'étoile.

Les vins : la nouvelle cuvée de folle blanche vinifiée sans soufre, Plan B, est plutôt fringante. Les Gautronières et Les Dabinières sont des muscadets classiques, plus ronds que tendus en 2018. On monte en intensité avec Les Laures et en finesse avec Clos Moulin Chartrie. En Goulaine, le 2014 incarne une expression finement austère du muscadet. Le 2016 est plus concentré et ciselé, tandis que le 2015 séduira davantage par sa richesse et sa tendresse.

- Muscadet Sèvre et Maine Clos Moulin Chartrie 2018 — 12,50 € — 15
- Muscadet Sèvre et Maine Goulaine 2014 — 18 € — 15,5
- Muscadet Sèvre et Maine Goulaine 2015 — 17 € — 15,5
- Muscadet Sèvre et Maine Goulaine 2016 — 17 € — 15,5
- Muscadet Sèvre et Maine Les Bonnets Blancs 2018 — 9,80 € — 13,5
- Muscadet Sèvre et Maine sur lie Les Gautronnières 2018 — 11,60 € — 14
- Muscadet Sèvre et Maine sur lie Les Laures 2018 — 14 € — 14,5
- Muscadet Sèvres et Maine sur lie Les Dabinières 2018 — 11,20 € — 14
- VDF Medolia 2016 — 21 € — 15,5
- VDF Plan B 2018 — 13,50 € — 14

Rouge : 2 hectares.
Cabernet franc 60 %, Malbec (cot) 30 %, Gamay noir à jus blanc 10 %
Blanc : 38 hectares.
Melon de Bourgogne 80 %, Pinot gris 10 %, Chardonnay 7 %, Folle blanche 3 %
Production moyenne : 200 000 bt/an

DOMAINE BONNET-HUTEAU ☾

La Levraudière, 44330 La Chapelle-Heulin
02 40 06 73 87 • www.bonnet-huteau.com •
Visites : sans rendez-vous.
Propriétaire : Rémi et Jean-Jacques Bonnet et Vincent Pineau

DOMAINE LANDRON CHARTIER

Françoise et Bernard Landron dynamisent, avec leur fils Benoît, un secteur discret du pays nantais : le Muscadet Coteaux de la Loire pour les blancs et les Coteaux d'Ancenis pour les rouges. Ici, le melon de Bourgogne s'exprime avec une rondeur charmante et le gamay donne de ravissantes cuvées fraîches à boire sur le fruit. Autre originalité du coin, une appellation confidentielle : Malvoisie Coteaux d'Ancenis, où le pinot gris enfile une originale robe rose dorée et garde quelques sucres résiduels très gourmands. Ce domaine bio (certification en 2013) s'oriente dans le bon sens.

Les vins : le muscadet-coteaux-de-la-loire déroule une texture tendre et ronde. Il est prêt à être débouché cette année. Le champtoceaux offre un gras mûr et une énergie vivante très appétente ; le ponceau est un peu plus contenu. La douceur légèrement sucrée de la malvoisie révèle un fruit suave et fera merveille sur un fromage bleu pas très puissant. L'Aubin est un pinot gris de macération, aussi appelé vin orange : il faut absolument le carafer pour estomper sa réduction. En rouge, nous aimons particulièrement le jus croquant de Gamay Toujours, à boire un peu frais toute l'année avec une terrine de campagne.

- IGP Val de Loire Aubin 2016 — 35 € — 14,5
- Malvoisie Coteaux d'Ancenis Révélation 2018 — 10 € — 14,5
- Muscadet Coteaux de la Loire Champtoceaux 2016 — 12 € — 16
- Muscadet Coteaux de la Loire Le Ponceau 2016 — 20 € — 15,5
- Muscadet Coteaux de la Loire sur lie 2018 — 8 € — 14,5
- Coteaux d'Ancenis Ethérie 2016 — 35 € — 15
- VDF Gamay Toujours 2018 — 10 € — 15

Rouge : 15 hectares.
Gamay noir à jus blanc 90 %, Cabernet franc 10 %
Blanc : 15 hectares.
Melon de Bourgogne 60 %, Pinot gris 30 %, Folle blanche 10 %

DOMAINE LANDRON CHARTIER ♣

260, Le bas Ponceau, 44850 Ligné
02 51 12 22 90 • www.landronchartier.fr •
Visites : sans rendez-vous.
Propriétaire : Benoît et Bernard Landron

CLOS SAINT-ANDRÉ

Ce domaine ancien a été totalement restructuré depuis son rachat par Jérémie Mourat en 2006. Fils de Jean Mourat, le fondateur du vaste vignoble Marie du Fou, Jérémie a bien développé la qualité de ce terroir de méta-rhyolites et schistes pourpres, planté de chenin et de négrette. Les vignes sont travaillées en bio, et les vins élevés principalement en cuve béton pour conserver au jus son fruit et sa trame minérale. Ces vins ambitieux peuvent gagner en sobriété et en pureté de fruit.

Les vins : la bulle de l'extra-brut 14.32 (pinot noir, millésime 2014, 32 mois de vieillissement) mérite d'être apaisée dans le verre pour livrer sa tendresse légèrement patinée. Idéal à l'apéritif. Les blancs secs sont bien ficelés par une approche moderne qui recherche des robes brillantes et des matières soignées. Ils séduiront le plus grand nombre mais l'expression du fruit est un peu contenue. La cuvée Mi-Pente est trop marquée par les saveurs de noix de coco de son élevage. C'est dommage, car le vin développe une certaine énergie. En rouge, les négrettes offrent de façon très soigné le tempérament floral du cépage avec un enrobage charmeur de la matière. Ils sont à boire dans les six à sept ans qui viennent.

- Fiefs Vendéens Mareuil 2016 — 11,90 € — 14,5
- Fiefs Vendéens Mareuil Mi-Pente 2015 — 19 € — 14
- IGP Val de Loire Vendér Terres Quartz 2017 — 14,90 € — 14,5
- VDF Moulin Blanc Blanc de Noirs 2018 — 9,90 € — 14
- Vin Mousseux de Qualité Extra-Brut 14.32 — 14,90 € — 14
- IGP Val de Loire Vendée Grenouillère 2018 — 12,90 € — 15
- IGP Val de Loire Vendée Grenouillère Préphylloxérique 2018 — 29 € — 15

Rouge : 10 hectares.
Négrette 60 %, Pinot noir 40 %
Blanc : 20 hectares.
Chenin 90 %, Chardonnay 10 %
Production moyenne : 150 000 bt/an

CLOS SAINT-ANDRÉ ♣

Vignobles Mourat, Route de la Roche-sur-Yon, 85320 Mareuil-sur-Lay
02 51 97 20 10 • www.mourat.com • Vente et visites : au domaine sur rendez-vous.
Propriétaire : Jérémie Mourat

DOMAINE BRUNO CORMERAIS

Il y a maintenant plus de dix ans, Marie-Françoise et Bruno Cormerais ont laissé les rênes du domaine à leur fils Maxime, déjà à l'œuvre avec ses parents depuis 2001. Dans le secteur de Clisson, il bénéficie d'un patrimoine intéressant de vieilles vignes allant de 30 à 70 ans qui lui permet de vinifier des muscadets classiques, les ramenant vers la fine austérité du granite. Ces vins nous ont particulièrement attiré pour leur excellent rapport qualité-prix.

Les vins : fermes, fins et salins, les vins sont de bons classiques issus de sols de granite. Ils séduiront les amateurs de muscadets traditionnels, un peu austères. Aussi bien en 2014 (mûr et élancé) qu'en 2013 (tendu et serré), les clissons sont deux ambassadeurs (élevés cinquante-et-un mois sur lies) de ce cru communal.

- Muscadet Sèvre et Maine Clisson 2013 — 13 € — 15,5
- Muscadet Sèvre et Maine Clisson 2014 — 13 € — 16
- Muscadet Sèvre et Maine sur lie Prestige 2015 — 8 € — 14,5
- Muscadet Sèvre et Maine sur lie Vieilles Vignes 2016 — 7,60 € — 14,5
- Muscadet Sèvre et Maine sur lie Vieilles Vignes 2017 — 7,60 € — 14

Rouge : 3,9 hectares.

Gamay noir à jus blanc 42 %, Merlot 39 %, Cabernet franc 13 %, Abouriou 6 %

Blanc : 27 hectares.

Melon de Bourgogne 92 %, Folle blanche 4 %, Pinot gris 2 %, Sauvignon gris 2 %

DOMAINE BRUNO CORMERAIS

41, La Chambaudière, 44190 St-Lumine-de-Clisson •
www.domaine-bruno-cormerais.com •
Visites : sans rendez-vous.

Propriétaire : Maxime Cormerais

DOMAINE LE FAY D'HOMME

Les Caillé sont propriétaires de vignes depuis cinq générations. Installé à Monnières, Vincent Caillé travaille depuis 1986 avec exigence, dans le respect de la vie, de la biodiversité et des sols. Labours, enherbement, culture bio depuis une vingtaine d'années, doublée d'essais en biodynamie : tout est fait pour obtenir des vins sains et sincères, dont les saveurs expressives dessinent la voie du renouveau pour la jeune génération du Muscadet. Des plus simples (Gros Plant) jusqu'aux crus Gorges et Monnières-Saint-Fiacre, la gamme est remarquable et variée, puisqu'elle intègre une cuvée d'abouriou, cépage confidentiel du Sud-Ouest.

Les vins : l'évidence d'un fruit vivant se dégage de chaque cuvée. Elles incarnent une définition gourmande et libre du muscadet en dévoilant une très belle maturité de fruit, soulignée par cette touche d'austérité que l'on recherche dans un beau muscadet. Gorges 2014 évolue remarquablement, comme un beau chablis. Grâce à son élevage en œuf béton, Terre de Gabbro dévoile une belle trame pulpeuse, tout comme Terre de Gneiss, passé par l'amphore pour ciseler une belle trame saline.

- Muscadet Sèvre et Maine Clos de la Févrie 2018 — 11,50 € — 15
- Muscadet Sèvre et Maine Fief Seigneur 2017 — 9,75 € — 15,5
- Muscadet Sèvre et Maine Fief des Coteaux 2018 — 9,75 € — 15
- Muscadet Sèvre et Maine Gorges 2014 — 18 € — 16
- Muscadet Sèvre et Maine Terre de Gabbro 2017 — 22 € — 16
- Muscadet Sèvre et Maine Terre de Gneiss 2017 — 49 € — 16

Rouge : 2 hectares.
Gamay noir à jus blanc 30 %, Cabernet franc 30 %, Abouriou 20 %, Malbec (cot) 20 %
Blanc : 23 hectares.
Melon de Bourgogne 90 %, Folle blanche 10 %
Production moyenne : 100 000 bt/an

DOMAINE LE FAY D'HOMME
3, les Coteaux, 44690 Monnières
02 40 54 62 06 • www.lefaydhomme.fr •
Visites : sans rendez-vous.
Propriétaire : Vincent Caillé

VIGNOBLES GÜNTHER-CHÉREAU

Le négociant Bernard Chéreau avait acquis, en 1973, le château du Coing, restauré sous le Directoire. C'est sa fille, Véronique, qui en a hérité, désormais aidée de sa propre fille, Aurore. Situé à la pointe formée par le confluent de la Sèvre et de la Maine, le vignoble de coteaux du château du Coing donne, sur les gneiss et orthogneiss, des vins gras qui évoluent avec majesté sur quinze ans et plus. Impliquée dans la reconnaissance des crus communaux, Véronique Günther-Chéreau possède également La Gravelle, propriété située à Gorges, qui produit des vins plus frais et minéraux dans leur jeunesse, ainsi que le domaine du Grand Fief de la Cormeraie, aux vins plus enrobés mais équilibrés, sur la commune de Monnières.

Les vins : dès les cuvées d'entrée de gamme, nous ressentons le classicisme des vins du domaine. Ce sont des blancs très toniques, un brin serrés, qui présentent la fermeté classique des muscadets. On monte naturellement en intensité et en ampleur avec les vins du château du Coing de Saint Fiacre. Château de la Gravelle est tenue par son austérité qui lui promet un avenir salin.

- Gros Plant du Pays Nantais sur lie Folie Blanche 2018 — 5 € — 13
- Muscadet Sèvre et Maine Château de la Gravelle Gorges 2014 — 13 € — 15,5
- Muscadet Sèvre et Maine Château du Coing de Saint-Fiacre l'Ancestrale Monnières-Saint-Fiacre 2015 — 13 € — 15,5
- Muscadet Sèvre et Maine sur lie Anima Mea 2018 — 10 € — 14
- Muscadet Sèvre et Maine sur lie Château de la Gravelle 2018 — 9 € — 14
- Muscadet Sèvre et Maine sur lie Château du Coing de Saint Fiacre Comte de Saint Hubert Vieilles Vignes 2013 — 12 € — 15,5
- Muscadet Sèvre et Maine sur lie Château du Coing de Saint Fiacre Comte de Saint Hubert Vieilles Vignes 2018 — 10 € — 15
- Muscadet Sèvre et Maine sur lie Château du Coing de Saint-Fiacre 2018 — 8 € — 15
- Muscadet Sèvre et Maine sur lie Grand Fief de la Cormeraie 2018 — 8 € — 14
- Muscadet Sèvre et Maine sur lie Les Petits Jupons 2018 — 6 € — 13

Blanc : 75 hectares.
Melon de Bourgogne 94 %, Chardonnay 4 %,

Folle blanche 2 %
Production moyenne : 430 000 bt/an

VIGNOBLES GÜNTHER-CHÉREAU ♣
Château du Coing,
44690 Saint-Fiacre-sur-Maine
02 40 54 85 24 • www.vgc.fr • Visites : sans rendez-vous.
Propriétaire : Véronique Günther-Chéreau

DOMAINE LES HAUTES NOËLLES

Constitué dans les années 1930, ce vaste domaine se trouve dans l'appellation Muscadet Côtes de Grandlieu située au sud-ouest de Nantes, autour des zones humides et des faibles pentes qui entourent le lac de Grand-Lieu. Engagé en culture biologique (et certifié depuis 2012) pour ses blancs, le domaine a été repris en 2010 par Jean-Pierre Guédon, ancien chef d'entreprise et passionné de vin, qui s'attache à travailler avec rigueur et précision, en vigne comme en cave. Parmi une gamme d'une quinzaine de vins, on trouvera de saines curiosités, comme ces IGP Val de Loire intitulés Hého. Les muscadets sont fins et vifs, relativement tendres mais bien précis.

Les vins : commençons l'apéritif avec un gros plant tonique et vivement citronné. Les côtes-de-grandlieu sont joliment solaires, tout en conservant une certaine fermeté. Naturellement, Les Moineries présente davantage d'envergure et de structure. Élaboré sans soufre ajouté, L'Intrépide dévoile un jus plus libre et juteux. Terminons en douceur avec L'Inattendue, un melon porté à surmaturité qui se présente fringant, avec une légère sucrosité.

- Gros Plant du Pays Nantais Le Long Chêne 2018 — 6,75 € — 13
- Muscadet Côtes de Grandlieu sur lie Les Coteaux 2018 — 9,50 € — 14
- Muscadet Côtes de Grandlieu sur lie Les Parcelles 2018 — 7,25 € — 14
- Muscadet Sans Sulfites L'Intrépide 2018 — 15,50 € — 14,5
- Muscadet Vieilles Vignes Les Moineries 2015 — 9 € — 15
- Muscadet-Côtes de Grandlieu sur lie Les Granges 2018 — 8,25 € — 14,5
- VDF L'Inattendue 2018 — 11 € — 14

Rouge : 8 hectares.
Gamay noir à jus blanc 56 %, Grolleau 32 %, Cabernet franc 6 %, Merlot 6 %
Blanc : 17 hectares.
Melon de Bourgogne 84 %, Grolleau gris 8 %, Chardonnay 5 %, Gros plant 3 %
Production moyenne : 120 000 bt/an

DOMAINE LES HAUTES NOËLLES ♣
Rue de Nantes, la Haute Galerie,
44710 Saint-Léger-les-Vignes
02 40 31 53 49 •
www.les-hautes-noelles.com • Visites : sans rendez-vous.
Propriétaire : Jean-Pierre Guédon

ANJOU-SAUMUR

★★★

CLOS ROUGEARD

Une histoire de huit générations de la famille Foucault à la tête du clos Rougeard s'éteint. Ce domaine mythique de dix hectares situé à Chacé a été racheté en 2017 par l'homme d'affaires Martin Bouygues. Sous l'impulsion de Jean-Louis Foucault, dit Charly, décédé en 2015, et son frère Bernard, alias Nady, le clos Rougeard s'est bâti une solide réputation auprès des amateurs de grands cabernets francs ligériens. Une sélection pointue du matériel végétal, une viticulture méticuleuse et des affinages longs de 18 à 30 mois en barrique, donnent naissance à de gracieux saumur-champigny qui se révèlent avec le temps : Le Clos (assemblage de deux parcelles), Les Poyeux (2,9 ha, parcelle de sol assez sableux ; allonge, finesse, fraîcheur), Le Bourg (parcelle plus calcaire, moins de 4 000 bouteilles ; dense, ferme, solaire). Plus confidentiel, un blanc issu d'à peine 1,5 ha, sur le grand cru calcaire de Brézé. Ce chenin s'exprime chaque année en sec dans un équilibre idéal entre fraîcheur et maturité, désormais moins boisé que par le passé, évoluant avec majesté vers une palette d'arômes grillés et de fruits jaunes confits. Il peut se boire sur 20 ans.

Les vins : à cause du gel violent en 2013, Les Poyeux n'ont pas été produits mais ce millésime a engendré des rouges demi-puissance avec un Clos droit et soyeux qui évoque déjà un beau pinot noir de Bourgogne, et un Bourg intense et toujours serré, prêt à se délier dans les prochaines décennies. Les 2014 le dernier millésime de Charly Foucault s'expriment dans un profil ligérien très classique avec la profondeur, la race exceptionnelle et l'intensité de saveurs aériennes que l'on attend des cabernets francs du clos Rougeard. Le Brézé 2014 est naturellement marqué par sa fine réduction grillée et d'une richesse en extrait sec salivante et longue. Un blanc majestueux.

Saumur Brézé 2014	65 € (c)	17,5
Saumur-Champigny Le Bourg 2013	105 € (c)	18
Saumur-Champigny Le Bourg 2014	105 € (c)	18,5
Saumur-Champigny Le Clos 2013	55 € (c)	16
Saumur-Champigny Le Clos 2014	55 € (c)	16,5
Saumur-Champigny Les Poyeux 2014	65 € (c)	18

Rouge : 9 hectares.
Cabernet franc 100 %
Blanc : 1 hectare.
Chenin 100 %
Production moyenne : 20 000 bt/an

CLOS ROUGEARD ♣
15, rue de l'Eglise, 49400 Chacé
02 41 52 92 65 • Vente et visites : au domaine sur rendez-vous.
Propriétaire : Martin Bouygues

★★★ ↗

DOMAINE DU COLLIER

Les progrès accomplis par Antoine et Caroline Foucault depuis leur installation en 1999 sont prodigieux. À l'époque, le jeune couple coupe le cordon avec le Clos Rougeard familial pour voler de ses propres ailes. Ils créent le domaine du Collier, du nom de la place du Collier situé dans le village de Chacé, proche des racines d'Antoine. Dès lors, ils prennent leurs marques et affinent leur chenins et cabernets francs principalement venus des coteaux de Brézé, élevés pendant deux à trois ans en fûts. Les rouges, dont le fameux lieu-dit Charpentrie, où les vignes centenaires donnent naissance à des cabernets francs profonds, offrent une texture d'une extraordinaire douceur, un bouquet subtil, mené par la touche d'austérité presque sauvage que l'on attend des grands vins du Saumurois. Ils ne sont pas sans rappeler le velouté infini des plus grands millésimes sculptés par Charly Foucault au Clos Rougeard. La salinité mûre des blancs nous plonge dans un lien étroit avec le tuffeau ; la réduction grillée du Charpentrie devrait s'estomper dans le temps. En à peine vingt ans, ce couple de quadragénaires doté d'une sensibilité touchante et d'une rigueur pointilleuse a atteint l'excellence. Nous décernons la troisième étoile au domaine avec une confiance intuitive quant aux prochains millésimes du domaine.

Les vins : dans ce millésime accablé par le soleil, les 2015, aussi bien en rouge qu'en blanc, ont été brillamment façonnés. L'élan calcaire du sol se traduit par un souffle salin dans ces blancs d'une excellente maturité et d'une robe jaune affriolante. Peu de vins blancs du Saumurois peuvent prétendre à tant d'énergie. Un peu coincé par sa réduction grillée de l'élevage, qui peut toutefois séduire certains palais, La Charpentrie est d'une richesse incroyable en extraits secs, ce qui lui permettra d'évoluer avec sérénité dans les prochaines décennies. La volupté poudrée des rouges est portée par une note crayeuse venue du tuffeau qui leur confère une profondeur aérienne, tout en gardant une grande sérénité. Leur force leur permettra d'affronter les décennies avec une grande vitalité.

- Saumur 2015 — de 27 à 33 € (c) — 17,5
- Saumur La Charpentrie 2015 — de 54 à 66 € (c) — 17
- Saumur La Charpentrie 2015 — de 45 à 55 € (c) — 18
- Saumur La Ripaille 2015 — de 32 à 39 € (c) — 16

Rouge : 2,5 hectares.
Cabernet franc 100 %
Blanc : 5 hectares.
Chenin 100 %
Production moyenne : 25 000 bt/an

DOMAINE DU COLLIER ♣
62, place du Collier, 49400 Chacé
02 41 52 69 22 • domaineducollier.free.fr •
Vente et visites : au domaine sur rendez-vous.
Propriétaire : Antoine et Coralie Foucault

★★★

DOMAINE DES ROCHES NEUVES

Le charismatique Thierry Germain a défini une approche stylistique contemporaine de saumur-champigny, qui articule la juste maturité des cabernets et leur élevage en bois dans différents contenants, tout en pérennisant un fruité ligérien infusé, floral et croquant. L'énorme travail entrepris dans les vignes (en biodynamie, certaines labourées au cheval) s'illustre dès la simple cuvée du domaine, tout en fruit pur et digeste. La gamme est désormais irréprochable, entre l'admirable Franc de Pied et La Marginale, si séduisant et aujourd'hui parfaitement calé dans son élevage. En suivant le même chemin, le chenin blanc s'est construit une identité distincte, à la maturité épurée, en tension et en fermeté, bien traduite dans la cuvée Insolite. Après le blanc Clos Romans en 2011, de confidentielles et nouvelles cuvées de sélections parcellaires de haute volée, Les Mémoires (vignes centenaires en rouge) et le Clos de l'Échelier (en rouge et blanc), voient le jour en 2012, éclatantes de race : une montée en gamme éblouissante et un souci de qualité sans faille. Les vins de l'activité de négoce (sous le nom de Thierry Germain) n'entrent pas dans le champ de ce classement.

Les vins : dans un millésime comme 2017, les blancs sont magnifiquement domptés pour exprimer une chair pulpeuse, légèrement exotique, tout en conservant l'éclat cristallin du chenin saumurois, sans basculer dans un excès de richesse. Le Clos Romans est d'une salinité calcaire brillante. Un souffle minéral élance L'Échelier, un peu exotique tout en restant très digeste. Le blanc macéré en amphore, Terres, est aussi très réussi cette année, avec un bouquet original de plante, et une légère accroche tannique appétente. Débutons la dégustation des rouges avec un 2018 mené tout en fruit gourmand, qu'il faudra boire dans les trois ans. La pulpe que dégage le fruit d'Outre Terre est remarquable : voici un cabernet franc au grain vivant qu'il faut ouvrir à partir de 2021. Terres Chaudes est d'une grande douceur et particulièrement charmeur, tout en restant racé. La Marginale mettra un peu plus de temps à digérer son élevage pour révéler une sève radieuse et une matière dense. On retrouve l'éclat floral du cabernet franc avec la cuvée Franc de Pied, pleine de vitalité et aérienne. Clos de L'Échelier est bourré d'énergie mais n'est jamais démonstratif, extrait avec justesse, il avance tout en finesse. Comme à son habitude, Les Mémoires est majestueux, avec une finesse et une profondeur supplémentaire. Encavez-le.

- Saumur Clos Romans 2017 — de 39 à 47 € (c) — 18
- Saumur L'Échelier 2017 — de 32 à 39 € (c) — 17
- Saumur Terres 2017 — de 50 à 65 € (c) — 16,5
- Saumur-Champigny 2018 — 15 € (c) — 15
- Saumur-Champigny Clos de l'Échelier 2017 — de 25 à 31 € (c) — 17
- Saumur-Champigny Franc de Pied 2017 — de 24 à 30 € (c) — 17
- Saumur-Champigny La Marginale 2017 — de 23 à 28 € (c) — 17
- Saumur-Champigny Les Mémoires 2017 — de 27 à 33 € (c) — 18
- Saumur-Champigny Outre Terre 2016 — de 32 à 39 € (c) — 16,5

Saumur-Champigny Terres Chaudes 2017 de 15 à 19 € (c) 16,5

Rouge : 26 hectares.
Cabernet franc 100 %
Blanc : 2,5 hectares.
Chenin 100 %
Production moyenne : 120 000 bt/an

DOMAINE DES ROCHES NEUVES
56, boulevard Saint-Vincent, 49400 Varrains
02 41 52 94 02 • www.rochesneuves.com •
Vente et visites : au domaine sur rendez-vous.
Propriétaire : Thierry Germain

★★

COULÉE DE SERRANT

L'exceptionnel vignoble de la Coulée de Serrant s'étend en lisière d'une falaise schisteuse tombant directement dans la Loire, près d'Angers. La nature du lieu et la qualité de son exposition lui permettent de sortir du lot depuis des siècles. Restauré par Denise Joly dans les années 1960, le domaine a été repris par son fils Nicolas. Ce brillant agitateur d'idées est un fondamentaliste de la culture biodynamique, qu'il a fait sienne à la Coulée de Serrant depuis 1981, date de la première certification. La fille de Nicolas Joly, Virginie s'occupe du domaine. Si les derniers millésimes sont dotés d'une énergie intrinsèque vaillante, des déviances aromatiques viennent gâcher la pureté que pourraient révéler ces terroirs mythiques de la Loire. Ici naissent aussi bien des vins rejoignant le Panthéon des plus grands chenins, comme la coulée-de-serrant 2016, tout comme des blancs plus imprécis et paraissant plus évolués, à l'image du Les Vieux Clos 2017. Nous serons amenés à enlever une étoile à ce domaine mythique si les vins ne gagnent pas en précision.

Les vins : mêlant des notes de raisins bien mûrs, voire surmûris, le bouquet des 2017 n'est pas des plus purs ni précis. Les Vieux Clos accusent un peu le caractère solaire du millésime. Haut en couleur, le Clos de la Bergerie s'affirme avec le volume et la profondeur d'un grand cru, mais nous espérons davantage d'éclat. Après le sublime 2016, la coulée-de-serrant 2017 déroule toujours une matière puissante mais semble plus âgée. La sève énergique impulsée par le terroir se transmet dans le vin, avec toutefois un manque incontestable de précision.

Savennières Coulée de Serrant 2017 65 € 16,5

Savennières Les Vieux Clos 2017 28 € 14,5

Savennières Roche-aux-Moines Clos de la Bergerie 2017 35 € 16,5

Blanc : 15 hectares.
Chenin 100 %
Production moyenne : 42 000 bt/an

COULÉE DE SERRANT
Château de la Roche-aux-Moines, 49170 Savennières
02 41 72 22 32 • www.coulee-de-serrant.com
• Vente et visites : au domaine sur rendez-vous.
Propriétaire : Nicolas Joly

★★

LA FERME DE LA SANSONNIÈRE

Viticulteur biodynamiste zélé, idéaliste et sensible, Mark Angeli élabore essentiellement des vins secs artisanaux de chenin. Tous atteignent le niveau d'originalité des grands crus. Les doses de soufre sont faibles ou inexistantes. Les blancs, aux robes soutenues, doivent être conservés impérativement au frais. À l'ouverture, les nez souvent levuriens paraissent toujours plus évolués que les bouches. Il faut passer ces vins en carafe pour qu'ils retrouvent leur intégrité. Bruno Ciofi, venu du domaine de la Pinte, à Arbois, s'est associé à Mark Angeli. Toutes les cuvées se déclinent en appellation Vin de France.

Les vins : le domaine ne nous ayant pas fait parvenir ses vins cette année, nous sommes amenés à reconduire les notes de notre édition précédente.

VDF La Lune 2016 de 27 à 33 € (c) 16,5

VDF Les Vieilles Vignes des Blanderies 2015 de 50 à 61 € (c) 17

Rouge : 1,3 hectare.
Grolleau 100 %
Blanc : 6 hectares.
Chenin 100 %
Production moyenne : 20 000 bt/an

LA FERME DE LA SANSONNIÈRE
49380 Thouarcé
02 41 54 08 08 •
fermedelasansonniere@orange.fr • Vente et visites : au domaine sur rendez-vous.

Propriétaire : Mark et Martial Angeli
Directeur : Mark et Martial Angeli et Bruno Ciofi

★★

DOMAINE RICHARD LEROY

Dans son vignoble de poche planté sur des schistes gréseux et des rhyolites, Richard Leroy sélectionne ses raisins (en culture bio) comme un orpailleur, et produit de grands vins secs qu'il élève méticuleusement en barrique dans un garage reconverti en cave. Tous les fous du cépage chenin suivent avec passion cette excitante production. Depuis 2008, les vins ne sont plus produits en appellation Anjou, mais en Vin de France. Une rébellion contre l'organisation du système des appellations que suivent également les vignerons dans la mouvance de Mark Angeli (Ferme de la Sansonnière). Ces chenins très recherchés, produits en petite quantité et désormais sans soufre ajouté, s'inscrivent parmi les meilleurs blancs de France. Un prochain millésime aussi abouti mènera probablement le domaine à la troisième étoile.

Les vins : ces 2017 recèlent une concentration impressionnante d'extraits secs. L'acidité fine est fondue dans une matière tenue par une grande intensité et de beaux amers finaux. Une magnifique énergie se déploie dans ces blancs artisanaux et très précis. Les nuances fumées des Noëls de Montbenault s'affirmeront dans le temps. Cinq à six ans dans votre cave leur feront le plus grand bien.

VDF Les Noëls de Montbenault 2017	40 € (c)	18
VDF Les Rouliers 2017	40 € (c)	17,5

Blanc : 2,7 hectares.
Chenin 100 %

DOMAINE RICHARD LEROY ♣
52, Grande-Rue, 49750 Rablay-sur-Layon
02 41 78 51 84 • sr.leroy@wanadoo.fr •
Visites : sur rendez-vous uniquement aux professionnels.
Propriétaire : Sophie et Richard Leroy

★★

DOMAINE ERIC MORGAT

Né sur la rive sud, Éric Morgat est désormais ancré à Savennières. Depuis 2004, les vendanges s'effectuent sur des chenins dorés sans botrytis, vinifiés en fût, avec fermentations malolactiques partielles (à 50 % dans les 2008). La gamme est désormais réduite à deux blancs, l'anjou Litus qui provient d'une vigne en bord de Layon, et le savennières Fidès, assemblage de différentes et précieuses parcelles (telles que Roche-aux-Moines, ou un coteau replanté à la Pierre Bécherelle). Les vins sont dotés d'une énergie et d'une intensité incroyables. Toutefois, le boisé de l'élevage a tendance à persister et à s'imprégner, même après quelques années de garde. Si ce phénomène continue, nous serons contraints d'enlever une étoile au domaine.

Les vins : il ne faudra pas hésiter à carafer ces beaux blancs dont la touche boisée de l'élevage s'estompe à l'air et en se réchauffant dans le verre. La puissance du millésime solaire est magnifiquement contenu dans ces chenins élevés paisiblement pendant dix mois. Récoltés parfaitement mûrs, ils ne débordent jamais de richesse et développent une allonge ciselée. Le Fidès s'inscrit probablement parmi les plus beaux blancs de Loire.

Anjou Litus 2015	46 € (c)	16
Savennières Fidès 2015	50 € (c)	16,5

Blanc : 6 hectares.
Chenin 100 %
Production moyenne : 15 000 bt/an

DOMAINE ERIC MORGAT ♣
Clos Ferrard, La Grande Roche,
49170 Savennières
02 41 72 22 51 • www.ericmorgat.com •
Vente et visites : au domaine sur rendez-vous.
Propriétaire : Eric Morgat

★★

CHÂTEAU DE VILLENEUVE

Villeneuve représente historiquement un grand terroir pour le chenin blanc sec et parfois liquoreux (appellation Coteaux de Saumur), au remarquable potentiel de vieillissement. Jean-Pierre Chevallier dirige avec exigence et passion le vignoble familial, partiellement situé sur la spectaculaire côte de Souzay. Traduisant au plus près l'expression de cette côte calcaire, cet œnologue formé à l'école bordelaise donne naissance à des rouges homogènes, colorés, à la matière fraîche, dans lesquels le fruit parle de plus en plus librement. Il a su affiner progressivement les élevages et s'affirmer avec régularité comme un des grands stylistes du paysage saumurois actuel.

Les vins : préserver la fraîcheur du chenin dans un millésime solaire comme 2018 est périlleux. Jean-Pierre Chevallier l'a fait avec brio ! Le saumur blanc est épuré ; sa trame calcaire svelte vient souligner ses arômes exotiques. En 2017, Les Cormiers, est récolté en légère sous-maturité. Il demeure toutefois élancé, à la concentration vigoureuse, mérite encore quelques années de cave. Clos de la Bienboire, vinifié sans soufre, est toujours gorgé de fruit. Les rouges 2017 sont habilement façonnés en cave ; ils conservent toutefois un éclat de fruit velouté fidèle à leur terroir. Attendez encore trois à quatre ans pour ouvrir le soyeux Vieilles Vignes et une dizaine d'années pour profiter pleinement de la vitalité profonde du Grand Clos, contenu par son élevage dans la jeunesse.

Saumur 2018	13 €	15,5
Saumur Les Cormiers 2017	21 €	16
Saumur-Champigny 2017	12 €	16
Saumur-Champigny Clos de la Bienboire 2018	12,50 €	15
Saumur-Champigny Le Grand Clos 2017	26 €	17,5
Saumur-Champigny Les Vieilles Vignes 2017	16 €	17

Rouge : 22 hectares.
Cabernet franc 100 %
Blanc : 5 hectares.
Chenin 100 %
Production moyenne : 120 000 bt/an

CHÂTEAU DE VILLENEUVE ♣
3, rue Jean-Brevet,
49400 Souzay-Champigny
02 41 51 14 04 •
www.chateaudevilleneuve.com •
Visites : sans rendez-vous.
Propriétaire : Jean-Pierre Chevallier

★★

CHÂTEAU YVONNE

Cette magnifique propriété des terroirs froids de Parnay a connu plusieurs amours, Françoise Foucault puis Bernard Pontonnier, avant que Mathieu Vallée ne s'en entiche en 2007. Cet enfant de Saint-Nicolas-de-Bourgueil (il est le frère de Gérald, du domaine de la Cotelleraie) bénéfice d'un vignoble cultivé en bio depuis 1997. Au fil des années, ce vigneron intuitif appréhende ses vignes, plantées sur des sables éoliens et des tuffeaux. Le style historique des rouges, qui étaient élevés intégralement en fût neuf jusqu'en 2004, change. Ils patientent aujourd'hui entre 12 et 24 mois en barrique (10 % de bois neuf) puis en cuve bois. Depuis le millésime 2014, les vins atteignent un niveau remarquable et sont débarrassés des réductions que nous leur reprochions dans la jeunesse. Le Beaumeray (parcelle de vignes de 60 ans plantées sur sables éoliens) est devenu un grand classique, que tout amateur de cabernet franc doit avoir dans sa cave. La deuxième étoile a été décernée l'année dernière.

Les vins : le saumur blanc 2017 dompte magnifiquement la puissance solaire du millésime à travers un vin doré, au velouté salin, d'une énergie franche. Le Gory 2016 transpire la fraîcheur du tuffeau avec une haute concentration des saveurs : il évoluera sereinement dans les vingt prochaines années. Ils peuvent toutefois gagner en pureté grâce des élevages moins luxueux. La marge de progression pour affiner l'élevage et élever les blancs vers plus d'éclat est encore grande. De leur côté, les rouges n'ont jamais aussi bien laissé transparaître leur terroir. Chaque cuvée livre une expression pure et classique du cabernet franc, avec une grande vitalité de fruit et cette sensation calcaire légèrement astringente que les grands saumur-champigny laissent en bouche, d'une subtile floralité. De grands vins de garde.

Saumur 2017	25 €	16
Saumur Le Gory 2016	40 €	16,5
Saumur-Champigny 2016	23 €	17
Saumur-Champigny La Folie 2017	16 €	16
Saumur-Champigny Le Beaumeray 2015	40 €	18

Rouge : 8,5 hectares.
Cabernet franc 100 %
Blanc : 3 hectares.
Chenin 100 %
Production moyenne : 50 000 bt/an

CHÂTEAU YVONNE ♣
12, rue Antoine-Cristal, 49730 Parnay
02 41 67 41 29 • chateau.yvonne@wanadoo.fr
• Vente et visites : au domaine sur rendez-vous.
Propriétaire : Mathieu Vallée

★

DOMAINE PATRICK BAUDOUIN

Patrick Baudouin, la soixantaine énergique, s'est battu pour imposer la production de liquoreux naturels en Layon à la fin du XXe siècle. Cet ancien libraire parisien, revenu sur la terre angevine de ses aïeux au début des années 1990, a connu bien des vicissitudes. L'arrivée d'un partenaire financier majoritaire (l'Union Harmonie Mutuelles) a permis au domaine de se doter de moyens supplémentaires et d'atteindre des objectifs qualitatifs élevés. Le travail engagé porte ses fruits et les vins n'ont jamais été aussi aboutis, avec de beaux rouges mais surtout des anjous blancs illustrant la diversité des terroirs et, en liquoreux, un admirable quarts-de-chaume. Plus que jamais, Patrick Baudoin joue un rôle actif pour la promotion du chenin angevin.

Les vins : nous sommes enchantés par la tonalité mûre et libre des blancs secs, avec des 2017 à la fraîcheur saillante, particulièrement marquée dans la Fresnaye. L'Effusion s'exprime avec davantage de relief et de nuances poivrées, tout comme le Cornillard, à la trame minérale affirmée. Sauvé du gel, Les Glanées est un beau demi-sec très gourmand, conservant une finale cristalline de superbe tenue. L'évolution des coteaux-du-layon est riche et pleine avec une enveloppe prégnante de l'élevage sous bois. Les rouges sont de belle facture, avec des fruits sans esbroufe œnologique : ce sont des ambassadeurs vigoureux du cabernet franc.

Anjou Effusion 2017	19,20 €	15,5
Anjou La Fresnaye 2017	18,40 €	14
Anjou Le Cornillard 2017	32 €	16
Anjou Les Glanées 2016	37 €	16
Anjou Les Gâts 2014	40 €	16,5
Coteaux du Layon 1896 2015	33 €	15
Quarts de Chaume Les Zersilles 2014	45 €	16
Anjou La Fresnaye 2016	17,50 €	14,5
Anjou Les Coteaux d'Ardenay 2016	19 €	15

Rouge : 2,5 hectares.
Cabernet franc 80 %,
Cabernet-Sauvignon 20 %
Blanc : 11,5 hectares.
Chenin 100 %
Production moyenne : 35 000 bt/an

DOMAINE PATRICK BAUDOUIN ♣
Princé, 49290 Chaudefonds-sur-Layon
02 41 74 95 03 • www.patrick-baudouin.com
• Vente et visites : au domaine sur rendez-vous.
Propriétaire : Patrick Baudouin
Maître de chai : Christophe Durand

★

DOMAINE STÉPHANE BERNAUDEAU

Dans le secteur de Martigné-Briand, en Anjou, Stéphane Bernaudeau produit en petite quantité des vins entiers qui impressionnent par leur mâche minérale en bouche. Ce vigneron-artisan a beaucoup progressé dans la précision de ses vinifications pour sublimer Les Onglés, issue d'une parcelle de 2 hectares exposée au sud-ouest, et Les Nourissons, une petite parcelle dont les vignes ont été plantées en 1910, qui donne l'un des chenins les plus singuliers de Loire.

Les vins : dans ce type de millésimes solaires ces blancs angevins se gorgent d'une grande concentration en extraits secs et en saveurs salines. Sous leur chair pulpeuse et une acidité fondue, l'équilibre tient par de beaux amers qui donne un relief revigorant. Une sensation minérale forte, jamais étouffée par la richesse de la matière.

Le coup de ♥

VDF Les Nourrissons 2017	de 90 à 110 € (c)	17

Blanc : 3 hectares.
Chenin 100 %
Production moyenne : 3 800 bt/an

DOMAINE STÉPHANE BERNAUDEAU ♣
14, rue de l'Abondance,
49540 Martigné-Briand
09 62 13 51 28 •
stephane.bernaudeau@orange.fr • Vente et visites : au domaine sur rendez-vous.
Propriétaire : Stéphane Bernaudeau

★

CLAU DE NELL

Christian Jacques poursuit l'aventure initiée en 2008 par son épouse, emblématique figure de la Bourgogne, Anne-Claude Leflaive, pour faire renaître le Clau de Nell. Tout naturellement, les

10 hectares de vignes d'un seul tenant plantées sur argilo-calcaires, grès rouges et silex, sont cultivés en biodynamie depuis les années 2000. Les derniers millésimes de ce charmant domaine que nous suivons depuis plusieurs années se révèlent particulièrement éclatants et profonds. Tant pour le blanc (chenin) que pour le rouge (cabernet franc, cabernet-sauvignon et certainement le grolleau le plus ambitieux de Loire), les élevages longs de 12 à 18 mois en fûts anciens sont adoptés. Ces vins séduiront les amateurs de grands anjous. La première étoile a été attribuée l'année dernière.

Les vins : bien mûr, svelte et plein de vitalité, le chenin 2017 est un exemple dans ce millésime. Il sera bon de passer les rouges en carafe avant le service. Le grolleau est l'un des rouges les plus ambitieux de cépage. Il conjugue concentration florale avec la fine rusticité appétente. La concentration intense des deux autre rouges, le cabernet franc et Violette, est appuyée en 2017. Pour autant, l'éclat et l'énergie du fruit sont très séduisants. Ce ne sont certainement pas les vins les plus profonds, mais leur vitalité nous enchante.

IGP Val de Loire Chenin 2017	33 €	16
Anjou Cabernet Franc 2017	27,50 €	16
Anjou Violette 2017	29 €	16
IGP Val de Loire Grolleau 2017	30,30 €	15,5

Rouge : 8,5 hectares.
Cabernet franc 80 %,
Cabernet-Sauvignon 20 %
Blanc : 1,5 hectare.
Chenin 100 %
Production moyenne : 35 000 bt/an

CLAU DE NELL ☾
9 bis, rue des Noyers, 49700 Ammbillou Château
02 41 59 35 29 • www.claudenell.com •
Vente et visites : au domaine sur rendez-vous.
Propriétaire : Christian Jacques
Maître de chai : Sylvain Potin

★ ↗

CLOS DE L'ECOTARD

Michel Chevré donne progressivement les rênes de ce petit domaine de 3 hectares à son fils Thibaud qui termine son apprentissage du métier de vigneron. Trois saumurs blancs sont produits avec la volonté de sculpter de magnifiques chenins épurés de tout artifice et sveltes, ne manquant ni de chair ni de profondeur. Du simple La Haie Nardin (sablo-argileux) jusqu'au Pentes (un coteau où le calcaire affleure), en passant par la cuvée emblématique du Clos de l'Écotard, ces blancs s'inscrivent déjà parmi les plus grands du Saumurois. Nous décernons la première étoile bien méritée à ces vignerons pétris de qualité.

Les vins : La Haie Nardin est le blanc le plus accessible avec un fruit généreux, subtilement anisé, une allonge vivifiante. À boire dès maintenant. N'hésitez pas à patienter encore deux ans pour profiter pleinement du Clos de l'Écotard 2018, dessiné par des nuances fraîches de fenouil et une sensation calcaire et saline, sans aucune austérité. Les Pentes s'affirment avec une impression minérale plus forte et une allonge radieuse d'un fruit éclatant. Revigorant !

Samur Les Pentes 2018	43 €	17,5
Saumur 2018	20 €	16,5
Saumur La Haie Nardin 2018	15 €	15,5

Blanc : 3 hectares.
Chenin 100 %
Production moyenne : 20 000 bt/an

CLOS DE L'ECOTARD ♣
182, rue des Ladres,
49260 Artannes-sur-Thouet
02 41 38 20 32 • closdelecotard@laposte.net
• Vente et visites : au domaine sur rendez-vous.
Propriétaire : Michel Chevré
Directeur : Thibaud Chevré

★

CLOS DE L'ELU

Charlotte et Thomas Carsin, Breton diplômé de biologie marine, resté dix ans consultant viticole en Champagne et en Provence, cultivent, depuis 2008, 25 hectares de vignes sur de très beaux terroirs dans les environs de Saint-Aubin-de-Luigné. Vendanges manuelles, labours, culture en bio (certifiée en 2013), puis levures indigènes à la cave et vinification en grappe entière donnent une splendide gamme de vins aboutis, savoureux et énergiques, dont les intitulés invitent au voyage. Les grandes cuvées Magellan (cabernet franc) et Ephata (chenin) montrent la voie à suivre pour la nouvelle génération de vignerons angevins, qui cherche à mieux valoriser ses terroirs et ses vins. Las de certaines obligations du cahier des charges de l'AOC Anjou, le couple a décidé de reclasser leur production sous la plus permissive dénomination "Vin de France".

Les vins : chaque année, le couple redouble de créativité pour ciseler des cuvées plus originales les unes que les autres. Élevés en barriques anciennes, Roc'h Avel (mûr et digeste) et Bastingage (concentré et revigorant) sont de beaux chenins vivants. Passé par des amphores de grès et des jarres d'argiles, L'Ephata illustre une approche singulière et personnelle du vin blanc, avec une franchise affirmée du fruit et un très beau nerf stimulant en finale. Les grolleau gris et noir de macération sont, comme l'année dernière, généreusement réduits ; ils laissent néanmoins en bouche l'agréable sensation de croquer dans un raisin frais. Une belle variété de rouges est à découvrir dès l'épicé et gourmand Maupiti, à déboucher dans les deux à trois ans. L'Aiglerie s'illustre par un cabernet franc vinifié en grappes entières, élevé trois ans en barrique, séveux et vigoureux. Magellan, macéré pendant cinq semaines, est bien plus sombre et concentré. Il nécessite un bon carafage. Si vous n'êtes pas encore conquis par le pineau d'aunis, dégustez Espérance, au parfum épicé et floral, tenu par des tanins sanguins et d'une rondeur solaire. Quel éclat !

Anjou Bastingage 2017	19 €	15,5
VDF Roc'h Avel Terre de l'Elu 2018	13,50 €	15
IGP Val de Loire Le Baiser d'Alexandrie 2016	25 €	14,5
VDF Espérance Terre de l'Elu 2018	25 €	16
VDF L'Aiglerie Terre de l'Elu 2016	19 €	16
VDF Magellan Terre de l'Elu 2017	36 €	16
VDF Maupiti Terre de l'Elu 2018	13,50 €	14,5

Le coup de ♥

VDF Ephata Terre de l'Elu 2017	43 €	17

Rouge : 10,35 hectares.
Cabernet franc 57 %, Gamay noir à jus blanc 21 %, Grolleau 13 %, Pineau d'Aunis 9 %
Blanc : 9,19 hectares.
Chenin 79 %, Sauvignon blanc 15 %, Grolleau gris 6 %
Production moyenne : 60 000 bt/an

CLOS DE L'ELU ☾

Route de Bellevue,
49190 Saint-Aubin-de-Luigné
02 41 78 39 97 • www.closdelelu.com •
Vente et visites : au domaine sur rendez-vous.
Propriétaire : Charlotte et Thomas Carsin

★

DOMAINE DU CLOSEL - CHÂTEAU DES VAULTS

Évelyne de Pontbriand ne ménage pas ses efforts pour valoriser son domaine angevin, qui entretient, en surplomb de la Loire, l'un des plus beaux patrimoines de vignes de Savennières. La gamme se décline par terroir, ce qui aboutit à une expression plus nuancée des vins du cru, servi par une démarche en biodynamie. Savennières d'initiation, la cuvée La Jalousie est fine, à boire jeune, alors que le plus minéral Les Caillardières évolue bien sur cinq à six ans. Suivant la richesse du millésime, Clos du Papillon peut conserver des sucres résiduels. De facture classique, les vins gagnent en finesse et en pureté dans les derniers millésimes ; ils vieillissent avec grâce. Le domaine étant certifié en biodynamie depuis 2015, nous espérons que les vins développeront encore davantage d'énergie.

Les vins : l'exceptionnel Belle-Dame est un peu enveloppé par son élevage mais reste franc et digeste. Nous avons écarté La Jalousie, pas au niveau en 2016. En revanche, Les Caillardières évolue sereinement et présente des nuances épicées de poivre blanc. Son amertume lui promet un bel équilibre dans les quinze à vingt ans. La puissance solaire du millésime est admirablement contenue dans Clos du Papillon, un blanc doté d'une énergie vigoureuse qui vieillira dans un style traditionnel et racé. Produit uniquement les grands années, Les Coteaux séduira les amateurs de moelleux austères. On aimerait davantage d'énergie en finale mais il évoluera avec force en cave. Prenez votre temps...

Savennières Clos du Papillon 2017	35 €	17
Savennières Les Caillardières 2016	34,90 €	16
Savennières Les Coteaux 2016	38,90 €	16,5
VDF Belle-Dame 2017	15,90 €	14,5

Rouge : 2 hectares.
Cabernet-Sauvignon 50 %, Cabernet franc 50 %
Blanc : 13 hectares.

Chenin 98 %, Verdelho de Madère 2 %
Production moyenne : 40 000 bt/an

DOMAINE DU CLOSEL - CHÂTEAU DES VAULTS
1, place du Mail, 49170 Savennières
02 41 72 81 00 • www.savennieres-closel.com
• Visites : sans rendez-vous.
Propriétaire : Famille Bazin de Jessey
Directeur : Evelyne de Pontbriand
Maître de chai : Bruno Perray

★

DOMAINE DELESVAUX

À l'aube de leur quarantième vendange, Philippe Delesvaux et son épouse Catherine continuent à nous émouvoir avec des vins d'une grande vitalité. Viticulture en biodynamie (certification en 2000), vendanges manuelles, vinifications douces, élevages en barrique ancienne... Tout en mis en œuvre pour traduire l'élégante retenue austère des schistes carbonifères et de poudingue des chenins à la pureté de fruit incroyable. Le couple décline ses coteaux-dulayon suivant la richesse de tries : lorsque l'année le permet, les différentes parcelles attenantes sont vinifiées ensemble pour obtenir une sélection de grains nobles (en première trie), et la cuvée les Clos (en seconde trie). Une troisième trie, le Passerillé, sauve la mise certaines années durant lesquelles les deux tries précédentes sont inexistantes... Les anjous rouges vinifiés en cuve offrent un caractère entier intense. Un exemple de domaine biodynamique.

Les vins : le cabernet franc du Roc est plein de vitalité ; les saveurs d'un fruit sans esbroufe s'y dévoilent crescendo. La Feuille d'Or est aussi doré qu'un chenin bien mûr, extrêmement énergique. Le point fort du domaine reste, dès le Passerillé, au sucre tonique, les brillants liquoreux. On monte en concentration de saveurs avec ces cuvées rayonnantes : parfum pur et délicatement épicé des Clos, lumineux SGN 2011, marqué d'une touche végétale noble, vin de grande précision. Même félicitations pour le 2010, au bouquet plus froid (truffe blanche, poire...), qui offre une profondeur à la fois nuancée et immense. L'une des plus belles incarnations de liquoreux de chenin que vous pourrez trouver sur votre chemin.

Anjou Feuille d'Or 2017	12,50 €	15,5
Coteaux du Layon Passerillé 2018	12,50 €	15
Coteaux du Layon SGN 2010	32 €	19
Coteaux du Layon SGN 2011	31 €	17,5
Coteaux du Layon Saint-Aubin Les Clos 2017	14 €	17
Anjou Le Roc 2017	8,50 €	16

Rouge : 3,6 hectares.
Cabernet franc 50 %,
Cabernet-Sauvignon 50 %
Blanc : 7 hectares.
Chenin 100 %

DOMAINE DELESVAUX
Chemin des Essarts, La Haie Longue, 49190 Saint-Aubin-de-Luigné
02 41 78 18 71 •
domaine.delesvaux@hotmail.fr • Vente et visites : au domaine sur rendez-vous.
Propriétaire : Catherine et Philippe Delesvaux-Radomski

★

DOMAINE GUIBERTEAU

Revenu au domaine en 1996, Romain, quatrième génération de la famille Guiberteau, restructure au fil des années le vignoble, répartis entre Montreuil-Bellay (majorité sols profonds d'argiles), Brézé (argilo-calcaires) et Bizay (argilo-calcaires), exclusivement en appellation Saumur, qu'il passe notamment en bio en 2003. En blanc comme en rouge, les cuvées civilisées du domaine, assemblage de différents terroirs, sont d'un excellent niveau et expriment une identité forte. L'ambition du quadragénaire s'affirme à travers des vinifications en foudre et barrique, qui sculptent ces blancs jouant avec finesse sur un équilibre saillant et une réduction grillée persistante. Les rouges brillent grâce à leurs subtils parfums frais et leurs textures tout en finesse.

Les vins : le domaine ne nous ayant pas fait parvenir ses vins cette année, nous sommes amenés à reconduire les notes de notre édition précédente.

Saumur Brézé 2015	46 €	16
Saumur Clos de Guichaux 2016	33 €	15,5
Saumur Clos des Carmes 2014	56 €	16,5
Saumur Domaine 2017	18 €	15,5
Saumur Domaine 2017	18,50 €	15,5

Saumur Les Arboises 2015 46 € 17

Rouge : 7 hectares.
Cabernet franc 100 %
Blanc : 7,5 hectares.
Chenin 100 %
Production moyenne : 70 000 bt/an

DOMAINE GUIBERTEAU ♣
3, impasse du Cabernet,
49260 Saint-Just-sur-Dive
02 41 38 78 94 • www.domaineguiberteau.fr
• Vente et visites : au domaine sur rendez-vous.
Propriétaire : Romain Guiberteau

★

DOMAINE DAMIEN LAUREAU

Damien Laureau reprend en 1999 ce domaine viticole aux portes d'Angers. Il abandonne en 2006 une partie du vignoble en appellation Anjou, et se recentre sur l'appellation Savennières, dont 25 ares de Roche-aux-Moines. Les vins proviennent de vignes assez jeunes du secteur de Beaupréau, en début de plateau pour Les Genêts, et dans la pente (meilleur drainage) pour Le Bel Ouvrage (élevé à 50 % en barrique). Les vins sont en pleine forme, scintillants de minéralité.

Les vins : La Petite Roche est une bonne entrée en matière à l'équilibre fringant et épuré. La série des 2016 est magnifique de pureté et de salinité. Ils s'inscrivent incontestablement parmi les grands chenins du millésime. Le roche-aux-moines s'envole avec une luminosité élancée.

Savennières La Petite Roche 2018 23 € 14,5
Savennières Le Bel Ouvrage 2016 48 € 16
Savennières Les Genêts 2016 35 € 15
Savennières Roche-aux-Moines 2016 67 € 16,5

Blanc : 9 hectares.
Chenin 100 %
Production moyenne : 30 000 bt/an

DOMAINE DAMIEN LAUREAU ♣
Chemin du Grand-Hamé, Epiré,
49170 Savennières
09 64 37 02 57 • www.damien-laureau.fr •
Vente et visites : au domaine sur rendez-vous.
Propriétaire : Damien et Florence Laureau

★

DOMAINE AUX MOINES

Monique Laroche et sa fille Tessa, œnologue, possèdent une propriété magnifique (acquise en 1981, passée de 4 ha à 10 aujourd'hui) et un rare patrimoine de grand cru La Roche-aux-Moines, au sommet des bords de Loire, près de la Coulée de Serrant. Un terroir magistral, peu productif, dont l'interprétation se retrouve avec nuance en bouteille. Depuis le début des années 2000, des options qualitatives ont été prises, faisant évoluer le style vers des savennières précis et secs (excepté la trie liquoreuse des Nonnes), désormais profonds et naturellement élégants. Le statut de grand domaine de Loire se trouve confirmé par des vins chaque année plus aboutis. La deuxième étoile est proche.

Les vins : issu des jeunes vignes de Savennières, Le Berceau des Fées, est un joli blanc fringant et lumineux, extrêmement digeste. On monte naturellement en intensité avec le savennières-roche-aux-moines, 2017 sauvé du gel, très concentré. Sa pureté énergique n'a égal que sa finale longue, tenue par de magnifiques amers. Un rayon de soleil dans notre dégustation ! Le rouge demande deux à trois ans de cave pour révéler son fruit sombre et bien pulpeux.

VDF Le Berceau des Fées 2018 18 € 15,5
Anjou-Villages 2017 17 € 15

Le coup de ♥
Savennières Roche-aux-Moines 2017 30 € 17

Rouge : 0,78 hectare.
Cabernet franc 70 %,
Cabernet-Sauvignon 30 %
Blanc : 12 hectares.
Chenin 100 %
Production moyenne : 40 000 bt/an

DOMAINE AUX MOINES ♣
La-Roche-aux-Moines, 49170 Savennières
02 41 72 21 33 •
www.domaine-aux-moines.com • Vente et visites : au domaine sur rendez-vous.
Propriétaire : Tessa Laroche

★

DOMAINE MÉLARIC

Baptisé à partir de la contraction de Mélanie et d'Aymeric, ce petit domaine a été créé par un jeune couple, en 2006, sur le vignoble du Puy-Notre-Dame. Mélanie, œnologue, a travaillé dans de nombreux vignobles français et étrangers avant de s'ancrer en terre ligérienne. Aymeric Hillaire, ingénieur agronome et œnologue lui aussi, est passé au château Mas Neuf (Nîmes) avant de revenir dans la Loire chez Bernard Baudry. Construite sur de longs élevages, la qualité des vins s'est affinée, la gamme s'est élargie : beau parcours pour un couple travailleur et humble, qui a signé en peu de temps une cave bicolore lisible, savoureuse et personnalisée.

Les vins : une belle expression épicée et presque salée se dégage de l'original Clos de la Cerisaie. Billes de Roches roule en bouche avec une richesse sanguine dynamique. Côté rouge, Le Clos Rousseau, pourtant issu de jeunes vignes, est l'un des grolleaux les plus abouti de Loire : un vin bien juteux et épicé. Le Tandem est une cuvée fringante et sympathique, à boire dans les cinq ans. En 2016, le saumur-puy-notre-dame déroule une pulpe droite et un fruit goûteux. Billes de Roches 2015 est plus cacacoté ; un passage en carafe lui fera le plus grand bien.

Saumur Billes de Roche 2016	15 €	16
Saumur Clos de la Cerisaie 2016	20 €	16
Saumur Puy-Notre-Dame Billes de Roche 2015	15 €	15
Saumur Puy-Notre-Dame La Petite Cerisaie 2016	18 €	16
VDF Le Clos Rousseau 2017	18 €	15,5
VDF Le Tandem 2018	10 €	15

Rouge : 2,5 hectares.
Cabernet franc 80 %, Grolleau 20 %
Achat de raisins.
Blanc : 2,2 hectares.
Chenin 100 %
Achat de raisins.
Production moyenne : 25 000 bt/an

DOMAINE MÉLARIC ♣
2 bis, rue Saint-Hilaire,
49700 Doué-la-Fontaine
02 41 50 70 96 • www.vins-melaric.com •
Vente et visites : au domaine sur rendez-vous.
Propriétaire : Aymeric Hillaire

★

DOMAINE NICOLAS REAU

Sans origine viticole, Nicolas Reau bifurque sur le tard vers la viticulture. Remarqué en Anjou dès 2002, il vinifie ensuite quelques excellents vins à Chinon mais perd les vignes. Ses terroirs sont situés à Sainte-Radegonde, au sud de l'Anjou, dans le Thouarsais, où Nicolas élabore les rouges Pompois et L'Enfant Terrible. Le blanc Victoire naît sur du calcaire du Jurassique zébré par une veine de schistes roses, des quartz, des sables et des limon. Les rouges ont gagné en précision sans rien perdre en générosité de saveurs et en richesse de matière, et les blancs conjuguent puissance et droiture.

Les vins : Victoire 2017 offre naturellement une haute maturité du raisin, à l'aromatique libre, tout préservant une sensation iodée, gage de fraîcheur. On le boira plutôt dans les cinq ans. Une grande fraîcheur se dégage de ce Pompois de haute concentration dont la matière intense est doucement infusée pendant la vinification. L'allonge est énergique et extrêmement savoureuse. Quel éclat ! L'Enfant terrible est tout en pureté, avec une allonge franche ; élaboré sans ajout de soufre, on le sent un peu plus fragile.

Anjou Victoire 2017	30 €	16,5
Anjou L'Enfant Terrible 2017	30 €	16
Anjou Pompois 2017	20 €	16,5

Rouge : 5 hectares.
Cabernet franc 100 %
Blanc : 1,5 hectare.
Chenin 100 %
Production moyenne : 25 000 bt/an

DOMAINE NICOLAS REAU ♣
19, route de Saint-Vergé,
79100 Sainte-Radegonde •
nicolasreau@yahoo.fr • Vente et visites : au domaine sur rendez-vous.
Propriétaire : François Aubry
Directeur : Nicolas Reau

★

DOMAINE RICHOU

Les frères Damien et Didier Richou sont présents depuis trois générations dans l'ouest des Coteaux de l'Aubance, sur des terroirs de schistes très identitaires. Ils ont toujours défendu avec ardeur les trois couleurs des vins angevins. La conversion en bio s'est accompagnée d'une progression en qualité, en régularité et en intensité d'expression des vins, qui place désormais le domaine parmi les meilleurs stylistes angevins.

Les vins : il est temps de boire Dom Nature 2012, qui évoule rapidement, jouant entre notes de mirabelles et fruits jaunes avec une tendresse gourmande. Peu concentré, Chauvigné 2018 est un sec agréable, techniquement irréprochable. En 2017, Terre de 3 est un peu plus velouté et ambitieux. Le savennières La Bigottière, plutôt svelte et effilé que corpulent, est élancé par une belle allonge saline. Le gamay du Champ de la Pierre est toujours une merveille de fruit épicé avec une vrai identité, très digeste. Le brissac est un assemblage de cabernet franc et de cabernet-sauvignon de bonne facture, joliment concentré en 2017, qui révèlera sa fraîcheur mentholée dans les prochaines années.

Anjou Sec Chauvigné 2018	10,50 €	14
Anjou Terre de 3 2017	16 €	15
Crémant de Loire Dom Nature 2012	16,60 €	14
Savennières La Bigottière 2017	19,50 €	16,5
Anjou-Villages Brissac 2017	12,60 €	15

Le coup de ♥

Anjou Gamay Le Champ de la Pierre 2017	12,60 €	16,5

Rouge : 13 hectares.
Cabernet franc 42 %, Gamay noir à jus blanc 30 %, Cabernet-Sauvignon 25 %, Grolleau 3 %
Blanc : 20 hectares.
Chenin 75 %, Chardonnay 25 %
Production moyenne : 120 000 bt/an

DOMAINE RICHOU ♣
Chauvigné, 49610 Mozé-sur-Louet
02 41 78 72 13 • www.domainerichou.fr •
Vente et visites : au domaine sur rendez-vous.
Propriétaire : Didier et Damien Richou

★ ↗

DOMAINE ANTOINE SANZAY

Formé au lycée de Montreuil-Bellay, Antoine Sanzay a repris le vignoble de ses grands-parents coopérateurs à la cave de Saint-Cyr-en-Bourg. Installé en 1999, il a livré lui aussi durant trois années toute sa vendange à la coopération, avant de se lancer en vinifiant petit à petit les vignes du domaine (vignoble enherbé et cultivé sous le rang). Son potentiel est enviable, avec notamment 4 hectares sur le cru Les Poyeux. « Mon grand-père s'étonne de voir son petit-fils recultiver ses terres, comme avant-guerre ; moi, je veux lui prouver qu'il peut me faire confiance », explique-t-il. Les derniers millésimes offrent davantage de justesse dans les élevages et dans l'expression du fruit ; le blanc s'affirme comme un des meilleurs de la nouvelle école des chenins saumurois. La première étoile, accordée cette année, est amplement méritée.

Les vins : les blancs domptent magnifiquement le solaire millésime 2018 avec une finesse et un éclat de fruit calcaire très stimulants. Les rouges ont bien progressé, avec une sincérité affirmée et des matières plus fines. Le rouge 2018 est un modèle de saumur-champigny charmeur et bien fruité. Les 2017 entrent dans une phase d'austérité mais sont bien construits pour évoluer avec énergie, sans esbroufe d'élevage. Les Poyeux s'affirmera dans le temps avec une sève élancée. Bravo !

Saumur Les Essarts 2018	30 € (c)	16
Saumur Les Salles Martin 2018	25 € (c)	15,5
Saumur-Champigny 2018	13,50 € (c)	15
Saumur-Champigny La Haye Dampierre 2018	25 € (c)	16
Saumur-Champigny Les Poyeux 2016	32 € (c)	16,5
Saumur-Champigny Les Poyeux 2017	34 € (c)	16,5
Saumur-Champigny Les Salles Martin 2017	25 € (c)	16,5
Saumur-Champigny Les Salles Martin 2018	28 € (c)	16,5
Saumur-Champigny Les Terres Rouges 2017	26 € (c)	16

Rouge : 10,3 hectares.
Cabernet franc 100 %
Blanc : 1,3 hectare.
Chenin 100 %
Production moyenne : 35 000 bt/an

DOMAINE ANTOINE SANZAY ♣
19, rue des Roches-Neuves, 49400 Varrains
02 41 52 90 08 • antoine-sanzay@wanadoo.fr
• Vente et visites : au domaine sur rendez-vous.
Propriétaire : Antoine Sanzay

NOUVEAU DOMAINE

DOMAINE BELARGUS

Une page se tourne dans ce domaine emblématique du Layon. Ivan Massonnat associé dans le fond d'investissements PAI Partners et passionné furieux de vin a racheté en 2018 cette propriété à Isabelle et Jo Pithon. Ce dernier continue toutefois à conseiller et à apporter son expérience aux équipes sur les terroirs d'Anjou, des Coteaux du Layon, de Quarts de Chaume et de Savennières cultivés par ce domaine qui a pris le nom de Belargus, d'après le papillon présent dans les vignes. Le nouveau propriétaire veut convertir en biodynamie les vignes déjà cultivées en bio, épurer les vins en récoltant un peu plus tôt, allonger les élevages de certaines cuvées et réveiller le magnifique coteau des Treilles. Les 2018 dégustés en mars 2019 vont dans ce sens. Nous consacrons toutefois cette dégustation aux vins disponibles à la vente réalisés par Jo Pithon.

Les vins : les blancs défendent une haute maturité du chenin, plutôt dodu. Ils ont été patinés par leur passage sous bois, à l'image du Brut de Chenin, franc du collier et charmeur, et du Mozaïk, joufflu et gourmand Le demi-sec Pierrebise est alourdi par le caractère solaire du millésime 2015. Tous trois sont à déboucher dans l'année. Côté rouge, le groslot de Grololo est un peu serré et manque un peu de gourmandise. Le Mozaïk est bien plus charnu. Il faudra le passer en carafe pour le détendre. Dans une registre extrêmement concentré et exubérant, les liquoreux pourraient arborer davantage de fraîcheur.

Anjou La Fresnaye 2017	20 €	15
Anjou Mozaïk 2017	14 €	14,5
Anjou Pierrebise 2015	24 €	14
Coteaux du Layon 4 Vents 2016	26 €	14
Crémant de Loire Brut de Chenin	18 €	14,5
Quarts de Chaume Grand Cru 2013	42 €	14
Anjou Mozaïk 2017	14 €	14,5
VDF Grololo 2018	12 €	13,5

Rouge : 1 hectare.
Cabernet franc 50 %, Grolleau 50 %
Blanc : 23,7 hectares.
Chenin 100 %
Production moyenne : 50 000 bt/an

DOMAINE BELARGUS ♣

19, rue Saint-Vincent,
Saint-Lambert-du-Lattay, 49750 Val-du-Layon
02 41 78 68 74 • www.welovechenin.com •
Vente et visites : au domaine sur rendez-vous.
Propriétaire : Ivan Massonnat
Maître de chai : Adrien Moreau

CHÂTEAU DU HUREAU

Ce terroir de la côte de Saumur donne des tanins frais à ses rouges et de belles acidités de garde aux blancs de chenin, secs (appellation Saumur) et liquoreux (Coteaux de Saumur). En Saumur-Champigny, le sommet est souvent atteint par la cuvée Lisagathe, une sélection de vieilles vignes. Dans un style plus gouleyant et fruité, Les Fevettes, non présenté cette année, se montre d'habitude très plaisant. Depuis 2006, le saumur-champigny du domaine porte le nom de Tuffe ; une nouvelle parcelle a été isolée : Fours à Chaux. Les vins de Philippe Vatan s'avèrent savoureux et policés, sans pour autant manquer de concentration, et séduiront le plus grand nombre.

Les vins : dans un millésime solaire comme 2017, les rouges tirent leur épingle du jeu au sein de l'appellation grâce à leur fraîcheur naturelle. Tuffe est constitué d'une bonne chair gourmande dont on profitera dans les cinq ans. Aussi bien en 2016 que 2017, Les Fevettes livre des notes sanguines et un fruit saillant, de bon augure pour évoluer favorablement dans les quinze prochaines années. Entrant dans une phase d'austérité, Lisagathe promet de devenir bien structuré et concentré. Il trouvera ses aises lors d'un repas.

Saumur Argile 2018	14,50 €	15
Saumur-Champigny Les Fevettes 2016	17,50 €	15,5
Saumur-Champigny Les Fevettes 2017	17,50 €	15,5
Saumur-Champigny Lisagathe 2017	22 €	16,5
Saumur-Champigny Tuffe 2017	11 €	14,5

Rouge : 18 hectares.
Cabernet franc 100 %
Blanc : 1,6 hectare.
Chenin 100 %
Production moyenne : 110 000 bt/an

CHÂTEAU DU HUREAU ♣

Le Hureau, 49400 Dampierre-sur-Loire
02 41 67 60 40 •
www.chateauduhureau.com • Vente et visites : au domaine sur rendez-vous.

Propriétaire : Philippe Vatan

NOUVEAU DOMAINE

CLOTILDE LEGRAND

Ce domaine historique de Saumur-Champigny, dans la famille Legrand depuis le XVIIe siècle, fait son retour sur le devant de la scène avec Clotilde, revenue sur ses terres en 2014. Les sols sont enherbés, les vendanges faites à la main et les élevages, selon les cuvées, se pratiquent en cuve (Les Terrages) ou en fûts anciens pendant trois ans (La Chaintrée et Les Rogelins). La vigneronne ne cherche ni l'exubérance, ni la sophistication, mais plutôt un style traditionnel de cabernet franc mûr. Pour autant, ces vins conservent la fine austérité appétente du cépage. Ce ne sont probablement les vins les plus vibrants de l'appellation mais la gamme est en place et d'un excellent rapport qualité-prix. Le domaine conserve précieusement d'anciens millésimes.

Les vins : le blanc de chenin est joliment construit sur une acidité fringante. Débouchez-le dans les cinq-six ans. Lizières s'affirme dans un registre fruité et facile à boire, tandis que Les Terrages est structuré par une trame ferme, mais sans dureté. Il est bien mené dans ce millésime solaire. Coup de cœur pour La Chaintrée 2011 qui a conservé une fraîcheur classique et présente une note truffée. On peut l'ouvrir dès maintenant. Le 2014 en prend le chemin, avec davantage de tension.

Saumur À l'Écart 2018	7 €	14,5
Saumur-Champigny La Chaintrée 2014	10 €	15
Saumur-Champigny Les Terrages 2017	8 €	15
Saumur-Champigny Lizières 2018	7 €	14

Le coup de ♥

Saumur-Champigny La Chaintrée 2011	10 €	15,5

Rouge : 17 hectares.
Cabernet franc 100 %
Blanc : 0,3 hectare.
Chenin 100 %
Production moyenne : 110 000 bt/an

CLOTILDE LEGRAND
13, rue des Rogelins, 49400 Varrains
02 41 52 94 11 • www.domaine-legrand.fr •
Vente et visites : au domaine sur rendez-vous.

Propriétaire : Clotilde Legrand

DOMAINE OGEREAU

Vincent Ogereau est associé à son fils Emmanuel, doté d'une solide formation internationale, bien décidé à poursuivre la voie des grands chenins de terroirs, en sec comme en liquoreux. Le domaine récolte avec rigueur des raisins sains (sans botrytis sur les secs) et offre une large gamme tricolore et homogène, reflet de la mosaïque des schistes. Citons le terroir des Bonnes Blanches, qui donne l'un des coteaux-du-layon les plus complets et onctueux, se bonifiant sur quinze ans minimum. Le Clos Le Grand Beaupréau (sur les sables éoliens au sommet de la butte d'Épiré) et L'Enthousiasme (veine de grès en haut de la butte d'Épiré) s'inscrivent parmi les blancs les plus ambitieux de l'appellation. Une parcelle de chenin a été plantée en 2017 sur un coteau de roche carbonifère à Ardenay, afin d'explorer une nouvelle expression de blanc angevin.

Les vins : les blancs sont toujours précis et domptent habilement les deux derniers millésimes solaires qu'a connu la région. En Chenin est bien façonné et plutôt simple, Bonnes Blanches affirme une droiture ciselée et le Vent de Spilite dégage un bouquet exotique avec un net élan. Naturellement le savennières du Clos du Grand Beaupréau est plus racé, sa trame gainée par une amertume stimulante. Un vin au profil plutôt épuré, taillé pour la garde. Les moelleux sont brillants, toujours contenus pour séduire le plus grand nombre. Le quarts-de-chaume est majestueux, d'un grand éclat. Côté rouge, L'Anjouée est toujours croquant de fruit, Les Tailles semble plus riche, avec une fermeté sanguine, et Côte de la Houssaye est un cabernet-sauvignon bien ficelé par une allonge vigoureuse.

Anjou Bonnes Blanches 2017	25 € (c)	15,5
Anjou En Chenin 2018	13 € (c)	13,5
Anjou Vent de Spilite 2017	25 € (c)	15,5
Coteaux du Layon Saint-Lambert 2017	17 € (c)	16,5
Quarts de Chaume Grand Cru La Martinière 2017	46 € (c)	17,5
Savennières Clos le Grand Beaupréau 2016	25 € (c)	16,5
Savennières L'Enthousiasme 2016	35 € (c)	16
Anjou L'Anjouée 2018	9,10 € (c)	14

- Anjou-Villages Côte de la Houssaye 2017 — 18,40 € (c) — 15,5
- Anjou-Villages Les Tailles 2017 — 13,50 € (c) — 15

Rouge : 7,5 hectares.
Cabernet franc 45 %,
Cabernet-Sauvignon 40 %, Gamay noir à jus blanc 6 %, Grolleau 6 %, Pineau d'Aunis 3 %
Blanc : 17,3 hectares.
Chenin 99 %, Chardonnay 1 %
Production moyenne : 70 000 bt/an

DOMAINE OGEREAU
44, rue de la Belle-Angevine,
Saint-Lambert-du-Lattay, 49750 Val-du-Layon
02 41 78 30 53 •
contact@domaineogereau.com • Vente et visites : au domaine sur rendez-vous.
Propriétaire : Famille Ogereau
Directeur : Vincent et Emmanuel Ogereau

CHÂTEAU PIERRE BISE

René Papin dispose d'une vaste propriété répartie en Anjou, Coteaux-du-Layon, Quarts-de-Chaume et Savennières. Les blancs secs sont bien ficelés : on trouve ici une approche ronde du chenin et naturellement un supplément de fougue et de vigueur pour les savennières. Entre passerillage et pourriture noble, les liquoreux demeurent précis, leurs sucres suaves bien intégrés. Les derniers millésimes présentent une approche carrée plutôt austère, sans l'élan frais du fruit qui signe les beaux blancs ligériens.

Les vins : à ouvrir cet hiver, le crémant offre une patine oxydative feuillue, rappelant une bulle du Jura. Une sensation de sucrosité légère le prédispose à accompagner un curry d'agneau. Aussi bien en Anjou qu'en Savennières, les blancs sec sont construits sur une matière plutôt riche et puissante, davantage structurée par l'amertume que l'acidité. Le savennières-roche-aux-moines se montrera avec beaucoup de rondeur sur une volaille de Bresse à la crème lors d'un repas chaleureux d'hiver. La trame vineuse du Clos le Grand Beaupréau est incontestable mais nous aimerions davantage d'énergie en finale. Les deux rouges s'affirme dans un registre aromatique très mûr, à l'image du gamay, presque confituré, et de Sur Schistes, un cabernet franc accompagné de 10 % de cabernet-sauvignon qui nous emmènent dans l'univers aromatique d'un bordeaux. Les liquoreux arborent égalent des notes automnales. Un peu compacts, très riches en bouche, ils pourraient révéler un peu plus de finesse.

- Anjou Le Haut de la Garde 2017 — 11,25 € — 15
- Coteaux du Layon Beaulieu Les Rouannières 2017 — 21 € — 16
- Coteaux du Layon Rochefort 2017 — 14,25 € — 15,5
- Crémant de Loire Les Rouannières 2015 — 25 € — 15
- Quarts de Chaume Grand Cru 2016 — 30 € — 16,5
- Savennières Clos Le Grand Beaupréau 2016 — 23 € — 15,5
- Savennières Roche aux Moines 2016 — 25 € — 16
- Anjou Gamay 2018 — 12 € — 14,5
- Anjou-Villages Sur Schistes 2017 — 10,75 € — 15,5

Rouge : 7 hectares.
Cabernet franc 90 %, Cabernet-Sauvignon 10 %
Blanc : 38 hectares.
Chenin 100 %
Production moyenne : 120 000 bt/an

CHÂTEAU PIERRE BISE ♣
1, impasse Chanoine-des-Douves,
49750 Beaulieu-sur-Layon
02 41 78 31 44 • www.chateaupierrebise.com
• Pas de visites.
Propriétaire : René Papin

DOMAINE DES SABLONNETTES

Joel Ménard est un vigneron biodynamiste honnête qui refuse toute chaptalisation ou manipulation œnologique. Ses vins vivants mettent du temps à se caler, occasionnant des problèmes lors des agréments dans les appellations : il a donc passé sa production d'Anjou en Vin de France. Les coteaux-du-layon offrent des sucres digestes, fins et frais, et les rouges de soif sont bien réussis.

Les vins : le domaine ne nous ayant pas fait parvenir ses vins cette année, nous sommes amenés à reconduire les notes de notre édition précédente.

- VDF Auguste 2017 — 17,80 € — 14,5
- VDF Fleurs d'Erables 2017 — 13,50 € — 15

- VDF Zeste 2017 16,50 € 14,5
- VDF Les Copains d'Abord 2017 9,50 € 14
- VDF Ménard le Rouge 2017 9,50 € 14
- VDF Un Brin de Causette 2017 12,50 € 14,5

Rouge : 4 hectares.
Cabernet franc 60 %, Gamay noir à jus blanc 30 %, Cabernet-Sauvignon 6 %, Grolleau 4 %
Blanc : 9 hectares.
Chenin 100 %
Production moyenne : 40 000 bt/an

DOMAINE DES SABLONNETTES
Lieu-dit l'Espérance, 49750 Rablay-sur-Layon
02 41 78 40 49 • www.sablonnettes.com •
Pas de visites.
Propriétaire : Christine, Joël et Jérémy Ménard
Maître de chai : Jérémy Ménard

TOURAINE

★★★

DOMAINE FRANÇOIS CHIDAINE

Depuis ses débuts en 1989, François Chidaine est devenu un acteur majeur des blancs de Loire, un styliste hors pair désormais vénéré par de nombreux autres vignerons. Il fait partie de ceux qui ont révélé Montlouis, son fief d'origine. Au début des années 2000, il s'est agrandi à Vouvray, avec en particulier la reprise du clos Baudoin à la famille Poniatowski. Aidé par son épouse Manuéla, François n'a eu de cesse d'affiner les vinifications et les élevages, en menant un travail très exigeant dans les vignes certifiées en biodynamie depuis 1999. Nous ne tarissons pas d'éloges sur le niveau atteint par les vins de ce vigneron d'exception. Depuis 2005, la compagnie Chidaine & Cie s'est lancée dans une activité de négoce de qualité (achats de raisin), en blancs et rouges de Touraine. À partir de 2014, à la suite d'une décision malveillante émanant du syndicat des vins de Vouvray, les cuvées Argiles, Baudoin et Bouchet sont commercialisées en Vin de France, ce dont les amateurs éclairés n'auront cure. Le domaine est aujourd'hui incontournable pour tout amoureux des grandes expressions ligériennes du chenin.

Les vins : après une récolte presque entièrement décimée par un gel terrible en 2016, nous retrouvons la gamme de François Chidaine en pleine forme en 2017. Le caractère solaire du millésime a été dompté avec brio dans ces blancs marqués par une magnifique et rare limpidité minérale, qui expriment néanmoins la touche exotique du chenin si caractéristique de ce domaine. Plus les notes montent, plus la sève calcaire du tuffeau ligérien s'affirme avec insistance. Ces vins à la richesse aromatique et au gras majestueux s'ouvrent tranquillement ; ils nécessitent encore deux à quatre ans de bouteille pour s'épanouir pleinement. Il est temps de boire le brut 2007, qui a joliment évolué vers des notes bien mûres de fruits jaunes, soulignées par une fraîcheur radieuse.

- Montlouis-sur-Loire Brut Nature Méthode Traditionnelle 2007 24 € 15,5
- Montlouis-sur-Loire Brut Nature Méthode Traditionnelle 2017 14,80 € 15,5
- Montlouis-sur-Loire Sec Clos Habert 2017 23 € 17,5
- Montlouis-sur-Loire Sec Clos du Breuil 2017 19,80 € 16

Montlouis-sur-Loire Sec Les Choisilles 2017	23 €	17
Montlouis-sur-Loire Sec Les Tuffeaux 2017	19,80 €	16,5
VDF Baudoin 2017	27,30 €	18
VDF Les Argiles 2017	19,80 €	16,5

Le coup de ♥

Montlouis-sur-Loire Sec Les Bournais 2017	27,30 €	17,5

Blanc : 40 hectares.
Chenin 100 %
Achat de raisins.
Production moyenne : 180 000 bt/an

DOMAINE FRANÇOIS CHIDAINE
5, Grande-Rue, 37270 Montlouis-sur-Loire
02 47 45 19 14 • www.francois-chidaine.com
• Visites : sans rendez-vous.
Propriétaire : François Chidaine

★★★

DOMAINE DU CLOS NAUDIN

En dégustant les vouvrays de Philippe Foreau, tout devient clair, lisible dans le chenin ; ce qui est complexe est aussi gourmand, ce qui est bien mûr reste en conséquence tendu, ce qui est précocement bon se confirme et s'amplifie au cours des décennies. Purs, longs en bouche, d'une persistance proverbiale, les vouvrays du Clos Naudin ont la régularité d'un métronome malgré les variations du climat ligérien. Les perruches (sols d'argiles à silex) donnent de la typicité aux vins du domaine, tout aussi à l'aise dans les sucres que dans les secs ; même les effervescents sont élaborés avec un soin extrême. Le style est souvent assez riche, plus baroque qu'au domaine Huet, et pas moins puissant dans les persistances de bouche. Philippe Foreau a désormais passé les rênes à son fils, Vincent. Une nouvelle page de ce domaine mythique s'ouvre.

Les vins : le potentiel de chacune des cuvées est immense mais il faudra être patient car, à ce stade, celles-ci restent timides. D'entrée de jeu, le sec 2017 développe une texture de grande délicatesse animée par un bouquet virevoltant de notes épicées et salines. En 2016, le demi-sec présente une sublime énergie. Le sucre arrondit les angles sans dominer l'équilibre du vin. Il évoluera avec grâce dans les trente ans et certainement davantage. En moelleux, Réserve 2018 met en lumière les grappes botrytisées. Le jus est magnifiquement épicé, ciselé par une sensation calcaire impressionnante. N'ouvrez pas avant huit à dix ans le moelleux 2017, d'une austérité déroutante, mais qui évoluera avec beaucoup de tendresse et de relief. La longévité des cuvées est impressionnante. La méthode traditionnelle exprime le profil sanguin de ce millésime tardif : n'hésitez pas à le garder encore deux ans dans votre cave pour profiter de son bouquet fourni aux nuances noisettées.

Vouvray Brut Méthode Traditionnelle 2013	16 €	16,5
Vouvray Demi-Sec 2016	27 €	17,5
Vouvray Moelleux 2017	27 €	18
Vouvray Moelleux Réserve 2018	49 €	19
Vouvray Sec 2017	20 €	16,5

Blanc : 12 hectares.
Chenin 100 %
Production moyenne : 50 000 bt/an

DOMAINE DU CLOS NAUDIN
14, rue de la Croix-Buisée, 37210 Vouvray
02 47 52 71 46 •
leclosnaudin.foreau@orange.fr • Vente et visites : au domaine sur rendez-vous.
Propriétaire : Vincent Foreau

★★★

DOMAINE HUET

Ce domaine historique a été progressivement converti à la culture biodynamique par Noël Pinguet (parti en 2012), convaincu des bienfaits de la méthode seule moyen d'exprimer dans un vin toutes les données du terroir. Rachetée en 2004 par Anthony Hwang, la propriété a conservé exactement les mêmes orientations, avec en particulier Jean-Bernard Berthomé, conforté comme régisseur et chef de culture, sérieusement épaulé par Benjamin Joliveau et Sarah Wang. Après des fermentations à froid en fût usagé, la mise se fait rapidement, au printemps qui suit la vendange, à contre-courant de la mode œnologique. Quelles que soient la nature du millésime ou des vins (pétillants compris), la qualité se montre toujours extraordinaire, en adéquation avec l'excellence des terroirs. Les cuvées de lieux-dits (Haut-Lieu, le Mont, Clos du Bourg) sont déclinées en sec demi-sec et moelleux selon les millésimes. Le brut, élevé longuement sur lattes, est un modèle de raffinement.

Les vins : l'énergie lumineuse qui se dégage de chacune des cuvées est indéniable, même en 2018 (le caractère solaire du millésime aurait pu emporter avec lui la finesse et la fraîcheur). Cette année-là, le sec n'a pas été produit. Les sucres résiduels sont magnifiquement domptés dans des demi-secs étincelants et purs, qui traverseront les décennies avec grâce. Dans ce millésime peu acide, l'équilibre merveilleux tient sur une amertume élégante et des matières tout en finesse et pureté. Leur dimension crayeuse et scintillante se dessinera dans le temps.

Vouvray Brut Huet 2014	18 €	16,5
Vouvray Demi-Sec Le Haut-Lieu 2018	22 €	16
Vouvray Demi-Sec Le Mont 2018	25 €	17
Vouvray Moelleux Le Clos du Bourg 2018	30 €	18,5
Vouvray Moelleux Le Clos du Bourg Première Trie 2018	50 €	18
Vouvray Moelleux Le Haut-Lieu 2018	25 €	17,5
Vouvray Moelleux Le Mont 2018	30 €	18
Vouvray Moelleux Le Mont Première Trie 2018	50 €	18,5

Blanc : 30 hectares.
Chenin 100 %
Achat de raisins.
Production moyenne : 120 000 bt/an

DOMAINE HUET ☾
11, rue de la Croix-Buisée, 37210 Vouvray
02 47 52 78 87 • www.domainehuet.com •
Vente et visites : au domaine sur rendez-vous.
Propriétaire : Famille Hwang
Directeur : Jean-Bernard Berthomé

★★

DOMAINE PHILIPPE ALLIET

Les discrets Claude et Philippe Alliet se sont fait remarquer en créant un style nouveau à Chinon, dans les années 1990. Leurs cuvées Vieilles Vignes (graviers), L'Huisserie (haut de coteau et plateau d'argiles à silex) et surtout Coteau de Noiré (pente abrupte d'argilo-calcaire exposée au sud), ont séduit les amoureux du cabernet franc avec leur couleur sombre et leur incroyable densité. Mais aucune recette n'est établie chez ce fin dégustateur et vinificateur hors-pair, épaulé par son fils, Pierre, depuis 2005, qui l'aide à façonner des vins toujours plus profonds et élégants. À partir de 2010, les barriques bordelaises disparaissent au profit de fûts de 500 litres et la part de bois neuf diminue largement. Les 2016 atteignent un très haut niveau de concentration et de raffinement ; ils comptent parmi les plus grands vins de la région.

Les vins : le 2018 est l'un des meilleurs chinons du millésime. La fraîcheur et le croquant du fruit ont été préservés et la finale brille par sa très belle tenue. La densité et le raffinement de matière des 2017 sont impressionnants. L'Huisserie et le Coteau de Noiré se ferment, mais leur velouté de bouche millimétré évoluera en donnant à goûter une grande sensation saline, venue des sols argilo-calcaires, et un fruité très charmeur. Des références incontournables de l'appellation.

Chinon 2018	12 €	16
Chinon Coteau de Noiré 2017	23 €	18
Chinon L'Huisserie 2017	19 €	17,5
Chinon Vieilles Vignes 2017	16 €	17

Rouge : 17 hectares.
Cabernet franc 100 %
Blanc : 1 hectare.
Production moyenne : 70 000 bt/an

DOMAINE PHILIPPE ALLIET
L'Ouche-Monde, 37500 Cravant-les-Coteaux
02 47 93 17 62 • philippe.alliet@wanadoo.fr •
Vente et visites : au domaine sur rendez-vous.
Propriétaire : Philippe Alliet

★★ ↗

DOMAINE YANNICK AMIRAULT

Benoît arrive au domaine familial de Bourgueil en 2003 pour poursuivre l'aventure familiale initié par son père Yannick en 1997. Le vignoble est réparti à Bourgueil (pour les deux tiers) et dans l'appellation voisine Saint-Nicolas-de-Bourgueil. On sent le perfectionnisme des vignerons et leur volonté de restituer l'expression des terroirs à travers des cabernets francs très soyeux et civilisés sans pour autant perdre l'éclat de leur fruit. Le domaine est certifié en bio depuis 2009 et les vins gagnent chaque année en pureté grâce à des vinifications en cuves tronconiques en bois et en fût de plus en plus justes. Nous accordons la deuxième étoile au domaine.

Les vins : le rosé finement épicé, mais sans exubérance, nous met en appétit dès le début de la dégustation. Nous passons ensuite sur Cote 50 (anciennement La Coudraye), magnifiquement dompté dans ce millésime solaire où le fruit s'exprime avec une fraîcheur éclatante. Un vin très digeste. Les autres cuvées, toutes vinifiées avec beaucoup de douceur, s'expriment avec davantage d'intensité et de matière : Les Quartiers, déjà soyeux et délicat, mais aussi Les Malgagnes dont l'expression crayeuse et la salinité persistante ont été admirablement préservées lors de l'élevage en fût, jarre de grès et cuve tronconique. Un rouge remarquable ! La trame vigoureuse de La Petite Cave a besoin de se fondre pour révéler son fruit juste et savoureux.

Bourgueil Rosé d'Equinoxe 2017	14 €	15,5
Bourgueil Cote 50 2018	12 €	15,5
Bourgueil La Petite Cave 2017	22 €	16,5
Bourgueil Les Quartiers 2017	14 €	16
Saint-Nicolas-de-Bourgueil Les Malgagnes 2017	22 €	17

Rouge : 19 hectares.
Cabernet franc 100 %
Production moyenne : 90 000 bt/an

DOMAINE YANNICK AMIRAULT ♣
1, route du Moulin-Bleu, 37140 Bourgueil
02 47 97 78 07 • www.yannickamirault.fr •
Vente et visites : au domaine sur rendez-vous.
Propriétaire : Yannick Amirault
Directeur : Benoît Amirault

★★

DOMAINE BERNARD BAUDRY

Bernard Baudry recherche la dimension soyeuse et civilisée des chinons, tout en restant au plus près de leur expression de terroir. Cette démarche, qu'il poursuit désormais avec son fils Matthieu, se double d'une certification bio. Une philosophie qui leur inspire aussi la plantation de vignes non greffées, franches de pied depuis dix ans (à la suite des plantations des années 1980 de Charles Joguet), et l'implantation sur de nouveaux terroirs oubliés, tel l'excellent Clos Guillot à Chinon. Leur Croix Boissée (terroir argilo-calcaire de Cravant-les-Coteaux), bâti pour la garde, possède un supplément de velouté et parfois de sucrosité dans les années chaudes, ce qui n'est pas pour déplaire aux grands amateurs de vins de Saint-Émilion. Cette cuvée prend naturellement la tête des grands rouges de Touraine.

Les vins : le blanc absorbe la richesse solaire du millésime avec finesse et souplesse (profitez-en dans les huit à dix ans). Même constat pour Les Granges, un rouge pulpeux à la concentration ensoleillée, à boire d'ici cinq à six ans. Le Clos Guillot et La Croix Boissée ont été dégustés en fin d'élevage. Le premier offre une trame calcaire impulsée par le tuffeau, qui dynamise magnifiquement la cuvée. Il est énergique et élancé tandis que le second s'avère puissant, avec des arômes nuancés. Des vins de grande vitalité, armés pour une longue garde : ils auront en tout cas besoin de six à sept ans de bouteille pour se révéler pleinement. Que d'intensité !

Chinon 2018	15 €	15,5
Chinon Le Clos Guillot 2017	19 €	17
Chinon Les Granges 2018	10,50 €	15,5

Le coup de ♥

Chinon La Croix Boissée 2017	25 €	18

Rouge : 30 hectares.
Cabernet franc 100 %
Blanc : 2 hectares.
Chenin 100 %
Production moyenne : 140 000 bt/an

DOMAINE BERNARD BAUDRY ♣
9, coteau de Sonnay,
37500 Cravant-les-Coteaux
02 47 93 15 79 • www.bernardbaudry.com •
Vente et visites : au domaine sur rendez-vous.
Propriétaire : Bernard et Matthieu Baudry

★★

DOMAINE DE BELLIVIÈRE

Épaulés par leur fils Clément, Éric et Christine Nicolas ont été les premiers, il y a une vingtaine d'années, à relever avec panache le flambeau bien éteint des vins de la Sarthe. Leurs cuvées montrent le potentiel immense de ces terroirs discrets. Les raisons du succès sont les mêmes que partout ailleurs en France : une viticulture élitiste, en biodynamie, et une vinification la plus naturelle mais scrupuleuse. Le coteaux-du-loir Vieilles Vignes Éparses illustre à merveille le caractère unique, élégamment austère, de ces vins qui évoluent vers une sensation saline extraordinaire avec quelques années en bouteille. Calligramme, issue de vignes de 70 ans, est un autre monument, oscillant entre le sec et le demi-sec selon les millésimes, que tout amateur de grand blanc de Loire doit avoir dans sa cave. Avec leur haut niveau de concentration, les rouges de pineau d'Aunis sont parmi les plus aboutis de ce cépage. Pour survivre aux ravages du gel en 2016 et 2017, la famille Nicolas a créé Les Arches de Bellivière, une activité de négoce bio de chenin d'Anjou et de rouges d'ailleurs : des cuvées gourmandes à découvrir.

Les vins : la dégustation confirme le haut niveau des blancs avec des 2017 solaires, dont la sensation exotique originale semble liée à une touche de botrytis sur les raisins. Leur tenue énergique les rend très digestes. Les deux 2016, Vieilles Vignes Éparses et Calligramme, entrent dans la légende des plus grands vins blancs de la vallée de Loire, et bien au-delà. Plus de trente ans de garde leur donneront raison. Le millésime 2017 sied au pineau d'Aunis : Rouge-Gorge se montre pulpeux, gorgé de saveurs épicées.

Coteaux du Loir L'Effraie 2017	21,50 €	16,5
Jasnières Calligramme 2016	42 €	18,5
Jasnières Les Rosiers 2017	24 €	16
VDF Les Arches de Bellivière Confluence 2018	15 €	15
Coteaux du Loir Les Giroflées 2018	15 €	15,5
Coteaux du Loir Rouge-Gorge 2017	21,50 €	16
VDF Les Arches de Bellivière Castor 2017	12 €	14
VDF Les Arches de Bellivière Raisins Migrateurs 2017	12 €	15

Le coup de ♥

Coteaux du Loir Vieilles Vignes Éparses 2016	36 €	18

Rouge : 5 hectares.
Pineau d'Aunis 100 %
Blanc : 11 hectares.
Chenin 100 %
Production moyenne : 42 000 bt/an

DOMAINE DE BELLIVIÈRE
Bellivière, 72340 Lhomme
02 43 44 59 97 • www.belliviere.com • Vente et visites : au domaine sur rendez-vous.
Propriétaire : Éric Nicolas

★★

DOMAINE DE LA CHEVALERIE

La famille Caslot, Stéphanie, Emmanuel et Laurie travaillent à l'unisson en incarnant la quatorzième génération de ce domaine historique de Bourgueil. Le cabernet franc y est vinifié avec une réelle douceur pour exprimer de façon nuancée les terroirs de sables, d'argiles et de calcaires de bas, mi et hauts coteaux. Chaque étiquette s'habille judicieusement d'une couleur traduisant l'intensité et la complexité du vin : du rouge vif pour le Peu Muleau jusqu'au violet profond pour le Grand-Mont. Ces références absolues de Bourgueil mettent en lumière la fine austérité froide du cabernet franc en revêtant une texture douce magnifique.

Les vins : à part le Peu Muleau, fringant et pur, la série des 2015 entre dans une phase de fermeture. Ils se révèleront avec charme dans les prochaines années. La Chevalerie fait partie des rares cabernets francs de Loire où la note noble de framboise jaillit avec un grand raffinement. Il pourra se garder vingt ans et plus. Avec ses notes de rognons, Galichets 2014 sera nettement moins consensuel mais sa sève et son énergie froide le classent parmi les plus grands vins de ce millésime austère.

Bourgueil Bretêche 2014	18 €	17
Bourgueil Bretêche 2015	18 €	16,5
Bourgueil Chevalerie 2015	24 €	17,5
Bourgueil Galichets 2014	15 €	16
Bourgueil Galichets 2015	15 €	16
Bourgueil Peu Muleau 2015	12,75 €	15

Rouge : 35 hectares.
Cabernet franc 100 %

DOMAINE DE LA CHEVALERIE
14, rue du Peu-Muleau, 37140 Restigné
02 47 97 46 32 • www.domainedelachevalerie.fr • Vente et visites : au domaine sur rendez-vous.
Propriétaire : Stéphanie, Emmanuel et Laurie Caslot

★★

DOMAINE LA GRANGE TIPHAINE

Depuis leur vignoble de 15 hectares répartis en Montlouis-sur-Loire, en Touraine et en Touraine-Amboise, Coralie et Damien Delecheneau se sont hissés parmi les références du secteur. Dans le plus grand respect de la nature et de leurs terroirs, le couple bichonne en biodynamie (certification en 2014) leurs vieilles vignes. Plusieurs pieds de côt sont même centenaires et font jaillir une cuvée d'une profondeur et d'une subtilité remarquables. En cave, les deux œnologues accompagnent avec talent et sensibilité des raisins sains récoltés à parfaite maturité. Des vinifications aux élevages en cuve béton et fût ancien, tout est absolument juste et mesuré, et ces grands vins nuancés ne basculent jamais dans l'exubérance. À l'ouverture de chaque bouteille, les blancs de chenin se dévoilent avec une pureté et une délicatesse rares ; les rouges envoûtent par leur subtilité et leur éclat floral.

Les vins : Nouveau Nez est un modèle de pétillant naturel aux saveurs bien mûres et exotiques ; il conserve néanmoins une chair éclatante. Les blancs secs s'affirment avec une grande élégance. Leurs parfums se dévoilent par des nuances délicates de chlorophylle, particulièrement Quatre Mains, sauvignon présentant une intensité gourmande et une profondeur rarissimes que peu de vins issus de ce cépage atteignent. Il est à la hauteur des plus beaux vins de Sancerre. Côté chenin, l'expression minérale prend nettement le dessus sur celle du cépage dans ces blancs majestueux et précis. Ils sont déjà avenants et promettent de belles années de garde. Quelle concentration envoûtante se dégage des Épinays !

Montlouis-sur-Loire Les Épinays 2016	28 €	17
Montlouis-sur-Loire Nouveau Nez 2017	17 €	16
Montlouis-sur-Loire Sec Clef de Sol 2017	19,50 €	16,5
Touraine Quatre Mains 2016	25 €	17
Touraine Amboise Côt Vieilles Vignes 2017	25 €	15,5
Touraine Clef de Sol 2017	19 €	15,5

Rouge : 7,5 hectares.
Malbec (cot) 42 %, Cabernet franc 30 %, Gamay noir à jus blanc 28 %
Blanc : 7,5 hectares.
Chenin 100 %
Production moyenne : 80 000 bt/an

DOMAINE LA GRANGE TIPHAINE ☾
Lieu-dit La Grange-Tiphaine, 37400 Amboise
02 47 30 53 80 • www.lagrangetiphaine.com
• Vente et visites : au domaine sur rendez-vous.
Propriétaire : Coralie et Damien Delecheneau

★★

DOMAINE DE LA TAILLE AUX LOUPS

Vigneron entreprenant et commerçant hors pair, Jacky Blot a énormément fait pour Montlouis-sur-Loire, où il a été le premier à élever longuement les vins en fût. Installé depuis 1989, il a ensuite pris pied à Vouvray sur de beaux terroirs qu'il a parfaitement su valoriser. À noter que, comme pour François Chidaine, ses derniers vins sortent désormais en Vin de France, à la suite de la décision, fort contestable, du syndicat de Vouvray. La gamme des vins est complète : Triple Zéro est une bulle de référence. La gamme des secs, bien élevés et civilisés, est déclinée par terroirs. Ceux-ci sont exposés au Sud et donnent naissance à des chenins qui séduisent par leur suavité et tendresse à l'image des Clos Michet et Mosny ; le Clos du Hochet (fine couche d'argiles sur calcaire) et Les Hauts de Husseau s'affirment avec une minéralité ferme plus prononcée.

Les vins : bien fourni en saveurs grillées et en notes de fruit jaunes, Triple Zéro, fermenté et élevé en fût, est un exemple de pétillant naturel extrêmement savoureux et profond. Le brut Tradition se montre plus léger, et présente un dosage un peu marqué. En revanche, les expérimentations de vieillissement prolongé sur lattes ont donné un beau fruit à l'extra-brut Tradition 2008 qui se révèle avec une bulle raffinée et des nuances truffées. Les secs 2017 ont été récoltés à juste maturité pour conserver une fraîcheur appétente. Ils sont enveloppés par un élevage soigné, d'une patine grillée séductrice, à l'image du Rémus, assemblage gourmand de différentes parcelles. Issu du terroir le plus frais, où le silex et les argiles affleurent le calcaire, Les Hauts de Husseau absorbe à merveille l'expression solaire du millésime en laissant une bouche svelte dotée d'une certaine salinité. Nous aimons particulièrement les vouvrays (Vin de France) ; une sensation argileuse leur confère beaucoup d'étoffe. Les moelleux offrent une intensité pulpeuse éclatante de fruit. Le 2015 est le plus léger, tandis que la Cuvée des Loup rayonne grâce à une fine patine qui rappelle les bouquets de certains champagnes d'Anselme Selosse. La pureté de Romulus 2017 nous enchante.

Montlouis-sur-Loire Brut Tradition 2016	14 €	14,5
Montlouis-sur-Loire Clos du Hochet 2017	24 €	16,5
Montlouis-sur-Loire Extra-Brut 2008	28 €	16
Montlouis-sur-Loire Liquoreux Romulus 2017	60 €	17,5
Montlouis-sur-Loire Moelleux 2015	30 €	15,5
Montlouis-sur-Loire Moelleux Cuvée des Loups 2015	N.C.	17
Montlouis-sur-Loire Sec Rémus 2017	16 €	14,5
Montlouis-sur-Loire Triple Zéro 2015	18 €	16,5
VDF Venise 2017	26 €	17

Le coup de ♥

Montlouis-sur-Loire Les Hauts de Husseau 2017	22 €	17

Blanc : 45 hectares.
Chenin 100 %
Production moyenne : 180 000 bt/an

DOMAINE DE LA TAILLE AUX LOUPS ♣
8, rue des Aitres, 37270 Montlouis-sur-Loire
02 47 45 11 11 • www.jackyblot.fr • Vente et visites : au domaine sur rendez-vous.
Propriétaire : Jacky Blot

★

DOMAINE DU BEL AIR

Pierre Gauthier a signé son premier millésime en 1995. La grande majorité des vignes est située sur les terroirs de tuffeau de Benais, le secteur le plus argilo-calcaire de Bourgueil, capable de donner des vins admirables de volume et de profondeur, mais parfois longs à se faire. Aujourd'hui aidé de son fils Rodolphe, Pierre Gauthier s'attache à mener une viticulture très attentive, avec en particulier un travail complet des sols. La reprise d'un terroir historique du secteur, le Clos Nouveau (un des derniers parcellaires véritablement ceint de murs) ajoute à la gamme le grand vin qu'elle méritait. Avec beaucoup de sagesse, le domaine se donne les moyens de ne commercialiser ses trois grandes cuvées de rouge qu'au bout de cinq années de vieillissement.

Les vins : le millésime 2018 n'a certainement pas été le plus propice à la production de rouges frais et digestes. Toutefois Jour de Soif est de bonne constitution pour être bu dès le début de l'automne. Les rouges très concentrés et mûrs demandent du temps pour révéler leur finesse. Nous sommes séduits par l'intégrité du fruit des Vingt Lieux-Dits qu'il faudra apaiser à table dans les dix ans. Les 2015 sont fermés mais leur densité impressionnante indique qu'ils dévoileront leur puissance calcaire dans les vingt prochaines années et au-delà. Encore très jeune, Clos Nouveau évoluera avec une finesse remarquable en conservant la trame douce d'un élevage d'orfèvre.

Bourgueil Grand-Mont 2015	27,30 €	16,5
Bourgueil Jour de Soif 2018	11,20 €	14
Bourgueil Les Marsaules 2015	18 €	16
Bourgueil Les Vingt Lieux Dits 2017	13,50 €	15,5

Le coup de ♥

Bourgueil Clos Nouveau 2015	44,50 €	17,5

Rouge : 20 hectares.
Cabernet franc 100 %
Production moyenne : 80 000 bt/an

DOMAINE DU BEL AIR ♣
7, rue de la Motte, 37140 Benais
02 47 97 41 06 •
www.domainedubelair-bourgueil.fr • Pas de visites.
Propriétaire : Pierre Gauthier

★

DOMAINE CATHERINE ET PIERRE BRETON

Depuis plus de vingt ans, Catherine et Pierre Breton creusent avec succès leur sillon de vin bio en Touraine. Leur fils Paul les a rejoins au domaine et vinifie notamment le vouvray Pierres Rousses. Les tanins très fins et doux des longues macérations se retrouvent dès les délicieuses cuvées de soif Trinch et Avis de Vin Fort, peu protégées en soufre, destinées à être bues jeunes. Les vins de terroir (Clos Sénéchal, Les Perrières et Nuits d'Ivresse, composées de vignes de Grand-Mont et Busardières), plus intenses, n'ont jamais présenté autant de finesse et de précision que dans les derniers millésimes, tout en conservant une trame un peu sauvage qui leur confère beaucoup de relief. Ils savent aussi très bien vieillir.

Les vins : il est temps de boire Pierres Précieuses, vouvray rond aux allures miellées. Trinch demeure un beau rouge de soif sans pour autant manquer de chair : à ouvrir toute l'année. Clos Sénéchal 2016 offre un fruit sincère et très concentré. Ce bourgueil aura besoin de temps pour révéler des notes nuancées de framboise et d'épices. Né dans un grand millésime froid, Les Perrières 2014 s'affirme avec une maturité poussée sans se montrer trop démonstratif. Austère et fermé à ce stade, il traversera quelques décennies en conservant une grande droiture.

Vouvray Pierres Rousses 2017	16 €	14
Bourgueil Clos Sénéchal 2016	18 €	16
Bourgueil Les Perrières 2014	22 €	16
Bourgueil Trinch 2017	12 €	15

Rouge : 15 hectares.
Cabernet franc 95 %, Grolleau 5 %
Blanc : 6 hectares.
Chenin 100 %
Production moyenne : 100 000 bt/an

DOMAINE CATHERINE ET PIERRE BRETON ♣
8, rue du Peu-Muleau, 37140 Restigné
02 47 97 30 41 • www.domainebreton.net •
Vente et visites : au domaine sur rendez-vous.
Propriétaire : Pierre et Catherine Breton

★

DOMAINE DE LA BUTTE

Ce domaine, repris en 2002, appartient à Jacky Blot, propriétaire de la Taille aux Loups à Montlouis. Entrepreneur soucieux d'excellence, ce vinificateur de chenins charmeurs bouleverse le ronron rustique du cabernet bourgueillois. L'option d'isoler les parcelles à la vinification (en suivant le sens du coteau) et d'apporter une touche de sophistication dans l'élevage a immédiatement payé. Le Haut de la Butte exprime la fraîcheur et la finesse des terres pauvres, Mi-Pente est la plus grande cuvée de terroir créée à Bourgueil depuis longtemps, et Pied de la Butte joue la simplicité précoce. Enfin, Perrières, lieu-dit réputé, s'intercale entre Haut de la Butte et Mi-Pente, accordant le charme fruité du cabernet à la fraîcheur agreste typique du sol argilo-calcaire du cru. Les élevages se révèlent parfaitement adaptés et les vins offrent un visage contemporain et très abouti des différentes expressions des vins de Bourgueil.

Les vins : les 2017 offrent un charme pulpeux et concentré indubitable avec Pied de la Butte, joliment infusé passée une touche animale. Caché derrière une acidité volatile stimulante, Haut de la Butte s'avère bien élevé avec une finale digeste. Perrières arrive à grands pas, jouant sur la concentration de sa matière et emmené par une finale sanguine saillante. On atteint une magnifique expression de cabernet franc profond et crayeux avec Mi-Pente, d'une incroyable densité et d'une grande tension. Il évoluera à merveille en prenant des airs de beau barolo : attendez encore trois à quatre ans avant de l'ouvrir.

Bourgueil Haut de la Butte 2017	20 €	16
Bourgueil Mi-Pente 2017	26 €	17
Bourgueil Perrières 2017	22 €	16
Bourgueil Pied de la Butte 2017	14 €	15

Rouge : 16 hectares.
Cabernet franc 100 %
Production moyenne : 60 000 bt/an

DOMAINE DE LA BUTTE ♣
La Butte, 37140 Bourgueil
02 47 97 81 30 • www.jackyblot.fr • Vente et visites : au domaine sur rendez-vous.
Propriétaire : Jacky Blot

★

DOMAINE VINCENT CARÊME

Le discret Vincent Carême, également producteur de steen (le nom local du chenin) en Afrique du Sud sous le nom Terre Brûlée (40 000 bouteilles par an) fait désormais partie des ténors de l'appellation Vouvray. Sur les 17,5 hectares de chenin répartis sur les argiles à silex de Vernou-sur-Brenne et Nozay, le travail méticuleux en bio (certification en 2007) permet d'obtenir des raisins sains et éclatants en cave. Ce quadragénaire tend vers des vins de plus en plus secs mais ses Peu Morier et Tendre intègrent avec énergie les sucres résiduels, offrant des blancs salins et sapides. Le curseur est poussé encore plus loin avec le démarrage des traitements biodynamiques ; les élevages en fût ancien (400 litres) sont de plus en plus précis.

Les vins : dompter un millésime solaire pour donner naissance à des blancs équilibrés n'est pas une mince affaire à Vouvray. Vincent Carême est parvenu à vinifier des cuvées tout en finesse, qui n'ont pas la concentration des plus grands millésimes mais dont l'équilibre s'avère gourmand et sans esbroufe. Le Peu Morier et Le Clos développent une race séveuse avec une sucrosité légère absolument maîtrisée. Par sa concentration et son équilibre ciselé, le moelleux 2016 s'envole... Les effervescents sont des ambassadeurs mûrs et très gourmands.

Vouvray Brut 2016	14 €	15,5
Vouvray L'Ancestrale 2016	17 €	16
Vouvray Le Clos 2017	24 €	16,5
Vouvray Le Peu Morier 2017	21 €	16,5
Vouvray Moelleux 2016	27 €	17
Vouvray Sec 2018	15,50 €	15

Blanc : 17 hectares.
Chenin 100 %
Production moyenne : 70 000 bt/an

DOMAINE VINCENT CARÊME ♣
1, rue du Haut-Clos, 37210 Vernou-sur-Brenne
02 47 52 71 28 • www.vincentcareme.fr •
Visites : sans rendez-vous.
Propriétaire : Vincent Carême

★

DOMAINE PATRICE COLIN

Patrice Colin, viticulteur passionné, s'est attaché à faire connaître, à travers ses vins du Vendômois (vallée du Loir), la capacité de ce vignoble sur le déclin à produire des vins certes rustiques, mais de goût et de terroir. Sur sa propriété entièrement cultivée à haute densité (7 500 pieds à l'hectare), on trouve des vignes de pineau d'Aunis (rouge) vieux d'une centaine d'années, ainsi que des chenins qui approchent les 80 ans. Les blancs sont les plus accessibles : ils se révèlent vifs, équilibrés, s'exprimant sur des saveurs de rhubarbe et de groseille. Les rouges (pineau d'Aunis, cabernet franc, pinot noir) se montrent plus sauvages dans les arômes : ils ont besoin d'un carafage. Nous saluons le long et minutieux travail d'artisan d'art de ce vigneron méritant.

Les vins : l'ensoleillé millésime 2018 se prête à merveille à la production de délicieux rosés de pineau d'Aunis, gorgés d'épices et très stimulants. Une sincérité de fruit que l'on retrouve dans les blancs où le chenin prend des airs poivrés originaux, avec une légère angulosité qui leur donne du relief et de l'énergie malgré le caractère chaud de l'année. Les rouges sont plus fragiles et présentent une puissance très mûre en 2017. On les aimera dans la tendresse charnue du fruit. Intuition est le fruit d'un pineau d'Aunis planté en 1890 : il propose une interprétation peu colorée et juteuse du cépage.

Coteaux du Vendômois Pente des Coutis 2018	10,30 €	16,5
Coteaux du Vendômois Pierre à Feu 2018	8,90 €	15
Coteaux du Vendômois Vieilles Vignes 2018	10,30 €	15
Coteaux du Vendômois Gris 2018	7,35 €	15,5
Coteaux du Vendômois Gris Bodin 2018	8,50 €	16
Coteaux du Vendômois Intuition 2017	17,80 €	16
Coteaux du Vendômois Pierre-François 2018	8,10 €	14
Coteaux du Vendômois Vieilles Vignes 2017	9,35 €	15

Rouge : 16 hectares.
Pineau d'Aunis 63 %, Pinot noir 13 %, Cabernet franc 12 %, Gamay noir à jus blanc 12 %
Blanc : 12 hectares.
Chenin 88 %, Chardonnay 12 %
Production moyenne : 130 000 bt/an

DOMAINE PATRICE COLIN ♣
5, rue de la Gaudetterie,
41100 Thoré-la-Rochette
02 54 72 80 73 • www.patrice-colin.fr •
Vente et visites : au domaine sur rendez-vous.
Propriétaire : Patrice et Valérie Colin

★

CHÂTEAU DE COULAINE

La propriété est dans la famille Bonnaventure depuis le Moyen Âge, durant lequel ont été plantées les vignes du clos historique du château de Turpenay. En 1988, Étienne et Pascale de Bonnaventure entreprennent l'agrandissement du domaine. Ils font revivre l'esprit des grands vins de Beaumont, la première marche de l'appellation Chinon, côté Loire, là où les cabernets sous influence plus océanique gagnent en dentelle et en finesse de fruit, comparés à ceux de l'est de l'appellation. Le château de Coulaine produit aujourd'hui une brillante gamme de chinons bio, qui conjuguent fruit frais et élégance de texture. Les millésimes ne gomment pas l'expression des terroirs : la souplesse (argile et silice de Beaumont) dans le Château de Coulaine et la fermeté fraîche des terres argilo-calcaires dans Les Picasses, Clos de Turpenay (plein sud) et La Diablesse (dans sa version vieilles vignes, exposées au nord). Depuis janvier 2017, Jean de Bonnaventure, le fils d'Étienne et de Pascale, est aux commandes du domaine.

Les vins : avec ses notes de chlorophylle et sa grande tendresse solaire, ce chinon blanc est d'une grande originalité. En rouge, le chinon classique s'affirme tout en tendresse en 2018 avec un fruit précis. On apprécie les millésimes libérés sur le marché après quelques années de cave chez le vigneron. Les lieux-dits sont tout à fait légitimes comme en témoigne Les Picasses, au fruit frais et doux. Les 2015 et 2014 sont dans une phase de fermeture mais révèlent des matières sincères menées sans artifices d'élevage pour être au plus proche du terroir. N'hésitez pas à les garder plus de quinze ans en cave et carafez-les avant de les déboucher.

Chinon Les Pieds Rôtis 2017	13 €	15
Chinon 2018	11 €	15
Chinon Bonnaventure 2016	15 €	15
Chinon Clos de Turpenay 2014	17 €	16,5
Chinon Franc de Pied 2015	18 €	16
Chinon La Diablesse 2015	22 €	16,5
Chinon Les Picasses 2016	18 €	17

Rouge : 15,5 hectares.
Cabernet franc 100 %
Blanc : 3 hectares.
Chenin 100 %
Production moyenne : 80 000 bt/an

CHÂTEAU DE COULAINE ♣
2, rue de Coulaine,
37420 Beaumont-en-Véron
02 47 98 44 51 •
www.chateaudecoulaine.com • Visites : sans rendez-vous.
Propriétaire : Jean de Bonnaventure

★ ↗

DOMAINE DE LA GARRELIÈRE

Aux portes du Poitou, Pascale et François Plouzeau cultivent la vigne en biodynamie depuis 1993. Les raisins sont récoltés à parfaite maturité pour livrer des vins dénués de tout artifice œnologique. Gorgés de fruit, les blancs en monocépage de chenin et de sauvignon offrent une grande sincérité de saveurs. La chair du rouge Cinabre (cabernet franc) est avenante ; il peut se mesurer par sa concentration, à certains chinons. L'énergie et l'harmonie que dégagent ces vins nous conduisent à décerner la première étoile au domaine.

Les vins : le pétillant naturel Milliard d'Étoiles, sans soufre ajouté, joue davantage du côté de la richesse et de l'oxydation ménagée que de la légèreté et de la fraîcheur. Les deux rouges sont rayonnants de fruit. Le Gamay Sans Tra La La est très épicé et digeste. Buvez-le lors d'un casse-croûte dans l'année. Cinabre, gorgé de saveurs de framboise, s'avère d'une concentration digne des très beaux vins rouges de la région. À boire dans les quinze ans.

VDF Mousseux Milliard d'Etoiles	16,50 €	14,5
Touraine Cinabre 2016	17 €	16

Le coup de ♥

Touraine Gamay Sans Tra La La 2018	12,50 €	15

Rouge : 8 hectares.
Gamay noir à jus blanc 60 %, Cabernet franc 40 %
Blanc : 12 hectares.
Sauvignon blanc 60 %, Chenin 30 %, Chardonnay 10 %
Production moyenne : 80 000 bt/an

DOMAINE DE LA GARRELIÈRE ☾
37120 Razines
02 47 95 62 84 • www.garreliere.com •
Visites : sans rendez-vous.
Propriétaire : François Plouzeau

★ ↗

DOMAINE GROSBOIS

Les pentes douces homogènes de la commune de Panzoult sont composées en majorité de millarge, des sables jaunes quartziens sur lesquels le cabernet franc produit des chinons moins tanniques que sur l'argilo-calcaire. "Ce terroir solaire a besoin d'être théâtralisé", explique Nicolas Grosbois, arrivé au domaine familial en 2008, après dix ans passés en tant que "flying winemaker". De la Nouvelle-Zélande et du Chili, ce trentenaire est revenu vacciné contre le bois. Il ne vinifie et n'élève ses rouges qu'en cuve. Sa cuvée Clos du Noyer donne la priorité à l'expression entière d'un raisin de goût, tout en misant sur la finesse. La nouvelle création née sur une dalle calcaire, Montet, est l'un des grands rouges de Chinon. Nicolas Grosbois est également gérant associé au domaine des Hauts Baigneux (Azay-le-Rideau). Nous lui décernons la première étoile.

Les vins : beaucoup de tendresse ensoleillée se dégage de chacune des cuvées, à commencer par La Cuisine de Ma Mère, un chinon friand et accessible dans les trois ans. L'expression du terroir prend le dessus sur le cépage dans Clos du Noyer, extrêmement dense et velouté. L'énergie de Montet le tiendra avec sérénité dans les vingt prochaines années et peut-être au-delà.

Chinon Clos du Noyer 2017	27 €	16,5
Chinon Gabare 2017	18 €	15,5
Chinon La Cuisine de Ma Mère 2018	9,50 €	14,5

Le coup de ♥

Chinon Montet 2017	32 €	17

Rouge : 12 hectares.
Cabernet franc 100 %
Achat de raisins.
Production moyenne : 40 000 bt/an

DOMAINE GROSBOIS ♣

Le Pressoir, 37220 Panzoult
02 47 58 66 87 • www.domainegrosbois.fr •
Vente et visites : au domaine sur rendez-vous.
Propriétaire : Nicolas Grosbois

★

DOMAINE STÉPHANE GUION

Cette propriété pionnière de la culture biologique (plus de 40 ans de recul) est détenue par Stéphane Guion, qui a suivi les principes impulsés par son père polyculteur. Sur la commune de Benais, où il a déménagé sa cave, il produit des cabernets francs plus acides et aux tanins plus fins que la moyenne. Sa cuvée Prestige (sélection de vignes entre 30 et 80 ans), aux notes de fruits noirs et de mine de crayon, livre dans sa jeunesse une bouche tendue et aiguisée, avec du fond et de l'énergie. Un bourgueil à la franchise revigorante mais parfois austère. L'ambitieuse Cuvée des Deux Monts présente des élevages parfois appuyés. Les vins reflètent bien leurs terroirs et les prix sont angéliques.

Les vins : les millésimes solaires comme 2018 et 2017 permettent d'arrondir joliment les angles de ces cabernets francs saillants et goûteux. Après une aération d'une demi-heure, le fruit sanguin se révèle et prend la bouche avec poigne. Ces vins purs assureront la réussite du casse-croûte. Cuvée des Deux Monts est naturellement plus profonde, tout en conservant la belle fraîcheur austère que l'on attend d'un 2014.

Bourgueil Cuvée des Deux Monts 2014	20 €	16
Bourgueil Domaine 2017	8 €	14,5
Bourgueil Domaine 2018	8,50 €	14,5
Bourgueil Prestige 2017	9 €	15

Rouge : 8 hectares.
Cabernet franc 100 %
Production moyenne : 40 000 bt/an

DOMAINE STÉPHANE GUION ♣

3, route de Saint-Gilles, 37140 Benais
02 47 97 30 75 • www.domaineguion.com •
Vente et visites : au domaine sur rendez-vous.
Propriétaire : Stéphane Guion

★

DOMAINE DES HUARDS

Michel Gendrier et son épouse Jocelyne sont les fers de lance d'une viticulture artisanale de qualité en Sologne, notamment autour du cépage blanc romorantin en appellation Cour-Cheverny, qu'ils ont grandement contribué à valoriser. Un travail sérieux est mené dans le vignoble (certifié en biodynamie) et permet la naissance de vins francs, droits, revigorants, qui évoluent bien sur cinq ou sept ans, notamment la cuvée François Ier, pur romorantin de Cour-Cheverny aux notes de cire d'abeille et d'herbe fraîche. Les derniers millésimes ont considérablement gagné en éclat.

Les vins : cette année, le rosé est simplement rafraîchissant. Les blancs sont nettement plus passionnants, avec un cheverny fringant à souhait et bien fourni en saveurs de fruits exotiques et d'agrumes mûrs. Romo est une bonne entrée en matière pour découvrir le cépage romorantin. Il se distingue par une note persistante de gentiane et une bouche très droite. Les beaux amers et la profondeur vigoureuse, assortis de notes noblement racinaires, font de la cuvée François Ier l'un des plus beaux blancs de Cour-Cheverny. En rouge, nous apprécions le caractère épicé et fringant d'Envol (pinot noir et gamay). Le Pressoir est un peu plus extrait mais ce vin à la structure carrée respecte admirablement le fruit.

Cheverny Pure 2018	14 €	14,5
Cour-Cheverny François Ier Vieilles Vignes 2016	20 €	17
Cour-Cheverny Romo 2017	15 €	15,5
Cheverny Prose 2018	14 €	13
Cheverny Envol 2017	13 €	15
Cheverny Le Pressoir 2016	16 €	15,5

Rouge : 18 hectares.
Pinot noir 70 %, Gamay noir à jus blanc 30 %
Blanc : 18 hectares.
Romorantin 50 %, Sauvignon blanc 42 %, Chardonnay 8 %
Production moyenne : 180 000 bt/an

DOMAINE DES HUARDS
Les Huards, 41700 Cour-Cheverny
02 54 79 97 90 •
www.domainedeshuards.com • Vente et visites : au domaine sur rendez-vous.
Propriétaire : Jocelyne et Michel Gendrier

★

DOMAINE CHARLES JOGUET

Fondé en 1957 par Charles Joguet à Sazilly, sur la rive gauche de la Vienne, ce domaine est revenu au sommet de l'appellation Chinon. C'est une forme de consécration pour l'équipe en charge des vinifications et des vignes, choisie par le propriétaire Jacques Genet. Ils travaillent de concert dans un haut niveau d'excellence, compte tenu de la grandeur du domaine. Ils ont surtout fait revivre un vibrant esprit de fraîcheur dans de grands cabernets, qui ont l'originalité de naître exposés au nord-est. Peu de domaines de Loire possèdent de grandes cuvées aussi incontournables : Clos de la Dioterie (2 hectares de vignes octogénaires sur sols argilo-calcaires, exposés nord-est, à Sazilly), Clos du Chêne Vert (2 hectares dans la ville de Chinon), Les Varennes du Grand Clos (4,5 hectares à Sazilly), ainsi que sa fraction Franc de Pied (1 hectare de cabernets non greffés) plantée en 1982 et replantée pour moitié en 1992, puis en 1995. Le Clos de la Dioterie confirme son statut de parangon du chinon raffiné, modèle de finesse de tanins.

Les vins : certainement récolté sur le fil de la maturité, le chinon blanc Clos de la Plante Martin est un peu serré et s'affirme avec droiture. Il se gardera quelques années. En rouge, Silènes et Les Petites Roches sont des cuvées simples et agréablement fruitées. On monte en intensité avec Les Charmes qui s'offre avec beaucoup de séduction tout en révélant la droiture de son terroir. Si l'élevage est toujours enveloppant, il enrobe moins les grandes cuvées qu'auparavant. Grâce à une approche très soignée, les vins sont promis à un avenir racé.

Chinon Clos de la Plante Martin 2017	22 €	15,5
Chinon Clos de la Dioterie 2016	38 €	16,5
Chinon Clos du Chêne Vert 2016	38 €	16,5
Chinon Les Charmes 2017	22 €	15,5
Chinon Les Petites Roches 2017	13,50 €	14,5
Chinon Les Varennes du Grand Clos 2017	31 €	16,5
Chinon Silènes 2017	12 €	13

Rouge : 32 hectares.
Cabernet franc 100 %
Blanc : 3 hectares.
Chenin 100 %
Production moyenne : 120 000 bt/an

DOMAINE CHARLES JOGUET ♣
La Dioterie, 37220 Sazilly
02 47 58 55 53 • www.charlesjoguet.com •
Visites : sans rendez-vous.
Propriétaire : Famille Genet
Directeur : Anne-Charlotte Genet
Maître de chai : Kevin Fontaine

★

DOMAINE LE ROCHER DES VIOLETTES

Xavier Weisskopf a découvert à Chablis le métier de vigneron. Formé à Beaune, vinificateur à Gigondas, il s'installe à Montlouis-sur-Loire en 2005. Il dispose d'une très bonne cave troglodyte au cœur de la ville d'Amboise. En culture totale, sans apport d'engrais ni produits chimiques, son vignoble âgé et très morcelé, sur la commune de Saint-Martin-le-Beau, s'étend sur 13 hectares, dont 9 en appellation Montlouis et 4 en Touraine. Les vendanges sont manuelles, le raisin est transporté en petites caisses pour préserver l'intégrité des baies et limiter l'oxydation. La pureté et la précision des vins, dans les deux couleurs, n'ont aujourd'hui que peu d'équivalents dans la région.

Les vins : le pétillant originel 2015 est toujours aussi savoureux avec sa vivifiante chair pulpeuse. Les blancs trouvent en 2017 un très bel équilibre entre maturité suave du chenin et fraîcheur délicate, saline et anisée, particulièrement Touche Mitaine, une des plus belles réussites de ce millésime solaire. Le pinot noir est joliment infusé et gourmand, sans esbroufe d'élevage. Le cabernet franc est doucement végétal. Ce vin gourmand sera parfait pour un casse-croûte. Un beau parfum de violette et des tanins saillants animent le côt qu'il faudra boire dans les huit à dix ans.

- Montlouis-sur-Loire La Négrette 2017 — 19 € — 16
- Montlouis-sur-Loire Pétillant Originel 2015 — 17 € — 15,5
- IGP Val de Loire Pinot Noir 2017 — 19 € — 15,5
- Touraine Cabernet Franc 2016 — 13 € — 14,5
- Touraine Côt Vieilles Vignes 2017 — 14 € — 16

Le coup de ♥

- Montlouis-sur-Loire Touche Mitaine 2017 — 16 € — 16

Rouge : 2 hectares.
Pinot noir 34 %, Malbec (cot) 33 %, Cabernet franc 33 %
Blanc : 13 hectares.
Chenin 100 %
Production moyenne : 65 000 bt/an

DOMAINE LE ROCHER DES VIOLETTES ♣
34, rue de la Roche, 37150 Dierre
02 47 23 52 08 • www.lerocherdesviolettes.com • Vente et visites : au domaine sur rendez-vous.
Propriétaire : Xavier Weisskopf

DOMAINE SÉBASTIEN BRUNET

Sébastien Brunet reprend en 2006 les 3 hectares de sa famille, qu'il a progressivement réussi à agrandir jusqu'à 15 hectares de vignes aujourd'hui, répartis entre les communes de Vernou et de Chançay. Ce travailleur, discret et exigeant, cultive manuellement ses vignes dans le plus grand respect de l'environnement. Il a installé une nouvelle cave pour vinifier en douceur toute la gamme des expressions du chenin vouvrillon, de la bulle aux moelleux, lorsque l'année le permet. Les expressions parcellaires sont favorisées, Arpent provenant des sols de silex, et Renaissance des argilo-calcaires. Les vins jouent dans un registre terrien et sanguin et ne sont en rien policés. Quel caractère !

Les vins : parmi les bulles, la fraîcheur juvénile du Naturel le distingue nettement du brut 2014, bien plus évolué et prêt à boire. L'expression des millésimes solaires 2018 et 2017 est bien domptée parmi les secs, dans lesquels une sucrosité légère enrobe les contours un brin fermes de ces blancs francs du collier. Même s'il entre dans une phase de fermeture, le moelleux 2016 est absolument goûteux et sincère, sans excès de richesse. On le retrouvera en pleine forme d'ici 3 à 4 ans.

- Vouvray Brut 2014 — 16 € — 14,5
- Vouvray Le Naturel 2017 — 14 € — 15
- Vouvray Les Pentes de la Folie 2018 — 20 € — 16
- Vouvray Moelleux 2016 — 25 € — 16,5
- Vouvray Renaissance 2017 — 15 € — 15
- Vouvray Renaissance 2018 — 16 € — 15
- Vouvray Sec Les Arpents 2018 — 12 € — 14,5

Le coup de ♥

- Vouvray Les Pentes de la Folie 2017 — 20 € — 16

Blanc : 16 hectares.
Chenin 100 %
Production moyenne : 80 000 bt/an

DOMAINE SÉBASTIEN BRUNET ♣
6, rue Roche-Fleurie, 37210 Chançay
02 47 56 73 52 • www.sebastienbrunet.fr • Vente et visites : au domaine sur rendez-vous.
Propriétaire : Sébastien Brunet

CLOS DE LA MESLERIE

Dans une autre vie, Peter Hahn était consultant dans la finance à New York. Fou de vin, il voulait revenir au travail manuel, fondamental à ses yeux. Il change de vie et s'inscrit au lycée viticole d'Amboise, où Vincent Carême, son professeur, devient son ami et mentor. En 2002, Peter acquiert un clos à l'abandon qu'il remet en état au prix d'un travail considérable. Il signe son premier millésime en 2008, obtient très vite la certification bio et affirme sa philosophie personnelle : comme chaque millésime a sa propre personnalité, il ne cherche à produire qu'un seul vin tranquille par millésime (sec ou demi-sec) et un pétillant quand le millésime le permet.

Les vins : en 2012, l'extra-brut a pris le temps de se poser pour révéler une expression mûre du chenin. Le demi-sec 2016 est doté d'un belle sucrosité et d'une énergie terrienne qui le tient en longueur. En version sec, le 2017 déploie néanmoins une grande richesse gourmande. Deux bouteilles à déboucher dans les dix ans.

Vouvray Demi-Sec 2016	25 €	15,5
Vouvray Extra-Brut Méthode Traditionnelle 2012	26 €	15,5
Vouvray Sec 2017	25 €	15,5

Blanc : 4 hectares.
Chenin 100 %
Production moyenne : 8 000 bt/an

CLOS DE LA MESLERIE ♣
12, rue de la Meslerie,
37210 Vernou-sur-Brenne •
www.lameslerie.com • Vente et visites : au domaine sur rendez-vous.
Propriétaire : Peter Hahn

DOMAINE DES CORBILLIÈRES

Installé dans le village d'Oisly, réputé pour ses sauvignons, Dominique Barbou maîtrise son vignoble, en culture totale, aux rendements limités. Les vinifications sont peu interventionnistes. Le domaine produit un solide Angeline qui sort le touraine rouge de son image "fruitée et gouleyante", auquel il adjoint une version plus délicate en tanins, la cuvée Les Dames. Les sauvignons recèlent un beau gras, surtout les sélections Fabel et Justine, qui se révèlent à leur meilleur avant deux années en bouteille. Une adresse et des valeurs sûres.

Les vins : d'un blanc à l'autre, on monte en intensité aromatique et en gras. Ce sont des vins exotiques, très travaillés sur les lies pour séduire avec une matière démonstrative. Un peu trop ? La cuvée Les XVI Rangs affirme davantage le caractère de son terroir et évoluera favorablement dans les quinze ans. Les rouges sont agréablement façonnés mais on les préfèrerait avec un fruit plus éclatant et frais. L'Angeline propose le meilleur compromis : c'est un vin gourmand et structuré.

Touraine Oisly Fabel Barbou 2017	12 €	14,5
Touraine Oisly Fabel Barbou 2018	12 €	14
Touraine Oisly Les XVI Rangs 2017	17 €	16
Touraine Sauvignon 2018	7,50 €	13
Touraine Angeline 2017	12 €	15
Touraine Les Dames 2017	14 €	14
Touraine Les Demoiselles 2017	7,50 €	14,5
Touraine Les Griottines 2018	7,50 €	14

Rouge : 8 hectares.
Malbec (cot) 30 %, Gamay noir à jus blanc 30 %, Pinot noir 30 %, Cabernet franc 10 %
Blanc : 18 hectares.
Sauvignon blanc 97 %, Chardonnay 3 %
Production moyenne : 170 000 bt/an

DOMAINE DES CORBILLIÈRES
41700 Oisly
02 54 79 52 75 •
www.domainedescorbillieres.com • Vente et visites : au domaine sur rendez-vous.
Propriétaire : Dominique Barbou

DOMAINE DE LA COTELLERAIE

Une verticale de 1988 à 2017, réalisée il y a deux ans, témoigne à la fois du potentiel de garde des vins de Saint-Nicolas-de-Bourgueil et des progrès impressionnants accomplis au domaine. Gérald Vallée ne laisse rien au hasard dans ses vinifications en cuve bois et ses élevages en barrique. Il donne naissance à des cabernets francs amples, séduisants, sertis de tanins suaves qui les rendent accessibles dès la jeunesse mais dotés d'un bon potentiel de garde. Dans un registre civilisé, les derniers millésimes ont considérablement gagné en éclat de fruit, les rapprochant du goût frais de leur terroir.

Les vins : ces vins ne sont probablement pas les cabernets francs les plus vibrants de Loire mais ils possèdent une grande qualité, celle de séduire le plus grand nombre. C'est notamment le cas du Pigeur Fou, macéré en grappe entière et extrêmement fruité. Bien juteux, cadré par des tanins fondus, Les Perruches fera le lien jusqu'au Vau Jaumier, un rouge très intense qui évoluera en intégrant de fines notes mentholées. Oubliez en cave pour deux ou trois ans L'Envolée, encore marqué par son élevage ; sa concentration remarquable lui permettra de vieillir plus de quinze ans.

- Saint-Nicolas-de-Bourgueil L'Envolée 2015 — 23 € — 16
- Saint-Nicolas-de-Bourgueil Le Vau Jaumier 2016 — 18 € — 16
- Saint-Nicolas-de-Bourgueil Les Perruches 2017 — 13 € — 15,5
- Saint-Nicolas-de-Bourgueil Pigeur Fou 2018 — 13 € — 15

Rouge : 27 hectares.
Cabernet franc 100 %
Production moyenne : 110 000 bt/an

DOMAINE DE LA COTELLERAIE ♣
2, La Cotelleraie,
37140 Saint-Nicolas-de-Bourgueil
02 47 97 75 53 • www.domaine-cotelleraie.fr • Vente et visites : au domaine sur rendez-vous.
Propriétaire : Gérald Vallée

DOMAINE FABRICE GASNIER

Depuis quatre générations, la famille Gasnier exploite ce domaine de Cravant-les-Coteaux. Fabrice travaille 29 hectares entièrement cultivés sur des terres légères. Nous retrouvons dans ses cuvées les notes florales, les textures délicates, jamais très longues, mais si digestes, qui ont fait la légende des chinons rabelaisiens. Queue du Poëlon, qui met en valeur une parcelle de vignes de 60 ans, est élevé en cuve béton.

Les vins : le chinon blanc du coteau de Sonnay est généreusement ensoleillé et tout en douceur. Les rouges ne sont probablement pas les plus émouvants de l'appellation mais nous aimons la tendresse de fruit des cuvées d'entrée de gamme et l'équilibre séveux des Queue de Poëlon et de Signature, deux rouges dont le caractère chinonnais légèrement sauvage se révèlera dans les quinze à vingt ans.

- Chinon Coteau de Sonnay 2018 — 17 € — 14
- Chinon La Queue de Poëlon 2015 — 16 € — 15,5
- Chinon Les Graves 2018 — 8,20 € — 14
- Chinon Pierres Chaudes 2018 — 11,50 € (c) — 14
- Chinon Signature 2018 — 14 € — 15,5

Rouge : 29,2 hectares.
Cabernet franc 100 %
Blanc : 0,8 hectare.
Chenin 100 %
Production moyenne : 130 000 bt/an

DOMAINE FABRICE GASNIER ☾
Chezelet, 37500 Cravant-les-Coteaux
02 47 93 11 60 •
www.domainefabricegasnier.com • Vente et visites : au domaine sur rendez-vous.
Propriétaire : Fabrice Gasnier

DOMAINE LA GRAPPERIE

Ingénieur agronome, Renaud Guettier a repris l'exploitation en polyculture de sa belle-famille à Bueil-en-Touraine, aux confins de la Sarthe et de la Touraine. Céréalier et éleveur, il acquiert en 2004 des vignes dans les coteaux du Loir, toutes en vieilles vignes de chenin et pineau d'Aunis. Atypiques car patinés par de longs élevages, des vins sains et mûrs, formidablement toniques, voient ici le jour. Les matières vigoureuses, assagies par l'âge, sont parfaitement maîtrisées ; finement infusés, les rouges offrent délicatesse et parfums. La plupart des vins sont déclassés en Vin de France et méritent d'être aérés pour se débarrasser de leur gaz carbonique.

Les vins : une seule cuvée a été présentée. Voici un chenin détonnant dans le paysage tourangeau. Vinifié et élevé longuement sans soufre, il exprime à la fois une haute maturité fruitée et le tranchant du silex. Son intégrité de fruit nous plaît beaucoup.

- VDF La Désirée 2017 — 28 € — 16

Rouge : 3 hectares.
Pineau d'Aunis 100 %
Blanc : 3 hectares.
Chenin 100 %
Production moyenne : 20 000 bt/an

DOMAINE LA GRAPPERIE ♣
La Soudairie, 37370 Bueil-en-Touraine •
www.lagrapperie.com • Vente et visites : au domaine sur rendez-vous.

Propriétaire : Renaud Guettier

DOMAINE DES HAUTS BAIGNEUX

Nicolas Grosbois, vigneron entreprenant de Chinon, et Philippe Mesnier, également importateur de vins en Belgique, ont acheté le domaine des Hauts Baigneux pour mettre sur le devant de la scène un vignoble dans l'ombre : Touraine-Azay-le-Rideau. Leur force vient d'un terroir d'argile à silex, qui parvient à livrer des blancs mûrs, encore un peu enrobés par leur élevage mais qui recèlent une tension appétente.

Les vins : capter la fraîcheur dans des millésimes solaires (2018 et 2017) est un exercice subtil dans la vallée de la Loire. Les argiles à silex soulignent toujours les vins d'une nervosité appétente. Ils sont toutefois un peu enrobés par leur élevage et gagneraient à arborer davantage d'éclat. Le rosé charmeur ne manque ni de couleur ni de chair. Le rouge s'offre tout en tendresse, accusant un peu l'expression solaire du millésime.

- Touraine Azay-le-Rideau Blanc Chenin 2017 — 16,50 € — 15
- Touraine Azay-le-Rideau Clos des Brancs 2017 — 25 € — 14,5
- Touraine Azay-le-Rideau Les Chênes 2018 — 10,50 € — 14,5
- Touraine Azay-le-Rideau La Surprise 2018 — 8,90 € — 14,5
- Touraine Sanguine 2018 — 12 € — 14

Rouge : 4 hectares.
Cabernet franc 50 %, Grolleau 30 %, Gamay noir à jus blanc 20 %
Blanc : 8 hectares.
Chenin 100 %
Production moyenne : 40 000 bt/an

DOMAINE DES HAUTS BAIGNEUX ♣
Le Pressoir, 37220 Panzoult
02 47 58 66 87 • hautsbaigneux@gmail.com
• Visites : sans rendez-vous.
Propriétaire : Nicolas Grosbois et Philippe Mesnier

DOMAINE DE MONTCY

Originaire de Ligurie, l'Italienne Laura Semeria a décidé de devenir vigneronne en 2006. Après de nombreuses visites de vignobles, c'est le coup de cœur pour Cheverny : elle fait en septembre 2007, juste avant les vendanges, l'acquisition d'un domaine qu'elle rebaptise domaine de Montcy. Rapidement convertie en bio, très impliquée dans l'œnotourisme, la propriété donne naissance à une large gamme de vins, vinifiés en levures indigènes et avec un usage très limité du soufre. Ils s'expriment avec sincérité et générosité.

Les vins : les 2018 révèlent un caractère exotique, d'emblée gourmand et sincère, sans pour autant basculer dans un excès de richesse (fréquent dans ce millésime). Le Clos des Cendres (60 % de sauvignon, le reste en chardonnay) exprime même une certaine salinité. Gloria est savoureux, suave et charmeur pour un romorantin, cépage habituellement plus austère. Des vins ouverts, libres et affriolants à boire dans les cinq à six ans.

- Cheverny Clos des Cendres 2018 — 14 € — 15,5
- Cheverny Tradition 2018 — 12 € — 14,5
- VDF Gloria 2018 — 17 € — 15

Rouge : 15 hectares.
Pinot noir 60 %, Gamay noir à jus blanc 35 %, Malbec (cot) 5 %
Blanc : 12 hectares.
Sauvignon blanc 70 %, Chardonnay 25 %, Romorantin 5 %
Production moyenne : 70 000 bt/an

DOMAINE DE MONTCY ☾
La Porte Dorée, 32, route de Fougères, 41700 Cheverny
02 54 44 20 00 •
www.domaine-de-montcy.com • Vente et visites : au domaine sur rendez-vous.
Propriétaire : Laura Semeria

NOUVEAU DOMAINE

DOMAINE FRANÇOIS PINON

Vigneronne depuis le XVIIIe siècle, la famille Pinon est bien connue à Vouvray pour son domaine située dans la ravissante vallée de Cousse, à Vernou-sur-Brenne. Julien Pinon a rejoint son père, François, et perpétue un style très classique et dynamique, un brin serré, de blancs vouvrillons. La conversion en bio en 2003 a contribué à révéler les nuances des terroirs dans chacune des cuvées, élevées en fût et en cuve tronconique. Issu de vignes septuagénaires plantées sur calcaire, Les Déronnières se hisse parmi les secs les plus racés de l'appellation.

Les vins : les deux méthodes traditionnelles offrent des arômes joliment citronnés et une chair gourmande. Le non dosé est d'entrée de jeu plus vif, avec une bulle un peu plus imposante que le brut, rond et très agréable. En 2018, le vouvray est vraiment bien ficelé avec légèreté et une sucrosité tendre. Les Silex Noir, demi-sec, s'affirme avec une droiture très salivante et sans artifice, particulièrement le 2017, élancé et solide, tandis que les Trois Argiles séduit par sa rondeur suave. Coup de cœur absolu pour Les Déronnières qui livre une sensation svelte et droite, dont les nuances poivrées ont été puisées dans le terroir calcaire. Il évoluera avec une grande énergie. Sauvé du gel, la cuvée Le 2016 est un assemblage des raisins épargnés. C'est un blanc haut en couleur à la sucrosité pure et saline. Très beau moelleux botrytisé en 2015, d'une grande intensité de parfums et d'une magnifique allonge.

Vouvray Botrytis 2015	23 €	16,5
Vouvray Brut 2015	11,20 €	15
Vouvray Brut Non Dosé 2015	13,60 €	15
Vouvray Demi-Sec Le 2016 2016	14 €	16
Vouvray Demi-Sec Les Trois Argiles 2017	13,80 €	15
Vouvray Demi-Sec Silex Noir 2017	13,80 €	15,5
Vouvray Demi-Sec Silex Noir 2018	13,50 €	15
Vouvray Sec 2018	11,60 €	14
Vouvray Sec Les Déronnières 2017	14 €	17

Rouge : 0,38 hectare.
Grolleau 50 %, Malbec (cot) 50 %
Blanc : 14,5 hectares.
Chenin 100 %
Production moyenne : 60 000 bt/an

DOMAINE FRANÇOIS PINON ♣

55, vallée de Cousse,
37210 Vernou-sur-Brenne
02 47 52 16 59 •
www.francois-pinon-vouvray.com • Vente et visites : au domaine sur rendez-vous.
Propriétaire : François et Julien Pinon

DOMAINE DE L'R

Après une expérience espagnole (Ribera del Duero avec Bertrand Sourdais), Frédéric Sigoneau revient dans sa région d'origine et reprend en 2007 quelques parcelles à Cravant-les-Coteaux. Il revendique une conduite du vignoble et des vinifications les plus naturelles possibles. Le domaine trouve aujourd'hui sa vitesse de croisière avec plusieurs cuvées de caractère. Le sens aigu du fruit de Frédéric se révèle dès la cuvée Les 5 Élément, mais Les Folies du Noyer Vert offre un surcroît de profondeur et de complexité. Essayez donc de dénicher une des rares bouteilles des Mains Sales, pour une expérience voluptueuse.

Les vins : la haute maturité des cabernets francs de 2018 s'exprime dans chacune des cuvées libres et parfumées. Malgré cela, leur fruit reste d'une très belle vitalité et les matières se montrent soyeuses et pulpeuses. Des rouges vivants et solaires qu'il faudra boire dans les cinq ans (VDF SO_2) ou dans les quinze ans (Le Canal des Grandes Pièces).

Chinon Le Canal des Grandes Pièces 2018	12 €	15,5
Chinon Les Folies du Noyer Vert 2018	20 €	15
VDF SO_2 2018	16 €	15

Rouge : 7,7 hectares.
Cabernet franc 100 %
Blanc : 0,25 hectare.
Production moyenne : 30 000 bt/an

DOMAINE DE L'R ♣

14, Le Coteau-de-Sonnay,
37500 Cravant-les-Coteaux
02 47 98 03 57 • www.domainedelr.com •
Vente et visites : au domaine sur rendez-vous.
Propriétaire : Frédéric Sigonneau

DOMAINE AURÉLIEN REVILLOT

Originaire du Mâconnais, ingénieur agronome et œnologue, Aurélien a travaillé dans l'Oregon au domaine Drouhin et comme chef de culture à partir de 2013 à l'excellent domaine de la Chevalerie à Bourgueil. Il a pu reprendre (essentiellement en location) sept petites parcelles à Bourgueil et Saint-Nicolas de Bourgueil. Il a signé en 2012 son premier millésime. La qualité de ses vins éclate pleinement avec d'admirables 2014 et des 2015 très prometteurs.

Les vins : Les Aubuis 2015 est superbe, extrait avec beaucoup de douceur ; son intensité mûre lui permettra de vieillir sereinement. Les 2016 ne sont pas au niveau espéré.

Bourgueil Les Aubuis 2015 17 € 16,5

Rouge : 2,25 hectares.
Cabernet franc 100 %
Production moyenne : 7 000 bt/an

DOMAINE AURÉLIEN REVILLOT
7, route de Haut-Champ, 37140 Restigné • www.aurelien-revillot.fr • Vente et visites : au domaine sur rendez-vous.
Propriétaire : Aurélien Revillot

DOMAINE VINCENT RICARD

La cave de ce vigneron, qui a pris la suite de son père à Thésée, est devenue le rendez-vous des amateurs en quête de sauvignons tourangeaux exprimant, à travers des tries de vendanges et des sélections de terroirs, une palette de maturités subtiles. Vincent Ricard est un éclectique qui se risque aussi avec réussite à des pétillants naturels ou des rouges gourmands. Et comme notre homme est un bon vivant qui a le bec sucré, il n'hésite pas à vendanger tardivement certains sauvignons, voire même quelques gamays. Le domaine est certifié en bio depuis 2016.

Les vins : les blancs nous enthousiasment par leur franchise de fruit et ils trouvent dans ce secteur une touche d'exotisme. Pour autant, ils conservent beaucoup d'appétence et de dynamisme, comme le montre Le Petiot. La démarche du touraine-chenonceaux Tasciaca est intéressante : un vin intense et élevé avec soin. La cuvée Le ? a incroyablement gagné en précision et sapidité. Un très beau blanc de garde. Le Vilain P'tit rouge, pur côt, est quant à lui gourmand mais un peu enrobé par son élevage.

- Touraine Chenonceaux Tasciaca 2017 12,50 € 15,5
- Touraine Le Petiot 2018 8,25 € 14,5
- Touraine Les Trois Chênes 2017 12 € 15
- Touraine Pierre à Feu 2018 9,50 € 14
- Touraine Le Vilain P'tit Rouge 2018 12 € 15

Le coup de ♥
- Touraine Le ? 2017 25 € 16,5

Rouge : 3 hectares.
Malbec (cot) 100 %
Blanc : 33 hectares.
Sauvignon blanc 100 %
Production moyenne : 180 000 bt/an

DOMAINE VINCENT RICARD ♣
19, rue de la Bougonnetière, 41140 Thésée
02 54 71 00 17 • www.domainericard.fr • Vente et visites : au domaine sur rendez-vous.
Propriétaire : Vincent Ricard

NOUVEAU DOMAINE

DOMAINE DE LA ROCHE BLEUE

Dans les discrètes appellations de la Sarthe, Jasnières et Coteaux du Loir, Sébastien Cornille fait parler de lui depuis plusieurs millésimes. Après une aventure viticole à l'île de la Réunion, le trentenaire atterrit dans ce vignoble, le plus septentrional de la vallée de la Loire en 2007. Il passe progressivement ses 6,50 hectares en bio pour faire des vins le plus naturellement possible. Ceux-ci sont issus de chenins plantés sur des argiles à silex, qui traversent des pressurages longs en grappes entières, des fermentations et des élevages en fût ancien. Les blancs de Jasnières s'affirment avec beaucoup de vigueur et une amertume noble et austère en bouche, venue de leur terroir. Les rouges offrent une approche fine et savoureuse du pineau d'aunis, tout en exprimant un beau bouquet poivré.

Les vins : les blancs respectent à merveille l'identité finement austère et vigoureuse des terroirs de Jasnières. Les fermentations et élevages en fûts usagés font honneur à l'identité du fruit que l'on attend dans ce terroir. Il ne faut pas s'empresser d'ouvrir les deux jasnières secs en 2018 et 2017, tous deux hauts en couleur et dont l'expression s'affinera d'ici deux à trois ans. La concentration du Clos des Molières est plus profonde et tenue par des amers très stimulants. Côté rouges, La Guinguette est une entrée en matière gourmande et joliment épicée de l'assemblage de pineau d'aunis (70 %), gamay et cabernet franc. La Belle d'Aunis, un pur pineau d'aunis macéré en grappes entières, dévoile un beau parfum poivré et un jus un brin anguleux, bien emmené par un élevage soigné.

- Jasnières Cuvée Cornille 2015 40 € 16,5
- Jasnières Le Clos des Molières 2018 30 € 15,5
- Jasnières Sec 2017 20 € 15
- Jasnières Sec 2018 20 € 15,5
- Coteaux du Loir La Belle d'Aunis 2018 24 € 15,5

Coteaux du Loir La Guinguette 2018 17 € 15

Le coup de ♥

Jasnières Le Clos des Molières 2017 30 € 16

Rouge : 3 hectares.
Pineau d'Aunis 80 %, Gamay noir à jus blanc 15 %, Cabernet franc 5 %
Blanc : 3,5 hectares.
Chenin 100 %
Production moyenne : 20 000 bt/an

DOMAINE DE LA ROCHE BLEUE ♣

La Roche, 72340 Marcon
02 43 46 26 02 •
domainedelarochebleue@ymail.com • Vente et visites : au domaine sur rendez-vous.
Propriétaire : Sébastien Cornille

VIGNOBLES DU CENTRE

★★★

DOMAINE DIDIER DAGUENEAU

Louis-Benjamin Dagueneau mène de main de maître ce domaine d'exception dédié au sauvignon blanc depuis la disparition de son père, en septembre 2008. Ici, les vendanges en caisses se font dans un délai très court, à maturité optimale, et à grand renfort de personnel. L'usage de levures sélectionnées dans leur vignoble, les débourbages serrés et les élevages longs sur lies sans soutirage demeurent la base d'une quête absolue de l'expression cristalline du sauvignon, rehaussée d'un élevage millimétré sous bois, dans des fûts de volume supérieur aux barriques, des "cigares" (320 litres) ou des "tonnes" (600 litres). Sept cuvées composent la gamme : Blanc Fumé de Pouilly, assemblage de quatre parcelles ; Pur Sang, assemblage du secteur de la Folie ; Buisson Renard, une parcelle de Saint-Andelain, plus compact ; Silex, qui expose la pureté cristalline des argiles à silex ; sans oublier le rarissime Clos du Calvaire (20 ares plantés à 14 000 pieds à l'hectare, arrachés en 2009 et replantés dans un autre sens à 10 000 pieds par hectares), et Astéroïde, issu d'un vignoble franc de pied vendangé toujours très mûr. Le sancerre de Chavignol est issu du cœur du grand cru de la côte des Monts Damnés. Écœuré que l'un de ses 2017, pourtant superbe, ait été retoqué aux dégustations d'agrément de l'appellation Pouilly-Fumé, Louis-Benjamin Dagueneau a décidé de reclasser toute sa production sous la dénomination Vin de France. Rappelons que les passionnés de l'épure des sauvignons maison doivent découvrir les précieux jurançons que la famille produit aux Jardins de Babylone (voir la partie Sud-Ouest).

Les vins : ces bijoux sont des miraculés du gel, qui a dévasté 70 % de la récolte en 2017. Le Buisson Renard n'a d'ailleurs pas été produit cette année. Nous assistons toutefois à un grand millésime où l'expression solaire se traduit à travers une magnifique densité en extraits secs dans les vins, qui présentent toujours ce style contenu, sculpté avec une haute précision. Blanc Fumé est un vin tout en finesse ; sa réelle concentration lui permettra d'évoluer avec style une dizaine d'années. Pur Sang est d'une pureté remarquable, animé par un bouquet subtil d'anis, d'ortie, de fenouil, de menthe fraîche, tenu avec force par de beaux amers. Le Mont Damné est si concentré qu'il dégage une structure presque tannique. Il mettra plus de dix ans pour livrer. Silex va naturellement plus loin avec une réserve aromatique profonde et une grande sapidité qui lui permettra d'affronter trente ans de garde.

VDF Blanc Fumé 2017	de 40 à 50 € (c)	16
VDF Le Mont Damné 2017	N.C.	17
VDF Pur Sang 2017	N.C.	17,5
VDF Silex 2017	de 80 à 100 € (c)	18

Blanc : 11 hectares.
Sauvignon blanc 100 %
Production moyenne : 50 000 bt/an

DOMAINE DIDIER DAGUENEAU
Le Bourg, 58150 Saint-Andelain
03 86 39 15 62 • silex@wanadoo.fr • Vente et visites : au domaine sur rendez-vous.
Propriétaire : Louis-Benjamin Dagueneau

★★

DOMAINE GÉRARD BOULAY

Les Boulay disposent à Chavignol d'un des plus beaux terroirs du village, le Clos de Beaujeu. Cette parcelle, à la pente de 70 %, se situe dans le secteur des Culs de Beaujeu, en orientation est/sud-est, tandis que la parcelle des Monts Damnés, qui partage la même nature crayeuse des sols, est exposée plein sud. Cette exposition au levant apporte une élégance et un raffinement rares aux sauvignons, qui ne s'expriment qu'au bout de cinq ans. Sur vingt ans, ils évoluent vers des senteurs de truffe blanche. Les vins sont entiers, généreux, d'une concentration exemplaire pour la garde, en particulier le très pur Comtesse et l'admirable rouge Oriane, capable à plus de vingt ans d'âge de se montrer éblouissant.

Les vins : le niveau de la dégustation commence très fort avec le sancerre blanc 2018, un sauvignon énergique et de bonne constitution pour évoluer joliment, dénué de toute approche variétale. Les cuvées de lieux-dits atteignent un équilibre impressionnant, d'une densité rare en extraits secs, traduisant la richesse du millésime 2017 ; ils restent pourtant parfaitement droits et élancés. Ces vins se magnifieront avec le temps, particulièrement La Côte et l'incroyable Comtesse (bas de coteaux des Monts Damnés), un peu contenu à ce stade : de grands blancs à mettre en cave. Ils prendront des airs chablisiens avec le temps. Le rouge Oriane se montre très original : tout en infusion de saveurs poivrées, il présente une grande finesse.

Sancerre 2018	15 €	15,5
Sancerre Comtesse 2017	30 €	17,5
Sancerre La Côte 2017	25 €	16,5
Sancerre Monts Damnés 2017	25 €	17
Sancerre Oriane 2017	25 €	16,5

Le coup de ♥

Sancerre Clos de Beaujeu 2017	25 €	17

Rouge : 2 hectares.
Pinot noir 100 %
Blanc : 9 hectares.
Sauvignon blanc 100 %
Production moyenne : 60 000 bt/an

DOMAINE GÉRARD BOULAY
Chavignol, 18300 Chavignol
02 48 54 36 37 •
boulayg-vigneron@wanadoo.fr • Vente et visites : au domaine sur rendez-vous.
Propriétaire : Gérard Boulay
Directeur : Thibaut Boulay

★★

DOMAINE FRANÇOIS COTAT

Depuis 1998, le jovial François Cotat a repris les vignes de son père Paul, lui-même séparé de son frère Francis (domaine Pascal Cotat). François (qui produisait déjà du sancerre sous son nom depuis 1987, vous suivez toujours ?) dispose désormais, comme son cousin, de parcelles en Grande Côte et en Monts Damnés avec, en plus, une vigne encore plus pentue en Culs de Beaujeu, 4 hectares mythiques. Sans oublier la cave familiale spartiate, dans une ruelle du bas de Chavignol, qu'il a conservée. Vendanges manuelles, aucun levurage, deux soutirages, pas de filtration et mise en bouteille précoce avant l'été : la méthode n'a pas changé depuis des lustres et donne de grands sancerres de feu, très mûrs et vibrants, à la garde phénoménale. Comme les vins sont réservés d'une année sur l'autre, le domaine n'a pas la possibilité de prendre de nouveaux clients. La Grande Côte 1998 et 1989 témoignent de la longévité de ces blancs qui s'ouvrent, et surtout se détendent avec le temps, en nous emmenant sur des arômes de roche froide et de miel, des matières voluptueuses. On peut les confondre avec un grand chardonnay de chablis ou un riesling alsacien.

Les vins : Les Caillottes conjuguent avec brio la force du terroir et la douceur ensoleillée du millésime ; une touche de sucre lui confère un charme certain. Les matières que développent les vins dans un millésime solaire comme 2017 méritent un repos en bouteille d'un quinzaine d'années minimum pour commencer à se révéler. L'amertume assure la structure de l'extrêmement dense Monts Damnés. Culs de Beaujeu semble encore plus intense : garde assurée d'une trentaine d'années.

Sancerre Caillottes 2017	de 25 à 45 € (c)	16
Sancerre Culs de Beaujeu 2017	de 35 à 40 € (c)	17
Sancerre Monts Damnés 2017	de 35 à 40 € (c)	17

Rouge : 0,55 hectare.
Pinot noir 100 %
Blanc : Sauvignon blanc 100 %
Production moyenne : 35 000 bt/an

DOMAINE FRANÇOIS COTAT
Chavignol, 18300 Sancerre
02 48 54 21 27 • Pas de visites.
Propriétaire : François Cotat

★★

DOMAINE ALPHONSE MELLOT

Comme son père et dix-huit générations de vignerons sancerrois avant lui portant le même prénom, Alphonse Mellot Junior continuer de bâtir un impressionnant domaine : 56 hectares cultivés en biodynamie et des caves souterraines serpentant sous le village. La viticulture d'élite lui permet de capter les nuances des terroirs et de les restituer dans les cuvées parcellaires, des argiles à silex de La Demoiselle aux calcaires d'En Grands Champs, en passant par les vieilles vignes plantées sur caillottes de la cuvée Edmond. Nous saluons particulièrement cette année les rouges qui ont considérablement été épurés par des élevages plus précis, permettant de révéler l'éclat sancerrois du pinot noir, dont la remarquable cuvée Paradis, vinifiée en grappes entières. Hormis La Moussière, plutôt simple et variétal, les blancs d'Alphonse Mellot sont techniquement irréprochables et inébranlables. Toutefois, l'énergie profonde de leur terroir semble passer au second plan par rapport au style extrêmement maîtrisé insufflé par le savoir-faire méticuleux du vigneron. Ce constat nous conduit, après une longue réflexion, à enlever la troisième étoile au domaine. Nous sommes convaincus que la conduite du vignoble de haute précision, et le sens aigu du détail du vinificateur, peuvent révéler une facette plus transparente et pure du sauvignon de Sancerre.

Les vins : La Moussière blanc est toujours agréablement exotique et un peu léger en 2018. Construit autour de superbes maturités et d'une fraîcheur naturelle époustouflante, le millésime 2016 a fait naitre des vins de Sancerre d'un grand équilibre. Déjà dégustés l'année dernière, les blancs sont de belle constitution, à l'instar du Paradis tenu par une trame calcaire. Issus de deux terroirs de silex, Les Romains et La Demoiselle sont toujours plus réduits à l'ouverture, tout en déroulant une bouche plus carrée que celle des sauvignons venus des calcaires. Ils se détendront dans les dix à quinze prochaines années. Satellite exprime la densité solaire de Chavignol, tout en étant lissé par la vinification. En prenant de l'âge, les vignes plongent en profondeur et les vins gagnent en intensité, sève saline et longueur. Si Génération XIX est encore retenu par son élevage, Edmond est d'une force époustouflante. Grâce à des élevages plus discrets, les rouges ont nettement gagné en finesse. La Moussière reste un rouge consensuel. À son habitude, La Demoiselle, réduit à l'ouverture, aura besoin d'un bon passage en carafe pour révéler sa force insufflé par les silex. Le Paradis offre une énergie calcaire vivifiante, tout comme En Grands Champs, d'une concentration de fruit subtilement affiné pendant l'élevage. Le vin termine sur un souffle sapide. Génération XIX est toujours plus travaillé et présente un beau velouté.

Sancerre Edmond 2016	de 42 à 48 € (c)	18
Sancerre Génération XIX 2016	de 40 à 50 € (c)	17
Sancerre La Demoiselle 2016	de 26 à 34 € (c)	16,5
Sancerre La Moussière 2018	de 22 à 28 € (c)	14,5
Sancerre Le Paradis 2016	de 38 à 48 € (c)	15,5
Sancerre Les Romains 2016	de 30 à 38 € (c)	16,5

Sancerre Satellite 2016	de 32 à 42 € (c)	16,5
Sancerre En Grands Champs 2016	de 75 à 85 € (c)	18
Sancerre Génération XIX 2016	de 90 à 110 € (c)	17
Sancerre La Demoiselle 2015	de 48 à 56 € (c)	16
Sancerre La Moussière 2014	de 28 à 34 € (c)	15

Le coup de ♥

Sancerre Le Paradis 2016	N.C.	17

Rouge : 12 hectares.
Pinot noir 100 %
Blanc : 44 hectares.
Sauvignon blanc 100 %
Production moyenne : 330 000 bt/an

DOMAINE ALPHONSE MELLOT
3, rue Porte-César, 18300 Sancerre
02 48 54 07 41 • www.mellot.com • Vente et visites : au domaine sur rendez-vous.
Propriétaire : Alphonse Mellot

★★

DOMAINE VINCENT PINARD

Les fils de Vincent et Cosette Pinard, Florent, l'aîné, et Clément, son cadet, secondent leurs parents pour le meilleur du domaine et de Sancerre. Déjà d'un très bon niveau depuis quinze ans, la maison a accompli, en cinq ans, des progrès impressionnants. Dans le vignoble comme à la cave, la remise en question est permanente avec l'objectif de faire transparaître le terroir dans leurs vins. Dès la cuvée Florès, d'expression directe, d'un niveau remarquable, le style épuré et droit du domaine s'affiche. Les blancs parcellaires, élevés longuement en demi-muids, n'ont jamais été aussi profonds, précis et proches de l'identité de leur terroir de Bué qu'en 2016. Ils s'inscrivent parmi les meilleurs de l'appellation. Nous sommes enchantés de goûter à des rouges 2017 qui n'ont jamais été aussi floraux et aériens.

Les vins : premier aperçu du millésime 2018 avec Nuance, au fruité croquant et précis. Le caractère solaire du millésime a été habilement dompté dans les blancs 2017. Ils n'ont pas la concentration énergique des 2016 mais ils ont été menés tout en délicatesse ; ils sont dénués de la richesse imposante que l'on trouve couramment dans ce millésime. L'Harmonie s'affirme tout en finesse, avec une finale élancé. Ce type d'année convient particulièrement au Petit Chemarin dont la salinité traduit un relief venu des calcaires. Le Château est quant à lui un peu plus solaire et charmeur, tout en exprimant une finale très élégante. Coup de cœur pour Le Chêne Marchand. Son étoffe naturellement austère promet un avenir rayonnant, sans exubérance. Nous aimons toujours autant le sancerre rouge classique, macéré en douceur et qui présente une chair parfumée. Il vieillira tranquillement une dizaine d'années. Charlouise est délicatement infusé. Son joli parfum de pinot floral anime un jus haut en couleur, profond et servi par cette fine austérité que l'on attend d'un rouge du Sancerrois. La Vendange Entière est bien fournie, avec des arômes floraux et une allonge vivement épicée, tenue par des tanins saillants. Ces deux vins raffinés sont taillés pour la garde.

Sancerre Florès 2017	14,80 €	15
Sancerre Grand Chemarin 2017	31,50 €	16,5
Sancerre Harmonie 2017	25 €	16,5
Sancerre Le Château 2017	31,50 €	16,5
Sancerre Nuance 2018	17,80 €	14,5
Sancerre Petit Chemarin 2017	31,50 €	17
Sancerre 2017	19,50 €	16
Sancerre Charlouise 2017	28 €	17
Sancerre Vendanges Entières 2017	36,50 €	17,5

Le coup de ♥

Sancerre Chêne Marchand 2017	31,50 €	17,5

Rouge : 4,5 hectares.
Pinot noir 100 %
Blanc : 12,5 hectares.
Sauvignon blanc 100 %
Production moyenne : 100 000 bt/an

DOMAINE VINCENT PINARD
42, rue Saint-Vincent, 18300 Bué
02 48 54 33 89 • www.domaine-pinard.com • Vente et visites : au domaine sur rendez-vous.
Propriétaire : Famille Pinard

★★

DOMAINE VACHERON

Jean-Dominique Vacheron et son cousin Jean-Laurent ont opéré une véritable révolution culturelle au sein de ce domaine familial. Premier domaine de Sancerre certifié en culture biodynamique (2006), il produit aujourd'hui pas moins de six cuvées parcellaires de blancs. Ces déclinaisons, aussi légitimes que celles effectuées par climats dans les crus bourguignons, rappellent que Sancerre possède une grande variété de sols argileux d'un niveau remarquable, plus ou moins empreints de silex et de calcaire. Citons l'emblématique Les Romains, premier lieu-dit à dominante de silex, isolé en 1997 dans un blanc vigoureux et finement austère ; quelques années plus tard, c'est un sol crayeux pauvre, orienté au Nord, qui est magnifié dans un sauvignon ciselé et salin, Guigne-Chèvres. Les rouges continuent de progresser et offrent une expression éclatante du fruit. La nouvelle cave opérationnelle depuis la récolte 2018 devrait permettre, notamment, d'affiner l'expression des rouges.

Les vins : le sancerre est un bon ambassadeur tendre, fringant et exotique du millésime 2018. Débouchez-le dans l'année. Les 2017 ont conservé une acidité ferme et franche dans ce millésime solaire, évoquant certainement une vendange précoce. Ils n'ont pas la concentration du monumental 2016 mais leur tendresse leur confère beaucoup de charme en bouche, particulièrement Chambrates, toujours plus séducteur. Nous aimons particulièrement la salinité que dégage le Guigne-Chèvres et la structure des Romains, deux vins promis à un bel avenir. Issu de vignes franches de pied dans un petit clos de Sancerre, L'Enclos des Remparts est une merveille radieuse et solaire, avec une relief étonnant et stimulant de saveur. Nous admirons la magnifique finale de ce vin qui nous fait étonnamment penser à un beau chenin ligérien ou à un chardonnay bourguignon. Les rouges nous emmènent dans un registre fruité et léger en 2018. Les Marnes 2010, infusé, n'offre pas une grande envergure de matière mais il est prêt à boire aujourd'hui.

Sancerre 2018	25 €	14,5
Sancerre Chambrates 2017	35 €	16
Sancerre Le Paradis 2017	35 €	16,5
Sancerre Les Romains 2017	35 €	16,5
Sancerre Pavé 2016	60 €	17
VDF L'Enclos des Remparts 2017	90 €	18
Sancerre 2017	25 €	14,5
Sancerres Les Marnes 2010	80 €	16

Le coup de ♥

Sancerre Guigne-Chèvres 2017	35 €	17

Rouge : 12,5 hectares.
Pinot noir 100 %
Blanc : 37 hectares.
Sauvignon blanc 100 %
Production moyenne : 350 000 bt/an

DOMAINE VACHERON
1, rue du Puits-Poulton, 18300 Sancerre
02 48 54 09 93 • vacheron.sa@wanadoo.fr •
Vente et visites : au domaine sur rendez-vous.
Propriétaire : Jean-Louis, Denis, Jean-Laurent et Jean-Dominique Vacheron

★

DOMAINE DANIEL CROCHET

Sur les sols de terres blanches et de caillottes de la commune de Bué, le discret Daniel Crochet, cousin de François, conduit ce domaine familial de qualité depuis 1996. Le travail est ici d'un grand sérieux, avec des vignes enherbées, des élevages sur lies et des vinifications soignées. Le domaine a la chance de profiter des plus belles parcelles du secteur, en particulier Plante des Prés et Chêne Marchand. Nous sommes impressionnés par la précision et la profondeur des rouges depuis quelques millésimes et saluons le travail méticuleux de Daniel Crochet.

Les vins : les blancs sont bien faits. Un peu académiques, ils pourraient se détendre mais ils séduisent par leur fermeté appétante. Le sancerre 2018 est tendre et facile. En 2017, Plante des Prés est le plus charmeur tout en conservant une certaine finesse, tandis que Prestige offre davantage de tenue et de volume. Chêne Marchand est toujours plus austère dans sa jeunesse, mais son ossature lui permettra d'évoluer avec une certaine séduction minérale dans les quinze prochaines années.

Sancerre 2018	11,80 €	14
Sancerre Chêne Marchand 2017	18,20 €	16
Sancerre Plante des Prés 2017	18,20 €	15,5

Sancerre Prestige 2018	15,40 €	16
Sancerre 2017	12,50 €	15

Le coup de ❤

Sancerre Prestige 2017	21,50 €	16,5

Rouge : 3,4 hectares.
Pinot noir 100 %
Blanc : 6,4 hectares.
Sauvignon blanc 100 %
Production moyenne : 80 000 bt/an

DOMAINE DANIEL CROCHET

61, rue de Venoize, 18300 Bué
02 48 54 07 83 • daniel-crochet@wanadoo.fr
• Vente et visites : au domaine sur rendez-vous.
Propriétaire : Daniel Crochet

★

DOMAINE FRANÇOIS CROCHET

Ce gaillard, ex-rugbyman, s'est révélé depuis 2000 avec des sancerres rouges. L'ambition de François Crochet, qui dispose désormais d'une cave neuve, ne s'arrête pas au pinot noir. Ses sauvignons montent également en gamme et en précision, exprimant le style riche et mûr typique du secteur de Bué – particulièrement du Chêne Marchand. Fort réussis, de nouveaux parcellaires blancs (Le Grand Chemarin, Le Petit Chemarin) font leur apparition en 2014 et 2015. La précision remarquable, la justesse de définition des terroirs et le soin apporté à tous les vins dès les entrées de gamme, placent le domaine dans l'élite sancerroise.

Les vins : après le rosé, léger et sans grand intérêt, le sancerre 2018 est un délicieux classique fringant et bien mûr. Les nuances florales et de chlorophylle d'Exil, concentré et tenu par de beaux amers, nous plaisent particulièrement cette année. Les 2017 sont plutôt bien menés, récoltés vraisemblablement sur le fil de la maturité pour conserver une fraîcheur appétente et une matière très fine, dénuée de toute esbroufe. Le Chêne Marchand est le plus austère à ce stade ; il promet une évolution racée dans les quinze à vingt prochaines années. En rouge, le sancerre 2017 offre un joli fruit et doit être détendu par un bon passage en carafe, tout comme Réserve de Marcigoué 2016, d'une très belle concentration. Ce dernier est encore un peu rigide : laissez-le au moins deux ans en cave.

Sancerre 2018	21,90 € (c)	15
Sancerre Exils 2018	de 26 à 28 € (c)	16
Sancerre Le Chêne Marchand 2017	24 € (c)	16,5
Sancerre Les Amoureuses 2017	22 € (c)	15,5
Sancerre 2017	20 € (c)	15
Sancerre Réserve de Marcigoué 2016	26 €	16

Rouge : 3,5 hectares.
Pinot noir 100 %
Blanc : 7,5 hectares.
Sauvignon blanc 100 %
Production moyenne : 70 000 bt/an

DOMAINE FRANÇOIS CROCHET ♣

Marcigoue 18300 Bué
02 48 54 21 77 •
francoiscrochet@wanadoo.fr • Vente et visites : au domaine sur rendez-vous.
Propriétaire : François Crochet

★

DOMAINE PHILIPPE GILBERT

Ce domaine dirigé par Philippe Gilbert est exploité en biodynamie. Les cuvées Les Renardières sont issues des vignes de pinot noir et de sauvignon les plus âgées. Les blancs affichent du souffle, une longueur saline et livrent une sensation bien mûre extrêmement savoureuse. Après une période fort boisée, les rouges ont gagné en finesse, sans perdre de leur maturité, ni de leur précision. Des expérimentations sont menées pour que les vins gagnent en naturel d'expression. Elles sont assez concluantes, comme en témoigne la nouvelle cuvée Hors Série, un pinot extrêmement juteux.

Les vins : le menetou-salon blanc 2018 s'offre tout en fruit croquant. Les 2017 subissent un peu le caracètre solaire du millésime avec des vins énergiques, d'un large volume mais qui pourraient offrir davantage de fraîcheur. Le sauvignon de macération Hors-Sujet est très réduit, demande une longue aération, mais l'exercice est intéressant : sa chair est structurée par de petits tanins. Deux rouges 2018, juvéniles et croquants de fruits, très peu voire non sulfités, sont à boire dans les deux ans. On renoue avec davantage de classicisme en dégustant les 2017, de bonne constitution énergique. Les Chandelières est le vin le plus fin.

Menetou Salon Clos des Treilles 2017	26 €	15
Menetou-Salon 2018	18 €	14,5
Menetou-Salon Les Chandelières 2017	27 €	15,5
VDF Hors-Sujet 2017	34 €	14,5
Menetou-Salon Clos des Treilles 2017	27 €	15,5
Menetou-Salon Hors-Série 2018	23 €	14,5
Menetou-Salon Préambule 2018	17 €	14,5

Le coup de ♥

Menetou-Salon Les Chandelières 2017	30 €	16

Rouge : 15 hectares.
Pinot noir 100 %
Blanc : 15 hectares.
Sauvignon blanc 100 %
Production moyenne : 120 000 bt/an

DOMAINE PHILIPPE GILBERT
9, Les Faucards, 18510 Menetou-Salon
02 48 66 65 90 •
www.domainephilippegilbert.fr • Vente et visites : au domaine sur rendez-vous.
Propriétaire : Philippe Gilbert
Maître de chai : Pierre-Louis Martin

★

DOMAINE JONATHAN DIDIER PABIOT

Porteur d'un patronyme courant à Pouilly-sur-Loire, Jonathan Pabiot est le fils de Didier, vigneron aux Loges. Il a repris les vignes de son grand-père en 2005. Cet ex-champion local de motocross a su remettre en cause la routine dans laquelle se complaisent trop de vignerons locaux. Décidé à remettre le vignoble à l'honneur, avec des pratiques exigeantes et hautement qualitatives (faibles rendements, agriculture bio depuis 2006), il a affiné son style et progresse rapidement, méritant nos éloges. Les cuvées Aubaine (caillottes) et Prédilection (terres blanches) sont, selon nous, les blancs les plus identitaires et les plus transparents avec leur terroir de toute la gamme. Saluons également le chasselas de Pouilly-sur-Loire, à l'identité florale affirmée. Le domaine est certifié en biodynamie (Demeter) depuis 2016.

Les vins : voilà un domaine en pleine forme, à commencer par le pouilly-sur-loire, chasselas brillant et subtilement parfumé de notes de rose. Le sauvignon prend ici de fines notes de chlorophylle et de fruits exotiques, comme le prouve le gourmand Florilège. L'Aubaine, est un coup de cœur, très énergique, sans esbroufe et extrêmement salivant. Prédilection est une grande réussite en 2017 et livre une finesse émouvante. Pourtant énergique, Eurythmie est dans une phase enrobée par son élevage en fût. Soyons patients pour en profiter dès 2022. L'exercice d'un sauvignon de vieilles vignes vinifié sans intrants œnologiques, que Jonathan Pabiot expérimente depuis dix ans, porte ses fruits dans Utopia. Un blanc hors des clous de la gamme et de l'appellation, d'une liberté de ton incroyable, d'une grande envergure en bouche, avec une touche d'oxydation ménagée. Il rappelle des cuvées de son voisin Alexandre Bain.

Pouilly-Fumé Eurythmie 2017	40 €	15,5
Pouilly-Fumé Florilège 2017	23 €	15,5
Pouilly-Fumé Prédilection 2017	34 €	16,5
Pouilly-Fumé Utopia 2017	48 €	16,5
Pouilly-sur-Loire 2017	23 €	15,5

Le coup de ♥

Pouilly-Fumé Aubaine 2017	30 €	16

Blanc : 19 hectares.
Sauvignon blanc 83 %, Chasselas 17 %
Production moyenne : 90 000 bt/an

DOMAINE JONATHAN DIDIER PABIOT
1, rue Saint-Vincent, Les Loges, 58150 Pouilly-sur-Loire
03 86 39 01 32 •
pabiot-jonathan@wanadoo.fr • Vente et visites : au domaine sur rendez-vous.
Propriétaire : Jonathan Didier Pabiot

★

DOMAINE PELLÉ

Paul-Henry Pellé, fils d'Anne, est en charge du vignoble et des vinifications : ce vigneron exigeant, qui n'a de cesse d'affiner le travail des sols et les élevages, est pleinement engagé depuis dix ans dans une recherche de maturité optimale et d'expression variée des terroirs. Des simples cuvées fruitées aux très fines cuvées parcellaires (Vignes de Ratier, Le Carroir, Les Cris, Les Blanchais) en passant par d'honnêtes sancerres, la gamme est homogène et très soignée. Une activité de négoce est entreprise en Ménetou-Salon sous le même patronyme.

Les vins : aussi bien en blanc qu'en rouge, les sancerre n'ont pas grand intérêt. Les blancs sont remarquables, à commencer par le précis Morogues 2018, tout en fruit (notes croquantes d'agrumes). Chaque lieu-dit exprime avec brio le caractère de son sol à l'image du Carroir où le silex dessine un sauvignon plutôt carré et austère de prime abord, mais qui s'éveille tranquillement avec salinité. Sur les marnes kimméridgiennes, les Vignes Ratier s'affirme avec plus de finesse aromatique (aneth, fenouil...) et une finale énergique. Les Blanchais va plus loin avec son allonge svelte et salivante. Ils évolueront avec panache. On retrouve la chair pulpeuse du pinot noir dès Morogues 2017, tandis que les notes fumées et la bouche un peu carré du Carroir évoquent très clairement les silex couvrant les vignes.

Menetou-Salon Le Carroir 2017	16,10 €	16
Menetou-Salon Morogues 2018	12,90 €	14,5
Menetou-Salon Vignes de Ratier 2017	16,10 €	16
Sancerre La Croix au Garde 2017	14,90 €	13,5
Menetou-Salon Le Carroir 2016	18,10 €	15,5
Menetou-Salon Morogues 2017	14,90 €	15
Sancerre La Croix au Garde 2016	15,70 €	13

Le coup de ♥

Menetou-Salon Les Blanchais 2017	19,80 €	16,5

Rouge : 12 hectares.
Pinot noir 100 %
Blanc : 30 hectares.
Sauvignon blanc 100 %
Production moyenne : 250 000 bt/an

DOMAINE PELLÉ
Route d'Aubinges, 18220 Morogues
02 48 64 42 48 • www.domainepelle.com •
Vente et visites : au domaine sur rendez-vous.
Propriétaire : Famille Pellé
Directeur : Paul-Henry Pellé

★ ↗

LES POËTE

La vision de Guillaume Sorbe de faire naître des grands vins à Quincy et Reuilly est incontestable. Le projet dans ces deux appellations discrètes du Centre mûri par ce vigneron est remarquable. Après une sélection précise des terroirs, il a planté en 2001 des sauvignons blancs, pinots noirs et pinots gris qu'il laisse patiemment s'acclimater à leur environnement avant de produire les premières bouteilles sous l'étiquette des Poëte en 2011. Nous sommes éblouis par les 2016 présentés. Aucun vin du secteur n'atteint ce niveau de précision et d'étoffe. Élevés dix-huit mois en cuve et en fût (400 et 600 litres), ils s'inscrivent parmi les blancs les plus ambitieux de la vallée de Loire. La première étoile accordée cette année relève, par conséquent, de l'évidence.

Les vins : le niveau des vins présentés est remarquable et s'affirme nettement au-dessus des autres domaines de Quincy et Reuilly. Le S de Touraine est le plus simple mais il exprime un gras très plaisant. On monte en complexité et en profondeur avec les 2016 en Quincy et Reuilly, d'un incroyable volume et à la sève saline inégalée dans le coin. Ils évolueront avec finesse et précision dans les prochaines années. Le pinot gris Toison d'Or est un exemple : floral, délicatement épicé, beaucoup d'élégance. Tout est minutieux et digne des plus beaux blancs de Loire.

Quincy Argos 2016	21 €	16
Reuilly Orphée 2016	25 €	16,5
Touraine Sauvignon Le S des Poëte 2017	11 €	15

Le coup de ♥

Reuilly Toison d'Or 2016	25 €	16,5

Rouge : 1,35 hectare.
Pinot noir 100 %
Blanc : 5,1 hectares.
Sauvignon blanc 90 %, Pinot gris 10 %
Production moyenne : 30 000 bt/an

LES POËTE
9, route de Boisgisson, 18120 Preuilly •
www.lespoete.com • Vente et visites : au domaine sur rendez-vous.
Propriétaire : Guillaume Sorbe

★

DOMAINE MICHEL REDDE ET FILS

Ce grand domaine historique est dirigé avec sérieux et passion par Thierry Redde et ses deux fils, Sébastien et Romain. Ce producteur est l'un des rares à posséder, et à planter encore, des vignes de chasselas (cuvée Gustave Daudin). À côté de vins assez classiques mais jamais enzymés ni levurés (La Moynerie ou encore le très mûr Majorum), la gamme se décline, à l'initiative de la nouvelle génération, par terroir : Les Bois de Saint-Andelain (argiles à silex rouges), Les Cornets (marnes du kimméridgien), Champs des Billons (calcaire Portlandien), et la dernière-née, Barre à Mine (vignes en haute densité plantées à la barre à mine dans une ancienne carrière de silex). Vendanges manuelles, vinifications par gravité, conversion bio sont autant de choix payants qui expliquent la qualité accrue des derniers vins dégustés.

Les vins : la gamme est techniquement irréprochable mais les vins peuvent gagner en relief et vitalité. Petit F... est un agréable blanc rafraîchissant tout comme la Moynerie, un peu plus construit. Le chasselas de Gustave Daudin commence à prendre des notes miellées ; il est à boire dès maintenant. Parmi les cuvées de lieux-dits, nous aimons l'allonge ciselée des Champs des Billons, issu des calcaires du Portlandiens. Un beau blanc de garde qui exprime finement son terroir septentrional. Barre à Mine s'inscrit désormais parmi les plus ambitieux sauvignons de Loire. Son accroche saline lui promet un bel avenir. Des vins un peu moins contenus nous permettraient de mieux saisir les nuances des différents terroirs, et nous enchanteraient. Toujours disponible en 2013, Majorum s'affirme avec élan et n'a pas pris une ride.

Pouilly-Fumé Barre à Mine 2017	36,90 €	16
Pouilly-Fumé La Moynerie 2017	16,90 €	15
Pouilly-Fumé Les Champs des Billons 2017	31,90 €	16
Pouilly-Fumé Les Cornets 2017	31,90 €	16
Pouilly-Fumé Majorum 2013	55,90 €	16
Pouilly-Fumé Petit F... 2018	14,90 €	14
Pouilly-sur-Loire Gustave Daudin 2017	20,90 €	14,5

Blanc : 40 hectares.
Sauvignon blanc 97 %, Chasselas 3 %
Production moyenne : 240 000 bt/an

DOMAINE MICHEL REDDE ET FILS
RN 7, La Route Bleue, La Moynerie,
58150 Saint-Andelain
03 86 39 14 72 • www.michel-redde.com •
Visites : sans rendez-vous.
Propriétaire : Famille Redde
Directeur : Sébastien Redde

★

DOMAINE SÉROL

Sur cette propriété familiale depuis le XVIIIe siècle, Stéphane Sérol (aidé de sa compagne Carine) a pris, en 2000, la suite de son père Robert, précurseur de la qualité dans la région roannaise. Il a modernisé le domaine et élargi la gamme des vins. Son vignoble sur des sols de sable et de granite accueille une majorité de gamay saint-romain et un peu de viognier, étiqueté en IGP Urfé. Les derniers millésimes sont très prometteurs, et le domaine approfondit l'expression de la diversité des terroirs avec de nouvelles cuvées parcellaires. Dans les vins, le fruit n'a jamais été aussi éclatant et précis. Une progression fulgurante saluée par une première étoile l'année dernière.

Les vins : nous sommes enchantés par les derniers millésimes de Stéphane Sérol, qui nous offre une interprétation éclatante et élégante du gamay saint-romain, aussi bien dans les cuvées d'entrée de gamme (Originelles, Éclat de granite) que dans des rouges plus profonds et structurés, lesquels sentent bon les nuances fumées et fermes du granite en 2017. La déclinaison des rouges vinifiés et élevés en amphore est remarquable. C'est un exercice périlleux mais admirablement conduit qui permet de révéler une expression peu colorée, florale, élégante et très énergique du cépage. Bravo ! L'avenir de la Côte roannaise se trouve ici.

IGP d'Urfé De Butte en Blanc 2018	15,40 €	14
Côte Roannaise Chez Blondin 2017	28 €	16,5
Côte Roannaise Chez Coste 2017	28 €	16,5
Côte Roannaise Chez Muron 2017	28 €	16,5
Côte Roannaise Eclat de Granite 2018	10,50 €	15

Côte Roannaise Les Blondins 2018	13,40 €	14,5
Côte Roannaise Les Millerands 2017	13,20 €	15
Côte Roannaise Les Originelles 2018	9,10 €	14,5
Côte Roannaise Oudan 2017	15 €	15,5

Le coup de ♥

Côte Roannaise Perdrizière 2017	17,40 €	16

Rouge : 31 hectares.
Gamay Saint-Romain 100 %
Blanc : 4 hectares.
Viognier 100 %
Production moyenne : 240 000 bt/an

DOMAINE SÉROL ♣
Les Estinaudes, 42370 Renaison
04 77 64 44 04 • www.domaine-serol.com •
Vente et visites : au domaine sur rendez-vous.
Propriétaire : Stéphane et Carine Sérol

DOMAINE DES BÉRIOLES

Jean Teissèdre s'est imposé en peu de temps comme l'incarnation du renouveau de Saint-Pourçain. En 2011, il reprend les vignes familiales qui approvisionnaient la cave coopérative. Son style précis et nerveux se retrouve dans ses rouges (pinot noir et gamay) et ses blancs (chardonnay et tressalier, vieux cépage local auquel il redonne ses lettres de noblesse). Le niveau de finesse de ses vins est digne d'éloges.

Les vins : le style des blancs s'affine, particulièrement le vivifiant Tressaille où le tressallier local déroule sa fraîcheur naturelle. Ils restent cependant encore un peu techniques et peuvent gagner en sincérité d'expression. Il ne faudra pas hésiter à aérer tranquillement les rouges en carafe pour les détendre et estomper leur réduction. Deux pinots noirs sont à découvrir : Auvernat, dans lequel un fruit plaisant a été bien capté dans ce millésime riche ; La Chabanne, infusé en douceur, au réel potentiel du terroir, encore un peu crispé mais qui se révèlera avec finesse. Quel plaisir de goûter de tels vins à Saint-Pourçain !

IGP Val de Loire Tressaille 2018	12,50 €	15
Saint-Pourçain Aurence 2018	11 €	14
Saint-Pourçain Auvernat 2018	11,50 €	14
Saint-Pourçain Les Grandes Brières 2017	10,50 €	14,5

Le coup de ♥

VDF La Chabanne 2017	19 €	15,5

Rouge : 7 hectares.
Gamay noir à jus blanc 50 %, Pinot noir 50 %
Blanc : 8 hectares.
Tressalier 60 %, Chardonnay 40 %
Production moyenne : 65 000 bt/an

DOMAINE DES BÉRIOLES
Place de l'Eglise, 03500 Cesset •
www.lesberioles.com • Vente et visites : au domaine sur rendez-vous.
Propriétaire : Famille Teissèdre-Roux

CLOS SAINT-FIACRE

Bénédicte et Hubert Piel, entreprenants vignerons, sont installés à onze kilomètres d'Orléans. Ils ont repris, avec leur oncle Jacky Montigny, le domaine familial en 2001. Ce dernier est situé sur deux petites appellations méconnues, Orléans (80 hectares, blanc, rouge, rosé) et Orléans-Cléry (28 hectares de rouge), ainsi qu'en IGP Val de Loire. Le vignoble est enherbé et le travail de la vigne réalisé de manière à obtenir le meilleur équilibre entre une maturité optimale des raisins et l'expression du terroir : ébourgeonnage, dédoublage (systématique sur les cépages rouges), effeuillage (selon les années), suppression des grappes de seconde génération, vendange en vert (selon les années). Les blancs sont issus de chardonnay et d'un peu de sauvignon ; les rouges et rosés de pinot meunier et d'un soupçon de pinot noir.

Les vins : la gamme claire et lisible se dessine à travers des blancs habilement vinifiés et sans esbroufe d'élevage, à l'image de l'orléans 2018 (90 % chardonnay et 10 % de pinot gris), à la chair expressive et gourmande. Par sa sève, sa concentration et sa précision, le chardonnay Excellence est certainement le blanc le plus ambitieux de l'appellation. Ce 2016 réservera des surprises dans les quinze prochaines années. On retrouve un fruit très franc dans les rouges (à dominante de pinot meunier avec du pinot noir) dont le délicieux 2018, croquant de fruit et hyper digeste, ainsi qu'Excellence 2016, tout en finesse et à la structure fraîche. Nous sommes plus réservés sur l'orléans-clery dans lequel le cabernet franc reste très austère malgré le talent du vigneron.

- Orléans 2018 9 € 14,5
- Orléans Excellence 2017 17 € 15,5
- Orléans 2018 9 € 15
- Orléans Excellence 2016 18 € (c) 16

Le coup de ♥

- Orléans Excellence 2016 17 € 16

Rouge : 9,43 hectares.
Pinot noir 38 %, Pinot meunier 38 %, Cabernet franc 24 %
Blanc : 8,24 hectares.
Chardonnay 80 %, Pinot gris 20 %
Production moyenne : 80 000 bt/an

CLOS SAINT-FIACRE
560, rue de Saint-Fiacre,
45370 Mareau-aux-Près
02 38 45 61 55 • www.clossaintfiacre.fr •
Vente et visites : au domaine sur rendez-vous.
Propriétaire : Bénédicte Montigny-Piel et Hubert Piel

DOMAINES MINCHIN

Vigneron énergique et entreprenant, Bertrand Minchin est implanté à Morogues, cru de Menetou-Salon, avec le domaine La Tour Saint-Martin, et également à Valençay (Claux Delorme) : deux exploitations regroupées au sein des domaines Minchin. En Menetou-Salon, la cuvée haut-de-gamme Honorine, élevée en fût, est aujourd'hui un vin précis et racé, et les rouges ont progressé en expression de fruit et en gourmandise. Rigoureux, homogènes, les valencays sont aromatiques et fruités, en blanc (sauvignon et chardonnay) comme en rouge (gamay et pinot noir, complétés de côt).

Les vins : les blancs de Touraine sont toujours modernes, bien ficelés et croquants de fruits. Particulièrement charmeurs en 2018, il sont à boire dans la prime jeunesse, à l'instar du Red de Rouge, joliment épicé, aux tanins croquants. L'année 2018 à Menetou-Salon a été propice à la production de blancs fringants et charnus. Tout en volume et précision, la cuvée Honorine, l'une des plus ambitieuses du coin, promet une belle évolution dans les quinze ans. En rouge, Pommerais est très séduisant et enveloppé. Il manque toutefois un peu de fond.

- Menetou-Salon La Tour Saint Martin Morogues 2018 12,90 € 14,5
- Touraine Le Claux Delorme Hortense en Sauvignon 2018 9,90 € 14,5
- Valençay Le Claux Delorme 2018 8,90 € 14
- Menetou-Salon La Tour Saint Martin Pommerais 2017 13,50 € 15
- Touraine Le Claux Delorme Red de Rouge 2018 6,90 € 14,5

Le coup de ♥

- Menetou-Salon La Tour Saint Martin Honorine 2017 19,90 € 16

Rouge : 15 hectares.
Pinot noir 55 %, Gamay noir à jus blanc 25 %, Malbec (cot) 13 %, Cabernet franc 7 %
Blanc : 15 hectares.
Sauvignon blanc 100 %
Production moyenne : 210 000 bt/an

DOMAINES MINCHIN
Saint-Martin, 18340 Crosses
02 48 25 02 95 •
www.domaines-minchin.com • Visites : sans rendez-vous.
Propriétaire : Bertrand Minchin

NOUVEAU DOMAINE

DOMAINE BENOÎT MONTEL

Nous sommes enchantés de mettre les vignes d'Auvergne en lumière cette année dans notre guide. Parmi les vignerons les plus talentueux du secteur, Benoît Montel a constitué en vingt ans un vignoble de 10 hectares répartis entre Riom et Clermont-Ferrand. La variété de sols, argilo-calcaires (Bourrassol et Chanturgue), basaltiques (Châteaugay), sablos-marneux (Madargue), est un terrain de jeu formidable pour ciseler des rouges de gamay dotés d'une forte personnalité. Ils sont bien colorés, avec une trame tannique ferme et une touche fumée légèrement austère qui leur donne un réel tempérament auvergnat. Les blancs de chardonnay sont aussi fringants, mais plus académiques. Cette Loire volcanique n'a jamais été aussi dynamique !

Les vins : les blancs à dominante de chardonnay sont techniquement bien vinifiés. L'IGP est simple et croquant tandis que Bourrassol s'affirme avec plus de fond et de jolies touches anisées. Une belle série de rouges nous attend en 2018 ; nous avons une nette préférence pour ceux qui ne voient pas le bois, et conservent des fruités bien mûrs tout en étant tenus par une trame légèrement serrée. Leurs saveurs fumées évoquent agréablement leur terroir volcanique. S'ils sont déjà avenants, ils n'auront pas peur de quelques années de garde, particulièrement Bourrassol, de bonne constitution tannique.

- Côtes d'Auvergne Bourrasol 2018 9 € 14,5
- IGP Puy-de-Dôme A l'Edroit à l'Envers 2018 9 € 13,5
- Côtes d'Auvergne Chanturgue 2018 9 € 15,5
- Côtes d'Auvergne Châteaugay 2018 7 € 14,5
- Côtes d'Auvergne Madargue 2018 9 € 15
- IGP Puy-de-Dôme Game Over 2018 18 € 13,5

Le coup de ♥

- Côtes d'Auvergne Châteaugay Bourrasol 2018 9 € 16

Rouge : 8 hectares.
Gamay noir à jus blanc 89 %, Syrah 11 %
Blanc : 2 hectares.
Chardonnay 85 %, Sauvignon blanc 15 %
Production moyenne : 40 000 bt/an

DOMAINE BENOÎT MONTEL
6, rue Henri et Gilberte Goudier,
63200 Riom
04 73 64 96 14 • www.benoit-montel.fr •
Vente et visites : au domaine sur rendez-vous.
Propriétaire : Benoît Montel

DOMAINE DES POTHIERS

Proche de la source de la Loire, l'appellation Côte roannaise s'étend sur les premiers contreforts du Massif central, entre 400 et 500 mètres d'altitude. Ce vignoble confidentiel est installé sur des sols sableux d'origine granitique. Le cépage rouge local est le gamay saint-romain, une variante du gamay que l'on retrouve seulement ici. Le blanc, en IGP d'Urfé, provient du chardonnay et parfois du pinot gris. Passionné par la vigne, Georges Paire, issu d'une famille d'éleveurs, commence à planter son vignoble dans les années 1970. En 2005, son fils Romain le rejoint. Les plantations continuent, le cuvage est modernisé et l'exploitation se tourne vers la culture biologique. Aujourd'hui, le domaine a principalement une vocation viticole, même s'il conserve un petit élevage de vaches limousines. Nous apprécions ses vins soignés et sincères, de belle facture.

Les vins : hormis le chardonnay d'Aris, moderne et agréable, les blancs recèlent une matière dynamique un peu enveloppée par leur élevage. Ils sont hauts en couleurs et en richesse mais joliment extraits en 2017. Nous apprécions aussi bien la finesse du fruit infusé de La Chapelle que la structure un peu plus ferme du Clos du Puy. Deux beaux vins qui s'ouvriront tranquillement dans les prochaines années. L'Intégrale est quant à lui un peu plus enrobé. Grand coup de cœur pour Diogène, dont la vinification et l'élevage en amphore sont maîtrisés avec brio. À la clé, une définition aérienne et florale du gamay-saint-romain qui prend des airs de beau pinot noir bourguignon.

- IGP d'Urfé Aris 2018 11 € 14
- IGP d'Urfé Fou de Chêne 2017 16 € 15
- IGP d'Urfé Hors Pistes 2017 16 € 14,5
- Côte Roannaise 2018 11 € 14
- Côte Roannaise Clos du Puy 2017 16 € 16
- Côte Roannaise L'Intégrale 2017 20 € 15
- Côte Roannaise La Chapelle 2017 15 € 15,5
- Côte Roannaise N° 6 2018 12 € 13,5
- IGP d'Urfé Les Grenettes 2017 16 € 16

Le coup de ♥

- Côte Roannaise Diogène 2018 30 € 16,5

Rouge : 18 hectares.
Gamay Saint-Romain 98 %, Négrette 2 %
Blanc : 3 hectares.
Chardonnay 60 %, Pinot gris 40 %
Production moyenne : 120 000 bt/an

DOMAINE DES POTHIERS ☾
332, chemin des Pothiers,
42155 Villemontais
04 77 63 15 84 •
www.domainedespothiers.com •
Visites : sans rendez-vous.
Propriétaire : Romain Paire

NOUVEAU DOMAINE

DOMAINE PAUL PRIEUR ET FILS

Philippe Prieur et son neveu, Luc, poursuivent le travail de dix générations dans ce domaine de Verdigny. Les vignes sont réparties sur les caillottes et les terres blanches de Verdigny et de Chavignol (notamment sur le coteau légendaire des Monts Damnés) et sur les silex de Thauvenay, près de la Loire. Ces vignerons méticuleux mettent tout en œuvre pour affiner la définition de leurs sauvignons et pinots noirs (conversion en bio depuis 2019, diminution des sulfites dans les vins, levures indigènes pour les rouges...). Un discours en accord avec des vins soignés et précis, sans le caractère exotique, moderne et ennuyeux, que nous retrouvons dans de nombreux blancs de la nouvelle génération sancerroise. Le "simple" sancerre est un exemple. Ce domaine mérite entièrement sa place dans le guide.

Les vins : débutons avec la très originale Bulle de Pinot, une méthode ancestrale, tout en fruit juteux et primaire : un apéritif joyeux en perspective. Le sancerre rosé est tout aussi bon avec ses saveurs de fruit à noyau, sans aucun arôme technologique. En blanc, le sancerre 2017 est un excellent sauvignon de bonne constitution et fringant. Le caractère anguleux des silex est subtilement dompté dans Pieuchaud, doté d'un joli caractère exotique et d'une allonge franche. Monts Damnés est un peu plus enveloppé par son élevage et présente une ampleur solaire. Les rouges ont besoin d'être carafés pour estomper leur réduction prégnante et laisser place à une structure vigoureuse. La cuvée vinifiée en grappes entières offre une floralité et une sanguinité stimulantes. Vivifiant !

Sancerre Monts Damnés 2017	22 €	15,5
Sancerre Pieuchaud Silex 2017	20 €	16
Sancerre 2018	12,50 €	14,5
VDF Bulles de Pinot 2018	15 €	14
Sancerre 2016	13,50 €	15
Sancerre 2017	13,50 €	15
Sancerre Les Pichons 2017	22 €	15,5
Sancerre Vinification en Grappes Entières 2017	20 €	16

Le coup de ♥

Sancerre 2017	13,50 €	14,5

Rouge : 5 hectares.
Pinot noir 100 %
Blanc : 14 hectares.
Sauvignon blanc 100 %
Production moyenne : 150 000 bt/an

DOMAINE PAUL PRIEUR ET FILS
Route des Monts Damnés, 18300 Verdigny
02 48 79 35 86 • www.paulprieur.com •
Visites : sans rendez-vous.
Propriétaire : Luc et Philippe Prieur

DOMAINE DU PRÉ SEMELÉ

La famille Raimbault, emmenée par les frères Julien et son cadet Clément, incarne la nouvelle génération ambitieuse du vignoble sancerrois. Rien n'est laissé au hasard pour tisser des vins limpides, modernes et sans aspérité, un rien policés, élevés en cuve pour le sancerre classique, en foudre et demi-muid pour les cuvées parcellaires. Le style des rouges est affiné à chaque millésime. Ils atteignent de belles concentrations et présentent une réserve tannique qui leur promet un avenir serein.

Les vins : l'ambition moderne s'affirme chaque année dans les vins de ces vignerons. Les blancs sont encore un peu contenus par une approche technique des vinifications. Pour autant, ils séduiront le plus grand nombre par leur équilibre et le soin qui leur est apporté. Le 2018 est plutôt fringant et l'identité minérale va crescendo dans Les Chasseignes et Zeste 2017. Persistants et structurés, ils évolueront finement dans les quinze prochaines années, voire au-delà. En rouge, la maturité et l'extraction des pinots noirs sont justes avec des jus de belle étoffe. Ils conservent la fine trame austère que l'on attend d'un sancerre. La marge de progression est encore grande.

Sancerre 2018	13 €	14
Sancerre Les Chasseignes 2017	19 €	15,5
Sancerre 2017	16 €	15
Sancerre Camille 2017	22 €	15,5

Le coup de ♥

Sancerre Zeste 2017	22 €	16

Rouge : 4,5 hectares.
Pinot noir 100 %
Blanc : 16,5 hectares.
Sauvignon blanc 100 %
Production moyenne : 150 000 bt/an

DOMAINE DU PRÉ SEMELÉ
Maimbray, 18300 Sury-en-Vaux
02 48 79 33 50 • www.rjc-raimbault.com •
Visites : sans rendez-vous.
Propriétaire : Julien et Clément Raimbault

DOMAINE PASCAL ET NICOLAS REVERDY

Pascal Reverdy et sa belle-sœur Sophie dirigent ce très bon domaine un peu excentré et signent une gamme parcellaire de blancs fiables, de caractère, à l'expression fruitée et finement minérale, dotés de finales fumées. Ces derniers millésimes, les rouges ont nettement progressé, notamment sur l'élevage en bois, désormais plus civilisé, tout en respectant la gourmandise du pinot. Les cuvées devront retrouver un charme fruité et plus de chair, notamment en rouge.

Les vins : ce millésime 2018 gorgé de soleil va bien au rosé savoureux et structuré, animé d'arômes francs. Les blancs sont traditionnels, expressifs sans tomber dans l'expression variétale du sauvignon et sans esbroufe technologique. Déjà d'un beau caractère, ils évolueront avec fraîcheur et classicisme dans les six à sept ans pour Terre de Maimbray et dans les dix à quinze ans pour Les Anges Lots 2017. Nous sommes toujours plus réservés sur les rouges, un peu rigides. Nous aimerions davantage de douceur.

Sancerre Les Anges Lots 2017	17 €	16
Sancerre Terre de Maimbray 2018	9,50 €	14,5
Sancerre A Nicolas 2016	18 €	15
Sancerre Terre de Maimbray 2017	11,20 €	14

Le coup de ♥

Sancerre Terre de Maimbray 2018	10,20 €	15

Rouge : 3 hectares.
Pinot noir 100 %
Blanc : 11 hectares.
Sauvignon blanc 100 %
Production moyenne : 100 000 bt/an

DOMAINE PASCAL ET NICOLAS REVERDY
Maimbray, 18300 Sury-en-Vaux
02 48 79 37 31 • reverdypn@wanadoo.fr •
Vente et visites : au domaine sur rendez-vous.
Propriétaire : Pascal et Sophie Reverdy

DOMAINE FLORIAN ROBLIN

Dans l'ombre des appellations voisines, Pouilly-Fumé et Sancerre, Florian Roblin fait rayonner les Coteaux du Giennois. Deux terroirs se dessinent dans ce petit domaine : Le Champ Gibault (argiles à silex) et La Coulée des Moulins (terres blanches). Ils donnent naissance à des sauvignons blancs sans esbroufe, et des rouges, issus de pinot noir et de gamay, bien juteux.

Les vins : en blanc, Champ Gibault accuse un peu le caractère solaire du millésime avec une finale plus déséquilibrée que Coulée des Moulins aux généreuses saveurs exotiques, sans esbroufe technologique. Le rouge Champ Gibault est haut en couleur avec une franche expression fruitée. Débouchez le dans les quatre à cinq ans.

Coteaux du Giennois Champ Gibault 2018	10 €	13,5
Coteaux du Giennois Coulée des Moulins 2018	12 €	14,5
Coteaux du Giennois Champ Gibault 2018	12 €	14,5

Rouge : 1 hectare.
Pinot noir 80 %, Gamay noir à jus blanc 20 %
Blanc : 2 hectares.
Sauvignon blanc 100 %
Production moyenne : 20 000 bt/an

DOMAINE FLORIAN ROBLIN
11, rue des Saints-Martin, Maimbray,
45630 Beaulieu-sur-Loire •
domaine.roblin.florian@orange.fr • Vente et visites : au domaine sur rendez-vous.
Propriétaire : Florian Roblin

LES TERRES D'OCRE

Reprenant une partie des vignes de son oncle coopérateur, le jeune Florent Barichard a vinifié en 2013 son premier millésime. Avec son associé Éric Nesson, ils effectuent un travail parcellaire sérieux ; vinifications en levures indigènes et des élevages en cuve béton font naître des blancs et rouges mûrs et frais, dynamiques, qui contribuent à renouveler le paysage local.

Les vins : Instan T rosé affirme un fruit juteux sans aucun artifice œnologique. On retrouve cette franchise de fruit dans les blancs (chardonnay/tressalier), pourvus d'un beau relief de saveurs de fruits jaunes. Le tressallier leur confère beaucoup d'appétence dans les millésimes solaires. Les Gavroches sont un peu plus enveloppés par leur élevage. Côté rouge, l'identité de l'assemblage gamay et pinot noir est bien respecté avec cette légère fermeté qui marque leur typicité locale. La marge de progression de ces vignerons est encore grande. Pinot noir venu d'un sol argilo-sableux, Les Cailloux est l'un des plus beaux rouges du coin, infusé, profond, franc.

IGP Val de Loire Tressallier 2017	13 €	15,5
Saint-Pourçain Instan T 2018	10 €	15

Saint-Pourçain Les Gravoches 2015 | 19 € | 15,5
Saint-Pourçain Instan T 2018 | 7 € | 14,5
Saint-Pourçain Instan T 2017 | 10 € | 14,5
Saint-Pourçain Les Ardelles 2015 | 19 € | 15

Le coup de ♥

IGP Val de Loire Les Cailloux 2017 | 12 € | 16

Rouge : 7 hectares.
Gamay noir à jus blanc 61 %, Pinot noir 39 %
Blanc : 7 hectares.
Chardonnay 67 %, Tressalier 33 %
Production moyenne : 65 000 bt/an

LES TERRES D'OCRE
Les Vignes, 03500 Châtel-de-Neuvre
04 70 43 12 71 • lesterresdocre@orange.fr •
Vente et visites : au domaine sur rendez-vous.
Propriétaire : Florent Barrichard et Éric Nesson
Directeur : Éric Nesson
Maître de chai : Florent Barrichard

NOUVEAU DOMAINE

LES VINS DE LA MADONE

Les vins de la Madone font partie des plus passionnants des Côtes du Forez, une appellation discrète située entre Saint-Étienne et Clermont-Ferrand, aux portes du parc naturel Livradois-Forez. Gilles Bonnefoy s'attache à capter la pureté scintillante du fruit aussi bien dans ses rouges de gamay que dans ses blancs (IGP d'Urfé) de roussanne et un assemblage de sauvignons blanc et gris. Cet éclat puisé dans des sols de granite et volcanique passe par une conduite de la vigne en biodynamie (certification en 2008) et des vinifications partiellement en grappes entières et élevages uniquement en cuve. Ce domaine devrait rapidement accéder à la première étoile.

Les vins : nous sommes éblouis par l'éclat que dégage chacune des cuvées. L'énergie mêlée à la maturité du fruit tisse des vins très délicats, à commencer par les blancs. L'assemblage de sauvignon gris et blanc révèle un parfum nuancé de thé vert avec un équilibre digeste, extrêmement rafraichissant. On retrouve cette élan dans la Roussanne, tout en finesse, loin de l'image corpulente que l'on peut avoir de ce cépage. Chacun des rouges laisse couler des matières extraites en douceur, d'une vitalité incroyable aussi bien dans le Gamay de la Madone (une touche d'animalité néanmoins) que les cuvées plus ambitieuses comme Migmatite aux bouquet graphite et cendré incroyable. On termine en beauté avec Mémoire de Madone ; ses notes froides d'âtre de cheminée le rendent plus difficile d'accès mais après une aération de quelques minutes, le vin prend une envergure digne des plus grands gamays.

IGP d'Urfé Roussanne de Madone 2018 | 18,50 € | 16
IGP d'Urfé Sauvignon's de Madone 2018 | 13,50 € | 15,5
Côtes du Forez Dacite 2018 | 11,50 € | 15
Côtes du Forez Gamay sur Volcan 2018 | de 10 à 15 € (c) | 14,5
Côtes du Forez Mémoire de Madone 2018 | 16,50 € | 16,5
IGP d'Urfé Les Rougeots du Clos 2018 | 13,50 € | 14,5

Le coup de ♥

Côtes du Forez Migmatite 2018 | 13,50 € | 16,5

Rouge : 9,3 hectares.
Gamay noir à jus blanc 80 %, Gamay de Bouze 10 %, Gamaret 5 %, Gamay de Chaudenay 5 %
Blanc : 1,4 hectare.
Roussanne 50 %, Sauvignon gris 30 %, Sauvignon blanc 20 %
Production moyenne : 60 000 bt/an

LES VINS DE LA MADONE ☾
1581, hemin de Jobert 42600 Champdieu
04 77 97 07 33 • www.lesvinsdelamadone.fr
• Vente et visites : au domaine sur rendez-vous.
Propriétaire : Gilles Bonnefoy

“En Provence, où l’offre de rosés est très concurrentielle, de plus en plus de vignerons cisèlent avec une grande créativité des cuvées élégantes, profondes et structurées. Elles demandent quelques années en bouteille pour se révéler pleinement.”

Alexis Goujard, dégustateur des vins de Provence
Membre du comité de dégustation de La Revue du vin de France

LES APPELLATIONS

La Provence s'étend sur trois départements, le Var, les Bouches-du-Rhône et les Alpes-Maritimes. Son vignoble se divise en quatre catégories : IGP (anciennement Vin de pays), appellations régionales, appellations sous-régionales et appellations communales.

LES VINS D'IGP

Les vins d'Indication géographique protégée (IPG) représentent un tiers de la production, répartie sur deux départements, les Bouches-du-Rhône (IGP Alpilles) et le Var (IGP du Mont-Caume, des Maures, d'Argens, des Coteaux du Verdon et de la Sainte-Baume). Enfin l'IGP Méditerranée couvre l'ensemble du vignoble provençal.

LES APPELLATIONS RÉGIONALES

Elles regroupent les trois plus vastes appellations de la région : Côtes de Provence (20 100 hectares) dans le Var, les Bouches-du-Rhône et les Alpes-Maritimes (87 % de rosé) ; coteaux d'Aix-en-Provence (4 127 hectares) ; et les Coteaux varois en Provence (2 633 hectares).

LES APPELLATIONS SOUS-RÉGIONALES

Reconnues en 2005, elles englobent les appellations Côtes de Provence Sainte-Victoire, entre les villes d'Aix-en-Provence, Rians et Trets, et Côtes de Provence Fréjus, autour des communes de Fréjus, Saint-Raphaël, La Londe, Pierrefeu et, dans l'arrière-pays, Callas. La production de rosé domine très largement.

LES APPELLATIONS COMMUNALES

Palette : appellation de 50 hectares située au sud d'Aix-en-Provence et ne comptant que trois producteurs. Les blancs et les rosés sont d'une grande race, en particulier ceux du Château Simone.

Cassis : vignoble du littoral couvrant 200 hectares et pouvant produire des blancs finement aromatiques, équilibrés et de belle fraîcheur.

Bandol : le plus reconnu des vignobles de Provence (1 700 hectares), en particulier pour ses rouges, issus en majorité du cépage mourvèdre, à la fois puissant, structuré, élégant, finement épicé et poivré. Les domaines élaborent aussi des rosés typés et des blancs plus simples, sauf exception.

Bellet : petite appellation (50 hectares) située sur les hauteurs de Nice et qui tire son nom de la commune de Saint-Roman-de-Bellet. Elle produit du vin rouge (42 %), des rosés (23 %) et des vins blancs (35 %).

Baux-de-Provence : cette appellation au cœur du massif des Alpilles (300 hectares) produit des vins charmeurs d'influence plus rhodanienne que provençale.

LES CÉPAGES

Grenache : cépage principal pour l'élaboration des vins rosés, le grenache représente près de 40 % de l'encépagement régional.

Syrah : répandue au nord du vignoble (14 %), ses baies noires donnent des vins solides, riches en tanins, particulièrement aptes à vieillir.

Carignan : représentant 13 % de l'encépagement, le carignan est bien adapté aux sols pauvres.

Mourvèdre : il fait la réputation des vins rouges de Bandol, et offre des vins musclés, bâtis pour la garde.

Tibouren : authentique cépage provençal, certainement importé par les Romains. Il est délicat, sert surtout à l'élaboration de rosés clairs et intervient également dans les assemblages.

Ugni blanc : utilisé dans le Gers et en Charente pour l'élaboration des eaux-de-vie, l'ugni blanc est particulièrement intéressant pour sa fraîcheur.

La clairette est aussi présente, comme **le sémillon**, qui sert à Bordeaux à l'élaboration de grands vins blancs floraux et minéraux. En Provence, le sémillon entre en faible proportion dans les vins blancs, mais apporte une certaine rondeur.

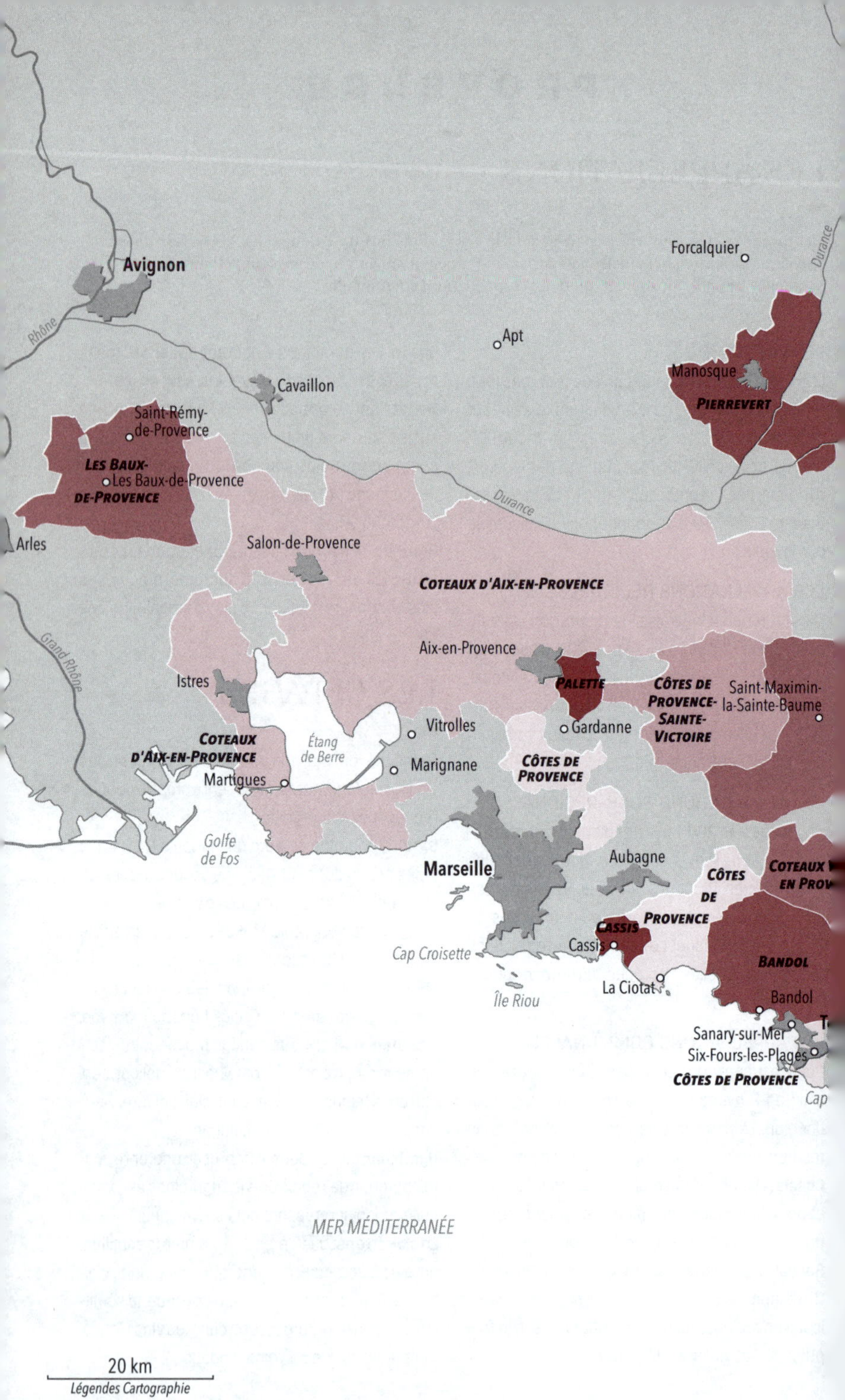

Avignon
Forcalquier
Durance
Rhône
Apt
Cavaillon
Manosque
PIERREVERT
Saint-Rémy-de-Provence
LES BAUX-DE-PROVENCE
Les Baux-de-Provence
Durance
Arles
Salon-de-Provence
COTEAUX D'AIX-EN-PROVENCE
Grand Rhône
Aix-en-Provence
PALETTE
CÔTES DE PROVENCE-SAINTE-VICTOIRE
Saint-Maximin-la-Sainte-Baume
Istres
Vitrolles
Gardanne
COTEAUX D'AIX-EN-PROVENCE
Étang de Berre
CÔTES DE PROVENCE
Marignane
Martigues
Golfe de Fos
Marseille
Aubagne
CÔTES DE PROVENCE
CASSIS
Cassis
Cap Croisette
La Ciotat
Île Riou
BANDOL
Bandol
Sanary-sur-Mer
Six-Fours-les-Plages
CÔTES DE PROVENCE
Cap
MER MÉDITERRANÉE
20 km
Légendes Cartographie

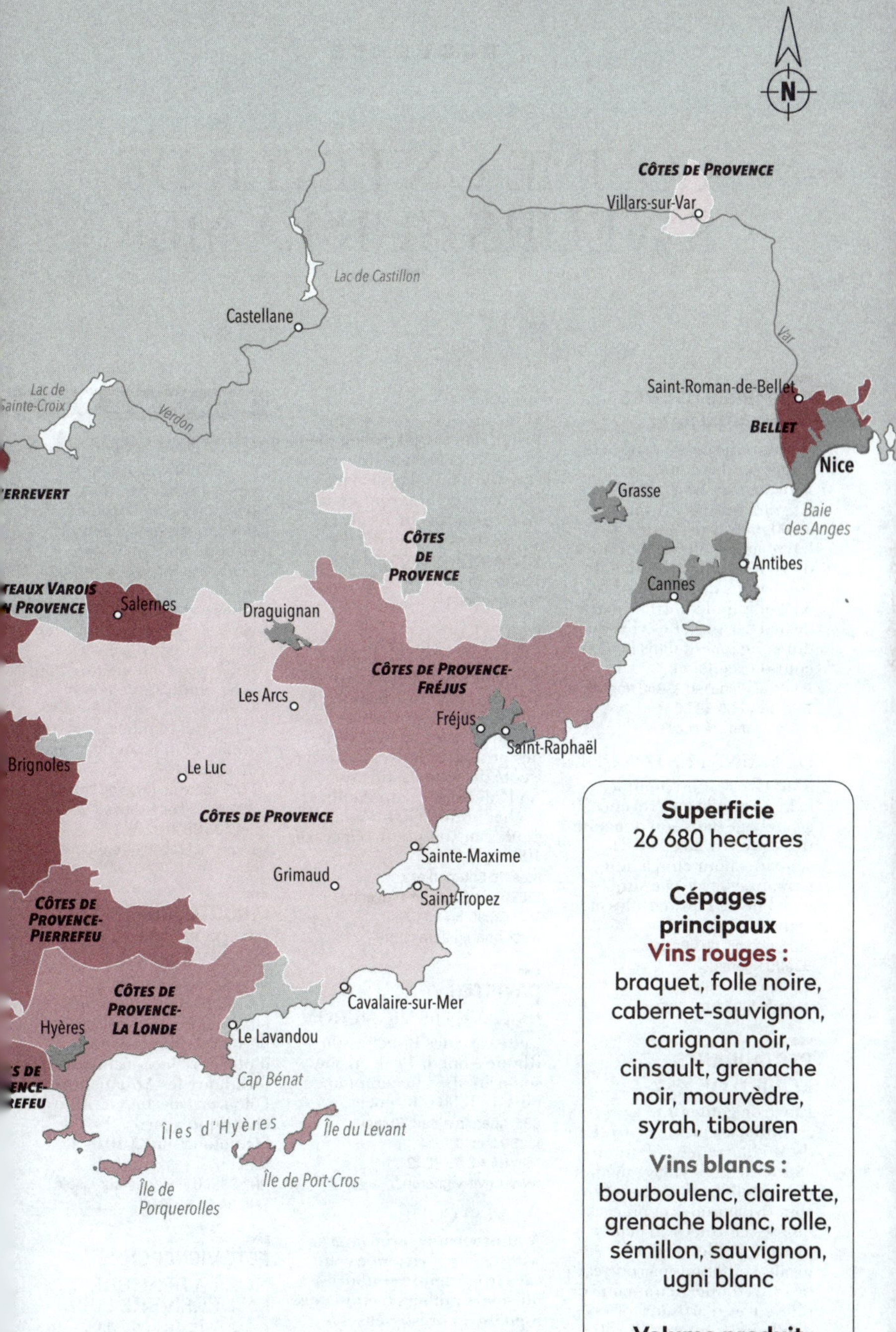

Superficie
26 680 hectares

Cépages principaux

Vins rouges :
braquet, folle noire, cabernet-sauvignon, carignan noir, cinsault, grenache noir, mourvèdre, syrah, tibouren

Vins blancs :
bourboulenc, clairette, grenache blanc, rolle, sémillon, sauvignon, ugni blanc

Volume produit en 2018
1 318 000 hectolitres

COMME UN LEVER DE SAVEURS SUR LA MER

CHAMBRES D'HÔTES

VILLA BEAULIEU

Cette somptueuse propriété, érigée par les comtes de Provence au XVIe siècle à Rognes, toise la Provence à 400 mètres d'altitude. Un havre luxueux témoin d'un art de vivre raffiné au milieu de collections de meubles Louis XIV et Napoléon III. À partir de 340 € la nuit. Les vins du domaine jouent dans la même cour d'excellence.

Route de Beaulieu, 13840 Rognes
Tél. : 04 42 60 39 40
www.villabaulieu.com

DOMAINE LES FOUQUES

Yves Gros est un pionnier de la biodynamie en Provence. Il a aménagé dans son domaine trois gîtes ruraux (800 € la semaine) pour cinq à huit personnes, avec vue sur la mer, l'île de Porquerolles et les vignes.

1405, chemin des Borrels,
83400 Hyères
Tél. : 04 94 65 68 19
www.fouques-bio.com

RESTAURANTS

LE PIED DE NEZ

Envie de goûter une savoureuse cuisine bistrotière de Méditerranée ? Mettez le cap sur le petit village médiéval du Castellet. Ici, les assiettes sont dynamiques et précises : moules gratinées au beurre provençal, filet de dorade rose locale, soutenues par une carte des vins d'une quarantaine de références d'artisans locaux et d'ailleurs. Comptez 30 à 40 € à la carte.

8, rue Montée-Saint-Eloi,
83330 Le Castellet
Tél. : 04 94 29 72 26
www.lepieddenez.com

LE CANON

Des coups de canon naturels fusent dans ce bistrot en pleine forme de la French Riviera. Un coup de jeune dans le vieux Nice avec déco *seventies*, tables en formica, pêche locale et gigots de chevreau d'à côté.

23, rue Meyerbeer, 06000 Nice
Tél. : 04 93 79 09 24
www.lecanon.fr

L'OUSTAU DE BAUMANIÈRE

L'une des plus belles caves de France (plusieurs dizaines de milliers de trésors), une cuisine de haute volée, et une partie des produits cultivés sur place, à côté de cette bastide du XVIe siècle, face aux Alpilles : le chef breton Glenn Viel, deux étoiles au compteur, régale. De 100 à 220 €.

Mas de Baumanière,
13520 Les Baux-de-Provence
Tél. : 04 90 54 33 07
www.baumaniere.com

CAVISTES

LA CAVE DU VIGNERON

Cette cave des Bouches-du-Rhône a fait de l'éclectisme son principe : au compteur, plus de 1800 références.

855, chemin Albert-Guigou,
13290 Les Milles
Tél. : 04 42 39 98 18
www.cave-vigneron.fr

DA VINI CODE

Autoproclamée « *the largest wine cellar in riviera* », cette cave tropézienne annonce plusieurs milliers d'étiquettes. Signatures prestigieuses à profusion.

4 bis, avenue Augustin-Grangeon,
83990 Saint-Tropez
Tél. : 04 94 56 27 90
www.davinicode.com

NOTRE COUP DE ♥

CHÂTEAU SAINT-ROUX

Ce magnifique domaine vient d'être restauré avec les pierres locales pour devenir un petit village entièrement bio. Trente hectares de vignes, potager de 3000 m², élevage de chèvre et fromagerie pour la ferme-auberge, boutique remplie de produits de petits producteurs finement sélectionnés, gîtes pour séjourner… tout pour des vacances douillettes, en autarcie, au cœur de la plaine des Maures.

RD17, Route de la Garde Freinet,
83340 Le-Cannet-des-Maures
Tél. : 04 98 10 02 61
www.chateausaintroux.com

ŒNOUTOURISME

COMMANDERIE DE PEYRASSOL

90 œuvres d'art au milieu de 100 hectares de vignes, elles-mêmes entourées de 1000 hectares de forêt, d'oliviers. On y déambule et on admire les Arman, Buren, Folon, en calèche, en voiturette électrique, à pied… Prix de l'Œnotourisme 2019 de La RVF.

RN7, 83340 Flassans-sur-Issole
Tél. : 04 94 69 71 02

FÊTE VIGNERONNE

NOËL À BEAUPRÉ EN DÉCEMBRE 2019

Les 8,9,15,16 et 22 décembre 2019, rendez-vous au Château de Beaubré à Saint-Cannat pour redécouvrir les différents mets de fêtes, en accord avec les vins du domaine.

★★★

DOMAINE HAUVETTE

Dans son domaine situé sur le versant nord des Alpilles, la discrète Dominique Hauvette est une vigneronne de premier plan. Depuis son installation en 1988 sur les sols argilo-calcaires de Saint-Rémy-de-Provence, elle n'a eu de cesse d'élaborer de grands vins rouges et blancs. Exigeante dans ses choix de viticulture (biodynamie depuis 2003), de vinification (éraflage et infusion des baies) et d'élevage (cuve, foudre, fût, œuf en béton), elle respecte comme personne les origines des sols et l'authenticité de ses terroirs pour produire de magnifiques rouges. La sensibilité de la vigneronne s'exprime au travers de cuvées pleines de vie, racées, tout en relief à l'image de l'intense Cornaline (grenache, syrah et cabernet-sauvignon) et d'Améthyste (à dominante de cinsault, complété par du carignan et du grenache), parfumée et d'une finesse remarquable. Pressés délicatement en grappes entières, les superbes blancs gras aux amers nobles et salivants détonnent dans un paysage provençal où la sous-maturité et les vins acidulés font la loi du marché. Une remontée dans l'histoire des vins du domaine nous confirme leur fine évolution dans le temps aussi bien dans les grands millésimes, tel un impressionnant rouge 2001 ou un intense et racé 1998, que lors de années compliquées, à l'image d'un rouge 1997 nuancé ou d'un ravissant blanc 1993 de clairette. C'est à l'âge de quinze ans que ces vins ont le plus de choses à nous raconter. La troisième étoile a été accordée l'année dernière.

Les vins : une énergie sereine se dégage de chacune des cuvées, à commencer par les blancs. Le Jaspe, à la grande suavité d'arômes et de texture, est tenu par de magnifiques amers en finale. Une roussanne loin de l'exubérance et de la richesse que l'on peut lui connaître. Dolia 2015 se referme mais son parfum délicatement fumé où se glisse une note de fenouil nous ancre sur la roche des Alpilles. Le rosé est toujours d'une grande vitalité, droit et profond. Après un an de bouteille, il est encore plus savoureux. Aucune sensation d'alcool ne marque les rouges ; un éclat floral se dessine dans chacun d'entre eux. Le Roucas sera délicieusement fruité dans la jeunesse ; Cornaline évoque à merveille les notes de truffe, d'olive noire et de pin, porté par le souffle énergique que l'on attend d'un grand rouge provençal. L'Améthyste (80 % cinsault) transpire le caillou et rayonne d'un fruit pulpeux et aérien. L'une des définitions les plus pures de la région.

IGP Alpilles Dolia 2015	40 €	17,5
IGP Alpilles Jaspe 2017	24 €	17
Les Baux-de-Provence Petra 2017	23 €	17
IGP Alpilles Améthyste 2017	51 €	17,5
Les Baux-de-Provence Cornaline 2014	30 €	17
Les Baux-de-Provence Le Roucas 2017	23 €	16

Rouge : 13 hectares.
Grenache noir 39 %, Syrah 31 %, Cinsault 18 %, Cabernet-Sauvignon 12 %
Blanc : 3,25 hectares.
Roussanne 53 %, Clairette 38 %, Marsanne 9 %
Production moyenne : 40 000 bt/an

DOMAINE HAUVETTE ♣
2946, voie Aurélia,
13210 Saint-Rémy-de-Provence
04 90 92 08 91 •
domainehauvette@wanadoo.fr • Pas de visites.
Propriétaire : Dominique Hauvette

★★★

DOMAINE TEMPIER

Tempier est aujourd'hui le cru de référence du vignoble de Bandol. Tout a été mis en œuvre par la famille Peyraud pour se hisser au sommet d'une hiérarchie régionale et surtout locale. Daniel Ravier, l'actuel directeur du domaine, a amorcé cette reconquête. Il a pu lancer un important programme d'investissement dans la cave, avec un outil de vinification moderne, suivi d'une rénovation complète du parc des foudres. Puis, bien entendu, il a porté une attention toute particulière à un patrimoine viticole exceptionnel composé de très vieilles vignes de mourvèdre, carignan, cinsault et grenache, qui produisent, entre autres, trois célèbres cuvées. La Migoua (10 hectares au Beausset-Vieux, la moitié de mourvèdre complétée par du grenache, du cinsault et de la syrah), La Tourtine (5,5 hectares en restanques du Castellet exposées plein sud avec une large dominante de mourvèdre, du grenache et du cinsault) et Cabassaou (1,5 hectare exposée plein sud, 95 % de mourvèdre avec une pointe de syrah et de cinsault). Les derniers millésimes atteignent un très haut niveau. Le domaine a acquis les 22 hectares de vignes du domaine de La Laidière, à Sainte-Anne-d'Évenos, destinés principalement à la production de rosés, ce qui conduit Tempier à en produire désormais davantage que de rouges.

Les vins : s'ils ont gagné en intensité ces dernières années, le rosé et le blanc restent bien plus simples que les rouges du domaine. 2017, frappé par un soleil de plomb sans une seule goutte de pluie pendant des mois, annonçait des rouges surpuissant et corpulents. Chez Tempier, les vins s'en sortent pourtant à merveille. Ils sont naturellement gorgés de saveurs méditerranéennes (garrigue, thym, herbes sèches...), tout en conservant un fruité d'un bel éclat et une trame tannique domptée avec brio pendant l'élevage en foudre. Cet affinage donne un style aux vins du domaine, sans pour autant gommer l'identité des terroirs. Leur équilibre enthousiasmant leur assure de traverser plus de vingt ans. Le bandol est un excellent ambassadeur du style. La Migoua et Cabassaou sont les vins plus frais ; ils sont promis à un avenir plein de vitalité. Un très bon millésime méditerranéen, bien typé.

Bandol 2018	29 €	15
Bandol 2018	24 €	14,5
Bandol 2017	30 €	16,5
Bandol Cabassaou 2017	de 80 à 90 € (c)	17,5
Bandol La Migoua 2017	de 50 à 60 € (c)	17
Bandol La Tourtine 2017	de 50 à 60 € (c)	16,5

Rouge : 32 hectares.
Mourvèdre 74 %, Grenache noir 13 %, Cinsault 9 %, Carignan 3 %, Syrah 1 %
Blanc : 4 hectares.
Clairette 64 %, Ugni blanc (trebbiano) 25 %, Bourboulenc 5 %, Marsanne 3 %, Rolle 3 %
Production moyenne : 230 000 bt/an

DOMAINE TEMPIER
1082, chemin des Fanges, 83330 Le Castellet
04 94 98 70 21 • www.domainetempier.com
• Visites : sans rendez-vous.
Propriétaire : Famille Peyraud
Directeur : Daniel Ravier

★★★ ↗

DOMAINE DE TERREBRUNE

Georges Delille a eu le nez fin en rachetant cette propriété varoise en 1968. Dans la commune d'Ollioules (extrême sud-est de l'AOP Bandol), le vignoble bio de 30 hectares bénéficie d'un sol de marnes argilo-calcaires du trias unique à Bandol qui lui confère un style à part. Ici, le rouge prend naturellement son expression la plus fine et la plus fraîche, sans jamais être exubérant. Si bien que l'on peut parfois être surpris par sa retenue profonde si on le compare à certains de ses voisins, monstres de puissance. Aujourd'hui, le fils de Georges Delille, Reynald, solidement épaulé par Patrick Aparicio, est garant de ce style dont la tenue dans le temps est incontestable. En témoigne un 1989, au relief de saveurs maritimes et à l'étoffe d'une salinité argileuse. Un monument de la Provence viticole. Il y a aussi, le rosé où le mourvèdre domine légèrement les assemblages, et le blanc (clairette, ugni et bourboulenc), dans des volumes moindres. Tous deux sont en retrait dans la jeunesse. À cinq ans de bouteille, ils respirent. Après dix ans, leurs épaules s'élargissent, le fruité juvénile contenu laisse place aux parfums méditerranéens de leur terroir et révèlent une ampleur que peu de vins de la région peuvent égaler. À l'image de ses vins, la réputation du domaine de Terrebrune s'est construite avec discrétion et tranquillité. La sérénité, la longévité et régularité des vins de cette propriété nous mènent à lui décerner avec enthousiasme la troisième étoile.

Les vins : le blanc et le rosé sont discrets dans la jeunesse et peuvent vous laisser de marbre. Une dizaine d'années en bouteille les dirigent vers le plein épanouissement. Le blanc (clairette, ugni, bourboulenc, marsanne et rolle) semble prendre des nuances d'anis, de fenouil, de thé vert pour une bouche pleine d'ampleur sudiste, tout en raffinement et en retenue. Le rosé ira crescendo dans une myriade de saveurs d'épices d'Orient, de marmelade d'orange, de garrigue... L'étoffe pleine de vitalité saline viendra avec le temps. Gardez-les en cave avant de les ouvrir à partir de 2028. Le rouge 2016 est certainement l'un des plus beaux millésimes produits au domaine. Son parfum floral inimitable et son harmonie de matière incomparable rayonnent jusqu'à une finale saline interminable. Gardez une douzaine de bouteilles dans le casier des grands vins de votre cave.

Bandol 2018	19,50 €	16

Bandol 2018 | 17,50 € | 17

Le coup de ♥

Bandol 2016 | 28 € | 18

Rouge : 27 hectares.
Mourvèdre 73 %, Grenache noir 15 %, Cinsault 12 %
Blanc : 3 hectares.
Clairette 50 %, Bourboulenc 20 %, Ugni blanc (trebbiano) 20 %, Marsanne 5 %, Rolle 5 %
Production moyenne : 120 000 bt/an

DOMAINE DE TERREBRUNE ♣
724, chemin de la Tourelle, 83190 Ollioules
04 94 74 01 30 • www.terrebrune.fr • Vente et visites : au domaine sur rendez-vous.
Propriétaire : Famille Delille
Directeur : Reynald Delille

★★

CHÂTEAU PRADEAUX

Château Pradeaux, à Saint-Cyr-sur-Mer, est un monument de l'appellation. La famille Portalis est propriétaire des lieux depuis 1752 et son descendant, Cyrille Portalis, en assume aujourd'hui la direction, épaulé depuis 2011 par son fils Étienne qui oriente les vins vers plus de finesse et de tension. À eux deux, ils défendent une vision très traditionnelle des bandols. Les amateurs avertis ont sans doute des souvenirs extraordinaires quant à la race et à l'aptitude au vieillissement de ces vins. Même s'ils se définissent difficilement dans leur jeunesse, leur potentiel est latent. Si l'on prend le risque de les comparer aux bandols de la nouvelle génération, comme les actuels vins produits par les domaines Tempier ou La Bégude, les vins de Pradeaux peuvent être distancés par des cuvées au style plus moderne, coloré, boisé et avantageux, se dégustant avec davantage de facilité dans leur jeunesse. Or, loin de toute dérive flatteuse, Pradeaux reste tel qu'il a toujours été : un rouge très classique, recherchant son épanouissement dans le temps, en renforçant sa puissance et sa singularité grâce à une vinification en grappe entière (rarissime à Bandol) et à des élevages très longs (jusqu'à 48 mois) en vieux foudres âgés de 40 à 80 ans ! C'est aussi ce qui explique leur profil à part. Continuez à les mettre aux moins dix ans en cave, ils vous surprendront toujours.

Les vins : encore pris par des notes exubérantes de pomelos, l'intense rosé 2018 prendra une tournure orangée et épicée qui animera une matière vineuse et longue dès l'hiver 2020 et dans les dix ans. Le millésime 2014, plus que compliqué à Bandol, n'est certainement pas le rouge plus concentré et ambitieux de Pradeaux. Le bouquet de garrigue et d'épices est fidèle à ce que l'on attend sans pour autant atteindre une grand profondeur. Après un bon passage en carafe, les deux cuvées apparaissent lorsqu'on connaît le style "Pradeaux" étonnamment digestes à ce stade. Elles devraient surprendre par leur équilibre svelte dans le temps.

Bandol 2014 | 27 € | 16
Bandol Le Lys de Château Pradeaux 2014 | 16 € | 15,5

Le coup de ♥

Bandol 2018 | 16 € | 16

Rouge : 18 hectares.
Mourvèdre 80 %, Grenache noir 15 %, Cinsault 5 %
Production moyenne : 40 000 bt/an

CHÂTEAU PRADEAUX
676, chemin des Pradeaux, 83270 Saint-Cyr-sur-Mer
04 94 32 10 21 • www.chateau-pradeaux.com • Vente et visites : au domaine sur rendez-vous.
Propriétaire : Cyrille Portalis
Directeur : Étienne Portalis

★★

CHÂTEAU REVELETTE

Situé dans un terroir frais des hauteurs de l'appellation, sur la commune de Jouques, et voisin du château de Vignelaure, ce somptueux domaine est entre les mains du talentueux Peter Fischer depuis le millésime 1985. Les vignes sont certifiées bio depuis 1998. La gamme se décline sur deux niveaux : outre les vins portant le nom de "Château" (ou "Domaine" pour le blanc), deux autres cuvées, étiquetées Le Grand Blanc et Le Grand Rouge, font référence en Provence. Depuis 2010, vous pouvez aussi déguster la cuvée Pur, en blanc et en rouge, produite en vin de France. Peter Fischer effectue désormais un travail de précision sur les élevages, avec notamment des cuves de béton en forme d'œuf pour les blancs. Les rouges apparaissent fermes dans leur jeunesse, mais s'épanouissent ensuite avec grâce dans les six à sept ans. La plantation de counoise et de carignan blanc, des cépages oubliés, semble indispensable à Peter Fischer pour apporter de la fraîcheur aux vins dans les prochaines années.

Les vins : les coteaux-d'aix-en-provence sont accessibles jeunes et gourmands, sans grande profondeur. Les beaux parfums arrivent dès le pur grenache, joliment infusé, aux arômes juteux et à la tenue stimulante en bouche ; il est doté d'une réelle vibration du fruit. Toujours bien bordé par son élevage, Le Grand Blanc (chardonnay, roussanne, sauvignon) révèle un velouté scintillant, persistant et très équilibré. On retrouve cette élégance dans Le Grand Rouge (syrah, cabernet-sauvignon, grenache et carignan), vin pulpeux aux tanins fondus et très stimulant. Un grand apaisement dans cet univers provençal où des rouges opulents peuvent nous en mettre plein la vue.

Coteaux d'Aix-en-Provence 2018	14 €	14
Coteaux d'Aix-en-Provence 2018	13 €	14
Coteaux d'Aix-en-Provence 2018	14 €	14,5
IGP Méditerranée Le Grand Rouge 2016	29 €	17
VDF Pur Grenache 2018	18 €	16

Le coup de ♥

IGP Méditerranée Le Grand Blanc 2017	29 €	17

Rouge : 22,5 hectares.
Grenache noir 37 %, Syrah 37 %, Cabernet-Sauvignon 21 %, Cinsault 5 %
Blanc : 7,5 hectares.
Chardonnay 34 %, Ugni blanc (trebbiano) 34 %, Rolle 15 %, Sauvignon blanc 12 %, Roussanne 5 %
Production moyenne : 100 000 bt/an

CHÂTEAU REVELETTE ♣
Chemin de Revelette, 13490 Jouques
04 42 63 75 43 • www.revelette.fr • Vente et visites : au domaine sur rendez-vous.
Propriétaire : Peter Fischer

★★

CHÂTEAU SIMONE

Du haut des coteaux du château Simone, une toile de Cézanne se dessine : on admire les vignes centenaires accrochées sur les calcaires de Langesse s'ouvrir au nord vers la montagne Sainte-Victoire. "La Simone", comme la famille Rougier aime l'appeler, est certainement le cru le plus célèbre aux yeux des amateurs de grands vins blancs méditerranéens. Il est vrai que René et Jean-François Rougier cultivent ce blanc loin de toute technicité, affichant une race, un équilibre et une plénitude incroyables. L'un des secrets réside dans le pressurage lent et à l'élevage de vingt mois en foudre, puis en barrique. C'est aussi le fruit d'une parcelle de 8 hectares, complantée de plusieurs cépages, principalement de clairette (avec 2 % de muscat qui font la différence !), vendangés et vinifiés assemblés. Le rosé, l'autre atout de Simone, apparaît toujours coloré, avec un fruité intense. Sa bouche, d'une grande concentration, présente un potentiel de garde. Le rouge atteint désormais la dimension de certains grands vins du sud de la vallée du Rhône. Le grenache et le mourvèdre lui concèdent un esprit incarné par un niveau de maturité et un cœur de bouche plus abouti que dans les anciens millésimes.

Les vins : la sensation calcaire marque incroyablement les vins, à commencer par le rosé 2018, qui offre une profondeur élancée et une légère structure tannique. Ce grand rosé de table et de garde révèlera son caractère provençal dans les vingt ans. Le blanc 2016 est certainement l'un des plus beaux du château : l'ampleur sudiste d'un raisin mûr se mêle à une fraîcheur septentrionale, gainant une matière longue qui termine sur des notes de plantes, d'aneth, de pierre chaude... Un grand blanc à mettre en cave plus de vingt ans. Même dans un millésime chaud, les grenaches dominant le rouge 2015 tirent de leur exposition nordiste une froide austérité. Le vin évoluera sur des nuances cendrées et des tanins sveltes. Il est taillé pour une garde de quinze ans et davantage.

Palette 2018	24 €	17
Palette 2015	32 €	16,5

Le coup de ♥

Palette 2016	32 €	18

Rouge : 13 hectares.
Grenache noir 45 %, Mourvèdre 20 %, Cabernet-Sauvignon 10 %, Cinsault 10 %, Divers noir 10 %, Syrah 5 %
Blanc : 12 hectares.
Clairette 80 %, Grenache blanc 10 %, Bourboulenc 5 %, Divers blanc 5 %
Production moyenne : 100 000 bt/an

CHÂTEAU SIMONE
13590 Meyreuil
04 42 66 92 58 • www.chateau-simone.fr • Vente et visites : au domaine sur rendez-vous.

Propriétaire : Famille Rougier
Directeur : Jean-François Rougier

★★

DOMAINE DE LA TOUR DU BON

La famille Hocquard est à la tête de ce domaine depuis 1968. Au Castellet, La Tour du Bon bénéficie d'un terroir particulier de souches calcaires et sableuses jouissant d'expositions variées qui font de lui, l'un des plus précoces de Bandol. Dès le milieu des années 80, le domaine se fait remarquer avec notamment la création, en 1987, de la cuvée Saint-Ferréol, un rouge solaire et fin issu de trois parcelles plantées autour d'une colline âgée de vingt millions d'années. Puis c'est à partir de 1990 et avec l'arrivée, à la tête de la propriété, d'Agnès Henry-Hocquard, que le vin prend une dimension supérieure ! Entourée de vinificateurs ligériens (Thierry Puzelat et Antoine Pouponeau), elle a su tenir le cap de l'excellence avec des vins conservant une grande personnalité et vieillissant harmonieusement dans un profil délicat sans jamais d'excès de maturité, d'extraction ou d'élevage. Depuis 2013, la vigneronne curieuse isole des mourvèdres pour la cuvée En Sol, macérés six mois en amphore. Une pratique ancestrale mais périlleuse (les vins peuvent tomber dans la lourdeur et manquer de précision) magnifiquement maîtrisée dans un rouge fin pourvu d'une rare sensation iodée.

Les vins : le blanc et le rosé (quoique ce dernier soit plus délicat et complexe qu'auparavant) n'ont pas un intérêt majeur. La cuvée En Sol constitue toujours une interprétation fraîche du mourvèdre. Derrière son bouquet floral, l'étonnante impression de croquer dans le raisin frais, et la sensation de tanins friands, se révèlent. Elle a de quoi inspirer d'autres vinificateurs de la région. La puissance solaire du millésime 2017 est bien contenue dans le bandol rouge, encore discret. Il évoluera avec intensité et finesse.

Bandol 2018	18 €	14
Bandol 2018	17 €	14,5
Bandol 2017	22 €	16,5

Le coup de ♥

IGP Méditerranée En Sol 2017	44 €	16,5

Rouge : 14 hectares.
Mourvèdre 59 %, Grenache noir 23 %, Cinsault 13 %, Carignan 5 %
Blanc : 1 hectare.
Clairette 67 %, Ugni blanc (trebbiano) 22 %, Rolle 11 %
Production moyenne : 50 000 bt/an

DOMAINE DE LA TOUR DU BON ♣
714, chemin de l'Olivette, 83330 Le Brûlat-du-Castellet
04 98 03 66 22 • www.tourdubon.com • Vente et visites : au domaine sur rendez-vous.
Propriétaire : Famille Hocquard-Henry

★★

DOMAINE DE TRÉVALLON

Bâtisseur du domaine de Trévallon à Saint-Étienne du Grès, à côté de Saint-Rémy-de-Provence, dès 1973, Éloi Dürrbach est devenu une figure emblématique de la Provence. Sur son terroir argilo-calcaire, exposé au nord, il a cru au cabernet-sauvignon et à la syrah pour produire de grands rouges. Il travaille son vignoble de 17 hectares en agriculture biologique. Vigneron attentif et méticuleux, il produit des vins en IGP Alpilles d'une belle définition de terroir et d'une parfaite maturité de raisin, conjuguées à la justesse de la vinification en grappe entière et de l'élevage (jusqu'à deux ans en foudre). Ces méthodes permettent d'élaborer des vins à la fois denses, tendus et raffinés. À travers leur complexité aromatique (notes d'épices, de garrigue et de truffe noire), les rouges de Trévallon expriment une grande typicité méditerranéenne, tout en conservant une fraîcheur septentrionale. Sur 2 hectares de cépages blancs (marsanne, roussanne, chardonnay et grenache), naissent des blancs en retenue, vineux et sertis de fins amers et de doux parfums floraux. Ostiane, la fille d'Éloi Dürrbach, incarne depuis quelques années la relève de ce domaine exemplaire.

Les vins : ce millésime 2016 est certainement l'un des plus beaux produits à Trévallon. Il partait pourtant de manière périlleuse, puisque les sangliers avaient dévoré une bonne partie de la syrah ! L'assemblage final est donc exceptionnellement dominé par le cabernet-sauvignon (60 %), offrant un sublime, mais encore très discret parfum de garrigue, avec de douces notes épicées, sans aucune sensation d'alcool. Finesse et fraîcheur caractérisent ce grand millésime provençal qui s'ouvrira tranquillement à partir de 2028-2030.

IGP Alpilles 2016 — de 55 à 60 € (c) — 17,5

Rouge : 15 hectares.
Syrah 50 %, Cabernet-Sauvignon 50 %
Blanc : 2 hectares.
Marsanne 39 %, Roussanne 33 %, Grenache blanc 11 %, Clairette 9 %, Chardonnay 8 %
Production moyenne : 58 000 bt/an

DOMAINE DE TRÉVALLON ♣
Avenue Notre-Dame-du-Château,
13103 Saint-Étienne-du-Grès
04 90 49 06 00 ●
www.domainedetrevallon.com ● Vente et visites : au domaine sur rendez-vous.
Propriétaire : Éloi Dürrbach

★

LA BASTIDE BLANCHE

Ce domaine acheté en 1973 par Louis et Michel Bronzo produit des vins sérieux dans les trois couleurs, alliant puissance et finesse. Morcelé, le vignoble de près de 46 hectares, essentiellement aménagé en restanques, permet de couvrir les diversités géologiques du terroir de Bandol. Stéphane Bourret, en charge des vinifications, produit des rouges musclés et fougueux, plus terriens que maritimes, à l'image des deux grandes cuvées : Fontanéou (4 000 bouteilles par an), issu de terroirs d'argile rouge, exposé plein est à La Cadière-d'Azur, sur un assemblage de mourvèdre et de grenache, racé ; et Estagnol (5 000 bouteilles par an), issu de sols argilo-calcaires avec des zones graveleuses, qui offre une matière très mûre et opulente. Issu principalement de clairette et d'ugni blanc, le blanc est sans aucun doute le plus régulier et le plus harmonieux de l'appellation. Après le passage à l'agriculture bio (certification 2012), l'équipe approfondit encore le travail de la vigne en suivant les préceptes de la biodynamie.

Les vins : profitant d'un élevage en bouteille prolongé par rapport à leurs voisins, les blancs (clairette, ugni, bourboulenc, rolle et sauvignon) restent le point fort du domaine. Intenses, parfumés, avec de beaux amers, voire une légère tannicité pour Estagnol, ils font partie des blancs les plus ambitieux de l'appellation et ne seront pas effrayés par une dizaine d'année de garde. Les rouges conservent un style classique, bien mûr, avec une extraction appuyée. Le 2017 est un excellent ambassadeur du domaine. Bien constitué, il garde une expression de fruit frais malgré la sécheresse du millésime. Fontanéou est doté d'une fraîcheur naturelle qui lui permettra de vieillir avec nuances, tout en gardant une structure qui mérite d'être apaisée lors d'un beau repas d'hiver. De vieux millésimes sont à découvrir en magnum : un 2010 sans excès de puissance, un intense 2007 et un 2005 en pleine épanouissement. Nous vous recommandons de les passer un moment en carafe.

Bandol 2017	16,50 €	15
Bandol Cuvée Estagnol 2017	20 €	15,5
Bandol Cuvée Estagnol 2005	70 €	16
Bandol Cuvée Estagnol 2010	70 €	15,5
Bandol Cuvée Fontanéou 2007	70 €	16,5
Bandol Cuvée Fontanéou 2015	26 €	16
Bandol Cuvée Fontanéou 2017	26 €	16

Le coup de ♥

Bandol 2017	18,50 €	15,5

Rouge : 41,8 hectares.
Mourvèdre 62 %, Cinsault 21 %, Grenache noir 15 %, Divers noir 2 %
Blanc : 5,2 hectares.
Grenache blanc 52 %, Clairette 24 %, Divers blanc 24 %
Production moyenne : 205 000 bt/an

LA BASTIDE BLANCHE ♣
367, route des Oratoires,
83330 Sainte-Anne-du-Castellet
04 94 32 63 20 ● www.bastide-blanche.fr ●
Visites : sans rendez-vous.
Propriétaire : Michel, Julien et Nicolas Bronzo
Directeur : Stéphane Bourret

★

DOMAINE DE LA BÉGUDE

Les Bordelais Guillaume et Soledad Tari sont à la tête de cette propriété de 500 hectares, au milieu de laquelle se nichent 20 hectares de vignes cultivés en bio. L'une des principales caractéristiques de ce domaine viticole réside dans sa situation en altitude. À 410 mètres, La Bégude bénéficie d'un climat très différent de celui proche du littoral. Avec des amplitudes de température importantes entre le jour et la nuit et un secteur venteux, les mourvèdres mûrissent doucement mais sûrement. Et le grenache prend sur ce terroir de "caillasses" une dimension que l'on trouve rarement à Bandol. Avec des arômes puissants de fruits noirs, d'olive noire les rouges (50 % du volume) offrent toujours un esprit chaleureux, en limite supérieure de maturité ! Le rosé est toujours remarquable par sa singulière vinosité. Nous étions confiants quant aux élevages plus courts, avec moins de bois neuf, initiés ces derniers millésimes. Mais les rouges restent encore enrobés par des boisés démonstratifs. Nous enlevons une étoile au domaine en espérant trouver des matières plus respectueuses du fruit de ce que nous attendons à Bandol.

Les vins : hauts en couleur, les rosés restent des modèles dans l'appellation. Leur bouquet de fraises, de poivre et d'orange sanguine anime des bouches très stimulantes, portant une légère sensation tannique qui les fera évoluer avec complexité. En témoignent les 2017 et 2015, bien plus harmonieux qu'à l'aube de leur vie. Un exemple qui devrait inspirer d'autres Provençaux ! En rouge, 2016 est un très beau millésime de concentration et de fraîcheur naturelle, qui permettra aux vins d'évoluer tranquillement, même s'ils sont un peu trop contenus par l'élevage. Plus compact, le 2015 demande encore quatre à cinq ans de cave avant de se révéler. La Brûlade 2013 est complètement resserré par un boisé sec ; c'est dommage, car la matière première semble équilibrée.

Bandol 2018	29 €	13,5
Bandol 2018	18 €	15
Bandol L'Irréductible 2015	70 €	15
Bandol L'irréductible 2018	25,50 €	16
Bandol 2015	34 €	15,5
Bandol 2016	29 €	16
Bandol La Brûlade 2013	72 €	14,5
Bandol La Brûlade 2016	59 €	16

Le coup de ♥

Bandol L'irréductible 2017	29 €	16,5

Rouge : 17,5 hectares.
Mourvèdre 88 %, Grenache noir 8 %, Cinsault 4 %
Blanc : 2,5 hectares.
Ugni blanc (trebbiano) 60 %, Clairette 20 %, Rolle 20 %
Production moyenne : 55 000 bt/an

DOMAINE DE LA BÉGUDE ♣
Route des Garrigues, 83330 Le Camp-du-Castellet
04 42 08 92 34 • www.domainedelabegude.fr • Visites : sans rendez-vous.
Propriétaire : Guillaume Tari

★ ↗

CLOS CIBONNE

Après le phylloxéra, le tibouren avait quasiment disparu de Provence. Dans les années 1930, André Roux retrouva quelques pieds qu'il développa en sélections massales au fil des années. Une démarche qui signera la singularité de ce domaine du Pradet, aujourd'hui entre les mains de sa petite-fille, Brigitte, de son mari Claude Deforges, et de leur fils Olivier. Le tibouren domine les assemblages et les marque d'une empreinte forte. Nous avons été éblouis par le caractère profond à la fois maritime et provençal des rosés, le point fort du domaine. Pour notre plus grand plaisir, ce sont des rosés hors des normes et des codes de la région. Ils sont pour la plupart issus de vieilles vignes (cuvée des Vignettes), élevés un an en foudres ou en barriques (Caroline). Ils traversent les années en remplaçant, sans rougir, un beau blanc méditerranéen à table. Plus classiques et rigides, les rouges n'atteignent pas encore le niveau de finesse des rosés. Nous attribuons la première étoile au domaine cette année.

Les vins : les rosés de tibouren sont toujours des merveilles orangées, aux saveurs terriennes d'orange sanguine, de fenouil, de marmelade, d'épices douces... Ils sont d'autant plus complexes et posés qu'ils sont proposés par le domaine après des élevages longs sous bois et en bouteille. La cuvée Caroline est en pleine forme et évoluera comme un beau blanc provençal, tandis que la nouvelle cuvée Château Cibon, dans laquelle le tibouren est élevé en foudres, doit digérer son élevage avant d'offrir une vinosité longue et savoureuse.

Côtes de Provence Château Cibon Marius 2017	41 €	16
Côtes de Provence Tibouren Prestige Caroline 2017	22 €	16
Côtes de Provence Spéciale Tibouren 2018	18 €	15,5

Rouge : 3,5 hectares.
Tibouren 90 %, Grenache noir 5 %, Syrah 3 %, Cinsault 2 %
Blanc : 13,5 hectares.
Production moyenne : 100 000 bt/an

CLOS CIBONNE
Chemin de la Cibonne, 83220 Le Pradet
04 94 21 70 55 • www.clos-cibonne.com • Vente et visites : au domaine sur rendez-vous.

Propriétaire : Famille Deforges

★

CLOS SAINT-VINCENT

Joseph Sergi et son fils, Julien, cultivent ce micro-vignoble de 10 hectares avec toute la rigueur et la passion du vin et de son terroir. Les vignes, plantées en terrasses sur la colline de Saquier, sont travaillées avec soin en biodynamie. Les vinifications se font en grande partie sous bois (muid et demi-muid), et sont suivies d'élevages ambitieux. Le rosé de braquet, unique en Provence, reste le plus abouti de l'appellation avec ses notes poivrées et de rose. Revigorant !

Les vins : les blancs de rolle bien mûrs sont toujours soigneusement élevés sous bois. Nous avons une préférence pour Le Clos 2017, d'un bon tempérament niçois avec une belle finale élancée. À côté, le Vino di Gio semble plus sophistiqué ; on note l'enrobage prégnant de l'élevage en demi-muid. Plutôt léger en 2018, le rosé est le plus fidèle à l'expression de son terroir et de son cépage avec ses notes de poivre et de rose fanée. Son éclat est vivifiant ! En version rouge, il est tout aussi floral, peu coloré et porté par une tension proche de son fruit. Toujours réduits à l'ouverture, les rouges ont besoin d'une longue aération pour nous raconter leurs nuances réglissées. Ils peuvent encore gagner en douceur de texture et en éclat de fruit.

Bellet Le Clos 2017	29,60 €	15,5
Bellet Vino di Gio 2016	59,50 €	15
Bellet Le Clos 2018	20 €	15
Bellet Belletan 2017	27 €	15
Bellet Le Clos 2017	29,60 €	14,5
Bellet Vino di Gio 2016	59,50 €	15,5

Rouge : 6 hectares.
Folle noire 63 %, Braquet (brachet) 33 %, Grenache noir 4 %
Blanc : 4 hectares.
Rolle 100 %
Production moyenne : 30 000 bt/an

CLOS SAINT-VINCENT ☾
Collet des Fourniers, Saint-Roman-de-Bellet, 06200 Nice
04 92 15 12 69 • www.clos-st-vincent.fr •
Vente et visites : au domaine sur rendez-vous.
Propriétaire : Joseph Sergi
Maître de chai : Julien Sergi

★

DOMAINE CROIX-ROUSSE

C'est à Puget-Ville, dans le Var, que le Lyonnais Christophe Durdilly s'est installé en 2005. Ce jeune domaine provençal produit, depuis 2006, des vins issus de faibles rendements, vinifiés et élevés en cuve béton pour les rosés et les rouges, en œuf béton et cuve inox pour les blancs. Nous encourageons cette démarche vers des vins tout à fait originaux, concentrés, sincères et naturels. Le vigneron signe des cuvées d'une grande intensité qui, depuis 2012, sont retoqués par l'appellation Côtes de Provence en raison de leur fort tempérament (que nous défendons), contraignant le domaine à classer ses cuvées en IGP Var. On retrouve dans chaque vin la sensibilité du vigneron, qui est loin d'avoir dit son dernier mot.

Les vins : ayant subi un épisode de grêle violent qui a décimé une part importante de la récolte, le vigneron n'a pas souhaité présenter ses vins à cause de faibles volumes produits. Nous reconduisons les notes de notre édition précédente.

IGP Var 2014	N.C.	16
IGP Var 2015	25 €	15,5
IGP Var Pierres Précieuses 2017	15 €	16
IGP Var 2015	25 €	15,5

Rouge : 5 hectares.
Carignan 40 %, Cinsault 25 %, Mourvèdre 15 %, Serine 10 %
Blanc : 1 hectare.
Clairette 60 %, Trebbiano 40 %, Grenache noir 10 %
Production moyenne : 25 000 bt/an

DOMAINE CROIX-ROUSSE ♣
304, chemin du Merlançon, Le Suvé du Vent, 83390 Puget-Ville
06 11 86 93 80 •
www.domainecroixrousse.com • Vente et visites : au domaine sur rendez-vous.
Propriétaire : Christophe Durdilly

★

DOMAINE DU DEFFENDS

Ce domaine a fait figure de pionnier dans les années 60. À l'époque où la culture des grands vins était totalement inexistante dans cette appellation, Jacques de Lanversin, professeur de droit à la faculté d'Aix-Marseille, a entièrement planté le vignoble du Deffends. La volonté de produire un vin de référence l'a immédiatement animée. Très rapidement, avec notamment la cuvée Champs de la Truffière (à l'époque Clos de la Truffière), il a été reconnu parmi les meilleurs vignerons provençaux et a séduit les amateurs. Aujourd'hui, c'est sa femme Suzel qui s'occupe de cette propriété familiale, labellisée bio depuis 2014 et située sur les contreforts du mont Aurélien, au-dessus de Saint-Maximin. Avec un terroir argilo-calcaire pauvre et filtrant, et un beau capital de vieilles vignes, le domaine produit un bon nombre de cuvées dans les trois couleurs. Le fameux Champs de la Truffière vous étonnera par ses capacités de vieillissement. Depuis 2018, la nouvelle génération de la famille de Lanversin, Emmanuel et Anne, tient les rênes du domaine.

Les vins : aussi bien en blanc qu'en rosé, les 2018 sont tout en légèreté et manquent un peu de chair gourmande. Les rouges sont bien plus équilibrés, avec des fruités précis, à l'image du fringant Champs du Bécassier, infusé et fringant, déjà accessible. Marie-Liesse (95 % grenache) nous charme par sa belle pulpe infusée, offrant un plaisir dès maintenant et pour les prochaines années. Champs de la Truffière est un peu plus serré par une trame végétale venue du cabernet-sauvignon. Il aurait mérité une extraction plus douce.

- IGP de la Sainte-Baume Champ du Sesterce 2018 — 12,30 € — 14,5
- IGP de la Sainte-Baume Viognier de Jacques 2018 — 16,80 € — 14
- Coteaux Varois en Provence Rosé d'une Nuit 2018 — 11,30 € — 13,5
- Coteaux Varois en Provence Champs de la Truffière 2016 — 15,30 € — 15
- Coteaux Varois en Provence Champs du Bécassier 2018 — 12,30 € — 15

Le coup de ♥

- Coteaux Varois en Provence Marie-Liesse 2017 — 18,50 € — 15,5

Rouge : 11 hectares.
Grenache noir 38 %, Syrah 30 %, Cabernet-Sauvignon 20 %, Cinsault 12 %
Blanc : 3 hectares.
Vermentino 53 %, Viognier 35 %, Clairette 12 %
Production moyenne : 70 000 bt/an

DOMAINE DU DEFFENDS ♣
Chemin du Deffends,
83470 Saint-Maximin-la-Sainte-Baume
04 94 78 03 91 • www.deffends.com •
Visites : sans rendez-vous.
Propriétaire : Famille de Lanversin
Maître de chai : Franck Alazard

★

DUPÉRÉ-BARRERA

Cette marque de négoce de vins de Provence, du Rhône Sud et du Languedoc, initiée par Emmanuelle Dupéré et Laurent Barrera, vient d'être rachetée par Robert Daussun, également propriétaire du château du Seuil en Coteaux d'Aix-en-Provence en 2018. Les domaines partenaires où les vins sont vinifiés suivent l'aventure et Laurent Barrera reste consultant pour les vinifications. De bonne constitution provençale dans la concentration de la matière et des bouquets de garrigue et d'olive noire, les rouges sont toujours au niveau d'une étoile. En revanche, les blancs et les rosés ont pris la direction à la mode des cuvées simplement fruitées, manquant un peu de caractère. Nous retirerons certainement l'étoile l'année prochaine si le blanc et le rosé ne gagnent pas en sincérité d'expression.

Les vins : aussi bien en blanc qu'en rosé, les côtes-de-provence 2018 affichent des arômes trop exubérants et manquant de naturel. Le bandol India offre un peu plus de chair épicée évoquant le mourvèdre. Les rouges sont aboutis avec un bon caractère provençal, notamment le TLM (très longue macération), haut en couleur, fourni en notes chocolatées, avec une structure tannique vaillante pour un belle table d'hiver. Le bandol est un bon classique, encore un peu serré, il s'ouvrira tranquillement dans les six à sept prochaines années après un bon passage en carafe.

- Bandol India 2017 — 20 € — 14
- Côtes de Provence En Caractère 2018 — 11 € — 13,5
- Côtes de Provence Nowat 2018 — 16 € — 13,5
- Bandol India 2018 — 20 € — 14,5
- Côtes de Provence En Caractère 2018 — 11 € — 14

- Bandol India 2016 — 21 € — 15
- Côtes de Provence TLM 2015 — 25 € — 15,5

Le coup de ♥

- Côtes de Provence En Caractère 2017 — 13 € — 15

Production moyenne : 100 000 bt/an

DUPÉRÉ-BARRERA
254, rue Robert-Schumann, 83130 La Garde
04 94 23 36 08 • www.duperebarrera.com • Vente et visites : au domaine sur rendez-vous.
Propriétaire : Emmanuelle Dupéré et Laurent Barrera

★ ↗

DOMAINE LAFRAN-VEYROLLES

Dans la même famille depuis 1405, en des temps où Louis II d'Anjou, époux de Yolande d'Aragon, régnait sur le comté de Provence, Lafran-Veyrolles se revendique à juste titre propriété historique de Bandol. Le vigneron, Jean-Marie Castell, perpétue un style traditionnel de rouges de Bandol à dominante de mourvèdre (jusqu'à 95 % dans la Cuvée Spéciale), élevé plus de dix-huit mois en foudres, pour dompter la concentration puisée dans les sols d'argiles de la Cadière d'Azur. Les derniers millésimes sont très convaincants et plus accessibles dans la jeunesse tout en conservant un grand potentiel de garde. Nous lui attribuons la première étoile.

Les vins : le rosé est bien typé par sa part généreuse de mourvèdre (70 %) qui le sculpte et lui suggère des notes d'épices et de marmelade d'orange. N'hésitez pas à le garder pour cet hiver. 2016 et 2015, deux millésimes solaires, s'annoncent denses. Pour l'instant encore campés sur des tanins solides, ils feront de beaux bandols d'hiver. Il faudra attendre quatre à cinq ans avant qu'ils ne s'assagissent et libèrent leur force épicée et leur densité impressionnante.

- Bandol 2018 — 17 € — 15
- Bandol 2016 — 21 € — 16
- Bandol Les Hauts de Lafran 2015 — 29 € — 16
- Bandol Les Hauts de Lafran 2016 — 27 € — 16,5

Le coup de ♥

- Bandol 2015 — 22 € — 16,5

Rouge : 6 hectares.
Mourvèdre 80 %, Cinsault 9 %, Carignan 3 %
Blanc : 1 hectare.
Grenache noir 8 %
Production moyenne : 55 000 bt/an

DOMAINE LAFRAN-VEYROLLES ♣
2115, route de l'Argile, 83740 La Cadière-d'Azur
04 94 98 72 59 • www.lafran-veyrolles.com • Vente et visites : au domaine sur rendez-vous.
Propriétaire : Claude-Marie Jouve-Férec
Directeur : Jean-Marie Castell

★

DOMAINE MILAN

L'histoire de ce domaine ne date pas d'hier. En 1956, Robert Milan achète cette propriété vierge de vignoble à Saint-Rémy-de-Provence et plante de la vigne deux ans plus tard. Mais ce n'est qu'en 1973 qu'il décide de construire une cave pour vinifier ses raisins. Le domaine ne prend son véritable essor qu'avec l'arrivée de son fils Henri, en 1987. Avec la volonté de produire des vins naturels, ce vigneron iconoclaste, anarchiste de droite, se convertit dès 1988 en bio, puis évolue dans les années 1990 vers des vinifications sans soufre bien loin des standards académiques. Sa rencontre en 1996 avec Claude Bourguignon, chercheur en agrobiologie des sols, permet à Henri d'expérimenter de nombreux cépages (grenache, syrah, merlot, nielluciu, alicante, vermentino, chenin, pinot gris...) et de donner une personnalité plus forte à ses vins. Avec de courtes macérations en vendange entière, les rouges se distinguent par leur finesse, leur goût naturel (enfin un vin qui a le goût du raisin !) et des élevages en barrique, sans aucune brutalité ni recherche d'aromatisation, le but étant de consolider les vins à l'air et dans le temps ! Même constat pour les magnifiques blancs, Le Grand Blanc et La Carrée, parmi les plus ambitieux de Provence. Des vins en pleine forme, qui ne laissent jamais indifférents.

Les vins : peu de vignerons parviennent à capter une vitalité si pure du fruit en Provence. Aussi bien Haru que Ma Terre (syrah et cinsault) nous offrent une chair virevoltante de saveurs très proches du fruit : de purs jus stimulants à déboucher dans l'année. La nouvelle cuvée de rouge Reynard Rebels, assemblage de deux millésimes (2018 et 2017), est construite sur des tanins fondus avec beaucoup de vitalité. À boire cet hiver. Nous avons un coup de cœur absolu pour Le Papillon, un rouge de grenache, syrah et cinsault, au parfum inimitable de garrigue, de laurier, accompagné d'une sensation de caillou chaud des Alpilles. Un délice à boire un peu frais dans l'année. Luna & Gaia, un blanc de macération de roussanne, rolle, chardonnay et muscat à petits grains, fait son apparition. Son goût d'orange et de quinquina donne un beau souffle, salin, à une matière presque ambrée aux tanins présents.

VDF Luna & Gaia 2017	28 €	16
VDF Haru 2018	12 €	15
VDF Ma Terre 2018	18 €	15
VDF Reynard Rebels	12 €	15

Le coup de ♥

VDF Le Papillon 2018	22 €	16,5

Rouge : 8 hectares.
Grenache noir 40 %, Mourvèdre 30 %, Syrah 30 %
Blanc : 7 hectares.
Chardonnay 33 %, Grenache blanc 25 %, Rolle 17 %, Roussanne 17 %, Muscat à petits grains blancs 8 %
Production moyenne : 60 000 bt/an

DOMAINE MILAN ♣
Quartier La Galine,
13210 Saint-Rémy-de-Provence
04 90 92 12 52 • www.domaine-milan.com • Vente et visites : au domaine sur rendez-vous.
Propriétaire : Famille Milan

★

CHÂTEAU DE PIBARNON

Henri de Saint-Victor crée le château de Pibarnon en 1978, et l'inscrit en quelques décennies parmi les propriétés emblématiques de Bandol (avec Tempier et Pradeaux). Son fils Éric est depuis 2000 aux commandes du domaine, installé sur les terroirs calcaires de La Cadière-d'Azur. Il produit deux rouges : une cuvée du domaine (92 % de mouvèdre et 8 % de grenache) armée pour la garde, et Les Restanques, accessible plus jeune, issu de jeunes vignes (70 % mourvèdre, 30 % grenache). Malgré quelques irrégularités durant les années 2000, les rouges, bons porte-paroles des vins de Bandol et de leur potentiel de garde, reviennent à leur meilleur niveau depuis 2010. Il faut dire qu'en sélectionnant des parcelles au cœur de son terroir, Éric de Saint-Victor a redonné dans les derniers millésimes de la chair et de l'ampleur à des rouges au caractère soyeux et concentré, avec un équilibre entre le bois et l'expression du fruit hautement civilisée.

Les vins : les deux rosés sont bien menés, avec des textures policés ; 2018 est toutefois plus léger qu'à son habitude. Nuances 2016, élevé en jarres de grès, s'épanouit pleinement sur des notes d'orange sanguine, d'épices douces d'Orient, avec une allonge intense tenue par de beaux amers finaux. Côté rouge, Les Restanques est un second vin qui pourrait avoir davantage de fond et de structure. Le 2015 et le 2016 (plus frais) sont taillés pour la garde, avec des matières élégamment élevées en foudres pour livrer une version civilisée d'un beau bandol.

Bandol 2018	25 €	14
Bandol 2018	21 €	15
Bandol Nuances 2017	28 €	15,5
Bandol 2016	32 €	16
Bandol Les Restanques de Pibarnon 2015	23 €	14,5

Le coup de ♥

Bandol 2015	33 €	16,5

Rouge : 47 hectares.
Mourvèdre 70 %, Cinsault 20 %, Grenache noir 10 %
Blanc : 5 hectares.
Clairette 50 %, Bourboulenc 25 %, Ugni blanc (trebbiano) 20 %, Marsanne 5 %
Production moyenne : 200 000 bt/an

CHÂTEAU DE PIBARNON
410, chemin de la Croix-des-Signaux,
83740 La Cadière-d'Azur
04 94 90 12 73 • www.pibarnon.com • Pas de visites.
Propriétaire : Éric de Saint-Victor
Maître de chai : Marie Laroze

★

DOMAINE RAY-JANE

Alain Constant aime prendre son temps pour vendanger, il est d'ailleurs souvent le dernier de l'appellation. Dans son bandol rouge, il fait entrer des raisins uniquement issus de vieilles vignes centenaires du Castellet : les plus âgées ont 130 ans ! Les autres vignes, plus jeunes (moins de 100 ans...), servent à produire son vin de pays, avec une large dominante de mourvèdre, voire en pur mourvèdre dans certains millésimes, comme le 2010. Son vignoble est cultivé comme un jardin. Les vins, d'un classicisme intemporel et d'un style à part, sont vinifiés en grappe entière. En cave, l'utilisation de soufre s'avère modérée (en dehors des blancs) et les élevages longs, jusqu'à deux ans en foudre.

Les vins : blancs et rosés n'ont jamais été aussi en forme qu'en 2018. Encore contenus et juvéniles, leur réserve et leur volume leur promet un avenir radieux dans les 20 ans. Débouchez-les à partir de 2020. Les rouges rayonnent en 2016, un grand millésime provençal, à la fois frais et de grande concentration. Les vins sont taillés pour la garde et promettent d'évoluer avec une floralité certaine, particulièrement la cuvée du Falun.

Bandol Sanary 2018	15,30 €	15,5
Bandol 2018	13,20 €	16
Bandol Sanary 2018	12,90 €	16
Bandol 2016	16,80 €	16
Bandol Cuvée du Falun 2015	28 €	17,5
Bandol Sanary 2016	16,80 €	16

Rouge : 7,87 hectares.
Mourvèdre 90 %, Cinsault 5 %, Grenache noir 5 %
Blanc : 2,46 hectares.
Clairette 90 %, Ugni blanc (trebbiano) 10 %

DOMAINE RAY-JANE ♣
353, avenue du Bosquet, 83330 Le Castellet
04 94 98 64 08 • www.ray-jane.fr • Vente et visites : au domaine sur rendez-vous.
Propriétaire : Alain Constant

★

CHÂTEAU DE ROQUEFORT

Raimond de Villeneuve a totalement relancé ce domaine familial. Situé au pied du massif de la Sainte-Baume, à Roquefort-la-Bédoule, le vignoble au terroir argilo-calcaire, niché à 380 mètres d'altitude, jouit d'une bonne amplitude thermique entre le jour et la nuit, facteur favorable à la maturité lente des baies. Les influences maritimes régulatrices (Cassis est à 5 kilomètres) jouent également leur rôle. Bourré d'énergie et toujours prêt à remettre en question les contraintes imposées par les décrets d'appellation à la vigne comme en cave, Raimond de Villeneuve a depuis longtemps opté pour une culture bio fondée sur le travail des sols (certifié Ecocert en 2014). Les blancs nuancés et fringants, ainsi que les rouges au beau caractère méditerranéen frais, sont d'un excellent niveau. Une approche gourmande et profonde qu'on aimerait voir plus souvent dans la région.

Les vins : Corail 2018 est agréable mais bien moins sincère qu'il y a quelques années. Sans grande concentration en 2018, les deux blancs dégagent une belle salinité fraîche, sans arôme technologique ; Les Genêts (rolle) devrait réserver des surprises dans les sept à huit ans. La réduction de Gueule de Loup demande un bon passage en carafe pour dégager son fruit juteux, très plaisant. Une chair gourmande avec peu de tanins. Servi un peu frais, c'est un vrai plaisir estival. On renoue avec davantage de structure sanguine et de profondeur avec Les Mûres (fruits noirs, garrigue...). Un tempérament sudiste avec une fraîcheur septentrionale. Bien vu !

IGP des Bouches-du-Rhône Petit Salé 2018	12,50 €	15
Côtes de Provence Corail 2018	12,50 €	13,5
Côtes de Provence Les Mûres 2015	15 €	16
IGP des Bouches-du-Rhône Gueule de Loup 2017	10 €	14,5

Le coup de ♥

Côtes de Provence Les Genêts 2018	15 €	15,5

Rouge : 20,5 hectares.
Grenache noir 30 %, Syrah 27 %, Carignan 23 %, Cinsault 15 %, Mourvèdre 5 %
Blanc : 7,2 hectares.
Rolle 52 %, Clairette 48 %
Production moyenne : 200 000 bt/an

CHÂTEAU DE ROQUEFORT ♣
D1 quartier des Bastides,
13830 Roquefort-la-Bédoule
04 42 73 20 84 • www.deroquefort.com • Pas de visites.
Propriétaire : Raimond de Villeneuve

★

DOMAINE DE LA RÉALTIÈRE

Pierre Michelland poursuit l'aventure du domaine familial, perché à 450 m d'altitude, à Rians, au nord des coteaux d'Aix-en-Provence. Ce vigneron quadragénaire cultive les vignes en bio depuis 1994, et en biodynamie depuis 2012

Il produit des vins de grande fraîcheur et de forte personnalité : des entrées de gamme digestes au fruit dénué de tout artifice, et deux grandes cuvées sous le nom Cante Gau. Avec les habituels syrah, grenache et cabernet-sauvignon, le rouge intègre une part importante de carignan noir dans l'assemblage. En blanc, un cépage oublié est mis au goût du jour : le carignan blanc, issu de vieux ceps (une parcelle de 75 ares de 92 ans). Il donne un vin granuleux, un rien austère, mais incomparable dans la région.

Les vins : toujours doté d'énergie, les vins sont plein d'élan et de sincérité, à commencer par les cuvées croquantes d'entrée de gamme, le rosé Pastel et le rouge Cul-Sec, à déboucher dans l'année avec un casse-croûte. Les Cante Gau affiche l'ambition d'exprimer leur terroir. Le blanc, à dominante de carignan blanc centenaire, offre des nuances aromatiques et une tension pure incroyable. Ils évolueront avec une grande fraîcheur saline. C'est le seul blanc de cette trempe en Provence. Le rouge (carignan, grenache et syrah) est plus classique, s'affirment avec vigueur et sève, sans aucune chaleur de l'alcool. Attendez patiemment 2021 avant de l'ouvrir.

Coteaux d'Aix-en-Provence Pastel 2018	13 €	14
Coteaux d'Aix-en-Provence Cante Gau 2016	24 €	16
Coteaux d'Aix-en-Provence Cul-Sec 2018	13 €	14,5

Le coup de ♥

VDF Cante Gau 2017	26 €	16,5

Rouge : 5,5 hectares.
Carignan 45 %, Grenache noir 20 %, Syrah 18 %, Cinsault 10 %, Cabernet-Sauvignon 5 %, Aramon 2 %
Blanc : 1,5 hectare.
Carignan 80 %, Sémillon 15 %, Ugni blanc (trebbiano) 5 %
Production moyenne : 39 000 bt/an

DOMAINE DE LA RÉALTIÈRE ☾

Route de Jouques, 83560 Rians
04 94 80 32 56 • realtiere@terre-net.fr •
Vente et visites : au domaine sur rendez-vous.
Propriétaire : Pierre Michelland

★

CHÂTEAU SAINTE-ANNE

Une petite quinzaine d'hectares, sur la commune de Sainte-Anne d'Évenos, constitue le vignoble de ce cru connu des amateurs de bandols bio. Dès les années 1970, François Dutheil de la Rochère, puis son épouse Françoise, ont été des pionniers de la viticulture biologique puis de vinifications naturelles en Provence. Aujourd'hui, leur fils Jean-Baptiste, perpétue le style "Sainte-Anne" influencé par le climat particulièrement frais de ce secteur oriental de l'appellation. Nous sommes toujours impressionnés par la finesse du toucher des rouges et la douceur de leurs tanins, qui leur offrent un équilibre savoureux après trois à quatre ans, tout en leur promettant un potentiel de garde de plus de vingt ans. Bien coloré, le rosé est loin des standards œnologiques de la région et révèle un fort caractère. Certainement le plus abouti de l'appellation, le blanc assemblé de clairette et d'ugni peut se révéler d'une incroyable race après cinq à six ans de garde et vieillir magnifiquement une vingtaine d'années.

Les vins : nous sommes toujours enchantés par le blanc rayonnant de belles notes florales et d'anis, d'un beau gras sudiste, élancé tout en finesse et structuré en finale par de beaux amers. Ouvrez-le à partir de l'année prochaine et dans les quinze ans. En demi-corps, le rosé offre davantage un équilibre fin de blanc, toujours empli de saveurs franches. Côté rouge, le 2016 est en plein forme, il mêle la fraîcheur du terroir avec une excellente maturité du raisin dans ce millésime. L'ensemble relève d'une vitalité pure : pour la garde. Les 2013 évoluent tranquillement avec une force tannique saillante affirmée, tout en conservant une fraîcheur naturelle forte. Une définition vivante du bandol et fidèle à son terroir.

Bandol 2018	26 €	16,5
Bandol 2018	17 €	16
Bandol 2013	28 €	16
Bandol Collection 2013	34 €	16,5

Le coup de ♥

Bandol 2016	27 €	16,5

Rouge : 11 hectares.
Mourvèdre 60 %, Cinsault 20 %, Grenache noir 20 %
Blanc : 3 hectares.
Ugni blanc (trebbiano) 50 %, Clairette 50 %
Production moyenne : 40 000 bt/an

CHÂTEAU SAINTE-ANNE ♣
Route nationale 8,
83330 Sainte-Anne-d'Évenos
04 94 90 35 40 • chateausteanne@free.fr •
Vente et visites : au domaine sur rendez-vous.
Propriétaire : Jean-Baptiste Dutheil de la Rochère

★

VILLA BAULIEU

Pierre Guénant, qui a fait fortune dans la distribution automobile, a acquis en 2001 cette sublime propriété du XVIIe siècle, située à Rognes. Un peu moins de 12 hectares ont été isolés sur un terroir bien particulier d'argilo-calcaire et marneux exposé nord et nord-est, à 400 mètres d'altitude dans le seul volcan de Provence, pour produire deux rouges et deux blancs en Coteaux d'Aix-en-Provence. Les cuvées Bérengère (baptisées du nom de la fille de Pierre Guénant, responsable du domaine) sont tout en douceur. Les grands vins de Villa Baulieu sont particulièrement soignés et raffinés. Dans le blanc, le rolle joue avec le sauvignon et nous emmènent loin des standards de la région. Le rouge tire son épingle du jeu. Issus de faibles rendements, les syrahs, grenaches et cabernet-sauvignon égrappés subissent un double tri en cave avant de fermenter en cuve béton puis d'être mis en barriques (35 % neuves) pour dix mois : ils donnent un vin qui s'inscrit, depuis le 2013, parmi les meilleurs de Provence.

Les vins : la modernité des vinifications et de l'élevage est indéniable dans le style des blancs. Ils sont brillants, épurés, avec un beau gras sudiste apporté par le sémillon, pourtant tenu par une belle énergie en finale. Le "grand" blanc (rolle et sauvignon) est tout autant signé par son vinificateur, mais se dote d'une allonge fuselée et d'une persistance revigorante. Difficile à l'aveugle de placer ce vin en Provence, mais quelle personnalité ! L'écart de qualité est plus marqué pour les rouges avec un Bérengère haut en couleur, à la matière soignée et séductrice. Le "grand" vin s'affirme avec nettement plus de fond, de raffinement, tout en promettant d'évoluer vers des notes provençales de truffe et d'olive. Un très beau vin à mettre en cave.

- Coteaux d'Aix-en-Provence 2016 — 29 € — 16
- Coteaux d'Aix-en-Provence Cuvée Bérengère 2016 — 18 € — 15,5
- Coteaux d'Aix-en-Provence Cuvée Bérengère 2016 — 18 € — 15

Le coup de ♥

- Coteaux d'Aix-en-Provence 2016 — 29 € — 16,5

Rouge : 6 hectares.
Syrah 70 %, Cabernet-Sauvignon 20 %, Grenache noir 10 %
Blanc : 4 hectares.
Rolle 60 %, Sauvignon blanc 20 %, Sémillon 20 %
Production moyenne : 30 000 bt/an

VILLA BAULIEU
Domaine de Beaulieu, RD14C, 13840 Rognes
04 42 50 20 19 •
www.villabaulieuvignoble.com •
Visites : sans rendez-vous.
Propriétaire : Pierre Guénant
Directeur : Bérengère Guénant

★

VILLA MINNA VINEYARD

Ce domaine familial a été repris en 1987, par Minna et Jean-Paul Luc. Par étape, différentes cuvées sont nées de ce vignoble situé à Saint-Cannat : en 1999 Minna Vineyard rouge, en 2004 Villa Minna rouge puis en 2005 Minna Vineyard blanc. Labellisé bio depuis 2012, le vignoble est tenu avec soin, les tailles courtes générant de faibles rendements sur un terroir pauvre de roche calcaire. Les vinifications en petits contenants et les élevages en fût bordelais donnent des vins d'une grande constitution, offrant beaucoup de style et de personnalité, loin de tout caractère technologique. Les élevages ont aussi la particularité d'être longs ! En effet, les bouteilles ne sont commercialisées qu'au bout de cinq ans pour les rouges et de trois ans pour les blancs. Tous les vins du domaine ont besoin de longues aérations.

Les vins : sauvé du terrible incendie subvenu à l'été 2017, le blanc Villa Mina (vermentino, roussanne et marsanne) s'en sort avec une grande fraîcheur, moins exotique qu'auparavant. Le cœur de bouche est libre et la finale tenue par de beaux amers. Minna 2016 va plus loin avec des nuances florales et un gras qui se minéralisera avec le temps. Très beau blanc structuré pour la garde. En rouge, retenons Minna 2014 (syrah, cabernet-sauvignon et mourvèdre) au nez de végétal noble, évoquant le bouque de laurier. Ses tanins vigoureux demandent à être absorbés à table. Des vins dont le caractère bien trempé ne laissera pas indifférent.

- IGP Bouches du Rhône Minna 2016 — 23 € 16,5
- IGP Bouches du Rhône Villa Minna 2017 — 14 € 16
- IGP Bouches du Rhône Minna 2014 — 23 € 16

Rouge : 12,98 hectares.
Grenache noir 32 %, Syrah 27 %, Cabernet-Sauvignon 27 %, Mourvèdre 5 %, Caladoc 5 %, Marselan 4 %
Blanc : 2,5 hectares.
Vermentino 48 %, Roussanne 28 %, Marsanne 24 %
Production moyenne : 40 000 bt/an

VILLA MINNA VINEYARD ♣
Roque-Pessade, CD 17, 13760 Saint-Cannat
04 42 57 23 19 • www.villaminna.fr • Pas de visites.
Propriétaire : Minna et Jean-Paul Luc

NOUVEAU DOMAINE

BARAVÉOU

Né en Bourgogne et arrivé sans un lopin de terre à Bandol, le discret Jean-Philippe Fourney a initié une nouvelle approche de rouges à dominante de mouvèdre. Tout en s'occupant des vignobles du château Vannières, du domaine La Suffrene et, aujourd'hui, de Tempier, il a mûri un projet idéaliste. Dès 2011, le trentenaire entreprend un travail titanesque : déboiser, défricher, et restructurer trois hectares de vieilles restanques à La Cadière-d'Azur pour y planter de la vigne en sélections massales puis les cultiver en biodynamie. Pour l'instant, les raisins des jeunes vignes sont destinées au rosé moderne et expressif, lequel ne peut que progresser. Nous sommes plus enthousiastes quant à l'approche infusée du mourvèdre (venu du Castellet, le village voisin), qui donne des rouges pulpeux où la recherche de tanins veloutés confère une approche aimables aux vins dans la jeunesse, tout en les sculptant pour la garde. La rigueur et la sensibilité du vigneron, ainsi que l'évolution des vins en quelques millésimes, nous laissent croire au grand potentiel de ce domaine dans les prochaines années. Nous le suivrons de près.

Les vins : si le rosé moderne manque pour l'instant de caractère, une réelle personnalité se dessine dans les rouges dès le premier millésime (2015), d'un tempérament solaire bien contenu par un fruit vinifié en douceur. Deux ans plus tard, la sensibilité et la rigueur du vigneron font leur œuvre avec un 2017 (millésime de sécheresse) élégamment infusé qui offre l'éclat fruité du mourvèdre et une approche veloutée. Il s'affirme avec beaucoup de gourmandise, tout en montrant une structure taillée pour la garde.

- Bandol 2015 — 26 € 15,5

Le coup de ♥

- Bandol 2017 — 25 € 16

Rouge : Mourvèdre 90 %, Grenache noir 10 %
Production moyenne : 6 000 bt/an

BARAVÉOU
Chemin de Barévou, 83740 La Cadière-d'Azur
06 22 93 42 71 • contact@baraveou.com • Vente et visites : au domaine sur rendez-vous.
Propriétaire : Jean-Philippe Fourney

CHÂTEAU BARBEYROLLES

C'est au château de Barbeyrolles, à Gassin, que la Provençale Régine Sumeire a initié un rosé très pâle avec sa fameuse cuvée Pétale de Rose dans les années 1980. Depuis, beaucoup ont suivi ce style mais elle reste la référence en la matière. L'un de ses secrets ? Le pressurage doux des raisins en grappe entière, dont découle un jus parfumé à la texture délicate. Sur les schistes près de la Méditerranée, un blanc (sémillon, rolle et ugni) gras et savoureux et un rouge (syrah principalement) à la structure légère naissent des vignes conduites en bio. Ce domaine est sans aucun doute le plus intéressant du golfe de Saint-Tropez.

Les vins : seul le rosé a été présenté cette année, toujours aussi pâle, délicatement parfumé avec une texture suave, sans aucune dureté. C'est toujours un plaisir de boire ce rosé à l'apéritif. Il reste toutefois un peu cher.

- Côtes de Provence Pétale de Rose 2018 — 19,50 € 15

Rouge : 10,63 hectares.
Grenache noir 39 %, Mourvèdre 31 %, Cinsault 16 %, Syrah 9 %, Cabernet-Sauvignon 5 %
Blanc : 1,37 hectare.
Ugni blanc (trebbiano) 37 %, Sémillon 34 %, Rolle 29 %
Production moyenne : 50 000 bt/an

CHÂTEAU BARBEYROLLES ♣
2065, route de la Berle, 83580 Gassin
04 94 56 33 58 • www.barbeyrolles.com •
Vente et visites : au domaine sur rendez-vous.
Propriétaire : Régine Sumeire

DOMAINE LES BASTIDES

Cette discrète propriété a été achetée en 1967 par Anne-Marie et Jean Salen, décédé en décembre 2015. Après avoir livré leurs raisins à la cave coopérative durant dix ans, ils décident en 1975 de vinifier eux-mêmes leur production. Sur le terroir du Puy-Sainte-Réparade, le vignoble, cultivé en bio depuis plus de quarante ans, donnent des vins d'un classicisme rare. Aujourd'hui, la propriété est dirigée par Carole Salen, et le style des vins se maintient dans la plus pure tradition du domaine. Jamais trop extraits ni en surmaturité (sans syrah dans son encépagement), le grenache et le cabernet-sauvignon prennent des arômes délicats de garrigue et de fruits macérés, non sans rappeler l'esprit de certains châteauneuf-du-pape. Les élevages se font en foudre, sur la durée, de façon à dompter et assouplir les tanins avec douceur, en créant une micro-oxydation qui se fait à peine sentir.

Les vins : le blanc 2018 (clairette, ugni, rolle et sauvignon) impressionne par le doré de sa couleur qui traduit la haute maturité des raisins. Sous son expressivité riche et sa bouche ample, il conserve beaucoup de fraîcheur. Il a davantage l'équilibre d'un blanc du Rhône que de Provence. Le rouge 2016 est tout aussi étonnant. Bien qu'à dominante de grenache, le vin est extrêmement sombre avec un bouquet de fruits confits qui rappelle un vin doux naturel. Heureusement, il conserve une belle fraîcheur naturelle évoquant la garrigue. La marque du calcaire est indéniable.

Coteaux d'Aix-en-Provence 2016 — 11 € — 14

Le coup de ♥

Coteaux d'Aix-en-Provence 2018 — 10,50 € — 16

Rouge : 20 hectares.
Grenache noir 60 %, Cabernet-Sauvignon 21 %, Cinsault 15 %, Mourvèdre 3 %, Counoise 1 %
Blanc : 3 hectares.
Rolle 50 %, Clairette 35 %, Ugni blanc (trebbiano) 10 %, Sauvignon blanc 5 %
Production moyenne : 80 000 bt/an

DOMAINE LES BASTIDES ♣
98, chemin des Bastides, route de Saint-Canadet, 13610 Le Puy-Sainte-Réparade
04 42 61 97 66 • carole.salen@orange.fr •
Vente et visites : au domaine sur rendez-vous.
Propriétaire : Carole Salen

DOMAINE BORRELY-MARTIN

Le domaine Borrely-Martin est une propriété discrète, bien loin des marques convoitées pour leurs rosés fluorescents, cachée dans un coin paisible des Mayons, là où le massif des Maures commence son ascension. Pendant longtemps, les vignes approvisionnaient la coopérative locale. En 1996, les frères Claude et Jacques Martin ont choisi de faire leur vin. Naturellement, ils produisent du rosé, il faut bien répondre à la demande. Mais leur spécialité, c'est le rouge (entre 60 % et 80 % des volumes en fonction du millésime). Aux Mayons et à Puget-Ville, deux communes généreusement ensoleillées où sont plantées leur vignes, les vignerons parviennent à capter de subtiles senteurs de garrigue, une douceur de texture et un grain de tanin délicat.

Les vins : les deux rouges sont de bonne constitution, plutôt classiques, dans un univers provençal caractérisé par une concentration ensoleillée de la matière et des arômes de garrigue dominant. Nous avons une préférence pour le côtes-de-provence du domaine dans lequel le cinsault domine légèrement, sans esbroufe, et avec davantage de fraîcheur que Le Collet, plus roboratif en 2015.

Côtes de Provence 2016 — 11 € — 15

Côtes de Provence Le Collet 2015 — 18 € — 14,5

Rouge : 5,95 hectares.
Mourvèdre 40 %, Syrah 21 %, Cinsault 16 %, Grenache noir 10 %, Cabernet-Sauvignon 8 %, Carignan 5 %
Blanc : 0,35 hectare.
Roussanne 100 %
Production moyenne : 25 000 bt/an

DOMAINE BORRELY-MARTIN
Grande Rue, 83340 Les Mayons
04 94 60 09 39 • www.borrely-martin.fr •
Vente et visites : au domaine sur rendez-vous.
Propriétaire : Frères Martin

CLOS MIREILLE

Avec 140 hectares de terres, dont 50 plantés en vignes (à parts égales entre blanc et rouge), cette propriété, située sur le terroir de La Londe, est considérée comme un cru historique de la région. Durant plus de cent ans, la famille Ott en a été l'heureuse propriétaire, jusqu'à son rachat par Louis Rœderer, en 2004. Ce changement a permis d'insuffler une nouvelle dynamique, en particulier des investissements dans un nouvel outil de vinification, et la replantation d'un vignoble qui commençait sérieusement à vieillir. Au bout des rangs de vignes, il y a la plage, puis la mer ! Une situation qui a toujours favorisé la maturation des blancs, en particulier sur un choix d'encépagement original à dominante de sémillon, avec du rolle planté sur un sol argilo-siliceux et de schistes.

Les vins : contenu par une réduction prégnante dans la jeunesse, le rosé se révèle en finesse à la façon d'un blanc de noirs. Très belle texture élégante et saline en finale. Il sera meilleur l'année prochaine. Après un an de bouteille, le blanc conserve une trame exotique du millésime, tout en étant structuré par beaucoup d'ampleur en bouche et de beaux amers donnant une sensation minérale. Un blanc précis, un peu technique, à servir à table après un bon passage en carafe ou à mettre en cave.

Côtes de Provence 2017	25 €	15,5
Côtes de Provence 2018	26 €	15,5

Rouge : 26 hectares.
Grenache noir 70 %, Cinsault 14 %, Rolle 9 %, Syrah 7 %
Blanc : 25 hectares.
Sémillon 81 %, Rolle 19 %
Production moyenne : 142 000 bt/an

CLOS MIREILLE
Route du Fort de Brégançon, 83250 La Londe-les-Maures
04 94 01 53 50 • www.domaines-ott.com • Vente et visites : au domaine sur rendez-vous.
Propriétaire : Famille Rouzaud
Directeur : Jean-François & Christian Ott

CLOS SAINT-JOSEPH

Niché sur les hauteurs de la vallée du Var, le Clos Saint-Joseph est le seul domaine du département des Alpes-Maritimes à bénéficier de l'appellation Côtes de Provence. Sur les contreforts des Alpes, Constance Malangé et Roch Sassi cultivent ce petit vignoble familial, planté essentiellement de vieilles vignes, dont quelques cépages autochtones, comme le barbaroux. Dix variétés composent ainsi les assemblages du blanc, du rouge et du rosé : ce sont des vins de fort caractère.

Les vins : toujours un peu enveloppé par son élevage, le blanc (assemblage de rolle, ugni, sémillon et clairette élevé en cuve béton, jarres et demi-muids) dévoile un gras très plaisant. Il apparaît sans grande concentration mais sa palette aromatique oscillant entre les fleurs, la garrigue et les herbes aromatiques est intègre et franche. Le vignoble ayant malheureusement été ravagé par la grêle en 2017, cette cuvée de survie est faite à partir de raisins donnés par les vignerons généreux de l'association Rouge Provence. Macéré en douceur, ce rouge s'ouvre tranquillement après aération, avec une matière svelte, sans la puissance solaire du millésime. La syrah sauvée des intempéries aura besoin d'un an de cave pour apaiser sa fermeté tannique. Francs du collier, les rouges peuvent encore gagner en délicatesse.

Côtes de Provence Blanc de Blancs 2018	25 € (c)	15
Côtes de Provence Syrah 2017	40 € (c)	15,5
IGP Méditerranée C... Saint Joseph 2017	25 € (c)	15,5

Rouge : 3 hectares.
Syrah 50 %, Mourvèdre 20 %, Divers noir 10 %, Grenache noir 10 %, Cabernet-Sauvignon 10 %
Blanc : 2 hectares.
Rolle 50 %, Ugni blanc (trebbiano) 30 %, Sémillon 15 %, Clairette 5 %
Production moyenne : 20 000 bt/an

CLOS SAINT-JOSEPH
168, route du Savel, 06710 Villars-sur-Var
04 93 05 73 29 • clossaintjoseph@orange.fr • Vente et visites : au domaine sur rendez-vous.
Propriétaire : Roch Sassi et Constance Malangé

DOMAINE GAVOTY

La famille Gavoty est établie à Cabasse, un coin précieux du centre-Var, principalement composé d'argiles et de calcaire, où le vermentino (rolle) trouve l'un des ses définitions les plus profondes et précises. La cuvée Clarendon est le symbole de ce que peut être un beau blanc

PROVENCE

provençal. Ne vous fiez pas à ses allures modernes dans la jeunesse et attendez six à sept ans pour voir les nuances minérales et la structure élégamment amère prendre forme. Les rosés, majeure partie de la production, sont modernes et bien constitués. Les rouges à dominante de syrah sont plus classiques, avec des structures carrées. Ils se détendent après quelques années. Le domaine sera certifié bio en 2020.

Les vins : le Clarendon offre une belle chair dans ce millésime 2010 ravagé à 60 % par la grêle. Il ne faut pas se priver du blanc Cuvée Clarendon, mais attendez-le quelques années pour goûter au terroir : il prendra ses arômes minéraux ainsi que végétaux (fenouil, herbes sèches...). Le 2013 illustre à merveille cette évolution noble, comme le 2010, en pleine forme. Sa structure l'emmènera volontiers à table avec un beau loup de Méditerranée à la plancha. Même vocation pour Premier Rôle, plus intense mais qui demande encore trois à quatre ans de garde pour se révéler pleinement. Le rouge 2015 à dominante de syrah a repris une structure vaillante et un bon tempérament sudiste pour être servi avec un chili con carne ou une joue de bœuf confite cet hiver.

Côtes de Provence Cuvée Clarendon 2010	22 €	16
Côtes de Provence Cuvée Clarendon 2013	27 €	16
Côtes de Provence Cuvée Clarendon 2015	23 €	16
Côtes de Provence Cuvée Clarendon 2016	21,50 €	16
Côtes de Provence Cuvée Clarendon 2018	20 €	15
Côtes de Provence Grand Classique 2018	11,90 €	13
Côtes de Provence Premier Rôle 2016	41 €	16
Côtes de Provence Cuvée Clarendon 2018	17,70 €	14
Côtes de Provence Cuvée Clarendon 2015	21 €	15

Rouge : 23 hectares.
Cinsault 40 %, Grenache noir 35 %, Syrah 15 %, Cabernet-Sauvignon 5 %, Carignan 5 %
Blanc : 7 hectares.
Rolle 100 %
Production moyenne : 250 000 bt/an

DOMAINE GAVOTY

Le Grand Campdumy, 83340 Cabasse
04 94 69 72 39 • www.gavoty.com • Vente et visites : au domaine sur rendez-vous.
Propriétaire : Roselyne Gavoty
Maître de chai : Alain Laurette

CHÂTEAU MALHERBE

Ce célèbre domaine de Bormes-les-Mimosas, connu dans les années 1970 pour la forme si particulière de ses bouteilles, revient en force parmi les grands vins de Provence. Depuis l'arrivée de la nouvelle génération de la famille Ferrari, heureuse propriétaire de ce site de bord de mer unique (terroir d'argiles bruns et rouges, de schistes, d'éclats de quartz et de sables anciens), les vins ont gagné en précision, en style et en expression. Les trois couleurs sont déclinées en deux gammes cohérentes selon différents encépagements et types de sols. Après quelques années de garde, les vins blancs demeurent le point fort du domaine.

Les vins : nous sommes surpris de ne plus déguster les rouges que nous trouvions un peu rigides. En revanche, nos sommes enthousiasmés par l'équilibre du blanc 2016, un assemblage sémillon et rolle qui s'est bien posé en bouteille et prend une tournure dorée. Il révèle un fruit serein, des notes gorgées de soleil, sans exubérance technique. Un beau gras gainé par une sensation d'astringence noble des schistes. Il surprendra dans les quinze prochaines années. Pâles et fins, les rosés sont plutôt modernes, sans trop d'exubérance aromatique.

Côtes de Provence 2018	25,60 €	14,5
Côtes de Provence Pointe du Diable 2018	17,80 €	14,5

Le coup de ♥

Côtes de Provence 2016	31,50 €	16

Rouge : 7,3 hectares.
Mourvèdre 42 %, Grenache noir 42 %, Syrah 16 %, Cabernet-Sauvignon 9 %, Cinsault 6 %
Blanc : 7,5 hectares.
Rolle 58 %, Sémillon 42 %, Ugni blanc (trebbiano) 23 %
Production moyenne : 70 000 bt/an

CHÂTEAU MALHERBE ♣

1, route du Bout-du-Monde, 83230 Bormes-les-Mimosas
04 94 64 80 11 •
www.chateau-malherbe.com • Vente et visites : au domaine sur rendez-vous.
Propriétaire : Famille Ferrari
Directeur : Arnaud Ferrier

DOMAINE RICHEAUME

Ce domaine magnifiquement situé sur le village de Puyloubier, au pied de la montagne Sainte-Victoire, a pour décor naturel des terres rouges. Son histoire remonte à maintenant plus de quarante ans. Henning Hoesch, d'origine allemande et professeur à Yale, aux États-Unis, quitte le campus américain en 1972 et achète ce domaine de 65 hectares alors vierge de toute culture. Il y plante 3 hectares de vignes qu'il cultive en expérimentant le bio. Très rapidement, les vins se distinguent par leur intensité de corps et leur chair. Comme chez les plus grands vignerons, le respect des sols et la non-intervention dans la vigne s'associent à des outils de vinification modernes. C'est ainsi que la cave se dote d'outils performants permettant de créer les fameuses cuvées Les Terrasses et Columelle. Superbes d'intensité et de finesse, les vins sont néanmoins bien trop marqués et alourdis par le boisé des élevages en barriques.

Les vins : le rosé (grenache, syrah et clairette) est cette année agréable mais sans intérêt majeur. Issu d'un beau millésime provençal, Tradition rouge offre une trame veloutée et profonde, quoiqu'un peu enrobée. C'est le rouge le plus en place. Les matières premières du grenache et du Columelle sont superbes mais leur boisé insistant les affaiblit. On aimerait tant sentir les cailloux de la montagne Sainte-Victoire...

IGP Méditerranée 2018	20 €	14
IGP Méditerranée Columelle 2016	40 €	15
IGP Méditerranée Grenache 2016	25 €	15
IGP Méditerranée Tradition 2016	20 €	15,5

Rouge : 25 hectares.
Cabernet-Sauvignon 30 %, Syrah 30 %, Grenache noir 15 %, Merlot 10 %, Carignan 10 %, Tempranillo 5 %
Blanc : 4 hectares.
Rolle 40 %, Clairette 30 %, Sauvignon blanc 20 %, Viognier 10 %
Production moyenne : 60 000 bt/an

DOMAINE RICHEAUME ♣
13114 Puyloubier
04 42 66 31 27 •
www.domaine-richeaume.com • Pas de visites.
Propriétaire : Sylvain Hoesch

ABBAYE SAINTE-MARIE DE PIERREDON

Sur le versant sud des Alpilles, au bout d'un long chemin caillouteux, apparaît une sublime abbaye du XIIIe siècle, protégée par 600 ha de garrigue et de roches, et 11 hectares de vignes morcelés. Ce havre de paix a séduit Lorenzo Pellicioli, magnat des médias italiens (groupe De Agostini), en 2001. Le vignoble est alors converti en bio mais c'est seulement à l'arrivée d'Antoine Dürrbach (domaine de Trévallon), en 2013, que les vins vont se distinguer. Avec un encépagement pourtant peu commun dans le secteur, le vinificateur parvient à nous offrir des vins originaux, jamais dans l'exubérance, notamment un sauvignon blanc sudiste et tonique, et un merlot équilibré, franc du collier. À partir de 2015, année de la construction d'une cave flambant neuve, les élevages en fût sont, avec ambition, allongés à vingt-huit mois. Ce domaine monte en puissance.

Les vins : les blancs 2018 se distinguent cette année avec un rolle Ultima Laude, légèrement enrobé par son élevage. Il s'offre avec nuance et suavité. Ne vous fiez pas au nez variétal du sauvignon de l'Ultima Laude et laissez-le tranquille pendant un an. Il se révèlera tout en finesse et d'une fraîcheur délicate. Il ne rougira pas face à de beaux sauvignons de Loire. Assemblage de cabernet-sauvignon et de syrah, Vespro s'ouvre tranquillement après un passage en carafe sur un bouquet de truffe et d'olive avec une texture très fine et digeste, sans le côté végétal que l'on peut retrouver en 2014. Bravo !

IGP Alpilles Luna Llena 2018	24 €	15,5
IGP Alpilles Ultima Laude 2018	17,50 €	15
IGP Alpilles Vespro 2014	29 €	16

Rouge : 7,5 hectares.
Syrah 55 %, Cabernet-Sauvignon 45 %
Blanc : 2,5 hectares.
Rolle 50 %, Sauvignon blanc 50 %
Production moyenne : 30 000 bt/an

ABBAYE SAINTE-MARIE DE PIERREDON ♣
Domaine de Pierredon,
13210 Saint-Rémy-de-Provence
04 90 18 47 09 •
www.abbayedepierredon.com • Pas de visites.
Propriétaire : Lorenzo Pellicioli
Œnologue : Antoine Dürrbach

NOUVEAU DOMAINE

DOMAINE DE SULAUZE

Lorsqu'ils se sont rencontrés, Guillaume Lefèvre travaillait au domaine des Masques, du côté d'Aix-en-Provence, et Karina arrivait du Brésil. Peu de temps après, en 2004, ils ont repris les vignes familiales du domaine de Sulauze, à Miramas, près de l'étang de Berre. Le couple pratique la polyculture, avec un vignoble de 30 hectares conduit en biodynamie, du blé pour la farine et de l'orge pour leur délicieuse bière. Ils bénéficient d'une douzaine de cépages pour composer des vins proches de l'expression naturelle de leur fruit, aussi bien l'étonnant Cochon dans lequel les presses de rosés et de blancs macèrent avec des peaux de syrah, ou la douce La Chapelle Laïque, issue d'une parcelle complantée de cinsault (90 %) et de grenache, vinifiée pour partie en grappes entières, puis élevée en œuf. Les Amis sera le meilleur allié des amateurs de vins plus classiques. Une approche saine et pleine de vitalité des vins de Provence.

Les vins : une grande franchise de fruit s'exprime dans Galinette, un blanc de grenache, ugni, clairette et rolle aux belles saveurs de fenouil et à l'amertume stimulante. Franchise également dans La Chapelle Laïque, un rolle macéré quatre jours, prenant des airs orangés et une chair bien gainée. Il accompagnera parfaitement des pâtes à la poutargue. Deux blancs à carafer absolument. La nature des rouges est tout aussi jovial : Cochon, sans soufre, au fruité primaire digeste, ou encore Les Amis, le plus classique de la gamme, qui présente un beau parfum de garrigue et une bonne constitution tannique. La Chapelle Laïque (90 % de cinsault, vinifié en partie en grappes entières) et Charbonnières (grenache en œuf béton et syrah en demi-muids) sont plus profonds et aériens. Des vins vivants et énergiques.

- Coteaux d'Aix-en-Provence Galinette 2017 — 13 € 14,5
- Coteaux d'Aix-en-Provence La Chapelle Laïque 2015 — 25 € 15,5
- Coteaux d'Aix-en-Provence Les Amis 2016 — 14 € 15,5
- VDF Charbonnières 2018 — 18 € 16
- VDF Cochon 2018 — 12 € 14

Le coup de ♥

- Coteaux d'Aix-en-Provence La Chapelle Laïque 2017 — 25 € 16

Rouge : 22 hectares.
Grenache noir 39 %, Cabernet-Sauvignon 19 %, Syrah 18 %, Cinsault 11 %, Caladoc 6 %, Mourvèdre 5 %, Carignan 1 %, Marselan 1 %
Blanc : 6,5 hectares.
Vermentino 37 %, Grenache blanc 28 %, Clairette 19 %, Ugni blanc (trebbiano) 16 %
Production moyenne : 180 000 bt/an

DOMAINE DE SULAUZE ☾
Chemin du Vieux Sulauze, D569,
13140 Miramas
04 90 58 02 02 •
www.domainedesulauze.com • Visites : sans rendez-vous.
Propriétaire : Guillaume et Karina Lefèvre

DOMAINE LES TERRES PROMISES

Jean-Christophe Comor est installé depuis 2004 en Provence. Cet Aixois de naissance, ancien conseiller politique, est aujourd'hui à la tête d'un vignoble de près de 10 hectares répartis dans deux appellations : Coteaux Varois en Provence et Bandol (vinifié au château de Pibarnon). Dès son premier millésime, il opte pour une viticulture bio dans la mouvance des vins naturels, aux expressions percutantes de fruits d'une grande sincérité de goût, avec « la vérité du caillou dans le verre » comme il aime le dire. Il défend une façon originale d'exprimer l'origine d'un terroir, d'un climat, dans ce vignoble provençal qui manque souvent d'identité. Doté d'un sens créatif, il n'hésite jamais à créer à chaque millésime, selon son inspiration, des cuvées surprenantes, aux noms inspirés par son ami écrivain Sébastien Lapaque, comme le carignan blanc de macération Analepse, ou le rouge profond et savoureux issu de vieux cinsaults, Autrement et Encore.

Les vins : les rosés sont toujours pulpeux et suaves avec un fruit apaisé dès leur prime jeunesse. Loin de tout arôme technologique, ils s'affirment avec intégrité et naturel d'expression. Derrière la réduction, Analepse (macéré pendant trois semaines) illumine le verre de sa robe dorée et prend des airs d'orange sanguine et de garrigue, tenus par une trame tannique affirmée. Goûtez-le avec des pâtes à la poutargue ! Les rouges ont besoin d'une belle aération pour révéler leur chair épicée, aussi bien L'Antidote, un carignan sanguin d'une douceur de texture vivante, que L'Amourvèdre, porté à haute maturité. Laissez-le tranquille encore un ou deux ans en cave.

(blanc)	IGP Sainte Baume Analepse 2017	22 €	15,5
(rosé)	Bandol La Chance 2018	18 €	15,5
(rosé)	Coteaux Varois en Provence L'Apostrophe 2018	13 €	14,5
(rouge)	Bandol L'Amourvèdre 2017	25 €	15,5
(rouge)	IGP Sainte Baume L'Antidote 2018	13 €	15,5

Rouge : 11,5 hectares.
Carignan 30 %, Grenache noir 25 %, Cinsault 20 %, Mourvèdre 15 %, Syrah 10 %
Blanc : 3 hectares.
Vermentino 40 %, Clairette 30 %, Carignan 20 %, Ugni blanc (trebbiano) 10 %
Production moyenne : 68 000 bt/an

DOMAINE LES TERRES PROMISES ♣
Chemin de la Persévérance, 83136 La Roquebrussane • jean-christophe.comor@wanadoo.fr • Pas de visites.
Propriétaire : Jean-Christophe Comor

CHÂTEAU VIGNELAURE

Ce domaine au passé prestigieux, précurseur dans la plantation sur une majorité de son vignoble du cabernet-sauvignon (d'inspiration bordelaise) au début des années 1970, appartient depuis 2007 au Suédois Bengt Sundstrom. Avec Philippe Bru, le directeur technique, ils souhaitent exprimer au mieux tout le caractère de ce terroir argilo-calcaire d'altitude (de 350 à 480 mètres), en optimisant un vignoble désormais âgé et ayant connu, depuis son rachat, une phase importante de renouvellement ! Ce qui explique, entre autres, la création de cuvées d'entrée de gamme, vinifiées pour une consommation rapide (Le Page et La Source en rosé et en rouge). Les rouges sont de bons vins de garde.

Les vins : dans une aromatique moderne exubérante, les IGP d'entrée de gamme n'ont pas vraiment d'inérêt. Le rosé des coteaux d'Aix-en-Provence colle au style universel actuel, exprimant des notes d'agrumes, plutôt agréable. Le "grand blanc", assemblé de roussanne et sauvignon, est bien poli et enrobé par un élevage prégnant. Il séduira le plus grand nombre mais nous aimerions davantage de retenue. Une verticale de rouges (cabernet-sauvignon et syrah) sympathique est à découvrir, à commencer par un 2014 réussi, tout en finesse dans ce millésime compliqué en Provence ; un 2013 équilibré avec un beau nerf et une concentration de bon augure pour l'avenir ; et un 2012 plus tendre et déjà accessible. La présence de cabernet-sauvignon et l'élevage en barrique leur donnent des airs bordelais très séduisants.

(blanc)	IGP Méditerranée Vignelaure 2016	22 €	15
(blanc)	IGP Méditerranée Vignelaure 2017	22 €	15
(blanc)	VDF L'Or de Vignelaure 2016	25 €	14,5
(rosé)	Coteaux d'Aix-en-Provence 2018	16 €	13,5
(rouge)	Coteaux d'Aix-en-Provence 2012	26 €	15,5
(rouge)	Coteaux d'Aix-en-Provence 2013	25 €	16
(rouge)	Coteaux d'Aix-en-Provence 2014	24 €	15,5

Rouge : 47 hectares.
Cabernet-Sauvignon 32 %, Syrah 30 %, Grenache noir 26 %, Merlot 6 %, Cinsault 4 %, Carignan 2 %
Blanc : 8 hectares.
Rolle 33 %, Sauvignon blanc 26 %, Sémillon 16 %, Roussanne 15 %, Viognier 10 %
Production moyenne : 200 000 bt/an

CHÂTEAU VIGNELAURE ♣
Route de Jouques, 83560 Rians
04 94 37 21 10 • www.vignelaure.com •
Visites : sans rendez-vous.
Propriétaire : Bengt Sundstrom
Directeur : Philippe Bru

“2017 met en valeur les qualités des vins rouges du Rhône septentrional, tant dans les expressions du fruit que dans les textures. Les blancs souffrent plus de ce millésime solaire : seuls les grands terroirs amènent une énergie supplémentaire aux cuvées.”

Olivier Poussier, dégustateur des vins du Rhône septentrional
Meilleur sommelier du monde et membre du comité de dégustation de La Revue du vin de France

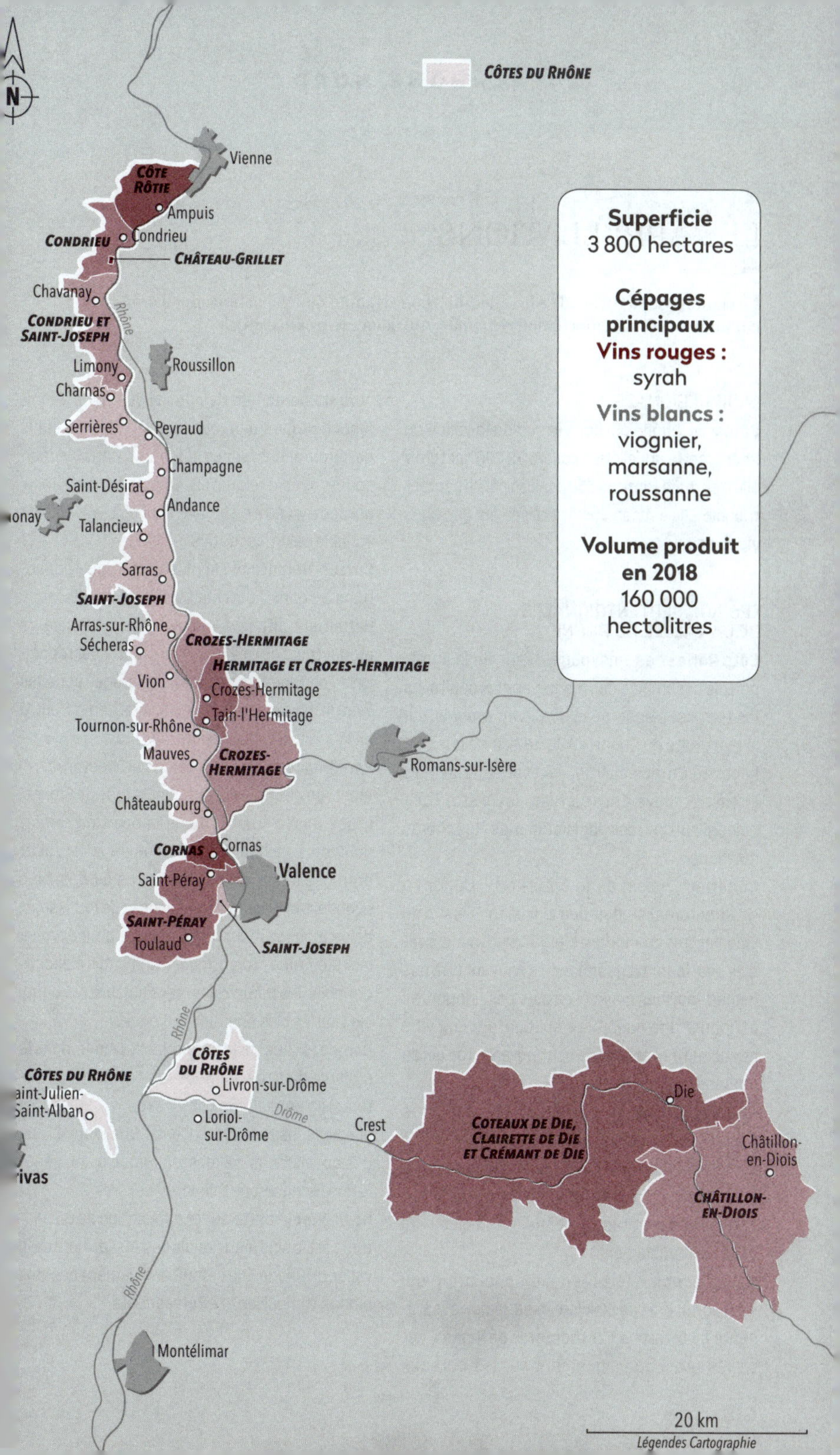
N
Côtes du Rhône
Superficie
3 800 hectares
Cépages principaux
Vins rouges :
syrah
Vins blancs :
viognier, marsanne, roussanne
Volume produit en 2018
160 000 hectolitres
Vienne
Côte Rôtie
Ampuis
Condrieu
Condrieu
Château-Grillet
Chavanay
Rhône
Condrieu et Saint-Joseph
Roussillon
Limony
Charnas
Serrières
Peyraud
Champagne
Saint-Désirat
Andance
Talancieux
Sarras
Saint-Joseph
Arras-sur-Rhône
Sécheras
Crozes-Hermitage
Hermitage et Crozes-Hermitage
Vion
Crozes-Hermitage
Tain-l'Hermitage
Tournon-sur-Rhône
Mauves
Crozes-Hermitage
Romans-sur-Isère
Châteaubourg
Cornas
Cornas
Valence
Saint-Péray
Saint-Péray
Toulaud
Saint-Joseph
Rhône
Côtes du Rhône
Livron-sur-Drôme
Côtes du Rhône
Loriol-sur-Drôme
Drôme
Crest
Die
Coteaux de Die, Clairette de Die et Crémant de Die
Châtillon-en-Diois
Châtillon-en-Diois
Rhône
Montélimar
20 km
Légendes Cartographie

LES APPELLATIONS

Le vignoble septentrional de la vallée du Rhône compte seulement huit appellations communales et une appellation régionale, qui demeure très marginale.

L'AOC RÉGIONALE

Côtes-du-Rhône : Si dans le sud de la vallée du Rhône, cette appellation couvre 32 000 hectares, elle n'en représente que 50 dans sa partie septentrionale. Elle est néanmoins utilisée par quelques vignerons.

LES AOC SEPTENTRIONALES DE LA VALLÉE DU RHÔNE

Côte Rôtie : ces vins rouges issus de la syrah, parfois assemblée au viognier, sont produits sur les terrasses escarpées dominant Ampuis, sur la rive droite du Rhône. L'AOC ne couvre que 308 hectares. On reconnaît souvent son style fin, mais intense et suave, à ses parfums de violette. C'est aujourd'hui l'une des appellations les plus chères du Rhône.

Condrieu : voisin de la Côte Rôtie, Condrieu (192 hectares) produit des vins blancs issus du viognier, très aromatiques, gras mais frais, appréciés pour leur fruit gourmand. Ils peuvent être bus jeunes, mais les cuvées les plus passionnantes affichent une minéralité qui confère aux vins beaucoup de complexité et un potentiel de garde intéressant.

Château-Grillet : la plus petite AOC du Rhône s'étend sur seulement 3,5 hectares. Propriété de François Pinault depuis 2011, son vignoble planté en amphithéâtre domine le Rhône entre 165 et 250 mètres d'altitude. Il donne un vin blanc qui vieillit admirablement.

Saint-Joseph : cette longue appellation qui s'étend sur près de 80 kilomètres, mais ne représente au total que 1 231 hectares de vignes, est située presque uniquement sur les coteaux abrupts bordant la rive droite du Rhône. Saint-Joseph produit des rouges assez fermes issus de syrah, et des blancs élaborés à partir de marsanne, avec quelquefois un peu de roussanne, qui peuvent être de grande qualité. Le niveau est variable selon les terroirs.

Crozes-Hermitage : la plus vaste des appellations du nord (1 683 hectares) et la seule, avec Hermitage, située sur la rive gauche. Plusieurs producteurs de talent ont fait progresser l'appellation ces dernières années. Les rouges sont des vins de moyenne garde ; les blancs demeurent, à ce jour, moins intéressants.

Hermitage : sans conteste, ces 137 hectares forment l'un des plus exceptionnels crus de France, grâce à un terroir et à une exposition remarquables. Les vins rouges, issus de syrah, sont propices à une longue garde. Les blancs, plus confidentiels, issus de marsanne et de roussanne, doivent absolument vieillir en cave pour dévoiler leur plénitude aromatique. D'une qualité exceptionnelle, les hermitages sont aujourd'hui parmi les vins les plus onéreux de France.

Cornas : située sur la rive droite du Rhône, dans le prolongement de Saint-Joseph, Cornas (145 hectares) ne produit que des vins rouges, puissants et épicés, issus de syrah. C'est actuellement l'une des appellations qui montent grâce à une génération de vignerons talentueux.

Saint-Péray : cette petite appellation de 85 hectares est la plus méridionale des AOC du nord de la vallée du Rhône. Elle produit uniquement des vins blancs, tranquilles et effervescents.

LES CÉPAGES

Dans la partie septentrionale de la vallée du Rhône, quatre cépages sont principalement utilisés, seuls ou en assemblage.

LA SYRAH

Cépage rouge emblématique des appellations septentrionales de la vallée du Rhône, la syrah dessine la forte personnalité de ces vins. Colorée, résistante à l'oxydation, tannique, aromatique (framboise, cassis, violette, poivron...), la syrah peut être employée seule, comme dans l'appellation Cornas ou assemblée avec une petite quantité de cépages blancs. Ainsi, en Côte Rôtie, on emploie 80 % minimum de syrah et 20 % de viognier ; en Crozes-Hermitage et en Hermitage, au moins 85 % de syrah et jusqu'à 15 % de marsanne ou de roussanne. Enfin, en Saint-Joseph, on peut réaliser un vin avec au moins 90 % de syrah et jusqu'à 10 % de marsanne et de roussanne.

LE VIOGNIER

Unique cépage blanc de la région à entrer seul dans la composition de certaines appellations (Condrieu et Château-Grillet), le viognier aime les sols secs et caillouteux. S'il est riche en alcool, il peut donner aux vins à la fois de la rondeur et des parfums floraux (violette, aubépine, acacia), et leur conférer une certaine opulence en bouche. Il peut aussi développer des arômes minéraux, comme à Château-Grillet. Avec l'âge, les parfums du viognier évoluent vers des notes de miel, de musc, de pêche et d'abricot sec. Ce cépage peut éventuellement entrer dans l'assemblage des vins de Côte Rôtie, jusqu'à hauteur de 20 %, en complément de la syrah.

LA MARSANNE

La marsanne est un cépage rustique très vigoureux et généreux, implanté sur des terrains peu fertiles de coteaux. Il se plaît sur les sols chauds et caillouteux des appellations septentrionales de la vallée du Rhône. Ce cépage donne des vins puissants, d'acidité moyenne, qui s'expriment par des arômes de fleurs et de noisette, lesquels se développent particulièrement au vieillissement. La marsanne est le plus souvent employée en assemblage avec la roussanne, autre cépage blanc, que l'on rencontre dans les mêmes appellations. Elle est ainsi utilisée dans l'élaboration des vins blancs de Crozes-Hermitage, d'Hermitage, de Saint-Joseph et de Saint-Péray. Elle peut éventuellement entrer dans l'assemblage des vins rouges des AOC Crozes-Hermitage, Hermitage et Saint-Joseph.

LA ROUSSANNE

C'est en quelque sorte le pendant de la marsanne mais leurs caractéristiques ne sont pas tout à fait les mêmes. La roussanne s'avère moins vigoureuse : délicate et d'une grande finesse, elle donne des vins d'une grande élégance, fins et complexes. Elle développe des notes plutôt florales (chèvrefeuille, iris...), très complémentaires des expressions aromatiques de la marsanne. Tout comme cette dernière, la roussanne entre dans la composition des vins blancs de Crozes-Hermitage, d'Hermitage, de Saint-Joseph et de Saint-Péray. Et tout comme la marsanne, elle peut éventuellement intégrer l'assemblage des vins rouges des appellations Crozes-Hermitage, Hermitage et Saint-Joseph.

DÉCOUVERTES GOURMANDES SOUS LE SIGNE DE LA SYRAH

CHAMBRES D'HÔTES

LE CARRÉ D'ALETHIUS

Ancien second d'Anne-Sophie Pic, Olivier Samin a franchi le Rhône pour créer cette adresse avec son épouse Stéphanie à une dizaine de minutes au sud de Saint-Péray. Chambres simples et agréables, harmonie des mets et vins, comme ces asperges de Provence qu'on associera à un saint-péray, ou ces cannellonis de bœuf confit qui méritent bien un cornas. Menus de 24 à 150 €. Chambres entre 85 et 125 € la nuit.

4, rue Paul-Bertois,
07800 Charmes-sur-Rhône
Tél : 04 75 78 30 52
www.lecarredalethius.com

LES GÎTES DE MICHEL CHAPOUTIER

Six très beaux gîtes dans d'anciennes maisons en pierre sur les hauteurs de Saint-Joseph, à Crozes-Hermitage et sur la colline d'Hermitage. À partir de 220 € le week-end. Au-delà de la vue, des balades à vélo électrique permettent de découvrir le vignoble.

18, avenue du Docteur-Paul-Durand,
26600 Tain-l'Hermitage
Tél. : 04 75 08 92 61
www.chapoutier-gites.com

RESTAURANTS

LE CHAUDRON

Amateurs de ris de veau et de bons canons, courez-y ! À côté de cette cuisine d'esprit bistrot, on trouve une carte des vins bien fournie : 350 références, dont plus de 250 pour la vallée du Rhône. Comptez de 25 à 57 €.

7, rue Saint-Antoine,
07300 Tournon-sur-Rhône
Tél. : 04 75 08 17 90

ANNE-SOPHIE PIC

Art de vivre et gastronomie au sommet dans le restaurant trois étoiles de Anne-Sophie Pic : « *Comme une bulle hors du temps, intime et douillette.* » Mille références de vins dont 70 % de la vallée du Rhône nord. L'épicerie et le bistrot André sont également recommandables. Menus de 110 (déjeuner) à 330 €. Chambres de 280 à 600 € la nuit.

285, avenue Victor-Hugo,
26000 Valence
Tél. : 04 75 44 15 32
www.anne-sophie-pic.com

CAVISTE

CARAFES EN FOLIE

À Tournon, ce caviste fait aussi bar à vins et restaurant. La carte des vins compte 350 cuvées à découvrir. Menus de 19,5 à 30 €.

56, avenue du Maréchal-Foch,
07300 Tournon-sur-Rhône
Tél : 04 75 08 19 52
www.carafes-en-folie.com

BAR À VINS

LE MANGEVINS

450 références sont proposées ici pour satisfaire les palais fins et leur faire découvrir les pépites de la région. Côté cuisine, un service au déjeuner (33 €) et au dîner (35 €) régalent tout autant, à ne pas manquer.

7, rue des Herbes,
26600 Tain-l'Hermitage
Tél. : 04 75 08 00 76

ŒNOTOURISME

CAVE DE TAIN TERRES DE SYRAH

Marie-Josée Faure, Master of Wine, et la Cave de Tain, se sont associées pour organiser des visites et dégustations dans le vignoble. Au programme, balade en gyropode, atelier vin et chocolat, des cours... De 10 à 40 € par personne.

22, route de Larnage,
26600 Tain-l'Hermitage
Tél. : 04 75 08 91 86
Tél. : 06 33 31 51 98
www.terresdesyrah.com

NOTRE COUP DE ♥

DE L'OR

Depuis 2017, cette cave située au cœur d'Ampuis, dans le vignoble de Côte-Rôtie, a trouvé un nouveau souffle grâce à Laure Amoroso, compagne de Stéphane Ogier. La cave regorge des beaux classiques des appellations voisines, mais aussi de pépites d'autres régions dont elle est allocataire, Ramonet par exemple. L'établissement fait aussi office de bar à vins proposant un grand choix de flacons au verre et des parcours initiatiques au travers de formules de dégustation. D'excellents produits locaux accompagnent le tout.

98, boulevard des Allées,
69420 Ampuis
Tél. : 04 74 56 72 29
www.delorencoterotie.com

FÊTE VIGNERONNE

CONCERT DES VENDANGES LE 13 SEPTEMBRE 2019

Dans le village de Tain-l'Hermitage, rendez-vous à l'espace Charles-Trenet, pour ce concert qui célèbre en fanfare la fin des vendanges.

www.comite-fetes-tain.fr

★★★

CHAPOUTIER - SÉLECTIONS PARCELLAIRES

Depuis 2007, nous isolons dans cette adresse les vins provenant des sélections parcellaires (en propriété) des vignes de la maison dirigée par Michel Chapoutier. Malgré ses multiples obligations et diversifications, le cœur de sa maison bat toujours en Hermitage. Elle dispose du plus grand patrimoine foncier sur le cru (30,63 ha) et fait également des achats en raisins et en vins sur l'appellation. En Hermitage, De l'Orée est uniquement blanc : cette marsanne du secteur des Murets, berceau des blancs sur l'Hermitage, affiche un chic et une pureté superbes. Le Greffieux (lieu-dit) n'existe qu'en rouge. Il est issu d'un terroir sédimentaire des alluvions du Rhône, un terroir plus argileux qui marque les syrahs par leur générosité et leur donne un côté gourmand et friand. Le Méal (rouge et blanc) provient d'un illustre coteau orienté plein sud, avec des limons éoliens sur le haut du coteau, des galets roulés et des sédiments dans le bas. Les syrahs y sont opulentes, suaves ; les marsannes puissantes en alcool et miellées. L'Ermite (rouge et blanc) est le terroir le plus bourguignon de l'Hermitage, plus Conti que la Tâche. La Tâche serait plutôt Le Pavillon (rouge), plus riche, qui n'est pas un lieu-dit cadastré mais la sélection du grand secteur des Bessards : les syrahs sont plantées sur des micro-terrasses exposées au sud et au sud-est, qui livrent au soleil le moindre cep. Sol granitique, cristallin, il confie au plus patient dégustateur ses notes de graphite, d'encre de Chine, typique des Bessards. Nous touchons ici à ce que la vallée du Rhône produit de plus grand. Les blancs sont encore supérieurs aux rouges dans leur pureté et leur définition précise du travail parcellaire. Hélas, les quantités produites sont infimes et les prix excessivement élevés.

Les vins : les maturités et les matières des rouges 2017 sont satisfaisantes. Les deux saint-joseph sont proches de leurs sols. Possédant une juste rigueur, Les Granits porte bien son nom. Le Clos est un peu plus élevé mais tout aussi droit. Selon les parcelles, les ermitages rouges ne digèrent pas leur élevage boisé de la même façons. Le terroir de L'Ermite ressort : il est le plus épuré et digeste, son boisé se fond. Greffieux est doté d'un joli volume, souligné par l'élevage : il grandira en cave. Le Méal est moins dense que Greffieux mais laisse plus de place au fruit ; le boisé ressort un peu en finale. Le Pavillon est le plus fardé. Nous aimons pour sa finesse et sa matière infusée Barbe Rac, un grenache assez riche mais de bon niveau. En blanc, le saint-joseph épouse le plus le millésime, sans devenir lourd. Le condrieu est très typé, tendu et salin en finale. En Hermitage, De L'Orée nous semble moins puissant, mais nous préférons son harmonie à la richesse du Méal, auquel un boisé-toasté plus prononcé enlève un peu d'éclat.

Condrieu Coteau de Chéry 2017	de 150 à 180 € (c)	16,5
Ermitage De l'Orée 2017	de 240 à 260 € (c)	17
Ermitage Le Méal 2017	de 330 à 350 € (c)	16,5
Saint-Joseph Les Granits 2017	de 70 à 80 € (c)	16
Châteauneuf-du-Pape Barbe Rac 2017	de 110 à 130 € (c)	17,5
Côte-Rôtie Neve 2017	de 140 à 160 € (c)	17,5
Ermitage L'Ermite 2017	de 540 à 560 € (c)	18
Ermitage Le Méal 2017	de 330 à 350 € (c)	17,5
Ermitage Le Pavillon 2017	de 520 à 540 € (c)	16
Ermitage Les Greffieux 2017	de 190 à 210 € (c)	17,5
Saint-Joseph Le Clos 2017	de 160 à 180 € (c)	16,5
Saint-Joseph Les Granits 2017	de 70 à 80 € (c)	16

Rouge : 203 hectares.
Syrah 100 %
Achat de raisins.
Blanc : 47 hectares.
Marsanne 91 %, Viognier 9 %
Achat de raisins.
Production moyenne : 8 400 000 bt/an

CHAPOUTIER - SÉLECTIONS PARCELLAIRES ☾

Maison Chapoutier, 18, avenue du Docteur-Paul-Durand,
26600 Tain-l'Hermitage
04 75 08 28 65 • www.chapoutier.com • Pas de visites.
Propriétaire : Michel Chapoutier
Maître de chai : Clément Bartschi

★★★

DOMAINE JEAN-LOUIS CHAVE

Jean-Louis Chave représente la seizième génération de vignerons de ce domaine créé en 1841. Le rencontrer, lui et son père Gérard, reste un moment qui marque à jamais. Les blancs proviennent de différentes parcelles ; puissants et fermes à la fois, ils sont vinifiés sous bois avec précision (jamais plus de 20 % de fût neuf). En rouge, l'assemblage est fait d'abord autour des Bessards, puis avec les terroirs de Beaume, Ermite, Meal, Diognères, Péléat. Le vin brille par sa finesse et sa sapidité. La fameuse cuvée Cathelin (hommage au peintre Bernard Cathelin) n'est produite que dans les millésimes exceptionnels. Et que dire du fabuleux vin de paille, si rare mais si bon ! Jean-Louis Chave a entrepris des travaux importants depuis une vingtaine d'années, avec la replantation de deux coteaux pentus (125 et 280 mètres d'altitude) au lieu-dit Bachasson, sur le village de Lent, non loin du berceau de la famille.

Les vins : nous sommes sous le charme de ces 2016. Dans ce type de millésime qui permet à la fois d'obtenir de belles maturités et de la fraîcheur, Hermitage ne peut qu'être magnifié. Le blanc 2016 atteint les sommets : il présente une telle plénitude ! Le rouge possède la même rigueur ; l'empreinte de l'élevage est peut-être un peu plus présente pour le moment mais nous ne sommes pas inquiets : c'est un grand millésime, qui exprime bien la finesse du terroir. En bouche, le vin exprime une belle retenue.

Hermitage 2016 (blanc)	200 € (c)	20
Hermitage 2016 (rouge)	200 € (c)	19,5

Rouge : 21 hectares.
Syrah 100 %
Blanc : 5 hectares.
Marsanne 80 %, Roussanne 20 %
Production moyenne : 56 000 bt/an

DOMAINE JEAN-LOUIS CHAVE
37, avenue du Saint-Joseph, 07300 Mauves
04 75 08 24 63 •
domaine@domainejlchave.fr • Pas de visites.
Propriétaire : Gérard et Jean-Louis Chave
Directeur : Jean-Louis Chave

★★★

DOMAINE GONON

La régularité de cette propriété de Mauves atteint un niveau d'excellence auquel peu de domaines peuvent prétendre en appellation Saint-Joseph, en blanc comme en rouge. Il faut dire que les deux frères, Pierre et Jean Gonon, sont de fins viticulteurs et vinificateurs. Une viticulture exemplaire en coteaux (en bio) engendre des vins puissants, aux saveurs extrêmes et sans maquillage, dans la plus grande pureté des syrahs septentrionales et des roussannes et marsannes issues de sélections massales de vieilles vignes, donnant des blancs (Les Oliviers) incroyablement parfumés. Ces derniers possèdent de surcroît un étonnant potentiel de garde. Dix ans de vieillissement en bouteille ne leur font pas peur. Les rouges, jamais dans l'esbroufe, expriment un caractère charnel et long avec toutes les nuances que peut restituer la syrah sur les plus belles pentes de Saint-Joseph.

Les vins : nous sommes impressionnés par la manière dont le blanc maîtrise la richesse du millésime. En rouge, le 2016 à la trame longiligne se resserre un peu. Nous lui préférons le 2017, plus homogène, plein et pulpeux. Son cœur de bouche intègre la vendange entière avec davantage de grâce.

Saint-Joseph Les Oliviers 2017 (blanc)	40 € (c)	18
Saint-Joseph 2016 (rouge)	40 € (c)	17,5
Saint-Joseph 2017 (rouge)	40 € (c)	18

Rouge : 8 hectares.
Syrah 100 %
Blanc : 2 hectares.
Marsanne 80 %, Roussanne 20 %
Production moyenne : 38 000 bt/an

DOMAINE GONON ♣
34, avenue Ozier, 07300 Mauves
04 75 08 45 27 • gonon.pierre@wanadoo.fr •
Pas de visites.
Propriétaire : Famille Gonon
Directeur : Pierre et Jean Gonon

★★★ ↗

CHÂTEAU-GRILLET

Quel travail effectué depuis l'achat en 2011 de ce domaine emblématique par François Pinault ! Tous les moyens ont été mis en œuvre pour redonner à ce vignoble la place qu'il doit occuper. Nous saluons le dynamisme de Frédéric

Engerer et la qualité du travail effectué par Alessandro Noli, parti au Clos de Tart après la vendange 2018. Après dix ans au domaine d'Eugénie, autre propriété bourguignonne de François Pinault, Jaeok Chu Cramette va désormais veiller à la continuité du domaine. Le domaine s'était agrandi d'un second vin, le côtes-du-rhône Pontcin, en 2011 ; il a produit en 2017 son premier condrieu, issu d'une parcelle de 0,25 ares au lieu-dit Carterie. L'ensemble du domaine est certifié en biodynamie depuis décembre 2016. Dans l'amphithéâtre exposé au sud de cette appellation-monopole, les raisins bénéficient d'un microclimat exceptionnel, chaud et ensoleillé, protégé des vents du nord. Les vignes, d'un âge moyen de 45 ans, sont plantées sur des pentes parfois vertigineuses, situées entre 150 et 250 mètres d'altitude, sur 76 terrasses appelées "chaillées" ; elles sont travaillées au treuil et à la pioche.

Les vins : le 2016 est certainement le plus grand millésime depuis l'arrivée du nouveau propriétaire. Ce vin affiche la pleine maturité, la tension minérale et saline qui caractérisent les grandes années du passé. Il possède une superbe énergie, un cœur de bouche plus large que le 2014, lui aussi éblouissant de fraîcheur, et une finale longiligne. Le 2015 exprime également la capacité de ce terroir à gérer les millésimes solaires. Il est plus ample et sphérique, mais sa finale est resserrée par de magnifiques amers évoquant le pomelos. La régularité des vins depuis quatre ans est remarquable : nous attribuons au domaine la troisième étoile.

Château Grillet 2015	de 280 à 320 € (c)	18
Château Grillet 2016	N.C.	20

Blanc : 3,5 hectares.

Viognier 100 %

CHÂTEAU-GRILLET

Château-Grillet 42410 Verin

04 74 59 51 56 • www.chateau-grillet.com •

Visites : sur rendez-vous uniquement aux professionnels.

Propriétaire : François Pinault

Directeur : Frédéric Engerer

Maître de chai : Jaeok Chu Cramette

★★★

DOMAINE JAMET

Le domaine Jamet est une icône de la vallée du Rhône. Jean-Paul Jamet a toujours défendu un modèle de vin où le style, l'équilibre et la pureté du fruit sont primordiaux. L'art de l'assemblage des terroirs est ici sublimé. Loïc, le fils aîné, a rejoint en août 2015, Corinne et Jean-Paul au domaine. En Côte Rôtie, la cuvée Côte Brune provient uniquement du lieu-dit éponyme. La proportion de vendange entière varie en fonction des millésimes (en dehors de la Côte Brune, soit 6 % de la production du domaine, qui n'est jamais éraflée) et la présence de bois neuf est homéopathique. Cela n'empêche pas le domaine de signer des cuvées exceptionnelles qui offrent des touchers de bouche gracieux et de grandes capacités de vieillissement. En 2015, les Jamet ont acquis 50 ares en Condrieu.

Les vins : les 2016 sont supérieurs par leur énergie et leur équilibre aux 2015. Ils sont plus étoffés et sapides. Côte Brune atteint un niveau de complexité remarquable et témoigne d'une grande maîtrise de la vendange entière. Équivoque est digne de bien des côtes-roties. Le côtes-du-rhône rouge 2017 présente un nez et une bouche typiquement nordistes, un jus harmonieux. En blanc, le côtes-du-rhône 2017 est plus solaire que le 2016, mais la bouche conserve une bonne fraîcheur. Le condrieu nous séduit en conservant fermeté et salinité finale, deux qualités très importantes dans ce type de millésime.

Condrieu Vernillon 2017	70 € (c)	17
Côtes du Rhône 2017	22 € (c)	16
Côte Rôtie 2016	90 € (c)	19
Côte Rôtie Côte Brune 2016	190 € (c)	19,5
Côtes du Rhône 2017	22 € (c)	15
Côtes du Rhône Équivoque 2016	45 € (c)	16,5

Rouge : 14 hectares.
Syrah 100 %
Blanc : 3 hectares.
Marsanne 45 %, Viognier 45 %, Grenache blanc 5 %, Roussanne 5 %
Production moyenne : 70 000 bt/an

DOMAINE JAMET

4600, route Recru, Le Vallin, 69420 Ampuis
04 74 56 12 57 • www.domaine-jamet.com •
Vente et visites : au domaine sur rendez-vous.

Propriétaire : Corinne, Jean-Paul et Loïc Jamet

★★★ ↗

DOMAINE GEORGES VERNAY

En prenant les rênes de ce domaine historique, en 1996, Christine Vernay n'a pas fait que son succéder à son père, l'extraordinaire et charismatique Georges Vernay. Elle a insufflé énormément au domaine, tant au niveau de la viticulture que des vinifications, en partant de son héritage comme de ses propres réflexions. Les vins de Condrieu atteignent aujourd'hui, avec une richesse et une puissance intactes, une énergie et une sapidité qu'ils ne possédaient pas encore il y a une dizaine de millésimes. Les rouges arborent des élevages beaucoup plus fins et poudrés ; leurs textures sont délicates et infusées. Toujours très digestes, ils ont gagné en profondeur. La cohérence des vins et leur niveau très élevé nous conduisent à attribuer la troisième étoile au domaine.

Les vins : un travail colossal a été mené sur les rouges. Les élevages sont plus posés, ce qui rend les vins plus sapides, toujours aussi longs, mais plus gracieux. Pulpeux, velouté, Sainte-Agathe n'a rien a envier à une côte-rôtie. En Saint-Joseph, Terre d'Encre présente des arômes plus solaires, des tanins plus fermes ; La Dame Brune intègre mieux ses tanins. Les côtes-rôties sont bien en phase avec leurs terroirs respectif. La Blonde du Seigneur est assemblé à partir de trois parcelles et intègre 5 % de viognier, offre une jolie matière et une volupté digne de son secteur. Maison Rouge est plus fin que puissant, en dentelle : ce vin gracieux vieillira à merveille. Les blancs 2017 sont réussis et témoignent, dès l'IGP, que la maîtrise des cépages est totale. Les condrieux sont les plus beaux de l'appellation en 2017. Les Chaillés, toujours suave, arbore en même temps une belle droiture, grâce à sa salinité et à ses amers. La tension de Coteau de Vernon, vin frais, salin et persistant, est tout à fait remarquable.

- Condrieu Coteau de Vernon 2017 — 104 € — 19
- Condrieu Les Chaillées de l'Enfer 2017 — 75 € — 17,5
- Condrieu Les Terrasses de l'Empire 2017 — 51 € — 16,5
- IGP Collines Rhodaniennes Viognier Le Pied de Samson 2017 — 25 € — 14,5
- Côte Rôtie La Blonde du Seigneur 2016 — 51 € — 17
- Côte Rôtie Maison Rouge 2016 — 104 € — 17,5
- IGP Collines Rhodaniennes Syrah Fleurs de Mai 2017 — 18 € — 14,5
- IGP Collines Rhodaniennes Syrah Sainte-Agathe 2017 — 22 € — 16
- Saint-Joseph La Dame Brune 2016 — 45 € — 16,5
- Saint-Joseph Les Terres d'Encre 2017 — 32 € — 15,5

Rouge : 11 hectares.
Syrah 100 %
Blanc : 11 hectares.
Viognier 100 %
Production moyenne : 120 000 bt/an

DOMAINE GEORGES VERNAY
1, RN 86, 69420 Condrieu
04 74 56 81 81 • www.georges-vernay.fr •
Vente et visites : au domaine sur rendez-vous.
Propriétaire : Christine Vernay

★★

DOMAINE FRANCK BALTHAZAR

Casimir Balthazar fonde le domaine au début des années 1920, et achète la parcelle des Chaillots en 1931. Le domaine, dirigé depuis 2002 par Franck Balthazar, est en culture biologique depuis 2010. Tous les sols sont travaillés à la pioche et au treuil. En 2013, il acquiert une petite parcelle de Saint-Péray, située sur des argiles sur socle granitique. Les vinifications sont classiques : uniquement de la vendange entière, une fermentation courte en cuve béton. Les élevages ne connaissent pas le bois neuf. Nous aimons le style des vins du domaine, qui exprime avant tout le terroir, sans aucun artifice.

Les vins : les années passent et nous sommes toujours bluffés par la qualité des vins produits, qui expriment l'appellation, mais également la patte de Franck Balthazar : si la puissance est là, elle se fond dans une amplitude en bouche où le fruit amène toujours de la fraîcheur. La gestion de la vendange entière est un modèle, les boisés sont vraiment posés. Casimir est ouvert, et sa texture concentrée en finesse nous charme ; Les Chaillots est encore à l'aube de ses expressions, avec un côté floral et une pointe épicée, lardée. La matière est superbe, le volume est noble, les tanins bien intégrés ; un vin persistant.

Cornas Casimir Balthazar 2017 33 € 17,5

Le coup de ♥

Cornas Chaillot 2017 40 € 19

Rouge : 4 hectares.
Syrah 100 %
Production moyenne : 15 000 bt/an

DOMAINE FRANCK BALTHAZAR ♣

8, rue des Violettes, 07130 Cornas • balthazar.franck@akeonet.com • Vente et visites : au domaine sur rendez-vous.
Propriétaire : Franck Balthazar

★★

DOMAINE AUGUSTE CLAPE

Les vins de ce domaine représentent, avec force et conviction, une vision traditionnelle, au bon sens du terme, de l'appellation Cornas. Grâce à un fabuleux patrimoine de vignes et à une approche simple et intelligente de la vinification, Pierre, accompagné de son fils Olivier, poursuit, dans la lignée de son père Auguste Clape, l'élaboration de vins droits et racés qui s'imposent comme des références, dans l'appellation et dans tout le nord de la vallée du Rhône. Ici, on privilégie les vinifications en grappes entières et l'élevage en foudres anciens. De quoi donner des vins sobres, qui défient les années et expriment le terroir de Cornas avec force et brio. Un modèle pour l'appellation.

Les vins : nous ne pouvons que saluer le niveau des 2016, qui se distinguent des 2015 par la gestion de la puissance. 2016 possède à la fois une fraîcheur supplémentaire dans l'expression du fruit, une acidité qui confère aux cuvées de la tonicité ; nous pensons également que la gestion de la vendange entière est encore plus aboutie. Renaissance est plus expressif, avec des notes d'épices, de cacao amer. Issu de quatre parcelles distinctes, le cornas s'exprime de façon juteuse, avec une belle profondeur. La trame est longue et persistante, les tanins de grande classe. Il ne faudra pas se presser même si le vin est très bon dès sa jeunesse.

Cornas Renaissance 2016 55 € (c) 17,5

Le coup de ♥

Cornas 2016 70 € (c) 19

Rouge : 7,8 hectares.
Syrah 100 %
Blanc : 1 hectare.
Production moyenne : 30 000 bt/an

DOMAINE AUGUSTE CLAPE

146, avenue Colonel-Rousset, 7130 Cornas
04 75 40 33 64 • Vente et visites : au domaine sur rendez-vous.
Propriétaire : Olivier et Pierre Clape

★★

MAISON CLUSEL-ROCH

Ce beau domaine situé dans la partie nord de l'appellation Côte Rôtie est labellisé bio depuis 2002. Les vignes plantées sont issues de sélections massales. Le demi-hectare de Condrieu provient des coteaux de Chery et les côte-rôties de lieux-dits comme Plomb, Chapon et Viallières. Les vins rejoignent un style très peu extrait avec une partie non éraflée. Le domaine s'est enrichi depuis quelques années d'une troisième appellation, Coteaux du Lyonnais.

Les vins : chacun trouvera son bonheur en blanc, soit avec le chardonnay Traboules, frais et sapide, soit avec Hecto, grande personnalité finement élevée sous bois. En rouge, Les Traboules, gamay jutueux, est un parfait vin de plaisir. Les Galets est un des plus beaux gamays de France. Le condrieu présente un beau nez, une bouche saline que seuls les grands terroirs de cette appellation peuvent générer. Sur Le Mont est un assemblage amusant d'altesse, de clairette et de viognier. Ce dernier souligne de façon délicate le nez ; la bouche exprime fraîcheur et tension. Le saint-joseph est d'une grande justesse. En Côte-Rôtie, nous avons comme en 2016 une préférence pour Les Grandes Places, qui associe matière de qualité et fruit plus juteux. La Viallière est très fin, infusé, avec des tanins davantage en relief en finale, mais un fruit et un cœur de bouche pulpeux. Les Schistes est moins dans la retenue : c'est le vin le plus délicat et accessible aujourd'hui.

Condrieu Verchery 2018 42 € 17,5

Coteaux du Lyonnais L'Hecto 2018 13,50 € 15,5

Coteaux du Lyonnais Traboules 2018 9 € 14

VDF Sur Le Mont 2018 13,50 € 15,5

Coteaux du Lyonnais Galet 2018 13,50 € 16

Coteaux du Lyonnais Traboules 2018	9 €	14,5
Côte Rôtie Les Grandes Places 2017	75 €	18,5
Côte Rôtie Viallière 2017	57 €	18
Côte-Rôtie Les Schistes 2017	40 €	17,5
Saint-Joseph 2018	20 €	16,5

Rouge : 17 hectares.
Gamay noir à jus blanc 50 %, Syrah 50 %
Achat de raisins.
Blanc : 2 hectares.
Aligoté 34 %, Chardonnay 33 %, Viognier 33 %
Achat de raisins.

MAISON CLUSEL-ROCH ♣
15, route du Lacat, Verenay, 69420 Ampuis
04 74 56 15 95 • www.domaine-clusel-roch.fr
• Vente et visites : au domaine sur rendez-vous.
Propriétaire : Brigitte Roch, Gilbert et Guillaume Clusel
Directeur : Guillaume Clusel

★★

DOMAINE COMBIER

Laurent Combier, homme du ciel (fin aviateur) et de la terre, réalise sur le domaine familial qu'il a fait prospérer des syrahs d'une grande finesse, avec une tout aussi grande régularité. Le niveau qualitatif n'a cessé de progresser en parallèle d'une compréhension ajustée de son vignoble (en bio depuis 1970) sur le plateau argilo-calcaire avec galets roulés de Pont-d'Isère. Sans posséder des terroirs de premier ordre, il a su révéler – comme son voisin Alain Graillot – le potentiel des crozes-hermitage. Son Clos des Grives figure parmi les plus séduisantes et profondes syrahs du Rhône. Son aptitude au vieillissement s'avère remarquable dans les grands millésimes. Tous les vins sont désormais de haute volée, même les entrées de gamme du négoce baptisées Laurent Combier.

Les vins : les blancs 2017 (millésime riche) sont logiquement moins désaltérants que les 2016 : les vins ne possèdent pas autant d'énergie. Laurent Combier blanc manque de fond et n'est pas à la hauteur des vins du domaine. Le crozes-hermitage blanc affiche un autre niveau, avec une texture davantage fidèle au millésime. Le Clos des Grives est une roussanne aboutie, bien mûre, ample mais recentrée par une séduisante minéralité finale. En rouge, la gamme est plus homogène : une Cuvée L sur le fruit et gourmande, des cuvées Cap Nord davantage marqué par leur terroir, qui leur inspire une fermeté supplémentaire ; ils restent néanmoins juteux. Le Clos des Grives est fidèle à l'appellation dans sa dimension et sa matière ; cette cuvée iconique nous séduit toujours !

Crozes-Hermitage 2017	22 €	15,5
Crozes-Hermitage Clos des Grives 2017	39 €	16
Crozes-Hermitage Laurent Combier 2017	15 €	13,5
Crozes-Hermitage 2017	22 €	15,5
Crozes-Hermitage Cap Nord 2017	29 €	16
Crozes-Hermitage Clos des Grives 2017	39 €	17
Crozes-Hermitage Laurent Combier Cuvée L 2017	15 €	14,5
Saint-Joseph 2017	22 €	16
Saint-Joseph Cap Nord 2017	29 €	16,5

Rouge : 55 hectares.
Syrah 100 %
Achat de raisins.
Blanc : 5 hectares.
Marsanne 80 %, Roussanne 20 %
Achat de raisins.
Production moyenne : 300 000 bt/an

DOMAINE COMBIER ♣
1440, route de Lyon, 26600 Pont-de-l'Isère
04 75 84 61 56 • www.domaine-combier.com
• Vente et visites : au domaine sur rendez-vous.
Propriétaire : Famille Combier
Directeur : Laurent et Julien Combier

★★ ↗

DOMAINE DU COULET

Mathieu Barret est à la tête de ce domaine depuis 1998. Son vignoble, cultivé en biodynamie, est réparti sur différentes terroirs de coteaux, assez frais et venteux, de Cornas. Le vigneron est également à la tête d'un négoce qui porte son nom et produit notamment la cuvée Petit Ours, syrah issue de sols argilo-calcaires du côté de Visan. Le blanc du domaine, Brise Cailloux, provient d'une parcelle en altitude. Peu interventionniste, Mathieu Barret produit des vins bien maîtrisés, peu extraits, aux fruits très séduisants. Des cuvées au style bien marqué où puissance ne veut pas forcément dire dureté. Nous accordons au domaine une deuxième étoile cette année.

Les vins : les rouges de la rive gauche du Rhône s'affirment. Nous sommes charmés par le visan, bien mieux défini que certains vins du Rhône Nord. Zinzin, mourvèdre plus méridional, offre des notes de maquis, d'épices et de piment d'Espelette. Nous saluons les touchers de bouche des cornas : avec son fruit scintillant et sa texture délicate, Brise Cailloux sera précoce, alors que Billes Noires, plus étoffé, se destine à une consommation hivernale ; le millésime 2015 lui confère une belle richesse de texture. Ogre, élevé en cuve béton et jarre de terre cuite, se montre très épuré. Il tire sa pointe de fusain et de graphite des sols granitiques dont il est issu, et présente une belle adéquation entre matière et fraîcheur.

Côtes du Rhône Brise Cailloux 2017 (blanc)	35 €	15
Cornas Brise Cailloux 2017 (rouge)	35 €	16,5
Cornas Ogre 2016 (rouge)	90 €	18,5
Côtes du Rhône Petit Ours 2017 (rouge)	12,50 €	15,5
Côtes du Rhône-Villages Visan Zinzin 2017 (rouge)	14,50 €	16

Le coup de ♥

Cornas Billes Noires 2015 (rouge)	70 €	17,5

Rouge : 14,7 hectares.
Syrah 81 %, Mourvèdre 16 %, Grenache noir 3 %
Achat de raisins.
Blanc : 3,3 hectares.
Marsanne 40 %, Roussanne 30 %, Viognier 30 %
Achat de raisins.
Production moyenne : 20 000 bt/an

DOMAINE DU COULET ☾
3, impasse de la Mière, 07130 Cornas
04 75 77 20 48 • domaineducoulet.com •
Vente et visites : au domaine sur rendez-vous.
Propriétaire : Matthieu Barret

★★

DOMAINE PIERRE ET JÉRÔME COURSODON

La famille Coursodon est vigneronne depuis la fin du XIXe siècle. Le domaine possède des vignes dans les secteurs réputés de Mauves, Tournon, Saint-Jean-de-Muzol et Glun. Les blancs affichent une belle personnalité, sans excès de bois. En rouge, L'Olivaie provient du cœur de la Sainte-Épine, dans le village de Saint-Jean-de-Muzols. L'élevage des rouges se montre de plus en plus judicieux.

Les vins : nous avons dégusté l'ensemble des 2018. Il est toujours difficile de se prononcer sur des vins pas encore stabilisés. Silice, vin de soif, se montre un peu engoncé mais garde une trame de bouche fidèle à ce style. Le Paradis Saint-Pierre est davantage étoffé, présentant les marqueurs aromatiques des vins issus de sols granitiques. La Sensonne, comme l'an passé, nous semble un peu fardé par un boisé sucrant. L'Olivaie est une des plus belles expressions de la gamme, qui se dévoile avec des arômes solaires, mais garde la rigueur nécessaire. En blanc, Silice est un vin immédiat et cristallin, dans un style épuré et précis ; le Paradis Saint-Pierre est plus joufflu, mais avec une belle énergie en finale.

Saint-Joseph Le Paradis Saint-Pierre 2018 (blanc)	31 €	17
Saint-Joseph Silice 2018 (blanc)	22 €	16
VDF Etincelle 2018 (blanc)	17 €	14,5
Saint-Joseph La Sensonne 2018 (rouge)	41 €	16
Saint-Joseph Le Paradis Saint-Pierre 2018 (rouge)	44 €	16
Saint-Joseph L'Olivaie 2018 (rouge)	31 €	16,5
Saint-Joseph Silice 2018 (rouge)	22 €	14,5

Rouge : 14 hectares.
Syrah 100 %
Blanc : 3 hectares.
Marsanne 45 %, Viognier 35 %,
Roussanne 30 %, Roussanne 20 %
Production moyenne : 60 000 bt/an

DOMAINE PIERRE ET JÉRÔME COURSODON
3, place du Marché, 07300 Mauves
04 75 08 18 29 •
www.domaine-coursodon.com • Vente et visites : au domaine sur rendez-vous.
Propriétaire : Pierre et Jérôme Coursodon
Directeur : Jérôme Coursodon

★★

DOMAINE DUCLAUX

Le domaine Duclaux a été créé en 1928. David et Benjamin continuent à le faire grandir. Ils ont produit leur premier condrieu en 2014, dénommé Les Caillets, en hommage à leur arrière-grand-père Frédéric Caillet, fondateur du domaine. La

Chana se dévoile sur un style fruité et peu extrait. Nous aimons les vins du domaine qui reflètent bien l'élégance et la finesse des sols de gneiss de la partie sud de l'appellation Côte Rôtie. Il faut noter également la parfaite maîtrise des élevages : les boisés sont toujours bien fondus.

Les vins : ils sont réussis en 2017, avec un condrieur floral et fruité, facile d'accès, présentant la bonhomie du millésime, mais pas pesant. La Chana exprime ses terroirs de gneiss dans un côté délicat, mais a gagné en profondeur. La Germine est floral (pointe de viognier) ; il offre une puissance diffuse. Un style très fin et aimable. Maison Rouge offre davantage de mâche, soutenu de manière raisonnable par l'élevage. Raisonnable : un adjectif qui s'applique bien aux prix des vins, vu leur qualité.

Condrieu Les Caillets 2017	40 €	16
Côte Rôtie La Chana 2017	39 €	16,5
Côte Rôtie La Germine 2017	45 €	17

Le coup de ♥

Côte Rôtie Maison Rouge 2017	65 €	18,5

Rouge : 5 hectares.
Syrah 100 %
Achat de raisins.
Blanc : Viognier 100 %
Achat de raisins.
Production moyenne : 35 000 bt/an

DOMAINE DUCLAUX

34, route de Lyon, 69420 Tupin-et-Semons
04 74 59 56 30 •
www.coterotie-duclaux.com • Vente et visites : au domaine sur rendez-vous.
Propriétaire : Benjamin et David Duclaux

★★

DOMAINE ALAIN GRAILLOT

Antoine et Maxime Graillot, les fils d'Alain, supervisent désormais l'ensemble des vinifications de cette propriété, qui compte plus d'une vingtaine d'hectares et illustre depuis de nombreuses années le potentiel de l'appellation Crozes-Hermitage, longtemps réduite à la production de vins simplement fruités. Installé au cœur de la plaine alluviale de purs galets et de graves de La Roche-de-Glun, le domaine produit des syrahs plus fines et plus structurées que la plupart de celles du secteur. La force des vins réside dans le plaisir immédiat qu'ils procurent, même s'ils sont capables de vieillir avec complexité sur dix ans.

Les vins : ils sont bons, avec des matières satisfaisantes, mais des fruits parfois sur le fil du rasoir. Le crozes-hermitage vieillira bien. Nous lui préférons, pour sa gourmandise et sa maîtrise de la vendange entière, le saint-joseph. Doté d'une jolie matière, d'un jus concentré, mais pulpeux, La Guiraude traversera les années.

Crozes-Hermitage 2017	24 € (c)	16
Crozes-Hermitage La Guiraude 2016	36 € (c)	18
Saint-Joseph 2017	27 €	17

Rouge : 19 hectares.
Syrah 100 %
Blanc : 3 hectares.
Marsanne 80 %, Roussanne 20 %
Production moyenne : 100 000 bt/an

DOMAINE ALAIN GRAILLOT

105, chemin des Chênes-Verts, 26600 Pont-de-l'Isère
04 75 84 67 52 • www.domainegraillot.com • Vente et visites : au domaine sur rendez-vous.
Propriétaire : Antoine et Maxime Graillot

★★

DOMAINE BERNARD GRIPA

Fabrice Gripa poursuit l'œuvre de son père dans le seul domaine de Mauves qui produit autant de blancs que de rouges. Les blancs s'illustrent dans quatre cuvées : deux saint-péray et deux saint-joseph. En Saint-Péray, Les Figuiers est une marque principalement produite avec les vignes du secteur des Putiers. Son acidité originale provient de son sol calcaire, et de l'assemblage à 70 % de roussanne, vinifié et élevé en fût (15 % de neuf). Les Pins (80 % marsanne), vinifié en cuve, est plus fruité, direct, à boire jeune. En Saint-Joseph, à côté de la cuvée classique, Le Berceau est une marsanne pure, plantée en 1920 sur la colline de Tournon, qui a conservé 50 % de pieds d'origine. Un secteur chaud mais bien irrigué. Après quinze ans, cette cuvée arrive dans son « palier secondaire », comme l'explique Fabrice Gripa. Elle explore alors un univers de réduction grillée, noble, d'une tension épicée, et prend de magnifiques accents truffés dans les millésimes acides (1996, 1980). Les saint-joseph rouges sont compacts, serrés et expressifs, associant sans mollesse ni lourdeur un corps plein à une palette aromatique savoureuse.

Les vins : nous saluons la tenue de ces 2017. En blanc, si le saint-joseph subit un peu le côté vineux du millésime, Le Berceau dompte celui-ci et présente une belle justesse. Les deux saint-péray offrent davantage de tension que les saint-joseph. Nous préférons la pureté et le côté cristallin de la cuvée Les Pins. La roussanne dominante confère plus de largeur à la cuvée Les Figuiers, mais reste bien contenue. Les rouges sont superbes : le saint-joseph est juteux, épicé, et sa sève rappelle que nous sommes bien dans le Rhône Nord ! Le Berceau est plus sphérique et étoffé, mais garde la colonne vertébrale classique de l'appellation.

Saint-Joseph 2017	22 €	16
Saint-Joseph Le Berceau 2017	33 €	17
Saint-Péray Les Figuiers 2017	25 €	16,5
Saint-Péray Les Pins 2017	21 €	17
Saint-Joseph 2017	22 €	17

Le coup de ♥

Saint-Joseph Le Berceau 2017	38 €	18,5

Rouge : 8 hectares.
Syrah 100 %
Blanc : 8 hectares.
Marsanne 70 %, Roussanne 30 %
Production moyenne : 80 000 bt/an

DOMAINE BERNARD GRIPA
5, avenue Ozier, 07300 Mauves
04 75 08 14 96 • gripa@wanadoo.fr •
Visites : sans rendez-vous.
Propriétaire : Fabrice Gripa

★★

DOMAINE GUIGAL

Cette très belle propriété, acquise et rénovée par Marcel Guigal, réunit les vins les plus fameux de l'appellation Côte-Rôtie : La Mouline, La Turque et La Landonne ; les deux premières sont des marques, la dernière un terroir cadastré. Il faut aussi citer Fongeant, un terroir de la Côte Brune sur lequel Marcel et Philippe Guigal effectuent un travail pharaonique de terrassement. S'y ajoutent la cuvée Château d'Ampuis, ainsi que le condrieu La Doriane. Outre ces crus stars, on trouve la cuvée Vignes de l'Hospice, saint-joseph situé sur un magnifique terroir, ainsi que quelques grandes parcelles en Hermitage dont est issue la cuvée Ex-Voto. Marcel Guigal est solidement épaulé par son fils Philippe.

Les vins : ils évoluent dans le bon sens, grâce à une nouvelle approche des élevages. Ainsi le saint-joseph blanc, dont la part de fût neuf a été diminué à 50 %, se montre bien plus cristallin. L'hermitage Ex-Voto respecte la dimension minérale des sols. Le millésime est bien dompté dans La Doriane, qui ne pèche pas par excès d'exubérance. Le vin ne se montre ni crémeux, ni mou, contrairement à de nombreux blancs 2017. Sa tension en finale le rend plus sapide. En rouge, le saint-joseph conserve une belle tenue ; l'hermitage digèrera son bois sans souci et présente une dimension de bouche très intéressante. En 2015, les côtes-rôties sont de bon niveau ; seul Château d'Ampuis affiche une légère dissociation en finale. La maturité des tanins est moins aboutie. La Turque a parfaitement maîtrisé son long élevage ; La Mouline est un vin voluptueux et fin ; La Landonne est une très belle bouteille qui doit intégrer son élevage, dont nous saluons la matière et la dimension.

Condrieu La Doriane 2017	de 60 à 70 € (c)	17
Hermitage Ex-Voto 2015	de 160 à 180 € (c)	18
Saint-Joseph Lieu-dit 2017	de 30 à 35 € (c)	16,5
Côte Rôtie Château d'Ampuis 2015	de 80 à 100 € (c)	16
Côte Rôtie La Landonne 2015	de 380 à 400 € (c)	18,5
Côte Rôtie La Mouline 2015	de 380 à 400 € (c)	17,5
Hermitage Ex-Voto 2015	de 300 à 380 € (c)	18
Saint-Joseph Lieu-dit Saint-Joseph 2016	de 30 à 35 € (c)	17

Le coup de ♥

Côte Rôtie La Turque 2015	de 380 à 400 € (c)	19

Rouge : 50 hectares.
Syrah 100 %
Blanc : 25 hectares.
Marsanne 60 %, Viognier 33 %, Roussanne 7 %
Production moyenne : 100 000 bt/an

DOMAINE GUIGAL
Château d'Ampuis, 69420 Ampuis
04 74 56 10 22 • www.guigal.com • Vente et

visites : au domaine sur rendez-vous.
Propriétaire : Famille Guigal
Œnologue : Philippe Guigal

★★

STÉPHANE OGIER

Depuis 2014, Stéphane Ogier vinifie dans un chai ultracontemporain à Ampuis et donne libre cours à son talent créatif. Sur les 18 hectares qu'exploite ce domaine, 3,5 hectares sont situés sur de très belles parcelles de Côte Rôtie. Stéphane a rejoint son père Michel, en 1997, après ses études d'œnologie à Beaune, dont il a conservé un goût pour l'élégance et la finesse. Les vins sont issus de raisins partiellement éraflés (50 % de vendange entière dans la cuvée Lancement). La précision des derniers millésimes, l'exigence dans la sélection des cuvées parcellaires et le style qu'affichent désormais les vins placent le domaine parmi l'élite.

Les vins : les 2015 ne manquent pas de caractère. Ils sont comme souvent dans ce millésime, concentrés et intenses, mais présentent des tanins un peu en relief. Parmi les cuvées parcellaires, Cognet et La Viallière bénéficient d'une certaine fraîcheur venue de la vendange entière. Le premier est très floral, bourguignon, avec une texture infusée. Le second, à la matière concentrée et digeste, est notre préféré. Fongeant possède la fermeté de la Côte Brune et n'est pas encore en place. Le boisé de Côte Blonde est plus marqué (note de moka), mais le jus reste fidèle à son terroir, délicat et sans dureté. Lancement affiche plus de mâche. La bouche a du répondant face à l'élevage un peu sucrant : laissez-le grandir en cave. Belle Hélène, ferme et racé, possède la densité et la matière pour intégrer son boisé. Nous pensons quand même que les rouges gagneraient en finesse et en sapidité avec des élevages différents. En blanc, le condrieu affiche une certaine fraîcheur, une belle salinité finale qui s'oppose à sa richesse.

- Condrieu La Combe de Malleval 2017 — 45 € (c) — 17
- Côte Rôtie La Belle Hélène 2015 — de 270 à 350 € (c) — 19
- Côte Rôtie La Viallière 2015 — N.C. — 18
- Côte Rôtie Lancement 2015 — de 150 à 200 € (c) — 17,5
- Côte Rôtie Réserve 2016 — 90 € (c) — 17
- Côte-Rôtie Cognet 2015 — N.C. — 17,5
- Côte-Rôtie Côte Bodin 2015 — N.C. — 17
- Côte-Rôtie Fongeant 2015 — N.C. — 17,5
- Côte-Rôtie La Côte Blonde 2015 — N.C. — 17
- IGP Collines Rhodaniennes Seyssuel L'Ame Soeur 2016 — 40 € (c) — 16,5

Rouge : 21 hectares.
Syrah 100 %
Blanc : 6 hectares.
Viognier 90 %, Marsanne 10 %
Production moyenne : 150 000 bt/an

STÉPHANE OGIER
97, route de la Taquière, 69420 Ampuis
04 74 56 10 75 • www.stephaneogier.fr •
Vente et visites : au domaine sur rendez-vous.
Propriétaire : Stéphane Ogier

★★

DOMAINE ANDRÉ PERRET

André Perret exploite un beau domaine situé à la fois en Condrieu et dans le nord de Saint-Joseph, sur les rudes coteaux de Chavanay. Cette propriété, spécialiste des vins blancs, a nettement progressé ces dernières années, grâce à un effort important dans le travail des sols. Ne manquez pas ses deux cuvées vedettes en Condrieu, qui proviennent de deux des plus beaux lieux-dits du cru, le Coteau de Chéry et le Clos Chanson. Les rouges sont recommandables, particulièrement Les Grisières.

Les vins : il fallait être vigilant pour produire des condrieux gardant de la tension dans ce type de millésime un peu solaire. Clos Chanson est plus ample, sans tomber dans la lourdeur. Coteau de Chery démontre que les grands terroirs conservent, même dans ces circonstances, salinité et rectitude. Des blancs parfaitement gérés ! En rouge, nous aimons les 2017 : le saint-joseph au fruit séducteur, à la syrah juste, est un excellent rapport qualité-prix. Avec une année d'évolution, la dimension du terroir s'affirme davantage sur Les Grisières : le jus se montre étiré et fin.

- Condrieu 2017 — 28 € — 15,5
- Condrieu Clos Chanson 2017 — 45 € — 16,5
- Condrieu Coteau de Chéry 2017 — 45 € — 17,5
- Saint-Joseph 2017 — 17,50 € — 16
- Saint-Joseph 2017 — 16 € — 16,5

➡ Saint-Joseph Les Grisières 2016 25 € 17

Rouge : 5,8 hectares.
Syrah 90 %, Merlot 10 %
Blanc : 6,8 hectares.
Viognier 86 %, Marsanne 7 %, Roussanne 7 %
Production moyenne : 55 000 bt/an

DOMAINE ANDRÉ PERRET
17, RN 86, Verlieu, 42410 Chavanay
04 74 87 24 74 • www.andreperret.com •
Vente et visites : au domaine sur rendez-vous.
Propriétaire : André Perret

★★

DOMAINE MARC SORREL

La devanture vitrée au centre de Tain, entre deux feux rouges de la Nationale 7, surprendra les habitués des tapis rouges des châteaux viticoles. L'antre de Marc Sorrel est comme le vigneron, sans artifice, discret, un brin austère. Le domaine a été créé en 1928, par son grand-père Félix, notaire à Tain-l'Hermitage. Après avoir vendu ses raisins aux négociants, la famille met en bouteille dans les années 1970. Marc reprend le domaine en 1984. Il hérite de 2 hectares plantés par son grand-père, situés dans la partie centrale de la colline. Il s'agrandit en Hermitage et en Crozes-Hermitage, et dispose aujourd'hui de 4 hectares. Quatre cuvées d'hermitage sont produites, deux classiques en blanc et rouge, et deux cuvées de prestige issues des plus vieilles vignes (âgées de 80 ans, travaillées au cheval), le rouge Gréal, assemblage des lieux-dits Le Méal et Les Greffieux, et le blanc Les Rocoules. Avec Les Murets, ce coteau des Roucoules (25 % de calcaire) est le terroir de blanc le plus complet de l'Hermitage. Moins typés par le granite que chez Chave, moins stricts, les généreux vins de Sorrel demandent aussi souvent dix ans pour s'épanouir. Les hermitages rouges (parfois agrémenté de 10 % de marsanne) sont vinifiés en vendange entière depuis 2012. Comme les syrahs sont ici d'une extrême maturité (Le Méal surtout), avec une pointe de sucrosité confite, la vendange entière apporte de l'éclat et une précision dans les arômes qui font défaut au domaine dans les millésimes très chauds.

Les vins : les 2017 sont plus larges que les 2016. Dans ce profil de millésime, seuls les grands terroirs ont la capacité de conserver de l'énergie. Le crozes-hermitage blanc est certainement un des plus beaux de l'appellation. Il possède un volume et une race difficiles à trouver ! L'hermitage blanc semble plus vieux que son âge : la bouche ample et puissante garde un beau relief en finale. La bouche des Roucoules garde une fraîcheur supplémentaire. Côté rouge, le crozes n'a rien à envier à certains hermitages. Nous sommes séduits par sa dimension, sa trame pulpeuse. Le fruit de l'hermitage est moins explosif à ce stade, dans un registre d'épices et de fruits noirs. La matière est dense et serrée, mais un bel avenir s'offre à lui. Le registre aromatique du Gréal est plus précis : les élevages longs sont parfaitement gérés, la puissance et la densité du vin s'offrent très gracieusement. N'est-ce pas la dimension de l'hermitage qui s'exprime, tout simplement ?

▭ Crozes-Hermitage 2017	18 €	16,5
▭ Hermitage 2017	60 €	17
➡ Crozes-Hermitage 2017	15 €	17
➡ Hermitage 2017	60 €	17,5
➡ Hermitage Le Gréal 2017	110 €	19

Le coup de ♥

▭ Hermitage Les Rocoules 2017	110 €	19

Rouge : 3 hectares.
Syrah 100 %
Blanc : 1 hectare.
Marsanne 90 %, Roussanne 10 %
Production moyenne : 12 000 bt/an

DOMAINE MARC SORREL
128 bis, avenue Jean-Jaurès,
26600 Tain-l'Hermitage
04 75 07 10 07 • www.marcsorrel.fr • Vente et visites : au domaine sur rendez-vous.
Propriétaire : Marc et Guillaume Sorrel
Directeur : Guillaume Sorrel

★★

DOMAINE DU TUNNEL

Stéphane Robert conduit son domaine avec brio et élabore des vins modernes, précis, qui s'imposent comme des références au sein des appellations Saint-Péray et Cornas. Ces cuvées renouvellent le style, parfois rustique et solaire, de ces deux petites appellations. Stéphane apporte à ses syrahs opaques des touches de raffinement gagnées dans la précision de maturité du raisin, dans l'extraction et dans l'élevage. Les vins vieillissent par ailleurs très bien.

Les vins : les rouges nous semblent dans une phase un peu étriquée ; les fruits semblent engoncés. Le saint-joseph en est une parfaite illustration, avec son jus étiré, sa trame serrée qui doit se détendre. Le cornas est pour l'instant le plus avenant, grâce à un fruit pulpeux qui rend la bouche plus lisible. Un soupçon austère, Pur Noir est doté d'une jolie matière. Vin Noir nous semble moins extrait. Il présente une matière longiligne, nous ne sommes pas inquiets pour lui. Les blancs 2017 sont parfaitement maîtrisés. Le volume de bouche place la roussanne au-dessus de la marsanne cette année ; cette dernière avait davantage de classe et de persistance en 2016. Prestige témoigne de l'apparition d'un style moins contenu qui n'est pas pour nous déplaire, avec un fruit plus libre.

Saint-Péray Marsanne 2017	16 €	16
Saint-Péray Prestige 2017	23 €	17
Saint-Péray Roussanne 2017	21 €	16,5
Cornas 2017	30 €	16
Cornas Pur Noir 2017	76 €	17
Cornas Vin Noir 2017	40 €	17,5
Saint-Joseph 2017	24 €	16

Rouge : 8 hectares.
Syrah 100 %
Blanc : 3 hectares.
Marsanne 60 %, Roussanne 40 %
Production moyenne : 40 000 bt/an

DOMAINE DU TUNNEL
20, rue de la République, 07130 Saint-Péray
04 75 80 04 66 • www.domaine-du-tunnel.fr
• Visites : sans rendez-vous.
Propriétaire : Stéphane Robert

★★

DOMAINE PIERRE-JEAN VILLA

Créé en 2008, ce domaine s'affirme d'année en année. Il s'est progressivement agrandi sans perdre sa philosophie : produire des vins identitaires. En rouge, la proportion de vendange entière varie en fonction des cuvées. Les élevages de grande qualité soulignent et patinent les vins sans les pommader. En blanc, les vins gardent de la finesse. La qualité et l'homogénéité de l'ensemble de la production sont remarquables.

Les vins : nous avions souligné l'exquis Saut de l'Ange 2016. Le 2017 est aussi bluffant, dans une composition différente. S'il affiche plus de richesse que son prédécesseur, il garde quand même une finale sapide. Le condrieu est un peu dans la même lignée. Un soupçon plus confit dans les arômes, il conserve un beau relief minéral. En rouge, le crozes-hermitage est certainement le plus beau depuis la création de cette cuvée. Ample et velouté, c'est plus qu'un simple vin de fruit. La différence de texture s'amenuise entre les deux saint-joseph. Préface reste plus immédiat, mais garde une trame sérieuse. Tildé nous semble marqué par la réduction à ce stade. La côte-rôtie possède la densité des vins de la Côte Brune ; la belle acidité du millésime rend le 2016 plus fin que le 2015.

Condrieu Jardin Suspendu 2017	45 €	17,5
Saint-Joseph Saut de l'Ange 2017	36 €	17
Crozes-Hermitage Accroche Coeur 2017	22 €	16
Côte Rôtie Fongeant 2016	90 €	18,5
Saint-Joseph Préface 2017	25 €	16
Saint-Joseph Tildé 2016	36 €	17,5

Rouge : 9 hectares.
Syrah 100 %
Blanc : 3,5 hectares.
Viognier 70 %, Roussanne 30 %
Production moyenne : 50 000 bt/an

DOMAINE PIERRE-JEAN VILLA
5, route de Pélussin, 42410 Chavanay
04 74 54 41 10 • www.pierre-jean-villa.com •
Vente et visites : au domaine sur rendez-vous.
Propriétaire : Pierre-Jean Villa

★★

DOMAINE FRANÇOIS VILLARD

Ce n'est pas parce que le trublion François Villard ne se prend pas au sérieux qu'il ne faut pas considérer son travail avec l'attention que méritent les plus grands. Chaque millésime l'inspire, tant dans les jeux de mots pour baptiser ses cuvées que pour en créer de nouvelles. Ce qui explique la multiplication des étiquettes, qui a de quoi faire perdre son latin de cave au plus éclectique des œnophiles. Cet autodidacte aime les vendanges concentrées et tardives, pour aller chercher, non pas la surmaturité, mais la parfaite maturité. En rouge, La Brocarde en Côte-Rôtie et Reflet en Saint-Joseph s'affirment souvent parmi les plus grandes réussites du secteur. Les blancs sont généreux.

Les vins : nous saluons la gestion des blancs 2017. En Condrieu, Terrasses du Pallat est plus riche et large que d'habitude, mais se révèle plus sapide. Le Grand Vallon est recadré par une jolie énergie finale. Deponcins possède un dynamisme et une salinité supérieurs. Version Longue présente une trame longiligne. À Saint-Joseph, Mairlant (45 % roussanne) conserve de la tension. On monte en puissance avec le sérieux Malfondière, encore un peu carré. Le cornas délivre des arômes méditerranéens, mais son ossature est fidèle à ses origines septentrionales. Reflet est cossu ; il digérera son boisé et ira plus loin. La matière du Gallet Blanc est concentrée, ses tanins sont civilisés. La présence de viognier n'est pas étrangère aux arômes délicats de La Brocarde, côte-rôtie veloutée, longue et fine.

Condrieu Deponcins 2017	41 €	18
Condrieu Le Grand Vallon 2017	37 €	16,5
Condrieu Les Terrasses du Palat 2017	33 €	16,5
Saint-Joseph Mairlant 2017	22 €	16
Saint-Péray Version Longue 2017	22 €	16,5
Cornas Jouvet 2017	34 €	17,5
Crozes-Hermitage Malfondière 2017	31 €	16,5
Côte Rôtie La Brocarde 2017	80 €	18
Côte Rôtie Le Gallet Blanc 2017	42 €	17
Saint-Joseph Reflet 2017	32 €	17

Rouge : 20 hectares.
Syrah 100 %, Merlot 9 %,
Cabernet-Sauvignon 3 %
Achat de raisins.
Blanc : 15 hectares.
Viognier 70 %, Marsanne 22 %, Roussanne 8 %
Achat de raisins.
Production moyenne : 400 000 bt/an

DOMAINE FRANÇOIS VILLARD
330, route du Réseau-Ange,
42410 Saint-Michel-sur-Rhône
04 74 56 83 60 • www.domainevillard.com •
Vente et visites : au domaine sur rendez-vous.
Propriétaire : François Villard

★

DOMAINE BONNEFOND

Les deux frères Bonnefond ont repris au début des années 1990 le domaine familial, qui dispose d'un vignoble de qualité, avec des terroirs majeurs en Côte Rôtie et Condrieu. Les côtes-rôties parcellaires sont très typées Côte Brune, avec de la matière et du potentiel de vieillissement. Le condrieu s'affine d'année en année, laissant plus de place au fruit et à l'équilibre de bouche. Les élevages un peu luxueux qui fardaient les vins il y a quelques années ont bien disparu.

Les vins : le millésime 2017 est dans la continuité du 2016, pour lequel nous avions déjà salué des élevages plus posés. Dès Colline de Couzou, le fruit, friand et épicé, s'exprime avec justesse. La matière est civilisée. Les Rochains offre des arômes plus floraux à l'attaque, mais le bois le sucre un peu ; il conserve une densité et un volume satisfaisants. Comme le 2016, Côte Rozier 2017 est celui qui gère le mieux son long élevage. Le fruit est plus scintillant, la trame davantage typée Côte Brune. Le terroir parle dans Côte-Chatillon. Nous avions un peu sous-coté le 2016. Le 2017 est bien fait, un peu plus généreux, mais la salinité et la tension finale, digne des beaux terroirs de Condrieu, sont bien présentes.

Condrieu Côte-Chatillon 2017	34 €	16,5
Côte Rôtie Colline de Couzou 2017	34 €	15,5
Côte Rôtie Les Rochains 2017	50 €	16,5

Le coup de ♥

Côte Rôtie Côte-Rozier 2017	50 €	17

Rouge : 8 hectares.
Syrah 100 %
Blanc : 1 hectare.
Viognier 100 %
Production moyenne : 35 000 bt/an

DOMAINE BONNEFOND
250, chemin de Mornas, 69420 Ampuis
04 74 56 12 30 • gaec.bonnefond@orange.fr
• Visites : sans rendez-vous.
Propriétaire : Patrick et Christophe Bonnefond

★

DOMAINE LES BRUYÈRES – DAVID REYNAUD

L'aventure a commencé lorsque David Reynaud a sorti son vignoble de la cave coopérative de Tain. En signant son premier millésime, il découvre la biodynamie et entame la certification du domaine dès 2005. Sa cave est conçue autour du déplacement du raisin et du vin par gravité. Sa production de rouges vivants, issus de terres assez profondes, se fait remarquer avec brio dans les dégustations. La gamme s'étoffe de quelques achats de raisins de bonne source en Cornas et en Saint-Joseph. Les vins affichent un style mûr et charnu qui, après quelques excès de jeunesse et de surextraction, gagne en finesse.

Les vins : peu extraits, les rouges 2017 gardent la même fibre que les 2016, et présentent des touchers de bouche délicats. Nous saluons également la qualité des élevages qui favorisent des fruités bien définis. Chaque cuvée est à sa place. Les Croix est un crozes-hermitage charnu capable de traverser les années. Le saint-joseph et le cornas sont de très haut niveau. Le premier exprime des notes de poivre et de violette et ravit par sa bouche vraiment digeste. Le cornas est plus dense, mais sa puissance s'exprime avec élégance. Le blanc 2017 se montre un peu enrobé.

Crozes-Hermitage Aux Bêtises 2017	19,50 €	14,5
Crozes-Hermitage Beaumont 2018	13,50 €	15
Crozes-Hermitage Georges 2017	17,50 €	15,5
Crozes-Hermitage Les Croix 2016	24 €	16,5
Saint-Joseph 350 M 2017	20,50 €	16

Le coup de ♥

Cornas Rebelle 2016	39 €	17

Rouge : 18,5 hectares.
Syrah 100 %
Achat de raisins.
Blanc : 4,5 hectares.
Marsanne 60 %, Roussanne 40 %
Achat de raisins.
Production moyenne : 200 000 bt/an

DOMAINE LES BRUYÈRES – DAVID REYNAUD ☾
12, chemin du Stade,
26600 Beaumont-Monteux
04 75 84 74 14 • www.domainelesbruyeres.fr
• Visites : sans rendez-vous.
Propriétaire : David Reynaud

★

DOMAINE CHAMBEYRON

Le domaine Chambeyron est né en 1895. Mathieu Chambeyron en a pris les rênes en 2010. Ce jeune vigneron appliqué produit des vins sans esbroufe. Les matières sont digestes et les boisés ne fardent pas. Ce petit domaine comprend de beaux terroirs : Chavaroche, Les Moutonnes, Lancement, ainsi que le terroir de Vernon, en Condrieu. Nous sommes séduits par ces vins qui associent puissance et finesse.

Les vins : le millésime 2017 tient ses promesses avec des vins de très bon niveau, soulignés, mais pas fardés, par leurs élevages boisés. L'Angeline possède un fruit scintillant ; la bouche associe parfaitement densité du millésime et texture soyeuse. La Chavarine est plus compacte et plus carrée à ce stade, mais on ressent la tension apportée par les sols de schistes. Lancement reflète parfaitement son terroir de Côte Blonde. Il possède un cœur de bouche vraiment pulpeux, un toucher gracieux. En blanc, le viognier est un vin d'école : une cuvée ludique qui exprime bien ce qu'on attend du cépage. Le condrieu est juste : précis, sans exubérance, il présente une bien meilleure acidité en 2018 qu'en 2017.

Condrieu Vernon 2018	30 €	16,5
IGP Collines Rhodaniennes Viognier 2018	10 €	14
Côte-Rôtie L'Angeline 2017	40 €	16,5
Côte-Rôtie La Chavarine 2017	30 €	17
Côtes du Rhône Vieilles Vignes 2018	12 €	15
IGP Collines Rhodaniennes Syrah 2018	10 €	14,5

Le coup de ♥

Côte-Rôtie Lancement 2017	55 €	18

Rouge : 3,7 hectares.
Syrah 100 %
Blanc : 1,3 hectare.
Viognier 100 %
Production moyenne : 20 000 bt/an

DOMAINE CHAMBEYRON
197, impasse de la Mine, 69420 Ampuis
04 74 56 15 05 •
www.cote-rotie-chambeyron.com •
Visites : sans rendez-vous.

Propriétaire : Mathieu Chambeyron

★

MAISON M. CHAPOUTIER

Michel Chapoutier est un des plus brillants négociant-vigneron de France. Implantée à Tain, depuis plus de 200 ans, son entreprise familiale M. Chapoutier rayonne dans le Rhône (Ferraton Père et fils), dans le Beaujolais (Maison Trénel), en Provence (château de Ferrages), dans le Roussillon (domaine Bila-Haut), en Australie (cinq domaines) et même en Alsace (domaine C5 Altenberg) et en Champagne (Sténopé, cuvée cosignée avec Devaux) sans oublier le domaine Pinta Vera au Portugal. Sous l'adresse Maison M. Chapoutier, nous regroupons les vins issus de la gamme provenant de l'activité de négoce qui ne possèdent pas la magie des grands crus parcellaires (voir Chapoutier Sélections Parcellaires). La régularité de la production est exemplaire.

Les vins : fin et racé, l'hermitage Chante-Alouette gère mieux sa richesse en 2018 qu'en 2017. Deschant garde une certaine rectitude, mais ne possède pas la salinité et la tension de Pic et Chapoutier. Invitare 2018 est plus sapide que le crémeux 2017, mais il est encore un peu fardé par le boisé. En rouge, le côtes-du-rhône Belleruche nous semble un peu timide et doit passer un cap. Les fruits des vins du Rhône Nord sont un peu mats pour le moment. Granilites est d'un beau niveau. L'hermitage présente une belle matière, mais son élevage boisé surjoue un peu pour le moment. La Bécasse est en train de se fermer. Le cornas Temenos 2016 est une syrah aux arômes et aux saveurs sudistes, dont les contours sont sucrés par l'élevage. La présence de syrah apporte une mâche supplémentaire et un surcroît de rigidité au châteauneuf.

Condrieu Invitare 2018	40,05 €	15,5
Hermitage Chante-Alouette 2018	57,55 €	16,5
Saint-Joseph Deschants 2018	22,15 €	14,5
Saint-Péray Pic & Chapoutier 2018	17,80 €	16
Châteauneuf-du-Pape Pie VI 2016	39,90 €	16,5
Cornas Temenos 2016	39 €	15,5
Côte Rôtie Les Bécasses 2018	53,85 €	16
Côtes du Rhône Belleruche 2018	8,90 €	13
Hermitage Monier de la Sizeranne 2017	63,85 €	16,5
Saint-Joseph Les Granilites 2018	26,15 €	16

Rouge : 203 hectares.
Syrah 70 %, Grenache noir 30 %
Blanc : 47 hectares.
Marsanne 90 %, Viognier 10 %
Production moyenne : 8 300 000 bt/an

MAISON M. CHAPOUTIER ☾
18, avenue du Docteur-Paul-Durand,
26600 Tain-l'Hermitage
04 75 08 28 65 • www.chapoutier.com •
Vente et visites : au domaine sur rendez-vous.
Propriétaire : Michel Chapoutier
Maître de chai : Clément Bartschi

★

CAVE YVES CUILLERON

Yves Cuilleron possède un dynamisme rare. Il n'a eu de cesse, depuis le début de la décennie, de compléter et d'étendre son domaine qui représente aujourd'hui 90 hectares en Saint-Péray, Condrieu, Saint-Joseph, Côte Rôtie et Cornas. Cette expansion se complète d'une activité de négoce. Les meilleurs vins de la gamme, notamment les blancs, savent exprimer une réelle finesse. Avec le millésime 2015, les noms des lieux-dits ont remplacé les noms commerciaux : La Digue remplace Saint-Pierre, Bonnivières remplace Terres Sombres, par exemple.

Les vins : les blancs sont de bon niveau. Biousse se montre à son avantage, avec une fraîcheur que d'autres terroirs de la vallée du Rhône ne possède pas. La Digue nous impressionne : 100 % roussanne en 2017, le vin témoigne d'une parfaite gestion de la maturité conjuguée à une belle tension minérale. Lyseras est un saint-joseph facile d'accès, sans reproche. Les vins de Condrieu subissent un peu plus le millésime, à l'exception de Vernon, qui possède la salinité et la fine tension pour l'encaisser ; Les Chaillets apparaît chaleureux. En rouge, Ripa Sinistra se dévoile avec des tanins veloutés, dans un style solaire. Les Serines est la cuvée emblématique du domaine et reflète ses terroirs granitiques tant dans son fruit que dans sa texture. Le cornas est peu extrait, mais un peu sucré par le bois. En Côte-Rotie, La Viallière possède une bonne allonge, une superbe texture, un joli fond.

Dans un registre plus solaire, Bonnivières, friand et facile d'accès, livre un jus intéressant ; la texture est peu extraite, le vin un soupçon fardé par le bois.

Condrieu Les Chaillets 2017	41,90 €	15
Condrieu Vernon 2017	56,90 €	16,5
Saint-Joseph La Digue 2017	23,70 €	16
Saint-Joseph Lyseras 2017	16,80 €	15
Saint-Péray Biousse 2017	19,50 €	16
Cornas Les Côtes 2017	45,90 €	16
Cote Rôtie La Viallière 2017	80 €	17
Côte Rôtie Bonnivières 2017	54,50 €	16,5
IGP Collines Rhodaniennes Ripa Sinistra 2017	33,30 €	15,5
Saint-Joseph Les Serines 2017	31,40 €	16,5

Rouge : 50 hectares.
Syrah 100 %
Blanc : 40 hectares.
Viognier 56 %, Roussanne 24 %, Marsanne 20 %
Production moyenne : 5 400 000 bt/an

CAVE YVES CUILLERON
58 RD, 1086 Verlieu, 42410 Chavanay
04 74 87 02 37 • www.cuilleron.com • Vente et visites : au domaine sur rendez-vous.
Propriétaire : Yves Cuilleron

★ ↗

CHRISTOPHE CURTAT

Christophe Curtat s'est installé en 2004 à Tournon. Son vignoble morcelé de 7 hectares est situé dans le centre et le sud de l'appellation Saint-Joseph et met à l'honneur des sols granitiques. Nous avons été séduits par le fond et la finesse des vins.

Les vins : les années passent et ils s'affirment davantage. En rouge, le crozes Fées des Champs, qui se présente pourtant comme une cuvée de soif, dépasse bien ce style : nous aimons non seulement l'alliance entre maturité et fraîcheur, mais aussi la sapidité de cette cuvée. Nomade 2017 affirme encore davantage son terroir, avec une touche de fusain venue des granites. Bien que plus ferme, le vin se montre étiré et juste. Le blanc est bluffant : certainement une des plus belles versions d'assemblage à majorité de roussanne de la région. Nous attribuons au domaine une étoile bien méritée.

Saint-Joseph Sous l'Amandier 2017	22 €	17
Crozes-Hermitage Fées des Champs 2017	16 €	15,5
Saint-Joseph Nomade 2017	20 €	16,5

Rouge : 6,6 hectares.
Syrah 100 %
Blanc : 1,9 hectare.
Roussanne 60 %, Viognier 35 %, Marsanne 5 %
Production moyenne : 50 000 bt/an

CHRISTOPHE CURTAT
228, route de Lamastre,
07300 Tournon-sur-Rhône
04 75 07 85 67 • christophecurtat@orange.fr
• Vente et visites : au domaine sur rendez-vous.
Propriétaire : Christophe Curtat
Maître de chai : Alexandre Riou

★

MAISON DELAS FRÈRES

Delas, maison qui a fêté son 180e anniversaire en 2015, est dans le giron du champagne Deutz depuis 1977, lui-même dans le groupe Louis Roederer. La priorité a été donnée aux vignobles avec beaucoup de plantation en sélection massale. Delas exploite en propre 30 hectares, dont 10 très bien placés en Hermitage : 8 sur Les Bessards (dont une cuvée éponyme est isolée) et 2 sur L'Ermite. La maison complète sa gamme avec des achats de moûts ou de raisins. Elle défend un style de syrah ferme, marqué par le caillou, le granite, et constitue aujourd'hui un bel outsider face aux poids lourds E. Guigal, M. Chapoutier et P. Jaboulet Aîné.

Les vins : le blanc Saint-Esprit nous semble plus abouti que sa version rouge. Le condrieu épouse un peu le millésime dans les arômes et la texture de bouche ; la finale reste plus fraîche et plus saline, ce qui la rend sapide. Nous attendons d'autres profils de vin en entrée de gamme : privilégier le fruit est une bonne chose mais il faut aussi que les matières suivent ! Le crozes Domaine des Grands Chemins possède davantage d'étoffe, tout en gardant l'amabilité de cette appellation. Le cornas est bâti dans un style fin et délicat, mais le boisé surjoue un peu sa partition. La finesse est au rendez-vous avec l'hermitage ; le jus est très étiré, une belle trame de tanin nous séduit. Nous saluons le beau travail effectué sur le châteauneuf-du-pape, construit sur un grenache très pulpeux, une trame veloutée et accessible.

- Condrieu La Galopine 2017 46 € 15,5
- Côtes du Rhône Saint-Esprit 2017 9 € 14
- Châteauneuf-du-Pape Haute Pierre 2016 39 € 16
- Cornas Chante-Perdrix 2016 30 € 15,5
- Crozes-Hermitage Domaine des Grands Chemins 2016 23 € 15
- Crozes-Hermitage Les Launes 2017 17 € 13,5
- Côtes du Rhône Saint-Esprit 2017 9 € 13
- Hermitage Domaine des Tourettes 2016 53 € 16,5
- Saint-Joseph François de Tournon 2016 26 € 15
- Saint-Joseph Les Challeys 2017 18 € 14

Rouge : 30 hectares.
Syrah 100 %
Achat de raisins.
Blanc : 2 hectares.
Viognier 80 %, Marsanne 18 %, Roussanne 2 %
Achat de raisins.
Production moyenne : 2 000 000 bt/an

MAISON DELAS FRÈRES
2, allée de l'Olivet,
07300 Saint-Jean-de-Muzols
04 75 08 92 97 • www.delas.com • Vente et visites : au domaine sur rendez-vous.
Propriétaire : Famille Rouzaud
Directeur : Fabrice Rosset
Maître de chai : Jacques Grange

★

FERRATON PÈRE ET FILS

Refait "du sol au plafond" : l'expression tombe à pic pour introduire la renaissance de Ferraton et de sa nouvelle cave, sise à l'adresse historique du négociant, acquis par la Maison M. Chapoutier en 2004, dans une petite rue du centre de Tain-l'Hermitage. En Hermitage, la maison possède des vignes dans la partie basse des Dionnières, juste en-dessous des Murets. Une partie des vieilles vignes est destinée à la cuvée Les Dionnières, le reste part dans la cuvée Les Miaux, assemblé avec du Méal. La maison possède deux parcelles sur Le Méal, dont les jus sont aussi isolés ou assemblés. Côté Hermitage blanc, cap à l'est, vers Les Beaumes, avec des blancs issus de marsanne et de roussanne, souvent plantés en foules, qui entrent dans la cuvée Le Reverdy. Vendangées toujours en maturité poussée, les syrahs sont égrappées, élevées en barrique et en demi-muid : Les Dionnières avec 20 % de bois neuf, et 40 % pour Le Méal. Les élevages durent de 16 à 18 mois. Le style des vins, amples et expressifs, avantage jusqu'à présent les rouges.

Les vins : le domaine ne nous ayant pas fait parvenir ses vins cette année, nous sommes amenés à reconduire les notes de notre édition précédente.

- Ermitage Le Reverdy 2016 68 € 17,5
- Hermitage Les Miaux 2016 42 € 16
- Cornas Les Eygats 2016 37 € 15,5
- Cornas Patou 2016 32 € 17
- Crozes-Ermitage Le Grand Courtil 2016 26 € 15,5
- Crozes-Hermitage Les Pichères 2016 17 € 15
- Ermitage Le Méal 2016 87 € 17
- Ermitage Les Dionnières 2016 68 € 16
- Hermitage Les Miaux 2016 47 € 15,5
- Saint-Joseph Lieu-dit Saint-Joseph 2016 28 € 16

Rouge : 6,5 hectares.
Syrah 100 %
Blanc : 1 hectare.
Marsanne 50 %, Roussanne 50 %
Production moyenne : 450 000 bt/an

FERRATON PÈRE ET FILS ☾
13, rue de la Sizeranne,
26600 Tain-l'Hermitage
04 75 08 59 51 • www.ferraton.fr • Vente et visites : au domaine sur rendez-vous.
Propriétaire : Michel Chapoutier
Directeur : Damien Brisset

★

DOMAINE GARON

Les fils Garon mettent bien en valeur la diversité des terroirs de l'appellation Côte Rôtie. Nous sommes séduits par le style des vins du domaine, qui se distinguent par leur finesse de texture. Les fruits sont précis, les élevages montent en puissance en fonction des terroirs et de leur capacité à gérer le bois. Parmi les différentes cuvées, La Sybarine évoque l'expression des sols granitiques. Les Triotes, situé sur la

Côte Blonde, à côté de Lancement, est issu des schistes. Les Rochins naît sur le schiste brun de la Côte Brune.

Les vins : le domaine nous propose une gamme élargie cette année par quelques achats de raisins ciblés. Nous aimons le style de Jardin de Rome, qui montre de façon positive l'aspect solaire des vins de la rive gauche du Rhône. La Part du Vivant est plus méridional (présence de carignan et de grenache), et nous semble plus avachi. La Sybarine est un peu engoncée pour le moment, mais offre une bonne texture en bouche. Les Triotes possède la personnalité charmeuse et florale de la Côte Blonde. Lancement est dans la même veine, avec une trame plus dense, tout en gardant des tanins très délicats. Les Rochins est réussi, avec le caractère de la Côte Brune, sans les tanins carrés. Un vin à la maturité et à l'élevage parfaitement gérés.

IGP Collines Rhodaniennes Les Grandes Parcelles 2018	14 €	14
Côte-Rôtie La Sybarine 2017	34 €	15,5
Côte-Rôtie Lancement 2017	115 €	17,5
Côte-Rôtie Les Rochins 2017	75 €	17
Côte-Rôtie Les Triotes 2017	41 €	16,5
Côtes du Rhône La Part des Vivants 2017	7,50 €	13,5
IGP Collines Rhodaniennes Jardins de Rome 2018	25 €	14,5

Rouge : 7,3 hectares.
Syrah 100 %
Achat de raisins.
Blanc : 1 hectare.
Viognier 80 %, Marsanne 10 %, Roussanne 10 %
Achat de raisins.
Production moyenne : 52 000 bt/an

DOMAINE GARON

58, route de la Taquière, 69420 Ampuis
04 74 56 14 11 • www.domainegaron.fr •
Vente et visites : au domaine sur rendez-vous.
Propriétaire : Jean-François, Kévin, Carmen et Fabien Garon

★

MAISON E. GUIGAL

Nous regroupons sous cette adresse les vins de négoce de la célèbre maison d'Ampuis. La rigueur de sélection dans les approvisionnements de Marcel Guigal et de son fils Philippe n'a d'égal que leur souci d'amener chaque vin au bout d'un cycle complet d'élevage. Pour comprendre cette démarche qui ne s'est pas construite en un millésime, il suffit de déboucher une bouteille du simple côtes-du-rhône rouge Guigal, assemblage d'achats en Côtes-du-Rhône, Côtes-du-Rhône-Villages et même de crus dans les petits millésimes. La qualité de cette appellation fourre-tout est vraiment rehaussée. Dans les crus rouges, l'élevage en fût et en foudre dure généralement 24 mois et au-delà, avec peu de fûts neufs (20 % dans les grands millésimes).

Les vins : certains blancs méritent une bonne aération pour s'exprimer. Le côtes-du-rhône blanc peine à s'ouvrir ; il gagne en complexité grâce à l'apport de viognier. Le crozes-hermitage blanc semble un peu bloqué par le soufre. Nous aimons le respect du terroir que manifeste l'hermitage blanc. Le saint-joseph possède lui aussi la retenue nécessaire pour s'opposer à la richesse du millésime. Floral et épicé, le condrieu est un peu sucré par son élevage boisé. Les rouges sont plus homogènes, avec un châteauneuf-du-pape et un gigondas parfaitement maîtrisés. Le saint-joseph reflète son terroir en livrant des saveurs de poivre et de violette. L'emblématique côte-rôtie possède la tonalité lardée et fumée fidèle à ses terroirs de Côte Brune et Blonde, avec une matière dense. L'hermitage, de noble constitution, doit digérer son bois au cours d'une bonne garde.

Condrieu 2017	33 €	15
Crozes-Hermitage 2017	14 €	13,5
Côtes du Rhône 2017	7,50 €	14
Hermitage 2016	32 €	16,5
Saint-Joseph 2017	17 €	14,5
Châteauneuf-du-Pape 2016	28 €	16
Côte Rôtie 2015	de 33 à 40 € (c)	15,5
Gigondas 2015	17 €	15
Hermitage 2016	37 €	16
Saint-Joseph 2016	17 €	15

Rouge : 50 hectares.
Syrah 100 %
Achat de raisins.
Blanc : 25 hectares.
Viognier 60 %, Marsanne 33 %, Roussanne 7 %
Achat de raisins.
Production moyenne : bt/an

MAISON E. GUIGAL
Château d'Ampuis, 69420 Ampuis
04 74 56 10 22 • www.guigal.com • Vente et visites : au domaine sur rendez-vous.
Propriétaire : Famille Guigal
Œnologue : Philippe Guigal

★

VIGNOBLES LEVET

Ce domaine créé en 1929 à Ampuis dispose d'un vignoble en Côte Rôtie, qui se compose de différentes parcelles situées sur des lieux-dits à fort potentiel. Agnès Levet perpétue le travail réalisé par son père Bernard. Les vins sont destinés à la garde, grâce à une partie des vinifications en vendange entière, suivie de macération longue, avec des élevages d'une durée de deux ans. Le faible pourcentage de bois neuf permet à ces vins d'exprimer le fruit et la touche de graphite des sols. Leur qualité ne date pas d'aujourd'hui.

Les vins : les 2017 reflètent bien le millésime et les terroirs. Comme toujours, ils sont réservés dans leur prime jeunesse, et ne se livreront avec grâce qu'après une bonne garde. La bouche d'Améthyste présente une légère austérité ; si la maturité est bonne, le fruit est un peu mat. Maestria est couvert au nez par une pointe d'acétate, mais la bouche se montre ample et cossue. La Péroline est le plus grand vin du domaine, avec sa texture racée, sa bouche soulignée brillamment par une touche de graphite : il évoluera magnifiquement.

Côte-Rôtie Améthyste 2017	38 €	16
Côte-Rôtie La Péroline 2017	50 €	18
Côte-Rôtie Maestria 2017	47 €	16,5

Rouge : 4,3 hectares.
Syrah 100 %
Production moyenne : 12 000 bt/an

VIGNOBLES LEVET
26, boulevard des Allées, 69420 Ampuis
04 74 56 15 39 • www.coterotielevet.fr •
Vente et visites : au domaine sur rendez-vous.
Propriétaire : Agnès Levet

★ ↗

DOMAINE LIONNET

Le domaine Lionnet est petit en taille, mais la qualité des vins et la diversité des terroirs qu'il exploite nous séduisent beaucoup. Corinne Lionnet et son compagnon Ludovic Izerable pratiquent une viticulture de qualité. La moyenne d'âge du vignoble oscille entre 40 et 85 ans pour les vignes rouges. Le duo produit un saint-joseph rouge depuis 2013, situé sur la commune de Châteaubourg, comme la parcelle de Saint-Joseph blanc plantée en 2014 de roussanne. Les vins rouges, issus de vendange entière, relèvent d'un style très classique. Les élevages se font en demi-muid de 600 litres avec très peu de bois neuf.

Les vins : adeptes des vins boisés et racoleurs, passez votre chemin ! Le 2016 s'est refermé, mais son fond nous laisse très optimiste sur son potentiel. Le 2017 est tout aussi charnu, avec une matière plus enveloppée, des tanins enrobés. Séduisant, il garde la race qui signe les vins du domaine. Ce domaine confirme toutes nos espérances et reçoit en récompense la première étoile

Cornas Terre Brulée 2016	27 €	17
Cornas Terre Brulée 2017	28 €	17,5

Rouge : 3,5 hectares.
Syrah 100 %
Blanc : 0,3 hectare.
Roussanne 100 %
Production moyenne : 12 000 bt/an

DOMAINE LIONNET ♣
160-162, avenue Colonel-Rousset,
07130 Cornas • www.domainelionnet.fr •
Vente et visites : au domaine sur rendez-vous.
Propriétaire : Corinne Lionnet et Ludovic Izerable
Maître de chai : Ludovic Izerable

★

DOMAINE DU MONTEILLET - STÉPHANE MONTEZ

L'impressionnante nouvelle cave qui se fond dans l'environnement granitique des hauteurs de Chavanay offre au visiteur une vue à 180° sur le Rhône. Stéphane Montez cultive depuis 1997, un vignoble planté sur de très beaux coteaux situés à moins de 2 kilomètres de sa cave. Une rare unité qui produit 40 % de blancs. En rouge, le domaine possède une superbe parcelle de vieilles syrahs en Saint-Joseph, qui produit une généreuse et gourmande Cuvée du Papy. En Côte Rôtie, les élevages sont souvent exubérants mais donnent de la chair aux vins, surtout aux Grandes Places.

Les vins : les condrieux 2016 sont à leur avantage, grâce à l'acidité du millésime et la personnalité des terroirs. Le bien-nommé La Grillette est issu du lieu-dit En Carterie, qui surplombe Château-Grillet. Il surpasse Chanson (un des beaux terroirs de Chavanay), plus généreux en milieu de bouche, grâce à sa maîtrise de la puissance et sa salinité finale, qui amène une grande fraîcheur. Candice possède une belle définition, un équilibre entre sucre et acidité satisfaisant. En rouge, Cuvée du Papy est ouvert sur des notes lardées et épicées. La matière se dévoile harmonieusement. En Côte Rôtie, Les Grandes Places possède une matière sérieuse, mais doit encore digérer son élevage. Fortis est typé Côte Brune, avec une belle adéquation en bouche entre puissance et fermeté. Notre préférence va aux Bons Arrêts, toujours aussi élégant et sapide, parfaitement respectueux de ce terroir sudiste de la Côte Rôtie.

Condrieu Candice 2016	36 €	16,5
Condrieu Chanson 2017	36 €	16,5
Condrieu La Grillette 2016	55 €	17,5
IGP Collines Rhodaniennes Les Hauts du Monteillet 2018	13,50 €	14
Côte Rôtie Fortis 2017	46,50 €	16,5
Côte Rôtie Les Grandes Places 2015	107 €	17
Côte-Rôtie Bons Arrêts 2017	69 €	17,5
Saint-Joseph Cuvée du Papy 2017	23,50 €	16

Rouge : 18 hectares.
Syrah 100 %
Blanc : 14 hectares.
Viognier 70 %, Roussanne 18 %, Marsanne 12 %
Production moyenne : 170 000 bt/an

DOMAINE DU MONTEILLET - STÉPHANE MONTEZ
7, le Montelier, 42410 Chavanay
04 74 87 24 57 • www.montez.fr • Vente et visites : au domaine sur rendez-vous.
Propriétaire : Stéphane Montez

★

JULIEN PILON

Cette petite structure est spécialisée dans les blancs secs du nord de la vallée du Rhône, élaborés à partir d'achat de vins et surtout de raisins, vinifiés et élevés sous bois avec maestria. Une production destinée aujourd'hui aux cavistes et à la restauration. Julien Pilon possède également une parcelle en Côte Rôtie et en Condrieu.

Les vins : cette année encore, nous constatons que les vins blancs sont plus aboutis que les rouges, lesquels accusent toujours une pointe de végétal et de cassis. En blanc, l'hermitage est réussi ; on retrouve la définition du terroir dans sa belle finale amère. À Condrieu, le terroir de Vernon impose amplitude et dimension. Lône reste fidèle à ce style, en se montrant toutefois plus immédiat et sapide. Le saint-joseph blanc est le grand classique de cette maison. Son nez jovial exprime les notes d'abricot de la roussanne. Le crozes blanc sera le plus facile à boire jeune. Nous serons attentifs à l'évolution du domaine : si les blancs méritent bien une étoile, ce n'est pas le cas des rouges.

Condrieu Lône 2017	32 €	15,5
Condrieu Vernon 2017	52 €	16,5
Crozes-Hermitage On The Rhône Again 2017	19 €	14,5
Hermitage Prisme 2017	52 €	16
Saint-Joseph Dimanche à Lima 2017	21 €	15,5
Saint-Péray Les Maisons de Victor 2017	20 €	14,5
Cornas L'Elégance du Caillou 2017	37 €	14,5
Côte-Rôtie La Porchette 2017	41 €	15,5
Saint-Joseph Rue des Poissonniers Paris XVIII 2017	22 €	14,5

Rouge : 2,5 hectares.
Syrah 100 %
Achat de raisins.
Blanc : 10 hectares.
Viognier 50 %, Marsanne 35 %, Roussanne 15 %
Achat de raisins.
Production moyenne : 60 000 bt/an

JULIEN PILON
8, rue Cuvillière, 69420 Condrieu
04 74 48 65 38 • www.julienpilon.fr • Vente et visites : au domaine sur rendez-vous.

Propriétaire : Julien Pilon
Œnologue : Egor Paladin

★

LES VINS DE VIENNE

Cela fait vingt ans que le trio Villard, Cuilleron et Gaillard a commencé l'aventure des Vins de Vienne. La gamme comporte quatre niveaux. Les amphores d'argent correspondant à des vins de fruit à consommer rapidement. Les amphores d'or distinguent des vins plus denses et plus charnus. Les Archevêques se positionnent comme des vins issus de sélection parcellaires et enfin les IGP Collines Rhodaniennes proviennent du terroir de Seyssuel. Sur les 16 hectares de vignes, 11 ont été plantés à Seyssuel entre 1996 et 2001.

Les vins : leur niveau de maturité est satisfaisant, et ils sont aisés à déguster. En blanc, Taburnum affiche davantage de fraîcheur, de justesse et de sapidité que La Chambée. Ce dernier ne manque pas de caractère, mais il reste marqué par la largeur du millésime 2017. Le saint-joseph est ample et rond ; en bouche, sa minéralité lui confère un peu de peps. Le saint-péray est mûr, mais un peu avachi en bouche. En rouge, nous aimons le saint-joseph au jus frais et serré, au fruit juste et précis. Le crozes-hermitage possède un bon volume en bouche, mais nous semble un peu moins scintillant. Le Plomb est frais et éclatant, alors que Les Barcillants est resserré pour le moment. Héluicum est doté d'une jolie texture : un vin bien géré, dont le fruit garde de la tenue.

Condrieu La Chambée 2017	35 €	15
Crozes-Hermitage Bédad 2017	23 €	14
IGP Collines Rhodaniennes Taburnum 2017	35 €	16
Saint-Joseph Le Biez 2017	25 €	15
Saint-Péray Les Bialères 2017	17,50 €	14,5
Cornas Les Barcillants 2016	31 €	15
Crozes-Hermitage Les Grappiats 2016	24 €	15,5
Côte-Rôtie Le Plomb 2017	45 €	16,5
IGP Collines Rhodaniennes Héluicum 2017	22 €	16,5
Saint-Joseph L'Arzelle 2016	21 €	15,5

Rouge : 15 hectares.
Syrah 100 %
Achat de raisins.
Blanc : 5 hectares.
Viognier 60 %, Marsanne 40 %
Achat de raisins.
Production moyenne : 600 000 bt/an

LES VINS DE VIENNE
1, zone d'activité de Jassoux,
42410 Chavanay
04 74 85 04 52 • www.lesvinsdevienne.fr •
Vente et visites : au domaine sur rendez-vous.
Propriétaire : Yves Cuilleron, Pierre Gaillard et François Villard
Directeur : Marie Mélodie Condette
Maître de chai : Christophe Angenieux
Œnologue : Pascal Lombard

★

DOMAINE ALAIN VOGE

La totalité du vignoble est certifiée en biodynamie depuis 2013. Le domaine possède des vignes de coteaux exceptionnelles, entièrement travaillées à la main. La présence de vieilles vignes contribue aussi à produire des vins à la forte personnalité. La cuvée Fleur de Crussol, située sur le lieu-dit La Côte, provient d'une vigne de plus de 70 ans. Depuis le millésime 2015, la cuvée Terres Boisées porte le nom de la parcelle dont elle provient : Ongrie, situé sur des alluvions granitiques. Changement aussi pour Les Vinsonnes, qui devient Les Côtes, du nom de ce terroir situé sur le village de Mauves. En rouge, Les Vieilles Fontaines provient de vignes de 80 ans plantées sur des granites décomposés.

Les vins : on commence en fraîcheur avec Les Chailles, au fruit scintillant, à la bouche bien digeste, puis on monte en puissance avec Les Vieilles Vignes, qui impose davantage de mâche ; son élevage sucre les contours du vin, et la finale pâtit de cette prise de bois pour le moment. Les Vieilles Fontaines est souligné par son élevage, mais ce dernier est bien mieux intégré : vue sa jolie envergure, le temps donnera raison à ce cornas. Le millésime 2014 confère aux Bulles d'Alain une belle tension. Le nez est fidèle à la marsanne. Laissez-le vieillir. En blanc, le saint-péray est celui qui a le moins subi les déséquilibres que l'on peut rencontrer avec les blancs du Rhône Nord. Ongrie est plus large en 2017 qu'en 2016, mais reste long et racé. Fleur de Crussol est un vin superbe, le plus dense de la gamme, mais sans mollesse. Nous saluons son équilibre et le crémeux de son milieu de bouche. Harmonie témoigne d'une gestion en finesse du millésime 2018.

Saint-Péray Fleur de Crussol 2017	32 €	16,5
Saint-Péray Harmonie 2018	20 €	15
Saint-Péray Les Bulles d'Alain 2014	20 €	16
Saint-Péray Ongrie 2017	26 €	16
Cornas Les Chailles 2017	32 €	16
Cornas Les Vieilles Fontaines 2016	80 €	17
Cornas Les Vieilles Vignes 2016	46 €	16,5

Rouge : 8 hectares.
Syrah 100 %
Blanc : 5 hectares.
Marsanne 100 %
Production moyenne : 70 000 bt/an

DOMAINE ALAIN VOGE ♣
4, impasse de l'Equerre, 07130 Cornas
04 75 40 32 04 • www.alain-voge.com •
Visites : sans rendez-vous.
Propriétaire : Alain Voge
Directeur : Lionel Fraisse
Maître de chai : Laurent Martin

DOMAINE BELLE

Derrière la colline de l'Hermitage, la cave de la famille Belle domine les hauteurs du village de Larnage. Louis, le grand-père de Philippe Belle, a été l'un des fondateurs de la coopérative de Tain. Philippe et son père Albert l'ont quitté en 1990. Depuis, le domaine ne cesse de s'agrandir. Les vignes en Crozes-Hermitage sont très bien situées sur les coteaux de Larnage, d'où est issue la cuvée Louis Belle, et dans la plaine alluviale pour la cuvée Les Pierrelles. En Hermitage, une parcelle modeste est située dans le quartier des Murets pour le rouge, et dans le secteur sablo-calcaire de Péléas pour le blanc.

Les vins : ils gardent leur style bien particulier, tourné vers la garde, ce qui nous convient parfaitement. En blanc, Roches Blanches est un peu engoncé ; sa fermeté s'oppose à la richesse du millésime. L'hermitage blanc est une grande bouteille racée et tendue qu'il faut avoir dans sa cave. Parmi les rouges, Les Pierrelles est moins ouvert en 2017 qu'en 2016. Le fruit se montre plus mat. Roche Pierre est un crozes-hermitage qui peut faire pâlir certains hermitages. L'hermitage rouge se montre fin : ce n'est pas le plus puissant des vins de cette appellation, mais il se distingue par son jus délié et longiligne.

Crozes-Hermitage Roches Blanches 2017	33 €	15,5
Hermitage 2017	55 €	18
Crozes-Hermitage Les Pierrelles 2017	20 €	14,5
Crozes-Hermitage Roche Pierre 2016	40 €	16,5
Hermitage 2016	68 €	17

Rouge : 21,5 hectares.
Syrah 100 %
Blanc : 3,5 hectares.
Marsanne 80 %, Roussanne 20 %
Production moyenne : 120 000 bt/an

DOMAINE BELLE ♣
510, rue de la Croix, 26600 Larnage
04 75 08 24 58 • www.domainebelle.com •
Vente et visites : au domaine sur rendez-vous.
Propriétaire : Philippe Belle

DOMAINE DE BONSERINE

Ce domaine possède de très beaux terroirs en Côte Rôtie et deux parcelles en Condrieu : Les Eyguet, à Chavanay et La Garde, sur la commune de Saint-Michel-sur-Rhône. L'ensemble des vignobles est travaillé et labouré, les levures indigènes de rigueur. Ludovic Richard gère ce domaine acheté en 2006 par la maison Guigal, mais le domaine de Bonserine possède sa propre personnalité : ses vins sont bien différents tant dans les styles que dans les textures.

Les vins : La Garde est toujours vendu avec une année de décalage. Nous avons donc dégusté le 2015, qui offre une matière de bonne facture. La Viallière nous séduit le plus. Il démontre que la puissance n'empêche pas la finesse de s'exprimer. La Sarrasine bénéficie aussi de la belle harmonie du millésime 2016 : voici un vin juste à la trame sapide. Le nez du condrieu est agréable, sans exubérance. Il possède davantage d'énergie en 2018 qu'en 2017.

Condrieu 2018	35 €	15,5
Côte Rôtie La Garde 2015	69 €	16
Côte Rôtie La Sarrasine 2016	35 €	15,5
Côte Rôtie La Viallière 2016	58 €	16,5

Rouge : 11 hectares.
Syrah 100 %
Blanc : 1 hectare.
Viognier 100 %
Production moyenne : 50 000 bt/an

DOMAINE DE BONSERINE
2, chemin de la Viallière, 69420 Ampuis
04 74 56 14 27 •
www.domainedebonserine.fr • Visites : sans rendez-vous.
Propriétaire : Famille Guigal
Directeur : Ludovic Richard
Maître de chai : Étienne Beguin

DOMAINE YANN CHAVE

Pour faire plaisir à ses parents qui ne voulaient surtout pas qu'il devienne paysan, Yann Chave a fait de longues études d'économie et de gestion. Passé par Paris et les cabinets d'audit, l'inspection bancaire lui a ouvert les yeux : « J'ai compris loin de chez moi que mes deux passions ont toujours été le rugby et les vins, et c'est ici que ça se passait. » Les vins ont gagné en personnalité, en intensité, privilégiant l'expression naturelle du fruit et du terroir, tant en rouge qu'en blanc. Les progrès sont nets ces dernières années. Et pour les élevages, le vigneron cite Marcel Guigal : « Un vin, c'est comme un enfant : ça doit être bien élevé. »

Les vins : ils confirment nos impressions positives de l'édition précédente du Guide vert. Les vins gagnent en profondeur et en longueur, imposent moins de force et présentent des élevages plus poudrés. Le blanc donne le ton, avec de la tension et une jolie fraîcheur de style. Le crozes-hermitage rouge se livre avec un fruit juteux et aimable. Le Rouvre séduit par son élevage précis, offre plus d'envergure : c'est une belle réussite, étoffée et pulpeuse. L'hermitage est plus délicat que puissant. Nous sommes ravis de déguster ce vin ample et velouté, et sa rectitude en finale nous séduit : que du bonheur ! L'étoile se rapproche.

Crozes-Hermitage 2017	21 €	15,5
Crozes-Hermitage 2017	17 €	15
Crozes-Hermitage Le Rouvre 2017	26 €	16,5
Hermitage 2017	80 €	18

Rouge : 17,5 hectares.
Syrah 100 %
Blanc : 1,5 hectare.
Marsanne 65 %, Roussanne 35 %
Production moyenne : 120 000 bt/an

DOMAINE YANN CHAVE ♣
1170, chemin de la Burge,
26600 Mercurol-Veaunes
04 75 07 42 11 • www.yannchave.com • Pas de visites.
Propriétaire : Yann Chave

DOMAINE EMMANUEL DARNAUD

L'énergique Emmanuel Darnaud s'est taillé une solide réputation avec une production de vins de Crozes-Hermitage mûrs, à boire sur le fruit. Ses syrahs se répartissent sur des alluvions à galets sur Mercurol, Pont-de-l'Isère et La Roche-de-Glun. Depuis 2011, il poursuit l'œuvre de son beau-père et mentor Bernard Faurie auquel il a racheté les vieilles vignes de Saint-Joseph, sur le lieu-dit escarpé La Dardouille ("où le soleil tape"), des coteaux abrupts qui prolongent Les Oliviers.

Les vins : les 2017 sont bien constitués. Les prises de bois, que nous jugions trop insistantes sur les 2016, ne sont pas aussi flagrantes cette année. Nous avons une préférence pour Au Fil du Temps, doté d'une matière pulpeuse et veloutée. Le beau terroir de La Dardouille s'exprime bien en 2017, avec une belle sève de tanin. On retrouve l'empreinte du sol. Les Trois Chênes est plus sévère pour le moment, avec un tanin mordant. Mise en Bouche présente une matière souple et se déguste facilement, mais son fruit manque d'un soupçon d'éclat.

Crozes-Hermitage Au Fil du Temps 2017	30 €	16
Crozes-Hermitage Les Trois Chênes 2017	20 €	15,5
Crozes-Hermitage Mise en Bouche 2017	16 €	14
Saint-Joseph La Dardouille 2017	30 €	16

Rouge : 16,25 hectares.
Syrah 100 %
Blanc : 0,45 hectare.
Production moyenne : 75 000 bt/an

DOMAINE EMMANUEL DARNAUD
21, rue du Stade, 26600 La Roche-de-Glun
04 75 84 81 64 • www.domainedarnaud.com • Vente et visites : au domaine sur rendez-vous.
Propriétaire : Emmanuel Darnaud

DOMAINE ERIC ET JOËL DURAND

Ce domaine, situé au sud de l'appellation Saint-Joseph, est tenu par les frères Durand. Éric et Joël produisent des vins en Cornas et Saint-Joseph. Ils sont connus pour leurs rouges ciselés et tracés par le granite. Depuis peu, ils vinifient des blancs en Saint-Joseph et Saint-Péray, au style précis. Si les vins gardent ce profil, le domaine deviendra incontournable sur cette couleur. L'association entre cuve et bois sur les blancs génère des vins limpides.

Les vins : ils restent fidèle à leur style. Les rouges, toutefois, évoluent vers une dimension plus fruitée, comme en témoigne les 2016 et les 2017 : c'est une bonne chose car, si nous aimons les profils de bouche sans concession des vins du domaine, des fruits plus joyeux et gourmands confèrent un charme bienvenu aux cuvées. En blanc, le saint-péray offre une touche minérale supplémentaire : le saint-joseph est plus rond, mais garde une belle lecture de bouche. Lautaret 2017 et Confidences 2016 sont deux vins à garder impérativement en cave.

IGP Collines Rhodaniennes Caprice 2017	12,50 €	13,5
Saint-Joseph 2017	19 €	15,5
Saint-Péray 2017	18 €	15
Cornas Confidences 2016	50 €	16,5
Cornas Empreintes 2016	32 €	16
Cornas Prémices 2016	25,50 €	15,5
Saint-Joseph Lautaret 2017	24 €	16,5
Saint-Joseph Les Coteaux 2017	19 €	15

Rouge : 17 hectares.
Syrah 100 %
Blanc : 2,5 hectares.
Marsanne 50 %, Roussanne 50 %

DOMAINE ERIC ET JOËL DURAND
2, impasse de la Fontaine,
07130 Châteaubourg
04 75 40 46 78 • ej.durand@wanadoo.fr •
Visites : Pas de visites.
Propriétaire : Éric et Joël Durand

LIONEL FAURY

Le domaine est situé à Chavanay, dans le hameau de La Ribaudy, berceau de la famille Faury. Lionel Faury cultive 18 hectares en appellations Condrieu, Saint-Joseph, Côte-Rôtie et en IGP Collines rhodaniennes. Nous avons particulièrement apprécié les saint-joseph dans les derniers millésimes, qui prouvent que le nord de l'appellation possède un vrai potentiel.

Les vins : les vins du domaine se livrent sur un style très classique, et nous ne pouvons en aucun cas critiquer l'aspect septentrional des nez. Peu importe le millésime, la plupart des rouges possèdent cette touche caractéristique de violette, de poivre et de graphite. Cependant, les finales de certaines cuvées se montrent un peu dures, ce qui s'accompagne de tanins secs. L'utilisation de la vendange entière est pourtant limitée. Parmi les rouges, nous avouons une préférence pour La Gloriette, vin régulier et fin. Reviniscence est de bon niveau, mais s'avère un peu figé en finale. Emporium est assez frais pour un 2015. Le jus possède une bonne rigueur, les tanins marquent un peu la finale. En blanc, La Berne est un vin assez fringuant et sans mollesse, ce qui est satisfaisant pour ce type de millésime.

Condrieu 2017	35 € (c)	15
Condrieu La Berne 2017	41 € (c)	16
Saint-Joseph 2017	21 € (c)	15
Côte Rôtie Emporium 2015	55 € (c)	16
Côte Rôtie Reviniscence 2016	41 € (c)	15,5
IGP Collines Rhodaniennes L'Art Zélé 2017	18,50 € (c)	13
Saint-Joseph Hedonism 2017	21 € (c)	14,5
Saint-Joseph La Gloriette 2017	27 € (c)	16

Rouge : 11,8 hectares.
Syrah 100 %
Blanc : 6,2 hectares.
Viognier 65 %, Marsanne 20 %, Roussanne 15 %
Production moyenne : 80 000 bt/an

LIONEL FAURY
19 bis, La Ribaudy, 42410 Chavanay
04 74 87 26 00 • www.domaine-faury.fr •
Vente et visites : au domaine sur rendez-vous.
Propriétaire : Lionel Faury

DOMAINE FRANÇOIS ET FILS

Ce petit vignoble est implanté sur les communes de Saint-Cyr-sur-Rhône et d'Ampuis. Plantées par le père de Yoann François, au début des années 1980, les vignes étaient destinées jusqu'au millésime 1990 au négoce. Depuis peu, le domaine exploite une petite parcelle de Condrieu située sur le village de Malleval. Il produit quatre vins dont deux côtes-rôties et un IGP Collines Rhodaniennes. Sa particularité ? François et Fils produit aussi du lait et des fromages. Les vins affichent de jolies matières civilisées et les élevages sont très bien gérés.

Les vins : entré l'an passé dans le Guide, ce domaine confirme sa qualité avec ses rouges 2017 et ses blancs 2018. L'IGP est un pur vin de soif et de plaisir aux notes de violette et de poivre. La côte-rôtie est veloutée, soyeuse, dans un style rond et gourmand qui séduira dès maintenant. Rozier offre une envergure supplémentaire, avec davantage de mâche. Les sols schisteux confèrent au vin plus de rectitude. Bien que plus ferme, la bouche se montre aussi pulpeuse ; le fruit participe à cette sensation de gourmandise, soulignée par un boisé juste. Rochins est plus compact, mais reste cohérent de l'attaque à la finale. Avec 50 % de vendange entière, le jus est plus étiré. Le condrieu, issu du terroir de Vauvignière, au sud de Malleval, est bien en place, dans un style plutôt friand et fruité.

Condrieu Veauvignière 2018	29 €	15,5
Cote-Rotie Ronchins 2017	55 €	17
Côte-Rôtie 2017	29 €	16
Côte-Rôtie Rozier 2017	38 €	16,5
IGP Collines Rhodaniennes Syrah 2018	9,50 €	14,5

Rouge : 4,25 hectares.
Syrah 100 %
Blanc : 0,25 hectare.
Viognier 100 %
Production moyenne : 20 000 bt/an

DOMAINE FRANÇOIS ET FILS
451, Mornas, 69420 Ampuis
04 74 56 15 51 • gaec.francois@gmail.com •
Vente et visites : au domaine sur rendez-vous.
Propriétaire : Yoann et Erwan François
Directeur : Yoann François

NOUVEAU DOMAINE

DOMAINE JOLIVET

Ce petit domaine de Saint-Jean de Muzols produit du vin depuis bien longtemps, mais a pris une nouvelle route lorsque Bastien Jolivet a succédé à son père en 2014, et décidé d'arrêter de fournir ses raisins à la coopérative. Le propriétaire, formé à Montpellier, s'est formé pendant quatre ans auprès de Stéphane Montez, période durant laquelle il partait s'exercer, l'hiver venu, à l'étranger : en Nouvelle-Zélande (Hawks Bay, Marlborough) et en Afrique du Sud (au domaine Rijk's, excellente propriété du secteur de Tulbagh). Son vignoble est établi sur de beaux coteaux ; les vins qui en sont issus sont vinifiés en levure indigène, fermentés en barriques usagés. Les rouges comportent une part de vendange entière et sont élevés en demi-muids.

Les vins : à 95 % marsanne, le blanc révèle pourtant les arômes abricotés de la roussanne. Si la maturité du vin exprime bien le millésime 2017, le vin a conservé une certaine tension et une salinité qui le rendent éclatant. Le rouge se referme. La bouche dévoile une belle mâche, une certaine amplitude. Le faible apport de bois neuf lui permet de garder l'empreinte de graphite des sols. C'est un vin en devenir, doté d'une matière de qualité.

Saint-Joseph Clef de Sol 2017	25 €	16
Saint-Joseph L'instinct 2017	21 €	15

Rouge : 8 hectares.
Syrah 100 %
Blanc : 3 hectares.
Marsanne 70 %, Roussanne 30 %
Production moyenne : 40 000 bt/an

DOMAINE JOLIVET
8, route de Lyon,
07300 Saint-Jean-de-Muzols •
bastien@domainejolivet.fr • Vente et visites : au domaine sur rendez-vous.
Propriétaire : Bastien Jolivet

DOMAINE NIERO

Le domaine Niero est dirigé par Rémi, revenu en 2004 et ingénieur de formation, qui fabrique parallèlement des cuves destinées à la fermentation des vins. Le cœur de la production se situe en Condrieu avec 4 hectares divisés en six parcelles. Le domaine produit deux côtes-rôties provenant du terroir des Viallières et du terroir de Bassenon, ainsi qu'une cuvée de saint-joseph, Bois Prieur.

Les vins : si les vins blancs ne souffrent d'aucune contestation et se montrent sincères et bien maîtrisés, sans trop d'exubérance, les vins rouges ne sont pas au même niveau. Le fond des vins est correct, mais la gestion du bois n'est pas optimale. L'élevage raccourcit ainsi la bouche d'Eminence ; dans Vires de Serine, il sèche la finale et enrobe le nez.

Condrieu Cuvée de Chéry 2017	38 €	16,5
Condrieu Héritage 2017	45 €	16
Condrieu Les Ravines 2017	30 €	15,5
Côte-Rôtie Eminence 2017	35 €	14,5
Côte-Rôtie Vires de Serine 2016	60 €	15

Rouge : 3 hectares.
Syrah 100 %
Blanc : 5 hectares.
Viognier 100 %
Production moyenne : 35 000 bt/an

DOMAINE NIERO
3, impasse du Pressoir, rue de la Mairie, 69420 Condrieu
04 74 56 86 99 • www.domaine-niero.com •
Visites : sans rendez-vous.
Propriétaire : Rémi Niero
Directeur : Jean-François Young
Maître de chai : Jérôme Andriot
Œnologue : Olivier Roustang

DOMAINE PICHAT

Ce petit domaine produit des vins précis dans un style moderne. Les vins de pays, en blanc comme en rouge, proviennent du terroir de Champon. Le côte-rôtie Löss (Loess) tire son nom de la roche sur laquelle la vigne est plantée. D'autres beaux terroirs composent le domaine comme Fongeant, en Côte Brune, et Les Grandes Places. Cette dernière est l'icône du domaine, tant dans sa dimension que dans sa profondeur.

Les vins : ils sont un peu décevants. Les côtes-rôties 2017 ne manquent ni de chair, ni de fond, mais se montrent un peu extraites et anguleuses ; elles manquent de charme. Löss est le plus immédiat, mais se montre un peu sec en finale. Champon's possède davantage de densité et de fond, mais accuse une finale dissociée qui manque de grâce. Le boisé fige les arômes et les saveurs des Grandes Places 2017. Œnothèque 2015 présente un boisé luxueux ; ses tanins ne sont pas très aboutis, le vin manque de sapidité et nous avons peur qu'il s'assèche au vieillissement. Serré, plein, il manque toutefois d'harmonie.

Condrieu La Caille 2018	35 € (c)	15
IGP Collines Rhodaniennes Côtes de Verenay Viognier 2018	18 € (c)	14
Côte-Rôtie Champon's 2017	35 € (c)	15,5
Côte-Rôtie Les Grandes Places 2017	65 € (c)	16
Côte-Rôtie Löss 2017	35 € (c)	15,5
Côte-Rôtie Oenothèque 2015	280 € (c)	15,5
IGP Collines Rhodaniennes Côtes de Verenay Syrah 2018	15 € (c)	13,5

Rouge : 4,8 hectares.
Syrah 100 %
Blanc : 0,5 hectare.
Viognier 100 %
Production moyenne : 20 000 bt/an

DOMAINE PICHAT
6, chemin de la Viallière, 69420 Ampuis
04 74 48 37 23 • www.domainepichat.com •
Vente et visites : au domaine sur rendez-vous.
Propriétaire : Stéphane Pichat

DOMAINE CHRISTOPHE PICHON

Le domaine de Christophe Pichon dispose de certains terroirs prestigieux comme Roche Coulante en blanc, ou Côte Blonde en rouge. Les vins, que nous trouvions marqués par des excès de surmaturité et de boisé, ont gagné en équilibre et en harmonie, même si nous regrettons toujours des élevages un peu trop appuyés.

Les vins : la syrah Mosaïque est un vin harmonieux, au fruit juteux, à la texture souple. Le cornas est davantage sucré par le bois en 2017 qu'en 2016, mais la bouche est identitaire : un vin sérieux. En Côte-Rôtie, Promesse, avec ses 8 % de viognier, est un vin très floral, qui pâtit d'un élevage un peu luxueux. Rozier s'affirme comme le grand vin de la cave. Les 100 % de fûts neufs sont bien gérés dans ce vin qui reflète bien son terroir (note de graphite). La Comtesse possède une matière noble, offre une belle finesse en bouche, mais n'a pas encore digéré son boisé. Nous sommes un peu plus déçus par les blancs 2017, qui subissent le prof du millésime. Les vins affichent une belle maturité, mais les jus sont un peu crémeux et manquent de tension.

Condrieu 2017	34 €	15
Condrieu Caresse 2017	55 €	15,5
IGP Collines Rhodaniennes Viognier 2017	14 €	13
Saint-Joseph 2017	25 €	14,5
Cornas Allégorie 2017	35 €	16,5
Côte Rotie Promesse 2017	40 €	16
Côte Rôtie La Comtesse en Côte Blonde 2017	105 €	16,5
Côte-Rôtie Rozier 2017	54 €	17
IGP Collines Rhodaniennes Syrah Mosaïque 2017	26 €	15
Saint-Joseph 2017	20 €	15

Rouge : 10 hectares.
Syrah 100 %
Achat de raisins.
Blanc : 10 hectares.
Viognier 100 %
Achat de raisins.
Production moyenne : 100 000 bt/an

DOMAINE CHRISTOPHE PICHON
36, Le Grand Val, 42410 Chavanay
04 74 87 06 78 • www.domaine-pichon.fr •
Vente et visites : au domaine sur rendez-vous.
Propriétaire : Famille Pichon

ÉRIC TEXIER

Installé à Charnay, dans le sud du Beaujolais, Éric Texier a jeté son dévolu et sa passion sur le vignoble de Brezème. Ce terroir de belle qualité possède la particularité de pouvoir revendiquer son nom derrière l'appellation Côtes-du-Rhône, sans être un côtes-du-rhône-villages. Les sols argilo-calcaires nous révèlent des expressions bien différentes de celles des granites qui dominent les sols du Rhône septentrional. Éric Texier possède un style bien à lui. Les vins sont proches du fruit tout en étant libres. Si tous les vins sans soufre pouvaient avoir le même rendu que ceux du domaine...

Les vins : les deux vins présentés confirment la qualité du terroir de Brezème. Nous avons une préférence pour Réserve, qui nous semble plus jeune et plus juteux, avec ses notes de violette et de poivre du Sichuan. L'expression du fruit étant plus fraîche, la bouche se montre aussi plus gourmande. L'autre cuvée présente un fruit un tantinet plus compoté, une définition plus méridionale au nez comme en bouche.

Côtes du Rhône Brézème 2017	16,50 €	15
Côtes du Rhône Brézème Réserve 2017	de 15 à 20 €	16

Rouge : 8,5 hectares.
Syrah 100 %
Achat de raisins.
Blanc : 1,5 hectare.
Production moyenne : 70 000 bt/an

ÉRIC TEXIER ♣
205, impasse Bel-Air, 69380 Charnay
04 72 54 45 93 • www.eric-texier.com/ •
Vente et visites : au domaine sur rendez-vous.
Propriétaire : Éric Texier

“2017 s’affirme comme une année riche dans le Rhône méridional. Les rouges sont puissants et concentrés, moins équilibrés qu’en 2016. Les blancs se montrent gras et ronds mais certains terroirs tirent leur épingle du jeu.”

Olivier Poussier, dégustateur des vins du Rhône méridional
Meilleur sommelier du monde et membre du comité de dégustation de La Revue du vin de France

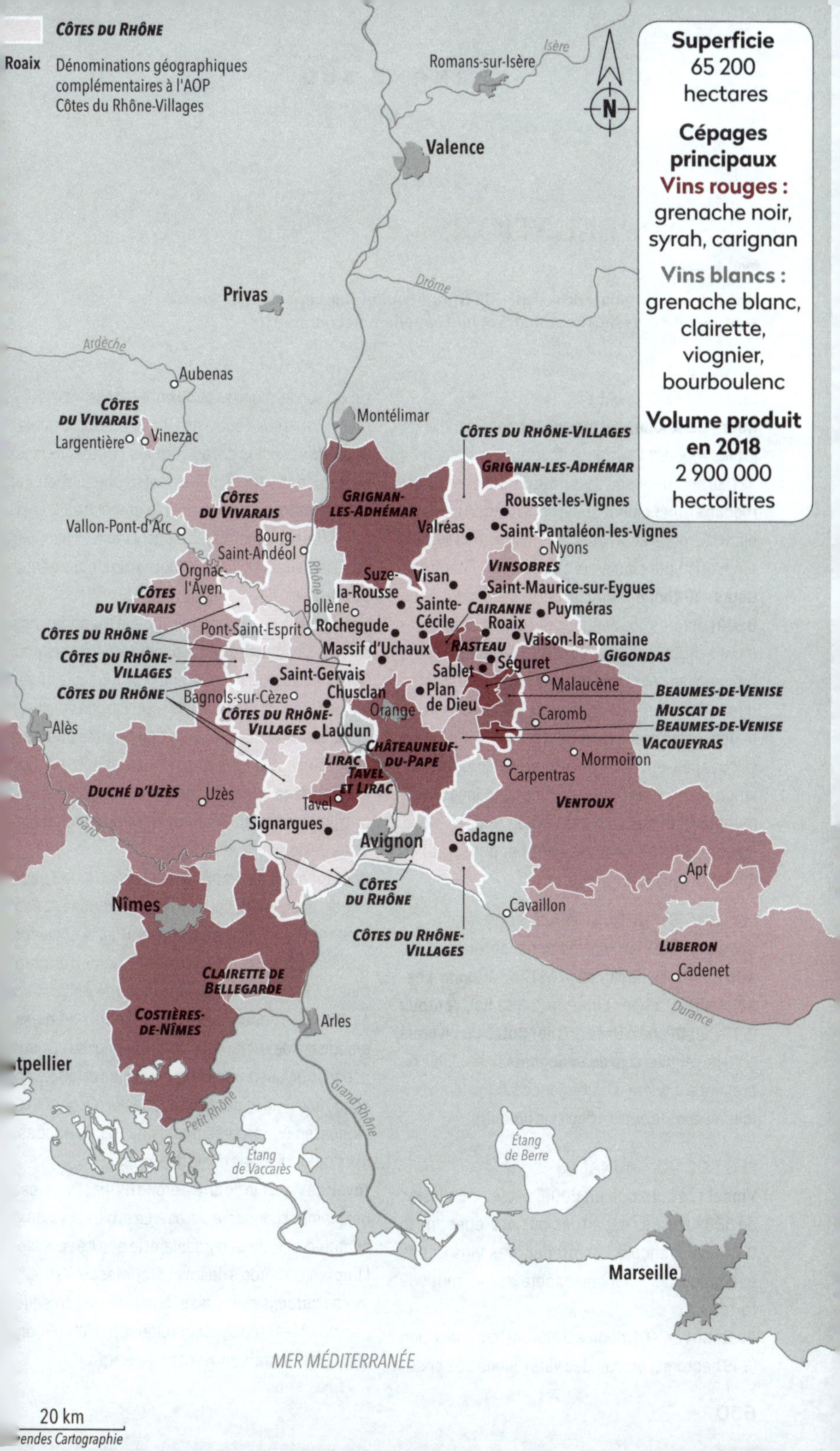
CÔTES DU RHÔNE
Roaix
Dénominations géographiques complémentaires à l'AOP Côtes du Rhône-Villages
Superficie
65 200 hectares
Cépages principaux
Vins rouges :
grenache noir, syrah, carignan
Vins blancs :
grenache blanc, clairette, viognier, bourboulenc
Volume produit en 2018
2 900 000 hectolitres
Isère
Romans-sur-Isère
N
Valence
Drôme
Privas
Ardèche
Aubenas
Montélimar
CÔTES DU VIVARAIS
Largentière
Vinezac
CÔTES DU RHÔNE-VILLAGES
GRIGNAN-LES-ADHÉMAR
Rousset-les-Vignes
Saint-Pantaléon-les-Vignes
Nyons
Valréas
VINSOBRES
Visan
Saint-Maurice-sur-Eygues
Suze-la-Rousse
Sainte-Cécile
CAIRANNE
Puyméras
Roaix
Vaison-la-Romaine
RASTEAU
GIGONDAS
Séguret
Sablet
Malaucène
BEAUMES-DE-VENISE
MUSCAT DE BEAUMES-DE-VENISE
VACQUEYRAS
Caromb
Mormoiron
Carpentras
VENTOUX
Vallon-Pont-d'Arc
Bourg-Saint-Andéol
Rhône
Orgnac-l'Aven
Bollène
Pont-Saint-Esprit
Rochegude
Massif d'Uchaux
CÔTES DU RHÔNE
CÔTES DU RHÔNE-VILLAGES
Saint-Gervais
Bagnols-sur-Cèze
Chusclan
Plan de Dieu
Orange
Laudun
CHÂTEAUNEUF-DU-PAPE
LIRAC
TAVEL ET LIRAC
Tavel
Alès
DUCHÉ D'UZÈS
Uzès
Gard
Signargues
Avignon
Gadagne
Apt
Cavaillon
LUBERON
Cadenet
Durance
Nîmes
CLAIRETTE DE BELLEGARDE
COSTIÈRES-DE-NÎMES
Arles
tpellier
Petit Rhône
Grand Rhône
Étang de Vaccarès
Étang de Berre
Marseille
MER MÉDITERRANÉE
20 km
endes Cartographie

LES APPELLATIONS

La partie méridionale de la vallée du Rhône compte deux appellations régionales, sept appellations sous-régionales et huit appellations communales.

LES AOC RÉGIONALES

Côtes-du-Rhône : cette appellation régionale est la plus importante en superficie puisqu'elle couvre 32 036 hectares, soit près de la moitié du vignoble rhodanien méridional. Si elle peut donner un peu de blanc, le rouge et le rosé représentent 95 % de la production, principalement issue de grenache noir.

Côtes-du-Rhône-Villages : cette dénomination de 8 600 hectares correspond aux terroirs de 95 communes du Gard, du Vaucluse, de l'Ardèche et de la Drôme, avec des règles de production plus strictes qu'en Côtes-du-Rhône. La qualité peut être remarquable à des prix souvent intéressants. Dix-huit villages peuvent accoler leur nom à celui de l'appellation : ce sont les Côtes-du-Rhône-Villages communaux comme Cairanne, Sablet, Sainte-Cécile, Vaison-la-Romaine (Vaucluse), Laudun (Gard) et, Suze-La-Rousse (Drôme).

LES AOC SOUS-RÉGIONALES

Sous cette dénomination sont regroupées les **AOC Costières de Nîmes** (4 091 ha), **Grignan-Les-Adhémar** (1 730 ha), **Luberon** (3 362 ha), **Ventoux** (5 774 ha), **Duché d'Uzès** (271 ha), **Côtes du Vivarais** (220 ha) et **Clairette de Bellegarde** (8 ha). Elles ne présentent guère d'homogénéité dans leurs terroirs, ni dans la qualité des vins produits.

LES AOC COMMUNALES

Vinsobres : promue en 2005, cette appellation de 583 hectares est située au nord-ouest de la Drôme provençale. Elle produit des vins riches et amples mais manque encore de locomotives fortes.

Rasteau : en AOC depuis 2010, cette appellation (949 hectares) produit des vins rouges de constitution solide, mais au beau potentiel de vieillissement. On y trouve aussi de jolis vins doux naturels.

Gigondas : sur les coteaux et les pentes douces descendant vers la plaine, cette appellation de 1 208 hectares est faite pour le grenache. Elle est reconnue pour ses rouges élégants et très nuancé. Les plus belles cuvées sont aptes à la longue garde. Ce cru recèle de très belles affaires.

Vacqueyras : assez comparable à Gigondas par son exposition et son encépagement, Vacqueyras (1 412 hectares) livre des vins plus musclés, mais moins élégants que ceux de l'appellation voisine.

Beaumes de Venise : l'appellation, réputée pour ses vins doux naturels issus de muscat, s'étend sur 635 hectares, sur trois types de terroirs différents. On y produit des rouges corpulents, principalement issus de grenache et de syrah.

Châteauneuf-du-Pape : très étendue (3 133 hectares), l'appellation couvre cinq communes et des types de sols très différents (galets roulés, sables et calcaire). La qualité est loin d'être la même d'un cru à l'autre, d'autant que plusieurs styles de vinification et d'élevage cohabitent. Les meilleurs domaines produisent des vins rouges extraordinaires par leur richesse et leur tenue. Il faut savoir les attendre en cave : une longue garde leur réussit très bien. Les blancs, en net progrès depuis quelques années, n'ont pas toujours le génie des rouges.

Tavel : ce vignoble de la rive droite (911 hectares) est uniquement consacré au rosé. Le style est vineux, charnu, aromatique, agréable, et la qualité variable

Lirac : voisin gardois de Tavel, il représente 771 hectares. Les rouges sont assez fins, les rosés presque comparables aux tavels, les blancs parfois remarquables et les prix souvent compétitifs.

LES CÉPAGES

Contrairement au vignoble septentrional de la vallée du Rhône, où seulement quatre cépages sont autorisés, ils sont bien plus nombreux dans les vignobles méridionaux, à l'image du plus célèbre d'entre eux, Châteauneuf-du-Pape, où l'on en utilise traditionnellement treize.

LES CÉPAGES ROUGES

Le plus courant de tous est incontestablement **le grenache noir**. Il représente à lui seul 65 % de l'encépagement rouge du vignoble rhodanien. Cépage très vigoureux et fertile, il est présent dans la majeure partie des appellations de la région, comme à Gigondas (cépage principal, 50 % minimum de l'encépagement), en Côtes-du-Rhône (40 % minimum), en Côtes-du-Rhône-Villages (50 % minimum), et entre même dans la composition du célèbre vin de Châteauneuf-du-Pape.

On retrouve aussi **la syrah**, cépage emblématique de la vallée du Rhône qui, majoritaire dans le nord, représente dans le sud moins de 20 % de l'encépagement. De plus en plus utilisée dans les appellations méridionales (Gigondas, Grignan-les-Adhémar, Côtes du Luberon, Côtes du Ventoux), elle ne concurrence pas encore le grenache.

Le carignan, plus minoritaire encore, représente seulement 8 % de l'encépagement rouge. En revanche, il entre dans l'assemblage de nombreux crus, comme les côtes-du-rhône rouges et rosés (30 % maximum de l'encépagement), les côtes-du-rhône-villages rouges et rosés (20 % maximum de l'encépagement), mais aussi les costières-de-nîmes, les vins de Grignan-les-Adhémar, du Luberon et du Ventoux.

Enfin, le vignoble sud-rhodanien compte également 5 % de **cinsault** et 3 % de **mourvèdre**, lequel entre de manière significative dans l'assemblage du gigondas et des côtes-du-rhône-villages. On trouve aussi un peu de **counoise noire**, de **muscardin noir**, les **camarèse** et **vaccarèse noirs** ou **le picpoul noir**.

LES CÉPAGES BLANCS

La conception de vins blancs est extrêmement marginale dans le vignoble rhodanien, et ne représente que 6 % du total produit. Pour autant, certains cépages employés ne sont pas destinés à une production secondaire. Les blancs de Châteauneuf-du-Pape sont ainsi remarquables.

Le cépage blanc le plus répandu est **le grenache blanc** (26 % de l'encépagement). Il est à l'origine de vins assez corsés et ronds. Il partage toutefois sa suprématie avec **la clairette** (27 % de l'encépagement). On retrouve ces deux cépages dans les principales appellations produisant du blanc comme Châteauneuf-du-Pape, Lirac, Tavel, Vacqueyras, Côtes-du-Rhône-Villages blancs (associés au grenache, au bourboulenc, à la marsanne et à la roussanne pour 80 % minimum de l'encépagement), Côtes-du-Rhône blancs (dans l'assemblage), Costières de Nîmes, Grignan-les-Adhémar, Luberon et Ventoux.

De manière plus marginale, on compte ensuite **le viognier** (12 %). Riche en alcool, il peut donner aux vins à la fois de la rondeur et des parfums floraux (violette, aubépine, acacia), et leur conférer une certaine opulence en bouche.

On retrouve ensuite **le bourboulenc** (9 % de l'encépagement) qui, à l'inverse du viognier, donne des vins frais et peu alcoolisés. Enfin, il existe des cépages secondaires comme **l'ugni blanc** ou **la marsanne** et **la roussanne**, tous les deux emblématiques de la vallée du Rhône, mais moins utilisées dans le sud et enfin, **le muscat**, employé dans l'élaboration des vins doux naturels de Beaumes de Venise.

DES GALETS DU FLEUVE AU VENTOUX, LA MAGIE DU SUD

CHAMBRES D'HÔTES

LA GRANGE DU KAOLIN

Un superbe gîte pour dix personnes, entre vignes et chênes truffiers. Beau jardin, grande piscine. De 900 à 2 500 € la semaine.
650, chemin du Kaolin, 26130 Saint-Restitut
Tél. : 06 70 70 61 15
www.la-grange-du-kaolin.com

LE CLAIR DE LA PLUME

Au pied du château de Grignan, cet hôtel est réparti dans quatre lieux du village. Côté table, c'est le chef étoilé Julien Allano qui mène la danse. Menu gastronomique (45 à 115 €) dans la maison principale à la verrière somptueuse ; menu bistro dans la bâtisse du XVIIIe siècle (26,50 €) ; en terrasse, dans le jardin méditerranéen (menu 24,50 €), avec plongeon dans la piscine biologique après le dessert.
2, place du Mail, 26230 Grignan
Tél. : 04 75 91 81 30
www.clairplume.com

CAVISTE

WINE BAR LE CHEVAL BLANC

Michel Hermet propose une très belle sélection fréquemment renouvelée de 320 références, dont une quinzaine de vins au verre.
1, place des Arènes, 30000 Nîmes
Tél. : 04 66 76 19 59
www.winebar-lechevalblanc.com

L'ENCLAVE VINOTHÈQUE

Gisèle Garetto vend des vins superbes à la restauration étoilée mais aussi aux particuliers. Dans sa cave, 2 000 cuvées de grands noms du vignoble, la plupart en bio et biodynamie.
Quartier Saint-Urbain, 84600 Valréas
Tél. : 04 90 35 17 96

RESTAURANTS

LA MÈRE GERMAINE

Vénérable institution de Châteauneuf-du-Pape, installée en plein cœur du village depuis 1922, on y élabore une jolie cuisine efficace, à savourer en profitant de la vue imprenable sur Avignon et le Palais des Papes. Menus de 15 € à 45 €.
3, rue Commandant-Lemaitre, 84230 Châteauneuf-du-Pape
Tél. : 04 90 22 78 34
www.lameregermaine.fr

LA TABLE DE SORGUES

Une cuisine savoureuse et inventive, et de très beaux accords en prévision avec les vins locaux (belle sélection de châteauneuf et de côtes-du-rhônes), et d'ailleurs. Menus de 33 à 67 €.
Avenue du 19-Mars-1962, 84700 Sorgues
Tél. : 04 90 39 11 02
www.latabledesorgues.fr

ALEXANDRE

Doublement étoilé au Michelin, Michel Kayser vous accueille dans un cadre de rêve. Sa belle carte de 400 vins compte de grands noms du Sud. Menus de 52 € à 178 €.
2, rue Xavier-Tronc, 30128 Garons
Tél. : 04 66 70 08 99
www.michelkayser.com

COURS DE DÉGUSTATION

UNIVERSITÉ DU VIN DE SUZE-LA-ROUSSE

Créée en 1978, cette école de dégustation est une référence. Elle propose une kyrielle de formations pour s'initier au vin, perfectionner ses connaissances, de la découverte des cépages aux mystères des accords mets et vins. Tous les mardis matin, en juillet et en août, on peut s'initier à la dégustation des vins de la vallée du Rhône (55 € par personne).
Château de Suze, 26790 Suze-la-Rousse
Tél. : 04 75 97 21 30
www.universite-du-vin.com

NOTRE COUP DE ♥

CHEZ MON JULES

Au milieu des vignes, de la lavande et des oliviers, Alexandra et Jules proposent une halte bienvenue. La cuisine à partir des produits bio des producteurs locaux ainsi que quatre chambres d'hôtes (avec petits-déjeuners) assurent sans aucun doute une étape réussie. Menus à 33 €, 45 € et 57 €. Chambres de 80 à 100 €.
5, rue Étienne-de-Vesc, 26220 Vesc
Tél. : 04 75 04 20 74
www.chezmonjules.com

FÊTE VIGNERONNE

CASTAGNADE EN MUSIQUE LE 23 NOVEMBRE 2019

Pour fêter le nouveau millésime, l'espace AnVis, à Visan, invite à un concert rythmé par des dégustations de vin primeur et de châtaignes grillées.
www.castagnades.fr

★★★

CLOS DU MONT-OLIVET

Malgré son nom, ce domaine est très morcelé et rassemble à peu près tous les types de sols de l'appellation. Élaborés traditionnellement, les châteauneuf-du-pape rouges se montrent souvent réservés dans leur jeunesse. Ils sont construits pour se révéler dans le temps. Thierry Sabon a, depuis plusieurs millésimes, apporté finesse et raffinement à l'ensemble de la gamme, du simple côtes-du-rhône jusqu'à la grande cuvée de châteauneuf-du-pape. Nous suivons les progrès de ce domaine depuis de longues années. Les vins, à dix ans, s'expriment avec grâce. À vingt ans, ils franchissent un nouveau cap, et livrent leur véritable potentiel : on apprécie alors pleinement leurs arômes de truffe, de sous-bois, mais aussi de fruit comme infusé par le temps. Le châteauneuf-du-pape blanc est fougueux et distingué. Dans les bons millésimes, la propriété propose la Cuvée du Papet, dense et profonde, taillée pour la garde et qui atteint souvent un niveau exceptionnel. Tous les vins affichent un grand potentiel de garde.

Les vins : ces rouges 2017 et ces blancs 2018 sont cohérents. Le vignoble de Saint-Laurent-des-Arbres s'est agrandi : il donne une nouvelle cuvée, Confluence, qui met en avant les vieilles vignes de carignan et affiche un joli potentiel. Les millésimes qui viennent devraient le voir prendre sa vitesse de croisière. Vieilles Vignes est satisfaisant, mais nous lui préférons le lirac, qui possède une matière concentrée en finesse grâce à l'association entre grenache et cinsault. Le châteauneuf-du-pape blanc présente une jolie fraîcheur en 2018. La parfaite gestion de la richesse donne un certain éclat à ce vin fin et épuré. Le châteauneuf-du-pape rouge 2017 constitue également un modèle de gestion d'un millésime solaire. La part de syrah et de mourvèdre dans l'assemblage est plus importante qu'en 2016 ; au-delà du toucher de bouche dans lequel on retrouve la patte du domaine, c'est la capacité du vin à garder une empreinte fraîche et minérale qui nous séduit le plus.

Châteauneuf-du-Pape 2018	26,50 €	18
Côtes du Rhône 2018	11 €	15
Châteauneuf-du-Pape 2017	26,50 €	17,5
Côtes du Rhône Vieilles Vignes 2017	10 €	14,5
IGP Gard Confluence 2017	13 €	15,5

Le coup de ♥

Lirac 2017	15 €	16,5

Rouge : 46,4 hectares.
Grenache noir 63 %, Syrah 13 %, Mourvèdre 12 %, Divers noir 6 %, Cinsault 5 %, Merlot 1 %
Blanc : 3,6 hectares.
Grenache blanc 39 %, Clairette 33 %, Roussanne 15 %, Bourboulenc 6 %, Grenache gris 3 %, Picardan 2 %, Clairette rose 1 %, Divers blanc 1 %
Production moyenne : 180 000 bt/an

CLOS DU MONT-OLIVET
3, chemin du Bois-de-la-Ville,
84230 Châteauneuf-du-Pape
04 90 83 72 46 • www.clos-montolivet.com
• Visites : sans rendez-vous.
Propriétaire : Thierry, David et Céline Sabon
Maître de chai : Thierry Sabon
Œnologue : Philippe Cambie

★★★

CHÂTEAU RAYAS

Plus qu'un mythe, Château Rayas est une réalité, celle d'un terroir unique sur l'appellation Châteauneuf-du-Pape, où le sable joue un rôle déterminant dans le profil du vin. Emmanuel Reynaud a repris en main le domaine au décès de son oncle, Jacques. Il a remis sur pied un vignoble qui en avait besoin, sans pour autant dévier de l'esprit qui y régnait : des grenaches très mûrs, vinifiés simplement en grappes entières puis élevés dans de vieux foudres. Difficile à comprendre jeune, Rayas prend toute son ampleur avec l'âge. Loin de produire des vins surconcentrés aux boisés démonstratifs, Emmanuel Reynaud perpétue la singularité du domaine en étant encore plus précis dans la définition du cru. Dans la continuité de cet effort, Château de Fonsalette est davantage qu'un simple côtes-du-rhône ; il prolonge cet état d'esprit, à l'image d'un "petit Rayas", mais que l'on boira plus rapidement. Quant à Pignan, châteauneuf-du-pape plus classique dans sa forme, il correspond davantage à l'idée que l'on se fait des vins de cette appellation. Ici, on produit des crus comme il en existe peu en France. Et si certains amateurs sont tentés de cultiver la nostalgie des vins de Jacques Reynaud, Emmanuel produit sans l'ombre d'un doute des cuvées de toute beauté.

Les vins : des trois vins dégustés, Pignan est le plus méditerranéen avec ses notes solaires de maquis, d'herbes sèches et de piment, qui lui confèrent une patine orientale. Nous aimons sa bouche ample et raffinée, qui gère avec un parfait équilibre puissance et richesse. Son énergie se traduit par une très belle sapidité. Rayas 2007 se présente dans un autre registre aromatique. Il séduit par sa trame épurée et gracieuse. Ce vin se livre sur un profil bourguignon, avec des notes de pot-pourri et de pivoine, d'épices douces au nez, puis présente en bouche un registre plus floral et fruité. La puissance est fondue, le vin est long, sans excès de richesse. Ces deux cuvées en ont sous le pied : elles ne sont pas près de faiblir. Le côtes-du-rhône reflète bien le millésime, avec un nez un peu plus confit, des notes de cuir, de cacao amer. L'ensemble aromatique est complexe, dans un registre plus évolué que les deux autres cuvées. En bouche, le fruit est lisible, la texture équilibrée, avec une mâche veloutée. Il est savoureux dès aujourd'hui.

- Châteauneuf-du-Pape 2007 — de 750 à 1 100 € (c) — 20
- Châteauneuf-du-Pape Pignan 2007 — de 300 à 350 € (c) — 19
- Côtes du Rhône Château Fonsalette 2007 — 60 € — 16

Rouge : 11 hectares.
Grenache noir 100 %
Blanc : 1 hectare.
Clairette 50 %, Grenache blanc 50 %
Production moyenne : 100 000 bt/an

CHÂTEAU RAYAS
Route de Courthézon,
84230 Châteauneuf-du-Pape
04 90 83 73 09 • www.chateaurayas.fr •
Vente et visites : au domaine sur rendez-vous.
Propriétaire : Emmanuel Reynaud

★★★

DOMAINE DU VIEUX DONJON

Les vins du domaine du Vieux Donjon comptent parmi les plus fins, les plus élégants et les plus réguliers de l'appellation Châteauneuf-du-Pape. Cette production devrait servir de modèle aux jeunes vignerons qui souhaitent produire des châteauneuf-du-pape raffinés et pas uniquement imposants. Vigneron méticuleux et talentueux, Lucien Michel a cédé peu à peu la place à ses deux enfants, Claire, arrivée en 2007, et François, en 2012. Cette nouvelle génération poursuit avec harmonie le style qui a fait la réputation du domaine, avec deux cuvées de très haute volée. Les vins sont vinifiés en cuve béton, les élevages effectués en gros foudre. Le blanc est composé à parts égales entre clairette et roussanne. Les rouges ne sont que partiellement éraflés, ce qui ne les empêche pas d'être délicats. Le domaine possède des vignes dans de très beaux terroirs de l'appellation (8 hectares à Pied Long, de belles parcelles à Cabrières, Rayas, Cristia, acheté en 2013, Pied de Baud, Bois de Boursan, Le Mourre de Gaud...).

Les vins : nous avons eu la chance de déguster le blanc 2018 produit, hélas, à hauteur de 2 500 bouteilles seulement. Il est plus sapide que le 2017, grâce notamment à sa finale minérale. Le rouge ne déroge pas au style du domaine. Une année d'évolution nous permet de confirmer la complexité et la subtilité des arômes. Un vin au registre délicat, entre notes florales et fruits macérés, avec une touche de maquis et d'encens. Sa puissance diffuse est soulignée par un fruit juteux.

- Châteauneuf-du-Pape 2018 — 38 € (c) — 17,5
- Châteauneuf-du-Pape 2017 — 36 € (c) — 17,5

Rouge : 15 hectares.
Grenache noir 70 %, Syrah 15 %, Mourvèdre 15 %
Blanc : 1 hectare.
Clairette 50 %, Roussanne 50 %
Production moyenne : 50 000 bt/an

DOMAINE DU VIEUX DONJON
Route de Courthézon, BP 66,
84232 Châteauneuf-du-Pape
04 90 83 70 03 • www.levieuxdonjon.fr •
Pas de visites.
Propriétaire : Claire et François Michel

★★

CHÂTEAU DE BEAUCASTEL

Avec son terroir si particulier de galets roulés, le château de Beaucastel est l'un des emblèmes de Châteauneuf-du-Pape. Ce domaine peut s'enorgueillir d'être l'un des seuls à faire appel aux treize cépages autorisés pour élaborer son rouge. Un vin régulièrement de très bon niveau mais qui subit la concurrence de cuvées venues bouleverser la hiérarchie de l'appellation. Certes, la rarissime et remarquable cuvée Hommage à Jacques Perrin, issue à grande majorité de mourvèdre et produite uniquement dans les grandes années, demeure une référence, tout comme le somptueux blanc de roussanne Vieilles Vignes, qui se révèle avec le temps. Le château de Beaucastel demeure, sous la conduite efficace de la famille Perrin, une référence pour les vins du sud de la France, statut qu'il doit désormais partager avec d'autres domaines qui ont atteint, voire dépassé son niveau.

Les vins : le châteauneuf rouge 2017 se montre plein et charpenté, tout en possédant un fruit scintillant ; une belle fraîcheur s'en dégage. Avec une année supplémentaire, le 2016 se montre étoffé et présente une allonge supplémentaire. La juvénile cuvée Hommage à Jacques Perrin 2016 se montre exceptionnelle, tant dans la pureté du fruit que dans la race de bouche : c'est une des plus belles versions jamais produites de cette cuvée magique ; les 60 % de mourvèdre qui la composent tapisse le palais sans aucune dureté. La grande classe ! Les blancs 2017 sont réussis : le châteauneuf-du-pape présente une belle expression de fruits jaunes, une bouche ronde, mais sans mollesse. La roussanne nous étonne encore par sa profondeur et son harmonie. Le domaine a été sévèrement touché par les intempéries en 2018.

- Châteauneuf-du-Pape 2017 — 74 € — 16,5
- Châteauneuf-du-Pape Roussanne Vieilles Vignes 2017 — 143 € — 18
- Châteauneuf-du-Pape 2017 — 74 € — 17
- Châteauneuf-du-pape Hommage à Jacques Perrin 2016 — 350 € — 19

Production moyenne : 300 000 bt/an

CHÂTEAU DE BEAUCASTEL ♣

Chemin de Beaucastel 84350 Courthézon
04 90 70 41 15 • www.beaucastel.com •
Vente et visites : au domaine sur rendez-vous.

Propriétaire : Famille Perrin

Directeur : François Perrin et César Perrin

Maître de chai : Claude Gouan

★★

DOMAINE DES BERNARDINS

Cette propriété assume une vision traditionnelle du vin, sans technologie ni modernisme excessifs. Pas étonnant que les muscats à petits grains donnent un nectar à la texture inégalée et à la richesse en liqueur équivalente à celle des plus grands sauternes. Le domaine des Bernardins, reconnu pour la qualité de ses magnifiques muscats de Beaumes-de-Venise, produit aussi un très joli rouge, à forte personnalité, qui nous enchante. Romain Hall vinifie avec son père depuis 2007. Si le rouge représente 30 % de la production, il a toujours été présent, le plus vieux millésime répertorié datant de 1847. Le domaine vinifie à partir de raisins noirs, en grappe entière, auxquels sont ajouté 10 % de blanc lors de l'assemblage. Ce dernier joue un rôle important en apportant du gras, selon Romain. Les vins sont très aromatiques, et s'ils ont longtemps été un rien fougueux dans leur jeune âge, les derniers millésimes sont bien plus sages, précis, et d'une grâce magistrale, toujours aptes à une belle évolution dans le temps. Surtout, ce domaine produit des muscats renversants, dont on se régalera dès la jeunesse. Mais avec l'âge, dix ans, vingt ans et plus, il acquièrent une complexité incroyable.

Les vins : le domaine brille par la qualité de ses muscats. Le Doré des Bernardins, muscat sec, s'exprime sur une note de rose. Les arômes variétaux du cépage ne sont pas exubérants. Le muscat de beaumes-de-venise 2018 séduit à l'œil par sa robe rose tuilée. Le fruit est juste dans ce vin doux, avec des arômes d'agrumes confits et de fleur d'oranger. La robe d'Hommage le rapproche d'un Vino Santo Occhio di Pernice italien. Le muscat noir amène une pointe de noyau de cerise, complétée d'arômes orientaux (fleur d'oranger, épices). La bouche est parfaitement tenue : c'est un vin de méditation sensuel. En rouge, nous aimons le beaumes-de-venise 2018 pour son fruit éclatant et sa matière pulpeuse. Le 2017 est beau mais davantage marqué par le millésime solaire qui l'a vu naître, ce qui se traduit par moins de fraîcheur. Les Balmes manque de précision.

- IGP Vaucluse Doré des Bernardins 2018 — 7,50 € — 14
- Muscat de Beaumes de Venise 2018 — 13,90 € — 16
- Beaumes de Venise 2017 — 10,50 € — 14,5
- Beaumes de Venise 2018 — 10,50 € — 15,5

- Côtes du Rhône Les Balmes 2017 — 8,90 € — 13

Le coup de ♥

- Muscat de Beaumes de Venise Hommage — 17,20 € — 17

Rouge : 8,2 hectares.
Grenache noir 68 %, Syrah 25 %, Mourvèdre 5 %, Cinsault 2 %
Blanc : 17 hectares.
Muscat à petits grains blancs 70 %, Muscat à petits grains noirs 20 %, Grenache blanc 5 %, Marsanne 5 %
Production moyenne : 100 000 bt/an

DOMAINE DES BERNARDINS
138, avenue Gambetta,
84190 Beaumes-de-Venise
04 90 62 94 13 •
www.domaine-des-bernardins.com •
Visites : sans rendez-vous.
Propriétaire : Andrew et Elisabeth Hall, Renée Castaud-Maurin
Directeur : Romain Hall

★★

DOMAINE BOSQUET DES PAPES

Le vignoble du domaine est très morcelé. Composé d'une quarantaine de parcelles réparties dans différents secteurs de l'appellation, il s'appuie essentiellement sur le grenache et donne naissance à des vins au style classique, qui vieillissent fort bien. Avec la complicité de l'œnologue Philippe Cambie, ce domaine a amorcé un changement de style en produisant des vins plus élégants, sans perdre de leur personnalité. Ce travail a porté ses fruits : les vins s'imposent comme des références, grâce à leur magnifique pureté de fruit et la finesse de leur grain.

Les vins : jamais surjouées, toujours sincères, ces cuvées sont vraiment singulières. Le châteauneuf 2017 est fidèle à une définition classique, entre maturité et pointe de graphite ; le 2012, plus ouvert, livre des notes sauvages et une touche d'humus. On peut d'ores et déjà en profiter. Chante Le Merle, à dominante de grenache, nous gratifie de sa puissance qui s'affirme crescendo, sans excès, et présente une matière séduisante et racée. Provenant du terroir de la Gardiole, À la Gloire de mon Grand-Père, est charnu, étoffé, ferme mais homogène. Le blanc se boira sur sa jeunesse et sa trame sapide.

- Châteauneuf-du-Pape Tradition 2018 — 28 € — 15,5
- Châteauneuf-du-Pape Chante Le Merle Vieilles Vignes 2017 — 40 € — 16,5
- Châteauneuf-du-Pape Tradition 2012 — 31,50 € — 16
- Châteauneuf-du-Pape Tradition 2017 — 28 € — 16
- Côtes du Rhône Domaine Nicolas Boiron 2017 — 9,50 € — 14

Le coup de ♥

- Châteauneuf-du-Pape À la Gloire de mon Grand-Père 2017 — 36 € — 17,5

Rouge : 30,5 hectares.
Grenache noir 75 %, Mourvèdre 11 %, Syrah 11 %, Vaccarèse 1 %, Cinsault 1 %, Counoise 1 %
Blanc : 1,5 hectare.
Clairette 25 %, Grenache blanc 25 %, Clairette rose 20 %, Bourboulenc 20 %, Grenache gris 10 %
Production moyenne : 80 000 bt/an

DOMAINE BOSQUET DES PAPES
18, route d'Orange, BP
50 84232 Châteauneuf-du-Pape Cedex
04 90 83 72 33 •
www.bosquetdespapes.com • Visites : sur rendez-vous uniquement aux professionnels.
Propriétaire : Nicolas Boiron
Œnologue : Philippe Cambie

★★

VIGNOBLES ANDRÉ BRUNEL

Peu connu en France, André Brunel fait pourtant partie de l'élite de l'appellation Châteauneuf-du-Pape. Il produit des vins racés, qui ont pour atouts majeurs la minéralité et le raffinement. Toute la gamme est d'une grande régularité. Le châteauneuf-du-pape classique est une force tranquille, tout en finesse et en nuance. Les grandes années, le domaine produit en petite quantité une magnifique cuvée issue de vignes plantées en 1889 sur le plateau de Farguerol, baptisée Cuvée Centenaire, qui a vu le jour en 1989. Elle a connu un succès mondial rapide, amplement mérité. André Brunel possède encore quelques rares et magnifiques flacons anciens, des 1947 et 1967 ou, plus récents, des

1978, qui montrent un indéniable savoir-faire, que l'on retrouve dans la qualité des vins actuels.

Les vins : ce domaine reste fidèle à son style. Les vins affirment leur caractère méridional sans être confiturés. Le côtes-du-rhône est juste : il s'ouvre sur des notes de maquis et de laurier, puis présente une bouche équilibrée et appétente. Le blanc 2017 est très mûr, mais un peu étriqué par le soufre, malgré une trame équilibrée. Les Cailloux est bien plus lisible : c'est un grand vin classique à encaver impérativement, à la matière puissante et ferme, mais animé par une belle fraîcheur.

- (blanc) Châteauneuf-du-Pape Domaine Les Cailloux 2017 — 28 € — 16
- (rouge) Châteauneuf-du-Pape Domaine Les Cailloux 2016 — 32 € — 18
- (rouge) Côtes du Rhône Sommelongue 2016 — 9 € — 14,5

Rouge : 85,3 hectares.
Grenache noir 65 %, Mourvèdre 20 %, Syrah 10 %, Divers noir 5 %
Blanc : 4,7 hectares.
Roussanne 50 %, Grenache blanc 30 %, Clairette 20 %
Production moyenne : 200 000 bt/an

VIGNOBLES ANDRÉ BRUNEL
2648, chemin de l'Oiselay, 84700 Sorgues
04 90 83 72 62 • www.domaine-les-cailloux.fr • Vente et visites : au domaine sur rendez-vous.
Propriétaire : André Brunel
Directeur : Fabrice Brunel
Maître de chai : Romain Pitaud
Œnologue : Philippe Cambie

★★

DOMAINE CHARVIN

Situé dans les quartiers frais de Châteauneuf-du-Pape, le domaine produit des vins de facture très classique, sans éraflage, élevés en cuve béton. Sans perdre une certaine puissance, les vins ont depuis quelques millésimes gagné en finesse. La production s'appuie sur de vieux grenaches. Le simple côtes-du-rhône, une vraie gourmandise, nécessite quelques années de cave pour être à son meilleur, tout comme le châteauneuf-du-pape, dont le potentiel ne s'exprime qu'après une garde d'au moins cinq ans. Depuis quelques millésimes, le blanc se montre plus juste en maturité et en énergie.

Les vins : en blanc, le côtes-du-rhône séduit avec ses nuances de fleurs blanches. Les vieilles vignes de bourboulenc lui confèrent limpidité et profondeur. Plus ample, le châteauneuf conserve un beau relief grâce à ses amers. Le rosé est mieux géré que l'an passé, au nez comme en bouche. Parmi les rouges, seul l'IGP ne nous semble pas abouti. Le côtes-du-rhône possède un joli fruit, une bouche pulpeuse. Le châteauneuf est fidèle dans sa maturité et son volume de bouche à la dimension de ce terroir, mais à ce stade le fruit reste mat ; il faut l'attendre.

- (blanc) Châteauneuf-du-Pape 2018 — 32 € — 16
- (blanc) Côtes du Rhône 2018 — 13 € — 14
- (rosé) Côtes du Rhône 2018 — 10,50 € — 13,5
- (rouge) Côtes du Rhône 2017 — 11,50 € — 15
- (rouge) IGP Principauté d'Orange À Côté 2017 — 8 € — 13,5

Le coup de ♥
- (rouge) Châteauneuf-du-Pape 2017 — 32 € — 17

Rouge : 31,4 hectares.
Grenache noir 85 %, Mourvèdre 5 %, Syrah 5 %, Vaccarèse 5 %
Blanc : 0,6 hectare.
Bourboulenc 45 %, Roussanne 20 %, Clairette 20 %, Grenache blanc 15 %
Production moyenne : 100 000 bt/an

DOMAINE CHARVIN ♣
Chemin de Maucoil, 84100 Orange
04 90 34 41 10 • domaine.charvin@free.fr • Vente et visites : au domaine sur rendez-vous.
Propriétaire : Laurent Charvin

★★

CLOS DES PAPES

D'une régularité sans faille, la famille Avril exploite l'un des plus beaux domaines de Châteauneuf-du-Pape, composé d'une multitude de parcelles représentant les meilleurs terroirs de l'appellation. Refusant de céder aux modes des cuvées multiples, on ne produit ici qu'une seule et unique cuvée, en rouge comme en blanc, qui se maintient, décennie après décennie, dans le peloton de tête de Châteauneuf-du-Pape. Les vins présentent tout ce que nous sommes en droit d'attendre dans ce secteur : profondeur, velouté de texture et une richesse issue d'une maturité juste, jamais excessive, donnant un splendide potentiel de garde aux rouges comme aux blancs. L'archétype du grand châteauneuf-du-pape intemporel qui vieillit lentement, mais avec sérénité.

Les vins : un seul vin cette année, mais quel vin ! Ce 2017 est certainement une des plus belles réussites de l'appellation. Le vin garde un fruit mûr, une bouche cossue, mais veloutée, sans aucune dureté de tanin.

Le coup de ♥

Châteauneuf-du-Pape Paul Avril 2017 65 € 18

Rouge : 29 hectares.
Grenache noir 50 %, Mourvèdre 35 %, Syrah 10 %, Divers noir 5 %
Blanc : 3 hectares.
Roussanne 17 %, Picardan 16 %, Picpoul blanc 16 %, Bourboulenc 16 %, Clairette 16 %, Grenache blanc 16 %
Production moyenne : 80 000 bt/an

CLOS DES PAPES ♣

13, avenue Pierre-de-Luxembourg, BP 8, 84231 Châteauneuf-du-Pape Cedex
04 90 83 70 13 • www.clos-des-papes.fr • Pas de visites.
Propriétaire : Paul-Vincent Avril

★★

DOMAINE JÉRÔME GRADASSI

Ancien chef étoilé, Jérôme Gradassi s'est reconverti dans le vin en 2004. Un retour aux sources pour ce descendant d'une famille installée dans le vignoble châteauneuvois depuis des décennies, Jérôme étant petit-fils de négociant par son père et de vigneron par sa mère. Il exploite un tout petit domaine qu'il cultive seul avec le plus grand soin. Sa philosophie : faire du mieux qu'il peut avec les moyens dont il dispose. Il choisit une approche traditionnelle, des raisins peu ou pas éraflés et des fûts usagés – pas de bois neuf ! Jérôme Gradassi aime les raisins sains, riches et bien mûrs qu'il vinifie sans artifices. Ses blancs comme ses rouges se révèlent des valeurs sûres.

Les vins : le 2017 se montre bien mûr, avec une expression précise et gourmande du fruit, une puissance maîtrisée. Sa définition est moins florale que celle du 2016, et sa bouche plus cossue. Ce vin bâti pour la garde ne s'affirmera que dans quelques années.

Châteauneuf-du-Pape 2017 23 € 17

Rouge : 4,8 hectares.
Grenache noir 80 %, Mourvèdre 20 %
Blanc : 0,2 hectare.
Clairette 95 %, Grenache blanc 5 %
Production moyenne : 10 000 bt/an

DOMAINE JÉRÔME GRADASSI

20, rue de Verdun,
84230 Châteauneuf-du-Pape
04 90 83 79 56 •
dom.jerome.gradassi@wanadoo.fr • Vente et visites : au domaine sur rendez-vous.
Propriétaire : Jérôme Gradassi
Maître de chai : Jérôme Gradassi

★★

DOMAINE DE LA JANASSE

Cette grande propriété, qui appartient depuis des générations à la famille Sabon, fait partie de l'élite châteauneuvoise. Les vignes de Châteauneuf-du-Pape sont majoritairement réparties sur la commune de Courthézon, avec un morcellement de parcelles et de sols que l'on retrouve à travers les diverses cuvées. Le domaine produit également de splendides, et importantes en volume, cuvées de côtes-du-rhône, provenant de vignes jouxtant l'appellation Châteauneuf-du-Pape. Avec des maturités souvent très élevées, les vins sont d'un style opulent, parfois un peu trop chaleureux lors des millésimes solaires. En contrepartie, les tanins et les textures sont toujours d'une grande finesse. Depuis quelques millésimes, les vins sont moins portés sur la richesse et se montrent légèrement plus digestes.

Les vins : en blanc, le côtes-du-rhône gagne en finesse et en fraîcheur. Le châteauneuf est bien géré dans ce millésime chaud : ample et riche, il nous séduit par sa noble amertume en finale. En rouge, la gourmandise caractérise le côtes-du-rhône 2017. Les Garrigues livre des arômes plus confits. Un vin charnu, mais moins sapide, auquel nous préférons Terre d'Argile, à la matière tout aussi pleine, mais au fruit plus éclatant. Les châteauneuf sont sérieux : nous aimons la gestion de l'équilibre sur Tradition, un vin plein et pulpeux aux tanins bien rangés. Le voluptueux Chaupin, dont les grenaches proviennent des terroirs de Chapouin et de la Crau, se montre complexe : il livre des notes d'épices, d'herbes médicinales et de maquis, avec une jolie étoffe en bouche. Le Vieilles Vignes impose davantage de concentration et de chair : encavez-le.

- Châteauneuf-du-Pape Tradition 2017 — 33 € — 16,5
- Côtes du Rhône 2018 — 10 € — 14
- Châteauneuf-du-Pape Chaupin 2017 — 56 € — 18
- Châteauneuf-du-Pape Tradition 2017 — 33 € — 16,5
- Châteauneuf-du-Pape Vieilles Vignes 2017 — 76 € — 18
- Côtes du Rhône 2017 — 9 € — 14
- Côtes du Rhône Les Garrigues 2016 — 25 € — 13,5
- Côtes du Rhône-Villages Terre d'Argile 2016 — 15 € — 15,5
- IGP Principauté d'Orange Terre de Bussière 2016 — 9 € — 15

Rouge : 78 hectares.
Grenache noir 70 %, Mourvèdre 10 %, Carignan 10 %, Divers noir 5 %, Syrah 5 %
Blanc : 12 hectares.
Grenache blanc 60 %, Roussanne 20 %, Clairette 20 %
Production moyenne : 300 000 bt/an

DOMAINE DE LA JANASSE
27, chemin du Moulin, 84350 Courthézon
04 90 70 86 29 • www.lajanasse.com •
Vente et visites : au domaine sur rendez-vous.
Propriétaire : Aimé, Christophe et Isabelle Sabon

★★

DOMAINE DE MARCOUX

Dirigé par Catherine et Sophie Armenier, le domaine de Marcoux s'impose au sommet des vins de l'appellation Châteauneuf-du-Pape. Il s'est orienté très tôt vers la culture biodynamique (non certifiée). Les vins possèdent un naturel et une profondeur rares, une énergie et une puissance de bouche qui ne s'appuient sur aucun artifice d'élevage. Ces grands vins classiques, marqués par l'empreinte des grenaches mûrs, vieillissent à merveille. Malgré de fortes maturités, toutes les cuvées ont trouvé leur équilibre et paraissent moins chaudes que par le passé. Les blancs s'imposent régulièrement parmi les plus beaux de l'appellation ; le travail des sols y est pour beaucoup. Les vins ont gagné en minéralité et en salinité. Année après année, le lirac devient une valeur incontournable.

Les vins : le blanc du domaine est toujours avenant dans la jeunesse grâce à ses notes de fruits jaunes, apportées par la roussanne, et sa bouche généreuse. Le côtes-du-rhône s'affirme comme un vin sudiste dans ses arômes, mais s'avère un peu dissocié en finale. Nous aimons le côté juteux et très charnu du lirac ; sa texture est serrée, mais il n'est pas dur. Le complexe châteauneuf nous transporte vers des nuances de quinquina, de plantes sauvages, d'épices et de maquis : un vin charpenté, dont la richesse et la vinosité s'avèrent un peu débordantes, ce qui nuit à sa digestibilité. Plus harmonieux, le cossu Vieilles Vignes est tout aussi épanoui dans ses arômes, avec en plus une pointe de cacao et de cerise noire.

- Châteauneuf-du-Pape 2017 — 45 € — 16,5
- Châteauneuf-du-Pape 2016 — 45 € — 16,5
- Châteauneuf-du-Pape Vieilles Vignes 2016 — 106 € — 18
- Côtes du Rhône 2017 — 15 € — 14
- Lirac La Lorentine 2017 — 17 € — 15,5

Rouge : 17 hectares.
Grenache noir 80 %, Mourvèdre 10 %, Syrah 10 %
Blanc : 1 hectare.
Roussanne 65 %, Divers blanc 25 %, Bourboulenc 10 %
Production moyenne : 20 000 bt/an

DOMAINE DE MARCOUX ♣
198, chemin de la Gironde, 84100 Orange
04 90 34 67 43 •
www.domainedemarcoux.com • Vente et visites : au domaine sur rendez-vous.
Propriétaire : Sophie Armenier et Vincent Estevenin

★★

DOMAINE DE L'ORATOIRE SAINT-MARTIN

Frédéric et François Alary ont fait de ce domaine, bien situé sur le magistral terroir de Cairanne, l'un des crus majeurs de l'appellation, grâce à un travail méticuleux et respectueux de la vigne (rendements très limités, culture biologique, récolte à maturité optimale). Après avoir essayé et fait le tour de tous les types de contenants, les deux frères élèvent désormais leurs vins en foudre et en cuve béton, des modes d'élevages parfaitement adaptés aux vins du secteur. Ils produisent des vins cohérents, élégants et raffinés, qui livrent une interprétation civilisée du terroir. Il y a de l'amabilité, de la fougue et une énergie incroyable dans toute la gamme, pour un prix fort raisonnable.

Les vins : une vraie bonne adresse pour les vins du Rhône Sud. En blanc, Réserve des Seigneurs est très typée, avec une pointe d'anis et de fenouil, quand Haut-Coustias exprime sa grande race dans de beaux amers de bouche. Les P'tits Gars joue bien bien son rôle de cuvée sur le fruit, tout en modestie. À Cairanne, Les Douyes affirme une très belle personnalité, surpassée par Haut-Coustias, où l'empreinte du mourvèdre est très aboutie : c'est une des plus belles cuvées de ce terroir.

Cairanne Réserve des Seigneurs 2018	13 €	15
Cairanne Haut-Coustias 2016	20 €	17
Cairanne Les Douyes 2016	19,50 €	16
Cairanne Réserve des Seigneurs 2017	14 €	15,5
Côtes du Rhône Les P'tits Gars 2018	9 €	14

Le coup de ♥

Cairanne Haut-Coustias 2017	19,50 €	16

Rouge : 20 hectares.
Grenache noir 55 %, Mourvèdre 30 %, Syrah 10 %, Counoise 3 %, Cinsault 2 %
Blanc : 5 hectares.
Clairette 40 %, Grenache blanc 20 %, Marsanne 20 %, Roussanne 20 %
Production moyenne : 100 000 bt/an

DOMAINE DE L'ORATOIRE SAINT-MARTIN ☾

570, route de Saint-Roman, 84290 Cairanne
04 90 30 82 07 •
www.oratoiresaintmartin.com •
Visites : sans rendez-vous.
Propriétaire : Frédéric et François Alary

★★

DOMAINE MARCEL RICHAUD

Il existe bien peu de vignerons aussi exigeants et complets en France, de la vigne au chai, que Marcel Richaud. Il est arrivé au sommet de son art depuis qu'il dispose d'un chai de vinification et d'élevage à la hauteur de ses ambitions. Pour l'amateur, le travail de ce producteur est une bénédiction. Toute sa gamme atteint un niveau remarquable et séduit immédiatement. Les vins gagnent année après année en finesse et en précision, tout en respectant l'équilibre et la maturité méridionales.

Les vins : la qualité d'un domaine se juge dans sa capacité à gérer à la fois des vins de plaisir immédiat et des vins en devenir. De ce point de vue, Marcel Richaud atteint les sommets. Dès Les Buisserons, on sait où l'on est : le vin offre un jus précis, jovial, gourmand et si digeste ! Les Galets impose davantage de chair. Le blanc nous séduit par ses arômes sudistes (citron confit, miel) ; il reste droit. Le rasteau impose le respect par sa dimension et son potentiel. À Cairanne, la cuvée du domaine est voluptueuse et fraîche, quand les saveurs du mourvèdre apportent à L'Ebrescade une envergure et une dimension incroyables. Il faut absolument garder ce dernier en cave et profiter des autres cuvées, juteuses dès aujourd'hui.

Cairanne 2017	16 €	16,5
Cairanne 2017	15,50 €	16
Côtes du Rhône Les Buisserons 2017	8,50 €	15
Côtes du Rhône Terre de Galets 2017	10,50 €	15,5
Rasteau 2017	16 €	17

Le coup de ♥

Cairanne L'Ebrescade 2016	20 €	17,5

Rouge : 63,12 hectares.
Grenache noir 50 %, Mourvèdre 25 %, Syrah 10 %, Carignan 5 %, Cinsault 5 %, Counoise 5 %
Achat de raisins.
Blanc : 4,36 hectares.
Bourboulenc 30 %, Clairette 30 %, Grenache blanc 10 %, Marsanne 10 %, Roussanne 10 %, Viognier 10 %
Achat de raisins.
Production moyenne : 200 000 bt/an

DOMAINE MARCEL RICHAUD ♣

470, route de Vaison-la-Romaine, 84290 Cairanne

04 90 30 85 25 • info@domaine-richaud.fr • Visites : sans rendez-vous.
Propriétaire : Marcel Richaud

★★ ↗

MAISON TARDIEU-LAURENT

Cette petite maison de négoce haut de gamme a été créée au début des années 1990 par Michel Tardieu et Dominique Laurent, dans la vallée du Rhône. Grâce à de très beaux approvisionnements et un sens aigu de la vinification et de l'élevage, Michel Tardieu produit une gamme de vins réguliers, dans un esprit moderne. Ce négoce de pointe, aux approvisionnements léchés dans le Sud comme dans le Nord de la vallée du Rhône, obtient cette année la deuxième étoile.

Les vins : la dégustation du millésime 2017 nous conforte dans notre position. La cave est vraiment homogène, les appellations se succèdent avec beaucoup de justesse. En Côtes-du-Rhône, nous sommes conquis par la Cuvée Spéciale, grenache velouté et délicat. Le crozes soyeux offre une belle touche de violette, une texture sapide. Plus ferme, plus tendu, le saint-joseph est tout aussi juste. Bien née, la côte-rôtie offre une race et une vibration qui font plaisir, loin de tout boisé. L'élevage se ressent davantage dans l'hermitage, ce qui n'empêche pas la finesse de s'exprimer. Un vin au style séduisant et velouté. Le gigondas associe matière et fraîcheur : succulent ! Le châteauneuf est bien constitué : nous saluons la recherche permanente de l'équilibre le plus juste possible entre puissance et sapidité. La Cuvée Spéciale met en évidence le grenache de La Crau : elle reste précise sans basculer sur le confit, avec une matière veloutée et fine. Vieilles Vignes est plus ferme : un châteauneuf de garde.

Châteauneuf-du-Pape 2017	28 €	16,5
Châteauneuf-du-Pape Vieilles Vignes 2017	46 €	18
Crozes-Hermitage Vieilles Vignes 2017	25 €	15
Côte Rôtie Vieilles Vignes 2017	65 €	17,5
Côtes du Rhône Cuvée Spéciale 2017	16 €	15,5
Gigondas Vieilles Vignes 2017	26 €	17
Hermitage 2017	62 €	17
Saint-Joseph Vieilles Vignes 2017	29 €	16
Vacqueyras Vieilles Vignes 2017	22 €	15,5

Le coup de ♥

Châteauneuf-du-Pape Spéciale 2017	46 €	18

Production moyenne : 150 000 bt/an

MAISON TARDIEU-LAURENT
Les Grandes Bastides, route de Cucuron, 84160 Lourmarin
04 90 68 80 25 • www.tardieu-laurent.com
• Visites : sans rendez-vous.
Propriétaire : Famille Tardieu

★★

CHÂTEAU DES TOURS

Cette propriété située en bas de l'appellation Vacqueyras, dans le secteur de Sarrians, appartient à Emmanuel Reynaud, qui dirige aussi, depuis 1997, Rayas et Fonsalette. Elle est principalement dédiée à l'exaltation du cépage grenache en rouge comme en blanc. Le soin apporté à la viticulture et les risques pris lors des vendanges – les raisins sont les plus mûrs possibles – offrent une qualité de production très régulière. Les vins proposent une expression singulière du grenache, reconnaissable à l'aveugle au milieu de tous, jamais très fort en couleur mais toujours profond, élancé et épicé, avec un fruit exceptionnel. Ils nous servent de référent en matière d'équilibre et surtout de complexité, et montrent le potentiel de garde des vins du secteur. D'ailleurs, du simple vin de pays jusqu'au vacqueyras, ils sont toujours vendus après quelques années de vieillissement au domaine : c'est ainsi qu'ils s'affirment le mieux.

Les vins : nous avons dégusté le millésime 2015 et nous sommes toujours impressionnés par la façon dont la propriété gère ce type de millésime. L'influence solaire ne quitte pas les vins mais les bouches sont très harmonieuses et les équilibres réussis. Le côtes-du-rhône affiche un fruit juteux avec une grande finesse de style. Le nez se montre bien gourmand, entre cerise et fraise au sucre ; la bouche est ample et plus veloutée ; la trame reste sérieuse, sans aucune rusticité de matière. Épices, cuir, herbes séchées et origan arrivent en finale. Le blanc est bien maîtrisé, avec une patine et une touche mellifère qui le rendent complexe, une bonne oxydation ménagée qui lui donne de la profondeur. La bouche est vineuse et ample ; ses amers lui confèrent une réelle persistance.

- IGP Vaucluse Domaine des Tours 2015 — 14,50 € 15,5
- Côtes du Rhône 2015 — 14,50 € 16
- IGP Vaucluse Domaine des Tours 2015 — 10 € 14

Rouge : 36 hectares.
Grenache noir 42 %, Cinsault 35 %, Counoise 10 %, Merlot 5 %, Syrah 5 %
Blanc : 3 hectares.
Production moyenne : 120 000 bt/an

CHÂTEAU DES TOURS
Quartier des Sablons, 84260 Sarrians
04 90 65 41 75 • chateaurayas.fr •
Visites : sans rendez-vous.
Propriétaire : Emmanuel Reynaud

★★

VIEUX TÉLÉGRAPHE

Sous le nom de Vieux Télégraphe, nous avons regroupé les domaines du Vieux Télégraphe, Pielong ainsi que Les Pallières, en Gigondas, le tout appartenant aux frères Brunier. Les splendides galets de la Crau, terroir chaud, sont à l'origine de la typicité des vins du Vieux Télégraphe. Le domaine y produit une cuvée unique d'une grande régularité. Des raisins peu ou pas éraflés, élevés dans de vieux foudres, donnent un vin riche, ayant besoin d'une longue garde pour dissiper son énergie. Dès lors, ils retrouvent toute la minéralité de ce superbe terroir. Situé au centre du village de Châteauneuf-du-Pape, le vignoble est majoritairement planté sur le plateau de Pied Long et dans le quartier, plus sableux, de Pignan. Les vins sont toujours droits et purs, plus élégants qu'imposants. Le reste de la production est déclassé dans la cuvée Télégramme. Enfin, le domaine Les Pallières, magnifique vignoble de Gigondas, est situé en terrasses sous les Dentelles de Montmirail. Le vin s'exprime dans un style profond, structuré et sans lourdeur.

Les vins : nous sommes toujours sous le charme de ces vins qui gardent une lecture classique, sans esbroufe, du vin du Rhône méridional ; ils conservent rigueur et fraîcheur même dans des millésimes plus solaires. Les fruits sont mûrs mais précis, les vins gardent une colonne vertébrale et une allonge de grande qualité. Les deux gigondas sont bien gérés ; comme l'année passée, nous ressentons une préférence pour la plénitude de la cuvée Racine. Le Télégramme sera le plus immédiat : il est fin et sapide. Pied Long trouvera forcément ses adeptes : la gestion de la puissance est remarquable dans ce vin velouté. Le Domaine du Vieux Télégraphe est plus ferme ; une année d'évolution nous permet de constater toute sa classe et sa dimension, mais il faut encore être patient.

- Châteauneuf-du-Pape Piedlong 2015 — 45 € 18
- Châteauneuf-du-Pape Télégramme 2017 — 28 € 16,5
- Gigondas Les Pallières Les Racines 2016 — 34 € 16
- Gigondas Les Pallières Terrasse du Diable 2016 — 26 € 15,5

Le coup de ♥

- Châteauneuf-du-Pape Domaine du Vieux Télégraphe 2016 — 65 € 18,5

Rouge : 115 hectares.
Grenache noir 65 %, Mourvèdre 15 %, Syrah 15 %, Divers noir 5 %
Blanc : 8 hectares.
Clairette 40 %, Grenache blanc 30 %, Bourboulenc 15 %, Roussanne 15 %
Production moyenne : 410 000 bt/an

VIEUX TÉLÉGRAPHE
3, route de Châteauneuf-du-Pape, 84370 Bedarrides
04 90 33 00 31 • www.vieux-telegraphe.fr •
Vente et visites : au domaine sur rendez-vous.
Propriétaire : Frédéric et Daniel Brunier

★★

DOMAINE DE VILLENEUVE

Depuis le millésime 1995 (le troisième de la propriété), ce domaine au parcours remarquable n'a jamais déçu. Ses vins donnent l'exemple d'un classicisme châteauneuvois renouvelé. Empreints d'harmonie et d'équilibre, ils brillent par leur profondeur de texture et leur soyeux. Dénué de lourdeur, le châteauneuf-du-pape possède beaucoup de fond.

Les vins : il ne manque pas grand-chose à ce domaine pour atteindre un niveau plus élevé. Les textures et les densités des vins sont assez justes et régulières dans les différents millésimes. Si ces cuvées ne pèchent jamais du côté de l'extraction, leurs arômes ne sont pas toujours aboutis : c'est vraiment dommage. Nous aimons les vins vivants, mais avec un peu plus de précision, surtout au niveau du fruit. La deuxième étoile est en danger.

- Châteauneuf-du-Pape Les Vieilles Vignes 2012 42 € 14,5
- Châteauneuf-du-Pape Les Vieilles Vignes 2013 41 € 13
- Châteauneuf-du-Pape Les Vieilles Vignes 2015 39 € 15
- Châteauneuf-du-Pape Les Vieilles Vignes 2016 40 € 16

Rouge : 12 hectares.
Grenache noir 72 %, Mourvèdre 16 %, Syrah 8 %, Cinsault 4 %
Blanc : Clairette 100 %
Production moyenne : 25 000 bt/an

DOMAINE DE VILLENEUVE
Route de Courthézon, 84100 Orange
04 90 34 57 55 •
www.domaine-villeneuve.com • Vente et visites : au domaine sur rendez-vous.
Propriétaire : Stanislas Wallut

★

LA BARROCHE

Le domaine La Barroche possède de très belles parcelles de vieilles vignes, plantées sur des secteurs prestigieux de l'appellation Châteauneuf-du-Pape, à la fois sur des terroirs de galets et de sable. C'est aujourd'hui Julien Barrot, valeur montante de Châteauneuf-du-Pape, qui supervise le domaine. Il change les pratiques culturales en apportant plus d'exigence à la tenue du vignoble : vendanges en vert, baisse des rendements, travail des sols. Les progrès ne se font pas attendre. En cave, il pratique des extractions douces en gardant tout ou partie de la rafle, selon sa maturité. Les vins sont d'une grande élégance, fins et intenses, avec des maturités parfois un peu trop élevées, mais compensées par un fruit toujours généreux.

Les vins : le millésime 2016 est bien né. Les matières et les concentrations des vins restent fidèles à ce que nous sommes en droit d'attendre de cette appellation. La différence avec 2015, dégusté dans notre édition précédente et auquel nous reprochions des arômes un peu figués, est notable : les vins sont plus juteux, plus justes. Ici, le châteauneuf affiche toujours une vinosité un peu débordante : les 2016 semblent plus harmonieux, même s'ils restent imposants. Un peu carré, Liberty ne possède pas la volupté de la cuvée du domaine. Pure est une cuvée élancée, qui séduit par sa gourmandise de fruit, sa trame concentrée en finesse.

- Châteauneuf-du-Pape 2016 35 € 16,5
- Châteauneuf-du-Pape Pure 2016 78 € 17,5
- VDF Liberty 2016 19 € 15

Rouge : 15 hectares.
Grenache noir 62 %, Mourvèdre 17 %, Syrah 13 %, Cinsault 5 %, Divers noir 3 %
Blanc : 0,3 hectare.
Clairette 100 %
Production moyenne : 35 000 bt/an

LA BARROCHE
16, chemin du Clos,
84230 Châteauneuf-du-Pape •
www.domainelabarroche.com • Vente et visites : au domaine sur rendez-vous.
Propriétaire : Julien et Laetitia Barrot

★

DOMAINE DE BEAURENARD

Il faut avoir goûté les vieux châteauneuf-du-pape des années 1950 et 1960 du domaine Beaurenard pour comprendre à la fois le potentiel et l'évolution de la production de ce domaine emblématique. Sans renier leur héritage, les frères Coulon ont évolué vers plus de modernité. Les rouges sont devenus sombres, denses, avec une certaine recherche de puissance, voire une pointe d'austérité. Dans les deux couleurs, les élevages sont marqués par un boisé prégnant, notamment Boisrenard. Depuis quelques millésimes, leurs vins semblent trouver de meilleurs équilibres : ils sont plus dynamiques et vivants. Certifiée en agriculture biologique, la production a évolué vers la biodynamie. Les vins musclés, absorbant mieux leur élevage, restituent avec plus de justesse un fruit prometteur dès le jeune âge et une belle énergie puisée dans le sol, qui les accompagnera dans le temps.

Les vins : le blanc Boisrenard est à l'aube de sa vie et de sa capacité d'expression. Plus sphérique et gras que tendu (impression amplifiée par la touche lactée du bois, qui se fondra), il propose une bouche de bonne envergure, qui ne bascule pas dans la lourdeur. Le châteauneuf rouge est facile d'approche : il parle avec un accent méridional (maquis, olive noire) ; la matière est concentrée, mais souple. Boisrenard rouge est fardé par son élevage. Pas d'inquiétude : il apparaît souvent ainsi dans sa prime jeunesse, mais sa trame et son allonge joue en sa faveur.

Châteauneuf-du-Pape Boisrenard 2017	55 €	16,5
Châteauneuf-du-Pape 2017	36 €	16,5
Châteauneuf-du-Pape Boisrenard 2017	57 €	17

Rouge : 63 hectares.
Grenache noir 70 %, Mourvèdre 10 %, Syrah 10 %, Cinsault 6 %, Muscardin 1 %, Terret noir 1 %, Vaccarèse 1 %, Counoise 1 %
Blanc : 3 hectares.
Clairette 30 %, Bourboulenc 25 %, Roussanne 22 %, Grenache blanc 20 %, Picpoul blanc 3 %
Production moyenne : 250 000 bt/an

DOMAINE DE BEAURENARD

10, avenue Pierre-de-Luxembourg, 84230 Châteauneuf-du-Pape
04 90 83 71 79 • www.beaurenard.fr • Vente et visites : au domaine sur rendez-vous.
Propriétaire : Daniel et Frédéric Coulon

★

DOMAINE BOIS DE BOURSAN

Le domaine Bois de Boursan a été créé au milieu des années 1950 par le père de Jean-Paul Versino. Ce dernier l'a rejoint en 1983, après avoir quitté l'université. Sa seule formation, il l'a puisée dans les livres et en suivant l'expérience de son père qui travaille depuis toujours en viticulture biologique. « Je n'ai pas été contaminé par la culture des années 1980, qui incitait à faire du rendement en s'orientant vers la chimie », confie Jean-Paul. Ici, on produit de très beaux châteauneuf-du-pape dans un style classique, à dominante de grenache non éraflé, élevé en foudre. En 1995, le domaine s'agrandit de quelques parcelles de très vieilles vignes et, parallèlement, le marché est en demande de vins plus puissants. Ainsi naît la cuvée Félix, élevée dans des barriques usagées avec 25 % de mourvèdre, vers laquelle se dirigeront les amateurs de vins plus structurés.

Les vins : leur style est sans complaisance. Ils arborent souvent des nez perturbés dans leur prime jeunesse, et force est de constater que, malgré une année d'évolution, ils s'expriment encore ainsi. Félix présente une matière concentrée mais manque un peu de gourmandise de fruit. Il conserve une texture homogène. Le châteauneuf du domaine se montre encore plus évolué avec une pointe de cacao et d'épice. La bouche est charnue mais manque de fraîcheur. L'étoile est en danger.

Châteauneuf-du-Pape 2016	23 €	15,5
Châteauneuf-du-Pape Félix 2016	37 €	16

Rouge : 15 hectares.
Grenache noir 65 %, Mourvèdre 17 %, Divers noir 10 %, Syrah 8 %
Blanc : 1 hectare.
Production moyenne : 40 000 bt/an

DOMAINE BOIS DE BOURSAN

44, chemin du Clos, Quartier Saint-Pierre, 84230 Châteauneuf-du-Pape
04 90 83 73 60 • boisdeboursan.fr •
Visites : sans rendez-vous.
Propriétaire : Famille Versino
Directeur : Jean et Jean-Paul Versino

★

DOMAINE LA BOUÏSSIÈRE

Le domaine La Bouïssière fait partie des références de l'appellation Gigondas. Son vignoble, bien situé sur les hauteurs des Dentelles de Montmirail, à 400 mètres d'altitude, donne des vins minéraux et intenses. Le domaine produit deux gigondas, une cuvée Tradition à base de grenache, de syrah et de mourvèdre, et une cuvée haut de gamme baptisée Font de Tonin. Cette dernière provient de très vieux grenaches (à 70 %) complétés par des mourvèdres de plus de 75 ans. Vendange égrappée dans sa quasi-totalité et élevage de douze mois en fût neuf pour partie et cuvaison longue, donnent naissance à des vins fins et précis. Ces vins profonds et racés développent avec les années une belle complexité.

Les vins : Les Amis de la Bouïssière porte bien son nom. Par sa texture de bouche, il symbolise le vin de plaisir immédiat. Le fin vacqueyras dévoile un nez de violette, de poivre et d'épices, une trame savoureuse. Les arômes du beaumes-de-venise témoignent d'une maturité un peu trop poussée, le fruit compote, ce qui fait perdre au vin un peu de peps ; la bouche est au rendez-vous, avec une mâche de qualité. On lui préfèrera le gigondas Tradition auquel un quart de syrah apporte une tonalité plus fraîche. La grande cuvée, Font de Tonin, est logiquement plus cossue et complexe. Le boisé n'est pas encore intégré ; il faut la mettre en cave.

- Beaumes de Venise 2017 14 € 14,5
- Gigondas Font de Tonin 2017 26 € 16
- Gigondas Tradition 2017 18 € 16,5
- VDF Les Amis de la Bouïssière 2017 7 € 13,5
- Vacqueyras Tradition 2017 15 € 15,5

Rouge : 18 hectares.
Grenache noir 56 %, Syrah 23 %, Merlot 9 %, Mourvèdre 7 %, Caladoc 5 %
Production moyenne : 60 000 bt/an

DOMAINE LA BOUÏSSIÈRE
15, rue du Portail, 84190 Gigondas
04 90 65 87 91 • www.labouissiere.com •
Pas de visites.
Propriétaire : Gilles et Thierry Faravel
Œnologue : Laboratoire Philis

★

DOMAINE DE LA CHARBONNIÈRE

Acheté en 1912 par Eugène Maret, ce domaine est aujourd'hui aux mains de ses descendants, Michel Maret et ses deux filles, Caroline et Véronique. L'approche du travail des sols est clairement bio. Le domaine possède de nombreuses parcelles. Les différents châteauneuf mettent en évidence des assemblages ou des dominantes de cépages différentes. Les 6 hectares de Vacqueyras produisent des vins de bon niveau. Le style est assez classique : ces vins bien constitués ne basculent jamais dans le déséquilibre.

Les vins : nous sommes séduits par la qualité des 2016, au style très classique et sans artifice, qui consiste à préserver la fraîcheur tout en conservant la typicité méridionale. Les deux vacqueyras possèdent une belle énergie : nous sommes toujours conquis par la Spéciale qui n'a rien à envier à certains châteauneuf. Si le blanc 2017 est bien mûr, et offre volume et richesse, on ressent toutefois un léger déséquilibre. Les châteauneuf sont vraiment de bon niveau et présentent une dimension aboutie qui associe maturité et fraîcheur. À boire avant les autres, Mourre des Perdrix affiche une bouche plus voluptueuse et plus caressante que Vieilles Vignes qui met en valeur le grenache tout en gardant un peu plus de fermeté et de potentiel. Hautes Brusquières est plus épicé et présente une trame de tanin plus tendu : logique, il est à l'aube de ses expressions. La deuxième étoile se rapproche.

- Châteauneuf-du-Pape 2017 26 € 15
- Châteauneuf-du-Pape 2016 26 € 16
- Châteauneuf-du-Pape Hautes Brusquières 2016 45 € 17,5
- Châteauneuf-du-Pape Mourre des Perdrix 2016 38 € 17
- Vacqueyras 2016 17 € 15
- Vacqueyras Spéciale 2016 20 € 16,5

Le coup de ♥
- Châteauneuf-du-Pape Vieilles Vignes 2016 45 € 18

Rouge : 24,3 hectares.
Grenache noir 66 %, Syrah 21 %, Mourvèdre 9 %, Cinsault 3 %, Counoise 1 %
Blanc : 1,44 hectare.
Roussanne 40 %, Grenache blanc 40 %, Clairette 20 %
Production moyenne : 90 000 bt/an

DOMAINE DE LA CHARBONNIÈRE
26, route de Courthézon, BP 83, 84230 Châteauneuf-du-Pape
04 90 83 74 59 •
www.domainedelacharbonniere.com •
Visites : sans rendez-vous.
Propriétaire : Michel Maret et Filles
Œnologue : Philippe Cambie

★ ↗

DOMAINE CHAUME-ARNAUD

Ce vaste domaine se situe à cheval sur les vignobles de Saint-Maurice et de Vinsobres. Dès 1997, date des dernières cultures maraîchères, le domaine a abandonné la polyculture pour se consacrer uniquement au vin. Valérie Chaume-Arnaud s'occupe de la cave, tandis que son compagnon Philippe supervise la vigne. Les vins produits sont intenses et pleins de vie, sans effet de style, et expriment à merveille les terroirs de Saint-Maurice et de Vinsobres. Ces beaux vins du Rhône méridional lorgnent vers le nord.

Les vins : les petites cuvées de rouges fruités séduisent par leur gourmandise et leur digestibilité. Le Petit Coquet en est une parfaite illustration. Les blancs sont réussis, du côtes-du-rhône aux fins arômes de fleurs blanches et de fenouil, jusqu'à La Cadène, à la définition précise, à la bouche limpide et sans lourdeur. Le saint-maurice est plus méditerrannéen : solaire au nez comme en bouche, il reste néanmoins gracieux. Les deux vinsobres dégustés justifient la réputation de ce cru, le plus frais du Rhône méridional. Nous aimons la manière dont les jus, toujours pulpeux, alliant maturité et fraîcheur, sont gérés. La Cadène est logiquement plus cossu, mais sa concentration est très distinguée. La régularité exemplaire de cette propriété nous conduit à lui décerner la première étoile.

Côtes du Rhône 2018	9 €	14,5
Côtes du Rhône-Villages La Cadène 2016	11,50 €	16
Côtes du Rhône 2018	9 €	15
Côtes du Rhône Le Petit Coquet 2018	8,50 €	14,5
Côtes du Rhône-Villages Saint-Maurice 2016	10,50 €	15,5
Vinsobres 2016	12 €	16

Le coup de ♥

Vinsobres La Cadène 2016	18 €	16,5

Rouge : 31 hectares.
Grenache noir 50 %, Syrah 30 %, Cinsault 10 %, Mourvèdre 10 %
Blanc : 4 hectares.
Marsanne 45 %, Viognier 45 %, Roussanne 10 %
Production moyenne : 180 000 bt/an

DOMAINE CHAUME-ARNAUD

Les Paluds, 26110 Vinsobres
04 75 27 66 85 •
chaume-arnaud@wanadoo.fr • Visites : sans rendez-vous.
Propriétaire : Philippe Chaume et Valérie Chaume-Arnaud

★ ↗

LE CLOS DES GRILLONS

Nicolas Renaud était professeur d'histoire avant de devenir vigneron en 2007, en reprenant des vignes à Rochefort-du-Gard. À l'origine de cette passion, des visites dans ses jeunes années dans le vignoble et la mémoire d'un vin en particulier, et pas n'importe lequel : celui d'Henri Bonneau, célèbre producteur de Châteauneuf-du-Pape. Il fait son apprentissage au domaine de la Vieille Julienne. Proche de l'esprit des vins sans soufre, il propose dès ses premiers millésimes des bouteilles magnifiques dans les trois couleurs. Nicolas Renaud est une valeur montante du sud de la vallée du Rhône, auquel nous attribuons une étoile cette année.

Les vins : les 2018 se dégustent avec plaisir. Nicolas Renaud affirme son style depuis quelques années avec réussite. Si les vins sont libres, ils sont aussi justes : ainsi, le blanc épuré offre une texture aromatique fidèle au Sud, avec toutefois un équilibre de bouche plus ligérien. Nous aimons le tavel pour sa gourmandise et son style, qui dévoile une puissance diffuse avec un fruit gourmand. L'Esprit Libre est floral et épicé ; avec sa bouche digeste, c'est un vrai vin de plaisir. Calcaires monte en puissance : tout en gardant la patte du vigneron, la bouche livre un grenache plus cossu. Le fruit apporte cependant beaucoup de fraîcheur dans cette matière étoffée. Les Terres Blanches est promis à une belle évolution ; le carignan amène au nez une touche d'herbes sèches et de maquis.

VDF Le Pic Gris 2018	de 16 à 18 € (c)	14,5
VDF Les Grillons 2018	de 12 à 14 € (c)	16
VDF Prime Senso 2018	de 12 à 14 € (c)	15
Tavel 2018	de 18 à 20 € (c)	16
VDF Primo Senso 2018	de 12 à 14 € (c)	15,5
VDF Calcaires 2018	de 18 à 20 € (c)	15,5
VDF Esprit Libre 2018	de 16 à 18 € (c)	15,5
VDF Les Terres Blanches Vieilles Vignes 2018	de 18 à 20 € (c)	16
VDF Oeillet Rouge 2018	de 20 à 22 € (c)	15

Rouge : 9,3 hectares.
Grenache noir 40 %, Cinsault 22 %, Syrah 20 %, Mourvèdre 14 %, Carignan 4 %
Blanc : 4,6 hectares.
Grenache blanc 29 %, Bourboulenc 17 %, Clairette 16 %, Picpoul blanc 10 %, Muscat à petits grains blancs 6 %, Ugni blanc (trebbiano) 6 %, Viognier 6 %, Vermentino 5 %, Picardan 5 %
Production moyenne : 40 000 bt/an

LE CLOS DES GRILLONS ♣

25, rue du Grand-Pont,
30650 Rochefort-du-Gard
04 90 92 44 47 • closdesgrillons@yahoo.fr •
Vente et visites : au domaine sur rendez-vous.
Propriétaire : Nicolas Renaud

★ ↗

CHÂTEAU DE LA FONT DU LOUP

Le domaine, situé sur un terroir froid exposé plein nord, est aussi appelé dans la région "la glacière". Naissant sur un point culminant de l'appellation, les vins ne souffrent jamais de surmaturité mais les vignes peuvent subir le gel. Le blanc, assemblage de quatre cépages, est élevé entre béton, inox et bois (30 %). Les textures de bouche des différents rouges sont bien représentatifs de ce terroir frais. Nous avouons un faible pour Puy Rolland, qui séduit par son velouté et sa finesse de style. Nous attribuons au domaine une étoile bien méritée.

Les vins : nous sommes charmés par les 2017, très bien gérés en rouge. La cuvée du domaine est raffinée. Le 2016 est plus riche, moins subtil ; la matière reste élégante. Nous adorons la précision et la classe de Puy Rolland : avec une note de fraise au sucre qui fait office d'accent bourguignon, c'est une très belle bouteille, gracieuse et veloutée. Le 2016 est tout aussi typé par le grenache, avec une pointe plus grillée dans les arômes. La bouche est plus large. Legend est mûr et puissant souligné par le boisé pour le moment : nous ne sommes pas inquiets pour son avenir. Le blanc, composé d'une majorité de grenache blanc et de roussanne, avec une pointe de clairette et de bourboulenc, affiche un style floral. Il séduit par sa trame très digeste.

Châteauneuf-du-Pape 2018	35 €	15,5
Châteauneuf-du-Pape 2016	30 €	16
Châteauneuf-du-Pape 2017	30 €	16,5
Châteauneuf-du-Pape Le Puy Rolland 2016	38 €	17,5
Châteauneuf-du-Pape Legend 2016	50 €	17,5

Le coup de ♥

Châteauneuf-du-Pape Le Puy Rolland 2017	37 €	18,5

Rouge : 18,5 hectares.
Grenache noir 60 %, Mourvèdre 20 %, Syrah 15 %, Cinsault 5 %
Blanc : 1,5 hectare.
Grenache blanc 35 %, Roussanne 35 %, Bourboulenc 15 %, Clairette 15 %
Production moyenne : 50 000 bt/an

CHÂTEAU DE LA FONT DU LOUP
Route de Châteauneuf-du-Pape,
84350 Courthézon
04 90 33 06 34 • www.lafontduloup.com •
Visites : sans rendez-vous.
Propriétaire : Anne-Charlotte Mélia-Bachas
Directeur : Laurent Bachas
Maître de chai : Stéphane Dupuy d'Angeac

★

DOMAINE FÉRAUD ET FILS

Ce domaine possède un petit et très beau vignoble implanté sur des safres et des grès sablonneux. Il n'est séparé des fameux sables de Rayas que par quelques rangées d'arbres. Le jeune et très prometteur Yannick Féraud a rejoint en 2012 son père Eddie dans ce domaine familial, où l'on travaille avec des raisins non égrappés et sans levures exogènes. Les vins sont élevés dans de vieux foudres. Si l'approche reste traditionnelle, Yannick a fait évoluer les vins vers davantage de finesse.

Les vins : Le P'tit Plaisir est un vin juteux aux notes muscatées et florales, complétées d'une pointe de pêche blanche, immédiat et séduisant. Le châteauneuf blanc est plus imposant mais conserve de la fraîcheur grâce à ses nuances d'anis et de fenouil. Sa bouche ample et savoureuse n'accuse aucun déséquilibre. En rouge, si leurs fruits sont proches, les 2017 sont plus cossus que les 2016. Avec une année d'évolution, le châteauneuf 2016 confirme notre verdict de l'an passé : ce millésime solaire a été parfaitement géré. La bouche reste toutefois un peu comprimée, il faut donc continuer de l'attendre. Raisins Bleus 2017 est fidèle à son style : une bouche veloutée et soyeuse, des tanins bien enrobés, c'est un vin précis, auquel une fraîcheur minérale confère un réel dynamisme.

Châteauneuf-du-Pape Blanc 2018	30 €	16,5
VDF Le P'tit Plaisir 2017	10 €	14
Châteauneuf-du-Pape 2016	27 €	16
Châteauneuf-du-Pape 2017	30 €	16,5
Châteauneuf-du-Pape Raisins Bleus 2016	45 €	17,5
Châteauneuf-du-Pape Raisins Bleus 2017	50 €	17

Rouge : 5,1 hectares.
Grenache noir 86 %, Mourvèdre 10 %, Cinsault 2 %, Clairette rose 2 %
Blanc : 0,25 hectare.
Clairette 50 %, Grenache blanc 40 %, Muscat à petits grains blancs 10 %
Production moyenne : 13 000 bt/an

DOMAINE FÉRAUD ET FILS
9, avenue du Général-de-Gaulle,
84230 Châteauneuf-du-Pape •
www.domaineferaudetfils.fr • Visites : sans rendez-vous.
Propriétaire : Eddie et Yannick Féraud
Directeur : Yannick Feraud

★

DOMAINE GUILLAUME GROS

Installé dans le Luberon en 2001, Guillaume Gros est un ancien sommelier qui a franchi la barrière pour aller jusqu'au bout de sa passion du vin. Il a fait ses classes en Alsace chez André Ostertag, où il a appris à observer la vigne et à déguster les raisins. Puis il s'est dirigé dans le Rhône chez Yves Gras, au Domaine Santa Duc, à Gigondas, pour finir au Domaine de la Janasse à Châteauneuf-du-Pape. Vigneron perfectionniste, Guillaume Gros ne revendique aucune appartenance. Ses vins sont nets, précis, équilibrés, généreux mais sans maturités excessives. Blancs comme rouges s'avèrent des références.

Les vins : le domaine nous gratifie d'un blanc 2015 de très belle expression. Cette association entre grenache gris et le sauvignon blanc qui, sur le papier, semble sortir de nulle part, dévoile un nez épuré, auquel le sauvignon amène une touche d'aneth sauvage. C'est en cœur de bouche que l'on retrouve le grenache ; pour un millésime solaire, c'est un vin parfaitement géré. Les rouges se présentent plus sudistes et ensoleillés, tout en gardant une bonne retenue. Nous avouons une préférence pour Les Biguières, avec sa pointe d'herbe du maquis et d'eucalyptus. Le lubéron est dans la même veine, mais une pointe d'acétate le rend un peu imprécis.

- VDF À Contre-Courant 2015 — 28 € (c) — 15
- Luberon 2013 — 16 € (c) — 14
- Luberon Les Biguières 2013 — 24 € (c) — 15,5

Rouge : 6,8 hectares.
Grenache noir 50 %, Syrah 25 %,
Carignan 20 %, Mourvèdre 5 %
Blanc : 1,2 hectare.
Grenache gris 65 %, Sauvignon blanc 35 %
Production moyenne : 16 000 bt/an

DOMAINE GUILLAUME GROS
325, chemin du Carraire, 84660 Maubec
04 90 76 63 30 •
www.domaineguillaumegros.com • Vente et visites : au domaine sur rendez-vous.
Propriétaire : Guillaume Gros

★

VIGNOBLES MAYARD

Les vignobles Mayard possèdent un grand domaine en appellation Châteauneuf-du-Pape. Les principales cuvées sont le Clos du Calvaire, beau vin classique, plein et riche, d'une belle complexité ; la cuvée Domaine du Père Pape, plus solide et plus ambitieuse, destinée à la garde. Enfin, issue du terroir de la Crau, une très belle cuvée qui mérite le détour : La Crau de ma Mère. Un vin solaire, comme son terroir, à la fois puissant et racé.

Les vins : les trois rouges présentés témoignent de l'homogénéité de la gamme. Le Clos du Calvaire séduit par sa fraîcheur de style : l'élevage en cuve ciment permet de conserver une fraîcheur salutaire dans ce millésime solaire. On peut le boire dès maintenant. Domaine du Père Pape nous transporte dans une dimension plus charnue. Construit pour la garde, c'est un châteauneuf puissant, mais qui reste sapide grâce à son fruit préservé. La Crau de ma Mère intègre beaucoup plus de grenache : il faut encaver cette bouteille sérieuse, à la belle allonge de bouche.

- Châteauneuf-du-Pape Clos du Calvaire 2017 — 28 € — 15,5
- Châteauneuf-du-Pape Domaine du Père Pape 2017 — 32 € — 16,5
- Châteauneuf-du-Pape La Crau de Ma Mère 2017 — 39 € — 17,5

Rouge : 41 hectares.
Grenache noir 70 %, Syrah 13 %,
Mourvèdre 10 %, Cinsault 5 %, Counoise 2 %
Blanc : 2 hectares.
Clairette 40 %, Grenache blanc 30 %,
Bourboulenc 20 %, Roussanne 10 %
Production moyenne : 100 000 bt/an

VIGNOBLES MAYARD
24, avenue Baron-le-Roy, BP 16,
84231 Châteauneuf-du-Pape Cedex
04 90 83 70 16 • www.vignobles-mayard.fr •
Visites : sans rendez-vous.
Propriétaire : Famille Mayard
Directeur : Françoise Roumieux
Maître de chai : Arthur Mayard
Œnologue : Philippe Cambie

★

MOULIN DE LA GARDETTE

Ce domaine de Gigondas est depuis longtemps une valeur sûre de l'appellation. Il est exploité par Jean-Baptiste Meunier depuis 1990, et compte 10 ha répartis en 25 parcelles, situées entre 100 et 330 mètres d'altitude, où les vignes atteignent en moyenne l'âge respectable de 50 ans.

Les vins : La Petite Gardette présente un fruit très séduisant. La vendange entière est bien intégrée, apportant des notes florales et une touche de griotte. Si le jus se montre étoffé, la puissance s'exprime ici avec élégance. La cuvée Tradition offre davantage de mâche, en conservant un ensemble de bouche harmonieux et sapide.

Gigondas La Petite Gardette 2017	36 €	15,5
Gigondas Tradition 2017	24 €	16

Rouge : 10 hectares.
Grenache noir 70 %, Syrah 17 %, Cinsault 7 %, Mourvèdre 6 %
Production moyenne : 25 000 bt/an

MOULIN DE LA GARDETTE ♣
11, place Gabrielle-Andéol, 84190 Gigondas
04 90 65 81 51 •
www.moulindelagardette.com •
Visites : sans rendez-vous.
Propriétaire : Jean-Baptiste Meunier

★

DOMAINE L'OR DE LINE

Ingénieur agronome de formation, Gérard Jacumin a travaillé dans la finance à Paris avant de revenir au domaine familial en 1989. Sa formation d'ingénieur l'a poussé vers le bio. Mais cet homme dynamique aime les défis et explore la biodynamie. Ses vins sont charnus, gracieux et soyeux. Ici, on érafle peu ou pas les raisins.

Les vins : amateurs de châteauneuf vineux et tannique, passez votre chemin ! Les vins de L'Or de Line sont très infusés et peu extraits, ce qui ne les empêche nullement de posséder une trame sérieuse, typique de l'appellation. Le blanc est plus léger en 2018 qu'en 2017, mais demeure franc et sapide. Le châteauneuf du domaine est doté d'un fruit juteux et épicé ; 40 % de syrah qui confèrent une pointe de violette et de poivre. Sa bouche est pulpeuse. Paule Courtil met en évidence le grenache avec une pointe confite, sucrée. Il y a beaucoup de finesse dans ce vin cossu, bâti pour vieillir.

Châteauneuf-du-Pape 2018 (blanc)	26 €	15,5
Châteauneuf-du-Pape 2018	26 €	16
Châteauneuf-du-Pape Paule Courtil 2018	39 €	17

Rouge : 7 hectares.
Grenache noir 55 %, Mourvèdre 15 %, Syrah 15 %, Divers noir 10 %, Clairette rose 5 %
Blanc : 2 hectares.
Grenache blanc 27 %, Picardan 24 %, Roussanne 20 %, Picpoul blanc 14 %, Clairette 10 %, Bourboulenc 5 %
Production moyenne : 4 000 bt/an

DOMAINE L'OR DE LINE ♣
28, rue Porte-Rouge,
84230 Châteauneuf-du-Pape
04 90 83 74 03 • www.chateauneufbio.com
• Vente et visites : au domaine sur rendez-vous.
Propriétaire : Gérard Jacumin

★ ↗

DOMAINE PIQUE-BASSE

Originaire de Franche-Comté, Olivier Tropet est œnologue de formation. En 1998, il récupère l'exploitation et les vignes de son grand-père dans la vallée du Rhône, à Roaix, au pied du massif de Ventabren et à l'est du terroir de Rasteau, vignoble orienté est/sud-est, face au mont Ventoux. À ses débuts, il livre ses raisins à la cave coopérative. En 2007, il décide de produire son premier millésime au domaine. Le vin est issu de parcelles vendangées manuellement, cultivées de façon naturelle, sans désherbant ni engrais chimiques. Nous suivons Olivier Tropet depuis plusieurs millésimes et à chaque fois ses vins nous séduisent par leur justesse de ton, que ce soit sur le trop méconnu terroir de Roaix qu'il valorise à merveille, ou avec son somptueux rasteau.

Les vins : 2017 et 2016 confirment l'homogénéité de la gamme, du rosé épicé, sincère et loin de toute technologie, à L'Excuse, original petit manseng passerillé qui gère parfaitement ses 263 grammes de sucres résiduels dans son ensemble de bouche très harmonieux, en passant par L'Atout du Pique, un grenache blanc large, mais droit en bouche. En rouge, nous aimons Chasse-Cœur pour son fruit et sa texture peu extraite. Plus concentré, le fort méditerranéen L'As du Pique conserve une belle énergie. Au Cœur du Ventabren s'affirme au fil des années comme l'une des meilleurs expressions de syrah sudiste : un vin frais au nez de violette. Le rasteau maîtrise sa puissance, la trame reste bien en place. Le domaine gagne sa première étoile cette année.

VDF L'Excuse 2016	36 €	14,5
Côtes du Rhône-Villages Roaix L'Atout du Pique 2017	17 €	15,5
Côtes du Rhône-Villages Roaix L'Ambigu 2018	9 €	14
Côtes du Rhône La Brusquembille 2017	8 €	13,5
Côtes du Rhône Le Chasse-Cœur 2017	9 €	14,5
Côtes du Rhône-Villages Roaix Au Cœur du Ventabren 2017	17 €	15,5
Côtes du Rhône-Villages Roaix L'As du Pique 2016	13 €	15,5
Rasteau 2016	13 €	16

Rouge : 18,3 hectares.
Grenache noir 70 %, Syrah 20 %, Carignan 5 %, Mourvèdre 5 %
Blanc : 1,5 hectare.
Grenache blanc 100 %
Production moyenne : 70 000 bt/an

DOMAINE PIQUE-BASSE ♣
445, route de Buisson, 84110 Roaix
04 90 46 19 82 • www.pique-basse.com •
Vente et visites : au domaine sur rendez-vous.
Propriétaire : Olivier Tropet

★ ↗

DOMAINE DU PÈRE BENOÎT

C'est en juin 2005 qu'Anne-Sophie Palayer-Bodson et Benoît Bodson ont acquis ce domaine à Saint-Hilaire d'Ozilhan, près du pont du Gard. Les premières vignes sont plantées en 2006. Elles sont cultivées en bio depuis 2009. Bien que le terroir argilo-calcaire ne soit pas en altitude, la fraîcheur est au rendez-vous. Les fermentations malolactiques ne sont pas pratiquées en blanc ; en rouge, le carignan est vinifié en vendange entière. On peut se restaurer sur place (sur réservation) et déguster, avec les vins, des coquillages et des crustacés.

Les vins : avec une année d'évolution, Psaume 2016 est plus profond et pur en bouche (laquelle dévoile un joli gras), plus limpide au nez. Le 2017 est davantage sudiste : le viognier amène une touche d'abricot et la bouche est plus large. Infusion 2016, assemblage de chardonnay et de vermentino, est dans le même style, avec un jus plus rond en bouche, et une petite prise de bois. Gavroche, auquel le chenin confère des nuances d'infusion de tilleul, nous rapproche de la Loire : son jus est de bonne envergure, ses amers soutiennent sa fraîcheur. En rouge, Benefactum 2016 est un carignan de soif ; Gnome, un grenache juteux et peu extrait ; Salamandre, merlot sudiste, conserve de la rectitude. Notre préférence va à l'élégant et fin Sylphe, qui séduit par ses arômes floraux, sa trame sérieuse et délicate. Cette belle gamme vaut au domaine d'obtenir sa première étoile cette année.

VDF Gavroche 2016	24 €	15,5
VDF Infusion 2016	N.C.	15
VDF Psaume 2017	N.C.	15
VDF Benefactum 2016	27 €	15
VDF Benefactum 2017	de 27 à 30 € (c)	14,5
VDF Gnome 2017	N.C.	15,5
VDF Salamandre 2017	N.C.	14,5
VDF Sylphe 2017	N.C.	16

Le coup de ♥

VDF Psaume 2016	23 €	16,5

Rouge : 6 hectares.
Carignan 41 %, Grenache noir 25 %, Syrah 20 %, Merlot 14 %
Blanc : 3 hectares.
Chardonnay 33 %, Viognier 33 %, Vermentino 17 %, Muscat à petits grains blancs 9 %, Chenin 8 %
Production moyenne : 15 000 bt/an

DOMAINE DU PÈRE BENOÎT ♣
Route de Remoulin
RD792 30210 Saint-Hilaire d'Ozilhan •
www.domaineduperebenoit.com • Vente et visites : au domaine sur rendez-vous.
Propriétaire : Anne-Sophie Palayer-Bodson et Benoît Bodson

★

DOMAINE ROGER SABON

Les Sabon font partie des plus anciennes familles de Châteauneuf-du-Pape. Mais les générations se suivent et ne se ressemblent pas : autrefois, les vins de ce domaine étaient issus de vendanges non égrappées ; aujourd'hui elles le sont partiellement. Entre classicisme et modernité, les vins font la part belle au grenache. Toute la gamme montre une cohérence surprenante, axée sur la recherche de grandes maturités. Ici, plus le vin est grand, plus il se doit d'être fin, et ce avec beaucoup de naturel.

Les vins : en nous renvoyant le millésime 2016, le domaine nous permet de juger l'évolution des vins, et de maintenir notre jugement émis dans l'édition précédente du Guide. Ils conservent un profil classique, sans fioriture. Les Olivets, très joli rapport qualité-prix, conserve sa fraîcheur et gagné en souplesse de bouche. Réserve a beaucoup évolué, au nez comme en bouche, laquelle nous semble néanmoins un peu avachie. Prestige conserve tension et rectitude. Si le vin s'engonce un peu, le jus développe une sève incroyable. Le Secret des Sabon arbore aussi cette noble austérité, avec un jus un peu plus comprimé. Un grand potentiel.

- Châteauneuf-du-Pape Les Olivets 2016 — 18 € — 16
- Châteauneuf-du-Pape Prestige 2016 — 36 € — 17
- Châteauneuf-du-Pape Réserve 2016 — 24 € — 16,5

Le coup de ♥

- Châteauneuf-du-Pape Le Secret des Sabon 2016 — 90 € — 18

Rouge : 16 hectares.
Grenache noir 70 %, Mourvèdre 10 %, Syrah 10 %, Cinsault 5 %, Muscardin 2 %, Terret rouge 2 %, Counoise 1 %
Blanc : 1 hectare.
Roussanne 30 %, Grenache blanc 25 %, Clairette 25 %, Bourboulenc 20 %
Production moyenne : 70 000 bt/an

DOMAINE ROGER SABON
avenue Impériale,
84232 Châteauneuf-du-Pape
04 90 83 71 72 • www.roger-sabon.com • Pas de visites.
Propriétaire : Denis et Gilbert Sabon

★

DOMAINE SAINT-PRÉFERT

Le domaine Saint-Préfert est situé dans le bas du village de Châteauneuf-du-Pape, dans le quartier des Petites Serres. Isabel Ferrando a su valoriser ce terroir peu prisé de l'appellation par un travail des vignes attentif et soigné. Elle y produit un vin moderne, d'une grande régularité, séduisant, immédiat, extrêmement soyeux et raffiné, auquel il manque un rien de fermeté.

Les vins : le blanc 2018 se montre moins vineux que le 2017, et possède à ce stade un nez plus consensuel. Le boisé enrobe un peu une bouche bien définie. En rouge, le châteauneuf du domaine exhale le Sud ! La matière est savoureuse, la trame tannique recentre la bouche. Nous aimons beaucoup Auguste Favier, qui fait ressortir toute la finesse du grenache et du cinsault. Il ne déborde pas dans l'excès de maturité, bien au contraire : le jus est précis, la bouche nous remplit d'allégresse. Charles Giraud est incontestablement bâti pour la garde : il nous impressionne par sa définition, sa race et sa rectitude apportées par le mourvèdre. Il faut l'attendre sagement.

- Châteauneuf-du-Pape 2018 (blanc) — 54 € — 16
- Châteauneuf-du-Pape 2017 — 36 € — 16
- Châteauneuf-du-Pape Collection Charles Giraud 2017 — 80 € — 18
- Châteauneuf-du-Pape Réserve Auguste Favier 2017 — 54 € — 17,5
- Côtes du Rhône Clos Beatus Ille 2017 — 16 € — 14

Rouge : 26,5 hectares.
Grenache noir 70 %, Syrah 15 %, Mourvèdre 10 %, Cinsault 5 %
Blanc : 1,5 hectare.
Roussanne 50 %, Clairette 25 %, Clairette rose 25 %
Production moyenne : 32 000 bt/an

DOMAINE SAINT-PRÉFERT ♣
425, chemin Saint-Préfert,
84230 Châteauneuf-du-Pape
04 90 83 75 03 • www.st-prefert.com • Vente et visites : au domaine sur rendez-vous.
Propriétaire : Isabel Ferrando

★

DOMAINE LE SANG DES CAILLOUX

Ce beau domaine de Vacqueyras dispose d'un magnifique terroir sur un plateau de galets roulés. Certifiée biologique dès 2010, en biodynamie depuis 2012, avec des rendements strictement contrôlés, la propriété produit des vacqueyras imposants qui demandent du temps pour se révéler pleinement : ce sont des vins souvent très structurés et d'une grande richesse, aux maturités élevées, même si, sur les derniers millésimes, ils ont tendance à s'affiner. La cuvée Lopy est le vin le plus riche et dense du domaine mais, sur certains millésimes, nous préférons l'équilibre des entrées de gamme. Le blanc s'impose comme un joli référent dans le secteur.

Les vins : nous aimons le blanc du domaine, un vin identitaire, au nez et à la bouche sudistes, mais qui n'oublie pas d'être dynamique. La prise de bois légère s'estompera. Floureto exprime des notes de maquis et d'herbes sèches. La bouche sérieuse ne possède toutefois pas le pulpeux et la texture de Lopy. Si le jus est ample et velouté dès maintenant, vous gagnerez à l'attendre.

Vacqueyras Un Sang Blanc 2017	26 €	16
Vacqueyras Floureto 2016	16 €	15
Vacqueyras Lopy 2016	22 €	16,5

Rouge : 16,2 hectares.
Grenache noir 70 %, Syrah 20 %,
Mourvèdre 7 %, Cinsault 3 %
Blanc : 1,2 hectare.
Grenache blanc 25 %, Clairette 20 %,
Bourboulenc 15 %, Marsanne 15 %,
Roussanne 15 %, Viognier 10 %
Production moyenne : 60 000 bt/an

DOMAINE LE SANG DES CAILLOUX ☾
4853, route de Vacqueyras, 84260 Sarrians
04 90 65 88 64 • www.sangdescailloux.com
• Visites : sans rendez-vous.
Propriétaire : Serge et Frédéri Férigoule

NOUVEAU DOMAINE

★

CHÂTEAU DES TOURETTES

Le château des Tourettes possède un joli vignoble sur le plateau d'Apt. Maine et Jean-Marie Guffens ont restructuré en quasi-totalité le vignoble en affirmant leur volonté de créer un joli terroir, grâce à des replantations de sélections massales. L'ensemble du vignoble, entre 400 et 430 mètres d'altitude, est exposé au nord. Maine gère le domaine et la viticulture avec conviction. Depuis leur premier millésime, en 1998, les vins sont fidèles au style de Jean-Marie Guffens, offrant toujours l'adéquation entre une maturité aboutie du raisin et une tension minérale en finale. Les vins blancs dominent la production, mais les rouges ne déméritent pas. Nous avons été d'ailleurs séduits par Tinus 2017, fruit de la collaboration entre Jean-Marie Guffens et Stéphane Derenoncourt. Le vin possède un jus capable de traverser les années, mais ce sera certainement le dernier millésime de rouge. Jean-Marie et Maine recentrent la production sur les blancs, et mettent un terme au négoce Guffens du Sud. Nous sommes heureux d'intégrer ce domaine emblématique en lui attribuant une étoile qui correspond bien à la dimension des vins du domaine.

Les vins : la patte de Jean-Marie Guffens est sensible sur les blancs. Raisins Rôtis 2016 est plus frais en finale que l'ample 2017. Le premier a pour lui le peps, le second de beaux amers venus de la marsanne. Le Grand Blanc Chardonnay 2016 est finement grillé, large et doté d'une finale minérale. Nous le préférons au 2017, tout aussi élancé, à la bouche savoureuse mais sans la tension de 2016. En rouge, Tinus 2017 est certainement le millésime le plus abouti depuis sa création, brillant par sa maturité et sa fraîcheur. La bouche séduit par sa trame pulpeuse et ses tanins veloutés. Le 2016 montre un beau niveau, alors que le 2013 est plus sudiste dans les arômes et les saveurs.

VDF Tinus Grand Blanc Chardonnay 2016	19 €	16,5
VDF Tinus Grand Blanc Chardonnay 2017	17 €	16
VDF Tinus Raisins Rôtis Grand Blanc 2016	19 €	15,5
VDF Tinus Raisins Rôtis Grand Blanc 2017	17 €	14,5
VDF Tinus Grand Rosé 2018	9,10 €	14
VDF Tinus Grand Rouge 2016	19 €	15,5
VDF Tinus Grand Rouge 2013	19 €	15

Le coup de ♥

VDF Tinus Grand Rouge 2017	19 €	16,5

Rouge : Grenache noir 41 %, Syrah 30 %, Cabernet franc 29 %
Blanc : Chardonnay 37 %, Marsanne 30 %, Viognier 19 %, Roussanne 14 %
Production moyenne : 100 000 bt/an

CHÂTEAU DES TOURETTES
Les Tourettes, 84400 Apt
03 85 51 66 00 • www.verget-sa.fr • Vente et visites : au domaine sur rendez-vous.
Propriétaire : Jean-Marie Guffens

★

DOMAINE DE LA VIEILLE JULIENNE

Jean-Paul Daumen dirige efficacement ce très beau domaine de Châteauneuf-du-Pape. Grâce à un remarquable travail dans les vignes et une approche très naturelle de la vinification, il y produit des vins classiques, très expressifs et élégants. Dotées d'un énorme potentiel de garde, les deux cuvées de la maison expriment la quintessence des vieux grenaches.

Les vins : le domaine ne nous ayant pas fait parvenir ses vins cette année, nous sommes amenés à reconduire les notes de notre édition précédente.

Côtes du Rhône lieu-dit Clavin 2017	de 15 à 19 € (c)	14
Côtes du Rhône lieu-dit Clavin 2015	de 11 à 13 € (c)	14

Le coup de ♥

Châteauneuf-du-Pape Les Trois Sources 2015	de 36 à 44 € (c)	16

Rouge : 14,5 hectares.
Grenache noir 63 %, Cinsault 10 %, Mourvèdre 10 %, Counoise 7 %, Syrah 7 %, Divers noir 3 %
Blanc : 0,5 hectare.
Production moyenne : 45 000 bt/an

DOMAINE DE LA VIEILLE JULIENNE ☾
Le Grès, 84100 Orange
04 90 34 20 10 • www.vieillejulienne.com • Vente et visites : au domaine sur rendez-vous.
Propriétaire : Jean-Paul Daumen

BASTIDE DU CLAUX

Sylvain Morey est natif de Chassagne-Montrachet. Pour ce fils de Bourguignon, les vins blancs ont peu de secrets. Après des études d'œnologie, il part dans le Luberon en 1995 et y joue de vieilles vignes. Il a dû s'adapter à une culture multicépage et à des terroirs diversifiés qu'il assemble en cave, unique condition pour des vins de bonne facture. Ce domaine produit des cuvées digestes et complexes, bien équilibrées. Les blancs sont remarquables ; les rouges parlent haut et fort de leur terre d'origine.

Les vins : les blancs 2017 sont bien réussis. Pour une fois, Odalisque est supérieur à Barraban : le premier est profond et énergique, alors que le second est plus accessible, moins persistant. Le domaine démontre qu'il maîtrise bien le chardonnay et en donne une version bien typée, mais parfaitement maîtrisée, loin de toute caricature. En rouge, Malacare est épanoui : le fruit et les épices s'offrent sans retenue ; la bouche est agréable, vous pouvez le boire dès aujourd'hui. Le Claux est plus solaire, mais le vin a bien intégré ses tanins. L'Orientale est réussi : ce vin de jolie dimension porte bien son nom, avec sa palette complexe et sa matière sérieuse.

IGP Vaucluse Chardonnay 2016	12,50 €	14,5
Luberon Barraban 2017	12 €	15
Luberon L'Odalisque 2017	14 €	16
Luberon L'Orientale 2016	20 €	16
Luberon Le Claux 2016	14 €	15
Luberon Malacare 2017	12 €	15

Rouge : 10 hectares.
Syrah 50 %, Grenache noir 30 %, Carignan 15 %, Mourvèdre 5 %
Blanc : 6 hectares.
Grenache blanc 30 %, Vermentino 20 %, Chardonnay 15 %, Ugni blanc (trebbiano) 10 %, Viognier 10 %, Clairette 7 %, Marsanne 4 %, Roussanne 4 %
Production moyenne : 70 000 bt/an

BASTIDE DU CLAUX
Campagne Le Claux, 84240 La Motte-d'Aigues
04 90 77 70 26 • www.bastideduclaux.fr • Vente et visites : au domaine sur rendez-vous.
Propriétaire : SCEA SCB
Directeur : Sylvain Morey

NOUVEAU DOMAINE

DOMAINE DU BIENHEUREUX

Dégustés à l'aveugle dans le cadre du numéro Spécial Millésime 2018 de La RVF, puis étiquetes découvertes pour le Guide Vert, les vins de la jeune Eugénie Avias nous ont doublement convaincus, et nous sommes heureux de les voir faire leur entrée dans le Guide cette année.

Ce petit domaine, installé à la pointe sud de l'appellation Châteauneuf-du-Pape, produit des vins très fins à partir de raisins récoltés en vendange entière, dans un style parfaitement maîtrisé. Les terroirs oscillent entre sable et galets roulés. Les jus sont pulpeux et présentent des textures délicates.

Les vins : nous sommes séduits par leur style et leur finesse. N° 18 donne le ton, sur des parfums de fraise écrasée complétés d'une touche florale : un vin assez libre, mais sans défaut, à la texture digeste. On monte en puissance avec le châteauneuf 2018, sans perdre l'esprit des vins du domaine. Après des parfums de pivoine, de rose et d'épices, on se régale d'une bouche veloutée et soyeuse, parsemée de tanins fins. Nous le préférons au 2017, à l'assemblage identique mais plus vineux et étoffé, dont l'empreinte tannique plus forte et la matière laissent présager un vieillissement harmonieux.

- Châteauneuf-du-Pape 2017 22,50 € 16,5
- VDF Le Bienheureux N°18 2018 7,50 € 14,5

Le coup de ♥

- Châteauneuf-du-Pape 2018 23 € 17

Rouge : 7 hectares.
Grenache noir 70 %, Carignan 20 %, Cinsault 8 %, Syrah 2 %
Blanc : 0,5 hectare.
Clairette 50 %, Roussanne 30 %, Marsanne 20 %
Production moyenne : 7 000 bt/an

DOMAINE DU BIENHEUREUX
1094, route de Sorgues,
84230 Châteauneuf-du-Pape •
domainedubienheureux@gmail.com • Vente et visites : au domaine sur rendez-vous.
Propriétaire : Eugénie Avias et Florence Bley
Directeur : Avias Eugenie

DOMAINE CALENDAL

Cette petite exploitation comporte une proportion importante de vieux mourvèdres et grenaches. Elle réunit deux amis, Gilles Ferran, propriétaire du domaine des Escaravailles, et Philippe Cambie, œnologue et conseiller des plus beaux domaines de la vallée du Rhône méridionale.

Les vins : le 2017 montre davantage de bonhomie que le 2016, sans tomber dans la lourdeur, ni le compoté. Bien qu'issu d'un terroir solaire, le vin n'en subit pas les effets. Nous saluons cette recherche d'équilibre et de fraîcheur.

- Côtes du Rhône-Villages Plan de Dieu 2017 19 € 15,5

Rouge : 4 hectares.
Grenache noir 70 %, Mourvèdre 30 %
Production moyenne : 11 500 bt/an

DOMAINE CALENDAL
Les Escaravailles, III, Combe de l'Eoune,
84110 Rasteau
04 90 46 14 20 •
domaine.escaravailles@rasteau.fr •
Visites : sans rendez-vous.
Propriétaire : Philippe Cambie et Gilles Ferran

CHÂTEAU LA CANORGUE

Le Château La Canorgue est l'un des grands domaines historiques du paysage viticole du Luberon, Jean-Pierre Margan y a réalisé sa première vendange en 1974. C'est l'un des tout premiers domaines à s'être orienté vers une pratique culturale bio, tout en évoluant par petites touches vers la biodynamie, sans la revendiquer. À La Canorgue, on aime la vendange entière, la syrah et les élevages dans de grands contenants. Les vins sont hédonistes mais raffinés, gorgés de soleil et portant toujours dans leur trame ce relief sauvage et majestueux du Luberon. De beaux vins classiques, indémodables qui ont toute leur place dans notre guide.

Les vins : malgré la grêle, les deux rouges 2018 sont intéressants. Rouge d'Orage, élaboré à partir de raisins achetés dans diverses appellations, se montre bien juteux. La matière est fort intéressante. Le luberon est jovial, avec un fruit précis. Sa trame facile d'accès permettra d'attendre les millésimes plus concentrés. Coup de cœur pour le luberon 2016, un des plus aboutis des dix dernières années et un excellent rapport qualité-prix. Le 2015 est plein, mais moins harmonieux et moins sapide. Coin Perdu présente une matière sérieuse et concentrée, mais nous semble un peu extrait et donc moins digeste. Les blancs 2018 accusent le choc d'un millésime difficile : le luberon est un peu creux dans son cœur de bouche. Le viognier est plus frais que le 2017, mais reste assez simple.

- IGP Méditerranée Canorgue Viognier 2018 10,50 € 12,5

- Luberon 2018 11 € 13
- Luberon 2018 9,50 € 12,5
- IGP Méditerranée Rouge d'Orage 2018 12 € 14
- IGP Méditerranée La Canorgue Prestige 2015 15 € 14,5
- Luberon 2018 11,50 € 14
- Luberon Coin Perdu 2016 20 € 15

Le coup de ♥

- Luberon 2016 11,50 € 16

Rouge : 30 hectares.
Syrah 60 %, Grenache noir 20 %, Cabernet franc 5 %, Carignan 5 %, Mourvèdre 5 %, Merlot 4 %, Gamay noir à jus blanc 1 %
Blanc : 10 hectares.
Clairette 20 %, Roussanne 20 %, Viognier 20 %, Marsanne 20 %, Bourboulenc 15 %, Vermentino 5 %
Production moyenne : 220 000 bt/an

CHÂTEAU LA CANORGUE ♣
Route du Pont-Julien, 84480 Bonnieux
04 90 75 81 01 • www.chateaulacanorgue.com • Pas de visites.
Propriétaire : Famille Margan
Directeur : Nathalie Margan

CAVE DES VIGNERONS D'ESTÉZARGUES

Cette cave coopérative gardoise dispose de très bons terroirs dans la zone de Tavel et démontre une réelle volonté de les laisser s'exprimer en toute honnêteté. On trouvera ici, à des prix défiant toute concurrence, une belle collection de cuvées intéressantes, aux caractères et aux expressions variés, qui devraient faire le bonheur du plus grand nombre.

Les vins : si l'ensemble des vins présentés affiche une fraîcheur supplémentaire dans l'expression des fruits, les différences se font essentiellement sur la perception des tanins et le niveau de maturité. Nous aimons Domaine des Fées, qui surprend par la fraîcheur de la syrah : on se croirait dans le Rhône Nord. La maturité des tanins du Domaine des Bacchantes nous semble moins aboutie. Domaine de Pierredon est un peu dans le même profil : la texture manque légèrement de souplesse, le vin est moins gracieux. Domaine Grès Saint Vincent présente des arômes plus sudistes : le grenache impose sa patine. La bouche est plus maîtrisée. Côté potentiel, nous parions sur Domaine la Montagnette : les notes de maquis et de garrigue apportent de la complexité, la bouche est cohérente, avec une belle sève.

- Côtes du Rhône Domaine de Pierredon 2018 6,60 € 14
- Côtes du Rhône Domaine des Bacchantes 2018 7,65 € 13,5
- Côtes du Rhône Domaine des Fées 2018 7,65 € 14,5
- Côtes du Rhône-Villages Signargues Domaine Grès Saint Vincent 2018 7,65 € 14
- Côtes du Rhône-Villages Signargues Domaine la Montagnette 2018 7,10 € 15
- Côtes du Rhône-Villages Signargues Domaine les Genestas 2018 7,65 € 13

Rouge : 535 hectares.
Grenache noir 48 %, Syrah 24 %, Cinsault 10 %, Carignan 8 %, Mourvèdre 6 %, Counoise 2 %, Divers noir 2 %
Blanc : 20 hectares.
Grenache blanc 47 %, Bourboulenc 21 %, Viognier 16 %, Clairette 8 %, Picpoul blanc 5 %, Divers blanc 3 %
Production moyenne : 1 800 000 bt/an

CAVE DES VIGNERONS D'ESTÉZARGUES
478, route des Grès, 30390 Estézargues
04 66 57 03 64 • www.vins-estezargues.com • Pas de visites.
Propriétaire : Frédéric Vincent (Président)
Directeur : Denis Deschamps

DOMAINE DU CAYRON

Avec des vignes âgées de 40 ans en moyenne et un vignoble bien exposé sur les coteaux de Gigondas, le domaine du Cayron bénéficie de tous les atouts pour produire un très bon vin. On retrouve ici l'archétype du gigondas vigoureux mais élégant, élevé en foudre et en cuve, issu de raisins non éraflés.

Les vins : les 2016 et les 2017 sont assez frais. Les bouches sont plutôt charnues, avec une sève de tanin légèrement en relief. Parmi les trois vins présentés, le 2015 nous semble le plus abouti et harmonieux. La gestion de la maturité est bonne, la vendange entière vient soutenir la fraîcheur du vin, sans nuire à la maturité du millésime. Nous sommes toutefois un peu surpris par la touche végétale, herbacée, qui s'invite dans les arômes : le fruit de la vendange entière ? Nous avions déjà mentionné cette critique l'année passée, et nous retirons l'étoile à ce domaine.

- Gigondas 2015 23 € 15,5
- Gigondas 2016 18,50 € 14
- Gigondas 2017 19 € 13,5

Rouge : 17 hectares.
Grenache noir 78 %, Syrah 14 %, Cinsault 6 %, Mourvèdre 2 %
Production moyenne : 25 000 bt/an

DOMAINE DU CAYRON

59, rue de la Libération, 84190 Gigondas
04 90 65 87 46 •
www.domaineducayron.com • Vente et visites : au domaine sur rendez-vous.
Propriétaire : Michel Faraud
Œnologue : Laurent Philis

NOUVEAU DOMAINE

DOMAINE GEORGES-LOMBRIÈRE

Ce domaine familial fait son entrée dans le guide cette année. Voici une adresse confidentielle (10 000 bouteilles produites chaque année), dont le premier millésime a été le 2014, en rouge, et le 2016, en blanc. Les parcelles qui composent la cuvée Marie sont essentiellement situées sur la partie ouest (Bois de la Ville) et sud-ouest (Les Grandes Serres) de l'appellation Châteauneuf-du-Pape. Le style des rouges met en évidence le grenache ; 15 à 20 % de mourvèdre dans l'assemblage amènent de la sève au vin. Les élevages, qui se font en foudre de chêne et cuve béton (et demi-muid pour le blanc) sont très bien digérés. Les vinifications sont suivies par Pierre-Jean Villa.

Les vins : une roussanne de belle qualité domine les débats dans le blanc 2017, un vin juste et équilibré. Les 40 % de grenache blanc lui confèrent de la sapidité. La verticale de châteauneuf-du-pape montre que le domaine est loin de tout stéréotype ; chaque millésime est bien à sa place. Le 2016 se montre le plus élancé et gracieux. Le 2015 présente une définition plus chaude et méditerranéenne, avec une mâche de qualité. Le 2014 est le plus immédiat, grâce à son jus fin et peu extrait : il reflète parfaitement le millésime.

- Châteauneuf-du-Pape Cuvée Thaïs 2017 45 € 15,5
- Châteauneuf-du-Pape Cuvée Marie 2014 38 € 15,5
- Châteauneuf-du-Pape Cuvée Marie 2015 38 € 16
- Châteauneuf-du-Pape Cuvée Marie 2016 38 € 17
- Côtes-du-Rhône 2016 15 € 13,5

Rouge : 5 hectares.
Grenache noir 70 %, Mourvèdre 15 %, Syrah 15 %
Blanc : 0,3 hectare.
Roussanne 60 %, Grenache blanc 40 %
Production moyenne : 10 000 bt/an

DOMAINE GEORGES-LOMBRIÈRE

620, route de Bedarrides, 84230 Châteauneuf-du-Pape •
www.georges-lombriere.com • Vente et visites : au domaine sur rendez-vous.
Propriétaire : Marie et Benoit Lombrière, Alaric de Portal
Directeur : Benoit Lombrière
Maître de chai : Franck Ferraton
Œnologue : Guenhaël Kessler

DOMAINE DU GOUR DE CHAULÉ

Loin des vins riches et très ouverts qu'on rencontre avec plaisir dans le Rhône méridional, les cuvées de ce domaine sont au contraire légèrement introverties. Mais dès qu'elles prennent de l'âge, ou que vous les aérez, elles font ressortir tout leur raffinement. Stéphanie Fumoso produit des vins depuis 2007 dans le cœur historique de Gigondas. Les dosages en soufre sont modérés, l'agriculture respectueuse de l'environnement. En cave, les foudres affinent les vins vinifiés en grappe entière.

Les vins : nous sommes surpris par le rosé. Doté d'une robe lumineuse, il nous semble un peu simple et moderne, avec ses arômes apportés par la vinification à basse température. Nous sommes davantage séduits par le gigondas, fidèle au style des vins du domaine grâce à son fruit précis, sa trame charnue mais harmonieuse.

- Gigondas Amour de Rose 2018 13 € 13
- Gigondas Cuvée Tradition 2017 16,50 € 15,5

Rouge : 10,5 hectares.
Grenache noir 86 %, Mourvèdre 10 %,

Syrah 10 %, Cinsault 4 %
Production moyenne : 35 000 bt/an

DOMAINE DU GOUR DE CHAULÉ
Cave Bonfils, quartier Sainte-Anne
84190 Gigondas
04 90 65 85 62 • www.gourdechaule.com •
Vente et visites : au domaine sur rendez-vous.
Propriétaire : Stéphanie Fumoso
Œnologue : Laurent Philis

MARTINELLE

Originaire d'Allemagne, Corinna Faravel découvre le vin en famille, puis à l'école hôtelière. Si elle débute avec le riesling allemand, elle est vite attirée par le vignoble français. Un stage en 1997 à Suze-la-Rousse, suivi d'un séjour chez le célèbre Marcel Richaud, précéderont son implantation dans le Ventoux en 2001. Elle partage la même passion pour le raisin que son époux, Thierry Faravel, vigneron à Gigondas, et élabore des vins distincts mais avec le même panache. Cette viticultrice talentueuse a fait du chemin. Ses ventoux et beaumes-de-venise sont devenus des valeurs sûres.

Les vins : les ventoux nous séduisent en blanc comme en rouge. Le premier est une très belle interprétation du terroir. Il affiche une vraie personnalité et son éclat lui confère de la profondeur. La bouche, ample et ronde, est rehaussée par de jolis amers en finale. Le rouge est parfaitement défini avec son fruit juste, sa grande fraîcheur et sa note épicée au nez. La bouche est dans la même veine et porte une trame plus harmonieuse qu'en 2017. Le beaumes-de-venise est sudiste : le fruit est davantage confit, le nez nous emmène vers le maquis et les épices ; dans sa bouche charnue, la syrah ramène une trame de tanin salutaire.

Ventoux 2017	13 €	15
Beaumes de Venise 2017	16 €	15,5
Ventoux 2017	11 €	15

Rouge : 11,5 hectares.
Grenache noir 60 %, Syrah 30 %,
Mourvèdre 10 %
Blanc : 0,5 hectare.
Clairette 100 %
Production moyenne : 45 000 bt/an

MARTINELLE ♣
La Font-Valet, 84190 Lafare •
www.martinelle.com • Vente et visites : au domaine sur rendez-vous.
Propriétaire : Corinna Faravel

DOMAINE DE LA MONARDIÈRE

Christian Vache est un producteur important à Vacqueyras. Il laisse peu à peu la main à son fils Damien. La maîtrise des rendements et un travail plus attentif à la vigne caractérisent la production du domaine. Désormais très complète, la gamme se décline du simple vin de pays jusqu'aux vacqueyras colorés et structurés.

Les vins : le blanc intègre mieux son élevage en 2017 qu'en 2016. Il affirme une identité sudiste, sans aucune mollesse toutefois. En rouge, nous sommes moins convaincus par le peu séduisant Les 2 Monardes dont les arômes sauvages et les notes animales interpellent. Nous lui préférons Vieilles Vignes pour sa franchise aromatique et sa texture de bouche ; c'est un vin cossu, d'envergure, dont la mâche laisse présager un très beau vieillissement.

Vacqueyras Galéjade 2017	18,50 €	14,5
Vacqueyras Les 2 Monardes 2016	13,50 €	14
Vacqueyras Vieilles Vignes 2016	18,50 €	15,5

Rouge : 19 hectares.
Grenache noir 60 %, Syrah 20 %,
Mourvèdre 10 %, Cinsault 4 %, Carignan 3 %,
Counoise 3 %
Blanc : 1 hectare.
Roussanne 40 %, Grenache blanc 30 %,
Clairette 30 %
Production moyenne : 80 000 bt/an

DOMAINE DE LA MONARDIÈRE ♣
930, chemin des Abreuvoirs,
84190 Vacqueyras
04 90 65 87 20 • www.monardiere.fr •
Vente et visites : au domaine sur rendez-vous.
Propriétaire : Martine, Christian et Damien Vache

NOUVEAU DOMAINE

DOMAINE DE MONTVAC

Transmis de mère en fille depuis sa création, le domaine est une histoire de femmes. Nous avons été convaincus par le style des vins rouges et blancs de Cécile Dusserre, qui nous montre que les beaux crus de la vallée du Rhône méridionale, comme Gigondas et Vacqueyras, peuvent exprimer puissance et densité tout en restant sapides et fins. En rouge, les raisins sont éraflés et élevés en cuve béton, sauf Vincila et Adage qui subissent un élevage en demi-muid. Nous vous recommandons les blancs, notamment Complicité, qui nous conforte dans notre attachement à la fabuleuse clairette. Mélodine est plus méridional, mais une dégustation récente d'un 2014 nous indique qu'elle peut évoluer avec pureté et finesse.

Les vins : le millésime 2016 se montre au-dessus des autres. Les vins affichent davantage de justesse et de grâce en bouche. Dans ce millésime plein, les jus sont restés harmonieux. Variation est une jolie expression de grenache, raffinée et délicate en bouche en 2016. Sa version 2017 est précise, mais sans la volupté et le charme de son prédécesseur. La syrah confère mâche et épices à Vincila, vin séveux, mais sans dureté. Le 2015 est sudiste dans ses arômes, mais ses tanins sont moins aboutis. À Gigondas, le 2016 fait aussi la différence grâce à son harmonie et ses tanins mieux intégrés. Les blancs du domaine sont réussis, dans deux styles vraiment différents : Mélodine, issu d'un assemblage de quatre cépages dans lequel viognier et roussanne amènent des notes de fruits jaunes et de citron confit, est un vin très sudiste, auxquels de beaux amers confèrent de la fraîcheur. Complicité est plus septentrional : la clairette affiche pureté et fraîcheur. Un vin délicieux, mais rare : 600 bouteilles seulement.

Vacqueyras Mélodine 2017	14,50 €	16
Gigondas Adage 2016	16 €	16,5
Gigondas Adage 2017	16 €	16
Vacqueyras Arabesque 2017	12,50 €	14,5
Vacqueyras Variation 2016	19,50 €	15,5
Vacqueyras Variation 2017	19,50 €	16,5
Vacqueyras Vincila 2015	15,50 €	15
Vacqueyras Vincila 2016	15,50 €	16

Le coup de ♥

Vacqueyras Complicité 2017	30 €	17

Rouge : 21 hectares.
Grenache noir 70 %, Syrah 25 %, Mourvèdre 5 %
Blanc : 2 hectares.
Clairette 45 %, Roussanne 40 %, Bourboulenc 10 %, Viognier 5 %
Production moyenne : 70 000 bt/an

DOMAINE DE MONTVAC ♣
900, route de Vaison, 84190 Vacqueyras
04 90 65 85 51 • www.domainedemontvac.fr
• Visites : sans rendez-vous.
Propriétaire : Cécile Dusserre

DOMAINE MOULIN-TACUSSEL

Propriété de Robert Moulin, aujourd'hui à la retraite, le domaine Moulin-Tacussel est dirigé par Didier Latour. Sans se revendiquer en agriculture biologique, ses sols sont travaillés sans produits chimiques depuis plus de dix ans. Bénéficiant d'un terroir unique (un sol argilo-calcaire, protégé par des galets roulés et favorisé par un climat ensoleillé) les presque 7,5 hectares du domaine Moulin-Tacussel sont répartis sur dix parcelles situées dans les lieux-dits Palestor, Colombis, Le Lac, Coste Froide, Mont-Pertuis, Grand Pierre et Le Mourre du Gaud.

Les vins : Il est difficile de juger le domaine sur une seule cuvée. Le 2017 présenté est bien typé, au nez comme en bouche, avec des nuances complexes de cacao, de bois fumé et d'âtre de cheminée. Si la texture est encore réservée, le jus est d'un bon niveau.

Châteauneuf-du-Pape 2017	24 €	16

Rouge : 6,71 hectares.
Grenache noir 60 %, Mourvèdre 10 %, Syrah 10 %, Cinsault 5 %, Counoise 5 %, Muscardin 5 %, Vaccarèse 5 %
Blanc : 0,56 hectare.
Roussanne 40 %, Grenache blanc 30 %, Bourboulenc 10 %, Clairette 10 %, Picardan 5 %, Picpoul blanc 5 %
Production moyenne : 13 000 bt/an

DOMAINE MOULIN-TACUSSEL
10, avenue des Bosquets,
84230 Châteauneuf-du-Pape
04 90 83 70 09 •
www.domainemoulintacussel.fr • Vente et visites : au domaine sur rendez-vous.
Propriétaire : Robert Moulin
Directeur : Didier Latour
Maître de chai : Didier Latour
Œnologue : Serge Mouriesse

NOUVEAU DOMAINE

CHÂTEAU PESQUIÉ

L'histoire de ce domaine commence dans les années 1970, quand les grands-parents Chaudière restaurent le château et une partie du vignoble. Paul et Edith donnent ensuite l'élan en quittant la coopération et en favorisant la sélection des terroirs. Depuis 2000, ce sont leurs enfants, Frédéric et Alexandre, qui veillent à la destinée de ce vaste vignoble, dont les terroirs oscillent entre 250 et 400 mètres, sur des sols à dominante argilo-calcaire où se mêlent aussi les argiles, les sables et les marnes bleues. Nous sommes séduits par le virage stylistique des vins : ils ont vraiment gagné en finesse et en sapidité, et représentent dignement la fraîcheur du terroir. Les premières parcelles ont été travaillées en bio en 2007, la certification a été accordée pour l'ensemble du domaine en 2015 et le label Demeter est attendu à partir de la vendange 2019. Nous sommes ravis de voir ce domaine faire son retour dans le guide

Les vins : depuis le millésime 2017 et pour notre plus grand plaisir, les vins proposent des profils différents, grâce à une gestion du millésime plus respectueuse de ce terroir d'altitude frais, et des changements de pratique d'élevage. Les rouges sont davantage sur le fruit en 2017. Les élevages ne sont plus sucrants, mais structurants. Les Terrasses 2017 exprime un joli fruit : il est assez facile à boire. Avec Ascencio, on monte d'un cran au niveau du fond, mais le jus est serré. Encavez-le. La syrah dominante d'Artemia a énormément gagné en fraîcheur et les arômes sont bien plus justes. Nous sommes séduits par Silica : ce juste assemblage de grenache et de cinsault symbolise à lui seul le changement de direction du domaine. La grande cuvée Quintessence est sérieuse, avec une trame bâtie pour la garde et une maîtrise du boisé plus aboutie. Il faut continuer dans cette voie.

Ventoux Quintessence 2018	18,50 €	14
Ventoux Artemia 2017	29 €	15,5
Ventoux Ascencio 2017	60 €	15
Ventoux Les Terrasses 2017	10,50 €	14
Ventoux Quintessence 2017	18,50 €	16
Ventoux Silica 2017	29 €	15,5

Rouge : 90 hectares.
Grenache noir 47 %, Syrah 40 %, Cinsault 5 %, Carignan 4 %, Marselan 3 %, Mourvèdre 1 %
Blanc : 10 hectares.
Viognier 40 %, Roussanne 25 %, Clairette 25 %, Chardonnay 10 %

CHÂTEAU PESQUIÉ ♣
1365b, route de Flassan, 84570 Mormoiron
04 90 61 94 08 • www.chateaupesquie.com
• Visites : sans rendez-vous.
Propriétaire : Alexandre et Frédéric Chaudière
Directeur : Frédéric Chaudière
Maître de chai : Alexandre Chaudière
Œnologue : Emmanuel Gagnepain

DOMAINE RABASSE-CHARAVIN

Propriété historique du Rhône sud, à cheval entre Cairanne et Rasteau, Rabasse-Charavin est dirigé par Laure Couturier depuis depuis 2014. Le domaine laboure ses sols et n'utilise ni pesticide ni désherbant. Ici, les raisins sont ramassés à haute maturité et toujours vinifiés de façon à en retirer le plus de finesse possible. Résultat : les vins sont parfumés, élégants et généreux, avec des tanins d'une grande souplesse. Chaque année, en dehors du millésime en cours, le domaine propose à sa clientèle, en décembre, des vins plus âgés en magnum. Une belle occasion de boire des vins à maturité.

Les vins : Laure associe un fruit friand et une matière plus charnue. Les Cailloux offre un nez de fruits noirs, d'épices et de cacao. À Cairanne, nous avons une préférence pour le 2015, plus harmonieux que le 2016, tout aussi charnu, mais un peu sec en finale, et pâtissant de tanins décalés. Cuvée d'Estevenas s'exprime sur une syrah sudiste, aux notes d'eucalyptus et de poivre : nous aimons sa bouche dense et serrée, sans aucune dureté. Un vin complet doté d'un joli potentiel. Les trois cuvées en Rasteau sont très typées, mêlant des notes sauvages, de laurier, d'herbes du maquis ; le 2015 et le plus dynamique 2016 sont amples, étoffés. Ils se destinent à la cave. Nous sommes impressionnés par la façon dont la cuvée Abel Charavin gère son tiers de mourvèdre : la bouche est pleine, les tanins sont parfaitement intégrés.

Cairanne 2015	15 €	14,5
Cairanne 2016	15 €	15
Cairanne Cuvée d'Estevenas 2015	20 €	16
Côtes du Rhône Laure 2017	9 €	14
Côtes du Rhône-Villages Plan de Dieu Les Cailloux 2016	13,50 €	14

- Rasteau 2015 — 15 € — 15,5
- Rasteau 2016 — 15 € — 15
- Rasteau Cuvée Abel Charavin 2016 — 20 € — 16

Rouge : 35 hectares.
Grenache noir 60 %, Mourvèdre 15 %, Syrah 15 %, Carignan 5 %, Cinsault 5 %
Blanc : 5 hectares.
Clairette 50 %, Roussanne 45 %, Bourboulenc 5 %
Production moyenne : 100 000 bt/an

DOMAINE RABASSE-CHARAVIN
1030, chemin des Girard, 84290 Cairanne
04 90 30 70 05 • www.rabasse-charavin.com • Vente et visites : au domaine sur rendez-vous.
Propriétaire : Famille Couturier
Directeur : Laure Couturier
Œnologue : Olivier Roustang

DOMAINE RASPAIL-AY

Le vin de la propriété représente l'archétype du bon gigondas, plein, vigoureux, sans esbroufe. De constitution ferme et serrée, les meilleurs millésimes demandent quatre à cinq ans de garde pour s'ouvrir pleinement. Dès lors, ils prennent une belle complexité dans le temps et se bonifient sur dix à vingt ans.

Les vins : les deux millésimes présentés sont fidèles à ce que nous sommes en droit d'attendre des vins de Gigondas. Le 2016 se dévoile de façon plus voluptueuse et harmonieuse que l'année passée. Il est plein, riche, mais sans excès, et garde sa jeunesse sur des notes de fruits noirs et d'épices. Le 2015 a évolué au nez : les notes de laurier, de tapenade et d'herbes du maquis sont là, sans que le fruit se soit absenté. La bouche est savoureuse, la texture assez délicate.

- Gigondas 2015 — 17 € — 15,5
- Gigondas 2016 — 16 € — 16,5

Rouge : 19 hectares.
Grenache noir 70 %, Syrah 20 %, Mourvèdre 10 %
Production moyenne : 60 000 bt/an

DOMAINE RASPAIL-AY
737, route des Princes-d'Orange, 84190 Gigondas
04 90 65 83 01 • www.gigondas-vin.com • Vente et visites : au domaine sur rendez-vous.
Propriétaire : Dominique Ay

DOMAINE LA ROUBINE

Ce domaine produit des vins charmeurs et charnus. Éric Ughetto, qui le dirige, a signé son premier millésime en 2000. Il cultive ses vignes en bio ; une pratique en adéquation avec ses vins profonds et généreux, issus de raisins vendangés bien mûrs. Ce domaine a deux axes majeurs : la simplicité, le bon sens, comme les grands-parents lorsqu'ils travaillaient la vigne, et la rigueur en cave. Voici une valeur sûre pour les amateurs de vins hédonistes.

Les vins : le sablet est séducteur, avec un fruit démonstratif aux notes chaudes et épicées. La texture est pleine, mais civilisée. Plus large et cossu, le vacqueyras brille par un fruit précis et une trame pulpeuse en bouche. Encore juvénile, le gigondas offre un fruit gourmand qui mêle fruits noirs, olive et réglisse. La bouche doit se caler, mais il évoluera bien.

- Côtes-du-Rhônes Villages Sablet La Grange des Briguières 2017 — 10,20 € — 15
- Gigondas 2017 — 15,20 € — 14,5
- Vacqueyras 2017 — 13,20 € — 15,5

Rouge : 15 hectares.
Grenache noir 80 %, Syrah 10 %, Mourvèdre 5 %, Cinsault 5 %
Blanc : 0,8 hectare.
Production moyenne : 40 000 bt/an

DOMAINE LA ROUBINE ♣
Chemin du Goujar, 84190 Gigondas
04 90 28 15 67 • www.domainelaroubine.com • Visites : sans rendez-vous.
Propriétaire : Eric et Sophie Ughetto
Œnologue : Philis Laurent

DOMAINE SALADIN

À mi-chemin entre Montélimar et Avignon, sur la rive droite du Rhône, Élisabeth et Marie Laurence Saladin sont à la tête de la propriété familiale transmise de père en fils et de père en fille depuis 1422. Elles y cultivent onze cépages en bio et proposent une gamme personnelle d'une finesse rare pour des côtes-du-rhône, qui peuvent se mesurer à bien des crus.

Les vins : sans jeu de mots, le rosé Tralala !, loin de tout excès de technicité, est sans chichi. Le blanc Per Èl est déjà ouvert, avec une pointe épicée venue du viognier et une touche de fruits jaunes, amenée par la roussanne. Buvez ce blanc rond et souple, doté d'une grande acidité, dans sa jeunesse. En rouge, nous aimons Loï pour ses arômes si méditerranéens ; la bouche est plus engoncée pour le moment. Haut Brissan est très élégant, avec ses notes florales et sa bouche infusée. Paul est un vin gourmand au fruit scintillant, à la trame pulpeuse, alors que Fan dé Lune se livre sur des arômes plus sudistes (garrigue, laurier). Le mourvèdre lui confère mâche et densité.

Côtes-du-Rhône Per Èl 2017	20 €	14
Côtes du Rhône Tralala ! 2018	15 €	13,5
Côtes du Rhône Loï 2017	15 €	14
Côtes du Rhône Paul 2017	18 €	14,5
Côtes du Rhône-Villages Fan dé Lune 2016	20 €	14,5
VDF Haut Brissan 2017	25 €	15

Rouge : 14 hectares.
Grenache noir 58 %, Syrah 18 %, Carignan 12 %, Mourvèdre 6 %, Cinsault 6 %
Blanc : 3 hectares.
Viognier 20 %, Clairette 20 %, Grenache blanc 20 %, Roussanne 14 %, Marsanne 13 %, Bourboulenc 13 %
Production moyenne : 50 000 bt/an

DOMAINE SALADIN ♣

Les Pentes de Salaman,
07700 Saint-Marcel-d'Ardèche
04 75 04 63 20 • www.domaine-saladin.com
• Vente et visites : au domaine sur rendez-vous.
Propriétaire : Elisabeth et Marie-Laurence Saladin
Œnologue : Véronique David

CHÂTEAU LA VERRERIE

Acquis par l'homme d'affaires Jean-Louis Descours (ancien patron des chaussures André) en 1981, le domaine produit, depuis le début des années 1990, une gamme de vins intéressante. On y trouve notamment de beaux rouges à dominante de syrah, qui vieillissent fort bien et développent des notes évoquant les vins du nord de la vallée du Rhône. La cuvée Grand Deffand, produite en petites quantités et uniquement dans les grands millésimes, est certainement l'un des meilleurs vins du Luberon.

Les vins : nous sommes un peu déçus par les blancs du domaine. Les rouges sont bien plus aboutis : le 2016 affiche un joli potentiel, avec son nez oscillant entre fusain et épices, son boisé luxueux qui l'habille bien. Grand Deffand affiche un grand potentiel. La matière est au rendez-vous, la texture concentrée : déjà digeste, il mérite de vieillir quelques années en cave.

IGP Vaucluse Bastide de la Verrerie 2018	16 €	12,5
Luberon 2018	15 €	13,5
Luberon 2018	11,50 €	12,5
Luberon 2016	16,50 €	15
Luberon Grand Deffand Syrah 2017	33,50 €	16

Rouge : 46 hectares.
Grenache noir 54 %, Syrah 33 %, Cinsault 8 %, Carignan 3 %, Mourvèdre 2 %
Blanc : 10 hectares.
Viognier 35 %, Bourboulenc 24 %, Vermentino 16 %, Clairette 10 %, Roussanne 8 %, Grenache blanc 7 %
Production moyenne : 230 000 bt/an

CHÂTEAU LA VERRERIE ♣

1810, route du Luberon, 84360 Puget
04 90 08 97 97 • www.chateau-la-verrerie.fr
• Visites : sans rendez-vous.
Propriétaire : Famille Descours
Directeur : Valentine Tardieu Vitali

“Terre d’individualités, terre d’individualisme, le Roussillon viticole n’en finit pas de se réinventer. Profitez-en pour faire une pause en redécouvrant les inimitables rancios et vins doux naturels, pierres angulaires de l’identité sang et or.”

Pierre Citerne, dégustateur des vins du Roussillon
Membre du comité de dégustation de La Revue du vin de France

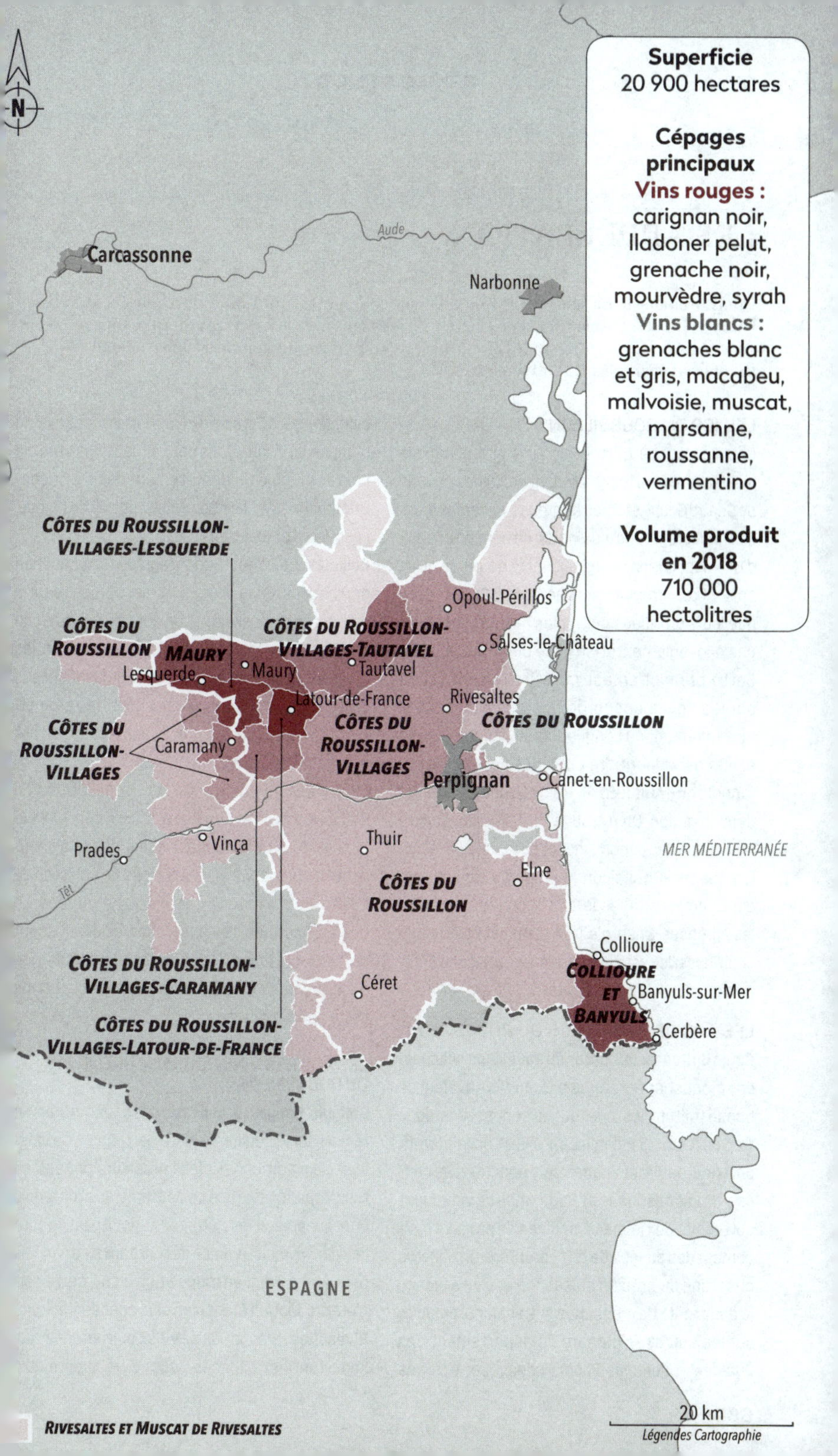

Superficie
20 900 hectares
Cépages principaux
Vins rouges :
carignan noir, lladoner pelut, grenache noir, mourvèdre, syrah
Vins blancs :
grenaches blanc et gris, macabeu, malvoisie, muscat, marsanne, roussanne, vermentino
Volume produit en 2018
710 000 hectolitres
N
Aude
Carcassonne
Narbonne
Côtes du Roussillon-Villages-Lesquerde
Côtes du Roussillon
Maury
Côtes du Roussillon-Villages-Tautavel
Opoul-Périllos
Salses-le-Château
Lesquerde
Maury
Tautavel
Latour-de-France
Rivesaltes
Côtes du Roussillon-Villages
Caramany
Côtes du Roussillon-Villages
Côtes du Roussillon
Perpignan
Canet-en-Roussillon
Prades
Vinça
Thuir
Têt
Mer Méditerranée
Elne
Côtes du Roussillon
Collioure
Collioure et Banyuls
Banyuls-sur-Mer
Cerbère
Céret
Côtes du Roussillon-Villages-Caramany
Côtes du Roussillon-Villages-Latour-de-France
Espagne
Rivesaltes et Muscat de Rivesaltes
20 km
Légendes Cartographie

LES APPELLATIONS

Contrairement au Languedoc, le Roussillon ne conserve qu'une infime partie de ses superficies viticoles (1,6 %) consacrées à la production de vins sans indication géographique (anciennement vin de table). Par ailleurs, sur les 26 400 hectares de vignes que compte le département des Pyrénées-Orientales, 22 200 sont en AOC.

LES IGP DU ROUSSILLON

Cette catégorie, qui rassemble le pire, comme le meilleur puisque l'on y retrouve certaines cuvées de Gérard Gauby et d'autres grands vignerons roussillonnais, regroupe les vins qui ne bénéficient pas d'une appellation d'origine contrôlée, parce qu'ils ne sont pas produits sur une aire d'AOC, ou parce que leurs pratiques culturales ne correspondent pas à la réglementation fixée pour l'appellation. Cette production est majoritairement tenue par les caves coopératives roussillonnaises. Contrairement au Languedoc, le vignoble classé en IGP est minoritaire en Roussillon (34 %) par rapport aux AOC (66 %). Trois IGP sont produites dans la région. On retrouve l'IGP d'Oc qui couvre l'ensemble des départements de l'ancienne région Languedoc-Roussillon (qui comprenaient cinq départements : l'Aude, le Gard, l'Hérault, la Lozère et les Pyrénées-Orientales). La principale IGP dans le seul Roussillon est celle des Côtes catalanes. Enfin, on trouve l'IGP (marginale) de la Côte vermeille.

LES AOC DES VINS SECS DU ROUSSILLON

Côtes du Roussillon, Côtes du Roussillon-Villages : une production hétérogène. Quand ils s'avèrent de bonne facture, les vins rouges sont solides, sans trop de lourdeur alcoolisée. Il existe un important potentiel de vieilles vignes de grenache et de carignan (jadis destinées à l'élaboration de vins doux), qui permet aux jeunes domaines de produire rapidement des cuvées de fort caractère. On observe aussi une montée en puissance des vins blancs (à dominante de grenaches gris et blanc) produits sur les calcaires du nord du département des Pyrénées-Orientales (Fenouillèdes). Quatre crus se distinguent en Côtes du Roussillon-Villages avec la mention du village. Tous sont situés dans la partie septentrionale du département des Pyrénées-Orientales. Il s'agit de Caramany, Latour de France, Lesquerde et Tautavel.

Collioure : cette appellation regroupe la production de vins secs rouges, blancs et rosés produits sur la même aire d'appellation que celle de Banyuls (vin doux naturel). D'un style équilibré et assez fin, les rouges sont en progrès, même s'ils ne justifient pas toujours leurs prix. Les blancs sont très prometteurs, les grenaches blanc et gris leur apportant un caractère affirmé.

Maury sec : dernière-née des appellations du Roussillon, l'AOC Maury sec a vu le jour en 2011. Elle concerne des vins rouges secs produits à dominante de grenache sur les terroirs de schistes de Maury. Pour l'instant, cette AOC ne représente que 185 hectares de vignes. Mais les débuts sont prometteurs et les vignerons locaux jouent le jeu pour que leurs meilleures cuvées sortent dans cette appellation.

LES AOC DES VINS DOUX NATURELS DU ROUSSILLON

Banyuls, Banyuls Grand Cru : vins doux naturels de remarquable qualité. Il existe deux types de vins le style traditionnel, vieilli plusieurs années en foudres, qui affiche une couleur ambrée et un rancio fin et superbe, et les vintages (ou rimatges), de couleur plus vive, aux arômes de fruits noirs. Le banyuls peut être produit en rouge et en blanc, cette dernière production étant bien plus confidentielle.

Rivesaltes : production de vins doux naturels plus importante et plus hétérogène en qualité qu'à

Banyuls. Les meilleurs producteurs proposent cependant d'excellents rivesaltes traditionnels, très loin de certaines caricatures.

Muscat de Rivesaltes : quand il réussit à garder une certaine fraîcheur en bouche, le muscat de Rivesaltes est un vin aromatique et plein, idéal pour les desserts aux fruits. Il est produit à partir de deux cépages, le muscat à petits grains et le muscat d'Alexandrie. Cette très vaste AOC (4 400 ha) couvre les aires d'appellation de Rivesaltes, Banyuls et Maury. Elle représente à elle seule 59 % de la production de vins doux naturels du Roussillon.

Maury : vin doux naturel des contreforts pyrénéens, au style plus fougueux que les rivesaltes. Longtemps en retrait qualitativement par rapport à Banyuls, les meilleurs producteurs proposent des vins de très bon niveau dans cette appellation où le grenache est façonné par les sols de schistes.

LES CÉPAGES

Comme en Languedoc, les cépages rouges sont dominants en Roussillon. Toutefois, contrairement à son voisin, la syrah ne s'y impose pas face au grenache noir et au carignan noir. De même, le merlot et le cabernet-sauvignon sont marginaux et ne représentent que quelques centaines d'hectares. Voici les principaux cépages rouges par ordre d'importance.

À la différence du Languedoc, la proportion de cépages blancs est plus importante dans le vignoble (environ 40 % de l'encépagement total). Cela s'explique par le fait qu'une grande partie des surfaces viticoles consacrées aux muscats, au macabeu et aux grenaches sert à l'élaboration des vins doux naturels. Voici les principaux cépages blancs par ordre d'importance.

LES CÉPAGES ROUGES :

Grenache noir (5 971 ha)
Syrah (4 429 ha)
Carignan noir (3 324 ha)
Mourvèdre (926 ha)
Merlot (533 ha)
Cabernet-sauvignon (444 ha)
Lledoner Pelut (171 ha)
Marselan (138 ha)
Cabernet franc (78 ha)
Cinsault (73 ha)
Chenanson (27 ha)

LES CÉPAGES BLANCS :

Muscat à petits grains (2 680 ha)
Muscat d'Alexandrie (2 200 ha)
Macabeu blanc (1 627 ha)
Grenache blanc (1 277 ha)
Grenache gris (932 ha)
Chardonnay (477 ha)
Viognier (120 ha)
Vermentino (120 ha)
Roussanne (77 ha)
Sauvignon (72 ha)
Marsanne (32 ha)
Tourbat (31 ha)

ENTRE CIEL ET MER, DIX HALTES SOLAIRES

CHAMBRES D'HÔTES

LA COOPÉRATIVE

Au domaine Riberach, l'écolodge conçu par Luc Richard et Karin Pühringer, architectes passionnés et propriétaires des lieux, propose des chambres "dans" et "au-dessus" des cuves de vinification de l'ancienne cave coopérative de 1925. Également spa, restaurant gastronomique étoilé, cave, piscine naturelle. Menus de 45 à 109 €. Chambres de 160 à 265 €.

2, route de Caladroy,
66720 Bélesta
Tél. : 04 68 50 30 10
www.relaisdestroismas.com

CHÂTEAU VALMY

Au pied du massif des Albères et surplombant la mer, le domaine de Valmy de 24 hectares reçoit à sa table et dans ses chambres d'hôtes. Parc, piscine de 25 mètres et jacuzzi. Comptez de 220 à 390 € la nuit.

Chemin de Valmy,
66700 Argelès-sur-Mer
Tél. : 04 68 81 25 70
www.chateau-valmy.com

CAVISTE

VIA DEL VI

Ce bar à vins fait également office de caviste. Les cuvées du Roussillon y sont largement mis en avant pour accompagner une cuisine de marché et de saison.

43 bis, avenue du Maréchal-Leclerc,
66000 Perpignan
Tél. : 04 68 67 84 96

RESTAURANTS

LE CINQUIÈME PÊCHÉ

Masashi Iijima, chef tokyoïte, s'imprègne de la Catalogne pour proposer une cuisine précise qui fait la part belle aux produits de la pêche. Côté cave, que du local et du bon. Menus de 21 à 62 €.

16, rue de la Fraternité,
66190 Collioure
Tél. : 04 68 98 09 76
www.le-cinquieme-peche.com

AUBERGE DU VIEUX PUITS

La cuisine de Gilles Goujon, chef trois étoiles, est un modèle du genre. Parmi ses plats signature, l'œuf de poule "pourri" sur une purée de champignons et truffes, briochine tiède et cappuccino. Après le dîner, on peut rejoindre l'une des huit chambres de l'hôtel autour de la piscine. Menus : 125 - 215 €. Chambres de 165 à 325 €.

5, avenue Saint-Victor,
11360 Fontjoncouse
Tél. : 04 68 44 07 37
www.aubergeduvieuxpuits.fr

LE COQ À L'ÂNE

Au cœur du village viticole de Latour, Morgan van der Horst est à la barre de ce restaurant et cave à vin. Les bouteilles bio et nature sont vendues aux prix du domaine. Le bio et le local sont en aussi en bonne place dans l'assiette.

1, place du Marché,
66720 Latour-de-France
Tél. : 06 31 47 98 56

SAGÍ

Terrasse, rue piétonne, le cadre est posé pour goûter à l'excellente cuisine du taulier Yannick Serez. Dans l'assiette, des tapas (entre 6 et 18 €) que l'on partage autour d'une quille saine du coin.

3, rue des Fabriques-d'en-Nabot,
66000 Perpignan
Tél. : 04 68 09 65 82

NOTRE COUP DE ♥

LA GARRIANE

Voici une adresse confidentielle non loin de la gare de Perpignan. On est séduit par le rapport très direct au produit, la finesse et la sensibilité des accords gustatifs imaginés par le chef Garry Wilson. On y fait de nombreuses découvertes vineuses, en Roussillon, mais pas seulement. Comptez 23 à 45 € pour vous restaurer.

15, Carrer-Frédéric-Valette,
66000 Perpignan
Tél. : 04 68 67 07 44

BAR À VINS

EL XADIC DEL MAR

Des étagères à bouteilles, une quinzaine de couverts… À deux pas de la plage et des superbes vignobles de Collioure et Banyuls, Manu Desclaux patronne avec une bonne humeur communicative cette jolie adresse de poche. La sélection de vins naturels est très pertinente.

11, avenue du Puig-del-Mas,
66650 Banyuls
Tél. : 04 68 88 89 20

FÊTE VIGNERONNE

FÊTE DES VENDANGES DE BANYULS DU 9 AU 13 OCTOBRE 2019

Environ 7 000 visiteurs se réuniront à l'occasion de la 23e édition de cette fête qui célèbre le patrimoine catalan, les vins de Collioure et de Banyuls.

Office de tourisme,

★★★

DOMAINE GAUBY

Depuis ses débuts au milieu des années 1980, Gérard Gauby, vigneron d'une haute exigence, poursuit avec l'aide de son fils, Lionel, et de son épouse, Ghislaine, sa quête du grand vin à l'équilibre parfait. Il a connu plusieurs périodes de remise en question qui, progressivement, l'ont porté vers un style de vins rouges et blancs tendus et digestes, lesquels lui ont valu de nombreux admirateurs. Jamais exempte de prise de risques, cette recherche permanente, qui dans les derniers millésimes, sous l'impulsion de Lionel, redonne la primauté à l'expressivité et à la générosité du fruit, révèle la complexité du terroir si varié géologiquement de Calce. Par un travail sans relâche des sols et de la vigne, mais aussi par la replantation de nombreuses essences arborées en bordure des parcelles, les maturités phénoliques arrivent plus rapidement, permettant de modérer les degrés alcooliques. Nous rendons hommage au parcours exemplaire d'une famille qui a su ouvrir de nouvelles voies et continue de réinventer la viticulture du Sud.

Les vins : sensuel et droit, éclatant, Les Calcinaires est un modèle de goût d'une cohérence parfaite. Nous comprenons la fierté de Lionel Gauby d'en avoir produit 47 000 bouteilles. C'est plus qu'un avant-goût des autres cuvées, encore en lots séparés, qui s'annoncent de haut vol dans ce millésime 2018 pas évident du tout pour les vignobles méditerranéens. Vieilles Vignes rouge 2017 exprime déjà une personnalité généreuse, alliant floralité et pulpe, avec des tanins étirés et encore un peu rétifs. Muntada 2016 impose une compacité riche de promesses ; son austérité évoque celle d'un grand vin transalpin : taurasi ? Protégé par une tannicité serrée, le fruit laisse entrevoir une puissance inhabituelle. Il faut l'attendre ! Vieilles Vignes blanc 2017 séduit par le contact direct avec la pulpe juteuse du raisin que la cuvée propose ; c'est un vin déjà très attirant. Coume Gineste 2016, intense et très long, propose un paradigme plus "bourguignon" dans sa séduisante réduction, que percent les fines évocations terpéniques des grenaches. Rares sont les domaines capables d'individualiser chaque cuvée avec autant de sensibilité.

- IGP Côtes Catalanes Coume Gineste 2016 — 77 € 17,5
- IGP Côtes Catalanes Vieilles Vignes 2017 — 33 € 16,5
- IGP Côtes Catalanes Muntada 2016 — 77 € 17,5
- IGP Côtes Catalanes Vieilles Vignes 2017 — 33 € 17

Le coup de ♥

- IGP Côtes Catalanes Les Calcinaires 2018 — 18 € 16,5

Rouge : 29 hectares.
Grenache noir 46 %, Syrah 27 %, Mourvèdre 11 %, Carignan 10 %, Cinsault 3 %, Cabernet franc 2 %, Aramon 1 %
Blanc : 15 hectares.
Grenache blanc 29 %, Macabeu 28 %, Muscat à petits grains blancs 18 %, Chardonnay 9 %, Grenache gris 9 %, Vermentino 3 %, Tourbat 2 %, Muscat d'alexandrie 1 %
Production moyenne : 80 000 bt/an

DOMAINE GAUBY ♣
La Muntada, 66600 Calce
04 68 64 35 19 • www.domainegauby.fr •
Vente et visites : au domaine sur rendez-vous.
Le matin.
Propriétaire : Gérard et Lionel Gauby

★★

CLOS DU ROUGE GORGE

Ce petit domaine situé sur des terrasses de schistes et de gneiss de Latour-de-France repose entièrement sur Cyril Fhal. Ayant débuté en 2002, ce vigneron passionné avance dans une démarche rigoureuse et cohérente, extrêmement exigeante à la vigne (tenue en biodynamie avec un soin méticuleux, au prix de milliers d'heures de travail) comme en cave (levures indigènes, élevage en demi-muids et foudres). Les vignes de grenache qui avaient été replantées en 2014, sur un sol laborieusement revitalisé, donnent aujourd'hui naissance à une nouvelle et passionnante cuvée, Col du Loup. L'engagement moral et esthétique de Cyril Fhal constitue un modèle pour une nouvelle génération de vignerons. Distingués, d'un grand raffinement naturel, loin de tout artifice, ces vins d'artiste, hélas difficiles à trouver, sont vénérés par une clientèle de fidèles. Les derniers millésimes, interprétés avec autant de brio que de discernement, pointent résolument vers la troisième étoile.

Les vins : avec ceux de Lionel Gauby, les vins secs de Cyril Fhal apparaissent aujourd'hui comme les plus distingués et les plus inspirés du Roussillon. Le blanc 2018, macabeu sur gneiss, offre une saveur douce, évidente, excitante et gourmande ; on touche du bout de la langue le raisin bien mûr. En 2017 comme en 2018, les grenaches de la cuvée Jeunes Vignes sont irrésistibles de séduction florale et de finesse. Des vins dont il paraît difficile de se lasser... La nouvelle cuvée Col du Loup offre la même séduction aromatique (avec dans le 2018 une floralité capiteuse presque irréelle), avec une accroche plus marquée qui donne davantage de présence encore au velouté de la chair. C'est une nouvelle expression sommitale du grenache. Et les vignes sont pourtant si jeunes... Le Clos 2017, basé sur les vieilles vignes de carignan affiche une grande vitalité, une puissance terrienne non dénuée d'élégance. Le millésime 2016 a été patiné par un élevage plus long, de trente mois, qui a considérablement civilisé une matière très dense, née renfrognée. C'est un vin d'hiver et de viandes grasses, comme sans doute l'est la rare Cuvée Spéciale 2007, issue d'un demi-muid de carignan élevé sept ans. Un vin complexe, ligneux, piquant, haut en saveurs, qui évoquent le sang et le maquis mentholé... L'Ubac enfin, malgré la virulence du mildiou sur cette parcelle complantée (cinsault, grenache, carignan) exposée au nord, affiche en 2018 un charme floral extraordinaire, une subtilité tactile rare. Déliée, sensuelle, pénétrante, La version 2017 n'est pas en reste. L'Ubac est assurément l'un des plus grands rouges méditerranéens produits aujourd'hui.

IGP Côtes Catalanes 2018	24 €	17,5
IGP Côtes Catalanes 2016	24 €	16
IGP Côtes Catalanes 2017	24 €	16,5
IGP Côtes Catalanes Col du Loup 2017	60 €	18
IGP Côtes Catalanes Cuvée Spéciale 2007	N.C.	16,5
IGP Côtes Catalanes Jeunes Vignes 2017	20 €	17,5
IGP Côtes Catalanes Jeunes Vignes 2018	20 €	17
IGP Côtes Catalanes L'Ubac 2017	60 €	18,5
IGP Côtes Catalanes L'Ubac 2018	60 €	18,5

Le coup de ♥

IGP Côtes Catalanes Col du Loup 2018	60 €	18

Rouge : 6 hectares.
Carignan 42 %, Grenache noir 42 %, Cinsault 16 %
Blanc : 1,5 hectare.
Grenache gris 50 %, Macabeu 36 %, Carignan 14 %
Production moyenne : 15 000 bt/an

CLOS DU ROUGE GORGE ♣

6, place Marcel-Vié, 66720 Latour-de-France
04 68 29 16 37 • cyrilfhal@gmail.com •
Vente et visites : au domaine sur rendez-vous.
Propriétaire : Cyril Fhal

★★

DOMAINE DANJOU-BANESSY

Vigneron passionné, Benoît Danjou a repris ce vieux vignoble hérité de son grand-père, jadis consacré à la production de rivesaltes. Avec son frère Sébastien, désormais à ses côtés, il a progressivement converti le domaine aux vins blancs et rouges secs, tout en conservant sagement de magnifiques vieux rivesaltes, commercialisés au compte-gouttes. Reflets de différents terroirs et parcelles, souvent issus de vignes âgées, les vins offrent caractère et originalité. Avec un travail respectueux du vivant à la vigne, non-interventionniste en cave, le domaine a rapidement progressé, outrepassant les espoirs des observateurs. Entre références patrimoniales (vieux VDN et rancios) et audace des formules expérimentées dans les vins secs (qui peuvent flirter avec la sous-maturité, ou parfois marqués par leurs élevages longs en petits contenants), le domaine est d'ores et déjà devenu un point focal indispensable du paysage viticole catalan.

Les vins : nous avions choisi l'an dernier d'accorder au domaine une deuxième étoile, tant la curiosité, l'envie, l'inspiration de ces vignerons font du bien au Roussillon. Les sublimes rancios et rivesaltes, non présentés cette année, méritent largement cette deuxième étoile. Nous avouons que la chose est plus discutable en ce qui concerne les vins secs, toujours effilés, étirés, épurés dans une recherche d'élégance qui les amène parfois aux confins de l'austérité ou de la maigreur. Le millésime 2017, pourtant généreux, a donné des blancs fins et alertes mais peut-être un peu courts dans leur maturité. La Truffière, carignan gris, devrait affiner avec le temps son profil minéral. Parmi les rouges, Roboul offre une tannicité grenue et savoureuse, qui évoque la grenade ; très mentholé, La

Truffière propose une élégance bien désincarnée, tout comme Les Myrs, carignan tardif, très agrumes, d'une indéniable finesse. Notre préférence va au tonique et taquin muscat macéré Supernova 2018, ainsi qu'au cinsault Espurna 2015, patiné, dentelé plus qu'en dentelle, peut-être moins expressif que le 2014 mais tout aussi distingué.

- IGP Côtes Catalanes Coste 2017 22 € 14
- IGP Côtes Catalanes La Truffière 2017 40 € 15
- VDF Supernova 2018 15 € 15
- IGP Côtes Catalanes La Truffière 2017 25 € 14,5
- IGP Côtes Catalanes Les Myrs 2017 40 € 14,5
- IGP Côtes Catalanes Roboul 2017 19 € 14,5

Le coup de ♥

- IGP Côtes Catalanes Espurna 2015 60 € 16,5

Rouge : 11 hectares.
Grenache noir 40 %, Mourvèdre 30 %, Carignan 20 %, Cinsault 5 %, Syrah 5 %
Blanc : 6 hectares.
Macabeu 25 %, Muscat à petits grains blancs 25 %, Grenache blanc 20 %, Grenache gris 15 %, Carignan gris 10 %, Carignan 5 %
Production moyenne : 40 000 bt/an

DOMAINE DANJOU-BANESSY ♣
1 bis, rue Thiers, 66600 Espira-de-l'Agly
04 68 64 18 04 • bendanjou@hotmail.fr •
Pas de visites.
Propriétaire : Sébastien et Benoît Danjou

★★

DOMAINE GARDIÉS

Jean Gardiés travaille désormais à quatre mains avec son fils Victor. Tenant d'un style classique, unanimement respecté par ses pairs, Jean a repris le domaine familial en 1990, en privilégiant la production de vins rouges en appellation Côtes du Roussillon, diminuant ainsi fortement celle des vins doux, qui ne représentent plus que 4 hectares du parcellaire. Répartis sur différents types de sols, les rouges font partie des meilleurs de la région, avec un beau volume en bouche et des saveurs d'une grande précision. Notons les progrès réalisés sur les blancs, avec des élevages désormais effectués en demi-muids de 600 litres, préservant l'empreinte minérale. La régularité exemplaire, les soins constants apportés au vignoble comme au chai, et la finesse dont font désormais preuve tous les vins, garantissent au domaine une place de choix au sein de la petite élite de la région.

Les vins : riches, bien mûrs mais sans aucune lourdeur, sapides, les blancs 2018 sont déjà très agréables. Issu du rare cépage malvoisie (tourbat), Les Vignes de mon Père conjugue acidité pointue et richesse, avec des tonalités qui glissent vers l'anis et la pâte d'amande. Les ambitieux rouges 2016 sont remarquablement réussis, très étoffés mais sans sécheresse ni matité du fruit ; notre préférence va à La Torre, très belle expression du mourvèdre (70 %), qui développe des notes captivantes de poivre, d'encre de Chine, de havane... Les VDN sont toujours au rendez-vous. Goûtez le remarquable rivesaltes ambré 1998, élevé vingt ans en demi-muids, capiteux et complexe, qui navigue avec sensualité de la crème brûlée à la pêche rôtie.

- Côtes du Roussillon Clos des Vignes 2018 28 € 15,5
- Côtes du Roussillon Les Glaciaires 2018 17 € 14,5
- IGP Côtes Catalanes Les Vignes de Mon Père Malvoisie 2017 32 € 15,5
- Muscat de Rivesaltes Flor 2018 16 € 14,5
- Côtes du Roussillon-Villages La Torre 2016 40 € 16,5
- Côtes du Roussillon-Villages Tautavel Clos des Vignes 2017 26 € 14,5
- Côtes du Roussillon-Villages Tautavel Les Falaises 2016 50 € 16
- IGP Côtes Catalanes Les Vignes de Mon Père Mourvèdre 2018 32 € 15

Le coup de ♥

- Rivesaltes Ambré 1998 66 € 17

Rouge : 20 hectares.
Grenache noir 40 %, Mourvèdre 20 %, Syrah 20 %, Carignan 15 %, Cinsault 5 %
Blanc : 15 hectares.
Muscat à petits grains blancs 30 %, Grenache blanc 30 %, Macabeu 10 %, Grenache gris 10 %, Malvoisie 10 %, Roussanne 10 %
Production moyenne : 120 000 bt/an

DOMAINE GARDIÉS ♣
Chemin de Montpins, 66600 Espira-de-l'Agly
04 68 64 61 16 • www.domaine-gardies.fr •
Vente et visites : au domaine sur rendez-vous.
De 9h à 17h.
Propriétaire : Jean et Victor Gardiés

★★

MAS AMIEL

Première pierre de l'édifice viticole d'Olivier Decelle (également présent à Saint-Émilion avec le château Jean Faure, en Haut-Médoc, en Bourgogne avec la maison Decelle-Villa et récemment dans la vallé du Rhône avec le rachat du domaine de Boisseyt-Chol), ce vaste domaine, qui a longtemps été le fer de lance des grands vins doux naturels, évolue brillamment depuis son rachat il y a plus de quinze ans. Sans négliger, bien au contraire, les vins doux, Olivier Decelle a immédiatement perçu la grande aptitude des terroirs de Maury à produire des vins rouges secs de haute expression, et s'est donné les moyens de les réussir. Sous la houlette du talentueux directeur Nicolas Raffy la gamme s'agrandit et se réinvente par petites touches, avec des vins aimables jeunes, mais capables de vieillir, telle la cuvée Initial, et des cuvées parcellaires plus ambitieuses, qui atteignent un niveau spectaculaire dans les derniers millésimes.

Les vins : nous aimerions goûter les cuvées parcellaires de l'appellation Maury sec avec davantage de recul. Dans leur prime jeunesse, Vers le Nord et Voyage en Météore 2018 sont magnifiques, d'une floralité presque agressive, avec une chair tendue et sinueuse, d'un style unique. L'échantillon d'Alt.433 montre en revanche une légère oxydation. Parmi les maurys "stricto sensu", nous aimons décidément beaucoup le Vintage blanc, intense, minéral et résineux, avec des sucres admirablement domptés. Si Vintage 2016 présente un bel aplomb tannique, celui de la cuvée Charles Dupuy évoque une puissance quasiment lusitanienne ; c'est un vin compact et musculeux, qu'il faut attendre. Les vieux maurys patinés par le temps sont sublimes, rancio aérien de quarante ans d'âge et 1985 vibrant, évocateur, puissant, grisant. Plus que des curiosités, ce sont de grands vins, encore abordables pécuniairement et capables d'accords gastronomiques multiples et flamboyants.

Côtes du Roussillon Altaïr 2017	19 €	14,5
Maury Vintage 2018	18 €	16,5
Maury 40 Ans d'Age	77 €	18
Maury Sec Initial 2017	14,90 €	14,5
Maury Sec Vers le Nord 2018	24 €	16,5
Maury Sec Voyage en Météore 2018	24 €	16
Maury Vintage 2016	18 €	15
Maury Vintage Charles Dupuy 2015	37,50 €	16,5

Le coup de ♥

Maury 1985	55 €	18,5

Rouge : 143 hectares.
Grenache noir 75 %, Carignan 13 %, Syrah 10 %, Mourvèdre 2 %
Blanc : 12 hectares.
Grenache gris 47 %, Macabeu 33 %, Muscat d'alexandrie 10 %, Muscat à petits grains blancs 10 %
Production moyenne : 400 000 bt/an

MAS AMIEL ♣
Domaine du Mas Amiel, 66460 Maury
04 68 29 01 02 • www.masamiel.fr • Vente et visites : au domaine sur rendez-vous. De 8h30 à 12h30 et de 13h30 à 18h.
Propriétaire : Olivier Decelle
Directeur : Nicolas Raffy

★★

DOMAINE OLIVIER PITHON

En moins de dix ans, ce vigneron originaire d'Anjou, frère du fameux Jo Pithon des coteaux du Layon, s'est imposé parmi les domaines de référence du Roussillon. Olivier Pithon pratique une viticulture engagée, très respectueuse des terroirs et des cépages autochtones. Il affirme désormais un style bien personnel, donnant naissance à des vins authentiques et droits qui progressent d'année en année, plus précis et réguliers aujourd'hui dans les vins d'entrée de gamme. La cuvée D18, issue de grenache blanc et gris, s'est affirmée comme un des plus grands blancs du sud ; le macabeu est tout aussi exceptionnel. Les rouges sont plus captivants depuis qu'ils sont vinifiés en grappes entières. La régularité, la franchise d'expression et l'intensité de saveurs des vins qui sortent de la nouvelle cave, sur les hauteurs de Calce, ont valu au domaine l'obtention rapide d'une deuxième étoile, encore brillamment confirmée cette année. Attention toutefois à l'acidité volatile sur certains rouges...

Les vins : en 2018 comme dans les millésimes précédents, les cuvées de négoce Mon P'tit Pithon sonnent très juste, accessibles à un large public. Les deux rouges 2017 sont typés par le grenache (pur dans le cas du Colt d'en Olby) peu colorés, libres, parfumés, ils en offrent une interprétation aérienne, poussée dans les deux cas par une acidité volatile bien perceptible. Pur carignan profond, sanguin et balsamique, Le Pilou 2016 constitue une prouesse d'équilibre et de fraîcheur dans ce millésime de grande sécheresse. Saveur profonde et complexe, fruit frais, corps délié : un vrai coup de cœur ! Laïs blanc 2018 semble plus léger que d'habitude. Sans posséder l'intensité hors-normes du 2016, la cuvée D18, conjugue admirablement en 2017 droiture et citron confit. Le maccabeu 2017 s'affirme comme le grand blanc du millésime chez Olivier Pithon, combinant richesse, ductilité du cépage, fraîcheur et rémanence.

- IGP Côtes Catalanes La D18 2017 35 € 16
- IGP Côtes Catalanes Laïs 2018 18 € 14
- IGP Côtes Catalanes Maccabeu 2017 35 € 17
- IGP Côtes Catalanes Mon P'tit Pithon 2018 10 € 13,5
- IGP Côtes Catalanes Laïs 2017 18 € 15
- IGP Côtes Catalanes Le Colt d'en Olby 2017 35 € 15,5
- IGP Côtes Catalanes Mon P'tit Pithon 2018 10 € 14

Le coup de ♥

- IGP Côtes Catalanes Le Pilou 2016 35 € 17,5

Rouge : 11 hectares.
Grenache noir 50 %, Carignan 40 %, Mourvèdre 10 %
Blanc : 11 hectares.
Macabeu 40 %, Grenache gris 40 %, Grenache blanc 20 %
Production moyenne : 120 000 bt/an

DOMAINE OLIVIER PITHON ☾
Chemin de Montner, 66600 Calce
04 30 44 85 71 • www.olivierpithon.com •
Vente et visites : au domaine sur rendez-vous.
De 9h à 12h et de 14h à 18h.
Propriétaire : Olivier Pithon et Sébastien Calmettes
Directeur : Olivier Pithon

★

DOMAINE BRUNO DUCHÊNE

Originaire du Loir-et-Cher, Bruno Duchêne a fait l'acquisition en 2002 de petites parcelles de vignes sur les coteaux escarpés surplombant Banyuls, à 300 mètres d'altitude. Dans cet environnement rude, où la pénibilité du travail est tout sauf une notion abstraite, l'homme accomplit un labeur acharné pour entretenir en agriculture biologique la plus grande partie de son vignoble, dont certaines parcelles sont bichonnées comme de petits jardins. À la cave, des vinifications douces (avec des doses minimes de soufre), donnent naissance à des vins qui dépassent le qualificatif trop réducteur de "naturel" : issus de vieux grenaches et carignans, ce sont avant tout des vins digestes, aux matières suaves mais innervées d'une fraîcheur gagnée à la vigne. Des vins ensoleillés, gourmands, qui semblent irradier la bonne humeur et la spontanéité de leur géniteur.

Les vins : ces vins attachants font du bien à la côte Vermeille. Leur spontanéité n'exclut ni la complexité, ni la finesse ; qualités que l'on rencontre en goûtant dans le millésime 2016 le collioure La Pascole et Le Banyuls de Môman en Amphore. Le premier nuance un fruit de grenade bien mûre avec de subtiles notes épicées ; le second affiche un fruit frais et éveillé, savoureusement relevé d'encens et de tabac. Le collioure blanc Vall Pompo 2017 vibre grâce à son toucher allègre et sa belle saveur évoquant le cédrat. Suzette et La Luna (rouge et rosé) sont de fraîches gourmandises, plus simples, plus "lâchées", voire un peu débraillée dans l'expression aromatique en ce qui concerne La Luna rouge 2018, ce qui n'est pas sans renforcer sa séduction un peu canaille...

- Collioure Vall Pompo 2017 33 € 16
- VDF Suzette 2017 24 € 14
- IGP Côte Vermeille La Luna 2018 16 € 14
- Collioure La Pascole 2016 33 € 15,5
- IGP Côte Vermeille La Luna 2018 19 € 14,5

Le coup de ♥

- Banyuls Rimage Le Banyuls de Môman en Amphore 2016 40 € 16,5

Rouge : 3,5 hectares.
Grenache noir 90 %, Carignan 10 %
Blanc : 0,5 hectare.
Grenache blanc 100 %
Production moyenne : 12 000 bt/an

DOMAINE BRUNO DUCHÊNE ♣
56, avenue Général-de-Gaulle, 66650 Banyuls-sur-Mer •
lapascole@orange.fr • Pas de visites.
Propriétaire : Bruno Duchêne

★ ↗

DOMAINE LES ENFANTS SAUVAGES

Carolin Bantlin, architecte de formation, et son mari Nikolaus venaient en vacances en famille dans la région depuis plusieurs années. Ils décidèrent en 1999 d'acquérir une bergerie en ruine entourée de vignes dans un secteur très isolé, aux confins de Fitou et d'Opoul. Définitivement installés à Fitou, en 2001, ils se forment chez Olivier Pithon, puis reprennent 12 hectares perdus au cœur de la garrigue. Ils font alors le choix de la biodynamie. Construits sur des matières franches et désaltérantes, leurs vins, Cool Moon en blanc (grenache gris, blanc, macabeu et vermentino), Enfant Sauvage, Noces de Lumière (mourvèdre) et Roi des Lézards en rouge (vieux carignan élevé en foudre) retranscrivent les saveurs de cet environnement exceptionnel. Une petite plantation de chenin en terrasses viendra bientôt élargir la palette.

Les vins : beaucoup de finesse et de sensibilité dans ces vins, qui s'expriment avec une fraîcheur rare, trouvant leur équilibre avec un naturel qui semble évident, sans la moindre dureté ni verdeur de sous-maturité. Tout cela justifie une étoile, accordée cette année. Noces de Lumières 2017 est un enchantement, un mourvèdre gracieux, de haute sapidité, à la fois floral et subtilement ligneux. Roi des Lézards 2015 s'est patiné en finesse, c'est un carignan balsamique et mentholé, à la subtilité de toucher rare pour le cépage. Côté blancs, Cool Moon 2017 possède une saveur rassise mais laisse la bouche rafraîchie ; le muscat de Rivesaltes, aux flaveurs intenses de miel d'oranger, évoluera en approfondissant les notes terpéniques qui pointent déjà.

- IGP Côtes Catalanes Cool Moon 2017 — 22 € 15,5
- Muscat de Rivesaltes 2017 — 14 € 15
- IGP Côtes Catalanes Roi des Lézards 2015 — 20 € 16,5

Le coup de ♥

- IGP des Côtes Catalanes Noces de Lumière 2017 — 30 € 17,5

Rouge : 5,4 hectares.
Carignan 35 %, Grenache noir 25 %, Cinsault 15 %, Mourvèdre 15 %, Syrah 10 %
Blanc : 2,6 hectares.
Muscat à petits grains blancs 30 %, Grenache blanc 20 %, Grenache gris 20 %, Vermentino 15 %, Macabeu 10 %, Roussanne 5 %
Production moyenne : 25 000 bt/an

DOMAINE LES ENFANTS SAUVAGES ☾
10, rue Gilbert-Salamo, 11510 Fitou
04 68 45 69 75 •
www.les-enfants-sauvages.com • Vente et visites : au domaine sur rendez-vous.
Propriétaire : Nikolaus et Carolin Bantlin

★

DOMAINE MATASSA

Le Sud-Africain Tom Lubbe a fait l'acquisition, entre 2001 et 2003, de nombreuses parcelles de vieilles vignes, disséminées entre Calce et les hauteurs des Fenouillèdes, jusqu'à 600 mètres d'altitude. Fort d'une expérience de vinification chez son voisin Gérard Gauby, ainsi que dans son pays d'origine, Tom Lubbe a développé un style très personnel, représentatif du dynamisme actuel de la vallée de l'Agly. Les préceptes de la biodynamie régissent le travail des vignes. Après avoir vinifié dans plusieurs caves, il s'est récemment établi au Mas Ferriol à Espira-de-l'Agly. Dotés d'un style décidément différent de celui des amis et confrères vignerons de Calce, les blancs et les rouges (la frontière s'amincit...) sont intenses, pleins de vitalité et de tension malgré des extractions très mesurées et des degrés alcooliques faibles. Le travail, accompli dans la modestie, est considérable et le propos des vins s'avère de plus en plus original. L'origine géographique de vins aussi personnels devient néanmoins difficile à localiser et les aléas organoleptiques (animalité, tanins saillants, acidité volatile forte...) éloigneront les consommateurs les moins aventureux. Malgré le charme irrésistible de certaines cuvées, trop de montagnes russes gustatives nous amènent à retirer une étoile.

Les vins : le muscat macéré Marguerite, pionnier du genre, se livre en 2018 avec beaucoup de cohérence, d'élégance, de merveilleuses inflexions vers le thé vert et la bergamote. Tattouine, lieu-dit cadastré à Calce, est le nouveau nom de la cuvée Romanissa Casot, macération de grenache gris ; original, riche en saveurs et doté d'une longue et fraîche accroche tannique, c'est en 2018 un vin inclassable mais inspiré Nous sommes moins convaincus par Coume de l'Olla du même millésime, rouge très clair issu de la cofermentation des grenaches noir et gris avec du macabeu. Sa matière tendre, plutôt fugace, laisse davantage d'animal et d'amertume que de fruit dans son sillage.

VDF Tattouine 2018	28 €	16
VDF Coume de l'Olla 2018	16 €	13,5

Le coup de ♥

VDF Marguerite 2018	22 €	17

Rouge : 7 hectares.
Grenache noir 70 %, Carignan 30 %
Blanc : 8 hectares.
Grenache gris 60 %, Macabeu 40 %
Production moyenne : 30 000 bt/an

DOMAINE MATASSA ♣
Mas Serriol 66600 Espira-de-l'Agly
04 68 64 10 13 • www.matassawine.fr/ •
Vente et visites : au domaine sur rendez-vous.
Propriétaire : Thomas et Nathalie Lubbe

★

DOMAINE JEAN-PHILIPPE PADIÉ

Jean-Philippe Padié s'est installé en 2003 à Calce, village au nom minéral, qui fut fief et épicentre de la nouvelle vague de la "Catalogne Nord" fédérée autour de Gérard Gauby, chez qui il s'est formé après un passage au Mas Amiel. Trente parcelles sur 10 hectares, des rendements très faibles, un fruit croquant, un style ciselé et sobre, particulièrement limpide (et des cuvées désormais toutes déclarées en VDF). Les blancs étonnent par leur fraîcheur élancée ; les rouges, de plus en plus vinifiés en raisins entiers, se montrent très proches du raisin, peu extraits et acidulés. Les derniers millésimes recèlent de véritables pépites, la précision s'est améliorée dans les deux couleurs, avec notamment des acidités volatiles mieux contenues. Une étoile est venue il y a deux ans récompenser l'évolution heureuse de cette production.

Les vins : deux vins seulement nous ont été envoyés cette année, mais ils sont bien représentatifs du style du domaine. Le blanc Fleur de Caillou 2018, assemblage classique de grenache blanc et de macabeu, offre une fraîcheur pointue, signée avec malice par la volatile. Petit Taureau 2017, assemblage dominé par le carignan, déjà dégusté l'an dernier, a conservé toute sa gourmandise, avec une petite coquetterie animale qui plaira à certains et déplaira à d'autres.

VDF Fleur de Cailloux 2018	16 €	15
VDF Petit Taureau 2017	15 €	15

Rouge : 8,5 hectares.
Carignan 35 %, Grenache noir 32 %,
Syrah 21 %, Mourvèdre 12 %
Blanc : 8 hectares.
Grenache blanc 35 %, Grenache gris 34 %,
Macabeu 31 %
Production moyenne : 40 000 bt/an

DOMAINE JEAN-PHILIPPE PADIÉ ♣
11, rue des Pyrénées, 66600 Calce
04 68 64 29 85 • www.domainepadie.com •
Pas de visites.
Propriétaire : Jean-Philippe Padié

★

DOMAINE DE RANCY

Cet historique domaine de la vallée de l'Agly est aujourd'hui entre les mains de Jean-Hubert Verdaguer et de son épouse Brigitte, épaulés depuis 2006 par leur fille aînée Delphine. La famille Verdaguer a ajouté, dès 2001, une gamme de vins secs à celle des vieux rivesaltes, fleuron de la production du domaine. À la vigne comme en cave, le travail est très attentif. Si les vins rouges sont de bon niveau, ce sont surtout les admirables vins doux naturels (dont une collection de vieux millésimes remontant jusqu'en 1919) qui assurent la renommée de cette adresse. Un domaine de référence qui mérite toute l'attention des amateurs, indispensable par la valeur mémorielle de ses vins, parmi ceux qui affirment avec le plus de panache la singularité de l'histoire viticole catalane.

Les vins : le grenache 2015 évolue avec bonheur ; entre figue bleue et havane, ce vin sec à la personnalité originale impose sa puissance solaire mais aussi sa finesse suggestive. Les deux rivesaltes ambrés présentés, construits sur le lent vieillissement du macabeu, offrent énormément de goût, d'intensité et de plaisir. Ce sont des liqueurs "intelligentes" dont la saveur n'empâte jamais la bouche. Il faut découvrir ces vins rares, pour eux-mêmes ou associés aux mets les plus variés et les plus relevés. Le 1978 déploie un large éventail aromatique, du praliné à la caroube, en passant par la morille séchée ; son équilibre est encore dominé par la richesse native du raisin sucré bloqué par le mutage. Ce n'est plus le cas du 1960, concentré jusqu'à la quintessence, extrêmement suggestif et long en bouche, inimitable, transcendant.

Rivesaltes Ambré 1978	85 €	17
IGP Côtes Catalanes Le Grenache de Rancy 2015	10,50 €	16

Le coup de ♥

Rivesaltes Ambré 1960	N.C.	19,5

Rouge : 5 hectares.
Grenache noir 47 %, Mourvèdre 32 %, Carignan 21 %
Blanc : 12 hectares.
Macabeu 100 %
Production moyenne : 25 000 bt/an

DOMAINE DE RANCY
8, place du 8 Mai 1945,
66720 Latour-de-France
04 68 29 03 47 • www.domaine-rancy.com •
Vente et visites : au domaine sur rendez-vous.
De 10h à 13h et de 15h à 19h et le dimanche matin.
Propriétaire : Brigitte et Jean-Hubert Verdaguer

★

DOMAINE DE LA RECTORIE

De retour sur les terres familiales depuis 1984, les frères Parcé se sont d'abord illustrés dans l'élaboration de banyuls mutés sur grains de type vintage (millésimés, prêts à boire jeunes), auxquels ils ont apporté une précision de saveur et une intensité aromatique jusqu'alors inconnues. Depuis, Marc, épicurien, prosélyte du terroir catalan, et Thierry, vinificateur sensible, interprètent avec le même brio une partition en vins secs (appellation Collioure), digestes et salins, avec pour base les grenaches blanc, gris et rouge dont ils sont d'ardents défenseurs. Le vignoble, très morcelé, bénéficie d'expositions solaires et d'altitudes variées. Deux cuvées de haute expression rendent justice au potentiel de Collioure : Côté Mer est le reflet du terroir maritime, Montagne, celui du terroir de l'intérieur des terres, en altitude. L'Argile est un vin fondateur, de ceux qui ont insufflé aux vignerons de la région l'envie d'élaborer de grands blancs secs à partir de cépages locaux. Nous saluons la cohérence exceptionnelle de la gamme, dans les trois couleurs comme en VDN, même s'il manque parfois le grain de folie, l'extravagance ou la sensualité pour se sentir pleinement en adéquation avec les paysages.

Les vins : les banyuls sont une nouvelle fois exemplaires, avec une mention particulière à la cuvée Thérèse Reig, d'une magnifique pureté de fruit framboisé, tout en délicatesse. Les vins secs, très cadrés, ne surprennent pas ; il ne déçoivent pas vraiment, mais ne suscitent pas assez d'enthousiasme pour justifier encore une deuxième étoile qui paraissait bien généreuse dans les derniers millésimes. Les rosés 2018 offrent de la mâche et du goût, avec une rondeur accorte pour Côté Mer et une présence plus structurée, tonique, pour La Goudie, davantage un clairet qu'un simple rosé. Les rouges 2017 montrent à la fois une forte maturité, avec un fruit qui penche volontiers vers la figue ou le pruneau, et une structure pour l'heure encore rigide ; L'Oriental paraît le plus prometteur, mais il a vraiment besoin de se détendre. L'Argile 2017, collioure blanc de haute maturité, propose un beau volume étayé par une subtile amertume.

Collioure L'Argile 2017	24 €	14,5
Collioure Côté Mer 2018	14 €	14
Collioure La Goudie 2018	24 €	14,5
Banyuls Léon Parcé 2016	24 €	15
Banyuls Pierre Rapidel 2009	24 €	15
Collioure Côté Mer 2017	14 €	13
Collioure L'Oriental 2017	19 €	14
Collioure Montagne 2017	24 €	14

Le coup de ♥

Banyuls Thérèse Reig 2017	14 €	16,5

Rouge : 30 hectares.
Grenache noir 75 %, Syrah 10 %, Carignan 10 %, Counoise 3 %, Mourvèdre 2 %
Blanc : 5 hectares.
Grenache gris 90 %, Grenache blanc 10 %
Production moyenne : 120 000 bt/an

DOMAINE DE LA RECTORIE
65, avenue du Puig-del-Mas,
66650 Banyuls-sur-Mer
04 68 88 13 45 • www.rectorie.com •
Visites : sans rendez-vous.
Du lundi au samedi de 10h à 13h et de 14h à 19h.
Propriétaire : Thierry et Jean-Emmanuel Parcé

★

RIBERACH

Voici l'un des projets les plus ambitieux que la région ait connu ces dernières années : enfant du pays, l'architecte Luc Richard, aidé de ses associés (un viticulteur, un maître de chai et un sommelier), a d'abord constitué, en 2006, un domaine sur le secteur d'altitude de Bélesta. Ils ont racheté les bâtiments de la coopérative locale, transformés en cave, mais aussi en un spectaculaire hôtel-restaurant. Déclinés pour mettre en avant les différents cépages de la région, les vins sont aboutis et soignés, avec quelques morceaux de bravoure, comme Hypothèse blanc, rare cuvée de pur carignan gris, ou son pendant Hypothèse rouge, basé sur un carignan noir de grand caractère. Le domaine a trouvé sa vitesse de croisière avec des vins intenses mais toujours sveltes, très nets et très frais, de faibles degrés, construits sur la tension mais sans verdeur. L'étoile, qui s'était imposée comme une évidence lors de l'exercice précédent, est pleinement confirmée par les dégustations effectuées cette année.

Les vins : une certaine minceur, une élégance svelte caractérisent toutes les cuvées ; aucune ne bascule dans la maigreur ou la dureté. Les rouges 2015 apparaissent moins prêts que les 2014 au même stade ; d'une belle profondeur, ils grandiront, surtout le carignan Hypothèse, remarquable de vigueur et d'intensité dans la concision. Issus de millésimes plus jeunes, les blancs sont palpitants. Parenthèse 2018, macération de grenaches gris, blanc et macabeu (vingt-et-un jours) offre dans une légèreté pointue (11° seulement) un grain frais, très fruits rouges (le grenache gris...). Pur, parfumé, alerte, Synthèse 2017 est une parfaite démonstration du style maison. On peut l'aborder dès à présent, contrairement à l'impressionnant Hypothèse, d'une intensité rare, sur le fil du minéral, jus de cailloux protégé par son austérité, qui livrera nous l'espérons de grands secrets.

- IGP Côtes Catalanes Parenthèse 2018 — 18 € — 16
- IGP Côtes Catalanes Synthèse 2017 — 15 € — 16
- IGP Côtes Catalanes Antithèse 2015 — 18 € — 14,5
- IGP Côtes Catalanes Hypothèse 2015 — 28 € — 16
- IGP Côtes Catalanes Rouge N° 18 2018 — 12 € — 14
- IGP Côtes Catalanes Synthèse 2015 — 15 € — 15
- IGP Côtes Catalanes Thèse 2015 — 18 € — 15

Le coup de ♥

- IGP Côtes Catalanes Hypothèse 2017 — 28 € — 17,5

Rouge : 7 hectares.
Carignan 50 %, Grenache noir 25 %, Syrah 25 %
Blanc : 4 hectares.
Carignan gris 29 %, Grenache gris 29 %, Macabeu 29 %, Grenache blanc 13 %
Production moyenne : 40 000 bt/an

RIBERACH ♣
2, route de Caladroy, 66720 Bélesta
04 68 50 56 56 • www.riberach.com • Pas de visites.
Propriétaire : SARL Riberach

★

LE SOULA

Sur les belles terrasses granitiques d'altitude de la région des Fenouillèdes, au nord-ouest de Maury, Gérard Gauby et quelques associés ont acquis ce domaine certifié en agriculture biologique. En 2016, Wendy Paillé a remplacé Gerald Stanley, qui dirigeait l'exploitation depuis 2008. Les vins rouges et blancs sont vinifiés en barrique sur la base de principes très naturels : levures indigènes, aucune acidification, aucune chaptalisation. Jamais pris en défaut de fraîcheur ou d'élégance, les rouges ont su récemment gagner en structure et en chair. Mais dès le premier millésime, en 2001, Le Soula s'est distingué essentiellement par ses blancs, qui nous ont impressionnés par leur pureté et leur intensité : l'association du macabeu, du sauvignon blanc et de plusieurs autres cépages y fait merveille. Les vins méritent souvent d'être attendus pour profiter de leur meilleure expression.

Les vins : les 2014 sont brillants, dans un millésime pourtant délicat. Le rouge, carignan majoritaire (73 %) suggère le poivre frais au milieu d'une complexité balsamique et fumée ; la délicatesse tendue de la chair évoque le pinot. Complexe lui aussi, distingué, "désorientant" par ses arômes de buis et de sureau (les 36 % de sauvignon de l'assemblage...), le blanc déroule sa chair satinée avec retenue et générosité à la fois. Ces deux vins de haut niveau valent indéniablement deux étoiles. Issus de millésimes plus jeunes, 2017 et 2018, les cuvées Trigone, en rouge comme en blanc, se montrent directes et gourmandes, mais beaucoup plus simples.

VDF Trigone nº 18	15 €	13,5
IGP Côtes Catalanes 2014	26 €	16,5
VDF Trigone nº 18	13 €	14

Le coup de ♥

IGP Côtes Catalanes 2014	26 €	16,5

Rouge : 11 hectares.
Syrah 40 %, Carignan 40 %, Grenache noir 20 %
Blanc : 11 hectares.
Macabeu 36 %, Vermentino 25 %, Sauvignon blanc 23 %, Grenache blanc 4 %, Malvoisie 4 %, Roussanne 3 %, Marsanne 3 %, Chardonnay 2 %
Production moyenne : 40 000 bt/an

LE SOULA ☾
Pla d'en Dallen,
66220 Saint-Martin-de-Fenouillet
04 68 35 69 31 • www.le-soula.com • Vente et visites : au domaine sur rendez-vous.
De 9h à 16h.
Propriétaire : Mark Walford
Directeur : Wendy Paillé

★

DOMAINE DES SOULANES

Installés à Tautavel, Cathy et Daniel Laffite ont repris, à la fin des années 1990, un vignoble situé au pied des pics rocheux que surmonte le château de Quéribus. Quinze années d'apprentissage aux côtés du précédent propriétaire leur ont permis d'acquérir l'expérience nécessaire. Rebaptisé en l'honneur des soulanes, coteaux exposés sud/sud-est, le domaine propose une gamme de vins d'une précision et d'une netteté de saveurs rares, valorisant le caractère entier de matières premières pleines d'éclat. Le blanc Kaya (cépages traditionnels, en exposition nord cette fois) surprendra plus d'un dégustateur. Les maurys sont remarquables. Un domaine en grande forme, que les amateurs doivent absolument découvrir, d'autant que les tarifs demeurent très sages.

Les vins : les rouges ont bien progressé, les blancs conjuguent tranchant et générosité, mais ce sont les VDN qui nous touchent le plus. Parmi ceux-ci, on peut opter pour le sémillant maury grenat 2018, clair, aérien, très gourmand, délicieusement fruits rouges ; pour le Hors d'Âge, concentré mais agile, qui évoque le maquis et appelle le cigare ; ou bien viser le rare Ambré 2005, au rancio profond mais suave. Allez à la rencontre des rouges 2018. Jean Pull généreux, sauvage, mentholé ou le pur carignan Kaya, dru, vigoureux, balsamique. En blanc, Vieilles Vignes (grenache gris et carignan gris) amplifie le style tranchant de Kaya, équilibrant la générosité de sa maturité par une acidité souveraine. Belle évolution en perspective.

IGP Côtes Catalanes Kaya 2018	14 €	15,5
IGP Côtes Catalanes Vieilles Vignes 2018	19 €	16
Maury Ambré 2005	29 €	16
Côtes du Roussillon-Villages Jean Pull 2018	9,50 €	15
Côtes du Roussillon-Villages Sarrat del Mas 2017	14 €	14,5
IGP Côtes Catalanes Kaya 2018	12,50 €	15
IGP Côtes Catalanes Les Salines 2017	12,50 €	14,5
Maury Hors d'Age	27 €	16,5

Le coup de ♥

Maury Grenat 2018	14 €	16

Rouge : 16 hectares.
Grenache noir 50 %, Carignan 30 %, Grenache blanc 20 %, Syrah 15 %, Mourvèdre 5 %
Blanc : 1,8 hectare.
Grenache gris 30 %, Carignan 25 %, Carignan gris 25 %
Production moyenne : 30 000 bt/an

DOMAINE DES SOULANES ♣
Mas de las Frédas, 66720 Tautavel
04 68 29 12 84 •
www.domaine-soulanes.com • Pas de visites.
Propriétaire : Cathy et Daniel Laffite
Directeur : Daniel Laffite

★

DOMAINE VIAL MAGNÈRES

Depuis le décès en 2013 de Bernard Sapéras figure marquante du vignoble catalan, son fils Olivier et son épouse Chrystel dirigent ce domaine familial, qui abrite une large gamme de banyuls. La prédominance des grenaches blancs et gris, sur un domaine soumis à une forte influence maritime, explique l'importance de la production de banyuls blancs, mais aussi son antériorité (dès 1986), ainsi que celle des blancs secs, en VDP puis en AOC Collioure. Si les rimages s'avèrent tendres et savoureux, les matières se complexifient avec l'âge, allant vers des rancios remarquables de profondeur. La maison possède ses spécialités, dont le Ranfio Cino, cousin des blancs secs élevés sous voile de Jerez, ou le banyuls Al Tragou, rancio doux très subtil, toujours commercialisé en millésime ancien. La qualité des vins secs progresse, ce dont nous nous réjouissons.

Les vins : le domaine ne nous ayant pas fait parvenir ses vins cette année, nous sommes amenés à reconduire les notes de l'édition précédente.

Banyuls Rivage 2017	19 €	14,5
Collioure Armenn 2014	18 €	14,5
Collioure Le Petit Couscouril 2017	9,50 €	14,5
Banyuls Al Tragou 1991	73 €	18
Banyuls Rimage 2017	17 €	15
Collioure Les Espérades 2015	18 €	13,5

Rouge : 7 hectares.
Grenache noir 80 %, Carignan 10 %, Mourvèdre 5 %, Syrah 5 %
Blanc : 3 hectares.
Grenache gris 60 %, Grenache blanc 40 %
Production moyenne : 25 000 bt/an

DOMAINE VIAL MAGNÈRES
Clos Saint-André, 14, rue Édouard-Herriot, 66650 Banyuls-sur-Mer
04 68 88 31 04 • www.vialmagneres.com •
Vente et visites : au domaine sur rendez-vous.
De 9h à 12h et de 14h à 18h.
Propriétaire : Laurent Dal Zovo, Chrystel et Olivier Sapéras
Œnologue : Laurent Dal Zovo

DOMAINE DES CHÊNES

Situé au pied des magnifiques falaises de Vingrau, ce domaine, propriété de l'œnologue Alain Razungles, se distingue historiquement par la qualité de ses blancs secs et doux, vinifiés à belle maturité. Le domaine s'enorgueillit également de vins rouges joliment dessinés, au relief solaire, qui font une large place aux traditionnels carignans et grenaches. Bien maîtrisés techniquement, ces vins retrouvent aujourd'hui un fruit généreux et expressif. Les VDN, irréprochables, sont des exemples parfaits (et abordables) de la spécificité des vins du Roussillon.

Les vins : on peut trouver beaucoup de goût et d'identité dans la gamme dégustée cette année, à des tarifs modérés qui plus est. Alain Razungles nous donne les meilleures raisons de découvrir le terroir particulier de Vingrau. Les blancs évoluent sereinement, que ce soit Les Olivettes 2016, assemblage malin de muscat d'Alexandrie et de macabeu, la fluidité de l'un, les beaux arômes de fleur de sureau de l'autre... ou Les Sorbiers 2015, gras mais délié, alerte, anisé ; nous le préférons aux Magdaléniens du même millésime, dont l'amertume est soulignée par la vinification en barrique. Le muscat-de-rivesaltes, lavande et bergamote, miellé, poursuit tranquillement son évolution. Les deux rouges 2017 offrent un plaisir fruité direct, dru et sapide, notamment le petit dernier, L'Air du Temps, assemblage dominé par le grenache, gourmand et immédiat.

Côtes du Roussillon Les Magdaléniens 2015	13,80 €	14,5
Côtes du Roussillon Les Sorbiers Vieilles Vignes 2015	10,50 €	15
IGP Côtes Catalanes Les Olivettes 2016	7,90 €	14
Muscat de Rivesaltes 2017	11,40 €	14,5
Côtes du Roussillon-Villages L'Air du Temps 2017	8,60 €	14,5

Le coup de ♥

Côtes du Roussillon-Villages Les Grands-Mères 2017	8,90 €	15

Rouge : 20 hectares.
Syrah 35 %, Carignan 30 %, Grenache noir 30 %, Mourvèdre 5 %
Blanc : 15 hectares.
Grenache blanc 25 %, Muscat à petits grains blancs 25 %, Macabeu 24 %, Roussanne 12 %, Grenache gris 7 %, Muscat d'alexandrie 7 %
Production moyenne : 40 000 bt/an

DOMAINE DES CHÊNES
7, rue du Maréchal-Joffre, 66600 Vingrau
04 68 29 40 21 • www.domainedeschenes.fr
• Visites : sans rendez-vous.
Du lundi au vendredi de 9h à 12h et de 14h à 18h. Sur rendez-vous le samedi et le dimanche.
Propriétaire : Alain Razungles
Œnologue : Isabelle Cutzach Billard

DOMAINE DU CLOT DE L'OUM

Installés sur les hauteurs de Bélesta, Éric et Lèia Monné sont à la tête d'un patrimoine important de vieilles vignes, réparti entre terroirs de granite, de schistes et de gneiss. Le domaine est certifié en agriculture biologique depuis 2003. À l'évidence, l'altitude contribue au caractère original et empreint de fraîcheur de ces vins, dont nous avons souvent apprécié le charme et l'élégance, soulignés par des tanins vifs. Il y a quelques écueils : les réductions en bouteille sont parfois insistantes et les textures austères, mais le fond est là.

Les vins : les rouges 2017 se distinguent par un supplément de chair et de gourmandise, tout en conservant le style strict et "minéral" qui est la marque du domaine. Le Clot propose une interprétation distinguée et originale de la syrah. Strict et tendu, le blanc, basé sur le grenache gris et le carignan gris, offre un contraste encore marqué entre la richesse briochée du nez et un développement ferme et tendu en bouche. Les 2015 grandissent en s'épurant, approfondissant la veine fumée, empyreumatique que portent souvent ces terroirs acides. Saint-Bart impose une intensité savoureuse mais sans rondeur, avec de belles notes d'encens. Sans se départir d'une certaine austérité, Gavatx retranscrit la générosité de corps du grenache.

- Côtes du Roussillon Cine Panettone 2017 — 18 € 14,5
- Côtes du Roussillon Villages Caramany Gavatx 2015 — 18 € 14,5
- Côtes du Roussillon Villages Caramany La Compagnie des Papillons 2017 — 13 € 14,5
- Côtes du Roussillon Villages Caramany Saint-Bart Vieilles Vignes 2015 — 18 € 15,5
- Côtes du Roussillon Villages Caramany Saint-Bart Vieilles Vignes 2016 — 18 € 14

Le coup de ♥

- Côtes du Roussillon Villages Caramany Le Clot 2017 — 18 € 16

Rouge : 9 hectares.
Syrah 40 %, Carignan 35 %, Grenache noir 15 %, Mourvèdre 10 %
Blanc : 2 hectares.
Macabeu 35 %, Carignan gris 30 %, Grenache gris 20 %
Production moyenne : 25 000 bt/an

DOMAINE DU CLOT DE L'OUM ♣
Fenouillèdes, Haute Vallée de l'Agly, Route de Caladroy, 66720 Bélesta • www.clotdeloum.com • Vente et visites : au domaine sur rendez-vous.
Propriétaire : Lèia Monné

COUME DEL MAS

Amoureux de ses terroirs, Philippe Gard s'est installé dans le hameau de Cosprons, entre Banyuls-sur-Mer et Port-Vendres. Il exploite avec détermination un patrimoine de vieilles vignes remarquablement situées. Son savoir-faire en matière de vinification et d'élevage a rapidement placé sa production parmi les plus ambitieuses du secteur. Les banyuls en particulier bénéficient d'une intensité de matière et de saveur rares. Les élevages aux boisés insistants qui alourdissaient et banalisaient certaines cuvées semblent aujourd'hui mieux réglés. L'ensemble de la production mérite l'attention des aficionados des vins de la côte Vermeille.

Les vins : les collioures 2017 se montrent parfaitement maîtrisés en matière d'extraction et d'élevage. Les rouges affichent une dominante aromatique empyreumatique de grand caractère et conservent une belle tension malgré le feu de leur tempérament. Les blancs concilient largeur, maturité du fruit et salinité. En dégustation pure, nous préférons le relief de Folio 2018 à la puissance plus roborative de l'Édition Spéciale 2017 ; la mise en situation à table changerait probablement la donne, ce sont des vins de gastronomie. Galateo, gourmand et fin, paré d'une jolie touche de rose fanée, est un banyuls rimage exemplaire. Le Hors d'Âge, marqué par son séjour de dix ans en barrique, conjugue densité et fermeté ; sa richesse est équilibrée par le piquant d'une volatile suggestive.

- Collioure Folio 2018 — 19 € 15,5
- Collioure Folio Edition Spéciale 2017 — 25 € 15
- Banyuls Hors d'Age — 69 € 16
- Collioure Quadratur 2017 — 25 € 15,5
- Collioure Schistes 2017 — 19 € 15

Le coup de ♥

- Banyuls Galateo 2017 — 16 € 16

Rouge : 8 hectares.
Grenache noir 60 %, Carignan 15 %, Mourvèdre 15 %, Syrah 10 %
Blanc : 5 hectares.
Grenache gris 85 %, Roussanne 5 %,

Vermentino 5 %, Grenache blanc 5 %
Production moyenne : 35 000 bt/an

COUME DEL MAS
3, rue Daudet, 66650 Banyuls-sur-Mer • www.coumedelmas.com • Vente et visites : au domaine sur rendez-vous.
Propriétaire : Philippe Gard

DOMAINE DEPEYRE

Cette propriété, qui fait désormais partie des valeurs reconnues du Roussillon, oriente sa production vers des rouges d'une définition généreuse. Les vins de Serge Depeyre, également régisseur du Clos des Fées d'Hervé Bizeul, continuent de progresser et se rapprochent du niveau de leurs meilleurs voisins. On trouvera ici des vins enrobés, généreux, flatteurs et gourmands. Certaines cuvées sont malheureusement trop marquées par l'élevage sous bois, qui obère le fruit et sèche les structures.

Les vins : nous avons dégusté deux beaux 2018, très colorés, pleins de saveur et d'énergie, dotés de jus intenses qui évoquent tour à tour la mûre et la figue bleue. Le fruit de la cuvée Sainte-Colombe, également très mûr et généreux, a basculé dans un registre cuit et oxydatif, trop orienté vers le pruneau pour un vin si jeune. Le blanc 2017 possède du fruit et un grain salin, un peu enrobé par l'élevage qui lui confère des abords pâtissiers.

IGP Côtes Catalanes Symphonie 2017	15 €	14
Côtes du Roussillon-Villages Rubia Tinctoria 2018	18 €	14,5
Côtes du Roussillon-Villages Sainte-Colombe 2017	15 €	12,5
Côtes du Roussillon-Villages Tradition 2018	10 €	14,5

Rouge : 11 hectares.
Syrah 54 %, Grenache noir 25 %, Carignan 18 %, Mourvèdre 3 %
Blanc : 3 hectares.
Grenache blanc 50 %, Grenache gris 50 %
Production moyenne : 17 000 bt/an

DOMAINE DEPEYRE
2, rue des Oliviers, 66600 Cases-de-Pène
04 08 28 32 19 •
www.domaine-depeyre-66.com • Vente et visites : au domaine sur rendez-vous.
Propriétaire : Brigitte Bile et Serge Depeyre

DOMAINE JOREL

Manuel Jorel est un vigneron plus que discret qui, depuis 2000, travaille avec beaucoup d'abnégation et de sensibilité, en agriculture biologique, un petit patrimoine de vignes dispersées dans les Fenouillèdes, principalement entre Maury et Saint-Paul. Nous aimons sa philosophie, son esprit d'indépendance, que l'on retrouve dans une gamme de vins d'une réelle profondeur, sans effets de manche mais qui transmettent le message de raisins sains, intenses, issus de tout petits rendements et qui sont aussi le reflet d'une mosaïque des terroirs très divers. L'élevage s'effectue dans l'un des souterrains qui parcourent le centre ville de Saint-Paul-de-Fenouillet, dans des conditions de fraîcheur et d'hygrométrie qui évoquent les plus belles caves troglodytes ligériennes !

Les vins : bel éventail de vins, sincères et personnels, toujours originaux, parfois drus (et que certains trouveront même rustiques), élaborés "sans œnologue", loin des chapelles ou des écoles. Assemblage de cinq cépages blancs macérés entre cinq et quinze jours, Champ Nouveau 2018 est un vin orange très frais, peu alcoolisé, désaltérant. Basé sur le mourvèdre, Champ 2015 brille lui aussi par sa fraîcheur sans verdeur, avec une saveur fougueuse mais des tanins finement polis. Le maury 2017 est remarquable par l'intégration des sucres et de l'alcool ; très proche du fruit, digeste, il plaide pour la mesure dans le mutage à l'alcool. De mutage, il n'y en a pas dans Prélude 2004, remarquable grenache noir vendangé mi-novembre, élevé quatre ans en barrique, dont le rancio complexe et le naturel nous montrent (et c'est presque de l'archéologie expérimentale) ce qu'étaient les vins doux du Roussillon avant la systématisation du vinage (mutage à l'alcool vinique).

VDF Champ Nouveau 2018	8 €	14,5
Côtes du Roussillon-Villages Champ 2015	12 €	14,5
Maury 2017	15 €	16,5

Le coup de ♥

VDF Prélude 2004	35 €	17

Rouge : 5,8 hectares.
Grenache noir 21 %, Mourvèdre 19 %, Morrastel 15 %, Carignan 15 %, Sangiovese 10 %, Cinsault 9 %, Syrah 7 %, Counoise 4 %
Blanc : 0,7 hectare.

ROUSSILLON

Malvoisie 35 %, Grenache blanc 25 %, Grenache gris 10 %, Picpoul blanc 10 %, Bourboulenc 10 %, Gros Manseng 10 %
Production moyenne : 8 000 bt/an

DOMAINE JOREL ♣
28, rue Arago,
66220 Saint-Paul-de-Fenouillet
04 68 59 19 31 • www.domainejorel.fr •
Vente et visites : au domaine sur rendez-vous.
Propriétaire : Manuel Jorel

DOMAINE LAGUERRE

Éric Laguerre a fait ses armes chez Gérard Gauby, au domaine Le Soula. Depuis 2001, il vole de ses propres ailes à la tête du vignoble familial sis sur les hauteurs des Fenouillèdes. Ayant été à bonne école, il a repris à son compte avec brio les méthodes qui ont mené au renouveau stylistique du Roussillon, avec deux cuvées déclinées en blanc et en rouge, qui cherchent à conjuguer fraîcheur et territorialité : EOS et Le Ciste. Les vins du domaine sont désormais certifiés en agriculture biologique. Après quelques fluctuations et approximations, le travail à la vigne et à la cave a gagné en maîtrise et les vins ont progressé en régularité ces dernières années.

Les vins : en 2018 et 2017, les cuvées proposent toujours un fruit d'une belle franchise et des trames droites, mais des expressions trop linéaires pour mériter l'étoile. En blanc, EOS 2018 a notre préférence, un vin sapide et rond, mais qui garde une belle fraîcheur. Marqué par le bois, avec un équilibre sur l'amertume et une belle longueur, Le Ciste 2017 a besoin d'être débouché à table pour donner sa mesure. Les deux rouges 2018 sont directs, drus et simples. Plus vieux d'un an, Le Ciste 2017 est tiraillé entre une acidité soutenue et un fruit mat, compoté (éthanal).

Côtes du Roussillon EOS 2018	10,80 €	15
Côtes du Roussillon Le Ciste 2017	17,50 €	14
Côtes du Roussillon EOS 2018	10,80 €	14
Côtes du Roussillon Le Ciste 2017	17,50 €	13
Côtes du Roussillon Le Passage 2018	10,80 €	13

Rouge : 19 hectares.
Grenache noir 50 %, Syrah 30 %, Carignan 10 %, Mourvèdre 5 %, Cabernet-Sauvignon 5 %
Blanc : 20 hectares.
Grenache blanc 25 %, Grenache gris 25 %, Marsanne 20 %, Macabeu 10 %, Rolle 10 %, Roussanne 10 %
Production moyenne : 65 000 bt/an

DOMAINE LAGUERRE ♣
12, rue de la Mairie,
66220 Saint-Martin-de-Fenouillet
04 68 59 26 92 •
www.domainelaguerre.com • Vente et visites : au domaine sur rendez-vous.
Propriétaire : Éric Laguerre

MAS MUDIGLIZA

Girondin de naissance et de formation, Dimitri Glipa s'est installé très jeune au cœur du vignoble du Roussillon. Comme beaucoup de vignerons talentueux du secteur très qualitatif des Fenouillèdes, il produit, sur les meilleurs terroirs d'altitude, des vins issus de vieilles vignes qui séduisent par leur caractère concentré et gourmand. Cette adresse s'installe parmi les valeurs sûres de la région, avec un blanc régulièrement de grande allure et de très beaux maurys. Les rouges nous semblent en revanche manquer de nuance et de souplesse par rapport à ce que leur fruit pourrait exprimer.

Les vins : les cuvées qui nous touchent sont toujours les mêmes. Le blanc Caudalouis 2017 (70 % grenache gris et 30 % macabeu), au développement rigoureux mais qui ponctue sa fraîcheur mentholée par un bel éclat gourmand ; le maury, concentré et expressif, au fruit très bien préservé. Les VDN blancs sont sympathiques, savoureux, mais manquent de complexité. Les rouges secs 2016, concentrés et fumés, bénéficient d'un boisé mieux intégré que dans les versions précédentes mais ne sont pas aidés par la raideur parcheminée du millésime.

IGP Côtes Catalanes Caudalouis 2017	16 € (c)	15,5
Maury 2017	13 € (c)	14,5
Rivesaltes Ambré 2008	25 € (c)	14,5
Côtes du Roussillon-Villages Carminé 2016	14 € (c)	13,5
Côtes du Roussillon-Villages Symbiosis 2016	20 € (c)	13

Le coup de ♥

Maury Grenat 2016	16 € (c)	16

Rouge : 9 hectares.
Grenache noir 55 %, Syrah 20 %,

Carignan 20 %, Mourvèdre 5 %
Blanc : 3 hectares.
Grenache gris 50 %, Macabeu 50 %
Production moyenne : 40 000 bt/an

MAS MUDIGLIZA
46, route de Cucugnan, 66460 Maury
06 79 82 03 46 • www.masmudigliza.fr •
Vente et visites : au domaine sur rendez-vous.
Propriétaire : Muriel et Dimitri Glipa

DOMAINE PAUL MEUNIER CENTERNACH

Le Bourguignon Paul Meunier et sa compagne Lucile Morin se sont installés en 2014 dans l'ancienne coopérative de Saint-Arnac. Ils travaillent 10 hectares de vignes répartis sur plusieurs communes des Fenouillèdes. Affichant une vision très artisanale du métier de vigneron et une volonté forte de retranscrire le goût des lieux, ils font partie d'une jeune génération qui entend rebattre à nouveau les cartes du Roussillon viticole, et continuer de le tirer vers le haut. On sent en effet à la fois beaucoup de franchise et d'ambition dans leurs premiers millésimes (qui n'étaient pas les plus faciles à gérer du point de vue du climat), on sent aussi quelques inévitables tâtonnements. Il faudra suivre de près l'évolution de ce jeune domaine dans l'avenir duquel nous plaçons beaucoup d'espoir.

Les vins : en 2016, le blanc offre une belle respiration, tout en étant riche et savoureux, grâce à la fluidité désaltérante du macabeu. Les rouges, assemblage dominé par le grenache pour le côtes-du-roussillon-villages et le maury au mutage très intégré, tous deux marqués par l'élevage sous bois, ne manquent cependant pas de relief.

Côtes du Roussillon-Villages 2016	19 €	14,5
Maury Falguayra Nord 2016	27 €	14,5

Le coup de ♥

Côtes du Roussillon 2016	17 €	16

Rouge : 7,5 hectares.
Grenache noir 49 %, Carignan 29 %, Syrah 15 %, Lladoner pelut 7 %
Blanc : 2,5 hectares.
Macabeu 66 %, Muscat à petits grains blancs 20 %, Grenache gris 14 %
Production moyenne : 20 000 bt/an

DOMAINE PAUL MEUNIER CENTERNACH
1, route de Lansac, 66220 Centernach
04 68 08 40 98 •
www.paulmeunier-centernach.com • Vente et visites : au domaine sur rendez-vous.
Propriétaire : Paul Meunier
Directeur : Paul Meunier et Lucile Morin

NOUVEAU DOMAINE

OISEAU REBELLE

Formateur en sommellerie en Allemagne, Guido Hube a décidé de changer radicalement de vie en s'installant à Banyuls pour faire du vin à son idée, sans préconceptions ni restrictions. Sur une surface d'un peu plus de 8 hectares, il produit chaque année quelques milliers de bouteilles seulement. Écartant avec superbe les carcans administratifs, la contrainte du mutage, le distinguo Banyuls/Collioure, les vins de Guido et Mélanie Hube obéissent à des protocoles de vinification qui peuvent paraître archaïques mais sont en réalités complexes et exigeants. Le résultat, emprisonné dans de voyantes bouteilles noires, ne peut laisser indifférent. Cette réinterprétation des vins de la côte Vermeille, si originale qu'elle soit, s'inscrit dans la mouvance d'un renouveau actuel plein de fraîcheur et d'inventivité, porté par des vignerons idéalistes venus d'ailleurs (Japon, Danemark...). Nous fondons de grands espoirs dans ce vignoble au potentiel unique.

Les vins : VVNT (lire Vivant) 2014 est un grenache (gris et blanc) conjuguant pressurage direct et macération, longuement élevé (trente-et-un mois) en cuves inox. Sa richesse est dominée par l'extrait sec et l'acidité, et de sa profondeur émerge une saisissante saveur d'immortelle. C'est une inoubliable évocation/invocation méditerranéenne. MTRNR (Matière Noire) 2016 constitue son parèdre en rouge, jus sombre de grand caractère, au bord de la surmaturité, plus banyuls sec que collioure, il exhale des notes de figue sèche et d'embruns, sur le fil de la volatile. BRMTH (Vermouth) 2015 est un grenache noir vinifié en blanc, pressé fort pendant trois jours ; concentré et riche en alcool autant qu'en extrait sec, c'est un blanc/orange accrocheur et profond, formidablement original. Les deux cuvées CRBR (Cerbère) sont des vins doux non mutés, issus de vendanges tardives macérées de grenache. La version dorée est irrésistible, avec une inépuisable mais aérienne douceur qui porte la figue et l'abricot sec. La version rouge offre l'accroche tannique qui vitalise l'intensité vibrante de son fruit. La côte Vermeille réinventée ? Où plus simplement le retour à la volonté de laisser parler le raisin natif d'un grand terroir que l'époque contemporaine, rationalisante et mécanisée, raisonneuse et mécanique, n'a pas su, n'a pas pu, n'a pas voulu comprendre.

VDF BRMTH 2015	33 €	16
VDF CRBR 2016	66 €	17,5
VDF CRBR 2016	33 €	17
VDF MTRNR 2016	66 €	16,5

Le coup de ♥

VDF VVNT 2014	66 €	18

Rouge : 6,4 hectares.
Grenache noir 93 %, Mourvèdre 7 %
Blanc : 2,3 hectares.
Grenache gris 63 %, Vermentino 27 %, Muscat d'alexandrie 5 %, Grenache blanc 5 %
Production moyenne : 9 000 bt/an

OISEAU REBELLE ♣

7, rue Jules Ferry, 66650 Banyuls-sur-Mer • www.oiseau-rebelle.vin • Vente et visites : au domaine sur rendez-vous.
Propriétaire : Guido et Mélanie Hube
Directeur : Guido Hube

DOMAINE PAETZOLD

Michael Paetzold, industriel et œnologue de formation bordelaise, a choisi les Fenouillèdes comme jardin secret. Créé en 2005, le domaine Mastrio devient le domaine Paetzold en 2015. C'est un jardin secret d'une taille respectable ; le vignoble est majoritairement constitué de vignes centenaires de carignan, situées sur les communes de Belesta et Caramany. Les raisins sont vinifiés avec délicatesse et les vins élevés uniquement en cuves. En découlent des interprétations modernes, sensibles et harmonieuses du patrimoine de vieilles vignes de ces hautes terres granitiques, des vins qui forcent le respect et séduiront l'amateur esthète sensible à l'épure.

Les vins : toutes les cuvées du millésime 2016 ont été élevées un an en cuve inox. Cet élevage renforce la tension et l'austérité des vins issus de ce millésime sans eau. Les rouges ont un caractère réducteur accusé, ils sont comme des escargots qui ont operculé leur coquille. Le grenache Louxar, qui nous avait tant plu en 2015, se montre beaucoup plus introverti et taciturne en 2016. Avec une belle allonge tendue par l'acidité, le carignan Mastrio s'accommode peut-être mieux de cette austérité. C'est le blanc (85 % carignan blanc et 15 % macabeu) qui s'exprime le plus librement ; incisif, sans gras mais très parfumé (anis, fenouil, camphre...), il offre un réel plaisir ; on l'imagine trancher dans le gras d'une ventrèche de thon cru.

IGP Côtes Catalanes Le Cazotte 2016	15 €	13,5
IGP Côtes Catalanes Louxar 2016	24 €	14,5
IGP Côtes Catalanes Mastrio 2016	24 €	15

Le coup de ♥

IGP Côtes Catalanes Mastrio 2016	24 €	16

Rouge : 13 hectares.
Carignan 41 %, Syrah 30 %, Grenache noir 29 %
Blanc : 2 hectares.
Carignan 80 %, Macabeu 20 %
Production moyenne : 33 000 bt/an

DOMAINE PAETZOLD ♣

Lieu-dit Lous Sarradets, Route de Caladroy, 66720 Belesta
05 57 83 85 90 •
www.domainepaetzold.com • Vente et visites : au domaine sur rendez-vous.
Propriétaire : Michael Paetzold
Directeur : Vincent Chassignol
Œnologue : Michael Paetzold et Vincent Chassignol

NOUVEAU DOMAINE

DOMAINE PUIG-PARAHŸ

Cette grande propriété historique de la région des Aspres est menée par Georges Puig, esthète de la mémoire catalane et sosie du peintre Hyacinthe Rigaud. La singularité du domaine réside dans son trésor inestimable de très vieux rivesaltes, grand roussillon et rancios (jusqu'en 1875 !) : près de cinquante millésimes, qui reposent sagement en foudres, dont une petite partie est régulièrement prélevée pour être mise en bouteille, et qui donnent à chaque fois des émotions inoubliables !

Les vins : intense, pénétrant, le rivesaltes 1982 possède un feu singulier dans sa liqueur solaire, une concentration ébouriffante et une longueur superbe. Dans le grand roussillon 1969, plus ambré que tuilé, la vivacité du goût de rancio prend le pas sur le sucre, sa tension est magnifique, évoluant en d'inépuisables notes de cire et de figue sèche. Deux témoignages majeurs du génie des VDN catalans.

Grand Roussillon 1969	102 €	18

Le coup de ♥

Rivesaltes 1982	204 €	17,5

Rouge : 45 hectares.
Grenache noir 90 %, Carignan 10 %
Blanc : 41 hectares.
Production moyenne : 60 000 bt/an

DOMAINE PUIG-PARAHŸ ♣
1, Carrer Gran, 66300 Passa
04 68 38 88 77 • georgespuig71@gmail.com
• Vente et visites : au domaine sur rendez-vous.
Propriétaire : Georges Puig

DOMAINE DES SCHISTES

Le domaine n'a pas usurpé son nom puisque l'essentiel de son vignoble se situe sur ces fameuses roches multicolores à la structure feuilletée, arrachées à la garrigue à coups de bulldozer. Jacques et Mickaël Sire tirent de ces sols pauvres des vins à la personnalité forte, et qui méritent de vieillir un peu. Les VDN (dont le remarquable et original muscat de Rivesaltes macéré Joïa) et rancios sont excellents, les rouges et blancs secs progressent. De nouvelles cuvées parcellaires, qui mettent en valeur l'encépagement historique du Roussillon, ouvrent de nouvelles et fort intéressantes perspectives.

Les vins : l'évolution globale de la (vaste) gamme est positive, mais on sent que le domaine peut aller encore plus loin dans l'expression des vins secs. Les rouges 2017 conservent une belle fraîcheur ; il y a de la vibration et du goût dans le maury sec, poivré et juteux, ou dans le carignan de la Caune d'en Joffre, vif, balsamique et fumé. Les oxydatifs et les doux sont toujours très au point. Dans la première catégorie, nous avons préféré Algo, solera captée à un stade assez précoce, savoureuse et prenante, une magnifique introduction au goût de rancio, au Rancio Sec proprement dit, concentré, mais un peu plus dur. Le rivesaltes Solera (depuis 1990) se goûte très bien, entremêlant confiture de figue et brique chaude, avec une longue finale oxydative, très harmonieuse. Quant au muscat de Rivesaltes macéré Joïa, le 2017 évolue positivement, précisant ses saveurs de thym, de lavande et d'abricot, même si le sucre tend à ressortir davantage que l'an dernier.

Côtes du Roussillon Casot d'en Gora 2017	15 €	14,5
Côtes du Roussillon Essencial 2018	9,20 €	13
IGP Côtes Catalanes Rancio Sec	17,50 €	15
Muscat de Rivesaltes 2018	9,20 €	14
Muscat de Rivesaltes Joïa 2017	14 €	16
Rivesaltes VDN Solera	19 €	16
Côtes du Roussillon-Villages Essencial 2017	9,20 €	13
Côtes du Roussillon-Villages Tautavel Caune d'en Joffre 2017	16 €	15,5
Côtes du Roussillon-Villages Tautavel La Coumeille 2017	15,50 €	14,5
Maury Sec Devant le Mas 2017	15,50 €	15

Le coup de ♥

IGP Côtes Catalanes Algo	20 €	16,5

Rouge : 28 hectares.
Carignan 40 %, Lladoner pelut 20 %, Marselan 10 %, Syrah 10 %, Grenache noir 10 %, Merlot 5 %, Mourvèdre 5 %
Blanc : 20 hectares.
Grenache blanc 30 %, Grenache gris 30 %, Macabeu 29 %, Muscat à petits grains blancs 5 %, Vermentino 5 %, Tourbat 1 %
Production moyenne : 100 000 bt/an

DOMAINE DES SCHISTES ♣
1, avenue Jean-Lurçat, 66310 Estagel
04 68 29 11 25 •
www.domaine-des-schistes.com • Vente et visites : au domaine sur rendez-vous.
De 9h à 12h et de 14h à 18h.
Propriétaire : Jacques et Mickaël Sire

DOMAINE LA TOUR VIEILLE

Vincent Cantié s'emploie sans réserve à l'exigeante viticulture de la côte Vermeille. Il cherche à traduire, tant en vins secs qu'en vins mutés, l'expression des raisins (au premier rang desquels figurent les grenaches noirs) implantés sur argiles et sur schistes. Les vins secs sont désormais remarquablement fiables et les banyuls toujours très réussis. Depuis quelques millésimes, cette production très maîtrisée semble néanmoins plafonner. Les vins présentés sont irréprochables mais manquent un peu de complexité et de poésie. Nous souhaiterions goûter plus souvent le banyuls Vin de Méditation, solera démarrée en 1952, qui est indéniablement un grand vin, ou le très beau rancio sec. Si ces cuvées exceptionnelles sont du niveau d'un domaine étoilé, ce n'est plus le cas du reste de la production.

Les vins : dans la droite ligne des millésimes précédents, la gamme issue de l'année 2018 affiche un bon niveau, représentatif des appellations Collioure et Banyuls. En blanc, Les Canadells se montre comme à son habitude avenant et disponible, avec une rondeur qui reste cadrée. Les rouges partagent un profil souple, parfumé et direct ; le fruit se montre ici aussi avenant, joyeux. On retrouve exactement les mêmes qualités dans le banyuls rimage, alors que le Reserva, après six ans d'élevage oxydatif, affiche une jolie complexité dans un corps qui reste d'intensité mesurée.

Collioure Les Canadells 2018	14,50 €	14
Banyuls Reserva	18 €	14,5
Banyuls Rimage 2018	12 €	15
Collioure La Pinède 2018	13 €	14
Collioure Puig Ambeille 2018	14,50 €	14,5
Collioure Puig Oriol 2018	14,50 €	14,5

Rouge : 10 hectares.
Grenache noir 65 %, Mourvèdre 15 %, Syrah 15 %, Carignan 5 %
Blanc : 2,5 hectares.
Grenache gris 50 %, Grenache blanc 20 %, Macabeu 15 %, Roussanne 15 %
Production moyenne : 70 000 bt/an

DOMAINE LA TOUR VIEILLE

12, route de Madeloc, 66190 Collioure
04 68 82 44 82 • www.latourvieille.com •
Visites : sans rendez-vous.
Du lundi au vendredi de 9 à 12h et de 14h à 18h.
Propriétaire : Vincent Cantié

DOMAINE DU TRAGINER

Jean-François Deu mène depuis 1975 ce domaine artisanal de Banyuls, progressivement tourné vers l'agriculture biologique (certification depuis 1997) et biodynamique. La biodynamie est comprise ici comme un retour à l'empirisme ancestral, à l'observation de la nature et au respect du vivant. Le Traginer, c'est le muletier ; le labour des vignes à la mule a ici encore cours. Si la production peut parfois sembler disparate, notamment à cause de la diversité des élevages, elle offre des vins d'une grande sincérité, issus de rendements très faibles, d'une profondeur aujourd'hui rare dans les appellations Banyuls et Collioure.

Les vins : le domaine ne nous ayant pas fait parvenir ses vins cette année, nous sommes amenés à reconduire les notes de notre édition précédente.

Collioure 2015	21 €	15,5
Banyuls Grand Cru 2008	32 €	16,5
Banyuls Rimage 2016	23 €	17
Collioure Vieilli Foudre 2015	18 €	15

Rouge : 8 hectares.
Grenache noir 57 %, Carignan 17 %, Mourvèdre 13 %, Syrah 13 %
Blanc : 8 hectares.
Grenache blanc 70 %, Grenache gris 30 %
Production moyenne : 35 000 bt/an

DOMAINE DU TRAGINER

56, avenue du Puig Del Mas, 66650 Banyuls-sur-Mer
04 68 88 15 11 • www.traginer.fr • Vente et visites : au domaine sur rendez-vous.
Propriétaire : Jean-François Deu
Maître de chai : Jean-François Deu
Œnologue : Daniel Bonin

DOMAINE VAQUER

Domaine historique du Roussillon, fondé en 1912, cette propriété est restée familiale et se retrouve aujourd'hui entre les mains de Frédérique Vaquer, bourguignonne et œnologue de formation, veuve de Bernard Vaquer, décédé en 2001. Sur les sols argilo-siliceux et caillouteux typiques des Aspres, elle mène une viticulture qu'elle définit comme la plus raisonnable possible, pour l'instant sans aucune certification. Gérés avec brio, les élevages s'effectuent pour la plupart en cuves émaillées ou en cuves ciment. Ces vins énergiques, originaux, hors des modes, possèdent des équilibres qui préservent la fraîcheur, même lorsque les degrés alcooliques sont élevés. Parfaitement conservés dans des caves d'altitude, de vieux millésimes (dont de somptueux blancs de macabeu) sont toujours à la vente au domaine, vinifiés par le légendaire Fernand Vaquer, qui fut parmi les premiers producteurs de la région à mettre son vin en bouteille, dès les années 1960.

Les vins : la production actuelle de vins secs, rouges et blancs, perpétue la tradition du domaine. Les matières sont d'une grande franchise, intenses ; elles peuvent sembler drues ou monolithiques dans leur jeunesse mais possèdent l'équilibre pour évoluer favorablement et se complexifier. De l'échantillonnage présenté cette année ressortent la Cuvée Bernard 2017, vineuse et sincère, le carignan 2017, issu de vignes plantées en 1936, tonique, joyeux et digeste, et le muscat de Rivesaltes, très méditerranéen dans ses saveurs de figue dorée et d'orange confite, capable de se bonifier en bouteille. La cuvée Epsilon 2015 est toujours chahutée par un boisé trop prégnant. Le rivesaltes tuilé 2013, vinifié comme un rosé, demeure anecdotique ; il ne fait pas oublier la somptueuse solera du domaine.

- Côtes du Roussillon Esquisse 2018 — 10,80 € — 14
- IGP Côtes Catalanes Escapade Muscat 2018 — 6,50 € — 14
- Muscat de Rivesaltes 2018 — 11 € — 15
- Côtes du Roussillon Cuvée Bernard 2017 — 8,90 € — 14
- Côtes du Roussillon Les Aspres Epsilon 2015 — 25 € — 12,5
- Côtes du Roussillon Les Aspres L'Exception 2016 — 15 € — 14,5
- IGP Côtes Catalanes Exigence Grenache Noir 2017 — 11 € — 13,5
- Rivesaltes Escapade Tuilé 2013 — 8,90 € — 13

Le coup de ♥

- IGP Côtes Catalanes L'Expression Carignan 2017 — 11 € — 15

Rouge : 12 hectares.
Grenache noir 36 %, Carignan 33 %, Syrah 31 %
Blanc : 5 hectares.
Macabeu 25 %, Muscat à petits grains blancs 25 %, Roussanne 22 %, Grenache blanc 10 %, Grenache gris 10 %, Muscat d'alexandrie 8 %
Production moyenne : 40 000 bt/an

DOMAINE VAQUER

1, rue des Écoles, 66300 Tresserre
04 68 38 89 53 • www.domaine-vaquer.com
• Vente et visites : au domaine sur rendez-vous.
Tous les jours.
Propriétaire : Famille Vaquer
Directeur : Frédérique Vaquer
Œnologue : Hélène Grau et Frédérique Vaquer

DOMAINE VINCI

Après avoir bourlingué aux quatre coins de la planète vin, Emmanuelle Vinci et Olivier Varichon se sont établis à Estagel, dans la vallée de l'Agly. Ils apportent tous les soins possibles à leur petit domaine (culture biologique, gestion pied par pied des vieilles vignes en gobelet, etc.) pour élaborer en rouge comme en blanc (admirable Coyade) de vrais vins d'artisans, au caractère affirmé. Quelques petits réglages semblent encore nécessaires, en particulier dans la netteté et la stabilité du fruit, pour exprimer pleinement le potentiel que l'on devine dans ces cuvées. Mais les vins auraient-ils le même charme s'ils prenaient moins de risque ? Ils ont indéniablement quelque chose à dire et possèdent, ce qui est encore plus rare, une dimension poétique : ils parleront aux amateurs tolérants et aventureux davantage qu'aux hygiénistes du vin !

Les vins : il y a beaucoup de charme dans ces vins, une proximité, presque un compagnonnage, avec un fuit intense, sauvage, qui confine parfois à la rugosité ou à la violence. Certaines cuvées présentent toujours des niveaux d'acidité volatile difficiles à accepter, comme le mouvèdre Coste 2018, que nous n'avons pas noté. Parfumé, aérien, sensuel, Roc (grenache) est un vin clairet très séduisant. Rafalot 2018 (carignan) rachète sa volatile haute par un caractère sanguin et entraînant, irrépressible. Maquis (lladoner pelut) nous enjôle en 2018 avec sa saveur framboisée, son grain tannique marqué mais si gourmand. On retrouve ce profil en 2017, avec toutefois un penchant volatil plus risqué : à adorer ou à laisser, selon les seuils de tolérance et la culture gustative de chacun.

- IGP Côtes Catalanes Maquis 2017 — 24 € — 14
- IGP Côtes Catalanes Rafalot 2018 — 24 € — 16
- IGP Côtes Catalanes Roc 2018 — 14 € — 15

Le coup de ♥

- IGP Côtes Catalanes Maquis 2018 — 24 € — 15,5

Rouge : 5 hectares.
Carignan 50 %, Grenache noir 30 %, Mourvèdre 20 %
Blanc : 2 hectares.
Macabeu 100 %
Production moyenne : 12 000 bt/an

DOMAINE VINCI ♣

19, rue du Dr-Torreilles, 66310 Estagel • vinciemmanuelle@aol.com • Vente et visites : au domaine sur rendez-vous.

Propriétaire : Olivier Varichon

CAVE L'ÉTOILE

Fondée en 1921, la plus ancienne cave coopérative de Banyuls se pose depuis près d'un siècle en incontournable référence de la viticulture catalane. Sa présence dans le Guide Vert est justifiée par l'incontestable qualité des banyuls traditionnels, soumis à des élevages oxydatifs en foudre et en bonbonne de verre, mais aussi par les réels progrès accomplis dans l'élaboration des vins secs, frais et expressifs, ainsi que dans celle des banyuls type rimage, privilégiant le croquant du fruit frais. Au-delà du folklore d'une cave citadine et de l'idiosyncrasie des cuvées emblématiques, la Cave L'Étoile regarde résolument vers l'avenir et aura sans nul doute un rôle à jouer dans la réflexion sur l'évolution de la viticulture de la Côte Vermeille, fragile car pratiquement impossible à mécaniser.

Les vins : de la continuité de la gamme que nous dégustons chaque année émane une impression de solidité et de sérénité. Sans ambition démesurée, les collioures offrent des expressions franches, qui ne se laissent pas dominer par la technique, notamment un joli rosé, coloré et agréablement musqué. Les banyuls oxydatifs imposent un grand caractère, dès le 2010, ferme et épicé. Select Vieux 1992 est merveilleusement suggestif : caramel, caroube, figue sèche, goudron, anchois... le tout dans une concentration qui reste aérienne, sucres en retrait. Si vous cherchez le grand frisson, cassez la tirelire, essayez de vous procurer les millésimes anciens (à partir du 1945), que la cave distribue parcimonieusement. Ils sont au sommet de ce que peut être un VDN.

Banyuls 2017	16,60 €	14,5
Collioure Les Toiles Fauves 2018	11,50 €	13
Collioure Les Toiles Fauves 2018	9,90 €	14
Banyuls Doux Paillé Hors d'Âge	39,50 €	15
Banyuls Grand Cru 2010	23,60 €	15,5
Collioure Les Toiles Fauves 2017	10,70 €	14
Collioure Montagne 2017	14,50 €	14,5

Le coup de ♥

Banyuls Grand Cru Select Vieux 1992	48,20 €	17,5

Rouge : 130 hectares.
Grenache noir 81 %, Syrah 8 %, Mourvèdre 6 %, Carignan 5 %
Blanc : 10 hectares.
Grenache blanc 90 %, Vermentino 5 %, Macabeu 5 %
Production moyenne : 230 000 bt/an

CAVE L'ÉTOILE

26, avenue du Puig-del-Mas, 66650 Banyuls-sur-Mer
04 68 88 00 10 • www.banyuls-etoile.com • Vente et visites : au domaine sur rendez-vous.
Du 1er juin au 30 septembre visite du lundi au vendredi à 18h.

Propriétaire : SARL L'Étoile
Directeur : Bruno Cazes
Maître de chai : Pascal Traïter

“2018 amplifie la tendance des millésimes chauds, qui voient la mondeuse monter en puissance. Grâce à une élite de vignerons inspirés, ce cépage autochtone savoyard déborde le cadre régional. Il a désormais intégré la cour des grands vins rouges français.”

Pierre Citerne, dégustateur des vins de Savoie
Membre du comité de dégustation de La Revue du vin de France

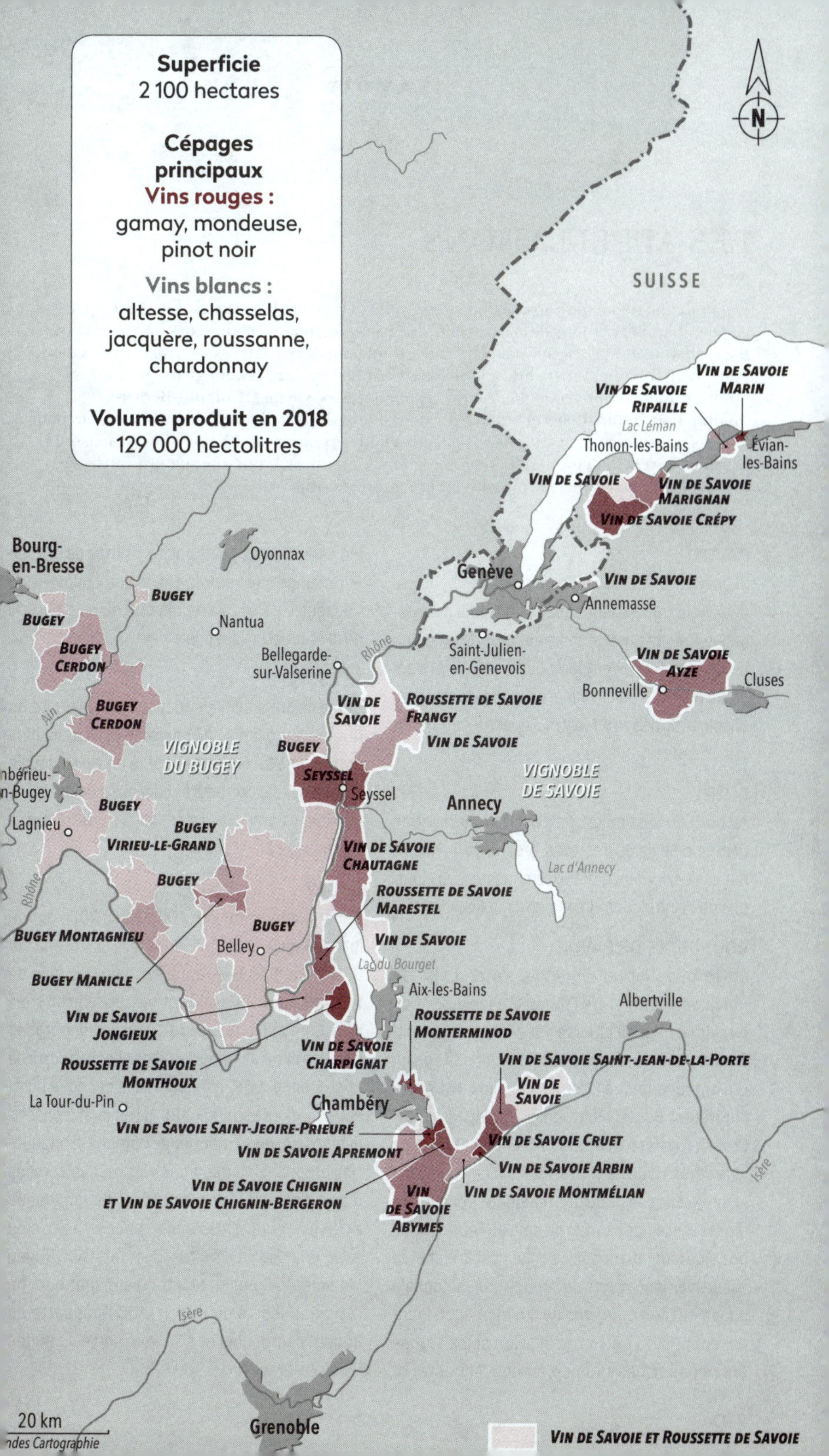
Superficie
2 100 hectares
Cépages principaux
Vins rouges :
gamay, mondeuse, pinot noir
Vins blancs :
altesse, chasselas, jacquère, roussanne, chardonnay
Volume produit en 2018
129 000 hectolitres
SUISSE
N
Vin de Savoie Marin
Vin de Savoie Ripaille
Lac Léman
Thonon-les-Bains
Évian-les-Bains
Vin de Savoie
Vin de Savoie Marignan
Vin de Savoie Crépy
Bourg-en-Bresse
Oyonnax
Genève
Vin de Savoie
Annemasse
Bugey
Bugey
Nantua
Bugey Cerdon
Bellegarde-sur-Valserine
Rhône
Saint-Julien-en-Genevois
Vin de Savoie Ayze
Cluses
Bonneville
Bugey Cerdon
Ain
Vin de Savoie
Roussette de Savoie Frangy
Vin de Savoie
Vignoble du Bugey
Bugey
Seyssel
Seyssel
Vignoble de Savoie
Annecy
Bugey
Lagnieu
Bugey
Virieu-le-Grand
Vin de Savoie Chautagne
Lac d'Annecy
Bugey
Rhône
Roussette de Savoie Marestel
Bugey
Bugey Montagnieu
Belley
Vin de Savoie
Lac du Bourget
Bugey Manicle
Aix-les-Bains
Albertville
Vin de Savoie Jongieux
Roussette de Savoie Monterminod
Vin de Savoie Charpignat
Roussette de Savoie Monthoux
Vin de Savoie Saint-Jean-de-la-Porte
Vin de Savoie
La Tour-du-Pin
Chambéry
Vin de Savoie Saint-Jeoire-Prieuré
Vin de Savoie Cruet
Vin de Savoie Apremont
Vin de Savoie Arbin
Vin de Savoie Chignin et Vin de Savoie Chignin-Bergeron
Vin de Savoie Montmélian
Vin de Savoie Abymes
Isère
Isère
Grenoble
20 km
Vin de Savoie et Roussette de Savoie

LES APPELLATIONS

L'appellation régionale Savoie est très vaste : elle s'étend des rives du Lac Léman jusqu'au sud de Chambéry, le long de la rive droite de l'Isère. Au total, 52 communes intègrent l'aire d'appellation. L'AOC Savoie peut être suivie d'un nom de cru. Il en existe vingt : Ayse, Crépy, Marignan, Ripaille, Marin, Frangy, Seyssel, Chautagne, Marestel, Jongieux, Monthoux, Monterminod, Saint-Jeoire du Prieuré, Apremont, Les Abymes, Chignin-Bergeron, Montmélian, Arbin, Cruet et Saint-Jean-de-la-Porte. Mais seuls quinze sont répertoriés pour les vins tranquilles et un seul, Ayse, peut être employé pour la production de vins mousseux. Certains livrent des vins perlants comme Crépy. Chignin et Arbin sont aujourd'hui les crus et les villages où se situent le plus de vignerons intéressants.

SAVOIE

Si Chignin est considéré comme le plus beau cru de Savoie, particulièrement célèbre pour sa roussanne, il ouvre aussi le défilé des crus de la combe de Savoie. En suivant les courbes de l'Isère qui coule au cœur de la vallée, on trouve les pentes ensoleillées des crus Montmélian et Arbin, où mûrit la mondeuse.

CRÉPY

Au bord du lac Léman, Cette micro-appellation communale de 90 hectares, proche de la Suisse, est exclusivement plantée de chasselas. Elle produit des vins blancs vifs et peu alcoolisés.

ROUSSETTE DE SAVOIE

Cette appellation régionale s'étend sur les bords du Rhône, entre Frangy et Jongieux, et en Bugey. Le cépage altesse est dominant, le chardonnay est aussi utilisé en appoint. Lorsqu'un cru est revendiqué (Frangy, Jongieux, Marestel, Monthoux, Bugey Montagnieu, Bugey Virieu-le-Grand), l'altesse doit être présente à 100 %. Ces vins offrent plus de finesse et d'allonge que ceux issus du chasselas ou de la jacquère. Pour revendiquer cette appellation au sein de l'AOC Savoie, ces vins blancs tranquilles doivent être élaborés exclusivement à partir du cépage altesse, appelé aussi roussette. Le nom de cru peut également être apposé à cette appellation si les vignes proviennent des crus de Frangy, Marestel et Monterminod. Les vins ont davantage de finesse et d'allonge que ceux de chasselas. L'appellation Roussette de Savoie représente aujourd'hui 9 % de la production savoyarde.

SEYSSEL

Cette petite enclave située sur la rive droite du Rhône, à proximité du vignoble de Bugey, plus portée vers la roussette, donne un vin tranquille corsé. L'appellation peut également produire un vin pétillant à partir d'un assemblage de roussette et de chasselas.

BUGEY

Reconnue comme une AOC depuis 2011, l'appellation Bugey est située dans l'Ain et s'étend sur 68 communes. Elle représente un peu plus de 250 hectares en exploitation, répartis en trois îlots (Cerdon, Montagnieu et Belley). Bugey produit des vins blancs tranquilles et pétillants à partir de chardonnay (50 % minimum). Les cépages complémentaires sont l'aligoté, l'altesse, la jacquère, le pinot gris et la mondeuse blanche ; l'appellation produit également des vins rouges et rosés à partir de gamay, de pinot noir, de mondeuse et de poulsard. L'AOC Bugey peut être accolée à l'un des deux microcrus identifiés (AOC Bugey Manicle, AOC Bugey Montagnieu), tout comme l'AOC Roussette du Bugey (AOC Roussette du Bugey Montagnieu et AOC Roussette du Bugey Virieu-le-Grand).

LES CÉPAGES

La Savoie compte 23 cépages différents et produit une infinité de petits crus, essentiellement des blancs faibles en alcool et riches en gaz carbonique naturel, cette dernière caractéristique leur donnant un aspect perlé, et même effervescent. Nerveux, acidulés, ils sont idéalement adaptés à la gastronomie de montagne.

Les blancs les plus fins proviennent du cépage **altesse**, également appelé roussette et qui donne son nom à l'AOC Roussette du Bugey. On compte aussi, parmi les cépages blancs, la **roussanne**, plantée dans le secteur de Chignin et qui prend ici le nom de **bergeron**.

Le principal cépage savoyard s'appelle la **jacquère** et représente près de 50 % des surfaces plantées. On le retrouve principalement dans les crus des Abymes, d'Apremont, de Chignin, de Cruet et de Saint-Jeoire-du-Prieuré. Le **chasselas** est surtout présent en Haute-Savoie dans les appellations de Crépy, de Marin ou de Ripaille. S'il est assez commun lorsqu'il est vinifié en vin blanc sec, le chasselas donne de la saveur aux vins pétillants de la région.

Plus confidentiel, le célèbre **chardonnay** est aussi présent dans certains crus, ainsi que le **pinot gris**. Parmi les autres cépages originaux cultivés en Savoie, on trouve la **malvoisie**, la **molette** et la **mondeuse blanche**.

Du côté des cépages rouges, le **gamay** est le plus employé. Il produit des vins gourmands et fruités. Il excelle notamment dans les crus de Jongieux et Chautagne. Le **pinot noir** s'est également bien adapté aux vallées alpines.

Mais pour beaucoup, la révélation provient des meilleurs rouges élaborés à partir du cépage **mondeuse**, originaire de la région et qui fait le succès des vins des domaines Trosset, Berlioz ou des Ardoisières. Merveilleusement désaltérants, les mondeuses égalent en couleur et en finesse les bonnes cuvées de **syrah**, au moins une année sur trois ou sur quatre, car les petits millésimes sont fréquents.

En Bugey, la diversité est moins importante : sont utilisés comme cépages rouges, le gamay, le pinot noir et la mondeuse ; en blanc, chardonnay, altesse, jacquère, mondeuse blanche et pinot gris sont privilégiés.

DE VALLÉES EN MONTS, DES JOYAUX À DÉCOUVRIR

CHAMBRES D'HÔTES

CHÂTEAU DES ALLUES

Dans le parc des Bauges, cette vaste bâtisse abrite cinq chambres d'hôtes très raffinées et des gîtes dans les dépendances. Autres points forts, le parc paysager, la proximité du vignoble et une table d'hôtes nourrie du potager bio. Comptez de 155 à 180 € la chambre.

335, rue Audibert,
73250 Saint-Pierre-d'Albigny
Tél. : 06 75 38 61 56
www.chateaudesallues.com

CHÂTEAU DE LA MAR

Au pied d'un impressionnant coteau planté de vignes, ce domaine viticole réputé (ses vins arrosent nombre de tables étoilées) a pour pièce maîtresse un château du XIIIe siècle. Table d'hôtes, espace bien-être, piscine, sauna, hammam… De 220 à 300 € la chambre.

73170 Jongieux
Tél. : 06 26 56 99 33
www.chateau-de-la-mar.com

CAVISTES

LES 400 CRUS

400 références : tous les vignobles de l'Hexagone, un choix large et acéré sur la Savoie, et une tendresse particulière pour les vins en bio, biodynamie ou nature.

11, place de l'Hôtel-de-Ville,
73000 Chambéry
Tél. : 04 79 85 61 65
www.400crus.com

LA CAVE

Coté cuisine, une jolie gastronomie de comptoir ; côté cave, quelques 450 références (90 % biodynamique) dont une cinquantaine au verre pour une sélection curieuse de toutes les régions, avec quelques points forts sur la Loire et la Savoie, des têtes d'affiche et des jeunes talents.

Passage des échoppes,
8, rue du Pâquier, 74000 Annecy
Tél. : 04 50 66 41 90

ENTRE METS & VINS

Dans une ancienne ferme, cette cave de 700 références organise aussi des dégustations thématiques, des rencontres avec des vignerons, des ateliers de cuisine, des repas, etc.

951, route des Tivillons,
74370 Charvonnex
Tél. : 04 50 24 10 63
www.vins-traiteur-annecy.fr

RESTAURANTS

AUBERGE DU PÈRE BISE

Jean et Magali Sulpice ont repris cette exceptionnelle institution, hôtel et table (deux étoiles au Michelin) les pieds dans le lac d'Annecy. Carte des vins XXL : une soixantaine d'étiquettes locales dont de vieux millésimes. Menus : de 105 à 225 €.

303, route du Crêt, 74410 Saint-Jorioz
Tél. : 04 50 60 72 01
www.perebise.com

ATMOSPHÈRES

Hôtel et restaurant dans les murs d'un vaste chalet avec vue plongeante sur le lac du Bourget. Gastronomie de haut niveau et livre de cave très profond sur les vins de l'arc alpin, en majorité savoyards. Menus à 38 € (le midi en semaine), 62 et 88 €. Environ 90 € à la carte.

618, route des Tournelles,
73370 Le Bourget-du-Lac
Tél. : 04 79 25 01 29
www.atmospheres-hotel.com

NOTRE COUP DE ♥

FLOCONS DE SEL

Emmanuel Renaut, chef triplement étoilé de ce restaurant d'exception à Megève, est un ambassadeur providentiel pour les vins de Savoie : soupe de cèpes à l'oignon, bolognaise de cerf, biscuit de brochet du Léman, tarte inversée d'asperges vertes, autant de mets qui appellent de succulents accords avec les vins de la région (plus de 150 cuvées savoyardes à la carte).

1775, route du Leutaz,
74120 Megève
Tél. : 04 50 21 49 99
www.floconsdesel.com

ŒNOTOURISME

ALPES FLAVEURS

Bernard Vissoud est diplômé d'œnologie et guide de montagne certifié. Randonnées œnologiques, découverte du vignoble en 2 CV ou en segway, dégustations chez les vignerons, initiation au vin, soirées œnologiques… Une foule de propositions passionnantes, en français ou en anglais !

67, voie des Abymes,
73800 Les Marches
Tél. : 06 72 72 98 42
www.alpes-flaveurs.com

FÊTE VIGNERONNE

LE FASCINANT WEEK-END DU 17 AU 20 OCTOBRE 2019

Pour la 6e édition, de nombreux concerts et dégustations de vins de Savoie se tiennent dans les caveaux ouverts pour l'occasion.

www.fascinant-weekend.fr

★★

DOMAINE DES ARDOISIÈRES

Le domaine est né de la replantation, en 1998, du coteau de Cevins, 6 hectares de micaschistes en terrasses entre Albertville et Moutiers, entreprise par Michel Grisard. Arrivé en 2003 pour seconder ce dernier, Brice Omont, ingénieur agricole champenois, s'est investi sans compter dans le projet et se retrouve depuis 2008 à la tête d'un domaine qui compte désormais 16 hectares. La viticulture en biodynamie est ici héroïque (la pente peut atteindre 70 %), les rendements sont très faibles, les vins majoritairement issus de cépages complantés et assemblés. Les résultats s'avèrent admirables : les vins sont éclatants, originaux, et creusent encore l'écart au vieillissement. Améthyste complète le persan par de la mondeuse ; Argile (issu du coteau de Saint-Pierre-de-Soucy) associe jacquère, chardonnay et mondeuse blanche ; Schiste se compose de jacquère, mondeuse blanche, roussanne et pinot gris. Seul Quartz est un monocépage, issu de l'altesse. S'il existe aujourd'hui un domaine à découvrir en priorité dans la région, emblématique du renouveau qualitatif savoyard, c'est bien celui-ci.

Les vins : les blancs 2017 sont délicats et expressifs, plus fins qu'intenses ou incisifs. Nous aimons le côté aérien et primesautier d'Argile, déjà très accessible, vraiment désaltérant. Schiste offre une très belle allonge après une attaque en largeur, presque opulente. Sensuel, subtilement chlorophyllien, Quartz possède lui aussi une grande longueur, soulignée par un élevage discret. Les rouges 2017 sont vifs, très sveltes, fermes ; Améthyste présente de nettes tonalités végétales qui renforcent son austérité actuelle. Nous préférons la complexité du 2016, son évolution très séduisante vers des notes de fourrure et d'épices (d'où la perception du bois n'est pas absente).

- IGP Vin des Allobroges Argile 2017 — 18 € 15,5
- IGP Vin des Allobroges Quartz 2017 — 72 € 16,5
- IGP Vin des Allobroges Schiste 2017 — 34 € 16
- IGP Vin des Allobroges Améthyste 2017 — 58 € 14,5
- IGP Vin des Allobroges Argile 2017 — 24 € 14

Le coup de ♥

- IGP Vin des Allobroges Améthyste 2016 — 58 € 17

Rouge : 4 hectares.
Gamay noir à jus blanc 40 %, Persan 40 %, Mondeuse noire 20 %
Blanc : 12 hectares.
Jacquère 32 %, Altesse 20 %, Chardonnay 16 %, Mondeuse blanche 13 %, Roussanne 10 %, Pinot gris 9 %
Production moyenne : 60 000 bt/an

DOMAINE DES ARDOISIÈRES ♣
Le Villard, 72, impasse de la Pierre-Marquée, 73250 Fréterive
06 76 94 58 78 •
www.domaine-des-ardoisieres.fr • Vente et visites : au domaine sur rendez-vous.
Propriétaire : Brice Omont

★★

DOMAINE BELLUARD

Le village d'Ayse est situé au cœur de la vallée de l'Arve. Son vignoble historique, si clairsemé aujourd'hui, est planté sur des coteaux pentus (éboulis de calcaire et sédiments glaciaires). Le domaine Belluard cultive le cépage gringet, un fort caractère qui fait partie de la famille du traminer comme le savagnin et le heida valaisan. Le domaine est passé en culture biodynamique (non certifiée) à partir de 2000. Désormais épaulé par Yann Pernuit, Dominique Belluard s'attache à proposer des vins justes, d'une grande finesse mais aussi intenses et dotés d'une forte personnalité aromatique. Le domaine brille parmi la petite (mais croissante) élite des meilleurs domaines de la région.

Les vins : comme l'an passé, nous nous réjouissons de l'affirmation d'identités gustatives aussi originales. La mondeuse, vinifiée en vendange entière et élevée en cuve béton, possède en 2017 une séduction jaillissante, drue, qui nécessite un peu d'aération pour s'assagir. Dans le même millésime, Les Alpes et Le Feu paraissent plus proches l'un de l'autre que dans le millésime précédent. Deux vins libres et tendus, riches en extraits secs ; issu d'un terroir d'argile rouge localement célèbre, Le Feu présente un profil plus austère mais profond, lui aussi a besoin d'air pour exprimer des notes subtiles de verveine et de gentiane. Intenses et typés, Les Perles du Mont-Blanc et le brut Zéro possèdent des matières capables de tenir tête à la bulle !

- Vin de Savoie Ayse Brut Les Perles du Mont-Blanc 2016 — 14 € — 14
- Vin de Savoie Ayse Mont-Blanc Brut Zéro 2015 — 20 € — 15
- Vin de Savoie Gringet Les Alpes 2017 — 17 € — 15,5
- Vin de Savoie Mondeuse 2017 — 25 € — 15,5

Le coup de ♥

- Vin de Savoie Gringet Le Feu 2017 — 30 € — 16

Rouge : 0,8 hectare.
Mondeuse noire 100 %
Blanc : 10 hectares.
Gringet 95 %, Altesse 5 %
Production moyenne : 50 000 bt/an

DOMAINE BELLUARD
283, Les Chenevaz, 74130 Ayse
04 50 97 05 63 • www.domainebelluard.fr •
Vente et visites : au domaine sur rendez-vous.
Propriétaire : Dominique Belluard

★★↗

DOMAINE PARTAGÉ GILLES BERLIOZ

Fils d'ouvrier, Gilles Berlioz est un vigneron autodidacte et heureux. Paysagiste de formation, il démarre en 1990 avec 0,8 hectare sur le secteur de Chignin, aidé de sa compagne Christine. Il dispose aujourd'hui de 4,5 hectares, labourés à l'aide d'un cheval, et convertis en bio en 2005 puis en biodynamie (non certifiée). Du simple chignin jusqu'à la mondeuse, en passant par les exceptionnels chignin-bergeron vinifiés en sélections parcellaires, tous les vins offrent des expressions saines, sereines, d'une grande profondeur de saveur et juste. Les amateurs avisés s'arrachent ces vins d'orfèvre, très limités en volume. L'accueil au domaine est chaleureux et passionné. Une adresse indispensable, à laquelle nous sommes très heureux d'accorder une deuxième étoile cette année.

Les vins : bien que très jeunes, les 2018 ont déjà beaucoup à dire ! Toujours très croquante, pure, savoureuse, la mondeuse arbore une petite pointe confite qui trahit l'impact solaire du millésime ; les fleurs sont bien là, mais elles sont plus sombres, plus lourdes qu'en 2017. La roussette porte également dans ses arômes une richesse exotique, presque muscatée, une exubérance qui contraste avec une matière particulièrement tonique, élancée. Les Filles est un bergeron très riche, complet, caressant, sans mollesse, qui cède le pas à l'extraordinaire Les Christine, à la grande saveur grillée, qui au terme d'une allonge remarquable sort de la dégustation sur une amertume très fraîche, évoquant les plus grands blancs du Sud.

- Roussette de Savoie El Hem 2018 — 30 € — 16,5
- Vin de Savoie Chignin-Bergeron Les Filles 2018 — 34 € — 16
- Vin de Savoie Mondeuse La... Deuse 2018 — 34 € — 16

Le coup de ♥

- Vin de Savoie Chignin-Bergeron Les Christine 2018 — 70 € — 18

Rouge : 1 hectare.
Mondeuse noire 95 %, Persan 5 %
Blanc : 3,5 hectares.
Roussanne 80 %, Jacquère 11 %, Altesse 9 %
Production moyenne : 20 000 bt/an

DOMAINE PARTAGÉ GILLES BERLIOZ ♣
Le Viviers, 25, chemin de la Source, Cidex 4000, 73800 Chignin
04 79 71 58 80 •
domainepartagegillesberlioz.fr/ • Vente et visites : au domaine sur rendez-vous.
De 8h à 12h et de 15h à 18h.
Propriétaire : Gilles Berlioz

★★

LES FILS DE CHARLES TROSSET

Ce domaine est installé sur les beaux coteaux du village d'Arbin, terroir de prédilection de la mondeuse. Joseph Trosset ayant pris sa retraite, Louis Trosset est désormais seul aux commandes, sur 2,3 hectares seulement, puisque la superficie a été réduite. Ici, les sélections et vinifications sont effectuées par parcelle et les élevages, en cuve, durent de huit à douze mois. Les mondeuses, à leur meilleur, se distinguent par leur classe et leur pureté aromatique, ainsi que par leur capacité à retranscrire la spécificité de chaque millésime. Ces vins très réguliers possèdent une grande capacité de vieillissement

Les très faibles volumes produits, moins de 20 000 bouteilles par an, font de ce domaine de référence une adresse trop confidentielle.

Les vins : les bergerons sont intenses, austères, aptes au vieillissement comme le démontre le 2012, terpénique, complexe, décidé. Attention au 2017, dont la saveur terreuse, végétale, n'a rien d'engageant. Ce sont les mondeuses qui justifient la position du domaine dans la hiérarchie de notre guide. En fin d'élevage, les 2018 enchantent par leur jus explosif, leur franchise, le caractère irrépressible de leur fruité. Beaucoup plus clairs, les 2017 se sont bien affinés en un an ; ce sont des vins déliés, d'une floralité charmante, mais nettement veinée de végétal. Confidentiel 2016 affiche un fruit radieux, complet, tonique et gourmand, d'un classicisme très serein. Plus serré, taiseux, dense, entre cassis et rognon frais, le 2015 demande une longue garde.

- Vin de Savoie Chignin-Bergeron Symphonie d'Automne 2012 — 17 € — 15
- Vin de Savoie Chignin-Bergeron Symphonie d'Automne 2016 — 14 € — 15
- Vin de Savoie Chignin-Bergeron Symphonie d'Automne 2017 — 13,50 € — 11
- Vin de Savoie Arbin Mondeuse Confidentiel 2015 — 17,50 € — 16,5
- Vin de Savoie Arbin Mondeuse Confidentiel 2016 — 16 € — 17
- Vin de Savoie Arbin Mondeuse Confidentiel 2017 — 15 € — 16
- Vin de Savoie Arbin Mondeuse Harmonie 2017 — 14 € — 15,5
- Vin de Savoie Arbin Mondeuse Harmonie 2018 — 14,50 € — 17
- Vin de Savoie Arbin Mondeuse Prestige des Arpents 2017 — 14 € — 15,5

Le coup de ♥

- Vin de Savoie Arbin Mondeuse Prestige des Arpents 2018 — 14,50 € — 17,5

Rouge : 2 hectares.
Mondeuse noire 100 %
Blanc : 0,3 hectare.
Roussanne 100 %
Production moyenne : 19 500 bt/an

LES FILS DE CHARLES TROSSET

280, chemin des Moulins, 73800 Arbin
06 82 36 82 62 •
lechaidesmoulins@gmail.com • Vente et visites : au domaine sur rendez-vous.
Du lundi au samedi 12h.

Propriétaire : Louis Trosset

★

DOMAINE DU CELLIER DES CRAY

Adrien Berlioz, jeune cousin (et voisin) de Gilles Berlioz, s'est installé en 2006. Vigneron exigeant et rigoureux, il travaille lui-même en bio toutes ses vignes, y compris celles situées sur les coteaux les plus abrupts. Avec 14 cuvées différentes sur un peu plus de 5 hectares, la production est très limitée. On trouvera difficilement ces vins d'artisans, sauf chez d'excellents et rares cavistes. Nous sommes admiratifs de la qualité de ces cuvées énergiques et franches, qui progressent inexorablement chaque année, et vieillissent avec grâce. Le domaine a obtenu sans peine sa première étoile il y a trois ans et la seconde n'a jamais semblé aussi proche.

Les vins : les 2017 évoluent avec brio. Ce sont des vins ciselés, de grand charme, qui conservent toujours un pied léger, jusque dans l'affirmation de leur singularité. Si la roussette Zulime s'est un peu refermée, elle affirme dans un profil pointu, rémanent, une grande originalité de propos. Le bergeron Albinum a en revanche gagné en tranchant et en vigueur, c'est un vin profond, aux tonalités à la fois rocailleuses et organiques. Raipoumpou, très riche mais aussi très alerte, illustre une maturité capturée au meilleur moment. Les rouges, peu alcoolisés mais extrêmement savoureux, offrent beaucoup d'agrément : tant la mondeuse, sensuelle, terrienne malgré sa délicatesse de forme, que le persan, fringant, agile comme un chamois, réunissant, en une harmonie contrastée, richesse de saveurs (prunelle, tabac...) et brillante acidité.

- Roussette de Savoie Zulime 2017 — 24 € — 16
- Vin de Savoie Chignin-Bergeron Albinum 2017 — 29 € — 16,5
- Vin de Savoie Chignin-Bergeron Raipoumpou 2017 — 28 € — 16
- Vin de Savoie Mondeuse Marie Clothilde 2017 — 26 € — 16,5

Le coup de ♥

- Vin de Savoie Persan Octavie 2017 — 29 € — 17

Rouge : 1,82 hectare.
Mondeuse noire 62 %, Persan 24 %, Douce

Noire 14 %
Blanc : 4,49 hectares.
Bergeron (roussanne) 56 %, Altesse 21 %, Malvoisie 12 %, Jacquère 11 %
Production moyenne : 20 000 bt/an

DOMAINE DU CELLIER DES CRAY ♣
Hamau le Viviers, Cidex 4000,
78300 Chignin
04 79 28 00 53 • adrienberlioz@hotmail.com
• Vente et visites : au domaine sur rendez-vous.
Propriétaire : Adrien Berlioz

★

DOMAINE LA COMBE DES GRAND'VIGNES

Fort d'une tradition viticole transmise de père en fils, ce domaine est géré par deux frères amoureux des beaux terroirs de coteaux. Nous apprécions particulièrement les vins blancs : leur niveau de pureté et de finesse les place parmi les meilleurs de la région. Les mondeuses sont vinifiées sans soufre depuis 2016 ; les rouges progressent. Plusieurs cuvées (Argile sur Schiste en Chignin, Les Salins en Chignin-Bergeron) valorisent les expressions parcellaires, et tous les vins sont désormais élevés un an au minimum. Le travail de la vigne, exigeant et précis, est très propre, en conversion bio, et seules les levures indigènes ont désormais droit de cité. Nous attendons de toutes ces évolutions positives des vins encore plus éclatants, qui justifieraient pleinement l'étoile accordée il y a quelques années.

Les vins : vifs et digestes sans être étriqués, les rouges 2017 marquent un réel progrès. La mondeuse Les Granges Tissot 2016 reste aiguë mais évolue sereinement. Les blancs des derniers millésimes sont expressifs et nuancés. Les bergerons sont riches, sexy, parfois à la limite de la pesanteur, comme la cuvée Les Salins en 2015. On peut préférer la vivacité de la roussette Baron Decouz, volubile, épicée en 2017, qui évoluera vers encore davantage de complexité et de raffinement, ou la croquante et généreuse jacquère Argile sur Schiste, très réussie en 2017.

- Roussette de Savoie Baron Decouz 2017 — 18,40 € — 15,5
- Vin de Savoie Chignin Vieilles Vignes 2018 — 9,90 € — 13,5
- Vin de Savoie Chignin-Bergeron Exception 2017 — 18,80 € — 15
- Vin de Savoie Chignin-Bergeron Les Salins 2015 — 19,60 € — 13
- Vin de Savoie Chignin-Bergeron Les Salins 2017 — 22,70 € — 14,5
- Vin de Savoie Chignin-Bergeron Saint Anthelme 2016 — 21,90 € — 14,5
- Vin de Savoie Mondeuse Et ma goutte de... 2017 — 14,20 € — 15
- Vin de Savoie Mondeuse Les Granges Tissot 2016 — 19,60 € — 14
- Vin de Savoie Sel de Marius 2017 — 12,50 € — 14

Le coup de ♥

- Vin de Savoie Chignin Argile sur Schiste 2017 — 12,20 € — 15

Rouge : 2,75 hectares.
Mondeuse noire 55 %, Pinot noir 25 %, Gamay noir à jus blanc 20 %
Blanc : 8,07 hectares.
Jacquère 50 %, Bergeron (roussanne) 42 %, Altesse 4 %, Chardonnay 4 %
Production moyenne : 65 000 bt/an

DOMAINE LA COMBE DES GRAND'VIGNES
452, route des Enrayons, Le Viviers,
73800 Chignin
04 79 28 11 75 • www.chignin.com •
Visites : sans rendez-vous.
Du lundi au samedi, de 9h30 à 12h et de 14h à 19h. Le dimanche de 9h30 à 12h30.
Propriétaire : Denis et Didier Berthollier

★

DOMAINE GENOUX - CHÂTEAU DE MÉRANDE

Engagé en biodynamie, ce domaine situé dans le cru Arbin propose une large gamme de vins provenant des sols de coteaux et moraines glaciaires environnants. La mondeuse domine, occupant les deux tiers de la superficie. Attachés aux petits rendements et aux vendanges manuelles, les frères André et Daniel Genoux ont repris, en 2001, les bâtiments du Château de Mérande. Les vinifications s'effectuent désormais en levures indigènes et sans SO_2. Les cuvées Latitude N45, La Noire, Le Comte Rouge et La Belle Romaine, issues de mondeuse le plus souvent en vendange entière, participent pleinement au renouveau actuel du vignoble savoyard. Le domaine a obtenu l'année dernière sa première étoile, grâce à ces rouges de grande tenue, ainsi qu'à ses blancs précis et intenses.

Notons le départ de Yann Pernuit, qui était au Château de Mérande depuis 2008 et qui œuvre désormais au domaine Belluard.

Les vins : très belles mondeuses 2016, d'une ampleur et d'une assise étonnantes pour le millésime. Le Comte Rouge offre une matière veloutée, mais sanguine et piquante, justement poivrée. Plus intériorisée, la cuvée N45, issue de raisins égrappés, manifeste une grande distinction. La Noire, si elle ne possède pas la théâtralité de la version 2015, affiche une grande vigueur, légèrement ligneuse, portée par de remarquables tanins, complexes, austères, très longs. Les blancs sont généreux, tout en restant définis et équilibrés. La roussette 2018 paraît un peu moins vive que lors des dégustations primeurs ; Arvi Pâ, vinifiée et longuement élevée en barrique, fait montre d'une très belle vivacité, qui s'extrait sans peine de la riche saveur lactique (caillé de chèvre, beurre chaud...). L'opulent bergeron Garance s'exprime également dans des tonalités riches, évoquant un financier sortant du four...

- Roussette de Savoie Arvi Pâ 2017 — 27 € 15,5
- Roussette de Savoie Son Altesse 2018 — 16 € 14,5
- Vin de Savoie Chignin-Bergeron Garance 2017 — 25 € 15
- Vin de Savoie Arbin Mondeuse Latitude N45°30.506' 2016 — 22 € 16,5
- Vin de Savoie Arbin Mondeuse Le Comte Rouge 2016 — 17 € 15,5

Le coup de ♥

- Vin de Savoie Arbin La Noire 2016 — 32 € 17

Rouge : 9 hectares.
Mondeuse noire 97 %, Gamay noir à jus blanc 2 %, Persan 1 %
Blanc : 3 hectares.
Roussanne 63 %, Altesse 31 %, Jacquère 6 %
Production moyenne : 60 000 bt/an

DOMAINE GENOUX - CHÂTEAU DE MÉRANDE ☾

Chemin de Mérande, 73800 Arbin
04 79 65 24 32 • www.domaine-genoux.fr •
Vente et visites : au domaine sur rendez-vous.
De 9h à 12h et de 14h à 18h.
Propriétaire : André et Daniel Genoux
Directeur : André Genoux
Maître de chai : Daniel Genoux

★

DOMAINE GIACHINO

Installés en 1988, David et Frédéric Giachino travaillent ce domaine situé à Chapareillan, non loin du mont Granier, face au massif des Bauges et surplombant la vallée de l'Isère. Certifié bio depuis 2008, le domaine suit les préceptes biodynamiques, vendange à la main, vinifie avec les levures indigènes et sans autre ajout de SO_2 qu'à la mise en bouteille. Le résultat ? D'excellentes matières premières vinifiées en douceur, qui donnent des vins sobres, sains et digestes, tant en blanc qu'en rouge. Le rare cépage persan offre à cette adresse l'un de ses plus beaux résultats ; d'autres cépages endémiques (la douce noire, la verdesse, la mondeuse blanche) sont également valorisés. La gamme est remarquablement homogène et monte en puissance avec les nouvelles cuvées issues des vignes de Michel Grisard (Prieuré Saint-Christophe), figure tutélaire de la viticulture savoyarde.

Les vins : les 2018 se montrent généreux et déjà gourmands, tout en conservant une fraîche vibration, tel le blanc Monfarina, direct et joyeux, l'assemblage Ma Douce (mondeuse, persan, douce noire), à la fois suave et croquant, ou la mondeuse Black Giac, florale et très agréablement accrocheuse. Sortons la terrine, l'Opinel et la nappe à carreaux ! Les cuvées du Prieuré Saint-Christophe, plus posées, offrent beaucoup de nuance et de distinction, tant la roussette intense et légèrement surette, que la mondeuse, parfumée, élancée, subtile mais donnant dans un registre végétal, moins rayonnante que la glorieuse version 2015, dégustée dans notre édition précédente. En rondeur, les bulles de jacquère sont toujours aussi savoureuses.

- Crémant de Savoie Don Giachino 2016 — 14 € 14,5
- Roussette de Savoie Prieuré Saint-Christophe 2017 — 31 € 16
- Vin de Savoie Monfarina 2018 — 11 € 14,5
- VDF Ma Douce 2018 — 20 € 15
- Vin de Savoie Mondeuse Prieuré Saint-Christophe 2016 — 32 € 16

Le coup de ♥

- Vin de Savoie Mondeuse Black Giac 2018 — 15 € 15,5

Rouge : 7,8 hectares.
Mondeuse noire 59 %, Gamay noir à jus

blanc 15 %, Divers noir 13 %, Persan 13 %
Blanc : 7,2 hectares.
Jacquère 61 %, Altesse 35 %, Divers blanc 4 %
Production moyenne : 60 000 bt/an

DOMAINE GIACHINO ☾
Le Palud, Chemin du Mimoray,
38530 Chapareillan
04 76 92 37 94 • www.domaine-giachino.fr •
Vente et visites : au domaine sur rendez-vous.
Propriétaire : David et Frédéric Giachino

NOUVEAU DOMAINE

★

DOMAINE LOUIS MAGNIN

C'est avec un grand plaisir que nous accueillons à nouveau dans notre guide ce domaine artisanal qui a joué un rôle capital dans l'histoire contemporaine du vignoble savoyard. La surface exploitée a diminué mais le travail méticuleux, à la vigne comme au chai, permet à Louis Magnin d'atteindre des sommets d'expression en rouge comme en blanc. Perfectionniste, il montre à travers ses différents millésimes une constance que peu de producteurs atteignent dans cette région. Moins opulents que naguère, les blancs privilégient l'intensité minérale. Parmi les mondeuses, flamboyantes mais destinées à la garde, nous continuons à préférer les cuvées élevées en grands contenants à celles qui le sont en barriques.

Les vins : les matières impressionnent par leur profondeur, leur sérieux, la netteté de leurs contours. Très intenses mais réservés, à la limite d'une certaine austérité, les blancs développent un caractère minéral introspectif des plus intéressants. Sans la facilité de l'alcool ou du sucre résiduel, les deux bergerons 2014 se développent dans la droiture. Même la roussette 2015, issue d'un millésime riche, affiche ce caractère tranchant et appliqué. Fille d'Arbin 2016, mondeuse explosive et expressive, pourrait servir de mètre étalon du cépage : le fruit, les épices, le trait chlorophyllien... magnifique ! Marqué par un millésime plus solaire, légèrement confit, La Rouge 2015 manifeste également une belle profondeur et ne se laisse aller à aucune mollesse. Même si les vins s'harmonisent au vieillissement, en faisant ressortir un caractère poivré et cendreux, nous sommes moins séduits par les cuvées élevées sous bois (fûts et barriques de 600 litres) ; à ce détail près, nous sommes ici très proche de la vérité des vins de Savoie.

- Roussette de Savoie 2015 — 22 € — 15
- Vin de Savoie Chignin-Bergeron 2014 — 18 € — 14,5
- Vin de Savoie Chignin-Bergeron Grand Orgue 2014 — 22 € — 15,5
- Vin de Savoie Arbin Mondeuse La Brova 2013 — de 22 à 22 € — 14
- Vin de Savoie Arbin Mondeuse La Rouge 2015 — 23 € — 16
- Vin de Savoie Arbin Mondeuse Tout un Monde 2013 — 30 € — 14,5

Le coup de ♥

- Vin de Savoie Arbin Mondeuse Fille d'Arbin 2016 — 25 € — 17

Rouge : 2 hectares.
Mondeuse noire 100 %
Blanc : 2 hectares.
Altesse 50 %, Roussanne 50 %

DOMAINE LOUIS MAGNIN ♣
90, chemin des Buis, 73800 Arbin
0479841212 • www.domainelouismagnin.fr •
Vente et visites : au domaine sur rendez-vous.
Propriétaire : Louis et Béatrice Magnin
Directeur : Béatrice Magnin

★

DOMAINE PASCAL ET ANNICK QUENARD

Ce domaine familial situé dans le village de Chignin s'attache à mettre en valeur un patrimoine de vieilles vignes (parfois plus que centenaires) grâce à des vendanges manuelles et des vinifications peu interventionnistes. Il en résulte une belle gamme de vins francs et expressifs, aux saveurs intègres, tant en blanc qu'en rouge, avec en particulier des mondeuses très abouties. Depuis 2016, les vins sont certifiés en agriculture biologique et le domaine s'essaie également à la biodynamie. Ce travail sérieux et régulier paie et les derniers vins sont de haute volée. La première étoile est venue récompenser, dans notre édition 2019, cette implication avec des 2016 et 2017 alliant grand charme et profondeur de caractère. Le travail mais aussi le talent !

Les vins : sereinement, sans forfanterie, le domaine s'affirme comme l'un des interprètes les plus indispensables et inspirés des spécialités savoyardes. Les mondeuses 2018 en bouteille sont encore un peu brouillonnes et griffues, mais les matières pulpeuses et dynamiques promettent beaucoup. Généreuse, avec un fruité "sudiste" mais un toucher aérien, La Sauvage est plus accessible que Lunatique. Ce dernier en 2017 s'impose au fil des dégustations comme le rouge le plus bouleversant de Savoie : un parfum troublant, évoquant la rose et la pivoine, un corps flexueux qui trahit une légère fragilité, dont il tire une grande partie de sa séduction... Les blancs sont quant à eux remarquablement intenses et expressifs, sans jamais basculer dans la pesanteur. En témoignent les belles jacquères, gourmandes autant que dynamiques, et des bergerons miellés, qui culminent avec un Sève 2017 hyper sensuel, entre fleur d'oranger et agrumes confits, très glycériné, mais leste de bout en bout.

- Vin de Savoie Chignin L'Epure 2018 — 10 € — 15
- Vin de Savoie Chignin Vieilles Vignes 1903 2017 — 13 € — 15,5
- Vin de Savoie Chignin-Bergeron Noé 2017 — 20 € — 15,5
- Vin de Savoie Chignin-Bergeron Sous Les Amandiers 2017 — 15 € — 15
- Vin de Savoie Chignin-Bergeron Sève 2017 — 25 € — 17
- Vin de Savoie Gamay Les Beaux Jours 2018 — 13 € — 15
- Vin de Savoie Mondeuse La Sauvage 2018 — 15 € — 15

Le coup de ♥

- Vin de Savoie Mondeuse Lunatique 2017 — 21 € — 18

Rouge : 1,5 hectare.
Mondeuse noire 80 %, Gamay noir à jus blanc 20 %
Blanc : 5 hectares.
Roussanne 63 %, Jacquère 37 %
Production moyenne : 30 000 bt/an

DOMAINE PASCAL ET ANNICK QUENARD ♣

Les Tours, Le Villard, 73800 Chignin
04 79 28 09 01 •
www.quenard-chignin-bergeron.com •
Vente et visites : au domaine sur rendez-vous.
Propriétaire : Pascal Quenard

★

DOMAINE J.-P. ET J.-F. QUÉNARD

Les Quénard sont nombreux dans le village de Chignin, mais Jean-François se distingue sans peine. Les vins rouges ont beaucoup progressé et atteignent désormais un excellent niveau. Les blancs expriment un juste équilibre en bouche : régulièrement fiables et soignés, ils sont désormais vinifiés avec les seules levures indigènes. Nous saluons la qualité du travail accompli et la cohérence de la vaste gamme, qui s'affine chaque année par petites touches et peut encore progresser. Regardant vers l'avenir, Jean-François Quénard a restructuré son vignoble en vue du passage vers l'agriculture biologique ; la transmission à sa fille Anne-Sophie est également programmée.

Les vins : cohérence et précision caractérisent l'ensemble de la gamme. Ayant assimilé sans dommage le caractère solaire du millésime, les 2018 sont prometteurs. Des nouveautés, comme la jacquère La Déroutante, sans soufre ajouté, pulpeuse et exceptionnellement savoureuse, augurent du meilleur. Parmi les bergerons notre préférence va à la cuvée Au Pied des Tours..., très riche mais diserte et nuancée. En 2016, la roussette Anne-Sophie séduit par son exotisme aromatique, porté par une matière svelte et tonique. La mondeuse Elisa, juteuse et précise, d'une fraîcheur parfaite, et le persan Les 2 Jean, qui allie la ronce et le cacao dans une matière intense, pointue, offrent de remarquables expressions de leurs cépages respectifs.

- Roussette de Savoie Anne-Sophie 2016 — 16,50 € — 15,5
- Vin de Savoie Chignin Anne de la Biguerne 2018 — 10 € — 15
- Vin de Savoie Chignin-Bergeron Au Pied des Tours... 2018 — 17,50 € — 16
- Vin de Savoie Chignin-Bergeron Le Bergeron Comme Avant 2016 — 23,50 € — 15
- Vin de Savoie Chignin-Bergeron Les Eboulis 2018 — 15 € — 14,5
- Vin de Savoie Gamay Fanny 2018 — 8 € — 13,5
- Vin de Savoie Mondeuse Elisa 2018 — 16,50 € — 16
- Vin de Savoie Mondeuse Terres Rouges 2018 — 11,50 € — 14

Vin de Savoie Persan Les 2 Jean 2018 — 17,50 € — 15,5

Le coup de ♥

Vin de Savoie Chignin La Déroutante 2018 — de 18 à 22 € (c) — 16

Rouge : 4,5 hectares.
Mondeuse noire 56 %, Gamay noir à jus blanc 22 %, Persan 11 %, Pinot noir 11 %
Blanc : 13 hectares.
Jacquère 55 %, Bergeron (roussanne) 34 %, Altesse 6 %, Chardonnay 5 %
Production moyenne : 130 000 bt/an

DOMAINE J.-P. ET J.-F. QUÉNARD
Caveau de la Tour Villard, 73800 Chignin
04 79 28 08 29 • www.jfquenard.com •
Visites : sur rendez-vous uniquement aux professionnels.
Propriétaire : Jean-François Quénard

★

LES VIGNES DE PARADIS

L'aventure de Dominique Lucas à Pommard a pris fin pour cause d'aléas climatiques. Il se consacre désormais entièrement à son vignoble du Chablais, mené en biodynamie. Sorti de l'appellation Crépy, trop restrictive pour les vins auxquels il aspire, il a planté des cépages différents de ses voisins et envisage son travail de vigneron comme un véritable artisanat d'art. Il ne néglige pas pour autant le chasselas, loin s'en faut ! Ce dernier s'incarne dans Un P'tit Coin de Paradis, issu des bas de parcelle, mais aussi dans le profond Un Matin Face au Lac. Une cuvée C de Marin a vu le jour, en plus des originaux IGP, issus de cépages inattendus. La qualité des cuvées place ce vigneron parmi les talents de la région à suivre absolument : jamais chaptalisées, vinifiées avec des doses minimes de soufre, elles comptent parmi les plus excitantes du paysage savoyard actuel.

Les vins : il y a énormément de vie, de spontanéité et de saveur dans ces 2017. Les vins sont d'emblée très expressifs, cohérents, sur la belle lancée des millésimes précédents, amplifiant même la stature des différentes cuvées. Intenses et guillerets à la fois, les chasselas sont remarquables ; vigoureux, digeste, patiné, Un Matin Face au Lac s'impose d'une courte tête. Petite cuvée de 560 bouteilles seulement, Son Altesse est remuante, fine et subtilement lactée. Le savagnin possède quant à lui une vibration supérieure, couplée à une irrésistible gourmandise : c'est un chant d'amour à ce très grand cépage.

IGP Vin des Allobroges C de Marin 2017 — 17,50 € — 15,5

IGP Vin des Allobroges Son Altesse 2017 — 19 € — 16

IGP Vin des Allobroges Un Matin Face au Lac 2017 — 17,50 € — 16,5

IGP Vin des Allobroges Un P'tit Coin de Paradis 2017 — 14,50 € — 16

Le coup de ♥

IGP Vin des Allobroges Savagnin 2017 — 18 € — 17,5

Rouge : 0,14 hectare.
Gamay noir à jus blanc 100 %
Blanc : 6,86 hectares.
Chasselas 53 %, Savagnin 9 %, Chardonnay 9 %, Sauvignon blanc 8 %, Pinot gris 8 %, Chenin 7 %, Altesse 6 %
Production moyenne : 30 000 bt/an

LES VIGNES DE PARADIS ☾
167, route du Crépy, 74140 Ballaison
04 50 94 31 03 •
www.les-vignes-de-paradis.fr • Visites : sans rendez-vous.
Du lundi au samedi de 9h à 19h30.
Propriétaire : Dominique Lucas

NOUVEAU DOMAINE

L'AITONNEMENT

Maxime Dancoine, œnologue, ne cultive qu'un tout petit vignoble, localisé à Aiton, à l'extrémité occidentale du massif de la Maurienne. La production qui en est issue commence néanmoins à attirer l'attention des amateurs. Très soignée, d'inspiration biodynamique et labellisée bio depuis 2017, elle s'inscrit dans la diversité et l'ambition qui caractérisent le renouveau générationnel de la viticulture savoyarde. Cette démarche prend tout son sens à la lumière des nouvelles plantations qui privilégient des cépages endémiques comme le jaubertin ou le blanc de Maurienne.

Les vins : voici indéniablement une production d'avenir. Les blancs, s'ils sont encore un peu marqués par l'élevage (les vins sont vinifiés en cuve puis élevés en barrique où ils effectuent leur fermentation malolactique), conjuguent intensité et vigueur. Assemblage paritaire d'altesse et de jacquère, Big Bang propose un profil tendu, une finesse de chair qui allège les accents butyriques de sa saveur. Pure altesse, Solar reprend ce profil à la fois riche, élevé et très tendu, avec un supplément de floralité et une allonge supérieure.

IGP Vin des Allobroges Big Bang 2017 17 € 15

Le coup de ♥

IGP Vin des Allobroges Solar 2017 25 € 16

Rouge : 0,5 hectare.
Mondeuse noire 60 %, Joubertin 20 %, Douce Noire 20 %
Blanc : 0,5 hectare.
Altesse 50 %, Jacquère 50 %
Production moyenne : 4 000 bt/an

L'AITONNEMENT ♣

1145, rue des Mettanies, 38530 Pontcharra
06 60 19 41 49 • www.aitonnement.com/ •
Vente et visites : au domaine sur rendez-vous.
Propriétaire : Maxime Dancoine

DOMAINE DE CHEVILLARD

Encore jeune mais déjà très expérimenté, Matthieu Goury s'est installé en 2013 ; il exploite aujourd'hui des vignes situées sur le coteau de Saint-Jean-de-la-Porte, qui bénéficient d'une grande variété pédologique. La viticulture (en conversion biologique), attentive et appliquée, se veut respectueuse du végétal et de la vie des sols. La vinification, peu interventionniste, a pour objectif la production de cuvées fortement individualisées par les caractéristiques de leur terroir. Ces louables intentions se retrouvent dans des vins très bien constitués, d'une belle franchise, tant les mondeuses qui possèdent un caractère dru, intense et précis, que les blancs vigoureux et toniques. Une adresse à suivre, indéniablement.

Les vins : seules les trois cuvées de mondeuse ont été produites en 2017, par la faute du gel printanier assassin. Ces vins très concentrés ne seront commercialisés que fin 2019. Plus élégants, plus lisibles que lorsque nous les avions goûtés en décembre 2018, ils se sont en quelques mois considérablement épanouis et détendus. De très belles bouteilles en perspective, dans un esprit "rhodanien" (vins sombres et denses, structurés, issus de vendanges égrappées) mais sans outrance ni cosmopolitisme. Le Bérillion, issu d'une parcelle plantée en 1955 et conduite sur échalas, impressionne particulièrement par son grain très serré et sa capacité à revenir vers le fruit.

Vin de Savoie Mondeuse 2017 18 € 14,5

Vin de Savoie Saint-Jean de la Porte 2017 24 € 15,5

Le coup de ♥

Vin de Savoie Saint-Jean de la Porte Le Bérillion 2017 32 € 16

Rouge : 4,7 hectares.
Mondeuse noire 74 %, Gamay noir à jus blanc 13 %, Pinot noir 13 %
Blanc : 4,5 hectares.
Jacquère 65 %, Altesse 25 %, Chardonnay 7 %, Mondeuse blanche 3 %
Production moyenne : 30 000 bt/an

DOMAINE DE CHEVILLARD ♣

433, rue des Chevillard, 73250 Saint Pierre d'Albigny
06 33 01 12 21 •
www.domainedechevillard.com •
Visites : sans rendez-vous.
De 8h à 12h et de 14h à 18h.
Propriétaire : Matthieu Goury

DOMAINE DES CÔTES ROUSSES

Après un master en aménagement des territoires ruraux, Nicolas Ferrand se rend compte qu'il préfère les faire vivre plutôt que de les observer. Il installe son domaine en 2013 dans les coteaux de la Combe de Savoie, sous le massif des Bauges, avec des parcelles situées jusqu'à 600 mètres d'altitude. Le domaine s'agrandit peu à peu avec quelques plantations ; le vigneron bannit vite les herbicides et vise une certification bio. Les vins sont vinifiés et parfois embouteillés sans soufre, les blancs sur lies totales, les rouges majoritairement en grappes entières : la prise de risque est indéniable mais pleinement mesurée. Ce jeune domaine précise son propos millésime après millésime, l'avenir lui appartient.

Les vins : la gamme des 2017 illustre les progrès constants de ce jeune vigneron, dans un style revendiquant une liberté certaine (accents levuriens ou oxydatifs de certains blancs...). Armenaz est une jacquère d'une plénitude et d'un dynamisme remarquables. La roussette Ensemble et le bergeron Verre-Tige partagent un profil intense, complexe, richement nuancé, animé par une saine tension. Déjà évolué, le chardonnay Mon Blanc ne manifeste pas autant de fraîcheur. Les 2018 goûtés en primeur semblent encore plus aboutis et promettent beaucoup, l'étoile est en vue ! Revenons à 2017. L'assemblage Piste Rouge, vin de pique-nique très agréable, tendre et acidulé, n'a pas en un an gagné en complexité. Les mondeuses proposent un beau tir groupé, dans un style exigeant, peut-être un peu sec dans les tanins (sollicités), mais franc, dru et riche en caractère, notamment le Coteau de la Mort, qu'il faut attendre sagement...

Roussette de Savoie Ensemble 2017	18 €	15,5
Vin de Savoie Chignin-Bergeron Verre-Tige 2017	30 €	15,5
Vin de Savoie Mon Blanc 2017	14 €	13,5
Vin de Savoie Coteau de la Mort 2017	30 €	16
Vin de Savoie Montagnes Rousses 2017	18 €	15,5
Vin de Savoie Piste Rouge 2017	13 €	14,5
Vin de Savoie Saint-Jean-de-la-Porte 2016	22 €	15,5

Le coup de ♥

Vin de Savoie Armenaz 2017	16 €	16

Rouge : 1,73 hectare.
Mondeuse noire 87 %, Pinot noir 10 %, Cabernet-Sauvignon 3 %
Blanc : 3,77 hectares.
Jacquère 52 %, Altesse 37 %, Chardonnay 8 %, Roussanne 3 %
Production moyenne : 27 000 bt/an

DOMAINE DES CÔTES ROUSSES ♣
546, route de Villard-Marin, 73290 La Motte-Servolex
04 79 25 66 90 • www.lescotesrousses.com
• Vente et visites : au domaine sur rendez-vous.
Propriétaire : Nicolas Ferrand

DOMAINE DUPASQUIER

Installés près de Jongieux dans le pittoresque village d'Aimavigne, au pied du vertigineux coteau de Marestel, les Dupasquier se succèdent depuis cinq générations et cultivent avec sagesse leurs vignes (enherbement, absence de produits de synthèse). Partisans d'élevages longs en foudre, David et Véronique Dupasquier commercialisent les vins après quelques mois ou années de vieillissement en bouteille. Les vins les plus simples ne manquent pas de personnalité, même s'ils appartiennent à un style qui peut paraître aujourd'hui daté. La roussette Marestel est le grand vin du domaine, capable de se bonifier pendant trente ou quarante ans de garde dans les bons millésimes, développant une étonnante diversité de saveurs sans perdre sa fraîcheur.

Les vins : ce domaine attachant nous livre une nouvelle fois une production singulière, originale. Les trois vins présentés méritent l'attention. La jacquère 2016 offre une pointe de tilleul et de résine, à la manière d'un sylvaner ou même d'un riesling ; très vive, elle nettoie parfaitement la bouche. Le rouge Gourmandise 2014, assemblage de gamay, de pinot et de mondeuse, vinifiés en raisins entiers, présente un équilibre alerte et une très belle personnalité aromatique, à la fois épicée et herbacée. Dorée et généreuse, expansive, la roussette tire parti d'un millésime riche pour offrir beaucoup de gourmandise, une pointe confite, sans la moindre lourdeur.

Vin de Savoie Jacquère 2016	7 €	15
Vin de Savoie Gourmandise 2014	12,50 €	16

Le coup de ♥

Rousette de Savoie Altesse 2015	9,30 €	16

Rouge : 6,3 hectares.
Pinot noir 35 %, Mondeuse noire 35 %, Gamay noir à jus blanc 30 %
Blanc : 8,7 hectares.
Altesse 59 %, Jacquère 27 %, Chardonnay 14 %
Production moyenne : 80 000 bt/an

DOMAINE DUPASQUIER
Aimavigne, 73170 Jongieux
04 79 44 02 23 •
www.domainedupasquier.over-blog.com •
Visites : sans rendez-vous.
Jeudi, vendredi et samedi de 10h à 12h et de 15h à 18h.
Propriétaire : David et Véronique Dupasquier

NOUVEAU DOMAINE

DOMAINE NICOLAS GONIN

Représentant de la vitalité de la viticulture iséroise, Nicolas Gonin s'est installé en 2005 à Saint-Chef, non loin de Bourgoin-Jallieu, reprenant les vignes de son oncle. Courageusement il a d'emblée entrepris d'arracher le vignoble existant pour replanter des cépages patrimoniaux de deuxième époque, éliminant ceux de première époque comme le pinot ou le gamay. Le jeune œnologue au parcours éclectique, féru d'ampélographie, a ainsi anticipé non seulement l'évolution du climat, mais aussi celle des modes de consommation ! Mondeuse, persan, mècle, altesse, viognier, verdesse et jacquère sont d'ores et déjà mis à contribution sur les coteaux du Bas Dauphiné ; servanin, salagnin et bia blanc devraient les rejoindre... Nous parions sur l'avenir de cette production idéaliste (certifiée bio depuis 2012), intelligente, méticuleuse, qui va s'affiner avec l'âge des vignes et la confiance grandissante du vigneron.

Les vins : les propositions sont déjà fort intéressantes. Le rosé de presse issu de mondeuse bénéficie du grain tannique rafraîchissant propre au cépage. Dense, mûre, avec une beau velouté grenu, la mondeuse 2018 ne manque ni d'allant ni de générosité. Pointu, végétal, avec une acidité mordante évoquant une barbera piémontaise, le persan 2017 se montre moins amène, mais possède tout le caractère attendu. Assemblage de viognier et d'altesse, le blanc 2018 propose une intensité de chair et de parfum notable, sans marque variétale. Un peu plus serrée, l'altesse 2017 possède les mêmes qualités d'ampleur et de franchise. Avec beaucoup de matière, une saveur originale évoquant le miel d'acacia et l'angélique confite, la verdesse 2018 présente un profil expressif et intense qui incite à approfondir la connaissance de ce cépage endémique !

- IGP Isère Balmes Dauphinoises 2018 — 10 € — 15
- IGP Isère Balmes Dauphinoises Altesse 2017 — 13 € — 14,5
- IGP Isère Balmes Dauphinoises Rosé 2018 — 9,50 € — 14
- IGP Isère Balmes Dauphinoises Mondeuse 2018 — 13 € — 14,5
- IGP Isère Balmes Dauphinoises Persan 2017 — 14 € — 13,5

Le coup de ♥

- IGP Isère Balmes Dauphinoises Verdesse 2018 — 16 € — 16

Rouge : 2,2 hectares.
Persan 41 %, Mondeuse noire 39 %, Mècle 20 %
Blanc : 2,8 hectares.
Altesse 54 %, Verdesse 20 %, Viognier 19 %, Jacquère 7 %
Production moyenne : 25 000 bt/an

DOMAINE NICOLAS GONIN ♣

945, route des Vignes, 38890 Saint-Chef
04 74 18 74 81 • www.vins-nicolas-gonin.com
• Vente et visites : au domaine sur rendez-vous.
Propriétaire : Nicolas Gonin

NOUVEAU DOMAINE

DOMAINE JEAN MASSON ET FILS

Jean-Claude Masson est incontestablement le chantre de la jacquère. Fort d'une tradition familiale bien ancrée au Reposoir, merveilleuse banquette faisant face au massif des Bauges, au cœur du vignoble d'Apremont, il récolte mûr et isole les cuvées selon les terroirs et selon son humeur. En résultent des vins d'une ampleur et d'une richesse inhabituelles, vinifiés et élevés en cuve inox, capables d'évoluer en se complexifiant pendant plus d'une décennie, tout en conservant le caractère incisif et fluide de la jacquère. Une vision originale, attachante, indispensable, que nous sommes fiers d'intégrer à notre panorama des meilleures cuvées de Savoie.

Les vins : la dignité de la jacquère illustrée en quatre cuvées et cinq millésimes. La Déchirée 2018 manifeste un caractère chlorophyllien, sauvage, évoquant la ronce, porté par une très belle vivacité. Plus simple, mais décidée, Cuvée Lisa 2017 offre sans façon son corps gentiment perlant. Avec La Centenaire, on perçoit une richesse supplémentaire ; dense et cristallin, le 2016 commence à livrer des accents confits, camphrés, alors que le 2013, tout en conservant une magnifique alacrité, affiche un grand caractère, une évolution vers la cire chaude et la coquille d'huître (proche de celle des meilleurs vouvrays). Très belle évolution également pour Le Coeur 2014, plein de ressources et d'originalité, exhalant des notes de cire, d'ardoise, de pain frais. Une richesse qui se fait presque douceur mais qui reste sous le contrôle d'une finale toujours tranchante.

- Vin de Savoie Apremont Cuvée Lisa 2017 — 11 € — 14
- Vin de Savoie Apremont La Centenaire 2013 — 26 € — 16,5
- Vin de Savoie Apremont La Centenaire 2016 — 19 € — 16

Vin de Savoie Apremont La Déchirée 2018 — 14 € — 15,5

Le coup de ♥

Vin de Savoie Apremont Le Coeur 2014 — 29 € — 16,5

Blanc : 10 hectares.
Jacquère 100 %
Production moyenne : 60 000 bt/an

DOMAINE JEAN MASSON ET FILS
Le Villard, 73190 Apremont
04 79 28 23 02 • www.domainemasson.com
• Vente et visites : au domaine sur rendez-vous.
Propriétaire : Jean-Claude Masson
Œnologue : Olivier Turlais

DOMAINE ANDRÉ ET MICHEL QUÉNARD

Les Quénard n'ont pas choisi la facilité : ils cultivent sur les fortes pentes des coteaux de Torméry leurs vignes, plantées à une densité élevée de 9 000 pieds à l'hectare en terrasses. Exposées plein sud, celles-ci reçoivent un maximum de soleil, à 300 mètres d'altitude. Avec Guillaume et Romain Quénard, la nouvelle génération est désormais à l'œuvre au domaine. Malgré la probité de cette vaste gamme et l'indéniable réussite de certaines cuvées au caractère bien trempé, nous attendons davantage de précision, de fraîcheur de fruit et aussi de gourmandise.

Les vins : en rouge comme en blanc, les matières montrent une indéniable qualité, mais malheureusement aussi une certaine rigidité. Elles manquent souvent de naturel et de délié. Ce n'est pas le cas du crémant, pur jacquère, qui offre une bulle vive et allègre. Les deux plus belles réussites de la gamme sont pour nous le bergeron Le Grand Bossan 2016, riche, ouvert, disert, qui conserve une saine tension au cœur de sa saveur plantureuse évoquant le miel et la peau de flan, et le très prometteur persan 2018, piquant et généreux, l'une des expressions les plus profondes de ce cépage renaissant.

Crémant de Savoie Extra-Brut — 9,50 € — 14

Vin de Savoie Chignin Vieilles Vignes 2018 — 7 € — 13,5

Vin de Savoie Chignin-Bergeron 2017 — 9,90 € — 12,5

Vin de Savoie Chignin-Bergeron Le Grand Bossan 2016 — 15 € — 16

Vin de Savoie Chignin-Bergeron Les Terrasses 2017 — 15 € — 14

Vin de Savoie Chignin-Bergeron Les Terrasses 2018 — 12,90 € — 14

Vin de Savoie Arbin Mondeuse Terres Brunes 2017 — 11,50 € — 14

Vin de Savoie Chignin Mondeuse Vieilles Vignes 2017 — 9,90 € — 12,5

Vin de Savoie Chignin Pinot Noir 2018 — 8,90 € — 12

Le coup de ♥

Vin de Savoie Chignin Persan 2018 — de 15 à 25 € (c) — 16

Rouge : 8 hectares.
Mondeuse noire 50 %, Persan 25 %, Pinot noir 25 %
Blanc : 19 hectares.
Jacquère 67 %, Roussanne 33 %
Production moyenne : 200 000 bt/an

DOMAINE ANDRÉ ET MICHEL QUÉNARD
1327, route du Coteau de Torméry, Torméry, 73800 Chignin
04 79 28 12 75 • www.am-quenard.fr • Vente et visites : au domaine sur rendez-vous.
Du lundi au samedi - fermé de 12h à 14h.
Propriétaire : Michel Quénard

NOUVEAU DOMAINE

DOMAINE SAINT-GERMAIN

Créé en 1999, le domaine est situé dans le parc naturel régional du massif des Bauges, sur un terroir en coteaux exposés au sud, appartenant au village de Saint-Pierre-d'Albigny. Après quelques années d'absence, nous sommes heureux de réintégrer le domaine de la famille Saint-Germain dans notre sélection. L'interprétation engagée des grands classiques savoyards voisine avec une curiosité dynamique du patrimoine alpin dans le temps (les cépages anciens réhabilités) et dans l'espace (cuvées Par-delà les Versants qui intègrent des cépages valaisans comme la petite arvine ou le gamaret). Voici une adresse à suivre, une de celles où s'écrit le futur retrouvé du vignoble savoyard.

Les vins : il y a beaucoup de franchise et de vigueur dans les vins du domaine. Les mondeuses 2017 sont agrestes et toniques, Le Pied de la Barme est plus juteux, plus intense que Les Taillis. Jaillissant, frétillant, entre prunelle et chocolat noir, le persan 2018 constitue une savoureuse réussite. Parmi les blancs, on notera une cuvée Crac Boum Bu (assemblage original de jacquère, mondeuse blanche, chardonnay et veltliner rosé) enjouée et tonique, très juste, à boire sur son élan ; un beau bergeron en 2017, aux fines notes de tilleul et de citron confit ; ainsi qu'une cuvée Par-delà les Versants en 2016 (petite arvine, roussanne, altesse et mondeuse blanche) de grand caractère, tranchante et richement fruitée à la fois.

- IGP Vin des Allobroges Par-delà les Versants 2016 — 23,50 € — 15,5
- Roussette de Savoie 2018 — 14,50 € — 13,5
- Vin de Savoie Chignin-Bergeron 2017 — 21,50 € — 15,5
- Vin de Savoie Crac Boum Bu 2018 — 13,50 € — 15
- IGP Vin des Allobroges Par-delà les Versants 2016 — 23,50 € — 14
- Vin de Savoie Crac Boum Bu 2018 — 12,50 € — 14
- Vin de Savoie Mondeuse Le Pied de la Barme 2017 — 14,50 € — 15
- Vin de Savoie Mondeuse Les Taillis 2017 — 14,50 € — 14

Le coup de ♥

- Vin de Savoie Persan 2018 — 17 € — 15,5

Rouge : 8,99 hectares.
Mondeuse noire 42 %, Gamay noir à jus blanc 26 %, Pinot noir 17 %, Persan 15 %
Blanc : 5,55 hectares.
Altesse 46 %, Jacquère 18 %, Chardonnay 17 %, Roussanne 7 %, Divers blanc 6 %, Arvine 3 %, Mondeuse blanche 3 %
Production moyenne : 70 000 bt/an

DOMAINE SAINT-GERMAIN ♣
65, route de Miolans,
73250 Saint-Pierre-d'Albigny
04 79 28 61 68 •
www.domainesaintgermain.com • Vente et visites : au domaine sur rendez-vous.
Propriétaire : Raphaël Saint-Germain

DOMAINE FABIEN TROSSET

Fabien Trosset et sa compagne Chloé ont repris en 2011 le domaine de Jean-Louis Trosset, cousin germain de Louis et Joseph Trosset. En 2013, ils ont agrandi l'exploitation avec une partie des vignes du domaine Joseph Trosset. La plus grande partie des vignes est plantée sur le terroir d'Arbin et met à l'honneur la mondeuse, avec en particulier la très complète cuvée Avalanche. Ce jeune domaine progresse ; encore un peu formatés, les vins gagnent en franchise et en pureté d'expression.

Les vins : les blancs s'améliorent, les 2018 proposent davantage de nuances et d'expressivité que leurs prédécesseurs. Maîtrisé et volubile, intense sans être surpuissant, le bergeron est une vraie réussite. Les mondeuses du même millésime offrent un spectre élargi des possibilités du cépage, de la légèreté labile du vin de fruit (Les Éboulis) à l'intense mâche de la cuvée Hors Piste, dotée d'une très belle allonge tannique.

- Roussette de Savoie La Devire 2018 — 10 € — 14,5
- Vin de Savoie Chignin-Bergeron Les Cerisiers 2018 — 12 € — 15
- Vin de Savoie Arbin Mondeuse Avalanche 2018 — 13 € — 15
- Vin de Savoie Arbin Mondeuse Les Eboulis 2018 — 11,50 € — 14

Le coup de ♥

- Vin de Savoie Arbin Mondeuse Hors Piste 2018 — 14,50 € — 15,5

Rouge : 14 hectares.
Mondeuse noire 100 %
Blanc : 5 hectares.
Roussanne 60 %, Altesse 40 %
Production moyenne : 100 000 bt/an

DOMAINE FABIEN TROSSET
Avenue Gambetta, ZA d'Arbin, 73800 Arbin
• www.domainetrosset.com • Visites : sans rendez-vous.
Du lundi au vendredi de 8h à 12h et de 14h à 17h. Samedi sur rendez-vous.
Propriétaire : Fabien Trosset
Œnologue : Olivier Turlais

“Dans le Sud-Ouest, une pépinière de jeunes talents et les caciques du vignoble mettent en scène des terroirs uniques, où les raisins s’émancipent des codes de la mondialisation.”

Karine Valentin, dégustatrice des vins du Sud-Oue

Membre du comité de dégustation de La Revue du vin de Frar

Superficie
53 000 hectares

Cépages principaux
Vins rouges :
cabernet-sauvignon, cabernet franc, duras, fer servadou, gamay, malbec, merlot, négrette, syrah, tannat

Vins blancs :
courbu, gros et petit manseng, loin de l'œil, mauzac, sauvignon, sémillon

Volume produit en 2018
3 686 000 hectolitres

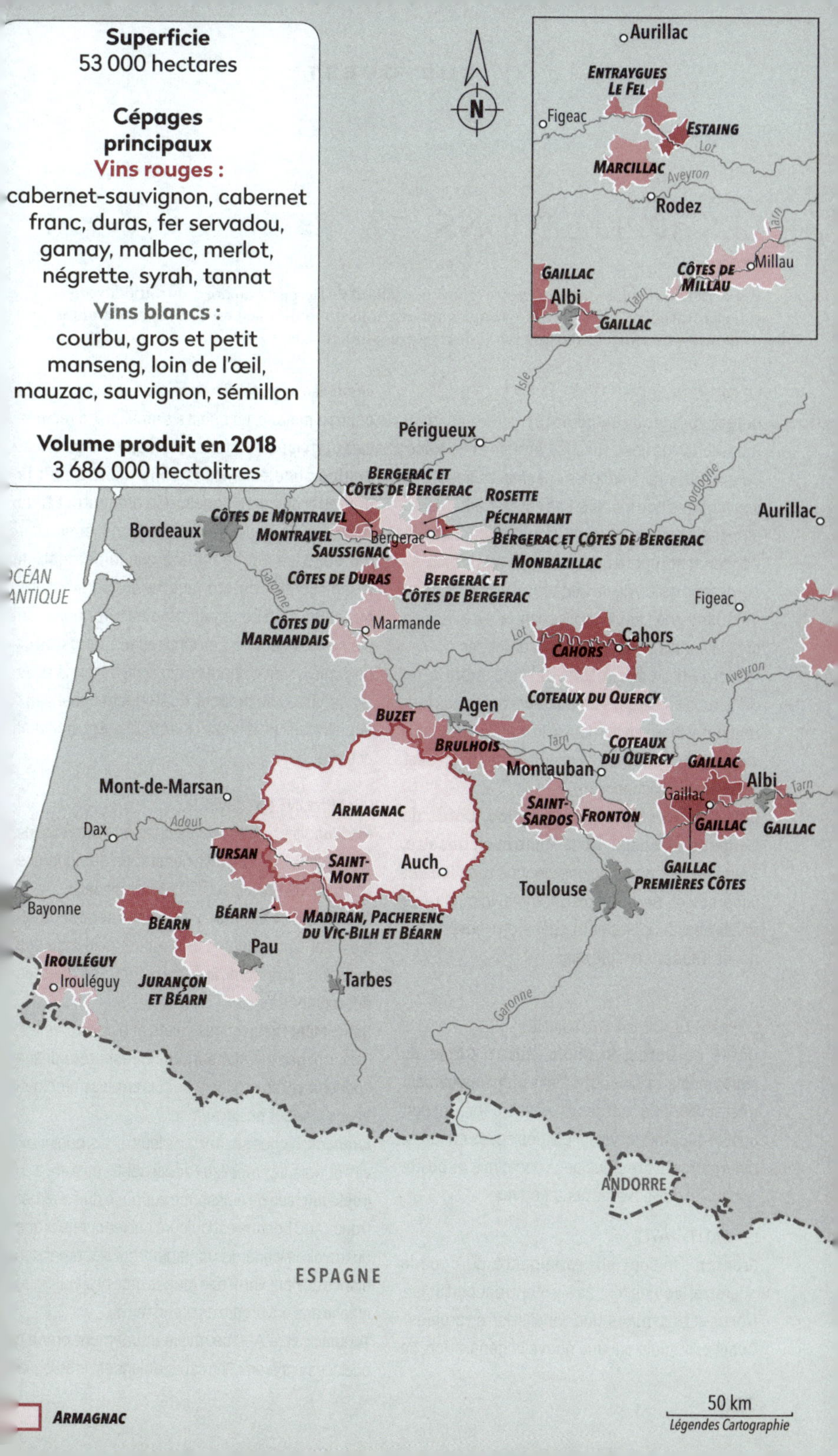

LES APPELLATIONS

Réparties sur le plus vaste territoire de France, allant de Bergerac au nord, à Irouléguy au sud et à Marcillac, à l'est, en Aveyron, les appellations du Sud-Ouest sont les représentantes d'identités très fortes, marquées par des cépages autochtones.

LE BERGERACOIS

Bergerac, Côtes de Bergerac : Bergerac constitue l'appellation de base en rouge, en rosé et en blanc. Ce sont majoritairement des vins simples, équilibrés, souvent très bon marché. Les côtes-de-bergerac proposent davantage d'ambition et d'intensité.

Pécharmant : petite appellation de rouges située au-dessus de la ville de Bergerac, sur la rive droite de la Dordogne. Les vins possèdent une expression originale, mais ce terroir manque de leader.

Montravel : appellation de vins blancs du Bergeracois. Quelques producteurs ambitieux font fermenter le vin en barrique à la manière des nouveaux bordeaux blancs. L'élaboration des rouges est également envisageable.

Côtes de Montravel, Monbazillac, Côtes de Bergerac moelleux, Haut-Montravel, Rosette, Saussignac : appellations de vins moelleux et liquoreux du Bergeracois. Même si la qualité se révèle beaucoup trop hétérogène, on trouve ici des perles à des prix encore sages.

LA VALLÉE DE LA GARONNE

Côtes de Duras, Brulhois, Buzet, Côtes du Marmandais : voisins du Bordelais, l'encépagement y est similaire. Ce sont des vins d'un très bon rapport qualité-prix, mis en valeur par des caves coopératives performantes. Quelques domaines de pointe ont ouvert de nouvelles perspectives.

LE HAUT-PAYS

Fronton : misant sur l'originalité du cépage négrette, les vins rouges s'y montrent parfumés, francs et très fruités. Une appellation en progrès.

Cahors : stimulé par une nouvelle génération, ce vignoble rouge réaffirme son identité autour du cépage malbec. La qualité s'améliore, avec des vins à la fois plus profonds et plus proches du fruit.

Gaillac : une élite vigneronne montre tout le potentiel de cette appellation présentant tous les types de vins autorisés en blanc, et surtout en rouge, ce qui ne facilite pas la perception d'une typicité de cru pour le consommateur.

Marcillac : petite appellation aveyronnaise en pleine renaissance. Les vins rouges, agrestes et parfumés, sont élaborés à partir du mansois, alias fer servadou ou braucol. On trouvera aussi deux appellations en devenir : Estaing (ou Entraygues) et Le Fel.

LE PIÉMONT PYRÉNÉEN

Madiran : vins rouges colorés, charpentés, tanniques et capiteux. Une nouvelle génération de vignerons leur a fait perdre leur rusticité traditionnelle.

Pacherenc du Vic-Bilh : vins blancs secs et moelleux. Sans posséder la profondeur ni la race des meilleurs jurançons, ils bénéficient des qualités des mêmes cépages.

Saint-Mont : vins rouges, rosés et blancs simples, francs et bon marché, surtout représentés par une coopérative remarquable. De plus en plus d'ambition et une production qui s'affine.

Jurançon : blancs secs et moelleux racés, originaux, vifs et frais. Les moelleux vieillissent très bien.

Irouléguy : lieu de naissance supposé du cabernet franc, l'AOC basque est aujourd'hui reconnue grâce au travail de vignerons ambitieux qui élaborent des blancs de haut vol et des rouges massifs. Irouléguy affiche une envergure de grand terroir.

Tursan : cette AOC se révèle doucement grâce à quelques vignerons. Son cépage blanc est le baroque

LES CÉPAGES

LES CÉPAGES ROUGES

La proximité de Bordeaux influence l'emploi des cépages comme le **merlot**, le **cabernet-sauvignon** et le **cabernet franc**, dans les vignobles de Bergerac, Duras, Marmande ou Buzet. Au-delà, les autres appellations favorisent la résurgence de cépages autochtones.

Cahors est le berceau du **malbec**, appelé aussi côt. Il produit un vin dense et anguleux, appelé autrefois le "vin noir". Plus au sud, à Madiran, c'est le **tannat** qui signe le style des vins rouges de l'appellation. Des crus charpentés qui peuvent s'avérer rustiques s'ils ne sont pas vinifiés avec précision.

À Fronton, la **négrette** est le cépage majoritaire, à l'origine d'un vin fruité et aromatique, alors qu'à Marcillac le **fer servadou**, que l'on retrouve aussi en cépage secondaire dans d'autres appellations, entre à 90 % dans l'assemblage des vins de l'appellation. Dans ces AOC du Haut-Pays, le **gamay** et la **syrah** sont également bien implantés. On retrouve aussi de manière plus anecdotique des cépages comme le **pinot noir**, le **jurançon noir**, le **mouyssaguès** (Entraygues et Le Fel), le **braucol**, le **prunelard** et le **duras**.

Enfin, il est un cépage planté dans tout le Sud-Ouest, mais aussi en Bordelais, qui viendrait du Pays basque (de l'appellation Irouléguy) et a trouvé ses lettres de noblesse sur les rives de la Garonne et de la Loire : le **cabernet franc**.

LES CÉPAGES BLANCS

On retrouve la même influence bordelaise dans l'implantation des cépages blancs. Le **sauvignon** et le **sémillon** sont plutôt présents dans le Bergeracois, à Duras et à Marmande, pour l'élaboration de vins blancs secs, mais surtout de beaux liquoreux (Monbazillac). Puis ces deux cépages cèdent le pas en direction de Toulouse et de Pau à des spécimens plus originaux.

Le cépage le plus intéressant de tous, pour l'élaboration de vins liquoreux, n'est autre que le **petit manseng**, accompagné de son frère, le **gros manseng**. Ils sont les artisans de la réussite des liquoreux de Pacherenc et de Jurançon. En compagnie de ces derniers, on retrouve généralement le **courbu**, dans des proportions moindres.

Dans le Gers, au pays des blancs secs, sont aussi plantés le **chardonnay**, le **colombard**, la **muscadelle**, la **folle blanche** et le **mauzac**. Ce dernier est lui aussi employé dans le Gaillacois à hauteur de 50 % minimum. N'oublions pas un cépage ligérien qui s'acclimate parfaitement en cette terre de cocagne : c'est le **chenin**, présent dans de nombreuses appellations.

Enfin, Gaillac emploie un cépage planté uniquement sur ses terroirs et qui porte le doux nom de **loin de l'œil**. Un nom donné par les anciens : le raisin possède un pédoncule très long qui le retient loin de la tige de la grappe et, donc, loin de l'œil.

PAPILLES EN GOGUETTE DU PAYS BASQUE À LA DORDOGNE

CHAMBRES D'HÔTES

DOMAINE LATAPY

Irène Guilhendou, vigneronne à Gan, productrice de vins et de tisanes bio, a ouvert deux charmants gîtes sur son domaine, qui jouissent d'une vue imprenable sur les Pyrénées. Pouvant accueillir deux à six personnes, ils sont disponibles à partir de 310 € par semaine. Un bon point de départ pour sillonner la région.
Chemin Berdoulou, 64290 Gan
Tél. : 06 23 22 07 29
www.domaine-latapy.com

MAS AZÉMAR

La demeure ancienne abrite plusieurs chambres décorées avec soin dans le respect de l'histoire des lieux, une piscine chauffée et une table d'hôtes. Chambres à partir de 127 € (petits-déjeuners inclus) et menu dîner à partir de 39 €.
Rue du Mas-de-Vinssou,
46090 Mercues
Tél. : 05 65 30 96 85
www.masazemar.com

BARS À VINS

WINE BAR

350 étiquettes françaises au générique de ce bar à vins de Pau qui prend place dans une boutique très branchée (barbier, coiffeur, tatoueur et coworking). Tous les soirs, 20 vins au verre, des planches de fromage et de charcuterie.
2 bis, rue Jean Réveil,
64000 Pau
Tél. : 07 67 92 52 99

BAR DU MARCHÉ

Son adresse ne s'invente pas. Ce bar est une cave à vins et à manger ouverte du jeudi au samedi. Les vins présents sur la carte sont issus d'une agriculture raisonnée, avec une large place à la biodynamie. Le soir, tapas, soirées spéciales, concerts…
2, boulevard du général-Ballon,
32800 Eauze
Tél. : 06 75 24 57 65
www.bar-du-marche.fr

CHÉRI BIBI

Bouteilles saines des vignerons du coin et conserves de produits locaux habillent les étagères du lieu, à la déco rétro. Côté table, l'assiette est ancrée dans son époque. Fanny et François Lemarié proposent des planches pour l'apéro et un menu entrée-plat-dessert à 19 € le midi.
50, rue d'Espagne,
64200 Biarritz
Tél. : 05 59 41 24 75

RESTAURANTS

LA TOUR DES VENTS

Une institution haut perchée, tant par sa position géographique dominante que par sa cuisine sensible dûment étoilée. Pour l'accompagner, une carte des vins profonde, et pas seulement sur les appellations locales. Menus à 41 € (le midi du mercredi au vendredi), 51 et 72 €. La maison propose également des cours d'œnologie de septembre à juin.
24240 Monbazillac
Tél : 05 53 58 30 10
www.tourdesvents.com

AUBERGE DE LAYOTTE

Dans cette ferme-auberge, Régis Gagnadre donne le ton depuis plus de vingt ans. Le menu gargantuesque met la Dordogne à l'honneur via un apéritif, une soupe, trois hors-d'œuvres, deux viandes, légume, fromage, dessert. Bon appétit ! Ouvert sur réservation.
24620 Tursac
Tél. : 05 53 06 95 91
www.aubergelayotte.com

LA TABLE DE SÉBASTIEN GRAVÉ

Le long des rives de la Nive, sur les quais de la ville de Bayonne, les convives se régalent à cette table d'hôtes. Dans les assiettes, du pur Pays basque concocté par le chef du cru Sébastien Gravé. Bonne affaire à ne pas louper, le menu midi en semaine, entre 21 et 26 €.
21, quai Amiral Dubourdieu,
64100 Bayonne
01 45 51 88 38
www.latable-sebastiengrave.fr

NOTRE COUP DE ♥

LA MAISON DES VINS DE JURANÇON

Dans le petit village de Lacommande, au cœur de l'appellation Jurançon et sur la route des vins, cet espace de dégustation-vente affiche 130 références de jurançons secs et moelleux. Portes ouvertes le deuxième dimanche de décembre.
64360 Lacommande
Tél. : 05 59 82 70 30
www.vins-jurancon.fr

FÊTE VIGNERONNE

MUSIQUE EN MADIRAN EN JUILLET 2020

Amateur de musique classique et de bon flacon, chaque soir, un concert sera suivi d'une dégustation de vin de la région. À la fin du festival, un artiste sera intronisé dans la Confrérie des vins de Madiran.
www.musiqueenmadiran.fr

★★★

CAMIN LARREDYA

Depuis son superbe vignoble planté en terrasse dans un cirque verdoyant de La Chapelle-de-Rousse, Jean-Marc Grussaute a hissé Camin Larredya au sommet de l'appellation Jurançon. À force de persévérance et de travail à la vigne (sélections massales et certification biodynamique en 2016) comme en cave (affinement des assemblages, des pressurages et des élevages), cet ancien joueur de rugby de la Section Paloise parvient à produire des vins blancs secs et moelleux de haute volée. Ils allient la force du terroir jurançonnais (traduite par une fougue amère et acide), l'éclat des jus, des acidités lumineuses, des amers salivants et la finesse due à une parfaite maîtrise de la vinification.

Les vins : il n'y a aucune fausse note dans la dizaine de cuvées goûtées. Nous saluons la justesse lumineuse des amers tendres des moelleux et l'acidité particulière des secs de Jean-Marc Grussaute. La Part Davant, aux contours ciselés par la lumière des Pyrénées, est un grand plaisir de dégustation. Le potentiel du superbe 2018 est exceptionnel. La générosité de La Virada 2018 est attisée par une salinité tirée des sols argilo-siliceux de La-Chapelle-de-Rousse. Le 2017 commence à prendre les tonalités séduisantes d'un grand blanc parti pour durer. Le petit manseng de la Côte Blanche 2017 est radieux. Il a tiré une vivacité ardente du sous-sol de craie durcie de Lasseube et se présente comme une infusion de cannelle, de camomille et de verveine citronnée. L'ample version 2018 n'est pas encore tout à fait en place mais possède cette structure construite sur la craie d'un terroir hallucinant, drapé dans une salinité vibrante et des saveurs de fruits blancs. La surmaturation d'Au Capcèu 2017 va bien au petit manseng : la preuve dans le jaillissement lumineux du vin, son sucre précieux boosté par les beaux amers tendres de l'écorce de citron. Des amers tendres et salivants achèvent également de construire la charpente intense du 2018. Vinifié en jarres de terre cuite, complexe et salivant, L'Iranja met en vedette la quintessence du petit manseng. Le pamplemousse s'y expose sous toutes ses facettes ; arrivent ensuite le raisin sec et les épices douces, le poivre blanc et la cannelle. Costat Darrèr, cuvée de négoce, est plus simple.

⇨ Jurançon Au Capcèu 2017	27 €	16,5
⇨ Jurançon Au Capcèu 2018	28 €	16,5
⇨ Jurançon Costat Darrèr 2018	14 €	15,5
⇨ Jurançon Sec Côte Blanche 2018	58 €	17
⇨ Jurançon Sec La Part Davant 2017	16 €	15
⇨ Jurançon Sec La Part Davant 2018	16,50 €	16
⇨ Jurançon Sec La Virada 2017	24 €	17,5
⇨ Jurançon Sec La Virada 2018	24,50 €	16
⇨ VDF L'Iranja 2017	42 €	17,5

Le coup de ♥

⇨ Jurançon Sec Côte Blanche 2017	55 €	18

Blanc : 11,5 hectares.
Petit Manseng 70 %, Gros Manseng 20 %, Courbu 5 %, Camaralet 3 %, Lauzet 2 %
Achat de raisins.
Production moyenne : 45 000 bt/an

CAMIN LARREDYA ☾
La Chapelle-de-Rousse, 2051, Chemin Larredya, 64110 Jurançon
05 59 21 74 42 • www.caminlarredya.fr •
Vente et visites : au domaine sur rendez-vous.
Propriétaire : Jean-Marc Grussaute

★★ ↗

DOMAINE DOMINIQUE ANDIRAN

L'originalité et la démarche novatrice de Dominique Andiran sont un bonheur pour l'amateur. Les cuvées de cette propriété se démarquent clairement de tout ce que l'on peut trouver en Côtes de Gascogne, tant dans les pratiques culturales que dans la taille réduite du domaine. Cet ancien moniteur de ski s'affranchit de tout et ne s'interdit rien. Il utilise ainsi au mieux les cépages autochtones de son vignoble de Montréal-sur-Gers, conduit en agriculture biologique. C'est également dans les approches d'élevage que la créativité de cet autodidacte s'exprime : exposition à la lumière, sous voile... Ses vins proposent une expression originale, parfois déroutante, mais toujours aboutie. On notera une réelle affection pour les vins de type oxydatif, qu'il maîtrise parfaitement. Sa gamme séduit les amateurs comme les novices grâce à leur pureté et leur profondeur. C'est pourquoi nous octroyons une deuxième étoile à cet artiste de la vigne.

Les vins : Dominique Andiran est adepte du non-interventionnisme à la cave. Car c'est dehors que se passe l'essentiel pour ce passionné venu au vin après une première vie au grand air de la montagne. Pissenlits offre une bouche profonde et jouissive annonçant fièrement l'acidité de ses saveurs tourbées, emportées en finale par des amers sapides. Soyeux d'Hiver est un vin déroutant mais tellement attachant avec ses arômes mêlant l'oxydatif et la nougatine, la datte et la figue séchée, les abricots confits. La touche artistique de Dominique Andiran est perceptible dans la note d'ananas frais de Vain de Rû, énergique et tendu sur une salinité particulière induite par la taille lilliputienne du vignoble. Un nez épicé, complexe, dense et lumineux, marqué par le litchi, et une bouche savoureuse caractérisent la volubile Chut ! Magnus, rouge savoureux, est un vin pour toutes les circonstances.

VDF Chut ! 2018	18 €	16
VDF Soyeux d'Hiver 2014	18 €	15
VDF Vain de Rû 2018	8,50 €	15,5
VDF Magnus 2017	11 €	14,5

Le coup de ♥

VDF Pissenlits 2009	50 €	17

Rouge : 3 hectares.
Merlot 100 %
Blanc : 4 hectares.
Gros Manseng 40 %, Chardonnay 20 %, Colombard 20 %, Sauvignon rose 20 %
Production moyenne : 30 000 bt/an

DOMAINE DOMINIQUE ANDIRAN ♣
2, place de l'Hôtel-de-Ville,
32250 Montréal-du-Gers
05 62 29 11 56 • hautcampagnau@aliceadsl.fr
• Pas de visites.
Propriétaire : Dominique Andiran

★★

DOMAINE ARRETXEA

Michel et Thérese Riouspeyrous élaborent depuis toujours des blancs de haut vol. Leurs rouges très identitaires sont marqués par les sols de schiste et de grès rouge, en attendant une nouvelle cuvée produite sur une parcelle d'ophite, terre volcanique et nouveau dada des amateurs de vins tendus. Iban avait rejoint ses parents en 2018 ; Teo, revenu en 2019, a dû subir les conséquence d'un millésime 2018 épouvantable : coulure, mildiou, grêle... Les frangins sont donc partis dénicher chez les copains et voisins du Sud-Ouest des raisins correspondants à leur philosophie pour produire Punpa, pur jus de fruit moderne et dynamique, disponible en blanc et en rouge, que nous espérons déguster pour le Guide vert l'an prochain.

Les vins : passant outre les déboires du millésime 2018, le blanc Hegoxuri reste d'une qualité et d'une tension remarquables malgré la chaleur inhérente à l'année. Grès est sévère et profond quand Schiste offre un matière charnue, horizontale, avec une finale en apostrophe. En rouge, Haitza se fait charmeur, avec un grain de tanin ambitieux ; il est plus ferme et élégant que l'irouléguy, un ton en-dessous mais droit dans ses structures.

Irouléguy Hegoxuri 2018	21,50 €	16
Irouléguy Hegoxuri Grès 2017	28 €	15,5
Irouléguy 2018	11,50 €	15,5
Irouléguy 2016	14,50 €	15,5
Irouléguy Haitza 2016	21,50 €	16

Le coup de ♥

Irouléguy Hegoxuri Schiste 2017	28 €	16

Rouge : 6 hectares.
Tannat 65 %, Cabernet franc 25 %, Cabernet-Sauvignon 10 %
Achat de raisins.
Blanc : 2,3 hectares.
Gros Manseng 55 %, Petit Manseng 35 %, Petit Courbu 10 %
Achat de raisins.
Production moyenne : 36 000 bt/an

DOMAINE ARRETXEA ♣
64220 Irouléguy
05 59 37 33 67 • arretxea@free.fr • Vente et visites : au domaine sur rendez-vous.
Propriétaire : Famille Riouspeyrous

★★

CLOS TRIGUEDINA

Jean-Luc Baldès fut un porte-étendard du malbec cadurcien, en s'efforçant d'exprimer le potentiel de son vignoble situé sur les deuxièmes, troisièmes et quatrièmes terrasses du Lot. Gardien de l'histoire du vignoble, il produit une cuvée de malbec issue de raisins chauffés, rendant hommage au "black wine" qui avait, au Moyen Âge, la faveur des Anglais. Issu d'une parcelle plantée de malbecs centenaires, Probus a contribué à fonder la renommée de Cahors. Le style reste cependant très classique, dominé par un boisé qui a du mal à se fondre. La gamme est taillée pour la garde, mais difficile d'accès dans la jeunesse. Les cuvées parcellaires restent les plus intéressantes. Le domaine propose depuis 2018 une offre œnotouristique originale et de qualité.

Les vins : Buls (non noté) est un pétillant de malbec dont l'intérêt principal est d'ouvrir la dégustation aux autres étiquettes. Les sélections parcellaires posent le classicisme de Cahors sur des tanins mûrs au grain élégant. Au Coin du Bois est plus facile et digeste que Les Galets, dont le boisé domine un tanin vibrant ; on leur préfère Les Petites Cailles, vin énergique au bouquet flatteur. Probus, élevé un an en fût neuf, a besoin d'au moins dix ans pour reprendre une silhouette séduisante. Même consigne pour The New Black Wine : ce rouge profond aux allures d'amarone est encore brutal, avec ses notes de chocolat, d'épices et de menthe. En blanc, le chenin moelleux offre une radieuse liqueur, parfumée de notes rôties et exotiques : il est dans la même veine que les grands liquoreux ligériens et sauternais.

IGP Comté Tolosan Chenin 2017	30 € (c)	16
IGP Comté Tolosan Viognier Chardonnay 2017	18 € (c)	13,5
Cahors 2017	21 € (c)	15
Cahors Au Coin du Bois 2017	33 € (c)	15,5
Cahors Les Galets 2017	33 € (c)	14,5
Cahors Les Petites Cailles 2017	33 € (c)	15
Cahors Probus 2017	40 € (c)	16
Cahors The New Black Wine 2017	90 € (c)	15,5

Rouge : 61 hectares.
Malbec (cot) 89 %, Merlot 10 %, Tannat 1 %
Blanc : 4,4 hectares.
Chardonnay 40 %, Viognier 40 %, Chenin 20 %
Production moyenne : 400 000 bt/an

CLOS TRIGUEDINA
Les Poujols, 46700 Vire-sur-Lot
05 65 21 30 81 • www.jlbaldes.com • Vente et visites : au domaine sur rendez-vous.
Propriétaire : Jean-Luc Baldès
Maître de chai : Fabrice Bearn

★★

DOMAINE COSSE MAISONNEUVE

Catherine Maisonneuve et Matthieu Cosse se sont rencontrés sur les bancs de l'école, où ils ont eu l'idée de produire des grands vins de Cahors. En 1999, ils reprennent des vignes sur les éboulis-calcaires de Lacapelle-Cabanac qu'ils développent au fur et à mesure jusqu'à atteindre 25 ha, plantés de malbec et de cabernet franc. La remise en place et le respect des sols a toujours été leur ligne de conduite. Au bout de 18 ans de culture biodynamique, les sols sont en place et les maturités des raisins optimales. Les troisièmes terrasses de Cahors, les argiles à éboulis calcaires et les sols sidérolithique donnent naissance à des assemblages de malbec et de cabernet franc étiquettés en VDF, et verront bientôt apparaître des cuvées en blanc (à partir de chardonnay et de chenin). La parcelle de la Marguerite offre le parangon du malbec floral, complexe et épicé. Sidérolithe, leur nouvelle cuvée, est une belle expression de cabernet franc sur le plateau argilo-calcaire.

Les vins : les sols sidérolithiques apportent profondeur de bouquet, velours unique et crémeux particulier dans les tanins de Sidérolithe. Dans un autre registre, Carmenet pose les bases juteuses de sa maturité sur un fruit enrobé de poivre ; on aime ses tanins poudrés. Solis évoque une maturité optimale : le fruit est préservé par un élevage en béton et le vin nous régale de ses tanins moelleux, de sa structure précise, ponctuée d'une amertume sapide qui donne envie d'un second verre. La Fage, malbec issu des troisièmes terrasses argilo-graveleuses du Lot, est un vin extrêmement précis et équilibré. Dans Les Laquets, la rigueur du malbec devient tout à fait jouissive : la finesse du bois, les notes fumée, la touche de violette, l'amplitude du nez, la profondeur du bouquet distinguent cette cuvée, avec en sus une acidité puisée dans le sous-sol de Cahors. Enfin, la Marguerite, parcelle de 2,5 hectares entourée de forêt sur un sol d'argile rougi par le fer (le sidérolithique) séduit dès le départ et offre la longueur des plus grands terroirs. Le vin brille par un jus franc, précis, dynamique, ciselé sur un tanin enveloppant ; une note minérale revient en finale avec panache.

Cahors La Fage 2016	17 €	17
Cahors Le Sid 2015	25 €	15
Cahors Les Laquets 2016	30 €	17

- Cahors Solis 2017 11 € 15
- VDF Carmenet 2017 28 € 15
- VDF Sidérolithe 2017 55 € 15

Le coup de ♥

- Cahors La Marguerite 2016 60 € 18

Rouge : 28 hectares.
Malbec (cot) 80 %, Cabernet franc 20 %
Production moyenne : 120 000 bt/an

DOMAINE COSSE MAISONNEUVE
Les Beraudies, 46700 Mauroux
06 78 79 57 10 •
cossemaisonneuve@orange.fr • Vente et visites : au domaine sur rendez-vous.
Propriétaire : Matthieu Cosse et Catherine Maisonneuve

★★

CHÂTEAU DU CÈDRE

Depuis plus de quinze ans, les frères Verhaeghe, Pascal à la vinification et Jean-Marc au vignoble, font du Cèdre la référence de l'appellation. Il faut dire qu'ils bénéficient d'un terroir exceptionnel : d'une part, un cône d'éboulis calcaires particulièrement pierreux et constamment en mouvement, le fameux "tran", qui donne des vins fins et élégants ; d'autre part, un sol de galets sur sables ferrugineux, conférant davantage de puissance aux vins. Issues de vendanges idéalement mûres et sélectionnées, les cuvées, toujours très colorées, atteignent un rare niveau de qualité et de régularité grâce à des tanins raffinés et des matières veloutées. Les cuvées Extra-Libre, sans soufre, sont des modèles de réussite et de netteté.

Les vins : le volume extraverti du Cèdre Blanc, issu d'un chenin planté sur le fameux cône d'éboulis calcaires, ne parvient pas à gommer la franchise du sol, qui se révèle dans les amers de la finale ; celle-ci est encore mâchée par un boisé qui devrait s'atténuer. L'Extra-Libre, malbec sans soufre des Verhaeghe, apporte la preuve de la polyvalence du cépage qui se présente ici juteux et facile d'accès. Le cahors est bien proportionné ; il a tout ce qu'il faut, où il faut, la fraîcheur en sus. La richesse du Cèdre rouge rassure autant que sa finesse : l'assemblage des raisins des troisièmes terrasses du Lot avec les malbecs du cône d'éboulis calcaires dessine une cuvée sensible et profonde, au bouquet délicat, au corps sculpté dans le velours.

- IGP Côtes du Lot Le Cèdre Blanc 2018 28 € 15
- Cahors 2016 15 € 15
- Cahors Extra-Libre 2018 15 € 16
- Vin de Liqueur Malbec Vintage 2015 20 € 14,5

Le coup de ♥

- Cahors Le Cèdre 2016 35 € 17

Rouge : Malbec (cot) 95 %, Merlot 3 %, Tannat 2 %
Blanc : Viognier 100 %
Production moyenne : 110 000 bt/an

CHÂTEAU DU CÈDRE ♣
Bru, 46700 Vire-sur-Lot
05 65 36 53 87 • www.chateauducedre.com
• Visites : sans rendez-vous.
Propriétaire : Pascal et Jean-Marc Verhaeghe

★★

LES JARDINS DE BABYLONE

Ce vignoble de 3,2 hectares est installé dans un cirque en terrasses sur les coteaux du village d'Aubertin, réputé pour la vivacité particulière des vins qu'on y produit. Avec l'aide précieuse d'une équipe en place sur le domaine, Louis-Benjamin Dagueneau s'investit sans relâche pour porter au plus haut niveau la production confidentielle de ce domaine, auquel il prodigue les mêmes soins qu'à ceux de Pouilly et de Sancerre. Après des vendanges manuelles par tries successives, les fermentations s'effectuent sous bois neuf dans différents contenants chers à Didier Dagueneau, demi-muid et cigare entre autres. Peu alcoolisés, d'une grande finesse et d'une précision aromatique exceptionnelle, ces vins possèdent un esprit singulier, peut-être plus germanique que béarnais...

Les vins : le sec de camaralet étant épuisé, le domaine ne nous l'a pas proposé en dégustation. En revanche avec seulement 70 grammes de sucre et un degré de 11,3 °, le VDF demi-sec est un spécimen de grande digestibilité aux notes de citron croquant, à la finale courtoise. Le moelleux 2011, fort de ses 125 grammes, présente une acidité tonique, saillante et radieuse ; il se distingue par des arômes ajustés sur la poire et les épices douces, ainsi que par la profonde générosité de son milieu de bouche. Enfin, preuve que ces vins sont aussi taillés pour la garde, le 2008 à la pertinente énergie commence à truffer élégamment.

- Jurançon Moelleux 2008 — de 100 à 120 € (c) — 17,5
- Jurançon Moelleux 2011 — 110 € — 17
- VDF Demi-Sec 2013 — N.C. — 16,5

Blanc : 3,2 hectares.
Petit Manseng 65 %, Camaralet 16 %, Gros Manseng 10 %, Petit Courbu 5 %, Lauzet 4 %
Production moyenne : 6 600 bt/an

LES JARDINS DE BABYLONE
Chemin de Cassioula, 64290 Aubertin
05 59 04 28 15 • silex@wanadoo.fr • Vente et visites : au domaine sur rendez-vous.
Propriétaire : Louis-Benjamin Dagueneau et Guy Pautrat

★★

DOMAINE PLAGEOLES

La famille Plageoles a marqué de son empreinte l'histoire récente du vin à Gaillac. Robert, puis Bernard, qui a pris brillamment sa suite, ont été les pionniers de la défense des cépages locaux et des techniques de vinification ancestrales. La relève est assurée progressivement par les fils de Bernard (officiellement à la retraite depuis janvier), Florent et Romain, qui défendent corps et âme les douze variétés de leur vignoble dont le délicieux prunelart, le rarissime verdanel ou le quatuor de mauzac (vert, roux, rose et noir). Hors des modes et des sentiers battus, le domaine continue de produire avec exigence des vins, exclusivement en monocépage, dotés de fortes personnalités. Ce travail de la tête, du cœur et des mains est pleinement traduit dans une gamme de cuvées irréprochables, visant la pureté et la droiture.

Les vins : en 2017, les degrés qui se sont envolés ont permis de produire une belle série de vins doux, voire liquoreux lorsque le botrytis s'est invité, notamment sur le mauzac roux. Avec son nez rôti, il offre une petite touche d'acidité pas désagréable puisqu'elle tonifie l'ensemble. La Muscadelle se présente en Vin de France, n'ayant pas le titre alcoométrique désiré par l'appellation Gaillac (8,5° d'alcool pour 380 grammes de sucre par litre...). Un ovni au nez tendre et fumé sur des notes d'abricots confits, de poire rôtie, de bonbon au miel. Le sec Verdanel impose sa rusticité et son caractère affirmé, ne laissant personne indifférent avec son nez de bourgeon de pin, sa touche de cire, son étincelle de salinité. En 2016, l'ondenc doux a commencé sa minéralisation et le loin-de-l'œil prend des notes de poire Williams dans une bouche confite, qui se teinte d'épices boisées en finale. En 2009, le gaillac doux Vin d'Autan passe par la menthe, puis le curry et le safran, pour finir sur le tabac, le cacao, le parchemin ; en bouche, on retrouve l'orange confite et de tendres amers. Avec le vin de voile 2005, on traverse la barrique pour percer le mystère de ce voile qui rend au vin les notes racinaires de sa genèse. Le grillé fondu dans les épices douces, la noix et l'écorce d'orange entretiennent le plaisir jusqu'à son punctum, l'amer délicieux de sa finale.

- Gaillac Doux Loin de L'Œil 2016 — 11,50 € — 15
- Gaillac Doux Ondenc 2016 — 11,50 € — 16,5
- Gaillac Doux Vin d'Autan 2009 — 40 € — 17
- Gaillac Mousseux Mauzac Nature 2018 — 15,70 € — 15
- Gaillac Sec Vin de Voile 2005 — 31 € — 17,5
- VDF Muscadelle 2017 — 17,60 € — 14
- VDF Sec Verdanel 2017 — 15,50 € — 14,5
- Gaillac Duras 2016 — 15,70 € — 14,5
- IGP Côtes du Tarn Prunelart 2015 — 18,90 € — 14

Le coup de ♥

- Gaillac Doux Mauzac Roux 2017 — 15,70 € — 16,5

Rouge : 10 hectares.
Duras 33 %, Braucol (fer servadou) 28 %, Prunelart 22 %, Syrah 17 %
Blanc : 20 hectares.
Mauzac vert 59 %, Ondenc 12 %, Len de l'ehl 12 %, Muscadelle 12 %, Divers blanc 5 %
Production moyenne : 100 000 bt/an

DOMAINE PLAGEOLES ♣
Route des Très-Cantous,
81140 Cahuzac-sur-Vère
05 63 33 90 40 • www.vins-plageoles.com • Visites : sans rendez-vous.
Propriétaire : Bernard, Myriam, Florent et Romain Plageoles

★★

CHÂTEAU TIRECUL LA GRAVIÈRE

Claudie et Bruno Bilancini continuent de porter le message des vins du Bergeraçois, même si le couple n'a pas souhaité revêtir le costume de l'appellation Bergerac en 2018, les blancs Andréa et Ulma sont en vins de France. La mise en production des dernières plantations permet aujourd'hui une redistribution de la gamme, notamment avec les rouges. On retrouvera ainsi différentes approches, complémentaires, qui sauront ravir tous les palais. Une diversité qui ne diminue pas la qualité générale des vins, généreux et précis, et impose les moelleux de Monbazillac comme des références, aisément comparables aux autres grands liquoreux du pays. La certification bio sera effective sur les blancs comme sur les rouges dès le millésime 2019.

Les vins : des cuvées aux profils remarquables avec en point d'orgue la superbe Madame, qui promène en 2014 son nez d'abricots confits où l'équilibre moelleux/acide respecte le palais avec une tension parfaite. Il est talonné de près par Les Pins, un sémillon botrytisé ramassé en deux tries successives. La douceur du nez exotique (fruit de la passion) est adossée à une liqueur digeste. Le monbazillac 2015, marqué par son terroir soigné comme il se doit, dégage toute la fraîcheur que l'on est en droit d'attendre. En sec, Ulma et ses notes salines toise Andréa, plus riche en 2018. La sucrosité des merlots de Bise Nature 2017 octroie à la mâche de ce vin toute la densité nécessaire, mâtinée d'une tension parfaitement respectée et d'un tanin volontaire.

Monbazillac Les Pins 2016	11 € (c)	16
Monbazillac SGN 2015	26 €	16,5
Monbazillac SGN 2016	26 €	15,5
VDF Andréa 2018	16 €	15,5
VDF Ulma 2018	9 €	16
Bergerac Bise Nature 2017	12 €	16,5

Le coup de ♥

Monbazillac Madame SGN 2014	85 €	17,5

Rouge : 6 hectares.
Merlot 69 %, Cabernet franc 20 %, Cabernet-Sauvignon 11 %
Blanc : 9 hectares.
Sémillon 50 %, Muscadelle 41 %, Chenin 6 %, Sauvignon blanc 3 %
Production moyenne : 45 000 bt/an

CHÂTEAU TIRECUL LA GRAVIÈRE ♣
24240 Monbazillac
05 47 77 07 60 • www.tirecul-la-graviere.fr •
Vente et visites : au domaine sur rendez-vous.
Propriétaire : Claudie et Bruno Bilancini

★★

CHÂTEAU TOUR DES GENDRES

Voilà maintenant plus de vingt-cinq ans que Luc de Conti nous régale avec ses vins de Bergerac. Par touches successives, il a pris connaissance de son terroir, a maîtrisé de mieux en mieux la maturité des raisins et les élevages en barriques, toujours à la recherche des meilleurs équilibres. Le vignoble, entièrement converti en agriculture biologique, produit les vins les plus homogènes et réguliers du Bergeracois : des blancs secs d'une belle qualité et des rouges en pleine ascension, qu'ils soient sur le versant classique de l'appellation ou plus modernes, comme la cuvée La Vigne d'Albert. La Tour des Gendres est aujourd'hui un porte-drapeau intelligent pour toute la région.

Les vins : en préambule, la vigueur est l'atout majeur du Pétillant Naturel et le croquant du citron laisse le palais libre pour le reste des cuvées de Luc de Conti. À la complexité du nez d'Anthologia s'ajoute une bouche ample et soyeuse, ajustée d'une touche boisée. Sa terminaison minérale ne manquera pas de s'affiner avec le temps. Moulin des Dames se présente plus exotique que d'ordinaire et offre une résonance particulière des sauvignons de cette parcelle unique, au charme sensuel. À peine tendue, mais tout en finesse, la muscadelle de Conti-ne Périgourdine se présente plus fraîche que précédemment, dans un millésime qui a pourtant fait monter les degrés. L'excellence du rapport prix-plaisir de la Cuvée des Conti séduit à plus d'un titre, apportant la preuve du style irréprochable des cuvées du domaine : sa fraîcheur et son ovalité, doublée d'une accroche sur les fruits secs et les épices, participent à sa réussite. En rouge, Les Anciens Francs sont à oublier en cave : ils conserveront profondeur et fraîcheur. Potentiel tout aussi avéré pour La Gloire de Mon Père, au tanin musclé, à l'opposé de La Vigne d'Albert, savoureux jus moderne, facile et gracieux.

Bergerac Sec Anthologia 2018	39 €	15,5

Bergerac Sec Conti-ne Périgourdine 2018	17 €	15,5
Bergerac Sec Cuvée des Conti 2017	10 €	15
Bergerac Sec Moulin des Dames 2017	19 €	16
VDT Pétillant Naturel 2018	9 €	13
Bergerac La Vigne d'Albert 2018	9,50 €	15,5
Bergerac Le Classique 2018	7,50 €	15,5
Côtes de Bergerac La Gloire de Mon Père 2016	13 €	16

Le coup de ♥

Côtes de Bergerac Les Anciens Francs 2017	25 €	16

Rouge : 30 hectares.
Merlot 43 %, Cabernet franc 36 %, Malbec (cot) 16 %, Divers noir 5 %
Blanc : 27 hectares.
Sauvignon blanc 48 %, Sémillon 34 %, Chenin 15 %, Savagnin 3 %
Production moyenne : 260 000 bt/an

CHÂTEAU TOUR DES GENDRES ♣
Les Gendres, 24240 Ribagnac
05 53 57 12 43 •
www.chateautourdesgendres.com • Vente et visites : au domaine sur rendez-vous.
Propriétaire : Famille de Conti
Directeur : Luc de Conti

★

DOMAINE L'ANCIENNE CURE

Depuis le presbytère, au faîte de la colline qui donne son nom au domaine, la plus grande partie du vignoble dévale la pente jusqu'à la plaine et la route nationale, où le domaine a pignon sur rue. Christian Roche, homme fort du vignoble régional, a longuement occupé des fonctions syndicales dans lesquelles il a promu les différentes appellations du Bergeraçois. L'ensemble de son vignoble, qui compte depuis peu 3 hectares de Pécharmant, a été labellisé en 2012. L'offre s'articule autour de trois étiquettes : Jour de Fruit, pour des vins qui causent rapidement ; L'Abbaye, un peu plus construite et ambitieuse ; L'Extase, pour les grandes années.

Les vins : une gamme classique qui rassure. Les blancs secs offrent leur jeunesse, avec la fraîcheur mentholée et la tonique finale du bergerac L'Abbaye 2018, aboutissement d'un quadrilatère occitan où sauvignon, chenin, sémillon et muscadelle apportent complexité et profondeur. Sur le front du sucre, le monbazillac L'Extase offre un relief sur la truffe, l'orange sanguine et le safran : belle signature de l'excellent millésime 2011. Dans la même appellation, L'Abbaye 2013 se déguste sur une nature généreuse et un fruit tonique. Le pécharmant Jour de Fruit 2018 est le rouge que l'on attend du domaine, bâti sur l'expression vivante du raisin et une tension particulière. On y aperçoit une certaine idée de la gourmandise, alors que l'on goûte une profondeur bien enracinée dans le Sud-Ouest en débouchant L'Extase rouge 2016. Dans le même millésime, le bergerac L'Abbaye offre un profil méridional, renforcé par une structure tannique granuleuse et épicée, édifiée sur la puissance d'un raisin bien mûr.

Bergerac Sec Jour de Fruit 2018	8,50 €	14
Bergerac Sec L'Abbaye 2018	14 €	15,5
Bergerac Sec L'Extase 2015	23 €	15
Monbazillac Jour de Fruit 2016	11,50 €	13,5
Monbazillac L'Abbaye 2013	24 €	14,5
Monbazillac L'Extase 2011	39 €	16
Bergerac Jour de Fruit 2018	8,50 €	13,5
Bergerac Jour de Fruit 2018	8,50 €	13,5
Bergerac L'Abbaye 2016	15 €	15,5
Côtes de Bergerac L'Extase 2016	23 €	15

Le coup de ♥

Pécharmant Jour de Fruit 2018	11 €	16

Rouge : 17 hectares.
Merlot 46 %, Cabernet franc 26 %, Cabernet-Sauvignon 19 %, Malbec (cot) 9 %
Blanc : 33 hectares.
Sémillon 58 %, Sauvignon blanc 19 %, Muscadelle 8 %, Chenin 6 %, Sauvignon gris 5 %, Ondenc 4 %
Production moyenne : 180 000 bt/an

DOMAINE L'ANCIENNE CURE ♣
L'Ancienne cure, 24560 Colombier
05 53 58 27 90 •
www.domaine-anciennecure.fr •
Visites : sans rendez-vous.
Propriétaire : Christian Roche

★ ↗

DOMAINE BELMONT

Si le Lot est en passe d'être reconnu pour la grande qualité de ses blancs, ce domaine y est pour beaucoup. Dès 1993, année de la fondation, Christan Belmon a planté du chardonnay. Depuis son décès, c'est à Françoise Belmon, sa veuve, que revient la mission de pérenniser l'excellence de ces terroirs à blancs, épaulée par le couple Lydia et Claude Bourguignon. Pour les rouges, c'est Stéphane Derenoncourt et son équipe qui mettent la main à la pâte. Le charme et la précision de ces derniers s'améliorent à chaque millésime.

Les vins : les deux parcelles de chardonnay sont en totale cohésion avec les argilo-calcaires du domaine : des vins salins et denses, croquants et ciselés. Les rouges sont tout aussi harmonieux. Ces deux vins ont gagné en précision, en finesse et en tension. Si nous regrettons encore un léger manque de profondeur, compensé par un bois un peu présent, la justesse de cette production est telle que le domaine mérite d'accéder à la première étoile.

IGP Côtes du Lot Montaigne 2017	27 €	16
IGP Côtes du Lot 2016	21 €	15,5
IGP Côtes du Lot Syrah S 2016	14,50 €	15,5

Le coup de ♥

IGP Côtes du Lot Dolmen 2017	27 €	16

Rouge : 4,6 hectares.
Syrah 50 %, Cabernet franc 50 %
Blanc : 1,4 hectare.
Chardonnay 100 %
Production moyenne : 25 000 bt/an

DOMAINE BELMONT
Le Gagnoulat, 46250 Goujounac
05 65 36 68 51 •
www.domaine-belmont.com • Vente et visites : au domaine sur rendez-vous.
Propriétaire : Françoise Belmon
Maître de chai : Tiphaine Lefort
Œnologue : Simon Blanchard

★

DOMAINE DE BRIN

Damien Bonnet intervient le moins possible en cave pour laisser les jus s'exprimer pleinement. Mais pour cela, encore faut-il rentrer les meilleurs raisins possible. À ce niveau, on peut faire confiance au vigneron, qui confirme son appartenance à la nouvelle génération qui fait du bien à l'appellation Gaillac. En onze ans de reprise de travail des sols, de culture bio et de vendanges manuelles, ce moteur de ladite appellation a réussi à conjuguer plaisir de dégustation et caractère du terroir.

Les vins : la sincérité de l'ensemble de la gamme mérite son étoile. Les jus sont rigoureux mais plaisants, les finales toniques comme on les aime. DBulles est assemblé de mauzac rosé et ondenc : un "pét-nat" qui prend vite l'oxydation de l'air : il faut le déguster rapidement sur la tension de son fruit sapide. Mauzac et loin-de-l'œil donnent un Pierres Blanches éclatant, longiligne et élancé. Vendémia, c'est le p'tit rouge qui fait du bien ; issu d'une courte macération de duras et braucol, il est équilibré et précis. Dans Anthocyanes, la syrah s'incline devant le braucol occitan. Avec Brin de Temps, Damien Bonnet montre qu'il excelle dans l'art du binôme. Ici, le duras et le braucol s'associent pour un gaillac sincère mais ferme, à la limite de la rusticité, qui ne laisse pas indifférent. Le braucol apparaît incroyablement savoureux et mentholé. La fraîcheur est préservée, malgré la sucrosité, dans Brin de Folie : un rayonnant moelleux à l'acidité accrocheuse.

Gaillac Sec Pierres Blanches 2018	12 €	15
VDF Méthode Ancestrale DBulles 2018	12 €	13,5
VDF Brin de Folie 2017	14 €	15
Gaillac Amphore 2017	16 €	14,5
Gaillac Anthocyanes 2017	10 €	15,5
Gaillac Brin de Temps 2017	14 €	16
Gaillac Vendemia 2017	7,50 €	14,5

Le coup de ♥

Gaillac Braucol 2017	18 €	16,5

Rouge : 8 hectares.
Braucol (fer servadou) 32 %, Duras 29 %, Merlot 12 %, Cabernet-Sauvignon 10 %, Prunelart 9 %, Syrah 8 %
Blanc : 4 hectares.
Mauzac Blanc 47 %, Len de l'ehl 23 %, Mauzac Rose 19 %, Ondenc 11 %
Production moyenne : 60 000 bt/an

DOMAINE DE BRIN ♣
Lieu-dit Brin, 81150 Castanet
05 63 56 90 60 • www.domainedebrin.com
• Visites : sans rendez-vous.
Propriétaire : Damien Bonnet

★

CHÂTEAU DE CHAMBERT

Après un passé dans la nouvelle économie et l'électronique, Philippe Lejeune a repris il y a douze ans ce domaine historique de Cahors et l'a converti en biodynamie. Aujourd'hui, c'est le plus grand domaine de l'appellation certifié Biodyvin et Demeter, pour la totalité des 65 hectares répartis sur les trois terroirs du plateau : les calcaires sidérolithiques, les argiles brunes et les calcaires blancs du kimméridgien. La parcelle de chardonnay plantée de fraîche date n'a pas encore donné de résultat probant. En attendant le blanc 2019, les amoureux de la région pourront découvrir un vaisseau de verre, à main droite du classique château et en surplomb des vignes : une construction récente, dédiée à l'œnotourisme et à la recherche.

Les vins : le vignoble en place depuis le passage en biodynamie donne la mesure de son excellence. La concentration épicée du bouquet et l'assise franche du Grand Vin, élevé dix-huit mois en foudre, signe l'élégance du cru. Ferme et frais, il offre la plénitude de l'assemblage des trois grands terroirs du domaine. Le jus franc du 2015 est encadré par une armada de petits tanins affinés par un élevage de qualité dans les grands foudres de 30 hectolitres, alignés comme à la messe dans la cave du château. Le millésime chaleureux va bien à ce malbec sous tension épicée.

Cahors 2015	18,50 €	15

Le coup de ♥

Cahors Grand Vin 2014	34 €	16

Rouge : 60 hectares.
Malbec (cot) 85 %, Merlot 15 %
Blanc : 5 hectares.
Chardonnay 100 %
Production moyenne : 200 000 bt/an

CHÂTEAU DE CHAMBERT

Les Hauts-Coteaux, 46700 Floressas
05 65 31 95 75 • www.chambert.com •
Visites : sans rendez-vous.

Propriétaire : Philippe Lejeune
Directeur : Nicolas Carron

★

CLOS JOLIETTE

Joliette, plus vieux vignoble de Jurançon, ne couvre qu'un hectare et demi, planté de sélections massales de petits mansengs, dans la pente, en haut, et en terrasses, sur le bas. Une personnalité extrême, un vin flamboyant, émouvant, qui s'explique par la nature du sol : argile sur le dessus, galets par dessous, sur une veine ferrugineuse. Après la famille Migné, puis Michel Renaud, Joliette a été vinifié en 2016 et 2017 dans la cave de Jean-Marc Grussaute par l'équipe de A Bisto de Nas. Aujourd'hui, Lionel Osmin a repris la parcelle, épaulé par Franck Lihour, du domaine Castéra, à Monein, pour produire le 2018.

Les vins : les vieux millésimes élevés dans la cave du domaine, ont été en partie rachetés par Lionel Osmin. Une même année offre, suivant les tonneaux, des profils variés. De fait, chaque tonneau correspond à un casier. La note épicée du 1998 (Casier 4) est ici à son paroxysme. L'écorce d'orange devient mandarine impériale pour finir sur l'ananas et le citron confit. La superbe intensité sur le safran et la délicatesse de la menthe renvoie le 1998 (Casier 107) dans ses retranchements les plus frais et installe une finale saline expressive en diable, pointue juste comme il le faut. Le chocolat blanc, avec une touche d'amertume saline, se signale dans le 2001 (Casier 42), avec la densité d'une finale qui croque sur un moelleux d'envergure. L'atout jeunesse du grand 2008 (Casier 47), ce sont ses notes de safran, de menthe, d'écorce d'orange amère et toujours cette acidité terrienne ; le vin se laisse approcher sans se livrer encore. Le millésime 2016 apporte la preuve du grandissime terroir de Joliette (le mot de "clos" a été supprimé lorsque les cuvées ont été déclassées en Vin de France). En l'attendant, il faut profiter de Joliette 2010, assemblé et vendu par A Bisto de Nas (reconnaissable à l'étiquette) : un concentré d'agrumes associé à la tension du terroir, bordé d'amers digestes et radieux. Un vin de méditation.

VDF 2016	N.C.	18
VDF Hors-Série Casier n° 73 2004	N.C.	16
VDF J de Joliette 2010	N.C.	14
VDF Édition Limitée n° 1 Casier n° 2 2002	N.C.	17
VDF Édition Limitée n° 1 Casier n° 39 2001	N.C.	16,5

- VDF Édition Limitée n° 1 Casier n° 4 1998 — N.C. 16
- VDF Édition Limitée n° 1 Casier n° 47 2008 — N.C. 17
- VDF Édition Limitée n° 2 Casier n° 107 1998 — N.C. 16,5
- VDF Édition Limitée n° 2 Casier n° 42 2001 — N.C. 16

Le coup de ♥

- VDF 2010 — N.C. 17,5

Blanc : 1,5 hectare.
Petit Manseng 100 %
Production moyenne : 2 000 bt/an

CLOS JOLIETTE
64110 Jurançon
05 59 05 14 66 • www.osmin.fr • Pas de visites.
Propriétaire : Famille Renaud
Directeur : Lionel Osmin
Maître de chai : Franck Lihour
Œnologue : Damiens Sartori

★

CLOS LAPEYRE

La famille Larrieu produit avec une régularité exemplaire des jurançons, secs et moelleux, de grande tenue. Les secs sont proposés avec une touche d'évolution louable et constituent une expression fidèle des terroirs de cette région. Les moelleux, toujours d'une belle stature, témoignent d'une réelle maîtrise des équilibres. Un domaine de référence qui propose des vins classiques, profonds et puissants.

Les vins : ils ont de la faconde mais restent académiques. Les élevages sont marqués, même si le temps les affinera, les parfums sont ardents et les matières profondes et généreuses. Le sec 2018 est d'une vivacité étonnante, dans un profil salin et digeste. Vitatge Vielh est plus charmeur, alors que Mantoulan se positionne comme le costaud de la gamme des secs avec ses parfums de moka, sa finale athlétique. Complexe et puissant en milieu de bouche, le vin reste froid dans son allonge. Le jurançon 2018 offre une belle sucrosité fondée sur un milieu de bouche généreux aux saveurs de coing et de poire confite, qui préfigure le liquoreux digeste. La Magendia est lumineux et charme par sa finale citronnée quand La Balaguera impose le profil aristocratique du petit manseng.

- Jurançon 2018 — 14,55 € 14,5
- Jurançon Moelleux La Balaguera 2014 — 35 € 15,5
- Jurançon Moelleux La Magendia 2016 — 18,80 € 15
- Jurançon Sec 2018 — 10,70 € 15
- Jurançon Sec Mantoulan 2012 — 19,50 € 15
- Jurançon Sec Vitatge Vielh de Lapeyre 2014 — 15,30 € 15,5

Blanc : 18 hectares.
Petit Manseng 60 %, Gros Manseng 40 %
Production moyenne : 80 000 bt/an

CLOS LAPEYRE ♣
257, chemin du Couday - Chapelle de Rousse, 64110 Jurançon
05 59 21 50 80 • www.jurancon-lapeyre.fr • Vente et visites : au domaine sur rendez-vous.
Propriétaire : Jean-Bernard Larrieu

★

CLOS DE GAMOT

Situé à Preyssac, le Clos de Gamot mené depuis des siècles par la famille Jouffreau cultive les deuxième et troisième terrasses de Cahors avec une grande singularité. Ce sont aujourd'hui les époux Hermann-Jouffreau, Martine et Yves, qui définissent la philosophie du domaine. Ils offrent une approche différente des vins de Cahors, et font de leur domaine une valeur sûre de la région. Les élevages se font en cuve béton, voire en foudre, avec une réelle quête de profondeur et, surtout, le respect d'une intense expression fruitée. D'une régularité sans faille, leurs vins se dégustent avec plaisir.

Les vins : le boisé du cahors 2016 est digeste, subtil ; le jus sèveux, précis ; la bouche lisse en attaque puis plus ferme, sur un tanin savoureux au grain épicé. Il conclut avec une finale presque saline, aux amers tendres. Le classique a du bon, et même du très bon, dans Le Gamotin. Saluons la justesse de l'équilibre et les tanins détendus. Une très légère austérité rappelle que le malbec ne s'en laisse pas conter. La vinification et l'élevage dans la simplicité, seulement en cuve inox, participent à l'harmonie de cette cuvée.

- Cahors Le Gamotin 2016 — de 8 à 10 € (c) 15

Le coup de ♥

- Cahors 2016 — 13 € 15,5

Rouge : 24 hectares.

Malbec (cot) 95 %, Merlot 5 %
Blanc : 0,2 hectare.
Sauvignon blanc 50 %, Chardonnay 40 %, Sauvignon gris 10 %
Production moyenne : 60 000 bt/an

CLOS DE GAMOT
46220 Prayssac
05 65 22 40 26 • www.famille-jouffreau.com • Vente et visites : au domaine sur rendez-vous.
Propriétaire : Martine et Yves Hermann Jouffeau

★

LA COLOMBIÈRE

Ce domaine emblématique du terroir de Villaudric produit des vins particulièrement sincères et digestes. Formant un couple de jeunes vignerons déterminés et enthousiastes, Diane et Philippe Cauvin ont fait le choix depuis 2006 de conduire leur vignoble en biodynamie (certification en 2012). Toujours en ébullition, ils se sont affirmés avec une offre œnotouristique de premier plan. Décliné en plusieurs cuvées, parfois de pure négrette, le style des vins de La Colombière est équilibré, fin et subtil, sans artifice ni maquillage. Exemplaire, cette vision personnelle constitue un repère précieux dans la progression actuelle de l'appellation Fronton.

Les vins : carton plein pour les trois cuvées dégustées, aussi séduisantes que désirables. En blanc, Les Jacquaires, assemblage de chenin, sauvignon blanc et bouysselet, manque de précision au nez mais se dote d'amers salins désaltérants et d'une parfaite énergie en bouche. Les Frontons Flingueurs, pulpeux et tannique, laisse entendre que la négrette est facile ; puis la pureté et la droiture de ce vin à l'énergie vibratoire s'imposent. Enfin, Vinum, au fruit léger, simple, est un rouge désaltérant sans matière superflu, juste et tendre. Profitez des prix doux !

VDF Les Jacquaires 2018 — 11 € — 15
VDF Vinum 2018 — 9 € — 15

Le coup de ♥
Fronton Les Frontons Flingueurs 2018 — 11 € — 16

Rouge : 13 hectares.
Négrette 57 %, Syrah 15 %, Cabernet franc 8 %, Gamay noir à jus blanc 8 %, Malbec (cot) 8 %, Cabernet-Sauvignon 4 %
Blanc : 2 hectares.
Bouysselet 80 %, Sauvignon blanc 10 %, Chenin 10 %
Production moyenne : 60 000 bt/an

LA COLOMBIÈRE ☾
190, route de Vacquiers, 31620 Villaudric
05 61 82 44 05 •
www.chateaulacolombiere.com •
Visites : sans rendez-vous.
Propriétaire : Diane et Philippe Cauvin

★ ↗

COMBEL-LA-SERRE

Julien Illbert et son épouse Sophie portent la nouvelle destinée de ce vignoble dont l'existence est attestée depuis 1900. Rompant avec le modèle de son père, Julien a pris le virage de la mise en bouteille ; il est parti à la recherche d'une nouvelle identité pour ce domaine, posant sur ses différentes cuvées des étiquettes éloquentes et modernes. Ses cuvées, un temps immédiates et fruitées, prennent de plus en plus d'envergure. Il tire le meilleur des 21 hectares plantés en auxerrois, nom local du malbec, et de l'unique hectare de vermentino, raisin méridional qui trouve ici un socle à sa mesure. Il a isolé trois terroirs : le Lac aux Cochons, au sol calcaire riche en fer ; Au Cerisier, sur des argiles rouges ; et, surtout, Les Peyres Levades, terroir calcaire qui se démarque année après année. Nous accordons la première étoile au domaine.

Les vins : la gamme est maintenant bien scindée en deux. D'un côté les vins de fruit, purs jus de malbecs savoureux, dont la vedette Pur Fruit du Causse, et le blanc de vermentino De la Terre à la Lune. De l'autre, les grandes cuvées du Causse : faisant honneur aux parcelles de calcaire, le cahors du domaine se précise sur une matière extraite en douceur, enrobée des tanins du cahors moderne. Les trois cuvées parcellaires ont gagné en profondeur et précision pour devenir des modèles de grands malbecs du Causse.

IGP Côtes du Lot De la Terre à la Lune 2018 — 13 € — 14,5
Ratafia La Machine à Fruit — 16,80 € — 13,5
VDF L'Épatant Antidote 2018 — 8,80 € — 14
Cahors 2017 — 13 € — 16,5
Cahors Au Cerisier 2017 — 16,80 € — 16
Cahors Le Lac aux Cochons 2016 — 30 € — 17

- Cahors Le Pur Fruit du Causse 2018 — 8,80 € — 15
- IGP Côtes du Lot La Vigne juste derrière chez Carbo 2018 — 10 € — 15

Le coup de ♥

- Cahors Les Peyres Levades 2016 — 30 € — 16

Rouge : 21 hectares.
Malbec (cot) 100 %
Blanc : 1 hectare.
Vermentino 100 %
Production moyenne : 110 000 bt/an

COMBEL-LA-SERRE ♣

Lieu-dit Cournou - La Serre
46140 Saint-Vincent-Rive-d'Olt
05 65 21 04 09 • www.combel-la-serre.com •
Vente et visites : au domaine sur rendez-vous.
Propriétaire : Julien et Sophie Ilbert

★

DOMAINE ELIAN DA ROS

Adepte de la biodynamie, Elian Da Ros, qui a fait ses classes au domaine Zind-Humbrecht en Alsace, s'est installé dans les Côtes du Marmandais en 1998. La qualité des vins et la forte personnalité de leur géniteur ont permis au domaine de se hisser rapidement au plus haut niveau de l'appellation. Blancs, rouges ou même rosés, du vin de soif gourmand aux bouteilles ambitieuses travaillées et élevées sous bois, chacune des cuvées expose un fruit radieux et raconte un terroir clairement défini, loin des standards du Bordelais voisin.

Les vins : chaque étiquette de la gamme porte la signature d'un sol différent. Coucou Blanc mérite l'arrêt pour sa finesse citronnée, mais il peut aller encore plus loin dans la recherche de la tension. Toujours aussi gai, Le Vin est une Fête vibre de fruits. On aime la profondeur de l'abouriou aux tanins harmonieux, moins musclés que ceux du Vignoble d'Elian, un vin touché par la grâce en 2016. En 2015, Chante Coucou clame les louanges de la fraîcheur malgré le millésime chaud, et l'on s'attache à la profondeur sensuelle du Clos Baquey.

- Côtes du Marmandais Coucou Blanc 2016 — 18,50 € — 15
- Côtes du Marmandais Abouriou 2016 — 13,50 € — 15,5
- Côtes du Marmandais Chante Coucou 2015 — 18,50 € — 15,5
- Côtes du Marmandais Le Vignoble d'Elian 2016 — 13,50 € — 16
- Côtes du Marmandais Le Vin est une Fête 2017 — 9,50 € — 14,5

Le coup de ♥

- Côtes du Marmandais Clos Baquey 2015 — 30 € — 16

Rouge : 17 hectares.
Cabernet franc 25 %, Merlot 20 %, Abouriou 15 %, Cabernet-Sauvignon 15 %, Malbec (cot) 7 %, Syrah 7 %
Blanc : 2 hectares.
Sauvignon blanc 60 %, Sémillon 30 %, Sauvignon gris 10 %
Production moyenne : 100 000 bt/an

DOMAINE ELIAN DA ROS ♣

La Clotte, 47250 Cocumont
05 53 20 75 22 • www.eliandaros.fr • Vente et visites : au domaine sur rendez-vous.
Propriétaire : Elian Da Ros

★

DOMAINE GUIRARDEL

Françoise Casaubieilh et son mari Pierre Coulomb exploitent avec beaucoup de soin et de détermination ce petit domaine, dans la même famille depuis quatre siècles. Sur ce très beau terroir d'un seul tenant, face aux Pyrénées, ils se consacrent à l'élaboration de jurançons moelleux et liquoreux, complétés désormais par des vins secs. Ces derniers sont issus de vinifications particulières où les levures performantes réduisent les sucres sans produire d'alcool. Bien que complexes, les cuvées sont désaltérantes ; elles se font ardentes à table à condition d'être bien accompagnées.

Les vins : vinifiés en barrique sur lies, sans soufre, les secs dégustés ont des profils oxydatifs particuliers. Sur le Fil est disponible, énergique et vibrant. Plus complexe, Sans Voile a les épaules larges et le verbe haut. Les deux sont construits sur des bases élancées et sur des finales où acidité parfaite et amers radieux s'unissent.

- VDF Sans Voile 2015 — 29 € — 17,5

Le coup de ♥

- VDF Sur le Fil 2016 — 29 € — 17,5

Blanc : 5 hectares.

Petit Manseng 66 %, Gros Manseng 34 %
Production moyenne : 10 000 bt/an

DOMAINE GUIRARDEL ♣
Chemin Bartouille, 64360 Monein
05 59 21 31 48 • www.guirardel.fr • Vente et visites : au domaine sur rendez-vous.
Propriétaire : Françoise Casaubieilh et Pierre Coulomb

★

DOMAINE ILARRIA

Situé au cœur du village d'Irouléguy, ce domaine appartient à la famille de Peio Espil depuis plusieurs siècles. Singularité et identité ne sont pas de vains mots au Pays basque. La conduite en agriculture biologique des vignes renforce l'expression des terroirs et des cépages locaux. Cet enracinement se révèle pourtant tout sauf statique pour Peio Espil, ce pèlerin de l'idéal vineux, véritable tête chercheuse de l'appellation. Charnus, profonds, libres dans leur expression, les vins ont désormais atteint un niveau de qualité qui en font des modèles stylistiques propres à interroger les vignerons bien au-delà d'Irouléguy.

Les vins : la complexité du blanc 2016 (millésime tendu), qui se précise en finale sur l'éclat du petit manseng et de beaux amers, témoigne de la particularité de la production. Une impression confortée par Bixintxo, rouge au bouquet fumé gorgé de cerise, adossé à une structure tannique à la mâche profonde ; la densité de ses tanins concourt au plaisir de la dégustation. Le fruit est toujours aussi vivace, élégant et pénétrant dans l'irouléguy rouge. Il est accroché à un corps ferme et athlétique qui reste l'apanage des crus de montagne.

Irouléguy 2018	11 €	13,5
Irouléguy 2016	15 €	15
Irouléguy Bixintxo 2016	22 €	15

Le coup de ♥

Irouléguy 2016	18 €	15,5

Rouge : 7 hectares.
Cabernet franc 48 %, Tannat 34 %, Cabernet-Sauvignon 18 %
Blanc : 3 hectares.
Petit Manseng 68 %, Petit Courbu 32 %
Production moyenne : 30 000 bt/an

DOMAINE ILARRIA ♣
Bourg, 64220 Irouléguy
05 59 37 23 38 • www.domaine-ilarria.fr • Vente et visites : au domaine sur rendez-vous.
Propriétaire : Peio Espil

★

LE JONC-BLANC

Situé sur un terroir argilo-calcaire dominant la rive droite de la Dordogne, ce domaine s'impose comme l'une des locomotives du renouveau de Bergerac. Isabelle Carles et Franck Pascal vinifient des vins vivants et purs, aux expressions intenses et d'une grande fraîcheur, qu'ils proposent à des prix très abordables. Les rouges sont sans soufre et sans intrant, même à la mise en bouteille. Cette approche est maîtrisée : les vins, après aération, restent nets et de belle tenue, avec des acidités parfaites et naturelles.

Les vins : le gel de 2017 a emporté 75 % des raisins du domaine ; les vins de ce millésime sont donc élaborés en partie avec des achats de raisins. En conséquence, les cuvées ne sont pas labellisées Demeter, et certaines sont légèrement sulfitées, dérogeant à la philosophie de la propriété. Les vins du domaine, eux, sont ajustés sur des acidités d'un équilibre irréprochable. En 2016, les nez vivants exposent des variations complexes sur le fruit, le cuir, le cacao, les épices, alors que les bouches sont parfaites, digestes et profondes à la fois. Jour de Fruit, devenu Fruit, possède une finale qui claque comme celle d'un blanc, et Racine impose une matière superbe. En blanc, Acacia est bâti sur une intensité remarquable, une fraîcheur louable.

VDF E-Glou 2017	9 €	13
VDF Fruit 2017	10 €	15,5
VDF Pure M 2016	22 €	14,5
VDF Pure T Merlot 2016	24 €	14
VDF Racine 2016	14 €	15,5

Le coup de ♥

VDF Acacia	14 €	16

Rouge : 12 hectares.
Cabernet-Sauvignon 44 %, Merille 44 %, Malbec (cot) 12 %
Achat de raisins.
Blanc : 5 hectares.
Sémillon 43 %, Sauvignon blanc 25 %, Sauvignon gris 19 %, Gros Manseng 12 %
Achat de raisins.
Production moyenne : 80 000 bt/an

LE JONC-BLANC ☾
Le Jonc-Blanc, 24230 Vélines
05 53 74 18 97 • jonc.blanc.free.fr • Vente et visites : au domaine sur rendez-vous.
Propriétaire : Isabelle Carles et Franck Pascal

★

DOMAINE LABRANCHE-LAFFONT

Situé dans le secteur de Maumusson, Christine Dupuy exploite le domaine familial depuis 1993, mené en bio. Riche de vignes âgées, dont une préphylloxérique vinifiée à part, elle présente des vins de tannat toujours identitaires, droits et purs, qui mettent en avant ses beaux terroirs d'argiles et de galets. Les cuvées s'affinent de plus en plus, l'utilisation du bois est mesurée. La recherche constante de justesse et d'équilibre est évidente.

Les vins : les rouges ont gagné en maturité à l'élevage et, construits autour d'une ossature confortable, laissent entrevoir de bons équilibres. Préphylloxérique propose une approche dense, débarrassée du superflu. Un grand coup de cœur cette année pour la cuvée Tradition, juteuse et gourmande, buvable et digeste. Sur le front des pacherencs, en sec comme en moelleux, ce sont deux 2017 radieux, complexes et ciselés, porte-étendards du potentiel des blancs de Madiran.

Pacherenc du Vic-Bilh Moelleux 2017	14,50 €	16
Pacherenc du Vic-Bilh Sec 2017	12,50 €	15,5
Madiran Préphylloxérique 2011	58 €	17,5
Madiran Vieilles Vignes 2014	16 €	15,5
Madiran Vieilles Vignes 2017	14,50 €	15,5

Le coup de ♥

Madiran Tradition 2017	9 €	16

Rouge : 17 hectares.
Tannat 80 %, Cabernet franc 10 %, Cabernet-Sauvignon 10 %
Blanc : 4 hectares.
Petit Manseng 60 %, Gros Manseng 40 %
Production moyenne : 100 000 bt/an

DOMAINE LABRANCHE-LAFFONT ♣
32400 Maumusson-Laguian
05 62 69 74 90 • Pas de visites.
Propriétaire : Christine Dupuy

★

MAS DEL PÉRIÉ

Installé en bio sur les coteaux de Trespoux, secteur le plus élevé de l'appellation, Fabien Jouves propose une gamme de vins épurés, qui respectent l'identité des terroirs jusqu'à revendiquer l'origine géologique sur l'étiquette de ses bouteilles bourguignonnes. Inspiré par diverses techniques, il élève parfois les mêmes vins en foudre, barrique, jarre, œuf, sans jamais perdre de vue l'expression unique du malbec. Offrant une approche actuelle, les cuvées possèdent le double atout de la précision et de la fraîcheur ; toutefois selon le type d'élevage, on peut rencontrer une certaine froideur dans la définition des matières.

Les vins : Les Pièces Longues, chenin sur kimmeridgien légèrement anisé, devra digérer son bois pour livrer la nature de son sol. Fermenté et élevé douze mois en amphores, Orange Voilée est un chenin croquant et sapide, à la finale ardente. Les Escures propose un fruit savoureux, aux tanins serrés en guirlande autour d'épaules délicates. Les marnes brunes du miocène donnent La Roque : un tempérament sévère de prime abord et une matière élancée. Bien dans son costume de malbec moderne, Les Acacias sent la violette, le réglisse et la mine de crayon. Sa bouche généreuse est dotée de tanins granuleux. Amphore rassemble les raisins de la même parcelle que Les Acacias sur calcaires du sidérolithiques ; élevée en amphores, la cuvée offre un grain en bouche plus velouté, une terminaison plus ferme. B763, malbec sur sidérolithiques élevé en œufs et foudres, constitue un vin précis mais marqué par l'austérité. Issu de la même parcelle, élevé en œufs béton, Rays présente des tanins poudrés et toniques.

VDF Les Pièces Longues 2017	21 €	14
VDF Orange Voilée 2017	31,50 €	15
Cahors B763 2017	54 €	15
Cahors La Roque 2018	18 €	14,5
Cahors Les Acacias 2017	28 €	15,5
Cahors Les Escures 2018	13 €	15,5
Cahors Rays 2017	N.C.	16

Le coup de ♥

Cahors Amphore 2017	31,50 €	16

Rouge : 18 hectares.
Malbec (cot) 100 %
Blanc : 2 hectares.
Chenin 100 %
Production moyenne : 80 000 bt/an

MAS DEL PÉRIÉ ☾
Le Bourg, 46090 Tresspoux-Rassiels
05 65 30 18 07 • www.masdelperie.com •
Pas de visites.
Propriétaire : Fabien Jouves

★

DOMAINE MOUTHES LE BIHAN

Jean-Mary Le Bihan savait que le chemin serait long lorsqu'il a repris la ferme familiale et décidé de miser sur la vigne à Duras. Ténacité, volonté et sens du terroir, assortis d'une complicité parfaite entre Catherine et Jean-Mary, ont forgé la réputation de Mouthes Le Bihan dans cette appellation qui peine à se faire une place au soleil. Pour le couple, il était évident qu'il fallait, malgré un encépagement commun, sortir du lot : leurs vins s'imposent, mission accomplie !

Les vins : La Pie Colette fait saliver et discourir, quelle que soit sa couleur. Vieillefont présente une certaine dualité entre un nez parfaitement épanoui et une bouche digeste et minérale. Acidité et complexité font de Pérette et Les Noisetiers une grande cuvée. Les tanins des Apprentis apportent la preuve qu'un élevage maîtrisé permet d'obtenir de belles allonges dans les rouges assemblés de merlot et de cabernet franc.

Côtes de Duras La Pie Colette 2017	9,50 €	13,5
Côtes de Duras Sec Vieillefont 2014	14 €	15,5
Côtes de Duras L'Aimé Chai 2015	7,50 €	14,5
Côtes de Duras La Pie Colette 2017	9,50 €	13,5
Côtes de Duras Les Apprentis 2015	20 €	15
Côtes de Duras Vieillefont 2015	14 €	15

Le coup de ♥

Côtes de Duras Sec Pérette et Les Noisetiers 2014	28 €	15,5

Rouge : 10 hectares.
Merlot 50 %, Cabernet-Sauvignon 20 %, Malbec (cot) 15 %, Cabernet franc 15 %
Blanc : 10 hectares.
Sémillon 50 %, Sauvignon blanc 34 %, Chenin 8 %, Muscadelle 8 %
Production moyenne : 80 000 bt/an

DOMAINE MOUTHES LE BIHAN ☾
Mouthes, 47120 Saint-Jean-de-Duras
05 53 83 06 98 •
www.mouthes-le-bihan.com • Vente et visites : au domaine sur rendez-vous.
Propriétaire : Catherine et Jean-Mary Le Bihan

★

DOMAINE LE ROC

À la faveur de l'installation des jeunes, Grégoire et Anne Ribes, la famille Ribes a décidé de reprendre les vignes du château Flotis, propriété voisine, dont elle était déjà exploitante. Ses 21 hectares de syrah et négrette sur un coteau de cailloux viennent ainsi grossir les rangs du Roc. Les deux propriétés étant désormais vinifiées dans la cave du Roc, agrandie pour recevoir les nouveaux raisins, nous les regroupons dans cette édition. Les négrettes sont toujours mises sur leur trente-et-un grâce à des vinifications soignées et de plus en plus modernes, offrant aux vins un profil radieux.

Les vins : la nouvelle génération fraîchement débarquée assume déjà brillamment sa mission avec Les Petits Cailloux du Roc, juteux et moderne en 2018. Château Flotis, vinifié désormais au Roc, offre un 2018 enjôleur et tonique, qui n'est toutefois pas au niveau de la première étoile. Dans le même millésime, La Folle Noire d'Ambat séduit par ses profondes négrettes. Don Quichotte, à défaut de se battre contre des moulins, souffle un vent de modernité.

Fronton Ninette 2018	7 €	14
Fronton Château Flotis 2018	7 €	15,5
Fronton Don Quichotte 2018	13 €	16
Fronton Les Petits Cailloux du Roc 2018	8 €	14,5

Le coup de ♥

Fronton La Folle Noire d'Ambat 2018	9 €	16,5

Rouge : 37 hectares.
Négrette 60 %, Syrah 30 %, Cabernet-Sauvignon 10 %
Blanc : 3 hectares.
Sémillon 40 %, Chardonnay 40 %, Viognier 10 %, Muscadelle 10 %
Production moyenne : 160 000 bt/an

DOMAINE LE ROC
1605 C, route de Toulouse, 31620 Fronton
05 61 82 93 90 • www.leroc-fronton.com •
Vente et visites : au domaine sur rendez-vous.
Propriétaire : Famille Ribes

★

DOMAINE DE SOUCH

Jean-René Hegoburu dirige sous la tutelle bienveillante de sa mère, Yvonne Hegoburu, cette propriété historique, sise dans le village de Laroin, à quelques kilomètres de Pau. Un site exceptionnel à 300 mètres d'altitude qu'Yvonne a fait rayonner après le décès de son époux. Épaulé par Emmanuel Jecker, maître de chai, Jean-René Hegoburu maintient la tradition de la culture bio, empruntant aux pratiques biodynamiques dont Yvonne fut l'une des pionnières dans la région. Les moelleux, et en particulier la Cuvée de Marie Kattalin, ont toujours fait honneur à l'exceptionnel de Jurançon.

Les vins : la Cuvée de Marie Kattalin, petit manseng de la plus belle parcelle de la Palombière fermenté en barrique bordelaise, gagnera à vieillir ; la finale est encore boisée. Une note acidulée de pamplemousse vient signer le moelleux 2016. En sec, le 2015, première année intégralement fermentée en bois, commence à pétroler. Le 2016 est un classique du millésime : portant des notes lumineuses de pierre à fusil, sa matière sent comme la roche et goûte comme le calcaire ; le tout est enrobé de saveurs de citron et d'infusion. Attention, quelques déviances dans les deux derniers millésimes nous déçoivent.

Jurançon Moelleux 2016	24 €	15
Jurançon Moelleux Cuvée de Marie Kattalin 2016	35 €	16
Jurançon Sec 2015	19 €	15
Jurançon Sec 2016	19 €	15,5

Blanc : 6,78 hectares.
Petit Manseng 70 %, Gros Manseng 20 %, Petit Courbu 10 %
Production moyenne : 17 000 bt/an

DOMAINE DE SOUCH ♣
805, chemin de Souch, 64110 Laroin
05 59 06 27 22 • www.domainedesouch.com
• Pas de visites.
Propriétaire : Yvonne et Jean-René Hegoburu
Directeur : Jean-René Hegoburu
Maître de chai : Emmanuel Jecker

CHÂTEAU BAROUILLET

Vincent Alexis ne cesse de s'affirmer dans le Bergeracois. De retour en 2009 à Pomport, au domaine familial, il décide de stopper la vente en vrac et de commercialiser lui-même les vins dès 2010, écrivant une nouvelle page du domaine. Ayant voyagé dans le monde entier, il décide de revendiquer les appellations Bergerac, Pécharmant et Monbazillac. Aujourd'hui certifiées en bio, les cuvées sont fruitées et élégantes en Bergerac, plus construites en Pécharmant. Il gagne année après année en précision tout en gardant son idéal de respect des matières, travaillant notamment en levures indigènes. Ces bouteilles sont d'un très bon rapport qualité-prix.

Les vins : parmi les VDF, Splash propose une bulle croquante et une finale délicate, presque évanescente, tandis que Gaïa nous fait découvrir un chardonnay comme on en goûte peu ; ses parfums de noisette et de biscuit rappellent ceux d'un meursault. Truculence s'adresse aux dénicheurs de beaux amers. Du côté des rouges, le pécharmant Hécate tire de son sol de silex un bouquet soyeux de réglisse et de prune cuite, assorti de notes chocolatées. À Bergerac, Larcin, rouge presque minéral, livre un parfum de fruits noirs (cassis et myrtille), des notes de pot-pourri, avec des tanins frais et croquants, alors que le bergerac du futur se lit entre les nervures affutées de la bouche savoureuse de Bergecrac.

Bergerac Bergecrac 2018	8 €	13,5
Bergerac Truculence 2018	18 €	14
VDF Gaïa 2018	14,50 €	13,5
VDF Splash 2018	11 €	13
Bergerac Bergecrac 2018	8 €	13,5
Pécharmant Classic 2017	11 €	13
Pécharmant Hécate 2016	18 €	14

Le coup de ♥

Bergerac Larcin 2018	14,50 €	15

Rouge : 16 hectares.
Merlot 30 %, Malbec (cot) 20 %, Cabernet franc 15 %, Cabernet-Sauvignon 15 %, Braucol (fer servadou) 10 %, Merille 10 %
Blanc : 27 hectares.
Sauvignon gris 20 %, Sémillon 20 %, Muscadelle 15 %, Chenin 10 %, Sauvignon blanc 10 %, Chardonnay 5 %, Ugni blanc (trebbiano) 5 %, Ondenc 5 %
Production moyenne : 130 000 bt/an

CHÂTEAU BAROUILLET ♣
Le Barouillet, 24240 Pomport
05 53 58 42 20 • www.barouillet.com •
Visites : sans rendez-vous.
Propriétaire : Vincent Alexis

DOMAINE BERTHOUMIEU

Claire et Marion Bortolussi gèrent ce beau domaine depuis 2016. Leur ambition était de perpétuer l'œuvre de Didier Barré, l'ancien propriétaire emblématique, qui l'avait cédé à Lionel Osmin et Alain Bortolussi. Le vignoble est riche de plusieurs cépages et de terroirs distincts (argilo-caillouteux d'exposition sud et argilo-limoneux exposés à l'est). Le potentiel est bien là. La transition s'est faite en douceur et nous découvrons avec plaisir les cuvées façonnées par la nouvelle équipe, qui a passé le galop d'essai avec brio.

Les vins : les Constance sont lumineuses. Constance rouge pose la tendance d'un tannat de Madiran sanguin et profond. L'abricot confit délimite les contours du moelleux qui franchit le seuil du sucre avec brio, énergie et tendresse, sur une tension exotique. Les Pierres de Grès, pacherenc sec un peu austère, réclame du temps. Vitis, madiran rouge au caractère bien trempé, s'élève au-dessus d'un tanin puissant mais frais, énergique et complexe. Tanatis est un concentré de fruit rouge, de fraise et de cerise, avec des touches d'épices et cacao.

- Pacherenc du Vic-Bilh Moelleux Constance 2017 — 13 € — 15
- Pacherenc du Vic-Bilh Sec Les Pierres de Grès 2016 — 11 € — 13
- Madiran Constance 2015 — 9,50 € — 13,5
- Vin de Liqueur Tanatis — 16 € — 14,5

Le coup de ♥

- Madiran Vitis MCM 2014 — 29 € — 14

Rouge : 22 hectares.
Tannat 64 %, Cabernet-Sauvignon 18 %, Cabernet franc 11 %, Pinenc 7 %
Blanc : 3 hectares.
Petit Manseng 61 %, Gros Manseng 28 %, Petit Courbu 11 %
Production moyenne : 180 000 bt/an

DOMAINE BERTHOUMIEU
Dutour, 32400 Viella
05 62 69 74 05 •
www.domaine-berthoumieu.com • Vente et visites : au domaine sur rendez-vous.
Propriétaire : Claire et Marion Bortolussi

BORDAXURIA

Sortis de la coopérative en 2014, Elorri Reca et Brice Robelet dirigent avec passion ce petit domaine situé dans une ancienne carrière. Le vignoble, certifié bio en 2018, s'étire sur plus de 350 mètres de dénivelé, dont 80 % en terrasses. Ces jeunes vignerons effectuent de nombreux travaux manuels afin de tirer le meilleur de ces terroirs très drainants de grès rouges. Avec des vignes âgées de 30 ans en moyenne, le domaine présente des cuvées d'une belle précision.

Les vins : il ne faut pas louper le pulpeux rosé 2018 qui vibre sur les épices douces. Pur jus de roche, Errotik est construit sur la tension du sol. En rouge, Kixka, tannat gorgé de sève sur une ambiance de fruit et de fleur, aux tanins vigoureux et sincères, ne sera en vente qu'en mars 2020. La violette pour la touche florale, la cerise pour les fruits et les épices pour l'assaisonnement : le rouge du domaine est structuré par la puissance de ses deux raisins, le cabernet franc et le tannat, et révèle une matière saillante.

- Irouléguy 2018 — 10 € — 15
- Irouléguy 2017 — 13 € — 15
- Irouléguy Kixka 2017 — 19 € — 15,5

Le coup de ♥

- Irouléguy Errotik 2017 — 22 € — 16

Rouge : 5,5 hectares.
Tannat 70 %, Cabernet franc 25 %, Cabernet-Sauvignon 5 %
Blanc : 4,5 hectares.
Gros Manseng 45 %, Petit Manseng 45 %, Petit Courbu 10 %
Production moyenne : 25 000 bt/an

BORDAXURIA ♣
64220 Ispoure • www.ferme-larraldea.com •
Vente et visites : au domaine sur rendez-vous.
Propriétaire : Elorri Reca et Brice Robelet

DOMAINE BRU-BACHÉ

Claude Loustalot conduit ce domaine de Monein depuis plus de vingt ans. Les Castérasses, en sec et en moelleux, témoignent de la qualité et la fraîcheur du terroir de Monein, avec des profils plutôt minces et élancés. Sur le front des moelleux, l'élevage en barriques est digéré et les notes oxydatives apparaissent, mais les vins sont plutôt sur le fil du rasoir, élancés et vifs, bien tendus, manquant un peu de profondeur.

Les vins : l'ensemble des 2016 apparaît en-dessous de la qualité habituelle des vins de ce domaine. Les élevage ont certes été digérés, et les vins présentent de belles acidités, mais le déficit de matière nous conduit à enlever l'étoile.

- Jurançon Les Castérasses 2016 — 14 € — 15
- Jurançon Moelleux L'Eminence 2015 — 50 € — 14,5
- Jurançon Moelleux La Quintessence 2016 — 21 € — 14
- Jurançon Sec Les Castérasses 2017 — 12 € — 14

Blanc : 11 hectares.
Petit Manseng 75 %, Gros Manseng 25 %
Production moyenne : 40 000 bt/an

DOMAINE BRU-BACHÉ ♣

39, rue Barada, 64360 Monein
05 59 21 36 34 • www.jurancon-bio.com •
Vente et visites : au domaine sur rendez-vous.
Propriétaire : Claude Loustalot

NOUVEAU DOMAINE

DOMAINE LA CALMETTE

2018, troisième millésime du couple formé par Maya Sallée et Nicolas Fernandez, tous deux diplômés d'agronomie et d'œnologie, nous conforte dans l'idée que ce domaine doit intégrer ce guide. La Calmette est à l'image de l'évolution de Cahors, une appellation qui se tourne vers des vins toujours aussi racés et profonds, mais plus modernes. Les jus restent pénétrants et conservent le caractère pulpeux qui caractérisent les malbecs modernes. Les cuvées parcellaires permettent de voyager à travers les différents sols de Cahors.

Les vins : une production aussi dynamique que l'appellation Cahors, grâce à une alliance entre respect du parcellaire et assemblages soignés. Alors que Serpent à Plumes fait glouglou en Vin de France, Bois Grand, gras et volumineux, apporte la preuve que le malbec est un grand raisin. Trespotz, bâti sur la finesse d'un fruit régulier et d'un tanin vigoureux, mais séduisant, éclate de fruit en 2017 comme en 2018. Pièces Longues, marqué par l'empreinte calcaire du terroir, souffle sa fraîcheur sur des fruits noirs assemblés en une matière festive, aux tanins confortables.

- Cahors Bois Grand 2018 — 28 € — 15,5
- Cahors Butte Rouge 2017 — 39 € — 16
- Cahors Pièces Longues 2017 — 22 € — 16
- Cahors Trespotz 2017 — 14 € — 15,5
- Cahors Trespotz 2018 — 14 € — 15,5
- VDF Serpent à Plumes 2017 — 12 € — 15,5

Le coup de ♥

- Cahors Bois Grand 2017 — 28 € — 16,5

Rouge : 6,5 hectares.
Malbec (cot) 85 %, Merlot 15 %
Blanc : 0,5 hectare.
Divers blanc 100 %
Production moyenne : 30 000 bt/an

DOMAINE LA CALMETTE ♣

390, chemin du Colombier
46090 Trespoux-Rassiels •
www.domainelacalmette.fr • Vente et visites : au domaine sur rendez-vous.
Propriétaire : Maya Sallée et Nicolas Fernandez

NOUVEAU DOMAINE

DOMAINE CASTÉRA

Franck Lihour a repris le domaine familial, trois parcelles distinctes cultivées en bio dans le secteur de Monein. Suivant l'altitude, le cépages et l'année de plantation, les vins offrent des profils variés. Caubeigt, la parcelle la plus importante est couverte de galets roulés ; Tauzy est plus ferreuse, alors que Les Terrasses est plantée sur des sols argilo-calcaires. Nous saluons les élevages très soignés, même si l'empreinte de la barrique est un peu marquée dans les vins.

Les vins : les jurançons secs et doux classiques sont honorables, mais ce sont les cuvées parcellaires de Franck qui sont particulièrement admirables, autant en sec avec Tauzy, vinifié en pièce bourguignonne, cigare et demi-muids, légèrement fumé, avec des notes d'agrumes et de citron croquant, que Memòria, parcelle complantée de gros et petit mansengs, qui livre des arômes de pamplemousse et de citron et convainc par une finale vibratoire. Le petit manseng Caubeigt a gardé sa fraîcheur malgré la surmaturité : caractérisé par le pomelos et l'écorce de citron, il offre un confit délicat avec, en finale, une allonge tenue par un boisé flatteur qui doit s'adoucir.

Jurançon Sec 2017	9,20 €	14,5
Jurançon Sec Tauzy 2017	16 €	15,5
VDF Memòria 2017	14,20 €	15

Le coup de ♥

Jurançon Caubeigt 2016	19,20 €	16

Blanc : 12 hectares.
Petit Manseng 50 %, Gros Manseng 40 %, Petit Courbu 7 %, Camaralet 3 %
Production moyenne : 40 000 bt/an

DOMAINE CASTÉRA
Quartier Uchaa, 64360 Monein
05 59 21 34 98 • www.domainecastera.fr • Vente et visites : au domaine sur rendez-vous.
Propriétaire : Franck, Christian et Pierrette Lihour
Directeur : Franck Lihour

CAUSSE MARINES

Pascal Lescarret et Virginie Magnien produisent des vins digestes, fermes et d'une bonne régularité. Tous les gaillacs, en blanc comme en rouge, sont des signatures singulières de cépages, de terroirs, de degrés de maturité ou de styles de vinification. Affranchis de l'appellation, les vins de France reflètent une vraie recherche d'expressions nouvelles et de digestibilité. Un passage en carafe facilite grandement l'expression aromatique des vins.

Les vins : produit sous l'appellation Gaillac, Les Greilles blanc est une cuvée à déguster en toute simplicité pour profiter de son harmonie mentholée, tout en douceur citronnée. Grain de Folie est un moelleux ciselé de notes d'agrumes à la tension vivace. Il faudra passer en carafe Peyrouzelles, le gaillac rouge, et attendre que la bouche puisse se vanter de tanins croquants et savoureux. Les VDF aux noms de cépages détournés, Dencon et ZacMau, sont de savoureuses curiosités harmonieuses et digestes, plantées sur des bases fermes. Il faudra prendre son temps pour laisser le nez discret de Causse Toujours se livrer et profiter ensuite d'une bouche énergique, alors qu'Et Caetera à l'amertume particulière est enveloppée de tension. La cuvée 7 Souris propose un jus confortable et tonique, une matière ambitieuse.

Gaillac Les Greilles 2017	13 €	13,5
VDF Dencon 2016	17,50 €	14,5
VDF Et Caetera 2015	34 €	13,5
VDF Grain de Folie 2018	16 €	15
VDF ZacMau 2016	17,50 €	15
VDF 7 Souris 2017	34 €	15
VDF Causse Toujours 2017	18 €	14,5

Le coup de ♥

Gaillac Peyrouzelles 2018	12 €	15

Rouge : 6 hectares.
Duras 35 %, Syrah 35 %
Blanc : 6 hectares.
Mauzac vert 60 %, Muscadelle 27 %, Ondenc 7 %, Sémillon 6 %
Production moyenne : 50 000 bt/an

CAUSSE MARINES ☾
Le Causse, 81140 Vieux
05 63 33 98 30 • www.causse-marines.com • Vente et visites : au domaine sur rendez-vous.
Propriétaire : Patrice Lescarret et Virginie Maignien

CLOS THOU

Ce domaine est situé sur l'un des terroirs les plus expressifs de l'appellation, du côté de la Chapelle-de-Rousse. Certifié en agriculture biologique depuis 2010, il s'évertue, en plus des traditionnel petits et gros mansengs, à faire vivre de vieux cépages : le lauzet, le camaralet et le petit courbu. Ce secteur produit des jurançons toujours plus vifs et plus tendus que ceux du reste de l'appellation, qui vieillissent avec une grâce et une intensité rares. Il est souvent dommage de les boire jeunes car l'on manque toute la complexité aromatique qu'ils gagnent au vieillissement.

Les vins : si les secs sont marqués par la chaleur du millésime 2018, ils gardent l'énergie du terroir de poudingue de la Chapelle-de-Rousse, avec un Délice de Thou profond et nerveux et un Guilhouret plus massif. Sur le front des moelleux, le charme de Julie pose les bases d'un vin doux svelte, élancé et gracieux. Suprême de Thou conjugue élégance, équilibre et précision : un grand vin de garde dans ce millésime qui sait garder la fraîcheur du piémont pyrénéen. Enfin la race du petit manseng s'expose encore un peu brute dans La Cerisaie, qu'il ne faudra pas ouvrir avant deux ans.

Jurançon Cuvée Julie 2017	13 €	15

Jurançon Sec Délice de Thou 2018	10 €	13,5
Jurançon Sec Guilhouret 2018	13 €	14
Jurançon VT Terroir de La Cerisaie 2016	25 €	16,5

Le coup de ♥

Jurançon Moelleux Suprême de Thou 2017	19 €	17

Blanc : 9 hectares.
Petit Manseng 60 %, Gros Manseng 25 %, Petit Courbu 8 %, Camaralet 5 %, Lauzet 2 %
Production moyenne : 32 000 bt/an

CLOS THOU ♣
245, chemin Larredya, 64110 Jurançon
05 59 06 08 60 • www.clos-thou.fr • Vente et visites : au domaine sur rendez-vous.
Propriétaire : Henri Lapouble-Laplace

DOMAINE DU CROS

Philippe Teulier est un peu le "patron" de Marcillac. Moteur de l'appellation, il traîne dans son sillage les producteurs aveyronnais fiers de ce raisin particulier, le mansois (ou fer servadou). Julien, son fils, tient avec lui la barre du domaine. La fluidité de leurs assemblages naît d'une parfaite maîtrise des qualités particulières de leur vignoble, installé en terrasse dans le vallon de Marcillac, terroir assimilé à la montagne à cause des journées chaudes et des nuits fraîches de l'automne. Leurs trois cuvées principales font honneur à l'ensemble des vins du Sud-Ouest.

Les vins : Les Rougiers, élevé en barriques, au fumé croquant, est prêt à passer à table aujourd'hui. Vieilles Vignes, subtil et tendu, respecte le fruit des ceps plus que quinquagénaires et prouve l'importance du millésime dans ces vignobles de l'extrême. Lo Sang del Païs, cuvée au bon goût de Marcillac, est enrobée du moelleux d'un mansois macéré cinq semaines, puis élevé un an en vieux foudres. Le vin puise l'acidité dans l'altitude et le sous-sol.

Marcillac Les Rougiers 2014	15,75 €	15
Marcillac Lo Sang del Païs 2018	8,25 €	15,5

Le coup de ♥

Marcillac Vieilles Vignes 2016	11,25 €	15,5

Rouge : 31 hectares.
Braucol (fer servadou) 100 %
Blanc : 2 hectares.
Production moyenne : 165 000 bt/an

DOMAINE DU CROS
Le Cros, 12390 Goutrens
05 65 72 71 77 • www.domaine-du-cros.com • Visites : sans rendez-vous.
Propriétaire : Philippe et Julien Teulier

NOUVEAU DOMAINE

DOMAINE L'ENCLOS DES BRAVES

« La folie qui m'accompagne / Et jamais ne m'a trahi / Champagne » : la chanson de Jacques Higelin, c'est la madeleine de Nicolas Lebrun ; il avait onze ans quand le titre est sorti. Cela donne aujourd'hui Tombé du ciel et Tête en l'air, deux cuvées aussi émouvantes que les titres du chanteur. Les deux étiquettes signent la relation entre l'homme, la terre et le cosmos, soit les principes de la biodynamie appliquées par le vigneron natif d'Eauze, où ses grands-parents produisaient de l'Armagnac. Installé à Gaillac avec son épouse ils rachètent ensemble le domaine en 2005, passent en bio en 2008 puis en biodynamie en 2011. À la porte du guide, l'an dernier, le domaine y fait son entrée cette année.

Les vins : la production se distingue par une originalité notable tout en respectant les codes de Gaillac. L'énergie qui pointe au creux du blanc Les Gourmands, assemblage de loin-de-l'œil et de sauvignon, apporte la tension du millésime et une matière mûre. La profondeur du gaillac blanc, doublée de beaux amers, résulte de la culture biodynamique et de l'infusion des baies avec leur peau. Tombé du Ciel mêle braucol et prunelart : un vin tactile, ferme et énergique. Les Gourmands rouge est aussi sincère que touchant. Gros coup de cœur pour le gaillac 2016, braucol taillé dans le socle de son terroir en biodynamie, et mention spéciale pour le tempérament complexe, mais encore trop cadenassé de Bravissmo. Enfin, sous le voile de Tête en l'Air perce l'amertume.

Gaillac 2017	13,50 €	15,5
Gaillac Doux 2015	16 €	15
Gaillac Les Gourmands 2017	9,50 €	15
VDF Tête en l'Air 2011	20 €	14,5
Gaillac Bravissimo 2017	22,50 €	16

Gaillac Les Gourmands 2017 10 € 15,5
Gaillac Tombé du Ciel 2018 8,60 € 14,5

Le coup de ♥
Gaillac 2016 14 € 16

Rouge : 4,8 hectares.
Braucol (fer servadou) 50 %, Duras 37 %, Prunelart 13 %
Blanc : 2,6 hectares.
Len de l'ehl 42 %, Sauvignon blanc 38 %, Mauzac Rose 20 %
Production moyenne : 35 000 bt/an

DOMAINE L'ENCLOS DES BRAVES ☾
4371, route de Saurs, 81800 Rabastens • www.lenclosdesbraves.com • Visites : sans rendez-vous.
Propriétaire : Nicolas Lebrun

CHÂTEAU HAUT-MONPLAISIR

Le château est conduit par Cathy et Daniel Fournié depuis 1998, et les vignes sont cultivées en bio depuis 2009. Les rouges ont le panache des troisièmes terrasses du Lot ; les différentes cuvées, issues de vinifications classiques, portent l'empreinte de leurs sols. La cuvée sans soufre parfaitement maîtrisée est le vin de soif de la gamme.

Les vins : gorgé de sève, savoureux à souhait, L'Envie est le plus aimable avec sa chair délicate et ses tanins sablés. Sans austérité, il offre tout le plaisir qu'on peut tirer d'un malbec vinifié sans soufre. On retrouve dans le Tradition du poivre, de la cerise, du cassis, et les notes de graphite d'un malbec qui croque, sous un tanin fondu dans la masse du vin. Prestige offre une saine définition du malbec, mais il faut mettre en cave ce millésime d'avenir. Pur Plaisir est issu d'une vendange entière et a traversé plus de trente mois d'élevage : du velours tendre aux notes de menthol que l'aération révèlera.

Cahors L'Envie (Sans soufre ajouté) 2018 14,50 € 14
Cahors Pur Plaisir 2015 28 € 14
Cahors Tradition 2016 8,50 € 15

Le coup de ♥
Cahors Prestige 2015 13,50 € 15,5

Rouge : 27 hectares.
Malbec (cot) 100 %
Blanc : 3 hectares.
Chardonnay 60 %, Viognier 40 %
Production moyenne : 150 000 bt/an

CHÂTEAU HAUT-MONPLAISIR ♣
Lieu-dit Monplaisir, 46700 Lacapelle-Cabanac
05 65 24 64 78 •
chateauhautmonplaisir.com • Vente et visites : au domaine sur rendez-vous.
Propriétaire : Cathy et Daniel Fournié

CHÂTEAU LES HAUTS DE CAILLEVEL

Il y a de belles énergies à Bergerac, tant dans les sols que dans le tempérament de néo-vignerons, souvent des jeunes, qui découvrent et interprètent le terroir sans regarder dans le rétroviseur. Jean-Étienne et Charlotte Serey, qui viennent de reprendre Les Hauts de Caillevel, appartiennent à cette nouvelle génération. Arrivé avant les vendanges 2018, le couple maintient le niveau de qualité atteint par les ancien propriétaires, Sylvie Chevallier et Marc Ducrocq, allant parfois au-delà. Les parcelles agencées en un panorama superbe entourent le domaine à 180 degrés sur un sol d'argile noir et de calcaire parfois affleurants. Le rapport qualité-prix est toujours aussi excellent.

Les vins : les nouveaux propriétaires, conscients du potentiel du vignoble, se spécialisent dans les blancs. En sec, Chenin de Compostelle apporte la preuve qu'ils ont raison : riche d'un volume cristallin et citronné, il désaltère malgré une note boisée. Fleur de Roche, sauvignon blanc et gris, se situe dans la largeur de sa jeunesse ; la fleur d'oranger n'est pas loin, le tilleul se peaufine sur une sensation variétale bien affûtée en finale. Rien ne dépasse dans Fruissance, rouge franc, désaltérant, frais et vibrant comme un merlot égrappé, issu d'une courte macération après fermentation à froid. Un vin atypique, bichonné comme un premier communiant, tonique et salin, à la matière richement extraite. Enfin, Grains de Folie apporte la preuve qu'un botrytis soigné révèle le potentiel du cru.

Bergerac Fleur de Roche 2018 7,75 € 14,5
Bergerac Sec Atypique 2018 11,50 € 15
Monbazillac Grains de Folie 2018 15,50 € 15,5

Bergerac Fruissance 2018	7,75 €	15

Le coup de ♥

Bergerac Chenin de Compostelle 2018	12,50 €	15,5

Rouge : 9,4 hectares.
Merlot 50 %, Cabernet-Sauvignon 25 %, Cabernet franc 20 %, Malbec (cot) 5 %
Blanc : 8,05 hectares.
Sémillon 54 %, Sauvignon blanc 20 %, Muscadelle 10 %, Sauvignon gris 10 %, Chenin 5 %, Ugni blanc (trebbiano) 1 %
Production moyenne : 50 000 bt/an

CHÂTEAU LES HAUTS DE CAILLEVEL ♣
24240 Pomport
06 67 47 75 56 • www.leshautsdecaillevel.fr
• Visites : sans rendez-vous.
Propriétaire : Pierre-Étienne Serey
Œnologue : Thierry Heydon

MICHEL ISSALY

Michel Issaly est un homme de convictions et d'idées, qui articule sa philosophie personnelle sur le respect des sols et l'expression des terroirs. Son domaine, situé à Sainte-Cécile d'Avès et conduit en biodynamie depuis 2010, s'inscrit dans une démarche environnementale globale : au-delà de la vigne, on s'y évertue à préserver la biodiversité dans une logique agroforestière. Les vins de Gaillac sont produits de manière peu interventionniste et sans intrant. Hélas, ils manquent parfois de précision, même si l'approche du fruit est bonne. Malgré une agriculture irréprochable qui remet la vie au centre des sols et une biodiversité d'exception, certaines cuvées demandent du temps à s'ouvrir.

Les vins : le fruit est le fil conducteur de ces cuvées qui manquent un peu d'homogénéité. Les Cavaillès Bas 2017, assemblage de mauzac, loin-de-l'œil et d'ondenc, possède l'énergie des sols vivants. Le Vin de l'Oubli, oxydatif à l'énergique finale, se pose sur les épices douces du bois, l'orange amère, le tabac, dans une ambiance presque tourbée. Matière riche et souplesse caractérisent le gaillac doux La Quintessence. En rouge, Le Sang s'exprime sur la menthe du braucol bien mûr et un tanin tonique avec, en rétro-olfaction, un fruit noir dense. Cacao et cerise confite singularisent Le Grand Tertre, qui demande encore à s'affiner. Le Clos Rayssac est un VDF d'amplitude robuste et de style paysan. La Combe d'Avès, braucol et duras assemblés, garde dans son expression la puissance d'un bouquet floral et épicé en 2010. Le 2015 est ouvert sur un bouquet concentré. Il offre des tanins cacaotés et s'est développé sur une structure savoureuse aboutie, quand le 2016 propose une approche élégante et saine du rouge de Gaillac.

Gaillac Doux La Quintessence 2017	30 €	14,5
VDF Sec Les Cavaillès Bas 2017	13 €	15,5
Gaillac Combe d'Avès 2010	35 €	14
Gaillac Combe d'Avès 2015	19 €	14,5
Gaillac Combe d'Avès 2016	19 €	14
Gaillac Le Grand Tertre 2016	28 €	14
Gaillac Le Sang 2016	55 €	15,5
VDF Le Clos Rayssac 2017	11 €	14

Le coup de ♥

VDF Sec Le Vin de l'Oubli 2005	42 €	15,5

Rouge : 3,3 hectares.
Braucol (fer servadou) 40 %, Duras 30 %, Prunelart 30 %
Blanc : 3,2 hectares.
Mauzac Blanc 50 %, Len de l'ehl 40 %, Ondenc 10 %
Production moyenne : 15 000 bt/an

MICHEL ISSALY ☾
817, route de la Ramaye, Sainte-Cécile d'Avès, 81600 Gaillac
05 63 57 06 64 • www.michelissaly.com • Visites : sans rendez-vous.
Propriétaire : SCEA La Ramaye
Directeur : Michel Issaly

CHÂTEAU LAGRÉZETTE

Alain-Dominique Perrin n'a rien laissé au hasard pour faire du Château Lagrézette l'un des parangons de l'appellation Cahors. Les vins sont issus de raisins bien mûrs, qui subissent des extractions très poussées et des élevages très luxueux : un style qui a encore ses aficionados.

Les vins : le blanc a conservé ce petit supplément de fraîcheur qu'on appelle la sapidité, rendant la dégustation presque saline. En rouge, le cahors offre un nez abouti de fruits noirs, de prune cuite ; le jus est bordé d'un boisé surprenant, pour ne pas dire dominant. Marguerite a le verbe haut et les épaules larges, ce qui lui permet de supporter la pression boisée de ses dix-huit mois de barrique. Paragon est un colosse rafraîchi par le millésime 2016, qui apporte une légère tension en finale. Le Pigeonnier, plus élancé que large, s'appuie sur une bonne sucrosité.

- IGP Côtes du Lot Merveilles de Rocamadour 2016 — 25 € 13,5
- Cahors 2016 — 35 € 14
- Cahors Cuvée Marguerite 2016 — 38 € 14
- Cahors Le Pigeonnier 2016 — 160 € 14,5
- Cahors Paragon 2016 — 160 € 13,5

Rouge : 67 hectares.
Malbec (cot) 91 %, Merlot 6 %, Syrah 2 %, Tannat 1 %
Blanc : 9 hectares.
Viognier 78 %, Chardonnay 22 %
Production moyenne : 450 000 bt/an

CHÂTEAU LAGRÉZETTE
46140 Caillac
05 65 20 07 42 •
www.chateau-lagrezette.com • Visites : sans rendez-vous.
Propriétaire : Alain-Dominique Perrin
Directeur : Claude Boudamani
Maître de chai : Cédric Blanc
Œnologue : Michel Rolland (Conseil)

CHÂTEAU LAMARTINE

La destinée de la propriété de la famille Gayraud est désormais entre les mains de Benjamin et Lise, les enfants d'Alain. Ce domaine classique livre des vins justes, équilibrés et fidèles à l'image de Cahors. La nouvelle génération apporte davantage de tonus et de modernité aux cuvées.

Les vins : le domaine progresse avec sa gamme scindée en deux. D'une part, les cuvées Tandem : des vins modernes, juteux et puissants, au style néanmoins très cadurcien. De l'autre, Cuvée Particulière et Expression, qui témoignent aussi de la justesse des extractions, présentant des équilibres nobles mais encore marqués par l'élevage. Il faudra les attendre.

- Cahors 2016 — 9,50 € 15,5
- Cahors Expression 2016 — 25 € 15,5
- Cahors Tandem 2017 — 10 € 15,5

Le coup de ♥

- Cahors Cuvée Particulière 2016 — 13,50 € 15,5

Rouge : 35 hectares.
Malbec (cot) 93 %, Tannat 4 %, Merlot 3 %
Blanc : 2,5 hectares.
Chardonnay 55 %, Chenin 30 %, Viognier 15 %
Production moyenne : 220 000 bt/an

CHÂTEAU LAMARTINE
Lamartine, 46700 Soturac
05 65 36 54 14 • www.cahorslamartine.com
• Vente et visites : au domaine sur rendez-vous.
Propriétaire : Famille Gayraud
Directeur : Benjamin Gayraud

LESTIGNAC

C'est en 2008 que Mathias et Camille reprennent la ferme familiale de Sigoulès alors que celle-ci était en passe d'être vendue. Ils ont, durant dix ans, dirigé ce domaine vers la biodynamie, dans un esprit non interventionniste en cave, et ainsi largement participé au regain d'intérêt pour les vins de Bergerac. Curieux, ils analysent méticuleusement leurs terroirs, tentent différents contenants et approches de vinification. 2018 constitue une année charnière. La remise en question imposée par le gel de 2017 a conduit notre duo à repenser leur organisation. Ils ne s'occuperont désormais plus que de 9 hectares, contre 17 auparavant. Un domaine rétréci qu'ils souhaitent travailler comme un jardin, avec traction animale, emploi accru de tisanes ou encore replantation d'une partie des surfaces en échalas. Ils déclineront désormais deux gammes : Lestignac, en production propre, et Hors les murs, en achetant les raisins de leurs anciennes parcelles. Souhaitant accroître la garde des vins avant commercialisation, ils entreprennent la construction d'un chai de stockage. Les vins blancs s'affinent, les rouges sont de plus en plus aboutis. Laissons les changements porter leurs fruits, et l'activité d'agroforesterie récemment mise en place renforcer la biodiversité du vignoble.

Les vins : si le blanc est un peu bousculé, les rouges sont précis, séveux, floraux et dotés d'équilibres justes. Tempête est au meilleur de sa forme et offre la tension lumineuse d'un merlot vinifié en grappes entières. Racigas (deux mois de macération, vingt-quatre mois d'élevage, mi-barrique, mi-terre cuite) se pose comme un merlot dense, sanguin, pulpeux et riche, avec ses notes de mine de crayon qui viennent habiller un fruit intense, et ses tanins poudrés. Élevé trente-six mois, Comète passe comme un vent de fraîcheur, laisse au palais une trame saline ; sa colonne vertébrale est structurée par le sauvignon.

- VDF Croivé Baton 2017 — 20 € — 13
- VDF Racigas 2016 — 30 € — 15,5
- VDF Tempête 2017 — 20 € — 15,5

Le coup de ♥

- VDF Comète 2015 — 40 € — 16,5

Rouge : 3,5 hectares.
Merlot 50 %, Cabernet franc 40 %, Cabernet-Sauvignon 10 %
Achat de raisins.
Blanc : 4,5 hectares.
Sémillon 50 %, Sauvignon blanc 40 %, Muscadelle 7 %, Ugni blanc (trebbiano) 3 %
Achat de raisins.
Production moyenne : 35 000 bt/an

LESTIGNAC ♣

4, route de Sigoulès, 24240 Sigoulès
05 24 10 20 29 • www.lestignac.com • Vente et visites : au domaine sur rendez-vous.
Propriétaire : Camille et Mathias Marquet

NOUVEAU DOMAINE

DOMAINE MATHA

Jean-Luc Matha n'est plus un perdreau de l'année et pourtant ses vins respirent la jeunesse des pentes de Marcillac retrouvées. Son vignoble est planté de fer servadou âgés en moyenne de 45 ans. Alban, son père, lui a donné la passion, « l'envie d'avoir envie ». S'il a choisi le bio c'est pour respecter les vins qui roulent les "r". Comme il n'aime pas les notes de poivron, il érafle toutes les cuvées. Ses vins toujours profonds méritent d'intégrer notre guide, et si le bonhomme continue dans cette voie, il pourra vite gagner des galons.

Les vins : Peïrafi, issu de sols argilo-calcaires à éboulis, élevé 20 mois en fût, raconte le fer servadou. S'il est cadenassé à l'ouverture, quelques heures d'oxygène le réveillent en beauté. Laïris apporte la preuve que l'avenir est dans les vignobles de montagne en 2015, millésime solaire ; en 2016, année froide, il démontre que le fer servadou sait marier rusticité et élégance, du moment que le fond est là. Gambas Rojas expose la minéralité des sols.

- Marcillac Gambas Rojas 2012 — 9,80 € — 15
- Marcillac Laïris 2015 — 8,50 € — 15
- Marcillac Laïris 2016 — 8,50 € — 15,5

Le coup de ♥

- Marcillac Peïrafi 2012 — 14 € — 16

Rouge : 13,94 hectares.
Braucol (fer servadou) 100 %
Blanc : 0,65 hectare.
Production moyenne : 70 000 bt/an

DOMAINE MATHA ♣

Rue de la Pantarelle, Bruejouls, 12330 Clairvaux d'Aveyron
05 65 72 63 29 • jl.matha@wanadoo.fr • Vente et visites : au domaine sur rendez-vous.
Propriétaire : Jean-Luc et Françoise Matha
Maître de chai : Jean-Luc Matha

LIONEL OSMIN & CIE

S'il sait construire des vins avec des raisins venus d'ailleurs, c'est dans le local que Lionel Osmin est le plus performant, avec des cuvées de terroir précises et affûtées. Le négociant-viticulteur palois propose également un éventail de cuvées monocépages : des variétés autochtones, débarrassées de l'appellation, comme le prunelard, l'abouriou, le mauzac... Enfin, Lionel Osmin réalise quelques curiosités, à commencer par un vin doux naturel de tannat et malbec.

Les vins : les deux blancs secs issus de terroirs montagneux, Irouléguy et Jurançon, signent la détermination du négociant à aller chercher la fraîcheur. C'est réussi. La Cité Orientale, assemblé de raisins venus d'ailleurs, constitue une anecdote rigolote mais ne possède pas l'ampleur des cuvées indigènes. Vinifié en solitaire, le prunelard Le Conservatoire gagne en profondeur, et le mansois de Marcillac, au jus pulpeux ponctué d'une touche de cacao et d'épices douces, est formidablement exotique. Dans la branche moelleuse de la famille, le jurançon moelleux Foehn se présente gras et lisse ; Villa Chambre d'Amour est anecdotique, mais sensible. Le vin de liqueur Estela Vintage n'a pas à rougir face aux grands VDN du Roussillon.

- IGP Comté Tolosan La Cité Orientale 2018 — 9 € — 13
- Irouléguy Euskal Egun 2016 — 29 € — 14,5
- Jurançon Moelleux Foehn 2012 — 19 € — 13,5
- Jurançon Sec Cami Salié 2017 — 13 € — 14

- VDF Moelleux Villa Chambre d'Amour 2018 — 8,50 € — 13
- Madiran Domaine Berthoumieu La Fé 2017 — 12,90 € — 13,5
- Marcillac Fer de Soif 2018 — 11 € — 13,5
- VDL Estela Vintage 2014 — 19 € — 15,5

Le coup de ♥

- VDF Prunelard Le Conservatoire 2016 — 12 € — 15

Rouge : 37,5 hectares.
Blanc : 112,5 hectares.
Production moyenne : 1 400 000 bt/an

LIONEL OSMIN & CIE
ZI Berlanne, 6, rue de l'Ayguelongue, 64160 Morlaàs
05 59 05 14 66 • www.osmin.fr • Pas de visites.
Propriétaire : Lionel Osmin
Maître de chai : Damiens Sartori

PRODUCTEURS PLAIMONT

Issu du regroupement de plusieurs structures coopératives dans les années 1970, Plaimont est aujourd'hui l'un des acteurs incontournables du Sud-Ouest. Cette mégastructure s'affirme depuis quelques années au travers de vins de niche, reflets des terroirs, et de cuvées haut de gamme, beaucoup plus subtiles et plaisantes que naguère. La cave dispose d'un conservatoire pour réhabiliter de vieux cépages oubliés, comme le manseng noir, qui sera suivi prochainement par le tardif.

Les vins : avec Le Faîte, la complexité est au rendez-vous. Un blanc tonique et souple en bouche, à l'équilibre simple et fin. L'Absolu des Trois Terroirs serait meilleur avec un peu plus de pep's en finale, mais le milieu de bouche, bien tendu, fait le job. Du côté des rouges, Le Manseng Noir, du nom d'un vieux cépage gascon que Plaimont a réussi à sauver, sent la violette et la fraise, les épices et le thym. Toujours en Saint-Mont, Monastère est un vin abouti qui développe de beaux arômes fumés, délicats et délicieux. Musclé, épicé, La Madeleine livre un profil classique sur des notes fumées. La concentration s'invite à tous les étages de L'Absolu des Trois Terroirs : le vin tourne en boucle sur un fruit et un grain de tanin pulpeux. Enfin, Préphylloxériques est la cuvée la plus rustique, mais la plus riche et profonde, avec ses effluves de sous-bois, ses notes de cuir et sa touche de zan qui se pose sur un tanin musclé. L'énergique Géoglyphe s'avère vibrant, bien défini. En moelleux, le pulpeux La Saint Sylvestre délivre des parfums confits sur une allonge de miel.

- Pacherenc du Vic-Bilh La Saint Sylvestre 2017 — 35 € (c) — 13,5
- Saint-Mont L'Absolu des Trois Terroirs 2016 — 15 € (c) — 14
- Saint-Mont Le Faîte 2017 — 18,40 € (c) — 13,5
- IGP Côtes de Gascogne Le Manseng Noir 2018 — 9,80 € (c) — 14,5
- Saint-Mont L'Absolu des Trois Terroirs 2016 — 15 € (c) — 15
- Saint-Mont La Madeleine 2017 — 35 € (c) — 14,5
- Saint-Mont Monastère de Saint-Mont 2014 — 18 € (c) — 15
- Saint-Mont Vignes Préphylloxériques 2017 — 55 € (c) — 14,5

Le coup de ♥

- Madiran Géoglyphe 2015 — 10,80 € (c) — 15

Rouge : 1 300 hectare.
Tannat 65 %, Pinenc 15 %, Cabernet franc 10 %, Cabernet-Sauvignon 10 %
Blanc : 1 200 hectare.
Gros Manseng 70 %, Arrufiac 15 %, Courbu 15 %
Production moyenne : 40 000 000 bt/an

PRODUCTEURS PLAIMONT
199, Route de Corneillan, 32400 Saint-Mont
05 62 69 62 87 • www.plaimont.com • Visites : sans rendez-vous.
Propriétaire : Joël Boueilh
Directeur : Olivier Bourdet-Pees
Œnologue : Christine Cabri

CHÂTEAU PLAISANCE

Moteur du renouveau du Frontonnais depuis plus de vingt ans, Marc Penavayre donne une lecture et une interprétation identitaire du cépage local, la négrette. Certifié en bio depuis 2011 et maintenant rejoint par son fils Thibaut, Marc passe chaque année une étape dans la précision du raisin. Le profil des vins reste juteux et avenant, les cuvées aux noms parfois imprononçable sans l'aide d'un dico occitan définissent maintenant l'identité de Fronton. En évolution permanente et travaillée sans intrants, la gamme permettra à chacun de trouver le vin qui correspond à son style de dégustation.

Les vins : l'ensemble des rouges au caractère aimable n'en oublie pas moins de présenter la négrette sous le meilleur jour, celui qui laisse au terroir sa place, mais pas que... Tot Co Que Cal possède vraiment tout ce qu'il faut : on adhère au principe, le nez est complexe, ample. Fruit, fleur, épices, terre, sous-bois, chacun y trouve arôme à sa mesure, puis en bouche s'ouvre un tanin régulier, charnu sur une matière pulpeuse, savoureuse, avec une légère coquetterie dans la finale. Comme une invective, le nom de la cuvée Serr Da Bag Tais-toi cloue le bec pour mieux profiter du jus pulpeux et sensuel : un rouge sans soufre ajouté, au fruit très mûr et à la tension particulière d'une fin de bouche dont on regrette une finale peu serrée. Pour Negret Pounjut, le fruit reste là, toujours frais et vif, enrobant une structure ligneuse où le végétal de la rafle joue son rôle rafraîchissant. Dans Rend Son Jus, à l'intensité des parfums de fruits noirs et d'épices croquantes du nez, la bouche donne une réplique musclée et dynamique.

- IGP Comté Tolosan Ahumat 2018 — 13,40 € — 14,5
- Fronton Alabets 2017 — 12,40 € — 15,5
- Fronton Serr Da Bag 2018 — 15,40 € — 13,5
- Fronton Thibaut de Plaisance 2017 — 11,30 € — 14,5
- VDF Negret Pounjut 2018 — 10,90 € — 14
- VDF Rend Son Jus 2018 — 8,90 € — 14

Le coup de ♥

- Fronton Tot Co Que Cal 2016 — 19,40 € — 15

Rouge : 26 hectares.
Négrette 57 %, Syrah 19 %, Gamay noir à jus blanc 8 %, Cabernet franc 5 %, Divers noir 3 %, Jurançon noir 3 %, Cabernet-Sauvignon 3 %, Negret Pounjut 2 %
Blanc : 4 hectares.
Chenin 25 %, Muscat à petits grains blancs 25 %, Sauvignon blanc 25 %, Sémillon 15 %, Bouysselet 10 %
Production moyenne : 120 000 bt/an

CHÂTEAU PLAISANCE ♣
102, place de la Mairie, 31340 Vacquiers
05 61 84 97 41 • www.chateau-plaisance.fr •
Visites : sans rendez-vous.
Propriétaire : Marc Penavayre

CHÂTEAU PONZAC

Matthieu Molinié et sa femme Virginie portent toujours plus haut le message de leurs vignes plantées sur des sols argilo-calcaire. Depuis 2000, ils ne cessent de faire avancer les vins du domaine vers davantage d'identité. Le couple se tourne ainsi vers des cuvées parcellaires : Les Peyrières, issu des terrasses de la vallée, et la Temperadou, originaire des terroirs sidérolithiques du Causse. Une démarche qui inscrit le domaine dans la dynamique actuelle, et lui permet de trouver sa réelle identité dans l'alliance d'un terroir et d'un élevage particulier en jarre, comme avec la cuvée Côt en Dolia.

Les vins : nous avons dégusté les 2018, en cours d'élevage. Après une bonne aération, les vins se livrent sur l'intégrité d'un malbec du Causse puissant, particulièrement dans les cuvées travaillées en jarre. Côt en Dolia apporte la preuve que les sous-sol ferrugineux font le plus grand bien au malbec. Les Peyrières, resserré sur la droiture d'une finale qui fuse et se détend sur un fruit plus suave et frais, est un poil au-dessus du cahors, dominé par un soupçon de poivre noir et des tanins granuleux. La Temperadou est pour l'heure encore très serré et ne se livre pas. En l'attendant, il faut profiter du jus simple de Maintenant ou Jamais.

- Cahors 2018 — 10 € — 15
- Cahors La Temperadou 2018 — 17 € — 14,5
- Cahors Les Peyrières 2018 — 17 € — 15,5
- Cahors Maintenant ou Jamais 2018 — 7 € — 13,5

Le coup de ♥

- Cahors Côt en Dolia 2018 — 18 € — 15,5

Rouge : 31,5 hectares.
Malbec (cot) 90 %, Merlot 10 %
Blanc : 1,5 hectare.
Chenin 50 %, Viognier 50 %
Production moyenne : 60 000 bt/an

CHÂTEAU PONZAC
Le Causse, 46140 Carnac-Rouffiac
05 65 31 99 48 • www.chateau-ponzac.fr •
Visites : sans rendez-vous.
Propriétaire : Virginie et Matthieu Molinié

CHÂTEAU LA REYNE

Johan Vidal a relancé et restructuré le domaine familial, en s'efforçant d'augmenter les densités de plantation, de diminuer les rendements et de construire une gamme homogène, marquée par des vinifications plus adaptées. Les vins associent couleur et intensité de fruit, tout en s'affinant dans l'extraction des tanins. Les derniers millésimes sont d'un bon niveau. En 2017, le gel a amputé le domaine d'une partie de sa production, et notamment de la cuvée Vent d'Ange.

Les vins : le blanc est rond mais manque légèrement de tonus, le cahors du domaine offre un fruit facile et gourmand, tout en légèreté, tandis que Le Prestige, encore marqué par le bois en finale, devra attendre.

IGP Côtes du Lot Elio 2018	11,50 €	13,5
Cahors 2018	8 €	14,5

Le coup de ♥

Cahors Le Prestige 2017	12 €	14,5

Rouge : 41 hectares.
Malbec (cot) 100 %
Blanc : 1 hectare.
Chardonnay 95 %, Viognier 5 %
Production moyenne : 250 000 bt/an

CHÂTEAU LA REYNE
Leygues, 46700 Puy-l'Évêque
05 65 30 82 53 • chateaulareyne.unblog.fr •
Vente et visites : au domaine sur rendez-vous.
Propriétaire : Johan Vidal

UROULAT

Charles Hours fut l'un des leaders de l'appellation Jurançon. Accompagné de sa fille Marie, il produit des jurançons modernes, dans les standards du genre. Les cuvées classiques restent les plus intéressantes de la gamme, en moelleux comme en sec.

Les vins : plus floral que fruité, plus infusé qu'extrait, Marie danse sur la musique minérale du piémont pyrénéen. Son boisé un peu trop luxueux est atténué par la tension de 2016. Le moelleux offre croquant et sève, une touche de pamplemousse et une jolie tension fumée en finale, mais manque d'un peu de chair et de concentration.

Jurançon Moelleux 2016	21,50 €	14
Jurançon Sec Marie 2016	14,50 €	14,5

Blanc : 16 hectares.
Gros Manseng 50 %, Petit Manseng 50 %
Production moyenne : 60 000 bt/an

UROULAT
64, chemin Uroulat, 64360 Monein
05 59 21 46 19 • www.uroulat.com • Vente et visites : au domaine sur rendez-vous.
Propriétaire : Charles et Marie Hours
Directeur : Charles Hours

CHÂTEAU VIELLA

Château Viella fait partie des domaines de pointe de l'appellation, pour le vin comme pour l'œnotourisme, et dont le propriétaire, Alain Bortolussi, est un partisan convaincu. Ses 25 hectares d'un seul tenant, situés sur des pentes et des coteaux exposés au sud, donnent des vins concentrés et d'un velouté rare, presque exotiques. Toujours d'un excellent rapport qualité-prix, les vins de Viella affichent une grande régularité. Charmeurs sans être racoleurs, ils sont approchables dès leur prime jeunesse grâce à la richesse d'un fruit très mûr, mais bien équilibré.

Les vins : la finale minérale du blanc hésite entre la pierre à fusil et l'allumette. Le Tradition est un rouge de soif savoureux et tonique, avec une finale aux amers tendres ; une aubaine pour le tannat. Prestige est un rouge sanguin qui séduit dès le nez et offre des notes de cassis croquant, enveloppées d'un volume musclé.

Pacherenc du Vic-Bilh Sec 2018	9 €	13,5
Madiran Tradition 2017	7,50 €	14

Le coup de ♥

Madiran Prestige 2016	13 €	14,5

Rouge : 20 hectares.
Tannat 65 %, Cabernet franc 25 %, Cabernet-Sauvignon 10 %
Blanc : 5 hectares.
Petit Manseng 50 %, Gros Manseng 35 %, Arrufiac 15 %
Production moyenne : 150 000 bt/an

CHÂTEAU VIELLA
Route de Maumusson, 32400 Viella
05 62 69 75 18 • www.chateauviella.com •
Visites : sans rendez-vous.
Propriétaire : Alain Bortolussi

INDEX DES APPELLATIONS

Retrouvez les vins sélectionnés grâce à leurs appellations.

Chambertin-Clos-de-Bèze Grand Cru

Chambertin Grand Cru

Chambolle-Musigny

Chambolle-Musigny Premier Cru

Champagne

Chapelle-Chambertin Grand Cru

INDEX DES DOMAINES, MAISONS ET CAVES

Ce premier index répertorie tous les producteurs cités par ordre alphabétique du nom du château, de la cave ou de la maison de négoce. Comme pour le guide, c'est le nom de la marque ou de la propriété qui détermine l'ordre alphabétique, et non les mots "Château" ou "Domaine".

A

B

C

D

E

F

G

H

I

J

K

L

INDEX DES PROPRIÉTAIRES

Certains domaines ou maisons sont plus connus sous le patronyme de celui qui les anime que sous leur nom officiel. On retient également sans effort le nom d'un propriétaire tout en recherchant vainement celui de sa propriété. L'objet de cet index est donc de vous permettre de retrouver le vin de vos rêves grâce au nom de celui qui l'a créé ou inspiré.

A

B

C

H

I

J

K

L

M

N

INDEX DES DOMAINES BIO OU BIODYNAMIQUES

♣ ☾